解璽璋 著

梁啟超傳

中華書局

序

　　三十年前，大約是 1980 年前後，我讀了北京出版社的一部《梁啟超傳》。那時新書很少，能見到這麼一部傳記，真是高興，因此立即就買下閱讀。可是讀了之後，我非常難過，甚至憤怒。梁啟超，中國近代偉大的思想啟蒙家，中國從古代社會走向現代社會的歷史槓桿式的偉大改革家，竟被傳記作者說得一無是處，以致被描述成阻礙歷史前進的反動人物。這部傳記只是一例，在二十世紀下半葉的前三十年，「革命神聖」的思潮壓倒一切，激進主義覆蓋學術界，梁啟超自然也成了「歷史罪人」，受盡冤屈，受盡凌辱，受盡貶抑，受盡「革命大批判」。自從有了 1980 年的閱讀經驗之後，我再也不讀其他新出的《梁啟超傳》了。因為我害怕會再次產生閱讀的恐懼，只願意獨自沉浸在《飲冰室文集》裏。尤其是在國外，我的閱讀研究一直處於沉浸狀態。我常說唯有在沉浸狀態中，才能和偉大的靈魂相逢。同樣，因為沉浸於《飲冰室文集》中，所以我也一再和梁啟超的偉大靈魂相逢。所謂相逢，便是請教、對話、商討、質疑、提升。在相逢中，我愈來愈覺得梁啟超了不起，愈來愈覺得他不愧是一個偉大的中國現代社會的開山巨匠。

　　因有了三十年前的「恐懼」，此次閱讀解璽璋的新著《梁啟超傳》，仍然「心有餘悸」。沒想到，一打開目錄，就被他新的構架與寫法所吸引。此書除了前三章（修訂版增補第四章「梁啟超與諸兄弟」）講述梁啟超的出身、婚姻、家庭生活之外，其他皆以梁啟超與近代中國的歷史性人物的關係為章節。「梁啟超與康有為」、「梁啟超與黃遵憲」、「梁啟超與譚嗣同」、「梁啟超與孫中山」、「梁啟超與章太炎」、「梁啟超與袁世凱」以及梁啟超與汪康年、唐才常、楊度、蔡鍔、蔣百里、丁文江、胡適、徐志摩

等等，如此構築傳記，便是以「人」為中心，相應地，便是歷史以「人」為主軸。這種傳記構思與傳記框架，與《史記》那種以「世家」、「列傳」為歷史之核的寫法相似，但多了一個貫穿始末的主角中軸，從而主客兼宜，脈絡清晰，既有歷史性，又有文學性。翻過目錄，進入文本，才知道此書竟達一千頁（最初校樣——編者註）。面對這樣的長篇，我又生了畏懼，可是，一讀進去，卻放不下了。沒想到，解璽璋對中國近代史如此了若指掌，對梁啟超如此深知深敬，更沒想到的是，他的筆法竟與梁啟超極為相似，可稱為「梁文體」。梁氏文體是中國古代文言文向中國現代白話文過渡的文體創造，可謂五四白話文運動的先驅。「梁文體」的產生，本身就是一種巨大的文化變革。這種文體衝破故作「古奧」的學問姿態，既衝破桐城派，也衝破章太炎、吳汝綸，力求明白暢達，再加上他自己於說理中摻入情感，「筆端常帶情感」，便形成一種深入淺出、痛快淋漓、勢如破竹的文風，從而震撼了整個中國。解璽璋的千頁大書，因為有「梁文體」支撐，又有梁氏那種把義理和考證相結合的方法配合，便贏得古今兩種語言韻味兼有。於是，愈讀愈放不下，不知不覺，三天三夜過去，竟把全書讀完。此次雖讀得雙眼昏花，卻也讀得心花怒放，一掃我三十年來的鬱悶。謝謝你，璽璋兄，雖然我從未見過你，之前也從未讀過你的文字，但此次拜讀，卻一閱傾心，覺得「你屬於我熱愛的那個世界」。那個世界是真實的，是深邃的，是有膽有識的。那個世界所展示的梁啟超也是真實的，而且是豐富的、偉大的。

常說歷史是公平的。但要實現歷史的公平並不那麼簡單，至少需要時間。梁啟超逝世至今已八十多年，生前他經受過追捕、通緝、痛斥、謾

罵，死後又經受過譴責、嘲諷、貶抑、批判。但是近二三十年來，隨着改革之風重新吹遍中華大地和「暴力崇拜」之風逐漸減退，梁啟超的名字又重新放出芳香。國內評述梁啟超的文章又如「風起雲湧」，歷史終於還給梁啟超一點公道。2010 年我在《讀書》雜誌上發表了《愛怨交織的往事》，表達了對胡繩的緬懷之情，同時也表示，我將用「吾愛吾師但更愛真理」的態度與他商榷。他的中國近代史名著《從鴉片戰爭到五四運動》，發行量數百萬冊，影響巨大。我多次細讀此書，受益匪淺，尤其是胡繩那種嚴謹而流暢的文字表述更是讓我仰慕。可惜，全書的框架卻有一個致命的根本性缺陷，這就是把中國近代史寫成「太平天國革命、義和團革命、辛亥革命」三大革命的單軌暴力革命史，丟失了「建構現代文明」這一重大線索，即無視洋務運動、改良運動、立憲運動的歷史，變成一部片面殘缺的單軌近代史。從解璽璋的《梁啟超傳》，我們可以看到，建構現代文明的歷史包括工藝器械建構、社會制度建構、思想文化建構等三個層面，第一層面的建構，曾國藩、李鴻章、張之洞等作了巨大貢獻，第二層面和第三層面，梁啟超則功高蓋世。他不僅研究、考察、介紹了世界各國的社會制度，而且直接參與了中國從專制走向共和的制度變革，其歷史作用有目共睹；除了在制度變革中充當急先鋒之外，他在思想文化的變革中，更是發揮了第一啟蒙家的作用。至少可以說，他的啟蒙廣度（包括啟蒙內容的廣度和社會影響的廣度）無人可比。嚴復的《天演論》固然敲響了啟蒙的第一鐘聲，影響了整整一代人，但那之後，他的其他文章，影響力就遠不如梁啟超；何況他不像梁啟超那樣始終在歷史前沿激流勇進，始終站立於大時代的啟蒙中心。解璽璋的《梁啟超傳》，其價值在於它不僅展示了梁啟超個人的歷史，而且展示了中國近代「現代文明建構」的歷史，補救了胡繩近代史的缺陷。我們從解著中可以看到中國近代新制度、新文化的建構是多麼艱難、多麼曲折，其中的鬥爭是多麼壯烈，又是多麼殘酷。這是中國近代史重大的、不可忽略、不可抹殺的一脈。解著不是近代歷史事件編

年史，而是以梁啟超為中軸的歷史人物活動史（其實也包含着歷史事件）。人是歷史的載體，以人為中心的歷史，才是活的歷史，也才是最真實的歷史。過去常說「歷史必然性」，其實，歷史充滿偶然。其所以偶然，就是因為歷史是人創造的，它不是機械運動，而是人的能動運作。解著摒棄章回體的編年寫法，而以人物及其交往糾葛為縱橫骨架，這就把歷史的偶然更真實地展示出來。展示中，不僅有豐富翔實的史料、有冷靜公正的史識、有對歷史人物「理解同情」的史德，而且還有佈滿全書敍述中的「歷史肌理」，即歷史血肉和歷史的悲喜歌哭。

把一個人的傳記幾乎寫成一部中國近代史，只有通過梁啟超的傳記才可能。因為梁啟超作為一個巨大的歷史存在，打通了中國近代史各類關鍵性人物關係，包括政治層面、思想層面、文化層面、國內層面、國外層面的關係。在各層各類能夠呈現歷史風貌的重要人物關係網絡中，他是獨一無二的起承轉合、承上啟下，而且舉足輕重的人物。這除了得益於他先進的思想和巨大的多方面的才華之外，還得益於他本身的兩大特點：（1）他是一個既擁有巨大書面文字語言又擁有巨大行為語言的雙重存在，他既創造了巨大的「知」的體系，又創造了巨大的「行」的體系。因此，他既與思想界、文化界、學術界的人物關係密切，又與政治界、軍事界、外交界、教育界、財政界的人物關係密切。也就是說，創造中國近代史的各類創造主體都與他相關。（2）他除了擁有罕見的知行兼備的能力，還擁有一種無人可比的極為「謙和」的性格魅力。中國近現代史上有三個突出的推動歷史前進又極為「謙和」的人物，這就是梁啟超、蔡元培、胡適。他們成就巨大，但從不稱霸，「但開風氣不為師」。梁啟超大事有決斷，小事有謙讓，能與各類人物坦誠交往又不喪失原則。這種性格魅力使他能夠與袁世凱這種人相克相生，從而構成近代史變化萬千又有主線的極為精彩的活生生的一頁。如果寫「康有為傳」，就很難選擇以傳主及人物關係為基本構架的寫法。因為康有為雖然比梁啟超更有原創性（思想理念上），也更

有深度，但他專斷、固執、主觀，名聲很大又霸氣十足，遠離「謙和」作風（謙和包容是中國最缺少的文化性格與文化情懷），所以朋友很少，人際交往缺乏廣度，更沒有如梁啟超與黃遵憲、譚嗣同等交往中所蘊含的如歌如泣的詩意。解璽璋正是敏銳地發現梁啟超的特殊地位與特殊性格，所以才選擇「主客融合為一」的寫法，並獲得雖只寫人物卻覆蓋大面積近代史的效果。毫無疑問，這種構思與寫法是成功的。

通過梁啟超傳的寫作而把握中國近代史的骨架與筋脈，這在海外的中國史研究中，也曾有人感悟到，值得一提的是約瑟夫・列文森（Joseph R. Levenson）。他在 1953 年完成的重要著作（有人甚至認為是天才著作）的題目就叫做《梁啟超與近代中國思想》，其內容也是通過對梁啟超傳的寫作與生發勾勒出中國近代思想史的基本風貌。儘管列文森英年早逝（1969 年 49 歲在河上蕩舟時不幸落水身亡），但他留下的這一著作卻一直是海外的中國近代史研究繞不過的重要史學里程碑。他在書中留下一句著名的評價梁啟超的話：「如果一個人擁有能打開他所在囚籠的鑰匙，那麼他早已不在他的囚籠之中。」確乎如此，梁啟超早已衝破專制囚籠，並邀遊於思想自由的普世天空與大地中。梁氏的思想體系，充滿自由點，少有固定點。有人因此而攻擊他「善變」，其實，他的所謂「善變」，恰恰是與時俱進，恰恰是在尋求真理的過程中，不斷地破「我執」、破「他執」、破固定點，不斷地向真理靠近。他那麼敬重自己的老師康有為，但是，當康有為與張勳勾結一起妄圖復辟帝制時，他能不改變一下「忠於老師」的角色嗎？袁世凱「借助共和」而和平終結帝制時，他與袁世凱妥協合作；袁世凱「埋葬共和」復辟帝制時，他則反戈一擊，給袁氏以致命打擊。這種變遷，在近代風雲變幻多端的時代裏，不正是唯國家利益為重，對個人面子不予計較的偉大人格表現嗎？梁啟超多次以今日之自我反對昨日之自我，表面上看，這是變，而究其深層，始終不變而一以貫之的則是他的愛國之心，他的救國激情，他的把中國從專制引向共和、引向富強、引向自由的努力。

列文森在其著作中認為，梁啟超在理念上認同西方的價值取向，而在情感上則認同中國的傳統人文系統。這一論斷可以涵蓋梁啟超的早期與中期，但是到了五四運動發生，他的生命進入後期即「踱進研究室」之後，他則不僅在感情上而且在理智上也完全認同中國文化尤其是儒家文化的基本價值理念。這並不奇怪，一個人，尤其是一個歷史巨人，其人生是非常豐富複雜的，很難用「激進」、「保守」、「革命」、「反動」這些本質化的概念來描述和判斷。解著的好處恰恰在於它遠離本質化即簡單化，而把力氣用於對史實的考證與描述，在對待近代史人物的評價中，客觀真實地敍述歷史人物為中國的進步做了哪些實事。這樣的史書，不僅還以歷史公平，而且也比較可靠。見到有此可讀而可靠的書，能「不亦樂乎」？所以便在讀後寫了上述心得，以見證解璽璋兄的立傳之功德。

劉再復

2012 年 3 月 15 日

美國馬里蘭

總目錄

目錄 (上)

第

一

章

新會少年：

梁啟超的家世

▶ 梁啟超（1873—1929）

- 1873 年，梁啟超出生於廣東新會熊子鄉茶坑村（今屬江門）。
- 祖父梁維清，親自教梁啟超讀書習字，為他一生學問、品格打下基礎。
- 父親梁寶瑛，素有謙謙君子之風，以其言傳身教影響着梁啟超。
- 母親趙夫人，知書達理，是梁啟超識字的啟蒙者。
- 1884 年，梁啟超參加院試，中秀才。

凡是偉大的天才人物，一定有他超拔脫俗、不同凡響之處。而在他的幼年，也一定會有啟發引導他的人，培養他，愛護他，不使他中途夭折，直到長成參天大樹，開出絢爛無比的花朵，結出碩大無朋的果實。這些人往往就是他的長輩。我們看梁啟超，在他的早期教育中，就有三個人發揮了重要作用：一是他的祖父，二是他的父親，還有一位就是他的母親。正是他們，呵護他、培養他、教育他，讓他度過了幸福的童年和少年，並在很小的時候就顯露出過人的才華、遠大的志向和深厚的家國情懷，為他日後成為一代偉人，開創輝煌的事業，奠定了堅實的基礎。梁啟超所以為梁啟超，而沒有成為方仲永，其重要原因，就是其早期家庭教育有許多平常家庭所不及的地方。所以，講梁啟超，一定要從他的家庭講起。

梁啟超是廣東新會人氏，清同治十二年正月二十六日（1873 年 2 月 23 日）生於新會之熊子鄉茶坑村，若以干支計算，恰逢癸酉年，屬雞。以星座論，則為雙魚。

梁啟超出生的時候，梁氏一族遷居此地至少已有二百四五十年了。在漫長的歷史歲月中，他的高祖、曾祖一直都以農耕為業，是中國鄉村中最常見的普通農民，地位、財富、學識都是微不足道的。到了他祖父這一

代，「始肆志於學」[1]，一邊種地，一邊攻讀詩書，終於考取了「生員」，俗稱秀才，才使得梁家躋身於紳士階層，成為當地受人尊敬的鄉紳。

▎ 祖父：講「義理」，重「名節」

梁啟超的祖父名維清，字延後，號鏡泉先生，是梁啟超最為推崇的人物之一，他長大成名之後，還一再撰文稱頌他的祖父。可以說，在梁啟超的生命中，第一個留下鮮明而深刻印記的，就是他的祖父。在一大群孫兒、孫女中，梁維清也最疼愛梁啟超，看重梁啟超。至少在六歲以前，他一直生活在祖父身邊。白天，他跟着祖父一起讀書、玩耍；夜裏，就和祖父睡在一張牀上，聽着祖父給他講的歷史故事入睡。梁維清喜歡講古代英雄豪傑、學者碩儒的故事給這個小孫子聽，尤其喜歡講宋代亡國、明代亡國的故事，對那些沉痛的往事，他總是津津樂道。

當時的中國，除了科舉，沒有別的教育，更沒有學校。多年以後，梁啟超談及他所看到的國民中的「童年」和「少年」，還是一派放任自流的景象。孩子們遊戲活動的空間，離不開自家的小天地；眼睛看到的，耳朵聽到的，都是些家長里短、尋常瑣碎之事。稍好一點的人家，頂多是教育家中的子弟，走科舉為官這條路，能有升官發財、追求利祿、光宗耀祖的想法，也就到頭了，就算是有志有為的青年了。待他長大以後，眼裏心中，竟以為天下之事，沒有比這更大的了。這還是中上階層家庭裏的情形，下層社會的貧苦子弟又將如何呢？怕是更少有受教育的機會。

各地固然有村塾、鄉塾，但其中施教的教師，梁啟超稱之為學究的，卻都是「蠢陋野悍、迂謬猥賤」[2]之人。他說，「中國四萬萬人之才、之學、之行、之識見、之志氣」，就消磨在這些人的手裏，其中能夠倖免的，「蓋萬億中不得一二也」。[3]正是這種情形，造成了國民中普遍的愚昧自私、目光短淺、心胸狹窄、苟且偷生、奢靡腐敗、不思進取，其根源就在於教育的缺失，尤其是早期教育的缺失。梁啟超擔任《時務報》主筆期間，曾作

《變法通議》一文，其中《論師範》、《論女學》、《論幼學》三章，都對兒童的早期教育有深刻的認識。他認為，中國雖然號稱有四萬萬人口，但其中兩萬萬婦女沒受過教育，她們做了母親，也沒有能力教育孩子。而西方學者認為，兒童的早期教育，70%應該由母親承擔，母親比父親更容易了解孩子的性情嗜好，也更容易因勢利導。如果母親讀過書、有文化，善於對孩子進行教育，孩子的成長就比較容易；反之，就比較難。而教師的情形也不容樂觀。孩子一旦走出家門，培養他們的責任就落在教師肩上，但舉目望去，可以承擔這種責任的教師又何其少啊！大學教授不必說了，那些蒙館學究，「其六藝未卒業，四史未上口，五洲之勿知，八星之勿辨者」[4]，十個裏頭倒有八九個。他們只能尋章摘句，鼓勵學生死讀書，讀死書，作八股，求舉業，為統治者培養「終身盤旋於胯下」[5]的奴才。所以，教育興，則國興；教育衰，則國衰；教育亡，則國亡。教育是一個人的根本，也是一個國家的根本，而早期教育，更是根本中的根本。

所幸梁啟超在他那個時代竟做了「萬億中不得一二」中的一個。他的祖父、父親和母親，在他十歲前後，為他的求學、立志、立身打下了堅實的根基。他的祖父梁維清，並無突出的學問專長，也沒有著述流傳於世，不過就是個秀才，「援例捐作附貢生」，才得到「教諭」一職，管理一縣的文教事業。[6]這是個比七品芝麻官還低一級的八品小官，也是他一生仕途所達到的頂峰。而且，他在「教諭」這個職位上的時間並不長，終其一生，主要還是在村裏教授子孫。

嶺南人家在思想上受到陳獻章（白沙）的影響比較大，陳是與王守仁（陽明）齊名的明代儒學大師，學問都從宋代理學發展而來，尤其受到陸九淵（象山）「心學」的影響，特別強調立志、修身。他主張教育從兩個方面入手，從自身的角度來說，在於認識天命，激勵節操，積極把握個人命運；從外部的角度來說，就是要將自己的所學盡力為社會服務，報效於國家，所謂內聖外王是也。梁啟超後來寫道：「吾家自始遷新會，十世為農，至先王父教諭公（梁維清），始肆志於學，以宋明儒義理名節之教貽

後昆。」[7] 這似乎說明，梁維清對梁啟超的教育，主要集中在「義理」和「名節」這兩大主題上。

陳獻章後半生一直在家鄉授徒講學，過着隱士般的生活。他的那句詩「田可耕兮書可讀，半為農者半為儒」，就是這種生活的寫照。他是新會人，死後在新會建有白沙祠，家鄉人都很推崇他，祀奉他，一直香火不斷。梁維清也很羨慕這種生活方式，他用家族「公嘗」獎勵的「封包」買了十幾畝田，加上原有的十幾畝，共二十餘畝，又在自家屋後的空地上建起一間小書齋，取名「留餘」，也過起了半耕半讀的生活。他有三個兒子，小兒子梁寶瑛即梁啟超的父親，「以幼子最見鍾愛」[8]。梁維清課子讀書，鼓勵兒子去博取功名，把振興家族的希望寄託在兒子身上。但梁寶瑛的仕途並不順暢，屢試不第，連秀才都沒能考上，慢慢也就把仕途看得淡了。三十歲以後，兩位兄長先後病逝，父親又經常生病，作為家中唯一的壯男，他便放棄了登科及第的夢想，一邊在鄉里教授私塾，一邊耕種着從父親那裏繼承下來的六七畝田，既能侍奉生病的父親，又能督責子姪的學業，一舉而兩得。

也許是因為兒子沒能實現其家族的理想，梁維清在孫子身上傾注了更多的心血。據梁啟超後來回憶，他兩三歲開始認字，母親是他第一個老師；四五歲開始讀書，則由祖父悉心指導。他在《三十自述》中提到當時曾經讀過的兩部書，一部是《四子書》，另一部是《詩經》。我們不知道在此之前他是否還讀過《三字經》、《百家姓》、《千字文》等蒙學讀物，無論如何，對於一個四五歲的孩子來說，讀《詩經》已經不是一件容易的事。儘管它有「多識於鳥獸草木之名」的一面，能夠在一定程度上引起孩子的興趣，但其文字的古奧，內涵的豐富，所謂興、觀、群、怨，都超出了一個兒童可以接受和理解的範圍。而《四子書》就更不能說是一部適合兒童閱讀的作品了。所謂《四子書》又稱《四書》，即《大學》、《中庸》、《論語》、《孟子》的合集。相傳《大學》為曾參所作，《中庸》為子思所作，曾參是孔子的學生，子思是孔子的孫子，他們和孔子、孟子合稱四子，是早期儒家的四位代表性人物。在很長的時間裏，《大學》、《中庸》並未單

獨成書，朱熹將它們從《禮記》中抽出，與《論語》、《孟子》合編為一書，增加了註解，稱為《四書章句集註》，作為學生的教材。元代從《四書》中摘出考題並以朱熹的註釋作為標準答案，開了考「四書義」的先河；明代以八股取士，尊程朱理學，朱元璋更把《四書》定為士子的考試用書，試題都從這裏出。於是，《四書》的地位凌駕於所有典籍之上，「六七百年來，數歲孩童入三家村塾者，莫不以《四書》為主要讀本，其書遂形成一般常識之基礎，且為國民心理之總關鍵」[9]。

梁啟超的這番話寫於民國十四年（1925 年），他五十二歲的時候。然而，梁維清選擇《四書》作為梁啟超幼年發蒙的讀物，很可能是無意識的。實際上，當時的梁家，也找不到更多的可讀之書。梁啟超曾經寫到他幼年的讀書經歷，除了四五歲時在祖父及母親膝下讀「四子書詩經」外，「六歲後就父讀，受中國略史、五經卒業。八歲學為文，九歲能綴千言，十二歲應試學院，補博士弟子員。日治帖括，雖心不慊之，然不知天地間於帖括外，更有所謂學也。輒埋頭鑽研，顧頗喜詞章，王父、父母時授以唐人詩，嗜之過於八股。家貧無書可讀，惟有史記一，綱鑑易知錄一，王父、父日以課之，故至今史記之文能成誦八九。父執有愛其慧者，贈以漢書一，姚氏古文辭類纂一，則大喜，讀之卒業焉」[10]。由此看來，梁維清給幼年的梁啟超講授《四書》，恐怕還是因為這是他當時最方便得到的書，也是他曾經讀過的書。但也不排除他有希望孫子求仕進、求功名的心理，他只考中過秀才，兒子連秀才也沒考中，他希望孫子能給家族帶來更大的榮耀，提升整個家族的社會地位，也是很自然的。不過，梁維清不完全是個讀書人，梁家也不是書香門第或官宦之家，他要求孫子讀書，固然有步步高升，光耀門庭的考慮，但也不排除他寄希望於孫子，了解儒家經典的微言大義，培養自身的道德情操，進而經世致用，為國家和社會作出自己的貢獻。這應該是梁維清為梁啟超講授《四書》的另一層含義。很顯然，梁啟超的愛國情懷、民族大義、社會責任、仁愛之心，都少不了這層底色。他在《變法通議》中就曾講到讀經的兩個方面，不僅揭露了「秦始皇之燔詩書，明太祖之設制藝，遙遙兩心，千載同揆，皆所以愚黔首，重

君權，馭一統之天下，弭內亂之道，未有善於此者也」[11]；同時又指出，禍首只是制藝，即科舉考試，不能讓《四書》代為受過。雖說讀的都是《四書》，但不同的人從中得到的東西也不盡相同。有人看到的只是考試的題目和制藝的材料；有人則熱衷於故紙堆中的箋註校勘；還有人潔身自愛，將其作為自身道德修養的門徑；也有人從中發現了古人的微言大義和先王之志。讀書的境界有高低，由此也可見一斑。他甚至感歎：「今日之天下，幸而猶以經義取士耳，否則，讀吾教之經者，殆幾絕也。」[12]事實果然如此，在科舉考試、經義取士被廢除之後，還有幾人用心讀《四書》這樣的經典呢？

▍在祖父言傳身教下考取「童子秀」

不過，梁維清對梁啟超的教育，除了讀書，還有更重要的內容和方式。從有限的記載來看，他很重視歷史遺跡、人文環境、節日慶典、祭祀活動的教育功能，這些都成為他對兒孫進行教育的素材。梁家居住的茶坑村，離南宋王朝最終覆滅的崖山不遠。六百多年前（註：此處指距梁維清生活的時代，陸秀夫死於公元 1279 年），大宋忠臣陸秀夫誓死抗元，在此陷入絕境。面對波濤洶湧的大海，他先讓自己的妻子投海自盡，然後背起九歲的小皇帝趙昺，一起投海身亡。許多宮人、官員也都跟着投海，在這裏，南宋軍民沒有一個人投降。後來有人在此建起了慈元殿，奉祀帝后和死節的臣民，其中還有陳獻章、陳恭尹（獨漉）等人的題詩。明朝成化年間，這裏又建起一座大忠祠，祭祀抗元犧牲的文天祥、陸秀夫、張世傑三位忠臣。為此，陳獻章還撰寫了門聯：宇宙萬年無此事，春秋一例防諸公。為了祭祀宋元時期死難的忠義、節烈之士，崖山還建起了忠義壇、全節廟，以表彰這些先烈。[13]而梁家的祖墓恰恰也在崖山。每逢清明節，梁維清都要帶領兒孫去祭掃祖墓。從茶坑村到崖山是要坐船的，途中經過南宋舟師覆滅的古戰場，有一塊高達數丈的巨石突出於大海之中，上書八個

大字：元張弘範滅宋於此。每次從這裏經過，梁維清都要把這段故事講了又講，說了又說，直講得心情沉痛，直說得老淚縱橫。這時，他往往還要聲情並茂地背誦陳恭尹的詩篇：

> 山木蕭蕭風更吹，兩崖波浪至今悲。
> 一聲望帝啼荒殿，十載愁人拜古祠。
> 海水有門分上下，江山無地限華夷。
> 停舟我亦艱難日，畏向蒼苔讀舊碑。[14]

聽着祖父的慷慨悲歌，不知梁啟超作何感想？但是，看他成年以後所表現出來的愛國情懷和民族氣節，我們得承認：梁維清把憂國憂民的種子，播撒進梁啟超的心田裏，並且紮下了根，至死不移了。

還有這樣的記載：茶坑村有一座北帝廟，廟裏珍藏着四十八幅水粉工筆的古畫，據說是明末清初一個來歷不明的人所繪，每幅畫都講了歷史上一個赫赫有名的忠臣或孝子的故事，共有二十四位忠臣，二十四個孝子。這些畫平時總是藏而不露，只有每年正月十五的上元佳節，才懸掛出來，供人觀賞。這時，梁維清就率領孫子們到廟裏參觀，指點着每一幅畫，講故事給孫子們聽：這是朱壽昌棄官尋母的故事，這是岳飛出師北征的故事……每年都是如此。他還為廟裏撰寫了一副長聯，來表達自己對這些忠臣孝子的仰慕之情：

> 週歲三百六旬，屈指計期，試問煙景陽春，一年有幾？
> 屏開四十八幅，舉頭看望，也知忠臣孝子，自古無多。[15]

梁啟超和祖父一起生活了十九年，對他來說，從祖父那裏得到的不只有最初的書本知識和生動的戶外教育，更多的還有祖父的身教。他從祖父身上看到了高尚的、令人崇敬的道德情操，並且影響到他的品格、性格的形成以及一生的事業。我們看到，在梁啟超後來關於祖父的描述中，

梁維清是個勤奮、儉樸、自尊、自信、嚴以律己、寬以待人、有知識、有文化、有威信、熱心公益、受人尊敬的鄉紳。他是嫡出的次子，兩歲時母親就去世了。他們兄弟八人，除他之外，都是繼母、庶母所生。父親去世以後，兄弟分家，有人說嫡子可以多分一些家產，梁維清卻不以為然，堅持與所有兄弟平均分配。他懂得一些醫道，平時為鄉親們看病，從不計較費用，遇到貧苦人家有人生病，還饋贈藥品。村裏的道路因年久失修，行走不便，遇到雨水天氣，更加泥濘難行，村民多有抱怨。他主動把自己節省的錢捐出來修路，並號召村民有錢出錢，無錢出力，得到很多人的回應，人們唱着歌來參加修路勞動，竟把原來的土路改成了石板路。咸豐四年（1854年），洪秀全領導的太平天國運動影響到廣東沿海地區，新會這個偏遠的瀕海之鄉也有人群起回應，「四方蜂起，城日以困」[16]。茶坑村離新會縣城只有十餘里（一說八里），有些「無賴者」竟也信了拜上帝教，準備起義。梁維清是以儒學為其思想根基的，他當然不能接受披着基督教外衣的拜上帝教，也不贊成給社會造成動盪、使百姓流離失所的過激行為。從安定一方的社會責任感出發，他在鄉里倡導組織「保良會力為禁止，以故一鄉無亂民」[17]，維護了當地的治安，使得茶坑村在那個風雨飄搖的年代，維持了相對的平靜。

梁啟超對於祖父的教誨始終心存感激，念念不忘，而他可以報答祖父的，也只有學業上的不斷進步。光緒十年（1884年），梁啟超十二歲，這一年他再到廣州應考，與他第一次應考相隔不到三年。這一次他考中了秀才，補博士弟子員。這是中國科舉有史以來難得一見的「童子秀」，也是梁維清一輩子所達到的最高功名，他感到非常欣慰！而此時任主考的廣東省學政葉大焯也感到驚喜異常，特地把梁啟超和幾個年齡稍小的秀才找來「試以藝文」。幾個人中，只有梁啟超對答如流，有條有理，葉大焯愛才之情溢於言表。這時，聰明的梁啟超靈機一動，趁機跪倒在地，言道：「家有大父，今年七十矣，弧矢之期，在仲冬二十一日，竊願得先生一言為壽，庶可永大父之日月，而慰吾仲父、吾父之孝思，且以為宗族交遊光寵也。」[18]葉大焯聽了梁啟超的這一番話「矍然」，一副驚訝的樣子。我們今

天讀來也只有驚歎而已，很難想象一個十二歲的孩子，在那種場合，能說出這樣一番話來。不過，葉大焯很快便喜形於色，愛其伶俐，嘉其孝心，滿口答應，當即提筆寫下了這篇祝壽之文。在這篇洋洋灑灑的祝壽文中，葉大主考表達了三層意思：一、梁啟超才學不凡，可與歷史上的吳祐、桓驎、任延、祖瑩相媲美；二、不可驕傲，鞏固所學的知識，勤學新的知識，樹立遠大的理想；三、梁家教子有方，茶坑人傑地靈，梁啟超前途不可限量。

梁啟超帶着考中秀才的喜悅和葉大主考的祝壽文回到茶坑，老爺爺梁維清驚喜得老淚縱橫。當梁啟超把那張祝壽文在家中懸掛起來的時候，祖父、父母都深深感受到了梁啟超的一片孝心，不只看到了他在人格、學問上的長進，也看到了梁家興旺發達、蒸蒸日上的未來。這正是梁啟超當時唯一可以孝敬祖父、父母的。

▌ 父母：淑身濟物

梁啟超的稟賦以及兒童時代所受到的教育，除了得自其祖父，再有便是得自其父母的。他的父親梁寶瑛，字蓮澗，人稱蓮澗先生，生於道光二十九年己酉（1849 年），卒於民國五年丙辰（1916 年），享年六十七歲，是梁維清三個兒子中最小的一個，也是壽命最長的一個。雖說他在仕途上很不順利，未曾博得半點功名，但他退居鄉里，在私塾中教書，卻是個很好的教書先生。當年，梁啟超從護國前線回到上海後，才得知父親已於一個多月前去世的消息。他懷着悲痛的心情寫下《哀啟》一文，其中就講到，他和幾個兄弟、堂兄弟從小就在父親執教的私塾中讀書，他們的學業根底、立身根基，一絲一毫都來自父親的教誨。他在《三十自述》中也寫到父親對他的教育，他說，六歲以後便跟着父親讀書，所讀之書有《中國略史》和《五經》。後者同他此前讀過的《四書》一樣，也是科舉考試所規定的必讀書。既然不能不走科舉仕進之路，不能不將登科及第作為

人生的一大理想，那麼，對他來說，《四書》、《五經》就是無論如何都躲不過去的必修課。但是，他的家庭畢竟不是世家大族或書香門第，沒有那麼多的忌諱和限制。而且，他所處的時代，恰逢西學東漸、正統學術衰落之際，這也體現在他的讀書上。據查，《中國略史》就不是一部傳統意義上的中國史書，它的編寫者是個德國傳教士，中文名叫郭士立（又譯郭實臘），早年在中國傳教，鴉片戰爭期間，擔任過英軍司令官的翻譯和嚮導，還參與起草過《南京條約》。梁家私塾可以選擇他的書給學生讀，可見，在這方面，他們沒有太多的成見。

在梁啟超的眼裏，父親是慈祥的，也是嚴厲的。他對梁啟超寄予厚望，激勵兒子奮發向上，做一個出類拔萃的人。作為父親，除了督促兒子讀書以外，還要求他參加一些田間勞動，言語舉動也要謹守禮儀，如果違反了家風、禮節，他決不姑息，一定嚴厲訓誡。所謂愛之深，必責之切，他對梁啟超說得最多的一句話就是，你把自己看作是個平常的孩子嗎？「汝自視乃如常兒乎！」[19] 梁啟超說，這句話他此後一直不敢忘。從現有的記載和人們的記述來看，梁寶瑛不是一個很善言談的人，即使是對自己的兒子，他也沒有留下更多的言辭。梁啟超的《哀啟》是目前可以見到的記述梁寶瑛生平最詳盡的文字。在這篇事實上的祭文中，他把父親描述為一個不苟言笑、中規中矩的人，在孩子們面前，他更顯得十分嚴肅。他處處按照儒家的倫理道德要求自己，謹守祖父開創的家風，既在道德上嚴格自律，注重內在修養，又不忘記社會責任，盡力為社會辦事。他的生活十分儉樸，沒有任何嗜好，一輩子都是這樣。梁啟超曾經勸他不要太苦了自己，現在有條件了，該享受的還是要享受。但梁寶瑛認為，無論什麼時候都不能忘記勤儉、樸素的家風，而且對後輩生活上的優越和安逸感到很擔憂。

梁寶瑛的謙謙君子之風使他在茶坑村贏得了很高的威信，村中大小事務，幾乎都要他去處理。他也以治理鄉政為榮，盡心竭力地維護着茶坑村的社會安寧。廣東瀕臨大海，素來民風剽悍，新會一帶則賭博盛行，盜匪出沒，械鬥更被看作十分平常的事。梁寶瑛為此常常感到痛心

疾首，他說，這三種禍害不根除，鄉里就不會有和諧平靜的生活。茶坑村與鄰村東甲鄉積怨三十年，一直得不到解決，經常發生械鬥。起初，東甲人不大看得起茶坑人，以為茶坑窮，又沒有獲得科舉功名的人。梁啟超中舉之後，聞名鄉里，村裏有人覺得可以揚眉吐氣了。梁寶瑛卻認為，這正是和解的好時機，反對以此報復別人。他謙恭地帶着兒子專程去拜訪與梁氏有宿怨的東甲人，拜謁他們的宗祠，執弟子禮，讓東甲人非常感動。多年的積怨、隔閡從此消除，雙方變成了友好的鄰居。這件事甚至影響到周圍相鄰的縣、鄉，大家都為械鬥而感到慚愧，紛紛請梁寶瑛去幫助調解糾紛。梁寶瑛也不辭辛勞，樂此不疲。在他的不懈努力下，三十年中，不僅新會許多鄉村改變了械鬥的風氣，就連附近香山、新寧、開平、恩平、鶴山等縣，械鬥之風也大為減少。梁寶瑛對於治賭也頗有一套辦法，他把賭和盜聯繫起來，認為清盜必先禁賭。在他的管理下，賭具不能進入茶坑，對於野外或密室中的聚眾賭博行為，他則冒着風雨，踏着泥濘去勸阻，對賭博的人曉以利害，甚至哭着勸說他們。為此他落下一身疾病，卻保證了一鄉的安寧。茶坑村沒有一個強盜，外面的強盜也不敢來此相擾，三十年內，清鄉的軍隊，其足跡沒有到過茶坑。這都是梁寶瑛的功勞。梁啟超大為感歎：「孔子稱仁者安仁，嗚呼，吾先君子幾近之矣。」[20] 梁仲策先生認為，梁啟超的這篇文章「皆實錄，無溢美之辭」[21]。

在這篇祭文中，梁啟超還講到父親在家庭倫理方面的表率作用。梁啟超的祖父晚年多病，作為兒子，梁寶瑛在病牀前侍奉父親近二十年。梁維清去世時七十四歲，他的大兒子已先他四十年去世，二兒子先他去世也有十六年，他從六十五歲以後更是臥牀不起，全靠梁啟超的父親和母親日夜侍奉在身邊。母親去世以後，最後幾年，就是父親一人承擔起侍奉祖父的責任，吃喝拉撒都是他一個人打理，甚至不讓其他子姪動手。俗話說，久病牀前無孝子。梁寶瑛以他的孝心和孝行，改變了世俗成見。在此期間，他還要操心子姪們的學業，不使病牀上的祖父掛心。對於兩位寡嫂，他也謹遵儒家的教誨，恭恭敬敬地侍奉到老；她們留下的三個孩子，他更視如

親子。他在道德、為人方面的言傳身教，對於年少的梁啟超來說，猶如春風化雨，潛移默化，潤物無聲。

梁啟超的母親趙夫人家世不詳，只知道她的祖父是舉人，父親是秀才。她在娘家一定是讀過一些書的，嫁到梁家以後，也以知書達理，謹守家規，品性賢孝而受到公婆的喜愛。梁啟超說，他最初識字，就是母親教的。他還說，母親喜歡吟誦唐詩，估計從小沒少教他「春眠不覺曉」或「牀前明月光」之類。母親不僅教他和兄弟們讀書識字，鄉里一些姑嫂姐妹也常到梁家跟她識字，學做針線。茶坑村一帶流傳着這樣的佳話：人們只要得知某個女子跟趙夫人識過字，學過針線活，那麼不必訪問，這個女子的德行、品性一定受到大家的稱讚，婚事也就比較順利。總之，她的為人在鄉里是傳為美談的。她生了六個孩子，其中四個男孩、兩個女孩，梁啟超是長子。她是在第四個兒子出生時，難產去世的。

趙夫人對梁啟超都有過哪些教育，我們所能看到的記載已不是很多，最著名的還是梁啟超自己所述六歲時捱打一事。據梁啟超講，他在六歲的時候，記不得因為什麼，說了謊話。母親發覺後，十分生氣，把他叫到臥房，嚴加盤問。母親本來是慈祥的，終日含笑，很疼愛自己的孩子。但這時的母親卻是一副盛怒的樣子，她命令梁啟超跪在地上，竟「力鞭十數」[22]。她警告伏在膝下的這個兒子，如果再說謊，將來只能做盜賊和乞丐。趙夫人自有她的道理，她說，一個人之所以說謊，一定是他做了不應該做的事，或者是該做的事沒有做好。這本來已經錯了，如果自己不知道錯，還情有可原，改正起來也不難。但說謊則是明知故犯，自欺欺人，就跟盜賊一樣，天下萬惡，都由此而產生。說謊的人總會被人發覺，最終就很難取信於人。人無信不立，到頭來就會一事無成，落得當乞丐的下場。這一番教誨給梁啟超留下了深刻印象，以至於多年之後，他還痛悔不已，寫成文章，教育後人。

很顯然，梁家的家教，從梁維清到梁寶瑛，再到趙夫人，重點都不在知識的灌輸和功利的訴求，而是更強調立志和做人，這是梁家早期教育的核心內容。這一點甚至壓倒了傳統社會要求於學子的「學而優則仕」。

儘管梁啟超不滿十歲就隨叔伯兄長一起參加過省城的科舉考試，並在不滿十二歲時考取了秀才，還在十七歲那年考取了舉人，可以說是少年得志，前途遠大。但綜合其一生的經歷以及所取得的成就，這似乎又是微不足道的，並非他所追求的終極目標。假設他的科舉仕途不是很順利，那麼，他的祖父、父母也不會給他很大的壓力，他很可能和其祖父、父親一樣，退居鄉間，服務鄉里，繼承他們家「田可耕兮書可讀，半為農者半為儒」的生活方式。事實上，這也正是宋、明以來儒家知識分子所推崇的精神特質——內聖而外王，特別強調道德的修養和精神的陶冶，把「義理」和「名節」視為立身的根本。梁家不是巨紳大儒，也沒有自成體系的家學淵源，但他們受到嶺南學風的影響比較多，又有多年來自耕自種所養成的勤儉、務實、淳樸、進取的品質，體現在孩子的早期教育上，也就很自覺地把道德修養和精神品質放在第一位。科舉要考，官也要做，但那只是更好地服務社會的一種途徑，而不是唯一途徑。梁啟超曾經講到他的父親：「先君子常以為所貴乎學者，淑身與濟物而已。淑身之道在嚴其格以自繩；濟物之道在隨所遇以為施。」[23] 他這裏所說的「淑身」，指的就是一個人的內在修養，而「濟物之道」的「隨所遇以為施」，就是要根據具體情況而盡力服務於社會。

▌ 凌雲壯志出少年

在今天的許多人看來，梁家的家教可能很不科學，很不實用，流於空疏而失當，甚至有一點迂腐，因為當今的教育，只有一個目的，就是應付考試。一切為了考試，甚至從幼教開始，都指向高考這個目標，道德、理想、心靈、品性的修為就講得少了。現在的青年，從幼教讀到大學、碩士、博士，獲得了很高的學位，擁有了很多的知識，卻發現心靈竟然荒蕪已久，成了一片荒原。為什麼高學歷人群中自殺或殺人案件時有發生？對此，人們多歸結為社會生存壓力造成的心理失衡。其實，追根溯源，問

題還在我們的早期教育。身不立而心不正，只講出人頭地，只講功成名就，只講實現自我，只講社會競爭，一句話，只講狼性，不講人性，只講做事，不講做人，只講眼前，不講長遠，看上去是幫助這些孩子走向成功之路，實際上，很容易引導他們走向萬劫不復的深淵。回過頭來再看梁啟超，就會發現，他最終成為中國近現代歷史上一個頂天立地的偉人，很重要的原因就在於十歲以前的家庭早期教育給他奠定了堅實的基礎。梁啟超的天資固然是一流的，他的記憶力很好，才思敏捷，這些都是他最終獲得成功的先天資本。同時，梁家以讀書育人為核心訴求的早期教育，又給了他長大成人的後天資本，讓他的天資和才華得以充分發揮和展現。他兩歲識字，四歲讀書，八歲學作文章，九歲時文章寫到千餘字，十二歲參加科舉考試，中秀才，補博士弟子員，但他並沒有自滿自足，《四書》、《五經》，科舉考試都限制不了他的才思和嚮往。他的家鄉有一座凌雲塔，在陽光明媚的日子裏，梁啟超經常與兄弟姐妹一起爬上村後的小山，到凌雲塔附近眺望南海的波濤。據說他八歲的時候，以《凌雲塔》為題寫了一首詩：

> 朝登凌雲塔，引領望四極；
> 暮登凌雲塔，天地漸昏黑。
> 日月有晦明，四時寒暑易；
> 為何多變幻，此理無人識。
> 我欲問蒼天，蒼天長默默；
> 我欲問孔子，孔子難解釋。
> 搔首獨徘徊，此理終難得。[24]

在這首詩裏，梁啟超表達了一個孩子天真的好奇心，勤於思考、敢於懷疑的精神，以及漸漸擴大的胸懷和對新的知識的渴求。這座凌雲塔也曾帶給他冥思遐想，讓他對未來有了更多的嚮往。他還作過一副對聯，表達他的心情：

凌雲塔下凌雲想，海闊天空，迢迢路長；

天竺國裏天竺望，雲蒸霞蔚，須臾妙相。[25]

　　這副對聯寄託了梁啟超小小年紀就已樹立的高遠志向，凌雲塔啟發了他的「凌雲」之想，但他清楚地知道，要實現「凌雲」之想，腳下的路還很長。他已經作好了走出家鄉、走出新會、走向更廣闊天地的準備，一棵幼苗已經破土而出，沒有什麼力量可以阻擋他前進的腳步了。

註釋：

1　《梁啟超年譜長編》，5頁。

2　《飲冰室合集·文集》之一，44頁。

3　同上，45頁。

4　同上，35頁。

5　同上。

6　《梁啟超年譜長編》，7頁。

7　《飲冰室合集·專集》之三十三，127頁。

8　同上，127頁。

9　《飲冰室合集·專集》之七十二，1頁。

10　《飲冰室合集·文集》之十一，15～16頁。

11　《飲冰室合集·文集》之一，15頁。

12　同上，18頁。

13　《新會梁氏：梁啟超家族的文化史》，12頁。

14　同上，14頁。

15　同上，13～14頁。

16　《梁啟超年譜長編》，7頁。

17　同上。

18　同上，17頁。

19　《飲冰室合集·文集》之十一，16頁。

20　《飲冰室合集·專集》之三十三，129頁。

21　《梁啟超年譜長編》，8頁。

22　《飲冰室合集·文集》之十一，19～20頁。

23　《飲冰室合集·專集》之三十三，127頁。

24　《新會梁氏：梁啟超家族的文化史》，19頁。

25　同上，21頁。

▶

第
二
章

相敬相知：

梁啟超的婚姻與愛情

▶ **李蕙仙**（1869—1924），梁啟超原配夫人，精明強幹。夫妻二人相敬如賓，梁啟超大小事多與她商量，而她也支持梁啟超為國為民。

▶ **王桂荃**（1885—1968），梁啟超第二位夫人。任勞任怨，為梁家子女付出頗多。

▶ **何蕙珍**（1879—？），梁啟超紅顏知己。他們因在檀香山為保皇會做事而相識相愛，最終發乎情止乎禮。

精明強幹李夫人

梁啟超生命中有三個重要的女人：兩位夫人和一個紅顏知己。第一位自然是他的夫人李蕙仙。這位李夫人可是大有來頭。據夏曉虹教授考證，她的本名應該是「端蕙」，「蕙仙」只是她的表字。梁啟超曾作《上海遇雪寄蕙仙》一詩，題下有註：「蕙仙，李夫人字。」[1] 但是，生活中大家叫慣了「蕙仙」，「端蕙」這個本名反倒湮沒在歷史深處，很少有人知道了。

李端蕙的父親李朝儀，字藻舟，道光二十五年（1845年）進士，為官經歷貫穿於道光、咸豐、同治、光緒四朝，從直隸（河北）平谷知縣，一步步做到順天府尹，相當於今天的北京市長。李端蕙就出生在他治理永定河的任上。她有個叔伯哥哥叫李端棻，幼年喪父，叔父李朝儀很賞識他，待他就像自己的兒子一樣。李端棻也處處學李朝儀的樣子，立身行事都很正直，後來官做到禮部尚書，成為著名的維新派大臣。李朝儀的「北京市長」只做了兩年，光緒七年（1881年）不幸去世，全家便回到貴州。光緒十五年（1889年），廣東鄉試，李端棻擔任主考官。梁啟超是眾多參加考試的舉子之一，那年他只有十七歲，考試結果一公佈，他名列第八，成

為當時十分耀眼的一顆新星。面對這樣一位前途不可限量的少年才俊，李端棻馬上想到了他的堂妹李端蕙。此時的李端蕙已經二十一歲，尚待字閨中。放榜後，按照規矩，中舉的士子都要拜見座師，李端棻事先就請了副主考王仁堪（可莊）做大媒，要把妹子許配給梁啟超。據說，這裏面還有一個小插曲，王副主考有個女兒也不曾婚配，他對梁啟超也非常賞識，一心想把女兒嫁給梁啟超，沒想到卻被主考大人搶了先，無奈之中，也只能做這個月老兒了。

梁啟超出身寒素之家，本為一介寒士，由於才華出眾，受到主考官的嘉賞，後者還主動提出結親，不只是官場中的一段佳話，對梁啟超來說，也是十分榮耀的一件事。兩年後，大約在光緒十七年（1891年）入冬的時候，梁啟超千里迢迢趕到北京，與李端蕙完婚。婚後的梁啟超與李端蕙暫住在宣武區永光寺西街舊門牌1號的新會新館。這一年梁啟超虛歲十九歲，新夫人大他四歲，應該不會小於二十三歲。第二年的夏天，他便和夫人李端蕙一起回到了故鄉——廣東新會縣茶坑村。梁家世代務農，僅靠幾畝薄田度日，家境並不寬裕，新婚夫婦剛到老家時，連一間像樣的新房都沒有，只能借用梁姓公族書室的一個小房間權作新房。廣東的氣候炎熱潮濕，初來乍到的李端蕙很不適應。但是，這位生長於官宦之家、從天子腳下嫁到中國極南一個鄉村的大小姐並沒抱怨，也不嫌棄，很快便適應了梁家貧寒儉樸的生活，操持起家裏的日常雜務，梁家上下都對這個新媳婦交口稱讚。梁啟超的生母趙太夫人五年前就已仙逝，繼母只比李端蕙大兩歲，李端蕙仍極盡孝道，日夜操勞，精心侍奉，在鄉里也博得了賢妻良母的美名。

婚後的梁啟超並沒在家裏久住，他當時正求學於康有為，為了完成學業，婚後不久，便到萬木草堂讀書去了。萬木草堂在廣州的長興里，離新會的茶坑村有百里之遙，交通又不很便利，所以，這對新人總是相聚的時候少，分離的時候多。隨後的幾年裏，梁啟超曾兩度進京參加會試，夫妻在一起的機會就更少了。這時的北京已然是風雨欲來，整個國家都處在危難之中。甲午一戰，老大中國敗於蕞爾小國日本，北洋水師全軍覆沒，清

政府被迫求和，準備割讓台灣、澎湖及遼東半島，並賠償白銀兩萬萬兩。
消息傳來，群情激奮，康有為首倡公車上書，請朝廷拒絕和議；梁啟超則
日夜奔走，聯絡各省舉子，聚議於北京城南的松筠庵，並連夜撰寫萬言
書，提出拒和、遷都、變法三項要求，造成了前所未有之大事件。此後的
梁啟超，其人生道路發生了根本性的改變，他不再把考取功名作為自己的
人生目標，而是以一個改革者、啟蒙者的形象出現在世人面前，全身心地
投入維新變法、救亡圖存的時代浪潮。他奔走於北京、上海及湖南、廣東
各地，開學會，辦報紙，寫文章，登講壇，為中國的富強和進步大聲地鼓
與呼。

情詩裏的浪漫與風雅

這個時期他很少回家與家人團聚，關於他們夫妻情感、生活方面的情
況，在可以看到的史料中也少有記載，至今我們已經很難猜想二人感情生
活的具體細節。但李端蕙畢竟出身於官宦之家。明清之際，官宦人家的女
子大多受過一些教育，都有詩歌唱和的雅興。有人說，李夫人從小便熟讀
古詩，有吟詩作文的才能，而且琴棋書畫樣樣都會，被親友們譽為才女。
遺憾的是，我們沒有看到她的作品流傳下來，也沒有看到任何有關其作品
的記載。以梁啟超的性情，如果有，不會不有所表示，他的《飲冰室詩話》
中就記載了其他女性的詩作，何以對夫人的作品不置一詞？最有可能的
是，她確實沒有寫過。如今我們也只能從梁啟超寫給她的詩詞作品中，多
少感受一點這對年輕夫妻之間的浪漫和風雅。

光緒二十一年（1895 年），梁啟超有《上海遇雪寄蕙仙》詩一首，其
中幾句是這樣寫的：

> 春寒惻惻逼春衣，二月江南雪尚霏。
> 一事生平忘不得，京華除夜擁爐時。

江南二月，雨雪霏霏，春寒料峭，獨居逆旅，梁啟超想起昔日在北京與夫人圍爐夜話共度除夕的情景，描繪出一幅暖融融的夫妻生活剪影。還有《寄內四首》：

> 一縷柔情不自支，西風南雁別卿時。
> 年華錦瑟蹉跎甚，又見荼蘼花滿枝。
>
> 月上簾櫳院落虛，香羅帳掩舊流蘇。
> 東風昨夜無聊賴，故作輕寒逗玉櫥。
>
> 三年兩度客京華，纖手扶攜上月槎。
> 今日關河怨搖落，千城殘照動悲笳。
>
> 萍絮池塘乳燕飛，蠻箋細展寫烏絲。
> 殷勤寄與臨安去，陌上花開莫緩歸。

　　詩中寫到的離愁別緒，是中國古典詩詞中常有的意境，但梁啟超寫來，卻也表達了他在光緒二十一年至二十三年（1895—1897）這段時間裏的生命狀態和心情，即在慷慨激昂之外，還有低回哀婉的一面。雖然國家的危機、現實的憂患，時時在他心中激蕩着不息的波瀾，但這個風華年少的青年才俊，又怎能放得下家中的嬌妻愛女？夜深人靜之時，他也要放縱一下自己的柔情與戀情。這種哀豔如簫聲的審美意蘊，也表現在他寫給夫人的幾首詞中。有一首《蘭陵王·至日寄蕙仙計時當在道中》，寫的是李端蕙歸寧途中，梁啟超因夫人不在身邊，難以入睡，眺望窗外的蒼茫暮色，夢去愁來，擔心她一路上風餐露宿，舟車冷暖：

> 瞑煙直，織就一天愁色。欄杆外無限庭蕪，付與斜陽盡狼藉，良期渺難得。遮莫年華虛擲，迢迢夜，夢去愁來，還似年時倦遊客。

天涯數行跡。念衾冷舟蓬，燈暗亭壁，籃輿扶下正無力。又月店雞聲，霜橋馬影，催人晨起趁晚驛。夜涼怎將息。

淒寂，共今夕，共目斷行雲，江樹南北，芳痕觸處情無極。有織錦留墨，唾絨凝碧，思量無寐。又淡月，照簾隙。

另有一首《台城路·黃浦江送蕙仙歸寧之黔余亦南還矣》，也寫到李端蕙歸寧，夫妻離別的心情：

平生未信離愁，放他片帆西去，三疊陽關，一杯濁酒，做就此番情緒。勸君莫醉，怕今夜醒來，我儂行矣。風曉月殘，江潯負手向何處。

天涯知是歸路，奈東勞西燕，遼絕如許，滿地干戈，滿天風雪，耐否客途滋味。幾多心事，算只有淒涼，背人無語。待取見時，一聲聲訴汝。

另有一首《洞仙歌·中秋寄內》，寫他在中秋夜晚，對月思人，想起去年中秋，與夫人月下暢飲，悄悄窺視夫人的醉態：

薄醒殘睡，又四更天氣，明月新來太無賴。記去年，今夕雙影晶簾，曾見汝一點窺人微醉。

瑤台天外路，依約年華，甚到圓時越憔悴。料脂香啼曙，鏡粉敲寒，算未減花底天涯滋味，待互倩素娥慇勤，萬一夢魂兒斷鴻能寄。[2]

夫婦相敬如賓

光緒二十四年（1898 年）八月，戊戌變法失敗，梁啟超倉皇出逃，東渡日本。危難之中，他一直惦念家眷的安全，頻頻寫信給夫人李端蕙。

在九月十五日的信中，梁啟超說道，老師康有為已到日本，他從康有為那裏得知，家人都已避難澳門，生活尚能維持，心稍安定。聽說夫人臨危不懼，「慷慨從容，詞色不變，絕無怨言，且有壯語，聞之喜慰敬服，斯真不愧為任公閨中良友矣」[3]。一番讚揚之後，他還有重要的事情託付給夫人。他擔心，遭此劇變，父母的心裏一定很焦灼，很憂慮，他又不在身邊，只能靠夫人代他盡兒子的職責，盡可能地給父母一些安慰和解脫。他說：「卿此時且不必歸寧，因吾遠在外國，大人遭此患難，決不可少承歡之人，吾全以此事奉託矣。卿之與我，非徒如尋常人之匹偶，實算道義肝膽之交，必能不負所託也。」[4]在這封信中，他還為妻兄李端棻因受其牽連而遠配新疆表示不安和愧疚，擔心此行他的生命是不是有危險。

在十月六日給李端蕙的信中，他再次把父母託付給愛妻：「吾今遠在國外，侍奉之事，全託之於卿矣。卿明大義，必能設法慰解，以贖吾不孝之罪，吾惟有拜謝而已。」[5]一週之後，梁啟超再次致信李端蕙，向她解釋不能馬上接家眷來日本的原因，講了三個理由：「一、今在患難之中，斷無接妻子來同住，而置父母兄弟於不問之理，若全家接來，則真太費矣，且搬動甚不易也。二、我輩出而為國效力，以大義論之，所謂匈奴未滅，何以家為。若以眷屬自隨，殊為不便。且吾數年來行蹤之無定，卿已知之矣。在中國時猶如此，況在異域？當無事時猶如此，況在患難？地球五大洲，隨處浪遊，或為遊學，或為辦事，必不能常留一處，則家眷居於遠地，不如居於近鄉矣。三、此土異服異言，多少不便，卿來亦必不能安居，不如仍在澳也，此吾所以決意不接來也。」[6]直到來年的春季，這件事仍不能最終確定下來。三月二十四日，梁啟超又一次致信李端蕙，講到曾經準備接她到日本來，「因橫濱開女學校，欲請薇君（康有為長女康同薇）為教習，故吾之意欲令卿與同來也」。但忽然接到康老師的書信，要他趕赴美洲動員華僑加入保皇會，所以，只好將接家眷之事再一次暫緩推遲。不過，這一次梁啟超似乎並未成行。結果，到了秋天，梁啟超突然接到妻子來信，說她們已在父親梁寶瑛的護送下啟程前往東京，來與他團聚了。十月的一天，梁寶瑛等人乘坐的客輪停靠在長崎港，在此等候多時的梁啟

超，終於看到李端蕙抱着女兒思順，和父親一起走上碼頭，全家人久別重逢，擁抱在一起，喜極而泣。

在日本十四年，梁啟超的生活是比較穩定的。雖然有過幾次遷徙，但最終還是因華僑朋友的慷慨資助，住進了神戶郊外的一幢別墅，全家因此有了安居之所。此地面對大海，背靠山林，海濤與松濤齊鳴，猶如奏響了一曲雄渾的交響，梁啟超愛其環境的優雅別致，稱它為「雙濤園」。這時，梁家的生活雖不富裕，甚至有些捉襟見肘，但卻是幸福和睦的，孩子們的歡聲笑語，也使他在顛沛流離中感受到天倫之樂的來之不易。據說，李端蕙是個比較嚴肅的人，甚至性情有點乖戾。她主持家政，「家裏的人，都有點怕她」[7]。梁思成在多年之後還說到母親的嚴厲：「我小時候很淘氣，有一次考試成績落在弟弟思永後面，我媽氣極了，用雞毛撣捆上鐵絲抽我。」[8]他還說到李夫人對傭人也很苛刻，「動不動就打罵罰跪」。這樣看來，這位李夫人的確很嚴厲。

在梁家，梁啟超是一位慈父，李夫人就是一位嚴母，不僅傭人和孩子都很怕她，就是梁啟超，似乎也要讓她幾分。當時外間便有「梁啟超怕太太」的傳言，他的學生楊鴻烈為老師開脫，找了如下一些理由：「梁夫人既是出自當時顯貴家庭的小姐，下嫁窮書生，且長梁好幾歲；在梁氏遭逢戊戌政變，亡命日本時，又蒙李端棻饋贈赤金二百兩，得以這項資本，在橫濱創辦《清議報》；梁氏在北京會試時，即已寓住李尚書公館，累得這位號稱學問淵雅，性情篤厚的妻兄，也因變法失敗，而丟掉紗帽，發往新疆效力贖罪。梁氏對這位顯貴的知己恩人，既因李『屢上封事，請開學堂，定律例，開懋勤殿，大誓群臣諸大事』而對李表示十二萬分的感激，因此，對李的堂妹，不能不『相敬如賓』。」[9]

這裏所說應該都是實情。梁、李的婚姻固然很令人羨慕，但畢竟摻雜了許多感情之外的東西，這些都有可能影響到兩人關係。不過，也要看到兩人在性情上互補的特點。梁啟超屬於雙魚座，據說，這個星座的男人總能保持一種天真、忠厚的氣質，性格也比較溫和，很容易相處，但卻需要一個能指導其言行的精明強幹的生活伴侶。看上去，這很像是一種巧合，

我們則不妨姑妄聽之。而實際上，梁啟超也確實離不開這位嚴謹而能幹的主婦。他在夫人去世之後所作《悼啟》一文中寫道：

戊戌之難，啟超亡命海外，夫人奉翁姑，攜幼女，避難澳門。既而，隨先君省我於日本，因留寓焉。啟超素不解治家人生產作業，又奔走轉徙，不恆厥居，惟以著述所入給朝夕。夫人含辛茹苦，操家政，使仰事俯畜無飢寒。自奉極刻苦，而常撙節所餘，以待賓客及資助學子之困乏者。十餘年間，心力蓋瘁焉。夫人厚於同情心而意志堅強，富於常識而遇事果斷。訓兒女以義方，不為姑息。兒曹七八人，幼而躬自授讀，稍長，選擇學校，稽督課業，皆夫人任之，啟超未嘗過問也。幼弟妹三人，各以十齡內外依夫人就學，夫人所以調護教督之者無不至。先姊早世，遺孤甥趙瑞蓮、瑞時、瑞敬三人，外家諸姪李桂姝、續忠、福鬘，皆早喪母，夫人並飲食教誨之如己子，諸甥姪亦忘其無母也。啟超自結婚以來，常受夫人之策勵裹助，以粗自樹立。早歲貧，無所得書，夫人輒思所以益之。記二十一歲時所蓄竹簡齋石印二十四史，實夫人嫁時籤珥所易也。中歲奔走國事，屢犯險艱，夫人恆引大義鼓其勇。洪憲之難，啟超赴護國軍，深夜與夫人訣，夫人曰：「上自高堂，下逮兒女，我一身任之，君但為國死，毋反顧也。」辭色慷慨，超啟神志為壯焉。至其平日操持內政，條理整肅，使啟超不以家事嬰心，得專其力於所當務，又不俟言也。[10]

梁啟超的這番話基本上概括了夫人的為人和性情，以及她為這個家所做的一切。她在這個家裏就是主心骨，大事小情都要她拿主意。她比梁啟超大四歲，這種姐弟式的婚姻總是弟弟依賴於姐姐，她也真像姐姐一樣呵護這個小弟弟。所以，她的去世真叫梁啟超悲痛萬分，他在給北京《晨報》所寫《痛苦中的小玩意兒》一文裏，對於這種痛苦的情形有很形象的表達，他說：「我的夫人從燈節起臥病半年，到中秋日奄然化去，他的病極

人間未有之痛苦，自初發時醫生便已宣告不治，半年以來，耳所觸的，只有病人的呻吟，目所接的，只有兒女的涕淚。喪事初了，愛子遠行，中間還夾着群盜相噬，變亂如麻，風雪蔽天，生人道盡，塊然獨坐，幾不知人間何世……平日意態活潑興會淋漓的我，這回也嗒然氣盡了。」[11]百無聊賴中，他只能靠讀宋詞來排遣悲傷的情緒。第二年，夫人安葬以後，他又寫了《亡妻李夫人葬畢告墓文》，也稱作《祭梁夫人文》。梁啟超很看重這篇文章，他在葬禮結束後寫給思順、思成、思永、思莊的信中說：「我的祭文也算我一生好文章之一了。情感之文極難工，非到情感劇烈到沸點時，不能表現他（文章）的生命，但到沸點時又往往不能作文。即如去年初遭喪時，我便一個字也寫不出來。這篇祭文，我做了一天，慢慢吟哦改削，又經兩天才完成。雖然還有改削的餘地，但大體已很好了。其中有幾段，音節也極美，你們姊弟和徽音都不妨熟誦，可以增長性情。」[12]他的這篇祭文再次回顧了兩人結婚以來三十三年的生命歷程，最後表達了感情永遠不變的願望：「鬱鬱兮佳城，融融兮隧道，我虛兮其左，君宅兮其右。海枯兮石爛，天荒兮地老，君須我兮山之阿！行將與君兮於此長相守。」[13]

梁啟超的這種痛苦，一方面源於他對夫人的依戀，一旦失去便感到心無所依；另一方面，或許也和他一直放不下的深深內疚有關。李夫人自1915 年冬患乳腺癌，幾年來，多方求治，做過兩次手術，都沒有根除，1924 年春天再次復發，並於當年 9 月 13 日去世。一年之後，在給思順等人的信中，他還在自責：「順兒啊，我總覺得你媽媽這個怪病，是我們打那一回架打出來的。我實在哀痛之極，悔恨之極，我怕傷你們的心，始終不忍說，現在忍不住了，說出來也像把自己罪過減輕一點。」[14]類似的話，也見於他的《告墓文》：「君我相敬愛，自結髮來，未始有忤；七年以前，不知何神魅所弄，而勃谿一度。」[15]這裏所說的七年前，應該是 1917 年，在這一年裏，這對相親相愛的夫妻究竟發生了什麼不愉快的事，現在已很難猜測了，倒是從這裏我們再一次感受到了梁啟超對其愛妻的拳拳深情。

任勞任怨王夫人

梁啟超的第二位夫人姓王，她沒有大名，就叫來喜，王桂荃這個名字是梁啟超給她取的。王夫人在梁家有不可替代的作用，其重要性在某些方面甚至超過李夫人，但在很長一段時間裏，她一直隱藏在幕後，在各種有關梁啟超的歷史文獻、年譜傳略、日記書信中，她的名字從不被提及，只有在《梁啟超年譜長編》和他寫給孩子們的書信中，我們才能發現一些蛛絲馬跡，在這裏，她常以「王姑娘」或「王姨」的身份出現。如果細讀《梁啟超年譜長編》，我們還是能夠發現梁啟超的「非正常」狀況，據《梁啟超年譜長編》記載：「是年（1904 年），十月七日三子思永生，同年四妹生。」這裏面透露出來的資訊，就很耐人尋味。

最早向社會公開王夫人真實面貌的應該是梁思成。其後，梁啟超的外孫女、梁思莊之女吳荔明在撰寫《梁啟超和他的兒女們》一書時，專為王桂荃安排了一個章節。據梁思成介紹，王桂荃的家鄉在四川廣元，童年生活十分悲慘。家中只有幾畝薄田，全靠父親的辛勤耕作，一家人才能勉強度日。母親在她很小的時候就去世了，繼母相信算命先生的胡言，說她命硬，克父母，經常虐待她。四歲那年，父親又不幸暴病而亡，無依無靠的她，被人販子買去，幾年間就被轉賣了四次，最後來到李端蕙的娘家。光緒二十年（1894 年），李夫人回家探親，見她聰明伶俐又很勤快，就把她帶到梁家做丫環。[16]

王桂荃大約生於光緒十一年（1885 年），依據是吳荔明曾經寫道：「1903 年，她 18 歲時在李蕙仙的主張下和梁啟超結了婚。」[17] 這樣看來，她應該比梁啟超小十二歲，比李夫人小十六歲。她到梁家以後，和一家人相處得都很不錯，很有人緣。馮自由曾有《梁任公之情史》一文，其中講道：「來喜深得女主寵用，在《新民叢報》時代，舉家度支及鎖鑰概付其掌管。」[18] 一個丫環，掌管着全家的日常開支和鑰匙，可見李夫人是非常信任她的，她在梁家的地位也是很不一般的。馮自由的父親是日本橫濱的華

僑商人，與孫中山多有來往，是興中會的早期成員，他也很小就加入了興中會，是年紀最小的革命黨。他早年曾在梁啟超擔任校長的高等大同學校讀書，對梁啟超應該比較熟悉，但因政見不同後來竟反目成仇。他這篇文章發表於 1936 年 6 月《逸經》第 8 期，其中對梁啟超不乏揶揄、醜化和攻擊，黨派私見十分明顯。後來他編寫《革命逸史》，並未將此文收錄，似乎也很能說明問題。他在文章中透露：「甲辰（1904 年）某月啟超忽託其友大同學校教員馮挺之攜來喜至上海。友人咸為詫異，後乃知為因易地生產之故，蓋來喜得孕，極為女主所不喜，故不得不遣至別處分娩。久之，梁婦怒解，始許來喜母子歸橫濱同居。」[19] 看來，這個說法後來還是被梁家的人所接受，只是在當年的文獻中，我們找不到任何有關王桂荃身份和地位的明確而可靠的記載。

王桂荃成為梁啟超的第二位夫人，她為梁家所生的孩子中，有六個長大成人。孩子們稱李夫人為「媽」，稱王夫人為「娘」。但在李夫人生前，梁啟超似乎很少在公開場合提到王夫人，他在寫給梁思順等人的家信中，常常稱「王姑娘」或「王姨」。然而他又說，王夫人「是我們家極重要的人物」。其重要性或在於她所具有的多重身份，她既是孩子們的「娘」，又是梁氏夫婦的傭人，按照傳統的倫理規範，她不過是丫環收房做了「姜」。但梁家是個具有現代思想的家庭，梁啟超也不是封建大家庭的老太爺，這使得王桂荃有可能成為其丈夫不可缺少的助手和伴侶。平時，她幫助李夫人料理家務；梁啟超出門在外，則往往由她隨行幫助料理生活。1915 年 12 月 16 日，梁啟超由天津乘船潛至上海，祕密籌劃和推動反袁護國戰爭。住下以後，他馬上給思順寫信，要求王夫人來滬：「吾身邊事無人料理，深覺不便，可即命來喜前來。」他還特別強調：「吾今處此艱危且不便之境，家人固不容以跋涉為憚也。」過了幾天，他再次寫信催促，要「王姨非來不可」。[20] 到了第二年的三四月間，他悄悄潛入香港，準備從越南的海防潛入廣西，此時王夫人已回天津，他再給思順寫信，要求「當即遣王姨來港」，並且說，「非王姨司我飲食不可」[21]。這些都表明梁啟超對王夫人是非常依賴的，李夫人去世後，梁啟超也身患重病，他更離不開王夫人的照

顧，那些年他寫給幾個孩子的家書，幾乎總是提到「王姨要來干涉了」，只好停筆休息。

王桂荃這個人雖然出身低微，但品性非常高尚，梁思成稱她為「很不尋常的女人」。她的不尋常首先表現為堅韌、耐勞、上進，又具有包容性和同情心。通過吳荔明的描述我們了解到：「她既是李蕙仙的得力助手，又是她各項意圖的忠實執行者，也是家庭的主要勞動力，並負責家務方面對外聯繫。她負擔着一大家人的飲食起居，用慈母的心照顧着孩子們，她每天督促孩子們做作業時，坐在一旁聽孩子們讀書、寫字，她也跟着讀，就這樣她學會讀書看報，還會記賬，寫簡單的信。她同樣也很理解公公的事業，為了使公公專心工作，她忍辱負重，委曲求全，使得家庭和睦安定。」[22]

梁家的每個孩子都很喜歡這個「娘」，他們對「娘」的回憶，總是充滿了溫馨的感情。有一次，思成因為考試成績不如弟弟思永捱了李夫人一頓暴打，他說：「事後娘摟着我溫和地說：『成龍上天，成蛇鑽草，你看哪樣好？不怕笨，就怕懶。人家學一遍，我學十遍。馬馬虎虎不刻苦讀書，將來一事無成。看你爹很有學問，還不停地讀書。』她這些樸素的語言我記了一輩子。從那以後我再也不敢馬馬虎虎了。」[23]他還講到「娘」在這個家裏的不容易：「我媽對傭人很苛刻，動不動就打罵罰跪，娘總是小心翼翼地周旋其間，實在不行了，就偷偷告訴我爹，讓他出來說情。而她自己對我媽和我爹的照顧也是無微不至，對我媽更是處處委曲求全。她是一個頭腦清醒、有見地、有才能，既富有感情又十分理智的善良的人。」[24]

遺憾的是，梁啟超過世太早了，我們無緣看到他再為王夫人作一篇《悼啟》或《告墓文》，以此來表達他對這個女人的感激之情。這麼多年，他都找不到機會把自己深藏在心底的這種情感表達出來。他一生寫了那麼多的文字，總有上千萬了，卻沒有一個字是寫給他生命中最重要的這個女人的。這對王桂荃頗有些不公。梁啟超不幸去世，生活的重擔全部壓在王夫人的肩上。當時，除了思順、思成之外，其他幾個孩子都在上學，學業尚未完成，而主要收入來源卻沒有了，家庭經濟狀況迅速惡化。在這種情

況下，她竟然能夠艱難地支撐起這個家，把每個孩子都培養成人，真是人世間的一大奇跡。幾十年後，梁家的子孫在梁啟超夫婦墓（位於北京植物園東環路東北的銀杏松柏區內，墓園為梁思成親自設計）東側稍後的位置新立了一塊臥碑，並在墓碑之後栽種了一棵小松樹，此碑題名即為「母親樹」，也算給了王桂荃一個應有的位置。

▍紅顏知己何小姐

何蕙珍猶如一顆耀眼而璀璨的流星，在梁啟超的生命中輕輕劃過，幾乎沒有留下任何痕跡。作為梁啟超的紅顏知己，今天我們要了解她，以及她與梁啟超的感情，似乎也只有梁啟超寫給妻子李端蕙的兩封書信以及他的二十四首詩作可以參考。事實上，根據這些有限的文字，我們已經很難恢復歷史的現場，而只能藉此揣摩梁氏的此番出位，在他與妻子以及紅顏知己之間，激起了怎樣的感情波瀾。

梁啟超此次美洲之行，發生在光緒二十五年（1899年）歲末。在此之前，康有為創立保皇會於加拿大，他擔心在日本的梁啟超「漸入中山圈套」而要設法解救他，於是，「勒令梁即赴檀島辦理保皇會事務」[25]。這時，美洲華僑向梁啟超發出邀請，希望他能赴美一遊。當年的12月19日，他從日本橫濱動身，12月31日抵達檀香山。此時的檀香山因時疫流行，華埠封閉，各港口禁止船隻航行，他只能先在此地住了下來，發展保皇會組織，創辦保皇會報紙，為庚子勤王之役籌款。總之，滯留該島期間，他為保皇會做了不少工作。直到第二年八月，他原本要去美國的，但由於自立軍起義迫在眉睫，同志們催他盡快回國，他才決定搭乘日本輪船東返。他與何蕙珍的短暫戀情就發生在滯留檀香山的這段時間裏。

光緒二十六年（1900年）五月二十四日，梁啟超給妻子李端蕙寫了一封家信，詳細匯報了他與何蕙珍從相識、交往，直至分手的過程。他告訴妻子，何蕙珍是當地一個華僑商人的女兒，她的父親是保皇會的會員。這

個只有二十歲的女孩兒，英文水平很高，整個檀香山的男子，沒有能趕上她的，而且她有很好的學問和見識，喜歡談論國家大事，很有大丈夫的氣概。她十六歲就被當地學校聘為教師，至今已經四年了，可見是個才女，而且不是舊時才子佳人式的才女，而是有新思想新精神的才女。梁啟超繼續講他和這個才女的故事。那天，何才女的父親在家中擺下宴席，請梁啟超赴宴，座中還有當地的名人士紳，男男女女十幾個人，席間，大家邀請梁啟超演講，並請何蕙珍做翻譯。第二天早上，當地報紙都刊登了他的演說辭，稱讚他講得好，也稱讚何蕙珍的才華。說到這裏他有點洋洋自得，並說最初見到何蕙珍的時候，見她「粗頭亂服如村姑」，就沒往心裏去，等到她入座翻譯時，才大吃一驚，看她目光炯炯，真是一個很優秀的女子。告別時，她和梁啟超握了手，梁啟超在這裏特別解釋說，當地的華人習慣西方的禮節，見面和分手時都以握手為禮，男女都是這樣。何蕙珍握着梁啟超的手說：「我萬分敬愛梁先生，雖然，可惜僅愛而已，今生或不能相遇，願期諸來生，但得先生賜以小像，即遂心願。」面對姑娘大膽的愛情表白，梁啟超只有「唯唯而已，不知所對」。[26]

他說，剛到檀香山的時候，當地有一家西文報紙，受清政府駐檀香山領事的指使，時常刊登詆毀、誹謗他的文章，他不通英文，對此也無可奈何。後來發現，有人寫了文章發表在西文報紙上，為他辯駁聲張，卻又不留姓名。他問過許多同志，都不知道作者是誰。那天晚上到何家赴宴，席間，何小姐把原稿拿出來給他看，他才知道那些文章都是何小姐所作。他因此更加感動，也更加欽佩這個女孩兒。他說，雖然這些年風雲際會，心裏裝的都是國家命運、民族前途、世界局勢這樣的大事，很少有兒女情長的時候，但見到何小姐以後，聽她說話，看她做事，心裏竟覺得時時刻刻都有這個人存在，放不下了，不知是什麼道理。過了幾天，梁啟超送給何蕙珍一張自己的照片，何蕙珍則回報他兩把摺扇。

過了不久，又有朋友來試探他：「聽說你要到美國去，可你不能說英語，很不方便，想沒想過帶個翻譯同去？」梁啟超說：「想是想過，只是找不到合適的人。」朋友笑着說：「先生如果有志於學習英語，為什麼不

娶一個通曉華語、會說英語的女人呢？一面學英文，一面當翻譯，豈不兩全其美？」梁啟超說：「你是在取笑我吧，哪個不相識的大家閨秀肯和我結婚呢？而且，我是有婦之人，你難道不知道嗎？」朋友不慌不忙：「我怎麼敢和先生開玩笑呢？先生所言，我都清楚，我今天只想問先生一句，如果有這樣一位女性，先生準備怎麼辦呢？」梁啟超想了一想，恍然大悟，於是對這位朋友說：「你說的這個人，我已經知道是誰了，我非常敬重她，喜歡她，也非常思念她。儘管如此，我卻不能背棄曾與同志們一起創立的一夫一妻世界會的原則。況且，我如今還是個亡命之人，有人懸賞十萬要我的腦袋，我的生命時常處於危險之中，家中有一個妻子，也是見面的時候少，分別的時候多，不能常常廝守在一起，怎能再拖累別人家的好女子呢？再說，我如今為國事奔走天下，一言一行，天下的人都看在眼裏，如果做出這樣的事，人們豈能原諒我？請你替我向這位女子表示感謝，我一定以她敬愛我之心敬愛她，時時不忘，只能這樣了。」朋友聽了梁啟超這番陳述，無言以對。這時，梁啟超忽然又想起了什麼，忙對朋友說：「我想替她做個媒人你看如何？」朋友應聲說道：「先生既然了解這個人，我也就不必遮遮掩掩、含糊其辭了，這個人的眼裏難道有一個男人是讓她欽佩的嗎？她在數年前就已經發誓不嫁人了。請先生不必再說了。」

又過了四五天，何蕙珍的老師請梁啟超赴宴，仍然請何蕙珍作陪。他們在席間談了很久，梁啟超不敢對她說起朋友提親一事，她便也不說，而且絲毫沒有扭捏做作、鬱鬱寡歡之態，只是大談中國女學不發達是中國落後的第一個病根，並且談到應當如何整頓小學校的辦法，以便教育兒童。她還談到要創造切音新字，自稱要以完成這兩件大事為己任。她是基督徒，談話中還勸梁啟超加入基督教。她說起來滔滔不絕，長篇大套，幾乎使梁啟超窮於應付。梁啟超觀察她的神色，覺得她已經忘記自己是個女子，梁啟超說，他也幾乎忘記她是個女子了。梁啟超告訴她，自己有個女兒，如果他日有機緣，一定讓她做何的妹妹和學生。何蕙珍也不推辭。她對梁啟超說，聽說他的夫人曾經擔任上海女子學校的校長，才學一定和他一樣，不知今生有沒有緣分和夫人見上一面。先生如果給家裏寫信，一定

代她向夫人問好。此時的梁啟超「但稱慚愧而已」[27]。臨別，何蕙珍又對梁啟超說，多少年來，她都以不懂華文為遺憾，時常想找一個有學問的人做老師，今天看來已經沒有希望了。她現在雖然做個小學校的老師，但並非她的志向。她準備前往美國的大學去求學，學成之後回國效力。先生他日維新成功，不要忘記她，如果要創辦女子學堂，給她發一電報，她一定前來。她的心裏只有先生。說罷這番話，他們互道珍重，握手告別。

梁啟超繼續寫道，回到寓所之後，他「愈益思念蕙珍，由敬重之心，生出愛戀之念來，幾於不能自持。明知待人家閨秀，不應起如是念頭，然不能制也。酒闌人散，終夕不能成寐，心頭小鹿，忽上忽落，自顧平生二十八年，未有如此可笑之事者」[28]。既然睡不着，他索性起身，提筆給妻子寫信，訴說自己的心事與煩惱。這封信寫得很長，也寫得十分坦白。讀過這封信，我們相信，他對何蕙珍是有想法的，雖然他對朋友說了一大篇理由，但也確實動過娶妾的念頭。他甚至有把握地說，如果他提出結婚的話，何小姐是不會在乎名分的。他在信中還以蕙仙比蕙珍，委婉地流露出這種意願，他說：「吾因蕙仙得諳習官話，遂以馳騁於全國；若更因蕙珍得諳習英語，將來馳騁於地球，豈非絕好之事？」[29] 但他又有種種顧慮，經過反覆考慮、權衡，理智終於戰勝了情感。這裏所謂理智包括以下幾個方面：一是自己所提倡的一夫一妻的社會理念；二是自己的特殊身份可能帶來的負面影響；三是目前國內所面臨的形勢非常嚴峻；更重要的一點是擔心妻子不能同意。所以才有「蕙珍磊磊落落，無一點私情，我知彼之心地，必甚潔淨安泰，必不如吾之可笑可惱」的欲擒故縱。這其實只是藉口，是說給妻子李端蕙聽的。他的真實想法其實是，既擔心妻子不能接受何蕙珍，又怕她因此而產生誤會，影響夫妻感情。在作了種種解釋之後，他還是將「蕙珍贈我兩扇」如數上繳，請夫人代為珍藏，並懇求她：「卿亦視為新得一妹子之紀念物，何如？」[30]

我們很難了解李端蕙讀罷此信之後的內心活動，但梁啟超在收到妻子六月十二日覆信之後，於六月三十日又給妻子寫了一封信。在這封信裏他透露，李端蕙告訴他，在接到他的前一封信後，曾準備將此事通報給他的

父親。所以，梁啟超上來就說：「得六月十二日覆書，為之大驚。」[31] 為什麼大驚呢？因為梁的行為很可能破壞他們夫妻的關係，這是梁啟超最為擔心的。因此，他把曾經應付朋友的話，又拿來對妻子說了一遍。他要妻子相信，他有很多事情要做，不僅沒有時間再想何蕙珍，對她，也是「非不欲相思，但可惜無此暇日耳」。他說這些，無非是讓李端蕙放心，他絕沒有要娶何蕙珍的意思。他的這段經歷，「亦發乎情，止乎禮而已」。[32] 對於這段情案，後人有從婚姻自由、個性解放的角度來論述的，認為梁啟超在行動上還不能突破封建婚姻的藩籬，還受到傳統文化和舊道德的約束。這種看法不能說沒有道理，但說了等於沒說。因為，我們不能忽略梁啟超與李端蕙這對夫妻的具體情況。李端蕙不願意梁啟超納妾，是很有可能的。三年之後，王桂荃懷了梁啟超的孩子，也要躲到上海去生產，目的就是讓李端蕙平息一下怒氣。李端蕙後來可以接受王桂荃，很重要的還是王桂荃在梁家的特殊身份。

註釋：

1　《飲冰室合集・文集》之四十五（下），1 頁。

2　同上，以上詩詞分別見 1 頁和 89 頁。

3　《梁啟超年譜長編》，166 頁。

4　同上，167 頁。

5　同上。

6　同上，168 頁。

7　《梁啟超和他的兒女們》，19 頁。

8　《新會梁氏：梁啟超家族的文化史》，265 頁。

9　《追憶梁啟超》，287～288 頁。

10　《飲冰室合集・文集》之四十四（上），24～25 頁。

11　《梁啟超年譜長編》，1023 頁。

12　《梁啟超全集》第十冊，6223 頁。

13　《梁啟超年譜長編》，1023 頁。

14　《際遇──梁啟超家書》，145 頁。

15　同上，1022 頁。

16　《新會梁氏：梁啟超家族的文化史》，263 頁。

17　《梁啟超和他的兒女們》，21 頁。

18　《追憶梁啟超》，206 頁。

19　同上，206 頁。

20　《梁啟超年譜長編》，726 頁。

21　同上，766 頁。

22　《梁啟超和他的兒女們》，23 頁。

23　《新會梁氏：梁啟超家族的文化史》，265 頁。

24　同上。

25　《梁啟超年譜長編》，181 頁。

26　同上，249～250 頁。

27　同上，251 頁。

28　同上。

29　同上，252 頁。

30　同上。

31　同上。

32　同上，253～254 頁。

▶

第

三

章

滿門俊秀：

梁啟超與其子女

▶ **梁思順**（1893—1966），長女。梁啟超的得力助手，很早就幫梁啟超讀書閱報，做翻譯，收集資料。

▶ **梁思成**（1901—1972），長子。梁啟超很得意的一件事，即是促成梁思成和林徽因的婚姻大事。

▶ **梁思永**（1904—1954），次子。他的志向得到梁啟超的支持，最終成為著名的考古學家。

▶ **梁思忠**（1907—1932），三子。生性活潑，對政治軍事興趣極高，也很受梁啟超教誨，可惜早夭。

▶ 梁思莊（1908—1986），次女。梁思達（1912—2001），四子。梁思懿（1914—1988），三女。梁思寧（1916—2006），四女。梁思禮（1924—　　　），五子。這些孩子年紀較小，直接受梁啟超教導的時間很少，但是都受到梁啟超家教的影響，健康成長，各有建樹。

梁氏一族擁有非常優秀的家教和家風。梁啟超成長為舉世公認的改革家、思想家、教育家，成為文化啟蒙的一代宗師、傑出報人，就得益於他的家風、家教。同時，他在整個家族鏈條中又是十分重要的一環，是一個承前啟後的關鍵人物。他既受益於優秀的家教與家風，又繼承和豐富了這個家族的家教與家風。他的教育思想和教育實踐，既有中國傳統儒學做根基，又能得風氣之先，融會西方近現代科學、民主精神，這些都充分體現在他對子女的培養、教育之中。

他有九個兒女，分別是：梁思順、梁思成、梁思永、梁思忠、梁思莊、梁思達、梁思懿、梁思寧、梁思禮。其中梁思順、梁思成、梁思莊為李夫人所生，梁思永、梁思忠、梁思達、梁思懿、梁思寧、梁思禮為王夫人所生。他們中有三人成為院士，其他幾位也都是各自領域裏十分傑出的

人才，被稱為「滿門俊秀」：

梁思順（令嫻）（1893—1966），長女，詩詞研究專家。

梁思成（1901—1972），長子，著名建築學家，1948 年 3 月當選為中央研究院首屆院士（人文組）；其妻為林徽因。

梁思永（1904—1954），次子，著名考古學家，1948 年 3 月當選為中央研究院首屆院士（人文組）。

梁思忠（1907—1932），三子，曾任國民黨十九路軍炮兵校官，因病早殤。

梁思莊（1908—1986），次女，著名圖書館學家。

梁思達（1912—2001），四子，長期從事經濟學研究。

梁思懿（1914—1988），三女，從事社會活動。

梁思寧（1916—2006），四女，投奔新四軍參加中國革命。

梁思禮（1924—　　），五子，火箭控制系統專家，1993 年當選為中國科學院院士。

▋ 中西合璧的為父教子之方

梁氏一門，九朵奇葩，這在中國歷史上怕也是十分罕見的，開創了前無古人的奇跡。《三字經》中曾有「竇燕山，有義方，教五子，名俱揚」的說法，但那只是個因果報應的故事，與梁啟超教育子女的思想、方法和路數，是不可同日而語的。梁啟超從祖父和父親那裏秉承了以「義理」、「名節」為立足之本的家風家教，特別強調道德修養、精神陶冶和人格培育；但區別於祖父和父親的，是他趕上了一個西風東漸的時代，其眼界和心胸都大大地擴展了。西方近現代教育所倡導的科學、民主、平等、自由、尊重個性、啟發式教育等理念，不僅使他感到驚訝、新奇、別開生面，也讓他看到了開啟民智、改造國民、培育新人的可能。

我們看他教育子女的方式和理念，確實帶有亦中亦西、中西合璧的特點。換句話說，他對子女的培養教育，成功實現了以人格教育為主的儒家傳統在現代社會的創造性提升和轉換。這麼說也許有點繞嘴或不知所云，但他的做法和實際效果確實讓我們看到了現代教育和傳統教育相結合的美好前景。我們曾經有過和傳統決裂的時候，傳統似乎便意味着愚昧和落後；現在則又把傳統捧上了天，卻並不了解傳統的內涵究竟有些什麼，只能得到一些皮毛，甚至把孩子讀經（居然是《三字經》）以及穿漢服之類當作時髦。至於如何培養孩子的人格，卻不甚了然。這正是梁啟超可以啟發我們、讓我們無限遐想的地方。由於他的悉心教育，九個兒女個個成才，各有所長。他是如何獲得成功的？他在教育子女方面又有哪些絕招？他的一位學生很羨慕老師的家庭，曾說「要學先生，須從家庭學起」；梁啟超卻坦誠地表示，「談何容易」。[1]

　　梁啟超這麼說一定有他的道理，可以說是甘苦自知。他的老師康有為也是大教育家，培養了梁啟超這樣的學生，但他在管教子女方面卻遠不如梁啟超。他晚景淒涼，去世以後，家裏發生了很多問題，子女們的為人處世，讓其弟子和朋友在伸出援手的同時，又頗感無奈和尷尬。魯迅倒是寫過《我們現在怎樣做父親》一文，當時他已三十八歲（1919 年），雖說他很想「擺出父親的尊嚴，談談我們和我們子女的事；不但將來着手實行，可以減少困難，在中國也順理成章」[2]，但那時他畢竟還不曾做過父親，沒有做父親的體驗。他年近五十歲方才得子，兒子不滿七歲，他便已去世，並沒有遭遇更多的子女成長中的麻煩和問題。所以，究竟如何以「兒童本位」教育孩子，教育之後又將得到怎樣的結果，他所能給予後人的，多是理論的思考和浪漫的想象，而非行動的指南。

　　梁啟超就不同了，他有九個孩子（還不包括早殤的）。大女兒出生的時候，他只有二十歲。按照現在的習俗，二十歲常常還被父母當作「孩子」，他卻已經做了父親，不知那時他是否已經懂得了為父的不易。不過，他二十三歲（1896 年）就發表了《論女學》、《論幼學》等論文，對於青少年的早期教育有着相當深刻的認識。他說：「人生百年，立於幼

學。」[3] 可見，他對早期教育，或者說幼學，是看得非常重的，認為這是關係到每個人一生成敗的大事，是安身立命的基礎工程。在他看來，教育子女絕非一個人、一個家庭，乃至一個家族的私事，廣而言之，教育的好壞，與國家的興亡、天下的興亡，都有很密切的關係。因此，要想變法圖強，先要有好的教育，才能開啟民智，造就新人。這是老大中國走向新生的當務之急，可以說是「悠悠萬事，惟此為大」。他參照西方國家的經驗，提出了一系列改革中國教育的設想和思路，有些具體做法現在看來也許是幼稚可笑的，但在百餘年前就能根據兒童的生理、心理特點，提出循序漸進、循循善誘、啟發為主、全面發展的教育思想和理念，梁啟超恐怕是開先河的。

中國當時所實行的教育實在是太壞了。梁啟超非常痛心地說：中國人有兩大厄運，不幸都發生在童年，女性躲不過纏足，男性逃不脫科舉。除非你不讀書，不受教育，否則，你就是再有才華，再有志向，也只能俯首貼耳，被囚於八股制藝的羅網之中。由於國家規定了科舉考試的內容，一個人只有通過科考，才能得到功名富貴。所以，乳臭小兒都被家長強迫着讀《四書》、《五經》。這種情形在當時非常普遍，一點也不奇怪。他舉例說，譬如「大學之道，在明明德」這句話，漢代的學者和宋代的學者都有非常詳盡的解釋，常常寫了數千言都說不明白，現在卻要牙牙學語、蹣跚學步的孩子跟在老師後面鸚鵡學舌，人云亦云，怎會不傷害孩子的心智和身體呢？儘管這是人人都明白的道理，卻仍然堅持這樣做，為的是什麼呢？很簡單，就因為考試題目要從這裏出；進而言之，功名富貴也從這裏出。事實上，正是科舉考試這個指揮棒，猶如一雙看不見的手，操縱着所有莘莘學子的命運。這樣的教育完全違背了孩子的天性，長此以往，他們的心智被禁錮，他們的品性被玷污，他們的志氣被消磨，他們的人生被引入歧途，從而變成一群遊手好閒、無所事事、苟且偷安、不辨是非的廢物。他還引述嚴復的話說：「長人虛驕，昏人神智，嗚呼，幾何其不率四萬萬之人，以盡入於無恥也。」[4]

光緒二十一年（1895 年），梁啟超參加會試落榜。這是他最後一次參

加會試，此後，他便放棄了考取功名的想法，全身心地投入了變法維新的大事業。作為過來人，他自然不肯以科考和功名再來毒害自己的兒女。而且，由於清政府在光緒三十一年（1905 年）廢除了科舉制度，事實上，梁啟超的兒女們並沒有趕上從小讀經作八股文的時代。大女兒梁思順出生於光緒十九年（1893 年），是他和李夫人的第一個孩子。戊戌政變發生後，梁啟超流亡日本。第二年十月，在父親梁寶瑛的護送下，夫人李蕙仙才抱着女兒梁思順來到日本，與他團聚。當時，梁啟超住在東京小石川久堅町的一個院落裏，為躲避清政府的耳目，他取了日本名字「吉田普」，這個院子就叫「吉田宅」。從這時開始，梁啟超才比較多地和女兒生活在一起。在此之前，思順一直是跟着母親的，她的教育、學習，也是由母親負責的。到日本後，光緒二十七年（1901 年）長子梁思成出生，光緒三十年（1904 年）次子梁思永出生，光緒三十三年（1907 年）三子梁思忠出生，光緒三十四年（1908 年）次女梁思莊出生，這幾個孩子都成長於日本，在家裏被稱作「雙濤園群童」。此後還有四個孩子先後來到這個世界，分別是四子梁思達、三女梁思懿、四女梁思寧、五子梁思禮，他們都生於民國年間，其中梁思禮年齡最小，梁啟超去世時，他只有五歲，比他最小的姐姐梁思寧還小八歲，比大姐梁思順則小了三十一歲。如果也要命名的話，他們似乎可以稱為「飲冰室群童」，因為他們比較多地生活於天津的「飲冰室」，是在京津兩地長大的。

▎ 發自肺腑、自然純真的父愛

面對九個性情各異、生長環境又完全不同的子女，梁啟超如何實行其教育主張？他的為父之道，又有哪些是常人所不及的呢？他在寫給孩子的許多信中反覆提到一點，就是發自肺腑的、自然純真的愛。他說：「你們須知你爹爹是最富於情感的人，對於你們的愛情，十二分熱烈。」[5]這是一種博大的愛，包容的愛。這種愛不僅惠及他的九個子女，也無私地給予女

婿和兒媳。梁思成與林徽因成婚後,他寫信給二人,表達他的喜悅之情。他寫道:「我以素來偏愛女孩之人,今又添了一位法律上的女兒,其可愛與我原有的女兒們相等,真是我全生涯中極愉快的一件事。」[6] 有一次,他讀了一整天的書,晚上又喝了點兒酒,有些醉了,於是,「書也不讀了,和我最愛的孩子談談罷」,便在信裏和思順聊起了家常,稱讚女婿周希哲「勤勤懇懇做他本分的事,便是天地間堂堂的一個人」[7] 他在世期間,成家的孩子只有思順和思成,兩個孩子的婚事都是他「包辦」的,對此他頗為有些自得,認為是他最成功的作為之一。在他晚年,思順、思成、思永、思忠、思莊都在國外,或工作,或讀書,這些孩子沒有不盼着他來信的,常常是兩三個禮拜接不到他的信,就撅嘴抱怨。百忙之中,給孩子們寫信,也成了他的最大快樂和享受。

應該說,父母愛其子女本是天經地義的,它來自人的天性,過去講舐犢之情,說的就是這個道理。但這種愛通常容易異化為兩種方式:一種是溺愛,孩子想怎樣就怎樣,要星星不給月亮,培養出來的孩子多是逆子或廢物;另一種是棍棒之下出孝子,恨鐵不成鋼,又有「打是疼,罵是愛」的說法。問題在於,用棍棒教育孩子,有成才的,也有不成才的,甚至有變得很邪惡的。近代以來,中國總是捱打,貧弱的原因一直深挖到家庭內部,以為傳統的父子關係限制了孩子的發育和成長,鼓吹兒子造老子的反。於是,百餘年來,弒父之聲不絕,家教傳統斷裂,造成很惡劣的影響。也有呼籲老子自覺的,要求做老子的先行解放了兒子,給兒子以自由。當時就有人表示懷疑,「家庭革命,逆子叛弟,接踵而起,國胡不強」?[8] 搞得很熱鬧,怎麼不見國家強大起來呢?

可見,不是這樣簡單。過去我們讀魯迅,得到過一種認識,以為父子關係是講不得孝道,也講不得養育之恩的。一講,就沒有愛了,就是長者本位與利己思想,就是重權利而輕責任、輕義務,就是利害關係、交換關係,就是「人乳餵豬」,無非要豬肉肥美。這種認識的流行,其目的自然是要解放子女的精神和身體,造就一代新人,卻也很容易變成放任和縱容。如果說傳統的溺愛是在物質方面不加限制地滿足孩子的所有要求,那

麼，這種標榜幼者本位、解放孩子的新式溺愛，則表現為在精神方面，在道德教育、人格培養方面主動放棄責任。特別是「進化論」的流行，使得很多人相信，「後起的人物，一定尤異於前」，「長者須是指導者協商者，卻不該是命令者」。[9] 這樣的教育，新的一代或能成為獨立、自由的人，卻也容易變成自私的人，不負責任的人，缺少社會情懷、人文情懷的人。為了孩子能「幸福的度日，合理的做人」，魯迅曾提出三點建議：一是理解，二是指導，三是解放。時至今日，做父母的恐怕很少有人是不肯理解和解放自己兒女的，但如何指導他們，「養成他們有耐勞作的體力，純潔高尚的道德，廣博自由能容納新潮流的精神，也就是能在世界新潮流中游泳，不被淹沒的力量」[10]，卻是個老大的難題。由於「弒父」在先，文化傳統被割裂，精神道德信仰陷入虛無，父母在孩子面前基本喪失了話語權，即教育子女的合理性與合法性（完全歸結為孩子的逆反心理是不對的，是社會在推卸責任），在這種情形之下，父母作為人生第一個老師的資格自然是形同虛設，全部讓渡給只重知識教育的所謂幼教（所謂不輸在起跑線上），家教傳統既失，學校教育又在高考指揮棒的引領下放棄了人格培養的目標，於是，所謂「幼者本位」發展到今天，便只剩下了子女對生活的享受，對權利的要求，沒有人告訴他們、指導他們應該承擔怎樣的責任和義務，怎樣為社會和家人盡自己的力量，怎樣報答父母和社會的養育之恩。

嫻兒思順：梁啟超的得力助手

梁啟超基於父愛的教育則完全不同。梁思順是他的大女兒，在他身邊長大。剛到日本的時候，神戶沒有適合華僑子弟讀書的正規學校，梁思順的早期教育只能在家裏進行，由梁啟超教她讀書。這種情形一直延續到光緒三十二年（1906 年）他們遷居「雙濤園」的時候。在這裏，梁啟超專門為女兒請了家教，教她「數理化」，並在家裏建了一座實驗室，想得可謂很周全。梁啟超在宣統元年（1909 年）寫給仲弟梁啟勳的信中提到，為了

擺脫經濟困境，他正在編寫中學國文教科書，他稱之為「射利之書」，然而，「無意中反使嫻兒獲大益」。[11] 女兒做了他所編寫的國文教科書的第一個學生讀者。梁啟超對這個女兒的期望是很高的，為她的學業傾注了大量心血。我們看他的《雙濤閣日記》，僅在宣統二年（1910年）農曆的正月、二月間，他就為梁思順「講書」及批改「日記」、「作文」二十餘次，有時竟至徹夜。其中還有些特別的記載：「五日午後，為嫻兒作《藝衡館文卷》第一集敘」；「十二日午後，為嫻兒輩講《說文解字·敘》」；「二十日，為嫻兒輩改所作《隈（隗）囂、竇建德合論》竟至徹夜，復為批點日記，六時就榻」；「二月二十五日，昨夜不能成寐，凌晨，出一策問題，示嫻兒輩，即略與論文，至十時始寢」。二月二十八日，恰逢梁思順十七歲生日，梁啟超特意為她作了一首長詩，他在詩中寫道：「我的嬌兒令嫻如今已年滿十七歲了，希望我作一首詩祝賀她的生日。作文我很內行，作詩卻是我的短處，偶然吟誦一下，人們總是笑我。但女兒的要求又不好拒絕，只能勉力為之。」他在詩中歷數女兒出生以來所經歷的歡娛和坎坷，記述她在學業上所取得的初步成就，並告誡她治學要有恆心，不能貪圖安逸，當今世界，東西方文明交匯融合，應當立志做個中西兼通的人，即使今後離開這塊土地，也要「葆此雛鳳聲，毋為江北橘」。[12] 從這裏，我們不難看出一個父親愛女兒的拳拳之心。

梁思順一直是父親的得力助手。她在少年時代就為父親閱報、讀書、收集資料、做翻譯，是父親身邊不可缺少的小祕書。《雙濤閣日記》就曾多次記載：「昨夜竟夕不成寐，晨間臥聽嫻兒讀書，久之睡去。」[13] 民國初年，在父親的主持下，梁思順與馬來西亞華僑周希哲結為夫妻。梁啟超對於女兒的婚姻一直洋洋自得，過了許多年，他在寫給思順的信中還說：「我對於你們的婚姻，得意得了不得，我覺得我的方法好極了，由我留心觀察看定一個人，給你們介紹，最後的決定在你們自己，我想這真是理想的婚姻制度。好孩子，你想希哲如何，老夫眼力不錯罷。」[14] 周希哲幼年家境貧寒，後在商船上做事，曾經得到康有為的提攜和幫助，留學於美國哥倫比亞大學，獲國際法學博士學位。北洋政府時期，他長期擔任駐菲律賓、

緬甸、加拿大的領事和總領事。作為外交官的夫人，梁思順多年生活在海外，父女之間表達相互思念以及商量家務，都只能通過書信往覆。梁啟超一生寫給孩子們的信非常多，有人統計，這些書信幾乎佔到他著作總量的十分之一，總數或有百餘萬字，其中寫給梁思順的書信最多。無論是民國初年梁啟超回國參與政治活動，家人留待日本時期，還是二十世紀二十年代，思順跟隨希哲在加拿大工作期間，梁啟超都曾有大量書信給思順。

梁啟超去國十餘年，其間著書辦報，傳播新的思想，批判專制制度，推動社會變革，鼓吹「新民」之道，使得他在國民心目中地位甚高，甚至超過了孫中山和黃興，各界人士都對他寄予厚望。所以，當他於 1912 年回國的時候，受到了社會各界及各黨各派的熱烈歡迎。他在給女兒的信中抱怨：「應酬苦極，夜不得睡，今日虛火湧上，牙痛大作。」[15] 即便如此，他對女兒的學習、兒子的身體仍不能忘懷，百忙之中，還逛到琉璃廠，為女兒購得《東坡集》、《韓柳合集》，並給其他家人買了禮物。他還在信中指示尚在日本的思順：「思成學課歸汝監督試驗，若至明年二月汝書報告謂其有進益者，吾則於生日時以此賚之。」[16] 二十年代，思成、思永、思忠、思莊先後到美國和加拿大讀書，大姐自然成為四個弟妹在海外的「家長」，給他們以悉心的照顧。在此期間，梁啟超與梁思順的每封書信，幾乎都涉及幾個子女的生活和學習。當時的梁家，收入已不如民國初年，幾個孩子海外求學，每年開支又很大，而這時的梁啟超，除了稿費幾乎沒有其他進項。他曾把家中存款數千美金寄給思順（後來又寄過一些），請希哲做一點證券投資的生意。周希哲算是經營有道，「幾個月工夫已經弄到加倍以上的利」。梁啟超為此大受鼓舞，他設想「照這樣下去，若資本豐富一點，經營三兩年豈不成了富翁嗎」？[17] 思順來信勸他盡力而為，並為自己不能在父親身邊侍奉感到歉疚，他則安慰思順不要太擔心他的身體，也不要因為不能回國伺候生病的父親而感到不安：

> 你雖是受父母特別的愛（其實也不算特別，我近來愛弟妹們也並不下於愛你），但你的報答也算很夠了。媽媽幾次的病，都是你

一個人服侍，最後半年多衣不解帶的送媽媽壽終正寢。對於我呢，你幾十年來常常給我精神上無限的安慰喜悅，這幾年來把幾個弟弟妹妹交給你，省我多少操勞，最近更把家裏經濟基礎由你們夫婦手確立，這樣女孩兒，真是比別人家男孩還得力十倍。你自己所盡的道德責任，也可以令你精神上常常得無限愉快了，所以我勸你不必思家着急，趁這在外的機會，把桂兒、瞻兒（梁思順的孩子）的學業打個深厚的基礎。[18]

梁啟超有時顯得很嘮叨，心思縝密得像個母親；有時又像個孩子，對女兒表現出某種依賴。1928 年秋天，疾病反反覆覆，一直折磨着他，讓他感到十分痛苦。聽說女兒就要回國了，他很高興地寫了一封信給思順：「我平常想你還自可，每到發病時便特別想得厲害，覺得像是若順兒在旁邊，我向她撒一撒嬌，苦痛便減少許多。但因為你事實上既未能回家，我總不願意說這種話。現在好了，我的順兒最少總有三五年依着我膝下，還帶着一群可愛的孩子——小小白鼻接上老白鼻——常常跟我玩。我想起八個月以後家裏的新生活，已經眉飛色舞了。」[19]

可惜，梁啟超沒能等到他所祈盼的這種生活，三個月後便不幸去世了。從一定意義上可以說，他也是為孩子操勞而死的，只要關係到孩子，事無巨細，他從來都是極熱心地幫助出主意，想辦法，並親自作出安排。

二十世紀二十年代，國共聯合發動北伐，北洋政府在財政上也陷入困頓之中，使館經費和外交官的薪水全無着落，思順與希哲的生活大受影響。本來，他們所得的薪水公費也算很好了，不僅能夠敷衍開銷，還能替父親照顧在海外留學的四個弟妹，對家裏的幫助是很大的。然而，隨着時局的變遷，北洋軍閥的末日已到，北京政府的命運也就成了問題，這樣一來，思順們的生計前途，就成了一件讓梁啟超憂慮的事情。他立馬找朋友商量辦法，大家也一籌莫展，因為使領館的經費此時已經斷絕。他又希望能為女婿調一個有收入的缺，卻並不順利。思順與希哲原先想調新加

坡，梁啟超以為可以和顧維鈞（少川）商量的，經過一番了解，才知並不簡單。「據顧（少川）說，現在各方面請託求此缺者，已三十人，只好以不動為搪塞，且每調動一人必有數人牽連着要動，單是川資一項已無法應付，只得暫行一概不動。」[20] 面對這種局面，梁啟超既沒有放棄為希哲尋找出路，又給思順以諄諄教誨，他在寫給思順的信中說：

> 順兒着急和愁悶是不對的，到沒有辦法時捲起鋪蓋回國，現已打定這個主意，便可心安理得，凡着急愁悶無濟於事者，便值不得急它愁它，我向來對於個人境遇都是如此看法。順兒受我教育多年，何故臨事反不得力，可見得是平日學問沒有到家。你小時候雖然也跟着爹媽吃過點苦，但太小了，全然不懂。及到長大以來，境遇未免太順了。現在處這種困難境遇正是磨煉身心最好機會，在你全生涯中不容易碰着的，你要多謝上帝玉成的厚意，在這個檔口做到「不改其樂」的功夫，才不愧為爹爹最心愛的孩子哩。[21]

這一番話使思順安下心來。南京政府接管北京政府後，因經濟和政治的諸多原因，暫時無暇顧及調換領事這種事，尤其像加拿大這種沒有收入的領事館，更沒人要打主意，他們住得倒也踏實。但直到去世前的幾個月，梁啟超還在為周希哲設想未來的生活方向。他建議希哲脫離政府，辭職去東北做生意。在他看來，如果做生意，「沒有第二個地方比東三省再好了」[22] 他為希哲描繪了一幅十分美好的前景，並鼓勵他聯絡美國的農具工廠，投身北滿的墾荒事業。這時他還是很樂觀的，他說：「兜攬這件事，目前既可以得相當的傭錢，以後和墾務發生關係，發展的機會更不知多少。還有北滿的森林，若有材木公司想合辦也是有辦法的，這些話我告訴你們留意，你們若能找着投資的人，我這邊總有信介紹。東三省現在決定採不管關內的方針，照此下去，十年生產力發達不可限量。」[23] 然而，隨着日本在東北的侵略擴張，幾年後，梁啟超所設想的這一切，就全都化作了泡影，這當然是後話。

化育思成：治學須有興味

梁思成是梁家的長子，梁啟超對他的期待和關心自然更多了一些。梁思成的童年是很清苦的，由於是在流亡之中，梁家的生活始終非常拮据。但知識淵博又充滿愛心的父親，仍然讓他覺得自己的童年時光是趣味無窮的。像對待思順一樣，梁啟超也是兒子的啟蒙老師，並把他送到自己為華僑子弟創辦的同文學校讀書。學校位於神戶市區，離家有很遠的一段路程，每天趕小火車上學，還是很辛苦的。很多年後，梁思成回憶起童年緊張而有趣的生活，仍大為感慨。民國初年，梁啟超回到闊別十四年的祖國，憑着他在戊戌維新和晚清政治進程中所取得的卓越聲望，很快便獲得了比較穩定的社會地位。第二年，夫人李蕙仙帶領暫時滯留日本的家人啟程回國。從此，梁家便在天津安頓下來，並送思成、思永到北京上學。梁思成先後就讀於南城的匯文學校和崇德高小。大約兩年後，1915 年，年僅十四歲的梁思成就考取了名氣很大的清華學校，開始了他長達半個多世紀的學術人生。

梁思成在清華八年，終於出落成一個學養扎實、發展全面的有為青年，不僅在英語、西方自然科學和人文知識方面奠定了堅實的基礎，而且在美術、音樂、體育等方面的才能也得以充分展現。尤其是在品格訓練方面，作為清華學子，他既秉承了「自強不息，厚德載物」的校訓，又有父親的言傳身教，這使得他在學術生涯開始的時候，步子就邁得比較穩健和扎實。1923 年初夏，梁思成即將從清華學校畢業，準備赴美留學。5 月 7 日這天，恰逢「國恥紀念日」（註：5 月 7 日為日本針對「二十一條」的最後通牒日），北京的學生照例在天安門前舉行紀念遊行。中午時分，梁思成和弟弟梁思永騎着摩托車上街，行至南長街口時，一輛快速行駛的小轎車橫撞過來，當時就把兄弟倆撞翻在地。思永血流滿面，跑回家中報信，思成則被壓在了摩托車的下面。在這場嚴重的車禍中，梁思成傷勢較重，左腿骨折，脊椎也受了傷。出事後，肇事

者居然不加理睬，揚長而去。後經查明，肇事者不是別人，正是北洋政府陸軍部次長金永炎。但他撞的畢竟是梁啟超的兒子，思成的母親李夫人從天津趕來，親自到總統府責問，社會輿論也鬧得沸沸揚揚，迫使金某人不得不到醫院慰問，總統黎元洪也親自出面賠不是，才平息了這件事。但是，這場事故給梁家兄弟，特別是梁思成造成了巨大傷害。梁啟超在事後寫給梁思順的信中說，他曾去事故現場查勘，在離思成受傷一寸多的地方，便是幾塊大石頭，若碰着頭部，真是萬無生理，現在只能說是不幸中的萬幸，到底逢凶化吉，履險如夷，給古老的北京城留下了一個忠誠的守護者。但梁思成出國留學的時間卻不得不推遲到第二年。住院期間，梁啟超要求兒子一邊養病，一邊讀書，短短兩個月內，梁思成便把《論語》、《孟子》和《資治通鑒》都讀了一遍。梁啟超說：「利用這時候多讀點中國書也很好。」[24]

1924 年 6 月，梁思成攜林徽因赴美留學。他們來到美國費城的賓夕法尼亞大學，準備學習建築學。據梁思成介紹，他選擇建築學主要是受到林徽因的啟發，當然也和自己喜歡美術不無關係。早在清華讀書時，梁思成準確而漂亮的繪圖功夫就為許多朋友所稱道，這在很大程度上支持他日後作出了學習建築的選擇。但是他說，如果不是剛從歐洲回國的林徽因和他談到以後想要學習建築，他當時連建築學是什麼還不知道呢。這年秋天，思成進入賓大建築系本科學習，林徽因卻因該系不收女生而被排除在外，只得選擇美術系。

梁思成在學習方面非常專注，全力以赴，好學不倦，同學們都很佩服他這一點，梁啟超也不為此擔心。但是，他卻很擔心思成的身體。1925年，他每次寫信給思順都要詢問：「思成身子究竟怎麼樣？思順細細看察，和我說真實話。」[25] 半年以後，梁啟超又在信中和思順談起思成的身體：「思成體子（身體、體質）復元，聽見異常高興，但食用如此儉薄，全無滋養料，如何要得。我決定每年寄他五百美金左右，分數次寄去。」[26] 他還對思成說：「你常常頭痛，也是令我不能放心的一件事，你生來體氣不如弟妹們強壯，自己便當自己格外撙節補救，若用力過猛，把將來一身健康的幸

福削減去，這是何等不上算的事呀。」[27] 仔細體會他的這番話，梁啟超對於梁思成的擔憂，似乎並不全在身體，更在他的精神和治學方法，在同一封信裏他還說道：「我這兩年來對於我的思成，不知何故常常像有異兆的感覺，怕他漸漸會走入孤峭冷僻一路去。我希望你回來見我時，還我一個三四年前活潑有春氣的孩子，我就心滿意足了。」[28] 所以，他勸告思成，做學問不要專於某一門：「我願意你趁畢業後一兩年，分出點光陰多學些常識，尤其是文學或人文科學中之某部門，稍為多用點工夫。我怕你因所學太專門之故，把生活也弄成近於單調，太單調的生活，容易厭倦，厭倦即為苦惱，乃至墮落之根源。」他接着講道：

> 一個人想要交友取益，或讀書取益，也要方面稍多，才有接談交換，或開卷引進的機會。不獨朋友而已，即如在家庭裏頭，像你有我這樣一位爹爹，也屬人生難逢的幸福；若你的學問興味太過單調，將來也會和我相對詞竭，不能領着我的教訓，你全生活中本來應享的樂趣，也削減不少了。我是學問趣味方面極多的人，我之所以不能專積有成者在此，然而我的生活內容異常豐富，能夠永久保持不厭不倦的精神，亦未始不在此。我每歷若干時候，趣味轉過新方面，便覺得像換個新生命，如朝旭升天，如新荷出水，我自覺這種生活是極可愛的，極有價值的。我雖不願你們學我那泛濫無歸的短處，但最少也想你們參採我那爛漫向榮的長處。什麼叫苦口婆心？我以為，這總算是苦口婆心了。

他還談到治學的方法：

> 我國古來先哲教人做學問方法，最重優遊涵飲，使自得之。這句話以我幾十年之經驗結果，越看越覺得這話親切有味。凡做學問總要「猛火熬」和「慢火燉」兩種工作循環交互着用去。在慢火燉的時候才能令所熬的起消化作用，融洽而實有諸己。思成，你已經

熬過三年了，這一年正該用燉的工夫。不獨於你身子有益，即為你的學業計，亦非如此不能得益。你務要聽爹爹苦口良言。[29]

這一番話是富有感情的，帶着體溫的，娓娓道來，透着坦誠、平和、真摯與樸素，種種人生的道理就這樣在「潤物細無聲」的訴說中潛移默化地影響着孩子。梁啟超對思成畢業以後的去向、職業和生計，也早有考慮。還在1926年，思成的學業尚未完成，梁啟超就想到了畢業後的生計可能會發生困難。因為，思成選擇建築時，曾有過一個考慮，即思忠去學工程，將來哥兒倆可以合作。現在思忠要走別的路，如果思成所學單純是美術建築，恐怕就不適合謀生了。於是梁啟超建議思成畢業後轉學建築工程。但思成沒有接受這個建議，甚至還把治學方向設定為中國古代建築。梁啟超沒有因為兒子不聽招呼就生氣，他告訴思成，這是一件大事業，而且極有成功的可能，但非要到各處實地考察不可，而當時國內的情形卻是到處都在打仗，一步也不可行。他提醒思成：「你回來後恐怕只能在北京城圈內外做工作，好在這種工作也夠你做一兩年了。」[30] 於是，他建議兒子不妨在西洋美術史上多下一點工夫，將來或許還可以到學校去當教書匠。對於父親的這個建議，梁思成沒有拒絕。梁啟超便進一步替他作了安排。在他看來，如果教書，最好不在清華：「清華園是『溫柔鄉』，我頗不願汝消磨於彼中。」[31] 而且，清華的邀請「本來是帶幾分勉強的」，他主張思成去東北，「東北大學交涉已漸成熟。我覺得為你前途立身計，東北確比清華好（所差者只是參考書不如北京之多）」。[32] 為了幫助他更加切實地了解西洋美術的歷史，梁啟超還專門籌集五千美金，讓畢業後的梁思成與林徽因取道歐洲回國，以便能對歐洲的美術建築作一番實地考察。他還囑咐思成：「你腳踏到歐陸之後，我盼望你每日有詳細日記，將所看的東西留個印象（凡注意的東西都留它一張照片），可以回來供系統研究的資料。若日記能稍帶文學的審美的性質，回來我替你校閱後可以出版，也是公私兩益之道。」[33] 為了思成與徽因在歐洲旅行時更加方便，他還特意隨信寄去名片十數張，並囑咐思成：「到歐洲往訪各使館時可帶着投我一片，問候他

們，託其招呼，當較方便些。」[34] 意思就是讓梁思成自報家門，說是梁啟超的兒子，請叔叔伯伯們多加關照。當時中國派駐歐洲各國的領事，很多都是梁啟超的朋友，私人交往很多，借助領事館作為家信的中轉站，至少可以比較快地得到兒子旅歐的消息。他再三囑咐思成：「你到歐後，須格外多寄些家信，明信片最好，令我知道你一路的景況。」[35] 父親對兒子的舐犢之情躍然紙上。

就像梁思順與周希哲的婚姻一樣，梁思成與林徽因的婚姻也被梁啟超視為自己的得意之作。梁家與林家可謂世交，梁啟超和林長民的交情，可以追溯到民國初年二人共同籌劃成立憲法研究會的時候。在交往中，兩人的共鳴和默契表現在做人和興趣的諸多方面，他們很快就成了意氣相投的好朋友。所以，當兒女到了談婚論嫁的年齡，兩位父親幾乎同時想到了聯姻這件事。1919 年夏天，在他們的刻意安排下，十八歲的梁思成在父親的書房裏見到了十四歲的林徽因。不過，對於兒女的婚姻，梁啟超並不主張完全由家長包辦代替，他一再表示，他只負責觀察、挑選，給他們提供相識、了解、培養感情的機會，最後的決定權還在兒女手裏。思順的婚姻是這樣，思成的婚姻也是這樣。他甚至希望，「普天下的婚姻都像我們家孩子一樣」，不過，他也對思順感歎：「但也太費心力了。像你這樣有恁麼多弟弟妹妹，老年心血都會被你們絞盡了。」[36] 說歸說，他照樣樂此不疲。

的確，梁思成與林徽因的婚姻讓梁啟超操了不少心。林家原本希望能早一點訂婚並舉行婚禮，但梁啟超考慮，兩個孩子的學業和前途更重要。所以，他主張思成和徽因繼續求學，待學業完成之後，再訂婚、結婚，建立自己的小家庭。他甚至還有這樣的打算，考慮到思成所學，也許不便於謀生，於是提出：「你們姐妹弟兄個個結婚後都跟着我在家裏三幾年，等到生計完全自立後，再實行創造新家庭。」後來急着為思成找工作，幫助他解決生計問題，就是因為發生了新的情況。林徽因的父親不幸在戰爭中遇難，「思成結婚後不能不迎養徽音之母，立刻便須自立門戶，這就困難多了」。[37] 為兒女，梁啟超總是想得很細、很多，事事都想在前面。當時的

梁啟超已經疾病纏身，但他仍然不能放心萬里之外的梁思成。他在給梁思順的一封信裏寫道：「我們家幾個大孩子大概都可以放心，你和思永大概絕無問題了。思成呢？我就怕因為徽音的境遇不好，把他牽動，憂傷憔悴是容易消磨人志氣的（最怕是慢慢的磨）。……我所憂慮者還不在物質上，全在精神上。我到底不深知徽音胸襟如何：若胸襟窄狹的人，一定抵擋不住憂傷憔悴，影響到思成，便把我的思成毀了，你看不至如此吧！關於這一點，你要常常幫助着思成注意預防。總要常常保持着元氣淋漓的氣象，才有前途事業之可言。」[38]

我們體會梁啟超的這一番話，他是深知林徽因與梁思成在性格上有很大差異的，特別是在遭遇了父親死難的悲劇之後，她的情緒波動很大，甚至影響到梁思成。梁啟超專門寫信給思成，對林徽因表示安慰：「我從今以後，把她和思莊一樣地看待，在無可慰藉之中，我願意她領受我這種十二分的同情，渡過她目前的苦境。她要鼓起勇氣，發揮她的天才，完成她的學問，將來和你共同努力，替中國藝術界有點貢獻，才不愧為林叔叔的好孩子。這些話你要用盡你的力量來開解她。」[39]過了不久，他又在寫給孩子們的信中提到：「徽音怎麼樣？我前月有很長的信去開解她，我盼望她能領會我的意思。『人之生也，與憂患俱來，知其無可奈何，而安之若命』，是立身第一要訣。思成、徽音性情皆近狷急，我深怕他們受此刺激後，於身體上精神上皆生不良的影響。他們總要努力鎮懾自己，免令老人耽心（擔心）才好。」[40]梁思成後來成為中國現代建築學領域的一代宗師，林徽因也在文學藝術諸領域取得了顯著的成就，作為父親的梁啟超是付出太多的心血了！他們結婚之後，梁啟超還有兩點新的希望給他們：「頭一件，你們倆體子都不甚好，希望因生理變化作用，在將來健康上開一新紀元。第二件，你們倆從前都有小孩子脾氣，愛吵嘴，現在完全成人了，希望全變成大人樣子，處處互相體貼，造成終身和睦安樂的基礎。這兩種希望，我想總能達到的。」[41]

▌梁思永：在父親支持下成為考古大家

　　梁思永在梁家幾個子女中是較少讓梁啟超操心的。這也許和他的性格中沉着穩重、善解人意的特質不無關係，再有就是，他的戀愛、婚姻少有波折。夫人李福曼是李蕙仙的姪女，也就是他的表妹，比他小三歲，八歲以後一直住在梁家，與他可謂青梅竹馬。1930 年，梁思永從哈佛學成歸來，李福曼也從燕京大學畢業，長期的感情積累，使得他們的結合水到渠成。梁思永是梁啟超第二位夫人王桂荃所生的第一個孩子，光緒三十年（1904 年）十月七日出生於上海，成長於日本，1913 年隨全家一起回國，1915 年與思成一起進入北京清華學校讀書。1923 年 5 月「國恥紀念日」這天，他與思成在南長街被陸軍次長金永炎的汽車撞翻。所幸思永只受到一點輕傷，很快就復元了。這年夏天，思永從清華畢業，考取哈佛大學，主攻考古及人類學。

　　梁思永選擇考古及人類學作為自己一生的學術方向，顯然也是受到了父親潛移默化的影響。梁啟超的學問，按照他在《三十自述》中的說法，早年好段、王訓詁之學，「不知天地間於訓詁詞章之外，更有所謂學也」，甚至一度想要放棄科舉考試，專注於此。師從康有為以後，所授乃陸王心學，以及史學和西學，從而接通了梁氏家學中得自陳獻章的薰陶，強調「義理」的傳統，所以，梁啟超的學問帶有調和漢宋，把「義理」和「考據」結合起來的特點。雖然他很少研究甲骨學、考古學，但他所開創的「新史學」，卻強調史料的蒐集和鑒別，不限於書本和文獻，還強調實跡、石碑和古物的價值，其中就講到野外的發現和古器物的發現。他注重「史前時代」的研究，引進了西方考古學的歷史分期概念，認為中國的史前史也應該包括新石器和舊石器兩個時期，並經歷了石器、銅器、鐵器的進化。這些都在事實上影響着梁思永對所學專業的選擇。梁啟超甚至有過這樣的想法，希望思永學成之後能留在他的身邊做助手，因為，「我做的中國史非一人之力所能成」[42]，在這件事上，他很需要兒子的幫助。

不過，梁啟超絕非一個「自私」的人，為兒子的前途考慮，也為中國考古事業的未來考慮，他還是積極地幫助思永開闢自己的學術道路。1926年底，他聽說李濟和袁復禮要去山西發掘西陰村遺址，力主思永回國參加發掘工作。他多次寫信給思永和李濟，為他們穿針引線。他告訴遠在美國的思永：「李濟之（李濟）現在山西鄉下，正採掘得興高采烈，我已立刻寫信給他，告訴以你的志願及條件，大約十日內外可有回信。我想他們沒有不願意的，只要能派你實在職務，得有實習機會，盤費食住費等等都算不了什麼大問題，家裏景況，對於這一點點錢還擔任得起也。」[43] 雖然由於社會政治動亂，梁思永最終沒有成行，但梁啟超卻擔負起向他通報現場發掘情況的義務。1927年1月10日，他又致信思永，為他回國實習作了具體安排：「關於你回國一年的事情，今天已經和濟之仔細商量。他說可採掘的地方是多極了，但時局不靖，幾乎寸步難行，不敢保今年秋間能否一定有機會出去。……但有一樣，現在所掘得76箱東西整理研究便須莫大的工作。你回來後看時局如何，若可出去，他們便約你結伴；若不能出去，你便在清華幫他整理研究。兩者任居其一也，斷不至白費這一年光陰云云。」[44] 於是，這一年的夏天，梁思永從美國回來了。他在國內工作了大約一年，第二年九月，在梁啟超的堅持下，思永回到哈佛大學研究院繼續他的學業。

　　思永回國後，曾以清華研究院導師梁啟超助教的身份開展工作，還兼任古物陳列所審查員和故宮博物院審查員。這期間，他參加了由李濟主持的西陰村發掘資料的整理、研究工作，並寫成《山西西陰村史前遺址的新石器時代的陶器》一文，第一次將西陰村的考古收穫以英文公佈於世。這篇論文使他獲得了哈佛大學碩士學位。在此之前，梁啟超還曾聽說「有一幫瑞典考古學家要大舉往新疆發掘」的消息，覺得是個千載難逢的機會，即使自家承擔經費，也一定要讓思永加入進去。他說：「我想你這回去能夠有大發現固屬莫大之幸，即不然，跟着歐洲著名學者作一度冒險吃苦的旅行，學得許多科學的研究方法，也是於終身學問有大益的。」[45] 他興奮得第二天就要進城去找那個叫「斯溫哈丁」（斯文·赫定）的人商議，把路

線日期計算清楚，甚至想到讓清華發電報給哈佛校長，要求給思永提前放假。由於斯文‧赫定一行很快就要出發，他的這番計劃又沒能實現，但思永回國以後，仍然給他帶來了很多快樂。他對思順們說：「思永每次回家和我談談學問，都極有趣。我想再過幾年，你們都回來，我們不必外求，將就家裏人每星期開一次『學術討論會』，已經不知多快樂了。」[46]

▍梁思忠：政治熱情得到父親肯定

梁思忠生於光緒三十三年（1907 年），他和梁思永都是王夫人所出，卻也為李夫人所喜愛。思忠小時候很活潑，又善解人意，李夫人很喜歡他，常和他下棋、聊天。梁啟超也曾寫道，思順、思莊赴加拿大以後，他覺得寂寞時，便帶着思忠去聽歌劇；無聊的時候，也拉思忠一起打牌。思忠那時十八九歲，很懂事，哥哥姐姐都在國外，他在家裏就主動多承擔一點「孝道」。1925 年，李夫人的墓修好之後，正式安葬的時候，就是思忠、思達二人扶柩送李夫人上山的。1926 年春夏，梁啟超病情加重，住進協和醫院做割腎手術，也是思忠一直在身邊伺候，直到父親身體好轉出院。同年八月，思忠赴美留學，仍不放心父親的身體，時時寫信提醒。梁啟超在寫給孩子們的信中說：「忠忠勸我衛生的那封六張紙的長信，半月前收到了。好囉嗦的孩子，管爺管娘的，比先生管學生還嚴，討厭討厭。但我已領受他的孝心，一星期來已實行八九了。」[47]

在梁啟超的這些子女中，思忠的政治熱情是最高的。到美國後，他首先選擇了學習政治。梁啟超得知後在信中表示：「思忠來信敘述入學後情形，我和你娘娘都極高興。你既學政治，那麼進什麼團體是免不了的，我一切不干涉你，但願意你十分謹慎，須幾經考量後方可加入。在加入前先把情形告訴我，我也可以做你的顧問。」[48]梁啟超的這種態度，既尊重子女的選擇，又不放棄引導、教育的責任，在今天也是很難得的。說心裏話，這時的梁啟超是很為思忠感到擔憂和不安的。隨着國內形勢的發展，思忠

在海外也熱血沸騰，竟提出終止學業回國參加「北伐」。這使得梁啟超在「萬千心事中又增加一重心事」，他說，「我有好多天把這問題在我腦裏盤旋」，畢竟，這是關係到兒子終身的一件大事情。對於兒子的精神，他首先給予充分肯定，然後說：「你們諒來都知道，爹爹雖然是摯愛你們，卻從不肯姑息溺愛，常常盼望你們在苦困危險中把人格能磨練出來。」[49] 也許是基於這個理由，梁啟超最初是同意兒子回國的，需要商量的只是回國以後去哪裏。梁啟超傾向於去白崇禧那裏或李濟深那裏，而且已經派人去聯繫。但僅僅過去三個禮拜，梁啟超的主張就完全改變了，他坦誠地說明了發生這種變化的理由：「因為三個禮拜前情形不同，對他們還有相當的希望，覺得你到那邊閱歷一年總是好的。現在呢？對於白、李兩人雖依然不絕望——假使你現在國內，也許我還相當的主張你去——但覺得老遠跑回來一趟，太犯不着了。頭一件，現在所謂北伐，已完全停頓，參加他們軍隊，不外是參加他們火拚，所為何來？第二件，自從黨軍發展之後，素質一天壞一天，現在迥非前比。白崇禧軍隊算是極好的，到上海後紀律已大壞，人人都說遠不如孫傳芳軍哩。跑進去不會有什麼好東西學得來。第三件，他們正火拚得起勁——李濟琛在粵，一天內殺左派二千人，兩湖那邊殺右派也是一樣的起勁——人人都有自危之心，你們跑進去立刻便捲攪在這種危險漩渦中。危險固然不必避，但須有目的才犯得着冒險。現這樣不分皂白切蔥一般殺人，死了真報不出賬來。冒險總不是這種冒法。這是我近來對於你的行止變更主張的理由，也許你自己亦已經變更了。」[50] 梁啟超對於兒子的衝動始終沒有責備和埋怨，他說：「這也難怪。北京的智識階級，從教授到學生，紛紛南下者，幾個月以前不知若干百千人；但他們大多數都極狼狽，極失望而歸了。」[51] 所以，他倒有些慶幸兒子最終沒有趕上這個機會。但他對於兒子所說「照這樣舒服幾年下去，便會把人格送掉」的話，卻不能接受，明確講「這是沒出息的話」！他諄諄告誡這個兒子：「一個人若是在舒服的環境中會消磨志氣，那麼在困苦懊喪的環境中也一定會消磨志氣。你看你爹爹困苦日子也過過多少，舒服日子也經過多少，老是那樣子，到底志氣消磨了沒有？——也許你們有時會感覺爹爹是怠惰了

（我自己常常有這種警懼），不過你再轉眼一看，一定會仍舊看清楚不是這樣——我自己常常感覺我要拿自己做青年的人格模範，最少也要不愧做你們姊妹弟兄的模範。我又很相信我的孩子們，個個都會受我這種遺傳和教訓，不會因為環境的困苦或舒服而墮落的。你若有這種自信力，便『隨遇而安』的做。現在所該做的工作，將來絕不怕沒有地方沒有機會去磨練，你放心罷。」[52]

但他卻仍然放心不下，幾天後又在給梁思順的信中談起思忠：「思忠呢，最為活潑，但太年輕，血氣未定，以現在情形而論，大概不會學下流（我們家孩子斷不至下流，大概總可放心），只怕進銳退速，受不起打擊。他所擇的術——政治軍事，又最含危險性，在中國現在社會做這種職務很容易墮落。即如他這次想回國，雖是一種極有志氣的舉動，我也很誇獎他，但是發動得太孟浪了。這種過度的熱度，遇着冷水澆過來，就會抵不住。從前許多青年的墮落，都是如此。我對於這種志氣，不願高壓，所以只把事業上的利害慢慢和他解釋，不知他聽了如何？這種教育方法，很是困難，一面不可以打斷他的勇氣，一面又不可以聽他走錯了路。……所以我對於他還有好幾年未得放心，你要就近常察看情形，幫着我指導他。」[53]思忠還算是很聽話的，他在威斯康辛讀完政治學，又轉到維吉尼亞軍事學院學習軍事。三十年代初，他從美國西點軍校畢業回國，加入國民革命軍，很快升任十九路軍炮兵上校。1932 年「一・二八事變」，日本派海軍陸戰隊登陸上海，十九路軍奮起抵抗，梁思忠所在的炮兵部隊也參加了戰鬥，他表現得非常出色。戰鬥中，他不慎喝了路邊的髒水，結果患上腹膜炎，沒能及時救治，年僅二十五歲就去世了。

▌ 梁啟超其他兒女

梁家在北美的五個姐弟中，梁思莊年紀最小。她生於光緒三十四年（1908 年），1925 年和大姐思順一起赴加拿大。當時思莊只有十六七歲，

讀大學不夠資格，只能先讀中學，一年後，才考取加拿大著名的麥吉爾大學。剛到加拿大時，梁思莊是想直接進大學的。年輕人，滿懷理想，心高氣盛，最不能受到挫折，梁啟超便寫信告誡她：「至於未能立進大學，這有什麼要緊，『求學問不是求文憑』，總要把牆基越築得厚越好。你若看見別的同學都入大學，便自己着急，那便是『孩子氣』了。」[54] 聽說她英文不及格，梁啟超還勸她：「絕不要緊，萬不可以自餒。學問求其在我而已。汝等都會自己用功，我所深信。將來計算總成績不在區區一時一事也。」[55]對於思莊的學業，梁啟超也有很多考慮，他一直希望思莊將來能做他的助手，為此他建議思莊：「我很想你以生物學為主科，因為它是現代最進步的自然科學，而且為哲學社會學之主要基礎，極有趣而不須粗重的工作，於女孩子極為合宜，學回來後本國的生物隨在可以採集試驗，容易有新發明。截到今日止，中國女子還沒有人學這門（男子也很少），你來做一個『先登者』不好嗎？還有一樣，因為這門學問與一切人文科學有密切關係，你學成回來可以做爹爹一個大幫手，我將來許多著作，還要請你做顧問哩！不好嗎？你自己若覺得性情還近，那麼就選它，還選一兩樣和它有密切聯絡的學科以為輔。你們學校若有這門的好教授，便留校，否則在美國選一個最好的學校轉去，姊姊哥哥們當然會替你調查妥善，你自己想想定主意罷。」[56]

　　梁啟超最初並不主張梁思莊到美國讀書，因為已有三個兒子留學美國，他不願看到自己的家庭「美國化」。他勸思莊留在加拿大，讀一兩年，然後到歐洲去。他囑咐思莊學好法文，就是留作去法國的本錢。不過，梁思莊並沒有接受父親的建議，她堅持學習文學，直到 1930 年從麥吉爾大學畢業，轉入美國哥倫比亞大學攻讀圖書館學。此後她成為著名的圖書館學專家，一生致力於西文編目的教學和研究。儘管她選擇圖書館學是在梁啟超去世之後，但是，她的選擇不能說沒有梁啟超的影響和推動。從家學淵源上說，梁啟超於光緒二十二年（1896 年）在《時務報》期間就發表了《西學書目表》，收錄西書三百餘種；以後數十年間，他始終沒有放棄對圖書分類、編目的研究，但直到去世也沒有實現培養圖書館管理人才和建

立中國圖書館學兩大目標。梁思莊成為父親未竟事業的真正繼承者，她依託西方的現代理念，參照家學中的思想學術傳統，開創了中國前所未有的「東方學目錄」，被人譽為「青出於藍而勝於藍」。

梁啟超生前，他的另外四個子女梁思達、梁思懿、梁思寧、梁思禮，年紀都還很小，沒能到國外留學，他們的學業都是在國內完成的。二十世紀二十年代是中國的多事之秋，梁啟超來往於北京、天津之間，除了要在清華、南開等大學開課、演講外，還擔任了京師圖書館館長、北平圖書館館長等社會職務，還有大量的寫作計劃要完成，非常緊張和繁忙。就在這個時期，他的身體也開始出現問題，病魔纏身。但是，他並未放鬆對兒女的早期教育，也未忽略為兒女的學業早作安排。思達、思懿都在天津南開中學讀書，思懿後來還轉到清華，他們的學習成績都非常好。1927 年，中國政局動盪，社會亂象叢生，梁啟超決定為幾個孩子聘一位專教國文的先生，讓他們在家讀書。不久，他又請了南開中學的教員，到家裏給他們補習英文和算學。他在給梁思順的信中還說：「今年偶然高興，叫達達們在家讀書，真是萬幸……好在他們既得着一位這樣好先生，那先生又是寒士，夢想去日本留學而不得，我的意思想明年暑假或寒假後，請那先生帶着他們到東京去。達、懿兩人補習一年或兩年便可望考進大學，六六便正式進中學。」[57] 梁啟超請來的這位先生，就是他在清華大學研究院的學生謝國楨。謝國楨後來回憶這段往事時說：「那時我學費都繳不起，衣食無着，只有教私館為生，混過了肄業的期間。結業以後，就承梁啟超先生叫我到天津他的家飲冰室去教他的子女。」[58] 他在另一篇文章中又寫道：「1917 年（應為 1927 年）夏，楨在清華大學研究院結業之後，即館於天津梁任公師家中，教思達、思懿諸弟讀書。先生著述之暇，尚有餘興，即引楨等而進之，授以古今名著，先生立而講，有時吸紙煙徐徐而行，楨與思達等坐而聽。」[59] 真是一幅教學相長、其樂融融的圖景。

這也是沒有辦法的辦法，在社會不能提供安全、正常的學習環境時，梁啟超能以家庭教育作為補償，可見他對子女的教育是不肯放任自流的。梁啟超在世時，梁思禮（他稱之為老白鼻）尚未到讀書年齡，但他給操

勞、病痛中的父親帶來了許多快樂。梁啟超在給梁思順等人的信中常常提到老白鼻的可愛之處，他寫道：「老白鼻一天一天越得人愛，非常聰明，又非常聽話，每天總逗我笑幾場。他讀了十幾首唐詩，天天教他的老郭（保姆）唸，剛才他來告訴我說：『老郭真笨，我教他唸「少小離家」，他不會唸，唸成「鄉音無改把貓摔」。』（他一面說一面抱着小貓就把那貓摔下地，惹得哄堂大笑），他唸：『兩人對酌山花開，一杯一杯又一杯，我醉欲眠君且去，明朝有意抱琴來。』總要我一個人和他對酌，唸到第三句便躺下，唸到第四句便去抱一部書當琴彈。諸如此類，每天趣話多着哩。」[60] 這裏既有梁啟超享受天倫之樂的美好，又能看到他教育子女的良苦用心。

造育新民

梁啟超作為孩子們的良師益友，不僅關心他們的學業、工作、生活、健康，更對他們的品性、為人、立身、處世給予細緻入微的指導。在他看來，教育不是別的什麼，教育就是教人學做人，而且是學做一個現代人。他講到求知識與學做人的關係，老實不客氣地告訴年輕人：「你如果做成一個人，智識自然是越多越好；你如果做不成一個人，智識卻是越多越壞。」[61] 有人會不會想起了「知識越多越反動」？二者之間有沒有內在的聯繫呢？這個問題我們放在後面再說。現在我們所要解決的，是怎樣才能實現他所說的做成一個人。他說：「人類心理有知、情、意三部分，這三部分圓滿發達的狀態，我們先哲名之為三達德——智、仁、勇。為什麼叫做『達德』呢？因為這三件事是人類普通道德的標準，總要三件具備才能成一個人。三件的完成狀態怎麼樣呢？孔子說：『知者不惑，仁者不憂，勇者不懼。』所以教育應分為知育、情育、意育三方面——現在講的智育、德育、體育，不對，德育範圍太籠統，體育範圍太狹隘——知育要教到人不惑，情育要教到人不憂，意育要教到人不懼。教育家教學生，應該以這

三件為究竟，我們自動的自己教育自己，也應該以這三件為究竟。」[62] 他在這裏所說人類普通道德的標準，其實就是現在人們常說的普世價值。我們看到，梁啟超教育子女，就以這三件為究竟。有人不相信中國文化傳統中包含有普世價值，怕是少有梁啟超的慧眼和慧心。

不惑

首先，他對子女的學業是十分重視的，認為這是立身的根本。他說：「我們做人，總要各有一件專門職業。」[63] 所以，他對思成、思永、思忠、思莊這幾個大孩子，從選擇專業到指導學習，再到畢業後的求職，甚至以後的生計問題，從不敢掉以輕心，總要親力親為，儘量作出妥善的安排。他們畢業以後，不說成名成家，至少先求得能在社會上自立，有自己的事業。他向孩子們傳授治學的方法，強調要細密而踏實，不貪圖虛名，也不急於求成。梁啟超希望思莊報考生物學，但思莊自己不喜歡，梁啟超也不強求，反而說：「凡學問最好是因自己性之所近，往往事半功倍。」[64] 他一直主張做學問要有「趣味主義」，其中就包括「研究你所嗜好的學問」，在他看來，只有這樣，才能始終保持一種探求的精神和勇氣。他告訴幾個孩子，求學時心裏不要總是想着將來如何如何，他說：「我生平最服膺曾文正（曾國藩）兩句話：『莫問收穫，但問耕耘。』將來成就如何，現在想他則甚？着急他則甚？一面不可驕盈自慢，一面又不可怯弱自餒，盡自己能力做去，做到哪裏是哪裏，如此則可以無入而不自得，而於社會亦總有多少貢獻。我一生學問得力專在此一點，我盼望你們都能應用我這點精神。」[65] 他把這點精神歸納為「無所為」三個字，認為這是「趣味主義最重要的條件」；如果事事「有所為」，比如讀書就為了高考，高考就為了上個好大學，上大學就為了拿文憑，拿文憑就為了找個好工作，好工作就為了掙大錢，有了錢就為買房買車享受生活，一切就變得很無趣了。他不希望孩子把求學當作一塊敲門磚，一旦門被敲開了，磚也就成了無用的東西。梁思成曾經問他有用與無用的區別，他用李白、杜甫與姚崇、宋璟的例子

來比較，他們對於國家的貢獻誰更多一些呢？他說：「為中國文化史及全人類文化史起見，姚、宋之有無，算不得什麼事。若沒有了李、杜，試問歷史減色多少呢？我也並不是要人人都做李、杜，不做姚、宋。要之，要各人自審其性之所近何如，人人發揮其個性之特長，以靖獻於社會，人才經濟莫過於此。」[66] 看來，梁啟超寄希望於兒子的，是要他做現代中國建築界、美術界的李、杜啊。

梁啟超一生都在做「新民」的夢。但是，新一國之民實在太難了，梁啟超為之奮鬥了一生，誰又能說新了多少？掃天下不成，則不妨退掃一室，梁啟超對於把自己的子女造就成為新人，還是蠻有信心的。所以，他一定不會滿足於僅僅看到孩子們在學業上的成功，他說道：「誠然，知識在人生地位上，也是非常緊要，我從來並未將他看輕。不過，若是偏重知識，而輕忽其他人生重要之部，也是不行的。」[67] 他戲稱現在的學校都是「販賣知識的雜貨店」[68]，並且認為，無論是中國的學校，還是歐美的學校，都患有同樣的毛病，區別只在深淺不同而已。也就是說，「現在的學校大都注重在智識方面，卻忽略了智識以外之事，無論大學中學小學，都努力於智識的增加」，反而將更為重要的「修養人格，鍛煉身體」忽略了。[69] 他提醒大家：「近來國中青年界很習聞的一句話，就是『智識饑荒』，卻不曉得還有一個頂要緊的『精神饑荒』在那邊。」而後者的危害大大地超過了前者，更可怕的是，對於這種危害，人們「多不自知」。人們「不知道精神生活完全，而後多的知識才是有用，苟無精神生活的人，為社會計，為個人計，都是知識少裝一點為好」。所以他說：「為學的首要，是救精神饑荒。」然而，療救精神饑荒的方法在哪裏呢？梁啟超揮手一指，在東方──中國與印度，他說：「東方的學問，以精神為出發點，西方的學問，以物質為出發點。救知識饑荒，在西方找材料，救精神饑荒，在東方找材料。」[70] 有人或許會覺得，梁啟超這裏所說，還是「中學為體，西學為用」那一套。其實不然，就他當時所看到的中國教育狀況而言，「原有的精神固已蕩然，西洋的精神也未取得」[71]，精神世界一片荒蕪。在這種傳統崩潰、新學未立的精神文化危機中，梁啟超寄希望於東方的學問道德，或

能轉變世風，建設新的文化。梁啟超的回答是：「吾所謂新民者，必非如心醉西風者流，蔑棄吾數千年之道德學術風俗，以求伍於他人；亦非如墨守故紙者流，謂僅抱此數千年之道德學術風俗，遂足以立於大地也。」[72] 這正是梁啟超超過同時代許多人的地方，他不是一個頑固守舊的人，在很多時候，他甚至是領風氣之先的。但他並不排斥中國文化傳統，而且相信，即使在今天，傳統的克己求仁也是我們安身立命的根本。梁啟超對於子女的教育，完全立足於這一點。他要求孩子從小就要讀《論語》、《孟子》之類的書，梁思成被車撞傷，住院治療，梁啟超還安慰他「利用這時候多讀點中國書也很好」[73]，這都是希望傳統的道德倫理能給他們潛移默化的影響。

不憂

他從自己的人生經驗中總結出一點，就是要在生活中保持積極進取的態度，確立美滿的人生觀。他最怕自己的孩子消極、氣餒、悲觀、憂鬱，告誡孩子們：「總要常常保持着元氣淋漓的氣象，才有前途事業之可言。」[74] 他在給思順的信中說：「你和希哲都是寒士家風出身，總不要壞自己家門本色，才能給孩子們以磨練人格的機會。生當亂世，要吃得苦，才能站得住（其實何止亂世為然）。一個人在物質上的享受，只要能維持着生命便夠了。至於快樂與否，全不是物質上可以支配。能在困苦中求出快樂，才真是會打算盤哩。」[75] 他有時也現身說法：「你們幾時看見過爹爹有一天以上的發愁，或一天以上的生氣？我關於德性涵養的工夫，自中年來很經些鍛煉，現在越發成熟，近於純任自然了，我有極通達、極強健、極偉大的人生觀，無論何種境遇，常常是快樂的。」[76] 他認為，這就是孔子所說的「仁者不憂」，也就是「三達德」中的第二德。至今還有許多人很看不起這一條，以為中國落後就是因為信了孔孟之道，所謂仁義道德，都是虛偽的，是統治階級維護其統治，欺騙老百姓的精神鴉片。這麼說並沒有錯，但是，道理只講了一半，另外一半卻是梁啟超所講的人格磨煉。他說，什

麼叫做「仁」呢？孔子有個解釋，「仁者人也」，仁就是人。梁啟超更進了一步，他把「仁」解釋為「普遍人格之實現」。他還說：「人格完成就叫做『仁』。」由此可見，「仁」還有人格磨煉的意思在裏面。過去的士大夫喜歡講「內聖外王」，聽起來很玄，其實，「外王」講的是建功立業，且不管它；「內聖」講的卻是自我修養，人格實現，它的最高境界，就是「仁者不憂」。然而，仁者為什麼會不憂呢？梁啟超認為：「大凡憂之所從來，不外兩端，一曰憂成敗，二曰憂得失。我們得着『仁』的人生觀，就不會憂成敗，為什麼呢？因為我們知道宇宙和人生是永遠不會圓滿的，所以，《易經》六十四卦，始『乾』而終『未濟』，正為在這永遠不圓滿的宇宙中，才永遠容得我們創造進化。我們所做的事，不過在宇宙進化幾萬萬里的長途中，往前挪一寸兩寸，哪裏配說成功呢？然則不做怎麼樣呢？不做便連這一寸兩寸都不往前挪，那可真真失敗了。『仁者』看透這種道理，信得過只有不做事才算失敗，肯做事便不會失敗，所以《易經》說『君子以自強不息』。換一方面來看，他們又信得過凡事不會成功的，幾萬萬里路挪了一兩寸，算成功嗎？所以《論語》說，『知其不可而為之』。你想，有這種人生觀的人，還有什麼成敗可憂呢？再者，我們得着『仁』的人生觀，便不會憂得失。為什麼呢？因為認定這件東西是我的，才有得失之可言，連人格都不是單獨存在，不能明確地劃出這一部分是我的，那一部分是人家的，然則哪裏有東西可以為我所得？既已沒有東西為我所得，當然也沒有東西為我所失。我只是為學問而學問，為勞動而勞動，並不是拿學問、勞動等等做手段來達某種目的——可以為我們『所得』的。所以老子說，『生而不有，為而不恃』。『既以為人己愈有，既以與人己愈多』。你想，有這種人生觀的人，還有什麼得失可憂呢？總而言之，有了這種人生觀，自然會覺得『天地與我並生，而萬物與我為一』，自然會『無入而不自得』。他的生活，純然是趣味化藝術化，這是最高的情感教育。」[77] 梁啟超的這種教育成果如何呢？思永有一次對梁啟超說：「爹爹盡可放心，我們弟兄姊妹都受了爹爹的遺傳和教訓，不會走到悲觀沉鬱一路去。」[78]

由此可以看出，梁啟超的家教不僅有儒家的克己求仁，還有墨家的勤儉寡慾、吃苦耐勞，兼有老莊的虛無靜觀，總之是要磨煉自己的人格，成為一個真正的人，健全的人。他在寫給孩子們的信中反覆提到：「處憂患最是人生幸事，能使人精神振奮，志氣強立。」[79] 他對孩子們說：「孟子言：『生於憂患，死於安樂。』汝輩小小年紀，恰值此數年來無端度虛榮之歲月，真是此生一險運。吾今捨安樂而就憂患，非徒對於國家自踐責任，抑亦導汝曹脫險也。吾家十數代清白寒素，此乃最足以自豪者，安而逐腥膻而喪吾所守耶？」[80] 這些都是他對孩子們的殷切期望和要求，因此，只有「知者不惑」、「仁者不憂」是不夠的，還要「勇者不懼」。

不懼

然而，怎樣才能做到「勇者不懼」呢？他認為需要做的事有兩件，第一件叫做心地光明，恰如俗語所說：生平不做虧心事，夜半敲門也不驚。他說：「一個人要保持勇氣，須要從一切行為可以公開做起。」[81] 只要襟懷坦蕩，就沒有什麼可怕的。他曾經兩次公開表示與老師康有為的分歧。第一次是在流亡日本期間，光緒二十八年（1902 年），他寫了《保教非所以尊孔論》，公開反對康有為在海外掀起的「尊孔保教」運動；第二次是在民國時期，1917 年張勳復辟期間，梁啟超助段祺瑞起兵討伐張勳，他先為段祺瑞起草了《討張勳復辟通電》，意猶未盡，又於次日公開發表《反對復辟電》，痛斥張勳、康有為「公然叛國叛道」，指出「此次首造逆謀之人，非貪黷無顏之武夫，即大言不慚之書生」，矛頭直指他的老師康有為。他和袁世凱的關係也是這樣。袁氏在戊戌政變中有告密之嫌，六君子因此被殺，康、梁也因此流亡海外十幾年，可謂勢不兩立的仇人。但辛亥革命以後，從國家命運的大局出發，梁啟超最終還是選擇了與袁世凱合作。然而，1915 年，袁世凱恢復帝制，梁啟超則抱病寫了《異哉所謂國體問題者》一文，痛斥袁世凱的稱帝野心，並發起「討袁護國」運動。

諸如此類，給外人一種「善變」、「屢變」的印象。同盟會幹才、辛亥革命元勳，自號石叟的譚人鳳就說他「賣朋友，事仇讎，叛師長，種種營私罔利行為，人格天良兩均喪盡」[82]。對此，梁啟超從不辯駁，他的學生有個說法：「蓋梁本坦率天真，純粹一學者，交際非其所長，尤不知人，為生平最短；但大事不糊塗，置恩怨於度外，則鮮有人及之者。」[83]

　　在這件事上，鄭振鐸說得最為透徹，他自問：「世人對於梁任公先生毀譽不一；然有誰人曾將梁任公罵得比他自己所罵的更透徹，更中的的麼？有誰人曾將梁任公恭維得比他自己所恭維的更得體，更恰當的麼？」恐怕沒有，於是他說：「梁任公先生便是一位真能深知灼見他自己的病根與缺點與好處的，便是一位真能將他自己的病根與缺點與好處分析得很正確，很明白，而昭示大眾，一無隱諱的。」[84] 在他看來，梁啟超「所以『屢變』者，無不有他的最強固的理由，最透徹的見解，最不得已的苦衷。他如頑執不變，便早已落伍了，退化了，與一切的遺老遺少同科了；他如不變，則他對於中國的貢獻與勞績也許要等於零了。他的最偉大處，最足以表示他的光明磊落的人格處便是他的『善變』，他的『屢變』。他的『變』，並不是變他的宗旨，變他的目的；他的宗旨他的目的是並未變動的，他所變者不過方法而已，不過『隨時與境而變』，又隨他『腦識之發達而變』其方法而已。他的宗旨，他的目的，便是愛國。」[85] 這是梁啟超始終不變的，也是他一直教育兒女這樣做的，他以自己的人生經歷告訴孩子們，要樹立「極通達、極健強、極偉大的人生觀」，隨便別人怎樣看你，隨便遭遇怎樣的環境，「都有我的事情做，都可以助長我的興會和努力的」。[86]

　　第二件，要練就抵禦各種誘惑的本事。他看到了社會上有很多的誘惑，而人又極易為各種慾望所左右，如果真的讓「自己的意志做了自己情慾的奴隸，那麼，真是萬劫沉淪，永無恢復自由的餘地」了。他這裏不是危言聳聽，故意在嚇唬誰，而是真的相信，「一個人的意志，由剛強變為薄弱極易，由薄弱返到剛強極難」。所以，他時時提醒自己，一定要在磨煉意志上下工夫，不要「被物質上無聊的嗜慾東拉西扯」。[87] 他也以此教育

孩子，他曾多次與思順談到：「切勿見獵心喜，吾家殆終不能享無汗之金錢也。」[88]

　　民國之後，有幾年梁啟超是在政府做過官的，也曾有過薪俸，但觀其一生，主要還是靠稿費維持一家人的生活。他對思順說，「憑吾之力，必可令家中無憂飢寒」，但也不會發大財。他當然有發財的機會，「吾若稍自貶損，月入萬金不難，然吾不欲爾」。[89] 為什麼不欲呢？自然是不肯貶損自己，使自己沒了尊嚴。他老實不客氣地告訴諸君：「做人不做到如此，決不會成為一個人。」[90] 他也常常以此教育孩子。很顯然，他在性情、品格以及眼界、胸懷等諸多方面都高人一籌；他的家教，也往往是從大處着眼，小處着手。他像一個辛勤的園丁，多年的澆灌，終於結出了碩果，九個子女人人成才，本身就是對國家、社會所作的巨大貢獻。而他的為父之道和家教家風也給後人留下了一筆寶貴財富。

註釋：

1　《際遇——梁啟超家書》，164 頁。

2　《墳》·《魯迅全集》（第一冊），102
　　頁。

3　《飲冰室合集·文集》之一，44 頁。

4　同上，58 頁。

5　《際遇——梁啟超家書》，157 頁。

6　同上，54 頁。

7　同上，115 頁。

8　林琴南譯《孝友鏡》之《譯餘小識》，
　　引自《我們現在怎樣做父親》註
　　14·《魯迅全集》第一卷，142 頁。

9　同上，136 頁。

10　同上。

11　《梁啟超年譜長編》，492 頁。

12　《飲冰室合集·專集》之二十九·1～
　　40 頁。

13　同上。

14　《際遇——梁啟超家書》，116 頁。

15　《梁啟超年譜長編》，653 頁。

16　《梁啟超未刊書信手跡》上冊·71 頁。

17　《際遇——梁啟超家書》，230 頁。

18　同上，231 頁。

19　同上，260 頁。

20　同上·128 頁。

21　同上·98 頁。

22　同上·107 頁。

23　同上·107～108 頁。

24　同上·142 頁。

25　同上·92 頁。

26　同上·121 頁。

27　同上·33 頁。

28　同上·32 頁。

29　同上·32～33 頁。

30　同上·75 頁。

31　同上·86 頁。

32　同上·87 頁。

33　同上·82 頁。

34　同上。

35　同上·83 頁。

36　同上·116 頁。

37　同上·25 頁。

38　同上·71～72 頁。

39　同上·191 頁。

40　同上·179 頁。

41　同上·54 頁。

42　同上·25 頁。

43　同上·204 頁。

44　《新會梁氏：梁啟超家族的文化史》，
　　402 頁。

45　《際遇——梁啟超家書》，27 頁。

46　同上·79 頁。

47　同上·160 頁。

48　同上·150 頁。

49　同上·68 頁。

50　同上·68～69 頁。

51　同上·69 頁。

52　同上·69～70 頁。

53　同上·72 頁。

54　同上·20 頁。

55　同上·23 頁。

56　同上·33～34 頁。

57　同上·163 頁。

58　《追憶梁啟超》，400 頁。

59　同上·172 頁。

60　《際遇——梁啟超家書》，126 頁。

61　《飲冰室合集·文集》之三十九，
　　109 頁。

62　同上·105 頁。

63　同上·106 頁。

64　《追憶梁啟超》，459 頁。

65　《際遇——梁啟超家書》，130 頁。

66　同上·129 頁。

67　《飲冰室合集·文集》之四十，9頁。

68　同上。

69　《飲冰室合集·文集》之四十三，
　　5頁。

70　《飲冰室合集·文集》之四十，9～
　　12頁。

71　《飲冰室合集·文集》之四十三，
　　6頁。

72　《飲冰室合集·專集》之四，7頁。

73　《際遇——梁啟超家書》，142頁。

74　同上，72頁。

75　同上，71頁。

76　同上，59頁。

77　《飲冰室合集·文集》之三十九，
　　106～108頁。

78　《際遇——梁啟超家書》，257頁。

79　同上，46頁。

80　同上，47頁。

81　《飲冰室合集·文集》之三十九，
　　108頁。

82　《石叟牌詞》，2頁。

83　《追憶梁啟超》，54頁。

84　同上，87頁。

85　同上，88～89頁。

86　《際遇——梁啟超家書》，50頁。

87　《飲冰室合集·文集》之三十九，
　　108頁。

88　《際遇——梁啟超家書》，217頁。

89　同上，215～216頁。

90　《飲冰室合集·文集》之三十九，
　　108頁。

第

四

章

手足深情：

梁啟超與諸兄弟

▶ **梁啟勳**（1876—1965），梁啟超仲弟，與他關係最為密切。追隨梁啟超入萬木草堂學習，後去美國學經濟。梁啟超得力助手，幫他打點雜務，使梁啟超沒有後顧之憂，安心為國家奔波。兄弟二人在學術上也互有啟發，分別對辛棄疾的研究做出貢獻。

▶ **梁啟雄**（1900—1965），梁啟超最小的弟弟。曾為梁啟超助手，後得梁啟超啟發，對荀子很有研究。

　　梁啟超兄弟五人，他是長子，下面有四個弟弟，四個妹妹。梁啟勳行二，生於光緒二年（1876 年），小他三歲。下面依次為啟業（1887）、啟文（1892）、啟雄（1900）三人。啟超、啟勳、啟業，另有一子五歲時夭折，均為趙太夫人所生；啟文、啟雄為庶母葉太夫人所生；繼母吳太夫人生有一子，亦數月而亡；趙太夫人、葉太夫人各生女二人。

　　五兄弟中，梁啟超與梁啟勳的關係是最親近的。光緒十九年（1893年），十七歲的梁啟勳離開老家茶坑村，經兄長介紹，入萬木草堂讀書，同為康門弟子。這一年，康有為應鄉試中舉，遷講堂於府學宮仰高祠，以陳通甫（千秋）和梁啟超為學長，學生增至四十餘人。

追隨兄長求學萬木草堂

　　大約在光緒二十年（1894 年）以前，梁啟超與兄弟啟勳同學於萬木草堂。同為康門弟子的盧湘父晚年憶及草堂生活，曾經提到兩件與梁氏兄弟有關的事。一是萬木草堂遷入仰高祠後，講堂內供奉着幾十位廣東名宦的牌位，起初並不為人所注意。「一日諸友聚談，梁任公徘徊瞻眺，注視神

座，忽譁曰：『張弘範乃在此耶？』眾趨視，議論紛起。任公弟仲策，年方十八，少年氣盛，躍登神樓，將木主摔下，急覓廚刀欲砍之。陳子褒止之曰：『勿爾。彼未知罪，俟我宣佈其罪狀，然後行刑。』乃援筆大書曰：『爾張弘範，以漢族之子孫，作胡奴之牙爪，欺趙氏之孤寡，促宋室之滅亡；猶復勒石崖門，妄誇己績。陳白沙曾以一字之貶，嚴斧鉞之誅。乃復竊位仰高，濫膺祀典；若非加以顯戮，何以明正典刑！爾肉體倖免天誅，爾木主難逃重闢，爾奸魂其飛於九萬里之外，毋污中土！』此文草畢，子褒向眾朗誦一過，仲策手起刀落，木主立碎，等於分屍。眾議將碎片，交廚人付諸烈焰，以示化骨揚灰之意」。[1] 憶者說，此事雖近遊戲，卻也看出康有為萬木草堂與朱九江禮山草堂之間的承繼關係，都以「崇尚名節」為訓，自然不能容忍張弘範這樣的變節之人。而對此人，梁氏兄弟尤有刻骨銘心之恨。因為那塊刻着「元張弘範滅宋於此」的崖石，就在梁家祭掃祖墳的路上，從小他們就聽祖父講述南宋君臣及十萬軍民最終蹈海而亡的悲壯故事，這種家國之痛早已內化為他們的精神底蘊。

另一件事說的是一年暑假之後，梁氏兄弟從家鄉回到學堂，仲策拿出厚厚一包詩文，「蓋任公昆仲在里，時作扶鸞之戲，每與乩仙談詩論文，日以為樂」的收穫。扶鸞，即扶乩，又稱扶箕、降筆、請仙，是民間信仰的一種占卜方法。扶乩時，需有人扮演被神明附身的角色，被稱作鸞生或乩身，負責在沙盤上寫出字跡，以傳達神明的想法。他們「請」來的乩仙，「或為李白，或為杜甫，真假固不可知，然必為才鬼所託。一日有王摩詰降乩，隨筆成文，中多佳句。任公試之曰：『能聯句乎？』曰：『可。』任公乃與聯句，亦即隨時應付。任公又曰：『摩詰好佛，吾與汝談禪如何？』則又極有禪理，娓娓不倦」。[2] 能把鄉間愚夫愚婦求仙問卜的迷信行為，變為一種趣味橫生的文字遊戲，其中既可見他們兄弟的聰明可愛，也顯示了他們過人的才華。梁啟超嘗說，他一生的學問基礎是在萬木草堂數年中奠定的，對梁啟勳而言，又何嘗不是如此。他晚年回憶起這段學習經歷，仍對萬木草堂心懷感激，以為康先生所傳授的治學理念和方法使他受益終身。他言道：「我們最感興趣的是先生所講的『學術源流』。『學術源流』

是把儒、墨、法、道等所謂九流，以及漢代的考證學、宋代的理學等，歷舉其源流派別。又如文學中的書、畫、詩、詞等亦然。書法如晉之羲、獻：羲、獻以前如何成立，羲、獻以後如何變化；詩格如唐之李、杜：李、杜以前如何發展，李、杜以後如何變化；皆源源本本，列舉其綱要。」[3]

萬木草堂的學習環境十分寬鬆，不考試，也不硬性規定學生的學習內容，任憑學生「各隨其意志之所接近，衝動之所趨向，如萬壑分流，各歸一方」[4]。如佛學，就有梁伯雋為代表；經世、刑法，則以陳千秋為代表；道家則有曹箸偉作代表；他認為，他的兄長梁啟超，可以作墨家無我博愛的代表。在萬木草堂，康有為講課的次數並不多，每月三四次不等，每次四五個小時，「講席上惟茶壺茶杯，餘無別物。但講至及半，館童必進小食，點心、粉麵不等。蓋康師娓娓不倦，輒歷二三小時，耗氣不少，故須食料以補充之」[5]。講課之外，學生主要靠自己讀書、寫筆記。學生每人有一本功課簿，「凡讀書有疑問或心得即寫在功課簿上，每半個月（一說一週）呈繳一次」。對於學生的疑問或心得，康先生「或報以長篇的批答」[6]，或隨即傳見，進行面談。

他還記得康先生是如何「批答」他的疑問的：

> 有一次我寫一條質疑，謂「見《論語・子罕》章曰，子罕言利與命與仁。儒家哲學不言利，誠然。孟子是儒家正宗，他就說，王何必曰利，亦有仁義而已矣。但《論語・堯曰》章曰，不知命無以為君子也。《憲問》章曰，道之將行也歟，命也；道之將廢也歟，命也；公伯寮如其命何。這類話，要列舉，還有。至於仁字，更是儒家哲學的綱領，那能謂之罕言呢。」我這條質疑，不過百十個字，但康先生當年的批答，卻有好幾百字。[7]

康先生這幾百字批答的內容，其大意，梁啟勳曾在他的《曼殊室隨筆》中略有表述，他寫道：「當日南海先生批答曰，此斷句之誤也。應作『子罕言利歟，命與仁達。』引哀公問禮於老聃於巷黨為證。謂巷黨乃地名，

從未聞有所謂達巷黨者。」他略加評議曰：「此說誠新奇可喜，然而，由今思之，或恐不無強解。不如將『與』字訓作『吾與點也』之與之為妙，謂於利則罕言，命仁則與之，是亦一解。」[8] 學生的這些功課簿當初都存在萬木草堂的書藏，即圖書館裏，以備新來的同學閱覽，可惜，戊戌政變後，萬木草堂被清政府查抄，這些寶貴的材料都被付諸一炬了。

我們不知道梁啟勳是何時離開萬木草堂的。不過，《時務報》創刊後，梁啟超在給汪康年等人的信中時常提到他的這個「舍弟」。光緒二十二年（1896 年）九十月間他回鄉省親，其間還有信同時寫給汪康年、汪詒年及「策弟」，而仲策也寫信將上海報館的情況向兄長匯報。在寫信給康有為，說明黃遵憲與汪康年發生衝突的緣故時，他特意提到從粵歸來，雲台（歐榘甲別號）、仲策曾向他抱怨汪氏兄弟的一些做法，以至於「聞雲台、仲策之言，而生小嫌」。他寫道：「仲策固偏急也。二人者又皆未接一人，絕不知入世之難也。而雲台又精神甚短，議論亦少，學問亦未足（穰屢述其多次外行話），故穰頗輕之二人，於超初歸，多激憤之詞。超致書公度將或亦不免多說幾句，故公度至此，實超之謬妄也。」[9] 由此可見，後來鬧得沸沸揚揚而終至水火不容，一拍兩散的《時務報》風波，最初亦起於青蘋之末，不過是汪康年有些輕慢雲台與仲策，引起二人不滿，在學長兼兄長面前發幾句牢騷，訴一訴怨憤。而梁啟超固不願「舍弟」受委屈，便在寫信給黃遵憲時，「不免多說幾句」，沒想到黃遵憲來信，竟然提出改組《時務報》，換掉汪康年的主張。此時的梁啟超尚不希望與汪氏兄弟鬧僵，故在向先生說明情況的同時，又寫信安撫汪詒年，表示「弟及孺博及舍弟昨見公度書，皆憤詫」，並言及「舍弟脾氣最不好」，然而也為頌兄（汪詒年，字頌閣）「薪水之微薄」報以不平云云。[10]

大約就在此時，梁啟超將父親及妻女接到了上海。這期間，他還在與朋友通信中提到過與韓樹園、麥孺博及「舍弟」一同躲進西湖讀書的想法。這些蛛絲馬跡都說明，至少從光緒二十二年起，梁啟勳已經離開萬木草堂，來到上海，參與了《時務報》的編務工作。戊戌政變發生後，梁啟超亡命日本，他則隨父親及兄嫂一家逃往澳門。初到日本，梁啟超或與

二弟通過信，談及自己在日本的情形，可惜，這些信至今未曾發現，我們只能在他給妻子李蕙仙的信中看到隻言片語，得知梁仲策尚在澳門。光緒二十四年（1898 年）十月六日有一封寫給李蕙仙的信，就提到：「吾在此情形，詳與二弟信中，可取觀。」又說：「家中情形如何？望常寄信告知。依吾與二弟信中所問各事，詳覆為盼。」並稱「二弟亦慷慨激昂，必不憂悲，吾亦不為念」。[11] 此後信中，他勸解妻子不要悲觀，希望她能理解，有遠大志向的人，受此磨難是很正常的，是「天之所以待我者厚，而有以玉成之也」。他說，康先生講過很多這方面的道理，「吾間未以語卿，卿如有向學之志，盍暇日常與二弟講論之」。在另一封信中又說：「二弟尚知大義，無事可與之談學問，亦足稍解煩悶也。」[12]

轉年，梁啟超將家眷接到日本，二弟似乎沒有隨之同來。這期間發生了太多的事，幾乎使梁啟超應接不暇。先是與孫中山的交往，引起康有為的誤解，而日本當時的情形，革命呼聲甚高，即使康門弟子，亦多鼓吹革命排滿之言論，康有為聞訊大為惱怒，遂有令梁啟超立赴檀香山之舉。其間籌劃庚子勤王，自立軍起義，梁啟超既在華僑中積極籌款，又為之出謀劃策，乃至要求速回香港，主持大局。起義失敗後，他被康有為召回香港，接受訓斥，不久又有澳洲之遊，直到光緒二十七年（1901 年）四月間，才返回日本，與家人團聚。而保皇會內部的混亂與紛爭，以及與康有為在思想上的分歧，更讓他深感痛苦和不安。此時，他要操心的事情固然很多，包括東京大同學校師生的衣食，唐才常眷屬的撫養費用，廣智書局的經營之困等等，都需他謀劃和操持。儘管如此，他仍然掛念着二弟的前程，以為這是他責無旁貸的。光緒二十八年（1902 年）初冬，馬相伯在上海創辦震旦學院，梁啟超不僅寫文章表示祝賀，還舉薦二弟仲策入學讀書。

▌ 求學美國

光緒二十九年（1903 年），梁啟超應美洲保皇會之邀，遊歷美國。七

月初八日至舍路（西雅圖），恰好二弟啟勳亦剛到此地。他是為求學而來，同行者中，有康有為的二女兒康同璧。梁啟超在《新大陸遊記》中記下一筆：「康同璧女士與家弟啟勳來美遊學，適至此市，相見甚歡。」[13] 這顯然出自梁啟超與康有為的安排，也是保皇會人才培養計劃的一部分，所需學費亦從保皇會經費中支取。康有為曾有一信談及梁啟超、麥孟華兩家的生活費用如何安排，其中便提到仲策的學費：「汝與孺博歲用三千餘金，吾當極力籌撥，前此患無定數，反為難，今汝既云三千餘，吾即月給汝三百元，共三千六百元，汝澳中家用計四百可足，合共給汝四千元，連仲策學費及他事約預算五千，為汝一身計，汝從此可安心，不必為生計矣。」[14] 為了能使梁啟超專心於保皇事業，也為了保皇大業後繼有人，這筆開支無論如何都是必要的。

梁啟勳在美求學數年，輾轉而入哥倫比亞大學研讀經濟。最初，他的興趣在詞曲方面，早年尤嗜讀關漢卿、王實甫、湯顯祖、孔尚任等人的作品，如「《玉茗四種》、《紅雪九種》，及《西廂》、《琵琶》、《桃花扇》、《長生殿》等，能記誦其中曲文二百折左右」[15]。不僅自己填詞製曲，而且，潛心於古典詞學、韻文的研究，此後終有《詞學》及《中國韻文概論》兩部專著問世。然而，在美選擇專業時，恐怕考慮現實性的需要比較多，很難兼顧個人的嗜好。事實上，在康門弟子中，所缺而又最急需的，莫過於擁有現代經濟、法律等知識的人才。所以，梁啟勳選擇學經濟，與梁啟超的女婿周希哲選擇學法律，未嘗不是康有為和梁啟超干預的結果。康有為對梁啟勳的印象相當不錯，在寫給梁啟勳的一封短信中他情不自禁地寫道：「我此次見汝，非常之喜，不獨學問，乃辦事見識、耐苦，無一不大進，再勉之（聞有速成學，三年可入大學）。汝欲往何學，我必籌與汝。」[16]

日後有幾年，康有為是很依賴梁啟勳的，保皇會在美國的大小事，都和他商量，徵詢他的意見，或直接託付給他。最重要的，他認為梁啟勳懂經濟，而實業投資、股票招商，當年已成為保皇會的第一要務。波士頓保皇會的創辦人陳熙想回國創辦電力事業，向康有為借美金。康有為遂請梁啟勳代為調查此人情形：「此人若何，應如何覆之？若能婉卻，弟就近代

覆。倘其人確有舊，宜照料，弟查明覆我。」[17] 又有一信言及粵漢鐵路招股事宜，康有為或有意投資此項目，便請梁啟勳幫助調查「美國各鐵路公司獲利實數」，[18] 以作投資計劃書之用。康有為欲創辦華墨銀行，光緒三十二年（1906 年）五月，他有一信給梁啟勳，言道：「今所最要者，銀行一事各人皆不知，真可惜。今朱萱以五十萬得江南全省，豈不大便宜？汝今歇學，可為我多作書，一鼓舞各埠（書當極詳），一解明於濱、滬、港諸人，免人只知鐵路而不知銀行也（惟汝知之至詳，又可為我作一詳書寄加拿大君勉收，彼來招路股也）。」[19] 康有為此時是頗為樂觀的，他向梁啟勳描繪未來的前景：「吾今以保會合於商會，做此銀行（已買地四萬元），或美保會得所贏以還舊，而養學者也。」[20]

當時的美國，是保皇會在海外的重鎮，康有為經營此地最早，也最用心。最初既派梁啟超的從兄梁啟田（君力）與萬木草堂早期弟子徐勤（君勉）赴美，動員眾多華僑加入保皇會；光緒二十九年（1903 年）和三十一年（1905 年），梁啟超與康有為先後赴美，更促使保皇會在美國的勢力進一步擴張，達到最佳狀態。也許是物極必反，月盈而虧吧，很快，保皇會的事業就陷入了危機，內有爭權內訌與貪污腐敗，外有催款不至與地價下跌，多處生意都已露出虧空之兆，康有為「籌款無術，四面交迫」，[21] 心力憔悴，焦頭爛額，因此大病數月。這時，他越發覺得梁啟勳是個可靠之人，是可以任大事的。在給梁啟勳的信中他寫道：「得與張孝書，乃見弟之至性及才識，為之大喜。」[22] 張孝即譚張孝（良），也是康門弟子，早年曾求學於萬木草堂，後赴美經商，做藥材生意，美國洛杉磯的保皇會就是他創辦的。他還在芝加哥開了一家酒樓——瓊彩樓，以其所贏利潤資助留美學生。康有為就與梁啟勳說過，「斷學費，可向張孝支取」。[23] 後因瓊彩樓的經營問題，二人發生誤會和衝突。恰在此時，梁啟勳有一封信給譚張孝，而康有為看到了這封信。我們不知道梁啟勳在信中寫了什麼，但康有為顯然很滿意。他從字裏行間看出了梁啟勳是有不忍人之心的，「若能如此」，他說，「它日可成大才。吾喜極無似，不意能進德若是也！望終身以汝之言為依歸焉」。[24]

清末數年間，在保皇會內部，接連發生了互相牽扯的三件大事，造成了保皇事業的由盛而衰，上述瓊彩樓債務案是一件，接踵而至的，是廣西振華公司破產案，以及廣智書局因經營虧損而停息引發的股民譁變，都困擾着康有為，他既惱恨門人弟子的眾叛親離，又為世風日下，人心逐利而忘義深感不安。為了收拾殘局，他環顧周圍，可以信賴的似乎只有這幾個最為親近的人。瓊彩樓一案，他就派了二女兒康同璧與祕書周國賢去處理，並要求仲策「應於此次助同璧、賢，徹底一清，勿使再累」。[25] 在爭奪振華公司股權的過程中，葉恩、歐榘甲既宣稱振華與保皇會無關，廣西補用道員劉士驥則乘機攻擊康有為及其親信，揭露保皇會內部的腐敗與權利之爭，使得保皇會人心大亂，一發而不可收。為了扭轉被動局面，康有為「除已派勉（徐勤）為總理外」，又囑咐道，在「勉未到之前派仲策代勉會辦，簽名收款，隨其遊埠收款，並查前數，一一妥辦詳覆」。而且特別說明：「以仲策能嚴直不徇，故茲特派。」[26]

　　康有為既如此看重梁啟勳，梁啟超作為兄長，自然為兄弟的成長進步而感到欣喜。梁啟勳當時或有不安於此的想法，他告誡兄弟：「百事不如意者須多，可慰者亦不少。弟在彼處既能求學，則亦宜安之，不可思逃遁他處，求適宜之校殊不易，此不可不察也。」他還叮囑兄弟「宜多學話」。[27] 無論如何，在梁啟超的諸兄弟中，只有這個二弟是他最寄予希望，且不辜負其所望的。當時，七弟啟雄還小，四弟啟業則頑劣無度，惡性難改，不堪造就；六弟啟文又患有頑疾，難以治癒，成為他的一塊心病。唯有二弟啟勳，在他的引領下，正在成長為一個術業有專攻的學者，和救國救民事業中能夠獨當一面的幹將，他怎能不為之高興呢！光緒三十一年（1905 年）九月，梁啟勳將他與程斗合譯的《血史》（原名《世界著名暗殺案》）寄給梁啟超。在給仲弟的覆信中，梁啟超寫道：「兄及汝嫂見弟能譯（從西文）爾許大部書，喜而不寐，告知大人當更喜也。」[28] 而在另一封信中，他又告訴「仲弟」，他們的伯姊「念弟甚，至前日見弟譯稿，知弟能從西文譯爾許大書，歡喜無量」。[29]

　　喜而不寐，歡喜無量，都是梁啟超兄弟情感的真實流露。這個時期

應是梁啟超備感困窘，意態蕭索的時期，「家事、黨事、國事無不令人氣盡」，[30] 此時，惟有兄弟所取得的成就，能給他一絲寬慰。先是廣智書局停息，引起海外持股人的憤怒，據說，到康有為那裏告狀，大罵梁啟超的信函，就有百數十封；經濟亦十分窘迫，清廷宣佈預備立憲以來，他有許多設想和計劃，用錢的地方很多，但保皇會海外經營的生意，賺錢的少，賠錢的多，經費來源幾近枯竭，乃至他的生活費用也被減半，不久竟完全斷絕了。康有為來信，亦多言經濟瀕於絕境，救無所救。梁啟超之前曾表示，廣智書局的虧空由他償還，包括這些年書局為資助「唐才常君遺族之家費」[31] 而支出的萬餘金，都由他承擔。他相信，如果「現今朝局能容弟一切不問，盡全力以著書」，「賺回數萬金，亦非難事」[32] 因此，在給仲弟梁啟勳的信中，他一再提到自己正「從事於著述以療飢」。[33] 在另一封信中他則言道：「兄近日貧乃徹骨，拂逆之事更疊疊不知所屆，然心境之曠怡，乃過於前，不知學道有進耶？抑疲於憂患而不復覺為憂患也？比月來因節家費，乃至德文教習亦不得不停，最為可惜。然方並力以著射利之書（中學國文教科也），無意中反使嫻兒獲大益，彼固甚願乃翁之長食貧矣。」[34] 宣統二年（1910 年）初，《國風報》創刊，梁啟超的生活稍有緩解，他寫信告訴仲弟：「《國風報》現銷四千內外，然收款甚難，衣食之困仍不減於昔，惟負債四千已還半，稍蘇息耳。」[35]

雖困於生計之窘迫，但梁啟超還是很惦記他的仲弟，他知道，留學生的經費也是捉襟見肘，所以，上述信中，他在報告了家中的經濟狀況後馬上說：「今寄美金百元與弟，有得當續寄也。」[36] 這不是唯一一次他給仲弟寄錢，數月後，他聽說仲弟那裏「自聞絕糧，自儕傭保，心痛如割」，又「曾寄金兩次」。[37] 他最關心的還是仲弟的學業。梁啟勳或於此時同兄長談起，他大約要在宣統五年才能學成回國。梁啟超馬上寫信詢問緣由：「弟曷為非宣統五年後不能歸？捨學問外尚有它故否？抑何事不堪語兄也？兄誠不期弟以速成，但頗思一合併爾。若僅為學問計，則不如以此數年之功轉遊德國。德之學遠優於美，爾費亦省於美，弟有意否耶？」[38] 說心裏話，梁啟超天天都盼着仲弟能盡快回到他的身邊，但他也很清楚，學校教

育在一個人的成長過程中多麼重要，他曾對仲弟言道：「弟謂學校之效，不過得文憑，此卻不然。學校因功課門類甚多，可以得完全之常識，即在一學科中，吾輩所不及注意之事項，教師常能為我言之，其受益決非鮮。吾因未入學校，故甚勞，而猶有憾，此不可不知也。弟能在學校將基礎築固，歸而從我一年，則非惟弟益有得，抑助我不少耳。」[39] 拳拳之心，天地可鑒。

梁家大管家

梁啟超的得力助手

我們不知道梁啟勳回國的具體日期，但顯然不在宣統五年之後。梁啟超自民國元年（1912 年）十月結束在日本的流亡生活，啟程回國，同行的幾個人中，便有剛剛學成歸來的梁啟勳。他在大沽舟中給女兒思順寫了離開日本後的第一封信，其中提到：「門司展輪之翌晨，風頗劇，第三日至平穩，第四日之夕，又遇大風，並我亦覺體中不適，荷丈（湯覺頓）則幾於無心人世矣。惟爾二叔飲啖更健，真可人也。」[40] 他很羨慕兄弟有如此健碩的身體，到北京後，在另一封給女兒的信中他寫道：「連日寒極，重裘不溫。汝仲父服西裝、秋衣，亦不傷風，可謂怪物。」[41] 這以後，他們幾乎形影不離，梁啟勳也就做了梁啟超最可靠的助手兼生活上的大總管。初到北京，梁啟勳或在言語上有些不方便，但很快他就適應了，隨梁啟超在新老朋友、各界人士中應酬、周旋，他亦顯得進退自如，應對有方。梁啟超既不慣料理自己的起居飲食，而家中「食客日常十數，僕役亦十餘人」，[42] 就全靠梁啟勳應付。在一封專談家事的長信中，梁啟超言道：「汝二叔現在為我身邊刻不可離之人，每日代我會客、辦事、出納金錢、管理寓中諸務，亦無一刻暇。」[43]

梁啟超此處所言應該是實情。他是管國家大事的，肩負着救國救民

的重大使命，別人既這樣要求於他，他也這樣自詡：「欲不辦事，天下人安能許我？」[44] 遠在回國前，他就在給仲弟的信中誇下過海口：「兄年來於政治問題研究愈多，益信中國前途非我歸而執政，莫能振救，然使更遲五年，則雖舉國聽我，亦無能為矣，何也？中國將亡於半桶水之立憲黨也。顧此事自關四萬萬人之福命，烏可強耶？我亦求其在我者而已。若非有聘莘顧隆之誠，決高臥不漫起也。」[45] 回到闊別十四年之久的北京，面對袁世凱「情感炸彈」的狂轟濫炸，梁啟超亦不由得感歎：「此公之聯絡人，真無所不用其極也。」[46] 一方面，他想借助袁世凱施展自己的政治抱負，另一方面，官場的腐敗和黨爭的無序，常常又使他煩惱、憂憤。所以，他既抱怨應酬太多，生活常被打擾，不得安寧，很懷念居東時的日子，甚至表示：「幾欲東渡，月餘謝絕一切，以自蘇息也。大抵居此五濁惡世，惟有雍樂之家庭，庶幾得退步耳。吾實厭此社會，吾常念居東之樂也。」[47] 但事實上，他又很享受被人簇擁、追捧、奉承的場面，了解「應酬」對他所負使命的重要性和必要性。在給女兒的信中，他繪聲繪色地描述了在京時的情形：「一言蔽之，即日本報所謂人氣集於一身者，誠不誣也。蓋上自總統府、國務院諸人，趨蹌惟恐不及，下則全社會，舉國若狂。此十二日間，吾一身實為北京之中心，各人皆環繞吾旁，如眾星之拱北辰。」[48]

由此可見梁啟超性格之一斑。他做事很容易被感情所支配，事情順利，則情緒高漲；偶遇挫折，又痛不欲生。花錢、接人待物亦如此，既沒有定見，亦沒有計劃。因此，他很需要有一個能夠掌控局面的人，而性格沉穩、做事井井有條的梁啟勳，恰好堪當此任。民國初年，社會動盪，暗殺風行，政治人物的生命常常就終結於一顆子彈，或一枚炸彈，而這是最讓梁啟勳擔憂的。他知道，梁啟超有很多敵人，這些人正謀劃着要取兄長的性命，他不能不加倍小心。梁啟超在給思順的信中就曾寫道：「滬中連日來數次密電，言某黨確派多人來圖我，屬嚴防（汝兩叔常侍左右防範極嚴），亦只得聽之。吾常自信敵人之不能害我也。」[49] 秉持着這種信念，他坦然出席了國民黨為他召開的歡迎會，「彼黨歡迎之日，吾黨人多憂慮，勸勿往，吾則決然往」。[50] 兄長要學孔子，他可以說：「天生德於予，桓魋

其如予何？」兄弟卻不能責備兄長輕狂和冒失，而只能更加小心謹慎。尤其是在發生了宋教仁被刺案之後，梁啟勳對於兄長的安全，更不敢掉以輕心。梁啟超在給思順的信中幾次提到「汝叔等不放心外人也」，[51] 因此，梁家的庖廚只能用梁姓人，不能僱用外人。梁啟超有一次忍不住抱怨：「牽率吾夫仍食初九下等之館子菜，可謂冤極。然權在彼手，吾無如何也。（我若反對，將並下等菜亦不給吃矣。）我依然不名一錢，財權在汝叔手，吾獨奈何！一歎。局面稍定，風波稍平，吾必易名廚以償口腹耳。」[52] 由於事關兄長的安全，兄弟絕不會妥協，他甚至勸說兄長盡快離開京城這個是非之地：「惟荷丈及汝仲父皆苦諫吾勿常居京，蓋深察現在政界萬不可多與為緣，然吾性好事，在京必日日為積極之行動，同人以為極危，故決欲逮捕我返津。」[53] 梁啟超這裏所說都是實情，他的性情中確有「好事」的成分，這時，他還沒有在政治的「無物之陣」中撞得頭破血流，讓他接受兄弟的勸告，遠離政治中心，並不是一件容易的事。

梁啟超說：「財權在汝叔手。」梁氏此言所表達的，應是兄弟之間非常真實的經濟關係。梁啟超長年流亡海外，他的家人受到牽連，也在父親梁寶瑛的帶領下移居澳門。梁家是個傳統的大家族，梁啟超作為長子，對整個家族負有責任，不僅要贍養老人，他的父親、母親、庶母、繼母，都由他贍養；而且，全家每個兄弟姐妹及其後代的結婚、生子、讀書、求職，也由他操持辦理；甚至姑表兩系的親屬，他也要顧及。梁父在世時，他們就不曾分家，父親去世後，仍然維繫了這種大家庭的關係，至少梁啟超在世時不曾改變。但梁啟超是個社會公眾人物，政治活動家，輿論領袖，事務繁忙自不待言，每日開會、著文、辦刊、交際，幾無片刻閒暇，絕沒有餘力顧及家庭的財政？且回國之初，家眷未及同行，而仲弟恰是學經濟的，幫助他理財，本是情理中事。梁家的日用財政，先是依靠保皇會資助，後則靠梁啟超著書辦刊賴以維持。回國最初幾天，他寫信給女兒思順，還言道：「本月家用尚充否？現尚未收報款，故不能寄來。」[54] 可見此時梁家對報刊發行收入的依賴。隨着梁啟超在京、津兩地的活動，他的收入漸漸多起來了，「項城月餽三千元，已受之」。[55] 當然還有其他收入，他

說過：「吾若稍自貶損，月入萬金不難，然吾不欲爾。」[56]

　　總之，幾年來一直困擾梁啟超的經濟上的窘迫，此刻總算是有所緩解了。然而，收入雖有增加，開銷則增加得更甚。首先是他在國內的開銷，每月大約需四千五百金（包括報館的一切開銷），「吾此間現時一月所用殆已買得起家中全產矣」；[57] 其次是留日未歸的一大家子人，這裏聚集着李夫人、王姑娘和思順以下六個兒女；還有父親、繼母（細婆），以及家中諸幼姑幼叔、姪兒姪女；乃至夫人娘家的兄弟姊妹、甥男甥女，幾十口人，每月所需日常用度亦非小數目。到北京的第四天，他就給家裏匯了千二百元。幾天後，他又寫信告訴思順：「吾當按月寄五六百來，祖父大人若欲歸粵，則當別寄千金來。」[58] 過了些天，他果然又給家裏匯了兩千元，其中特別講明，「內五百元留作家用，千五百元備祖父大人南歸之用」。[59] 這裏所言匯兩千，實際上匯了四千，有兩千用了票寄。另有一些人，比如康有為，是他不得不照顧的：「北江處吾前月曾寄與二百，彼入東京或適得此款時亦未可知，不必深怪彼。故者無失其為故，凡事須為我留地步也（切囑，切囑）。豈可令人誚我涼舊者。」[60]

　　雖然他自稱「不名一錢」，但似乎並未影響到他的消費熱情。回到北京的第四天，忙裏偷閒，他逛了一次琉璃廠，花費百數十金，買了《東坡集》、《韓柳合集》一類的書。一週之內，他再一次逛琉璃廠，「購得文具多種」，[61] 準備送給孩子們。在給思順的信中他自得地寫道：「吾逛琉璃廠已兩次矣，買得許多文玩（一二日內託船主帶返），賞諸孩並賞家中諸叔及諸姑，惟無一物賞汝者，賞汝一部蘇集。」[62] 後來發現，漏掉了與思順年紀相仿的華姑的那份，他還表示「他日再補之」。[63] 這一次，他還為幾個老人準備了象箸、銀匙、銀碟和絨帽、棉鞋等禮物。不久，新年將至，他又張羅着為家人準備禮物和年貨，並寫信告訴思順：「今因劉子楷東渡，託帶各物計影宋本韓集一箱、鑲珠金鐲一對、金領扣一枚皆賞汝者（欲購物賞思成等三人，竟不可得），鍍金銀鐲二雙、衣料二襲賞思莊、思靜（衣料足副做衣褲各兩套），又送教習年禮諸品共一包（每人筆一合，墨水匣一枚，鎮紙二枚）可點收，餘續聞。」[64] 第二天，他繼續向女兒報告：「別有

影宋本《四書》一部賞與思成，此書至可寶，可告之。又衣料一件給汝，偶見其花色雅馴，故購之。又核桃、蝦油、小菜等物，緣子楷行李少，故用一網籃裝之，即添購以實此籃也。」[65]

梁啟超過了一段緊日子，現在寬裕了，又恰逢回到京城，久違的琉璃廠，無論如何也是要去的。這裏的每一件物品都可能引起他的興趣，他大把地花錢，毫不掩飾自己的興奮和喜悅，固是人之常情。多虧有個仲弟，時時規勸他要從長計議，最好存一點錢。他對思順說：「爾今汝叔主意除兩處家用外，欲為我每月儲蓄二千，不知究能辦到否。聽汝叔為之可也。」又說：「頃汝叔以思成名義存萬金於正金（定期預今年防我濫用，汝叔專制極矣），汝叔之意總欲稍積儲以備不虞也，可持此慰汝母。」[66] 這筆錢最終能否存下，我們不得而知，但梁家的財政確有為仲弟所難以約束者。雖然剛匯去了四千元，但僅隔數日，思順便來信要求再匯若干。可能是所需數額較大，梁啟超亦感到不解：「何尚須爾許耶？」他告訴女兒：「此間已無存（有萬金存定期，不能取出），本月收入須月杪乃到手，明日只得設法向人挪借，（若得）當電匯以救急耳。」[67] 這裏所言救急，大約指的就是李夫人做大米投機生意賠了錢而「憂心如焚」，又不敢將所賠數目完全說與梁啟超，於是才有梁在信中向思順詢問，「究竟現在未償之債尚幾何」？並囑她「所需總數可詳稟汝叔」。後經他「與汝叔商，日間再匯千元，本年（指陽曆也）當不至匱乏耶」。[68] 實際上可能匯了三千，他在舊曆年前給思順的信中曾提到：「二月份津貼項尚未到（陽曆十二月正月份一錢不能儲蓄，因前此匯東之三千元乃借項，今須償也）。」[69] 無奈之中，他只有告誡女兒「常諫汝母」，[70] 並且言道：「憑吾之力，必可令家中無憂飢寒，汝母但專心用力教誨汝輩足矣，何必更馳念及此耶？但此後必當戒斷（切勿再貪此區區者），不可更為馮婦耳。」[71]

居處不易

實際上，梁啟勳自回國後，很長時間裏，是以梁啟超助手的身份出

現的，並未在社會上求得一官半職，因而沒有固定收入。很快，梁啟超主編的《庸言》創刊，梁啟勳列名撰述之中，並於第三號開始發表文章，這才收到第一筆薪水。不過，梁家的財政大致上有一種分工，即梁啟超管「入」，而梁啟勳管「出」，遇到大筆開支，兄弟二人需反覆商量，再做決定。以民初回國後梁家租房、買房為例，民二（1913 年）、民三（1914 年）這兩年，他在寫給梁思順的信中多次提到：覓房之事刻不容緩，我與汝叔在北京、天津四處看房，「汝叔之意必欲求之於日租界，愈難得當矣」[72] 梁啟超回國之初，就住在日租界的榮街，這是一所洋式房屋，「月租百三十元，僅有可住之房四間耳」。[73] 至於這是榮街的哪一處宅院，現在則缺乏可靠的線索來確認，只知道離他創辦的《庸言》不遠，而且，宅前即公園，可以散步。根據我的推測，這座公園有可能就是當年日租界裏名聲很大的大和公園。

我們知道，梁氏回國之初，未帶家眷，直到第二年初夏，夫人李蕙仙才帶着他們的「雙濤園群童」，即思順、思成、思永、思忠、思莊、思達及「王姨」回國，與梁啟超團聚。如何安置這一大家子人？梁啟超頗費了一番心思。最初，他是把父親也考慮在內的，如果父親同意來天津，他甚至準備租三處房子，父親和細婆及幾位姑叔同住一處，他的家眷住一處，他和二弟梁啟勳，以及湯覺頓等人住一處。一來天津房子實在難找，梁啟勳又堅持要住日租界，找到合適的房子就更難；二來他對把家安置在北京還是天津一直舉棋不定，所以，找來找去，總不如意。有一次已經交了定金，仍覺得不夠理想，結果白費了定金三十元。

直到四月初，天津的房子才算有了着落。父親梁寶瑛擔心北方住不慣，執意要回廣東老家，減輕了梁啟超在天津的負擔。房子很快就租定了，六月起租，擬於五月中旬遷住。不能馬上入住的原因是前清直隸總督陳夔龍正假養病之名，寓居於此。不久，他移居上海，這裏就讓給梁啟超了。房子的位置在德國租界，有一座很大的花園，房間也勉強夠住。月租開始談的一百五十兩，後來增加到二百三十兩。梁啟勳雖嫌這裏僻遠，但日租界一時找不到合適的房屋，他也就不再堅持。大約是在

五月中下旬，李蕙仙、梁思順一行回到天津，就住進了梁啟超為他們精心佈置的新居，思順的房間花費了「八百金」，而「全家傢俱費乃不滿二百金也」。[74]

梁啟超回國後，一直致力於統一、共和、民主三黨的合併，希望此舉可以對抗國民黨，在國會選舉中取勝。袁世凱也對梁及其周圍的種種勢力有所期待，力促三黨合一。民國二年（1913 年）五月二十九日，進步黨在京成立，推舉黎元洪為理事長，而該黨事實上的領袖卻是梁啟超。這一年發生了很多事，先是三月二十日，宋教仁在上海火車站被人暗殺；七月十二日，李烈鈞在江西湖口舉事，發動二次革命；九月十一日，熊希齡發表「人才內閣」，以梁啟超為司法總長。於是，住天津還是住北京的問題又提了出來。如果從國事考慮，似乎不能不住在北京，他甚至有過「俟全眷歸時，必在都中賃一大宅」的想法，因為「大約此次入閣總不能逃」。但如果着眼於個人生活的安適，自然還是住在天津的好，「津中之宅則留以防亂耳」。[75] 梁啟超是有京屋情結的，他討厭洋房，而居津卻只能租住外國租界的房屋，所以他說：「住京較住津為適，津屋實不好住。」[76] 而且他很自信：「汝母亦喜京寓，與我同也。」[77] 他所憂慮的只是，住在京城，「則精神之苦痛恐難免耳」。[78] 這就是說，他在國事、黨事稍覺順利，尚有可為時，就傾向於住北京；而在心緒惡劣，感覺無望時，則傾向於住天津。

梁啟勳卻不做如是想。或許是久居國外的緣故，他初來北京，就很討厭這裏的民居，不主張在京居住。梁啟超說：「汝叔別無理由，但惡京屋耳。」[79]「謂一返天津，如登天堂」[80] 然而，這只是理由之一，梁啟勳想得更多的，恐怕還是兄長的安全，擔心他在險惡的政治環境中受到傷害。尤其是在宋案發生後，更不主張他住在京城。梁啟超對思順說：「汝叔勸我小住數日即返津，不知能否？叔意謂國會開會時，亂必起，不欲吾處險地。」[81] 但是，梁啟超畢竟還對袁世凱及國事抱有一線希望，並且不肯放棄自己的責任。他說：「荷丈、佛丈前皆極沮吾與聞黨事，今亦謂不能脫卸，此無如何也。要之生為今日之中國人，安得有泰適之望，如我者則更無所

逃避矣。」[82] 他甚至表示:「吾今若退避,反示人以弱,而奪我軍之氣,橫身以當風波,亦非得已。」[83]

那麼,除非梁啟超退出政治,否則他「大約必須以一半日子住京」。故「在都非僦屋不可,作寓公終不便也」。[84] 他初到北京,曾「借寓東單牌樓二條胡同蒙古實業公司」,[85] 這裏曾是光緒皇帝的老師翁同龢的舊宅,雖然寬大而嚴密,但終非長久之計。於是,在天津的房子安置妥當之後,他開始張羅在北京租房或買房。但房子看了數處,竟沒有一處合意的。這恐怕與梁氏心中懸了一個太高的標準有關。梁啟超不是沒在北京住過,光緒十六年(1890年)至光緒二十四年(1898年)間,他數次入京,幾乎每次都住在宣南粉房琉璃街路西一一五號的新會會館;光緒十七年(1891年)十月,他入京完婚,還在宣南永先寺西街的新會新館住過,但時間都很短暫。

此時,他已不是當年小小的六品京官,而是進步黨的黨魁、民國政府的司法總長,可謂今非昔比。他要在北京找房,先是看中了北海的漪瀾堂(即今日之仿膳),他喜歡這裏的「彌望荷花十頃,雜以菱芰茨之屬,水佩風裳,冷香飛上,湖外老柳古槐,圓陰匝地,蟬聲豪邁,如訴興亡」。他寫信給女兒思順說:「假使一年後觚棱無恙,則漪瀾堂終為我息壤也。」[86] 不久,他又對漪瀾堂對面、北海北岸的鏡清齋(今靜心齋)發生了興趣。據說,此前中華民國首任外交總長陸徵祥曾在這裏住過。他難以掩飾自己的興奮之情,馬上寫信告訴他的思順:「其地風景絕佳,佈置精雅,號為北海之冠,回廊曲折,居室錯落(房室皆不大)在山坡上,分五六座,以廊通之,其景殆為頤和園所無,(南海、中海無此佳構,漪瀾堂大而無當。)外則彌望荷菱,以全海為一大園,小動物居此當喜欲狂矣。」不過,也不是沒有缺點:「惟室少不能容客,且交通極不便,是隱士所居,非政客所宜也。」[87]

不過,到了九月,梁啟超的房子還沒有搞定。南池子有一處宅院,他也很喜歡,地段極合適,房子也好,「正房共六院,另有偏院一所,共百三十餘間,極新極精」,「偏院極佳,開窗則臨御溝,荷花開時當勝絕。

惟索價太昂」，[88] 只好作罷。情急之中，他甚至想到了「獨居國務院」，[89] 也就是鐵獅子胡同一號，袁世凱曾在這裏宣誓就任中華民國大總統，後來，這裏又成為段祺瑞執政府的所在地。就在這個門前，發生了著名的「三一八慘案」，劉和珍就死在這裏，魯迅為此寫了《紀念劉和珍君》，稱這一天是「民國以來最黑暗的一天」。這當然都是後話。只是這裏最終並沒有成為梁啟超的私宅，十月一日，他寫信告訴思順：「細瓦廠屋，略可定局，客廳及吾書房之傢俱可裝束待發。」[90] 這裏所說細瓦廠，位於北京正陽門內西側，西交民巷之北，新華門的正南方，有前細瓦廠和後細瓦廠之別，梁啟超將要買下的這所住宅為前細瓦廠四號，房價為大洋一萬四千塊，地包括在內。梁啟超在這一年寫給女兒的最後一封信中說：「前書言買房事，汝叔亦同意，雖其屋有不甚滿意處，然可免臨時加租，受人挾持，計亦良得，頃已定局。」大約為買此屋，梁家將負債二萬元，月息八厘，每月出息一百六十元。不過他認為，每月利息相當於租房的租金，「總算便宜」。[91]

梁氏在前細瓦廠住到何時？有傳說，民國四年（1915 年）十月十四日袁世凱派軍警搜查了蔡鍔在東城棉花胡同的住宅，三天之後，梁啟超也將傢俱運回了天津。這種說法只能「姑且聽之」，不足信。事實上，民國三年（1914 年）底，梁啟超既辭去製幣局總裁一職，轉年正月，便避地天津，專事著述，意在回到言論者的地位。最初，他借住在熊希齡家裏，後遷入馬宅，疑即意大利商人馬朝利的住宅。此時，家人尚未遷來，生活少人照料，他「覺有種種不便處」，[92] 吃飯亦成問題，或往利順德飯店就食，或「往甕、湯諸家掛單」。[93] 此前，他大約已經買下了天津意租界西馬路（今民族路）的那塊空地，準備修建一座寓所。不久，他就回廣東省親去了，直到六月底，他才回到北京。這期間，他給思順、思成等寫過一信，曾提到「津屋想以落成」，並詢問「已遷否」，而且說：「若已遷，則吾在津下車，否則直到京也。」[94] 實際上，全家「大舉遷移」，已是七月末八月初的時候，而房子仍有許多問題，前幾日大雨，地窖還進了水，「深至盈尺」，以至於梁啟超寫信給思順，希望周希哲週六或週日能來一下，因為「有

許多瑣事須與馬朝利交涉也」。[95] 這以後，搬家的行動便加速了，他已感到：「日來風聲至惡，吾意決欲全眷移來，與京師長別矣（三年或五年之別）。」[96] 然而，直到八月底，梁思順似乎仍滯留於北京。梁啟超在完成《異哉所謂國體問題者》這篇文章的前一晚，給思順寫了一封信，還曾言道：「回廊獨坐，明月親人，茲景絕佳，恨汝不來共此。」[97]

可見，梁啟超一家由北京遷居天津，始於民國四年（1915 年）七八月間，持續了大約一兩個月。此時，帝制運動之形勢日趨嚴峻，梁啟超除了參加憲法起草委員會的活動，幾乎不再入都。繼而，他與蔡鍔等人密謀起兵反袁，就在梁家的新居之內。至十二月中旬，他亦在蔡鍔等人間道離津後潛赴上海。鑒於形勢的緊迫和嚴峻，他寫信叮囑思順：「汝兩弟（思成、思永）宜嚴禁之，勿使出學校（清華）一步，津寓亦宜通知意領，特別保護。」[98] 他一度甚至想賣掉天津新居，在給思順的信中他言道：「又津屋頗思售去，因默計此後北居之時當甚希，且恐燕市王氣非久將盡，津地亦日趨荒涼已耳。此事請由汝叔與季丈一商之。」[99] 大約梁啟勳與朋友們都覺得，形勢並不像兄長說得那樣糟糕，儘管梁啟超已在上海聯繫了買家，但未能進行下去。或許是思順信中傳達了二叔們的意見，梁啟超很快回信表示：「房子暫緩賣，即亦無妨，一切由汝母及汝叔主之，吾亦此等事毫無容心也。」[100]

天津的住宅得以保留，想是聽取了仲弟的意見。而梁啟勳的新居，即北京南長街五十四號，似乎也在梁啟超赴歐前後落成了。這一年，梁啟超有一封信給梁啟勳，其中言道：「吾再入都，實欲住吾弟之大廈，北京飯店極可厭。且家人全來無所住，亦大不便。」[101] 甚至在遊歐結束，將要啟程歸國前，他致信梁啟勳時還說：「弟將新居為我佈置周洽，俾一歸便得享用。」[102] 回國後，另有一信更說道：「檢所藏書畫三事，用賀弟新居。若尚需者，弟自來檢可耳。」[103] 從梁啟超說話的口氣，可以想見他與新居關係。雖然我們至今尚未見到他們兄弟合伙買房的直接證據，但他們在經濟上不分家，應該是沒有爭議的。梁啟超的收入一直由梁啟勳打理，他遠行歐洲時，曾給仲弟寫過一封信，囑咐他：「岱杉曾言，在鹽署為籌萬金，可託

秉三促之，收到後即存弟處，待我有電乃匯來。別有厚生應交大達公司紅利，亦託交弟處，收到後即寄往津，充家費可也。」[104] 回國後，他以講學、著書的收入維持家用，一次他寫信告訴仲弟：「匯上講學社款二千，請察收。尚有尚志學會一千，可催翊雲交來。」[105] 第二天，他又寫信，除了詢問講學社款是否收到，還表示：「今日復收到商務印書館五千，現存兄處，請先發下收條，俾轉寄。此款殆可暫不動用，欲以生息，請商季常、百里應投諸何處。（元年公債似不妥，其他須商）。」[106] 他們之間，這樣的通信很多，另有一信寫道：「所存款請交曹五帶回四百元，餘存弟處，隨時支零用。前月所購公債，似無甚利益，擬託公權仍售出，易取現款，請酌辦。」[107] 過了幾天，又有信給仲弟：「昨有票託公權轉售現款，售得即交弟處，數目如（疑為若）干再報來。」[108]

這些往來信函真切地反映了兄弟二人的經濟關係，也印證了梁啟勳總管的身份。很多時候，他都要跟在梁啟超身後，為他付賬。民國六年歲末，梁啟超辭去財政總長一職，一度熱衷於「碑刻之學」，據《梁啟超年譜長編》所記：「自去臘以來，先生治碑刻之學甚勤，故是歲所為金石跋、書跋、書籍跋最多。」[109] 因此，這期間他花在碑帖、紙墨上的錢甚多。民國六年（1917年）有一封信，梁啟超請梁啟勳付二百元給麥孟華的四弟公立，因為公立剛為他買了一批價值「約二百餘」的碑帖。[110] 轉過年來的夏天，梁啟超聽說有「十金一斤之舊墨」，他認為很便宜，請梁啟勳代他買「五十斤內外」，並說：「本月津貼當尚有發，屆時留弟處備支用。」[111] 過了幾天，他大約意識到了自己的筆誤，好像讓仲弟購墨四五十斤，於是趕忙又寫一信，說明「『十』字乃衍文耳」，並且表示，所以要買如許多的墨。「即為子孫計」也。[112] 類似的信還有：「由銘三託楊千里刻石印，潤筆四十六元，請代交去。又印昆代買金石拓本一百六十二元，請並交。」[113] 又如「欲得銀硃數方，請屬溥泉覓購佳者。如有五色墨，亦不妨更購一份。又請定製五紫五羊、三紫七羊筆各五枝」，[114] 等等諸如此類，都是梁啟勳具體操辦，說梁啟勳是梁啟超的「大管家」，絕非虛言。

共同操心

　　顯而易見的是，梁啟超與梁啟勳是梁家的兩根頂樑柱。梁啟超很喜歡對人傾訴，女兒思順、二弟仲策，都是他的傾訴對象。梁家大事小事，他都會寫信告知他們，或有所安排，或尋求辦法。梁啟勳留學美國時，兄長來信便總會談到家事和家人的情況。我們現在所能看到的梁啟超與「仲弟」的最早通信，是光緒三十年（1904 年）三月三日由上海發出的。這一年，梁啟超「以正月杪返國」（信中明確記載為「正月廿三」自日本啟程，在船上過了三十一歲生日），前往香港開保皇大會，後至上海，與狄楚青、羅孝高籌劃開辦《時報》諸事。他在香港、澳門住了二十天，不僅見到許多來自各地的同門學友，而且得與家人、族人相聚，「日與大人言歡」，「極一時之樂」。這大約是梁啟超流亡海外以來，第一次，也是唯一一次與如此眾多的親朋故舊聚在一起，所以，這份快樂一定要與遠在大洋彼岸的仲弟分享。信中提到了一些「家事」，特別是另外三個弟兄的情況。他們弟兄五人，趙太夫人生了啟超、啟勳、啟業；葉太夫人生了啟文、啟雄。當時，梁啟雄還小，大約只有四歲，他見到梁啟超居然說「認得」，冥冥中似乎是有些緣分的。梁啟超抱他「坐東洋車買玩物、食物」，盡情盡興，亦很開心。梁啟超離開澳門時，他必要跟着一起走，還「大鬧了一場」。而三弟啟業則是梁啟超的一塊心病。他曾與家人抱怨，如果三弟跟在他的身邊，一定把他搞得身敗名裂。在這裏，他有一大段文字寫到三弟：「業頑劣猶昔，兄歸家數日，大約亦以罵彼佔強半日子，真敗興也！」他告訴二弟：「我初到之日，彼竟偷我銀二百餘金，此事大人不知，伯姊見其形狀詭異，且買金表，知必為彼所偷也。然待查出時，彼已遁回家，故亦無從追之，且恐張揚，傷大人心，故聽之而已。此子如此，真是家孽，可歎也。現竟無法處置之，但欲流之於墨西哥而已。」這樣一位胞弟，的確讓梁啟超感到憂心忡忡，難怪要把他送到墨西哥去。這次離家，他把啟森和啟文帶到了日本，先安排這個小表弟到「報館傭工」，每月還有幾塊錢的收入；啟文則是來治病的，這個小弟弟「腦筋鈍極」，有些癡呆，梁啟超

希望，日本的醫生或能治好弟弟的這個病。[115]

　　他們共同操心的事有很多，諸如父母的養老奉安，以及諸弟妹和眾子姪的就養、教育、出路及婚娶，都要他們操持。且看三妹與李伯苓的婚事，大約自民國七年（1918 年）即開始籌劃，婚禮在哪裏舉行？新房設在哪裏？婚後的行止，梁啟超考慮得很細，很周全，並與仲弟反覆商量。男方家裏一度曾有在香港辦喜事的想法，商之梁家。梁啟超考慮到「此間現時局面自不宜也」，婚禮在香港辦亦不失為善舉，遂對仲弟言道：「惟果爾，則弟須送親耳。」[116] 實際上，婚期一拖再拖，直到民國十年（1921年）夏天，才確定婚禮在北京舉行，並安排在梁家南長街五十四號宅院。梁啟超提前數週便指揮眾弟兄開始籌備，不僅「我家禮服即由我做」，而且男方也要問他「要西服抑要國服」，「因我家亦要送彼禮服也」。[117] 請帖的印製也很有講究，「三妹因中途退學，恐該校有麻煩，擬為彼命一字（琬宜）」。他希望「帖中即以其字行」。[118] 他甚至想到同鄉熟人中有欲送禮者，遂要求藻孫、魯庵等通知各方面：「最好若干人合送些新房陳設品之類，萬不可多費，但求見意足矣。又最好各家送禮互相知照，免重複無用。」[119] 這期間，他給仲弟寫了數封信，將每日安排寫得清清楚楚：

　　　　一、送妝日兩席。請證婚人及大媒，可在水榭等地方。

　　　　一、結婚之前晚一席。為姑小姐餞行。

　　　　一、結婚日一席。新郎迎親時請之，此席不過儀式上，實在不吃也，菜照例便得。

　　　　一、回門兼會親，三席或四席。

　　以上酒席或先定妥尤妙，汝嫂約廿二三來，我約廿五親送姑小姐來。他還告訴仲弟：「現存弟處之款即撥出五百元為在京辦各事之用。」[120]

　　民國十一年（1922 年）冬，梁啟超在南京東南大學講學期間，因醉酒傷風而致病，此後遂為病所困，不能不已。而且，他永遠都忙得不可開交，無暇顧及家中之事，只有仰仗仲弟。當年父親去世時，梁啟超尚在兩

廣前線，朋友和家人向他隱瞞了消息。直到他返回上海之後，才有「舍弟啟勳自港來，奔告先考之喪」。[121] 為此他久久不能釋懷，以為既「不能盡人子之職」，則「吾之罪永劫莫贖也」。[122] 他曾到香港「省奠靈幃，且看察情形，能否卜葬」，[123] 也許是條件尚不具備，也許家人的意見尚有分歧，總之，安葬的事，先放下了，只把棺木所用的「極粗率」的廣東漆，改成了較好的閩漆。僅此一項，「大約三個月乃能竣工」。[124] 但這件事無論如何總是要辦的，過了幾年，條件成熟了，梁啟勳便回了一趟廣東，將父親從香港遷回新會，奉安於故土，也算了結了兄長心中一直放不下的這件「大事」。[125]

安葬大嫂

民國十三年（1924年）九月，舊曆中秋，梁啟超的夫人、梁仲策的大嫂，李端蕙（表字蕙仙）身患乳腺癌去世。此事給予梁啟超極大打擊，「精神生活真是痛苦到萬分」，深感不能自勝。病榻之側，只有幾個小兒女和古詩詞聊以為伴。他在為北京《晨報》紀念增刊所作《苦痛中的小玩意兒》一文中講到這種苦痛的情形：「半年以來，耳所觸的，只有病人的呻吟，目所接的，只有兒女的涕淚。喪事初了，愛子遠行，中間還夾着群盜相噬，變亂如麻，風雪蔽天，生人道盡，塊然獨坐，幾不知人間何世。」[126] 由於葬期擇定在舊曆八月十六，即週年之忌的次日，墳園工程遂擬於陽曆八月十六日動工。此時，思順已攜思莊隨希哲遠走加拿大，思成、思永亦赴美留學，身邊唯有「老弱病殘」而已，故「一切託你二叔照管」。二叔也確能盡職盡責，梁啟超在給孩子們的信中多次言及：「你二叔這個月以來天天在山上監工（因為石工非監不可），獨自一人住在香雲旅館，勤勞極了。你們應該上二叔一書致謝。」[127] 過了十天，他在給思順的信中又言道：「你二叔在山上住了將近一月，以後還須住一月有奇，住在一個小館子內，菜也吃不得，每天跑三十里路，大烈日裏在墳上監工。從明天起搬往香山見心齋住（稍為舒服點），但離墳更遠，跑路更多了。這等事本來

是成、永們該做的，現在都在遠，忠忠又為校課所迫，不能效一點勞，倘若沒有這位慈愛的叔叔，真不知如何辦得下去。我打算到下葬後，叫忠忠們向二叔磕幾個頭叩謝。你們雖在遠，也要各各寫一封信，懇切陳謝（莊莊也該寫），諒來成、永寫信給二叔更少。這種子弟之禮，是要常常在意的，才算我們家的乖孩子。」[128] 距葬期還有十三天，梁啟超「始能赴墓次巡視」，仲弟的辛勤，很讓他感動，他告訴思順：「墳園一切佈置，皆出二叔意匠，（此外麻煩事甚多，如收買園旁餘地、築橋、浚井等等，塚內各種佈置及工程，二叔最用心。）二叔極得意，吾亦深歎其周備。」[129] 葬禮完成的當天，他給思順、思成、思永、思莊寫了一封專講葬事的長信，再次與孩子們談到了他們的二叔：「你們二叔的勤勞，真是再沒有別人能學到了。他在山上住了將近兩個月，中間僅入城三次，都是或一宿而返，或當日即返，內中還開過六日夜工，他便半夜才回寓。他連椅子也不帶一張去，終日就在墓次東走走西走走。因為有多方面工程他一處都不能放鬆。他最注意的是壙內工程，真是一磚一石，都經過目，用過心了。我窺他的意思，不但為媽媽，因為這也是我的千年安宅，他怕你們少不更事，弄得不好，所以他趁他精力尚壯，對於他的哥哥盡這一番心。但是你們對於這樣的叔叔，不知如何孝敬，才算報答哩。今天葬禮完後，我叫忠忠、達達向二叔深深行了一個禮，謝謝二叔替你們姐弟擔任這一件大事。你們還要每人各寫一封信叩謝才好。」[130]

▌學問互啟

梁啟勳留美八九年，在哥倫比亞大學讀經濟學。嚴復很看不起留日學生，認為多是速成班出身，而留學歐美的學生則多有真才實學。不過，梁啟勳自學成回國，除了民國初年做過短時間的中國銀行監理及幣製局參事，很少有機會發揮其專業特長。梁啟超在世時，他總是躲在梁啟超的身後，這種情形一直延續到梁啟超去世。他被梁啟超的巨大存在所遮蔽，很

少有人注意到他。人們對他的了解也很有限，除了他的幾本著作，如《曼殊室隨筆》、《詞學》、《中國韻文概論》、《稼軒詞疏證》及翻譯作品《社會心理之分析》外，也只有丁文江與趙豐田所作《梁啟超年譜長編》保存了一些與他有關的材料。梁啟勳曾經寫過一部《曼殊室戊辰筆記》，這裏所謂「戊辰」，指的應是民國十七年（1928年），即梁啟超去世的前一年。從《梁譜》所引用的情況來看，這是一部講述梁啟超家世及其經歷的珍貴文本，可惜，不知什麼原因竟遺失了，而《梁譜》對它的引用也只到戊戌年，即光緒二十四年（1898年），便戛然為止，使得後來者無從窺其全貌。

其實，梁啟超很希望看到兩個弟弟在學術上不斷地成長和進步，而且盡一切可能幫助他們，給他們創造便利條件，對二弟是這樣，對七弟也是這樣。他在民初創辦了《庸言》和《大中華》兩本雜誌，梁啟勳都曾列名撰述，並常有文章在其中發表。他的文章比較多的是介紹歐美的銀行制度、政黨組織及政黨政治，也曾涉及對人生哲學和心理學的探討。大約他那時正對英國學者倭拉士的心理學感興趣，有一封梁啟超給他的信中還提到：「弟久有志譯佔士心理學，何不即着手預備，作終身一大業耶？有人讀與否不必問。」[131] 而在這之前，他還作了《論理學與心理學之關係》一文，發表於《大中華》雜誌第一卷第六期，或可說明他對這個問題的關注。現在既有兄長的建議，此書的翻譯，就被他提到日程上來。民國十一年（1922年）三月，這本名為《社會心理之分析》的譯本，作為「萬有文庫」之一種，由商務印書館出版。

民國七年（1918年），辭去財政總長一職的梁啟超，回到書齋，「以讀書、養性、敦品、勵行為宗旨」，「故是歲所為金石跋、書跋、書籍跋最多」。[132] 間或「為兒曹講『學術流別』」，[133] 而且，「吾所講卻與南海有不同」，於是他表示：「弟盍來一聽，當有趣味也。」因為仲弟是聽過南海先生講解「學術源流」的，既有比較，則「當有趣味」，而群童沒有這樣的經歷，就難免「對牛彈琴之感」。[134] 進一步他「更擬為講《孟子》，（非隨文解釋，講義略同學案也）」，卻又擔心「彼輩如何能解」，如果得不到聽

眾的呼應，那麼，「吾每日既分一半光陰與彼輩，亦致可惜」，因此他說：「弟能來聽極善。」他只是覺得，《孟子》這部書大約需要兩旬時間才能講完，「弟安能久住耶」？[135]

我們不知道梁啟勳是否聆聽了兄長關於《孟子》和「學術流別」的講座，不過，從他後來所作《曼殊室隨筆》來看，在其家兄的影響下，他的學術興趣和視野是非常廣泛的。這本出版於民國三十七年（1948年）二月的隨筆集，彙集了他在民國十五年（1926年）至三十五年（1946年）大約二十餘年的讀書筆記，分為詞論、曲論、宗論、史論、雜論五個部分，涉及歷史、文學、哲學、心理學、曆法、習俗、生物、北京掌故等諸多方面，在這裏，傳統的儒、釋、道與西方思想觀念碰撞、交融，亦表現為他對人生理想和價值觀念的思考和探索。他尤為喜歡古典詩詞，不僅常有詞作問世，對詞學亦有很深入的研究。他的詞學研究，則以對歷代韻文的研究為基礎。民國二十七年（1938年），商務印書館出版了他的《中國韻文概論》，這本耗時「四年又八閱月有奇」[136]的小冊子，依次對騷、賦、七、駢文、律賦、詩、樂府、詞、曲等傳統韻文形式加以論述，提出了一些頗有價值的見解。林宰平先生指出，此書「難在既能表出韻文各體之演變及其關係，而朝代之劃分，又甚分明。普通文學史長處，此書兼而有之，其運用材料，解決問題，皆能執簡馭繁，深中竅竅，此尤可佩。」[137] 雖然這本書在韻文研究方面仍失之於簡略，不夠全面、細密，但從某些論述中還是可以看到梁啟超給予他的啟示，比如他對陶淵明的推崇，對於杜甫的讚許，都有兄長的影響在。他將學術重點放在詞、曲兩方面，梁啟超也是鼓勵和支持的。宣統元年（1909年）九月八日，仍在美國留學的梁啟勳，收到兄長的來信，鼓勵他堅持下去，切莫輕言放棄：「弟若嗜此，當下一番刻苦功夫，非可率爾圖成。」[138] 在此前的另一封信中，梁啟超還表示：「前寄示數闋，意態雄傑，遠過初次所寄，惟琢句尚有疵類，宜稍治『夢窗』以藥之。」[139] 不久還寄來了《夢窗全集》，希望他「以資模仿」，且言道：「弟若欲得中國文學舊籍，希告我，尚當相寄。」[140]

梁啟超雖然不以詞學、曲學名世，他的詞作也並不多，但對詞、曲

的興趣還是有的，早年為推動戲曲改良，革新舊劇，以戲曲宣傳其政治主張，他甚至編寫過諸如《班定遠平西域》、《劫灰夢》、《新羅馬》、《俠情記》等劇本和傳奇。晚年又註傳奇《桃花扇》，編著《辛稼軒先生年譜》，並成為他的絕筆。所以，仲弟既有志於詞學，他也樂於經常與之切磋和討論。每次收到仲弟寄來的詞作，他都逐字逐句地推敲，並在覆信中說之：「秋後三日一片，並《解連環》詞，悉收。詞中下半闋第三句『亂鴉無限』，『鴉』字失律，此處必當用仄聲也。（弟四句之『憶舊遊處處堪傷』，遊字雖可勉強用平，然仍以仄為是。）弟詞已精進，前次所寄數闋，煞有可誦者，但不免剽滑之病，句未能煉，意未能刻入。此事誠難，兄雖知之而不免自犯此病，大約此事千秋無我席矣。」[141] 另有《唐多令》二詞，他亦有所表示：「三次所寄，一次佳似一次，不能不令老夫生畏矣。惟嫌習見語尚多，雖佳，而若在何人集中曾見之者，若能更趨奇警刻入，（意境求奇警，語句求刻入。）期可漸希名家也。惟以秋霜滿面，至可嚴憚之。老二乃日絮絮作兒女子語向人，豈不令人失笑耶？嫻兒昨詰我以阿叔何故作此，我只得嘆之曰：《楚辭》美人、香草，汝叔之寄託深遠矣。嫻兒苦求索解，老夫無奈，只得又將時事一一附會，乃知古今來為《錦瑟》華采作鄭箋者，大率類是也，一笑。」[142]

梁啟超這「一笑」，笑得意味深長。他批評二弟「絮絮作兒女子語向人」，其實，他自己何嘗不患此病。從他不多的詞作中可以發現，「多寫兒女情長、傷春傷別，就總體而言，內容、形式均未能衝破北宋婉約詞人的樊籬」[143] 這個評價是合適的、客觀的，想來這是他們兄弟的稟賦中固有的一種氣質。而梁啟勳更將北宋的婉約視為詞之正宗，刻意追求這種含蓄蘊藉的意境和風格。民國初年，他曾很用心地研讀過蘇軾、辛棄疾的詞，似乎就是要藉蘇、辛的豪放來救自己「絮絮作兒女子語」之病。此病是否因此得到了療救且不論，可喜可賀的是，他的悉心耕耘，終於收穫了一顆碩大的果實。這部《稼軒詞疏證》，遂成為他在詞學研究歷程中邁出的重要一步。民國二十年（1931 年）歲末，他將多年的研究心得整理歸納，寫成《詞學》（又名《詞學詮衡》）一書，最終奠定了他在現代詞學史上的地位。

他在《詞學》「例言」中寫道：「是書以辛未（1931年）十二月二日始屬稿，十六而規模粗具。半載以還，隨時修補，一日之間，工作在十八小時以上者有之，兼旬而不理會者亦有之。稿凡三易，至壬申（1932年）五月二十日而書以成。」[144]

究竟是梁啟超啟發了梁啟勳，使他從蘇、辛研究中找到了創作的靈感；還是梁啟勳的研究引起了梁啟超對辛棄疾的興趣，竟使他的學術生涯終結於薄薄一冊之《辛稼軒先生年譜》，我們固很難下一斷語。總之，至民國十七年（1928年）九月，梁啟超已在信中向朋友們通報：「日來撰成《辛稼軒年譜》，並為稼軒詞作編年，竟什得七八，又得一佳鈔，用校四印齋重雕之元大德本，是正偽舛，將及百條，深用自喜。一月來光陰全消磨於此中，再閱十日可蕆事矣。」[145] 不過，他還是過於樂觀了，這封信發出的第三天，即九月「二十四日編至稼軒五十二歲，入夜痔大發，竟夕不能睡，二十五日過午始起，側身坐屬稿。二十六日，痔瘡痛劇，不能復坐，二十七日，始入京就醫，十月五日，始返」。[146] 而回家的原因，竟是因為「無意中獲得資料數種，可為著述之助，遂不俟全愈攜藥出院，於十月五日回天津，執筆側身坐，繼續草此稿，如是者凡七日，至月之十二日，不能支，乃擱筆臥牀，旋又到北平入醫院，遂以不起。譜中錄存稼軒祭朱晦翁文，至凜凜猶生之『生』字，實伯兄生平所書最後之一字矣。時則十二日午後三時許也。稼軒先生卒於寧宗開禧三年丁卯九月初十日，年六十又八，此譜止於六十一歲，尚缺七年未竟」。[147] 惜於仲弟亦未能將伯兄未竟之事續成，留下了一些遺憾。

▍「述任」小老弟

梁啟雄是梁啟超的同父異母弟弟，光緒二十六年（1900年），全家避難澳門期間，由庶母葉太夫人所生，比梁啟超小二十七歲，是梁氏昆仲中最小的一位。光緒三十年（1904年）正月，梁啟超赴香港參加保皇大會，

在澳門住了十天，與父母兄弟、族人親眷相聚，「極一時之樂」，而最讓他開心的，是「家中小孩，多云不記我面目，惟啟雄、貴和則云認得」。啟雄此時只有四歲，他出生時，梁啟超已流亡日本，哪有機會和這位伯兄相見呢？所以，梁啟超覺得「殊可笑也」。在給仲弟的信中梁啟超寫道：「兄日抱彼二人坐東洋車買玩物、食物。兄臨行時二人必要隨我同來，大鬧了一場。」[148]

梁啟超最關心弟弟妹妹及子姪輩的教育問題，回國之初，他有一封寫給思順的信，是與父親、夫人商量家事的，其中就談到他的想法：「且諸姑諸叔年已長大，更安能聽其在鄉廢學，使之外出受教育，又吾之責也。故吾欲請細婆挈汝華姑、雄叔以下來津。」[149] 不久，在長兄、仲兄的安排下，梁啟雄來到北京，就讀於崇德中學。隨着梁啟超遷居天津，啟雄又轉學於天津南開中學。這期間，梁啟超常為思順輩講中國傳統學術源流，啟雄自然也跟着受益。梁啟超是很重視培養梁氏子弟對中國文化之感情的，民國十二年（1923 年）五月，梁思成因車禍負傷住院，耽誤了當年的大考，留美讀書或將推遲一年，不免有些焦慮，梁啟超安慰他道：「但遲一年亦無甚要緊」，如能「利用這時候多讀點中國書也很好」，並為他開列了書單：「吾欲汝以在院兩月中取《論語》、《孟子》，溫習闇誦，務能略舉其辭，尤於其中有益修身之文句，細加玩味。次則將《左傳》、《戰國策》全部流覽一遍，可益神智，且助文采也。更有餘日讀《荀子》則益善。各書可向二叔處求取。《荀子》頗有訓詁難通者，宜讀王先謙《荀子集解》」。[150]思莊要隨大姐出國讀書，梁啟超「欲以短時間引彼治國學興味，故每日講誦時極多」，以至於答應別人的文章，久未動筆，不得不在思順與思莊走後，寫信向朋友說明。

梁啟雄既生活在這樣一個具有濃郁學術氛圍的環境中，日久天長，其讀書治學之精神亦受到深深的薰陶。梁啟超又是極鍾愛這個幼弟的，「年假期內，督課群童，自老七以下至阿莊，每晚輒聚講，讀書聲出金石，群童樂不可支，彼等日日讀史，誦詩詞，寫隸楷，阿時且作可許多打油詩。阿時、阿忠終日搖頭擺尾，高唱如雲，可稱水底笙歌蛙兩部。」[151] 有時還

給他開小灶，在給思順的信中特別提到，今日精神煥發，「和你七叔講了一會書」。[152] 他先在南開大學讀文科，民國十二年夏天，母親葉太夫人罹患重病，他便中途輟學，回到家鄉新會縣，一邊在縣中學教書，一邊侍奉母親。七弟的境遇，很讓梁啟超感到心疼，在給思順的信中他寫道：「七叔來信看見未？我看了又喜歡又可憐他」。[153] 他所擔心的，是家事的拖累，可能影響七弟的前途。轉過年來，葉太夫人的病好了，他感到格外高興。他曾對思順說過：「現在祖父祖母都久已棄養，我對先人的一點孝心，只好寄在細婆（廣東人對庶母的稱呼）身上。」[154] 民國十四年（1925年）九月，清華國學研究院開學，梁啟超被聘為研究院導師，他當即決定將七弟和細婆從南方接到北方。十一月九日，他寫信告訴思順：「你七叔明年或可以做我一門功課的助教，月得百元內外。」[155] 開始大家都住在清華北院，「四間半屋子躋得滿滿的」，「七叔便住在飯廳」。[156] 而「細婆、七嬸都住南長街，相處甚好，大約春暖後七叔或另租屋住」。[157]

梁啟雄既為清華國學研究院助教，責任是輔佐其兄有所施教，同時，他也在教學實踐中得到兄長的悉心栽培。此時正是梁啟超研究先秦諸子的高潮，大部分研究成果都產生在這個時期。梁啟雄耳濡目染，亦對諸子產生了濃厚興趣。他作《荀子柬釋》（後改簡釋）之動議，即萌發於此時。梁啟超的高足，高亨先生在為此書所作序文中寫道：「自民國十四年搦翰屬稿，已八載於茲矣。十八年春亨與梁氏同客瀋陽，旬日必相見，相見必論《荀子》，如是者三載。二十年秋國難猝作，亨與梁氏，同蒞燕都，亦旬日必相見，相見必論《荀子》，如是者又二載。」[158] 這裏簡述了梁啟雄研究《荀子》一書的歷程，可見是一部嘔心瀝血之作。他自己則在「述例」中講了伯兄與此書的淵源：「先伯兄任公在日，鑽研之暇，治業有閒，輒以《荀子》口授啟雄，踰年而畢業。先兄創見，啟雄當時筆之簡端。今悉移錄本書中，冠『伯兄曰』三字以別之。」[159] 可見，梁啟雄的荀子研究，不僅僅受到梁啟超的影響，更是在他的悉心指導下完成的。民國二十三年（1934年），梁啟超去世五年後，梁啟雄撰成《荀子簡釋》一書，並於兩年後由商務印書館出版。梁啟雄為自己所起表

字「述任」（又作叔任），他用自己的實際行動，光大了發揚任公之學的理想。

梁啟雄以一部《荀子簡釋》奠定了自己在諸子學、史學領域的地位。他早年或靠伯兄推薦，任教於東北大學、北平交通大學，爾後則被燕京大學中文系和輔仁大學先後聘為講師、教授。一九四九年以後，擔任北京大學中文、哲學兩系的教授。一九五五年，他調到中國科學院社會科學部哲學研究所，任研究員。他的另一部諸子研究成果《韓非淺解》於一九六〇年問世。大約是在《荀子簡釋》完成之後，民國二十四年（1935年），他「已經開始整理《韓子書》」，[160] 其間亦參考了先伯兄任公《韓非子顯學篇釋義》和《要籍解題及其讀法》中的《韓非子》二篇，並採用其中的一部分內容「作為註文，在註文的發端，用『任公曰』三字來做識別」。[161]

註釋：

1. 《萬木草堂憶舊》（選錄），《追憶康有為》，230～231 頁。
2. 同上，176 頁。
3. 《「萬木草堂」回憶》，同上書，237 頁。
4. 同上，242 頁。
5. 《萬木草堂憶舊》（選錄），同上書，226 頁。
6. 《「萬木草堂」回憶》，同上書，237 頁。
7. 同上，237～238 頁。
8. 《曼殊室隨筆‧宗論》（十六），182 頁，《民國叢書》第三編（89）。
9. 《梁啟超年譜長編》，95 頁。
10. 同上，96～97 頁。
11. 同上，167～168 頁。
12. 同上，169 頁。
13. 《新大陸遊記》（三十六），122 頁。
14. 《梁啟超年譜長編》。
15. 《詞人梁啟勳欣賞珍珠簾》，《文苑花絮》，47 頁。
16. 《康有為致梁啟勳書》，1905 年 6 月 30 日，《南長街五十四號藏梁氏重要檔案‧書信》，352 頁。
17. 《康有為致梁啟勳書》，1905 年 12 月 21 日，同上書，357 頁。
18. 《康有為致梁啟勳書》，1906 年 2 月 14 日，同上書。
19. 《康有為致梁啟勳書》，1906 年 3 月 10 日，同上書，359 頁。
20. 同上。
21. 《康有為致梁啟勳書》，1907 年，同上書，362 頁。
22. 同上。
23. 《康有為致梁啟勳書》，1906 年 3 月 10 日，同上書，359 頁。
24. 《康有為致梁啟勳書》，1907 年，同上書，362 頁。
25. 《康有為致梁啟勳書》，1908 年閏 2 月 22 日，同上書，369 頁。
26. 同上，365 頁。
27. 《梁啟超致梁啟勳書》，1904 年 3 月 3 日，同上書，84 頁。
28. 《梁啟超致梁啟勳書》，1905 年 9 月 16 日，同上書，92 頁。
29. 《梁啟超致梁啟勳書》，1905 年 9 月 22 日，同上書，90 頁。
30. 《梁啟超致梁啟勳書》，1910 年 4 月 20 日，同上書，105 頁。
31. 《梁啟超年譜長編》，487 頁。
32. 同上，488 頁。
33. 同上，490 頁。
34. 《梁啟超致梁啟勳書》，1909 年 9 月 23 日，《南長街五十四號藏梁氏重要檔案‧書信》，101 頁。
35. 《梁啟超致梁啟勳書》，1910 年 4 月 20 日，同上書，105 頁。
36. 同上。
37. 《梁啟超致梁啟勳書》，1910 年 7 月 13 日，同上書，104 頁。
38. 《梁啟超致梁啟勳書》，1909 年 5 月 25 日，同上書，98～99 頁。
39. 《梁啟超年譜長編》，490～491 頁。
40. 同上，650 頁。
41. 《致梁思順》，《梁啟超家書：南長街 54 號梁氏函札》，29 頁。
42. 《梁啟超年譜長編》，653 頁。
43. 《與嫻兒書》，《梁啟超家書》，23 頁。
44. 同上，24 頁。

45　《梁啟超致梁啟勳書》，1909 年 5 月
　　25 日，《南長街五十四號藏梁氏重要
　　檔案‧書信》，98 頁。

46　《梁啟超年譜長編》，653 頁。

47　《與嫻兒書》，《梁啟超家書》，33 頁。

48　《梁啟超年譜長編》，656 頁。

49　同上。

50　同上，656～657 頁。

51　《與嫻兒書》，《梁啟超家書》，15 頁。

52　同上，29 頁。

53　《致梁思順》，《梁啟超家書：南長街
　　54 號梁氏函札》，84 頁。

54　《梁啟超年譜長編》，652 頁。

55　同上，658 頁。

56　《與嫻兒書》，《梁啟超家書》，29 頁。

57　同上，25 頁。

58　同上，13 頁。

59　同上，21 頁。

60　同上，29 頁。

61　同上，10 頁。

62　同上，12 頁。

63　同上，16 頁。

64　同上，27 頁。

65　同上。

66　同上，29～30 頁。

67　同上，31 頁。

68　同上，29～30 頁。

69　同上，48 頁。

70　同上，33 頁。

71　同上，29 頁。

72　《致梁思順》，《梁啟超家書：南長街
　　54 號梁氏函札》，78 頁。

73　同上，37 頁。

74　同上，94 頁。

75　同上，68 頁。

76　同上，60 頁。

77　同上，64 頁。

78　同上，60 頁。

79　同上，64 頁。

80　同上，25 頁。

81　同上，80 頁。

82　同上，92 頁。

83　同上。

84　同上，82 頁。

85　同上，67 頁。

86　同上，97～98 頁。

87　同上，100～101 頁。

88　同上，101 頁。

89　同上，102 頁。

90　同上。

91　同上，105 頁。

92　同上，106 頁。

93　同上，107 頁。

94　同上，120 頁。

95　同上，123～124 頁。

96　同上，125～126 頁。

97　同上，127 頁。

98　同上，131 頁。

99　同上，133 頁。

100　同上，139 頁。

101　《致梁啟勳》，《梁啟超家書：南長街
　　　54 號梁氏函札》，418 頁。

102　同上，434 頁。

103　同上，438 頁。

104　同上，432 頁。

105　同上，434 頁。

106　同上。

107　同上，437 頁。

108　同上，438 頁。

109　《梁啟超年譜長編》，859 頁。

110　《梁啟超致梁啟勳》，《梁啟超家書：
　　　南長街 54 號梁氏函札》，407 頁。

111　同上，410 頁。

112　同上，426 頁。

113　同上，417 頁。

114　同上。

115 同上，375～376 頁。

116 同上，418～419 頁。

117 同上，435 頁。

118 同上，436 頁。

119 同上，435 頁。

120 同上，436 頁。

121 《梁啟超年譜長編》，786 頁。

122 同上，787 頁。

123 同上，795 頁。

124 《梁啟超致梁啟勳》，《梁啟超家書：南長街 54 號梁氏函札》，407 頁。

125 同上，441 頁。

126 《梁啟超年譜長編》，1023 頁。

127 同上，1054 頁。

128 同上，1056～1057 頁。

129 同上，1057 頁。

130 同上，1060～1061 頁。

131 《梁啟超致梁啟勳》，《梁啟超家書：南長街 54 號梁氏函札》，414 頁。

132 《梁啟超年譜長編》，859 頁。

133 同上，864 頁。

134 同上，865 頁。

135 同上，864 頁。

136 《中國韻文概論·序》，2 頁。

137 梁啟勳《中國韻文概論》，林宰平先生評，1 頁。

138 《梁啟超致梁啟勳》，《梁啟超家書：南長街 54 號梁氏函札》，385 頁。

139 同上，384 頁。

140 同上，385 頁。

141 同上。

142 同上，387 頁。

143 梁鑒江《梁啟超詩詞全註·序》，汪松濤編註《梁啟超詩詞全註》，4 頁。

144 《詞學》例言，3 頁。

145 《梁啟超年譜長編》，1193 頁。

146 同上。

147 梁啟勳《辛稼軒先生年譜·跋》，梁啟超《辛稼軒先生年譜》，61 頁。

148 《梁啟超致梁啟勳》，《梁啟超家書：南長街 54 號梁氏函札》，375 頁。

149 《梁啟超致梁思順》，同上書，37～38 頁。

150 《梁啟超年譜長編》，995 頁。

151 《梁啟超致梁啟勳》，《梁啟超家書：南長街 54 號梁氏函札》，445 頁。

152 《梁啟超致梁思順》，同上書，206 頁。

153 同上，203 頁。

154 同上，247 頁。

155 《梁啟超年譜長編》，1065 頁。

156 同上。

157 《梁啟超致梁思順》，《梁啟超家書：南長街 54 號梁氏函札》，265 頁。

158 高亨《荀子簡釋·序》，梁啟雄著《荀子簡釋》，5 頁。

159 《荀子簡釋·述例》，《荀子簡釋》，11～12 頁。

160 《韓子淺解·附語》，26 頁。

161 同上，24 頁。

▶

第

五

章

書生報國

梁啟超與康有為（上）

：

▶ 康有為 (1858—1927)

- 1890 年，梁啟超拜康有為為師，追隨康。
- 1891 年，受陳千秋、梁啟超等人之請，康有為始在萬木草堂講學。
- 1895 年，康梁聯合各省舉人，發起「公車上書」。創辦《萬國公報》（後改名為《中外紀聞》）。
- 1896 年，康梁創辦強學會，宣傳維新思想。
- 1898 年，康梁組織保國會，參與「戊戌變法」。

光緒十六年（1890 年），梁啟超在廣州學海堂就讀已經兩年。這年秋天，他的同學陳千秋對他說：聽說南海康先生上書請求變法，沒有成功，已從京城回到廣州，自己去拜訪他幾次，康的學問有很多新奇之處，是兩人做夢都想不到的，應該到他那裏去讀書。

這裏提到的康南海，就是後來做了梁啟超老師的康有為。

▌南海聖人康有為

康有為，字廣廈，號長素，又號更甡，廣東南海縣人。咸豐八年戊午（1858 年）二月初五生於南海縣西樵山北之銀塘鄉的敦仁里，大梁啟超十五歲。

康有為生於官宦人家，書香門第，其祖父、父親、伯祖、叔祖、叔父，都曾為官，並以詩禮傳家。康有為素懷大志，六歲時，伯父教他作對子，出「柳成絮」，他應聲答以「魚化龍」，伯父於是讚他：「此子非池中

物。」[1]由於他少年時代就有志於聖賢之學,「鄉里俗子笑之,戲號之曰『聖人為』,蓋以其開口輒曰聖人聖人也。」[2]

康有為既有大志,自然就關心國家命運。光緒十四年(1888年)十月,他受到此前中法之戰福建水師戰敗的刺激,藉出遊北方之機,「以一諸生伏闕上書,極陳時局,請及時變法,以圖自強」[3]。這是一個很大膽的舉動,也是他第一次為求變法上書光緒皇帝。此前,他曾寫信給光緒的老師翁同龢,請求一見,但被翁師父拒絕了。可是,他沒有氣餒,很快便寫出了上萬字的《上清帝第一書》。這次他沒有直接送給翁同龢,而是希望通過國子監祭酒盛昱(伯羲)替他轉呈。國子監正是翁氏負責的部門之一,盛祭酒又是個極熱心的人,他把康有為的《上清帝第一書》給了翁同龢,而翁同龢卻沒有幫他這個忙。為什麼呢?據康有為的猜測:「時翁常熟(同龢)管監(國子監),以文中有言及『馬江敗後,不復登用人才』,以為人才各有所宜,能言治者,未必知兵,若歸咎於朝廷之用人失宜者(馬江戰敗實與朝廷任用清流張佩綸等人有關)。時張佩綸獲罪,無人敢言,常熟恐以此獲罪,保護之,不敢上。時適冬至,翁與許應騤、李文田同侍祠天壇,許李交攻,故翁不敢上。時鄉人許、李皆位侍郎,怪吾不謁彼。吾謂彼若以吾為賢也,則彼可來先我,我布衣也,到京師不拜客者多矣,何獨怪我?卒不謁,故見恨甚至也。」[4]

這裏,康有為給第一次上書失敗找到兩條理由:其一,上書的時機不對,有些提法亦不合時宜,所以,翁同龢不願遞也不敢遞;其二,由於他的傲慢,在京同鄉對他不滿,從中作梗,翁氏也不願意因此得罪同事。當然,這些都是康有為一家之言,我們至今也沒有見到對方的說法。不過,經孔祥吉先生考證,翁氏之所以未將康有為的上書交給皇上,還有一個更直接的原因,據新發現的翁氏光緒十四年手書《雜記冊》記載:

南海布衣康祖詒(康有為別名),擬上封事,由成均(國子監之舊稱)代遞,同鄉京官無結,未遞。其人初稱布衣,繼稱蔭監,

乃康國器（？—1884，字交修，廣東南海人，清軍將領，康有為叔祖）之姪孫也。[5]

這裏所謂無結，即無印結。而所謂印結，就是在京同鄉京官為本省人士出具的身世證明或擔保。康有為只是個布衣或蔭監生（靠祖輩功名得到的監生資格），按照清朝政府的規定，是沒有資格直接上書皇上的。但是他並沒有因此放棄，國子監這條道既然走不通，盛祭酒又帶着他的《上清帝第一書》去見都御史祁世長。祁世長也很讚賞他的忠義之心，答應代他遞上去，並約好十一月初八日在都察院見面，御史屠梅君專門派人在那裏等候他。「吾居米市胡同南海館，出口即菜市也，既衣冠將出，僕人譚柏來告，菜市口方殺人，車不能行，心為之動。私念吾上書而遇殺人，兆大不吉，家有老母，豈可遂死。既而思吾既為救天下矣，生死有命，豈可中道畏縮？慷慨登車，從南繞道行。出及門，屠御史遣人來告云，祁公車中患鼻血，眩暈而歸，須改期，遂還車。」[6]看來事情真的不順利，祁公久病，尚未康復，到了第二年的正月，屠梅君卻又因「言事」被革職了。這時，恰逢光緒皇帝「歸政大婚，典禮重疊」，大家都勸他先把這件事放一放，他也就在京城耽擱下來，直到這一年的夏秋之際，因為「久旅京師，日熟朝局，知其待亡，決然捨歸，專意著述，無復人間世志意矣」。其失望之情，溢於言表，甚至有「浮海居夷之歎，欲行教於美，又欲經營殖民地於巴西，以為新中國」。[7]

於是，他九月離開北京，在遊歷了杭州、蘇州、南京、九江、廬山、武漢之後，終於在十二月回到廣州。康有為第一次上書雖然沒有獲得成功，但其勇氣和膽識，還是在年輕士子中產生了相當大的反響，他成了廣州城裏的「名人」。轉年三月，學海堂的高才生陳千秋便來求見。陳千秋（1869—1895）字通甫，又字禮吉，號隨生，南海人氏，是康有為的小老鄉。此人讀過很多書，熟悉歷朝掌故，精通考據、典章之學。他與康有為坐而論道，討論學術問題，一而再，再而三，終於被康氏所打動，大徹大悟，竟完全拋棄昔日所學，入於康門。他是康有為收下的第一個學生，

其後，長興里十大弟子便以他為首，他還擔任了萬木草堂學長。他協助康有為編撰《新學偽經考》、《孔子改制考》等書，光緒二十一年（1895 年）正月，又奮不顧身幫助康有為辦理西樵鄉同人團練局之事。他對康有為表示：「吾窮天人之理已至矣，已無書可讀矣，惟未嘗試於事，吾等日言仁，何不假同人局而試之。」[8] 但陳千秋終因操勞過度染病而亡，年僅二十六歲。

梁啟超師事康有為，執弟子禮，陳千秋是介紹人。大約在受到康有為當頭棒喝的兩個月之後，陳千秋帶着梁啟超去見康有為。梁啟超在《三十自述》中講到初見康有為時的情景：「時余以少年科第，且於時流所推重之訓詁詞章學，頗有所知，輒沾沾自喜。先生乃以大海潮音，作獅子吼，取其所挾持之數百年無用舊學更端駁詰，悉舉而摧陷廓清之，自辰入見，及戌始退，冷水澆背，當頭一棒，一旦盡失其故壘，惘惘然不知所從事，且驚且喜，且怨且艾，且疑且懼，與通甫（陳千秋）聯牀，竟夕不能寐。」第二天天剛亮，他帶着不能自已的心情，又去見康有為，「請為學方針。先生乃教以陸王心學，而並及史學西學之梗概。自是決然捨去舊學，自退出學海堂，而間日請業南海之門，平生知有學自茲始」。[9]

許多年後，他在《清代學術概論》中也回憶起這段經歷：「越三年，而康有為以布衣上書被放歸，舉國目為怪。千秋、啟超好奇，相將謁之，一見大服，遂執業為弟子，共請康開館講學，則所謂萬木草堂是也。」[10]

這真是一件奇妙的事。它讓我們對康有為的人格魅力和淵博學識有了最初的一些想象。由於陳千秋與梁啟超的建議和堅持，康有為決定開館講學。時為光緒十七年（1891 年），地點就設在廣州長興里。梁啟超還記得，那年他十九歲，「南海先生始講學於廣東省城長興里之萬木草堂，徇通甫與余之請也。」[11] 開始時學生不多，他和陳千秋還動員了一些親戚朋友及學海堂的同學前來就讀。徐勤是來得比較早的，陸續還有韓文舉、梁朝傑、曹泰、王覺任、麥孟華、麥仲華、梁啟勳、梁啟田等人前來入學。而得名「萬木草堂」卻是在光緒十九年（1893 年）講堂遷到廣州府學宮仰高祠之後。康有為說：「冬遷草堂於府學宮仰高祠，貲之十年，為久計，徐君勉、梁卓如（梁啟超）之力也。」[12] 由於陳千秋、曹泰均早亡，梁啟超

成為事實上的康門大弟子，從此後的影響來看亦如此。他在開講那一年寫了一首七律送給十大弟子，即《門人陳千秋、曹泰、梁啟超、韓文舉、徐勤、梁朝傑、陳和澤、林奎、王覺任、麥孟華初來草堂問學，示諸子》：

> 聖統已為劉秀篡，政家並受李斯殃。
> 大同道隱禮經在，未濟占成易說亡。
> 良史莫如兩司馬，傳經只有一公羊。
> 群龍無首誰知吉，自有乾元大統長。

這首詩所要表達的，正是康有為的理想和抱負，他希望各位弟子明白，在這「大同道隱」、「群龍無首」的年代，還有他康有為肩負着繼承聖統，並將其發揚光大的歷史責任。

▌「思想界之一大颶風」

大同是中國古代的社會理想。大同之道何以隱呢？康有為歸罪於劉秀和李斯，而劉秀的罪過顯然比李斯還大。李斯僅僅鼓動秦始皇燒書，而且只燒了民間的書和地方的書，中央政府的藏書和博士的藏書並沒有燒。而劉秀為了讓人相信他所偽造的古文經書的真實性，故意撒了個彌天大謊，謊稱秦始皇將所有的經書都燒了，現在大家看到的經書，是西漢末年孔子後裔孔安國等諸人捐獻出來的。這些經書都用蝌蚪文，而不用秦漢通行的篆書，所以，稱之為古文。而自漢初以來所傳承的，並由漢武帝、漢宣帝立為官學，置博士教授，皆用篆書行文的，就稱為今文。西漢末年，王莽篡漢，劉秀則挾王莽之力，排斥今文，確立了古文獨尊的地位。由於王莽所建王朝號為「新」，所以，經古文學也稱「新學」。

當然，這裏所說的劉秀，並非漢光武帝劉秀，而是指西漢經學家劉歆。劉歆是西漢大學者劉向的兒子，應讖後改名「劉秀」。而另一個劉秀，

即漢光武帝，上台後反而廢除了古文，專用今文。直到東漢的中晚期，經學大師馬融、鄭玄、服虔等尊習古文，經古文學才再次昌盛起來，經今文學反倒衰落了，傳下來的只有今文大家何休的《春秋公羊傳解詁》。南北朝以降，經唐宋元明而至於清，幾乎就是經古文學的一統天下。清代崇尚復古，考據、訓詁之學大興，「乾嘉以來，家家許（慎）、鄭（玄），人人賈（逵）、馬（融），東漢學爛然如日中天矣」[13]。《春秋公羊傳》遂成為絕學，並延續了兩千年。

打破這種局面的，是清代學者莊存與。他的方法區別於戴震、段玉裁的學術路徑，不再糾纏於名物的訓詁，而專求所謂「微言大義」。其後，劉逢祿繼續了他的事業，他將其中所謂非常異義可怪之論，如「張三世」、「通三統」、「絀周王魯」、「受命改制」的意義，逐一發明出來。接下來，就輪到龔自珍出場了。龔是段玉裁的外孫，家學淵源本在考據訓詁，他卻好為今文，宗法莊、劉兩位前輩。而且，他還喜歡聯繫實際，「往往引《公羊》義譏切時政，詆排專制」[14]。雖然他的研究並不深入，但是，他是清代第一個將經今文學與現實的社會政治聯繫起來的人，「晚清思想之解放，自珍確與有功焉。光緒間所謂新學家者，大率人人皆經過崇拜龔氏之一時期」[15]。實際上，清代今文經學運動的復興，康有為不是開創者，而是集大成者。傳說康有為曾經拜訪客舍廣州的前輩今文經學家廖平，拜讀了他的《今古學考》，很快便寫出了自己那部影響巨大的《新學偽經考》。梁啟超在《清代學術概論》中也承認：「後見廖平所著書，乃盡棄其舊說。」[16]而章太炎更認定，康有為的「新學偽經」之說，是晚清另一位經學大師戴望今文說的濫觴。

但康有為對今文的崇尚，與其說是學術熱情，不如說是政治企圖。即使是在學術層面，由於古文經學實際上統攝了清代的學術，所以，提倡今文經學，在學術上也有向清代正統派發起挑戰的意義。又由於自龔自珍以降，主張「自改革」[17]的學者無論在朝在野，都取今文經說，為其改革現狀的主張尋求依據；至康有為，更將今文經學推向極端，為其後來的政治變革張目。梁啟超在《清代學術概論》中特別指出，康有為的「諸所主張，

是否悉當，且勿論，要之此說一出，而所生影響有二：第一，清學正統派之立腳點，根本動搖；第二，一切古書，皆須從新檢查估價。此實思想界之一大颶風也」[18]。梁啟超把康有為的學說比作「颶風」，就是看到了它所具有的摧毀正統學術秩序，乃至政治秩序的力量。人們不再盲目地相信「古文」經典的價值，一切都要經過自己的獨立思考和重估，昭示着一個思想解放時代的到來。這種價值重估對任何一場思想啟蒙運動來說都是必不可少的。接下來的《孔子改制考》和《大同書》，梁啟超更將其比作「火山大噴火」和「大地震」。如此形容康有為在晚清思想界鬧出的動靜，倒也並不過分。很顯然，如果不是他的思想之新銳，有一種摧枯拉朽的破壞力，又怎能以一個蔭監生之資格，領袖群倫，使陳千秋、梁啟超這樣的青年才俊心服口服，棄舊皈依呢？

康有為是個耽於理想甚至沉迷於幻想的人；他又是個志向遠大，以澄清天下為己任的人；他還是個執著於理想，即使失敗亦不動搖的人；他更是個心高氣傲，唯我獨尊的人。所以，他的所作所為、所思所想，常常不能被人所理解、所接受，反倒以為他有神經病、妄想症，「舉國流俗非笑之唾罵之，或謂為熱中，或斥為病狂」[19]。戊戌政變後陪他從上海逃亡香港的英國人戈頒，與他並無利害關係，在與他共同經歷三天的海上航程後，在寫給朋友的私人信件中，也說他「真是個可憐人——一個狂熱的人和空想家」[20]。他的這種表現，固然與其性情和性格有關，卻也與其求學經歷以及治學門徑有關。

康有為自言：「童子狂妄，於時動希古人。某事輒自以為南軒，某文輒自以為東坡，某念輒自以為六祖（慧能）、邱長春（邱處機）矣。俛接州中諸生，大有霸視之氣。」[21]這一年他十二歲。另有一事也能看出他的狂妄。那時，他在朱九江門下求學，九江先生非常讚賞韓愈的文章，他取來讀而學之，頗不以為然，對先生說：「若如昌黎（韓愈）不過為工於抑揚演灝，但能言耳，於道無與，即《原道》亦極膚淺，而浪有大名。」先生「乃笑責其狂」[22]這兩段話都出自他的「自編年譜」，雖有自得之色，卻也刻劃出此人性格中「狂」的一面。不過，自從師事朱九江，入禮山草堂，

他終其一生都對朱先生非常崇敬。他說：「吾自師九江先生，而得聞聖賢大道之緒。」[23] 朱九江名次琦，字子襄，是廣東大儒，「先生碩德高行，博極群書，其品詣學術，在涑水、東萊之間，與國朝亭林、船山為近，而德器過之」[24]。這裏，涑水即司馬光，東萊指呂祖謙，他們都是宋朝的大學者；而顧炎武（亭林）和王夫之（船山）則是明清易代時期的大學者。在他看來，比學問，九江先生不輸於他們，比德行，甚至還超過他們。所以他說：「先生壁立萬仞，而其學平實敦大，皆出躬行之餘。以末世俗污，特重氣節，而主濟人經世，不為無用之空談高論……發先聖大道之本，舉修己愛人之義，掃去漢宋之門戶，而歸宗於孔子。」[25] 說起來，朱九江先生使他這位學生所領悟的，首先還是對陸（九淵）王（守仁）心學的重新發現，或者說，是對其主觀戰鬥精神的重新發現。清代官方認可的主流意識形態是程朱理學，也稱朱子之學，捨程朱而推崇陸王，這在當時是要冒很大風險的。九江先生晚年將自己的著述全部付之一炬，此舉不僅給後人留下了巨大遺憾，也留下了誘人猜想的謎團。我想，除了「無益於後來之中國」的藉口，真正原因恐怕還是不想惹事吧。

康有為確實抓住了九江學術的核心價值：「先生（康有為）則獨好陸王，以為直捷明誠，活潑有用，故其所以自修及教育後進者，皆以此為鵠焉。既又潛心佛典，深有所悟，以為性理之學，不徒在軀殼界，而必探本於靈魂界。遂乃冥心孤往，探求事事物物之本原，大自大千諸天，小至微塵芥子，莫不窮究其理。常徹數日夜不臥，或打坐，或遊行，仰視月星，俯聽溪泉，坐對林莽，塊然無儔，內觀意根，外察物相，舉天下之事，無得以擾其心者，殆如師尊起於菩提樹下，森然有天上地下惟我獨尊之概。」[26] 這段話是梁啟超說的，康有為也講到一件事，恰好做了梁說的註腳。他說自己在九江門下讀書時，「以日埋故紙堆中，汨其靈明，漸厭之。日有新思，思考據家著書滿家，如戴東原，究復何用？因棄之，而私心好求安心立命之所。忽絕學捐書，閉戶謝友朋，靜坐養心，同學大怪之。以先生尚躬行，惡禪學，無有為之者。靜坐時，忽見天地萬物皆我一體，大放光明，自以為聖人，則欣喜而笑。忽思蒼生困苦，則悶然而哭。

忽思有親不事，何學為，則即束裝歸盧先墓上。同門見歌哭無常，以為狂而有心疾矣」。這真是康有為的自畫像、自供狀，我們可以據此認為康有為「狂妄」、不切實際，但也必須承認，他的狂妄自大，首先來自其真實的內心體驗。事實上，如果沒有他的靜坐冥想，專意養心，又怎能「既念民生艱難，天與我聰明才力拯救之，乃哀物悼世，以經營天下為志」。[27] 而康有為的悲劇恰恰就在於，他在政治上的所有努力都失敗了。他有許多很好的想法，還沒來得及實行，其人卻已被淘汰出局。如果康有為的理想最終變成了現實，我們這個慣以「勝者王侯敗者賊」評判歷史的民族，又將如何面對和評價他呢？

知師莫如弟子

梁啟超看康有為是看得最準的，知其所長，亦知其所短。他知道，老師的《新學偽經考》並非無懈可擊，就學術而言，有些結論以及推導出這些結論的邏輯是站不住腳的。當初作這部書，他與陳千秋都參與了，其間「亦時時病其師之武斷，然卒莫能奪也。實則此書大體皆精當，其可議處乃在小節目。乃至謂《史記》、《楚辭》經劉歆竄入者數十條，出土之鐘鼎彝器，皆劉歆私鑄埋藏以欺後世。此實為事理之萬不可通者，而有為必力持之。實則其主張之要點，並不必藉重於此等枝詞強辯而始成立，而有為以好博好異之故，往往不惜抹殺證據或曲解證據，以犯科學家之大忌，此其所短也」[28]。康有為從來都是這樣，不承認自己有錯，錯了也要堅持，一條道走到黑。就像梁啟超所說：「有為之為人也，萬事純任主觀，自信力極強，而持之極毅。其對於客觀的事實，或竟蔑視，或必欲強之以從我。其在事業上也有然，其在學問上也亦有然；其所以自成家數，崛起一時者以此，其所以不能立健實之基礎者亦以此。」[29] 這是梁啟超 1922 年說過的話，此時康梁都已近晚年，康氏雖然健在，但聽幾句學生的真心話，似已無大礙。

其實，歷史退回到二十年前，梁啟超在《南海康先生傳》裏就說過類

似的話：「先生最富於自信力之人也。其所執主義，無論何人，不能動搖之。於學術亦然，於治事亦然。不肯遷就主義以徇事物，而每熔取事物以佐其主義，常有六經皆我註腳，群山皆其僕從之概。故短先生者，謂其武斷，謂其執拗，謂其專制，或非無因耶。」[30] 然而，作為學生，他又不能不為自己的老師作一番辯護：「世人無論如何詆先生，罪先生，敵先生，而先生固眾目之的也，現今之原動力也，將來之導師也。」[31] 他告訴我們：「康南海果如何之人物乎？吾以為謂之政治家，不如謂之教育家；謂之實行者，不如謂之理想者。一言蔽之，則先生者，先時之人物也。如雞之鳴，先於群動，如長庚之出，先於群星，故人多不聞之不見之。」[32]

這裏的所謂先時人物，是梁啟超的許多創造性發明之一。他把能夠影響全社會，「一舉一動，一筆一舌，而全國之人皆注目焉，甚者全世界之人皆注目焉，其人未出現以前，與既出現以後，而社會之面目為之一變」的人物，分為應時之人與先時之人。前者為「時勢所造之英雄」；後者為「造時勢之英雄」。[33] 在梁啟超的眼裏，康有為就是一位「造時勢之英雄」。他說：「二十世紀之中國，必雄飛於宇內，無可疑也；雖然，其時機猶在數十年以後焉。故今日固無拿破崙也，無加布兒（意大利人，Camillo Benso Conte di Cavour，今譯卡米洛·奔索·迪·加富爾，意大利政治家）也，無西鄉（隆盛）、木戶（孝允）、大久保（利通，與前兩者並稱「日本維新三傑」）也；即有之，而亦必不能得其志，且無所甚補益於國家。故今日中國所相需最殷者，惟先時之人物而已。嗚呼，所望先時人物者，其已出現乎？其未出現乎？要之今日殆不可不出現之時哉！今後續續出現者幾何人，吾不敢言，若其歸然互於前者，吾欲以南海先生當之。」[34] 他指出：「先時人物者，實過渡人物也。其精神專注於前途，以故其舉動或失於急激，其方略或不適於用，常有不能為諱者。」但是，「凡先時人物所最不可缺之德性有三端：一曰理想，二曰熱誠，三曰膽氣」，其餘則為枝節問題，不必吹毛求疵。這樣來看康有為，則「先生生平言論行事，雖非無多少之缺點，可議供人摭拾之而詆排之者；若其理想之宏遠照千載，其熱誠之深厚貫七札，其膽氣之雄偉橫一世，則並時之人，未見其比也。先

生在今日，誠為舉國之所嫉視；若夫他日有著二十世紀新中國史者，吾知其開卷第一葉，必稱述先生之精神事業，以為社會原動力之所自始」。[35] 梁啟超終其一生，與康有為發生過多次衝突，有思想認識方面的，也有政治選擇方面的，有時甚至關係到人之大節，但他仍然能夠從大處着眼，肯定康有為對中國現代歷史的開創性貢獻，是十分難得的，由此也能看出梁啟超為人的真誠坦蕩。

▎ 萬木森森一草堂

梁啟超師事康有為之前，並不是個無知無識的少年。他十七歲中舉，正是躊躇滿志，渴望大展鴻圖的時候。而且，作為學海堂的高才生，他「季課大考，四季皆第一。自有學海堂以來，自文廷式外，卓如（梁啟超）一人而已」[36]。為什麼康有為的一席話就把他征服了呢？康有為的思想、學識自有其魅力，而在梁啟超這方面，他的思想、學識也有一個遞進的過程。在家鄉，他的學業以八股、帖括之學為主，自然也讀了一些經史方面的書籍，並從祖父、父親那裏接受了感時憂國、修身正心的教育。而與王陽明齊名的明代儒學大師陳獻章也是廣東新會人士，他的思想、學術在家鄉傳播很廣，滲透很深，少年梁啟超生活於其中，潛移默化中，陸王那一套修養功夫早就在他心裏紮下了根。到廣州後，眼界大開，先拜呂拔湖先生為師，不久，又轉到陳梅坪先生門下。二位先生都有一定的漢學根柢，他們將梁啟超的學問帶到了一個新的境界：「十三歲始知有段王訓詁之學，大好之，漸有棄帖括之志。」[37] 光緒十三年（1887 年），不到十五歲的梁啟超入學海堂讀書。這是一所著名書院，乾嘉時期著名漢學家阮元於道光四年（1824 年）創辦於廣州城北之粵秀山，並以經史訓詁為辦學宗旨。梁啟超說，到了這裏，他才決定「捨帖括以從事於此，不知天地間於訓詁詞章之外，更有所謂學也」[38]。那麼，這個讓梁啟超如此着迷的「訓詁詞章之學」是個什麼學呢？簡而言之，就是考據學，因其「引證取材，多極於兩漢」，

所以又稱「漢學」。起初是為了糾正宋明以來程朱理學和陸王心學的空疏，主張經世致用之學，喜歡談論歷史上的成敗得失；其後卻發展到為學術而學術，為讀經而讀經，實際上是退回書齋，不問世事，放棄儒家社會關懷的傳統及信仰。這在當時成為學術風氣的主流，也是清代學術的正統派，阮元作為其代表人物之一，以其所處地位，處處維護正統派的學術地位，但他主張調和漢宋，已不像段、王那樣絕對和純粹。[39]

　　光緒十六年（1890年）春天，梁啟超參加了北京的會試。這是他第一次來北京，也是第一次遠行，雖然榜上無名，但他開闊了眼界，增長了見識。特別是在南歸途中，經過上海，梁啟超買了一套徐繼畬的《瀛寰志略》，這本書向他展示了一個聞所未聞的嶄新世界，一種富強民主的新型國家。而當時中國的情形，則讓他們這些關注國家命運的青年士子憂心忡忡，惶惶不安。他隱隱感覺到書齋裏的訓詁詞章與這個時代有很大的隔膜，無法提供救國救世的思想武器。他需要一種更加強有力的思想啟迪和衝擊。康有為恰恰在這個時候出現了。他在劉逢祿、龔自珍、魏源、戴望、廖平等今文經學的基礎上，「綜集諸家說，嚴畫今古文分野，謂凡東漢晚出之古文經傳，皆劉歆所偽造。正統派所最尊崇之許（慎）、鄭（玄），皆在所排擊。則所謂復古者，由東漢以復於西漢。有為又宗公羊，立『孔子改制』說，謂六經皆孔子所作，堯舜皆孔子依託，而先秦諸子，亦罔不『託古改制』。實極大膽之論，對於數千年經籍謀一突飛的大解放，以開自由研究之門。其弟子最著者，陳千秋、梁啟超。千秋早卒。啟超以教授著述，大弘其學。然啟超與正統派因緣較深，時時不慊於其師之武斷，故末流多有異同」。[40]

　　當時，康有為這一套推向極端的今文經學理論，是很有點鼓動性、戰鬥性、批判性的。它既是批判的理論，又是理論的批判，它滿足了人們譏切時政，詆排專制、破除迷信、解放思想的政治訴求；對憂國憂民的青年士子來說，尤其具有感染力和感召力。在國家積貧積弱，列強瓜分愈急，士民之氣大衰的時候，有點血性的年輕人，誰不希望從老師那裏得到炯遠、銳利的思想，以及卓絕超拔的膽氣和熱誠？康有為的感召力恰恰表現

在這裏，「先生講學於粵凡四年，每日在講堂者四五點鐘。每論一學，論一事，必上下古今，以究其沿革得失，又引歐美以比較證明之；又出其理想之所窮及，懸一至善之格，以進退古今中外。蓋使學者理想之自由，日以發達；而別擇之智識，亦從生焉。余（梁啟超）生平於學界稍有所知，皆先生之賜也」。[41]

　　這是梁啟超離開萬木草堂數年後，經歷了戊戌、庚子事變之後寫下的一段回憶。講學之初，康有為作過一部《長興學記》，以此作為萬木草堂的學規。其淵源，恰如康氏所說：「嘗侍九江之末席，聞大賢之餘論，謹誦所聞，為二三子言之。」[42] 康有為自十八歲遊學於九江門下，「凡六年，而九江卒。其理學政學之基礎，皆得諸九江」[43]。可以說，康氏貫徹於萬木草堂的教育理念，來自朱九江先生的禮山草堂，「其教旨專在激厲氣節，發揚精神，廣求智慧。」[44] 而康氏「教育之所重，曰個人的精神，曰世界的理想」[45]，這是他們一脈相承的地方。數年後，梁啟超受聘於湖南時務學堂，也強調立志、養心、修身、讀書，強調精神、道德、氣質、人格的養成。他不僅重新刻印刊行了《長興學記》，而且仿照此書作了《湖南時務學堂學約》。我們只需將二者作一番簡單的比較，就會發現它們之間由此及彼的傳承關係，用梁啟超的話說：「其為教也，德育居十之七，智育居十之三，而體育亦特重焉。」[46] 所謂德、智、體全面發展，既是對先生的讚賞，也是對自己的肯定。他甚至認為：「至其重精神，貴德育，善察中國歷史之習慣，對治中國社會之病源，則後有起者，皆不可不師其意也。」[47] 事實上，我們從毛澤東的教育思想中也不難看出其影響的痕跡和二者的關聯。

　　1927 年，康有為七十壽辰，梁啟超寫了《南海先生七十壽言》，其中還講到當年在長興里萬木草堂讀書時的情景，字裏行間依然充滿了無限深情。他記得，那時的萬木草堂，學生不滿二十人，年紀多在十五六歲至十八九歲之間，弱冠以上的只有二三人，都是天真爛漫、昂揚向上的青年。大家相親相愛像兄弟一樣，先生則像對待自己的孩子一樣對待他們。學堂裏的藏書多達數萬卷，都是先生從家中拿出來供學生閱讀的。那時，

學堂還置辦了很多樂器,是準備習禮用的,有鐘、鼓、琴、竽之類。先生每天過午升座講課,主要講古今學術源流,每一講都歷時二三小時,「講者忘倦,聽者亦忘倦」。下課後,同學們各個歡喜踴躍,都以為很有收穫。晚上,先生會約見學生,有時三四人,也有單獨約見的。「每月夜吾儕則從遊焉。越秀山之麓,吾儕舞雩也,與先生或相期或不相期。然而春秋佳日,三五之夕,學海堂、菊坡精舍、紅棉草堂、鎮海樓一帶,其無萬木草堂師弟蹤跡者蓋寡。每遊率以論文始,既乃雜還泛濫於宇宙萬有,芒乎泐乎,不知所終極。先生在則拱默以聽,不在則主客論難鋒起,聲往往振林木;或聯臂高歌,驚樹中棲鴉拍拍起。於戲!學於萬木,蓋無日不樂,而此樂最殊勝矣。」[48] 這樣的學生生活真是令人難忘,以至三十年後梁啟超想起來仍然津津樂道。這一幕也很容易使人想到《論語》中所記載的經典場景:「莫春者,春服既成,冠者五六人,童子六七人,浴乎沂,風乎舞雩,詠而歸。」戊戌前後同為維新陣營重要人物的張元濟曾有詩讚曰:

南洲講學開新派,萬木森森一草堂。
誰識書生能報國,晚清人物數康梁。[49]

▍甲午會試

光緒二十一年(1895 年)春天,梁啟超再次入京參加會試。梁啟勳在《曼殊室戊辰筆記》中寫道:「自此次出萬木草堂之後,未嘗再入住,學生生活可以謂之止於是歲。」[50] 這是梁啟超第四次參加會試。此前,他已參加過光緒十六年(1890 年)、十八年(1892 年)及二十年(1894 年)的會試,都未考中,這一次他本不抱希望,在給夏曾佑的信中他這樣寫道:「此行本不為會試,第頗思假此名號作汗漫遊,以略求天下之人才。」[51]

但是,這次會試卻出了一件令人啼笑皆非的事,而且,就發生在梁

啟超與康有為的身上。考試之後放榜，康有為中了進士第八名，梁啟超又一次落榜了。於是，社會上便有流言傳了出來。一種說法是，副考官李文田欣賞梁啟超的卷子，欲拔之而額已滿，於是約了另一位副考官唐景崇，去見正考官徐桐，請求給這個考生一個名額。徐桐是有名的守舊之人，他認為，這張卷子對經義的解釋不合規矩，多異說，不同意把名額給他。唐景崇提出從他這裏撤掉一份卷子，把他補上。徐桐開始同意了，「五鼓漏盡，桐致書景崇，言：『頃所見粵東卷文字甚背繩尺，必非佳士，不可取。且文田袒庇同鄉，不避嫌。』詞甚厲。景崇以書示文田，文田默然，遂取啟超卷，批其尾云：『還君明珠雙淚垂，恨不相逢未嫁時。』啟超後創設《時務報》乃痛詆科舉」。[52]

　　梁啟超是否因此而痛恨科舉，我不敢說，但他很有可能是替老師受過。另一種說法就是這樣講的：徐桐作為正考官，預先給其他考官打了預防針，他說，粵省卷子中有才氣的一定是康有為，不要錄取。恰好遇到梁啟超的卷子，以為就是康有為的，遂棄置一旁。按照慣例，榜單的前五名要最後填寫，這時，整個榜單都已寫好，只有前五名未填，徐桐很有些得意，因為沒有看到康有為的名字。翁同龢也是考官之一，他笑着對徐桐說，還有五個名字未填，你怎麼知道其中沒有康有為呢？等到把前五名填寫完畢，康有為果然就在裏面。徐桐因此氣得面紅耳赤，回家後對門房說，康有為如果來拜見，不要讓他進門。

　　當然，這只是個小插曲，但也能看出當時康有為在官場及士人中的聲譽和人緣。由於他自視很高，性格孤傲，又好為人師，固執己見，很多人對他少有好感，或敬而遠之。他的思想過於超前，曲高和寡，也使得世俗之人與維護正統的守舊人士很難接受他。翁同龢甲午年（1894年）五月初二日的日記這樣寫道：「看康長素（康有為）《新學偽經考》，以為劉歆古文無一不偽，竄亂六經，而鄭康成（鄭玄）以下皆為所惑云云。真說經家一野狐也，驚詫不已。」[53]如果說，以翁同龢後來對康有為的態度，都感到「驚詫不已」的話，那麼，那些以維護經學正統為己任的人有更加激烈的反應，也是很正常的。所以，這一年的七月，就有了余聯沅彈劾康有為一

事。這份奏章後被收入《翼教叢編》，誤為安維峻所上。其中講道：

再查有廣東南海縣舉人康祖詒（有為），以詭辯之才肆狂瞽之
談，以六經皆新莽時劉歆所偽撰，著有《新學偽經考》一書，刊行
海內，騰其簧鼓，扇惑後進，號召生徒，以致浮薄之士靡然向風，
從遊甚眾。康祖詒自號長素，以為長於素王，而其徒亦遂各以超
回、軼賜為號。伏思孔子之聖為生民所未有，六經如日月經天，江
河行地。自漢儒表章，宋儒註釋，而經學愈以昌明。我朝聖聖相
承，重道尊經，列之學官，垂為功令，一時名臣碩輔、耆學巨儒，
無不講明而切究之。況六經訓詞深厚，道理完醇，劉歆之文章具在
《漢書》，非但不能竊取，而實無一語近似。康祖詒乃逞其狂吠，僭
號長素，且力翻成案以痛詆前人，似此荒謬絕倫，誠聖賢之蟊賊，
古今之巨蠹也。昔太公戮華士，孔子誅少正卯，皆以其言偽而辨，
行僻而堅，故等諸檮杌、渾敦之族。今康祖詒之非聖無法，惑世誣
民，較之華士、少正卯，有其過之無不及也，如此人者，豈可容於
聖明之世？若不及早遏熾焰而障狂瀾，恐其說一行，為害伊於胡
底，於士習、文教大有關係。相應請旨飭下廣東督撫臣行令，將其
所刊《新學偽經考》立即銷毀，並曉諭各書院生徒及各屬士子，返
歧趨而歸正路，毋再為康祖詒所惑。至康祖詒離經畔道應如何懲辦
之處，恭候聖裁。[54]

這一番言辭，用梁啟超的話說，「語甚辣」。當日，光緒皇帝就給兩廣
總督李瀚章發出一份措辭嚴厲的諭旨：

有人奏，廣東南海縣舉人康祖詒刊有《新學偽經考》一書，詆
毀前人，煽惑後進，於士習文教大有關係，請飭嚴禁等語。着李瀚
章查明，如果康祖詒所刊《新學偽經考》一書，實係離經畔道，即
行銷毀，以崇正學而端士習。[55]

光緒的態度是很鮮明的，他顯然已經同意了余聯沅的處置方案。當時，康有為因為腳傷，先回廣東去了，只有梁啟超還留在北京。他得知這件事以後，認為事情非常嚴重，馬上四處活動。他寫給夏曾佑的信，提到他在京中活動的情形：

昨日嘉興致花農一電。今日小湘鄉致合肥一電。惟聞花農監臨，重伯又非甚重之人，仍恐未得當耳。前僕已面託通州君，若相見時可再託之。但得常熟允致電（待此間自行電去），其電語或由本人自定，或僕處代擬亦可耳。[56]

此信寫得頗有些詭祕，信中提到的「嘉興」，即沈曾植，字子培，浙江嘉興人；「花農」則是廣東學政徐琪的字；「小湘鄉」指曾廣鈞，字重伯，湖南湘鄉人，曾國藩的長孫；「合肥」即兩廣總督李瀚章，李鴻章的兄長。按照信中的說法，梁啟超已經通過沈曾植和曾重伯分別向徐琪和李瀚章疏通，但他擔心分量不夠，還想通過張謇，請翁同龢出面，再給李瀚章發一封電報，為康有為求情。張謇字季直，號嗇庵，江蘇南通人，故又稱通州君，是「翁門」弟子中的決策人物。梁啟超寫信給夏曾佑的目的，也是怕自己面子不夠，希望他能再加一把火。

楊天石先生曾提到梁啟超有一通未收入《梁啟超年譜長編》的信函，是寫給康有為的，其中講到他的意見更加詳盡和具體，他說：

前參案已屢發粵電，近更有事否？同學咸言進呈，某已言其不可，有公函覆諸君矣。即駁奏，覓人亦不易易，非肝膽交及深明此道者，安肯為力！且政府向無交情，曲折更數人乃始達之，未有能盡心者也。頃欲俟楊副憲出關商之，惟太遲耳！原奏語甚辣，若有人從而謀蘗，亦可招大禍，故某以為事若逼迫，則板勿愛惜也。一片江山已近黃昏時候，縱為無道，亦只若嬴秦之於六藝耳，何足芥蒂，但在粵稍窒耳！[57]

梁啟超此時已成康有為不可或缺的重要助手，他的活動能力、交友能力，以及良好的人脈，此後還將為康有為提供更多的幫助。而且，他的眼光、見識，也比其他弟子來得深且遠，看問題和做事情都比較周全，很少年輕人的衝動和冒失。在這件事上，他不同意直接將《新學偽經考》進呈給光緒皇帝，請他裁決，因為皇帝已明確表態，不可能再收回；他也反對請人寫「駁奏」，首先，肯做此事的人不易得，因為有危險，不是肝膽相交的朋友必不肯出力，其次，即使有人肯寫，輾轉遞交也要大費周折。所以，梁啟超再三考慮，還是覺得只有疏通上層關係，才能將大事化小，小事化了，平穩落地，轉危為安。他勸老師不必太在意一副書版，情況緊急的時候，可以先行毀之。

此後的事態發展，幾乎都在梁啟超的預料之中。由於多方疏通，李瀚章終於決定了結此案。他將此案交給電白縣知縣李滋然查覆。李滋然字命三，四川長壽人，是王闓運主講尊經書院時的高才生，他對康有為深表同情，在簽覆時盡力為康開脫，一一否認了余聯沅對康的指控。李瀚章的奏摺基本上採納了李滋然的意見，為康有為說了很多好話，除了對諭旨中已有的將該書「自行銷毀」表示贊同外，對原摺「至康祖詒離經畔道應如何懲辦之處，恭候聖裁」一句，則針鋒相對地提出了「擬請毋庸置議」的意見。

此事將梁啟超對康有為的重要性充分顯示出來，尤其是在曹泰與陳千秋先後去世之後，康有為更加倚重梁啟超。

█ 康梁與公車上書

這一年，中日開戰，起因是高麗（今朝鮮半島）內亂，中日兩國先後出兵，勢成騎虎，而國內輿論此時還不把小小的日本放在眼裏。士大夫中的清流，以翁同龢為代表，都主張與日本開戰；而李鴻章則寄希望於俄國的支持和援助，以為可以憑藉俄國對付日本。他在軍事上既不作準備，

外交上又不能讓步，最終只剩下「打」這一條路。七月初一日兩國宣戰，八月十八日兩國海軍在黃海決戰，強大的中國海軍敗於相對弱小的日本海軍，接着就是陸軍更甚於海軍的大潰敗，乃至大潰逃。而李鴻章所希望的俄國支持和援助完全是子虛烏有。次年三月，李鴻章與伊藤博文簽訂《馬關條約》，中國承認高麗獨立，並割讓台灣及遼東半島，賠款白銀二萬萬兩。這件事給中國人的刺激太大了，梁啟超說：「吾國四千餘年大夢之喚醒，實自甲午戰敗割台灣償二百兆以後始也。」[58] 這時，恰逢各省舉子雲集於北京，大約有五千人之多，都是前來參加國家會考的青年才俊，其中很多人都將是未來這個國家各方面的人才。眼看着自己的國家被小小的日本打敗了，打敗之後還要割地賠款，他們能不氣不急嗎？能不群情激憤想要救國嗎？康有為和梁啟超就在他們這些人中間。這時，如果有人說，我們應該上書阻止政府與日本簽訂合約，並以變法圖存來號召民眾，再戰日本，救中國於將亡，人們會怎麼樣呢？我想，這個人一定會得到大家的擁護。

這個人就是康有為。所謂亂世出英雄，國難給了他脫穎而出的機會。梁啟超在《戊戌政變記》中是這樣寫的：「自光緒十四年（1888 年），康有為以布衣伏闕上書，極陳外國相逼，中國危險之狀，並發俄人蠶食東方之陰謀，稱道日本變法致強之故事，請釐革積弊，修明內政，取法泰西，實行改革。當時舉京師之人，咸以康為病狂。大臣阻格，不為代達。康乃歸廣東，開塾講學，以實學教授弟子。及乙未之役，復至京師，將有所陳。適和議甫就，乃上萬言書，力陳變法之不可緩，謂宜乘和議既定，國恥方新之時，下哀痛之詔，作士民之氣，則轉敗為功，重建國基，亦自易易。」[59] 康有為能夠抓住「公車上書」的機會，成為一顆迅速升空的政治新星，並非偶然。其原因有二：一是他有光緒十四年「上皇帝書」的基礎，畢竟那是一件轟動朝野的大事，康有為因此一舉成名，在眾多舉子中是赫赫有名的人，有一定的號召力；二是他有梁啟超這樣一個「筆端常帶感情」的弟子，很富於鼓動性。這兩條成就了他。人們歷來都把康梁說成是「公車上書」的發動者和領導者，康有為也常常以此自居，其《自編年譜》就

是這樣記述的:「三月二十一日,電到北京,吾先知消息,即令卓如(梁啟超)鼓動各省,並先鼓動粵中公車,上摺拒和議,湖南人和之,於二十八日粵楚同遞,粵士八十餘人,楚則全省矣。與卓如分託朝士,鼓各直省,莫不發憤,連日並遞章都察院,衣冠塞途,圍其長官之車。」[60] 此後,梁啟超也在其《三十自述》中記下了類似的回憶:「乙未(1895 年)和議成。代表廣東公車百九十人上書陳時局。既而南海先生聯公車三千人,上書請變法,余亦從其後奔走焉。」[61]

康梁關於此事的自述有時不大靠得住。康有為在這裏說,梁啟超先鼓動了粵、湘(楚)兩省的舉子於三月二十八日上書。茅海建查閱了軍機處相關檔冊,據他的考證,根據檔冊的記錄,梁啟超等廣東舉子八十人向都察院遞交條陳,是在四月初六,同一天,還有文俊鐸等湖南舉人生員五十七人,譚紹棠等湖南舉人二十一人,以及奉天、四川、江西等地舉子向都察院遞交了條陳。難道梁啟超們在三月二十八日還有一次上書不成?根據記載,廣東舉人確實還有一次聯名上書,但不是三月二十八日,而是四月初七。這一次人比較多,列名者有二百八十九人,領銜的是陳景華,梁啟超列名第二百八十四位。

另一件事也有些可疑,康說:「三月二十一日,電到北京,吾先知消息,即令卓如(梁啟超)鼓動各省。」康有為是否真的「先知消息」,目前已很難考察,孔祥吉找到文廷式的記述,與康的記述有所不同。文廷式說:「馬關約至,在廷皆知事在必行,不復有言;余獨以為公論不可不伸於天下,遂約戴少懷庶子鴻慈首先論之,都中多未見其約款,余錄之遍示同人。」[62] 按照他的說法,由於他「錄之遍示同人」,才使更多的人看到了《馬關條約》的具體條款,大家的怒火才被點燃,於是才有御史、宗室貝勒、將軍、上書房與南書房的翰林、內閣、總署以及各部司員們的上書,反對和議。如果考慮到康有為與文廷式當時走得很近,也就不排除他從文廷式那裏得到消息,「即令卓如鼓動各省」。最有可能的順序是,最初的上書者或以在朝官員為主,但由於康梁的積極鼓動,很快就蔓延到各省舉子之中,從而掀起了更大規模的上書活動。據茅海建統

計，在四月初的短短幾天裏，各省公車單獨或聯名上書 31 次，加入人數為 1555 人次，公車參加由官員領銜的上書 7 次，加入人數為 135 人次，可見參與者之廣泛。在這裏，康梁既是最積極的鼓動者，也是最積極的參與者。

近年來，頗有一些研究者試圖證明，康梁並非「公車上書」的唯一發動者和領導者，而且，「公車上書」也沒有他們所描述的那樣「壯闊」。一句話，他們不僅誇大了自己在其中的作用，也誇大了運動本身。這些學者所持的理由主要是，當時，各省公車多局限在本省人的圈子內活動，康梁很難去發動和領導；而且，在康梁的背後，也還有了解內幕的京官，向他們透露情報，策動他們上書，甚至，還有更高層的官員在幕後操縱他們。說白了，他們只是所謂「帝黨」的一杆槍，由他們出面，鼓動學潮，干涉政府決策，從而將宮廷內部帝后兩黨的鬥爭公開化、社會化，以社會輿論，即所謂「公論」向李鴻章乃至整個「后黨」施加壓力。這些研究成果固然使我們看到了曾經被遮蔽的某些歷史真相，看到了康梁故意誇大自己作用、篡改歷史敍事以美化自己的「醜態」；但是也要看到，這種做法同時也可能遮蔽了另外一些真相。康梁也許不是「公車上書」的直接發動者和領導者，這個運動也許具有某種自發的性質，但如果真是這樣的話，那麼，顯然和上述所謂高層的幕後操縱又是自相矛盾的。二者必居其一。其實，一些過來人在其記述中倒往往將康梁稱作「運動主持」。[63] 為什麼當時的人會有這種印象呢？只能說康梁在那場運動中實際上處於領頭的地位，站在時代浪潮的潮頭上。

總之，康梁在那場運動中並沒有置身事外。在各省舉子紛紛上書的當口，康有為以一晝兩夜的時間撰寫了後來被稱為《公車上書》的《上清帝第二書》，並由其弟子梁啟超、麥孟華謄抄，在各省舉子間傳閱。四月初六、初七兩日，各省舉子陸續來到城南的松筠庵，有記「千二百人」的，有記「千三百人」的，這個並不重要，重要的是，如果說此前只是各省舉子單獨行動的話，那麼，這次將是各省舉子的一次聯合行動，「至此千餘人之大舉，尤為國朝所無」。[64] 其實，何止「國朝所無」，中國有史以來怕

都沒有見過這樣的陣勢，東漢的太學生鬧學潮，似乎也沒有這樣的規模。而康梁正是這次聯合行動的發起人和組織者。

遺憾的是，這次聯合行動的目的，即聯名上書並沒有實現，其原因或許並非如康有為所言，是「察院以既已用寶，無從挽回，卻不收」。孔祥吉查閱《宮中雜檔》，發現了《馬關條約》用寶的時間，為「光緒二十一年（1895年）四月初九日」[65]，也就是說，都察院是否代呈舉子們的上書，與《馬關條約》是否用寶並沒有關係，而且，都察院也不會因為「既已用寶」，就拒收舉子們的上書。那麼，《公車上書》最終沒有遞交都察院的原因究竟是什麼呢？康有為說：「閩人編修黃□曾者，孫（毓汶）之心腹也，初六七連日大集，初七夕，夜遍投各會館，阻撓此舉，妄造飛言恐嚇，諸士多有震動者。至八日，則街上遍貼飛書，誣攻無所不至，諸孝廉遂多退縮，甚且有請除名者。」[66]康有為原準備初十日呈遞的，在這種情況下只好放棄，一方面有流言恐嚇，一方面條約既已用寶，無可挽回，人心因此渙散，無從收拾了。這裏提到的「閩人編修黃□曾者」，據孔祥吉考證，即翰林院編修黃曾源，他與孫毓汶等權貴私交很深，專與維新黨人作對，是康梁的一個老冤家。

▋ 新政與《上清帝第三書》

聲勢浩大的「公車上書」像狂飆一樣橫掃北京上空，但很快就歸於沉寂。各省的舉子陸續回原籍去了，王公大臣像沒有發生任何事一樣，京城又恢復了往日歌舞昇平的景象。徐勤在《南海先生四上書雜記》中這樣寫道：「和議既定，肉食衮衮，舉若無事；其一二稍有人心者，亦以為積弱至此，天運使然，無可如何，太息而已。」[67]好在光緒皇帝和他身邊的大臣如翁同龢在經歷了甲午戰敗、乙未求和、公車上書等一系列大變動後，已經認識到改革、變法的迫切性。四月十六日，即中日煙台交換和約的第三天，光緒皇帝發下硃諭一道，說：

近自和約定議以後，廷臣交章論奏，謂地不可割，費不可償，仍應廢約決戰，以期維繫人心，支撐危局。其言固皆發於忠憤，而於朕辦理此事兼權審處萬不獲已之苦衷，有未能深悉者。自去歲倉猝開釁，徵兵調餉，不遺餘力，而將少宿選，兵非素練，紛紛召集，不殊烏合，以致水陸交綏，戰無一勝。至今日而關內外情勢更迫，北則竟逼遼瀋，南則直進京畿，皆現前意中之事。陪都為陵寢重地，京師則宗社攸關，況廿年來，慈闈頤養，備極尊榮，設一朝徒御有驚，則藐躬何堪自問。加以天心示警，海嘯成災，沿海防營，多被沖沒，戰守更難措手，用是宵旰彷徨，臨朝痛哭，將一和一戰，兩害熟權，而後幡然定計，此中萬分為難情事，乃言者章奏所未詳，而天下臣民皆應共諒者也。茲當批准定約，特將前後辦理緣由明白宣示。嗣後我君臣上下，惟當堅苦一心，痛除積弊，於練兵、籌餉兩大端，盡力研求，詳籌興革，勿存懈志，勿騖空名，勿忽遠圖，勿沿故習，務期事事核實，以收自強之效。朕於中外臣工有厚望焉。[68]

光緒皇帝的硃諭在京城流傳，康梁一定看到了。康有為在《自編年譜》中寫道：「是時降硃諭，告廷臣，皆哀痛不得已之言。皇上之苦衷，迫逼之故，有難言之隱矣。」[69] 這可能就是康有為撰寫《上清帝第三書》的原因之一。四月二十八日朝考結束後，他考慮到前一次上書並未遞上去，於是，將前書中拒和、遷都、再戰的內容刪去，並調整、增加了論述改革的內容，特別指出應改革科舉，興辦教育，並提議設立「議郎」。台灣學者黃彰健不相信康有為在上書中敢寫「選議郎」這樣「觸犯時忌」的「語句」，但經孔祥吉的考證，發現康有為《上清帝第三書》的進呈原本中明明白白地寫着：

伏乞特詔，頒行海內，令士民公舉博古今、通中外、明政體、方正直言之士，略分府縣，約十萬戶而舉一人，不論已仕未仕，皆

得充選。因用漢制,名曰議郎。皇上開武英殿,廣懸圖書,俾輪班入直,以備顧問。並准其隨時請對,上駁詔書,下達民詞。凡內外興革大政,籌餉事宜,皆令會議於太和門,三占從二,下部施行。所有人員,歲一更換,若民心推服,留者領班,著為定例,宣示天下。上廣皇上之聖聰,可坐一室而知四海;下合天下之心志,可同憂樂而忘公私。[70]

　　這樁公案雖已了結,但近年又有人提出,康有為對於西方議會制度並非真的了解,「議郎」更像皇帝的諮詢機構,而非民主參政。但這已經不是對於事實的考察,而近乎價值評判了。而且,這種評判帶有非歷史的性質。當時,對康有為來說,只有兩種可能:或者他還不懂什麼是議會民主;或者他有了一些了解,卻還不能對皇上說。在這種場合他把話說到這種程度,已經非常難得了。朝內高官,無論是翁同龢還是孫毓汶,恐怕都說不出來。不管怎麼樣,這一次都察院沒有將康有為的上書棄置一旁,在他將上書遞交都察院的五天後,這篇充滿改革新思想的長篇條陳,就以原摺的方式進呈於光緒皇帝面前。光緒閱後,馬上發回另行抄錄。五月十五日抄就,當天就將此摺遞呈慈禧太后,五月十九日發下交軍機處封存。由此可見,光緒對此摺是非常重視的,因為,這種處理方式在當時並不多見。

　　此後不久,閏五月二十七日,光緒皇帝頒佈了自強諭旨,其中講道:

　　自來求治之道,必當因時制宜,況當國勢艱難,尤應上下一心,圖自強而弭隱患。朕宵旰憂勤,懲前毖後,惟以蠲除痼習,力行實政為先。迭據中外臣工,條陳時務,詳加披覽,採擇施行,如修鐵路、鑄鈔幣、造機器、開礦產、折南漕、減兵額、創郵政、練陸軍、整海軍、立學堂,大抵以籌餉練兵為急務,以卹商惠工為本源,皆應及時舉辦。至整頓厘金,嚴核關稅,稽查荒田,汰除冗員各節,但能破除情面,實力講求,必於國計民生,兩有裨益,着各

直省將軍督撫，將以上諸條，各就本省情形，與藩臬兩司暨各地方官悉心籌劃，酌度辦法，限文到一月內，分晰覆奏。當此創巨痛深之日，正我君臣臥薪嘗膽之時。各將軍督撫，受恩深重，具有天良，諒不至畏難苟安，空言塞責。[71]

根據光緒皇帝的諭旨，軍機處在向各省寄發上諭的同時，還「繕寄胡燏棻等條陳摺片九件」，其中就有康有為的《上清帝第三書》。這裏不妨推想，光緒皇帝此時急於變法，一方面固然有外侮內憂的刺激，另一方面也由於康有為等發於忠憤的激勵。梁啟超記述：「其年六月，翁（同龢）與皇上決議擬下詔敕十二道，佈維新之令。」[72] 朝廷罷了孫毓汶、徐用儀的官，看上去，朝野上下一時都很有發憤為雄、力圖自強的表現。但梁啟超在「公車上書」之後還是有一點失望的，這時他在寫給夏曾佑和汪康年的信中一再表示：

> 本欲於月之初間出都，惟日來此間頗有新政，上每言及國恥，輒頓足流涕，常熟（翁同龢）亦日言變法，故欲在此一觀其舉措。以中國學術之蕪塞，君相之孱弱，豈能望其大有所為，但能藉國力推行一二事，則於教、族兩端少有補耳。[73]
>
> 頃因此間頗有新政，一二同志又有所整頓，苦被相留，是以遲遲。[74]
>
> 此間大人先生（康有為）兩月以前尚頗有興亡之志，今又束閣矣。此自國運，雖有大力，無如之何，似此爻爻，本不足勞我輩之經劃，特未離其類，棟折將壓，奈何奈何！[75]

此處字裏行間所透露出來的，是梁啟超與康有為的細微差別，梁啟超此時還有一點觀望心態，不太相信光緒和翁同龢能夠成事。果然，孫毓汶和徐用儀等被罷斥，惹惱了西太后，她不僅革去了翁同龢毓慶宮行走的差事，不讓他與光緒單獨見面，而且，將光緒皇帝信任的文廷式、汪鳴鑾、

長麟等人也一併罷官。於是，這次變法的動議也就終止了，大人先生的興亡之志自然也就束之高閣了。

▍籌辦《萬國公報》及強學會

不過，他們並沒有因此而氣餒，皇上這邊的新政既然沒了指望，他們打算自己幹。他們都是文人，要幹，也只能幹文人所能做的事。什麼事呢？一是辦報，二是辦學會。梁啟超五月二十九日致信夏曾佑的時候，已經提到要在北京開設一家報館。五月間他寫信給上海的汪康年，也提到要開報館，還提到要開學會。《萬國公報》（後改名為《中外紀聞》）於這一年的舊曆六月二十七日創刊，雙日刊。關於此刊，李提摩太記之甚詳：

> 這四十五期是最初三個月的全套刊物。1895 年 8 月 17 日創刊，隔天出版。這是中國維新派在北京出版的第一個機關報。大多數文章都是從廣學會書刊上轉載的，刊名與廣學會機關報《萬國公報》完全相同，後來經我建議更改，以免兩相混淆。[76]

刊名是康有為離開北京後改的，改名後不久，報紙就停刊了。康有為捐助了每期二兩白銀的辦報經費，而出力最多的則是梁啟超，這也是他辦報生涯的開始。「而以辦報事委諸鄙人。」他後來回憶那時的情形說，「當時固無自購機器之力，且都中亦從不聞有此物。」[77] 都中人那時只有看邸鈔的習慣，梁啟超他們只能將自己的報紙夾在邸鈔中，請人送到各官宅和王府中去。這便是後來康有為所說的：「變法本原，非自京師始、非自王公大臣始不可，乃送京報人商，每日刊送千份於朝士大夫，紙墨銀二兩，自捐此款，令卓如（梁啟超）、孺博（麥孟華）日屬文，分學校軍政各類，日騰於朝，分送朝士，不收報費。朝士乃日聞所不聞，識議一變焉。」[78] 可

見，康有為此時還對自上而下的「自改革」抱有一線希望，這與他鍥而不捨地一再上書清朝皇帝的做法是一致的。

不久，北京強學會也辦了起來，梁啟超在《三十自述》中寫道：「其年七月，京師強學會開。發起之者，為南海先生。贊之者為郎中陳熾，郎中沈曾植，編修張孝謙，浙江溫處道，袁世凱等。余被委為會中書記員。不三月為言官所劾，會封禁。」[79] 實際上，強學會在七月還只是個雛形，或者說影子，康有為在《自編年譜》中敍述此事甚詳：

> 故自上書不達之後，日以開會之義，號之於同志。陳次亮（陳熾）謂辦事有先後，當以報先通其耳目，而後可舉會。報開兩月，輿論漸明，初則駭之，繼亦漸知新法之益。吾復挾書（《新學偽經考》）遊說，日出與士大夫講辦，並告以開會之故，明者日眾。乃頻集通才遊宴以鼓勵之。三舉，不成。然沈子培（沈曾植）刑部、陳次亮戶部皆力贊此舉。七月初，與次亮約集客，若袁慰亭（袁世凱）、楊叔嶠（楊銳）、丁叔衡（丁立鈞）及沈子培、沈子封（沈曾桐）兄弟、張巽之（張孝謙）、陳□□，即席約定，各倡義捐，一舉而得數千金，即舉次亮為提調，張巽之幫辦。張為人故反覆，而是時高陽（李鴻藻）當國，張為其得意門生，故沈子培舉之，使其勿敗壞也。[80]

但直到八月末康有為出京，強學會仍未真正開辦起來。八月二十七日梁啟超致信夏曾佑還說：「前書所言學會事，尚未大成，故淹留於此，將以俟之。」[81] 汪康年的堂兄汪大燮與梁啟超同被委任為強學會報紙的主筆，他在八月二十九日致信汪康年時也說：「京中同志有強學會，事當可成，或且與之委蛇而已。」[82]

大約到了十月初，事情才有了一些眉目。汪大燮十月初三日、初八日曾兩次致信汪康年，說他將於本月十一日移居強學書局，與梁啟超一起編譯《萬國公報》，即後來改名為《中外紀聞》的強學會機關報。他還告訴

汪康年，強學會「原以陳次亮熾、丁叔衡、沈子培、張巽之四人為總董，
而張巽之意見重，氣焰大，群恐因此壞事，現大致皆張主持，未能十分周
妥。此勿為外人道，只可將來修補。報章則兄與梁卓如（梁啟超）為主
筆，有卓如之勇，甚妙甚妙」。[83] 然而，至十一月二十六日，汪大變再致信
汪康年時已非常悲觀，他說：「此間事大糟，一人為惡，和者亦半……近
日冗碌已極，無一如意事，無非拂意事，乏味之至。」[84] 這裏所說「一人為
惡」，不知是否就是前面所言「氣焰大」的張巽之。

　　強學會的內部矛盾幾乎是與生俱來的，由於入會者人數眾多，身份複
雜，各種政治勢力混雜其間，很不容易形成一致意見，其間還發生了拒絕
李鴻章三千金捐款之事。唐德剛認為，康有為是這項否決的主要決策人，
而據吳鐵樵寫給汪康年的信來看，應該是陳熾的意見。康有為曾講到當時
的情形：

　　　　強學會之創，京朝諸公，欲合天下之力，通上下之氣，講經新
　　之治。自七月創辦以來，朝士雲集。軍機、總署、御史、翰林、各
　　曹來會者至百數，幾與外國議會等。翁、孫兩師傅咸主之，翁師傅
　　撥機器一副，孫師傅租房子，楚督張香帥（張之洞）首捐五千，直
　　督王夔帥（王文韶）、江督劉峴帥（劉坤一）咸捐五千，宋祝帥（宋
　　慶，字祝三）及各將帥莫不入會助千數，李合肥（李瀚章）亦捐千
　　數。經費已巨萬。粵中戴少懷學士、黎壁侯學使、曾剛甫（習經）、
　　何梅村、周芹生各主政咸在局中，御史達官能言事者數千（十）人，
　　誠嘉會也。此會日大，朝議一變，中國變政自強，殆由於此。聞會
　　中有某官者，甚專愎，會中諸公共惡之。本月上旬會中分一新局在
　　琉璃廠，將某官二三人分出局外，不與之謀，某人怒而相攻，故有
　　言官奏劾之事。[85]

　　這些大人物濟濟一堂，爭吵是很難避免的，只是這種爭吵往往顯得
很無聊，有的是意氣之爭，有的則是為了私利。康有為就很不喜歡這種爭

執，他在《自編年譜》中記述，曾當面對丁叔衡、張巽之提出批評：「然而丁、張斷斷挑剔，張更藉以漁利，以開局於琉璃廠，張欲託之為書店之狀。吾面折以『今日此舉，以義倡天下之士，若以義始而以利終，何以見天下乎？』張語塞，然而舉座不歡。」[86] 這便是道不同不相為謀。與梁啟超志同道合的吳樵（吳鐵樵）也很看不慣強學會的這種風氣，十一月十二日他受邀參加強學會議事，回來後致信汪康年：「十二日赴強學會議事之約，略坐即去，以無可與言者。伯棠（一作伯唐，汪大燮）、卓如（梁啟超）均枉過，與談甚恰。伯棠、卓如甚好。卓如以與諸人所論不合，擬辭職矣。惟此間會事大非吾輩在鄂時意料所及。中國事大抵如此，不必詫也。初名強學會，後改強學局，近更名京都官書局，大可噱也。想伯棠已有言，不贅述。與會者官氣重而本領低，私意多而急公鮮，議論亂而本旨悖。」[87] 後面這句話道出了他們之間最大的不同，三個月後，強學會已被封禁，他致信汪康年再次說到強學會的情況：「是時丁（叔衡）、熊（餘波）、張（巽之）諸人為政，有欲開書坊者，有云宜專賣國朝掌故書者，有云宜賣局版經書者。間數日一聚，聚輒議論紛紛而罷，然已為彼黨側目。」[88]

十二月初七日，御史楊崇伊上了一摺，彈劾強學會，當日下發的諭旨，即「着都察院查明封禁」。對此，康有為認為：「時報（《萬國公報》）大行，然守舊者疑謗亦漸起。當時莫知報之由來，有以為出自德國者，有以為出自總理衙門者。既而知出自南海館，則群知必吾所為矣。張（巽之）既懷嫌，乃因報之有謠言，從而扇之。於是大學士徐桐、御史褚成博皆欲劾奏。沈子培（沈曾植）、陳次亮（陳熾）皆來告，促即行，乃留卓如（梁啟超）辦事，而以八月二十九日出京……廿四日，同會諸子公餞，唱戲，極盛會也。是日，合肥（李鴻章）自願捐金二千入會，同會諸子擯之，議論紛紜。楊崇伊參劾之舉始於此。張孝謙又邀褚成博、張仲炘入會，二人台中最氣焰縱橫者，蓋會事甫盛而衰敗，即萌焉。」[89] 事實上，徐桐、褚成博都未就《萬國公報》上彈劾的奏章，而楊崇伊是否因為與李鴻章的姻親關係就上奏章彈劾強學會，也很難說。吳鐵樵提供了另一種解釋，他在給汪康年的信中說：「京會聞發難於卓如之文，渠有《學會末議》一篇，甚

好，脫稿後曾以示樵（吳鐵樵），不知局中誰人獻好，聞於政府（聞係常熟），遂唆楊崇伊參之。而楊與合肥之子為兒女親，因此亦可報復。」[90] 這裏面應該也有猜測的成分，而梁啟超的文章哪些地方犯忌呢？吳鐵樵在另一封給汪康年的信中說，「內有易相之意」，而楊崇伊為了迎合李鴻章和孫家鼐，想「藉此以興大獄」，所以，「以聚黨入奏」。[91]

▎ 師生初現分歧

實際上，無論是康有為，還是吳鐵樵，他們的猜測都只能作為彈劾者的藉口，楊崇伊的真實動機深深地隱藏在奏章的背後，後人已很難考證了。總之，這樣一場聲勢浩大的「強學會」運動最終竟失敗了，它的失敗對康有為來說是一次大頓挫，在其後的兩年裏，他退出京城這個國家政治的中心，回到廣東、廣西，繼續講學、著書的事業。而梁啟超經過這一番實際的歷練，思想日漸成熟，他似乎已經感覺到，不能將改革的希望寄託於權力者自上而下施給雨露，而應該寄希望於自下而上地凝聚力量。他後來到上海辦《時務報》，到湖南執教於時務學堂，都是將目光投向地方，投向民間的一種嘗試。而這時，他已經意識到自己與康有為在學術方面的分歧。

這種分歧主要表現為康的《新學偽經考》引起他的懷疑：「其師好引緯書，以神祕性說孔子，啟超亦不謂然。」[92] 雖然這是梁啟超數十年後的一種說法，但實際上，我們從他留下的大量著述中還是可以了解他所說的這種分歧，究竟是一種怎樣的情況。梁啟超接下來具體講到他的學術主張：

> 啟超謂孔門之學，後衍為孟子、荀卿兩派，荀傳小康，孟傳大同；漢代經師，不問為今文家古文家，皆出荀卿（汪中說）；二千年間，宗派屢變，壹皆盤旋荀學肘下，孟學絕而孔學亦衰。於是專以

絀荀申孟為標幟，引《孟子》中誅責「民賊」、「獨夫」、「善戰服上刑」、「授田制產」諸義，謂為大同精意所寄，日倡道之；又好《墨子》，誦說其「兼愛」、「非攻」諸論。[93]

說起來，康梁的這種分歧還是在康有為的思想框架之內，和康有為的基本思想並沒有多少矛盾，梁啟超自己也說，他「對於『今文學派』為猛烈的宣傳運動者」[94]，但又有一些不同，這些不同或許正是日後他與康有為發生激烈衝突，甚至分道揚鑣的出發點。梁啟超思想上發生的這種變化，顯然是受到了譚嗣同、夏曾佑、黃遵憲以及嚴復等人的影響。比如夏曾佑就曾認為，作為今文學派開端的董仲舒，不僅不是弘揚孔教的有功之臣，甚至還是孔教衰亡的罪人，因為董仲舒承襲了中國君主專制禍首荀況的學說。而譚嗣同批荀學則走得更遠，也更加激烈。

我們知道，今文經學與古文經學之爭，說穿了，就是誰為儒學正統之爭——也就是說，看誰的解釋更符合儒學的本意。然而，從漢末到清末，兩千年來，主要是古文經學居於統治地位。清末今文經學復興，至康有為，除了爭儒學的正統，恢復孔子的真精神，更重要的是從《春秋公羊傳》中引申出一套社會發展進步和改革的理論。康有為宣稱，孔子是一位熱心制度改革的「聖王」或「素王」，但終其一生，不為時人所用，只能通過著《春秋》來實現其理想。梁啟超在《讀春秋界說》中開宗明義地講道：「孟子曰，春秋，天子之事也。夫春秋一儒者之筆耳，何以謂為天子之事？蓋以春秋者，損益百王，斟酌三代，垂制立法，以教萬世。此其事皆天子所當有事者也，獨惜周道衰廢，王者不能自舉其職，而天地之公理，終不可無人以發明之也，故孔子發憤而作春秋，以行天子之事。」[95] 他在另外一個場合又說：「若春秋者，則孔子經世之大法，立教之微言，皆在焉。故孟子述孔子功德，以作春秋為第一大事，以之與禹抑洪水，周公兼夷狄驅猛獸並稱，而太史公之讚孔子，亦以作春秋為第一大業。」[96]

康有為的今文經學主要有兩本書，一本《新學偽經考》，一本《孔子

改制考》。前者無論在官員中，還是在學者中，都引起過廣泛的爭議甚至麻煩。翁同龢是客氣的，稱他為「說經家一野狐」；不客氣的，如葉德輝，則直接稱他為「言偽而辨之少正卯」；學者朱一新文縐縐地說他「欲加之罪，何患無辭」；御史余聯沅索性要以「離經叛道」治他的罪，並「恭候聖裁」。這些梁啟超不可能不知道，而且他也很清楚，老師的那一套，是有勉強生硬、牽強附會之處的，尤其是讖緯迷信之術，更是今文經學與生俱來的短處，所以他對「其師好引緯書，以神祕性說孔子」也不能接受，「後遂置不復道」。[97] 不僅如此，他還以康有為的思想為中介，修正、發展了康的學說，而使自己的思想成為清末「經世」傳統的轉折點。這主要表現為他對荀學的貶抑，以及對孟學的推崇和發揮。

從梁啟超所作《讀春秋界說》、《讀孟子界說》，以及《論支那宗教改革》等文章中，最能看出他的這種思想。他推崇孟子，詆毀荀子，其原因在於：「漢興，諸經皆傳自荀卿，其功最高不可誣。然所傳微言大義不及孟子。孟子專提孔門欲立立人，欲達達人，天下有道，某不與易之宗旨。日日以救天下為心，實孔學之正派也。」[98] 他認為，孟子能得孔學的正派真傳，祕密就在於六經中他最重視《春秋》，《春秋》給了他接通孔子的靈感。「蓋凡言經世者，未有不學春秋者也。故必知孟子所言一切仁政皆本於春秋。」[99] 但是，「二千年以來，無有知尊孟子者。自昌黎倡之，宋賢和之，孟學似光大矣，然於孟子經世大義，無一能言者，其所持論，無一不與孟子相反，實則摭荀學吐棄之餘而已」，所謂「皆從荀學中之一派討生活矣」。[100] 這便是他所言「漢代經師，不問為今文家古文家，皆出荀卿（汪中說）；二千年間，宗派屢變，壹皆盤旋荀學肘下，孟學絕而孔學亦衰」[101]。他進一步認為，不僅漢學，即便是使「孟學似光大矣」的宋賢，雖然他們對於孟子的「不動心」也很重視，也很強調義理和修身的重要性，但讓梁啟超感到痛心的，是他們沒有將修身與更廣泛的社會和國家責任聯繫起來。在他看來，孔子是主張兼濟天下，而反對獨善其身的。他說：

孔子之立教行道，亦為救民也。故曰：天下有道，丘不與易也。其意正如佛說所謂我不入地獄，誰入地獄之意也。故佛法以慈悲為第一義。孔教以仁慈為第一義，孔子曰，苟志於仁矣，無惡也。故孔子為救民故，乃日日屈身，以干謁當時諸侯卿相，欲藉手以變革弊政，進斯民於文明幸福也。而孔子則所謂行菩薩行也。然則學孔子者，當學其捨身棄名以救天下明矣。而自宋以後，儒者以束身寡過謹小慎微為宗旨，遂至流為鄉愿一派，坐視國家之危亡，生民之疾苦，而不以動其心；見有憂國者，則謂為好事，謂為橫議，相與排擠之。此支那千年以來最惡陋之習。此種見識，深入於人人之腦中，遂養成不痛不癢之世界。此支那致亡之由也。若能知孔子在當時，為好事之人，為橫議之人，而非謹守繩尺，束身寡過之人，則全國之風氣，必當一變矣。[102]

他這裏所言，用今天的話說，就是一個知識分子的社會責任感和家國情懷。這時他還沒有完全放棄康有為立孔教的主張，他認為，這種責任感正是孔子以及孟子思想中最重要的東西，也是兩千年來被儒家丟棄的東西。對此負有最大責任的，他以為是荀子。他指出荀子的四大問題：

一、尊君權。其徒李斯傳其宗旨，行之於秦，為定法制，自漢以後，君相因而損益之，二千年所行，實秦制也。此為荀子政治之派。

二、排異說。荀子有非十二子篇，專以攘斥異說為事，漢初傳經之儒，皆出荀子，故襲用其法，日以門戶水火為事。

三、謹禮儀。荀子之學，不講大義，而惟以禮儀為重，束身寡過，拘牽小節，自宋以後，儒者皆蹈襲之。

四、重考據。荀子之學，專以名物、制度、訓詁為重，漢興，群經皆其所傳，斷斷考據，寢成馬融鄭康成一派，至本朝（清）而大受其毒，此三者為荀子學問之派。[103]

他的這番話告訴我們，政治上的專制，謹守禮法，修身養性的要求，以及學術上的給出路政策——一條逃避現實的自適之路，正是造成傳統儒家知識分子懦弱無氣、人格猥瑣的四大原因。由此發展，梁啟超走到了批判傳統王權的一個臨界點上。此時已非孟子的「民為重，社稷次之，君為輕」，在《說群序》中，他已經提出了初步的有大眾參與的民主政治思想，即所謂「以群術治群，群乃成，以獨術治群，群乃敗」。[104] 這種思想至湖南時務學堂時期，便得到了更加充分的發揮。以至於湖南的保守派群起而攻之，指責他「來湘主講，專以民權、平等、無父無君之說，為立教宗旨，論其罪狀，何殊叛逆」，並且罵他「肆行無憚，顯悖倫常，喪心病狂，莫此為甚」。[105] 在政治上，他也走得很遠，在給湖南巡撫陳寶箴的信中，他甚至由興民權、興紳權、興辦學會，進而提出了湖南自治的主張，引起陳寶箴的驚恐。隨後，梁啟超只好以養病為由，離開湖南，回到上海。

不過，沒有證據表明，此時的康有為不接受梁啟超的民權思想及其對封建皇權的否定。事實上，梁啟超前往湖南任教之前，與同人商討教學宗旨，主張採取急進法，以種族革命為本位，康有為是默許的，「南海沉吟數日，對於宗旨亦無異詞」[106]。數年後他致信趙曰生，也說道：「當戊戌以前，激於國勢之陵夷，當時那拉氏攬政，至上無權，故人人不知聖上之英明；望在上者而一無可望，度大勢必駸駸割鬻至盡而後止，故當時鄙見專以救中國四萬萬人為主。用是奔走南北，大開強學、聖學、保國之會，欲開議會得民主以救之。」[107] 梁啟超當時作《古議院考》、《論中國積弱由於防弊》、《論報館有益於國事》，以及長篇論文《變法通議》，都在宣揚老師的這種主張。直到戊戌年（1898 年）正月初三日總理衙門約談之前，康有為的《上清帝第五書》，以及為陳其璋草擬的奏章，還在喋喋不休地表達興民權、開議院的救國方針。也許他們並不真正了解西方民主、議會政治的內涵和性質，但是，他們從自身的傳統出發，已經認識到國家命運不是一家一戶的事情，而是全體國民的責任。

保國會的夭折

康有為這次入京，是在戊戌前一年的十月中旬，大約十五日前後從上海啟程。就在此前一週，即光緒二十三年（1897年）十月初七日這天，發生了德國天主教傳教士韓理、能方濟二人在山東曹州府鉅野縣張家莊為大刀會所殺的事件。二十日，德國遠東艦隊以此為藉口，強佔膠州灣，侵佔青島炮台，清軍則未加抵抗而後撤。當時駐守膠州灣的清朝登州鎮總兵章高元電告其上司山東巡撫李秉衡，其中說道：「元欲戰，恐開兵釁，欲退，恐干職守，再四思維，暫將隊伍拔出青島附近青島山後四方村一帶，扼要據守。」這也反映了一部分清朝將領的複雜心態。

康有為恰逢此時到達北京，這件事再次深深地刺痛了他。他看到，國家被瓜分的危機迫在眉睫，而朝廷仍然「泄遝如故，坐以待亡，土室撫膺，閉門泣血」[108]。於是，他出於義憤以及對國家存亡的擔憂，很快便寫出了《上清帝第五書》，並交工部代奏。與他前四次上書一樣，沒有人肯出援手，好像這個國家的命運與任何人都無關。康有為亦頗感失望，他打點行裝，準備離開北京，回廣東老家去。沒想到，就在行李已經上車這個當口，翁同龢忽然在當天散值後來到宣南的南海會館拜會他，並希望他能留下來。恰好第二天，十一月十九日，就有了兵科掌印給事中高燮曾的上奏，保舉康有為赴西洋參加「弭兵會」。光緒皇帝當天發給總理衙門的交片諭旨，要求他們「酌核辦理」。雖然他們事後否決了派康有為參加「弭兵會」一事，但此事還是給他帶來了新的希望。不久便有了正月初三日被總理衙門約見的事，康有為的人生命運由此發生了根本性的轉變。

那天，接見康有為的有五位大臣，分別是李鴻章、翁同龢、廖壽恆、張蔭桓和榮祿。翁同龢與張蔭桓都在當天的日記中記述了接見時的情景。綜合各方面的記述可知，在大約兩三個小時的會見中，他們談到許多亟需解決的問題，比如改革官制，設「制度局」及新政的各種機構，還有諸如練民兵、開鐵路、開礦山、辦郵政、籌款、借債等具體問題。這次會見對

朝政的影響也許要在數月之後才能顯現出來，但當時顯然給予康有為很大的鼓舞。他在第五天就將新的上書呈遞給總理衙門。這份名為「大誓臣工開制度新政局呈」的奏摺，又稱《上清帝第六書》，被總理衙門拖了整整四十天，直到二月十九日，才「恭呈御覽」。如此拖遝，可見其工作效率之差，卻也使人猜想，他們中的一些人對康有為及其政見仍持有異見和保留。但光緒皇帝在收到總理衙門代奏的《上清帝第六書》後，卻當即發佈諭旨，要求「王大臣妥議具奏」。康有為不等王大臣們「妥議」出個結果，第二天，便又將條陳一件遞到總理衙門，並附有一本他編譯的《俄彼德變政記》，請總理衙門代奏。就在總理衙門猶豫商議期間，康有為於一週後又遞上了一件新的條陳。三月初三日，總理衙門將康有為兩次呈遞的條陳及所遞《俄彼德變政記》一書一併「進呈御覽」，請「皇上聖鑒」。至二十日，康有為再次將條陳兩件及新書《日本變政考》、《泰西新史攬要》、《列國變通興盛記》三種，送到總理衙門。這次，總理衙門沒有耽擱，二十三日便以單摺代奏的方式進呈給光緒皇帝。這種工作效率的提高或許反映了光緒皇帝對康有為發生了興趣，說不定他真的要求總理衙門，見到康有為的條陳及時上奏，不得拖延。當天，光緒皇帝就將康有為的條陳和所進圖書，一併呈送慈禧，「恭呈慈覽」。[109]

這時，梁啟超也於三月初一日由上海趕赴北京。雖然他此次進京的直接目的是參加戊戌年科舉考試，但也不排除康有為在意氣風發之時，期待他的得意門生能助一臂之力。當時，梁啟超大病未愈，康有為的弟弟康廣仁專程陪護，萬里北來，梁啟超曾說：「幼博（康廣仁）善醫學，於余之病也，為之調護飲食劑醫藥。至是則伴余同北行，遂居京師，而及於難。蓋幼博之入京，本無他事，不過為余病。余病不死，而幼博死於余之病，余疚何如哉。」[110]

梁啟超進京不久，三月二十七日下午，保國會召開第一次大會，地點就在粵東新館的戲院內，當天與會者登記名錄的共有一百二十七人，而實際人數應該比這個要多。康有為在會上發表了演說。當日還擬定了《保國會章程》三十條，從所擬的條款來看，保國會應該是個內部機構相當嚴密

的政治組織，康梁或許也有這樣的設想或願望，但實際上，它更像是一個茶話會，而且，在很多人的理解中，它就是個茶話會。戊戌政變發生後，《申報》曾刊出《縷記保國會逆跡》一文，其中寫道：「京友來函云：本年春間，逆首康有為及其黨梁啟超、譚嗣同等人，在京師廣東新館開會⋯⋯公車到者甚多，京官亦有與其列者，然大抵來看熱鬧。且當時僅曰講學，僅曰茶會，未嘗告人以保國也。」[111] 這是一篇為列名保國會者開脫的文章，其中不乏道聽塗說的傳聞，或出於想象，比如譚嗣同，當時還在湖南，不大可能列名出席會議──但關於參與者心態的描寫卻有一定的真實性。

僅隔數日，閏三月一日，保國會第二次集會，梁啟超發表演說，就講到這次來京的一些感觸：「啟超復遊京師，與士大夫接，則憂瓜分懼為奴之言，洋溢乎吾耳也。及求其所以振而救之之道，則曰天心而已，國運而已。談及時局，則曰一無可言。語以辦事，則曰緩不濟急。」[112] 在他看來，這種情形比甲午乙未（1894 — 1895）時的情形已經有所進步，那時，「與士大夫痛陳中國危亡朝不及夕之故，則信者十一疑者十九」[113]。但他仍對士大夫的逃避責任、放任自流、坐以待斃、沒心沒肺表示了強烈的不滿：「故啟超竊謂吾中國之亡，不亡於貧，不亡於弱，不亡於外患，不亡於內訌，而實亡於此輩士大夫之議論，之心力也。」

對於在座的聽眾來說，他的這番話是有針對性的。或許「未嘗告人以保國也」；或許告之以保國，來者仍抱着看客的心態；其潛台詞還有，如果告之以保國，也許就不來參加了。很少有人把保國當作不可推卸的責任來要求自己，他們「皆飽食以待升轉，終日無所事。既不讀書，又不辦事，堂堂歲月，無法消遣，乃相率自沉於看花、飲酒、詩鐘、射覆、彈棋、六博、徵歌、選舞，以為度日之計」；年輕舉子們的情形又如何呢？當時在京城等待放榜的舉子有八千人，然而，「其無可消遣之情態，視朝士又有甚焉。而此人者，則皆能為憂瓜分，懼為奴之言者也，徐而叩其說，則曰，今日事無可為，正我輩醇酒婦人之時也」。[114] 這裏所描述的，應該不是梁啟超的誇張，但不知在座的聽眾有何感想。商務印書館元老李宣龔多年後在寫給丁文江的信中坦言：「迨保國會發起，弟雖到過一兩次，

其實不過逐隊觀光，並不識有所謂政治思想。」[115] 這種蒙昧的看客心態，在當時怕是很普遍的，所以，他很讚賞康梁那時敢於冒險犯難的革新精神，他說：「然當時羣轂之下，何施不可，康、梁諸公乃敢冒犯嚴譴，成此異舉，實在不能不欽佩。」[116] 汪大燮並沒有參加保國會的活動，他在當年四月十四日致信汪康年時也談到當時的傳聞和議論：「聞其言，自始至終無非國家將亡，危亟之至，大家必須發憤。然從無一言說到辦法，亦無一言說到發憤之所從。張菊生（張元濟）謂其意在聳動人心，使其思亂，其如何發憤，如何辦法，其勢不能告人，斯固然也。」[117]

這些都是比較客觀的說法。看得出來，他們這時所作，主要還是宣傳鼓動，以危言聳聽之詞，促使聽眾覺悟，明白國家的處境，激發大家責己救國的熱情。但即使如此，亦不能為頑固守舊的學者、官僚所接受。最先跳出來攻擊保國會的，是一個叫孫灝的年輕人，他寫了一篇《駁保國會議》，逐條批駁《保國會章程》三十條，將康梁與孫文視為同類，說他們「叛逆之心，昭然呈露」；又說他們「與地方大光棍無異」，比喻為哥老會放票，稱之為「大逆不道」。[118] 前引《申報》文章也曾提到：「仁和孫孝廉（孫灝）會試下第未歸，憤其目無君上，逐條駁斥，付之梨棗，京外散分數千分。」[119] 他的這篇文章甚至引起了遠在湖北的張之洞和梁鼎芬的重視，兩湖書院講習陳慶年在《戊戌己亥見聞錄》四月十八日記述：「下晚南皮（張之洞）師來書院少談，言康有為、梁啟超立『保國會』，每人收銀二兩，復散給票布，仿哥老會辦法。浙江人孫灝作駁文三十條，痛快淋漓云云。當訪得一閱也。」又四月二十一日記述：「詣節庵（梁鼎芬），見浙江孫灝駁『保國會』章程三十條，頗發康、梁罪狀。節庵尚擬排印散送云。」[120] 由此可以看出，他們之間已勢同水火，不能相容。

不過，保國會存在的時間並不長，至閏三月十二日潘慶瀾出奏彈劾，總共只存在了十六天，期間也只有兩三次活動，但還是引起了一些人的高度緊張。先是御史潘慶瀾上《請飭查禁保國會由》，請求皇帝下旨，命「順天府、五城一體查禁」。光緒皇帝沒有對他的奏章作任何批示，當日呈送給慈禧的摺片，也沒有潘的這一件，康有為說：「慮西后見之，特抽出此

片。」[121] 看來不是說謊。然而，一波未平，一波又起，第二天，即閏三月十三日，御史李盛鐸又上《黨會日盛宜防流弊摺》，光緒皇帝下旨「存」，並於當日呈送慈禧。李盛鐸最初是支持康有為的，並有經費資助。但這時聽到風聲，有人要彈劾康有為，便趕忙跑出來劃清界限。《戊戌履霜錄》中寫道：「戊戌三月，開保國會於粵東館，京僚集者四百餘人……御史李盛鐸，初與有為倡議開會，既入康黨，又依附榮祿，聞潘慶瀾欲參倡會諸人，乃檢冊自削其名，先舉發之。疏留中勿問。」[122] 但事情還沒有完，閏三月二十七日，又有御史黃桂鋆上了《禁止莠言以肅綱紀摺》，他不僅指責李鴻章、張蔭桓「糊塗」，而且指出：「近日人心浮動，民主民權之說日益猖獗，若准各省紛紛立會，恐會匪聞風而起，其患不可勝言；且該舉人等無權無勢，無財無位，赤手空拳，從何保起？抵制外人則不足，盜竊內政則有餘。」[123]

黃的奏摺再次被光緒皇帝「冷處理」，似乎傳達出一種資訊，即光緒皇帝在心裏是接受康梁的，至少對他們抱有某種期待。這對康梁是一種極大的鼓舞，在潘慶瀾的奏摺被光緒皇帝留中之後的第三天，梁啟超以一種興奮的口吻同夏曾佑談起這件事：「京中臥病，辦保國會，昨十二日為潘慶瀾所劾。今上神明，謂：『會能保國，豈不大佳』，遂爾留中，吾華之興廢有自乎。付章程請將其事刊之於報，雖西人聞之亦必驚為創事，非如強學之封禁也。」[124] 我們不必追究光緒是否說過這樣的話，也不必追究梁啟超是從什麼管道得知這句話的，總之，雖然有人彈劾，但由於光緒皇帝的刻意保護，並沒有治他們的罪，他們反而大張旗鼓地在《國聞報》上為保國會大肆張揚一番。四月初六日，《國聞報》發表《開保國會書後》一文，對圍攻保國會的現象進行了形象化的討伐：

> 強盜入室，大火燒門，有壯者荷戈持鑵，大聲疾呼，而同室之人，不惡強盜，不救大火，而反仇是荷戈持鑵之人，罵之詈之，攻之訐之，縛之扶之，組織而鍛煉之，甚且誣罔以為荷戈欲竊，持鑵放火也。言者既多，雖向號開新之人，以開民智救國難為事者，亦

且驚惑於眾論，或疑其無益，或咻其多事，或疑其虛論而無實事，或疑其不必駭眾而貴名，或以為不必驚愚而飾智，亦復冷譏而薄誚之。或有救國心腸，實以為宜者，亦復畏於眾論，退縮卻行，緘口媕默，但不加謗而已，亦不敢稍置一詞。[125]

這就是當時他們所面臨的局面，煢煢孑立，形影相弔。很多人仇視他們，以為他們攪了自己的寧靜；朋友也不理解他們，甚至誤解他們，而理解他們的，也沒有勇氣站出來說一句公道話。但他們並沒有退縮。

▌戊戌維新廢八股

四月初，梁啟超動員留在京城等待放榜的舉子百餘人，連署上書，請求廢除八股取士的制度。「書達於都察院，都察院不代奏，達於總理衙門，總理衙門不代奏。當時會試舉人集輦轂下者，將及萬人，皆與八股性命相依，聞啟超等此舉，嫉之如不共戴天之仇，遍播謠言，幾被毆擊。」[126]

可以想象梁啟超當時的狼狽。廢除八股，就等於砸了人家的飯碗，斷了人家的生路，當然要找你拚命。不過，被稱為「第二次公車上書」的這次行動，像乙未年（1895 年）那次一樣，最終仍受阻於都察院和總理衙門這樣的官僚機構。而不同之處在於，四月二十三日，光緒皇帝根據慈禧的旨意，下達了明定國是的諭旨，百日維新由此拉開了大幕。而在背後促成這件事的，正是康有為。他為楊深秀、徐致靖代擬的兩道奏摺，使光緒皇帝痛下決心。兩天後，徐致靖又上奏保舉康有為、黃遵憲、譚嗣同、張元濟、梁啟超五人，於是有了光緒皇帝當天明發上諭：康有為、張元濟本月二十八日預備召見，黃遵憲、譚嗣同着該督撫送部引見，梁啟超着總理衙門查看具奏。

這給了他們新的機會，可以當面了解光緒皇帝對改革的態度。據梁啟超講：「至康有為、張元濟召見，皆力陳其害，康至謂遼台之割，

二百兆之償，琉球、安南、緬甸之棄，輪船、鐵路、礦物、商務之輸與人，國之弱，民之貧，皆由八股害之。皇上喟然曰：『西人皆日為有用之學，我民獨日為無用之學。』康即請曰：『皇上知其無用，能廢之乎？』上曰：『可也。』於是康退朝告宋伯魯使抗疏再言之。康亦自上一書，疏既上，上命軍機大臣立擬此旨，剛毅謂此乃祖制，不可輕廢，請下部議。上曰：『部臣據舊例以議新政，惟有駁之而已。吾意已決，何議為！』詔遂下。」[127]

這裏提到的「詔遂下」，即五月初五日光緒皇帝詔諭內閣「廢八股」，其中講道：「此次特降諭旨，實因時文積弊太深，不得不改弦更張，以破拘墟之習。至於士子為學，自當以四子六經為根柢，策論與制藝，殊流同源，仍不外通經史以達時務，總期體用兼備，人皆勉為通儒，毋得竟逞博辯，復蹈空言，致負朝廷破格求才至意。」[128] 其實，對維新黨人來說，廢除八股一直是他們所追求的政治目標；而且，按照梁啟超的想法，要廢除的又何止八股，還應該包括整個科舉制度。早在光緒二十二年（1896年），梁啟超就有過集資以買通言官，請其上奏摺，呼籲改革科舉考試制度的計劃。在此期間，他曾作《變法通議》一文，陸續發表於《時務報》。在這篇長文中，他開宗明義地講道：「吾今為一言以蔽之曰，變法之本，在育人才，人才之興，在開學校，學校之立，在變科舉，而一切要其大成，在變官制。」[129] 歷史地看，中國的改革、變法，不是從康梁開始的。如果從洪亮吉上書批評嘉慶皇帝的「新政」，希望他能兌現其「咸與維新」的許諾，而被充軍新疆算起，至此已經近百年了。其間則有龔自珍「自改革」的主張，以及包世臣、林則徐、魏源、徐繼畬、馮桂芬、郭嵩燾、薛福成、王韜、鄭觀應、曾紀澤等一系列得風氣之先的人物在這條路上的探索。直到康梁，推動持續近百年的帝國「自改革」思潮達到高峰，他們不僅結束了「自改革」的「維新舊夢」，而且開拓出一條以民權代替君權、以憲政代替君主專制的改革思路，在現行體制之外尋找新的可能性。

如果說持續近百年的「自改革」沒有給中國和中國人帶來變化，也非

事實，但這種變化的確是非常有限的。包括所謂「同光中興」，曾國藩、李鴻章、張之洞一班官僚大佬的講求洋務，推行新政，積三十年，開了一些礦，辦了一些廠，修了一些路，買了一些船，說不上真正的船堅炮利，卻也可以炫耀於一時。但一場中法馬尾海戰，一場中日黃海海戰，就讓中國花錢買來的「船堅炮利」毀於一旦，灰飛煙滅。尤其是甲午戰敗，日本逼迫清政府簽訂《馬關條約》，割台灣，賠鉅款，棄朝鮮，甚至喪失了帝國的「龍興之地」遼東，隨後又有德國強佔膠州灣，沙俄強佔旅順、大連，英國要求威海衛、香港九龍以及長江流域，法國要求廣州灣、兩廣和雲南，意大利要求浙江的三門灣。這一系列瓜分之舉，迫使人們進一步思考，為什麼三十餘年的洋務、新政，不能救中國於萬一？梁啟超說：「此前之言變者，非真能變也，即吾所謂補苴罅漏，彌縫蟻穴，飄搖一至，同歸死亡。」[130] 也就是說，洋務派的新政，對晚清政府這艘破船來說，只起到了打補丁的作用，並不能從根本上解決問題。同治初年（1864 年），德國首相俾斯麥曾宣稱，三十年後，日本將興起，中國將衰弱。為什麼呢？因為他看到，日本人遊學歐洲，熱衷於討論學術，講求官制，回到日本後認真實行；中國人遊歐洲，只是打聽哪家的船、炮更好，更便宜，好買回去用。這兩個國家一強一弱的原因，就在這裏。

實際上，梁啟超此時所看到的這個國家的現狀，和龔自珍當時所描繪的「衰世」景象，沒有什麼兩樣。在龔自珍的眼裏，那時可謂「左無才相，右無才史，閫無才將，庠序無才士，隴無才民，廛無才工，衢無才商；抑巷無才偷，市無才駔，藪澤無才盜」；他於是大為感歎，「則非但鮮（鮮）君子也，抑小人甚鮮（鮮）」。在那個時代，不但沒有真君子，即便真小人，也很難找到。有才幹的人，卻可能受到更多的沒有才幹的人的束縛、督責，乃至於傷害（戮之）。而且這種傷害「非刀，非鋸，非水火，文亦戮之，名亦戮之，聲音笑貌亦戮之」。所傷害的，也非身體，「戮其心」而已，即「戮其能憂心，能憤心，能思慮心，能作為心，能有廉恥心，能無渣滓心」，把你變成一個「不動心」的冷血動物。[131] 這也就是梁啟超所說：「先王欲其民智，後世欲其民愚。」[132] 民愚的結果，則士、農、工、商、

兵，都沒有可用的人才。搞洋務的人，主張多用洋人。固然，洋人比中國人守法、明達、負責任，做事容易成功，但中國談論變法自強，也有幾十年了，仍然依賴洋人，難道不覺得可恥嗎？

為什麼各個方面都缺少人才呢？其原因就在於教育的目的，不是為了培養人才，而是為了培養奴才。那時所謂教育，是為科舉考試服務的，一切都要圍着科舉這個指揮棒轉。結果便使得讀書人除了帖括、制藝、詩賦、楷法之外，一概不知。好一點的，搞一搞訓詁、考據，就以為是學術了，其實和「經世致用」的傳統離得很遠，只能是「豪傑與議論之士必少而於馴治天下也甚易」，讀書之人都變成統治者的馴服工具，其獨裁專制自然容易。所以梁啟超說：「故秦始皇之燔詩書，明太祖之設制藝，遙遙兩心，千載同揆，皆所以愚黔首，重君權，馭一統之天下，弭內亂之道，未有善於此者也。」[133] 這樣的人，就是中了舉人進士，點了狀元翰林，擔任了督撫將軍，又能如何呢？怕也難有什麼作為。即使其中有幾個通人志士，「或箋註校勘，效忠於許（慎）鄭（玄），或束身自愛，歸命於程朱，然於古人之微言大義，所謂誦詩三百可以授政，春秋經世先王之志者，蓋寡能留意。」[134] 至於農、工、商、兵，其教育更無從談起了。

然而，問題也許不在科舉本身，而在於國家只用八股取士，考試題目皆出自「四書五經」，答案也在規定的範圍之內，這就把讀書人都趕到了讀無用之書這條路上。而且，這條路越走越窄，「今之所以進退天下者，八股之文，八韻之詩」[135] 而已，甚至自清道光開始，朝廷竟墮落到以楷法取士（梁啟超云：常科以八股楷法取士，但使能作八股，能作工楷，雖一書不讀，亦可入翰林）的地步，無論是打算有所作為，還是追求功名利祿的讀書人，終其一生，都只能將精力浪費在這些無用之學上。既然是「學而優則仕」，而所謂優，又僅僅指八股文如何，詩作得如何，乃至楷書如何，勢必將很多有抱負、有個性、肯在「經世致用」上下功夫的人才拒之門外。這種制度，自身既不能造就人才，對社會上所謂沒有出身的人才又根本排斥。像很多「海歸」，國家花了很多錢，送他們出國留學，其中未嘗無才，國家也未嘗不需要他們的才，但由於他們大多沒有參加過科舉考

試，沒能賺得一個「出身」，便得不到國家重用，「束之高閣，聽其自窮自達」，有人為了糊口，只好去洋行當買辦，或到工廠做技師，「豪傑之士，安得不短氣；有志之徒，安得不裹足」。[136] 很顯然，中國要自強，要改革，要進步，要自立於世界民族之林，需要大批卓絕務實、不尚空談、眼界開放、思想銳進的人才；而這種人才的造就，已經不能指望舊的教育體制和官制。為將來計，中國的改革只能從廢除八股試帖、科舉考試開始，進而改革已有的官制。這是打破固有的體制循環的第一步。於是，梁啟超擬了《公車上書請變通科舉摺》，要求「下科鄉、會試及此後歲、科試停止八股試帖，推行經濟六科，以育人才而禦外侮」[137]。雖然他的奏摺未能上達，但四月十三日，楊深秀再上一書，請求廢除八股；四月二十九日，宋伯魯也上了《請改八股為策論摺》；五月初四日，更有康有為、徐致靖二人分別上書，請廢八股。這一系列的條陳、奏摺，終於促使光緒皇帝下了決心，不顧守舊樞臣的阻撓，於五月初五日下旨廢除了鄉會試的八股而改試策論，五月十二日，又下旨廢除了生童歲科各試的八股而改試策論。這是維新派在百日維新期間所取得的第一個重大勝利。梁啟超說：「於是海內有志之士，讀詔書皆酌酒相慶，以為去千年愚民之弊，為維新第一大事也。」[138]

雖然光緒皇帝頒發了諭旨，康梁似乎有了「尚方寶劍」，但實際上，由於他們的地位不高，人微言輕，任何一項改革的措施，都很難一蹴而就。而八股取士又非一般的小事，它關係到教育、文化、官制、政治諸多方面，牽一髮而動全身，從一開始禮部就不積極，處處設阻。京城內外大大小小的官員，亦如喪考妣，一有機會，就要跳出來加以反對。在這之前，四月二十五日，即徐致靖上書保薦康有為、梁啟超等五人的當天，便有陝西道監察御史黃均隆上奏，參劾湖南巡撫陳寶箴及梁啟超、譚嗣同、黃遵憲等人，只是被光緒皇帝壓了下來，置之不理。但朝中的守舊之人並未就此甘休，五月初二日，宋伯魯、楊深秀聯名上書參劾禮部尚書、總署大臣許應騤，稱他為「新政之壅蔽」，光緒皇帝閱二人所上之摺，便有罷黜許的想法，經剛毅代為求情，才改為讓他「明白回奏」。[139] 近來有人

欲為許應騤辯護，不認為他有「守舊迂謬，阻撓新政」[140]的舉動，但蘇繼祖在《清廷戊戌朝變記》中曾這樣記載：「許公，迎合守舊者也，係康之座師，因其上書主持變法，深惡痛絕，常言已逐絕於門牆之外。近以交禮部議定特科章程，許猶力持八股詩賦，百計阻撓新政，以分畛域門戶。皇上怒之，未敢發之，聞係康屬宋劾之，旨僅令其照所參各節，明白回奏，而剛（毅）已代許申訴於太后之前。」[141]蘇繼祖是戊戌六君子之一楊銳的女婿，對變法的原委應有所了解。於是，五月二十日，滿洲正黃旗人、御史文悌上書，參劾康有為、宋伯魯、楊深秀等，為許應騤打抱不平。該摺長達五千言，指稱御史宋伯魯、楊深秀之前參劾許應騤，是結黨營私的行為，並痛詆康有為的學術為人主張行事，其中特別講到一點：「至康廣仁所言罷制藝不必待下科，小試尤宜速改策論，而宋伯魯又適有此奏。是許應騤謂其聯絡台諫，誠不為誣。」[142]光緒皇帝讀了文悌的奏摺是否「大怒」不得而知，但他當日即下詔斥責文悌受人唆使，結黨攻訐，不勝御史之任，命回原衙門行走。

　　如果說，黃均隆、許應騤、文悌輩還只是迂回於康有為之人，並未針對廢除八股而出手的話，那麼，五月二十九日浙江學政陳學棻的上奏，卻是第一個，也是唯一一個直接反對廢八股、改策論的奏章。他指出，廢除八股，造成了「子弟無所師承，士心為之渙散……近日民情浮動，藉端生事，不一而足。若使此等無業之士簧鼓煽惑，下愚之民搖動附和，勢必釀成不測之禍。蓋改試之成就人才挽回氣運者，關係誠大而遠，而浮言之變亂黑白搖惑人心者，禍患實隱而濃也」[143]。據說，光緒皇帝二十九日收到陳學棻的摺片，第二天去了頤和園，因陳學棻為侍郎，處理他一定要經過慈禧。直到六月初一日光緒皇帝才明發上諭：「陳學棻着來京供職，浙江學政着唐景崇去。」[144]此後，雖然不再有人直接上書反對廢除八股，但守舊官僚與維新黨人的鬥爭卻貫穿於百日維新的始終。後來，戊戌變法失敗，政變發生，有人即批評康有為犯了急性病，證據之一便是急於廢除八股，以為不順人情，招致太多人的怨恨。

京師大學堂與上海譯書局

戊戌變法經歷了一百零三天。說起戊戌變法，人們總是「康梁」並稱，實際上，在此期間，活躍於前台的主要是康有為，梁啟超參與的具體事務並不多，更多的時候，只有在幕後才能看到他的身影。他做得比較多的，是根據康有為的安排，替別人撰寫奏摺或其他文件。其中最重要的，應該就是起草《京師大學堂章程》。京師大學堂是北京大學的前身，它的設置最早來自當時任刑部左侍郎的李端棻的建議，他在光緒二十二年（1896年）五月初二日上了請推廣學校的奏摺，但最後不了了之，並沒進入總署的議事日程。過了不到兩年，光緒二十四年（1898年）正月二十五日，御史王鵬運再次上書，要求開設京師大學堂。光緒皇帝當天便明發上諭：「御史王鵬運奏請開辦京師大學堂等語。京師大學堂疊經臣工奏請，准其建立。現在亟需開辦。其詳細章程着軍機大臣會同總理各國事務衙門王、大臣妥籌具奏。」[145] 但不知什麼原因，他們一直沒有按照光緒皇帝的要求「妥籌具奏」。現在有學者欲為他們開脫，說他們那時很忙，一無空暇，但不能否認，他們並沒有認識到此舉的重要性和迫切性。直到四月二十三日，光緒皇帝在《明定國是詔》中再次提起此事：

> 京師大學堂為各行省之倡，尤應首先舉辦。着軍機大臣、總理各國事務王、大臣會同妥速議奏。所有翰林院編檢、各部院司員、大門侍衛、候補候選道府州縣以下官、大員子弟、八旗世職、各省武職後裔，其願入學堂者，均准入學肄習，以期人才輩出，共濟時艱。不得敷衍因循，徇私援引，致負朝廷諄諄告誡之至意。[146]

這一次，總理衙門不敢怠慢，第二天就發電報給清朝駐日公使裕庚，即後來取悅於慈禧的德齡公主的父親，請他速將日本東京大學堂章程譯出，抄送總署。本來，翁同龢負責起草大學堂章程，但四天之後，翁同龢突然被罷免，此事又拖了下來。五月初八日，光緒皇帝再發諭旨給內閣，

要求軍機大臣、總署大臣迅速議奏設立京師大學堂一事，「毋再遲延」[147]。這時，光緒皇帝的口氣已變得相當嚴厲，於是，總理衙門急忙在五月十四日上了《奏覆遵議大學堂摺》，其中附呈的《大學堂章程》，就是梁啟超起草的。匆忙之間他們想到了梁啟超，而梁啟超亦不辱使命，不必等裕庚從日本寄材料回來，他平日的積累足以應付此事。他在《戊戌政變記》中講到這件事的原委：

> 自甲午以前，我國士大夫言西法者，以為西人之長，不過在船堅炮利，機器精奇，故學之者亦不過炮械船艦而已。此實我國致敗之由也。乙未和議成後，士夫漸知泰西之強，由於學術，頗有上書言之者。而刑部侍郎李端棻之奏，最為深切詳明。得旨允行，而恭親王、剛毅等謂可以緩辦，諸臣和之，故雖奉明詔，而束高閣者三年矣。皇上既毅然定國是，決行改革，深知現時人才未足為變法之用，故首注意學校，三令五申，諸大臣奉嚴旨，另速擬章程，咸倉皇不知所出，蓋中國向未有學校之舉，無成案可稽也。當時軍機大臣及總署大臣咸飭人來，屬梁啟超代草。梁乃略取日本學規，參以本國情形，草定規則八十餘條，至是上之。皇上俞允，而學校之舉乃粗定。即此一事，下之志士之發論，上之盈廷之抗議，凡歷三年，猶煩聖主屢次敦迫，僅乃有成，其難如此。然其後猶以辦理非人，成效難睹。蓋變法而不全變，有法無人之弊也。[148]

就在同一天，光緒皇帝召見了梁啟超，並讓他進呈所著《變法通議》一書，諭旨稱：「賞舉人梁啟超六品銜，辦理譯書局事務。」[149] 一直以來，民間就有一種說法，以為梁氏沒有得到光緒皇帝的重用，依據便是王照晚年的一次回憶，他說：「清朝故事，舉人召見，即得賜入翰林，最下亦不失為內閣中書。是時梁氏之名，赫赫在人耳目，皆擬議必蒙異數。及召見後，僅賜六品頂戴，是仍以報館主筆為本位，未得通籍也。傳聞因梁氏不習京語，召對時口音差池，彼此不能達意，景皇（光緒）不快而罷。」[150]

這種似是而非的說法，本不足採信，但卻影響到很多人對事實真相的了解。從梁啟超被召見之前的蛛絲馬跡來看，對於如何任用他，光緒皇帝是作過認真考慮的。五月初十日，總理大臣奕劻等上《遵議開館譯書摺》，奉旨議奏御史楊深秀、李盛鐸四月十三日開館譯書之請，其中談到譯書局事務是否應特派大臣管理，或由大臣兼辦，而譯書一事，「全在經理得人，不繫官職之大小」，接着便推薦了梁啟超其人：

> 茲查有廣東舉人梁啟超，究心西學，在上海集資設立譯書局，先譯東文，規模已具，而經費未充，殊非經久之道。上海為華洋總匯，所購外洋書籍，甚為利便，刷刊工本，亦較相宜，該舉人經理譯書事務，可收事半功倍之效。[151]

這裏所說梁啟超在上海集資設立的譯書局，即大同譯書局，是一家股份有限公司，此摺建議改為官督商辦，每月撥給譯書經費銀二千兩。光緒皇帝當天給軍機大臣下了諭旨：

> 京師大學堂，指日開辦，亦應設立譯書局，以開風氣，如何籌款興辦之處，着總理各國事務王、大臣，一併籌議具奏。[152]

五月十三日，總理大臣奕劻等又上了《舉人梁啟超遵旨查看片》，算是對光緒皇帝四月二十五日上諭，要求總理衙門查看廣東舉人梁啟超的一次回應。片文中說：

> 該舉人梁啟超，志趣遠大，學問淹通，尚屬究心時務。前在上海籌設譯書局，已具規模，業經臣衙門奏請撥給經費，將該局改為譯書官局，責成該舉人經理譯書事務，奉旨允准在案。該舉人平昔所著述，貫通中西之學，體用兼備，洵為有用之才，擬懇恩施酌予京秩，以資觀感。並可否特賜召對之處，出自聖裁。[153]

看得出來，這班總理大臣、軍機大臣，對於梁啟超，要比對康有為心平氣和得多，評價也還比較客觀，不像湖南守舊紳士、若干年後死於暴動農民之手的葉德輝，動輒便說：「夫康有為亂民也，梁啟超詖士（詭辯之人）也……逞一己之私心，侮聖人之制作，其為人心學術之害，何可勝言。」[154] 他們看到了梁啟超在學術上兼顧中西的特點，其為人亦不像老師康有為那樣張揚、獨斷、固執己見，做事也很穩重，踏踏實實，有一點少年老成。所以，五月十四日總理衙門再上《請京師編譯局並歸舉人梁啟超主持片》，建議將京師編譯局和上海譯書官局都交給梁啟超辦理，片文指出：

> 臣等查有廣東舉人梁啟超堪勝此任，奏准在案，今京局似可與上海聯為一氣，仍責成該舉人辦理，由該舉人隨時自行來往京滬，主持其事，所有細章，皆令該舉人妥議，由臣衙門核定施行。至京師編譯局為學堂而設，當以多譯西國學堂功課書為主，其中國經史等書，亦當撮其菁華，編成中學功課書，頒之行省，所關最為重大，編纂尤貴得人。梁啟超學有本原，在湖南時務學堂，編有各種課程之書，教授生徒，頗着成效，若使之辦理此事，聽其自行分纂，必能勝任愉快。至京局用款，視上海總局較省，應請每月撥款一千兩，由戶部在籌撥大學堂常年經費項下，一併籌措，實為妥便。[155]

應當說，總署的建議和光緒核定最後的決定，對梁啟超來說，不僅是殊榮，而且是人盡其才。這當然與王照等人坐直升機的期待有很大差距，但梁啟超本人似乎並沒有太多的奢望，自從有了這個職務，他每日按時到衙門上班。他在《戊戌政變記》裏簡要提到了對召見的看法：

> 謹案國朝成例四品以上乃能召見，召見小臣自咸豐後四十餘年未有之異數也。啟超以布衣召見，尤為本朝數百年所未見，皇上之求才若渴，不拘成格如此。[156]

梁啟超未必提前預見到了光緒皇帝會召見他，他甚至不會想到總署的大佬們曾建議皇上召見他。很有可能，這幾位軍機大臣、總理大臣看他在很短的時間內便擬好了洋洋八十餘條的《大學堂章程》，救了他們的急，對他也有些刮目相看，並給他一點回報，但也僅此而已。他對於今後能做什麼事，並沒有把握。所以，五月十七日，即皇上召見他的第三天，在給夏曾佑的信中，他頗有些感慨：「見當不遠，至慰。昨日召見，上實明。稍惜諸老不足為助耳。」[157] 實際情況亦如梁啟超所言，皇上是個明白人，但朝中的這些大臣卻「不足為助耳」。六月二十九日，梁啟超上所擬《譯書局章程十條》，請孫家鼐代奏。光緒皇帝當日給內閣的上諭說：「該舉人所擬章程十條，均尚切實，即着依議行。」[158] 所請開辦經費銀一萬兩，光緒增加到二萬兩，每月經費原定一千，也增加到三千。由此可以看出光緒皇帝對譯書局的重視和期待。七月初十日，梁啟超再次通過孫家鼐代奏，請求在上海設立翻譯學堂，承認學生出身，並對書籍、報紙實行免稅。光緒皇帝當日又下諭旨，准梁啟超所請，答應了他的所有要求。梁啟超對此評價很高，他說：

> 謹案我國科舉，向皆由學政考試，乃得出身，學校生徒，向無學級，故不足以鼓勵人才，梁啟超以微員所開之學校，而請學生之出身，實為四千年之創舉，非皇上之聖明剛決，採擇新法，豈能許之哉。[159]

▌戊戌變法為什麼會失敗

然而，梁啟超在完成這件創舉之後，實際上已無事可做。由於孫家鼐被派為京師大學堂的管學大臣，「辦事各員，由該大臣慎選奏派，至總教習綜司功課，尤須選擇學貫中外之事，奏請簡派，其分教習各員，亦一體精選，中西並用，所需興辦經費及常年用款着戶部分別籌撥，所有原設官

書局，及新設之譯書局，均着併入大學堂，由管學大臣督率辦理」[160]。這樣一來，孫家鼐便把持了大學堂的財權和人事權，很快，他在五月二十九日的奏摺中，就大學堂的人事安排提出了具體的建議名單，其中包括總教習、分教習，以及官書局提調等。儘管進入這個名單中的人，有請託者，也有不學無術、對時務一無所知者，讓這些人來辦學，京師大學堂很難成為中國近代教育之重鎮，但直到今天，有人還是慶幸，此中絕無一人為康黨。不知當時人們是否像防瘟疫一樣防康黨，但孫家鼐在當天所上的另一份奏摺中，確實明確提出了刪除康有為書中有關「孔子改制稱王」等字樣的要求，光緒皇帝的諭旨也很有意思：「着孫家鼐傳知康有為遵照。」[161] 孫家鼐還奏稱，譯書局編纂各書，宜進呈欽定，再行頒發，並將悖謬之書，嚴行禁止。光緒皇帝同意按照他的辦法去做。

這樣的結果，只能是大家都不做事。實際情況也是這樣，直到百日維新結束，京師大學堂沒有任何作為。當然，此中絕無一人為康黨，唯一的例外，即還有一個梁啟超，他所擬章程雖如光緒皇帝所言「綱舉目張，尚屬周備」[162]，但真正實行起來，卻又舉步維艱。他知道，在這裏已無事可做，與其滯留京城，不如回到南方去教書。可惜，康有為始終看不到這一點。他以為有了光緒皇帝的支持，便可以大刀闊斧地實現其變法主張，在這方面，他確實低估了現實政治的複雜性。他的弟弟康廣仁後來死於戊戌之難，他一直勸說康有為在廢除八股的目標實現之後，離開北京，但康有為始終不為所動，竟拖延到政變的前一天，才戀戀不捨地離開京城。康廣仁在給何易一的信中說：

> 伯兄（康有為）規模太廣，志氣太銳，包攬太多，同志太孤，舉行太大，當此排者、忌者、擠者、謗者，盈衢塞巷，而上又無權，安能有成？弟私竊深憂之，故常謂但竭力廢八股，俾民智能開，則危崖上轉石，不患不能至地。今已如願，八股已廢，力勸伯兄宜速拂衣，雖多陳無益，且恐禍變生也。伯兄非不知之，惟常熟告以上眷至篤，萬不可行，伯兄遂以感激知遇，不忍言去。但大變

法，一面為新國之基，一面令人民念聖主，以為後圖。弟旦夕力言，新舊水火，大權在後，決無成功，何必冒禍。伯兄亦非不深知，以為死生由命，非所能避，因舉華德里落磚為證，弟無如何。乃與卓如謀令李苾老奏薦伯兄出使日本，以解此禍。乃皇上別放公度，而留伯兄，真無如何也。伯兄思高而性執，拘文牽義，不能破絕藩籬，至於今實無他法，不獨伯兄身任其難不能行，即弟向自謂大刀闊斧，蕩夷藪澤者，今已明知其危不忍捨去，乃知古人所謂鞠躬盡瘁，死而後已，固有無可如何者。[163]

　　雖然至今仍有人對這封信的真實性表示懷疑，但其中說到康有為這個人的性格及思想理念，不能說毫無根據，講到梁啟超和康廣仁想辦法讓他離開北京，也完全符合當時的情形。除了信中提到的李端棻奏薦康有為出使日本之外，孫家鼐亦奏請康有為出京督辦官報。孫的目的是想讓康有為走人，對康來說，卻也不失為一個離開北京的機會。先是宋伯魯上奏《請將〈時務報〉改為官報摺》，他的原意是想趕走汪康年，讓梁啟超繼續主持《時務報》，改變其唯張之洞是聽的局面。沒想到，光緒皇帝卻將此事交孫家鼐議覆，孫家鼐恰好藉機請康有為出京。所以，他在奏摺中索性拒絕了宋伯魯以梁啟超督辦《時務報》的請求，說他「奉旨辦理譯書事務，現在學堂既開，急待譯書，以供士子講習。若兼辦官報，恐分譯書功課」，而康有為卻沒有具體事做，「可否以康有為督辦官報之處，恭請聖裁」。而光緒皇帝果然聖裁「派康有為督辦其事」。[164] 不過，無論如何給了康有為一個離開北京的機會，而且不失面子。

　　但他最終決定不走，並於六、七月間發起了更加猛烈的改革衝擊波，給人一種孤注一擲的感覺。他堅信小變不如大變，緩變不如急變，所以，在這段時間裏，他不僅繼續為宋伯魯、楊深秀等人撰寫奏章，還讓梁啟超為李端棻多次撰寫奏章。而且，自己也多次上奏，七月十四日前，就上了《請開制度局議行新政摺》，七月二十日後，又上了《請斷髮易服改元摺》，宋伯魯、楊深秀、李端棻等人的奏章，也都與開懋勤殿、開議會、開制度

局有關。光緒皇帝在此期間也辦了幾件大事：一是廣開言路，士民有上書言事者，着赴都察院呈遞；二是裁汰冗員，涉及京城內外、上上下下、中央地方的各個方面，非常廣泛；三是罷黜禮部六堂官；四是擢用四章京。這些舉動都給守舊的眾官僚以口實，引起他們激烈的反彈，張之洞上《勸學篇》，奕劻、孫家鼐駁回李端棻的奏摺，湖南舉人曾廉上書請殺康梁，都顯示出守舊派的不甘心。禮部六堂官被罷黜之後，到慈禧那裏哭訴，告光緒皇帝的狀，也是告康有為的狀。他們看得很清楚，只有慈禧才能使改革的快車停下來。

但是，戊戌變法的失敗，又並非光緒皇帝和康有為鬥不過慈禧這一條原因。現在有一種說法，以為慈禧並不反對變法，她要的只是變法的領導權，如果光緒將變法的領導權讓給慈禧，未必會發生後來的慘劇。言外之意是光緒受了康有為的蠱惑，康有篡逆的野心，想殺慈禧，導致了慈禧的反擊。這種看法不僅過於簡單，而且有庸俗化的嫌疑。

歷史地看，戊戌變法的失敗，首先是帝后兩黨力量的消長，西太后不肯放棄已有的權力；其二，康有為的學說觸犯了一大批傳統文人的底線，他的《新學偽經考》和《孔子改制考》就很難被以衛道自任的士大夫所接受、所認可，而他設孔教、自稱「素王」，更引起很多人的反感，包括他們的朋友或同路人，也拒絕接受康的這一套主張。湖南守舊士紳對康梁的攻擊是最激烈的，其中有學術性的一面，即程朱與陸王、漢學與宋學、今文經學與古文經學之爭，但說到底，還是新舊思想之爭，政治取向之爭。戊戌前後，康梁曾受到來自對立雙方的攻擊、詆毀、批評和質疑，保守的、守舊的士紳攻擊他們顛覆傳統孔教、封建道統、君主制度，甚至滿清政權，所謂保中國不保大清；革命派以及維新派內部的一些人，則質疑和批評其保教、保皇，乃至指責其野心、狂妄、自封教主云云。這些詆毀、攻擊、批評、質疑乃至指責，不能說沒有道理，但歷史人物總是離不開他所生活的時代，離不開時代的社會歷史處境。這樣來看康梁，我們就會覺得，他們的思想、抱負、膽識和勇氣，在那個時代是很少有的，是領先的，許多批評他們的人，未必能與他們比肩。梁啟超說過：「以先生（康

有為）之多識淹博，非不能曲學阿世，以博歡迎於一時，但以為不抉開此自由思想之藩籬，則中國終不可得救。所以毅然與二千年之學者，四萬萬之時流，挑戰決鬥也。」[165] 嗚呼！當今之知識界、學術界，有沒有這樣的人呢？不能說沒有，但即使有，也不會很多。

當然，第三，他們廢除八股、裁汰冗員，觸犯了太多人的利益，引起很多人的心理恐慌，也就製造了範圍廣大的反對派。梁啟超說：「張之洞嘗與余言，以廢八股為變法第一事矣，而不聞上疏廢之者，蓋恐觸數百翰林，數千進士，數萬舉人，數十萬秀才，數百萬童生之忌，懼其合力以謗己而排擠己也。」[166] 這種事非有大勇氣、大擔當的人不肯做、不能做，而康有為就是這樣的人。他可以不恐不懼，獨領風騷，但其終於不免於失敗，原因也在這裏。他完全脫離了廣大群眾和現實條件，單獨冒進，知其不可而為之，沒有不失敗的。當然，他的行為也為未來的青年開闢了道路，梁啟超對此看得很清楚，卻也無能為力。在戊戌政變發生前，他基本上是作為康有為的影子存在的，而且把傳播康氏學說作為自己的責任和義務。這期間他發表在《時務報》上的幾乎所有文章，都在闡發康氏的思想。其間或有一些疑問和疏離，主要是由於黃遵憲、夏曾佑、譚嗣同、嚴復等人的影響，但無關大局，主要方面仍為康有為所主宰，他的社交大致也局限在老師的圈子裏。八月初七日，政變發生的第二天，張之洞致電孫家鼐說：「梁乃康死黨，為害尤烈。」[167] 其意似乎就在於提醒有關方面，在抓捕康有為的同時，不要放走了梁啟超。而他所說的「為害尤烈」，恰恰是指梁啟超為傳播康有為的思想所付出的巨大努力。可以這樣說，沒有梁啟超的言必稱康，康有為的思想不可能傳播得這樣廣泛。他們之間出現裂痕乃至分手，則要等到新世紀到來之後，中國的命運面臨新的危險和可能的時候了。

註釋：

1　《康南海自編年譜》(外二種)，3頁。

2　《飲冰室合集·文集》之六，60頁。

3　同上，63頁。

4　《康南海自編年譜》(外二種)，18頁。

5　轉引自《康有為變法奏章輯考》，13頁。

6　《康南海自編年譜》(外二種)，18～19頁。

7　同上，21頁。

8　同上，22～23頁。

9　《飲冰室合集·文集》之十一，16～17頁。

10　《清代學術概論》，83頁。

11　《飲冰室合集·文集》之十一，17頁。

12　《康南海自編年譜》(外二種)，25頁。

13　《清代學術概論》，74頁。

14　同上，75頁。

15　同上。

16　同上，77頁。

17　「自改革」這個提法見朱維錚、龍應台編著《維新舊夢錄——戊戌前百年中國的「自改革」運動》一書。

18　同上，78頁。

19　《飲冰室合集·文集》之六，63頁。

20　《從甲午到戊戌：康有為〈我史〉鑒註》，17頁。

21　《康南海自編年譜》(外二種)，5頁。

22　同上，9～10頁。

23　同上，11頁。

24　同上，7頁。

25　同上，8頁。

26　《飲冰室合集·文集》之六，61頁。

27　《康南海自編年譜》(外二種)，10～11頁。

28　《清代學術概論》，78頁。

29　同上。

30　《飲冰室合集·文集》之六，87～88頁。

31　同上，88頁。

32　同上，87頁。

33　同上，58頁。

34　同上，59頁。

35　同上。

36　《梁啟超年譜長編》，22頁。

37　《飲冰室合集·文集》之十一，16頁。

38　同上。

39　《清代學術概論》，5頁。

40　同上，6頁。

41　《飲冰室合集·文集》之六，62頁。

42　《長興學記·桂學問答·萬木草堂口說》，3頁。

43　《飲冰室合集·文集》之六，61頁。

44　同上，62頁。

45　同上，66頁。

46　同上，65頁。

47　同上，66頁。

48　《飲冰室合集·文集》之四十四(上)，28頁。

49　《新會梁氏：梁啟超家族的文化史》，36頁。

50　《梁啟超年譜長編》，36頁。

51　同上，33頁。

52　《國聞備乘》，24頁。

53　《從甲午到戊戌：康有為〈我史〉鑒註》，36頁。

54　《蘇輿集》，32頁。

55　轉引自《從甲午到戊戌：康有為〈我史〉鑒註》，40頁。

56　《梁啟超年譜長編》，32頁。

57　《晚清史事》，71頁。

58　《飲冰室合集·專集》之一，1頁。

59　同上。

60 《康南海自編年譜》（外二種），30 頁。

61 《飲冰室合集‧文集》之十一，17 頁。

62 轉引自《康有為變法奏章輯考》，42 頁。

63 《世載堂雜憶》，94 頁。

64 《康南海自編年譜》（外二種），30 頁。

65 《康有為變法奏章輯考》，44 頁。

66 《康南海自編年譜》（外二種），30 頁。

67 《追憶康有為》，293 頁。

68 轉引自《從甲午到戊戌：康有為〈我史〉鑒註》，84～85 頁。

69 《康南海自編年譜》（外二種），31 頁。

70 《康有為變法奏章輯考》，73 頁。

71 同上，72 頁。

72 《飲冰室合集‧專集》之一，2 頁。

73 五月二十九日《與穗卿足下書》，見《梁啟超年譜長編》，39 頁。

74 五月間《與穰卿足下書》，見《梁啟超年譜長編》，39 頁。

75 八月二十七日《與穗卿足下書》，見《梁啟超年譜長編》，39～40 頁。

76 轉引自《從甲午到戊戌：康有為〈我史〉鑒註》，114～115 頁。

77 《梁啟超年譜長編》，41 頁。

78 《康南海自編年譜》（外二種），33 頁。

79 《飲冰室合集‧文集》之十一，17 頁。

80 《康南海自編年譜》（外二種），34～35 頁。

81 《梁啟超年譜長編》，42 頁。

82 《汪康年師友書札》一，712 頁。

83 同上，716 頁。

84 同上，719 頁。

85 轉引自《從甲午到戊戌：康有為〈我史〉鑒註》，143 頁註 3。

86 《康南海自編年譜》（外二種），35 頁。

87 《汪康年師友書札》一，460～461 頁。

88 同上，472 頁。

89 《康南海自編年譜》（外二種），35～36 頁。

90 《汪康年師友書札》一，463 頁。

91 同上，472 頁。

92 《清代學術概論》，84 頁。

93 同上。

94 同上，83 頁。

95 《飲冰室合集‧文集》之三，15 頁。

96 同上，57 頁。

97 《清代學術概論》，84 頁。

98 《飲冰室合集‧文集》之三，17 頁。

99 同上，18 頁。

100 同上，21 頁。

101 《清代學術概論》，84 頁。

102 《飲冰室合集‧文集》之三，59～60 頁。

103 同上，57 頁。

104 《飲冰室合集‧文集》之二，4 頁。

105 《蘇輿集》，177 頁。

106 《梁啟超年譜長編》，88 頁。

107 同上，94 頁。

108 《康有為政論集》上冊，201 頁。

109 參見《從甲午到戊戌：康有為〈我史〉鑒註》，221～335 頁。

110 同上，359 頁註 1。

111 《戊戌變法》四，418 頁。

112 《飲冰室合集‧文集》之三，27 頁。

113 同上。

114 同上，29 頁。

115 《梁啟超年譜長編》，112 頁。

116 同上。

117 《汪康年師友書札》一，782～783 頁。

118 《從甲午到戊戌：康有為〈我史〉鑒註》，369 頁。

119 《戊戌變法》四，419 頁。

120 《清廷戊戌朝變記》(外三種)，93 頁。

121 《康南海自編年譜》(外二種)，46 頁。

122 《戊戌履霜錄》卷二，4 頁。

123 《覺迷要錄》卷一，54 頁。

124 《梁啟超年譜長編》，110 頁。

125 同上，113 頁。

126 《飲冰室合集・專集》之一，70 頁。

127 《戊戌變法》二，25 頁。

128 同上，24 頁。

129 《飲冰室合集・文集》之一，10 頁。

130 同上，8 頁。

131 《維新舊夢錄——戊戌前百年中國的「自改革」運動》，76～77 頁。

132 《飲冰室合集・文集》之一，15 頁。

133 同上。

134 同上，18 頁。

135 同上，25 頁。

136 《維新舊夢錄》，27 頁。

137 《飲冰室合集・文集》之三，21 頁。

138 《戊戌變法》二，25 頁。

139 《戊戌百日誌》，62 頁。

140 同上。

141 《清廷戊戌朝變記》(外三種)，14 頁。

142 《戊戌百日誌》，139 頁。

143 《從甲午到戊戌：康有為〈我史〉鑒註》，473 頁。

144 同上。

145 同上，512～513 頁。

146 《戊戌百日誌》，2 頁。

147 同上，79 頁。

148 《飲冰室合集・專集》之一，27 頁。

149 《戊戌百日誌》，109 頁。

150 《梁啟超年譜長編》，127 頁。

151 《戊戌百日誌》，91 頁。

152 同上，92 頁。

153 同上，98 頁。

154 《蘇輿集》，112 頁。

155 《戊戌百日誌》，105 頁。

156 《飲冰室合集・專集》之一，23 頁。

157 《梁啟超年譜長編》，126 頁。

158 《戊戌百日誌》，292 頁。

159 《飲冰室合集・專集》之一，39 頁。

160 《戊戌百日誌》，108～109 頁。

161 同上，203 頁。

162 同上，108 頁。

163 《梁啟超年譜長編》，122～123 頁。

164 《戊戌百日誌》，230～231 頁。

165 《飲冰室合集・文集》之六，70 頁。

166 轉引自《中國近百年政治史》，170 頁。

167 《從甲午到戊戌：康有為〈我史〉鑒註》，625 頁註 2。

第

六

章

分道揚鑣：

梁啟超與康有為（下）

▶ 康有為（1858—1927）

- 1898 年，康梁先後流亡日本。
- 1899 年，康有為在加拿大創設保皇會。
- 康梁在保教、革命等問題上發生分歧，師生生隙。
- 保皇會內鬥升級，康梁日漸離心。
- 1917 年，康有為參與張勳復辟，擁立溥儀。梁啟超發電文討伐張勳。師徒二人徹底決裂。

戊戌政變發生以後，梁啟超和康有為逃亡海外。這時，老師和學生的想法基本上還是一致的，他們都幻想着可以借助日本政府的力量恢復光緒皇帝的權力，梁啟超在其詩作《去國行》中就曾明確表示，「我來欲作秦庭七日哭」；在這裏，他用了申包胥為求秦國出兵援救楚國，在秦庭不吃不喝痛哭七天七夜的典故。他自比申包胥，而將日本比作秦庭，就是看到了兩國之間「種族文教咸我同」的歷史淵源。[1]

▌ 求助日本

有意思的是，康有為在他的一首詩裏表達了同樣的意思，這首詩作於光緒二十四年（1898 年）九月十二日他從香港啟程赴日的時候，詩題記述了當時的情形：「住香港半月，日本總理大臣伯爵大隈重信招遊，令前駐中國公使矢野文雄電告。九月十二日乘河內丸遂東。」詩中就有這樣的兩句：「黎洲乞師曾到此，勃胥痛哭至於今。」[2] 他不僅將自己比作申包胥，將求救於日本比作「秦庭之哭」，還想起了明末清初領導抗清的黃宗羲，傳

說黃曾經祕密東渡日本前來求援。

按說，自甲午以來，日本給予中國的是一種深刻的切膚之痛，眼看着自己的國家被小小的日本打敗了，還要割地賠款，真是從未有過的奇恥大辱。李鴻章一直是主張聯合俄國對付日本的，甲午之前，他就聽信了俄國人的許諾，以為一旦中日開戰，俄國必出手幫助中國，所以不必在外交上對日本讓步。但實際上，俄國並沒有真心幫助中國的打算，他們先是抱着隔岸觀火的態度，看着中國被日本打敗；然後，又藉調停之機，假意施恩於中國，窺伺中國東北，簽訂《中俄密約》，並乘庚子之亂，佔據東北三省。此後的列強瓜分中國，以及後來的日俄戰爭、「二十一條」、「九一八」這些國難，都是由這個密約引出來的。

康有為很早就看清了中國周圍列強環伺的嚴重局勢，他在光緒十四年（1888 年）十月《上清帝第一書》中就指出：「竊見方今外夷交迫，自琉球滅、安南失、緬甸亡，羽翼盡翦，將及腹心。比者日謀高麗，而伺吉林於東；英啟藏衛，而窺川、滇於西；俄築鐵路於北，而迫盛京；法煽亂民於南，以取滇、粵。」[3] 日本位列榜首，但他也看到：「日本崎嶇小島，近者君臣變法興治，十餘年間，百廢俱舉，南滅琉球，北闢蝦夷，歐洲大國，睨而莫敢伺。」[4] 所以，他從一開始就把日本作為變法圖強的榜樣推薦給光緒皇帝。光緒二十四年（1898 年）三月二十日，他通過總理衙門進呈了《日本變政考》等書，在他看來，西方國家離我們很遠，風俗文化與我殊異，雖然有很多值得我們學習仿效的東西，但「下手實難。惟日本文字、政俗，皆與我同，取泰西五百年之新法，以三十年追慕之，始則亦步亦趨，繼則出新振奇，一切新法，惟妙惟肖，遂以南滅琉球，北開北海，左撫高麗，右取台灣，治效之速，蓋地球諸國所未有也」。[5] 他說，日本走在前面，可謂前有車、後有轍，日本的失誤，我們可以作為教訓，不必重複他們的做法；日本的成功之處，我們照辦就可以了，不致失於舉措。這真是最簡便、最經濟的改革途徑，「從容行之，章程畢具，流弊絕無，一舉而規模成，數年而治功著，其治效之速，非徒遠過日本，真有令人不可測度者」。[6]

不久，康有為又代御史楊深秀草擬了《請議遊學日本章程片》。根據《康有為自編年譜》記載：「時與日本矢野文雄約兩國合邦大會議，定稿極詳，請矢野君行知總署，答允，然後可大會於各省，而俄人知之，矢野君未敢。」[7] 戊戌年（1898 年）五月十四日總理衙門的覆奏片也說到這件事：「查本年閏三月間，准日本使臣矢野文雄函稱：該國政府擬與中國倍敦友誼，藉悉中國需才孔亟，倘選派學生出洋習業，該國自應支付其經費。又准該使臣來署面稱：中國如派肄習學生，陸續前往日本學堂學習，人數約以二百人為限。經臣備函致謝，並告以東文學堂甫經設立，俟酌妥辦法，再行函告。該使臣亦稱：須預籌章程。」[8] 康有為的奏章就是在這個背景下擬定的，他寫道：「頃聞日人患俄人鐵路之逼，重念脣齒輔車之依；頗悔割台相煎之急，大開東方協助之會；願智吾人士，助吾自立，招我遊學，供我經費，以着親好之實，以弭夙昔之嫌，經其駐使矢野文雄函告譯署。我與日人隔一衣帶水，若吾能自強復仇，無施不可，今我既弱未能立，亟宜因其悔心，受其情意。」[9]

　　光緒二十二年（1896 年），俄國沙皇尼古拉二世舉行加冕典禮，中國循例派遣王之春為特使，卻遭到俄國人拒絕，只得改派「有聲譽於列國者」的李鴻章為頭等公使，並許他全權處理中俄之間的一切事務。俄國人對付李鴻章的辦法，就是威逼利誘。他們說了許多日本可惡、可怕的話，讓李鴻章覺得，俄國才是中國的朋友，只有俄國才能幫助中國對抗日本。俄國人說，當中日戰爭之際，俄國不是不想參戰，但由於交通不便，俄軍未到，戰爭就結束了。所以，中國要想得到俄國切實有力的援助，「必須以軍防上及鐵路交通上之利便以為報酬」[10]，如果中國拒絕俄國的好意，俄國就不再援助中國了。李鴻章自然是害怕日本的，但他更怕俄國不幫助中國對抗日本。這恐怕就是《中俄密約》的由來。

　　根據這個密約，俄國不僅獲得了在中國東北全境修築鐵路、駐軍、開礦的特權，而且將山東的膠州灣和東北的旅順口、大連灣租為己用。但是很顯然，俄國在遠東謀求發展，絕非為中國打算，而只是為自己打算。它視中國東北三省為自己的勢力範圍亦非一朝一夕，所以，決不能容忍日

本也插進一腳。但日本的野心也是要佔有中國的東北和朝鮮，既然它要應對俄國的挑戰，以大隈重信為代表的一部分日本人，就提出了所謂「東亞細亞者，東亞細亞人之東亞細亞也」的主張。這時，正當甲午之後，日本並無短時間內再與中國開戰的企圖，反而想聯絡中國共同對抗歐洲國家在遠東的擴張，同文同種的話不斷地有人提起。他們的呼聲得到了康梁的回應，也給他們以希望。光緒二十四年（1898 年），梁啟超的門人陳高第根據日本人森本藤吉的《合邦新義》（也譯《大東合邦論》），編譯改寫了《大東合邦新義》一書。梁啟超為之作序，他在序中寫道：「故欲策富強，非變法不可；欲衛種類，非聯盟不可。」他這裏所說的「聯盟」，就是與日本聯盟，他認為，這「亦東方自主之長策也」。[11]

所以，政變發生之後，康梁不約而同地寄希望於日本是很自然的。梁啟超到日本的時間比康有為早一些，他當即見了日本首相大隈重信的代表志賀重昂，並進行了筆談。他要打動日本政府，說服他們與英、美聯合，向慈禧施加壓力，把權力還給光緒皇帝。隨後，他又致信日本東邦協會的副島伯爵、近衛公爵，陳述中國改革的詳情與政變的因由，並提出自己的見解和要求。他希望日本政府明白，他們出手幫助中國皇帝復位，不僅對中國有利，也符合日本的利益，因為，「支那安則日本安；支那危則日本危；支那亡則日本亦不可問矣」。日本固然不願看到自己被排除於中國之外，但如果西太后當政，這種情況卻是不可避免的。梁啟超告訴日本政府：「蓋我皇上之主義，在開新，用漢人聯日、英以圖自立；西后之主義，在守舊，用滿人聯俄以求保護。」[12] 所以，只要中國的權力掌握在西太后的手裏，日本就很難再有機會。事實上，當時的中國政府，已經淪為俄國的傀儡，唯俄國人之言是聽。一旦中國為諸國所瓜分，日本所能得到的恐怕只有福建一省，即使這一點點，還在不可必得之數。「歐力既全趨於東方，亞洲大陸必狼藉糜爛，日本能免其害乎？露人（俄國人）哥殺（薩）克之兵隊長驅以入關，蹂踏支那東北，日本能高枕無憂乎？」這樣看來，日本真是沒有理由不為康梁的「秦庭之哭」所感動，何況事關日本的生存與發展。

康有為來到日本之後，也曾與政界多方聯絡，乞求他們盡快採取行動，以恢復光緒皇帝的權力。《近衛篤麿日記》就記載了光緒二十四年（1898年）九月二十九日康有為與林北泉、柏原文太郎一同來拜訪近衛的情形。他們談了很久，最後，康有為近乎哀求地說：「貴國如在此時不惜助一臂之力，削弱太后之勢力，謀求皇帝復位，其事必成。若事成，貴國之厚恩，鄙邦臣民永不相忘。」儘管康有為說得如此懇切，近衛卻似乎並不為其所動，依然說得冠冕堂皇：「外交之事，倘若只是貴我兩國便能決定之事尚可，但此事不可不體察列強之態度。非遽然云可否之事。目前情況下只可放言漫談。」[13] 其實，日本政府考慮到本國情況和國際形勢，此時還不想與俄國攤牌，公開對抗，更不可能為了中國犧牲日本的利益。所以，康梁寄予很大希望的「秦庭之哭」，最終只落得「放言漫談」四個字，他們的失望是可以想見的。康有為後來跑到英國，幻想得到英國的幫助，結果還是空手而歸。他在離開日本赴加拿大，抵達維多利亞港時，對《泰晤士報》記者說：「不日即當轉往倫敦，蓋欲將中國危亡之故，陳說於英女皇前，望英皇開導中國西太后，令其勿復死心庇俄，以誤其國。」[14]《南海康先生年譜續編》也對此事有所記載：「（四月）二十二日，至倫敦，館於前海軍部尚書柏麗斯子爵家。先君戊戌蒙難至港，適柏麗斯由英倫來，相見甚歡，願救德宗自任。此次子爵代請英廷擬推倒那拉氏政權，實行立憲。以議院開會，進步黨人數少十四人，未通過。乃於閏四月離英倫，重返加拿大。」[15]

▌ 保皇運動

康梁的「秦庭之哭」無果而終，憤而轉求自救。康有為於光緒二十五年（1899年）二月中旬離開日本赴加拿大，三月二十四日，梁啟超有一封寫給夫人李蕙仙的家書，其中提到康有為前一日來書，「極言美洲各埠同鄉人人忠憤，相待極厚，大有可為」。梁啟超因此也特別激動，他在信

中寫道：「廣東人在海外者五百餘萬人，人人皆有忠憤之心，視我等如神明，如父母，若能聯絡之，則雖一小國不是過矣。今欲開一商會，凡入會者每人課兩元，若入會者有一半，則可得五百萬元矣。以此辦事，何事不成？今即以橫濱一埠論之，不過二千餘人，而願入會者足二千人，其餘各埠亦若此耳。此事為中國存亡之一大關鍵，故吾不辭勞苦以辦之。」他還表示：「先生與吾，志在救世，不顧身家而為之，豈有一跌灰心之理。」[16]《清議報》第十八冊刊載了康有為三月十一日在加拿大鳥威士晚士打（New Westminster，今譯新威斯敏斯特）埠的演說，其後有羅裕才的筆記，對當時海外華僑的民氣民情有生動描寫，他寫道，康有為「乃起立大呼曰：『我今謹問各鄉里兄弟大眾，願齊心發憤救中國否？願者拍手。』堂下千數百人皆應聲起立，舉手拍掌，西人數十亦應聲起立，舉手拍掌。又大聲問曰：『惟我皇上聖明，乃能救中國，今既幽囚，大眾願齊心發憤，救我皇上否？願者拍掌。』堂下千數百人皆應聲伸手拍掌。乃曰：『我兄弟如此齊心，人之所欲，天必從之，皇上必可保存，而中國可望救矣，願共發憤。』千人歡呼，乃散」。[17]

己亥年（1899 年）六月十三日，保皇會在加拿大成立，康有為有詩記這件事的經過，他寫道：「己亥六月十三日，與義士李福基、馮秀石及子俊卿、徐為經、駱月湖、劉康恆等創立保皇會，二十八日至域多利（維多利亞港）中華會館率邦人祝聖壽，龍旗飄颺，觀者如雲，灣高華（溫哥華）與二埠同日舉行，海北祝嘏，自此始也。」後來常有人嘲笑他在海外導演了一齣鬧劇，說的就是這件事。開始似無保皇會之名，只稱保商會。華僑中十人九商，保商就是保僑，也就是團結華僑愛國興邦的意思。後來有人提出，「保皇乃可保國，乃易名保皇會」，據康同璧編《南海康先生年譜續編》記載：「時那拉后與守舊派正謀危光緒，故保皇云者，當時抗那拉氏之謀而言，此保皇會之緣起也。」[18]

保皇會成立後，康有為派遣門人徐勤、梁啟田（字君力，梁啟超從兄，康有為弟子）、陳繼儼、歐榘甲分赴南北美洲、澳洲二百餘埠成立分會，會員一時達到百餘萬人，並且在各地創辦報館和學校，請西洋人操練

學生，搞得紅紅火火。這是康有為與保皇會最風光的時候。這時的梁啟超也沒閒着。這一年（1899 年）的六月，梁啟超與韓文舉、李敬通、歐榘甲、梁啟田、羅潤楠、張智若、梁子剛、陳侶笙、麥仲華、譚柏笙、黃為之等十二人結義於日本江之島的金龜樓。他們結義的目的本在互相激勵，不致日久使革命鬥志有所消磨，但此事後來卻被上綱上線，成為梁啟超自立山頭，搞分裂的罪證。不過，那時的梁啟超確實與孫中山一派過從甚密，並且討論過孫、康兩派的合作計劃。康有為擔心自己因此被架空，由梁取而代之。那時，在日本的還有羅普（孝高），他的妻子是麥孟華的妹妹，他沒有參加結義。據說康有為知道此事後，半開玩笑半生氣地對麥孟華的父親麥柏君說：你有眼睛，選到一個好女婿（指羅普）；我無眼睛，選到一個不好的女婿（指麥孟華的弟弟麥仲華，康將女兒康同薇許配給他）。麥孟華、徐勤也反對梁啟超的做法，他們寫信給康有為，說他落入孫中山的圈套，請康有為趕快設法解救。

梁啟超在檀香山居住了大約半年，光緒二十六年（1900 年）七月，唐才常領導的自立軍在漢口發動「勤王」，不幸失敗被殺，株連而死的人相當多。據李雲光回憶：「梁啟超潛入上海策應，但亦無法補救。康氏打了一個電報，要梁氏到香港（疑為新加坡）相會。梁氏到了香港，往亞賓律道一號去見康氏。那裏是一座兩層樓的洋房，是保皇會的祕密會所，那時亞賓律道三號的房子還沒有買下。康梁相見檢討漢口起義失敗的事，又轉到君主立憲的道理，後來又責問江之島結義的事，認為梁氏領導十餘人傾向革命，便是忘了光緒皇帝的救命大恩，做出忘恩負義之事。應當記得百日維新之時，守舊黨要殺我們而甘心，湖南舉人曾廉上書，舉劾我們反滿，大逆不道，應處以極刑。若非光緒皇帝全力衛護，我們早被殺頭，哪有今日？當時你口口聲聲頌揚皇帝恩德，現在卻要革他的命。康氏越說越生氣，就順手拿了一個夾着報紙的報夾子，向梁氏擲過去，口中大叫：『你的命是光緒皇帝給你的！』雖然康氏無意真打，一擊不中，梁氏卻大驚跪下，俯首認罪。從此確定了『保皇』的路線。」[19]

梁啟超的「背叛」行為，讓康有為怒不可遏，他不僅自己寫信痛斥梁

啟超，還發動其弟子聲討梁啟超，猶如孔夫子的「小子鳴鼓而攻之可也」。光緒二十六年（1900 年）三月梁啟超寫信給《知新報》同人，痛責自己去年的行為，他說：「我輩互相責善，或至詞語甚嚴厲，正是相愛之極，如兄弟骨肉，乃能有此，若悠悠行路人，則斷無責備之理也。故以後我輩宜各各自會此意。弟去年悖謬已極，至今思之，猶汗流浹背。長者責其病源在不敬，誠然，誠然。久不聞良師友之箴規，外學稍進，我慢隨起，日放日佚，而不自覺，真乃可懼。近痛自改悔，每日以五事自課：一曰克己，二曰誠意，三曰主敬，四曰習勞，五曰有恆，時時刻刻皆以自省。蓋此五者，皆切中弟之病根。」[20] 四月二十一日寫給葉湘南、麥孟華、麥仲華、羅孝高的信，又一次提起此事，他說：「去年長者來書，責以不敬，誠切中其病，而弟不惟不自責，乃至並不受規，有悻悻之詞色，至今回思，誠乃狗彘不如，慚汗無極。其大病又在不能慎獨戒欺，不能戒氣質之累也。」又說：「弟近年之薄竊時名，眾皆悅之，自以為是而不知其墮落，乃至如是之甚。近設日記，以曾文正（曾國藩）之法，凡身過、口過、意過皆記之，而每日記意過者，乃至十分之上。甚矣，其墮落之可畏也。弟自此洗心滌慮，願別為一人，不敢有迂視講學之心，不敢有輕視前輩之意，惟欲復為長興時之功課而已。」[21]

這段時間，他與康有為通信較多，因為自立軍勤王之事，海內海外，有許多情況要及時商量和溝通，而每次致信，他總是誠懇地檢討一番，表示要自省和幡然悔改。梁啟超的態度背後透露出康有為的不滿，主要表現為他對梁啟超有可能自立門戶的擔憂，不能容忍他自作主張，甚至後來居上。康有為一再強調感恩、主敬，其意就在這裏。當時，在康梁師生內部，他們的衝突被視為內部的祕密，是不能公開的，所以，從大局着眼，梁啟超也只能在康有為的威嚴面前俯首貼耳，作出謙恭的表示。但他又是一個理智、信念很強的人，始終不肯為報答師恩而放棄自己認為正確的主張。他在四月一日給康有為的信中談到對「自由」的理解，特別申明：「來示於自由之義，深惡而痛絕之，而弟子始終不欲棄此義。竊以為於天地之公理與中國之時勢，皆非發明此義不為功也。」[22]

接受新思想、新知識的感染和誘惑

梁啟超是一個求知慾很旺盛的人，很容易受到新思想、新知識的感染和誘惑。康有為自詡，「吾學三十歲已成，此後不復有進，亦不必求進」[23]，是很自負的。梁啟超則恰好相反，講到自己時，他承認：「啟超不然，常自覺其學未成，且憂其不成，數十年日在旁皇求索中。」[24] 當年的日本，對梁啟超這樣的青年愛國者來說，猶如西方文明的中轉站，是接觸西方文明的一條捷徑。他們對西學的認識和了解，基本上是在這裏完成的。他在《論學日本文之益》中就流露出當時興奮不已的心情：「哀時客（梁啟超曾用筆名之一）既旅日本數月，肄日本之文，讀日本之書，疇昔所未見之籍，紛觸於目，疇昔所未窮之理，騰躍於腦，如幽室見日，枯腹得酒，沾沾自喜。」[25] 這是因為，「日本自維新三十年來，廣求智識於寰宇，其所譯所著有用之書，不下數千種，而尤詳於政治學、資生學（即理財學，日本謂之經濟學）、智學（日本謂之哲學）、群學（日本謂之社會學）等，皆開民智強國基之急務也」[26]。

他在寫給夫人的信中也談到在日本讀書的情況：「我等讀日本書所得之益極多極多。他日中國萬不能不變法，今日正當多讀些書，以待用也。」[27] 梁啟超以善變著名，其思想發生巨變，則始於初到日本的閱讀。他在《三十自述》中說：「自此居日本東京者一年，稍能讀東文，思想為之一變。」[28] 這種變化反映在他的文章中，很突出的一點，就是開始連篇累牘地大講特講「自由」。光緒二十五年（1899 年）七月，他的「自由書」開始在《清議報》上連載，前後寫了近八十篇。開篇「敍言」講到「自由」二字的來歷，他說：「西儒約翰彌勒（約翰‧斯圖爾特‧密爾）曰，人群之進化，莫要於思想自由、言論自由、出版自由。三大自由皆備於我焉，以名吾書。」[29] 他甚至在文章中自稱「自由主人」[30]，可見他對「自由」的鍾愛。

梁啟超所理解的自由，其中固然有盧梭「天賦人權」的意味，即承認

自由是每個人與生俱來的一種權利，而人們必須讓渡這種天賦的「自然狀態」下的平等和自由，才能換取共同契約中的平等和自由。如果人類只有結成社會才能得以保全和發展的話，那麼，這種通過契約來讓渡權利的方式，恰恰是建構現代國家所不可缺少的。在這個契約中，盧梭強調全體公民為主權者，國家代表主權者最高的共同意志和共同利益，如果政府或掌權者違反了「公意」，侵害了公民的權益，公民有權重新尋找統治者。這一點很符合梁啟超當時的想法，所以他說：「吾視其方最適於今日之中國者，其惟盧梭先生之民約論（社會契約論）乎。」[31] 那時，他是主張「破壞主義」的，他看到，「今日之中國，又積數千年之沉痼，合四百兆之痼疾，盤踞膏肓，命在旦夕者也，非去其病，則一切調攝滋補榮衛之術，皆無所用，故破壞之藥，遂成為今日第一要件，遂成為今日第一美德」[32]。他的意思是想說，重病要下猛藥，矯枉必須過正，就好像給嚴重鬱積了病邪的人用藥，一定先用重瀉之藥，非經大刀闊斧、大黃芒硝，不能奏效，與現在有人所謂動大手術、休克療法，意思是一樣的。在他看來，如果我們主動破壞，還有立的可能，所謂不破不立，破字當頭，立在其中；如果我們任其發展，破壞不僅不可避免，而且會愈演愈烈，其結果只能是徹底潰爛而終不可救。所以說，人為破壞，猶如以藥攻病；而自然破壞，就是以病致死了。

但是，他並不主張蠻幹。他說：「凡所以破壞者為成立也，故持破壞主義者，不可不先認此目的。」[33] 他還說：「雖然，天下事成難於登天，而敗易於下海。故苟不案定目的，而惟以破壞為快心之具，為出氣之端，恐不免為無成立之破壞。」[34] 就好像藥不治病，反而加速了病人的死亡，遂使天下人對藥產生不必要的懷疑，甚至諱疾忌醫，再要治病就更難了。說到自由，他對盧梭「人生而自由」的論斷也並未全盤接受，他說：「諸君熟思此義，則知自由云者，平等云者，非如理想家所謂天生人而人人畀以自由平等之權利云也。」如果天能給人以自由平等，為什麼不能給人與動植物以自由平等呢？人對自然界的開發、掠奪靠的不是強權嗎？他引康有為在《強學會序》中的說法「天道無親，常佑強者」，由此將問題引到如

何自強上來。他說:「世界之中,只有強權,別無他力。強者常制弱者,實天演之第一大公例也。然則欲得自由權者,無他道焉,惟當先自求為強者而已。欲自由一身,不可不先強其身,欲自由其一國,不可不先強其國。」[35]

從這裏我們也看到嚴復對梁啟超的影響,他所翻譯的《天演論》、《群學肄言》(《社會學研究》)、《群己權界論》(《論自由》)等西學名著,傳達了「物競天擇,適者生存」(日本人譯為「生存競爭,優勝劣敗」)這樣一種觀念,梁啟超以此作為他所理解的自由的出發點。他在《放棄自由之罪》一文中專門發揮這種觀點,他說:「西儒之言曰,天下第一大罪,莫甚於侵人自由。而放棄己之自由者,罪亦如之。余謂兩者比較,則放棄其自由者為罪首,而侵人自由者乃其次也。何以言之?蓋苟天下無放棄自由之人,則必無侵人自由之人,此之所侵者,即彼之所棄者,非有二物也。」[36]他進一步引申自己的觀點,指出:「苟我民不放棄其自由權,民賊孰得而侵之?苟我國不放棄其自由權,則虎狼國孰得而侵之?以人之能侵我,而知我國民自放自棄之罪不可逭矣。」[37]他以法國和日本為例,繼續發揮其觀點:「昔法蘭西之民,自放棄其自由,於是,國王侵之,貴族侵之,教徒侵之,當十八世紀之末,黯慘不復見天日。法人一旦自悟其罪,自悔其罪,大革命起,而法民之自由權完全無缺以至今日,誰復能侵之?昔日本之國,自放棄其自由權,於是,白種人於交涉侵之,於利權侵之,於聲音笑貌一一侵之。當慶應明治之間,踞天蹐地於世界中,日人一旦自悟其罪,自悔其罪,維新革命起,而日本國之自由權完全無缺以至今日,誰復能侵之?然則,民之無權,國之無權,其罪皆在國民之放棄耳,於民賊乎何尤,於虎狼乎何尤?今之怨民賊而怒虎狼者,盍亦一旦自悟自悔,而自擴張其固有之權,不授人以可侵之隙乎?」[38]

這看上去似乎有點不近人情,但梁啟超談論自由,最後之落腳點恰恰是要開啟民智,爭取民權。開啟民智就是要使國民在精神上成長為一個獨立、自由的人,擁有可以和統治者平起平坐,要求自身權利的實力。在他看來,「文明之世,非治者與貴族與男子肯甘心自減殺其強者之權力也,

實則被治者與平民與女子，其智力既已漸進，不復安於前此弱者之地位，而前者之強者，遂不得不變其暴猛之權力而為溫良之權力。……彼野蠻與半開之國，統治者之知識，遠優於被治者，其駕馭被治者也甚易，故其權力勢不得不猛大。至文明國則被治者之知識，不劣於統治者，於是伸張其權力以應統治者，兩力相遇，殆將平均，於是各皆不得不出於溫良，若是者謂之自由。」[39] 他的這種認識自有其淵源，他說：「昔康得氏最知此義。其言曰，統治者對於被治者等，貴族對於賤族，所施之權力，即自由權也。蓋康氏之意，以為野蠻之國，惟統治者得有自由，古代希臘羅馬，則統治者與貴族得有自由，今日之文明國，則一切人民皆得有自由。」[40]

他也用其所熟悉的「三世說」解釋這種現象：「如一人群之初立，其統治者與被治者之差別殆無有，故君主對於人民之強權，亦幾於無有，是為第一界，亦謂之據亂世。其後差別日積日顯，而其強權亦次第發達，貴族之對於平民亦然，男子之對於婦人亦然，是為第二界，亦謂之昇平世。至世運愈進步，人智愈發達，而被治者與平民與婦人，昔之所謂弱者亦漸有其強權與昔之強權者抗，而至於平等，使猛大之強權變為溫和之強權，是為強權發達之極則，是為第三界，亦謂之太平世。」[41] 但是，這個過程是一個漸進的過程，不可能一蹴而就。「近世經一次革命，則有強權之人必增多若干，而人群之文明必進一級。前此經過者如宗教改革、政治革命皆是也。今日歐洲各國有強權之人，增於二百年前不知凡幾矣，然則今日西人之強權發達已極乎？曰未也。今日資本家之對於勞力者，男子之對於婦人，其階級尚未去，故資本家與男子之強權，視勞力者與婦人尚甚遠焉。故他日尚必有不可避免之二事，曰資生革命（日本所謂經濟革命），曰女權革命。經此二革命，然後人人皆有強權，斯為強權發達之極，是之謂太平。」[42]

▌「新」國民：爭自由，興民權

梁啟超認為，一個國家的強弱和這個國家國民的強弱成正比。數十年

來，中國受到西方國家的欺凌，近十年來，中國受到日本的欺凌，其根本原因不在於物質而在於精神，在於精神的體現者，即全體國民。他讀美國歷史，最欽佩的不是華盛頓，而是 1620 年 12 月 22 日乘「五月花」號在北美登陸的 101 位乘客。他彷彿看到，「冽風陰雪中，捨舟登陸，繭足而立於太平洋岸石上之時，其胸中無限塊壘抑塞，其身體無限自由自在，其襟懷無限光明俊偉，殆所謂本來無一物者，而其一片獨立之精神，遂以胚胎孕育今日之新世界」。所以他說：「今之人有欲頂禮華盛頓者乎，吾欲率之以膜拜此百有一人也。」[43] 那一年冬天，他在上野街頭散步，看到街上一群群日本人在送其子弟從軍，「親友宗族從之者率數十人，其為榮耀則雖我中國入學中舉簪花時不是過也」。他們手舉紅白相間的旗幟，上面寫着歡迎某君或歡送某君的字樣，其中有兩三面旗幟，上面寫着「祈戰死」三個字，梁啟超見之，感到「矍然肅然，流連而不能去」。他被日本人的國民精神深深地打動了，「日本之所以能立國維新，果以是也。吾因之以求我所謂中國魂者，皇皇然大索之於四百餘州，而杳不可得。吁嗟乎傷哉，天下豈有無魂之國哉，吾為此懼」。他大聲疾呼：「今日所最要者，則製造中國魂是也。」[44]

從哪裏入手呢？他認為先要找到病源，才能對症下藥。中國之病非一時一事所致也，積之愈深，引之愈長，其病源「遠者在數千百年以前，近者亦在數十年之內」。[45] 他發現，中國人缺少愛國心是國家積弱的最大根源。其中，三大誤區支配着中國人的思想（梁啟超稱為理想）：

一曰不知道國家與天下的差別。他說：「中國人向來不自知其國之為國也。我國自古一統，環列皆小蠻夷，無有文物，無有政體，不成其為國。吾民亦不以平等之國視之。故吾中國數千年來常處於獨立之勢，吾民之稱禹域也，謂之為天下，而不謂之為國。既無國矣，何愛之可云。……緣此理想，遂生二蔽，一則驕傲而不願與他國交通；二則怯懦而不欲與他國爭競。以此而處於今日交通自由競爭最烈之世界，安往而不窒礙耶？故此為中國受病之第一根源。」[46]

二曰不知道國家與朝廷是有區別的。他說：「吾中國有最可怪者一事，

則以數百兆人立國於世界者數千年，而至今無一國名也。夫曰支那也，曰震旦也，曰釵拿也，是他族之人所以稱我者，而非吾國民自命之名也。曰唐虞夏商周也，曰秦漢魏晉也，曰宋齊梁陳隋唐也，曰宋元明清也，皆朝名也，而非國名也。蓋數千年來，不聞有國家，但聞有朝廷。……是故吾國民之大患，在於不知國家為何物，因以國家與朝廷混為一談。浸假而以國家為朝廷之所有物焉，此實文明國民之腦中所夢想不到者也。今夫國家者，全國人之公產也，朝廷者，一姓之私業也，國家之運祚甚長，而一姓之興替甚短。國家之面積甚大，而一姓之位置甚微。朝廷云者，不過偶然一時為國民中巨擘之巨室云爾。有民而後有君，天為民而立君，非為君而生民。有國家而後有朝廷，國家能變置朝廷，朝廷不能吐納國家，其理本甚易明，而我國民數千年醉迷於誤解之中，無一人能自拔焉。」[47]

三曰不知道國家與國民之間關係究竟如何。他說：「國也者，積民而成。國家之主人為誰？即一國之民是也。故西國恆言，謂君也，官也，國民之公奴僕也。……乃吾中國人之理想，有大異於是者。唐韓愈之言曰，君者出令者也，臣者行君之令而致諸民者也，民者出粟米麻絲作器皿通貨財以事其上者也。君不出令，則失其所以為君，臣不行君令，則失其所以為臣，民不出粟米麻絲作器皿通貨財以事其上，則誅。嗟乎，愈之斯言也，舉國所傳誦，而深入於人人之腦中者也。……蓋我國民所以沉埋於十八層地獄，而至今不獲見天日者，皆由此等邪說，成為義理，而播毒種於人心也。數千年之民賊，既攘國家為己之產業，摯國民為己之奴隸，曾無所於怍，反得援大義以文飾之，以助其兇焰，遂使一國之民，不得不轉而自居於奴隸，性奴隸之性，行奴隸之行，雖欲愛國而有所不敢，有所不能焉。……有國者僅一家之人，其餘則皆奴隸也。是故，國中雖有四萬萬人，而實不過此數人也。夫以數人之國，與億萬人之國相遇，安所往而不敗也。」[48]

上述這三大誤區長久以來統攝了中國人的思想，也養成了以奴性、愚昧、自私、好偽、怯懦、被動為特徵的國民性。這樣的國民不僅不會要求自由、平等和民主，即便有人替他爭取到自由、平等和民主，他也不會

享用，甚至拒絕享用，反而視其為大逆不道。國民如此，國家又如何強大呢？人們常說，落後就要捱打。這個落後，應該不只是經濟落後、軍事落後、科學技術落後，更有思想落後、精神落後，所以才在生存競爭中敗下陣來。所謂優勝劣敗，這個優，首先是人的優化。梁啟超說：「以今日中國如此之人心風俗，即使日日購船炮，日日築鐵路，日日開礦物，日日習洋操，亦不過披綺秀於糞牆，鏤龍蟲於朽木，非直無成，醜又甚焉。」[49] 然而，國民的落後，又不是天生的、命定的，「造成今日之國民者，則昔日之政術是也。數千年民賊既以國家為彼一姓之私產，於是，凡百經營，凡百措置，皆為保護己之私產而設，此實中國數千年來政術之總根源也」。這裏所說的政術，就是統治術，梁啟超把它歸納為四種：「曰馴之之術，曰餂之之術，曰役之之術，曰監之之術。」所達到的效果有三：「曰愚其民，柔其民，渙其民。」[50]

首先，馴之之術，即所謂國民教育，其目的無非是使其國民失其本性，如求智之性、獨立之性、合群之性，而心甘情願地做一個順民。「法國大儒孟德斯鳩曰，凡半開專制君主之國，其教育之目的，惟在使人服從而已。日本大儒福澤諭吉曰，支那舊教，莫重於禮樂。禮也者，使人柔順屈從者也；樂也者，所以調和民間勃鬱不平之氣，使之恭順於民賊之下者也。」[51] 這裏所說，可謂一語中的，「遂使舉國皆盲聾之態，盡人皆妾婦之容。夫奴性也，愚昧也，為我也，好偽也，怯懦也，無動也，皆天下最可恥之事也，今不惟不恥之而已，遇有一不具奴性，不甘愚昧，不專為我，不甚好偽，不安怯懦，不樂無動者，則舉國之人視之為怪物，視之為大逆不道。是非易位，憎尚反常，人之失其本性，乃至若是。吾觀於此，而歎彼數千年民賊之所以馴伏吾民者，其用心至苦，其方法至密，其手段至辣也」[52]。

其次，餂之之術，也就是用功名利祿來誘惑國民，收買國民，「孟德斯鳩曰，專制政體之國，其所以持之經久而不壞裂者，有一術焉，蓋有一種矯偽之氣習，深入於臣僚之心，即以爵賞自榮之念是也」。於是，一國之中最有聰明才力者，皆入於其轂中。其手段就是向人們許諾富貴，所謂

「吾能富而貴之」。為了得到富貴，有人不惜出讓自己獨立的人格和自由的權利。

其三，役之之術，是指役使官吏保其一姓之私產。官吏只向一家一姓負責，不向所有國民負責。因為，任命他們的權力不屬於國民。「故專制國之職官，不必問其賢否，才不才，而惟以安靜、謹慎、願樸，能遵守舊規，服從命令者為貴。中國之任官也，首狹其登進之途，使賢才者無自表見；又高懸一至榮耀至清貴之格，以獎勵夫至無用之學問，使舉國無賢無愚，皆不得不俯首以就此途。以消磨其聰明才力，消磨略盡，然後用之，用之又非器其才也，限之以年，繩之以格，資格既老，雖盲瘖亦能躋極品。年俸未足，雖雋才亦必屈下僚，何也，非經數十年之磨礱陶冶，恐其英氣未盡去而服從之性質未盡堅也，恐一英才得志，而無數英才，慕而學之，英才多出而舊法將不能束縛之也。故昔者明之太祖，本朝之高宗，其操縱群臣之法，有奇妙不可思議者，直如玩嬰兒於股掌，戲猴犬於劇場，使立其朝者，不復知廉恥為何物，道義為何物，權利為何物，責任為何物，而惟屏息蟜伏於一王之下。」[53]

其四，監之之術，簡而言之，就是擔心老百姓造反，以軍隊、官吏防備之，監督之，並以法律約束之。清代某親王說，吾國軍隊是用來防家賊的。「此三字者，蓋將數千年民賊之肺肝和盤托出」。統治者防備老百姓唯恐有疏漏，所以，「偽尊六藝，屏黜百家，所以監民之心思，使不研究公理也；厲禁立會，相戒講學，所以監民之結集，使不得聯絡通聲氣也；仇視報館，興文字獄，所以監民之耳目，使不得聞見異物也；罪人則孥，鄰保連坐，所以監民之舉動，使不得獨立無懼也。故今日文明諸國所最尊最重者，如思想之自由，信教之自由，集會之自由，言論之自由，著述之自由，行動之自由，皆一一嚴監而緊縛之」。其結果，是使全體國民「灰心短氣，隨波逐流，仍入於奴隸、姜婦、機器之隊中，或且捷足爭利，搖尾乞憐，以苟取富貴，雄長儕輩而已」。[54]

有感於此，梁啟超說：「中國積弱之大源，從可知矣。其成就之者在國民，而孕育之者，仍在政府。」[55]他還說：「顧吾又嘗聞孟德斯鳩之言矣，

專制政體，以使民畏懼為宗旨，雖美其名曰輯和萬民，實則斫喪元氣，必至舉其所以立國之大本而盡失之。」[56] 所以他在致康有為的信中為自己辯解說：「弟子之言自由者，非對於壓力而言之，對於奴隸性而言之，壓力屬於施者，奴隸性屬於受者。（施者不足責亦不屑教誨，惟則教受者耳。）中國數千年之腐敗，其禍極於今日，推其大原，皆必自奴隸性來，不除此性，中國萬不能立於世界萬國之間。而自由云者，正使人自知其本性，而不受箝制於他人。今日非施此藥，萬不能愈此病。」[57] 康有為責備梁啟超鼓吹革命，鼓吹破壞主義，是未將法國大革命引為借鑒，而且過於輕信盧梭的學說了。但是，梁啟超並不認為法國革命所造成的毀滅性破壞，可以成為中國拒絕革命的理由。他說：「中國與法國民情最相反，法國之民最好動，無一時而能靜；中國之民最好靜，經千年而不動。故路梭（盧梭）諸賢之論，施之於法國，誠為取亂之具，而施之於中國，適為興治之機；如參桂之藥，投諸病熱者，則增其劇，而投諸體虛者，則正起其衰也。」所以他說：「先生日慮及此，弟子竊以為過矣。」[58]

他進而為自由的學說辯護：「且法國之慘禍，由於革命諸人，藉自由之名以生禍，而非自由之為禍；雖國學派不滿於路梭者，亦未嘗以此禍蔽累於路梭也。」在他看來，「中國數千年來，無自由二字，而歷代鼎革之慘禍，亦豈下於法國哉？然則禍天下者，全在其人，而不能以歸罪於所託之名。且以自由而生慘禍者，經此慘禍之後，而尚可有進於文明之一日，不以自由而生慘禍者，其慘禍日出而不知所窮，中國數千年是也」。對於全盤否定法國革命的觀點，他也持反對意見，認為不能把法國革命說得一無是處。他說，英國是一個立憲政治最發達、最完備的國家，對英國來說極為關鍵的 1832 年議院改革，就是受到了法國革命的影響。而歐洲一些國家的政治改革，恰恰源於拿破崙的併吞或佔領。所以他說：「但觀於此，而知法國革命影響於全歐者多矣。弟子謂法人自受苦難，以易全歐國民之安榮，法人誠可憐亦可敬也。」[59]

他對康有為的「但當言開民智，不當言興民權」也持有異議，甚至驚訝老師怎麼會說出「張之洞之言」。他認為，興民權與開民智是相輔相成

的，不興民權，無以開民智；不開民智，又很難興民權。尤其是當時的國民素質，不提倡自由，則民智也開不了，民權也興不了。「故今日而知民智之為急，則捨自由無他道矣。……必以萬鈞之力，激厲奮迅，決破羅網，熱其已涼之血管，而使增熱之沸度；攪其久伏之腦筋，而使大動至發狂。經此一度之沸，一度之狂，庶幾可以受新益而底中和矣。」[60]也就是說，人人自由才有可能使中國人的精神面貌煥然一新，從而給中國政治帶來新的氣象。

從《清議報》到《新民叢報》

康梁二人思想上的分歧固難彌合，但在行動上，梁啟超卻只能作出讓步，最明顯的，就是停止了和孫中山的來往，雙方關於合作的努力亦付諸東流。《清議報》也交給麥孟華主持，遂了康有為的心願。因為《清議報》自創刊以來，在梁啟超的主持下，發表了很多鼓吹革命、鼓吹民權的文章，鼓吹保皇的文章倒很少發。對此，康有為一直都很不滿意，但他遠離日本，鞭長莫及，卻也無可奈何。梁啟超的衝動，給他提供了一個機會。把梁啟超派到檀香山辦理保皇會事務，對康有為來說，可謂一石二鳥，一舉兩得。梁啟超自光緒二十五年（1899年）底赴檀香山，光緒二十六年（1900年）七月間返回日本，未作停留，馬上歸國接應將要發動起義的唐才常。起義失敗，唐才常被殺，梁啟超轉赴香港、新加坡，見康有為，居若干日，應澳洲保皇會之邀，為澳洲之遊，主要是為了籌款。直到光緒二十七年（1901年）的春夏之交，才返回日本。這段時間，康有為比較信任的弟子，對梁啟超仍有一些懷疑。光緒二十七年四月，梁啟超離開澳洲前致信康有為，還抱怨羅孝高對他不信任：「而孝高來書乃疑弟子有不實不盡之言。弟子之事先生，何等恩義（何等名分），而敢以權術施諸長者之前耶？」這裏表面上說的還是募捐的數額，羅孝高懷疑梁啟超有所瞞報，但言外之意，卻很難說沒有更深層的原因。所以，

他婉轉地拒絕了康有為派他去南美籌款一事，表示「願居長崎，以任內事」。[61]

回到日本半年後，到了這一年的十一月，《清議報》出至第一百期。為了紀念這個特殊的日子，梁啟超寫了名為《清議報一百冊祝辭並論報館之責任及本館之經歷》的紀念文章，並以特大號印行出版。沒有想到的是，特大號問世不久，設在橫濱元居留地百五十二番館的報社突遭火災，館舍和一應設備全部焚毀。由於保險單沒有寫清經理人的姓名，保險公司拒付賠款，《清議報》只好停刊。在這篇文章中，他談到「報館之勢力及其責任」，再次重申他對自由的嚮往：

　　《清議報》之事業雖小，而報館之事業則非小。英國前大臣波爾克，嘗在下議院指報館記事之席（各國議院議事時皆別設一席，以備各報館之傍聽記載）而歎曰：「此殆於貴族、教會、平民三大種族之外，而更為一絕大勢力之第四種族也。」（英國議院以貴族、教徒、平民三階級組織而成，蓋英國全國民實不外此三大種族而已。）日本松本君平氏著《新聞學》一書，其頌報館之功德也曰：「彼如豫言者，謳國民之運命；彼如裁判官，斷國民之疑獄；彼如大立法家，制定律令；彼如大哲學家，教育國民；彼如大聖賢，彈劾國民之罪惡；彼如救世主，察國民之無告苦痛而與以救濟之途。」諒哉言乎，近世泰西各國之文明，日進月邁，觀已往數千年，殆如別闢一新天地。究其所以致此者何自乎？或曰是法國大革命之產兒也。而產此大革命者誰乎？或曰中世紀神權專制政體之反動力也。而喚起此反動力者誰乎？或曰新學新藝勃興之結果也。而勃興此新學新藝者誰乎？無他，思想自由、言論自由、出版自由，此三大自由者，實惟一切文明之母。而近世世界種種現象，皆其子孫也。而報館者，實薈萃全國人之思想言論，或大或小，或精或粗，或莊或諧，或激或隨，而一一介紹之於國民。故報館者，能納一切，能吐一切，能生一切，能滅一切，西諺云，報館者，國家之耳目也，喉舌也，人

群之鏡也，文壇之王也，將來之燈也，現在之糧也。偉哉報館之勢力，重哉報館之責任。[62]

說到《清議報》的特色，他認為表現在四個方面：

> 一曰倡民權。始終抱定此義，為獨一無二之宗旨。雖說種種方法，開種種門徑，百變而不離其宗。海可枯，石可爛，此義不普及於我國，吾黨弗措也。二曰衍哲理。讀東西諸碩學之書，務衍其學說以輸入於中國，雖不敢自謂有所得，而得寸則貢寸焉，得尺則貢尺焉。《華嚴經》云：未能自度，而先度人，是為菩薩發心。以是為盡國民責任於萬一而已。三曰明朝局。戊戌之政變，己亥之立嗣，庚子之縱團，其中陰謀毒手，病國殃民，本報發微闡幽，得其真相。指斥權奸，一無假借。四曰厲國恥。務使吾國民知我國在世界上之位置，知東西列強待我國之政策，鑒觀既往，熟察現在，以圖將來，內其國而外諸邦，一以天演學物競天擇優勝劣敗之公例，疾呼而棒喝之，以冀同胞之一悟。此四者，實惟我《清議報》之脈絡之神髓。一言以蔽之曰，廣民智振民氣而已。[63]

從梁啟超的這一番議論中我們不難體會到，他與康有為的思想分歧至此仍未得到解決，他固執地堅持自己的看法，對康的批評不以為然。甚至康有為明確反對的「自由書」這個專欄，他仍然自詡為「雖復東鱗西爪，不見全牛，然其願力所集注，不做形質而在精神，以精銳之筆，說微妙之理，談言微中，聞者足興」[64]。譚嗣同的《仁學》在《清議報》連載，由於其中有激烈反滿和批判君權的文字，康有為幾次干涉，要求撤稿，甚至下令撕毀報紙重印，但梁啟超在這裏仍對《仁學》稱讚有加，他說：「其思想為吾人所不能達，其言論為吾人所不敢言，實禹域未有之書，抑眾生無價之寶。」[65]

《清議報》停刊不久，光緒二十八年（1902 年）正月，梁啟超創辦了

在其辦報生涯中最為重要也最風光的刊物《新民叢報》。這時距《清議報》停刊只有一個多月，梁啟超邀了馮紫珊、黃為之、鄧蔭南、陳侶笙等開創這支生力軍，受到讀者的熱情支持，「銷場之旺，真不可思議」[66]，創刊號就印了四次，以後各期也常常補印。很快，發行量就突破五千份，最多發到一萬四千份，除了日本，國內的江蘇、浙江、安徽、湖南、湖北、江西、廣東、廣西、四川、福建、山東、直隸、上海、天津等省市，國外的朝鮮、越南、暹羅、澳洲、美國、加拿大等地及當時的英屬殖民地香港，都設有銷售處。這段時間，由於編輯部內部人手很少，梁啟超幾乎是獨自一人承擔了《新民叢報》的編撰業務。當時，他每晚要去大同學校給學生講授中國歷史，白天就在山下町《新民叢報》編輯部的三樓上寫文章，每天大約要寫五千餘字。這是他一生中精力最旺盛，寫文章最多，名聲最大的一個時期。

他在《新民叢報》章程中講到辦刊宗旨，指出：

> 本報取《大學》新民之義，以為欲維新吾國，當先維新吾民。中國所以不振，由於國民公德缺乏，智慧不開，故本報專對此病而藥治之，務採合中西道德以為德育之方針，廣羅政學立論，以為智育之原本。[67]

由此言之，梁啟超此時的思想，與辦《清議報》時是一脈相承的，他的《新民說》顯然是對《中國積弱溯源論》的進一步發揮，其規模自然更加宏大，非《清議報》時所能比。這一年，他作了大約幾十篇文章，有的甚至就是專著，除了《新民說》是幾十萬字的巨著外，還有像《論中國學術思想變遷之大勢》、《中國改革財政私案》、《新史學》、《中國專制政治進化史論》、《生計學學說沿革小史》、《匈加利愛國者噶蘇士（科蘇特）傳》、《意大利建國三傑傳》、《羅蘭夫人傳》、《斯巴達小志》、《雅典小史》等著作，篇幅也很長。此外，他還寫了一大批更有戰鬥性的文章，比如《論學術之勢力左右世界》、《釋革》、《論宗教家與哲學家之長短得

失》、《保教非所以尊孔論》、《論政府與人民之許可權》、《論小說與群治之關係》、《論佛教與群治之關係》、《敬告留學生諸君》、《敬告當道者》、《敬告我同業諸君》、《答飛生》、《答和事人》等，鮮明地表明了他的政治態度。其中《保教非所以尊孔論》一文，再次與康有為發生了衝突。

▎ 放棄保教

對康梁來說，保教不是新的問題。至少在萬木草堂時期，康有為就有了創立孔教的夙願，並以教主自居。戊戌變法之前，梁啟超在上海主持《時務報》期間，也是「保教」論的積極鼓吹者，「見人必發明保教之義」[68]，招致許多人的反感。章太炎就曾為此與梁啟超等人激烈爭吵，乃至拳腳相加，鬧得很不愉快。這也是梁、章最初分手的重要原因。後來，梁啟超到湖南長沙講學，黃遵憲也勸他少談保教，雖然康有為提出保教是可以理解的，但在科學昌明的今天還提保教卻是不明智的。黃遵憲是梁啟超尊敬的前輩，他的話，梁啟超聽了，但並沒有完全聽進去。另一位前輩學者嚴復在此之前也曾寫信給梁啟超，對保教提出不同看法，並與之商榷。梁啟超在《與嚴幼陵先生書》中說得很客氣，也很誇張，很有梁氏風格，他說：「來書又謂教不可保，而亦不必保。又曰保教而進，則又非所保之本教矣。讀至此則據案狂叫，語人曰，不意數千年悶葫蘆，被此老一言揭破。不服先生之能言之，而服先生之敢言也。」[69]又說：「此義也，啟超習與同志數人私言之，而未敢昌言之。」[70]意思是說，他私下裏贊同嚴先生的意見，但公開場合不敢說，或不便說。但他話鋒一轉，又說：「中國今日民智極塞，民情極渙，將欲通之，必先合之，合之之術，必擇眾人目光心力所最趨注者而舉之以為的則可合。既合之矣，然後因而旁及於所舉之的之外以漸而大，則人易信而事易成。譬猶民主，固救時之善圖也，然今日民義未講，則無寧先藉君權以轉移之。彼言教者，其意亦若是而已。此意先生謂可行否？抑不如散其藩籬之所合為尤廣也。此兩義互起滅於胸中者

久矣，請先生為我決之。」[71]

　　但數年之後，梁啟超無須嚴復先生為他決之，自己就決定了放棄保教的主張。他在《保教非所以尊孔論》前的小序中寫道：「此篇與著者數年前之論相反對，所謂我操我矛以伐我者也。今是昨非，不敢自默，其為思想之進步乎？抑退步乎？吾欲以讀者思想之進退決之。」[72] 其思想變化之大，連黃遵憲亦不敢相信，他在給梁啟超的信中寫道：「中國新民當出公手，萬一非公所作，別有撰著之人，極欲聞其姓名，又欲叩公之意見也。」[73] 黃遵憲是非常讚賞這篇文章的，他在讀了《新民叢報》發表的這篇文章後，給梁啟超寫了很長的一封信，討論教不可保的問題，並詢問作者「中國新民」是誰。他已經猜到是梁啟超，如另有作者，他也希望知道他的名字，並詢問梁啟超對這篇文章的意見。但是，這篇文章也刺痛了康有為，雖然梁啟超事先聲明，寫這篇文章，是「我操我矛以伐我」，但康有為心裏很明白，這是梁啟超在思想上對老師的背叛。當時康有為正在大力倡導設孔教會，呼籲將孔教定為國教，梁啟超的文章給各地剛剛興起的尊孔保教運動潑了冷水，打擊了群眾的積極性。但梁啟超卻不謂然，他在文章發表後數次致信康有為，申訴自己的理由和立場。在他看來，巴拿馬、新加坡乃至日本橫濱等地近年來搞了許多尊孔活動，其實對傳播孔子的思想毫無幫助，與救國大局也沒有任何關係，「徒為虛文浪費金錢而已。誠不如以之投諸學校之為妙矣」[74]。對於新加坡集資二十餘萬修建孔廟一事，他更表示「深惜之」，以為不如「投之他種公共事業，無論何事，皆勝多多矣」。[75]

　　說到保教的問題，康有為仍然堅持多年前的觀點，認為「教強國強」。但梁啟超已經不這麼看了，他說：「保教而教強，固有之矣，然教強非國之利也。歐洲拉丁民族保教力最強，而人皆退化，國皆日衰，西班牙、葡萄牙、意大利是也。條頓民族如英、美、德各國，皆政教分離，而國乃強。」他顯然看到了一個事實，即今日歐美各大強國之所以強大，都經歷了擺脫神權統治以及宗教精神束縛的過程，他說：「且弟子實見夫歐洲所以有今日者，皆由脫教主之羈軛得來，蓋非是則思想不自由，而民智終不得開也。」他還看到，文藝復興、啟蒙運動的興起，使得「倍根（培根）、

笛卡兒、赫胥黎、達爾文、斯賓塞等，轟轟大名，皆以攻耶穌教（基督教）著也，而其大有造於歐洲，實亦不可誣也」。[76] 他由此聯想到孔子思想兩千年來對中國人精神的束縛，直接造成了中國人的奴性和愚昧，因而，當今之世，不僅不應該尊孔，相反，應該使國民認清孔子思想的保守性，如果說前若干年還可以藉孔子之言「託古改制」的話，那麼，到了今天，已經完全沒有這個必要了。

所以他認為，用孔教抵制基督教，完全是一廂情願，不僅沒有抵制的必要，而且根本也抵制不了。他明確指出：「保教之論何自起乎？懼耶教之侵入，而思所以抵制之也。吾以為此之為慮亦已過矣。彼宗教者，與人群進化第二期之文明，不能相容者也。科學之力日盛，則迷信之力日衰，自由之界日張，則神權之界日縮。」[77] 如果說孔子的思想也是一種宗教的話，那麼，在科學日盛、迷信日衰、自由日張、神權日縮的時代，它不僅不能整合國民的精神信仰，使國家擺脫日益衰弱的局面，變得強大起來，反而會束縛中國人的思想，成為阻礙中國進步的一塊絆腳石。這個時代的最強音既然是彰顯科學、伸張自由，我們又何必逆潮流而動，拾人牙慧，襲人唾餘，人棄我取，人恨我愛呢？他說：「弟子以為欲救今日之中國，莫急於以新學說變其思想（歐洲之興全在此），然初時不可不有所破壞。孔學之不適於新世界者多矣，而更提倡保之，是北行南轅也。」[78] 這番話能夠從梁啟超的嘴裏說出來，是破天荒的，表明他在思想學術方面確實發生了新的重大的轉變。後來他在《清代學術概論》中也說到這件事：「啟超自三十以後，已絕口不談『偽經』，亦不甚談『改制』。而其師康有為大倡設孔教會定國教祀天配孔諸義，國中附和不乏。啟超不謂然，屢起而駁之。」[79]

在他看來，中國兩千年未有進步，其原因就在於「思想束縛於一點，不能自開生面」，而「保教黨所生之結果」也在這裏。一方面，取近世新學新理去比附孔子的學說，「是所愛者，乃在孔子，非在真理」；另一方面，先哲未嘗行則我不敢行，而我行之一定先證明先哲已行。他說：「此病根不拔，則思想終無獨立自由之望。啟超蓋於此三致意焉。然持論既屢

與其師不合，康梁學派遂分。」[80] 這是梁啟超在二十年後的說法。當時，康有為只是覺得，自己的這個學生故意在標新立異，以此來逃避服從的義務。他甚至懷疑梁啟超拉幫結派，搞小圈子、小團體，擔心因此造成內部的分裂。但是，梁啟超不能接受這種「誅心」式的批評，他說，如果先生認為我的意見不對，批評我，教育我，我願意接受，但也希望能辨明是非；如果說我有二心，想要自立門戶，「則不敢受」。多年以後他回憶起當時的情景還說：「當時承團匪之後，政府瘡痍既復，故態旋萌，耳目所接，皆增憤慨，故報中論調，日趨激烈。壬寅秋間，同時復辦一《新小說報》，專欲鼓吹革命。鄙人感情之昂，以彼時為最矣。」[81]

當時的情況的確如此。辛丑年（1901 年）底，慈禧與光緒一行啟程回北京，結束了一年零四個月的「避亂」生涯。雖然，避亂期間的慈禧迫於國勢輿情，不得不假借光緒皇帝的名義，頒佈了「預約變法」的上諭，宣稱「維新」，並將戊戌維新時沒有來得及辦，或雖然已辦，但政變之後又取消的事項拿來做做樣子；而且，還一再假借光緒皇帝的名義下「罪己詔」，但是，明眼人看得出來，所謂變法維新，不過是這個老女人在羞愧得無以對人時，假借變法的各種詔旨來遮一遮羞罷了。事實上，人們一直沒有看到清朝政府在政治體制改革方面作出哪些實質性的改變或進步。溥儁的大阿哥的名號雖然被撤銷了，但人們所希望的光緒皇帝的復位，看上去仍然遙遙無期。而《辛丑合約》的簽訂，賠款白銀四億五千萬兩的重負，又完全轉嫁到老百姓的身上。慈禧的大人大量，「量中華之物力，結與國之歡心」（見光緒二十六年十二月二十六日上諭），其實是要老百姓來為之埋單，為此各地紛紛加稅，搞得民不聊生；而官員們依然是歌舞昇平，貪贓枉法，醉生夢死，腐化墮落。亡國之危險，已迫在眉睫。保皇會都是忠義愛國之人，反而被清政府視為逆黨，遭到嚴酷鎮壓，許多人的家屬亦被抓捕殺害。梁啟超的言論日趨激烈，和這樣一種社會背景是分不開的。他在寫給康有為的信中憤然指出：「滿廷之無可望久矣，今日日望歸政，望復辟，夫何可得？即得矣，滿朝皆仇敵，百事腐敗已久，雖召吾黨歸用之，而亦決不能行其志也。先生懼破壞，弟子亦未始不懼，然以為破

壞終不可得免，愈遲則愈慘，毋寧早耳。」[82]

在這封信中，梁啟超承認，當今講民主、撲滿、保教的確很難說出口，而且，不是他一個人這樣講，同門中像徐勤、歐榘甲、韓樹園等人，其倡狂之言，都超過他十倍。他斷然指出：「中國以討滿為最適宜之主義。」而且，「迫於今日時勢，實不得不然也」。[83] 湊巧的是，就在此時，美洲各地的華僑也給康有為寫了一封信，希望康有為能像華盛頓領導美國革命一樣，以鐵血革命的手段，率領大家推翻清政府，建立一個民主、自由的新國家。康有為看到眾弟子和黨徒的這些言論，頗不以為然，但也深感憂慮。所以他當時寫了兩封很長的信，申述不能革命排滿的理由，一封是《覆美洲華僑論中國只可行君主立憲不可行革命書》，另一封是《與同學諸子梁啟超等論印度亡國由於各省自立書》。康的這兩封信首先刊登於《新民叢報》，不久又合刊為《南海先生最近政見書》，作為單行本發行。其巨大的影響力使保皇黨內鼓吹革命的聲音日漸其衰微，梁啟超在癸卯年（1903 年）後從革命向改良的大逆轉，也很難排除這封信的影響。在社會上，康的這兩封信更被看作是反革命的宣言書，章太炎因此寫了著名的《駁康有為論革命書》，對康氏的觀點痛加駁斥；隨後章太炎因《蘇報》案被捕入獄，出獄後，則加入《民報》，參與了《民報》與《新民叢報》的大論戰。從一定意義上說，康有為的這兩封信是最初的導火索。

▎康有為之「反革命」

康有為在這兩封信裏講了些什麼呢？主要講不能革命的理由。首先他把革命視為忘恩負義的舉動，痛責其弟子和會眾：「然憤激之餘，遽欲為革命自立，獨不念捨身救民之聖主乎？」[84] 意思就是說，你們天天喊着要革命，要趕走滿洲人，對得起捨身救民的光緒皇帝嗎？難怪梁啟超後來為自己辯解時還說，推翻滿清政府，不一定要趕光緒下台，可以請他擔任第一代大總統。他還把這個意思寫到《新中國未來記》這部小說中，其中大

中華民主國的第一代大總統名叫羅在田，就用了愛新覺羅·載湉的諧音。即便如此，康有為仍然認為，如果審時度勢而明義理的話，就不會選擇革命，無論如何，革命都不是明智之舉。

他看到的時勢和義理是什麼呢？那時，主張革命的人動輒愛講英、美、法，針對這一點，他說：「今歐、美各國，所以致富強，人民所以得自主，窮其治法，不過行立憲法，定君民之權而止，為治法之極則矣。」[85] 原來，在歐洲十六個國家當中，採取革命手段的只有法國，其他國家都選擇了立憲。而且，他提醒大家注意：「法倡革命，大亂八十年，流血數百萬，而所言革命民權之人，旋即藉以自為君主而行其壓制，如拿破崙者，凡兩世矣。」他還說，如果法國革命真能造福國家和人民，那麼，實行革命也未嘗不可。但事實上，「今各國之憲法，以法國為最不善，國既民主，亦不能強，能革其君，而不能革其世爵之官，其官之貪酷壓民甚至，民之樂利，反不能如歐洲各國」。美國革命又不同，他認為，革命在法國不成功，在美國卻很成功，原因在於美國是個新國家，人口不多，沒有負擔，「故大更大變，事皆極易」。不過，就中國而言，既學不了美國，也學不了法國。為什麼呢？「以中國之政俗人心，一旦乃欲超躍而直入民主之世界，如台高三丈，不假梯級而欲登之；河廣十尋，不假舟筏而欲跳渡之，其必不成而墮溺，其必然也。」[86] 也就是說，以中國目前之條件，要革命，一定是自尋死路。他的所謂義理還是「三世三統」那一套，即以據亂、昇平、太平劃分三個歷史階段，「據亂則內其國，君主專制世也；昇平則立憲法，定君民之權之世也；太平則民主，平等大同之世也」[87]。他認為，現在是據亂之世，不僅不能一步跨到世界之大同，不能一步跨到民主社會，而且只能搞君主立憲。他振振有詞地說，難道歐洲那些國家不知道民主是個好東西嗎？為什麼他們流血犧牲取得了民權，還要把君主從別的國家請回來呢？因為，「有不得已之勢存焉」[88]。「不得已」這三個字很重要，說明了歷史客觀性對人的主觀願望的制約，什麼時候做什麼事，是不能隨心所欲的，所以「百年來歐洲十餘強國，億兆才人志士，但求立憲法，定君民之權耳」[89]。在他看來，這樣做的結果，人民得到的是實惠，君主得到的只

是個虛位，又何樂而不為呢？

　　康有為自詡，戊戌年（1898年）以前，他也曾鼓吹革命，「捨身為之，與天下志士有同心者也」。他歷數自己那些年所做之事，無不為爭民權，「蓋不得於上則欲爭於下也」。可是，「戊戌之年，皇上赫然變法，百日維新，薄海額手而望自強，萬國變容而為起敬，已然之效，天下所知，非同虛想也」[90]。英、法等歐洲國家爭了上百年，流血數百萬，才得到的民權，光緒皇帝「不待民之請，又非鑒萬國之變，而以救民之故，亟亟予民權自由」[91]，康有為情不自禁地讚歎：「其心至仁如天，至公如地，其公天下而無少私，視天位如敝屣，此歐洲各國所未有，中國數千年所未聞也。夫萬國力爭流血所不得者，而皇上一旦以與民，我四萬萬不待流血，不待力爭，而一旦得歐洲各國民自由民權之大利，此何如其大德哉！」[92] 這樣的皇上，我們忍心背叛他嗎？就因為他要救民變法，不幸被慈禧關押起來，維新事業亦半途而廢？「人以救我而至大禍，我民乃不能救之，於報施之禮，已為不公，況因恩人不幸在禍，被縛於賊之時，而反戈攻之，曰革命，曰撲滿，是以怨報德，以仇報恩也」。[93]康有為恨的人只有兩個，一個慈禧，一個榮祿；他樂觀地相信，只要除掉這兩個人，問題就全部解決了，根本用不着推翻清朝政府；而慈禧、榮祿的年紀都已超過六十歲，光緒卻只有三十歲，一旦有變，皇上復辟是必然的。在他看來，只要「皇上一復辟，可立行變法自強，立與民權議政，立與國民自由自主，諸君何不少俟之」[94]！這當然是他的一廂情願，但他卻固執地認為，革命沒有必要，不如通過大家的努力，幫助光緒皇帝復辟。

　　康有為認為，革命不是一個國家的吉祥善事，即使革命成功了，亦不過「為李自成之入燕京矣，為黃巢之破長安矣，且為劉、項之入關中矣」。而且，以中國土地之大，人口之眾，語言之難通，要一統天下不容易，要各自為政，擁兵自立卻不難。到那時，「流血成河，死人如麻，秦、隋、唐、元之末季，必復見於今日」。[95]法國不到中國的十分之一，革命之後，亂了八十年，而中國「若有大亂，以法亂之例推之，必將數百年而後定，否亦須過百年而後定」。更為嚴峻的是，當今列強正對中國虎視眈眈，如

果中國不亂，或者還有希望；一旦中國亂了起來，必然遭到列強的瓜分，昔日之印度，就是今日之中國。他說得很沉痛：「夫始為變法自強而來，終為內亂自亡而去；始為救國保種而來，終為鬻民滅國而去。」[96] 又說：「言革命者，必謂非經大殺戮，不能得大安樂，故殺人數萬萬，乃其本懷，原不足動其心，然使殺之而必能救中國猶可也，然自相屠殺，剪其種族數萬萬，而必至鷸蚌相持，漁人得利也。志士仁人，何忍出此！」[97]

凡是鼓吹革命的人，都自稱為爭民權，爭自立，對此，康有為非常不以為然，他認為，民權自由與革命，根本就是兩回事。革命未必能實現民權自由，而民權自由的獲取，也不必通過革命。所以，「真有救國之心，愛民之誠，但言民權自由可矣，不必談革命也」[98]。他不很相信革命者的表白，在他看來，他們只是利用了民眾對民權自由的渴望，把民權自由當作誘餌，「以鼓動大眾，樹立黨徒耳！假令革命果成，則其魁長且自為君主，而改行壓制之術矣」。不能認為他說的全無道理，事實上，二十世紀中國革命的歷史一再為他的這種理論提供了註腳。而且，他一針見血地指出，在中國，「能以革命成大事之人，其智術必絕倫，又必久擁兵權者。中國梟雄積於心腦者，人人有漢高、明太之心，吾見亦多矣」。不要指望他們中能出華盛頓，法國革命前，其社會發展比當今中國進步得多，但是，仍然不能阻止拿破崙的出現，何況中國向來沒有民主立憲的社會基礎，如果輕信了革命者關於民權自由的許諾，那麼，一旦他們掌權，只能是秦政、劉邦、曹操、劉裕、朱元璋，絕不可能是堯、舜、華盛頓。他批評梁啟超等，「一二文章好異求速之人，日讀法、美之書，而不審中國之勢，妄為此說，此以四萬萬之人命為戲場也」[99]。即便有一天成功了，「亦不過助秦政、劉邦、曹操、朱元璋之帝業」[100]。經歷過二十世紀中國革命的人，不能不佩服康有為的預見性，對此人們是有切身體會的。

所以他說：「與其望之空虛必無有未可信未出現未著效之華盛頓，何如望之已有已現已效之皇上乎？」[101] 康有為的一廂情願，固然有他個人對光緒知遇之恩的感念和回報，但不能說沒有他對形勢的估計和判斷：「故

審時者，無皇上之聖仁，而絕望於西后、榮祿，言革命可也，有皇上之聖仁，則不必言也；有皇上之聖仁而已遭毒弒之大變，而絕望於高丘之無女者，言革命猶可也，有皇上之聖仁，而歷劫不壞，則猶有可望中國自強，生民自由之日，則不可言也。」[102] 其實，康有為為報光緒知遇之恩而盡力維護清朝政府的做法，一直是革命黨攻擊的主要目標，但他自稱保皇，似乎並不以保皇為恥。他不能理解，為什麼主張革命的人，開口閉口必攻滿洲，難道滿洲人不是中國人嗎？如果說因為政治制度不好，那麼，清朝的政治制度是從漢、唐、宋、明那裏繼承下來的，不是滿洲人獨創的；而且，清朝政府廢除了明朝的許多苛政，康熙實行一條鞭法，取消了實行兩千餘年的徭役制度，使百姓再無差徭之苦，「可謂古今至仁之政矣」[103]。滿人固然有該殺者，不過慈禧、榮祿而已。他質問革命者：「日言文明，何至並一國而坐罪株連之」；「日言公理，何至並現成之國種而分別之，是豈不大悖謬哉！」[104]

康有為的這兩封信都寫於旅居印度的時候，除了身邊的個別人，他與梁啟超等弟子門人，自光緒二十五年（1899 年）以來見面的機會很少，思想交流更談不上，因此造成了很多誤會和分歧。他所以要寫這兩封信，目的很簡單，就是重申自己的政治立場和主張，制止愈演愈烈的思想混亂。他說：

> 僕自遷播海外，與知友門人離群索居，不得講習討論久矣，其或激於回鑾之後，復辟不聞，賊臣柄政，中國無望，怨憤之餘，或生異說，非僕所知。今自由之風既開，求新之說日甚，亦非吾遠隔萬里所能遏制。惟僕開會保皇，矢死靡他，苟非皇上遭變，必不少改宗旨。其各報有異論者，皆非僕之意。即使出自僕之門人之說，若為保皇立憲以達民權自由之旨與僕同者也，吾徒也；若為革命攻滿之說，則與保皇之旨相反，與僕不同者，非吾徒也。即使出自僕門，或已有盛名，親同患難者，既為異論，即與僕反，諸君切勿以為僕之意也，勿聽之也。[105]

康有為在這裏說得還算克制，沒有點梁啟超的名，其後，《不幸而言中不聽則國亡》一書輯錄這兩封信時，康有為在其所加跋語中，直斥門人梁啟超、歐榘甲為「愚妄無知」，他說：

> 諸公終日飽食，摩腹無事，掉筆搖舌，妄放高談，曰聯邦聯邦，曰邦聯邦聯，小民無知，震於諸公之盛名，或學者之雄辯而誤信之，則中國殆哉！美、日一言而夷吾為保護國，再進乎則不知所屆，其亡其亡矣。近廿年來，自吾愚妄無知之門人梁啟超、歐榘甲等妄倡十八省分立之說，至今各省分爭若此，此則梁啟超之功也。歐榘甲作《新廣東》一書，流毒至今，今《新廣東》如其願矣，而新廣東分為七政府，生民糜爛，則歐榘甲之功也。不料今者某君又倡聯邦之說，騰報全國，議論紛起，大率恐中國太壽而促其亡而已。今俄革命後分為九國，將亡於德矣，能不聳乎？綜合十餘年來各新學者之說，拾歐美唾餘，高談革命自由共和聯邦一切之論，自以為知新得時，皆盲人騎瞎馬，夜半臨深池，奇謬大愚，發憤以亡中國而已……此書當時專為教告梁啟超、歐榘甲等二人，離索既久，搖於時勢，不聽我言，謬倡新說，以毒天下，吾國人尚慎鑒之，勿甘從印度之後也。[106]

康有為的這兩封信公開了他與梁啟超的矛盾，他甚至威脅要斷絕師生關係。在不久之後寫給梁啟超的私人信件中，他再次強調了這一點：「蓋宗旨不同，則父子亦決裂矣。」[107] 對梁啟超來說，這是一件很嚴峻的事，他不能不有所表示。康有為在收到他的悔過信後，雖餘怒未消，暫時還是原諒他了：「知汝痛自克責，悔過至誠。此事關中國之大局，深為喜幸。前事可作浮雲過空，皆勿論也。惟汝流質易變，若見定今日國勢，處萬國窺伺耽逐之時，可合不可分，可和不可爭，只有力思抗外，不可無端內訌，抱定此旨而後可發論。至造國民基址，在開民智、求民權，至此為宗，此外不可再生支離矣。」[108] 在這段時間裏，黃遵憲也曾寫信與梁啟超討論民

權、自由、革命、自立以及將來政體等問題。除了在保教這一點上，黃遵憲不同意康有為的觀點外，在其他方面，他們接近的地方倒是很多。不過黃遵憲講得很委婉，比如：「然讀至冒險進取破壞主義，竊以為中國之民，不可無此理想，然未可見諸行事也。」[109] 又說：「以如此無權利思想，無政治思想，無國家思想之民而率之以冒險進取，聳之以破壞主義，譬之八九歲幼童授以利刃，其不至引刀自戕者幾希。」[110] 說到革命、排滿，他也表示了自己的擔憂：「然以今日之民操此術也以往，吾恐唱革命者，變為石敬瑭之賂外，吳三桂之請兵也；唱類族者，不願漢族、鮮卑族、蒙古族之雜居共治，轉不免受治於條頓民族、斯拉夫民族、拉丁民族之下也；唱分治者，忽變為猶太之滅，波蘭之分，印度、越南之受轄於人也。」[111] 梁啟超有一種看法，認為清政府已失民心，破壞是不可避免的，與其遲發而禍大，不如速發而禍小。黃遵憲則告誡他：「僕以為由蠻野而文明，世界之進步，必積漸而至，實不能躐等而進，一蹴而幾也。」[112] 他還舉了義和團的例子，以此來說明當下的國民素質，是不宜以冒險進取破壞革命鼓動之的。

梁啟超於民國元年（1912年）回到北京，他在報界歡迎會上演說，講到自己思想的變化，是這樣說的：「其後見留學界及內地學校，因革命思想傳播之故，頻鬧風潮。竊計學生求學，將以為國家建設之用，雅不欲破壞之學說，深入青年之腦中。又見乎無限制之自由平等說，流弊無窮，惴惴然懼。又默察人民程度，增進非易，恐秩序一破之後，青黃不接，暴民蹴興，雖提倡革命諸賢，亦苦於收拾。加以比年國家財政國民生計，艱窘皆達極點，恐事機一發，為人劫持，或至亡國。」所以，「自癸卯（1903年）甲辰（1904年）以後之《新民叢報》專言政治革命，不復言種族革命，質言之，則對於國體主維持現狀，對於政體則懸一理想，以求必達也」。[113] 在這裏，梁啟超雖然沒有提到康有為的批評和黃遵憲的勸說，但無論如何，如果沒有壬寅年（1902年）的這一番思想激蕩，恐怕也未必會有癸卯年（1903年）梁啟超遊歷美洲之後所發生的政治思想的根本性轉變。

師生齟齬，關係惡化

然而，梁啟超思想上的「出軌」，不僅給他和康有為的關係罩上了一層陰影，師生之間的交往不再像過去那樣坦然，多了幾分小心和顧慮；而且，他們之間的矛盾和分歧，也被保皇會內部的一些人利用，挑撥離間，製造事端，引起很多不必要的誤會和齟齬，一度甚至到了分裂的邊緣。癸卯年（1903 年）正月，梁啟超啟程赴美洲考察，並為保皇會所辦各項實業集股、籌款，其中，擴大廣智書局的股份，並為即將開辦的香港商會集股招商，是此行的兩件大事。在此期間，港、澳方面與橫濱方面的矛盾終於爆發了。

保皇會成立之初，考慮到港、澳特殊的地理位置，靠近廣東，便於對內地開展工作；而康有為被日本禮送出境之後，這裏更成為最佳的落腳點；許多老朋友和同情康梁的人，都集中於此地，他們中不乏肯出錢支持保皇事業的商界精英；於是，便將總局設在了澳門，由何穗田、王鏡如、歐榘甲、韓文舉主持日常工作。不久，歐榘甲被派往美洲，韓文舉亦赴日本，羅璪雲恰於此時加入進來，成為港、澳總局的實際領導者。光緒二十六年（1900 年）初，梁啟超曾致信康有為，希望能被派到港、澳主持大局，但由於他和孫中山來往密切，又力主兩黨聯合，引起康有為的反感和疑慮，對他放心不下，這件事也就不了了之了。

不過，幾年來，梁啟超在日本辦報、辦學、譯書、寫書，搞得有聲有色，他在海內外的影響力和號召力都明顯超過了康有為，日本橫濱也成為保皇會事實上的另一個中心。這種情形的出現，康有為固然不能說甚麼，但他心裏不可能沒有想法。平常可以相安無事，一旦有了分歧或嫌隙，就會慢慢發酵出一種怨恨的情緒，從而使兩個人的關係惡化，並最終演變為一種成見。

保皇會自成立以來，活動經費主要來自三個方面：一是會員繳納的會費；二是會員中富商或家境富裕之人的資助；三是經營性的收入。最初，

經營的項目基本上都屬於文化範疇，比如他們先後創辦了《知新報》、《清議報》、《新民叢報》以及《新小說報》，並於光緒二十四年（1898年）底創辦了廣智書局。這些項目均採取集資認股的方式，廣智書局更在光緒二十七年（1901年）後，向港、澳華人，北美和大洋洲的華僑出售股票。此次遊歷美洲，恰好可以擴大書局的股份，梁啟超自然不肯放過這個機會。

上述這些項目，除《知新報》外，都在梁啟超的實際控制之下。那時，康有為正遭清政府追殺，避居在印度大吉嶺，經濟一度十分窘迫，接濟他的主要是梁啟超。自立軍勤王失敗以後，保皇會把工作重點轉向辦學和實業，香港方面也提出了集股開辦商務公司的建議。當時，梁啟超曾表示反對，以為不容易成功。馮紫珊和黃慧之也不很贊成。這就引起了港、澳總局同仁的不滿，以為他們意氣用事，不肯幫助總局，於是，反過來攻擊梁啟超和黃慧之。黃是華僑富商，同時擔任廣智書局的總經理，於是有人說廣智書局經營不善，又說福生泰（黃家生意）資本全係書局之款，黃慧之在給橫濱麥孟華、馮紫珊、譚伯笙、羅孝高的信中說：「彼等與濱中人極少交涉，本無意見，彼近日最惡濱中人者，其故有二：其一則謂譯局加股，有礙商會招股，且謂弟等只顧譯局，不理商會；其二則謂截留報棧股份不交，使港局無款開辦。因此二事，遂遷怒於橫濱，並且肆言攻擊矣。」[114] 當時，香港這邊主要是羅璪雲、酈壽民、王鏡如等，他們不僅威脅要自立門戶，一拍兩散，而且到康有為那裏告梁啟超的狀，說他「欲背長者」[115]，這種莫須有的罪名，最容易挑撥康梁之間的關係，使康有為動怒。無奈中的梁啟超只能向他的老同學徐勤（君勉）求救，因為，在康有為看來，忠厚老實的徐君勉要比流質易變的梁啟超更可靠。事實也正如此，為了緩和康梁的緊張關係，徐君勉說了梁啟超許多好話，稱他為「最忠於大局者」[116]。得知有人打小報告，誣陷梁啟超和黃慧之，他趕緊勸阻康有為：「卓、為（梁啟超、黃慧之）二君為吾黨柱石，夫子切勿攻之、疑之，切叩！切叩！他人言之，尚無害。出於夫子之口，則大害矣。焉有信眾小而攻君子之理。」[117]

為了接濟困難中的康有為，梁啟超幾次請酈壽民撥《新民叢報》款給先生，但他並不向康有為說明這些錢來自哪裏，在給徐君勉、歐榘甲的信中，甚至說是他自籌的，以至於康有為在信中多次罵梁啟超為「無賴子」；再加上梁啟超多次去信勸康有為節儉，不要亂花錢，康有為更因誤會而遷怒於梁啟超。這時，他也只能在寫給徐君勉的信中發一發牢騷，他說：「先生處既非濫費，而吾黨皆有服勞奉養之責，黨中他人無能分此勞者，則其責任非在弟肩上而何？弟無論如何困難，不能卸此責也。」[118]

這場「官司」最終由梁啟超按照康有為的要求向香港方面的四個人（即何穗田、王鏡如、梁鐵君、酈壽民）道歉，承認錯誤，而暫時歸於平靜。但廣智書局的問題並沒有得到解決，經營不善所造成的窘境，一直困擾着梁啟超。幾年來，康有為也曾出手為他解圍，不僅親自出資襄助，增加廣智的資金投入，而且，暗中讓湯覺頓為其頂股，以緩和事態的惡性發展。儘管如此，廣智書局依然是不死不活，不得已宣佈停息，此舉更引起海外一片譁然。無奈之下，最後還是梁啟超站出來主動引咎並承擔責任，風潮才得以平息。宣統元年（1909年）四月，梁啟超寫了一封長信，致美洲各埠帝國憲政會（前身為保皇會），報告多年來經營廣智書局的情形和解決辦法。他在信中承認，廣智書局受到的第一個重大打擊即黃慧之貪污三萬餘金，「至今此款化為烏有」[119]，可見香港方面有人說他在自家生意中用了書局的錢款，也並非空穴來風。只是梁啟超當時很信任他，徐君勉也為他辯解，未能及時制止他的行為，給事業造成了損失。梁啟超說，不能識人，用人失當，這是他要負的責任。

但此後廣智書局在經營中也遇到了許多困難，歸納起來主要表現在四個方面：

當本局初辦時，科舉未廢，故所印之書，多為科場應用。及科舉廢後，此等書全不能銷行，以致壬寅（1902年）、癸卯（1903年）兩年所印出之書，積壓不售者，值數萬元。此其難一也。前此

內地黨禁甚嚴，各官場皆有意與吾黨作對，故欲求確實之版權而不可得。本局所印好書銷行稍廣者，無不為他局所翻印，賤價奪市，雖屢稟官究治，皆置之不理。故本局每出一書，未能賺回本錢，已為他人所翻，本局若不賤價，則一本不能售出，而成本既重，賤價則必至虧本而後已。此其難二也。科舉廢後，則學堂教科書最為盛行，然教科書必須由學部審定乃得行銷。近年由學部自編自印，頒行各省學堂，則此宗利益更非書坊所能有矣。此其難三也。近年書市大壞，有江河日下之勢，其資本雄厚集股至八九十萬元者，且不能獲利，況我局資本既少，而又經為之（黃慧之）虧蝕，雖有巧婦，難為無米之炊。此其難四也。[120]

還有一事，此時也必須向持股者作一番交代，即為了資助「唐才常君遺族之家費」，數年來一直從書局借支。梁啟超說：「唐君兄弟皆死於王事，而其祖母九十餘歲，父母皆七十餘歲，一家二十餘口，非老病，則婦孺幼弱，不能自給朝夕。吾黨與人共事，豈能當其死後，坐視其遺族之凍餒，而不一救援？而公款既一文無存，弟之自力復有所不及，故不得已由廣智就近撥款每月一百元（近兩年來因力竭漸減至九十元），而其家老人久病，所需醫藥費常有額外借支。自辛丑（1901年）迄今，八年有餘，諸君試一計，則此數之巨，亦可想見。」[121]

針對這樣的狀況，梁啟超提出兩種解決辦法，其一，請各位股東公舉人前來稽查賬目，並派人接管書局的業務。黃氏所虧三萬餘金，由他償還；唐家借支萬餘金，如果諸君共議必須由他償還，他也願意承擔。「惟此兩項皆須限若干年陸續歸還，一時不能還出耳」。第二種辦法，即將現在局面維持下去，仍然由他負責，他則拚命著書，「一二年後，元氣乃可恢復，然後將原股派回一半，所餘一半之股乃可獲利」。[122]

梁啟超的這封信寫得聲情並茂，誠懇坦白，而且有理、有利、有節，股東們於無可奈何之中，又經一番算計，還是覺得沒有比交給梁啟超更好的辦法。這些年，保皇會在海外經營的項目實在不少，但真正贏利的似乎

不多。一方面固然在於經營人才的缺少，另一方面卻也因保皇會內部爭權奪利，人事糾紛，矛盾錯綜複雜，更兼有人假公濟私，貪污自肥。黃慧之是個例子，譚良（又名譚張孝）侵吞十餘萬金，也是個例子；葉惠伯作為香港總商會會長，經營漁票酒店虧損七萬，數月之所擲，相當於加拿大保皇會九年的捐款；黃寬焯（僑領）與黃日初（醫生）更被看作私心好利之徒，墨西哥地產、電車等實業最終一敗塗地，他們要負很大的責任；再加上美國銀行忽然倒閉，墨西哥地價應聲大降，康有為從前寄予很大希望的墨西哥地產和電車業，都變得岌岌可危。他因此大為惱火，在給梁啟超的信中他說，「為商務事累幾嘔血，刻下頭痛肝痛」[123]，但也無計可施，無能為力，原來答應救廣智的錢，包括梁啟超等人的生活費用，也都沒了着落。

這時，正值宣統元年（1909 年），保皇會在海外的事業已經走入絕境。而梁啟超的生活更窮困到「為飢所驅，不得不賣文以求自活」的程度。他在當年五月二十五日寫給仲弟梁啟勳的信中就曾提到，這幾個月，他一直「從事於著述以療飢」。但他尤能苦中作樂，每日與學生湯睿、女兒梁思順一起讀書，學習德文，兼學為詩，「心境之曠怡，乃過於前」，甚至表示「真不欲作出山想」了。不久，為了節省費用，德文教習也不得不停止，可他的情緒並沒有受到影響，「精神日用則日出，而心境泰然，其樂乃無極也」。由於在這段時間裏，「黨事誠不欲問，風波稍靜，亦足慰耳」。[124]

不過，梁啟超能否「專務養晦」[125] 還是值得懷疑的。事實上，在他給梁啟勳寫信的前一個半月，廣西候補道員劉士驥（銘博）在其廣州家中被殺。這件兇殺案引發了保皇會歷史上最嚴重的內訌和分裂，梁啟超亦受到牽連，被列入清政府的通緝名單。梁啟超於當年九月二十三日給廣西巡撫張鳴岐（堅白）寫了一封信，自辯此案與己無關：「乃近者復聞諸道路謂我公以劉鳴（銘）博觀察事，致疑及僕，甚且謂已以公牘相名捕者。僕始以為悠悠之口，殊不足信，而言之鑿鑿，謂非子虛，不禁大驚。」[126] 他告訴張鳴岐：「數年來，海外憲政會員（原保皇會）所辦之商

務，僕自癸卯（1903年）夏以後，即絲毫未嘗與聞。」[127] 說到振華公司，他則表示：「及振華議起，彼輩往桂謁公（指張鳴岐），以至奏明定局，僕亦毫無所知。」[128]

▌振華公司案發，保皇會分崩離析

梁啟超是想竭力撇清自己，但康有為卻一定要追究他的責任。不久，他就收到了康有為的來信，其中講道：「而世變日積，汝又不深思，而大發權利之說，歸運來華，以破二千年孔孟義理之學，故全國移風，至有今日敗壞之極。夫孔學一已被攻而無可恃，則人不倡狂妄行，假借西俗以趨新利用，其將安之。故汝今論《國風》極純正嚴切，然致此之由，汝實尸其咎。此事（與）汝革同，皆汝致之。成也蕭何，敗也蕭何，功首罪魁，皆在汝也。雲樵各人倡狂，尤汝所製造，今汝悔之亦晚矣。」[129] 在這裏，康有為窮根究底，將振華公司案與梁啟超前幾年鼓吹革命、主張權利的言論聯繫起來，認為他搞亂了大家的思想，埋下了分裂的種子，這才是造成振華公司一案的根本原因。他在信中提到的雲樵，就是梁啟超在萬木草堂時的同學歐榘甲，也是江之島結義的十二人之一，他與梁啟超一起鼓吹革命，曾著有《新廣東》一書，主張各省獨立。梁啟超當年寫信給康有為，還說由於形勢所迫，他不言革命，別人也會言革命，「不惟他人而已，同門中人倡言此，有過弟子十倍者，先生殆未見《文興報》耳。徐（勤）、歐（榘甲）在《文興》所發之論，所記之事，雖弟子視之猶讋慄，其《論廣東宜速籌自立之法》（後輯成《新廣東》一書）一篇稿凡二十七續，『滿賊』、『清賊』之言，盈篇溢紙」。[130] 康有為當時原諒了梁啟超，對歐榘甲卻怨恨不已，不僅將他派往美洲，甚至還有過把他逐出師門的想法。而梁啟超感到奇怪的是，這一次康有為竟把這麼重要的事委託給歐榘甲，並且事先不和他商量，「不以雲樵（歐榘甲）之事告我，而委信之若彼也」。由於了解歐榘甲的為人，他擔心「隱憂在此」。[131]

振華公司是保皇會所經營的最後一項實業。丁未年（1907年），康有為聯絡廣西巡撫張鳴岐，決定在廣西設立振華公司開採貴縣天平山礦。次年，保皇會（此時已改名為帝國憲政會）遂派劉汝興、葉恩（惠伯）、歐榘甲、梁少閒、劉義任五人作為振華公司發起人赴美洲招股，並撥款一萬七千元作為他們的路費與活動經費。張鳴岐特派道員劉士驥與他們同行。康有為最初的想法，是希望再作一次努力，以此來挽回敗局。但到達美國後，葉惠伯與歐榘甲卻突然宣佈振華公司與保皇會無關，並指責保皇會所辦企業皆虧損，康有為隨意提款，大肆揮霍云云。康的外甥游師尹在宣統元年（1909年）三月二十五日寫信向他稟告說：「自振華人來後，則局面大變，人心大解，風潮四起，各事皆已發表，雖欲極力瞞掩，萬無善策，楚歌四面，實難彌縫。」[132] 於是，「人心九成盡歸振華」，其原因就在於，他們以知情人的身份，「力責商務腐敗，彼等因聽謠言太多，至有以為商務盡敗者，至大失信於人」[133] 而且，各埠股東對於保皇會所辦企業本來就意見紛紛，傳言很多，經過他們這一番煽動，終於禍起蕭牆，一發而不可收拾。經此致命一擊，保皇會所辦企業幾乎全部失去了股東們的支持而瀕臨崩潰。

葉恩是加拿大富商，最早的保皇會員之一，因為他有辦實業的經驗，一直擔任香港總商會會長。而歐榘甲是康有為的門生，追隨康有為十幾年，雖然有分歧，亦有師生之誼。他們為何選擇此時與康有為攤牌、決裂？最初，有人猜測他們是見財而起異心，也有人歸結為內部財務糾紛。劉士驥被刺殺後，歐、葉向清政府舉報，指明康、梁為幕後指使人。康有為亦不示弱，他與徐勤當即鼓動僑商上書清政府，告發歐、葉要「借商謀亂」。據說，有人得到了歐榘甲的親筆信函，其中明明白白地寫着：「欲謀亂，東西粵、雲南三省遍佈心腹，運購軍伙（火），非藉招商股籌數十萬不能措辦。」[134] 也許歐榘甲真的另有所圖，而在另一份揭發張鳴岐受賄包庇歐榘甲據商謀亂買兇誣仇的證書中，康有為為歐榘甲羅織了更多的「罪狀」：

廣東歸善生員歐榘甲險詭能文，最溺心於革命，九年前作《新廣東》一書，以排滿十八省自立為義，遍佈內外。即與葉恩潛結，日以煽動華僑作亂為事，故於美國大埠創《大同日報》，至今日煽革義，全美皆知，此彰彰有據者也。歐榘甲、葉恩皆偽託於保黨中，欲以暗移人心，既以反背黨旨，為黨魁所大責不容，則又巧變面目，師法徐錫麟、熊成基、孫文之術而增益之。乃捐道員與其心腹葉恩、梁少閒（梁應騮）並損（捐）道員。梁少閒尤陰狡，有學能謀，令歐為外而居中運動者也。既以入官，藉巡撫之勢力，以招商劫商，因廣西之荒僻而謀亂，欲據兩粵滇黔而自立，此其深謀遠圖，誠合徐錫麟、熊成基、孫文為一手，而更隱微深固焉。[135]

　　在這裏，康有為不僅把歐、葉說成是隱藏在保皇會內部的革命黨，事實上也公開了保皇會內部多年來在政治路線上的分歧。振華公司案發生之後，康有為再度提起數年前關於「革命排滿」的爭論，就是看到了二者之間的這種聯繫。在他看來，造成這次分裂的根源，就在於思想上的不統一。儘管梁啟超早已公開表示不再談論「革命」，康有為也承認，「汝乃經七八年又反為吾」，但他仍然視梁啟超為此案的「罪魁」，批評他不該「隨意所之而妄盡言之」，所以才有今天這樣的危難。[136] 不管梁啟超如何為自己辯解，康有為的這種看法不能說一點道理都沒有。歐榘甲所以走到這一步，與他不肯放棄「革命排滿」是有關係的。據說，他「屢欲覬覦非常之舉」，梁啟田曾經「力止勸之」，但效果也很有限。[137] 此後，他作為振華公司發起人前來紐約，終於看到了大展鴻圖的機會，他對一個朋友說：「吾等今日之做振華股，不過欲他日圖兩廣之地步耳。吾蓄謀已十有餘年，振華、廣美兩公司若成，吾之目的可達也。」[138] 在檀香山時，他還寫信叮囑同會某君，自今以後，切勿再攻革命黨。

　　葉恩早年也曾有過自立反清的意識，壬寅年（1902 年）梁啟超等人鼓吹革命之時，他甚至想要「剪去滿洲種之辮髮」，為此，梁啟超感到十分欣喜，以為「我等又添一同道中人矣」。[139] 第二年，梁啟超赴美期間，他

們還有過一番交談，都對革命心存嚮往。這似乎很能說明，葉惠伯與康有為離心離德也有思想上的原因。而且，葉在香港主持商會工作期間，與康有為鬧過很多矛盾和糾紛，劉士驥被殺後，他曾與酈壽文聯名發表《商務公司徵信錄》，揭發康有為侵吞港局股銀十餘萬。然而，宣統元年（1909年）十月後，酈壽文又公開發表《駁葉惠伯商務公司徵信錄》一文，揭發葉惠伯冒用其名義，將香港華益倒閉的責任轉嫁給康有為。他說：「查港華益之倒閉，皆自葉惠伯所致。葉惠伯一接辦商務，僅踰數月，擅辦漁票、酒店及徐聞公司，連息將虧十萬，以督辦追之而憤，乃冒粵漢鐵路招股入美。」當時，粵漢鐵路已經不再招收股本，他招得股本八十餘萬，卻沒有股票交與股東，只好花高價去收購股票。所需資金都是暗中從華益銀行提取的，於是，造成了華益的信用危機，法國、荷蘭等銀行紛紛提回借款，使得「華益聲名淪落，葉乃專辦振華，反攻華益，佈告四出而華益隨倒」。[140] 所以，兩年後康有為仍對此耿耿於懷，他在寫給梁啟超的一封長信中還責備他看錯了人：「以汝之智，何受人些須招呼小惠，而付人以數百萬之大業乎？」他這裏所說的這個人，就是葉惠伯。在他看來：「今商務之敗固多端，亦非一人，而最甚者葉恩也。」如果沒有葉恩，譚張孝之流也不能明目張膽地貪污。而當時向康有為力薦葉恩的，正是梁啟超。葉恩想做香港總商會會長，他先求康有為，又通過康同璧和梁炳光（子剛）轉求，康都沒有答應。這時，梁啟超來到加拿大，「親受其情，親許之，至硬詞請吾電認，否則汝難堪。吾深知葉賭而無商才，以汝嚴硬，不得已從汝所請。及到加後，葉力請歸，猶不許。彼乃謂不幹商務，只頂空名；與約法三章，乃聽其歸，又令子節（方子節，康有為表弟）管銀以制之。不料港人尊戴太過，又忌子節而排不許入，又既勉（徐勤）用閩（梁應騮）代之，皆壽（酈壽民）聽其允之罪也」。因此，康有為痛切地表示：「若必責我商罪，則我最大罪為不能堅守拒汝之薦葉也。」[141]

振華公司一案暴露了保皇會內部的深刻矛盾，這種矛盾既表現為經濟利益的爭奪，也表現為思想認識、政治態度的分歧。特別是在劉士驥被殺之後，他們互相指責對方為殺人兇手，要求清政府追究其謀財害命的罪

責，都說得言之鑿鑿，煞有介事。但此案的真相最終並沒能水落石出。不久，隨着辛亥革命的爆發，中國歷史上最後一個封建王朝轟然垮台，此案也就不了了之了。然而，對保皇會來說，振華公司案卻是災難性的，雙方之間肆無忌憚的揭發和誣陷，使得保皇會內部由來已久的矛盾紛爭、勾心鬥角、藏污納垢、腐敗橫行，統統暴露在世人面前，導致了它的最後瓦解和崩潰。

梁啟超與辛亥革命

此時的梁啟超對保皇會已經完全失望，早在政聞社成立之前，他寫信給康有為匯報與楊度組黨之事，就一再強調不要將海外的保皇會與新成立的組織混為一談，不希望保皇會在海外所做之事被內地人所了解。雖說保皇會後來改名為帝國憲政會，辛亥（1911年）之後又改名帝國統一黨，但他仍然覺得有必要與之保持一定的距離，因為，「推行內地，究有不便」[142]。新組織成立，他堅持擬一新的名稱，以示與保皇會的區別。到後來，政聞社雖然曇花一現，但它給梁啟超開闢了一片新的天地，結識了很多新的朋友。特別是在各省諮議局組織國會請願同志會，發起入京請願之後，他通過徐佛蘇，與各省諮議局代表建立了聯繫。

徐佛蘇在《梁任公先生逸事》裏記載了當時的情形：「於是梁先生精神大振，深信今後大可接洽全國議士及優秀人士，灌注其政見學說。而常由余向各議員湯化龍、林長民、孫洪伊、黃遠生諸先生通簡論政，聯絡公義私交。」他還寫道：「梁先生自就立憲政治發表數文之後，各省優秀人士，群謀與先生訂交論政，信仰倍增於平昔。先生尤樂對人平等博愛，往返通簡無虛日，新交漸多，先生並常募款補助報業。在此庚戌辛亥（1910—1911）年餘之間，係先生與國內人士通函論政最多之時，亦即先生於戊戌變法後，最為欣慰之時，亦即余愛戴先生最篤之時。」[143]

這時的梁啟超又振奮起來。他不僅暗中主持和鼓勵國會請願運動，而

且公開發表文章，陳述國會必須速開之理由、遲開之危險，揭露政府無理阻撓速開國會的失職瀆過行為。他致函徐佛蘇與孫洪伊諸君，指示他們：「為預防全國革命流血慘禍起見，勸告各省法團向政府和平請願。」[144] 但政府毫無誠意，於是有了第二次、第三次更加激進的請願，發誓不達到馬上召開國會的目的，絕不甘休。特別是在第三次請願中，代表們委婉地表示，政府如果仍不體恤國民痛苦，吾輩也要倡導革命了。「不料清廷因此震怒，立下明諭，勒令代表等出京還里」[145]。聞此消息，各省代表「亦極憤怒，即夕約集報館中，密議同人各返本省，向諮議局報告清廷政治絕望，吾輩公決密謀革命，並即以各諮議中之同志為革命之幹部人員，若日後遇有可以發難之問題，則各省同志應即竭力回應援助起義獨立云云」[146]。一年後，武昌首義，各省回應，這些代表在其中發揮了極重要的作用。

這時，梁啟超的態度也轉趨激烈，他在民國元年歸國後的一次演說中講到當時的情形：

> 初志亦求溫和，不事激烈，而晚清政令日非，若惟恐國之不亡而速之，劌心怵目，不復能忍受。自前年十月以後至去年一年之《國風報》，殆無日不與政府宣戰，視《清議報》時代殆有過之矣。猶記當舉國請願國會最烈之時，而政府猶日思延宕，以宣統八年、宣統五年等相搪塞，鄙人感憤既極，則在報中大聲疾呼，謂政府現象若仍此不變，則將來世界字典上，決無復以宣統五年四字連屬成一名詞者。此語在《國風報》中凡屢見，今亦成預言之讖矣。[147]

梁啟超說過很多「讖語」式的話，後來都應驗了，字典上不復有宣統五年是其中之一。宣統三年八月十九日（1911 年 10 月 10 日），武昌城裏的一聲槍響，宣統的年代便結束了，一個新的時代便到來了。這一槍何以有這麼大的魔力？當今的歷史敍事往往強調孫中山和袁世凱的作用，其實不然，如果沒有梁啟超和立憲黨人，單單依靠孫中山和袁世凱，怕也很難這麼快就把清王朝送進墳墓。徐佛蘇有一段敍述講得很清楚，他說：

回溯川、鄂兩省，因爭路權而倡獨立，革命之最初時期，並未表現革命黨人有何種偉大之勢力與計劃存於國內，尤無一團一旅之革命軍隊可言。且待至川、鄂久佈獨立，袁、段已贊成共和之後，則革命黨中之第二首領始由海外趕至武昌。待至長江下游，各省完全獨立，武昌軍府將改都江寧之時，則革命黨中第一首領始由海外趕至江寧。若就辛亥年各省先後獨立之日歷考，乃知辛亥共和之成立，革命黨人雖係成功者，結果者，然最初之造因者，實以川、鄂二省之諮議員為最有力。假令清廷昔年不堅持鐵路歸國有耶，則全國人民及各省諮議局何從得一大題目而謀獨立？又假令當年無各省諮議局以集中人才，監督省治，代表民權耶，則人民何從得一法定的議政機關民意機關，藉以反抗清廷，擾亂清政？……若就以上事理推論之，則可簡括下一斷案曰：辛亥革命之一舉成功，無甚流血之慘禍者，實大半由於各省議員根據議政機關，始能號召大義，抵抗清廷也；又大半由於各省諮議局之間有互助合作之預備與其目標也。而各省議員之能決心合作，實大半由於議局之領袖曾受清廷驅逐請願代表之恥辱，及經憲友會祕謀地方革命之激動也。而昔年國會請願之能監促清廷，設立各省諮議局，畀人民以議政之權力者，實大半由於梁先生能以精神及著作領導余等之奮鬥也。此可知民國之成立，梁先生實有間接之大力，並可知先生四十年間以著作報國之歷史，實以此次運動者為第二期之事業。[148]

　　辛亥年（1911年）五月，康有為來到日本，最初就住在梁啟超的雙濤園。八月，武昌起義發生，梁啟超與康有為對於全局和進行方針曾有過一番籌劃。這時，他們的意見還是一致的，都主張君主立憲，繼而附和康有為所主張的虛君共和，擔心革命可能帶來秩序的破壞和國家的分裂。九月初八日，武昌起義二十天後，梁啟超在寫給徐君勉的信中詳細談到他們的打算：

今日所欲辦之事，則一面勒禁衛軍駐宮門，以備非常，即逐慶（慶親王奕劻）、澤（載澤），而濤（載濤）自為總理，殺盛（盛宣懷）以快天下之心，即日開國會。當選舉未集時，暫以資政院、諮議局全數議員充國會議員，同時下罪己詔，停止討伐軍，極言即日時勢不容內爭。令國會曉諭此意，然後由國會選代表與叛軍交涉。幸此次叛軍非由中山主動，不純然為種族革命。告以國會既攬實權，則滿洲不革而自革之義，當能折服；若其不從，則舉國人心暫歸於平和黨，彼無能為力矣。政府一面仍下詔廢八旗，皇帝自改漢姓，滿人一切賜姓，以消除怨毒。其他應辦之事尚多，不能具述，舉舉大端，大率如此。若果能辦到，則緣有武漢之一逼，而國會得有實權，完全憲政從此成立，未始非因禍得福也。[149]

歷史只能按照自身的邏輯發展，它不會照顧任何人的情緒。事實上，康梁的如意算盤在吳祿貞被刺殺後即宣告破產。但在得到吳祿貞被殺的消息之前，梁啟超仍決定作一次努力。九月十六日，他由日本乘「天草丸」號輪船返國。臨行前，他在給徐君勉的一封信中說到此行的使命和整個方針：

僕明日行矣。禁（黨禁）已解，此行掉臂而前，更無險象。前所佈劃，今收功將半（亦有不能行者）。此次政治革命之成功，頗出意外也。惟撥亂反治之大業，終未能責諸旦夕，非躬赴前敵，難奏全功。幸資政院已握一國之權，而議員大半皆同志，僕此行必當有所借手也。和袁，慰革，逼滿，服漢，大方針不外此八字，望以告各同志。[150]

梁啟超興致勃勃，剛到大連時，還以為「吾事大可為也」，打算先到灤州，隨後入京。但他把事情看得過於簡單了，楊維新記下了此次隨梁啟超歸國的經歷，從中可以窺見其大概的情形：

宣統三年武漢起義之後，吳祿貞、張紹曾在灤州發表十九條，梁先生由日本回國至大連（弟同行），行前與南海有密議，（在船中計劃甚多，擬即往見吳祿貞。）到連後知吳祿貞已死，梁大失望，曾往見關東都督，請其電駐京日使，提議由使團設法維持京城治安（恐京城有事變，梁欲即入京也）。是時蔣百里在趙次珊處任參謀長，梁與蔣見面數次，似有運動軍隊之接洽（詳情須問百里）。適湯覺頓（湯睿）、羅癭公由北京過奉來連，謂藍天蔚等將不利於梁，促即回日本，因與同船渡日。[151]

　　經此一番挫折，梁啟超並未完全失望，他於九十月間發表《新中國建設問題》一文，希望能從理論上提出解決當前問題的意見。這篇文章分為上下兩篇，上篇論述單一國體和聯邦國體的問題，他是主張採用單一國體的；下篇討論虛君共和政體與民主共和政體的問題，但這個問題讓他感到有些為難。為什麼呢？因為，這裏還橫着一個民族問題。滿族作為異族統治中國近三百年，「久施虐政，屢失信於民，逮於今日，而今此事，殆成絕望」[152]。雖然虛君共和最適宜於中國，但考慮到民眾的情感、意願，似乎又不能保存其皇統而虛存之。所以他說：「夫民主共和制之種種不可行也既如彼，虛君共和制之種種不能行也又如此，於是乎吾新中國建設之良法殆窮。夫吾國民終不能以其窮焉而棄不建設也，必當思所以通之者。吾思之思之，既竭吾才矣，而迄未能斷也。吾只能盡舉其所見，臚陳利病於國民之前，求全國民之慎思審擇而已。」[153]

　　他把選擇國家政體的決定權交給國民，此時此刻，所表現的也只是他無可奈何的心情罷了，於是他悵然歎道：「是真可為長太息也。」[154] 不過，無論如何，形勢的發展已經不可能再給「虛君共和」留下半點機會。十一月南京臨時政府成立，十二月南北議和成功，清帝隨之宣佈退位，局面就全變了。這時，就算虛君共和再好，他也只能放棄而接受民主共和。但康有為仍然固守其主張，不肯改變。於是，朋友當中有些人便寫信勸梁啟超，不要再屈從於康有為，因為「南佛（康有為）之政見，偏僻迂謬，

不切時勢，萬無附從之理」[155]。他們告訴梁啟超，南中首領，即革命黨，與他的感情本來是融洽的，但康有為「語言過火，挑動惡感，有一部分人極為銜憤，日恣誹謗，騰電相聞，遐邇喧傳，互相指目，若不即行自辨，必於前途有礙」。因此，他們建議梁啟超再寫一篇文章，闡述自己最新的政見。他們擔心梁啟超有顧慮，特別提醒他：「政見本隨時勢而變遷，不足為病也。如佛（康有為）決不以為然，出其專制之力來相阻格，則各樹一幟，各行其是，萬不可再屈以求合。」[156]

朋友們的意見讓梁啟超似有所動，他也考慮到，如果此時仍和康有為搞在一起的話，不只會引起很多人對自己的誤解，更重要的是，立憲的事業也會受到很多負面的影響。所以，到了民國元年（1912年）的四五月間，梁啟超便提出請康有為宣佈退隱。這當然不是梁啟超一個人的意見，當時，國內各方面對保皇派的攻擊非常厲害，梁啟超要想在國內站住腳，並在政治上發揮作用，就不得不如此。這一次康有為似乎並沒有表示反對，出面反對的還是他的學生麥孟華。他分別寫信給梁啟超和康有為，明確表示：「北江（康有為）宣佈退隱不預政界一事，弟謂不可。」[157]他認為，在此危急存亡之秋，正是康有為大顯身手、實現其理想和抱負的時候，如果驟然宣佈退隱的話，「豈不盡失天下人之望」[158]？但此時他已不能像當年那樣，讓康有為拿出老師的權威阻止梁啟超了，而只能建議他們「分道而行，目前不作張惶之舉動」[159]。也就是說，康梁如果一定要分手的話，只管自己做自己的事，不必張揚，也不必對外公佈，所謂可做而不可說也。

康梁分道揚鑣

康梁在政治上分道揚鑣，大約就是從這時開始的。此後，他們再也沒能走到一起。民國四年（1915年），袁世凱要當皇帝，梁啟超和他的弟子蔡鍔策劃反袁，二人相繼輾轉南下，發動了護國戰爭。此時，康有為也表

現出很大的積極性，據康同璧所編《南海康先生年譜續編》記載：「十二月，袁世凱帝制將成，先君遣門人潘若海赴南京，勸江督馮國璋保持中立，並電蔡鍔先收川蜀，然後出軍以爭武漢。電文中有以朝氣方興之義旅，對此時日曷喪之獨夫，其必勝無俟言也。蔡鍔，湖南人，為梁啟超時務學堂高材生。袁世凱謀帝制時，梁啟超即與蔡鍔謀赴雲南起兵討袁。蔡鍔由滬過港，先君電徐勤接船保護。未幾，徐勤亦回粵討袁。張夫人以港屋質二萬金助餉，徐以十九艦攻粵，龍濟光始求和焉。」[160]

梁啟超抵達上海後，范靜生已經為他安排好了住處，但是，康有為聽說梁啟超來了，要求他必須和自己住在一起。梁啟超在十二月十九日寫給女兒梁思順的信中抱怨：「南佛（康有為）聞我至（吾未往見，適因昨日下午彼召靜生往，不得不告之）。昨日半日中三次遣人來強迫我遷往彼處（夜十一時尚遣來下嚴厲之訓令），吾為此幾與決裂，可惱亦可歎也。」[161]梁啟超的反應有點不大合乎情理，雖說他們師生二人政治見解一直不同，但感情上似乎並未走到絕境。梁啟超在事過之後所寫的《從軍日記》中透露了當時他的擔心：

> 此議初發生，最費躊躇者，則告南海（康有為）先生與否也。原無取隱乎南海，然南海以不能守祕密著聞，吾此行在途二十日，生命常在人掌握中，未嘗以為戲也。顧兩月來，南海以吾凡百專擅，蓄怒既久，今此大舉而不以告，他日責備，何以堪者。實則吾之專擅，良非得已，若事事秉承南海，靡特吾精神上常感不斷之苦痛，抑凡今之與我共事者，皆將捨我去矣。難言之隱，莫此為甚。雖然，吾終不欲更開罪於長者。故瀕行遂決告之。吾在滬本蟄居不出一步，仍使覺頓（湯睿）往謁將意。南海深嘉許，固在意中。然有意外者，則正色大聲疾呼以主張其平昔之復辟論也。且謂吾輩若不相從，從此恐成敵國。其言甚長而屬，覺頓咋舌，唯唯而已。此等不祥之言，本無價值，然正恐有利用之者，勞他日一番收拾也。頗思在舟中作一長書相忠告，其夜君勉（徐勤）至，遂與極陳利害，

託其代諍，君勉深然吾言，然亦自審不能匡救也。吾已就睡，君勉
始至，劇談殆至達旦。時三月三日也，南海聞吾不挾僕衛行，則大
詫而深憂之。[162]

梁啟超的擔憂是有道理的。袁世凱取消帝制不久，民國五年（1916
年）四月，康有為公開了他的復辟主張；六月，又發表《中國善後議》，
主張「虛君共和」，認為「行虛君共和為最良法」[163]。他這裏所謂「君」，
不是袁世凱，也不是黎元洪，而是他心目中的「故君」，也就是辛亥革命
以後退位的滿清皇帝。此時梁啟超還在廣西前線，他當即撰文，公開抨擊
康有為的謬論。他在所作《辟復辟論》中痛責主張清帝復辟的「耆舊諸
公」：「當籌安會炙手可熱，全國人痛憤欲絕時，袖手以觀望成敗，今也
數省軍民為帝制二字斷吭絕脰者相續，大憝尚盤踞京師，陷賊之境未復其
半，而逍遙河上之耆舊，乃忽仰首伸眉，論列是非，與眾為仇，助賊張
目。吾既驚其顏之厚，而轉不測其居心之何等也。」[164]意思就是說，袁世
凱稱帝的時候，你們不出面為故君請命，現在袁世凱要垮台了，你們卻跑
出來收漁人之利，無論如何都有點不地道。

民國六年（1917 年），安徽督軍張勳擁清帝宣統在北京宣告復辟，
康有為果然參與其中。據《南海康先生年譜續編》記載：「五月，張勳擁
宣統復辟，先君到京，主用虛君共和制，定中華帝國之名，開國民大會，
而議憲法、除滿漢、合新書、去跪拜、免忌諱，各省疆吏概不更動。而張
勳左右劉廷琛、萬繩栻等，頑固自專，排斥不用。先君正擬辭去南行，而
兵事已起，乃避居美使館之美森院。」[165]後來，馮國璋進京，以臨時大總
統的名義下令逮捕他，他發表致馮國璋的專電，揭露這次復辟另有主謀，
乃馮國璋也，希望馮能夠一併到案候質。他說：「公自克復漢陽而功不得
竟，乃心皇室，日謀復辟，吾門人麥孺博（麥孟華）、潘若海入公幕府以
來，偕胡憬仲所日夕與公謀劃者，復辟也。孺博捨袁世凱教育總長而屈從
公者，以公主復辟也；所與公日夕謀先倒袁者，以為非倒袁則復辟無自
也。」[166]他在專電中還說到徐州會議的情況：「不意各省督軍與張紹軒（張

動）會議徐州，決行復辟，信誓旦旦而忽背之也。紹軒提輕兵六千，深入京師，舉行復辟者，信諸公同心之故，不圖今皆改易面目，大聲疾呼，反稱討逆也。」[167]

由此可見，康有為一直沒有放棄復辟清室的努力，只是這一次他過於相信軍閥們的信義了。在他看來，徐州會議的結果已經達到了倒袁以收北軍的目的，復辟豈非輕而易舉之事？殊不知這些北洋軍人早就熟悉了翻雲覆雨的政治技巧，沒有人會信守這種貌合神離的會議所作的約定，康有為自己卻深陷其中。剛剛從政治漩渦中退出的梁啟超，不得不再次出手，救民國於危難之中。七月一日，張勳正式宣告復辟。七月三日，天津《大公報》就刊載了《梁任公反對復辟之通電》。同日，段祺瑞以討逆軍總司令的名義，在天津馬廠通電討伐張勳，電文也出自梁啟超之手。這裏面固然有段祺瑞與研究系的相互利用，但不能說沒有梁啟超對共和的呵護和堅持。為此他不惜與老師決裂，說了那段著名的話：「且此次首造逆謀之人，非貪黷無厭之武夫，即大言不慚之書生，於政局甘苦，毫無所知。」[168] 這裏的大言不慚之書生，指的就是康有為。

當時，很多人稱讚他寫得好，但康有為卻恨他恨得咬牙切齒，專門寫了一首詩罵他：

> 鴟梟食母猰食父，刑天舞戚虎守關。逢蒙彎弓專射羿，坐看日落淚濳濳。[169]

在這裏，康有為罵梁啟超違背倫常，食父食母，禽獸不如，夠狠的了。不過，這只是他們關係中的一面，他們二人的關係中還有另外一面。「凌霄一士」是徐仁錦和徐仁鈺合署的筆名，他們的父親即徐致靖，戊戌年（1898 年）曾上書舉薦康梁，關係自非一般。他們談到這一次的衝突，認為：「啟超中舉後師事有為，執弟子禮甚謹，且為之宣傳最力。戊戌政變，亡命海外，議論漸有不合。入民國，意見益形參差。惟師生情誼，尚能保持。至是乃大決裂。其後事過境遷，復為師弟如初。」[170] 這裏所說的

「其後」，大約是指民國十年（1921年）之後，梁啟超雖然一直想跟上時代的發展，但仍有被時代甩在後面的焦慮。這時，他或許慢慢理解了康有為的頑固與守舊。民國十六年（1927年）春，康有為在上海做七十大壽，梁啟超與同門諸弟子親往祝壽，並撰寫《南海先生七十壽言》一文，被認為「情文並茂，傳誦一時」[171]。據說，他把這篇壽言親自書寫在十六幅壽屏上，以白玉版宣硃絲闌錦緞精裱，可謂精美絕倫，當時北平的《晨報畫刊》曾將其影印發表。他還集漢賢成語撰成一聯：

> 述先聖之玄意，整百家之不齊，入此歲來已七十矣！
> 奉籩豆於國叟，致歡忻於春酒，親授業者蓋三千焉！　[172]

這次生日壽誕之後不到一個月，民國十六年三月三十一日，康有為因病在青島去世。四月十七日，梁啟超與同門諸子在北京畿輔先哲祠舉行公祭，當日，他撰寫祭文一篇，輓聯一副。其輓聯寫道：

> 祝宗祈死，老眼久枯，翻幸生也有涯，倖免睹全國陸沉魚爛之慘！
> 西狩獲麟，微言遽絕，正恐天之將喪，不僅動吾黨山頹木壞之悲！　[173]

這一聯比上一聯，更加感慨悲涼之致。這時，梁啟超也是一肚皮不合時宜，他在祭文中特別提到復辟一事，他說：

> 後有作新中國史者終不得不以戊戌為第一章。斯萬世之公論，匪吾黨之阿揚。復辟之役，世多以此為師詬病，雖我小子，亦不敢曲從而漫應。雖然丈夫立身，各有本末，師之所以自處者，豈曰不得其正思報先帝之知於地下，則於吾君之子而行吾敬，棲燕不以人去辭巢，貞松不以歲寒改性。寧冒天下之大不韙，而毅然行吾心之

所以自靖。斯正吾師之所以大過人，抑亦人紀之所攸託命。任少年之喜謗，今蓋棺而論定，嗚呼哀哉，今復何言。[174]

在康有為死後，作為弟子的梁啟超總算給了老師一個交代。劉太希在《記康有為先生》一文中這樣評價梁啟超的《祭文》，他說：「以曲筆為乃師辯護，梁氏用心可謂良苦。康氏地下有知，亦當有知師莫若弟之感，悔以前詈梁之不當吧！」[175] 說到他們二人，還是梁啟超的一番話最為精到：「啟超與康有為最相反之一點，有為太有成見，啟超太無成見。其應事也有然，去治學也亦有然。……故有為之學，在今日可以論定；啟超之學，則未能論定。然啟超乙太無成見之故，往往徇物而奪其所守，其創造力不逮有為，殆可斷言矣。」[176]

也就是說，康有為是以不變應萬變，早年由於太超前，晚年由於太落伍，所以一生都被國人視為怪物，總被別人嘲笑；梁啟超則以其善變而追求不變，變的是他要努力適應這個時代，不變的是他對國家、對民族、對國民的愛和責任感，這一份大愛當中，當然也包括他的老師康有為。他在公祭後第三天寫信給孩子們，還說：「南海先生忽然在青島死去，前日我們在京為他而哭，好生傷感。我的祭文，諒來已在《晨報》上見着了。他身後蕭條得萬分可憐，我得着電報，趕緊電匯幾百塊錢去，才能草草成殮哩。我打算替（周）希哲送奠敬百元。你們雖窮，但借貸典當，還有法可想。希哲受南海先生提攜之恩最早，總應該盡一點心，諒來你們一定同意。」[177]

註釋：

1　《梁啟超年譜長編》，158～159 頁。
2　《康有為詩文選》，215 頁。
3　《康有為變法奏章輯考》，3 頁。
4　同上，9 頁。
5　同上，186 頁。
6　同上。
7　《康有為自編年譜》（外二種），40～
　　41 頁。
8　《康有為變法奏章輯考》，209～
　　210 頁。
9　同上，208 頁。
10　《飲冰室合集‧專集》之三，59 頁。
11　《飲冰室合集‧集外文》上冊，15～
　　16 頁。
12　同上，51～54 頁。
13　《清人日記研究》，15 頁。
14　《康有為政論集》上冊，399 頁。
15　《康南海自編年譜》（外二種），83 頁。
16　《梁啟超年譜長編》，177～178 頁。
17　《康有為政論集》上冊，407 頁。
18　《康南海自編年譜》（外二種），84 頁。
19　《追憶康有為》，347～348 頁。
20　《梁啟超年譜長編》，226 頁。
21　同上，227 頁。
22　同上，234 頁。
23　《清代學術概論》，89～90 頁。
24　同上，90 頁。
25　《飲冰室合集‧文集》之四，80 頁。
26　同上。
27　《梁啟超年譜長編》，177 頁。
28　《飲冰室合集‧文集》之十一，18 頁。
29　《飲冰室合集‧專集》之二，1 頁。
30　同上，41 頁。
31　同上，25 頁。
32　《飲冰室合集‧文集》之五，50 頁。
33　同上。

34　同上，51 頁。
35　《飲冰室合集‧專集》之二，31 頁。
36　同上，23 頁。
37　同上，24 頁。
38　同上。
39　同上，30～31 頁。
40　同上。
41　同上，32 頁。
42　同上，33 頁。
43　同上，5 頁。
44　同上，37～38 頁。
45　《飲冰室合集‧文集》之五，13 頁。
46　同上，15 頁。
47　同上，16 頁。
48　同上，16～17 頁。
49　同上，18 頁。
50　同上，28～29 頁。
51　同上，29 頁。
52　同上，30 頁。
53　同上，32 頁。
54　同上，33 頁。
55　同上。
56　同上。
57　《梁啟超年譜長編》，234～235 頁。
58　同上，235 頁。
59　同上，235～236 頁。
60　同上，236～237 頁。
61　同上，262～263 頁。
62　《飲冰室合集‧文集》之六，49 頁。
63　同上，54 頁。
64　同上。
65　同上。
66　《梁啟超年譜長編》，272 頁。
67　同上，272 頁。
68　《飲冰室合集‧文集》之三，10 頁。
69　《飲冰室合集‧文集》之一，109 頁。

70 同上。

71 同上，110 頁。

72 《飲冰室合集・文集》之九，50 頁。

73 《梁啟超年譜長編》，282 頁。

74 同上，277 頁。

75 同上。

76 同上。

77 《飲冰室合集・文集》之九，53 頁。

78 《梁啟超年譜長編》，277～278 頁。

79 《清代學術概論》，86 頁。

80 同上，87～89 頁。

81 《梁啟超年譜長編》，298 頁。

82 同上，286 頁。

83 同上，286～287 頁。

84 《康有為政論集》上冊，474 頁。

85 同上，475 頁。

86 同上。

87 同上，476 頁。

88 同上。

89 同上，477 頁。

90 同上。

91 同上。

92 同上，477～478 頁。

93 同上，478 頁。

94 同上，479 頁。

95 同上，479～480 頁。

96 同上。

97 同上，480～481 頁。

98 同上，482 頁。

99 同上。

100 同上，483 頁。

101 同上。

102 同上，485 頁。

103 同上，487 頁。

104 同上，488 頁。

105 同上，490 頁。

106 同上，504～505 頁。

107 《梁啟超年譜長編》，300 頁。

108 同上，299 頁。

109 同上，301 頁。

110 同上，302 頁。

111 同上，305 頁。

112 同上。

113 同上，298～299 頁。

114 同上，313 頁。

115 同上，320 頁。

116 《康有為與保皇會》，223 頁。

117 同上，224 頁。

118 《梁啟超年譜長編》，319 頁。

119 同上，487 頁。

120 同上。

121 同上，487～488 頁。

122 同上，488～489 頁。

123 同上，443 頁。

124 同上，490～492 頁。

125 同上，493 頁。

126 同上，495 頁。

127 同上。

128 同上。

129 《康有為與保皇會》，362～363 頁。

130 《梁啟超年譜長編》，286～287 頁。

131 同上，495 頁。

132 《康有為與保皇會》，394 頁。

133 同上，395 頁。

134 同上，337 頁。

135 同上，342～343 頁。

136 同上，363 頁。

137 《梁啟田致譚張孝書》，見《康梁與保皇會》，166 頁。

138 《伍鴻進等致列位憲政黨同志義兄書》，見《康梁與保皇會》，316 頁。

139 《致葉恩李福基等書》，見《康梁與
　　保皇會》，l03 頁。
140 《康有為與保皇會》，330～331 頁。
141 《康有為致梁啟超未刊手札》，見《近
　　代史資料》總 114 號，60～61 頁。
142 《梁啟超年譜長編》，370 頁。
143 同上，512～513 頁。
144 同上，513 頁。
145 同上，514 頁。
146 同上。
147 同上，502 頁。
148 同上，607～608 頁。
149 同上，554 頁。
150 同上，558 頁。
151 同上，561～562 頁。
152 同上，565 頁。
153 同上，566 頁。
154 同上。
155 同上，598 頁。
156 同上。
157 同上，620 頁。
158 同上。
159 同上，621 頁。
160 《康南海自編年譜》（外二種），
　　171 頁。

161 《梁啟超年譜長編》，762 頁。
162 《飲冰室合集·專集》之三十三，
　　122 頁。
163 《康南海自編年譜》（外二種），
　　180 頁。
164 《飲冰室合集·專集》之三十三，
　　117 頁。
165 《康南海自編年譜》（外二種），
　　129 頁。
166 《康有為政論集》下冊，1008 頁。
167 同上，1009 頁。
168 《飲冰室合集·文集》之三十五，
　　17 頁。
169 《追憶康有為》，450 頁。
170 同上，204 頁。
171 《康南海自編年譜》（外二種），
　　235 頁。
172 《梁啟超年譜長編》，1124 頁。
173 同上。
174 《飲冰室合集·文集》之四十四
　　（上），30 頁。
175 《追憶康有為》，452 頁。
176 《清代學術概論》，90 頁。
177 《梁啟超年譜長編》，1124 頁。

第

七

章

誼兼師友：

梁啟超與黃遵憲

▶ 黃遵憲（1848—1905）

- 1895 年，黃遵憲參與上海強學會，與汪康年、梁啟超、譚嗣同等人創辦《時務報》。
- 1897 年，黃遵憲到湖南任職。在他的建議下，湖南巡撫陳寶箴創辦時務學堂。在黃的邀請下，梁啟超前往湖南擔任時務學堂的總教習。
- 1898 年，戊戌變法失敗，黃先被扣押，後釋放。
- 黃對梁啟超思想影響很大，梁啟超最終走上與康有為不同的思想道路，黃功不可沒。

　　在經歷了光緒二十一年（1895 年）的「公車上書」之後，年輕的梁啟超便成了晚清知識界迅速升起的一顆政治新星。雖說科場失利，但憑藉「公車上書」積累的超強人氣，他還是在風氣初開、求新求變心切的晚清知識界贏得了一定的聲譽。人們在談到康有為的時候，一定會同時談到他的學生梁啟超。科舉考試結束後，他沒有急着離開京城，回廣東老家，而是選擇留下來，和老師康有為一起，以變法圖強、救亡圖存為號召，在京城官員和士大夫中奔走呼號。為提倡新學，開通風氣，他們多方聯絡，廣交朋友，發起成立強學會，並創辦了維新派在國內的第一張報紙《萬國公報》，數月後又改名《中外紀聞》。梁啟超每期作一篇短文，刊載於該報首頁，表現得異常活躍。

　　嚴格說來，《中外紀聞》還不是一份正規的報紙。鑒於當時的條件，康梁還做不到獨立出版印刷，而只能委託印賣《京報》的報房以楷體木版活字代為排印，並請報販子隨《京報》或「宮門鈔」免費分送給北京的官紳。當年北京的高門大宅、翰林學府，凡有讀書人的地方，很少沒有這份

報紙的，最多的時候一期竟也能發到三千份左右。

　　康有為是主張自上而下變法的，在他看來，變法一定要從京城開始，從王公大臣開始。因為，京城是政治權力中心，而王公大臣正是操縱這種權力的人。所以，要想變法維新，首先要影響、說服這些人。康有為的這一招還是很靈的，《中外紀聞》隔日出版，在幾個月的時間裏，出版了幾十期，分發了幾十期，影響到朝中不少官員和士大夫，使其見識和議論發生了很大變化，並逐漸對實行新法的好處有了一些了解，對變法也有了更多的期待。當然，他們的行為也引起了守舊派的惡意詆毀和強烈反對，伴隨着報紙的廣泛發送和傳播，沒過多久，「謠諑已蜂起，送至各家門者，輒怒以目，馴至送報人懼禍及，懸重賞亦不肯代送矣」[1]。儘管如此，此時的梁啟超，卻通過這份報紙，向整個官場和知識界展現了他的過人才華，在康有為眾多的學生中脫穎而出，引起了廣泛的關注。

▎ 人境廬主黃公度

　　黃遵憲大約就在此時注意到了這個年輕人。據梁啟超《三十自述》記載：當年，北京率先開辦了強學會，隨後，上海強學會也跟着成立。不久，京城的強學會被朝廷查封並禁止其一切活動，上海強學會也隨之被迫關閉。這時，黃遵憲很希望維新事業能繼續下去，不要半途而廢。因此，他建議用強學會留下的餘款，開設一家報館，並請梁啟超來上海主持筆政。北京強學會被查禁後，《中外紀聞》也被迫停刊，後雖經梁啟超和御史胡孚宸盡力周旋，強學會被改名為官書局，隸屬於總理衙門，專門負責譯書譯報，但卻把梁啟超完全排除在外，他的生活用品和書籍也在查封強學會時被沒收，而只能「流浪於蕭寺中者數月」，這時，恰逢黃遵憲寫信招他到上海辦報，他自然欣喜異常，立刻動身，去上海見黃遵憲。[2]

　　梁啟超離開北京，南下上海，是在丙辰年（1896年）三月。他在《三十自述》裏寫道：「三月去京師，至上海，始交公度（黃遵憲）。」這

一年，梁啟超二十四歲，黃遵憲四十九歲，他們因共同的理想和主張結為好友，而且終生不渝，其交往和友誼長達十年之久。光緒三十一年（1905年）二月十八日，黃遵憲在去世前一週還致信梁啟超，討論維新、憲政的前途和方針、策略，陳述他的見解和主張。梁啟超其後作《嘉應黃先生墓誌銘》，回憶他和黃遵憲的交往，依然是一往情深，他說：「啟超以弱齡得侍先生，惟道惟義，以誨以教。獲罪而後，交親相棄，亦惟先生咻噢振歷，拳拳懇懇，有同疇昔。先生前卒之一歲，詒書啟超曰：『國中知君者無若我，知我者無若君。』」[3]

黃遵憲，字公度，別署人境廬主人、水蒼雁紅館主人等，為廣東嘉應（今梅州市）人氏，生於清道光二十八年戊申（1848年）四月二十七日，卒於清光緒三十一年乙巳二月二十三日，終年五十八歲。他一生致力於詩歌改革，是晚清詩界革命第一人，他的《人境廬詩草》、《日本雜事詩》，便是晚清詩界革命最重要的成果之一。他在臨終前寫給幼弟黃遵楷的信中說：「生平懷抱，一事無成，惟古近體詩能自立耳，然亦無用之物，到此已無可望矣。」[4]

《日本國志》值千金

其時，黃遵憲也是晚清較早走向世界，睜開眼睛看世界的人物之一。他的《日本國志》，作為中國人所寫的第一部日本通志，「敍述了日本古往今來各方面的情況，尤其是『明治維新』後所發生的巨大變化，可以說是一部『明治維新史』」[5]。它在後來的戊戌變法中發揮了巨大的作用，光緒皇帝甚至把它當作指導變法的教科書。黃遵憲在二十九歲那年中順天鄉試舉人，第二年就隨何如璋出使日本，為使館參贊。三十五歲調任美國三藩市總領事，三十八歲解任回國。他在家鄉生活了五年，這期間，他先後謝絕了張蔭桓、張之洞的出仕邀請，閉門撰寫《日本國志》，終於在光緒十三年丁亥（1887年）五月完成了這部巨著。當時他抄錄了四份，一送總理各國事務衙門，一送李鴻章，一送張之洞，一份自己保存。但直到光緒十六

年庚寅（1890年）隨薛福成出使英、法、意、比四國之前，他才將書稿交付廣州富文齋出版。那一年他四十三歲，再度出仕，擔任駐英參贊，第二年又調任新加坡總領事。四年之後，即光緒二十年甲午（1894年），中日之間爆發戰爭，清朝軍隊屢戰屢敗，這時，張之洞自湖廣總督調任兩江總督，他以籌備防務需要人才為理由，奏請朝廷調黃遵憲回國。

黃遵憲回到國內已是光緒二十一年乙未（1895年）年初。不知什麼原因，他的《日本國志》拖到此時才得以問世。有人帶着這部書去見張之洞，不無遺憾地說，此書如果早些問世，可以節省二萬萬兩白銀。這時，李鴻章與伊藤博文簽訂《馬關條約》的消息傳到國內，其中有中國承認高麗獨立，割讓台灣及遼東半島，賠款二萬萬兩白銀等條款。《日本國志》一書可抵二萬萬兩白銀的說法，就是從這裏來的。意思無非是說，當權者如果早一些、多一些對日本的了解，這場中日之戰也許便打不起來，打起來也未必就失敗，失敗了也未必敗得這樣慘，戰後交涉也不至於這樣喪權辱國。當然，歷史不能假設，這也只是文人士大夫的一廂情願罷了。

不過，老大天朝竟敗於東洋小日本的事實，倒是給了許多人當頭一棒，大家終於從昏睡中醒來了。康有為、梁啟超是先知先覺者，他們在同胞中是醒得比較早的，因此，他們到處大聲疾呼，希望能喚醒更多的人。那一年恰逢會試之年，在京參加會試的各省舉人數以萬計，他們對於中國的失敗無不感到義憤填膺。康梁倡議發起「公車上書」，聯合十八省舉人，集會於北京松筠庵，提出了「拒和、遷都、變法」等三大主張。隨後，強學會於當年十月在北京成立，內閣學士孫家鼐、工部主事陳熾、刑部郎中沈曾植、翰林院編修丁玄鈞、張孝謙，以及袁世凱等一大批在朝廷內外有重大影響的人物，都或多或少地參與了強學會的活動。八月，康有為南下，創辦上海強學會。在這段時間裏，他曾到南京去見張之洞，希望得到他的支持。張伯楨《南海康先生傳》記載：「九月十五日入江寧。張之洞督兩江，欲說之洞開強學會，張勇自任。」[6] 為了表示對強學會的支持，張之洞慷慨捐資一千五百兩。

一見如故，引為同調

大約就在此時，黃遵憲與康有為走到了一起，他們「縱談天下事……自是朝夕過從，無所不語」[7]，自然也會談起康的高足梁啟超。這時的黃遵憲，回國不久，由於不被重用，閒置一旁，頗有些鬱鬱寡歡。這裏面有個說法，他是張之洞請來的，而且他的身份，絕不同於一般的幕僚，所以，不會不給他安排一個重要的位置。但傳說他去拜見張之洞時，「昂首足加膝，搖頭而大語」，看上去頗為「自負而目中無權貴」，引起張之洞的不滿。[8] 張之洞畢竟是一方領袖，職務比他高，資歷比他老，按照官場的規則，他應該表現出對領導的尊重甚至巴結，怎能在領導面前蹺着二郎腿，搖頭晃腦地侃侃而談呢？所以，他只被委任為江寧洋務局總辦，去辦理五省堆積如山的教案。這個安排，對黃遵憲來說，也不能說沒有人盡其才——這些教案在別人看來也許很複雜，但他處理起來卻能舉重若輕，駕輕就熟——但他還是嘗到了被冷落的滋味，他覺得，自己應該發揮更重要的作用。鬱悶之中，他經常往來於南京、上海，結交了康有為、梁啟超等一班新朋友，積極投身於維新變法運動，心情亦為之大變。強學會被迫關閉後，他更以滿腔熱情，聯絡梁啟超、汪康年、吳季清、鄒殿書等人，共同創辦《時務報》，並自捐一千元，作為開辦基金。

黃遵憲與梁啟超可謂一見如故，引為同調。光緒丙申（1896 年）三月，他寫信招梁啟超到上海辦《時務報》，四月中旬便有六絕句《贈梁任父同年》。據錢仲聯先生考證，黃遵憲與梁啟超並非舉人同年，這裏所謂同年，或許是隨着他的幼弟這樣稱呼而已。黃遵憲的幼弟黃遵楷恰與梁啟超為舉人同年：

> 列國縱橫六七帝，斯文興廢五千年。
> 黃人捧日撐空起，要放光明照大千。
>
> 佉盧左字力橫馳，台閣官書帖括詩。
> 守此毛錐三寸管，絲柔綿薄諒難支。

白馬東來更達摩，青牛西去越流沙。

君看浮海乘槎語，儻有同文到一家。

寸寸河山寸寸金，瓜離分裂力誰任。

杜鵑再拜憂天淚，精衛無窮填海心。

又天可汗又天朝，四表光輝頌帝堯。

今古方圓等顧趾，如何下首讓天驕？

青者皇穹黑劫灰，上猶天墜下山頹。

三千六百釣龜客，先看任公出手來。

　　這六首詩，要完全讀懂或有難度，需要參考相關的註解，但詩人對梁啟超的欣賞和期待，隱含在字裏行間，是可以感覺到的。有一種說法，當初，在黃遵憲尚未結識梁啟超的時候，曾有人向他推薦過章太炎。章太炎也是學問大家，有十分深厚的家學淵源。但黃遵憲喜歡明白曉暢的文章，而章太炎寫文章卻喜歡用古語和生僻的字。他讀了章太炎託人送來的文章，認為不適合報紙宣傳之用，便退了回去。章太炎因此一直都怨恨黃遵憲，常常在背後說一些難聽的話。[9]

梁氏文體的魔力

　　但黃遵憲對於梁啟超的文字卻推崇有加，數年之後，他在國內見到朋友寄來的《新民叢報》，異常驚喜，馬上寫信給梁啟超，讚賞之情，溢於言表。他認為，《清議報》超過了《時務報》，而《新民叢報》更超過了《清議報》。他稱讚梁啟超的文字：

　　驚心動魄，一字千金，人人筆下所無，卻為人人意中所有，雖

鐵石人亦應感動，從古至今文字之力之大，無過於此者矣。羅浮山洞中一猴，一出而逞妖作怪，東遊而後，又變為《西遊記》之孫行者，七十二變，愈出愈奇。吾輩豬八戒，安所容置喙乎，惟有合掌膜拜而已。[10]

黃遵憲這裏所說「羅浮山洞中一猴，一出而逞妖作怪」，所指顯然就是梁啟超在《時務報》的時候。梁啟超的文字在當時已經成為廣大青年學子的最愛，也征服了一些有資歷、有地位的人。梁啟超被後世稱為中國第一代啟蒙大師，執晚清輿論界的牛耳，《時務報》為他奠定了第一塊基石。在那一代人的回憶錄中，我們常常可以看到這樣的說法：「當我讀到康梁（特別是梁啟超）的痛快淋漓的議論以後，我很快就成了他們的信徒，一心要做變法維新的志士，對於習八股，考功名，便沒有多大興趣了。」[11] 這便是人們所說的梁啟超文字的魔力。即使像張之洞這樣的高官碩儒，對梁啟超也不得不另眼相看，光緒二十三年（1897 年）初，梁啟超應邀到武昌拜見張之洞，此時的張之洞已然成為洋務派的領袖，手裏掌握着一方的軍政、經濟大權，然而聽到梁啟超來訪，竟破例打開總督衙門的中門相迎，還打算鳴炮致禮。當幕僚提醒他只有迎接欽差和督撫才能鳴炮時，他才作罷，但仍然打開暖閣，以厚禮接待。據說當天恰逢張的女兒出嫁，賓來客往，好不熱鬧，張之洞竟丟下眾多親朋，與梁啟超暢談至二更天，使得梁啟超一時間竟把他當作了知己。

梁啟超的文字為什麼大受歡迎？原因其實也簡單，就在於他能與時代同呼吸，他的文字跳動着時代的脈搏，而他又敢想敢說，觀點新穎，說出了許多人的心裏話。他的文風明白曉暢，自由奔放，不受約束，他在《清代學術概論》中曾經說到當日所作言論的影響：

　　啟超夙不喜桐城派古文，幼年為文，學晚漢、魏晉，頗尚矜煉，至是自解放，務為平易暢達，時雜以俚語韻語及外國語法，縱筆所至不檢束，學者競效之，號新文體。老輩則痛恨，詆為野

狐。然其文條理明晰，筆鋒常帶情感，對於讀者，別有一種魔力焉。[12]

人們把梁啟超的這種文體稱為「時務體」或「新民體」，其實是現代白話文的濫觴，在晚清和民國都產生了巨大影響，從後來許多人的文章中，都能看到這種影響的存在。比如毛澤東的文章，便有非常鮮明的梁啟超體的痕跡。胡適曾對梁啟超文字的魔力作過如下的概括和總結：

> 這種魔力的原因約有幾種：（1）文體的解放，打破一切「義法」、「家法」，打破一切「古文」、「時文」、「散文」、「駢文」的界限；（2）條理的分明，梁啟超的長篇文章都長於條理，最容易看下去；（3）辭句的淺顯，既容易懂得，又容易模仿；（4）富於刺激性，「筆鋒常帶情感」。[13]

▌ 讀書，還是救亡

就在梁啟超風光的時候，在朋友們之間，卻爆發了一場關於他的前途的爭論。起因是梁啟超向馬相伯兄弟學習拉丁文。馬相伯，名建常，後改名良，相伯是他的字，江蘇丹陽人氏；其弟建忠，字眉叔，著名的《馬氏文通》的作者。兄弟二人都是當時學貫中西的學者。光緒二十二年（1896年）七月，《時務報》在上海創刊，梁啟超主持筆政，租住在跑馬廳泥城橋西新馬路梅福里，而馬相伯與其弟眉叔先生就住在新馬路口，相隔很近，所以經常在一起聚談。在這裏，他還結識了徐建寅、盛宣懷、嚴復、陳季同以及江南製造局、漢陽鐵廠內熱衷洋務的許多名人。馬先生當時已五十六歲，梁啟超只有二十四歲，「馬先生以任兄（梁啟超）年尚少，宜習一種歐文，且不宜出世太早」為由，建議他多讀幾年書，學好一門外語，不要急着出名，拋頭露面。[14]

恰在此時，錢塘知縣吳小村（季清）也打算在杭州西湖找一個地方，買上幾千元的書，把梁啟超關在那裏，再給他配備一個英文教員，一個德文教員，讓他踏踏實實讀幾年書，然後再放他出來。這位吳小村和馬相伯兄弟一樣，都是梁啟超的師長，他的兒子吳鐵樵與梁啟超、譚嗣同親如兄弟，他們都把吳小村當作父親一樣對待。光緒二十一年（1895年）秋冬期間，三人尚未離開北京時，每天都住在一起，可見關係是很親密的。有這層關係在，對於吳小村的建議和安排，梁啟超更不能一點都不動心。其實，他對於自己的讀書問題，也有考慮。自從光緒二十一年初離開萬木草堂，進京參加會試，正趕上甲午戰敗，國事日非，他跟隨康有為四處奔走，上書痛陳時局，開學會，主報政，一年多來，忙得不亦樂乎，讀書的時間就很少了。而人在慷慨激昂之中，也很難靜下心來。現在，師長們既有這樣的打算，他又何樂而不為呢？他在光緒二十二年（1896年）九月寫給夏曾佑的信中講到跟馬建忠學拉丁文的快樂：

> 弟近學拉丁文，已就學十餘日，馬眉叔（馬建忠）自願相授，每日兩點鐘，一年即可讀各書，可無窒礙云。俟來歲相見時，君聽我演說希臘七賢之宏惜也。[15]

他在那年給老師康有為的幾封信裏，常常也講到入山數年的志願。在他看來，學問不足，固然沒有救國救世的資本，更難以擔當救國救世的大責任。然而要捨棄這些正在進行中的事業，又很不甘心。他說：

> 弟子自思所學未足，大有入山數年之志，但一切已辦之事，又未能拋撇耳。[16]

在當年的另一封信裏，梁啟超說得更加明確了：

> 某昔在館，亦曾發此論，謂吾黨志士，皆須入山數年，乃可出

世。而君勉（徐勤）諸人大笑之，謂天下將亡矣，汝方入山，人寧待汝邪？某時亦無以對。不知我輩宗旨乃傳教也，非為政也；乃救地球及無量世界眾生也，非救一國也。一國之亡，於我何與焉？且吾不解學問不成者，其將挾何術以救中國也。即多此數年入山之時日，亦能作何事乎？今我以數年之功學成，學成以後，救無量世界。[17]

此時的梁啟超，受到夏曾佑、譚嗣同、吳鐵樵等人的影響，讀了幾本佛學的書，正熱衷於談論佛學，所以他說，他的職責是傳教救人，而不是從政。不過，他這裏所謂傳教，並非佛教，而是康有為提倡的「孔教」。這時他還是相信孔教不僅可以救國，而且可以救地球、救人類的。後來他所主張的開發民智和新民的理想，也是從這裏生發出來的，只是所用的思想資源已非孔教，而是融合了東西方文化精髓的新文化。他在寫給萬木草堂同學何擎一的信裏也曾提到：

數月以來，益困人事，日罕得片刻暇，無所以誨吾弟者，然相念之懷，靡時忘之。弟之立身矢志，矯然有以異於尋常，他日當求大成，以任天下事。兄頃厭苦此間塵擾，決意與（韓）樹園先生、孺博（麥孟華）及舍弟同遁於西湖，誓學成西文乃始出世，欲著之書，並思以一二年內成之。既遁之後，舒暇自在。……數日人事極忙（公度新從都來故益忙），弟有所陳，仍以書來。[18]

梁啟超的朋友中，也有對他入西湖讀書表示贊成的。譚嗣同在給汪康年的信中這樣寫道：

筱（小）村先生邀卓如（梁啟超）往西湖讀書，此事嗣同極以為然，何也？嗣同常慮卓如攬事太多，又兼兩館主筆，內外夾攻，實於身命有礙，能往西湖清養，可保不致如鐵樵之超然竟去。即仍

兼主筆，亦自無妨，然而卻止宜小住數月，或歸而再往，不宜久住，因恐自為太多，而為人太少也。[19]

梁啟超這個時候確實如譚嗣同所憂慮的，攬事太多了，不僅兼任《時務報》和《知新報》的主筆，還主編了《西政叢書》，出版三十二種，都是當時討論西洋政事的重要書籍。他還參與創辦不纏足會，又集股創辦大同譯書局，並與朋友倡議開設女學堂，每天難得有片刻閒暇。在剛剛經歷了吳鐵樵去世的譚嗣同看來，梁啟超如果能入西湖讀書，哪怕只有幾個月，也會對他的身心有好處。不過，他不希望時間太長，對讀書人來說，畢竟不能只為自己打算，而不為他人打算；獨善其身固然很好，但更要有兼濟天下的社會歷史情懷。

▍入主時務學堂

就當時的形勢而言，恰如梁啟超的同學們所說，天下就要亡了，國家就要亡了，亡國滅種的危險迫在眉睫，哪裏容得下你「兩耳不聞窗外事」，躲到山裏、湖邊去讀書？救亡是壓倒一切的任務，不僅光緒二十三年（1897 年）如此，1937 年亦如此，百餘年來，有抱負、有理想、有責任感的讀書人，沒有誰不面臨這種兩難選擇。

黃遵憲就以國勢危急為理由，主張讓梁啟超積極投身政治活動，反對他閉門讀書。那一年的五月，黃被任命為湖南長寶鹽法道，六月離開北京，赴湖南上任，其間又有署理湖南按察使的任命。他經上海、武漢、岳州，於七月抵達長沙，這時的湖南，巡撫為陳寶箴，學政為江標，後由徐仁鑄接任，都是開明的新派人物，變法維新的中堅分子。在他們的主持下，一場有聲有色的改革運動正在湖南全省上下展開。康有為就曾指出，「中國變法自行省之湖南起」[20]，甚至可以看作是戊戌變法的前奏。梁啟超也認為：「故湖南實維新之區也。……他省無真守舊之人，亦無真維新之人；

湖南則真守舊之人固多，而真維新之人亦不少。」[21] 他在《戊戌政變記》附錄《湖南廣東情形》中進一步指出：「中國苟受分割，十八行省中可以為亡後之圖者，莫如湖南廣東兩省矣。湖南之士可用，廣東之商可用。湖南之長在強而悍，廣東之長在富而通。」[22] 所以，黃遵憲的到來，等於給湖南的新政改革添了一把火。

在湖南眾多維新人士中，黃遵憲是唯一見識過西方資本主義的人。他出使東西洋各國任外交官多年，康有為說他：「及參日使何公子峨（何如璋）幕，讀日本維新掌故書，考於中外之政變學藝，乃著《日本國志》，所得於政治尤深浩。及久遊英美，以其自有中國之學，採歐美人之長，薈萃熔鑄，而自得之，尤倜儻自負，橫覽舉國，自以無比。」[23] 康有為說得並不過分，當時湖南維新人士在閱歷、學識、辦事能力方面，鮮有能超過黃遵憲的。所以，他來到湖南不久，就被認為是「陳右銘中丞（陳寶箴）之靈魂」[24]。陳寶箴把修鐵路、開礦山、辦交通這樣的新政，都交給他署理。他還參與了時務學堂的創辦，並建議邀請梁啟超擔任時務學堂的總教習。雖然主張梁啟超閉門讀書的馬氏兄弟和吳小村先生均表示反對，認為「黃公度（遵憲）先生為賊夫人之子」，是害了梁啟超，但湖南方面，幾乎所有人都表示歡迎，即便是當時擔任湖南嶽麓書院山長的著名保守派人士王先謙也沒有反對。據新加坡學者王仲厚在《黃公度詩草外遺著軼聞》中講述：

> 光緒二十三年（1897年）丁酉歲，湖南巡撫陳寶箴中丞、按察使司黃遵憲廉訪、提督學政徐仁鑄編修，會同在籍庶常熊希齡、編修汪詒書、觀察王銘忠諸紳，奏請開辦湖南時務學堂，延聘梁啟超、皮錫瑞為正副總教習，其他教習如譚嗣同、唐才常諸人，亦皆當時維新志士。……此舉乃發動於廉訪黃公度氏一人，所有辦學章程、授課科目，亦均由其參酌東西各國教育制度，一手訂定……科目能並重乎中西，章程更適宜於新舊，且於學堂內附設南學會，公開講學；又辦《湘報》與《湘學報》，倡言改革，高瞻遠矚，規劃周詳，不數月而湘中風氣丕變，駸駸乎駕凌京、津、滬、漢之上，

而煌煌諭旨，且令各省督撫，效法仿行，謂非清末維新史上之可大
書特書者乎！ [25]

梁啟超於丁酉年（1897 年）十月抵達長沙，第二年初春，便因病離
開了湖南，返回上海就醫。他這一次病得很厲害，三月入京時，尚未痊
癒，康有為特意安排其弟康廣仁隨行。這樣看來，梁啟超在湖南的時間，
大約只有三個多月。關於梁啟超離滬入湘的具體日期，他在離滬前寫給陳
三立、熊希齡的信中說：「頃定以初七日偕行，約十五前後必抵湘也。」[26]
而譚嗣同十月十九日致汪康年的信中，還提到他從鄒沅帆手中買的地圖股
份，請梁啟超幫他帶過來。不過，據皮錫瑞《師伏堂未刊日記》，其中光
緒二十三年（1897 年）十月二十二日記載：「梁啟超已到，其報中有一段
文字，詆中國人太過，香帥（張之洞）屬毀之。予謂梁君習《公羊春秋》，
於為尊者諱之義，尚未熟耳。」[27]

梁啟超初到長沙，受到各方面的熱情接待，熊希齡在《上陳右銘中丞
書》中回憶當時的情形寫道：「卓如（梁啟超）初至之時，賓客盈門，款
待優渥，學堂公宴。王益吾（王先謙）師、張雨珊並謂須特加熱鬧，議於
曾忠襄祠張宴唱戲，晉請各紳以陪之，其禮貌可謂周矣。」[28] 王先謙，字益
吾，湖南長沙人氏，曾任國子監祭酒、嶽麓書院山長，後來向張之洞告發
時務學堂，稱之為「革命造反之巢窟」，是鄉紳中反對維新變法的重要代
表人物。但最初在不了解梁啟超講些什麼的時候，對他還是有所期待的，
也不全是看陳寶箴的面子。

梁啟超出任時務學堂的總教習，其教育方針是在上海時就與同志們討
論制訂好的。據說康有為還特意從廣西趕到上海，參加了討論。梁啟超初
到長沙，已經將他們制訂的學規課程「送交各官、各紳，互相傳觀，群以
為可行」[29]。但在課堂上，面對青年學子，他們「遂不無急進之語」[30]。梁啟超
多次講到當年教學的情形：「啟超每日在講堂四小時，夜則批答諸生札記，
每條或至千言，往往徹夜不寐。所言皆當時一派之民權論，又多言清代故
實，臚舉失政，盛倡革命。其論學術，則自荀卿以下，漢、唐、宋、明、

清學者，掊擊無完膚。時學生皆住舍，不與外通，堂內空氣日日激變，外間莫或知之，及年假，諸生歸省，出札記示親友，全湘大譁。」[31] 他在另外的場合也曾講過：「我們的教學法有兩面旗幟，一是陸王派的修養論；一是藉《公羊》、《孟子》發揮民權的政治論。從今日看起來，教法雖很幼稚，但是給同學們的『煙士披里純』（英語 inspiration，即靈感）卻不小。開學幾個月後，同學們的思想不知不覺就起劇烈的變化，他們像得了一種新信仰，不獨自己受用，而且努力向外宣傳。記得初開學那幾個月，外面對於我們那個學堂都很恭維，到了放年假同學回家去，把我們那種『怪論』宣傳出去，於是引起很大的反動，為後來戊戌政變時最有力的口實。」[32]

▍湖南新政

梁啟超在湖南三月有餘，時近百天，幾乎就是後來「百日維新」在地方的演練。正先所撰《黃公度》就曾指出：

> 戊戌維新運動，在湖南成功，在北京失敗。在湖南所以成功，因陳寶箴、公度（黃遵憲）等都是政治家，資望才學，為舊派所欽重。凡所措施，有條不紊，成效卓著。反對者雖叫囂咒罵，而事實俱在，不容抹殺。在北京所以失敗，因康有為、梁任公（梁啟超）等，都是言論家，資望不足，口出大言，而無實際，輕舉妄動，弱點畢呈，一百日間，竟為光緒下變法特旨三四百道。及光緒覺悟康有為之不足恃，以駐日本欽差大臣之職予公度，而不予有為，三詔嚴催公度攢程赴京，以圖挽救，而時機已失，京變作矣。

他甚至還說：

> 光緒早有重用公度之意，陳寶箴、公度等在湘推行新政，已有

成效，梁任公、譚嗣同等由湘入京活動，以待公度之來。光緒已以譚嗣同、楊銳、劉光弟等為章京，軍機大臣之職，則擬以公度任之，俾得總領中樞，實施新政。復慮公度官職不高，不足以當軍機大臣之任，特簡公度出使日本，所以提高其資格，兼使在外作外交上之聯絡。預計公度留日本半載，所辦之事已有頭緒，即調之返京也。[33]

這裏所說，或是當時的一種情形。實際上，梁啟超也對湖南，對陳寶箴、黃遵憲寄予厚望。他在《上陳寶箴書》中盛讚：「今以明公（指陳寶箴）蒞湘以來，吏治肅清，百廢具舉，維新之政，次第舉行，已為並時封疆之所無矣。」他很清楚：「我公明德耆碩，為後、帝所倚重，政府所深知。德澤在湘，婦孺知感。有所興舉，如慈母行令於其愛子。公度、研甫（徐仁鑄）皆一時人才之選，殆若天意欲使三湘自立，以存中國，而特聚人才於一城，以備公之用者。」[34] 所以，他在湖南除了教學於時務學堂，批改學生作業之外，還希望對湖南的維新事業有更大的貢獻。他協助陳寶箴、黃遵憲倡行新政，參與了南學會、《湘報》、《湘學報》的創建工作，甚至對湘粵鐵路公司的建設，他也表現出極大的興趣。但他在湖南的時間畢竟是有限的，想辦之事很多，能辦之事和所辦之事其實很少。

光緒二十三年（1897年）十一月、十二月，梁啟超兩次上書陳寶箴，提出了他的具體設想和建議。他認為，有三件事是當下必須辦的，「一曰開民智，二曰開紳智，三曰開官智。竊以為此三者乃一切之根本，三者畢舉，則於全省之事，若握裘挈領焉矣。」[35] 興辦學會在他看來也很重要，他說：「而南學會尤為全省新政之命脈，雖名為學會，實兼地方議會之規模。」為什麼說是「命脈」呢？他解釋道：「蓋當時正德人侵奪膠州之時，列國分割中國之論大起，故湖南志士人人作亡後之圖，思保湖南之獨立，而獨立之舉，非可空言，必其人民習於政術，能有自治之實際然後可。故先為此會以講學之，以為他日之基。且將因此而推諸於南部各省，則他日雖遇分割，而南支那猶可以不亡。此會所以名為南學也。當時所辦各事，南學會實隱寓眾議院之規模，課吏堂實隱寓貴族院之規模，新政局實隱寓中央

政府之規模。」[36] 他這時的考慮，既有現實政治的考量，又有長遠的對國家政體和國體的設計。他甚至建議陳寶箴：「故為今日計，必有腹地一二省可以自立，然後中國有一線之生路。」[37]

陳寶箴沒有採納梁啟超的建議，對他來說，梁啟超的建議太超前了，接受起來會有困難。但梁啟超卻要離開湖南了。他不得不走的原因至少有三條：其一，頑固勢力的逼迫，王先謙上書吏部，詆毀他的教學是「離經叛道，惑世誣民」，要求治他犯上作亂的罪；其二，康有為希望他來北京，繼德國人強佔膠州灣之後，俄國要佔旅順和大連，英國、法國、意大利也提出了領土要求，康有為要開保國會，不能沒有梁啟超的鞍前馬後；其三，他確實病得不輕，只能先回上海治病。病未痊癒，康有為派來接他入京的康幼博已經到了上海。於是，他再次告別妻子幼女，在康幼博的悉心照顧下，前往北京。數月之後，黃遵憲也離開湖南，前往上海。臨行前，陳寶箴送他上船，望着將要離去的人中知己，他灑淚滿袖，揮揮手說：「怕是相見無時了。」

黃遵憲在湖南也受到了頑固勢力的圍攻。首先發難的是著名頑固分子梁鼎芬，他發電報威脅黃遵憲：「兄欲挾湘人以行康學，我能知隱情，國危若此，祈兄上念國恩，下卹人言，勿從邪教，勿昌邪說，如不改，弟不復言。」他還寫信給湖南頑固派頭子王先謙，請他協同打擊康黨：「崇奉邪教之康有為、梁啟超，乘機煽亂，昌言變法，恰有陰狡堅悍之黃遵憲、輕謬邪惡之徐仁鑄，聚於一方，同惡相濟，名為講學，實與會匪無異……吾師主持湘學……多士攸賴……誓戮力同心，以滅此賊。」[38] 不久，又有嶽麓書院學生賓鳳陽、楊宜霖、黃兆枚、劉翊忠、彭祖堯、張砥中等，上書山長王先謙，謂湘省「民氣素樸」，本為一「安靜世界」，不料自黃遵憲來後，「而有主張民權之說」；自徐仁鑄來後，「而多推崇康學之人」；自熊希齡邀請梁啟超到時務學堂講學後，梁「以康有為之弟子，大暢師說，而黨與翕張，根基盤固」。於是湘省民心「頓為一變」。請求王先謙致函陳寶箴整頓時務學堂。據說，王先謙接到這封信後如獲至寶，馬上聯絡當地的士紳，於五月二十二日向巡撫衙門遞交了所謂「湘紳公呈」，發泄心

中的不滿；隨後，他又糾集一些人聯名函告京中同鄉為官者，告陳寶箴的黑狀，說他擾亂舊章，不守祖宗成法，恐怕將來會有不軌的事情發生，不能不事先預防。湖南京官接到此函，馬上請了徐樹銘「據情揭參」，遞交了彈劾陳寶箴的奏章。但光緒皇帝申斥了他們的行為，在此之前，已着湖南督撫陳寶箴將黃遵憲送部引見。皇上想見他，自然有好事。六月二十三日，黃遵憲被任命為出使日本大臣，並連下三道詔書，要求張之洞、陳寶箴，無論黃遵憲到了哪裏，都要催他盡快趕到北京。這時的黃遵憲其實是病了，他在寫給陳寶箴的兒子陳三立的信中說：「長沙卑濕，日汲白沙井寒水，致生積冷。」後來又轉成了痢疾，光緒召他進京時，他已經到了上海，因久病無力行走，就遲滯在那裏了。

直到戊戌政變發生，黃遵憲這段時間是在疾病的煎熬中度過的。這時他已因病乞求辭官回鄉。八月二十一日，黃均隆上奏要將黃遵憲與譚嗣同輩一樣嚴辦，並有謠傳他藏匿了康有為和梁啟超。但隨着康梁逃亡海外，謠言不攻自破。又經日本前首相伊藤博文的多方營救，日本駐北京公使林權助親自到總理各國事務衙門交涉，遂使得黃遵憲的性命得以保全。九月初一日，他自上海啟程南歸，開始了晚年鄉居讀書的生活。根據正先所撰《黃公度》記載，戊戌政變發生後，梁啟超逃亡日本使館，曾給黃遵憲發過密電。當時黃遵憲還沒有被控制，他接到電報後，立即通知康有為在上海的學生迅速離開上海，又聯絡英國領事館，請他們以軍艦接應滯留在吳淞口外的康有為，並幫助梁啟超的父親和妻子逃離上海，臨行前還資助他們六百元錢。梁啟超的妻子李端蕙民國後還常常和朋友提起這件事。[39]

▍平生風誼兼師友

戊戌政變之後，黃遵憲蟄居粵東，閉門讀書，以求再起。不久，李鴻章來到廣東，曾邀黃遵憲出來做官，被他婉言拒絕了。這時，亡命日本的

梁啟超，先辦《清議報》，以後又辦起了《新民叢報》和《新小說報》，儼然成為輿論界執牛耳的人物。光緒二十八年（1902 年）春天，黃遵憲從汕頭洋務局的朋友及香港商人那裏得到梁啟超的消息，馬上同他恢復了聯繫，並陸續收到梁啟超寄來的《清議報》和《新民叢報》等報刊。當時他還寫了一首詩表達久別的心情：

風雨雞鳴守一廬，兩年未得故人書。
鴻離漁網驚相避，無信憑誰寄與渠。[40]

這首詩很能表達黃遵憲對梁啟超的思念之情。在保存下來的黃遵憲致梁啟超的九封書信中，有七封寫於光緒二十八年，可見在雲水隔絕三年後，他們急切交流的心情。

此時，梁啟超的思想正經歷着一場海嘯般的激蕩，變法失敗，六君子赴死，他和老師康有為逃亡海外，還有一大批朋友、師長，或被罷官，或被流放。湧動在他周邊的血，窒息着他，使他艱於呼吸；也強烈地刺激着他，使他日趨激烈，熱血賁張。光緒二十六年（1900 年），他積極配合唐才常，參與組織和領導了自立軍的武裝勤王運動，並在最危急的時刻準備親赴前線。他的言論也漸趨激進，具有破壞性，甚至希望能實現與革命派的聯合，推翻滿清，走民主共和的道路。而來自師門的痛責與非難，在革命與保皇之間的糾結，勤王運動的失敗，幾十個青年俊傑的流血犧牲，又使梁啟超陷入無盡的苦惱之中。對於自己的老師康有為，在思想和行為的諸多方面，他們都很難再保持一致；但在感情上，他還不能和老師完全決裂，還要維護傳統的師道尊嚴，對老師一再讓步和妥協，這使他萬分痛苦。所以，與黃遵憲恢復聯繫，重新讀到他的來信，對於茫然困惑中的梁啟超來說，恰如久旱的禾苗逢甘霖，真是點點入心啊！

梁啟超一直將黃遵憲尊為最親近的朋友和老師，所謂「平生風誼兼師友」是也。他所敬重的，正是黃的識見高遠，思想深沉，考慮周全，辦事穩健。早在上海辦《時務報》時，他們便引為同調，結為知己。後來在湖

南，他們更是攜手並肩，共為進退。梁啟超一生中在思想上受到影響最大的，首先是康有為，其次就是黃遵憲。他於光緒二十二年（1896 年）讀了黃遵憲的《日本國志》，並為之撰寫「後序」。他在「後序」中談到，讀了黃的《日本國志》，「乃今知日本，乃今知日本之所以強」；又「責備」黃曰，因為他的謙虛，使得此書出版竟晚了十年，並造成了「中國之所以弱」；他最後稱讚此書：「其於日本之政事、人民、土地及維新變政之由，若入其閨闥而數米鹽，別白黑而誦昭穆也。其言，十年以前之言也，其於今日之事，若燭照而數計也。又豈惟今日之事而已，後之視今，猶今之視昔。顧犬補牢，未為遲矣。」[41]

從保教驍將到保教大敵

黃遵憲在思想上深刻影響梁啟超主要表現在兩個方面，一是放棄尊孔保教，提倡思想自由。尊孔保教的主張一直是康有為所堅持的。他作《新學偽經考》是要解放思想，重估價值，衝決兩千年來的思想一統；他的《孔子改制考》則是政治改革的宣言書，由此發展出變法維新的全套主張。但康氏的改革和思想解放又是不徹底的，主要表現為要尊孔子為教主；更有甚者，竟視自己為孔子在當代的化身。戊戌變法失敗後，有人羅織他的罪名，其中有一條說他自號「長素」，就是羨慕孔子，要做「素王」。其實，他的目的還是要為國家找到一條可以自強的生路。梁啟超曾為此特別說明，康有為的「尊孔保教」，主要在於「誤認歐洲之尊景教（基督教）為治強之本，故恆欲儕孔子於基督，乃雜引讖緯之言以實之；於是有為心目中之孔子，又帶有『神祕性』矣」[42]。但他也坦率地承認：「三十以後，已絕口不談『偽經』，亦不甚談『改制』。而其師康有為大倡設孔教會定國教祀天配孔諸義，國中附和不乏。啟超不謂然，屢起而駁之。」[43] 他的《保教非所以尊孔論》就是一篇在政治上與老師分道揚鑣的文章。

黃遵憲一直深喜梁啟超而不喜康有為，原因之一就是不能接受後者的尊孔保教。不過，戊戌年（1898 年）以前，在這個問題上，梁啟超是緊跟

康有為的，宣傳鼓吹一直都很賣力。他曾作《覆友人論保教書》一文，危言聳聽地警告世人，如果不實行「尊孔保教」的話，那麼，中國就可能陷入亡國滅種的災難之中；在他看來，反對「尊孔保教」的人，都是沒有看到這種危險。所以，他建議成立「保教公會」，以此來推廣「尊孔保教」的理念。黃遵憲對此頗不以為然，在湖南時，他就曾以「教不可保而亦不必保」勸過梁啟超，他對梁說：「南海（康有為）見二百年前天主教之盛，以為泰西富強由於行教，遂欲尊我孔子以敵之，不知崇教之說，久成糟粕，近日歐洲如德、如意、如法，於教徒侵政之權，皆力加裁抑。居今日而襲人之唾餘以張吾教，此實誤矣。」[44] 可是，梁啟超當時還不大能聽進這種意見，嚴復也是反對「保教」的，他在寫給梁啟超的信中說過同樣的話：「教不可保而亦不必保。」而且，他還說：「保教而進，則又非所保之本教矣。」梁啟超在覆信中則一再為自己辯白和開脫。但同時，他在寫給康有為的信中又承認，「彼書中言，有感動超之腦氣筋者」。[45]

不能說黃遵憲與嚴復的規勸沒有發生作用，事實上，梁啟超的態度在這幾年中還是慢慢發生了變化。光緒二十八年（1902 年）正月間，梁啟超在《新民叢報》上發表了《保教非所以尊孔論》，文章分八個方面展開論述：

第一，論教非人力所能保

第二，論孔教之性質與群教不同

第三，論今後宗教勢力衰頹之徵

第四，論法律上信教自由之理

第五，論保教之說束縛國民思想

第六，論保教之說有妨外交

第七，論孔教無可亡之理

第八，論當採群教之所長以光大孔教

這八個方面，核心在於第五個方面，他說：「居今日諸學日新，思潮

横溢之時代，而猶以保教為尊孔子，斯亦不可以已乎。」也就是說，在這個國民思想日新月異的時代，再把「保教尊孔」拿出來招搖，是不合時宜的，是逆潮流而動，只能束縛國民思想，不能有助於國民思想的解放。他說：「文明之所以進，其原因不一端，而思想自由，其總因也。歐洲之所以有今日，皆由十四五世紀時，古學復興，脫教會之樊籬，一洗思想界之奴性，其進步乃沛乎莫之能禦。」[46] 他歷數中國思想界兩千年來保教所造成的結果，就是將一個思想何其自由的孔子，變成了一個狹隘的、僵化的、專制的孔子。從董仲舒到紀曉嵐，都以為自己在保教，但由於「思想束縛於一點，不能自開生面」，其結果就像「群獪得一果，跳擲以相攫；如群嫗得一錢，詬罵以相奪，其情狀抑何可憐哉」？於是，他得出結論說，保教是思想自由的大敵，也是中國思想進步的大敵。大敵當前，他沒有選擇固守已被證明是錯誤的己見，而是選擇了真理。他說：「區區小子，昔也為保教黨之驍將，今也為保教黨之大敵。」為什麼？他這樣回答了我們的疑問：「吾愛孔子，吾尤愛真理；吾愛先輩，吾尤愛國家；吾愛故人，吾尤愛自由。吾又知孔子之愛真理，先輩故人之愛國家、愛自由，更有甚於吾者也，吾以是自信，吾以是懺悔。為二千年來翻案，吾所不惜。與四萬萬人挑戰，吾所不懼。吾以是報孔子之恩我，吾以是報群教主之恩我，吾以是報我國民之恩我。」[47]

黃遵憲對於梁啟超的以今日之我難昨日之我報以熱烈歡迎，他在讀了文章以後寫信給梁啟超，表達自己的心情：「乃驚喜相告，謂西海東海，心同理同，有如此者。」[48] 他也用很長的篇幅討論「教不可保」的問題，兩人的思想見解，在很多地方都表現出驚人的一致性。

從革命排滿到君主立憲

但梁啟超畢竟還很年輕，他不希望自己的思想總是停留在一個地方，事實上也不可能停留在一個地方，他在寫給康有為的信中表示：「弟子意欲以抉破羅網，造出新思想自任，故極思衝決此範圍，明知非中正之言，

然今後必有起而矯之者，矯之而適得其正，則道進矣。」[49] 此後，他的言論日趨激進，不僅提倡「革命破壞」之說和「冒險進取」精神，甚至主張推翻滿清政權，實行民族革命，建立民主共和之國家。對於梁啟超的激烈言辭，黃遵憲也很不贊成，但他並不直接提出批評，而是委婉地用親身經歷來啟發他，規勸他。他講到自己年輕的時候：

僕初抵日本，所與遊者多舊學，多安井息軒之門，明治十二三年時，民權之說極盛，初聞頗驚怪，既而取盧梭、孟德斯鳩之說讀之，心志為之一變，以謂太平世必在民主。然無一人可與言也。及遊美洲，見其官吏之貪詐，政治之穢濁，工黨之橫肆，每舉總統，則兩黨力爭，大幾釀亂，小亦行刺，則又爽然自失。以為文明大國尚如此，況民智未開者乎？

他繼續講述自己的故事：

又歷三四年，復往英倫。乃以為政體當法英，而其著手次第，則又取租稅、訟獄、警察之權，分之於四方百姓；欲取學校、武備、交通之權，歸之於中央政府，盡廢今之督撫藩臬等官，以分巡道為地方大吏，其職在行政而不許。上自朝廷，下至府縣，咸設民選議院為出治之所，而又將二十一行省分割為五大部，各設總督，其體制如澳洲、加拿大總督。中央政府權如英主，共統轄本國五大部，如德意志之統率日爾曼全部，如合眾國統領之統轄美利堅聯邦，如此則內安民生，外聯與國，或亦足以自立乎。

最後他說：

近年以來，民權自由之說遍海內外，其勢長驅直進，不可遏止，而或唱革命，或稱類族，或主分治，亦囂囂然盈於耳矣。而僕

仍欲奉王權以開民智，分官權以保民生，及其成功則君權民權兩得
其平。僕終守此說不變，不知公之意以為然否？ [50]

　　黃遵憲這一番諄諄教誨，沒能讓梁啟超的思想馬上剎車，我們看他這
個時期的言論，仍然以「革命」、「排滿」為主調。而有意思的是，恰恰是
這個時期的言論，使梁啟超不同程度地影響到毛澤東、陳獨秀、胡適、魯
迅等人的思想和行為，在年輕一代的心中贏得了一席之地。他們在很多年
後仍然記得梁啟超的文字帶給他們的激動。然而當時，梁啟超卻承受着來
自黃遵憲、康有為等師長的巨大壓力。黃遵憲在光緒二十八年（1902 年）
年十一月又寫了一封很長的信給他，專門討論民權、自由、革命、自立以
及將來的政體等問題。在這封信裏，他反覆說明其道理，並動之以真情，
就是要勸梁啟超回頭。他明確表示：

　　　　公（梁啟超）所草《新民說》，若權利、若自由、若自尊、若
　　自治、若進步、若合群，皆吾腹中之所欲言，舌底筆下所不能言。
　　其精思偉論，吾敢宣佈於眾曰：賈、董無此識，韓、蘇無此文也。
　　然讀至冒險、進取、破壞主義，竊以為中國之民，不可無此理想，
　　然未可見諸行事也。

他告誡梁啟超：

　　　　以如此無權利思想、無政治思想、無國家思想之民，而率之以
　　冒險進取，聳之以破壞主義，譬之八九歲幼童，授以利刃，其不至
　　引刀自戕者幾希。

他擔心：

　　　　然以今日之民，操此術也以往，吾恐唱革命者，變為石敬瑭之

賂外，吳三桂之請兵也；唱類族者，不願漢族、鮮卑族、蒙古族之雜居共治，轉不免受治於條頓民族、斯拉夫民族、拉丁民族之下也；唱分治者，忽變為猶太之滅，波蘭之分，印度、越南之受轄於人也。

他特別希望梁啟超能用好手中這支筆，「一言興邦，一言喪邦。芒芒禹域，惟公是賴，求公加之意而已」。他認為，若論對社會輿論的影響，沒有誰能勝過梁，所以，「以公今日之學說、之政論佈之於世，有所向無前之能，有惟我獨尊之概，其所以震驚一世，鼓動群倫者，力可謂雄，效可謂速矣。然正以此故，其責任更重，其關係乃更巨」。[51]

讓黃遵憲感到欣慰的是，光緒二十九年（1903 年），梁啟超從美國考察歸來後，竟完全放棄了革命、排滿、共和的主張，轉向君主立憲。黃遵憲在光緒三十年（1904 年）七月寫給梁啟超的信中大發感慨：「公之歸自美利堅而作俄羅斯之夢也，何其與僕相似也。」[52] 我們也還記得，黃遵憲放棄盧梭的學說，轉向「守漸進主義，以立憲為歸宿」，正是在美國那三年結下的果實。此時，梁啟超完全接受了黃遵憲的思想和主張。即使在不久之後所爆發的《新民叢報》與《民報》關於革命與君主立憲的論戰中，梁啟超的立論，也基本上是在發揮黃遵憲的思想。可惜，此時的黃遵憲身患重病，已不能治。甲辰（1904 年）冬，病中的黃遵憲做了個夢，醒來後他作詩三首寄給梁啟超，記述了夢中的情境以及對往事的追思。他在最後寫道：「我慚嘉富洱（加布林），子慕瑪志尼，與子平生願，終難償所期。何時睡君榻，同話夢境迷？即今不識路，夢亦徒相思。」[53] 此二人，一個嘉富洱，一個瑪志尼，此時此刻，也只能隔海遙望，夢裏相思，讓人唏噓不已。

幾個月後，光緒三十一年乙巳（1905 年）二月二十三日，黃遵憲死於肺病。梁啟超二十八日得到黃遵憲去世的消息，悲痛異常，當即在《飲冰室詩話》中記下了自己的心情：

二月二十八日忽得靈電，嘉應黃公度先生遵憲既歸道山。嗚呼痛哉！今日時局，遽失斯人，普天同恨，非特鄙人私痛云爾。吾友某君，嘗論先生云：有加富爾之才，乃僅於詩界闢一新國土。天乎人乎，深知先生者，必能信此言之非阿好也。[54]

他繼續寫道：

先生著述百餘萬言，其數年來與鄙人通信則亦十數；壬寅（1902年）本報中所載師友論學箋，題東海公、法時尚任齋主人、水蒼雁紅館主人者，皆先生之文也。其他述作，或演國學，或箴時局，一皆經世大業，不朽盛事。鄙人屢請佈之，先生以未編定，不之許也。嗚呼！先生所以貽中國者，乃僅此區區而已耶？天道無知，夫復何言！先生平生所為詩不下數千首，其贈余詩僅二。疇昔以自居嫌疑之地，不欲佈之。今者先生已矣，仇先生者亦可以息矣。「平生風誼兼師友，不敢同君哭寢門。」嗚呼！吾安得不屑涕記之？[55]

這裏可以看出，梁啟超對黃遵憲不僅由衷地敬重和欽佩，而且感情深厚，這種感情就源於他們的共同理想和精神追求。

所以，黃遵憲在彌留之際還致信梁啟超，與他討論「吾黨方針，將來大局」，頗有些交代政治遺囑的意味。他說：「渠意蓋頗以革命為不然者。然今日當道實既絕望，吾輩終不能視死不救。吾以為當避其名而行其實，其宗旨：曰陰謀、曰柔道；其方法，曰潛移、曰緩進、曰蠶食；其權術，曰得寸進寸、曰闞首擊尾、曰遠交近攻。」[56] 他這時已經看到自己將不久於人世，遂與梁啟超談起對待生死的態度：「余之生死觀略異於公，謂一死則泯然澌滅耳。然一息尚存，尚有生人應盡之義務。於此而不能自盡其職，無益於群，則頑然七尺，雖軀殼猶存，亦無異於死人。無闞死之法，而有不虛生之責。」[57] 也就是說，人沒有辦法逃避死亡，但是，人不能不對虛度此生負有責任，一息尚存，就要盡應盡的義務。

雖然黃遵憲病患已深，但他仍一如既往地關心梁啟超的精神狀況和身體健康。從隨信寄來的照片中，他看到雜坐於熊希齡與楊度之間的梁啟超，「意興蕭索」，「神采乃不如人，面龐亦似差瘦也」，深為他感到擔憂，特意在覆信中勸慰他：「公二年來所謀多不遂，公自疑才短，又疑於時未可。吾以為所任過重，所願過奢也。」接下來又說：「公今年甫三十有三，年來磨折，苟深識老謀，精心毅力隨而增長，未始非福。（七年來所經患難不足以挫公，蓋禍患發之自外，公所持之理足以勝之。惟年來期望不遂，則真恐損公豪氣，耗公精心矣。）公學識之高，事理之明，並世無敵。若論處事，則閱歷尚淺，襄助又乏人。公今甫三十有三，歐、美名家由報館而躍居政府者所時有，公勉之矣！公勉之矣！」[58] 在這裏，他勉勵梁啟超，不要因一時的挫折而沮喪，要在生活中不斷地磨礪自己的品格，增加自己的閱歷，相信未來一定有可以大展宏圖的時候。

　　黃遵憲最後高吟着他的詩句，向梁啟超揮手作別，其詩曰：

> 謬種千年兔園冊，此中埋沒幾英豪。
> 國方年少吾將老，青眼高歌望爾曹。[59]

　　一代思想大師與之漸行漸遠，而梁啟超則獨行在風雨飄搖的路上。

註釋：

1　《梁啟超年譜長編》，41 頁。

2　同上，41～44 頁。

3　《飲冰室合集‧文集》之四十四（上），6 頁；《人境廬詩草箋註》，1164～1165 頁。

4　《人境廬詩草箋註》，1255 頁。

5　《走向世界──中國人考察西方的歷史》，363 頁。

6　《追憶康有為》，113 頁。

7　《康有為詩文選》，100～101 頁。

8　同上，101 頁。

9　正先《黃遵憲》，見《人境廬詩草箋註》，1215 頁。

10　光緒二十八年四月黃公度《致飲冰主人書》，《梁啟超年譜長編》，274 頁。

11　《辛亥革命》，39 頁。

12　《梁啟超年譜長編》，273～274 頁。

13　《胡適古典文學研究論集》，114 頁。

14　《梁啟超年譜長編》，56 頁。

15　同上，57 頁。

16　同上，58 頁。

17　《飲冰室合集‧集外文》上冊，2 頁。

18　《梁啟超年譜長編》，74 頁。

19　同上。

20　《康有為詩文選》，101 頁。

21　《飲冰室合集‧專集》之一，130 頁。

22　同上，129 頁。

23　《康有為詩文選》，100 頁。

24　轉引自《黃遵憲傳》，372 頁。

25　轉引自《人境廬詩草箋註》，1223～1224 頁。

26　《梁啟超年譜長編》，86 頁。

27　同上。

28　同上，87 頁。

29　同上。

30　同上，88 頁。

31　《清代學術概論》，85 頁。

32　《梁啟超年譜長編》，84 頁。

33　《人境廬詩草箋註》，1233 頁。

34　《飲冰室合集‧集外文》上冊，12～13 頁。

35　《飲冰室合集‧專集》之一，137 頁。

36　同上，137～138 頁。

37　《上陳寶箴書》，見《飲冰室合集‧集外文》上冊，12 頁。

38　《人境廬詩草箋註》，1230 頁。

39　以上參考《人境廬詩草箋註》中《黃遵憲年譜》部分章節。

40　《人境廬詩草箋註》，845 頁。

41　《飲冰室合集‧文集》之二，50 頁。

42　《清代學術概論》，79 頁。

43　同上，86 頁。

44　《黃遵憲集》，486 頁。

45　《梁啟超年譜長編》，77 頁。

46　《飲冰室合集‧文集》之九，55 頁。

47　同上，55～59 頁。

48　《黃遵憲集》，488 頁。

49　《梁啟超年譜長編》，278 頁。

50　《黃遵憲集》，491 頁。

51　同上，504～513 頁。

52　同上，514 頁。

53　《人境廬詩草箋註》，1078 頁。

54　《梁啟超年譜長編》，351 頁。

55　《飲冰室詩話》，105～106 頁。

56　《黃遵憲集》，517 頁。

57　同上，518 頁。

58　同上。

59　《人境廬詩草箋註》，865 頁。

第

八

章

惺惺相惜：

梁啟超與

嚴復

▶ 嚴復（1854—1921）

- 1896 年，嚴復捐款資助梁啟超主筆的《時務報》，並表達對《時務報》的讚許和敬意。嚴復寄《天演論》譯稿給梁啟超。
- 關於保皇，梁啟超與嚴復多次論爭。
- 1913 年，梁啟超與嚴復與其他人一起發起組織孔教會。
- 1920 年，梁啟超評價嚴復：西洋留學生與本國思想界發生關係者，復其首也。

梁啟超與嚴復的接觸和交往，不像與黃遵憲那樣親密和直接，倒是多了些恭敬與客氣。最初，他們之間僅限於書信往還。現在能看到的最早的通信，是嚴復於光緒二十一年八月十八日（1896 年 9 月 24 日）寫給汪康年與梁啟超的。他在信中寫道：

> 昨公度觀察抵津，穭大報一時風行。於此見神州以內人心所同，如懷總干蹈厲之意。此中消息甚大，不僅振聵發聲、新人耳目已也。不佞曩在歐洲，見往有一二人著書立論於幽仄無人之隅，逮一出問世，則一時學術政教為之斐變。此非取天下之耳目知識而劫持之也，道在有以摧陷廓清、力破餘地已耳。使中國而終無維新之機，則亦已矣；苟二千年來申商斯高之法，熄於此時，則《時務報》其嚆矢也。[1]

在這封信裏，嚴復對《時務報》表達了他的讚許和敬意。他把《時務報》比作一枝響箭，認為，如果實行兩千多年的皇權專制能在此時被終

結，那麼，《時務報》便是這一偉大事業的開創者和先行者。他還「寄上匯票百元」，以表達自己「樂於觀成此事之心」。[2]

▌ 從馬江船政學堂到格林尼次海軍學院

嚴復（1854—1921），初名體乾，清同治五年（1866年），馬江船政學堂在閩招生，改名宗光字又陵應試，登仕後始改名復，字幾道，晚號瘉壄老人，別署觀我生室主人、輔自然齋主人、尊疑尺盦、瘉壄堂主人，成名後，人稱嚴侯官或侯官嚴先生。[3]

嚴復世居福建侯官（今閩侯縣，屬福州市）。祖父嚴秉符、父親嚴振先皆以醫為業，醫術高明，在當地享有很高聲望。清咸豐三年十二月初十日（1854年1月8日），嚴復生於閩垣之南台（今台江），七歲始入私塾讀書，「先後從師數人」，[4] 老師的姓名已不可考，只記得五叔嚴厚甫曾教過他。十一歲，他離開故里來到省垣，父親特聘閩省宿儒黃少巖來家中坐館。黃先生雖布衣，但治學則「漢宋並重，著有《閩方言》等書」。[5] 嚴復初讀五經，便自師從黃先生開始，由於黃先生的悉心教誨，他對宋、元、明儒學案及典籍，有了初步的認識和了解，為後來的學術生涯奠定了堅實的基礎。當時，他家與人「合賃一屋，居樓上，每夜樓下演劇，布衣輒命就寢，劇止，挑燈更讀」，[6] 由此可見黃先生督課之嚴。

不料，兩年後，黃先生離世，他的教職由其子黃孟修接替。越明年，嚴復的父親在搶救霍亂病人時，亦染病而亡。父死家貧，無力供他繼續讀書，為走科舉求仕的「正途」而必須接受的傳統教育因此中止。他曾有《為周養庵（肇祥）題籌鐙紡織圖》一詩，憶及當時的情形：

> 我生十四齡，阿父即見背，家貧有質券，賻錢不充債。陟岵則
> 無兄，同谷歌有妹。慈母於此時，十指作耕耒。上掩先人骸，下養
> 兒女大。富貴生死間，飽閱親知態。門戶支已難，往往遭無賴。五

更寡婦哭，聞者隳心肺。辛苦二十年，各畢袊襁戒。毛生遠奉檄，稍稍供粗糲。雖乏五鼎庖，倖免顏色菜。誰知岡極天，欲養已不逮。至今念慈顏，既老心愈痗。吾聞對歔者，不可為累欷。何堪垂暮年，睹此驚魂畫。嗚呼大宇間，此恨何時瘥。乃悟晉王裒，竟把蓼莪廢。[7]

　　這首詩應該是他晚年所作，觸景生情，想到當年的情景，不禁感慨繫之。過了不久，恰遇馬江船政學堂招生。對於絕望中的嚴復來說，投考這所學堂未必不是一條出路。誠然，這是迫不得已的選擇，希望所有人都能接受這種選擇，在當年也是不現實的。據說，他的五叔厚甫就不贊成，直到母子二人痛哭跪求，才勉強同意。這一天，嚴復與數百名閩省青年子弟一同走進船政學堂的考場。至於這場考試的具體內容，我們了解得很有限，只知道要求考生作一篇題為《大孝終身慕父母論》的論文。據嚴復後來回憶，他把喪父之痛，以及對含辛茹苦的母親的一片深情，都傾注在這篇「數百言」的短文中，贏得了他的同鄉，船政大臣沈葆楨的賞識，遂以第一名被錄取。

　　這一年，他與一個王姓姑娘結婚。王氏為他生過一個男孩，取名嚴璩，字伯玉。在船政學堂，嚴復肄業五年。清同治十年五月（1871 年 4 月），他參加卒業考試，名列「最優等」，旋與同學劉步蟾等十八人登「建威」練習船實習，「巡歷南至星加坡檳榔嶼各地，北至直隸灣遼東灣各地」。[8] 在校期間，嚴復列名「後學堂」，所學為「航行理論科」，課目有：「英文、算術、幾何、代數、解析幾何、割錐、平三角、弧三角、代積微、動靜重學、水重學、電磁學、光學、音學、熱學、化學、地質學、航海術等。」[9] 這些都是所謂「西學」，也就是自然科學。嚴復的這種知識背景，使他走了一條完全區別於梁啟超的思想學術之路。恰如史華茲所言：「在這裏，西方科學要求的精確性和能力訓練與嚴復原有的嚴謹的治學態度結合了起來，這種嚴謹的治學態度可能來自他早年受到的『漢學』家治學方法的訓練。」[10]

同治十三年（1874年），日本漁船多艘，途徑台灣南部洋面，遇風失事，遭到牡丹社生番殺戮，劫奪幾盡。日本政府一面向清廷提出抗議，一面興兵，進犯台灣。沈葆楨以船政大臣奉詔，率兵船前往台灣，酌度情形，相機處置。學成後的嚴復等亦乘福州造船廠所造新船「揚武」號隨行，並「測量台東𣌠萊各海口，並調查當時肇事情形，計月餘日而竣事，繕具說帖呈報，沈公據以入奏，後經我國認給卹款了結」。[11] 那幾年，嚴復一直在「揚武」號上歷練，巡弋黃海一帶。清光緒二年（1876年）初，他們奉命出訪日本，至長崎、橫濱各口岸，引來了大批觀者。《萬國公報》當年報導「揚武」號抵達日本盛況時說：「日人頗生豔羨，嗣入內港，氣勢昂藏，足令日人駭異……此舉殊足壯中朝之威，而使西人望風額慶也。且此班生童其精進正未可量，雖此行為中朝所僅有，而中外咸皆歡欣鼓舞而樂觀厥成焉。」[12]

　　嚴復在兵船上實習、服役約有五年，曾得到教練船總教習、英國皇家海軍上校德勒塞「非常機敏的軍官和導航員」[13] 的評價。清光緒三年（1877年），李鴻章、沈葆楨奏請選派船政學堂前後學堂學生三十人，分赴英法留學，期限三年，以李鳳苞、日意格為監督。這是中國派出的第一批海軍留學生，同行的有：「隨員馬建忠，文案陳季同，翻譯羅豐祿，製造學生鄭清廉、羅臻祿、李壽田、吳德章、梁炳年、陳林璋、池貞銓、楊廉臣、林日章、張金生、林怡游、林慶升及駕駛學生劉步蟾、林泰曾、蔣超英、方伯謙、何心川、林永升、葉祖珪、黃建勳、江懋祉、林穎啟、藝徒裘安國、陳可會、郭瑞珪、劉懋勳等」。[14] 到英國不久，嚴復便以嚴宗光之名，考入格林尼次海軍學院，「肄習兵法」。[15]

　　留學英國期間，除了所學功課，嚴復更注意觀察、思考西方之所以強盛，而中國何以貧弱的原因。這時，中國政府派駐英國的使節是欽差大臣郭嵩燾。嚴復與其同學，常去駐英使館拜訪，匯報學習情況。郭嵩燾亦不時邀請他們到使館聚談。嚴復的談吐尤為郭嵩燾所欣賞，他們很快成了忘年交。郭嵩燾在「日記」中多次寫道：「嚴又陵（宗光）談最暢。」[16] 又道：「嚴又陵議論縱橫。」[17] 一次，嚴復談到他們在教習的帶領下學習修建

掩體，一個小時後，教師最先完成，其他學生亦完成及半，只有「中國學生工程最少，而精力已衰竭極矣」。他於是得出結論：「西洋筋骨皆強，華人不能。」[18] 看似很簡單的問題，背後顯然隱含着很深的中西文化的裂痕。一天，他與郭嵩燾談及中外國情的不同，認為：「中國切要之義有三：一曰除忌諱，二曰便人情，三曰專趨向。」郭嵩燾聽了大為感慨，以為是「深切著明」之言。[19]

他們也談到時政和時事。他讀了張力臣（自牧）的《瀛海論》，與郭嵩燾交流看法，把它的問題歸納為「四謬」：「謂鐵路數年為之不足，一夫毀之有餘，非中國所宜造，是一謬；謂機器代人力，日趨淫侈，二謬；謂舟車機器之利，後來必轉薄而更廢，三謬；謂中國有各國互相牽制之勢，海防非所急，四謬。」郭嵩燾同意他的看法，稱道曰：「良然。」[20] 這時，他的思想方法以及對人、事的價值判斷，明顯地越來越接近西洋人。他嘗試着用西洋人的方式看問題和想問題。他對郭嵩燾說：「西洋人記載：有至雲南，見礦工能辨礦產者，驚為神技。一夜四望山勢，見有綠氣迷漫，辨知其為銅礦，又能聽其開採之聲，以知礦產之衰旺。或礦產將盡，及山將傾，皆於其聲辨之。云此神技也，中國但以礦工目之，不加異視。又其開礦井，盤旋而下，無機器之利，而上下數十丈皆有援藉，亦其心法之巧處。」[21] 這樣的人才而不見用，接受了西方思想的嚴復是深感可惜的，但在信奉「萬般皆下品，唯有讀書高」的價值評判體系中，自然沒有礦工的位置，儘管中國的富強或許更需要這位擁有「神技」的礦工，而並非熟讀「四書五經」的書生。

一年後，嚴復等六人以「出類拔萃」的成績，通過了格林尼次海軍學院的期末考試。郭嵩燾致函英國外交部，請求安排方伯謙、何心川、葉祖珪、林永升與薩鎮冰等五名學生到皇家海軍船艦上實習，而嚴復則另有安排。他提議，應讓嚴復「在格林尼次海軍學院再學一學期（一年），俾使勝任中國政府業已為其安排之職位」。[22] 格林尼次海軍學院接受了這個建議，同意嚴復留下來繼續修習，以完成高等數學、化學、物理、海軍戰術、海戰公法及槍炮營壘諸學科。清光緒五年（1879 年）夏，嚴復終以優

異成績完成了學業。校方本擬安排他上英艦紐爾卡斯號實習，但中國公使曾紀澤一紙公函送到英國外交部，以「嚴宗光已奉電召立即回國」為由，取消了他的上艦實習計劃。於是，六月間，他便啟程回國，結束了匆匆兩年的留學生涯。[23]

▌ 從福州船政學堂到北洋水師

　　這一年，嚴復二十七歲，雖然尚未獲得世俗所謂的功名，卻也有了留學英國的經歷，未來前途固不可測，總是可以有所作為的。郭嵩燾又很器重他，對他抱有很高的期望，只是看他少年得志，有些恃才傲物，「氣性太涉狂易」，則不免為之擔憂，「亦念負氣太盛者，其終必無成，即古人亦皆然也」。[24] 故以「嚴宗光宜何用之」詢問其他同學。得到的回答是：「以之管帶一船，實為枉其材。」於是又問：「何宜？」曰：「交涉事務，可以勝任。」再問：「陳季同酬應明幹，能勝公使否？」答稱：「其識解遠不逮嚴宗光。」[25] 另據薛福成《出使四國日記》記載，洋監督斯恭塞格曾向曾紀澤報告：「水師管駕學生十二人，以劉步蟾、林泰曾、嚴宗光、蔣超英為最出色。」他特別提到「嚴宗光於管駕官應知學問以外，更能談本溯源，以為傳授生徒之資，足勝水師學堂教習之任」。[26]

　　曾紀澤是郭嵩燾的繼任者，清政府新任命的駐英法欽差大臣。嚴復在他初到倫敦時曾前往使館拜見，「談極久」，[27] 後又將自己的三篇文章呈覽。曾紀澤核改後給嚴復回了一封長信。這封信現在已經看不到了，但他在「日記」中留下了這樣一段話，可以窺見他對嚴復的態度。他寫道：「宗光才質甚美，穎悟好學，論事有識。然以郭筠丈褒獎太過，頗長其狂傲矜張之氣。近呈其所作文三篇，曰《饒頓傳》，曰《論法》，曰《與人書》，於中華文字，未甚通順，而自負頗甚。余故據其疵弊而戒勵之，愛其稟賦之美，欲玉之於成也。」[28] 嚴復對於曾紀澤的批評並不認同，他在寫給郭嵩燾的信中寫道：「劼剛（曾紀澤字）門第意氣太重，天分亦不高，然喜為輕

藐鄙夷之論。」[29] 郭嵩燾亦仍堅持已見，他認為：「又陵於西學已有窺尋，文筆亦跌宕，其才氣橫出一世，無甚可意者。劼剛乃謂其文理尚未昭晰，而謂其狂態猶（由）鄙人過為獎諭（譽）成之。豈知其早下視李丹崖一輩人，非鄙人之所導揚之也。」[30]

此處提到的李丹崖，即海軍留英學生的華監督李鳳苞，丹崖是他的字。他剛由郭嵩燾保舉，被清政府任命為出使德國大臣。嚴復既對他有輕蔑之意，他對嚴復亦心懷不滿，以至於郭嵩燾在向朝廷推薦出洋人才時，提到嚴復則不得不多加小心，唯恐引起不必要的閒言碎語。但他於公於私都不希望嚴復被埋沒，在給總理衙門的保薦摺子中，仍然寫上了「嚴宗光」的大名，並致函一位身居要職，有機會接近皇帝的「某公」，談到向「茲邦」派駐大使，他建議讓嚴復去，「惟嚴君能勝其任」，擬議要派的這個人，「不識西文，不知世界大勢，何足以當此」？但某公並未採納郭嵩燾的建議，乃「目以為狂，置之而已」。[31] 其實是把他做了冷處理。官場的潛規則就是這樣，只認出身、背景和錢財。出身寒微的嚴復，於世態炎涼是深有感觸的。他在寫給四弟嚴觀瀾的信中就曾抱怨：「當今做官，須得內有門馬，外有交遊，又須錢財應酬，廣通聲氣。兄則三者無一焉，又何怪仕宦之不達乎？置之不足道也。」[32] 既如此，雖然他懷抱經世之綸，也難遇慧眼識人的伯樂。

光緒五年（1879 年）九月，學成歸來的嚴復被安排到福州船政學堂當了一名教員。不久，時任直隸總督的李鴻章動手經營北洋海軍，奏設北洋水師學堂。他從陳寶琛（伯潛）那裏聽說嚴宗光「器識閎通，天資高朗」，[33] 一封電報，就把嚴復從福建召到天津，做了北洋水師學堂的總教習。這個職務相當於今日之教務長，該校總辦則是從福建船政提調任上調來的道員吳仲翔。吳是校長，卻把校務全部託付給教務長，教學更由教務長主持。嚴復在水師學堂任事二十年，從總教習做到會辦、總辦，直到光緒二十六年（1900 年），鬧起了義和團，八國聯軍打入天津，他才脫離水師學堂，避戰亂於上海。這些年，在他的主持下，學堂培養了一批又一批海軍人才，其中名聲顯著者如黎元洪、劉冠雄、李鼎新、謝葆璋、鄧汝

成、饒懷文、伍建光、王邵廉等，都曾風光於一時。但是，他似乎並不認可這種所謂的成就，多年後他還為之感歎：「復管理十餘年北洋學堂，質實言之，其中弟子無得意者。伍昭扆（光建）有學識而性情乖張，王少泉（邵廉）篤實而過於拘謹。二者之外，餘雖名位煊赫，皆庸材也。」[34]

嚴復的不滿和失望是顯而易見的。事實上，他始終不認為北洋海軍可以救中國於水火，他也不認為，水師學堂培養的學生，可以使中國復興。他深知，李鴻章主導的海軍事業，並沒有脫離中國腐朽政治的土壤，先天不足，苛責於後天亦無益。甲午一戰，敗於日本海軍，就是明證。民國七年（1918年），他憶及三十年前與總稅務司赫德的一次談話，依然印象深刻。赫德把一個國家的海軍，比作一棵樹上的花，「譬如樹之有花，必其根幹支條，堅實繁茂，而與風日水土有相得之宜，而後花見焉；由花而實，樹之年壽亦以彌長」。[35] 證之日本，可知此言不謬也。日本海軍，起步晚於中國，卻後來居上，先敗中國於甲午，再敗俄國於甲辰，靠的就是政治改革先於船堅炮利。中國所以令人憂戚者，就在於很多人看不到這一點。所以，他常對人說：「不三十年藩屬且盡，繯我如老牸牛耳。」[36] 多數人以為他是癡人說夢，李鴻章則嫌他言辭偏激，有意疏遠他。雖說幾年後他也被先後擢舉為會辦、總辦，但正如陳寶琛所言，他這個總辦，是「不預機要，奉職而已」的。[37] 也就是說，李鴻章固然很器重他的才學，卻並不以他為心腹，不讓他參與決策。

這種尷尬處境，或源於他學成歸國之後，所遭遇的一連串令人沮喪的事。先是光緒五年冬，兩江總督沈葆楨去世。這個欣賞他的人不在了，便少了來自上層對他的賞識和庇護。當年，沈葆楨的南洋海軍，是唯一可以和李鴻章的北洋海軍分庭抗禮的勢力，如果是這樣，包括嚴復在內的這批船政學堂留歐學生，很可能被沈葆楨羅致在自己的勢力範圍內，嚴復也就有了施展其才華和抱負的機會。沈葆楨既死，全部海軍勢力逐漸歸於李鴻章所掌控，嚴復則不得不棲於李鴻章的麾下。後者，光緒十七年（1891年），郭嵩燾故去，嚴復「聞之，感欷殊甚」。[38] 郭是他的望年知己，郭公之卒，使他失去了朝廷中唯一可依靠的人。他在輓聯中表達了自己對先生

的一片深情：

> 平生蒙國士之知，而今鶴翅翾翾，激賞深慚羊叔子；
> 唯公負獨醒之累，在昔蛾眉謠諑，離憂豈僅屈靈均。[39]

　　嚴復既為郭公可惜，也因自己的處境而傷感。他既懷才不遇，而眼前腐敗的社會現實更讓他感到焦慮不安。憂憤煩悶之中，他也曾選擇以吸食鴉片來麻醉自己。李鴻章得知他「吃煙事」，曾勸他戒煙：「汝如此人才，吃煙豈不可惜！此後當仰體吾意，想出法子革去。」[40] 他很感謝李中堂的好意，但他胸中塊壘既不能平，吃煙之事便也難戒。這時，他的沮喪與無奈，也只有在親人面前才能稍加流露。他在給四弟觀瀾的信中寫道：「外間幾無一事可做，官場風氣日下，鬼蜮如林，苟能拂衣歸里，息影敝廬，真清福也。兄自來津以後，諸事雖無不佳，亦無甚好處。公事一切，仍是有人掣肘，不得自在施行。」[41] 在《送陳彤卣歸閩》[42] 這首古風中，他也表達了自己的失意與不滿。開篇一句「四十不官擁皋比，男兒懷抱誰人知」，已見悲涼之氣，直透紙背。陳彤卣（錫贊）是嚴復同鄉，時任北洋水師學堂漢文教習，光緒十七年（1891 年），他考中舉人，次年再中進士，端居主事之列，正要榮歸鄉里。嚴復為他送行，觸景生情，想到自己年已四十，在水師學堂執教十二年，雖然做到總辦，是陳彤卣的上司，但畢竟不是正途出身，社會上被人輕視，說話也沒有份量。而所有這一切，都因為「當年誤習旁行書，舉世相視如髦蠻」，由於學了橫向書寫的英文，在世人眼裏便如同蠻夷一般，等同異類，雖有憂國憂民之心，徒增歧路途窮之痛。

　　這種失落感，在很長時間裏一直糾纏着嚴復。雖然他深知科舉之弊，「每向知交痛陳其害」，[43] 但除非你不想有所作為，像嚴復這樣，懷抱着治平理想而不甘寂寞的人，到頭來「不得不拘於當時之習尚」，[44] 向世俗妥協低頭。這時他還幻想着「欲博一第，以與當事周旋。既已入其彀中，或者其言較易動聽，風氣漸可轉移」。[45] 於是，光緒十一年（1885 年），他就捐

了個監生，首次應鄉闈，結果不第而歸。此後，他又在光緒十四年（1888年）、光緒十五年（1889年）以及光緒十九年（1893年），累次赴試，終不第。「孰如其終不第何」？[46] 後人這一問，是為嚴復不平和惋惜。最終，他還是走了報捐同知這條路，光緒十五年，「海軍保案免選同知，以知府選用」；[47] 光緒十八年（1892年），「海軍保案免選知府，以道員選用，分發直隸」。[48] 他是個抱負很大，自視很高的人，報捐同知不僅沒能滿足他的期望，大約還傷了他的自尊心。於是，他便動了離開海軍的念頭，想到張之洞那裏試一試。在給四弟的信中他寫道：「兄北洋當差，味同嚼蠟。張香帥於兄頗有知己之言，近想捨北就南，冀或乘時建樹耳。」[49] 不過，這個想法始終沒有付諸行動，抑或沒有機會。

最終使他擺脫這種困境的，是甲午年（1894年）的清日戰爭。他是當時極為罕見的明白人。清日開戰不久，他就與此時正賦閒在家的同鄉陳寶琛談到了讓人憂憤不已的時局。他告訴陳寶琛，平壤淮軍「糜爛潰渙」，不足以戰；而北洋海軍，經九月十七日一戰，不僅損失了「致、經二遠，並超、揚兩艘」，而且，「見存諸船受傷甚重，非月餘日大修不能復出」。他對李鴻章亦感到十分的失望和不滿：「合肥用人實致僨事，韓理事信任一武斷獨行之袁世凱，則起釁之由也；信其壻（婿）張蕡齋□浸潤招權，此淮軍所以有易將之失，欲同邑之專功，所以有衛汝貴之覆眾；任其甥張士珩，所以致軍火短給，而炮台皆不足以斃敵。以己一生勳業，徇此四五公者，而使國家亦從以殆，嗚乎，豈不過哉！今然後知不學無術私心未淨之人，雖勳業燦然之不足恃也。」[50] 他還談到中法戰爭以來，朝廷不思進取，安於現狀的情形，以及慈禧那拉氏挪用海軍軍費修造頤和園這件事，他說：「可太息者，自甲申□□□□載，大可未雨綢繆，乃相率泄遝，內則峻宇雕牆，□山海子之費至於數千萬緡，而今茲安危利蓍□□，不貲所費，千古荒亡，如一丘之貉；外則政以賄成，各立門戶，羌無一人為四千年中國之所，以為中國道地者。」[51]

他在十數日之後的另一封信中又談到：「所最可痛者，尤在當路諸公束手無策，坐待強寇之所欲為。」他說：「朝廷始持戰議，故責備北洋甚

深，今者勢處於不得不和，故又處處恐失其意，臣主平時於洋務外交絕不留意，致臨事之頃，如瞽人入皆井，茫無頭路如此。」[52] 他對京師士大夫尤不滿意，認為他們「於時務懵然，絕不知病根所在，徒自頭痛說頭，腳痛說腳」。[53] 他在寫給長子嚴璩的信中進一步談到了他對時局的看法：「大家不知當年打長毛、撚匪諸公係以賊法子平賊，無論不足以當西洋節制之師，即東洋得其餘緒，業已欺有餘。中國今日之事，正坐平日學問之非，與士大夫心術之壞，由今之道，無變今之俗，雖管、葛復生，亦無能為力也。」[54] 如果說，康梁是從社會政治層面提出變法的要求，上書言事，推動變法，那麼，嚴復則從社會風俗層面提出了變法要求，他把引進西學作為傳播新知，開通民智，促進變法的前提；在這裏，他與康梁正可謂殊途同歸。他與兒子談到自己的近況：「我近來因不與外事，得有時日多看西書，覺世間惟有此種是真實事業，必通之而後有以知天地之所以位，萬物之所以化育，而治國明民之道，皆捨之莫由。」[55] 很快，嚴復就以新的姿態出現在公眾面前。

▌ 從北洋水師總辦到啟蒙思想家

此時，嚴復正面臨着人生道路上的重大轉折。由於甲午戰敗，這一奇恥大辱深深地刺激了中國人麻木的神經。有志於中國富強的先知先覺如嚴復者，更加意識到自己所承擔的責任。他不再醉心於宦途，轉而把心思用在對國人的思想啟蒙上。光緒二十一年（1895 年）三月，李鴻章與伊藤博文簽訂《馬關條約》，中國割讓遼東半島（後因俄、德、法三國干涉而未能得逞）、台灣島及其附屬島嶼、澎湖列島給日本，賠償日本白銀二億兩。西方各國看到後起的蕞爾小國日本竟在中國得到諾大好處，亦加速了瓜分中國的步伐，爭先恐後地要求在華權益。消息傳來，正在北京參加會試的康有為、梁啟超等，聯合各省舉子一千三百餘人，發動公車上書，向清政府提出了拒和、遷都、變法三大要求，呼籲國人奮起救國、保種、圖

強。在這場聲勢浩大的思想啟蒙運動中，嚴復表現出一個啟蒙思想家的敏銳、膽識和勇氣。他在天津《直報》陸續發表了《論世變之亟》、《原強》、《原強續篇》、《闢韓》、《救亡決論》等鼓吹民權，啟發民智的文章，並開始翻譯赫胥黎的《天演論》。這些痛快淋漓的文章很快使他脫穎而出，他運用西方的自由民主學說，給予專制政治以時人所能達到的最尖銳、最嚴厲、最深刻的批判，令人耳目一新。

翻譯《天演論》是一齣重頭戲。《天演論》原名 *Evolution and Ethics*（進化論與倫理學），是赫胥黎在牛津大學的演講稿。其主旨在於將達爾文的生物學原理運用於人類社會的研究，認為人類社會也是物競天擇、適者生存的結果，並強調這一過程中自然演化與人類倫理的互相作用，適於生存的人也正是倫理優秀的人。演講稿最初發表於光緒十九年（1893 年）。光緒二十年（1894 年）此稿重刊，作者又加入一篇《導論》。嚴復所譯《天演論》，便以演講稿和導論為底本。據嚴璩所著《侯官嚴先生年譜》記載，甲午戰敗，和議始成，嚴復「大受刺激，自是專致力於翻譯著述，先從事於赫胥黎之《天演論》，未數月而脫稿」。[56] 此說可證之以陝西味經售書處重刊本，封面題為光緒乙未（1895 年）春三月，可見此時譯作之初稿已經完成，並有了非正式的版本印行，後經幾番修訂、增刪，又陸續添加了不少按語，直到光緒二十四年（1898 年）六月才正式出版。

嚴復所以選擇在此時將《天演論》譯介給他的同胞，顯然與他急切關注的中國正處在生死存亡的危險時刻有關。恰如他在《自序》中所言，他所看重的，首先還是作者對於社會如何進化的看法，「且於自強保種之圖洞若觀火」，何況書中所論，「與中土古人有甚合者」[57] 然而，我們不必擔心嚴復也有「引中國古事以證西政，謂彼之所長，皆我所有」[58] 的結習，實際上，如同梁啟超回應他的批評一樣，他這樣做，也是考慮到使讀者便於接受。他在《譯例》中特意說明：「原書引喻多取西洋古書，事理相當，則以中國古書故事代之，為用本同，凡以求達而已。」[59] 但他並不認為，「西學所明皆吾中國所前有，固無所事於西學焉」是正確的，他明確指出：「發其端而莫能竟其緒，擬其大而未能議其精，則猶之未學而已耳，曷足

貴乎？」在此他已指明了學習西學的必要性，所以他說：「士生今日，乃轉籍西學以為還讀我書之用。」[60] 也就是說，研究近代西方思想或許會使中國古代思想顯得更為清楚明白。事實上，西學與中國固有之學不僅有相同或相近之處，而且，西學甚至可能加深我們對中國固有之學的理解。

嚴復看到了進化論在西方思想史上所發揮的巨大能量。他在《原強》一文中指出，達爾文的《物種探原》（今譯《物種起源》）徹底改變了西方學術政教的面貌，整個舊世界因此而分崩離析。他寫道：「論者謂達氏之學，其一新耳目，更革心思，甚於奈端氏（即牛頓）之格致天算，殆非虛言。」[61] 現在，他要把這種思想引進中國，讓這個沉睡不醒的老大帝國也發生一場天翻地覆的變化。他還獨創了「物競天擇，適者生存」這一響亮的口號，事後證明，人們從書中看到的並非西方思想與中國聖人思想的一致性，而是震聾發聵的社會達爾文主義的兩個概念：一個是「物競」，一個是「天擇」。他對此有進一步的解釋：「物競者，物爭自存也；天擇者，存其宜種也。」[62] 而書中的論述則更加詳盡：「物競者，物爭自存也，以一物以與物物爭，或存或亡，而其效則歸於天擇。天擇者，物爭焉而獨存。則其存也，必有其所以存，必其所得於天之分，自致一己之能與其所遭之時與境，及凡周身以外之物力，有其相謀相濟者焉。夫而後獨免於亡，而足以自立也。而自其效而觀之，若是物特為天之厚而擇焉以存也者，夫是之謂天擇。」[63] 恰恰是從這裏，嚴復得出了一個十分嚴峻的結論：優勝劣敗！他看到，老大中國在與西方的競爭中，已處於劣勢，先敗於英國，再敗於法國，又敗於英法聯軍，甚至在初嘗西化「禁果」的日本面前，中國也敗得難以收拾。此時的中國，真到了亡國滅種的緊急關頭，如果再不振作精神，痛下決心，尋求一條自強之路，其結局只能是在生存競爭中被淘汰。尤為可貴的是，天演之論，在肯定自然運化的同時，更強調聽天命而盡人事，「人治天行，同為天演」，[64] 他告訴國人，只要人盡其事，是可以與天爭勝而最終勝於天的。也就是說，只要中國變法圖強，改變以往的虛驕蒙昧、腐朽渙散的舊俗，就有一線生機。

這種言論在當年是頗能打動人心的。事實上，《天演論》一經問世，

就在社會上引起了巨大反響。它猶如一塊巨石，投在清末中國這潭死水中，頓時打破了往日的寧靜；它又像晨鐘暮鼓，當頭棒喝，使國人在睡夢中驚醒。首先是士人群體，其中，尤以青年士子的反響最為激烈。梁啟超便是《天演論》最早的讀者之一。不晚於光緒二十二年（1896年）十月，他已經看到了《天演論》的譯稿。作為《時務報》的總主筆，他的言論風行海內，一篇《變法通議》，更讓他譽滿華夏。嚴復讀他的文章，遂產生一種惺惺相惜、相識恨晚的感覺。他把梁的文章形象地比作「扶桑朝旭，氣象萬千，人間陰曀，不得不散，迪人木鐸之義，正如此耳。」[65] 他們之間的書信往來也多在此時。光緒二十二年十月，嚴復在寫給梁啟超的信中提到：「拙譯《天演論》，僅將原稿寄去。」[66] 同時寄去的，還有《闢韓》等文稿。梁啟超小嚴復將近二十歲，人生閱歷和知識學問亦不如嚴復廣博，故交往之初，梁啟超事嚴復如父師。他在現存唯一一封寫給嚴復的信中就曾表示：「今而知天下之愛我者，捨父師之外，無如嚴先生；天下之知我而能教我者，捨父師之外，無如嚴先生。」[67] 這裏不排除梁有自謙的成分，但也不乏真情。就像他曾把譚嗣同推薦給老師康有為一樣，康有為知道嚴復其人，也出於他的推薦。康聖人固然有目空一切的毛病，但自從在梁啟超那裏看到《天演論》的譯稿後，「亦謂眼中未見此等人」[68] 流亡海外時，康有為寫信給張之洞，還稱嚴復為「中國西學第一者」。[69]

嚴復的西學造詣，更為梁啟超所仰視和羨慕。他認識到，自己既不通西洋文字，所學只能是隔靴搔癢，支離破碎，雖然也讀了幾本西書，卻都是別人唾棄的殘渣剩飯，很難有真知灼見。多年以後，他還檢討自己的學問，是「不中不西即中即西」的夾生飯，以為「固有之舊思想，既深根固蒂，而外來之新思想，又來源淺觳，汲而易竭」，[70] 所以，那時的他便有了「從馬眉叔習拉丁諾文」的想法。對此，嚴復亦表示支持，並且指出：「此文及希臘文，乃西洋文學根本，猶之中國雅學，學西文而不與此，猶導河未至星宿，難語登峰造極之事。」必要固然必要，但他擔心梁啟超事務繁忙，恐怕堅持不易，鼓勵他每天至少抽出一兩個小時，「期勿作輟，一年之後，自有妙驗」。他還說：「以中年而從事西學者，非絕有忍力人，必不

能也。」如果是其他人，「僕固未嘗慫恿之，至於足下，則深願此業之就。使足下業此而就，則豈徒吾輩之幸而已，黃種之民之大幸也」。[71]

梁啟超的學習計劃沒有因為嚴復極高的期望而得以實現，但這並不妨礙他從嚴復那裏汲取西學的養料，以補自身之不足。他在完成《變法通議》這篇發揮康有為改革思想的宏文後，曾計劃再作一篇《說群》，來闡發康有為關於「以群為體，以變為用」的思想。不能說他的這個計劃沒有受到嚴復所譯《天演論》的啟發，不過，他在探討「群義」，深感「理奧例賾，苦不克達」的時候，倒也慶幸得到了「侯官嚴君復之《治功天演論》」，而且「讀之犁然有當於其心」，對幽深玄妙的「群義」有了新的理解。於是他表示，要「內演師說，外依兩書（另一書為譚嗣同的《仁學》），發以淺言，證以實事，作《說群》十篇，一百二十章。其於南海之緒論，嚴譚之宏著，未達什一，惟自謂際變法之言，頗有進也」。[72]

應當承認，梁啟超是敏銳的。他獨具慧眼，從洋洋數萬言的《天演論》中拎出了一個「群」字。因為他很清楚，中國幾千年皇權專制的病根，就在於不懂得群術，而以獨術為治國之本。這是中國所以落後，所以捱打，所以屢敗於西方國家的根本原因，所謂「以群術治群，群乃成，以獨術治群，群乃敗」也。他用康先生的「三世說」來解釋群術與獨術的不同，認為「據亂世之治群多以獨，太平世之治群必以群。以獨術與獨術相遇，猶可以自存，以獨術與群術相遇，其亡可翹足而待也」。就中國目前所面臨的處境而言，恰恰是以固守獨術來應對實行群術的西方諸國。當世界範圍內國與國的生存競爭日趨殘酷之際，群術優於獨術是顯而易見的，並已為百餘年來的歷史所證實。不想亡國滅種，就要棄獨術而尊群術。「群者，天下之公理也」。順應此理者，必為天所選擇，所謂「物競天擇，適者生存」是也。「彼泰西群術之善，直百年以來焉耳，而其浡興也若此」；日本自明治維新以來，以群術新獨術，成為世界強國，都說明群術是大勢所趨，而獨術則逆天悖理而不見時，誠為天下所恥笑。[73]

然而，梁啟超寫作《說群》的計劃，像他的很多寫作計劃一樣，最終只完成了很少的一部分，我們現在所能看到的，只有《說群序》和第一篇

《群理》中的第一章。不過，其中的原因卻並非通常所說的事務繁忙，或見異思遷，而是理論準備不足，對西方社會政治學說所知甚少，在處理這樣一個兼有社會學和政治學的宏大課題時，的確會有捉襟見肘之感，即所謂「理奧例賾，苦不克達」。事實上，就群學而言，嚴復也還沒有做好準備。雖然他在《天演論》之後，已經着手翻譯斯賓塞的《群學肄言》，但只譯了很少一部分；亞當‧斯密的《原富》也只譯成前五冊，尚不及全書的一半，其他如約翰‧穆勒的《群己權界論》、甄克思的《社會通詮》、孟德斯鳩的《法意》，以及《穆勒名學》（上半部），還要等到若干年之後，但並不妨礙他們繼續討論所關心的如何使中國走上富強之路的問題，現實的緊迫性也不允許他們先在書齋裏完成理論準備，再去設計實現富強的方案，而只能在現實中摸索着往前走。

在這些方面，嚴復或許要比康、梁更優越一些，他的思考和認識也比康、梁更進一步。而所進這一步，卻非同小可。雖然他們同樣感受到了甲午戰敗之後中國所面臨的將被列強瓜分的嚴峻形勢，但對於西方何以強大，中國何以貧弱，改變這種現狀的出路在哪裏？他們的看法是不盡相同的。嚴復的優勢就在於多讀了一些西方政治、經濟、哲學的原著，對西方的政治制度、思想理論、風俗文化多了一些直接的感受和了解，所以，他看到的「西方強大的根本原因，即造成東西方不同的根本原因，絕不僅僅在於武器和技術，也不僅僅在於經濟、政治組織或任何制度設施，而在於對現實的完全不同的體察。因此，應該在思想和價值觀的領域裏去尋找」。[74]康、梁的認識自然已經超越了早期睜開眼睛看西方的人，也比洋務諸君更進了一步，他們的改革方案更側重於教育體制和政治制度，從梁啟超早期的文章中，我們不難看到，他在批判科舉制度的時候，鋒芒所向是在國家選拔人才的方式，以及八股制藝對人的束縛這些方面。他說得很明白：「吾今為一言以蔽之曰，變法之本，在育人才，人才之興，在開學校，學校之立，在變科舉，而一切要其大成，在變官制。」[75]雖然他一再強調「開民智」乃自強之第一義，但在民何以智，民智如何開這些問題上，他們的認識，以及所採取的辦法是很不一樣的。說到底，他們的分歧恰恰表

現在「思想和價值觀的領域」，圍繞着如何對待孔教和儒學典籍，他們之間有過很多爭論。梁啓超最初是亦步亦趨緊跟康有為的。他不認為科舉制度的問題應該算在四書五經的賬上，皇權愚民也非四書五經之罪，罪在後世君主僅僅把四書五經當作了「考試之題目」和「制藝之取材」，鼓勵學生在制藝、詩賦、楷法上用力，國家以此為取士的標準，學生以此為求仕進的不二法門，至於古代聖人的微言大義，經世致用的道理，並沒有人肯花費哪怕一點精力去學習和研究，「國家既不以此取士，學成亦無所用」。所以他痛責：「秦始皇之燔詩書，明太祖之設制藝，遙遙兩心，千載同揆，皆所以愚黔首，重君權，馭一統之天下，弭內亂之道。」他希望教育回到其本性上來，而並非一塊敲開仕途大門的敲門磚。他並非不主張學習西方，但傳統儒學的衰微，總是讓他感到深深的憂慮和不安，他說：「西學之學校不興，其害小，中學之學校不興，其害大。」[76]

嚴復的視野要比梁啓超更廣博，眼光也比他要犀利。在探討中國所以被日本打敗的原因時，嚴復更希望把問題直接引向影響中國幾千年的聖人崇拜和聖人教化，他說：「即如今日中倭之搆難，究所由來，夫豈一朝一夕之故也哉！嘗謂中西事理，其最不同而斷乎不可合者，莫大於中之人好古而忽今，西之人力今以勝古；中之人以一治一亂、一盛一衰為天行人事之自然，西之人以日進無疆，既盛不可復衰，既治不可復亂，為學術政化之極則。」[77] 在這裏，他的思考已經涉及到宇宙觀、世界觀、人生觀、價值觀、歷史觀等諸多方面。沿着這個思路他繼續發揮：「蓋我中國聖人之意，以為吾非不知宇宙之為無盡藏，而人心之靈，苟日開瀹焉，其機巧智慧，可以馴致於不測也。而吾獨置之而不以為務者，蓋生民之道，期於相安相養而已。夫天地之物產有限，而生民之嗜欲無窮，孳乳寖多，鐫鑱日廣，此終不足之勢也。物不足則必爭，而爭者人道之大患也。故寧以止（知）足為教，使各安於樸鄙顓蒙，耕鑿焉以事其長上，是故春秋大一統。一統者，平爭之大局也。秦之銷兵焚書，其作用蓋亦猶是。降而至於宋以來之制科，其防爭尤為深且遠。取人人尊信之書，使其反覆沉潛，而其道常在若遠若近、有用無用之際。懸格為招矣，而上智有不必得之憂，下愚有或

可得之慶，於是舉天下之聖智豪傑，至凡有思慮之倫，吾頓八紘之網以收之，即或漏吞舟之魚，而已暴頸斷者，頹然老矣，尚何能為推波助瀾之事也哉！嗟乎！此真聖人牢籠天下，平爭泯亂之至術，而民智因之以日窳，民力因之以日衰。」[78]

梁啟超看到的是聖人之說被帝王利用作為牢籠天下的工具，嚴復看到的卻是聖人之說毒害人的思想和心靈的事實。他指出聖人之說的危害性，就在於倡導一種相安相養，知足常樂，苟且不爭的人生觀，安於現狀，不與周圍環境——無論自然環境還是社會環境，做必要的抗爭。俗語有「知足者常樂，能忍者自安」的說法，就是這個意思。作為一種人生智慧，明哲自保，獨善其身則受到文人士大夫的推崇，發憤競爭，銳意進取不僅得不到提倡，反而被認為有違君子之道。為此他大為感慨，在他看來，正是這種安貧樂道、聽天由命的思想，伴隨着君主專制的重軛，造成了中國人愚昧、麻痹、冷漠、自私的國民性格，它的後果，直接導致了這個昔日帝國積貧積弱、民氣衰竭的局面。過去也許可以相安無事，但那是因為，「跨海之汽舟不來，縮地之飛車不至，則神州之眾，老死不與異族相往來。富者常享其富，貧者常安其貧。明天澤之義，則冠履之分嚴；崇柔讓之教，則囂凌之氛泯。偏災雖繁，有補苴之術；萑苻雖夥，有剿絕之方。此縱難言郅治乎，亦用相安而已」。[79] 而當今之世，中國已被西方列強強行納入現代競爭體制之中，要想維持昔日的榮耀，不在競爭中被淘汰出局，沒有別的選擇，只能迎接挑戰，換一種活法（生民之道）。他的這種想法，數年後，在《與〈外交報〉主人書》中表達得更加直接、透徹和明白：「今吾國之所最患者，非愚乎？非貧乎？非弱乎？則徑而言之，凡事之可以瘉此愚、療此貧、起此弱者皆可為。而三者之中，尤以瘉愚為最急。何則？所以使吾日由貧弱之道而不自知者，徒以愚耳。繼自今，凡可以瘉愚者，將竭力盡氣鞭手繭足以求之。惟求之為得，不暇問其中若西也，不必計其新若故也。有一道於此，致吾於愚矣，且由愚而得貧弱，雖出於父祖之親，君師之嚴，猶將棄之，等而下焉者無論已。有一道於此，足以瘉愚矣，且由是而療貧起弱焉，雖出於夷狄禽獸，猶將師之，等而上焉者無論

已。何則？神州之陸沉誠可哀，而四萬萬之淪胥甚可痛也。」[80]

　　既然治「愚」是使中國擺脫貧弱，贏得富強的前提，而治「愚」的關鍵，又在於改變固有的使民「愚」而非使民「智」的「生民之道」，於是他說，如果有一種能使中國國民脫「愚」而返「智」的「道」，那麼，無論是中是西、是新是故，都應該求而師之，即使來自「夷狄禽獸」，也未為不可。他列舉了日本明治天皇、普魯士國王腓特烈大帝和俄國彼得大帝的改革，然後說道「方其發奮圖自強，其棄數百千年之舊制國俗，若土苴然。」[81] 梁啟超亦深知富強有賴於國民覺醒的道理，承認思想啟蒙先於經濟和政治的改革，西方國家近代崛起的歷史的確證實了這一點。按照康德的說法：啟蒙就是從迷信中解放出來。而愚昧與迷信恰好是一對雙生子，要破除愚昧和迷信，只有依賴啟蒙所帶來的整個國民的思想解放。因此，他在實踐中始終把啟發民眾的覺悟放在首要位置。他強調廢科舉，辦學校，開學會，譯西書，普及教育至於師範、女學、幼學，都被認為是至關重要的舉措，並闢以專文論述。然而，他不認為破除愚昧和迷信與孔教儒學一定是矛盾的，對立的，非此即彼的，而是一體的，一致的，此中有彼，彼中有此的。既然治愚是富強的先決條件，那麼，保教何嘗不是保國、保種的先決條件？甚至可以說，保教和保國、保種是不可分割的，保教中即包含了保國、保種。

　　嚴復顯然不能接受梁啟超的這種觀點，在他看來，言保教者，與張之洞的「中學為體，西學為用」並沒有本質上的不同，不過五十步與百步而已。下面這段話固然不是針對梁啟超所言，卻表明了他的基本態度：「吾故曰期於文明可，期於排外不可。期於文明，則不排外而自排；期於排外，將外不可排，而反自塞文明之路。且今世之士大夫，其所以頑錮者，由於識量之庫狹。庫狹之至，則成於孔子之鄙夫。」[82] 因此，他在給梁啟超的一封信中懇切地寫道：「謂教不可保，而亦不必保。又曰保教而進，則又非所保之本教矣」。而梁啟超「讀至此，則據案狂叫，語人曰，不意數千年悶胡蘆被此老一言揭破」。他不由得感歎：「不服先生之能言之，而服先生之敢言之。」[83] 我們不必懷疑梁啟超的真誠，但又不能不看到梁啟超的

糾結與複雜，既有難言之隱，也有其自身的局限。康有為倡言保教，要做孔教的教主，作為其大弟子，梁啟超不得不跟着搖旗吶喊，以維護老師的尊嚴和權威。但又並非完全盲從於老師，自己還是有過深入思考的，「則區區之意又有在焉」。[84] 不過，他的「區區之意」又在兩可之間。一邊對嚴復的觀點表示認同，覺得嚴復所言不無道理，只是不便公開表達，只能與「同志數人私言之，而未敢昌言之」；[85] 一邊又說：「惟於擇種留良之論，不全以尊說為然，其術亦微異也。」[86] 因此，在寫給嚴復的這封信中，為了自己，也為保教，梁啟超作了一些必要的辯解。他承認，立教的結果，將束縛「士人之心思才力」，[87] 思想少了活力，則難有新的開拓和創造。但他也擔心，如果沒有可以使國人凝聚起來的精神力量，中國又如何做自己的強國夢，在與西方的競爭中又如何得到生存和發展的機會呢？他認為：「中國今日民智極塞，民情極渙，將欲通之，必先合之。合之之術，必擇眾人目光心力所最趨注者而舉之以為的則可合。既合之矣，然後因而旁及於所舉之的之外以漸而大，則人易信而事易成。」他以民主為例，認為「固救時之善圖也，然今日民義未講，則無寧先藉君權以轉移之。彼言教者，其意亦若是而已。」[88] 梁的這番辯解不是一點現實意義都沒有，他希望所保之教可以抵禦或削弱西方傳教士在中國民眾中所造成的巨大影響，以恢復儒學作為國教的榮譽，是完全可以理解的。在此，他還表達了維護中國文化傳統不使其斷裂的迫切心情，他擔心，隨着儒教在現實中的衰落，「真儒幾無一人」，而西方宗教又借助國家的力量，橫行於中國，可能導致中國文化傳統的衰落，如果「不思自保，則吾教亡無日矣」。[89]

在《覆友人論保教書》中，梁啟超尤為充分地論證了他的這種觀點。他首先強調宗教在塑造國民精神方面所發揮的重要作用。在這裏，他簡述了基督教、伊斯蘭教，以及孔教教所以立，所以昌，所以關乎國家強弱的原因，隨後指出：「夫天下無不教而治之民，故天下無無教而立之國。」[90] 戊戌變法失敗後，他流亡日本，不久，在日本哲學會發表了題為《論支那宗教改革》的演說，繼續鼓吹康有為的保教說，他稱之為支那的「宗教革命」，其中言道：「凡一國之強弱興廢，全係乎國民之智識與能力，而智

識能力之進退增減，全係乎國民之思想，思想之高下通塞，全係乎國民之所習慣與所信仰。然則欲國家之獨立，不可不謀增進國民之識力，欲增進國民之識力，不可不謀轉變國民之思想，而欲轉變國民之思想，不可不於其所習慣所信仰者，為之除其舊而佈其新。此天下之公言也。泰西所以有今日之文明者，由於宗教革命，而古學復興也。蓋宗教者，鑄造國民腦質之藥料也。我支那當周秦之間，思想勃興，才智雲湧，不讓西方之希臘。而自漢以後兩千餘年，每下愈況，至於今日，而衰萎愈甚，遠出西國之下者。由於誤六經之精意，失孔教之本旨，賤儒務曲學以阿世，君相託教旨以愚民，遂使兩千年來孔子之真面目湮而不見，此實東方之厄運也。故今欲振興東方，不可不發明孔子之真教旨。」[91]

此時的梁啟超，在思考和處理中西文化關係時，內心應該是極為複雜和矛盾的。他來自傳統文化的內部，深知其弊病與精華，也深切感受到中國正面臨着三千年未有之變局——卻也是三千年未有之危局，特別是一場深刻的文化危機。張之洞說：「今日之世變，豈特春秋所未有，抑秦、漢以至元、明所未有也。」他所指便是文化，「學者搖搖，中無所主，邪說暴行，橫流天下」，因此，「吾恐中國之禍，不在四海之外，而在九州之內矣」。[92] 梁啟超雖然不像張之洞這樣如喪考妣，但他顯然有更深一層的憂慮。他心裏十分清楚，中國所以為中國，首先在於文化；而今日中國所以陷於貧弱，雖不完全是由文化造成的，但文化在其中承擔着不可推卸的責任。不過他又說：「中國之學，其淪陷澌滅一縷絕續者，不自今日，雖無西學以乘之，而名存實亡，蓋已久矣。」他把「今之所謂儒者」分為三類，其中等而下之者，「八股而已，試帖而已，律賦而已，楷法而已」；略高一點的，「箋註蟲魚，批抹風月，旋賈馬許鄭之胯下，嚼韓蘇李杜之唾餘，海內號為達人，謬種傳為鉅子」；至於那些等而上之者，「則束身自好，禹行舜趨，衍誠意正心之虛論，剿攘彝尊王之迂說」；所以，號稱儒學弟子的人雖然很多，但大約不出這三類。因此他說：「今日非西學不興之為患，而中學將亡之為患。」這種激憤之情恰恰根源於他對歷史和現實清醒的認知。他看到了儒學孔教對中國的傷害是深入骨髓的，「舊學之蠹中國，猶

附骨之疽，療疽甚易，而完骨為難」。但儒學孔教的問題不在其自身，而在於後人曲解以誤入歧途，這才使得六經從經世致用之學──無一字不可見於用，最終變成了無用之學、愚民之學。而保教的終極目的恰恰是要恢復儒學孔教經世致用，治國安邦的傳統，「然則孔教之至善，六經之致用，固非吾自袓其教之言也，不此之務，乃棄其固有之實學，而抱帖括、考據、詞章之俗陋，謂吾中國之學已盡是，以此與彼中新學相遇，安得而不為人弱也」。他主張：「要之，捨西學而言中學者，其中學必為無用；捨中學而言西學者，其西學必為無本。無用無本，皆不足以治天下。」[93]

　　無論如何，嚴復比梁啟超更了解基督教、伊斯蘭教在西方歷史上的作用，因而，他對康、梁以西方宗教為鏡鑒，鼓吹保所謂孔教很不以為然。不過，他與梁啟超談到對保教的看法，只有梁啟超《與嚴幼陵先生書》中引用的兩句話，他的原信至今未見。而幸運的是，他在《有如三保》、《保教餘義》兩篇文章中，相當充分地表達了反對保教的理由。光緒二十四年（1898年）四月間，這兩篇文章在他所主辦的《國聞報》上發表，此時距他致信梁啟超大約一年而有餘，距梁啟超覆信則數月而已。文章既不針對梁啟超，他的言論因此而顯得特別暢快。且看他說：「今日更有可怪者，是一種自鳴孔教之人，其持孔教也，大抵於耶穌、謨罕爭衡，以逞一時之意氣門戶而已。不知保教之道，言後行先則教存，言是行非則教廢。諸公之所以尊孔教而目餘教為邪者，非以其理道勝而有當於人心多耶？然天下無論何教，既明天人相與之際矣，皆必以不殺、不盜、不淫、不妄語、不貪他財為首事。而吾黨試自省此五者，果無犯否，而後更課其精，如是乃為真保教。不然，則孔教自存，滅之者正公等耳，雖日伐鼓打鑼無益也。」[94] 他講到宗教之所以發生，是人的一種精神需求。有什麼樣的文化，就有什麼樣的宗教，「大率必其教之宗恉適合乎此群人之智慧，則此教即可行於此群中；而此群人亦可因奉此教之故，而自成一特性。故風俗與教宗可以互相固結者也」。[95] 然而，就中國而言，孔子以前的古教已不可考。自秦以後，歷朝歷代都自奉孔教以為國教，但是，「支派不同，異若黑白，而家家自以為得孔子之真也」。[96] 至於民間，奉何為教，一時似乎還不

能給出確實的答案。在國外嘗聽人說，中國人或信奉佛教，或信奉土教，問之則曰：「驗人之信何教，當觀其婦人孺子，不在賢士大夫也；當觀其窮鄉僻壤，不在通都大邑也；當觀其閭閻日用，不在朝聘會同也。今支那之婦女孺子，則天堂、地獄、菩薩、閻王之說，無不知之，而問以顏淵、子路、子游、子張為何如人，則不知矣。支那之窮鄉僻壤，苟有人跡，則必有佛寺尼庵，歲時伏臘，匐匐呼籲，則必在是，無有祈禱孔子者矣。至於閭閻日用，則言語之所稱用，風俗之所習慣，尤多與佛教相聯綴者，指不勝屈焉。據此三者，當得謂之非佛教乎！」[97] 又問其何以為土教，則曰：「徧地球不文明之國所行土教，有二大例：一曰多鬼神，二曰不平等。支那名山大川，風雷雨露，一村一社各有神。東南各省則拜蛙以為神，河工之官則拜蛇以為神，載之祀典，不以為誕。時憲書者，國家之正朔也。吉神凶神，羅列其上，亦不以為誕。此非多鬼神而何？官役民若奴隸，男役女若奴隸，蓋律例如此也，此非不平等而何？據此二者，尚得謂之非土教乎！」[98]

為什麼中國庶眾反而不信奉孔教呢？他認為，孔教高懸在上，「而支那民智未開，與此教不合。雖國家奉此以為國教，而庶民實未歸此教也」。[99] 其實是敬而遠之，以為不如佛教、道教更便捷，更能安撫其精神之渴望，「遂不覺用之甚多，而成為風俗」。[100] 嚴復此處所言，雖假西人之口，卻並不有悖於事實。無論如何，在中國民眾的認知裏，並不存在所謂孔教，儘管他們的某些道德行為和處世原則也曾深受儒家的薰陶和約束。事實上，嚴復在更早的時候就注意到這個問題了。當光緒十七年（1891年）前後，嚴復奉李鴻章之命，翻譯英國作家宓克《傳教士在中國》一書，他在該書按語中就曾寫道：「外人常疑中國真教之所在，以為道非道，以為釋非釋，以為儒教乎？則孔子不語神，不答子路事鬼之問，不若耶穌自稱救主，謨罕驀德自稱天使之種種炫耀靈怪也。須知目下所用教字，固與本意大異。名為教者，必有事天事神及一切生前死後幽杳難知之事，非如其字本義所謂文行忠信授受傳習已也。故中國儒術，其必不得與道、釋、回、景並稱為教甚明。」[101] 凡此種種都說明，孔教在中國只是統治者的一

個幌子，它在庶民中從未真實地存在過。那麼，又何必言「保教」呢？

嚴復講的這番道理，梁啟超怕是要到創辦《新民叢報》時期才能有所感悟和認知。光緒二十八年（1902年）元月十五日，《新民叢報》第二號發表梁啟超的《保教非所以尊孔論》，這是他第一次在公開場合清理自己的思想，故稱之為「我操我矛以伐我者」。他稱自己曾是保教黨旗下一「小卒」，一「驍將」，現在則是「保教黨之大敵」。雖然他以自我反思的姿態亮相，但實際上，老師康有為已被他置於對立面，以至於在師生之間引起了一場信任危機、情感危機。梁啟超以一種大無畏的精神，承擔了這種不被老師和同道、同學所理解的痛苦，他言道：「吾愛孔子，吾尤愛真理；吾愛先輩，吾尤愛國家；吾愛故人，吾尤愛自由。吾又知孔子之愛真理，先輩故人之愛國家愛自由，更有甚於吾者也。吾以是自信，吾以是懺悔，為二千年來翻案，吾所不惜；與四萬萬人挑戰，吾所不懼。吾以是報孔子之恩我，吾以是報群教主之恩我，吾以是報我國民之恩我。」[102] 他的這篇文章從八個方面論證了保教為什麼不等於尊孔，甚至有可能傷害孔子，背離孔子精神的理由，集中到一點就是，孔子不是教主，孔子的思想也不同於任何一種宗教，保來保去，「則所保者必非孔教矣」。[103] 這本是嚴復告誡他的話，他當時還不能完全接受，經過這幾年在日本的閱讀、觀察與思考，他的思想大有改觀，對這個問題有了新的認識。他坦言過去的局限性，「其所蔽有數端：一曰不知孔子之真相，二曰不知宗教之界說，三曰不知今後宗教勢力之遷移，四曰不知列國政治與宗教之關係」[104] 他由「四不知」變為「四知」，是一種進步，嚴復的許多觀點，被他接受下來，融入其論說之中，甚至比嚴復的論述更加明晰和透徹。嚴復收到他所贈寄的《新民叢報》，在給梁啟超的覆信中表示，尤其喜愛《保教非所以尊孔論》這篇文章，認為「非囿習拘虛者所能道其單詞片義者」，並贊許他行文的「流暢銳達」。[105]

嚴復常常苦惱於如何才能讓自己的同胞接受西方的思想和治國理念。多年與洋務諸君打交道的經驗告訴他，作梗於其中者只有兩條：一曰華夷之辨，一曰義利之辨。這是兩條聖人之訓，也是束縛國人的兩條精神枷

鎖。只要這兩條在，就不用指望人們能以平常心面對西學。因此，中國要想進步，改變貧弱的現狀，先要解放人的思想，而人的思想能否解放，關鍵在於能否破除對聖人的迷信。他的名作《闢韓》，其鋒芒所向，便直指聖人之教和君權至上。他告訴各位同胞，韓愈的《原道》把道理講反了，顛倒了君臣、君民的因果關係。不是有了聖人、君主，才有臣民，恰恰相反，有了臣民，才有聖人、君主。這便是孟子所說的「民為貴，社稷次之，君為輕」。按照孟子的這個次序，不惟「君臣之倫，蓋出於不得已也」，即便「君也臣也，刑也兵也，皆緣衞民之事而後有也」。這才是「天下立君之本恉也」，是天道、天理，順之者昌，逆之者亡。接下來他說到，西方諸國之所以強，所以富，就在於明白了這個道理，「一國之大公事，民之相與自為者居其七，由朝廷而為之者居其三，而其中之犖犖尤大者，則明刑、治兵兩大事而已」。這就是民主。且看英、法、德、美諸國，採用這種「與民共治」的理念治國，不過百餘年、數十年罷了，就已走上富強之路，中國的富強，捨民主亦難以奏效。這是天下大勢，智慧的聖人和想要有所作為的君主，不會看不到這種天下大勢，更不可能以一己之私欲而違背天下大勢，他只能順應天下大勢，所謂識時務者為俊傑，這個時務就是「與民共治」，就是民主。因此，他一定會說：「吾之以藐藐之身託於億兆人之上者，不得已也，民弗能自治故也。民之弗能自治者，才未逮，力未長，德未和也。乃今將早夜以孳孳求所以進吾民之才、德、力者，去其所以困吾民之才、德、力者，使其無相欺、相奪而相患害也，吾將悉聽其自由。民之自由，天之所畀也，吾又烏得而靳之！如是，幸而民至於能自治也，吾將悉復而與之矣。唯一國之日進富強，余一人與吾子孫尚亦有利焉，吾曷貴私天下哉！」這是嚴復替聖人和君主在想，在說，如果聖人和君主真能這樣想，這樣說，那麼，自然是我中國人的萬幸。「誠如是」，嚴復憤而言道，「三十年而民不大和，治不大進，六十年而中國有不克與歐洲各國方富而比強者，正吾菶言亂政之罪可也」。[106]

　　光緒二十一年（1895 年）三月十三、十四日，《闢韓》由天津《直報》首先發表。後經梁啟超推薦，《時務報》第二十三冊再次發表此文，時間

是光緒二十三年（1897年）四月十二日。這是一篇檄文，不僅顛覆了皇權的合法性，且質疑六經的權威性，就其尖銳、犀利而言，嚴復所有文章怕都無出其右。他嚴正且沉痛地指出：「苟求自強，則六經且有不可用者，況夫秦以來之法制！如彼韓子，徒見秦以來之為君，正所謂大盜竊國者耳。國誰竊？轉相竊之於民而已。既已竊之矣，又惴惴然恐其主之或覺而復之也，於是其法與令蝟毛而起，質而論之，其什八九皆所壞民之才，散民之力，漓民之德者也。斯民也，固斯天下之真主也，必弱而愚之，使其常不覺，富不足以為有，而後吾可以長保所竊而永世。」[107]他很羨慕西方國家的民眾，在西方，「國者，斯民之公產也，王侯將相，通國之公僕隸也」。再看我們中國，「天子富有四海，臣妾億兆」。因此，「西洋之民，其尊且貴也，過於王侯將相，而我中國之民，其卑且賤，皆奴產子也」。[108]

直接指斥君主為竊國大盜，聲稱六經沒有實用價值，如此激烈的言辭，當時的梁啟超既不敢說也不完全認同。為了避免刺激到某些讀者的神經，嚴復文中「苟求自強，則六經且有不可用者」這句話，《時務報》轉載時便改為「古人之書且有不可泥者」。[109]儘管處理得如此謹慎，嚴復此文還是惹惱了張之洞。據說，張之洞「見而惡之，謂為洪水猛獸」，[110]遂命屠梅君（守仁）撰文反駁。同年六月十八日，《時務報》第三十冊以「讀者來信」的方式編發了屠梅君的《辨〈闢韓〉書》一文。嚴覆沒有回應對他的批判，但在寫給五弟嚴觀衍的信中，他曾提到此事：「前者《時務報》有《闢韓》一篇，聞張廣雅（張之洞）尚書見之大怒，其後自作《駁論》一篇，令屠墨君出名也，《時務報》已照來諭交代矣。」[111]

作為清王朝的維護者和孔聖儒學的衛道士，張之洞不能容忍嚴復的文章，應在預料之中。梁啟超固與張之洞不同，他強調六經可讀，必讀，在他看來，是因為六經乃有經世之用，而不僅僅因為它是神聖不可侵犯的典籍。他在《湖南時務學堂學約》中規定，經世之用是讀書的主要目的，即便是西學，如果沒有經世之用，也是可以棄之不讀的。「凡學焉而不足為經世之用者，皆謂之俗學可也。居今日而言經世，與唐宋以來之言經世者又稍異，必深通六經製作之精意，證以周秦諸子及西人公理公法之書以為

之經，以求治天下之理；必博觀歷朝掌故沿革得失，證以泰西希臘羅馬諸古史以為之緯，以求古人治天下之法；必細察今日天下郡國利病，知其積弱之由，及其可以圖強之道，證以西國近史憲法章程之書，及各國報章以為之用，以求治今日之天下所當有事，夫然後可以言經世」。[112] 在這裏，他提出了中學、西學互參互證的原則，其目的，就是要為中國培養支持變法維新，能夠治國理政的人才。

其實，嚴復只是從人的自然權利，即所謂天賦人權的角度，強調人人都平等地享有自然權利。由於人與人之間，人群與人群之間，經常發生爭鬥，乃至侵害或破壞他人的權利，因此，理性要求人們聯合起來，訂立契約，讓渡權利，以組成國家和政府，保護人們的權利，尤其是生命財產不受傷害。這便意味着，國家權力的基礎是人權，保護人權是國家權力固有的屬性和責任，而政治民主化則是天賦人權的內在要求。不過，要讓上上下下的中國人理解這一點，意識到自己所擁有的權利，並自覺地維護這些權利，行使這些權利，則難乎其難。中國人何所愚？就愚在對自己應該擁有的權利一無所知，心甘情願地做專制的奴才。恰如魯迅所言：「中國人向來就沒有爭到過『人』的價格，至多不過是奴隸。」因此，對中國人來說，只有兩個時代，「一，想做奴隸而不得的時代；二，暫時做穩了奴隸的時代」。[113] 何以如此呢？嚴復認為，這種局面的造成，孔子及儒家宣揚的那套維護君權至上的倫理是難辭其咎的。如果說中國和西方有什麼不同，那麼，最核心的便是價值觀念的不同。嚴復看到：「中國最重三綱，而西人首明平等；中國親親，而西人尚賢；中國以孝治天下，而西人以公治天下；中國尊主，而西人隆民」。[114]

這就是說，西方人看重的是平等、民主、公德，中國人看重的是等級、名分和私德。為什麼會有這種區別？「則自由不自由異耳」。西方人是把自由看得很重的，天賦的與生俱來的自由是任何人也不能剝奪的，有了自由就有了一切，失去自由就失去一切。君不見，「唯天生民，各具賦畀，得自由者乃為全受。故人人各得自由，國國各得自由，第務令毋相侵損而已。侵人自由者，斯為逆天理，賊人道。其殺人傷人及盜蝕人財物，

皆侵人自由之極致也。故侵人自由，雖國君不能，而其刑禁章條，要皆為此設耳。」[115] 嚴復發現，西方國家所以強盛的祕密暨中國擺脫貧弱以致富強的不二法門，就在於以自由、平等的理念治理國家，使每個人都能把自己的全部潛能發揮出來。唯其如此，國家才有可能呈現出「捐忌諱，去煩苛，決壅蔽，人人得其意，申其言，上下之勢不相懸隔，君不甚尊，民不甚賤，而聯若一體」[116] 的生氣勃勃的面貌。西方學者中較為普遍的看法，是以為，「一種之所以強，一群之所以立」，就生民而言，有三個必要條件：「一曰血氣體力之強，二曰聰明智慮之強，三曰德行仁義之強。」他們中沒有不以「民力、民智、民德三者斷民種之高下」的，而且願意相信：「未有三者備而民生不優，亦未有三者備而國威不奮者也。」[117] 那麼很顯然，如果中國的統治者，乃至賢士大夫之流，像懼怕瘟疫一樣懼怕自由，進而拒絕自由，逃避自由，所謂求民力、民智、民德之強，就是一句空話，國家的強盛只能是水中月，鏡中花，海市蜃樓，可望而不可即也！

在中國，除了老莊一派，怕是找不到談論自由的人。「夫自由一言，真中國歷古聖賢之所深畏，而從未嘗立以為教者也」。這裏似乎專指儒家而言，那麼儒家思想中有沒有能與自由相容的理念呢？有人說：「中國理道與西法自由最相似者，曰恕，曰絜矩。」而嚴復認為：「謂之相似則可，謂之真同則大不可也。」為什麼？他解釋道：「中國恕與絜矩，專以待人及物而言，而西人自由，則於及物之中，而實寓所以存我者也。」[118] 我們知道，恕道是孔子之道。曾參說：「夫子之道，忠恕而已矣。」[119] 什麼是恕呢？古人的解釋是「如心為恕」，能夠將心比心，推己及人，設身處地為他人着想，這就是「恕」。孔子所說「己所不欲，勿施於人」，[120] 也是強調要尊重別人，不能把自己不喜歡的事強加給別人。子貢也曾說過：「我不欲人之加諸我也，吾亦欲無加諸人。」[121] 至於「絜矩之道」，則見於《大學》十章：「所惡於上，毋以使下；所惡於下，毋以事上；所惡於前，毋以先後；所惡於後，毋以從前；所惡於右，毋以交於左；所惡於左，毋以交於右。此之謂絜矩之道。」[122] 根據朱熹的解釋，這段話的意思是：「如不欲上

之無禮於我，則必以此度下之心，而亦不敢以此無禮使之。不欲下之不忠於我，則必以此度上之心，而亦不敢以此不忠事之。至於前後左右，無不皆然，則身之所處，上下、四旁、長短、廣狹，彼此如一，而無不方矣。彼同有是心而興起焉者，又豈有一夫之不獲哉。所操者約，而所及者廣，此平天下之要道也。」[123] 說到底，這一章就是告誡統治者，「務在與民同好惡而不專其利」，[124] 並以《詩經》中的作品為例，反覆陳述一點，能以民心為己心，而與民同欲者，就是所謂絜矩了，「若不能絜矩而好惡殉於一己之偏，則身弒國亡，為天下之大戮矣」。[125] 這是一種警告，也是一種勸說。當然，在尊重他人這一點上，確如嚴復所說，或許接近了西方的自由觀念，但在解放人的潛能這方面，似乎還差距很大，所以嚴復說「謂之真同則大不可也」。而且，無論恕道還是絜矩，都不可能承認和尊重個人自由與自我權利的正當性與合法性。這是中西自由觀的最大區別。正是個體所享有的人身自由和精神自由，使得人的潛能得以充分發揮，每個人的聰明才智，他們的創造性、建設性能力，才能得到解放，並凝聚為國家進步的無窮力量。在這個意義上我們有理由認為，西方國家是自由的受益者。

有人說，不理解嚴復對國家富強的渴望，就理解不了那個時期的嚴復。誠哉斯言。嚴復正是從國家強盛的角度，對西方自由觀念與社會群體的進步及國家強弱之間的關係表現出高度的關注。他以草木喻政治，以土地喻民眾，認為只有肥沃的土地，才能生長出好的政治。如果土地是貧瘠的，「雖有富強之政，莫之能行」也。他講到王安石變法，以為他的失敗，並非法不良，意不美，而在於「其時之風俗人心與其法之宜不宜而已矣」。也就是說，他的變法，雖然有皇帝的支持，但民眾並不理解他，接受他。他的變法少了相應的社會基礎，怎麼能不失敗呢？如此說來，政治也有「物各競存，最宜者立」的可能。[126] 嚴復由此受到啟發，看到了今日中國最迫切需要的是什麼。於是他說：「夫所謂富強云者，質而言之，不外利民云爾。然政欲利民，必自民各能自利始；民各能自利，又必自皆得自由始；欲聽其皆得自由，尤必自其各能自治始；反是且亂。顧彼民之能自治而自

由者，皆其力、其智、其德誠優者也。是以今日要政，統於三端：一曰鼓民力，二曰開民智，三曰新民德。夫為一弱於群強之間，政之所施，固常有標本緩急之可論。唯是使三者誠進，則其治標而標立；三者不進，則其標雖治，終亦無功；此捨本言標者之所以為無當也。」[127]

嚴復既把「今日要政」歸結為鼓民力、開民智、新民德，又稱「此三者，自強之本也」，[128] 而「新民德之事，尤為三者之最難」[129] 由此看來，他的改革方案，一定要把「新民德」放在首位。光緒二十三年（1897年）十月，他與夏曾佑等人在天津創辦《國聞報》，訴求之一就是「新民德」，他稱之為「通」：「上下之情通，而後人不自私其利，中外之情通，而後國不自私其治。人不自私其利，則積一人之智力以為一群之智力，而吾之群強；國不自私其治，則取各國之政教以為一國之政教，而吾之國強。」[130] 在這裏，報紙所具有的「新民德」的功能，被他發揚光大了。光緒二十四年（1898年）初，他作《擬上皇帝書》，雖始終未能謹呈御覽，卻曾「分作六、七日」[131] 在《國聞報》連載。其中則把「新民德」作為「謀國救時」之本，請皇帝優先考慮。他說：「蓋古今謀國救時之道，其所輕重緩急者，綜而論之，不外標、本兩言而已。標者，在夫理財、經武、擇交、善鄰之間；本者，存夫立政、養才、風俗、人心之際。勢亟，則不能不先事其標；勢緩，則可以深維其本。」[132] 簡而言之，他認為，「新民德」主要表現在兩個方面，一是精神信仰，一是社會風俗。這兩方面的改變非一時一日所能奏效，顯然要比經濟、政治的改變難得多。光緒二十八年（1902年），梁啟超開始在《新民叢報》連續發表《新民說》，他把「新民」的特徵細化為十六個方面，即公德、國家思想、進取冒險、權利思想、自由、自治、進步、自尊、合群、生利分利、毅力、義務思想、尚武、私德、民氣和政治能力，其中大部分都屬於「德」的範疇。

至於「新民德」從哪裏入手，嚴復則強調兩點，一為教，一為私。教又有動詞、名詞兩種用法。先就名詞而言，他比較了基督教與儒教（如果可以稱作教的話）的不同點，前者尊上帝而講平等，所謂「人無論王侯君公，降以至於窮民無告，自教而觀之，則皆為天之赤子，而平等之義以

明」；[133] 後者則尊君權而講等級，且不說「自秦以降，為治雖有寬苛之異，而大抵皆以奴虜待吾民」，[134] 即便是聖人，也先存了君子、小人之別，與君臣、父子、夫妻之倫。孔子固然說過「有教無類」的話，但實際上，並不是每一個人都有公平受教育的機會，「亦不過擇凡民之俊秀者而教之。至於窮簷之子，編戶之氓，則自繦褓以至成人，未嘗聞有孰教之者也」。[135] 其次再看動詞的用法，比如基督教，尤其是英國清教派，對公德和私德的教育，都具有很明顯的優勢，「平等義明，故其民知自重而有所勸於為善」。這些「上帝之子」自覺導向內心的反省，因為他們知道，上帝正注視着他們，甚至能看到他們的內心世界——「上帝臨汝，勿貳爾心」。同時，新教還引導他們充分認識個人利益與公共利益，即與民族國家利益的一致性，把解放了的個人能力，引向社會的建設性方向，將關心公共事務，參與公民自治，增進社會的共同福祉，作為每個公民所擁有的自由與權利中所包含的責任和義務。這樣一來，「民之心有所主，而其為教有常，故其效能如此」。[136]

儒教的情況卻不容樂觀。教育事實上是不平等的，受教育成為一種特權，只有少數人可以享受。梁啟超所說的，「家有塾，黨有庠，術有序，國有學，立學之等也；八歲入小學，十五歲而就大學，入學之年也；六年教之數與方名，九年教之數日，十年學書計，十有三年學樂誦詩，成童學射禦，二十學禮，受學之序也；比年入學，中年考校，以離經辨志為始事，以知類通達為大成」，[137] 只是他對上古的一種想象。而另一方面，就其所教授的內容而言，嚴復認為，與西方教育更有天壤之別。他言道：「西之教平等，故以公治眾而貴自由。自由，故貴信果。東之教立綱，故以孝治天下而首尊親。尊親，故薄信果。」[138] 其結果，造成了國民道德水平低下，「懷詐相欺，上下相遁」，相互之間缺少信任，至於社會責任感和愛國情懷，就更談不上了。如果說西方國家「能使其民皆若有深私至愛於其國與主，而赴公戰如私仇者」，那麼，中國人卻很少能像愛自己一樣愛這個國家，像捍衛自己的利益一樣捍衛這個國家的利益。他舉了甲午年（1894年）辦海防的例子：「水底碰雷與開花彈子，有以鐵滓沙泥代火藥者。洋

報議論，謂吾民以數金錙銖之利，雖使其國破軍殺將失地喪師不顧，則中國今日之敗衄，它日之危亡，不可謂為不幸矣。」[139] 他憤而指出：「此事足使聞者髮指。」[140] 且慢責備平民百姓，那些封疆大吏又何嘗不把這場戰爭視為北洋的事，淮軍的事，而坐視其失敗？問題的嚴重性恰恰在於，國民與國家的關係竟處在這樣一種分裂狀態。如果我們「循其本而為求其所以然之故」，就會發現，中國人之所以不能像愛自己一樣愛國家。那是因為，對國家而言，你還真不能不把自己當外人。「私之以為己有而已」，在西方國家或無異議，在中國是不可想象的，國家的所有者決不能允許別人分享他的權利，所謂「臥榻之側，豈容他人鼾睡」，這是中國歷代統治者的普遍心態。因而嚴復指出：「居今之日，欲進吾民之德，於以同力合志，聯一氣而禦外仇，則非有道焉使各私中國不可也。」[141]

嚴復在這裏提到一個「私」字，他很欣賞西方價值觀中對「私」的認可和尊重。為此，他引述顧炎武（處士）的話說：「民不能無私也，聖人之制治也，在合天下之私以為公。」[142] 他顯然是贊成顧炎武的這個說法的，這個「私」固是人性使然，卻也最終導向「公」。這種導向在西方是顯而易見的。在這方面，西方各國所取得的成績，給他留下了深刻印象。事實上，正是西方各國所實行的「使個人可以在和平與安全中追求私利的自由、平等和民主的制度，引導個人認識自己的利益與整個社會機體利益的一致性」。[143] 於是他指出：「然則使各私中國奈何？曰：設議院於京師，而令天下郡縣各公舉其守宰。是道也，欲民之忠愛必由此，欲教化之興必由此，欲地利之盡必由此，欲道路之闢、商務之興必由此，欲民各束身自好而爭濯磨於善必由此。」[144] 這就是民主的好處，看來，民主真是個好東西，好就好在它把權利與責任統一起來了，有權利則有責任，無權利則無責任，權利與責任，就像一枚硬幣的兩面，是須臾不可分的。

戊戌政變之後，康、梁流亡海外。借助日本在譯介西學方面的優勢，梁啟超迅速更新、豐富、完善自己的知識體系。他不再滿足於康有為的思想而希望尋求新的東西，並進一步深化和拓寬了此前他與嚴復共同關注的，關於富強之道的探索和研究。他的《國民十大元氣論》、《論近世國民

競爭之大勢及中國前途》、《中國積弱溯源論》、《十種德性相反相成義》、《論中國學術思想變遷之大勢》等文章及《新民說》等論著，便陸續發表於這個時期。光緒二十四年（1898 年）底，戊戌變法失敗三個月後，他在日本創辦了旬刊《清議報》，繼續進行維新變法、開啟民智的宣傳。光緒二十八年（1902 年）元旦，他又創辦了規模更加宏大的半月刊《新民叢報》。這份「為改變中國的文明範式真正作出了罕見的貢獻」[145] 的雜誌，開創了梁啟超一生中最為輝煌的時期。

嚴復既沒受到朝廷通緝，他也沒有像康、梁那樣逃亡海外，仍在北洋水師學堂繼續做他的校長，直到庚子事變逃離天津，才最終脫離海軍。但這期間他的生活並不十分安定，由於一直有人藉口《國聞報》刊載的文章「指斥朝政，略無忌憚，意在挑釁」[146] 而彈劾他，他的處境是相當危險的，若非仰仗王文韶、榮祿等對他有好感的官員竭力挽救，他很難躲過這一劫。據林耀華所撰《嚴復生平事略》，榮祿曾對嚴復說過：「微我為爾解圍，即今尚能食祿茲土乎？」[147] 儘管如此，嚴復的行動是受到監視和限制的，新任直隸總督裕祿，就受命對他要「隨時察看」。[148] 這深深地影響到嚴復的心情，戊戌（1898 年）十月初十日，他送即將南下的鄭孝胥（太夷）兩首詩，就是這種心緒的寫照：

西市多新鬼，南天少故人。
與君同應詔，此別太驚神。
國論浮雲變，封疆割肉勻。
寧關兒女意，歧路淚沾巾。
九月行看盡，長途應苦寒。
回風悲落日，遊子感衣單。
長策虛三練，殊恩勝一官。
還將千種意，收拾臥江干。[149]

另有一首《戊戌八月感事》，也能體會此時他那種有些心灰意冷，又

頗有些不甘的感受：

> 求治翻為罪，明時誤愛才。
> 伏屍名士賤，稱疾詔書哀。
> 燕市天如晦，宣南雨又來。
> 臨河鳴犢歎，莫遣寸心灰。[150]

這時，他對康、梁在海外搞的保皇活動就多了一些反感。在寫給張元濟（菊生）的信中，他談到自己的看法：「每次見《清議報》，令人意惡。梁卓如於已破之甑，尚復曉曉，真成無益。平心而論，中國時局果使不能挽回，未必非對山等之罪過也。輕舉妄動，慮事不周，上負其君，下累其友，康、梁輩雖喙三尺，未由解此十六字考註語；況雜以營私攬權之意，則其罪愈上通於天矣。聞近在東洋又與王小航輩不睦；前者穰卿（汪康年），後者小航，如此人尚可與共事耶？穗卿（夏曾佑）極祖對山，弟則自知有此人以來，未嘗心是其所舉動；自戊戌八月政變以後，所不欲多論者，以近於打落水雞耳。」[151] 這裏提到的「對山」，即康有為。嚴復的看法在當時的士大夫中應有一定的代表性。他對康有為的不屑固由來已久，對梁啟超，其態度的轉變或有些微妙之處。先是《時務報》內部發生矛盾，梁啟超不滿於汪康年獨攬大權；繼而光緒召見梁啟超，責成他辦理譯書局事務。有人遂以梁啟超新蒙寵眷為由，上書奏請改《時務報》為官報，要求汪康年將總經理一職讓與梁啟超。嚴復對於此事亦很關注，孫家鼐《奏遵議上海〈時務報〉改為官報摺》呈遞光緒皇帝，是在戊戌（1898 年）年六月初八日，光緒當日即頒發上諭，從孫家鼐所奏。六月十二日，嚴復致信汪康年，通報此事，並告訴他：「據有人言，此舉乃報復，意欲使公不得主其局。」[152] 看得出來，他的感情天平私下裏是傾向於汪康年的。不久，在給汪康年的另一封信中，他嘲笑梁啟超所擬《京師大學堂章程》為「知言之累」，揣度這位他曾贊許為「遒人木鐸」的人，「豈有意求容悅於壽州（孫家鼐）南皮（張之洞）輩流耶」？且言道：「英華髮露太早，正坐蘇子

瞻《稼說》所指病痛；過斯以往，斯亦不足畏也已。」[153]

在這裏，他藉蘇軾的文章表達了對梁啟超的失望。蘇軾此文，先講兩種耕作方式，前者家中富裕而有積蓄，可以耐心等待莊稼成熟；而後者田少人多，寅吃卯糧，不得已而「斂之常不待其熟」。繼而又講到古時人才的成長所以優於今人，「平居所以自養而不敢輕用，以待其成者，閔閔焉，如嬰兒之望之長也。弱者養之，以至於剛；虛者養之，以至於充。三十而後仕，五十而後爵。信於久屈之中，而用於至足之後；流於既溢之餘，而發於持滿之末」。他既羨慕古時人才成長環境的優裕，又擔心自己和胞弟蘇轍，像急於收成的農家一樣，「種之常不及時，而斂之常不待其熟。此豈能復有美稼哉」？ [154] 蘇軾的意思是很明白的，而嚴復藉此喻梁啟超，意思同樣非常明白，無非是說梁啟超的學問既種得匆忙，又不待其熟就收割，根基不深，積澱不厚，很快就會被掏空的，所以「不足畏」也。

爭奪《時務報》所有權一案，使得梁啟超的形象在嚴復的心目中更加打了折扣。嚴復對《時務報》一直是有很高評價的，他形容《時務報》「餉食於已飢之餘，激矢於持滿之後」，[155] 說出了許多人想到而說不出，甚至想不到或不敢說的話。對於思想飢渴的中國人來說，《時務報》的言論，如食佳餚，如飲甘泉。現在卻為萬餘金捐款而內爭外鬥，鬧得雞犬不寧，徒為天下人所恥笑。他以王士貞的《欽鴉行》為喻，把《時務報》諸公比作「朝為鳳凰，暮爭腐鼠」的那只「五色鳥」，責問道：「諸公為此，獨不嫌與救種革習之言本末不相稱耶？」[156] 作為變法維新陣營中的一員，這件事給了嚴復一種難以言說的傷痛之感，他說：「蓋自海內閎達，叩胸扼腕，爭主維新以來，未有若此事之傷心短氣者也。」[157] 他進而表示：「《時務報》何足道！吾為四君子悲之而已。且四君子何足悲，吾流涕太息於中國之人心世道之果不可為而已。」[158] 這就是所謂愛之深，責之切吧。至於梁啟超，他認為，這位時代驕子，在這件事上，犯了兩個錯誤，首先，對來自西方的股份經理制僅知皮毛，並不真懂，當股東與經理人發生矛盾之後，不能採取正當的程序解決問題，而習慣於非常手段；其次，梁啟超平日所言，

無不主張以理服人，「不宜藉貴位尊勢以劫制天下」，為何「一日得志，遂挾天子之詔，以令錢塘一布衣，非所謂變本加厲者耶」？[159] 其中有個道理需要明辨的，即何為公與何為私的問題。梁啟超指責汪康年欲將眾人之捐款據為己有，是化公為私；嚴復則不以為然，他言道：「且既知公義捐款至萬餘金，《時務報》為公事，非私事矣，則何人實界梁君以全權，使之以眾人之捐款為一家之芹獻，輒請奏改公立民報為官報乎？藉曰此舉而義，亦不應以眾人之資，市一家之義，而悉掩總理及諸捐友之公義也。然則梁之所謂私者，正吾之所謂公；梁之所謂公者，正吾之所謂私。」[160] 嚴復此處所說，可謂義正辭嚴，梁啟超雖然善辯，怕也無言以對了。

不過，流亡海外的梁啟超，此時已將這一頁翻了過去。光緒二十八年正月初一日（1902 年 2 月 8 日），《新民叢報》在日本橫濱創刊，梁啟超便在創刊號上撰文，將剛剛出版的嚴復所譯《原富》前二冊推薦給讀者。他寫道：「嚴譯僅第一第二編，其後三篇尚未成，但全書綱領，在首二編，學者苟能熟讀而心得之，則斯學之根礎已立，他日讀諸家之說，自不至茫無津涯矣。嚴氏於翻譯之外，常自加案語甚多，大率以最新之學理，補正斯密所不逮也。其啟發學者之思想力、別擇力，所益實非淺鮮。至其審定各種名詞，按諸古義，達諸今理，往往精當不易。後有續譯斯學之書者，皆不可不遵而用之也。嚴氏於西學中學，皆為我國第一流人物。此書復經數年之心力，屢易其稿，然後出世。其精善更何待言。但吾輩所猶有憾者，其文筆太務淵雅，刻意摹仿先秦文體，非多讀古書之人，一繙殆難索解。夫文界之宜革命久矣，歐美日本諸國文體之變化，常與其文明程度成比例，況此等學理邃賾之書，非以流暢銳達之筆行之，安能使學僮受其益乎。著譯之業，將以播文明思想於國民也，非為藏山不朽之名譽也。文人結習，吾不能為賢者諱矣。」[161]

嚴復收到梁啟超寄贈的雜誌，給他寫了一封信，稱讚《新民叢報》「風生潮長，為亞洲二十世紀文明運會之先聲」。[162] 對於梁啟超屢屢在文章中引述他先前的言論，且熱情地推介、贊許他的最新譯著，尤感欣慰，以為「凡此已悉出於非望矣。至乃謂於中學西學，皆第一流人物，則不徒增受

者之靦顏，亦將羞神州當世賢豪，而大為執事知言之詬」，[163] 這期間，他寫信給張元濟，也提到《新民叢報》：「《叢報》於拙作《原富》頗有微詞，然甚佩其語；又於計學、名學諸名義皆不阿附，顧言者日久當自知吾說之無以易耳。其謂僕於文字刻意求古，亦未盡當：文無難易，惟其是，此語所當共知也。」[164] 看來，《新民叢報》的出現，恰如在他沉悶的生活中投下了一枚石子，使得這位自以為「年鬢亦垂垂老矣」[165] 的中年人的內心，也蕩起了陣陣漣漪。其性格中「鋒芒過露」的一面，此時便顯露出來。在寫給梁啟超的信中，他幾乎逐字逐句地回應了梁啟超的「遺憾」，以及對他的「譏（一說議）評」。我們且看他說了些什麼：

　　竊以謂文辭者，載理想之羽翼，而以達情感之音聲也。是故理之精者不能載以粗獷之詞，而情之正者不可達以鄙倍之氣。中國文之美者，莫若司馬遷、韓愈。而遷之言曰：「其志潔者，其稱物芳。」愈之言曰：「文無難易，惟其是。」僕之於文，非務淵雅也，務其是耳。且執事既知文體變化與時代之文明程度為比例矣，而其論中國學術也，又謂戰國隋唐為達於全盛，而放大光明之世矣，則宜用之文體，舍二代其又誰屬焉。且文界復何革命之與有？持歐洲輓近世之文章，以與其古者較，其所進者在理想耳，在學術耳，其情感之高妙，且不能比肩乎古人；至於律令體制，直謂之無幾微之異可也。若夫繙譯之文體，其在中國，則誠有異於古所云者矣，佛氏之書是已。然必先為之律令名義，而後可以喻人。設今之譯人，未為律令名義，闖然循西文之法而為之，讀其書者乃悉解乎？殆不然矣。若徒為近俗之辭，以取便市井鄉僻之不學，此於文界，乃所謂陵遲，非革命也。且不佞之所從事者，學理邃賾之書也，非以餉學僮而望其受益也，吾譯正以待多讀中國古書之人。使其目未覩中國之古書，而欲稗販吾譯者，此其過在讀者，而譯者不任受責也。夫著譯之業，何一非以播文明思想於國民？第其為之也，功候有深淺，境地有等差，不可混而一之也。慕藏山不朽之名譽，所不必

也。苟然為之，言龐意纖，使其文之行於時，若蜉蝣旦暮之已化。此報館之文章，亦大雅之所譏也。故曰：聲之眇者不可同於眾人之耳，形之美者不可混於世俗之目，辭之衍者不可同於庸夫之聽，非不欲其喻諸人人也，勢不可耳。[166]

嚴復的這番話，固有其道理，而梁啟超的意見，也並非不可取。二人所站位置不同，看問題的角度各異，故所期望於語言文字的，自然會有所區別。嚴復是以學者的身份說話，因此，他更在意學術的尊嚴和文字的準確性；梁啟超是個報人，要把思想傳遞給更多的讀者，以實現「新民」的夙願，所以，他希望文字能淺顯一些，通俗易懂，讓學童也能受益。至此，嚴復似乎意猶未盡，他再次致信梁啟超，仍就一些名詞概念如何翻譯，陳述自己的意見。對於嚴復所言，梁啟超不置可否。不過，嚴復這兩封信，由他安排，分別發表在《新民叢報》第七號和第十二號上，算是為此事畫了個句號。此後，梁啟超依然辦他的報紙，著書，寫文章，為實現君主立憲鼓與呼；嚴復則專注於他的翻譯事業，先後出版了《群學肄言》、《群己權界論》、《社會通詮》、《法意》、《穆勒名學》（上半部）、《政治講義》、《名學淺說》等譯著。他們採取的方式雖然不同，但殊途同歸，其目的都是為了開民智，新民德，都相信國家的富強非改造國民的愚昧落後不能實現，主張社會變革，教育先行。他曾對張元濟表示：「復自客秋以來，仰觀天時，俯察人事，但覺一無可為。然終謂民智不開，則守舊維新兩無一可。即使朝廷今日不行一事，抑所為皆非，但令在野之人與夫後生英俊洞識中西實情者日多一日，則炎黃種類未必遂至淪胥；即不幸暫被羈縻，亦將有復蘇之一日也。所以屏棄萬緣，惟以譯書自課。」[167]

但他們的交往似乎停在了這個時候。直到民國元年（1912年）十月，梁啟超回國，其間有大約近十年，他們竟沒有來往過。武昌事變發生後，袁世凱被重新啟用，做了國務總理。嚴復去見他，提了六條建議，其中有一條便是「梁啟超不可不羅致到京」。[168] 梁啟超果然回來了，他也沒有忘記嚴復。去國十四年，重返北京，在不堪應酬之際，他抽出時間登門看望了

老朋友。嚴復在給甥女何紉蘭的信中提到此事，他寫道：「前日梁啟超臨赴津時，特來相訪，去後又有書至，稱不願入政界，仍欲開館出報，諄諄約我入社，擔任撰述及第一期文章。」[169] 民國元年十二月一日，梁啟超主辦的《庸言》半月刊在天津出版創刊號，「嚴復」的大名果然刊於「館員姓名錄」中。先是梁啟超返國之初，馬良、章太炎邀他共同發起「函夏考文苑」，初衷即「仿效法國，開設研究院，下設研究所，以『作新舊學』，『獎勵著作』」，[170] 意在保存國粹，發揚學術。在他們開列的名單中，嚴復是排在梁啟超之前的。

此時的嚴復與梁啟超，相互之間還是頗有些好感的。嚴復六十大壽，梁啟超在《庸言》第一卷第六號刊發了陳寶琛、沈瑜慶所作同名賀詩《壽幾道六十》各一首。民國二年（1913年）四月初九日（即舊曆三月三日），梁啟超邀集在京名士四十餘人於京西之萬牲園修禊賦詩，嚴復亦同往，並作《癸丑上巳梁任公禊集萬生園，分韻敬呈流觴曲水》四首，其中一、三兩首追述了他與梁啟超相識於「東溟始挫衄」的情形，他還記得「洋洋時務篇，何止陽春曲」，「操觚綴國論，如鐸春徇逌」的風光。詩中對戊戌維新變法的失敗以及光緒帝被幽禁而亡，亦表達了他的憤慨與懷念之情。[171] 不久，他們又共同參與到尊孔的活動中，與廖平、馬其昶、夏曾佑、林紓、楊度、陳衍、孫寶瑄等二百餘人發起組織孔教會，並與陳煥章、夏曾佑等具名連署《孔教會請願書》，上呈參眾兩院，請在憲法中明確孔教為國教。九月三日，孔教會在北京國子監舉行仲秋祭孔大典，嚴復、梁啟超都在盛典中發表了演講，嚴復所講題目為《民可使由之不可使知之》，梁啟超所講題目為《君子之德風》。

梁啟超固善變者也。當年他追隨康有為，倡言保教，嚴復還寫信勸他，教不可保，亦不必保，保到最後，所保之教，已非欲保之教。他擇善而從之，作《保教非所以尊孔論》，棄保教而近真理。如今卻要尊孔教為國教，讓人擔心他如何才能自圓其說。嚴復的變化之大，更不可以道里計。他在寫《有如三保》、《保教餘義》時，是何等的理直氣壯，他的《闢韓》，又是何等的振聾發聵，現在卻回到他曾經嘲笑過的既卑且賤的奴產

子的態度與做法上去了，此時讀他前後兩個時期的文章，真有一種白雲蒼狗之感！有一次，他講到中國「特立於五洲之中，不若羅馬、希臘、波斯各天下之雲散煙消，泯然俱亡者」，則歸結為「恃孔子之教化為之」。他說：「舉凡五洲宗教，所稱天而行之教誠哲學，徵諸歷史，深權利害之所折中，吾人求諸《六經》，則大抵皆聖人所早發者。」因此，《六經》被他視為「中國性命根本之書」，如果廢而不讀，則「吾國乃幾於不可救矣」。[172] 而另一次在參政院會議上，作為參政之一員，他提出了《導揚中華民國立國精神建議案》，主張以「忠孝節義四者為中華民族之特性」，並「以此為立國之精神」。他的議案獲得與會多數參政的贊同，當日即諮送政府。大總統袁世凱稱之為「切中時弊」，很快發佈《大總統告令》，要求內務部和教育部及各省按照議案提出的辦法實行。[173]

不必給嚴復的變化貼上進步或是倒退的標籤，值得注意的，倒是他給出的不得不變的理由，以及中國社會歷史的演進，給予他的心理、認知以怎樣的刺激和影響，他又做出了怎樣的思考和反應。再加上他的西學背景，學理積澱、人生體悟、脾氣秉性，都可能成為促其變化的內外因數。早在大約十年前，他在英國倫敦與孫中山偶遇，談到中國的前途，他認為：「中國民品之劣，民智之卑，即有改革，害之除於甲者將見於乙，泯於丙者將發之於丁。為今之計，惟急從教育上着手，庶幾逐漸更新乎！」[174] 嚴復很重視教育，他的大半生都在從事教育。早年在北洋海軍學堂且不論，此後曾助馬相伯創辦復旦大學，並在馬相伯去日本後接任過校長一職。不久又被安徽巡撫恩銘聘為安慶高等學堂監督，民國元年，還曾出任北京大學校長。然而，學校及學生狀況，並不令人滿意，尤以猝然而發的學潮，讓他痛心疾首。安慶高等學堂發生學潮後，他寫了一封公開信，說明情況並自己的看法，信中有這樣一段話：「國家廢科舉，立學堂，其本旨在宏教育，示天下士子舍實學無以為進身階。欲以救往者制科之弊，此其意至深美，顧從此學堂為利祿之門，教育乃愈不可治。蓋未廢科舉，士之來學堂也，以求學；既廢科舉，士之來學堂也，以出身。齒長志荒怙其書院試場之舊習，結黨搖毒，不可爬除，雖有監督師長，稍不逞志群譟逐

之，號為學潮，故天下學校什九皆仰生徒鼻息，而劣不及格者勢力尤張，往往以少害眾。觀於今日學風真可為痛哭流涕長太息者也。」[175]

這段話特別能表達嚴復此時此刻的心情。他對彌漫於青年學生中的「叫囂躁進之風」[176]極為反感，亦憂慮重重。他曾在安慶高等學堂演說《憲法大義》，其中講道：「制無美惡，期於適時；變無遲速，要在當可。即如專制，其為政家詬厲久矣。然亦問專此制者為何等人？其所以專之者，心乎國與民乎？抑心乎己與子孫乎？心夫國民，普魯士之伏烈大力嘗行之矣。心夫己與子孫，中國之秦政、隋廣嘗行之矣。此今人所以有開明專制最利中國之論也。」[177]他這裏所言，或即梁啟超的《開明專制論》，他對梁氏此論顯然是有同感的，認為「比較溫和，實際上也比較理智」。但此後梁啟超的言論漸趨激烈，對清政府腐敗惡行的揭露批判亦越發兇狠，乃至放棄君主立憲的主張，直接鼓吹革命，推翻現政權。在他看來，梁啟超的這些言論，為辛亥革命的發生，製造了輿論。他不認為急於求成對中國的現狀是合適的，他稱辛亥革命為「災難」或「災禍」，他說：「中國將進入一個悲慘的時期，將導致世界的不安定。坦率地說，中國目前狀況的完全不適宜建立像美利堅合眾國那樣的新型國家。人民的素質和周遭的環境至少還需要三十年的改進與同化，才可能達到那樣的水平。共和思想受到一些輕率的革命黨如孫中山之流的大力提倡，但被所有稍有常識的人所反對。依照文明進化之法則，最好的政府形式是向較高一級發展，因此，中國應保留專制，但應是具備符合憲法的有限政體。」[178]

梁啟超贊成共和固有種種不得已的理由，但他對革命黨危害國家穩定，製造社會動亂的本性是看得很清楚的。他為進步黨制定的方略，就把防範禍國最烈之革命黨，他稱之為「亂暴派」放在首位，把舊官僚，即所謂「腐敗派」放在第二位，認為「暴民政治之禍更甚於洪水猛獸，不可不思患而預防之」[179]他當然了解嚴復對當前局勢的看法，及其政治態度，故在「二次革命」之後，請他為《庸言報》作一篇文章。嚴復在給熊純如的信中便談到此事：「昨梁任庵書來，苦督為庸言報作一通論，已諾之一。自盧梭《民約》風行，社會被其影響不少，不惜喋血捐生以從其法，然實

無濟於治，蓋其本源謬也。刻擬草《〈民約〉平議》一通，以藥社會之迷信，報出，賢者可一觀之而有以助我。」[180] 這篇文章很快就在《庸言報》第二十五、二十六號合刊中刊出了，文章探討盧梭思想之源流，考察歐美之歷史，指出其社會實踐中的危害性，揭示其作為社會理想之虛妄及社會動亂之根源，並歸結為一點：「盧梭之說，其所以誤人者，以其動於感情，懸意虛造，而不詳諸人群歷史之事實。孟子曰：『物之不齊，物之情也。』物誠有之，人尤甚焉。而盧梭所以深惡不齊者，以其為一切苦痛之母也。求其故而不得，則以為坐權利之分殊。而權利分殊，又莫重於產業。由是深恨痛絕，一若世間一切主產承業之家，皆由強暴侵陵譸張欺詐而得之。非於其身，則其祖父，遠雖百世而不可宥也。」[181] 試想，按照盧梭的思想實行社會革命，最終必然走到以暴力剝奪有產者的財產，平均分給無產者，以求得人與人平等的路上去。這是嚴復所不願想亦不敢想的，所以他言道：「自不佞言，今之所急者，非自由也，而在人人減損自由，而以利國善群為職志。至於平等，本法律而言之，誠為平國要素，而見於出佔投票之時。然須知國有疑問，以多數定其從違，要亦處於法之不得已。福利與否，必視公民之程度為何如。往往一眾之專橫，其危險壓制，更甚於獨夫，而亦未必遂為專者之利。」[182]

由此或可理解嚴復的苦心。他看到了民國以來國家趨於分裂，而民眾陷於水深火熱之中的前景，自己既無力挽救危局，則只能勉為其難，略盡綿薄之力。他認為，當務之急，國命所係，惟在教育，在於社會風尚的轉變。這期間，他將衞西琴的《中國教育議》譯成中文，呈北京中央教育會，並在《庸言報》連載。這是他的最後一部譯著，據書前按語所言，最初，嚴復沒有把此事放在心上，「不措意也」。但「一日晨起，取其教育議而讀之，愈讀乃愈驚異。其所言雖不必盡合於吾意，顧極推尊孔氏，以異種殊化，居數千載之後，若得其用心，中間如倡成己之說，以破仿效與自由，謂教育之道，首官覺以達神明，以合於姚江知行合一之旨，真今日無棄之言也」。於是，他馬上寫信告訴作者，願意將他的書翻譯發表。「蓋其言雖未必今日教育家之所能用，顧使天下好學深思之人知有此議，以之詳

審見行之法之短長，其益吾國已為不少。孟德斯鳩不云乎，立憲之民不必其能決事也，但使於國事一一向心腦中作一旋轉，便已至佳」[183] 由此可見嚴復之用心，並非僅為救一困頓中的外人，更為救中國久已淪喪的民氣民風，世事人倫。

但他深知，以中國目前的局面而論，非有一個強有力的人物，是不能挽救其頹危的，而這個人物只能是袁世凱。他甚至把袁世凱的「福壽康寧」，看作是「吾儕小人之幸福耳」。[184] 所以，當袁世凱稱帝陷入危局，中國黨人，無論帝制、共和兩派，蜂起憤爭，欲促其下台時，他則不以為然，言道：「夫中國自前清之帝制而革命，革命而共和，共和而一人政治，一人政治而帝制復萌，誰實為之，至於此極？彼項城固不得為無咎，而所以使項城日趨於專，馴致握此大權者，夫非辛壬黨人，參眾兩院之搗亂，靡所不為，致國民寒心，以為寧設強硬中央，驅除洪猛，而後元元有息肩喘喙之地故耶。不幸項城不悟，以為天下戴己，遂占亢龍，遽取大物，一着既差，威信掃地，嗚呼，亦可謂大哀也已。」[185] 可以斷言，嚴復對袁世凱的維護，並非在意袁世凱這個人，而是出於對國家大局的判斷。所以他繼而就表示：「吾之不勸項城退位，非有愛於項城也。無他，所重在國故耳。夫項城非不可去，然必先為其可以去。蘇明允謂：『管仲未嘗為其可以死，其於國為不忠。』使項城而稍有天良，則前事既差，而此時為一國計，為萬民計，必不可去。而他日既為可去之後，又萬萬不可以留。蓋使項城今日而去，則前者既為其不義，而今日又為其不仁；使項城他日而留，則前者既為其寡廉，而他日又為其鮮恥。」[186]

無論如何，在袁世凱稱帝這場鬧劇中，嚴復是列名籌安會的。雖說出自楊度強邀，但他事後並未登報自明，只在私下裏表示「復所私衷反對者也」[187] 面對輿論的責難，他亦頗覺被動，無以自解，只能與三五知己如熊育錫（字純如）者道其心聲：

夫僕之不滿意於洹上，而料其終凶，非一朝夕之事。不獨乙巳季廉之函，可以為證，即自庚子以後十餘年間，袁氏炙手可熱之

時，數四相邀，而僕則蕭然自遠者，可以見矣。辛亥改步以還，滄海橫流，瞻烏誰屋，其竊糈政界者，所謂援止而止者，不屑去也。至於去秋，長沙楊皙子以籌安名義，強拉發起，初合（會）之頃，僕即告以共和君憲二體，孰宜吾國，此議不移晷可決，而所難者，孰為之君。此在今日，雖有聖者，莫知適從，武斷主張，危象立見，於是請與會，而勿為發起。顧楊不待吾辭之畢，飄然竟去，次日報紙已列吾名，至楊以書來謝，謂極峰聞吾與會，極深歡悅云云，則灼然早知其事之必不軌於正矣。由是籌安開會，以至請願，繼續勸進慶賀，僕身未嘗一與其中。任公論出，洹上謀所以抵制之者，令內史夏壽田譸諑發言，主張帝制，僕終嘿嘿，未讚一辭，然則區區私旨，可以見矣。不幸年老氣衰，深畏機阱，當機不決，虛與委蛇，由是嚴復之名，日見於介紹，虛聲為累，列在第三，此則無勇怯懦，有媿古賢而已。」[188]

這番話應是嚴復的肺腑之言。事實上，無論是對袁世凱，還是籌安會，甚而至於恢復帝制，嚴復都有很多話想說，卻又不便說或不忍說。他是絕不贊成中國走共和之路的，楊度等人對中國政治現狀及特殊國情的認知與分析，他也是認同的，他所以不能嚴辭拒絕楊度將他列名籌安會的發起人之中，便與此有關。但他對於楊度等人急於求成的做法，又心存疑慮，尤其不能接受馬上推舉袁世凱做皇帝。他一再表示：「君憲既定，孰為之主，乃為絕對難題。」[189]梁啟超寫了《異哉所謂國體問題者》，他也是有所保留的。何況他認為，中國目前的亂象，梁啟超負有很大的責任。他對梁啟超與蔡鍔等起兵反袁，亦頗有微詞，以為「名為首義，實禍天下」。[190]然而，當袁世凱讓夏壽田請他寫文章反駁梁啟超，並拿出一張四萬元支票作為酬勞時，卻被他當場拒絕了。據說，他為此收到「要脅之書無慮二十函，或喻以利害，或嚇以刺殺，或責其義不容辭，而詭稱天下屬望」。他把這些信函拿給袁世凱的使者看，言道：「梁氏之議，吾誠有以駁之，唯吾思主座命為文，所祈在袪天下之惑而有裨於事耳，閩中諺云：

有當任婦言之時，有姑當自言之時，時勢至今，正當任婦言之，吾雖不過列名顧問，要為政府中人言出吾口，縱極粲花之能事，人方視之為姑所自言，非唯不足以祛天下之惑，或轉於事有損，吾以是躊躇不輕落筆，非不肯為也，為之而有裨於事吾寧不為哉，至於外間以生死相恫嚇殊非吾所介意，吾年踰六十，病患相迫，甘求解脫而不得，果能死我，我且百拜之矣。」[191] 當時的《順天時報》也刊載了一則籌安會藉重嚴復的記事，謂：「侯官（嚴復）為良知所督責，始終緘默，無一言為籌安推波助瀾云。」[192]

自此，嚴復閉門謝客，不聞政事。後洪憲失敗，袁世凱抑鬱而亡，黎元洪發佈懲辦帝制禍首令，未將嚴復列入其中。據侯毅（疑始）在《籌安盜名記》中的記載：「黃陂（黎元洪）合肥（段祺瑞）廉知侯官始終未嘗阿附洪憲徵之清議亦殊為然，故緝治籌安禍首，侯官不與焉。」[193] 不久，他寫了一封信給馮國璋，說明當時的情形，並感謝馮氏在國會開會時為他澄清：「當籌安會發起之時，楊孫二子，實操動機。其列用賤名，原不待鄙人之諾，夕來相商，晨已發佈。我公試思，豈復有鄙人反抗之址耶？近者國會要求懲辦禍首，尚幸芝老知其真實，得及寬政，不然，復縱百口，豈能自辯？」[194] 此後的嚴復，老病纏綿，遂以吟詩臨池自娛，雖疏於著述，在與熊育錫的通信中，則不斷探討甲午、戊戌以來的歷史教訓，尤以梁啟超談的最多。其中固有屬於嚴復個人的成見，卻也不乏卓識。比如他說：「吾國自甲午、戊戌以來，變故為不少矣。而海內所奉為導師，以為趨向標準者，首屈康、梁師弟。顧眾人視之，則以為福首，而自僕視之，則以為禍魁。」[195] 又說：「今夫亡有清二百六十年社稷者，非他，康、梁也。」[196] 後梁啟超從南方回到北京，以再造共和的聲譽，受到各界歡迎，嚴復在給熊育錫的信中則大發議論：「平情而論，即任公本身即為其證，好為可喜新說，嘗自詭可為內閣總理，然在前清時不論，其入民國，一長司法，再任幣制，皆不能本坐言以為起行，至為鳳凰草大政方針，種種皆成紙上談兵，於時世毫無裨補，佗傺去位，此雖洹上在位，志不得行，然使出身謀國，上不知元首之非其人，下不知國民程度之不及，則其人之非實行家，而畢生學問皆為紙的，不灼灼彰明較著也哉！雖然，任公自是當

世賢者，吾徒惜其以口舌得名，所持言論，往往投鼠不知忌器，使搗亂者得藉為資，己又無術能持其後，所為重可歎也！」[197]

護國戰爭結束後，梁啟超的本意是想退出政界，專心於學術和教育的，但很多時候，世事並不能以他的意志為轉移，接踵而至的府院之爭、張勳復辟、對德宣戰等事件，又把他捲入政治的漩渦之中。直到民國七年（1918 年），他才傷痕累累地回到書齋，以完成他的夙願。至歐戰結束，他又以民間身份，遠赴歐洲，考察歐洲文明與戰爭的原因，民國九年（1920 年）初方回國內。這期間，嚴復則抱病還鄉，梁啟超的行蹤已不在他的視野之內，即使在給朋友的信中，也見不到梁啟超的名字了。而梁啟超卻在嚴復離世的前一年，想到了他。這一年，梁啟超出版了新著《清代學術概論》，該書第二十九章：晚清西洋思想之運動，專門寫到嚴復對近代思想的特殊貢獻：「時獨有侯官嚴復，先後譯赫胥黎《天演論》，斯密亞丹《原富》，穆勒約翰《名學》、《群己權界論》，孟德斯鳩《法意》，斯賓塞《群學肄言》等數種，皆名著也。雖半屬舊籍，去時勢頗遠，然西洋留學生與本國思想界發生關係者，復其首也。」[198] 不知嚴復是否看到了這本書，看到了梁啟超對他贊許。如果看到了，他能接受梁啟超給予他的歷史定位嗎？他的沉默，給歷史留下了一絲遺憾。

註釋：

1　《與汪康年書》，《嚴復集》第三冊，
　　505 頁。

2　同上。

3　《嚴復年譜》譜前，1 頁；《嚴幾道
　　年譜》，1 頁，《民國叢書》第三編
　　（77）；《嚴復生平事略》，《百年嚴復
　　——嚴復研究資料精選》，43 頁。

4　《嚴幾道年譜》，2 頁，《民國叢書》
　　第三編（77）。

5　同上，3 頁。

6　同上。

7　《為周養庵（肇祥）題籛鐙紡織圖》，
　　《嚴復集》第二冊，388～389 頁。

8　《嚴幾道年譜》，5 頁，《民國叢書》
　　第三編（77）。

9　同上，4～5 頁。

10　《尋求富強：嚴復與西方》，24 頁。

11　《侯官嚴先生年譜》，《百年嚴復——
　　嚴復研究資料精選》，100 頁。

12　《萬國公報》第 373 卷，1876 年 2 月
　　5 日，轉引自《嚴復年譜》，27 頁。

13　《嚴復年譜》，30 頁。

14　同上，28 頁。

15　同上，31 頁。

16　《關於嚴復在英留學活動的日記》
　　（1877 — 1879），《百年嚴復——嚴
　　復研究資料精選》，71 頁。

17　同上，73 頁。

18　同上，72 頁。

19　同上，73～74 頁。

20　同上，72 頁。

21　同上，78 頁。

22　《嚴復年譜》，36 頁。

23　同上，46 頁。

24　《關於嚴復在英留學活動的日記》
　　（1877 — 1879），《百年嚴復——嚴
　　復研究資料精選》，77 頁。

25　《嚴復年譜》，43 頁。

26　同上，44 頁。

27　《曾紀澤日記》（中冊），836 頁。

28　同上，858 頁。

29　《關於嚴復在英留學活動的日記》
　　（1877 — 1879），《百年嚴復——嚴
　　復研究資料精選》，83 頁。

30　《嚴復年譜》，47 頁。

31　同上，45～46 頁。

32　《與四弟嚴觀瀾》（五），《嚴復全集》
　　（卷八），435 頁。

33　《嚴復年譜》，48 頁。

34　《與熊育錫》（七十），《嚴復全集》（卷
　　八），361 頁。

35　《海軍大事記》弁言，《嚴復全集》（卷
　　七），506 頁。

36　《嚴君基誌銘》，《百年嚴復——嚴復
　　研究資料精選》，35 頁。

37　同上，36 頁。

38　郭嵩燾卒於 1891 年，王蘧常《嚴幾
　　道年譜》記在 1893 年，據孫應祥
　　《嚴復年譜》正之，見孫譜 64 頁。

39　《嚴復年譜》，65 頁。

40　《與四弟嚴觀瀾》（一），《嚴復全集》
　　（卷八），433 頁。

41　《與四弟嚴觀瀾》（五），同上書，435 頁。

42　《送陳彤卣歸閩》，同上書，13 頁。

43　《嚴幾道年譜》，10 頁，《民國叢書》
　　第三編（77）。

44　《嚴復生平事略》，《百年嚴復——嚴
　　復研究資料精選》，46 頁。

45　《嚴幾道年譜》，10 頁，《民國叢書》
　　第三編（77）。

46　《嚴復生平事略》，《百年嚴復——嚴
　　復研究資料精選》，46 頁。

47　《嚴幾道年譜》，11 頁，《民國叢書》
　　第三編（77）。

48　同上，12頁。

49　《與四弟嚴觀瀾》（五），《嚴復全集》
　　（卷八），434頁。

50　《與陳寶琛》（二），同上書，97頁。

51　同上，97～98頁。

52　同上，98頁。

53　同上，100頁。

54　《與長子嚴璩》（一），《嚴復全集》（卷
　　八），437頁。

55　同上。

56　《侯官嚴先生年譜》，《百年嚴復——
　　嚴復研究資料精選》，101頁。

57　《天演論》自序，《嚴復全集》（卷
　　一），7頁。

58　《與嚴幼陵先生書》，《飲冰室合集·
　　文集》之一，108頁。

59　《天演論》譯例，《嚴復全集》（卷一），
　　8頁。

60　《天演論》自序，同上書，7頁。

61　《原強》（修訂稿），《嚴復全集》（卷
　　七），23頁。

62　同上，23頁。

63　《天演論》厄言一，《嚴復全集》（卷
　　一），10～11頁。

64　《天演論》導言五，同上書，92頁。

65　《與梁啟超》（一），《嚴復全集》（卷
　　八），118頁。

66　同上，119頁。

67　《與嚴幼陵先生書》，《飲冰室合集·
　　文集》之一，106～107頁。

68　同上，110頁。

69　《與張之洞書》，中國近代史資料叢
　　刊《戊戌變法》第二冊，525頁。

70　《清代學術概論》，97頁。

71　《與梁啟超》（一），《嚴復全集》（卷
　　八），119頁。

72　《説群序》，《飲冰室合集·文集》之
　　二，3頁。

73　同上，3～7頁。

74　《尋求富強：嚴復與西方》，39頁。

75　《變法通議》，《飲冰室合集·文集》
　　之一，10頁。

76　同上，15～18頁。

77　《論世變之亟》，《嚴復全集》（卷
　　七），11頁。

78　同上，11～12頁。

79　同上，12頁。

80　《與〈外交報〉主人書》，《嚴復全集》
　　（卷八），202頁。

81　同上。

82　同上。

83　《與嚴幼陵先生書》，《飲冰室合集·
　　文集》之一，109頁。

84　同上。

85　同上。

86　同上，110頁。

87　同上，109頁。

88　同上，110頁。

89　《湖南時務學堂學約》，《飲冰室合
　　集·文集》之二，28頁。

90　《覆友人論保教書》，《飲冰室合集·
　　文集》之三，9～10頁。

91　《論支那宗教改革》，同上書，55頁。

92　《勸學篇》序，1～2頁。

93　《西學書目表後序》，《飲冰室合集·
　　文集》之一，126～129頁。

94　《有如三保》，《嚴復全集》（卷七），
　　80頁。

95　《保教餘義》，同上書，81頁。

96　同上。

97　同上，82頁。

98　同上。

99　同上。

100　同上。

101　《支那教案論》，《嚴復全集》（卷五），
　　526頁。

102 《保教非所以尊孔論》，《飲冰室合集・文集》之九，59 頁。

103 同上，52 頁。

104 同上，51 頁。

105 《與梁啟超》（二），《嚴復全集》（卷八），120 頁。

106 《闢韓》，《嚴復全集》（卷七），37～40 頁。

107 同上，39 頁。

108 同上，39～40 頁。

109 《闢韓》，中國近代期刊彙刊《強學報時務報》第二冊，1588 頁，《時務報》第二十三冊。

110 《侯官嚴先生年譜》，《百年嚴復——嚴復研究資料精選》，101 頁。

111 《與五弟嚴觀衍》，《嚴復全集》（卷八），451 頁。

112 《湖南時務學堂學約》，《飲冰室合集・文集》之二，28 頁。

113 《燈下漫筆》，《魯迅全集》（第一冊）《墳》，212～213 頁。

114 《論世變之亟》，《嚴復全集》（卷七），12 頁。

115 同上。

116 《原強》（修訂稿），同上書，29 頁。

117 同上，25 頁。

118 《論世變之亟》，《嚴復全集》（卷七），12 頁。

119 《論語通譯》，40 頁。

120 同上，202 頁。

121 同上，51 頁。

122 《四書章句集註》，10 頁。

123 同上。

124 同上，13 頁。

125 同上，10 頁。

126 《原強》（修訂稿），《嚴復全集》（卷七），32 頁。

127 同上。

128 同上。

129 同上，35 頁。

130 《國聞報》緣起，《中國近代報刊史參考資料》（上冊），285 頁。

131 《嚴復年譜》，126 頁。

132 《擬上皇帝書》，《嚴復全集》（卷七），66 頁。

133 《原強》（修訂稿），同上書，35 頁。

134 同上。

135 同上。

136 同上。

137 《變法通議》（學校總論），《飲冰室合集・文集》之一，14 頁。

138 《原強》（修訂稿），《嚴復全集》（卷七），36 頁。

139 同上，35 頁。

140 同上。

141 同上，36 頁。

142 同上。

143 《尋求富強：嚴復與西方》，64 頁。

144 《原強》（修訂稿），《嚴復全集》（卷七），36 頁。

145 《東亞近代文明史上的梁啟超》，71 頁。

146 《嚴復年譜》，131 頁，轉引自《鄭孝胥日記》，691 頁。

147 《嚴復生平事略》，《百年嚴復——嚴復研究資料精選》，47 頁。

148 《嚴復年譜》，132 頁，轉引自《近代中國史事日誌》，1034 頁。

149 《送鄭太夷南下》，《嚴復全集》（卷八），15 頁。

150 《戊戌八月感事》，同上書，66 頁。

151 《與張元濟》（五），同上書，136～137 頁。

152 《與汪康年》（三），同上書 112 頁。

153 《與汪康年》（四），同上書。

154 《稼說》，《唐宋八大家全集・蘇軾集》（下），1653 頁。

155 《〈時務報〉各告白書後》，馬勇主編《嚴復全集》（卷七），385 頁。

156 同上。

157 同上。

158 同上。

159 同上，386 頁。

160 同上。

161 《紹介新著〈原富〉》，《新民叢報》第一號，113 頁，中國近代期刊彙刊·第二輯，《新民叢報》影印本第一冊。

162 《與梁啟超》（二），《嚴復全集》（卷八），120 頁。

163 同上。

164 《與張元濟》（十四），同上書，151 頁。

165 《海軍大事記》弁言，同上書，505 頁。

166 《與梁啟超》（二），同上書，120～121 頁。

167 《與張元濟》（一），同上書，129～130 頁。

168 《日記》（宣統三年辛亥），同上書，588 頁。

169 《與甥女何紉蘭》（三十二），同上書，469 頁。

170 《章太炎年譜長編》（上），419 頁。

171 《癸丑上巳梁任公禊集萬生園，分韻敬呈流觴曲水》四首，《庸言》第一卷第十四號，中國近代期刊彙刊第二輯，《庸言》（四），2651～2652 頁。

172 《讀經當積極提倡》，《嚴復全集》（卷七），463～464 頁。

173 《導揚中華民國立國精神議》，同上書，475、477 頁。

174 《侯官嚴先生年譜》，《百年嚴復——嚴復研究資料精選》，103 頁。

175 《與安慶高等學堂》，《嚴復全集》（卷八），249 頁。

176 《與張元濟》（十六），同上書，153 頁。

177 《憲法大義》，《嚴復全集》（卷七），283 頁。

178 《與莫理循》，《嚴復全集》（卷八），274～276 頁。

179 《梁啟超年譜長編》，348 頁。

180 《與熊育錫》（十五），《嚴復全集》（卷八），293 頁。

181 《〈民約〉平議》，《嚴復全集》（卷七），473～474 頁。

182 同上，471 頁。

183 衛西琴著《中國教育議》，《庸言報》第二十七號，5015～5016 頁，中國近代期刊彙刊第二輯。

184 《與熊育錫》（十三），《嚴復全集》（卷八），292 頁。

185 《與熊育錫》（三十），同上書，310 頁。

186 同上。

187 同上。

188 《與熊育錫》（三十二），同上書，314～315 頁。

189 《與熊育錫》（三十一），同上書，313 頁。

190 《與熊育錫》（四十二），同上書，330 頁。

191 《籌安盜名記》（1919 年），《百年嚴復——嚴復研究資料精選》，144～145 頁。

192 《嚴復生平事略》（1932 年），同上書，49 頁。

193 《籌安盜名記》（1919 年），同上書，145 頁。

194 《與馮國璋》，《嚴復全集》（卷八），412 頁。

195 《與熊育錫》（三十），同上書，310 頁。

196 同上，311 頁。

197 《與熊育錫》（四十八），同上書，337～338 頁。

198 《清代學術概論》，98 頁。

第
九
章

肝膽相照：

梁啟超與譚嗣同

▶ 譚嗣同 （1865—1898）

- 1895 年，譚嗣同進京，結交梁啟超。與梁啟超等創辦《時務報》。
- 1897 年，在陳寶箴、黃遵憲等的支持下，譚嗣同與唐才常等在長沙倡辦時務學堂，並請梁啟超任總教習，協助梁啟超講學。
- 1898 年，與梁啟超、黃遵憲等人創建南學會，辦《湘報》，宣傳變法。參與戊戌變法，受光緒帝徵召入京。變法失敗，被殺。
- 梁啟超寫多篇《譚嗣同傳》紀念。

▌譚嗣同：伯理璽之選

梁啟超說，譚嗣同是晚清思想界的一顆彗星。這顆彗星以迅疾的速度劃過梁啟超生命的天空，留下一道璀璨的光芒。

光緒二十一年乙未（1895 年）初春，梁啟超又一次來到北京，名義上是來參加會試的，實際上卻另有所求。他在寫給夏曾佑的信中就曾這樣表白：「此行本不為會試，第頗思假此名號作汗漫遊，以略求天下之人才。」[1] 他這裏所說的「略求天下之人才」，其實就是多方聯絡同志，壯大自己的勢力，在社會上造成一種講求新學、倡言變法的聲勢和風氣。這期間，他的確結交了不少社會名流和青年學子，其中有幾位是他非常看重的，像譚嗣同、曾廣鈞、吳雁舟、宋燕生、陳次亮、楊銳以及吳季清和吳鐵樵父子。在這些人裏，與他結交最晚而交情又最深的，恐怕非譚嗣同莫屬。戊戌政變，譚嗣同死難，臨刑前他作《絕命書》兩封，一封給康有為，另一封就是寫給梁啟超的。其後，梁啟超流亡日本，作《飲冰室詩話》，首先

寫到譚嗣同，稱他「志節學行思想，為我中國二十世紀開幕第一人」。[2]

梁啟超第一次見到譚嗣同應該是在北京強學會興辦期間。梁啟超在《譚嗣同傳》中記載此事：「南海先生方倡強學會於北京及上海，天下志士走集應和之。君乃自湖南溯江下上海遊京師，將以謁先生，而先生適歸廣東不獲見。余方在京師強學會任記纂之役，始與君相見，語以南海講學之宗旨，經世之條理，則感動大喜躍，自稱私淑弟子。」[3]

人們習慣上把那種自己敬仰某位老師但未能親自受業的學生稱為私淑弟子。可是，有人不大相信梁啟超的這段記述，以為譚嗣同不會專門跑到北京登門拜見康有為。其中緣由或許是康有為的名聲後來頗有爭議，彷彿這樣就玷污了譚嗣同的名譽。因此，有人堅持要把梁譚二人會面的時間推遲到第二年的春天，即光緒二十二年丙申（1896年）三月之後。然而，這個建議並不具有太強的說服力。梁啟超一再說，他結識譚嗣同得益於吳鐵樵，是吳鐵樵引薦的，甚至有可能譚嗣同是在吳鐵樵的陪同下來見梁啟超的。如果是在三月之後，那麼，無論是梁啟超，還是把譚嗣同介紹給梁啟超的吳鐵樵，都已離開北京，到達上海，見面的機會反而不存在了。這樣看來，梁啟超與譚嗣同定交於光緒二十一年（1895年）秋冬之間的可能性更大一點。但以梁啟超當時對康有為的態度，他在敍述這件事的時候，總要把康有為擺在前面，這樣做不僅對老師表示了尊重，也給足了譚嗣同面子。

譚嗣同的到來讓梁啟超眼前一亮，這個人的風采、氣度一下子就把他征服了。翁同龢曾在日記中寫下第一次見到譚嗣同的印象，稱他「高視闊步，世家子弟中桀傲者也」。[4] 我們不知道梁啟超的第一反應是怎樣的，但他很快就給康有為寫了一封信，以如獲至寶的心情介紹這位新朋友，稱讚他：「才識明達，魄力絕倫，所見未有其比，惜佞西學太甚，伯理璽之選也。因鐵樵相稱來拜，公子之中，此為最矣。」[5] 這裏所謂「伯理璽」，即「伯理璽天德」，是英語 President 的音譯，也就是總統的意思。十二月上旬，康有為離滬赴粵之前，曾託劉善涵（淞芙）將自己所著《長興學記》送給譚嗣同，估計就是接到梁啟超來信之後的一種表示。梁啟超在信中還

提到陝西劉光蕡自刻北京、上海《強學會序》一事，似也說明，這封信寫於十二月七日（1896年1月21日）北京強學會被查禁之後的可能性不大。譚嗣同在《壯飛樓治事十篇》中也曾提到此事：「乙未（1895年）冬間，劉淞芙歸自上海，袖出書一卷，云南海貽嗣同者，兼致殷勤之歡，若舊相識。嗣同大驚，南海何由知有嗣同？即欲為一書道意，而究不知見知之由與貽此書之意何在。五內傍皇，悲喜交集，一部十七史苦於無從說起。取視其書，則《長興學記》也。」[6]或許，譚嗣同離開北京時走得匆忙，並不知道梁啟超曾經寫信給康有為，而康有為已經把他當作自己人了。否則，康有為有什麼理由把萬木草堂的自編教材送給一個素不相識的人呢？

其實，譚嗣同是否曾經專門進京拜謁康有為已經不重要，重要的是，他在當時確有一次短暫的北京之行。此行雖未見到康有為，卻結識了吳鐵樵，並通過吳鐵樵結識了康有為的弟子梁啟超。譚嗣同對康有為早有耳聞，根據他的說法，「偶於邸鈔中見有某御史奏參之摺與粵督昭雪之摺，始識其名若字。因宛轉覓得《新學偽經考》讀之，乃大歎服。以為掃除乾嘉以來愚謬之士習，厥功偉；而發明二千年幽蔀之經學，其德宏。即《廣藝舟雙揖》亦復籠罩古今中外，迴非耳目近玩。由是心儀其人，不能自釋。」他對康有為及其學說的更多了解，則來自梁啟超。通過結交梁啟超，「始備聞一切微言大義，竟與嗣同冥思者十同八九」，說明他在思想上與康有為早有強烈的共鳴，這也是他與梁啟超在感情上很容易接近的思想基礎。[7]

康有為主張以孔教立國，並以孔子紀年，招致許多人的反對，不僅保守派從政治上肆意攻擊他，說他藉尊孔而反滿、反清，圖謀不軌，即使在維新派內部，也有如黃遵憲、嚴復等人，在學理上持不同意見。他們都曾與梁啟超反覆討論教可保與不可保的問題，直至後來梁啟超到日本後徹底放棄保教的主張。但譚嗣同卻很看重「教」的實際作用，他認為：「教不行而政亂，政亂而學亡。故今之言政、言學，苟不言教，則等於無用。」他甚至對於民間所傳要建孔子教堂的做法亦深以為然，他告訴歐陽中鵠先生：「強學會諸君子，深抱亡教之憂，欲創建孔子教堂，仿西人傳教之

法，遍傳於愚賤。某西人聞之，向鄒沅帆曰：『信能如此，我等教士皆可以回國矣。』」[8] 梁啟超也曾把傳教看得很重，他在《覆友人論保教書》中寫道：「夫天下無不教而治之民，故天下無無教而立之國。」在他看來，現在世界上強盛的國家，都有強大的宗教作支撐，而中國之所以貧弱，其根本原因便在於中國人沒有信仰。固然，由於孔教的存在，中國還不能說是無教的國家，只能說是半教的國家，但是，由於「其風俗之敗壞，士夫之隘陋，小民之蠢愚，物產不興，智學不開，耳目充閉，若坐智井，恥尚失所，若病中風，則直謂之無教可耳」。[9] 譚嗣同也看到了這一點，他不認為孔教本身有問題，在他看來，西方人批評孔教不推崇天（上帝）而只尊崇君權，是他們不了解孔教。他說：「三代以上，人與天親。自君權日盛，民權日衰，遂乃絕地天通，惟天子始得祀天，天下人望天子儼然一天，而天子亦遂挾一天以制天下。」所以，「孔子憂之，於是乎作《春秋》。《春秋》稱天而治者也，故自天子、諸侯，皆得施其褒貶，而自立為素王」。[10] 他樂觀地估計：「孔子教何嘗不可遍治地球哉？」而所以未能如此，是因為推行孔教之人的做法有問題：其一是不能將孔子尊為唯一的教主，做不到「道德所以一，風俗所以同」；其二，不能一視同仁，門檻太高，「農夫野老，徘徊觀望於門牆之外」，價值難以普世；其三為包容性差，排斥異端，「皆不容於孔子」。如果說普通民眾信仰缺失，那麼，責任不在民眾，而在傳教的方法不對，有待改進。當時有些耶穌會的教士就說：「中國既不自教其民，即不能禁我之代教。」[11]

恰恰是由於看到了這種危機，無論康有為、梁啟超還是譚嗣同，都把教化民眾（即大眾的啟蒙），當作變法維新的基礎，中國復興的根本。譚嗣同說：「今之策富強而不言教化，不興民權者，吳雁舟所目為助紂輔桀之臣也。」[12] 不久，他接受梁啟超的建議，作《仁學》一書，思想又進了一步，他在《自序》中說：「教無可亡也。教而亡，必其教之本不足存，亡亦何恨。」[13] 這時，他對孔教似乎已有疑問。但他對康有為仍保持着一種敬意，康的《新學偽經考》問世後，清政府及保守派聯手封殺，譚嗣同則仗義為之辯護，他說：「排君者何嘗讀君之書哉！特眩於『偽經』二字，遂

詆為非聖耳。向使不名『偽經考』，而名真經考，必皆相率而奉之矣。」[14] 譚嗣同的這種態度，曾讓他的老師歐陽中鵠很擔心，戊戌政變發生後，他與皮錫瑞談到譚嗣同結識康梁後思想發生的變化，皮錫瑞在其日記中記下了歐陽中鵠的說法：「丙申入都，見康而議論一變，頗不信其師說，今年幾決裂矣。」[15] 這裏所謂「今年幾決裂矣」，所指就是光緒二十四年（1898年）譚嗣同因南學會和《湘報》的言論與老師發生分歧。當然，這是後話。

▍ 放浪形骸少年時

譚嗣同，字復生，號壯飛，又號華相眾生，湖南瀏陽人。譚嗣同是清末維新人士中著名的三位公子之一，另外兩位，一位是湖南巡撫陳寶箴的公子陳三立，他也是著名學者陳寅恪的父親；另一位是內閣大學士、禮部侍郎徐致靖的公子徐仁鑄，徐致靖曾破格向光緒帝薦舉康有為、梁啟超、譚嗣同、黃遵憲、張元濟等人入朝，推行變法。政變後，慈禧將徐致靖列為第一個必殺之人。如果不是李鴻章、榮祿等人盡力為他開脫，六君子就變成七君子了。

譚嗣同早年喪母，經歷坎坷，備極孤苦。繼母是個刻薄之人，經常虐待他，挑撥他與父親的關係，在他幼小的心靈中投下一片濃重的陰影，所以他說：「吾自少至壯，遍遭綱倫之厄，涵泳其苦，殆非生人所能任受；瀕死累矣，而卒不死；由是益輕其生命，以為塊然軀殼，除利人之外，復何足惜！」[16] 父親譚繼洵，是個循規蹈矩的官僚，官運一直不錯，幾經升遷，官至湖北巡撫。光緒四年（1878年），譚嗣同十四歲，譚繼洵被任命為甘肅地方官，他隨同父親赴甘肅上任。這是他的第一次遠行，歷時約三個月。漫長的旅途使他備嘗艱辛，不僅身心受到磨煉，沿途的風土人情也使他大開眼界。四年後，譚繼洵升任甘肅布政使，譚嗣同又一次從湖南趕赴甘肅。這時他已經開始研讀《墨子》，「私懷墨子摩頂放踵之志」[17]，並作自題小照詞一首，詞牌為《望海潮》：

曾經滄海，又來沙漠，四千里外關河。骨相空談，腸輪自轉，回頭十八年過。春夢醒來麼？對春帆細雨，獨自吟哦，惟有瓶花，數枝相伴不須多。　　寒江才脫漁蓑，剩風塵面貌，自看如何？鑒不因人，形還問影，豈緣酒後顏酡？拔劍欲高歌。有幾根俠骨，禁得揉搓？忽說此人是我，睜眼細瞧科。[18]

看得出來，他對自己這種人生經歷頗有得意之色。此後數年間，譚嗣同一直往來於湖南、甘肅之間，南北趕考，疲於奔命。但他考得並不好，屢考屢敗，從未成功過。據清代官員履歷檔案記載，他的功名始終是個監生。他自己覺得無所謂，譚繼洵對兒子的這種態度卻很不滿意。他在日記中寫道：「七兒好弄，觀近作制藝文，不合式。」制藝文就是八股文，不合式就是不合乎八股文的寫作規範。不過，譚嗣同寫不好八股文，倒並非他不肯用功或才學不夠，而是「鄙視時文，不屑為」也。在這方面，他更多地受到老師歐陽中鵠和劉人熙「有復古之思，用世之志」的影響，而不想沿襲千百年來讀書人所走的老路。[19]

另外，他的性情似乎也影響到他的人生選擇。譚嗣同從小喜動不喜靜，幼年在京讀書時，就結交了「大刀王五」和「通臂猿胡七」這兩位武藝高強的江湖人物，並隨王五學習單刀。王五不僅教他技擊之術，還把江湖上鋤強扶弱的掌故以及自己冒險的經歷講給他聽，這些都給少年譚嗣同留下了深刻印象，他在內心深處一直渴望着成為鋤強扶弱、快意恩仇的人物。他讀過《墨子》之後，更強化了他從王五那裏接受的任俠思想。所以，他喜歡在粗獷的西北大漠中漫遊，以此來磨煉自己的意志，開闊自己的胸襟。他在寫給沈小沂的信中回憶自己的青少年時代：

　　嗣同弱嫻技擊，身手尚便，長弄弧矢，尤樂馳騁。往客河西，嘗於隆冬朔雪，挾一騎兵，間道疾馳，凡七晝夜，行千六百里。巖谷阻深，都無人跡，載飢載渴，斧冰作糜。比達，髀肉狼藉，濡染褲襠。此同輩所目駭神戰，而嗣同殊不覺。[20]

他的武學老師中，還有一位劉雲田先生，是他的湖南老鄉，當時在他父親的幕府中做幕僚，曾教他騎射之術。後來他寫《劉雲田傳》，還很懷念與其一起遊歷的情景：

> 嗣同兄弟少年盛氣，凌厲無前……獨喜強雲田並轡走山谷中，時私出近塞，遇西北風大作，沙石擊人，如中強弩，明駝咿嘎，與鳴雁嗥狼互答。臂鷹腰弓矢，從百十健兒，與四目凸鼻黃鬚雕題諸胡，大呼疾馳，爭先逐猛獸。夜則支幕沙土，椎髻箕踞，匈（掬）黃羊血，雜雪而咽。撥琵琶，引吭作秦聲。或據服匿，群相飲博，歡呼達旦。[21]

可以想見，譚嗣同的青少年時代，大部分時間是在這種略帶輕狂的放浪形骸之中度過的。光緒十年（1884 年），年方二十的譚嗣同第一次脫離了家庭的羈絆，來到新疆巡撫劉錦棠的幕府任職。這一年，中法戰爭爆發，譚嗣同憤而作《治言》一文，此時的他，心中已經孕育着變法的思想，只是這種思想還停留在正人心、勵風俗的層次。隨着對西方文明的進一步了解，以及現實給予他的切膚之痛和思考，他逐漸認識到自己的幼稚不成熟。不久，劉錦棠為贍養父母而辭官，譚嗣同也只好離開新疆，浪跡天涯。那些年，他「來往於直隸、新疆、甘肅、陝西、河南、湖南、湖北、江蘇、安徽、浙江、台灣各省，察視風土，物色豪傑，然終以巡撫君拘謹不許遠遊，未能盡其四方之志也」。[22]

譚嗣同五歲開始讀書，最初的啟蒙老師是北京的畢蓴齋。他先後拜過五位老師，除了畢蓴齋，還有韓蓀農、歐陽中鵠、涂啟先和劉人熙。韓蓀農也是他幼時啟蒙的先生，他們給了他最初的知識並養成他讀書的興趣。他很聰明，「五歲受書，即審四聲，能屬對」。[23] 涂啟先與劉人熙都是瀏陽當地的著名學者，對儒學典籍素有研究，並恪守儒家的道德倫理。涂啟先更注重儒家的知行統一觀，強調坐而言不如起而行；劉人熙對儒學，尤其是王船山學說倍加推崇，此外，對老莊、佛學也有相當的了解，但他死

守儒學孔孟之道，將其他思想學說一律斥為異端。譚嗣同寫作《治言》時思想非常保守，就是受到劉人熙的影響。不過，對他影響最大，也最持久的，非歐陽中鵠先生莫屬。歐陽中鵠也是湖南瀏陽人，他與涂啟先、劉人熙合稱瀏陽三先生。譚嗣同先後師從三先生，也算當時儒林的一段佳話。歐陽中鵠信奉儒家學說，他也很看重王船山，將其視為朱熹之後儒家道統的唯一繼承人。但他反對學術界的門戶之見，對於當時流行的宋學與漢學，都有所批評。譚嗣同是歐陽中鵠最得意的弟子之一，他對老師十分崇拜，一直與老師保持着頻繁的通信關係，幾乎事事都向老師請教，有了心得也總是先向老師匯報。

▎ 譚嗣同：學思大轉變

　　光緒二十一年（1895 年）一月二十一日，譚嗣同致信歐陽中鵠先生，談到甲午戰敗和中日議和的情形，可謂痛心疾首。隨後又傳來湘軍與日軍戰於牛莊而大敗的消息，更引起他的極大憤慨。他的思想、學術發生變化也在這個時候。那一年他恰好剛滿三十歲，特意作《三十自紀》，對自己的人生進行了總結。他在給唐才常的信中寫道：

> 三十以前舊學凡六種，茲特其二，餘待更刻。三十以後，新學瀰然一變，前後判若兩人。三十之年，適在甲午，地球全勢忽變，嗣同學術更大變，境能生心，心實造境。天謀鬼謀，偶而不奇。故舊學之刻，亦三界中一大收束也。[24]

　　促成譚嗣同思想、學術發生轉變的，主要有兩大因素：

　　其一，甲午戰敗後整個國家的精神面貌，特別是朝中官吏的庸碌瞻循，愚昧麻木，頑固守舊，苟且偷安，給予譚嗣同強烈刺激，他不得不考慮國家的前途和出路，所得結論就是拋棄舊學，而「發憤提倡新學」。[25] 先

是，他與唐才常、劉善涵等人籌劃，打算在他的老家瀏陽，設立算學館，並得到老師歐陽中鵠的支持。在他們看來，算學要比八股更有實際的用途，「小可為日用尋常之便益，大可為機器製造之根源，即至水陸各戰，尤恃以為測繪駕駛放炮準頭諸法。中國之所以事事見侮外洋者，正坐全不講求之故。」[26] 這在當時是一種很新也很時尚的思想，既脫胎於洋務派又略有不同，有點飢不擇食、撿到籃子裏就是菜的意思，但他們的做法，「實為湖南全省新學之起點焉」。[27] 其作用就在於開風氣之先，打破了萬馬齊喑、凝固而僵化的氣氛。

其二，通過結交梁啟超，譚嗣同對康有為的學說有了進一步的了解，這也促成了他思想、學術的轉變。梁啟超在《清代學術概論》中專門講到譚嗣同的這一「變」，他說：「嗣同幼好為駢體文，緣是以窺『今文學』，其詩有『汪（中）魏（源）龔（自珍）王（闓運）始是才』之語，可見其嚮往所自。又好王夫之之學，喜談名理。自交梁啟超後，其學一變。」[28]

在《譚嗣同傳》裏，梁啟超也提到譚嗣同三十歲時思想、學術所發生的變化，這裏他講得更加詳細：

> 少年曾為考據箋註、金石刻鏤、詩古文辭之學，亦好談中國古兵法，三十歲以後，悉棄去，究心泰西天文、算術、格致、政治、歷史之學，皆有心得。又究心教宗，當君之與余初相見也，極推崇耶氏兼愛之教，而不知有佛，不知有孔子。既而聞南海先生所發明易《春秋》之義，窮大同太平之條理，體乾元統天之精意，則大服。又聞華嚴性海之說，而悟世界無量，現身無量，無人無我，無去無住，無垢無淨，捨救人外，更無他事之理；聞相宗識浪之說，而悟眾生根器無量，故說法無量，種種差別與圓性無礙之理，則益大服，自是豁然貫通，能匯萬法為一，能衍一法為萬，無所窒礙，而任事之勇猛亦益加。[29]

譚嗣同私淑康有為的情形，也被其他朋友看在眼裏，葉瀚在致汪康年

的信中寫道：「譚福（復）生已見過，此人乃康（有為）、夏（曾佑）之使徒也，天分極高，熱力亦足，惜尚性情未定，涵蘊未深。」[30]

衝決網羅之《仁學》

天分極高，熱力亦足，性情未定，這就是當時一些人眼中的譚嗣同。《仁學》是其「新學」的代表作，發表時，梁啟超在其所作序中說：「《仁學》何為而作也？將以光大南海之宗旨，會通世界聖哲之心法，以救全世界之眾生也。南海之教學者曰：『以求仁為宗旨，以大同為條理，以救中國為下手，以殺身破家為究竟。』《仁學》者，即發揮此語之書也。而烈士者，即實行此語之人也。」[31] 這篇序文最初發表於《清議報》第二冊，其中「光大南海之宗旨」一句，《飲冰室合集》中沒有，顯然是編書時刪去了，透露出後來的梁啟超對康有為已有保留。但譚嗣同的《仁學》確實與其三十歲以前的著作有大不同，其中康有為的影響是非常明顯的。在某些方面，他對康有為的認同，甚至超過了梁啟超。比如他和康都認為，「仁」所體現的道德理想是康的社會理想或理想社會（即所謂大同）的前提和基礎。他在《仁學·自序》中就曾表示：「能為仁之元而神於無者有三：曰佛，曰孔，曰耶，佛能統孔、耶，而孔與耶仁同，所以仁不同。」[32] 而此時梁啟超的思想卻出現了疏遠「仁」的趨勢，美國學者張灝就曾指出：「帶着『群』的思想，梁正從儒家合乎道德自發產生的有機社會關係的文化理想向一個早期的民族共同體的思想邁進。」[33]

不過，譚嗣同對「仁」的內涵的闡釋，遠比康有為或梁啟超要激進得多，這一點突出表現在他對名教、「三綱」、天理、人欲這些問題的態度上。他不認為這些也是「仁」的一部分，相反，在他看來，恰恰是這些東西，把「仁」給搞亂了。他開宗明義在《仁學界說》中即指出：「仁以通為第一義。」又說：「通之象為平等。」又說：「智慧生於仁。」又說：「平等生萬化，代數之方程式是也。」又說：「平等者，致一之謂也。一則通矣，通則仁矣。」這是他對「仁」的看法。他又把「仁」歸結為一種自然

力，他稱之為「乙太」，由於「乙太」是無色、無聲、無臭、無名的自然狀態，我們無從感知，「仁」便成為「乙太」與天地萬物之間的仲介，「仁為天地萬物之源」，但是他說：「其顯於用也，孔謂之『仁』，謂之『元』，謂之『性』；墨謂之『兼愛』；佛謂之『性海』，謂之『慈悲』；耶謂之『靈魂』，謂之『愛人如己』『視敵如友』；格致家謂之『愛力』『吸力』，咸是物也。」既然「仁」在譚嗣同的眼中如是，那麼，他對歷朝歷代所謂『仁』肯定深惡痛絕。他批評道：「俗學陋行，動言名教，敬若天命而不敢渝，畏若國憲而不敢議。……則數千年來，三綱五倫之慘禍烈毒，由是酷焉矣。」他還指責：「君以名桎臣，官以名軛民，父以名壓子，夫以名困妻，兄弟朋友各挾一名以相抗拒，而仁尚有少存焉者得乎？」他對宋儒的天理人欲之說也很不屑：「世俗小儒，以天理為善，以人欲為惡，不知無人欲，尚安得有天理！」[34]

譚嗣同的《仁學》是應梁啟超之約為香港《民報》而作。寫作期間，他多次往返於上海、南京之間，與梁啟超商談、討論；寫成後，曾給梁啟超、宋恕（燕生）、章太炎、吳雁舟（嘉瑞）、唐才常等人看過。由於他的言論過於激烈，不僅直指綱常名教和君主制度，甚至直接痛詆清廷，被梁啟超稱為「悍勇」，卻也失去了生前發表的機會。戊戌政變後，梁啟超、唐才常分別把所藏原稿或抄本先後發表於《清議報》和《亞東時報》，梁啟超還為此書寫了序言。後來，梁啟超寫作《清代學術概論》，稱讚譚嗣同的《仁學》是「打破偶像」之書、「衝決羅網」之書，譚嗣同也在《自序》中歷數將要衝決網羅之次序：「初當衝決利祿之網羅，次衝決俗學若考據、若詞章之網羅，次衝決全球群學之網羅，次衝決君主之網羅，次衝決倫常之網羅，次衝決天之網羅，次衝決全球群教之網羅，終將衝決佛法之網羅。」[35] 其核心思想仍然是一元論的宇宙觀和向着更加美好的未來進化的歷史觀。在這點上，康梁與他是一致的，區別在於，康梁都不能接受他對「三綱」的批評。梁啟超在以後的日子裏，特別是在流亡海外之後，雖然接受了譚嗣同批評君權、夫權的觀點，公開主張民權、婦權，但對於孝道，仍然有所保留。這顯然與二人童年生活經驗的截然不同有關。梁啟超

對於孝道的認同和堅守，不僅是學理的，更是感情的，源自他從小所得到的父母之愛和倫理薰陶。

不過，譚嗣同的《仁學》畢竟是一部百餘年前的作品，由於作者接受新學及西學的時間不長，還不能融會貫通，其中「駁雜幼稚之論甚多，固無庸諱，其盡脫舊思想之束縛，戞戞獨造，則前清一代，未有其比也」；梁啟超曾盡力為他開脫：「由今觀之，其論亦至平庸，至疏闊。然彼輩當時，並盧騷（盧梭）《民約論》（《社會契約論》）之名亦未夢見，而理想多與暗合，蓋非思想解放之效不及此。」[36] 他的意思是說，作者的思想局限是歷史的，但其解放思想，衝決羅網的勇氣和大無畏的犧牲精神，卻影響了不止一代人。在其政治小說《新中國未來記》中，他便藉了主人公「毅伯」之口承認，其一生事業的大半是從《長興學記》和《仁學》這兩部書得來的。在《〈說群〉序》裏，他更具體地提到《仁學》給予自己的影響：

> 啟超問治天下之道於南海先生，先生曰，以群為體，以變為用，斯二義立，雖治千萬年之天下可已。啟超既略述所聞，作《變法通議》，又思發明群義，則理奧例賾，苦不克達。既乃得侯官嚴君復之治功《天演論》，瀏陽譚君嗣同之《仁學》，讀之犁然有當於其心。悼天下有志之士，希得聞南海之緒論，見二君之宏著，或聞矣，見矣，而莫之解，莫之信，乃內演師說，外依兩書，發以淺言，證以實事，作《說群》十篇，一百二十章，其於南海之緒論，嚴、譚之宏著，未達什一。惟自謂視變法之言，頗有進也。[37]

▍治國要方：變「獨術」為「群術」

梁啟超曾有寫作《說群》的計劃，不知什麼原因，始終未見其動筆，成為其一生留下的無數遺憾之一。我們現在所看到的只有《〈說群〉序》

和《說群一　群理一》兩篇。從這兩篇短文中，我們很難找到梁啟超所說的對康有為、譚嗣同及嚴復思想的發揮，但其基本觀點總還露出了一些端倪。在梁啟超看來，所謂群，首先是指群術，和它對立的，即為獨術。他告訴我們，到目前為止，中國歷史上的統治術都是獨術，統治者往往自稱「孤」、「寡人」，也有人稱他們為「獨夫」。然而，獨術有哪些特徵呢？梁啟超說道：「人人皆知有己，不知有天下，君私其府，官私其爵，農私其疇，工私其業，商私其價，身私其利，家私其肥，宗私其族，族私其姓，鄉私其土，黨私其裏，師私其教，士私其學，以故為民四萬萬，則為國亦四萬萬，夫是之謂無國。」這就是「獨術」統治下的國家，在這樣的國家裏，無論是君，還是官，還是士，還是民，都不可能真正地負起責任，也不會形成有凝聚力的核心價值觀，而只能是一盤散沙。所以說，這樣的國，有等於無。如果是以「群術」治理國家，就不同了，他指出：「善治國者，知君之與民同為一群之中之一人，因以知夫一群之中所以然之理，所常行之事，使其群合而不離，萃而不渙，夫是之謂群術。」[38] 這裏，他所強調的是「合」，「使其群合」，即如何將渙散的中國人集合或整合成一個有凝聚力的、組織良好的政治實體，其實已經觸及現代國家的政體設計問題，這或許就是康有為所說的「以群為體」。他還看到，西方國家百餘年來由於以「群術」治理國家，很快使國家變得強大、富足；相反，中國卻以「獨術」對抗西方的「群術」，在野蠻時代，以「獨術」對抗「獨術」，尚可自保，在文明時代，以「獨術」對抗「群術」，其結果只能是自取滅亡。他批評主張「中學為體，西學為用」的人，只做表面文章，以「中國特殊」、「中國特色」為理由，拒絕政治體制改革，雖也搞了些花樣，卻猶如東施效顰，羊披虎皮，最終搞得中國日益衰弱，甚至落到割地賠款、列強瓜分、亡國滅種的危險境地，這都是不肯放棄「獨術」的結果。他因此得出結論，要救中國，只有一條路，就是改「獨術」為「群術」。康有為的「以變為用」，也是這個意思，如何變？怎麼變？一言以蔽之，就是變到「以群為體」，他數次上書，要求變法維新，所言都是要改體，改變天下者一家一姓之天下的「獨術」體制。

梁啟超認為，假如宇宙中只有一個地球，地球中只有一個人，這個人的身體構成只是一種物質，那麼，談論「群」的問題確實沒有必要，但事實恰恰相反，所以，他提出：「群者，天下之公理也。」向心力與離心力相反相成，如果只有離心力而沒有向心力，宇宙早就毀滅了，不存在了。宇宙間萬事萬物都是組合而成，不可能獨立存在。如果六十四種化學元素都不肯配合，那麼，地球之大也只能有六十四種物質，不可能演化出現在這個世界。所以說世界萬物，越複雜的越高貴，越簡單的越低賤。而且，社會是發展的，自然界也是發展的，都是從簡單向複雜進化。這樣看來，「群者，萬物之公性也」。這是世界萬物的共性，也是基本屬性，是不能違背的，違背了，就會因物競天擇而淘汰。自然界是這樣，人類社會又何嘗不是這樣，都為物競天擇的規律所支配。群力不弱的，固能自立於世界民族之林，而群力不足的，則只能被「開除球籍」，落一個「斷其種，絕其育」的下場。[39]

　　梁啟超的這些思想，明顯來自嚴復所譯《天演論》一書，其中達爾文的生物進化論被他生動地用於社會進化的演繹。他在寫給嚴復的信中也曾談到這個問題，在他看來，就像自然界的進化「皆有一定」一樣，人類社會的進化也是循序漸進，不可超越的。他以春秋三世為例，說明人類社會在政治領域的進化，一般要經歷「據亂、昇平、太平」三個階段，「據亂之世則多君為政，昇平之世則一君為政，太平之世則民為政。凡世界必由據亂而昇平而太平，故其政也，必先多君而一君而無君」。有人說，西方是有民主傳統的，「民主之局，起於希臘羅馬」。梁啟超認為，這種說法很不妥當，「希臘羅馬昔有之議政院，則皆王族世爵主其事，其為法也，國中之人可以舉議員者，無幾輩焉，可以任議員者，益無幾輩焉。惟此數貴族輾轉代興，父子兄弟世居要津相繼相及耳。至於蚩蚩之氓，豈直不能與聞國事」。他因此認定，這還不能說就是民主，只能說是多君之世，離民主還隔着兩層呢。就像在花崗巖之下很難找到生物的遺跡，恐龍之前不復有人類一樣，我們也不能指望在君權之前，一定能找到民權。「故民主之局，乃地球萬國古來所未有，不獨中國也」。他又說：「西人百年以來，民

氣大伸，遂爾浡興，中國苟自今日昌明斯義，則數十年其強亦與西國同，在此百年內進於文明耳。故就今日視之，則泰西與支那，誠有天淵之異，其實只有先後，並無低昂。而此先後之差，自地球視之，猶旦暮也。地球既入文明之運，則蒸蒸相逼，不得不變，不特中國民權之說即當大行，即各地土番野猺亦當丕變。其不變者，即漸滅以至於盡。此又不易之理也。」[40]

　　梁啟超在這裏指出了社會進化的普遍性和必然性。中國固然還很落後，但中國卻不能拒絕進步。因為，不進步就意味着倒退，意味着滅亡。不過，這個進步卻並非康有為、譚嗣同所設想的，依賴於國民，特別是統治者道德修養的提高，以為「仁」就可以自發地造成一種合乎道德理想的新型的社會關係，在那裏，人們因愛力彼此相吸，組成一個有機的和諧的社會。儘管君主被認為是「私而已」，民主被認為是「公而已」，而且，「國之強弱悉推原於民主」，但梁啟超並不認為，中國的進步靠道德的約束就可以實現。[41] 這時，他的政治理想已經不是君主的所謂仁政，而是有民眾廣泛參與的新的政治實體。在痛斥君主的自私和君主獨裁統治即「獨術」的腐朽時，他和譚嗣同沒有什麼不同，但他所談論的「公」與「私」，已非道德層面，而是制度層面，他巧妙地通過對「群」的探討，提出了民權和民主的內容。利己主義不再只是關乎君主個人的道德品質，更是君主政體的制度化身，是君主政體的本質。他認識到，西方人所說的自主之權，是指每個人都有其責任和義務，並享有相應的權利，這就是人們所說的「公」或「群術」；如果只是「使治人者有權，而受治者無權，收人人自主之權而歸諸一人」，這就是「私」，是「獨術」。他視國家為權力的象徵，在他看來，世間只有三種國家，即全權之國、缺權之國和無權之國，「全權之國強，缺權之國殃，無權之國亡」。為什麼會有這種區別呢？他解釋道，全權之國，每個人都可以行使自己的權利；缺權之國，一部分人有權利，而另有一部分人無權利；無權之國則不知權利究竟在哪裏。在這裏，一個人掠奪了所有人的權利，卻不能真正地負起責任，這個權利只能是「糜散墮落，而終不能以自有」。為什麼中國人做事總是互相推諉呢？原因就

在於個人應該享有的權利被剝奪，這樣一來，國家的政治合法性也就喪失了，你也就很難調動公眾的力量參與國家事務，這是一個國家喪失其生機和活力的開始。[42]

梁啟超對於現代國家及社會政治整合的思考，肯定來自剛剛接觸不久的西學。雖然中國傳統文化中不乏「群」的思想，比如《荀子》一書，就曾多次用到「群」這個概念，但梁啟超所理解的「群」與荀子的「群」根本不是一回事。雖然荀子也將「群」看作是人類區別於禽獸的基本特徵，人因為能「群」，而成為萬物的主宰，然而，這個萬物的主宰也主宰他的萬民。荀子是這樣說的：「君者何也？曰：能群也。能群也者，何也？曰：善生養人者也，善班治人者也，善顯設人者也，善藩飾人者也。善生養人者人親之，善班治人者人安之，善顯設人者人樂之，善藩飾人者人榮之。四統者俱而天下歸之，夫是之謂能群。」[43] 很顯然，荀子的所謂「群」是和王權、君權密不可分的，這裏的「群」絕不可能包含民權、民主的內容，而只能是君主的私權，也稱為君主的統治術。這一點正是梁啟超不能接受荀子的原因之一。當時，他曾與譚嗣同、夏曾佑等人發起「排荀」運動，「實有一種元氣淋漓景象」，他還談到其中的學理路徑，「孔學之門，後衍為孟子、荀卿兩派，荀傳小康，孟傳大同；漢代經師，不問為今文家古文家，皆出荀卿（汪中說）；二千年間，宗派屢變，壹皆盤旋荀學肘下，孟學絕而孔學亦衰。於是專以絀荀申孟為標幟，引《孟子》中誅責『民賊』『獨夫』『善戰服上刑』、『授田制產』諸義，謂為大同精意所寄，日倡道之」。[44] 譚嗣同說得比梁啟超更要直接痛快：「荀乃乘間冒孔之名，以敗孔之道。曰：『法後王，尊君統。』以傾孔學也。曰：『有治人，無治法。』陰防後人之變其法也。又喜言禮樂政刑之屬，惟恐箝制束縛之具不繁也。一傳而為李斯，而其為禍亦暴着於世矣。」他一針見血地指出：「故常以為二千年來之政，秦政也，皆大盜也；二千年來之學，荀學也，皆鄉愿也。惟大盜利用鄉愿；惟鄉愿工媚大盜。二者交相資，而罔不託之於孔。被託者之大盜鄉愿，而責所託之孔，又烏能知孔哉？」[45]

通過聲討荀子，重新闡釋孟子，他們從傳統文化的「民為邦本」中，為民權、民主在君主政體範疇內的政治合法化找到了可以為更多人所接受的依據。那時，他們都為得一知己而感到高興。譚嗣同生於同治四年（1865 年），梁啟超比他小九歲，不像吳鐵樵，只小他一歲，以弟相稱顯得很自然，譚嗣同對梁啟超，則只稱卓如。梁啟超基本上是個農家子弟，家風樸實，中規中矩；譚嗣同則出身於標準的官宦之家，見多識廣，狂放豪邁。就閱歷而言，梁啟超自然是望塵莫及。如果說梁啟超的學識和經驗主要來自書齋和書本的話，那麼，譚嗣同則除了讀萬卷書，還有過行萬里路的經歷。譚嗣同留下的影像不多，從目前僅見的幾幀照片來看，他是個性情灑脫、英氣逼人、慷慨磊落、無拘無束之人。實際上，他們的友誼，既基於相同的學術興趣，也基於相同的政治觀點，更基於相互之間的仰慕和惺惺相惜。譚嗣同欣賞梁啟超的才情，梁啟超雖然不像譚嗣同那樣，經歷過俠義思想的濡染，但少年氣盛總還是有一些的，至少，譚嗣同的人生經歷以及豪爽、自由、不受世俗束縛的真性情和闊達張揚的人格風采，都讓他心生羨慕，也鼓蕩起他的激情與衝決網羅的勇氣。

▌ 辦事讀書兩不誤

梁啟超在《〈仁學〉序》裏也說：

> 余之識烈士（譚嗣同），雖僅三年，然此三年之中，學問言論行事，無所不與共。其於學也，同服膺南海，無所不言，無所不契。每共居，則促膝對坐一榻中，往覆上下，窮天人之奧，或徹數日夜廢寢食，論不休。每十日不相見，則論事論學之書盈一篋。[46]

多年後，在悼念亡友夏曾佑的文章裏，梁啟超再次回憶起與譚嗣同等人一起讀書、切磋學問時的情景。他說：

我十九歲始認得穗卿（夏曾佑）——我的「外江佬」朋友裏頭，他算是第一個。初時不過「草草一揖」，了不相關，以後不曉得怎麼樣便投契起來了。我當時說的純是「廣東官話」，他的杭州腔又是終身不肯改的，我們交換談話很困難，但不久都互相了解了。他租得一個小房子在賈家胡同，我住的是粉房琉璃街新會館——後來又加入一位譚復生（嗣同），他住在北半截胡同瀏陽館——「衡宇望咫尺」，我們幾何（乎）沒有一天不見面，見面就談學問，常常對吵，每天總大吵一兩場。但吵的結果，十次有九次我被穗卿屈服。我們大概總得到意見一致。[47]

　　這種令人嚮往的境界，只有懷抱共同理想、追求同一人生目標的人，才可能擁有。他們就在這樣的學術氛圍中思考、爭辯，探求救國救民的真理。他們並不固守自己的成見，如果有更好的見解，他們願意放棄自己曾經信奉的東西。他們互相影響着，啟發着，梁啟超晚年回憶起那時的情景還說：「那時候我們的思想真『浪漫』得可驚，不知從那裏會有恁麼多問題，一會發生一個，一會又發生一個，我們要把宇宙間所有的問題都解決，但幫助我們解決的資料卻沒有。我們便靠主觀的冥想，想得的便拿來對吵，吵到意見一致的時候，便自以為已經解決了。由今回想，真是可笑，但到後來知道問題不是那麼容易解決，發生問題的勇氣也一天減少一天了。」[48]

　　梁啟超後來所感覺可笑的，正是當時他們所困惑、所迷茫的，他們因困惑、迷茫而感到痛苦，而努力求索，譚嗣同在寫給老師歐陽中鵠的信（即《北遊訪學記》）中，匯報其遊歷京城、訪師求友的經歷，也談到他的精神困境，他說：「平日所學，至此竟茫無可倚。」他總結其原因道：「因自省悟，所願皆虛者，實所學皆虛也。」[49]

　　譚嗣同的困惑正是梁啟超的困惑，譚嗣同想要探求的，也是梁啟超正在探求的。從公車上書後到戊戌變法前，約有兩年多的時間，梁啟超與譚嗣同大致在兩個方向上努力：簡而言之，一曰做事，二曰讀書，如有其

三，便是因讀書而引起的思考和討論。

就做事而言之，梁啟超在此期間是以辦報為主，他參與創辦並擔任主筆的報刊先後有《中外紀聞》、《時務報》和《知新報》，他的辦報生涯亦由此開始，並因此奠定了他的輿論界驕子、啟蒙思想家的地位。說到對社會各個階層的影響，在當時，沒有人可以和梁啟超相比，換句話說，當年中國人的覺悟和思想啟蒙，首先得益於梁啟超的文章。王照之流後來說過，梁啟超在戊戌變法期間沒做過什麼事，以王照的眼光，不可能看到這一點。

譚嗣同比梁啟超更敏於做事，吳鐵樵說他「精銳能任事」[50]，算是看得很準的。他也曾提出變法的主張，按照他的設想，則廣興學校，大開議院，訓練海軍，興辦商務，如此十年，等到國力強盛後，就可以逐漸修改乃至廢除與外國的不平等條約。於是，光緒二十一年（1895 年）七月，譚嗣同回到瀏陽，先與歐陽中鵠、唐才常等籌辦算學館，集資設立算學社，並協助先生參與了瀏陽的賑災行動。為籌集賑災之款，他又與唐才常一起提出過在瀏陽開金礦及煤礦的主張，並於當年十二月上旬到武漢去見他父親的朋友，英國傳教士馬尚德，請教開礦之事，並為其產品尋求出路。此事大約並未辦成，光緒二十二年（1896 年）上半年，譚嗣同遊走於北京、上海、武漢、南京之間，其間還同傅蘭雅商量過瀏陽銻礦的銷售問題，並寫信給唐才常等人，讓他們到上海與傅蘭雅進一步洽談、交涉。不過，此事直到歲末也還在議論之中，並因官辦商辦的問題，朋友之間還發生了意見分歧。光緒二十三年（1897 年），此時，譚嗣同大約已經結束了《仁學》的寫作，更積極地投身於他所謂的新政之中。從這一年的四月開始，他開始參與時務學堂的籌辦事宜；幾乎同時，又與楊文會、徐積餘等人，在南京辦起了金陵測量學會；五月底，還與梁啟超、汪康年等在上海發起成立不纏足會，並提議以《時務報》的盈餘在武漢創辦《民聽報》；六七月間，又有創辦《礦學報》的動議；到了這一年的十一月末，譚嗣同還有受張之洞的委派，到長沙勸陳寶箴速辦鐵路、輪船的舉動，並呈請設立湘粵鐵路公司。

當年有許多新政，或是沒有實行，或是半途而廢，有時是因阻力太大，困難太多，推行不下去，有時是因辦新政之人，不甚得力，一人任事過多，顧此失彼。這都是那個特定時代很難避免的。

做事之外，他們生活中最重要的內容就是讀書。譚嗣同在南京候補一年，官場他很少應酬，書倒是讀了不少，他頗為自豪地說，這一年猶如入山讀書，所獲頗豐。當時，他們所讀之書主要是兩類，一類是傳統舊學，再一類是所謂新學，也就是新譯的西方書籍。他們努力造成的，也正是這樣一種「不中不西即中即西」的新學派。除此之外，他們中的許多人還對佛學感興趣。梁啟超則把佛學稱作晚清思想界的「伏流」。由於作為「今文學家」的魏源、龔自珍的提倡，晚清許多「今文學家」都兼治佛學。康有為最具代表性，在他的影響下，梁啟超也把佛學看得很重要。

除了康有為的影響和引導，梁啟超治佛學還得益於朋友之間的相互啟發和促進。那時經常參與談佛的，有夏曾佑、吳嘉瑞、吳鐵樵、宋燕生和譚嗣同。其中以夏曾佑、譚嗣同與梁啟超的關係最為密切。他在《三十自述》中寫道：「相與治佛學，復生所以砥礪之者良厚。」[51] 他在《清代學術概論》中講到譚嗣同治佛學，「尤常鞭策其友梁啟超。啟超不能深造，顧亦好焉，其所著論，往往推挹佛教」。[52]

他在給夏曾佑的信中也談到治佛學的情形：

> 啟超近讀經，漸漸能解，（亦不能盡解，解者漸多耳）觀《楞伽記》，於真如生滅兩門情狀，似彷彿有所見，然不能透入也。大為人事所累，終久受六根驅役不能自主，日來益有墮落之懼，（日夕無一刻暇，並靜坐之時而無之，靡論讀經）既不能斷外境，則當擇外境之稍好者以重起善心，兄之閒暇望如天上也。[53]

梁啟超治佛學曾得到譚嗣同的激勵，但譚嗣同治佛學卻是從梁啟超這裏得到啟發。在此之前，譚嗣同甚至「不知有佛」，正是梁啟超的現身

說法，使他了解到佛學與康有為大同思想的關係，才對佛學產生了濃厚興趣，「日夜冥搜孔佛之書」。[54] 其後，在南京候補期間，他又結識了楊文會（仁山），「時時與之遊，因得遍窺三藏，所得日益精深」。[55] 楊文會是當時的佛學大家，學問博而道行高，與康有為亦有交往。譚嗣同隨他治佛學一年，領略了佛學的博大精深，在哲學認識論上接受了唯識論，並把這種影響施加到《仁學》的寫作之中。學佛既然是件時髦的事，當時熱衷於此的人也就很多，但梁啟超說：「然真學佛而真能赴以積極精神者，譚嗣同外，殆未易一二見焉。」[56]

譚嗣同治佛學，吳嘉瑞的影響也不可低估，他在《金陵聽說法詩·序》中還說：「吳雁舟先生嘉瑞為余學佛第一導師，楊仁山先生文會為第二導師，乃大會於金陵，說甚深微妙之義，得未曾有。」[57] 實際上，在這些人中，夏曾佑、吳嘉瑞、宋燕生在佛學方面的造詣，都比梁啟超和譚嗣同高出許多。孫寶瑄（仲愚）的《日益齋日記》便記載了他們與學佛有關的聚會：

> 八月十四日，宴復生、卓如、穰卿、燕生諸子於一品香，縱談近日格致之學，多暗合佛理，人始尊重佛書，而格致遂與佛教並行於世。
>
> 十九日過午，詣譚復生，與燕生、雁舟、穰卿、仲巽、卓如及復生七人同映一像，或趺坐，或倚坐，或偏袒左臂右膝着地，或踞兩足而坐，狀類不一。[58]

這裏提到的七個人，即宋恕、吳嘉瑞、汪康年、胡仲巽、梁啟超、譚嗣同和日記的主人孫寶瑄。據說，這張照片拍攝於上海光繪樓，孫寶瑄還在照片背面題有一偈：「眾影本非真，顧鏡莫狂走。他年法界人，當日竹林友。」他們自比魏晉時的「竹林七賢」，每個人都擺出了不同的姿勢，譚嗣同甚至致信汪康年，希望能通過對底片進行特殊處理，造成類似佛像的效果。他說：

雁菩薩（吳嘉瑞）又帶到造像七軀拓本，具種種莊嚴、種種相，同人咸喜讚歎，說雁是入正定菩薩，嗣同是菩薩旁侍者，抑亦阿那含之亞也。此與嗣同平昔師事雁菩薩之旨正爾微合。前在上海，曾囑造像之光繪樓造像，若佳，請其將原玻璃片存留，勿遽揩去，以便購回，隨時曬印，務懇即為購出。並倩（請）其將雁菩薩與嗣同二軀另曬上一塊小磁片，勿添顏色，第將餘像暫用紙隔住，則所印止二像矣，亦甚易辦耳……異時流落塵寰，後之考據家將曰此大魏太和幾年龍門摩崖碑也，豈不亦狡獪矣哉！ [59]

遺憾的是，當時的技術條件並不能實現譚嗣同的想法，而更加遺憾的是，這張具有歷史意義的造像，竟然真的「流落塵寰」，不知「後之考據家」能否將它重新發掘出來。儘管如此，我們還是看到了佛學給他們帶來的諸多樂趣。

「湖南之士可用」

丁酉年（1897 年）十月初，梁啟超離開上海《時務報》，大約在十月二十二日前就已抵達長沙。他此次湖南之行，是應黃遵憲等人邀請，出任湖南時務學堂總教習，隨行的教員還有韓樹園、葉湘南、歐榘甲，都是康有為的學生。

當時的湖南，在全國堪稱最具活力，最有生氣。梁啟超說：「湖南以守舊聞於天下，然中國首講西學者，為魏源氏、郭嵩燾氏、曾紀澤氏，皆湖南人。故湖南實維新之區也。發逆之役，湘軍成大功，故驕張之氣漸生，而仇視洋人之風以起。雖然，他省無真守舊之人，亦無真維新之人。湖南則真守舊之人固多，而真維新之人亦不少。此所以異於他省也。」[60]

戊戌變法期間，新舊兩黨在湖南劍拔弩張，衝突一觸即發，舊黨反應之激烈超過了任何地區，這與湖南的實際情形有很大關係。梁啟超說：「自

甲午之役以後，湖南學政以新學課士，於是風氣漸開。而譚嗣同輩倡大義於天下，全省沾被，議論一變。及陳寶箴為湖南巡撫，其子陳三立佐之。黃遵憲為湖南按察使，江標任滿，徐仁鑄繼之為學政，聘梁啟超為湖南時務學堂總教習，與本省紳士譚嗣同、熊希齡等相應和，專以提倡實學，喚起士論，完成地方自治政體為主義。」[61]

當時，湖南的形勢非常喜人，康有為、梁啟超都認為「湖南之士可用」。所以，當梁啟超受到邀請「主湖南時務學堂講席」時，康有為顯得很激動[62] 在梁啟超入湘之前，特意就教育方針等問題，與同人一起商議，提出了四條宗旨：「一漸進法；二急進法；三以立憲為本位；四以徹底改革，洞開民智，以種族革命為本位。」據說，梁啟超極力主張第二種和第四種。而「南海沉吟數日，對於宗旨亦無異詞」。他們還根據所定宗旨編寫了課本，後來，「王先謙、葉德輝輩，乃以課本為叛逆之據，謂時務學堂為革命造反之巢窟，力請於南皮（張之洞）。賴陳右銘（寶箴）中丞早已風聞，派人午夜告任公，囑速將課本改換。不然，不待戊戌政變，諸人已遭禍矣」[63] 這些收回來的課本裝滿一箱，後來由狄楚青（卿）帶往日本，保存在橫濱的大同學校，由麥孺博負責，但以後亦不知去向。

很顯然，康有為特別看重湖南，還有更深層的考慮。他不僅積極支持梁啟超等人入湘講學，他在與譚嗣同見面後，也「令復生（譚嗣同）棄官返湘」。那時，恰好發生了德國強佔膠州灣的危機，並在西方列強中引發了新一輪瓜分中國的熱潮，「國勢之陵夷」逼得他必須早作準備，所以他說：「以湘人材武尚氣，為中國第一；圖此機會，若各國割地相迫，湘中可圖自主。以地在中腹，無外人之交涉，而南連百粵，即有海疆，此固因膠旅大變而生者。誠慮中國割盡，尚留湘南一片，以為黃種之苗。」[64] 這裏包含着一種最壞的打算。梁啟超後來寫信給陳寶箴，還在發揮康有為的這種設想。他先講到陳三立邀請諸公討論時局，並轉達陳寶箴的意見，希望大家能商議出一個「破釜沉舟萬死一生之策」。梁啟超聽了他這番話，「心突突不自制，熱血騰騰焉，將焰出於腔」。而且，「欲哭不得淚，欲臥不得瞑」，竟已六天六夜。睡不着時他想了很多，並由此得出一個結論：「今日

非變法，萬無可以圖存之理。」不變法只有死路一條，但變法之事卻很難指望政府官員。如果寄希望於這些人，那麼，「南山可移，東海可涸」，變法一事終究是辦不到的。這樣看來，就只有束手待斃這一條路了。數年之後，中國只能成為西方列強案板上的肉，任人宰割。所以，他說：「為今日計，必有腹地一二省可以自立，然後中國有一線之生路。」[65]

這顯然是個很危險的想法，梁啟超並非不了解這種危險的嚴重性，他明白：「以今之天下，天子在上，海內為一，而貿然說疆吏以自立，豈非大逆不道狂悖之言哉！」但他認為，既然瓜分的危險已迫在眉睫，那麼，憂國憂民的人就難免鋌而走險。他看到了另一種危險性，說道：「今日之督撫，苟不日夜孜孜存自立之心者，雖有雄才大略，忠肝義膽，究其他日結局，不出唐景崧、葉名琛之兩途。一生一死，而其為天下之人萬世之唾罵者，一而已。」[66]陳寶箴看了他的信，估計會有一點心驚肉跳，他不希望更深地捲入到康梁的政治冒險中去，他的政治傾向、道德操守也不允許他這樣想、這樣做。但他並不懷疑梁啟超救國救民的真誠，他知道梁啟超所謂自立，絕不同於舊時代的軍閥割據，只不過，他對康梁的激進亦有所不滿，所以，只有採取有意疏遠他們的態度。

實際上，入湘之初，梁啟超幾乎受到了全湘政學兩界的一致歡迎，甚至像王先謙這樣的守舊人物「亦稱美焉」。在這裏，他很快便進入角色，擔負其總教習的責任。雖然他的教學生涯短暫到只有三個月，但他不僅為此制定了一部《湖南時務學堂學約》，還制定了《時務學堂功課詳細章程》，並附有《第一年讀書分月課程表》。這期間，他還作了《讀春秋界說》和《讀孟子界說》等文章。那時，他與學生都住在學校裏，每天上課四個小時，其他時間或討論，或寫札記。「夜則批答諸生札記，每條或至千言，往往徹夜不寐」。他給學生講的主要是《公羊》、《孟子》，以此發揮他的民權思想，倡言革命。談到學術，「則自荀卿以下，漢、唐、宋、明、清學者，掊擊無完膚」。後來引起全湘大譁，群起而攻之，從湖南一直影響到北京，有御史甚至上書彈劾——在一定意義上構成了戊戌黨禍的，就是這些札記和批答。[67]

時務學堂育英才

　　梁啟超的教育思想，在其變法維新總戰略中是非常重要的一環，他在《變法通議·學校總論》中指出：「故言自強於今日，以開民智為第一義。」然而，民智如何開呢？他認為最好的辦法是辦學校。所以，他的辦學熱情是很高的，且有一套完整的理念和設想。這套理念和設想與他在萬木草堂所受到的教育是一脈相承的。擔任時務學堂總教習，給了他實踐這些理念與設想的機會，他將其貫徹於自己所制定的《湖南時務學堂學約》中。這個學約包含了十個方面的內容，依次為立志、養心、治身、讀書、窮理、學文、樂群、攝生、經世與傳教，其中，立志是根本，經世是核心。很顯然，他所要培養的，正是以全新的社會理念治理國家的新型政治人才，從這裏人們也很容易想到儒家傳統的「內聖外王」的思想。

　　他首先談到立志，立什麼志呢？他提到了孔子、伊尹、孟子、范仲淹、顧炎武等人的志向，然後他說：「學者苟無此志，則雖束身寡過，不過鄉黨自好之小儒；雖讀書萬卷，只成碎義逃難之華士。」他借用朱熹的話說，立志就如同播種，栽什麼樹苗結什麼果，撒什麼種子開什麼花，以此強調求學之始，就要樹立遠大的志向，不能為功名利祿所困。他明確指出，「科第衣食，最易累人」，因此，「有一於此，不可教誨」。[68]

　　有了遠大的志向，還要通過養心把自己修煉成一副金剛不壞之體，以抵禦外界的各種誘惑，並使其成為道德上立於不敗之地的內在源泉，所以，他特別重視孟子的「不動心」這三個字，在他看來，孟子一生都得力於此。他指出：「學者既有志於道，且以一身任天下之重，而目前之富貴利達，耳目聲色，遊玩嗜好，隨在皆足以奪志，八十老翁過危橋，稍不自立，一落千丈矣。」這種提醒時至今日仍有振聾發聵之感，實際上，我們所處的這個社會環境，到處都充滿了誘惑，一不小心，最初的人生目標就有可能被打破，被放棄。這樣的例子比比皆是。有些是來自外界的誘惑，有些則純粹是自己主動的內心選擇，主動放棄一個知識分子所應該承擔

的政治責任和道德責任，去追求功名利祿、物質享受或無關緊要的「破碎之學」。他以曾國藩為榜樣，指出：「大儒之學，固異於流俗哉。今世變益亟，亂機益劇，他日二三子所任之事，所歷之境，其艱鉅危苦，視文正（曾國藩）時，又將過之，非有入地獄手段，非有治國若烹小鮮氣象，未見其能濟也。」所以他說：「養心者，治事之大原也。」他認為，養心有兩種途徑，一是靜坐，二是閱歷。年輕學子尚未走上社會，閉門讀書，無所謂閱歷，可行的只有靜坐。程子曾要求學生「半日靜坐，半日讀書」，今日之世，功課多，時間緊，沒有這樣好的條件，但每天也應拿出一小時或半小時做養心的功夫。這種靜坐又並非如老和尚參禪入定，或道家的調息凝神、致虛守靜，而是從兩個方面入手，「一斂其心，收視返聽，萬念不起，使清明在躬，志氣如神；一縱其心，遍觀天地之大，萬物之理，或虛構一他日辦事艱難險阻，萬死一生之境，日日思之，操之極熟，亦可助閱歷之事，此是學者他日受用處，勿以其迂闊而置之也」。[69]

作為學者道德修養的最後一功，梁啟超認為是「治身」。所謂治身，也就是嚴格約束自身的外在行為和舉止，「非禮勿視，非禮勿聽，非禮勿言，非禮勿動」。其辦法就是每日睡前反省自己這一天的言論行事有沒有不合禮法、有悖道德的情況，用這種方法不斷糾正自己的思想和行為，完善自己的人格和品德。其目的就是為了「他日任天下事，更當先立於無過之地」也。[70] 同時，群體精神，團結同志（樂群），以及強健身體，張弛有度（攝生），也被他納入學校教育之中，成為學生必須完成的所有功課的一部分。這裏，梁啟超通過其教育理念，已經初步表達了他的「新民」思想，這應該也是其大同理想中人的改造的重要內容，我們在其後由毛澤東所發揚光大的對人進行改造和重塑的運動中，也還能看到梁啟超的身影。

當然，學生以學為主。梁啟超對於學生的學業也是非常重視的。他提醒，學生在其志向確定之後，還要在讀書治學上下功夫，才能使得其志落在實處，「否則皆成虛語，久之亦必墮落也」。在其所定「學約」中，其四讀書，其五窮理，其六學文，看起來都在講知識的傳授與接受，但是，與傳統的私塾、書院教育已有很大不同。傳統教育也強調讀書，但「通

古今，達中外，能為世益者」卻很少，由於這個原因，「儒者遂以無用聞於天下」。梁啟超不主張讀無用之書，在他的教育思想中，讀書一定是和經世聯繫在一起的。他說：「凡學焉而不足為經世之用者，皆謂之俗學可也。」而且，今日所言經世，又與唐宋以來所說的經世不完全一樣，要解決今天的實際問題，不僅要讀中國書，更要讀世界各國的書，甚至，「非讀萬國之書，則不能通一國之書」，這是今天的學生所遇到的新的情況。所以，「今中學以經義掌故為主，西學以憲法官制為歸，遠法安定經義治事之規，近採西人政治學院之意」，這樣才能改變以往讀書「於大道無所聞，於當世無所救」的狀況。他說：「今與諸君子共發大願，將取中國應讀之書，第其誦課之先後，或讀全書，或書擇其篇焉；或讀全篇，或篇擇其句焉。專求其有關於聖教，有切於時局者，而雜引外事，旁搜新意，以發明之。量中材所能肄習者，定為課分，每日一課，經學、子學、史學，與譯出西書，四者間日為課焉。度數年之力，中國要籍一切大義，皆可了達，而旁證遠引於西方諸學，亦可以知崖略矣。夫如是則讀書者，無望洋之歎，無歧路之迷，而中學或可以不絕。」[71]

可惜的是，梁啟超雖有極好的教育理念，但他在湖南時務學堂的教育實踐，卻僅僅維持了三個多月，戊戌年（1898 年）二月十四日，他便因病離開長沙，回上海去了。儘管如此，「在這樣一種不拘形式，而朝氣蓬勃、精神充沛、樂趣的、進取的學風之下，自然能夠造就出非常奇偉的人才來。當初時務學堂第一班的學生只有四十人，而五分之二都成了革命先烈或開國名人。庚子漢口革命之役，教習唐才常率領學生林圭、李炳寰、田邦璿、蔡鍾浩、傅慈祥等二十餘學生，受着孫、梁共同的指揮，聯合會黨舉義兵不成，踏着『戊戌六君子』的碧血，而碎首成仁於國賊張之洞之手。以上六人，就是所謂『庚子六君子』！時務學堂第一班的學生已去了一半。那時四十門徒中，最小的一位蔡艮寅，只有十六歲，大家都很愛他，他便是我中華民國建國偉人中的一位，民四護國之役的元勳──蔡鍔將軍。門徒中最窮苦的，要推范源濂。他在開國時期，終身致力於教育事業，他在中國教育界、一般文化界及生物學界的建設成績是決然不朽的。

總之，這樣一種『設備不具』的學堂，竟培養了如此偉大、品質俱優的傑出人才，真是收穫着『樂育英才』最大的成功」。[72] 這裏所述，應該是時務學堂最值得驕傲之處。事實上，在當時，沒有任何一家學堂能和時務學堂相比。

▍開啟民智南學會

在這段時間裏，除了講學，梁啟超還與譚嗣同、黃遵憲一起參與了南學會的籌辦工作，並為之作《南學會序》。如果說辦學校是為了培養年輕後學、少年子弟，為將來儲備人才的話，那麼，辦學會則是為了開啟民智，使民眾覺悟到自身的責任和權利，並逐步養成參政議政的習慣和能力。在他看來，這是使國家由弱變強走向新生的最有效的辦法。不過，南學會二月初一日首次開講，譚嗣同、皮錫瑞、黃遵憲、陳寶箴等都發表了演說，梁啟超卻因病重未能參加。那時，他們的野心都很大，憂慮也很深，譚嗣同在給陳寶箴的信中就曾提到興辦南學會的目的是為了「救亡」，要作「亡後之想」，「籌辦亡後之事」，他指出，既然封疆大吏如張之洞者不能保證中國不被瓜分，生民不遭殺戮，那麼，就應該興民權而自救之。而要興民權，沒有比國會更有效的了。學會恰恰隱含着國會和議院的性質。他說：「湘省請立南學會，既蒙公優許矣，國會既於是植基，而議院亦且隱寓焉。」有了學會，也就有了未來國會的基礎。[73]

梁啟超在《湖南廣東情形》中講得更加具體：「而南學會尤為全省新政之命脈，雖名為學會，實兼地方議會之規模。先由巡撫派選本地紳士十人為總會長，繼由此十人各舉所知輾轉汲引以為會員。每州每縣皆必有會員三人至十人之數，選各州縣好義愛國之人為之。會中每七日一演說，巡撫學政率官吏臨會，黃遵憲、譚嗣同、梁啟超及學長□□□等，輪日演說中外大勢、政治原理、行政學等，欲以激發保教愛國之熱心，養成地方自治之氣力，將以半年之後，選會員之高等，留為省會之會員，其次者則散

歸各州縣，為一州一縣之分會員。蓋當時正德人侵奪膠州之時，列國分割中國之論大起，故湖南志士人人作亡後之圖，思保湖南之獨立，而獨立之舉，非可空言，必其人民習於政術，能有自治之實際然後可。故先為此會以講習之，以為他日之基。」他甚至說：「南學會實隱寓眾議院之規模，課吏堂實隱寓貴族院之規模，新政局實隱寓中央政府之規模。」[74]

　　大約那個時候的維新人士都很看重西方的議會政治，《黃公度先生年譜》也有這方面的記載：「南學會實兼學會與地方議會之規模，會中每七日大集眾而講學。講論會友，以學問淵博、擅長言詞者充任，當時公推先生主講政教，皮鹿門（錫瑞）主講學術，譚復生（嗣同）主講天文，鄒沅帆（代鈞）主講輿地。在第一次講學時，陳右銘（寶箴）、譚復生、皮鹿門及先生俱曾講演。先生首倡民治於眾曰：『亦自治其身，自治其鄉而已。由一鄉推之一縣一府一省，以迄全國，可以成共和之郅治，臻大同之盛軌。』」[75]

▎ 維新守舊水火不容

　　很顯然，梁啟超、譚嗣同、黃遵憲等人對於湖南的「政改」，抱有一種更大的希望或野心，而關鍵還要看湖南巡撫陳寶箴的態度。陳寶箴，字右銘，江西義寧人，著名學者陳寅恪的祖父、陳三立的父親。他不是一個昏庸、保守的官僚，而是一個有作為、有擔當、有真性情且又老成持重的封疆大吏。乙未年（1895 年）八月，由於榮祿的保薦，詔授湖南巡撫，甫一上任，便以「變法開新」為己任，將行新政作為其執政的基本訴求，先後「設礦務局、官錢局、鑄錢局；又設電信，置小輪，建製造槍彈廠；立保衛局、南學會、算學堂、湘報館、時務學堂、武備學堂、製造公司之屬，以次畢設」[76] 黃濬著《花隨人聖庵摭憶》對此有一段非常切實的評價，他說：「湖南之煥然濯新，實自陳右銘撫湘始。當時勇於改革，天下靡然從風，右銘先生與江建霞（標）、黃公度（遵憲）、梁任公（啟超）等入湘，

並力啟發，一時外論以比於日本變法之薩摩長門諸藩。」[77] 可見其聲勢浩大。不過，陳寶箴對於維新派的主張並不完全認同，而是有所保留。他幾次請譚嗣同回湖南，但譚回到湖南後，卻始終未被重用。據陳寅恪回憶，籌辦時務學堂之初，黃遵憲曾向陳寶箴建議聘請康有為主講時務學堂。陳寶箴徵求陳三立的意見，陳三立說，他曾見過梁啟超的文章，「似勝於其師，不如捨康而聘梁」。陳寶箴採納了兒子的意見，才決定放棄康有為，改聘梁啟超。[78] 從這裏也能看出陳寶箴對康有為等人的態度，一方面，他不得不借助這些人的力量在湖南開展維新運動；另一方面，他又很難接受其民權、平等的主張，對康有為附會孔子改制以言變法的議論，也不以為然。事實上，他對黃遵憲、梁啟超、譚嗣同等人請求設立南學會的真實意圖是清楚的，但他總是盡可能地要控制局面，不讓改革的列車駛出他所設定的軌道。所以，他在南學會的演說，並不理會譚嗣同、黃遵憲大談民權、議會，而是強調該會宗旨在於防治有人反洋教，皮錫瑞在《師伏堂未刊日記》中記載陳寶箴所說：「中丞曲為譬喻，囑湖南莫打洋人，學會之設，原為此事，至今日始點題。」[79]

此時，梁啟超已離開長沙，譚嗣同則留下來繼續參與南學會的組織工作和演講。如果說他的確是在四月初離開長沙的話，那麼，在不到兩個月的時間裏，他六次到南學會發表演講（一說八次）；梁啟超離開長沙的第二天，《湘報》創刊，他還擔任《湘報》的董事兼撰述人，並為《湘報》撰稿十六篇。當時，梁啟超、譚嗣同已不斷遭到守舊人士的攻擊。先是湖南嶽麓書院齋長賓鳳陽，他聯合楊宣霖等數人，上書院長王先謙，要求辭退梁啟超等。他們指出：「今康梁所用以惑世者，民權耳，平等耳，試問權既下移，國誰與治？民可自主，君亦何為？是率天下而亂也。」[80] 王先謙接受了他們的請求，並邀葉德輝等與巡撫陳寶箴交涉，受到陳寶箴的斥責。王先謙不服，再次致函陳寶箴，為賓鳳陽辯護，並以辭去嶽麓書院院長相要脅。陳寶箴感歎：「國家事勢至此，我輩尚以口齒微嫌，齗齗不已耶。」最終只有將時務學堂教習中的康門弟子歐榘甲、韓文舉、葉覺邁全部辭退才算了結。

不久，又有左都御史徐樹銘上疏彈劾陳寶箴、江標、徐仁鑄，並要求責令其撤換梁啟超，另聘宿學老儒主持湖南時務學堂。實際上，在徐樹銘上疏的前兩天，張之洞已經致電陳寶箴，提醒他警惕報紙的言論，以防言官彈劾，結果，不幸被他言中。但徐摺留中，光緒帝不予理睬。不過，此事並沒有完。在湖南守舊人士的鼓動下，緊接着，便「有御史黃均隆參劾黃遵憲、譚嗣同和梁啟超兩疏並上，皇上於劾者置之不問」，也就是說，光緒又把它留中了。[81]

至此，新舊兩派的情形已成水火之勢，而譚嗣同在《湘報》接連發表《讀南海康工部有為條陳膠事摺書後》以及《治事篇第十・湘粵》兩篇文章，則無異於火上澆油，不僅使守舊人士更加憤憤不已，而且，還引起了維新人士的不滿，陳三立、鄒代鈞等人便指責譚嗣同鑽營康門。隨後又發生了陳寶箴調閱時務學堂札記的事，更進一步造成了維新派內部的不和，譚嗣同與陳三立、鄒代鈞的關係也進一步惡化。鄒代鈞在寫給汪康年的信中一再談到他與譚嗣同、熊希齡之間激烈的矛盾衝突：

> 湘事大壞，義寧（陳寶箴）有忌器之意，鄙人力量何能勝之，言之憤甚，譚猖狂過於熊，若早去譚，事猶可挽回。[82]

鄙人為時務學堂事，竟與譚、熊為深仇，譚雖得保而去，熊則仍踞此間，動輒以流血成河為言，且行同無賴，似難與計較。學堂事渠雖交出，費盡許多心力，實一言難罄。右丈委汪頌年與鄙人接辦，而熊怒未息，其無狀竟及於義寧喬梓矣。湘中萬難相容，勢必走附康門，求一出身也。公以恬退責我，我不受也。苟不恬退，譚、熊必以洋槍中我矣。此二人者，鄙人向引為同志，本有才，從前作事尚為公，一旦陷入康門，遂悍然不顧。吁！康徒徧天下，可畏也。[83]

這裏似乎已經聞到了火藥味。情況也許沒有這麼嚴重，但分歧和不滿確實存在。譚嗣同在寫給歐陽中鵠的信中就充滿了憤憤不平之氣：

惟學堂事則有傳聞不確者。姑無論功課中所言如何，至謂「分教皇遽無措，問計秉三（熊希齡）乃盡一夜之力統加決擇，匿其極乖謬者，就正平之作臨時加批」云云等語。嗣同於調札記時雖未到省，然於秉三及分教諸君，深信其不致如此之膽小。宗旨所在，亦無不可揭以示人者，何至皇遽至此？平日互相勸勉者，全在「殺身滅族」四字，豈臨小小利害而變其初心乎？耶穌以一匹夫而攖當世之文網，其弟子十二人皆橫被誅戮，至今傳教者猶以遭殺為榮，此其魄力所以橫絕於五大洲，而其學且歷二千年而彌盛也。嗚呼！人之度量相越豈不遠哉！近日中國能鬧到新舊兩黨流血徧地，方有復興之望。不然，則真亡種矣。[84]

陳三立平時對梁啟超、譚嗣同、熊希齡、唐才常等人的言行或有不滿，對康有為更有很深的成見。他到歐陽中鵠那裏告譚嗣同的狀，說他有意與康有為套近乎，自稱其門人，是給湖南人臉上抹黑，要歐陽中鵠設法阻止他。這事偏巧被譚嗣同撞上，他在給歐陽中鵠的信中說：「及下午到尊處，見某在座，神色頗異，方欲與言，旋即避去。」這個「某」，所指應該就是陳三立。他是否以為譚嗣同《讀南海康工部有為條陳膠事摺書後》一文的結尾數語是罵他，我們已無從了解，但譚嗣同認為，他是出頭領了這個罵的，「乃彼則自出承當，謂為詈彼」，並由此揣測他的心機，「平日詆卓如（梁啟超），詆紱丞（唐才常），（及力阻不許聘康南海來湘。）則其人亦太不測矣。而又往函丈（歐陽中鵠）處陳訴，豈欲出死力鈐束嗣同等而後快耶」。[85] 他以為陳三立是受了別人的蠱惑和影響，希望歐陽先生能轉告陳三立：「遠毋為梁星海（鼎芬）所壓，近毋為鄒沅帆（代鈞）所惑。」這個梁鼎芬是張之洞的幕僚，在海內群起攻擊康梁時，他是最積極的一個。湖南維新人士間發生矛盾，致使「湘事大壞」，他要負很大責任。陳三立視康梁為洪水猛獸，不能說其中沒有他的挑唆。譚嗣同激憤不已地質問他們：「康某果何罪於天下，乃不許人著一好語耶！」[86]

戊戌變法，百日維新

就在湖南的頑固守舊人士對譚嗣同、梁啟超窮追猛打之時，他二人卻已先後來到北京。梁啟超到北京的時間大約在二三月間。當時，俄國向中國政府索要旅順港口和大連灣，梁啟超與麥孟華協助康有為奔走其事，遂約同兩廣、雲、貴、山、陝各省舉人上書都察院，力陳旅、大之不可割，並請求變法拒俄。不久，康有為在北京發起成立保國會，梁啟超緊隨其後，也跟着大力提倡。保國會首次開會是在三月二十七日下午一時，地點在南橫街粵東會館，眾人推舉康有為發表演說。這一次不知什麼原因梁啟超沒有參加，但閏三月初一日第二次集會，梁啟超不僅參加，而且發表了演說。

這時，發生了德軍在山東即墨孔廟毀壞聖像的事件，消息傳到北京，舉人們都非常憤慨。梁啟超與麥孟華、林旭等十一人聯名上書，他撰寫的《呈請代奏查辦德人毀壞聖像以伸公憤稿》還刊登在光緒二十四年四月十五日（1898 年 6 月 3 日）的《湘報》上。當年五月，梁啟超還聯合百餘舉人連署上書，請求廢除八股取士的制度。但是，都察院、總理衙門都不代奏，舉人們也無可奈何。

四月二十三日，光緒皇帝頒佈《定國是詔》，戊戌年的百日維新由此拉開大幕。就在光緒頒佈《定國是詔》的第三天，二十五日，徐致靖上了著名的《保薦人才摺》，向光緒保薦了康有為、黃遵憲、譚嗣同、張元濟、梁啟超五個人，他稱譚嗣同「天才卓犖，學識絕倫，忠於愛國，勇於任事，不避艱險，不畏謗疑，內可以為論思之官，外可以備折衝之選」；並稱梁啟超「英才亮拔，志慮精純，學貫天人，識周中外，其所著《變法通議》及《時務報》諸論說，風行海內外，如日本、南洋島及泰西諸國，並皆推服」。當日雖然還有掌陝西道監察御史黃均隆上了參劾湖南巡撫陳寶箴以及梁啟超、譚嗣同、黃遵憲諸人的摺子，但光緒皇帝對彈劾他們的摺子置之不問，對於舉薦他們的摺子則明發上諭，譚嗣同着江蘇督撫「送部

引見」；梁啟超着總理衙門「查看具奏」。[87]

對於光緒皇帝的諭旨，總理衙門沒敢耽擱，五月十三日，奕劻等就上了《舉人梁啟超遵旨查看片》，稱讚他「志趣遠大，學問淹通，尚屬究心時務」；而且稱他「平昔所著述，貫通中西之學，體用兼備，洵為有用之才」，建議「酌予京秩，以資觀感」。[88]意思就是請皇上酌情委任他一個京官的職位。其實，早在五月初十日，奕劻等在《遵議開館譯書摺》中就給梁啟超作了安排：「茲查有廣東舉人梁啟超，究心西學，在上海集資設立譯書局，先譯東文，規模已具，而經費未充，殊非經久之道。上海為華洋總匯，所購外洋書籍，甚為利便，刷刊工本，亦較相宜，該舉人經理譯書事務，可收事半功倍之效。」[89]五月十四日，總理衙門又上了《請京師編譯局並歸舉人梁啟超主持片》，主張將京師大學堂所設譯書局，一併交給梁啟超辦理，並稱：「梁啟超學有本原，在湖南時務學堂，編有各種課程之書，教授生徒，頗著成效，若使之辦理此事，聽其自行分纂，必能勝任愉快。」[90]

光緒在五月十五日這天召見了梁啟超，並要他進呈所著《變法通議》一書。作為一介布衣（即沒有官職的人），能受到皇帝的召見，這在當時已經是天大的殊榮。當天，光緒皇帝就下諭：「賞舉人梁啟超六品銜，辦理譯書局事務。」[91]不過，也有人認為召見並不順利，梁啟超當時並未得到重用。梁啟超去世後，曾因彈劾禮部六堂官而在戊戌政變後與康梁一起逃亡海外的王照在寫給丁文江的信中這樣回憶：

> 清朝故事，舉人召見，即得賜入翰林，最下亦不失為內閣中書。是時梁氏之名，赫赫在人耳目，皆擬議必蒙異數。及召見後，僅賜六品頂戴，是仍以報館主筆為本位，未得通籍也。傳聞因梁氏不習京語，召對時口音差池，彼此不能達意，景皇不快而罷。[92]

梁啟超倒是不嫌皇帝給他的官小，他很快就將譯書局的籌辦工作開展起來，六月二十九日，通過孫家鼐代奏，將他所擬就的譯書局章程十條，

以及譯書局籌辦情形進呈給皇帝。光緒給內閣的上諭很快就發了下來，梁啟超所請三件事，都得到了批准。上諭中說：「該舉人所擬章程十條，均尚切實，即着依議行。此事創辦伊始，應先為經久之計，必須寬籌經費，方不至草率遷就，致隘規模，現在購置機器，及中外書籍，所費不貲，所請開辦經費銀一萬兩，尚恐不足以資恢擴，着再加給銀一萬兩，俾得措置裕如。其常年用項，亦應寬為核計，着於原定每月經費一千兩外，再行增給每月二千兩，以備博選通才，益宏搜討，以上各款，均由戶部，即行籌撥。以後至七月初一日起，每月應領經費，並着預先發給，毋稍遲延。」光緒還指示：「國家昌明政教，不惜多發帑金，該大臣等務當督催在事人員，認真籌辦，務令經費卓有餘裕，庶幾茂矩閎規，推之彌廣，用副朝廷實事求是至意。」[93] 七月初十日，梁啟超再上一書，請求在上海設立翻譯學堂，並希望能為書籍、報紙免稅，也得到了光緒的首肯。特別是梁啟超提出，翻譯學堂的學生，如果考試合格，學業有成，也應給予學生出身，光緒也欣然接受。梁啟超後來作《戊戌政變記》，寫到這裏還頗有些得意：

> 謹按我國科舉，向皆由學政考試乃得出身，學校生徒，向無學級，故不足以鼓勵人才。梁啟超以微員所開之學校，而請學生之出身，實為四千年之創舉。[94]

譚嗣同進京

譚嗣同進京要比梁啟超晚了許多天，因為他有些事務要處理，而且，他到湖北後又大病一場，也耽擱了一些時間。但對於能夠離開湖南，進京發展，他還是充滿了欣喜。他在給妻子李閏的信中情不自禁地說：「我此行真出人意外，絕處逢生，皆平日虔修之力，故得我佛慈悲也。」[95] 在聖旨和總理衙門電報的一再催促下，他決定於六月十六日啟程，應召入京。康有為 1901 年寫給趙必振的信裏，提到譚嗣同赴京之前見張之洞的情形：「復生之過鄂，見洞逆（張之洞），語之曰：『君非倡自立民權乎？今何赴

徵？』復生曰：『民權以救國耳。若上有權能變法，豈不更勝？』復生至上海，與諸同人論。同人不知權變，猶為守舊論。當時《知新》亦然。復生到京師，即令吾曉告《清議》（康記憶有誤）《知新》諸報，然當時京師之讒謗，文悌攻我保國會，謂吾欲為民主，保中國不保大清，致榮祿得藉此以報那拉，於是聖主幾弒，而令中國幾亡，釀至今八國入京，東三省被割。雖諸賊之罪，而亦吾黨當時筆墨不謹，不知相時而妄為之，有一（以）致之。」[96]

康有為的這段話至少提供了兩個資訊，一個是說，譚嗣同應召北上，寄希望於光緒皇帝能推行維新變法，他在寫給妻子李閏的另一封信中說得更加清楚：「朝廷毅然變法，國事大有可為。我因此益加奮勉，不欲自暇自逸。」他甚至告訴妻子：「此後太忙，萬難常寫家信，請勿掛念。」[97] 另一個是說，朋友們不知權變，在光緒皇帝頒佈《定國是詔》以後，還在大談民主、民權，給頑固派留下把柄，誣衊他們「保中國不保大清」，導致了百日維新的失敗，戊戌政變的發生，這是非常慘痛的教訓。

譚嗣同到北京已經是七月初五日，離八月十三日「六君子」蒙難，只有三十八天。在他進京半個月後，即七月二十日，光緒皇帝召見了譚嗣同。梁啟超在戊戌政變後所作《譚嗣同傳》中提到：「至七月乃扶病入觀，奏對稱旨。皇上超擢四品卿銜，軍機章京。」[98] 他還寫到召見時的情形：「譚嗣同召見時，當面詢皇上病體若何，皇上言朕向未嘗有病，汝何忽問此言？譚乃惶恐免冠謝云。」[99] 關於這次召見，坊間也有許多說法，據當時的報紙報導：「嗣同既得見上，慷慨論列當年之利弊，上大悅。」[100] 又如《知新報》第 73 冊載鐵冶生的《書今上口諭軍機章京譚嗣同語後》一文，其中引述了《天南新報》所錄光緒皇帝給譚嗣同的口諭：

> 我為二十三年罪人，徒苦我民耳，我何嘗不想百姓富強，難道必要罵我為昏君耶？特無如太后不要變政，又滿洲諸大臣總說要守祖宗之成法，我實無如之何耳……汝等所欲變者俱可隨意奏來，我必依從，即我有過失，汝等當面責我，我必速改也。[101]

譚嗣同就在這天與楊銳、劉光第、林旭一起被光緒皇帝任命為四品軍機章京，參與新政。按說，軍機章京歸屬於總理各國事務衙門，由軍機大臣直接領導。但是，新任命的四章京卻有些特殊，他們直接對皇帝負責，職責是專門閱看司員士民的上書，並由他們對這些條陳添加「簽語」，再奏明皇帝，形成旨意，其實就是光緒皇帝的祕書班子。梁啟超把他們比作宋代的參知政事，說他們實有宰相之職，其實是一種誇張的說法。他們四人分值兩班，楊銳、林旭一班，雙日入值，劉光第、譚嗣同一班，單日入值。值班期間，如有司員士民上書，先由他們簽擬，類似於傳統內閣的「票擬」，即在這些時務條陳上簽擬意見，方便皇帝閱看。但他們的實際權力卻要大於軍機大臣，因為軍機大臣只是奉旨票擬，是先有旨意後有諭旨，而新晉的四章京卻是先有意見，然後奏明，形成旨意。[102]

請開懋勤殿

據梁啟超講，七月二十七日上諭就是譚嗣同草擬的：「皇上欲開懋勤殿設顧問官，命君擬旨，先遣內侍持歷朝聖訓授君，傳上言康熙、乾隆、咸豐三朝有開懋勤殿故事，令查出引入上諭中，蓋將以二十八日親往頤和園請命西后云。君退朝，乃告同人曰：『今而知皇上之真無權矣。』至二十八日，京朝人人咸知懋勤殿之事，以為今日諭旨將下而卒不下，於是益知西后與帝之不相容矣。」[103]

關於開懋勤殿，命譚嗣同擬旨一事，梁啟超在《戊戌政變記》中還有一段記載，與上述略有不同：「上既廣採群議，圖治之心益切。至七月二十八日，決意欲開懋勤殿，選集通國英才數十人，並延聘東西各國政治專家，共議制度，將一切應興應革之事，全盤籌算，定一詳細規則，然後施行。猶恐西后不允茲議，乃命譚嗣同查考雍正、乾隆、嘉慶三朝開懋勤殿故事，擬一上諭，將持至頤和園，秉命西后，即見施行。」[104] 梁啟超的這兩段記載在細節上有一些出入，但有一點是相同的，即都提到了皇帝命譚嗣同草擬上諭。康有為在其自編年譜中也說，光緒曾因開懋勤殿令譚嗣

同擬旨。不過，據後來許多學者考證，光緒皇帝自七月二十日召見譚嗣同之後，一直沒有再召見他，於是，譚嗣同是否替皇帝擬過這道諭旨也就變得十分可疑了。

不過，光緒皇帝那天的確發佈了一道諭旨，而且要求各省督撫將這道諭旨懸掛在衙門大堂讓眾多的人都看到，「使百姓咸喻朕心，共知其君之可恃，上下同心，以成新政，以強中國，朕不勝厚望」。在這道諭旨中，他批評了「不肖官吏，與守舊之士大夫」，提出要學習西方政治，各地司員士民上書言事，督撫不能稍有阻攔，必須將代遞各件原封呈遞，「總期民隱盡能上達」。[105] 梁啟超在《戊戌政變記》一書「新政詔書恭跋」裏稱讚這道諭旨：「此詔為國朝第一詔書，惻怛愛民，飢溺自任，以變中國二千年之弊政，定開懋勤殿選通才入直之旨。」並再次強調此詔「為譚嗣同所草」。[106]

其實，不管譚嗣同是否擬了這道諭旨，重要的是，光緒皇帝確有開懋勤殿的打算，而康梁一黨也的確一直鼓動光緒皇帝開懋勤殿。因為，只有通過開懋勤殿（又稱議政局），康有為、梁啟超等才有可能進入權力中樞，掌握實際的政治權力。所謂懋勤殿，是宮中的一處殿閣，位於乾清宮西側，共三間，建於明嘉靖年間。它的南面為月華門，由此可出入養心殿。月華門南為內奏事處，再往南就是南書房。明代禮部尚書夏言擬額為「懋勤」，取「懋學勤政」之意，用於收藏圖史文書。清沿襲明制，凡圖書翰墨仍藏於此處，康熙就曾在這裏讀書。惲毓鼎在《崇陵傳信錄》中寫道：「咸豐中葉，何秋濤福建主事以進《朔方備乘》，詔在懋勤殿行走。同治後，殿久虛，惟南書房諸臣，時就其中應制作書，以其與南齋毗連也。」而光緒皇帝有意開懋勤殿，目的卻是「擇康有為、梁啟超、黃紹基等八人待制，燕見賜坐，討論政事」。[107] 也就是光緒皇帝在原有權力格局之外，拓開一點屬於自己的權力空間。

根據內檔記載，光緒皇帝二十九日到頤和園樂壽堂給慈禧請安，侍膳。其間或許提到開懋勤殿的想法，慈禧沒有同意。這個慣弄權術的老太太當然明白皇帝想要什麼，而且在她看來，光緒皇帝的這個想法，不僅是

對現存政治體制的挑戰，更是對她本人權力的挑戰，絕不能讓它實現。何況十天前光緒皇帝一怒之下革去禮部尚書懷塔布、許應騤等六位堂官的官職，同時表彰了敢於頂撞禮部堂官，堅持上奏言事的禮部主事王照，賞他三品頂戴，以四品京堂候補，已經讓慈禧大為惱火，被她看作是光緒的大不敬，要奪她手中的權力。現在，他又提出開懋勤殿，在總理衙門、軍機處之外另搞一套，對她的權力基礎更是一種很嚴重的威脅，所以她堅決反對。慈禧的這種態度從第二天光緒皇帝的反應中可以清楚地看出來，他甚至感到有一些不安。所以，第二天，就有了光緒皇帝召見楊銳，賜他密詔的事情發生。

光緒密詔

但這個密詔的具體內容直到宣統元年（1909 年）才公之於世。據羅惇曧《賓退隨筆》記載：「宣統元年，楊銳之子詣都察院上書，敬繳德宗硃諭。既奏上，監國詢慶親王奕劻云何，奕劻言不當宣佈，以傷孝欽後地下之心，乃僅付史館敬護而已，亦不敢齘楊銳也。是詔當時多錄存者，榮縣趙堯生（熙）、汾陽王書衡（式通）先後錄以見示，足見德宗絕無廢太后之心，特當時造謠以重變法諸臣之罪耳。」[108] 錄存這個密詔的還有康有為的同年，廣西人趙炳麟，他在《光緒大事彙鑒》中所錄被許多學者認為是目前所見最好的版本：

> 近來朕仰窺皇太后聖意，不願將法盡變，並不欲將此輩荒謬昏庸之大臣罷黜，而用通達英勇之人令其議政，以為恐失人心。雖經朕屢次降旨整飭，而並且隨時有幾諫之事，但聖意堅定，終恐無濟於事。即如十九日之硃諭，皇太后已以為過重，故不得不徐圖之，此近來之實在為難之情形也。朕亦豈不知中國積弱不振，至於阽危，皆由此輩所誤；但必欲朕一旦痛切降旨，將舊法盡變，而盡黜此輩昏庸知人，則朕之權力實有未足。果使如此，則朕位且不能

保，何況其他？今朕問汝：可有何良策，俾舊法可以全變，將老謬昏庸之大臣盡行罷黜，而登進通達英勇之人，令其議政，使中國轉危為安，化弱為強，而又不致有拂聖意。爾其與林旭、劉光第、譚嗣同及諸同志妥速籌商，密繕封奏，由軍機大臣代遞。候朕熟思，再行辦理。朕實不勝十分焦急翹盼之至。特諭。[109]

　　可見當時的情形已非常緊張，而且，就在七月二十七日這天，還發生了一件事，即湖南舉人曾廉請都察院代遞了彈劾康有為、梁啟超的條陳，並將梁啟超等人在時務學堂課卷上的批語摘引下來，逐條加以批駁，作為他指斥康梁以民權平等之說蠱惑人心的證據，他甚至請求皇上「斬康有為、梁啟超以塞邪慝之門，而後天下人心自靖，國家自安」。[110] 梁啟超在《戊戌政變記》之《劉光第傳》中寫道，光緒看到曾廉的上書，「深文羅織，謂及叛逆」，「恐西后見之，將有不測之怒，乃將其摺交裕祿，命轉交譚君，按條詳駁之。譚君駁語云：臣嗣同以百口保康梁之忠，若曾廉之言屬實，臣嗣同請先坐罪。君（劉光第）與譚君同在二班，乃並署名，曰：臣光第亦請先坐罪。譚君大敬而驚之」。[111] 但據茅海建等人研究，實際情況應當是：當日，由劉光第、譚嗣同當值，見到曾廉的條陳，譚嗣同按規定先擬了「簽語」，稱言「臣嗣同以百口保康梁之忠，若曾廉之言屬實，臣嗣同請先坐罪」；劉光第見之，也簽署了自己的名字，並稱「臣光第亦請先坐罪」。光緒皇帝見到後，不願將事態擴大，遂將此摺作為「留中」處理，擱置了之，並下旨此條陳不再呈送慈禧太后。總之，從目前的清室檔案中我們看不到曾廉的這個條陳，有傳言說已被譚嗣同燒毀。但其在社會上廣為流傳，應該是在都察院代遞之前，已有很多人傳抄的結果。[112]

　　曾廉彈劾康梁一事幾乎可以說是戊戌政變的序曲或前奏。據說，光緒七月三十日賜楊銳密詔的同時，另有賜康有為的密詔，亦由楊銳帶出。到了八月初二日，形勢更加緊急，光緒皇帝明發上諭，催促「康有為迅速前往上海，毋得遷延觀望」。而且，又賜康有為密詔，並由林旭帶出，囑咐他「愛惜身體，善自調攝，將來更效馳驅，共建大業」。[113] 這次密詔就

是康有為所謂「衣帶詔」。但根據今人的大量研究，與康有為有關的這兩個密詔都是他事後偽造的，可以確認的似乎只有光緒賜給楊銳的那個密詔。八月初二日召見林旭，很可能只有「口詔」。在這裏，光緒的用意很明顯，無非是想在銳意改革和讓太后滿意這二者之間，找到一個兩全其美的辦法。他說近來揣摩皇太后的意思，不願意將法盡變，也不希望把老臣都趕走，完全起用新人。十九日禮部六堂官被罷免，皇太后也認為做得太過了。如果不顧一切，「痛切降旨，將舊法盡變，而盡黜此輩昏庸之人，則朕之權力，實有未足。果使如此，則朕位且不能保，何況其他」！於是他問，你們這幾個人，有沒有什麼良策，既可以將舊法完全改變，將老謬昏庸之大臣盡行罷黜，讓通達英勇的新人都能參政議政，「使中國轉危為安，化弱為強，而又不致有拂聖意」？他希望四章京與其他同志能商量出一個妥善可行的辦法，「朕實不勝十分焦急翹盼之至」。[114]

不過，這幾個人無論如何想不出更好的辦法使光緒皇帝擺脫困境。甚至，楊銳在拿到密詔後是否和其他幾個章京商議過，現在也還不能確定。直到八月初三日早晨，林旭才將兩份所謂密詔帶到康有為的住處南海會館，希望他能拿出個辦法。這時，譚嗣同恰好也在。他又把梁啟超、徐致靖、徐仁鏡、康廣仁等人召來，一直在袁世凱處襄辦軍務的徐世昌也來了，大家先是痛哭了一陣，商量出來的辦法，似乎仍是勸袁世凱起兵勤王。《康南海自編年譜》詳細記載了那一天的活動：

> 初三日早，暾谷（林旭）持密詔來，跪讀痛哭激昂，草密摺謝恩，並以誓死救皇上，令暾谷持還繳命。並奏報於初四日起程出京，並開用官報關防。廿九日交楊銳帶出之密詔，楊銳震恐，不知所為計。亦至是日，由林暾谷交來，與復生（譚嗣同）跪讀痛哭。乃招卓如（梁啟超）及二徐（徐致靖、徐仁鏡）、幼博（康廣仁）來，經劃救皇上之策。袁幕府徐菊人（世昌）亦來，吾乃相與痛哭，以感動之。徐菊人亦哭，於是大眾痛哭不成聲。乃屬譚復生入袁世凱所寓，說袁勤王，率死士數百扶上登午門，而殺榮祿，除舊黨。[115]

求援袁世凱

譚嗣同當天晚上就去了袁世凱在北京所寓之東城報房胡同的法華寺，這在袁世凱《戊戌日記》中記載甚詳。在這裏，譚嗣同向袁世凱詳細說明了他們的計劃，袁世凱記下了譚嗣同的所為和說辭：

> 因出一草稿，如名片式，內開榮某（榮祿）廢立弒君，大逆不道，若不速除，上位不能保，即性命亦不能保。袁世凱初五請訓，請面付硃諭一道，令其帶本部兵赴津，見榮某，出硃諭宣讀，立即正法。即以袁某代為直督，傳諭僚屬，張掛告示，佈告榮某大逆罪狀，即封禁電局鐵路，迅速載袁某部兵入京，派一半圍頤和園，一半守宮，人事可定，如不聽臣策，即死在上前各等語。[116]

然而，以袁世凱的巧詐多智，並沒有給他具體的承諾，只是虛詞應對而已。第二天一早，他在寓所遇到來訪的畢永年，告訴他「袁尚未允也，然亦未決辭，欲從緩辦也」。然而畢永年卻因此判斷「事今敗矣」，並於當天中午搬出南海會館，轉寓寧鄉會館去了。[117] 而就在前兩天，譚嗣同還曾發電報給唐才常，讓他盡快帶人來京相助。據說，譚嗣同入京前就與哥老會的人接觸過，並託唐才常、畢永年和他們聯繫，有幾十個人可以聽從他的指揮。他甚至還有過請大刀王五入宮救出光緒的想法和安排。

胡思敬也認為是譚嗣同首先提出了「圍攻頤和園，囚禁西太后」的計劃，他在《戊戌履霜錄》中說得有鼻子有眼：譚嗣同「引有為入臥室，取盤灰作書，密謀招袁世凱入黨，用所部新建軍，圍頤和園，以兵劫太后，遂錮之。有為執嗣同手，瞪視良久曰：『母后固若是，其可劫耶？』嗣同曰：『此兵諫也。事成請自拘於司敗，古人有行之者矣。』次日，以告梁啟超、林旭，啟超稱善，旭言世凱巧詐多智謀，恐事成難制，請招董福祥，嗣同不可」[118] 我們也許可以把它看作是作者故意編的一個故事，但也不能完全排除其可能性，至少以譚嗣同的性格而言，他能說出這番話來。

初六日政變發生時，梁啟超正在瀏陽會館譚嗣同的住處。譚嗣同恰好昨天從南海會館搬到了瀏陽會館。他們正在商議對策，忽然有人來報，說康有為在南海會館的住處已遭查抄，並傳慈禧訓政，下令逮捕康有為和康廣仁。好在康有為已於昨日出京。譚嗣同這時倒很從容鎮定，他對梁啟超說：「昔欲救皇上既無可救，今欲救先生亦無可救，吾已無事可辦，惟待死期耳！」[119] 這時他已抱定了必死的信念。但他又說：「雖然，天下事知其不可而為之，足下試入日本使館，謁伊藤氏，請致電上海領事而救先生焉。」梁啟超聽從譚嗣同的建議，當天就去了日本使館，當晚就住在那裏。而譚嗣同則「竟日不出門，以待捕者」。但捕者竟沒來，第二天，他又去日本使館與梁啟超見面，勸他到日本去，並帶去了自己所著書籍和詩文辭稿本數冊，以及家信若干，託付給他。他對梁啟超說：「不有行者，無以圖將來，不有死者，無以酬聖主。今南海之生死未可卜，程嬰杵臼，月照西鄉，吾與足下分任之。」程嬰杵臼是春秋時的人物，為救趙氏孤兒，一個活了下來，一個獻出了自己的生命；而僧月照和西鄉隆盛是日本江戶時代末期的人物，參與維新變法，在失敗後的絕望中，也是一個活下來，一個死去了。譚嗣同以「程嬰杵臼，月照西鄉」比附他與梁啟超，希望也能作出這樣的選擇。[120]

喋血菜市口

八月初八日，譚嗣同被捕。梁啟超最初擔心自己也將被捕，並在三天內被殺，他到日本公使館去見駐華代理公使林權助的時候，還鄭重地請他幫忙做兩件事，一是救皇帝，再一個是救康有為。但林權助和伊藤博文都準備先救他，並說：「梁這個青年對於中國是珍貴的靈魂啊！」[121] 大約第二天，他便化裝成外出打獵的日本人的模樣，在日本駐天津領事鄭永昌的保護下離開了北京，並很快登上了日本軍艦大島號。譚嗣同被捕時，梁啟超應該已在日本兵艦上了。這時，他孑然一身，倉皇東渡，後來他曾寫道：「戊戌去國之際，所藏書籍及著述舊稿悉散佚。」[122] 船行期間，他還作了一

篇《去國行》，慨然長歎：「君恩友仇兩未報，死於賊手毋乃非英雄，割慈忍淚出國門，掉頭不顧吾其東。」[123]

譚嗣同或許是可以不死的。據梁啟超介紹，當時日本人一再勸譚嗣同到日本去，但他已經下定決心要去赴死，他說：「各國變法無不從流血而成，今中國未聞有因變法而流血者，此國之所以不昌也，有之，請自嗣同始。」當年《知新報》在報導此事時，也提到譚嗣同曾說過這番話，這與譚嗣同一貫的想法是一致的。八月十三日，六君子被斬於菜市口，譚嗣同年僅三十三歲。梁啟超寫道：「就義之日，觀者萬人，君慷慨，神氣不少變。時軍機大臣剛毅監斬，君呼剛前曰：『吾有一言！』剛去不聽，乃從容就戮。」[124] 也有記載說他是講了話的，流傳比較廣的是：「有心殺賊，無力回天，死得其所，快哉快哉！」[125] 還有一種說法，見於《知新報》第103冊：「臨斬之際，曾號於眾曰：『是日每斬一首級，則異日必有一千倍人起而接續維新。』」這自然是譚嗣同所希望的，他之所以一定要死，就是想以自己的死，喚醒更多的人，投身改革變法的事業。李提摩太有一段話似乎可以和《知新報》的報導相互印證，他說：

當他們解往刑場的時候，林旭請求允許說幾句話，但是被拒絕了。可是，譚嗣同不顧是否允許，勇敢地說，他聽說別的國家有許多維新志士為自己的國家而犧牲，他對刑官喊道：「為了救國，我願灑了我的血，但是今天每一個人的犧牲，將有千百人站起來繼續進行維新的工作，盡其忠誠去反抗篡奪。」[126]

▍譚嗣同獄中絕筆信是真還是假

譚嗣同死後，他在獄中寫給康有為和梁啟超的絕筆信經報紙刊載而廣為流傳，並分別收入《譚嗣同全集》。但王照在梁啟超去世之後寫給江翊雲和丁文江的信中，卻揭發絕筆信為梁啟超、唐才常、畢永年三人偽

造。[127] 據唐才質所作《戊戌聞見錄》，他說，唐才常當年曾講到，絕筆信出自梁啟超之手，他偽造此信的目的，「欲藉以圖勤王，誅奸賊耳」，是一種政治需要。[128]

譚嗣同的《獄中題壁》詩也很有名。此詩最早由梁啟超刊佈，他在《戊戌政變記》之《譚嗣同傳》中寫道：

> 君既繫獄，題一詩於獄壁，曰：
> 望門投宿思張儉，忍死須臾待杜根。
> 我自橫刀向天笑，去留肝膽兩崑崙。[129]

此後，梁啟超撰寫《飲冰室詩話》，又一次刊載此詩：

> 望門投止思張儉，忍死須臾待杜根。
> 我自橫刀向天笑，去留肝膽兩崑崙。[130]

關於兩崑崙，梁啟超認為：「其一指南海（康有為），其一乃俠客大刀王五，瀏陽（譚嗣同）作《吳鐵樵傳》中所稱王正誼者是也。」

這裏略有不同的是，「望門投宿」改為「望門投止」。民國初年，譚氏後人刊出《秋雨年華之館叢脞書》，就從梁著轉錄此詩。再後，陳乃乾和蔡尚思等編印《譚嗣同全集》，都將《獄中題壁》詩收錄其中，一直未見有人懷疑其真實可靠性。直到 1969 年，台灣學者黃彰健對此提出了疑問，他的根據來自一本名為《繡像康梁演義》的小說。該書卷四記載了六君子之一的林旭，在臨死前吟了兩首詩，其中一首為：

> 望門投趾憐張儉，直諫陳書愧杜根。
> 手擲歐刀仰天笑，留將公罪後人論。

黃先生首先判定，這首詩是譚詩，卻被演義作者誤記為林詩；同時他

認為，《繡像康梁演義》所記譚詩比梁啟超所記更加真實可靠。戊戌政變後，梁啟超為了宣傳保皇，故意貶低譚氏的自立民權思想，導致了他對譚詩的「潤色改易」。但他也承認，《康梁演義》畢竟是小說，而且錯字甚多，希望在北京研究中國近代史的學者努力訪求譚詩早期的傳抄本。

1995 年 6 月，研究清史的學者孔祥吉先生發表《譚嗣同〈獄中題壁〉詩刑部傳抄本之發現及其意義》一文，公開了自己在近代史研究所找到的譚嗣同《獄中題壁》詩之戊戌年刑部傳抄本。這個傳抄本保留在《留庵日鈔》中，它的作者唐烜當時為刑部司員，光緒二十四年八月二十五日（1898 年 10 月 10 日）他在日記中寫道：

> 廿五日，晴，入署。李左堂是日午刻到任。散值回寓，在潤田書室遇樊竹臣，小談。……在署聞同司朱君云：譚逆嗣同被逮後，詩云：
> 望門投宿鄰張儉，忍死須臾待樹根，吾自橫刀仰天笑，去留肝膽兩崑崙。
> 前二句，似有所指，蓋謂其同黨中有懼罪逃竄，或冀望外援者而言，末句當指其奴僕中，有與之同心者。然崛強驚忍之慨，溢於廿八字中。[131]

唐烜的這段記載應該是真實可信的。他是光緒十五年（1889 年）乙丑科二甲第九十四名進士，旋授刑部主事，爾後一直在刑部任職。他有寫日記的習慣，戊戌政變期間，他以一個親歷者的身份，記下了他本人耳聞目睹的大量事實，關於六君子在刑部獄中的表現，記載尤詳，我們不能不相信他的記載。

既然如此，我們再看唐烜所記與梁啟超所記有哪些區別呢？首句「望門投宿鄰張儉」，梁啟超在《飲冰室詩話》中將「宿」改為「止」，這是用了《後漢書·張儉傳》中「望門投止」的原句，他又將「鄰」改為「思」，卻有些費解，如果說鄰與憐通，顯然用「憐」字比用「思」字更有意味，

梁啟超選擇用後者，只能說他在作詩上還欠些火候。這一點他本人也不否認。

第二句「忍死須臾待樹根」，梁氏將「樹根」改為「杜根」，「樹」「杜」音近，聽錯以致誤記亦很難免，以梁啟超對史書之熟悉，想到「杜根」是很有可能的，杜根亦東漢時人，曾上書請鄧太后歸政於安帝，太后大怒，殺之。幸好行刑人不甚得力，使杜根得以逃過一死。譚嗣同或許希望在他死後朝中能有人效法杜根，也未可知。至於把「樹根」比附為菜市口刑場每以巨大樹根剖面為刀俎，則大可不必，太過牽強了。

第三句「吾自橫刀仰天笑」，梁啟超將「吾」改為「我」，「仰」改為「向」，這一改動並不涉及詩的含義，只是對平仄四聲的一種調整，讀起來更有抑揚頓挫的感覺。

第四句「去留肝膽兩崑崙」，則梁氏所記與唐氏所記相同。

至此可以認定，梁啟超在《戊戌政變記》和《飲冰室詩話》中刊佈的譚嗣同所作《獄中題壁》詩是真實可信的，並無不妥。雖然他在轉抄過程中對個別文字有所改動，但無傷大雅，說不上是「篡改」。這一點，黃彰健先生在讀過孔祥吉先生的文章後也表示認可，不過，他並不認為這就是譚嗣同在獄中寫下的詩作，而推測其可能作於戊戌（1898年）八月初七日與梁啟超言及「不有行者無以圖將來」，「一抱而別」之後。由此可見，這段公案尚未了結而有待後人。但他將「兩崑崙」解釋為「譚嗣同」與「梁啟超」，一留一去，似乎更符合詩人當時的所思所想。梁啟超硬要指為「康有為」和「大刀王五」，的確有些牽強。或許他確有難言之隱，也說不定。[132]

註釋：

1　《梁啟超年譜長編》，33 頁。
2　《飲冰室詩話》，1 頁。
3　《飲冰室合集‧專集》之一，108 頁。
4　《戊戌軍機四章京合譜》，122 頁。
5　《梁啟超年譜長編》，47 頁。
6　《譚嗣同全集》，445 頁。
7　同上，445 頁。
8　同上，464～465 頁。
9　《飲冰室合集‧文集》之三，9～10 頁。
10　《譚嗣同全集》，463 頁。
11　同上，465 頁。
12　同上，466 頁。
13　同上，290 頁。
14　同上，436 頁。
15　《戊戌軍機四章京合譜》，119 頁。
16　《譚嗣同全集》，289～290 頁。
17　同上，290 頁。
18　同上，150 頁。
19　《戊戌軍機四章京合譜》，59 頁。
20　《譚嗣同全集》，4 頁。
21　同上，20 頁。
22　《飲冰室合集‧專集》之一，106 頁。
23　《譚嗣同全集》，55 頁。
24　同上，259 頁。
25　《飲冰室合集‧專集》之一，106 頁。
26　《致唐次丞書》，《唐才常集》，243 頁。
27　《飲冰室合集‧專集》之一，106 頁。
28　《清代學術概論》，91 頁。
29　《飲冰室合集‧專集》之一，109 頁。
30　《汪康年師友書札》三，2573 頁。
31　《仁學──譚嗣同集》，1～2 頁。
32　《譚嗣同全集》，289 頁。
33　《梁啟超與中國思想的過渡》，71 頁。
34　《譚嗣同全集》，291～301 頁。

35　同上，290 頁。
36　《清代學術概論》，92～93 頁。
37　《飲冰室合集‧文集》之二，3 頁。
38　同上，4 頁。
39　同上，5～6 頁。
40　《飲冰室合集‧文集》之一，108～109 頁。
41　同上，109 頁。
42　同上，98～100 頁。
43　《荀子簡註‧君道篇》，129 頁。
44　《清代學術概論》，84 頁。
45　《譚嗣同全集》，335～337 頁。
46　《仁學──譚嗣同集》，1 頁，此據《清議報》本錄。
47　《飲冰室合集‧文集》之四十四（上），20 頁。
48　同上，20 頁。
49　《譚嗣同全集》，459～460 頁。
50　《汪康年師友書札》一，486 頁。
51　《梁啟超年譜長編》，66 頁。
52　《清代學術概論》，99 頁。
53　《梁啟超年譜長編》，75 頁。
54　（《飲冰室合集‧文集》之一，109 頁。
55　同上，109～110 頁。
56　《清代學術概論》，100 頁。
57　《譚嗣同全集》，246 頁。
58　《梁啟超年譜長編》，57 頁。
59　《譚嗣同全集》，491 頁。
60　《飲冰室合集‧專集》之一，130 頁。
61　同上。
62　《梁啟超年譜長編》，66 頁。
63　同上，88 頁。
64　同上，94 頁。
65　《飲冰室合集‧集外文》上冊，11～12 頁。

66　同上。

67　《清代學術概論》，84～85 頁。

68　《飲冰室合集・文集》之二，23～24 頁。

69　同上，24～25 頁。

70　同上，25 頁。

71　同上，24～28 頁。

72　《梁啟超傳》，44～45 頁。

73　《譚嗣同全集》，278 頁。

74　《飲冰室合集・專集》之一，137～138 頁。

75　《人境廬詩草箋註》，1224 頁。

76　《戊戌變法人物傳稿》上編，171 頁。

77　同上，226 頁。

78　《寒柳堂集》，167 頁。

79　《湖南歷史資料》1958 年第 4 輯，77 頁。

80　《蘇輿集》，164 頁。

81　《梁啟超年譜長編》，126～127 頁。

82　《汪康年師友書札》三，2756 頁。

83　同上，2757 頁。

84　《譚嗣同全集》，474 頁。

85　同上，477～478 頁。

86　同上。

87　《梁啟超年譜長編》，120～121 頁。

88　《戊戌百日誌》，98 頁。

89　同上，91 頁。

90　同上，105 頁。

91　同上，109 頁。

92　《戊戌變法》二，573 頁。

93　同上，54～55 頁。

94　《梁啟超年譜長編》，128 頁。

95　《譚嗣同全集》，530 頁。

96　《戊戌變法史研究》，3 頁。

97　《譚嗣同全集》，531 頁。

98　《飲冰室合集・專集》之一，107 頁。

99　同上，63 頁。

100　《知新報》第 75 冊《清國殉難六士傳》，轉引自《戊戌軍機四章京合譜》，192 頁。

101　同上。

102　參見《戊戌變法史事考》，81 頁。

103　《飲冰室合集・專集》之一，107 頁。

104　同上，73 頁。

105　《戊戌變法》二，84～85 頁。

106　同上，85 頁。

107　《戊戌變法》一，477 頁。

108　《戊戌變法》二，92 頁。

109　《光緒大事彙鑒》卷九，轉引自《戊戌百日誌》，528～529 頁。

110　《戊戌變法》二，493 頁。

111　《飲冰室合集・專集》之一，105 頁。

112　參見《從甲午到戊戌：康有為〈我史〉鑒註》，679 頁。

113　《戊戌變法》二，97 頁。

114　《光緒大事彙鑒》卷九，轉引自《戊戌百日誌》，528～529 頁。

115　《康南海自編年譜》(外二種)，59 頁。

116　《清廷戊戌朝變記》(外三種)，67～68 頁。

117　《詭謀直紀》，參見《從甲午到戊戌：康有為〈我史〉鑒註》，761 頁。

118　《戊戌履霜錄》卷二，見《戊戌變法》一，377 頁。

119　《飲冰室合集・專集》之一，108 頁。

120　同上，109 頁。

121　《梁啟超年譜長編》，156 頁。

122　《飲冰室詩話》，2 頁。

123　《飲冰室合集・文集》之四十五(下)，2 頁。

124　《飲冰室合集・專集》之一，109 頁。

125　《譚嗣同全集》，287 頁。

126 《戊戌變法》三，566 頁。

127 《辛亥革命》二，575 頁。

128 《戊戌軍機四章京合譜》，236 頁。

129 《飲冰室合集・專集》之一，109 頁。

130 《飲冰室詩話》，14 頁。

131 《晚清佚聞叢考》，200 頁。

132 以上參見《晚清佚聞叢考》，201～
    209 頁；黃彰健《論譚嗣同獄中詩
    ——與孔祥吉先生商榷》，《戊戌變
    法史研究》下冊，808～818 頁。

第
十
章

知時達務：

梁啟超與汪康年

▶ 汪康年 (1860—1911)

- 1890 年，梁與汪分別前往京城參加會試，因老師石星巢書信牽線，二人結識。
- 1895 年，汪康年加入上海強學會。
- 1896 年，汪康年與梁啟超、黃遵憲等人創辦《時務報》。
- 後因多方因素，各生嫌隙，終至分道揚鑣。
- 1899 年，在章太炎撮合下，汪梁重新交好。

十二歲的梁啟超在考中秀才的第二年，即光緒十一年（1885 年），便獨自一人離開家鄉，到廣州拜師求學。他的老師先後有呂拔湖先生和陳梅坪先生，後來又有石星巢先生。石先生給他留下了很深的印象，人到中年以後，他在寫給女兒梁令嫻的信中還說：「此老舊學尚好，吾十五六時之知識，大承得自彼也。」[1]

石星巢（1852—1920），廣東番禺人氏，我們並不十分了解他的情況，只知他本名炳樞，後改名德芬，星巢是他的字。同治十二年（1873 年），即梁啟超出生那年，他考中舉人，先在廣西任知府，後官至四川道員，不久，便返回廣東老家，以教書為業。他的寓所建在廣州城南的清水壕，被稱為「石室」，又稱「徂徠山館」。這個名字應該是有些來歷的，北宋儒學大師石介，奉符（今山東省泰安市）人，其境內有一座徂徠山，所以，石介便以「徂徠先生」自稱。八百年後，石星巢以「徂徠」命名自己的寓所，當然不只是因為姓石，更主要的，還是追慕石介先生的學問和人格。

當時，廣州城裏有五大書院，分別為學海堂、菊坡精舍、粵秀書院、粵華書院、廣雅書院，名氣都很大。他們的首席教授，人稱山長，都是當

地很有身份的學者，地方長官新來乍到都要先拜訪他們，對他們是很尊敬的。梁啟超自光緒十一年入學海堂讀書，直到光緒十六年（1890 年）離開學海堂，大約五年時光，他完全沉醉在知識的海洋裏。先是插班生，後轉為正班生，同時還在菊坡、粵秀、粵華等書院聽課。在這裏，他眼界大開，精神豁然，從而改變了從前「不知天地間於帖括外更有所謂學」的孤陋寡聞，「乃決舍帖括」[2] 什麼是「帖括」呢？用今天的話說，就是「考試指南」、「托福捷徑」之類的教輔書。

學海堂是嘉慶年間的兩廣總督阮元創辦的，他把有清一代的學術主流帶到了嶺南，廣州的學術風氣為之一新。梁啟超很快就成為學海堂出類拔萃的學生之一。他像阿里巴巴發現了藏寶洞一樣，貪婪地汲取新的知識。但他又是個很不容易滿足的人，他在多年以後說到自己的求學：「若啟超者，性雖嗜學，而愛博不專，事事皆僅涉其樊，而無所刻入。」[3]

所以，當他聽說了石星巢先生的人格、學問之後，光緒十三年（1887年），又拜在石先生的門下。石星巢也是漢學一脈，所授學問不過訓詁詞章，但梁啟超對石先生似乎有更多的好感，而石星巢也很喜歡這個聰穎而又勤奮的學生，稱他為「卓犖之士」。光緒十五年（1889 年），梁啟超中舉後，石星巢寫信給另外一個學生汪康年，希望他能在第二年春天梁啟超進京參加會試的時候，給予照顧和幫助。這樣看來，梁啟超結交汪康年，最初是由石星巢先生牽線介紹的。

▌ 師出同門，誼非尋常

汪康年（1860—1911），字穰卿，浙江錢塘人氏，中年以後自號毅伯，晚年又自號恢伯，最早翻譯《茶花女》的林紓解釋為「灰心時事也」。[4] 他和梁啟超的緣分，真是不淺，不僅同出一個師門，而且還是光緒十五年（1889 年）同科舉人。區別僅在於，他的考場在浙江，梁啟超的考場在廣州。他自光緒七年（1881 年）求學於石星巢，執弟子禮，比梁啟超

早六年。光緒十六年（1890年），他和梁啟超同赴北京參加會試，這一年他三十歲，而梁啟超只有十八歲，第一次出遠門，所以，作為老師，石星巢請汪康年照顧他的這位小學弟，也在情理之中。

這次會試，梁啟超與汪康年雙雙落選，他們選擇了不同的路線離開京城。汪康年選擇去湖北，兩湖總督張之洞請他做家教，教兩個小孫子讀書，不久又在自強書院給他安排了編輯的職位，還請他做了兩湖書院的教員，其實就是張之洞的幕僚。在這裏，他結識了很多張之洞身邊及湖北官場上的人，大大增加了自己的人脈。梁啟超呢？他在父親梁寶瑛的陪伴下回了廣東，準備繼續讀書。途經上海時，他買了一本徐繼畬編纂的《瀛寰志略》，這是個世界人文地理的普及本，初刻於道光二十九年（1849年）。書中以地球為引子，先介紹東西兩個半球的概況，然後，又按照亞洲、歐洲、非洲、美洲的順序，依次介紹了世界各國的風土人情，以及西方的民主制度，比如英國的議會、美國的獨立戰爭等。對新知識充滿好奇的梁啟超，很快就被這本書吸引了，這時他才知道，中國並非世界的中心，五大洲還有許多國家，他們也有自己的文明和文化。上海製造局翻譯的其他外國書也讓他感興趣，但家裏經濟條件有限，不能滿足他的願望，他也只能望書興歎。這一年的秋天，他離開學海堂，拜在康有為門下，並與陳千秋等人一起，請康有為開館講學，成為萬木草堂的學生，這才有機會讀到更多的西方著作。他在萬木草堂讀書直到光緒二十一年（1895年）春天，發生了「公車上書」這件大事，從此，梁啟超追隨在老師身邊，再也沒有機會回到萬木草堂，學生生涯到這裏便結束了。

這幾年，梁啟超與汪康年有過一些書信往來，曾把康有為之弟康廣仁介紹給他，還託他代售老師的《新學偽經考》一書。梁啟超曾把這本書的印行比作「颶風」，它的影響主要表現在兩個方面：「第一，清學正統派之立腳點，根本動搖；第二，一切古書，皆須從新檢查估價。」[5]也就是說，人們奉行了兩千餘年的經典，從來都是神聖不可侵犯的，「無一人敢違」，「無一人敢疑」[6]，現在，忽然有個叫康有為的跳出來說，這些書都是偽造的，是贗品，是一錢不值的廢紙。你想，他這麼一說，不僅靠這些書吃飯

的文人不答應，靠這些書為自己的權力提供合法性的統治者更不能答應。所以，該書印行不久就遭到清政府的封殺，書版被毀，發行也受到限制。在這種情況下，代售該書應該還是有危險的，但汪康年沒有推託，可見他們的交情絕非泛泛。不僅如此，梁啟超在另一封信裏還鼓動汪康年支持張之洞修鐵路的主張。修鐵路，開工廠，造輪船，這一直是洋務派所熱衷的，他們很希望能在不改變中國政治制度和立國精神的前提下，通過這些自強事業使國家強大起來。張之洞便是繼曾國藩、李鴻章之後，洋務派的實際領袖。就像張之洞有時也大模大樣地掏錢贊助開學會和辦報紙一樣，這時的梁啟超卻也對修鐵路感興趣，他對汪康年說，如果鐵路能夠修成，則中國「轉弱為強之機，可計日而待也」。[7]

光緒十八年（1892 年），汪康年進京會試，中了第二十七名。放榜後，因突發足疾，行走不便，未能參加殿試，直到兩年後，即光緒二十年（1894 年），才又入京補考，考了個三甲第六十一名。這時，梁啟超也攜家人來到北京，他在這裏一直盤桓到十月，結交了不少賢者名流。這時，中日在朝鮮開戰，李鴻章遲遲不肯調兵，外交又寸步不讓，結果被迫宣戰。黃海一戰，中國海軍戰敗，不久，陸軍之敗更甚於海軍，北京亦有風聲鶴唳之感。無奈之下，梁啟超將家眷送出京城，歸省貴州，他也於十月六日離京南下，返回廣東。在北京的這段時間裏，他與汪康年大約是見過面的，由於汪康年補考之後很快便離開京城，回了湖北，他們只能書信往還，交流各種資訊，特別是中日戰爭進展的情況。這期間，梁啟超還一再提起在京時多次討論過的話題，即多方聯絡和發現人才，並說這是當前最重要的事情。

第二年春天，梁啟超再次入京，參加會試。這是他與科舉的最後一次「調情」，此後便不再有科場入闈之事。這時，李鴻章臨危受命，接替戶部左侍郎張蔭桓和前巡撫邵友濂前往日本求和，與日本人簽訂《馬關條約》，割讓台灣、遼東半島給日本，並賠償白銀二萬萬兩。消息傳到北京，猶如一把尖刀插在中國人的心上，每個人都有一種心痛滴血的感覺。從四月十四日開始，幾乎每天都有舉子到都察院上書，反對朝廷簽

署和約。這時，聚集在北京的各省舉子已有萬人，大家群情激憤，康有為遂倡議發起公車上書，反對割地賠款，要求變法維新。「梁啟超乃日夜奔走號召，連署上書論國事。」[8]《任公先生大事記》也記載：「乙未公車上書，請變法維新。倡之者康南海，而先生奔走之力為多。」[9]這是梁啟超直接參與政治運動的開始。由於公車上書的影響力，一時間，朝野上下，包括光緒皇帝，都有發憤圖強的表現。所以，儘管有汪康年寫信相邀，請他去上海商量創辦《譯報》之事，但他卻被京城的形勢所吸引，遲遲不肯動身。何況，北京這時也要辦報了，他在五月間寫給汪康年的信中說：

> 頃擬在都設一新聞館，略有端緒，度其情形，可有成也。……此間亦欲開學會，頗有應者，然其數甚微。度欲開會，非有（由）報館不可，報館之議論，既浸漬於人心，則風氣之成不遠矣。[10]

這封信在《汪穰卿先生傳記》和《汪康年師友書札》中都被註明寫於光緒二十二年（1896年），其實是寫於 1895 年五月中旬，這裏所說的辦報，是指未辦即夭折的《譯報》。此外，所提到的開學會、編輯《經世文新編》，都是梁啟超於 1895 年在北京擬辦之事。十月初，梁啟超信中所說的學會即強學會在京成立，作為強學會的會刊，《中外紀聞》也開始隨宮門鈔（清代宮廷的官報。由內閣發抄，內容包括宮廷動態、官員升除等。因由宮門口抄出，故名。又稱邸鈔）發送。到了十二月中旬，北京、上海的強學會先後被查封，報紙也辦不下去了。這時汪康年又來信邀他到上海辦報，他在離開北京之前寫信給汪康年，抱怨：「南北兩局，一壞於小人，一壞於君子，舉未數月，已成前塵，此自中國氣運，復何言哉！」對於辦報，他沒有異議，只是擔心報館「恐未必能有成也，若能成之，弟當惟命所適」，如果不成，他就打算去湖南了，「湘省居天下之中，士氣最盛，陳右帥適在其地，或者天猶未絕中國乎？」他知道汪康年與陳三立、鄒代鈞關係不錯，還希望能為之事先疏通。[11]

▌共同創辦《時務報》

　　梁啟超於光緒二十二年 3 月抵達上海，參與《時務報》的創辦。此前，他還收到了黃遵憲邀他來滬辦報的信函以及康有為的師命。後來他在《三十自述》中講到此事：「京師之開強學會也，上海亦踵起。京師會禁，上海會亦廢。而黃公度倡議續其餘緒，開一報館，以書見招。」[12] 此時的梁啟超，與黃遵憲尚未謀面，還談不上什麼交情，只是慕名而已。而梁啟超最終選擇上海辦報，放棄湖南，最主要的，恐怕還是「康先生並招出滬改辦報以續會事」起了作用。[13]

　　此時的上海，可謂風雲際會。在康有為「一函兩電」的催促下，去年十二月，汪康年力辭兩湖書院之教職，已先期來到上海，接替康有為主持上海強學會的工作。而黃遵憲在朝廷的安排下，暫留江蘇，處理教案及商務各事。他那時經常往來於上海、南京之間，恰逢上海強學會被迫停辦，他本來並不熱心此事——當初康有為來上海創辦強學會，有十六個人加入，黃遵憲的大名亦赫然寫在上面，卻是由梁鼎芬代簽的。但強學會被迫解散之後，竟然一蹶不振，不思再起，他覺得這是一種恥辱，所以，「謀再振之，以報館為始倡」。[14] 他的這種想法與汪康年一拍即合，並得到了途經上海的吳季清與鄒殿書的支持。他們二人都是維新陣營的知識精英，尤其是吳季清，與黃遵憲、汪康年、梁啟超的交情都很深，他的兒子吳鐵樵與梁啟超更是摯友。隨着梁啟超的到來，報館的籌備工作更加緊進行，很快便有了一些眉目。梁啟超後來回憶起當時的情景，幾個人「日夜謀議此事。公度自捐金一千元為開辦費，且語穰卿云：『我輩辦此事，當作為眾人之事，不可作為一人之事，乃易有成。故吾所集款，不作為股份，不作為墊款，務期此事之成而已』」。[15] 沒想到，黃遵憲的這番話竟成讖語，隨着《時務報》的發展，影響力的擴大，後來果然發生了要將《時務報》「據為汪氏產業」的紛爭。

　　最初，《時務報》的開辦經費只有強學會上海分會的餘款一千兩百

元，以及黃遵憲和鄒殿書的捐款一千五百元。當時，汪康年力主要辦一張日報，梁啟超和黃遵憲都表示反對，認為他只是「欲與天南遯叟爭短長」罷了。天南遯叟即王韜，著名的改良主義政論家，黃遵憲的老朋友，那時他正在《申報》任總主筆。由於梁啟超與黃遵憲的堅持，汪康年暫時放棄了辦日報的想法，同意辦一份旬報。但他並未完全打消辦日報的念頭，兩年後，與《時務報》同名的《時務日報》還是在上海創刊了。不過，這是後話。此時，他們只能合力先把《時務報》辦好。這份每月三期的旬刊，終於在七月初一日正式出刊，汪康年任經理，相當於今天的社長，負責財務經營管理；梁啟超主筆政，也就是今天的總編輯，負責報紙的內容編排。出刊前，由梁啟超草擬了《公啟》三十條，並經黃遵憲改定，刊登在六月末的《申報》上，「署名公啟者，先生（黃遵憲）暨吳季清（德瀟）、鄒殿書（凌瀚）、汪穰卿（康年）、梁任公凡五人」。[16] 四五月間，這份《公啟》還曾以小冊子的方式，分送給各地的同志；到第一期創刊時，又印成單張夾在報內，閱報的讀者都應該能夠看到。

為了辦好《時務報》，梁啟超傾注了大量的心血。《時務報》十天一期，每期三十頁左右，「以石版印連史紙上，極清晰而美觀。所載有論說、論摺、京外近事、域外報譯等內容，而域外報譯，獨佔篇幅至二分之一強」。[17] 從光緒二十二年（1896年）七月至光緒二十四年（1898年）六月，兩年裏，這份報紙共出版六十九期。光緒二十三年（1897年）十月，梁啟超應邀去湖南長沙擔任時務學堂總教習，離開了《時務報》。在此之前，除了中間有四個月去廣東和武漢出差，其餘時間他都在《時務報》辛勤筆耕。他後來回憶作為總編輯做了哪些工作：「每期報中論說四千餘言，歸其撰述，東西文各報二萬餘言，歸其潤色；一切奏牘、告白等項，歸其編排；全本報章，歸其覆校。十日一冊，每冊三萬字，經啟超自撰及刪改者幾萬字，其餘亦字字經目經心。六月酷暑，洋蠟皆變流質，獨居一小樓上，揮汗執筆，日不遑食，夜不遑息。記當時一人所任之事，自去年以來，分七八人始乃任之。」[18] 由此可見，一個總編輯的工作是多麼繁重。事

實上，由總編輯執筆撰寫每天的社評或時評，這個傳統一直延續到鄧拓的時代，而梁啟超實為濫觴。

時務報章天下聞

無論如何，《時務報》提供了一個比《中外紀聞》更加廣闊的舞台，可以任他縱橫其文字，馳騁其才華。那時他的西學新知，還是很有限的，他的舊學底子，用章太炎的話說，也很一般。但他消化吸收新知識的能力卻是驚人的，他對媒體傳播功能的領悟力也是不同尋常的，他又是個極敏感、極容易受到感染的人，所以，他的文字便有一種超強的魔力。胡思敬不是一個肯輕易說梁啟超好話的人，卻不得不承認：「甲午款夷後，朝政多苟且，上下皆知其弊，以本朝文禁嚴，屢興大獄，無敢輕掉筆墨議時政者，自《時務報》出，每旬一冊，每冊數千言，張目大罵，如人人意所欲云，江淮河漢之間，愛其文字奇詭，爭傳誦之，行銷至萬七千餘冊，由是康門之焰張，而羽翼成，黨禍伏矣。」[19] 胡思敬是個守舊之人，民國後還曾積極參與張勳復辟，對新派人物絕無好感，他是真的擔心康梁如此囂張，內外結黨，會給朝廷帶來明末那樣的黨禍。正因為如此，他對梁啟超社會影響的描述，應該是可信的。

李肖聃稱讚梁啟超「作《變法通議》數十萬言，其文出入魏晉，工麗大類范蔚宗（曄），亦效龔自珍為幼眇自喜之詞，旁出陳同甫（亮）、葉水心（適）、馬貴與（端臨）諸人之風，指陳世要，一歸平實，間雜激宕之詞，老師宿儒，新學小生，交口稱之。」[20] 這段文縐縐的話也許有些費解，而鄭振鐸《梁任公先生》一文則說得比較明白，在他看來，梁啟超所「著《變法通議》，以淹貫流暢，若有電力足以吸住人的文字，婉曲的達出當時人人所欲言而迄未能言或未能暢言的政論。這一篇文字的影響，當然是極大。像那樣不守家法，非桐城，亦非六朝，信筆取之而又舒捲自如，雄辯驚人的嶄新文筆，在當時文壇上，耳目實為之一新」。[21] 這當然也是因為，「當時民智之閉塞，士風之委靡，號稱智識階級者，下焉者日治帖

括，上焉者鶩於訓詁詞章；而梁氏日以『維新』『變法』『新民』『少年』『自強』『救國』之說，大聲疾呼，復以其間灌輸世界智識，闡發先哲緒論。凡所著述，大抵氣盛而文富，意誠而詞達。加以『條理明晰，筆鋒常帶情感，對於讀者別有一種魔力』，故一文之出，全國爭誦，老師宿儒，猶深翹仰」。[22] 其實，這也是當時很多人的看法。

清廷立朝近三百年，文禁甚嚴，屢興大獄，敢於公開批評時政的人很少，敢於寫成文章，明目張膽地批評朝廷，要求改制變法，抑制君權，伸張民權的人，就更少。由於甲午戰敗，國家危亡，大家心裏憋了很多話，都不敢說。現在，梁啟超說出了大家心裏想說的話，所以，朝野上下，先進保守，一時都為梁啟超所傾倒。就連著名保守派人物，後來曾與葉德輝等人一起不遺餘力地攻擊康梁，要置他們於死地的湖南嶽麓書院院長王先謙，也在光緒二十三年（1897 年）年初手諭嶽麓書院的學生，稱讚《時務報》「議論精審，體裁雅飭，並隨時恭錄諭旨暨奏疏，西報尤切要者。洵足開廣見聞，啟發志意，為目前不可不看之書」。[23] 而湖南巡撫陳寶箴與兩湖總督張之洞，更以「紅頭文件」的形式，要求全省所有書院以公費訂閱《時務報》，並要求學生認真閱讀。陳寶箴的要求不僅具體，而且想得也很周全：

> 茲由本部院籌撥款項，屬該報館寄送若干分，發交各府廳州縣書院存儲，俾肄業諸生，得以次第傳觀，悉心推究。所有丙申年七月初一日開館起，至十二月十一日，共十七冊，均令補齊。嗣後每年，先由本省厘金項下籌撥報費，以便按月派送。[24]

在這裏，除了要求全省各地書院都應訂閱之外，已經出版的若干期也要求必須補齊。這說明，他們是很看重《時務報》的，也說明了《時務報》在讀者中受到歡迎的程度。在這期間，《時務報》的發行量一度攀升到一萬七千份以上，很顯然，如果沒有各地官員的全力支持，這幾乎是不可能的。他們的做法不但開了中國公費訂報的先河，還因此引起了各地年輕

士子對新學新知的興趣，以及民族國家意識的啟蒙。所以說，「清末士氣之奮發，思想之解放，梁氏之宣傳，實與有大力焉」。[25] 即使張之洞，講到《時務報》初創時的情形也不得不承認：「乙未（1895年）以後，志士文人，創開報館，廣譯洋報，參以博議，始於滬上，流衍於各省，內政、外事、學術，皆有焉。雖論說純駁不一，要可以擴見聞，長志氣，滌懷安之鴆毒，破捫籥之瞽論。於是一孔之士、山澤之農始知有神州，筐篋之吏、煙霧之儒始知有時局，不可謂非有志四方之男子學問之一助也。」[26] 這也就是說，晚清士人之覺醒，民智之初開，風氣之大暢，民間辦報起了決定性的作用，這也是清朝末年改良變法的主體力量由在朝轉向在野的重要標誌之一。梁啟超以其敏銳的感受力和「流利暢達、聲氣灝大」的新文體，成了那個時代領風氣之先的人物，執輿論界之牛耳。著名報人、時政評論家黃遠生甚至將他尊為「報界大總統」。

不過，梁啟超在《時務報》的言論，也引起了一些人的恐慌和不安，甚至不滿。他的好朋友吳樵（鐵樵）在致汪康年的信中，便提到《時務報》在武昌的一些情況：「南皮（張之洞）閱第五冊報有譏南京自強軍語，及稱滿洲為彼族，頗不懌。此層卻是卓如大意處，樵知必力阻之。吾輩議論，當思非其時非其人不可發也。此時此人，當受之以漸，聲聞不可以菩薩行告之，況佛法耶。以後此種吹求，恐天下發之者尚多，我輩羽翼未豐，斷不宜犯此大陣。尚樵在申，必力阻之。卓如誠快刀砍陣，而此間譏之者亦不少。」[27] 這裏所說《時務報》第五期的文章，指的便是梁啟超《變法通議》中《學校總論》那一章。根據汪詒年的說法，梁啟超在這篇文章裏批評「金陵自強軍所聘西人，半屬彼中兵役，而攘我員弁之厚薪」，引起張之洞的不滿。查閱梁啟超的文章，其中並沒有汪詒年引述的這句話，但他在文章中的確批評了洋務派聘用洋人行新法的做法，特別提到「輪船招商局、開平礦局、漢陽鐵廠之類，每年開銷之數，洋人薪水，幾及其半」；不僅如此，他還批評洋務派幾十年辛辛苦苦做的這一切，是治標不治本，「故言自強於今日，以開民智為第一義」。[28] 所以，張之洞對他不滿意是很自然的。

嚴復最初對《時務報》倒是大為讚賞的，他在其創刊一個半月時曾寫信給汪康年和梁啟超，認為「此中消息甚大，不僅振聵發聾、新人耳目已也」。並說以前他在歐洲的時候，「見往有一二人著書立論於幽仄無人之隅，逮一出問世，則一時學術政教為之丕變。此非取天下之耳目知識而劫持之也，道在有以摧陷廓清、力破餘地已而。使中國而終無維新之機，則亦已矣。苟二千來申商斯高之法，熄於此時，則《時務報》其嚆矢也」。他特意捐資一百元給報社，「區區不足道，聊表不佞樂於觀成此事之心云爾」[29] 但過了不久，光緒二十三年（1897 年）二三月間，嚴復給梁啟超寫了一封很長的信，「賜書二十一紙」，不能算短了；而梁啟超的覆信也很長，有兩三千字。嚴復在信中談了四個問題，其一，叮囑他下筆一定要慎重，因為，「毫釐之差，流入眾生識田，將成千里謬」[30]，並提醒他言多有失，會給人留下把柄和口實；其二，變法難講，應該注意事物之間的聯繫，由甲及乙，由乙及丙，不可偏廢；其三，由《古議院考》說到民主的傳統，不必引述中國古事以證明西方有的中國也有；其四，孔子不是教主，儒學亦不是宗教，教不可保，也不必保。梁啟超的回覆，有討論，也有辯解，或說明，「詞氣之間，有似飾非者，有似愎諫者」，但總的來說，他很感激嚴復對他的這一番教誨，「今而知天下之愛我者，捨父母之外，無如嚴先生；天下之知我而能教我者，捨父母之外，無如嚴先生」。他說：「數月以來，耳目所接，無非諛詞，貢高之氣，日漸增長，非有先生之言，則啟超墮落之期益近矣。」[31]

大聲疾呼醒世人

《時務報》創立之初，汪康年所作言論也很激烈，他的《中國自強策》、《論中國參用民權之利益》等文章，大講民權的好處，「夫民無權，則不知國為民所共有，而與上相睽。民有權則民知以國為事，而與上相親」。他還說：「若夫處今日之國勢，則民權之行，尤有宜亟者。蓋以君權與外人相敵，力單則為所挾，以民權與外人相持，力厚易於措辭。」[32] 汪康

年此言一出，竟引起軒然大波。梁鼎芬與汪康年是「至好」，亦作書表示反對：「弟（指汪康年）處華夷紛雜之區，耳目已淆，品類尤夥，望堅守初心，常存君國之念，勿惑於邪說，勿誤於迷途。此時神氣清明，吾輩進言亦較容易，幸時時以斯自警，豈獨吾之幸哉？」[33] 夏曾佑（穗卿）也曾談及他對汪康年這番言論的看法。他在信中寫道：「民權之說，眾以為民權立而後民智開，我則以為民智開而後民權立耳。中國而言，民權大約三百年內所絕不必提及之事。」他又說，他並「不以言民權為非，而是以為此時提倡民權尚屬太早」。[34]

這在當時是較為普遍的看法。應當看到，在《時務報》時代，求新求變的人是少數，從睡夢中醒來的人也是少數，絕大多數人還是保守的、麻木的，還處於昏睡之中。這些醒來的人看到了現實的危險性，大聲疾呼，希望能夠驚醒周圍的人，一起想辦法挽救這個危險的局面。睡着的人反而覺得他們多事，攪了自己的好夢。而且，民眾之中，原本多的就是惰性，容易接受「凡是現實的，就是合理的」，且又自尊而敏感。雖然知道自己落後，有大不如別人之處，不然不會被小小的日本打得落花流水，一敗塗地，最終只能靠割地賠款來了結此事，但心裏想想可以，有人說出來了，便一百個不願意。如果有人進而提出要改革我們的弊政和舊習，學習日本及西方國家的治理經驗，更讓一些人痛心疾首，辜鴻銘就曾用讚賞的口氣寫到傲慢的保守派：「已故皇家大臣徐桐，一位中國式領袖人物和滿洲黨的成員，說道：『要亡麼，要亡得正。』」[35] 更多的人則採取鴕鳥式態度，避之唯恐不及。這時的汪康年，似乎承受着比梁啟超更大的壓力，他的弟弟汪詒年曾指出：「故報紙初出，謗言日至，訶斥百端，殆難忍受。同人書札往還，咸以戒慎恐懼相勖，抑亦鑒於警世駭俗之論，不可以持久，懼其將一蹶而不可復振也。」[36] 寫信給他的人，除了前面提到的梁鼎芬、夏曾佑、吳樵，還有汪大燮、高夢旦、張伯純、葉瀚、裘葆良、鄒代鈞、瞿鴻禨等許多當時的名流，張之洞對《時務報》的態度此時也有了相當大的轉變，他在下發「紅頭文件」要求全省各地書院必須訂閱《時務報》半年之後，又發出一道指示，告知兩湖地區各書院的學生，「上海《時務報》，前

經本督部堂飭發院生閱看，以廣見聞，但其中議論不盡出於一人手筆，純駁未能一致，是在閱者擇善而從。近日惟屠梅君侍御駁《闢韓》書一篇最好，正大謹嚴，與本督部堂意見相合，諸生務須細看，奉為準繩」。[37]

《闢韓》一文的作者是嚴復，最初發表於天津《直報》，文章對韓愈《原道》中的君主專制思想提出批評，倡導民權學說，認為這才是國家富強之道，他明確表示：「國者，斯民之公產也，王侯將相者，通國之公僕隸也。」[38] 其後，嚴復將這篇文章連同《天演論》譯稿都寄給了梁啟超。經梁啟超提議，《時務報》第 23 冊轉載了嚴復《闢韓》一文。結果，「張之洞『見而惡之，謂為洪水猛獸』」，據說，大怒的張之洞自作《駁論》一篇，並以《辨〈闢韓〉書》為題，發表於《時務報》第 30 冊，唯發表時用了屠仁守的名字。[39] 嚴復的這篇文章也引起了正在杭州林啟幕府的高夢旦的擔憂，他在寫給汪康年的信中指出：「《闢韓》一篇，鄙意大不以為然。所論君臣一節，尤不宜說破。變法之事久為人所不喜，內有顧瑗、楊崇伊，外有李秉衡、譚鍾麟，皆以排斥異學為己任。君臣可廢之語，既為人上所不樂聞，則守舊之徒，將持此以譖於上。不獨報館大受其害，即一切自新之機，且由此而窒。」他還進一步解釋道，不是說作者道理講得不對，而是因為，「以中國民智未開，既不足與陳高深之義，君權太重，更不能容無忌諱之言。無益於事，徒為報館之累，且並變法之可言者，亦將不得言矣」。[40]

高夢旦的意見是很有代表性的，他的這番話與前面夏穗卿的那番話沒有什麼不同，都是希望辦報人不要因小失大，重蹈強學會之覆轍。他們這些人，都非保守派，有人後來還成了革命黨，但此時他們都很小心謹慎，都很愛惜《時務報》的前途。說到底，他們是把《時務報》看作自己的報紙了，願意它「兢兢業業為之」，不願它「轟轟烈烈為之」，「一切忌諱須加審慎，非不欲盡言也，慮炸彈之傷我報館也」。[41] 真的炸彈或未必有，但如果有人抓住把柄，上一道奏章，也許比真炸彈還要厲害。但梁啟超並沒把事情看得這麼嚴重，他在給嚴復的回信中就曾表示：「然啟超常持一論，謂凡任天下事者，宜自求為陳勝吳廣，無自求為漢高，則百事可辦。故創

此報之意，亦不過為椎輪，為土階，為天下驅除難，以俟繼起者之發揮光大之。故以為天下古今之人之失言者多矣，吾言雖過當，亦不過居無量數失言之人之一，故每妄發而不自擇也。」[42] 而若干年後，王森然亦持同樣看法：「平心論之，以三十年前思想界之閉塞委靡，非用此種鹵莽疏闊手段，不能烈山澤以關新局，就此點論，先生可謂新思想界之陳涉，豈非豪傑之士哉。雖然國人所責望於先生者，不止此，以其人本身之魄力，及其三十年歷史上所積之資格，實應為我新思想界力圖締造一開國規模。」[43]

事實也是這樣，梁啟超沒有因為朋友們的批評、指責就有所收斂，他的文字依然保持着批判的戰鬥的精神，雖遭人非難，卻並不動搖。汪康年的處境顯然要比梁啟超複雜得多，他曾經做過張之洞的幕賓和兩湖書院的教習，還被張之洞聘為家庭教師，有這樣一層關係，所以，對於張之洞以及張之洞身邊那些朋友的意見，他不僅不能視而不見，還要給予特別的重視。他在《時務報》創刊之初發表的那幾篇文章，已經引起張之洞的不滿，梁鼎芬一再叮囑他，「要在行之以漸，不可孟浪」[44]，「以後文字真要小心」[45]。不久又發生了轉載《闢韓》一事，張之洞這些人更不能容忍，梁鼎芬致信汪康年，毫不客氣地說：「周少璞御史（諱樹模，又字少模，時在兩湖等書院講學）要打民權一萬板，民權屁股危矣哉！痛矣哉！紀香驄（名鉅維，張之洞幕賓）與梁卓如必不干休（南皮諸人皆助紀）。文字將成，必要刻入板中。（此板不刻，必刻他板。）不刻，不復與弟相識。」[46] 這裏所說的刻板，就是要求把他們所作批梁、批嚴的文章，刊載於《時務報》，並且以朋友絕交威脅他。不久，梁啟超在萬木草堂的同學徐勤（君勉）又在《時務報》第 42 期發表了《中國除害議》一文，繼續大談民權，梁鼎芬寫信責備他：「徐文太悍直，詆南皮（張之洞）何以聽之？弟不能無咎也。弟自云不附康，何以至是。」並且擔心他在《時務報》中無權：「徐文專攻南皮，弟何以刻之，豈此亦無權耶？後請格外用心。」[47]

汪康年也感覺很冤枉，葉瀚則寫信勸他「多譯實事，少抒偉論」，而且還說，「大約南皮（張之洞）是鑒於強學前車，恐若斯美舉，再遭中折」，並希望他能體諒「南皮勸阻之意，其情極厚，似亦不可過卻。在弟

為此議，一望兄少為委蛇，無令大局中裂。又望兄多採方論，則病家或一旦發『死馬當活馬醫』之想，事轉有濟，亦不可知。總之，與其決裂於旦夕，不如求全於未然之為得計，而吾黨存心則仍百折不撓，共濟大局」。[48]其實，即便沒有朋友們的苦口婆心，汪康年也完全可以理解張之洞的良苦用心。此後，不僅自己不再作民權民主之議，而且對梁啟超等人的文章也一再橫加指責，甚至妄加修改，搞得梁啟超「竊不自安」。光緒二十三年（1897年）十月，梁啟超離開《時務報》赴湖南講學時，他這個總編輯對報紙已經沒有任何約束力。不僅人事變動不和他商量，而且，他要求發表的文章，甚至「告白」都遲遲不發。他對汪詒年說：「它日若竟是如此，令弟莫知所適從矣！」[49]《黃公度先生年譜》也記載：「汪穰卿為張香濤（張之洞）之僚屬，香濤初予資助，及見《時務報》論議新穎，且有民權民主之議，每授意梁節庵（鼎芬），貽書穰卿，以抑壓之。穰卿至是不敢多言民權，且予梁以干涉。」[50]不僅如此，光緒二十四年（1898年）春，康有為在北京開保國會，張之洞在武昌聽說了，大為驚恐，馬上致電汪康年，告訴他「康開保國會，章程奇謬，聞入會姓名將刻入《時務報》，千萬勿刻」。[51]

▍ 由合作而積怨

很顯然，張之洞猶如梁啟超與汪康年之間的一個楔子。梁啟超與汪康年由融洽到隔閡，由分歧到矛盾，關係越來越緊張，其中很重要的一個原因，就在於夾在中間的張之洞。早年的張之洞是個清流，與李鴻藻、張佩綸一樣，喜歡以儒家教義為準繩，橫議朝政，褒貶人物。中法戰爭中，張佩綸打了敗仗，被革職充軍，其他幾位也分別受到處罰，只有張之洞得以倖免。以後的張之洞不再以清流的面目出現，他希望做一些腳踏實地的工作，來推進中國的改革事業。他不主張像李鴻章那樣，一味地引進外國的軍艦、大炮，但他也有所妥協，提出了著名的「中體西用」的理論。他

願意別人視他為維新黨，所以，強學會在北京、上海成立之時，他都捐了銀子，包括後來的不纏足會、農學會等，他也都有所捐贈，據說累計捐資高達五千兩。《時務報》創刊，就用了上海強學會停辦時剩餘的銀子。但他這個維新黨，用嚴復的話說，並非真正的維新黨，不過是個「有維新之貌，而無維新之心者也」。[52] 他以為，《時務報》既用了他的銀子，就該在他的掌控之中。他最初邀請梁啟超到武昌，盛情款待，除了人人皆有的愛才之心，不能說沒有討好梁啟超，欲將其收為己用的考慮。梁啟超不為所動，張之洞退而求其次，這才利用汪康年，從內部入手，約束、抑制梁啟超的言論。不久，他又在杭州、上海先後創辦了《經世報》和《實學報》，目的就是要和《時務報》相抗衡，抵消《時務報》在讀者中的影響。張元濟當時曾寫信安慰梁啟超，「此皆例有之阻力，執事幸勿為所動也」，並斥責那些假維新黨人：「所恨者，以燭火之微，而亦欲與日月爭明，使為守舊之徒，猶可言也，而偽在此似新之輩。」[53]

在此期間，康有為也成為梁汪交往中越不過去的一道坎。康是梁的老師，梁啟超一直很尊敬他，言必稱其師。康有為主張「尊孔保教」，他在上海創辦《強學報》，甚至用了孔子紀年，引起很多人的不滿和反對。梁啟超則追隨其後，大肆鼓吹，也寫了很多文章，在《覆友人論保教書》中甚至提出成立「保教公會」，認為「居今日而不以報國保教為事者」，一定是不了解大局危亡之故。[54] 黃遵憲與嚴復都是欣賞梁啟超的人，他們都曾力勸他放棄保教的主張。他在《與嚴幼陵先生書》中雖然也為康氏保教之說進行過辯解，認為：「中國今日民智極塞，民情極渙，將欲通之，必先合之。合之之術，必擇眾人目光心力所最趨注者而舉之以為的則可合，既合之矣，然後因而旁及於所舉之的之外以漸而大，則人易信而事易成。譬猶民主，固救時之善圖也。然今日民義未講，則無寧先藉君權以轉移之，彼言教者，其意亦若是而已。」[55] 但他此後畢竟接受了嚴、黃二位先生的意見，逐漸改變了自己的態度，不僅不再宣揚保教，而且反對保教，並因此和老師發生了分歧。

但是，對於康有為，他仍然以為是必須奉為師尊的，而且，康的學

識、人品也是不容詆毀的。汪康年、汪詒年指責他藉《時務報》宣揚康的思想學說，所謂言必稱其師，梁啟超明確告訴他們：「啟超之學，實無一字不出於南海（康有為）。前者變法之議（此雖天下人之公言，然弟之所以得聞此者，實由南海）未能徵引（去年之不引者，以報之未銷耳），已極不安。日為掠美之事，弟其何以為人？弟之為南海門人，天下所共聞矣。若以為見一康字，則隨手丟去也，則見一梁字，其惡之亦當如是矣。聞南海而惡之，亦不過無識之人耳。」[56] 他的意思是說，當初作《變法通議》，沒有說明思想來自康有為，是考慮到報刊的發行，心裏已經很不安了，其實誰不知道梁啟超是康有為的學生，如果說看到康有為的名字，就拒絕讀《時務報》，那麼看到梁啟超的名字不是一樣嗎？早在《時務報》創刊之初，繆荃孫寫信給汪氏兄弟，就認為梁啟超不應將康有為的觀點帶到報紙中來。繆荃孫是固守考據、訓詁的學者，他對康梁的今文學派自然是不能接受的。汪氏兄弟將來信中與梁有關的一段給他看了以後，梁啟超回覆道：「繆小山（繆荃孫）來書，舍弟節其大略來，已閱悉。弟之學派，不為人言所動者，已將十年……自信吾學必行，無取乎此，不徒為人之多言也。」他還嘲笑繆氏：「考據之蠹天下，其效極於今日，吾以為今天下必無人更敢抱此敝帚以自炫者，而不意繆氏猶沾沾然，志得意滿，謂其字字有來歷也。」[57]

他們之間圍繞着康有為而發生的爭執與吵鬧，一直發展到汪、梁公開決裂時，已經不可調和，在《創辦〈時務報〉源委》一文中，梁啟超把積壓多時的憤懣一下子都發泄出來，他質問汪康年：「獨所不解者，穰卿（汪康年）於康先生何怨何仇，而以啟超有嫌之故，遷怒於康先生，日日向花酒場中，專以詆排為事；猶以為未足，又於《時務日報》中，編造謠言，嬉笑怒罵；猶以為未足，又騰書當道，及各省大府，設法構陷之，至誣以不可聽聞之言。夫謗康先生之人亦多矣，誣康先生之言，亦種種色色怪怪奇奇無所不有矣，啟超固不與辯，亦不稍憤；獨怪我穰卿自命維新之人，乃亦同室操戈，落井下石，吾不解其何心也！」[58]

還有一個人，在談及梁啟超與汪康年的關係時，也是不可少的，這

個人就是黃遵憲。黃遵憲與汪康年久有嫌隙，後來幾乎發展到勢不兩立的程度，梁啟超則一直居中調和，想盡可能地維持這個局面。按照梁啟超的說法，黃遵憲的為人，「講條理，主簡易，少應酬，其為人與穰兄性最不近，故每有不以穰為然處」。[59] 那麼，汪康年又是怎樣一個人呢？他的脾性又如何呢？梁啟超說他「應酬太繁」，他有個說法，必須吃花酒，才能「廣通聲氣」，聯絡感情，所以，他每天「常有半日在應酬中，一面吃酒，一面辦事」。[60] 這種做派黃遵憲不僅做不來，而且不肯做。他甚至擔心汪康年日日在上海灘的歌筵舞座中應酬，無暇掌管《時務報》的全局，於是建議讓吳鐵樵來上海，吳主內，汪主外。他還建議汪康年的弟弟汪詒年專門負責校勘和稽查，他並不知道，汪詒年現在所做的，正是他為吳鐵樵準備的職位。他的這種安排很自然地讓汪氏兄弟產生了誤會，他給汪詒年寫信，想盡力消除他們的疑慮，卻由於他在此前一再要求請龍澤厚來上海，而龍澤厚又是梁啟超在萬木草堂的同學，更引起了汪氏兄弟的猜疑和不滿。他們以為，黃遵憲和梁啟超串通一氣，就是想趕他們走。這幾個人本來是有機會坐下談一談的，卻陰錯陽差，沒有談成，讓誤會變成了積怨。

黃遵憲是《時務報》的創辦人之一，他傾注於《時務報》的心血，並不比梁啟超和汪康年少。我們從他寫給汪康年的幾十封信中可以看到，只要是對《時務報》的生存、發展有好處，事無巨細，他都要不厭其煩地叮嚀囑咐一番。他最看重的，還是想給《時務報》館建立一套現代企業管理制度。他從報紙創刊之日起就不斷強調，《時務報》是大家的事業，不是一家一戶的買賣，「既為公眾所鳩之資，既為公眾所設之館，非有畫一定章，不足以垂久遠昭耳目。故館中章程為最要矣。此館章程即是法律，西人所謂立憲政體，謂上下同受治於法律中也。章程不善，可以酌改，斷不可視章程為若有若無之物」。他對汪康年說：「公今日在館恪守章程，公他日苟離館，在公而任此事者，亦必須守此章程，而後能相維相繫自立於不敗之地。憲縱觀東西各國謂政體之善，在乎立法、行政歧分為二。竊意此館當師其意。館中仍聘請鐵喬（樵）總司一切，多言龍積之（澤厚）堪任此事，鐵喬不來，即訪求此人何如？而以公與弟輩為董事，公仍住滬照支

薪水,其任在聯絡館外之友,伺察館中之事,每遇更定章程,公詳言其利弊發其端,而弟熟商參議而決之,似乎較善。」[61] 他的這一套想法,有兩個要點,一個是設董事會,由董事會統領全局,再一個是立法、行政分開,有制定規矩、政策的,有實際操作的。這種制度設計在當時是很超前的,事實上,即使在今天,也仍有很多私人企業做不到這一點。而且,他的這種想法,並非心血來潮,報紙創刊時所定《公啟》之第九款,就有這樣的規定,在他不過是想落實這個規定而已。

但是,黃遵憲這些可能給中國報業制度建設帶來巨大進步的設想,還是被汪氏兄弟深深地誤解了,以為是人事替換的一種藉口,因此對黃遵憲大為不滿,並牽扯到梁啟超,長期以來潛藏在《時務報》內部的各種矛盾,也隨之公開化了,關於當時的情形,梁啟超在《創辦〈時務報〉源委》一文有詳細的描述:

> 以此兩事之故,穰卿深銜公度,在滬日日向同人詆排之。且徧(遍)騰書各省同志,攻擊無所不至,以致各同志中,有生平極敬公度,轉而為極惡公度者。至去年(1897年)八月,公度赴湘任,道經上海,因力持董事之議,幾於翻臉,始勉強依議舉數人。然此後遇事,未嘗一公商如故也。總董雖有虛名,豈能干預汪家產業哉!穰卿常語啟超云:「公度欲以其官稍大,捐錢稍多,而擾我權利,我故抗之,度彼如我何。公度一抗,則莫有毒予者矣。」此言啟超之所熟聞也。自茲以往,正名之論大起,日日自語云:「總理之名不可不正,總理之權利不可不定。」於是東家之架子益出矣。去年一年中,館中凡添請十餘人,時啟超在滬同事也,而所添請之人,未有一次與啟超言及者。雖總辦之尊,東家之闊,亦何至如是乎? [62]

梁啟超的這篇文章,寫在梁、汪二人撕破臉皮之後,固然有感情用事,不及深思熟慮之處,但所言卻是可信的。嚴復曾在《國聞報》發表《〈時務報〉各告白書後》一文,他也認為:「梁君節概士,其言當無不可

信者。」但他同時認為，梁啟超的這篇文章，除了對《汪康年啟事》中「康年創辦《時務報》」一言有所辯駁，指斥他把眾人集資的事業視若自家產業之外，並沒有觸及問題的實質，他說，問題不在於總理是否可以「獨居創辦名」，而在於總理能否以自己的工作證明可以勝任這個職務，「夫總理之名既正矣，總理之權既專矣，則宜視其事之何若」。那麼，汪氏這個總理當得如何呢？嚴復認為，「自梁卓如解館以來，而《時務報》之文劣事懈，書醜紙粗，大不屬於海內之望，如是則總理不勝任也。不勝任則宜自去，丈夫何妨溺死，乃拘遊哉！任事以來，未嘗照章清釐賬目，以塞群責，設有謠諑，其將何以自明」？[63]

《時務報》「黨爭」

如果說嚴復因為與黃、梁過從甚密而有先入為主之嫌的話，那麼，來自陳慶年的記述是不是更能說明汪康年當時的想法和做法呢？陳慶年與汪康年一樣，都是張之洞的幕賓，與梁鼎芬等一班朋友都走得很近，他的戊戌年（1898 年）日記有幾條與此事有關：

> 三月十三日　過訪紀香驄（鉅維），適汪穰卿在座上，少談《時務報》，知今年銷數較上年為少。舊主筆梁卓如（啟超）久在湘中時務學堂為教習之事，不甚作文，近以穰卿添延鄭蘇庵（孝胥）為總主筆，卓如遂與尋釁，恐自此殆將決裂。彼等日言合群，而乃至此，可為發喟也。
>
> 三月十四日　汪穰卿見過，言梁卓如欲藉《時務報》以行康教（康長素〔有為〕為梁師，其學專言孔子改制，極淺陋），積不相能，留書痛詆，勢將告絕。殊非意料所及，可歎也。
>
> 閏三月二十日　聞康長素弟子欲攘奪《時務報》館，以倡康學。黃公度（遵憲）廉訪復約多人，電逐汪穰卿，悍狠已極。梁節庵（梁鼎芬）獨出為魯仲連，電達湘中，詞氣壯厲，其肝膽不可及也。

四月初一日　聞節庵說，黃公度覆電，以路遠不及商量為詞，且誣汪入孫文叛黨，其實公度欲匈挾湘人以行康學，汪始附終離，故群起攘臂。爰發其隱情以覆公度。公度囑陳伯嚴（三立）電覆，謂其徇人言逐汪太急是實，並無欲行康學之事云。[64]

　　到了這個時候，《時務報》的內部之爭，就明顯地帶有「黨爭」的性質了，至少汪康年周圍的一些人是這樣看的。雙方都有些意氣用事，光緒二十四年（1898 年）二月十一日，梁啟超由長沙回到上海治病，馬上給正在湖南的汪康年寫了一封信，提出辭職。該信寫得很像是最後通牒：「一言以蔽之，非兄辭則弟辭，非弟辭則兄辭耳。」他此時有些沉不住氣，話說得就很決絕：「請兄即與諸君子商定下一斷語，或願辭，或不願辭，於二十五前後與弟一電（梅福里梁云云便得），俾弟得自定主意。如兄願辭，弟即接辦。（並非弟用私人阻撓，此間已千辛萬苦求人往接辦，必不用康館人也。）如兄不願辭，弟即告辭，再行設法另辦。此事弟開誠佈公，言盡於斯，兄萬不可作違心之言（但不願辭，即不必辭），在此將就答應，到滬再行翻案。」但他還是希望《時務報》能夠堅持下去，「《時務報》既為天下想望，不能聽其倒敗，故不得不勉強支持」。[65]

　　然而，五月二十九日，御史宋伯魯（芝棟）上《奏改〈時務報〉為官報摺》，據說此摺是康有為代擬的，摺中對《時務報》的工作大加讚賞，「兩年以來，民間風氣大開，通達時務之才漸漸間出，惟《時務報》之功為最多」。但是，由於梁啟超「應陳寶箴之聘為湖南學堂總教習，未遑兼顧，局中辦事人辦理不善，致經費不繼，主筆告退，將就廢歇，良可惋惜」。因此他建議：「將上海《時務報》改為時務官報，責成該舉人（梁啟超）督同向來主筆人等實力辦理。」他還建議：「其官報則移設京都，以上海為分局，皆歸併譯書局中相輔而行。梁啟超仍飭往來京滬，總持其事。」[66]

　　按照康有為的解釋，因為看到汪康年主持《時務報》工作期間，「盡虧鉅款，報日零落，恐其敗也，乃草摺交宋芝棟（伯魯）上之，請飭卓

如專辦報」，[67] 其實是想藉朝廷的威力，將汪康年擠出《時務報》。此事見出康梁的局限和落後。沒想到，皇上當天即明發上諭，請管理大學堂大臣孫家鼐處理此事，「酌核妥議，奏明辦理」。[68] 孫家鼐與翁同龢同為光緒皇帝的老師，他受到中樞大臣們的影響，正想將康有為排擠出京，便利用了這件事。六月初八日，孫家鼐入奏上了《奏遵議上海〈時務報〉改為官報摺》，他不僅請求批准宋伯魯所奏，將《時務報》改為官報，而且擬請康有為赴上海接管《時務報》，督辦此事。為此他找到一個很好的理由：「查梁啟超奉旨辦理譯書事務，現在學堂既開，急待譯書，以供士子講習，若兼辦官報，恐分譯書功課，可否以康有為督辦官報之處，恭請聖裁。」[69]

針對宋伯魯將《時務報》進呈皇帝御覽的建議，孫家鼐借題發揮，他在奏摺中寫道：「僅一處官報得以進呈，尚恐見聞不廣，現在天津、上海、湖北、廣東等處，皆有報館，擬請飭各省督撫，飭下各處報館，凡有報單均呈送都察院一分，大學堂一分，擇其有關時事、無甚背謬者，均一律錄呈御覽，庶幾收兼聽之明，無偏聽之弊。」都是冠冕堂皇的理由，他還乘機告了《時務報》的惡狀：「《時務報》雖有可取，而龐雜猥瑣之談，誇誕虛誣之語，實所不免。今既改為官報，宜令主筆者，慎加選擇，如有顛倒是非，混淆黑白，挾嫌妄議，瀆亂宸聰者，一經查出，主筆者不得辭其咎。」[70]

光緒皇帝當天即頒發上諭，同意了孫家鼐所奏。六月二十二日，孫家鼐再上《遵議籌辦官報事宜摺》，光緒皇帝又於當日頒發諭旨，請派康有為督辦其事。但康有為並不情願做這件事，他一直滯留於京城，不肯出京南下。汪康年則認為事關重大，光緒第二次頒發上諭的第三天，即六月二十四日，汪康年便在《國聞報》發表了《啟事》，不僅聲稱《時務報》為他所創辦，梁啟超只是他聘請的主筆，還決定從七月初一日起將《時務報》改為《昌言報》，並請梁鼎芬為該報總董。七月初一日，黃遵憲五人連署在《國聞報》刊登啟事，聲明《時務報》為黃遵憲、吳德瀟、鄒殿書、汪康年、梁啟超同創於上海，推「汪君駐館辦事，梁君為

主筆」。[71] 七月初六日，梁啟超在《國聞報》刊載《創辦〈時務報〉源委》一文，講述了《時務報》的來龍去脈，以及兩年來報社內部所發生的一系列矛盾糾葛。

其後，圍繞《時務報》的歸屬所發生的各種爭執，事實上已不重要。六月二十一日，《時務報》出了最後一期，第 69 期；七月一日，《昌言報》第 1 期出版，據汪康年所言，該報名稱「謹遵六月初八日據實昌言之諭」，他也承認，除了總董改聘梁鼎芬，《昌言報》「一切體例，均與從前《時務報》一律，翻譯諸人，亦仍其舊」。[72] 所以，過了一個多月，即戊戌政變後的第五天，慈禧便下令關閉了這家報館。在她眼裏，《昌言報》、《時務報》都是一回事，沒什麼區別。然而，嚴復在《〈時務報〉各告白書後》中講了一段話，今天看來，卻仍然值得人們深思。他指出，梁啟超在斥責汪康年的時候，有一個道德制高點，即《時務報》本為公事，卻被汪康年辦成了私事。但是，「奏改公立民報為官報」，是不是為公呢？他說：「然則梁之所謂私者，正吾之所謂公；梁之所謂公者，正吾之所謂私。假使汪氏而私，是亦二私互爭而已。公之名，斷斷非黃、梁二子所得居也。」嚴復的這一番話，不僅獨到、深刻，而且非常公允，他揭示了被康梁所忽略的一個問題，即公眾與公家的區別，按照《時務報》的民辦性質，它是一份公眾的報紙，而絕非一份公家的報紙。康有為所鼓動的改《時務報》為官報，其實是混淆了公眾與公家的概念，搬起石頭砸了自己的腳。這件事對維新人士的傷害是很大的，自從「爭主維新以來，未有若此事之傷心氣短者也」。[73]

第二年，流亡海外的梁啟超在日本與章太炎相遇，在章的撮合下，梁啟超與汪康年恢復了交往，並時有書信往來。據章太炎記述，梁啟超曾經問他，汪康年這個人到底怎麼樣？章回答：「洛、蜀交訌而終不傾入，章、蔡視木居士何如耶？」在這裏，章太炎藉宋朝故事勸慰梁啟超，北宋新舊二黨之爭，神宗去世後，宣仁太皇太后執政，起用舊黨，對新黨進行打擊迫害。同時，舊黨內部矛盾加劇，分裂成朔黨、蜀黨和洛黨。朔黨以劉摯為首，蜀黨以蘇軾為首，洛黨以程頤為首。宣仁死後，哲宗親政，欲

恢復新法，重新啟用章惇等新黨人物，他們便以恢復新法為名報復舊黨。其後，蔡京當政，繼續以變法為名，打擊舊黨。根據這段故事，章太炎指出，洛黨、蜀黨雖有爭執、矛盾，互相還是留有餘地的，並未把事做絕，而章惇、蔡京對異己卻是置之死地而後快。其中「木居士」何所指？或指司馬光、蘇軾之流，也為可知。據說，梁啟超聽了章太炎的這番話，也很思念汪康年。但畢竟是不比從前了。

註釋：

1　《梁啟超年譜長編》，19 頁。

2　《飲冰室合集・文集》之十一，16 頁。

3　《飲冰室合集・專集》之三十九，1 頁。

4　林紓《汪穰卿先生墓誌銘》，見《汪穰卿先生傳記》，5 頁。

5　《清代學術概論》，78 頁。

6　《新學偽經考》，2 頁。

7　《梁啟超年譜長編》，30 頁。

8　《飲冰室合集・專集》之一，113 頁。

9　《梁啟超年譜長編》，37 頁。

10　同上，40 頁。

11　同上，53 頁。

12　《飲冰室合集・文集》之十一，17 頁。

13　《飲冰室合集・集外文》上冊，45 頁。

14　《人境廬詩草箋註》，1215 頁。

15　《飲冰室合集・集外文》上冊，46 頁。

16　《人境廬詩草箋註》，1216 頁。

17　《中國報學史》，103 頁。

18　《飲冰室合集・集外文》上冊，46～47 頁。

19　《戊戌履霜錄》，見《戊戌變法》一，373 頁。

20　《星廬筆記》，37 頁。

21　《追憶梁啟超》，67 頁。

22　《悼梁卓如先生》，見《追憶梁啟超》，115 頁。

23　《陳寅恪先生年譜長編》，38～39 頁。

24　同上，39 頁。

25　《悼梁卓如先生》，見《追憶梁啟超》，115 頁。

26　《勸學篇》，88 頁。

27　《汪穰卿先生傳記》，57 頁。

28　《飲冰室合集・文集》之一，14～17 頁。

29　《嚴復年譜》，82～83 頁。

30　同上，87 頁。

31　《飲冰室合集・文集》之一，106～110 頁。

32　《汪穰卿先生傳記》，55 頁。

33　《汪康年師友書札》二，1899 頁。

34　《汪穰卿先生傳記》，56 頁。

35　《清流傳》，62 頁。

36　《汪穰卿先生傳記》，57 頁。

37　同上，62頁。

38　《嚴復年譜》，76頁。

39　同上，87～88頁。

40　《汪穰卿先生傳記》，58～59頁。

41　同上，61頁。

42　《飲冰室合集・文集》之一，107頁。

43　《近代名家評傳》初集，198～199頁。

44　《戊戌變法》二，644頁。

45　《汪康年師友書札》二，1900頁。

46　同上。

47　同上，1901頁。

48　《汪穰卿先生傳記》，59～60頁。

49　《梁啟超年譜長編》，99頁。

50　《人境廬詩草箋註》，1216頁。

51　《戊戌變法》二，644～645頁。

52　《嚴復年譜》，120頁。

53　《梁啟超年譜長編》，104頁。

54　《飲冰室合集・文集》之三，11頁。

55　《飲冰室合集・文集》之一，110頁。

56　《梁啟超年譜長編》，100頁。

57　同上，59～60頁。

58　《飲冰室合集・集外文》上冊，48頁。

59　《梁啟超年譜長編》，97頁。

60　同上，47頁。

61　《黃遵憲集》下冊，463～464頁。

62　《飲冰室合集・集外文》上冊，47頁。

63　《嚴復年譜》，124頁。

64　《戊戌己亥見聞錄》，見《清廷戊戌朝變記》（外三種），87～93頁。

65　《梁啟超年譜長編》，103～104頁。

66　《戊戌百日誌》，197～200頁。

67　《康南海自編年譜》（外二種），49頁。

68　《戊戌百日誌》，200頁。

69　《戊戌變法》二，432頁。

70　《戊戌百日誌》，230～231頁。

71　《梁啟超年譜長編》，132頁。

72　《汪康年啟事》，見《中國報學史》，111頁。

73　《嚴復年譜》，123頁。

第十一章

血薦軒轅：

梁啟超與唐才常

▶ 唐才常 (1867—1900)

- 1897 年，在陳寶箴、黃遵憲等的支持下，唐才常與譚嗣同等在長沙倡辦時務學堂，並請梁啟超任總教習。協助梁啟超講學。
- 1898 年，戊戌變法失敗，唐才常也隨後前往日本。
- 1899 年，唐才常到上海，組織「正气会」（不久改名「自立会」）。梁啟超遠赴檀香山，創設保皇會分會。二人一在國內謀劃，一在國外運籌，分別為保皇事業靈魂人物。
- 此後，唐才常又在自立會的基礎上組織自立軍。
- 1900 年，唐才常打算在漢口率自立軍起義，因事情敗露被殺。梁啟超也準備到漢口主持起義，因故耽擱，逃過一劫。

　　戊戌政變發生後，梁啟超流亡日本，禮部主事王照與他同行。他們於光緒二十四年（1898 年）九月初二日抵達東京，最初就住在早稻田鶴卷町四十番地高橋琢也家，生活起居悉由日本政府供給。

　　康有為是政變前一天離開北京的，輾轉天津、上海，十四日抵達香港。在這裏，他受到英國前海軍大臣柏麗輝的約見。柏氏慷慨陳詞，在他面前拍了胸脯，並指頭發誓，不惜一死，也要救光緒皇帝。康有為大為感動，稱讚他是「雄才熱血，不可多得之人」。這時，日本駐香港領事上野季次郎也找到康有為，並帶來首相大隈重信的邀請，要他先到日本，並許諾給他以支持和幫助。他的老朋友宮崎寅藏還受日本政府委託，祕密提供兩千金給他做路費。[1] 於是，九月初五日，康有為滿懷着希望，自香港動身，與宮崎寅藏一起前往日本。他抵達東京的時間大約是九月十一日或十二日，先住在麴町區平河台區四丁目三橋旅館，不久又搬到早稻田四十二番的明夷閣。這裏距梁啟超所住高橋琢也家應該不遠。按照他們的想法，日本政府或許可以幫中國一把，使光緒皇帝盡快恢復權力。

廢立皇上

這時，距政變的發生雖僅月餘，梁啟超與康有為卻已歷經生死大限，如今總算脫離險境，但驚魂未定，用康有為的話說：「日日憂君親之亡，哀家族之危，聞捕殺之信。」[2] 逃亡海外的黨人和志士，以及中外媒體的報導，也給他們帶來各種各樣真假難辨互相矛盾的流言和資訊。梁啟超在其所著《戊戌政變記》中就保存了一種說法：「政變之日（八月初六日），北京即有電旨往上海，言皇上已崩，係康有為進紅丸所弒，急速逮捕就地正法云。」[3] 據說，這番話是英國駐上海領事普蘭德親口對康有為說的，但這道諭旨是否真的存在，很多人仍然心存疑問。這天，關於康有為的諭旨確有一條，其內容為：

> 諭軍機大臣等：工部候補主事康有為，結黨營私，莠言亂政，屢經被人參奏，着革職，並其弟康廣仁，均着步軍統領衙門，拏交刑部，按律治罪。[4]

至於光緒，社會上流言更多，梁啟超在同一書中還記載了另一種說法：「初七日，有英國某教士向一內務府御膳茶房某員詢問皇上聖躬安否？某員言，皇上已患失心瘋病，屢欲向外逃走云。」[5] 六君子之一楊銳的女婿蘇繼祖，曾在湖北總督府做張之洞的幕僚，他在《清廷戊戌朝變記》裏記載了八月初六日慈禧初審光緒時的情景：

> 是日太后御便殿，召慶王、端王、軍機御前大臣，跪於案右，皇上跪於案左，設竹杖於座前。疾聲厲色，訊問皇上曰：「天下者，祖宗之天下也，汝何敢任意妄為！諸臣者，皆我多年歷選，留以輔汝，汝何敢任意不用！乃竟敢聽信叛逆蠱惑，變亂典型。何物康有為，能勝於我選之人？康有為之法，能勝於祖宗所立之法？汝何昏聵，不肖乃爾！」[6]

根據他的記載：

> 初七日，太后單訊皇上一次。
> 初八日，又同諸臣質訊一次，若原被告焉。
> 八月初十日，下召醫進京之旨。

在他的記載中，初八日那天：

> 皇上率百官恭賀訓政。太后旨，命皇上拜於階下。禮成，復於便殿召群臣質訊皇上，將所抄皇上書房中及康有為寓中奏章說帖等件，逐條審訊，以諸臣質之。內有楊銳、林旭述上意催康迅速出京之函，太后大怒，問皇上，上不敢認，推楊銳之意。時太后已接北洋袁世凱出首告密之事，追問皇上何意。上只得推康、譚，否則立受廷杖矣。當即飭下步軍統領捕拿張蔭桓、徐致靖及新進諸人，禁皇上於瀛台，將近御各太監看押，另派太監二十名，隨侍皇上，實監禁之。二十名太監，皆太后心腹也。[7]

於是有了初十日召醫進京的諭旨：

> 諭內閣：朕躬自四月以來，屢有不適，調治日久，尚無大效，京外如有精通醫理之人，即着內外臣工，切實保薦候旨，其現在外省者，即日馳送來京，勿稍延緩。[8]

他也提到社會上的流言：

> 此時京中議論洶洶。有太監云：皇上有病，正須靜養，不能接見臣下；當軸大臣有謂皇上因服康藥病甚，又有言上已大行，俟康拿到訊明酖弒逆謀之黨方聲張，恐逆黨逃去也。[9]

儘管這些真假難辨的消息看上去撲朔迷離，但梁啟超還是相信，一向身體健康的光緒此刻已經有了性命之憂。他寫道：

> 自四月以來，召見引見群臣不下數百人，日日辦事，早朝晏罷，聖躬之無病，眾所共見。乃今忽有此詔，蓋西后榮祿等之用意有三端焉：一欲施酖毒，二欲令皇上幽囚抑鬱逼勒而死，三欲藉皇上久病之名，因更立太子，強使禪位也。[10]

　　不唯梁啟超這樣想，其他不信光緒有病的人也有很多。有人問軍機大臣王文韶，皇上的病究竟如何？王文韶說，我天天見皇上，實在不覺得他有什麼病。如果非要說他有病的話，那麼，他的病也只是肝病。因為皇上總是抱怨諸臣貪圖安逸享樂，常厲聲責備，可見其肝火很盛。譚嗣同在光緒召見他時，曾當面詢問其病體如何。光緒說，我向來不曾有病，你怎麼忽然問起我的病體？搞得譚嗣同很惶恐，也很狼狽。惲毓鼎曾在光緒年間擔任宮廷史職長達十九年，他作《崇陵傳信錄》一書，應該是較為可信的。崇陵是光緒的陵墓，書中所記見聞多與光緒有關，其中也提到光緒的身體狀況，在他眼裏，光緒「體氣健實，三十四年無疾病，未嘗一日輟朝，郊廟大祀必親臨，大風雪，無幾微怠容，步穩而速，扈從諸臣常疾趨追隨」。[11]

　　由此看來，關於光緒有病的流言，絕不僅僅是茶餘飯後的八卦談資，而是個包藏禍心的政治陰謀。尤其再將其與廢立的傳聞聯繫起來，陰謀的氣味就更加濃重了。蘇繼祖也注意到一些蛛絲馬跡，他在書中寫道：

> 九十月，有問皇上病者，某大臣曰：「吾料斷無病好之日。」又有問樞臣者曰：「皇上如此囚禁，倘太后千秋萬歲後，再出來，更不好。」曰：「幸病已深，恐非藥石可能奏效。」十月初，有執事太監為其姪娶婦，原定臘月，忽催其媒人改十月底，其親再三問故，乃密曰：「皇上病重，並有傳宗人府近支宗譜，凡十二歲以內，溥字

輩，皆預備太后召見之旨。」當時買小花衣袍者，極多。……懷尚書之罷斥時，其家人已知其不久仍出來，且曰：「一換皇上就好了。」雖小人言語，有由來也。[12]

種種跡象都表明，有人想製造光緒有病的假像，以便在合適的時候，宣佈他病逝的消息或強迫他遜位，而這個人就是慈禧。當時甚至流傳着這樣的說法，據「某西報載述法醫（法國醫生）之言，謂皇上每日飲食中皆雜有硝粉，故病日增」。[13]這位法醫，或許就是英法使臣推薦給榮祿，請求為光緒會診的那位醫生，報上刊載他的話，雖不可全信，卻也不可不信。誰也不敢斷言，慈禧沒有這樣的想法。現在有很多人願意相信戊戌政變是家務事的說法，把光緒與慈禧的矛盾，說成僅僅是母子之間的矛盾，彷彿只有這樣，歷史才更加人性化。還有人為了貶低康梁，故作驚人之語，說慈禧不僅不反對變法，而且是主張變法的，說她「但知權利，絕無政見」[14]只是在爭變法的領導權而已。殊不知，如果忽略了慈禧與光緒在政治身份、政治態度，以及政治遠見等諸多方面的不同，那麼，我們與歷史真相的距離，可能會更加遙遠。梁啟超說：「夫皇上能行改革之事者，有憂國圖強之原點故也，有十年讀書之學識在也。」[15]變法之初，大學士孫家鼐曾提醒光緒，他說：「方今外患殷迫，誠不可不變法，然臣恐變法後，君權從此替矣。」光緒對他說：「吾變法但欲救民耳，苟能救民，君權之替不替何計焉。」[16]試問，慈禧有這樣的見識和胸襟嗎？光緒做過的那些事，她肯做嗎？可以想見，「今西后，則除一身之娛樂，非所計也；除一二嬖宦之言論，無所聞也。彼其前此當國三十年，其成效昭昭可覩矣。使他日而能改革，則彼前者應改革已久矣」。[17]

慈禧既不能擔負改革的歷史重任，她與光緒也不能認為是母子關係。慈禧是穆宗（同治）的母親，但她又是文宗（咸豐）的妃。光緒入繼大統，過繼給文宗，是文宗的後代。按照清代的規矩，凡入嗣者，是不能把妃當作母親的。所以，光緒與慈安太后才是母子關係，與慈禧並非母子關係。就穆宗朝言之，慈禧是太后，到了德宗（光緒）朝，慈禧就不

再是太后了，她只是文宗的遺妃而已。但慈禧是個熱衷於權力的女人，善於用陰謀手段攫取權力。為了獨攬大權，她害死了慈安；穆宗死後，她又通過立幼君的辦法，繼續把朝政抓在手裏。她最怕光緒向她討要皇帝應有的權力，哪怕光緒流露出一點點想法，她都很緊張，都要將其扼殺於萌芽之中。

光緒十六年（1890 年）下詔歸政，佈告天下，可謂光緒皇帝親裁大政之始，卻也是慈禧將他視為眼中釘、肉中刺，無時無刻不欲將其拔除之始。隨着皇帝一年年長大，到了光緒二十年（1894 年）的時候，恰逢中日甲午之戰，皇帝是很想有一點作為的，但他手無寸權，空有抱負。「於是，有御史安維峻抗疏，言太后既已歸政於皇上，則一切政權不宜干預，免掣皇上之肘。西后大怒，立將安維峻革職，遣戍張家口。」[18] 同時，還將瑾妃、珍妃革去妃號，並加以廷杖的處罰；二妃之兄志銳則貶謫於烏里雅蘇台；二妃的老師文廷式也被迫託病出京，僅免於罪。這是光緒與慈禧的第一次較量，雖以光緒失敗而告終，但光緒也表達了自己的態度，他說：「我不能為亡國之君，若不假我權，我寧遜位。」[19] 於是慈禧遂有廢黜光緒而立某親王孫為新皇帝的計劃，只是由於恭親王的反對，入選的某親王孫又「佯狂不願就」，慈禧只好作罷。到了乙未年（1895 年）六月間，光緒聽取翁同龢的意見，將慈禧的兩個親信孫毓汶、徐用儀罷斥，「慈禧大怒，乃將翁同龢革去毓慶宮差事，令其不得與皇上有密談」。不久，又藉口長麟、汪鳴鑾與光緒議論「母子」問題，以「屢進讒言，離間兩宮」的罪名，將他們二人革職查辦，永不敘用。恭親王問起長麟獲罪的原因，「皇上垂涕不答，恭親王伏地痛哭不能止」。以後更有將文廷式革職，逐回原籍以及殺宦官寇連材的事發生。

戊戌年（1898 年）四月二十三日，光緒下《定國是詔》，第四天，慈禧就強迫光緒下詔，將翁同龢革職，開缺回籍；又命在廷臣工蒙慈禧賞項及補授文武一品暨滿漢侍郎均具摺向慈禧謝恩；再命直隸總督王文韶入朝，而以榮祿暫署直隸總督。這三道上諭猶如三條繩索，將光緒手腳緊緊鎖住，「任其跳躍，料其不能逃脫」，但也昭示其「篡廢之謀已伏」，只待

時機一到，光緒便只有束手就擒了。[20] 而袁世凱出首密告，將康有為的「戊戌密謀」和盤托出，更激發了慈禧對光緒的敵意，她厲聲質問光緒：「康有為叛逆，圖謀於我，汝不知乎？」竟嚇得光緒「魂飛齒震，竟不知所對」。[21] 當時，日本《時事新報》刊登了駐北京特派記者發來的專稿，「最能窺見滿洲黨人之用心」，也最能說明光緒的處境：

> 太后欲九月八九日廢立皇上，預約慶端二親王率神機營之兵入宮，發西太后之詔而舉事。而卒不見諸實事者，亦有故也。廢立之謀，自攝政時已定計劃，非猝然而起也。自攝政以來，悉廢皇上之新政，帝黨或刑或放，或革帝之愛妃，亦剝奪其首飾，以今之天時，猶穿單衣，此皆以禁制皇上之自由，而使毫無生趣者也。今傳聞政變以來，宮人咸懷匕首，潛跡宮中，不幸發覺，竟被斬戮者甚多，故太后深憂之。滿洲人之意，以為太后既老，皇上方壯，若太后一旦死，恐皇上復政，不利於己，故不如及太后在時，絕其根也。然彼輩之所恐者，一日廢立，國人必有興師問罪，而外國亦必責問之。故尚猶豫。雖然亦不足為皇上幸也。今託詞皇上有疾，召集名醫，而觀九月三日之病諭，則可為深慮焉。蓋彼輩之意，以為廢病危之帝，而招天下物議，不如俟其自死。今惟設法速其死而已。故皇上今有大病，而求米粥則不得，求雞絲則不得，凡所求食，皆詭詞拒之，故傷其意，而太后置若罔聞，惟數日一招優伶入宮，臨觀取樂而已。或曰，已召濂貝勒之第三子於宮中，將立之云。[22]

康梁保皇

這時，對孤懸於海外的康梁來說，光緒不僅牽動着他們的情感神經，也蘊涵着他們的精神寄託。梁啟超在《清議報》上大聲疾呼：「吾以為海

內臣子，如有念君父之仇者，則宜於今日而興討賊之師也；海外各國，如有恤友邦之難者，則宜於今日而為問罪之舉也。」[23] 在他看來，保光緒，就是保中國；光緒有救，改革就有救，中國就有救。他還記述康有為的話說：「中國危亡如此，今躬遇聖主，安可計較禍患而不救？」[24] 當時，對於如何保全中國，有三種主張：

> 甲說曰：望西后、榮祿、剛毅等他日或能變法，則中國可保全也。
> 乙說曰：望各省督撫有能變法之人，或此輩入政府，則中國可保全也。
> 丙說曰：望民間有革命之軍起，效美、法之國體以獨立，則中國可保全也。

梁啟超逐一駁斥了這三種說法：甲說不可能，乙說亦無望，丙說則時機尚不成熟。他認為，在民智未開，民力不厚之今日，「倡民政於中國，徒取亂耳」，搞不好還會帶來瓜分的危險。「故今日議保全中國，惟有一策，曰尊皇而已」。[25] 所以，康梁此時一定要把保皇乃至勤王作為自己最主要的政治訴求，並以此來號召國人。固然，他們的這種主張說服不了孫中山的革命黨，但在絕大多數國民和海外華僑中，尤其是在知識階層和士紳官吏中，是有廣泛社會基礎的。所以，光緒二十五年（1899 年）六月，當康有為在加拿大的維多利亞港和溫哥華創建保皇會時，真可謂應者雲集。保皇會很快在南、北美洲及澳洲遍地開花，一時號稱有百萬之眾，興中會員多有投奔保皇會者。其勢力之大，即使孫中山亦不敢小覷。「時那拉后與守舊派正謀危光緒，故保皇云者，當時抗那拉氏之謀而言，此保皇會之緣起也。」[26]

康梁既以救光緒為當務之急，那時，他們所能做的，似乎也只有求助於日本政府，如果日本能出面干涉，光緒恢復權力或指日可待。所以，康有為抵達東京的當天，梁啟超就與大隈重信的代表志賀重昂進行

了筆談。這顯然是有意安排的一次談話。筆談中，梁啟超除了向日本政府及大隈重信、犬養毅諸君表示感謝外，更多的是向日方介紹了戊戌變法及政變後的有關情況，並明確表達了「深望貴邦之助我皇上復權」的願望。按照梁啟超的設想，如果日本政府能夠與英、美兩國合謀，仗義干涉，使慈禧歸政於光緒，中國每年可以出五百萬金將慈禧供養起來，並請英、日、美作為監督。為了說服日本政府，梁啟超還一再表示，戊戌政變的發生，將「牽動地球全局」，而日本與中國脣齒相依，「所關尤為重大」。他還說，東方的安危，全在於中國能否自立。中國能夠自立，則日本「受其利」，反之則「受其害」。但是，中國能不能自立，卻「全繫於改革不改革」；而中國的改革能否繼續並最終完成，「又全繫乎皇上之有權無權」。[27]

於是，如何保護光緒皇帝的人身安全並使其盡快恢復權力，就成了那段時間梁啟超最焦慮的問題。不久，梁啟超又作《與日本東邦協會書》，重申他們的主張。該書發表於《東邦協會會報》，而成立於 1891 年的東邦協會，正是日本亞洲主義的大本營，與他筆談的志賀重昂就是其重要成員之一。他在書中繼續發揮其思想邏輯，極言中國改革成敗與日本的利害關係，並敦促日本政府，重視與中國的合作。因為，中日兩國有「同洲同文同種」的先決條件，只有中日聯合，才能抵禦西方國家對亞洲的侵略和瓜分。他提醒日本人注意，俄國、法國、德國已經結盟，他們的目標之一，就是強化俄國在遠東的地位，以牽制英國、美國和日本。而西太后恰恰是親俄派的首領，「惟一意求俄人之保護，甘心為奴隸」，如果西太后一派得了勢，恐怕「亦非日本之利也」；而「哥殺克（哥薩克）之兵隊長驅以入關，蹂躪支那東北，日本能高枕無憂乎？故今日為日本計，支那安則日本安；支那危則日本危；支那亡則日本亦不可問矣」。[28] 然而，防止這一切成為事實的唯一辦法，就是恢復光緒的權力，使他能重新推行新政。

梁啟超的「為日本計」，其實也是為中國計。而數月前剛剛接任日本首相的大隈，竟也持同樣看法。他的「大隈主義」，其思想核心，便是以

種族性作為西方侵略亞洲的根源。在他看來，日本除了聯合中國一起對付西方，別無選擇。因此，他很願意幫助中國的維新派和革命黨。流亡日本的梁啟超、康有為，從一開始就受到日本上層人物的照顧和殷勤接待，不是無緣無故的，大隈重信在其中發揮了重要作用。在此期間，梁啟超還被安排會見了主張民族主義和亞洲主義的代表人物近衞篤麿。在日本，近衞以其精神領袖的顯赫地位，擁有非同尋常的影響力，並有眾多的追隨者。他的名言是：「中國人民的生存決不只是事關他人的福利，它涉及日本人自身的根本利益。」[29] 他既憤慨於中國遭到列強瓜分的現狀，提出「東亞保全論」，主張建立日清同盟；同時，又創建東亞同文書院，其目的也在於反對歐美、俄國主導支配中國。弔詭的是，多年後，他的兒子近衞文麿恰恰根據這一理論，提出了「大東亞共榮圈」的構想，並發動了持續八年之久的全面侵華戰爭和「不惜與英美一戰」的太平洋戰爭。

　　當初，梁啟超與康有為對大隈重信的確抱着很大希望，以為他遲早會履行其承諾。但誰都沒有料到，就在康有為抵達日本的第五天，大隈內閣便倒台了。作為首相，大隈甚至沒有在國會議政壇上站過一次。康梁的希望也因此而落了空。這時，日本政府擔心康有為名氣太大，長期留在日本會有諸多不便，再加上清政府不斷地施加壓力，於是，由近衞出面，向康有為提出了離開日本的建議，並由外務省提供給他一筆祕密經費。轉過年來的二月十一日，康有為過完四十二歲生日，一週後，便在幾十個學生及追隨者的目送下，從橫濱登船，向美國駛去。康氏此行的意圖，在於爭取英美的同情和支持，幫助光緒收回權力。但他不僅沒有得到想要的東西，反而領略了多年來他一直所嚮往的西方議會政治效率低下的一面。失望之餘他作了一首詩，表達自己的無奈之情：

　　　　秦庭空痛哭，晉議自紛紜。
　　　　使者是非亂，盈廷朋黨分。
　　　　陳桓誰得討，武曌亦能君。
　　　　只愁飛禍水，八極起愁雲。[30]

瀏陽志士

外援既不成，他們只能把目光轉向自身。

康梁初到日本時，他們的老朋友，湖南志士唐才常就從上海趕來了。唐才常與譚嗣同是「刎頸交」，多年的摯友，他也是湖南瀏陽人，所以人稱「瀏陽二傑」。政變前的八月初一日那天，他忽然接到譚嗣同發來的急電，催他「速偕同志，來京相助」。據唐才質回憶，譚嗣同進京前曾與哥老會有過接觸，唐才常與會黨更是素有來往。他們曾與會首們相約，挑選數十人，由譚、唐二人指揮，並祕密地培訓他們，以備急用。現在，變法到了關鍵時刻，面對保守派和滿洲貴族的強大壓力，譚嗣同急電唐才常，讓他帶人赴京以助其一臂之力。[31] 袁世凱在《戊戌日記》中也記下了譚嗣同對他說過的話：「我倔有好漢數十人，並電湖南召集好將多人，不日可到。」[32]

不料，形勢發展太快，唐才常剛剛行至漢口，政變已經發生，譚嗣同等六君子喋血菜市口，唐才常聞訊慟哭，並以聯語挽之：

> 與我公別幾許時，忽警電飛來，忍不攜二十年刎頸交同赴泉台，漫贏將去楚孤臣，簫聲鳴咽；近至尊剛十（卅）餘日，被群陰構死，甘永拋四百兆為奴種長埋地獄，只留得扶桑三傑，劍氣摩空。[33]

七十二個字，「至今讀之，猶字字精神活現，淒人心脾」[34]，「其悲憤之意，可以想見」[35]。

譚嗣同戊戌死難，唐才常是準備到北京為他收葬的。行至上海，聽說他的骸骨已經南下，只好作罷。於是，他返回湖南，安排好家務，又直往上海，東渡日本，去見康梁。日本人宗方小太郎光緒二十四年（1898 年）九月十七日的日記，就記載了在康有為處見到唐才常的情形：「與柏原同

至加賀町訪問康有為，湖南（南）學會代表人物唐才常在座。」[36] 這是康有為抵達日本的第五天，唐與康就見了面。九月初八日或初十日，畢永年、羅孝高（普）一起拜訪了梁啟超，不知唐才常是否同行。但唐才常的出現，確實讓康梁眼前一亮，他所言在「湘、粵及長江沿岸各省起兵」之計劃，更讓康梁激動不已。「其眼中之徐敬業，捨唐莫屬」。[37] 馮自由的這個比喻或許帶有揶揄的成分，但是，對康梁來說，唐才常的計劃不僅非常及時，而且是很有吸引力的。他們顯然都參與了這項計劃的討論和完善，按照康有為的說法：「一旦舉事，將引軍直進，略取武昌，沿江東下，攻佔南京，然後移軍北上。」[38] 他希望唐才常早日回國，謀劃此事。

唐才常與康梁的關係自是不同，他在寫給譚嗣同的輓聯中提到「扶桑三傑」，所指應該就是流亡日本的康有為、梁啟超、畢永年。後者也是戊戌年（1898年）積極參與湖南變法，倡導民權的活躍分子，康有為曾想派他入袁世凱軍中，協助其完成「圍頤和園，殺西太后」的任務。但他不相信袁世凱，認為這個人極不可靠，拒絕前往。這時他已看出康有為的計劃有可能失敗，力勸譚嗣同盡早離開北京。譚嗣同沒有接受他的建議，他便自己先跑到日本去了。畢永年對清政府的態度較譚嗣同、唐才常都更激烈，從小便有興漢滅滿之志，即使譚嗣同等在遇到光緒的恩寵，有輔佐其實現改革理想的願望時，他也始終堅持「非我種類，其心必異」[39] 的理念。政變發生後，他得知譚嗣同死難的消息，立刻動手剪了辮子，燒了護照，表示不再承認清政府的統治。後來，他在橫濱遇到孫中山，意氣投合，以為遇見了知音，馬上要求加入興中會。他和唐才常同為丁酉年（1897年）拔貢，唐才常到日本後，他不僅全程陪同，還把唐介紹給孫中山。他們也談到在「湘、粵及長江沿岸各省起兵」的計劃，此時，孫中山正與李紀堂商議發動會黨在粵起義的事，自然對唐的計劃表示極大興趣。於是，唐才常與畢永年便建議孫中山，不如趁此機會，促成興中會與康有為的聯合，以兩黨之力，共同完成這項計劃。孫中山當即表示：「倘康有為能皈依革命真理，廢棄保皇成見，不獨兩黨可以聯合救國，我更可以使各同志奉為首領。」據說，唐才常「聞之大悅」，馬上自告奮勇，要「約梁啟超同向

有為進言」。[40]

　　然而，兩黨聯合一事進行得並不順利。原因是兩邊成見太深，一時很難調和。現在我們所能看到的記述，說到兩黨聯合的，主要是馮自由的《革命逸史》，以及《孫中山年譜長編》與《梁啟超年譜長編》所引述的《中華民國開國前革命史》和日本的某些文獻檔案、個人回憶等材料，其中往往將兩黨不能聯合的責任推給康有為，或說他「驟獲顯要，以帝師自居」，或謂其「自稱身奉清帝衣帶詔，不便與革命黨往還」，或記其所言：「余受恩深重，無論如何不能忘記，惟有鞠躬盡瘁，力謀起兵勤王，脫其禁錮瀛台之厄，其他非余所知，只知冬裘夏葛而已。」[41] 這裏所記康有為的話，或能說明他拒絕與孫中山合作，有他狂傲自大、頑固不化、固執己見的毛病，但他講到對光緒的感情，卻應該是真情流露。《孫中山年譜長編》也看到了這一點，其中講道：「康有為避而不見，乃是因為清帝視先生為大逆不道的叛徒，先生則視清帝為不共戴天之仇敵，康有為想恢復皇上的統治，囿於以往的情義，又擔心受人懷疑，加上他自負心盛，以為能說服日本外相出兵牽制頑固派，挽回其勢力。」[42] 不過，需要指出：康有為與孫中山的差別並沒有表面看去那麼大。第一，康有為的思想中本來便包含着「保中國不保大清」的內容，他與孫中山的不同在於，孫想造反，用武力推翻清王朝的統治，而康想通過自上而下的「自改革」，建立現代的民族國家；第二，他在慈禧政變後提出保皇，絕非一般意義上的保皇帝，而是專指光緒皇帝而言。他們甚至有過改革成功，請光緒擔任大總統的想法，這在梁啟超的《新中國未來記》亦有所表現。

　　說到底，孫、康兩黨在晚清社會仍然屬於少有來往的兩類人，孫黨所依賴的，多為遊民或商人，任俠好義，性情不羈，少年負氣，慷慨激昂是其特點，比較容易接受反滿復漢的主張；康黨卻是個有師承關係的群體，成員主要是萬木草堂和時務學堂的同學、老師，兼有私淑康梁的士子，以及變法維新中的支持者、合作者與同路人，他們或是青年學子，或是官吏士紳，與孫黨之人即使說不上格格不入，也是相當隔膜的。唐才常周旋於兩黨之間，想要說服他們放棄各自的主張，求同存異，建立統一戰線，幾

乎是不可能的。但兩黨都看重他是個人才，有能力，有資源，都想籠絡他。他也只能「腳踩兩隻船」，在兩黨之間虛與委蛇，見康梁則慷慨「勤王」，「清君側」，「請光緒皇帝復辟」；見孫中山就「保種救國」，「決定不認滿洲政府有統治中國之權」，「要把乾坤扭轉來」，「成一新政府」。[43]

然而，唐才常與康梁的關係，自非孫中山所能比。儘管有畢永年居中謀劃，又有所謂保皇會比興中會有錢的說法，但是，我們在談到唐才常與康梁的關係時，還是要看到其中的情感因素與思想的一致性。這是孫中山所不具備的。

▍時務學堂締交誼

梁啟超與唐才常早在湖南時務學堂時期就建立了深厚的友誼。光緒二十三年（1897 年）冬天，梁啟超到長沙講學，譚嗣同把唐才常介紹給梁啟超。《飲冰室詩話》記下了這件事：

> 余識唐瀏陽最晚。乙未（1895 年）秋，與譚瀏陽定交。叩其友，則曰二十年刎頸交，絨丞一人而已，余心識之。丁酉（1897 年）冬講學長沙，譚公乃為余兩人介紹焉。[44]

這裏所說唐瀏陽與絨丞，都指唐才常。絨丞是唐才常的字，又作黻丞，亦字佛塵，自號洴澼子。光緒二十三年，湖南興起改革運動，他表現得十分積極，先與譚嗣同、江標等創辦《湘學報》，並自任總編輯兼史學、時務、交涉三個欄目的編輯和撰稿人，撰寫了很多文章，當時就有人稱讚他「所為文有雄直氣，高潔稍不及譚（嗣同）。兩人少同遊，長同志，訂為生死交，才名亦相伯仲」。[45] 這年八月，江標離任，徐仁鑄被任命為湖南學政，譚嗣同讀邸鈔得到消息，馬上寫信表示祝賀，並向他介紹了湖南新政的情況，特別提到《湘學報》所發揮的巨大作用：

諸新政中，又推《湘學報》之權力為最大。蓋方今急務在興民權，欲興民權在開民智。《湘學報》實巨聲宏，既足以智其民矣，而立論處處注射民權，尤覺難能而可貴。主筆者為同縣唐紱丞拔貢才常，嗣同同學，刎頸交也。其品學才氣，一時無兩。[46]

不久，在陳寶箴、黃遵憲等人的主持下，又辦起時務學堂，以熊希齡為總辦，並以高薪聘請梁啟超、李維格，分別擔任中西文總教習，以譚嗣同、唐才常等為中文教習。那時他們幾乎天天在一起，討論學問，鼓吹革命。一個史無前例的新局面出現在湖南，梁啟超、譚嗣同、唐才常都是開創這新局面的急先鋒。他們一起辦南學會，一起辦《湘報》，很快使湖南氣象為之一新。梁啟超一直很懷念那段日子和那些朋友，二十六年後，他在為《石醉六藏江建霞遺墨》所作書跋中還深情地回憶起那時的情景：

> 余生平所歷，鏤刻於神識中最深者，莫如丁酉戊戌間之在長沙，時義寧陳公（陳寶箴）為撫軍，其子伯嚴（陳三立）隨侍，江建霞（標）、徐研父（仁鑄）先後督學，黃公度（遵憲）陳枲，譚壯飛（嗣同）、熊秉三（希齡）、唐紱丞（才常）以鄉黨之秀左右其間，咸並力一致，以提倡當時所謂新學，而余實承乏講席。[47]

他在這篇書跋中提到了唐才常贈送的一方菊花硯，他說，江標離開湖南時，船就要開了，他來時務學堂與梁啟超告別，碰巧看到了這方石硯，上面有譚嗣同撰寫的銘文：「空華了無真實相，用造莂偈起眾信，任公之研佛塵贈，兩公石交我作證。」江建霞看了譚嗣同的銘文，他說，這段銘文怎麼能讓石工來鐫刻呢？能做這件事的只有我了。我要為此再留一日了此因緣。於是，回到船上，換下官服，連夜奏刀，將銘文鐫刻在石硯上。第二天天將明時才解纜東去。然而，遺憾的是，就是這樣一件寄託着梁、唐、譚、江四人情感的珍貴證物，竟然在戊戌去國之際，

被他遺失了。光緒二十八年（1902年）初，梁啟超創辦《新民叢報》，並開始發表《飲冰室詩話》，寫到第三則的時候，就講到了這方菊花硯：「戊戌去國之際，所藏書籍及著述舊稿悉散佚，顧無甚可留戀，數年來所出入於夢魂者，惟一菊花硯。」更令人傷心的是：「今贈者銘者刻者皆已沒矣，而此硯復飛沉塵海，消息杳然，恐今生未必有合併時也，念之淒咽。」[48]

更有意思的是，這則詩話發表後，引起了遠在廣東鄉下一位朋友的極大興趣，他就是黃遵憲。他在戊戌政變後被逐還鄉，此時與梁啟超剛剛恢復聯繫不久，見他不能忘情於菊花硯，就在這年中秋後給他寫了一封信，信中說：

> 吾有一物能令公長歎，令公傷心，令公下淚，然又能令公移情，令公怡魂，令公釋憾。此物非竹、非木、非書、非畫，然而亦竹、亦木、亦書、亦畫。於人鬼間撫之可以還魂，於仙佛間寶之可以出塵，再歷數十年，可以得千萬人之讚賞，可以博千萬金之價值。僕於近日，既用巨靈擘山之力，具孟子超海之能，《楚辭》送神之曲，緘縢什襲，設賑祖餞，復張長帆，礙疾輪，遣巨舶，載之以行矣！公之見此，其在九月十月之交乎？[49]

不知道梁啟超剛接到這封信時心情如何，但其後來在《飲冰室詩話》中寫道：「余狂喜幾忘寢餐。」尤其是在黃遵憲不願過分吊其胃口，提前將自己補作的銘文拓片寄去之後，梁啟超更加興奮起來，他不僅建議以新的銘文拓本向朋友們徵集詩作，並徵求黃遵憲的意見，甚至想象着遺失的那方石硯有一天能由武昌或京師寄來。

這當然只是一段文人佳話，但透過這段佳話，我們分明感受到了洋溢在這些志同道合者之間那種難以言傳的友情。而這種友情恰恰是在思想的講求磨礪與理想的追求嚮往中建立起來的。

唐才常與康梁

　　唐才常的思想是相當複雜的，也包含着深刻的內在矛盾，但其主導方面，卻與康梁有許多相同或相近之處。他們處在這樣一個時代，內憂外患，時局艱難，瓜分的危險迫在眉睫，而朝中守舊大臣與地方上的頑固士紳，「惟因循苟且，偷一日之安，而不顧其後。其以洋務自重者，徒粉飾夤緣以邀厚糈，於製造學術茫無頭緒。其以清議自許者，惟痛詆西學，目為異類，以自護其時文試帖之短。湘人虛憍（驕）尤甚，輒為大言曰：『夷人特深畏我湖南耳！』及問其所以制敵之策，則曰：『恃我忠義之氣在。』」[50] 他們都是有感情，有血性的年輕士子，現在，國家搞成這個樣子，他們固然不能坐視不管，但「士人不得志於時，無所藉手而奏其效。位卑言高，已干咎戾，矧並無位之可言，其亦不可以已乎」？[51] 儘管如此，他們卻不肯甘休，更不輕言放棄。他與譚嗣同互相激勵，「恆兩人對坐，徹夜不寐，熱血盈腔，苦無藉手，泣數行下」。[52] 那時他們的心情，真是悲憤萬千。特別是甲午一戰，水陸諸軍，潰敗不可收拾，煌煌大國，竟敗於小小的日本，直鬧得割地賠款的地步，而「靜觀朝政，穢濁之氣，充塞天地」，「如再不變法，亦萬無復存之理」，他擔心，「如再拘泥故常，因循不振，虛以聖人之道，自欺欺人，異日求為土耳其、暹羅（即泰國）之苟延殘喘而不得，乃任彼教之橫行中土而無可與抗，則匪惟中原陸沉之憂，而吾千萬年周孔之道，將有不堪設想之日」。[53]

　　這種憂國憂民的情懷，是唐才常最終與康梁走到一起並惺惺相惜的思想基礎。在湖南新舊兩黨鬥爭最激烈的時候，有人誣衊「瀏陽二傑」因為追名逐利而依附於康門，他毅然寫信給老師歐陽中鵠，義正詞嚴地宣稱：「至其拜服南海五體投地，乃因歷次上書，言人所不能言，足愧盡天下之尸位無氣而竊位欺君者，故不覺以當代一人推之。」[54] 說到時務學堂的課程，「只以卓如（梁啟超）勤懇付託，未忍背之」，並非專為那一點「微名微利」。他在另一封致歐陽中鵠的信中更與康梁以讚美之詞：「工部（康有

為）毅然以天下為己任，死生禍福，早已度外置之。卓如汪洋千頃，今之叔度（東漢黃憲，字叔度），外似溫柔，內實剛勁，尤非人所易知。夫子（歐陽中鵠）曾與紹航言云：『天挺異材，五洲僅見』，受業（唐才常）等極歡為知人。」[55]唐才常既以知人、知音、知心自許，可見，他與康梁絕非泛泛之交。雖然馮自由素以貶低康梁為己任，他在寫到唐才常與康梁的關係時，也不得不承認：

> 時才常亦奉康有為命經營勤王軍事，先在上海發起正氣會以為活動機關，繼復以挽救時局為辭，邀請海上名流容閎、嚴復等開國會於張園（又稱味蓴園）。其宣言書有曰：「低頭腥膻，自甘奴隸。」又曰：「君臣之義如何能廢？」（畢）永年以才常為自相矛盾，且違背向日宗旨，特以此相駁詰。才常藉口須恃保皇會款接濟，為權宜計，不得不措辭如是。永年大非之。適楊（鴻鈞）、李（云彪）、辜（天佑）、張（堯卿，以上四人均為哥老會頭目）諸人株守申江，浪用無度，聞才常方面富而多資，遂紛紛向才常報名領款，願為勤王軍效力。永年復力勸才常斷絕與康有為關係，才常堅不肯從。[56]

畢永年與唐才常雖是同年，但他對唐才常並不真懂。馮自由以讚賞的口吻講他：「少讀王船山遺書，隱然有興漢滅滿之志。遇鄉人有稱道胡、曾、左、彭功業者，輒面呵之曰：『吾湘素重氣節，安得有此敗類？』聞者為之色變。」由此也看出他的狂妄和淺薄，後來他之所以與瀏陽二傑「相善」，主要是因為，「譚、唐亦夙具種族觀念，僉謂非推翻異族政府無以救國」。[57]其實，譚、唐都不認為「非推翻異族政府無以救國」，在他們看來，救國的途徑非此一途，更重要的，以為從根本上解決問題，非推翻異族政府所能奏效，關鍵要看有沒有辦法改造這個國家，改造這個社會，改造這一群人。康梁在戊戌以前乃至戊戌之中，確實有過「保中國不保大清」的想法，康梁講素王改制，講春秋三世，講民權民主，其中便隱含着建立新的國家的訴求。而且，他們的理想並非到此為止，他們的終極目

標，是要建立世界大同，這個大同也就是春秋三世的太平之世。所以，梁啟超認為，西方的民主也僅僅達到昇平之世而已，「其以施之天下群則猶未也」。[58] 但是，他相信，「凡世界必由據亂而昇平而太平，故其政也，必先多君而一君而無君」。[59] 譚嗣同的《仁學》，對於這種最高理想，也有明確的表達，以及進一步的發揮。他以儒學、佛學，乃至基督教的原理，推演了康有為《大同書》所提出的平等自由之旨，「主張各國聯成一邦，進而廢除國界，達到天下一家的大同世界」。[60]

至於唐才常，卻更願意談素王改制，他說：「欲治公法，以平一國權力，平萬國權力，誰其信之？雖然，此亦無戾於吾素王也。吾素王以《春秋》為公法，或與當世乖午，而詭其實以有避，五其比，屠其贅，微其詞以有需。或治據亂世之律，治昇平世之律，治太平世之律，紛然殽陳。要其微言閎旨，如重民惡戰，平等平權，以禮儀判夷夏，以天統君，以元統天，與遠近大小若一諸大端，則所以納萬世於大同之準的，與天地相始終。彼西國布衣有能不戾吾素王改制之心者，乃全球之公理，而世界日進文明之朕兆。」[61] 他的這種講法，很容易使人覺得他與康梁有什麼關聯，因為康有為治《公羊》學，著《新學偽經考》、《孔子改制考》，講的就是這一套，藉所謂素王改制，發揮其政治革命、社會改造的思想。唐才常不希望別人誤解他，為此，刻意要把「素王改制」與老師歐陽中鵠聯繫在一起，他作《瀏陽興算記》時強調，早在接觸康梁之前，他已接受素王改制的說法：「先生早即力昌西學，至謂華盛頓為堯、舜、湯、武合為一人，矞然西方之聖者。我中國不欲保種則已，如欲保種，必尊崇西人之實學，而後能終衞吾素王之真教，黃種乃以孳孳於無盡。往者才常偶於應試小文，引用素王改制，即蒙激賞，至貽書獎勵之，亦可知為學宗旨之所在矣。」[62] 這倒也透露了唐才常與康梁之間同氣相求之所以然。

對於新黨的異志，湖南舊黨是看得很準的，他們攻擊新黨之穩、準、狠，一下手便抓住了對皇帝的態度問題。他們是忠君的，而新黨則「專以民權、平等、無父無君之說，為立教宗旨」，「視君父如弁髦」[63]；張之洞亦心如明鏡，何況還有梁鼎芬的嗅覺，《湘學新報》在其創刊《例言》中只

說了一句「或主素王改制」，張之洞馬上出面干涉強令改正。這些都從反面證明，新黨即康黨絕非簡單的保皇黨，與其說康梁保皇，不如說他們保的只是光緒。他們對光緒的情感，既有報知遇之恩的成分，也有士為知己者死的成分，正是光緒，給了他們施展其政治抱負的機會，他們也看到了光緒皇帝「赫然發憤，排群議，冒疑難，以實行變法自強之策」[64]的決心。在此之前，他們所主張的改革是自下而上的，遇到光緒之後，他們可以自上而下推行新政，變法維新了。從這個角度說，他們的所謂保皇、勤王、清君側，說到底，就是要搬掉慈禧這塊絆腳石，將他們的「自改革」進行下去，繼續推進中國走向現代化。

於是，唐才常在見過康梁之後，很快便啟程回國了。按照他們商定的計劃，唐才常先回湖南老家，與哥老會中的朋友取得聯繫，動員他們起兵勤王。將抵家門的時候，在瀏陽境內棖市（今棖沖鎮）這個地方，他被一個姓鄒的鄉紳認了出來，此人是個頑固派，與舊黨是一夥兒的。戊戌政變後，唐才常也是朝廷通緝的罪犯之一，他馬上報了案，並糾集一些人來圍毆之。幸虧這裏離唐家祠堂很近，同族的人聽說了，都跑來救護，唐才常才免除了一場災難，但左額還是被鐵尺擊傷了，在家休養了十幾天才痊癒。這期間，他陸續見到一些老朋友，談起湖南的情況，他們的情緒都很消沉，不敢輕舉妄動。康有為寄予很大希望的南學會及公法學會都已瓦解，唐才常所稱的一萬二千名會員也已不復存在，只有哥老會的人還肯出力。看到這種景象，他也無能為力，只好先行離開，再作打算。大約在己亥年（1899 年）的正月，他不敢再經長沙，乃繞道江西，折往上海。

其後，唐才常往來於上海、香港、南洋之間。同年三月，他接手《亞東時報》，擔任主編，直到第二年庚子三月，起義迫在眉睫，無暇兼顧報紙，他才被迫離開。《亞東時報》是日本人創辦的，光緒二十四年（1898 年）五月在上海出刊，開始為月刊，第六號起改由唐才常主編後，即改出半月刊，每冊約三十頁，並用日、漢兩種文字刊登。該報創刊於戊戌變法的高潮中，對中國的變法維新表現出同情和支持。政變發生後，該報第四號未能準時出版，延期至同年十月初二（11 月 15 日）才問世。在當時中

國出版發行的華文報刊中，它是唯一公開對戊戌六君子表示哀悼的，並對康梁的逃亡表示同情，反對慈禧重新垂簾聽政。這期《亞東時報》還刊出了梁啟超的詩作《去國行》、《六士傳》（即《戊戌六君子傳》），以及日人深山虎太郎的《挽六士》，甚至刊出了孤憤子的《書八月初六日硃諭後》，公開否認慈禧政權。這期《亞東時報》出版時，上海各日報刊出了大字告白，進行宣傳。這些舉動，在當時都為清廷所不能容忍，但此刊為日本人所辦，又在租界發行，上海地方官吏也只能裝聾作啞，不聞不問。《亞東時報》第五號起就在卷首位置開始連載譚嗣同的遺作《仁學》，以後，又陸續發表了《論戊戌政變大有益於支那》、《論黨會》、《大變小變說》、《答客問支那近事》、《論支那嚴治會匪之非》、《支那皇帝宜力疾親政說》以及《論保救大清皇帝會》等一系列文章，這些文章多由唐才常執筆，「大率以開拓民智，闡明公理，革改舊習，以激發其忠君愛國之志氣為宗旨」。[65]

《清議報》：「作維新之喉舌」

比唐才常在上海接管《亞東時報》更早一點，梁啟超在日本橫濱創辦了《清議報》。這兩個人，一人一支筆，一人一張報，聲氣相投，遙相呼應，成為維新派在戊戌政變之後最重要的輿論陣地。

《清議報》創刊於戊戌政變的三個月之後，當年的十一月十一日（1898年12月23日），第一期登台亮相，梁啟超專門為其撰寫了《敍例》。他想起三年前在上海創辦《時務報》時的風光，稱它為「支那革新之萌蘖」；而《清議報》作為它的精神遺產繼承人，其主旨依然是開民智，通聲氣，新政治，倡民權，「為國民之耳目，作維新之喉舌」。把媒體稱為「喉舌」，梁啟超怕是第一人。他在《敍例》中講到《清議報》的宗旨，共有四項：

　　一、維持支那之清議，激發國民之正氣；
　　二、增長支那人之學識；

三、交通支那日本兩國之聲氣，聯其情誼；

四、發明東亞學術以保存亞粹。[66]

《清議報》也是旬刊，十天一期，每逢陰曆的初一、十一、二十一出刊，用連史紙印刷，按線裝書的款式裝訂，每期三十至四十頁，三萬餘字，幾乎就是當年《時務報》的翻版。開辦經費來自三個方面，一是旅日僑商馮鏡如、馮紫珊、林北泉等人的投資，二是梁啟超逃亡時其恩師兼內兄李端棻贈與的「赤金二百兩」，由於起居飲食自有日本政府供給，這筆救命錢遂被他拿出來辦報了，三是其他同志的捐助。

梁啟超是《清議報》的實際負責人，也是最主要的撰稿人。他把精力主要放在辦好這份報紙上，為其撰寫了幾十篇文章和兩部專著，以及《飲冰室自由書》和《汗漫錄》等專欄作品。此時梁啟超的言論，要比辦《時務報》時激烈得多。其文章所涉及的內容，也相當廣泛，絕不像馮自由所斷言的那樣：「出版數月，除歌頌光緒聖德及攻擊西太后、榮祿、袁世凱諸人外，幾無文字。」[67] 馮自由是馮鏡如的兒子，梁啟超剛到日本的時候，馮鏡如帶着兒子前來拜訪，並請梁啟超收下這個學生。後來，父子之間因家事發生齟齬，父親請來老師痛責兒子，並對老師的教育表示不滿，說他「教得好學生」。學生也因此遷怒於老師。不久，廣智書局開辦，編譯東西各國的書籍，馮自由所譯非常草率，而且不忠實於原著。書局中的同事忍無可忍，遂請梁啟超對他提出批評和警告，此人不僅不能接受批評，反而忌恨批評他的老師，反目成仇，投奔了孫中山的興中會。此後他撰文講到梁啟超，多是無端捏造，很少實事求是，其中有黨見，也有個人恩怨。

梁啟超初到日本時，心裏還裝着滿腔憤懣，變法維新大業的夭折，譚嗣同等六君子的慘死，都讓他痛心疾首。他要繼續死難者未竟的事業，為死難者復仇，他作《去國行》，其中有「君恩友仇兩未報，死於賊手毋乃非英雄」，「男兒三十無奇功，誓把區區七尺還天公。不幸則為僧月照，幸則為南洲翁（西鄉隆盛）」之類的詩句，都是其真實情感的自然流露。這

時他的文章，不能沒有保皇、尊皇、勤王，以及反對「廢立」等方面的內容，但這些絕非梁啟超思想的主旨或主流，他並不認為，保皇會的報紙就一定要宣傳保皇。他在《清議報敍例》中講到「聯合同志，共興《清議報》」的目的，就明確地宣稱，「為國民之耳目，作維新之喉舌」[68]，而並非要做「保皇黨的喉舌」。這是他對報紙的一貫看法。

梁啟超是個具有理性自覺的報人，他對報紙的性質、地位、功能、作用，以及如何辦好一份報紙、如何做一個好的報人，都有明確而深刻的認識。可以毫不客氣地說，中國的報紙到了梁啟超這裏才開始發生根本性的變化。他在創辦《時務報》之初，就發表了《論報館有益於國事》一文，闡述他的辦報主張。他開門見山便說：「覘國之強弱，則於其通塞而已。」西方為什麼強？中國為什麼弱？原因在哪裏？他認為，就在於前者通而後者不通。怎樣才能做到上下通呢？唯一的辦法，就是辦報。他發現，無論西方，還是日本，「國家之保護報館，如鳥鬻子；士民之嗜閱報章，如蟻附膻；閱報愈多者，其人愈智；報館愈多者，其國愈強」。所以，他把報紙比作人的耳目喉舌，以為「去塞求通，厥道非一，而報館其導端也。無耳目，無喉舌，是曰廢疾，今夫萬國並立，猶比鄰也，齊州以內，猶同室也。比鄰之事，而吾不知，甚乃同室所為，不相聞問，則有耳目而無耳目；上有所措置，不能喻之民，下有所苦患，不能告之君，則有喉舌而無喉舌。其有助耳目喉舌之用，而起天下之廢疾者，則報館之為也」。[69]

他把報紙分成一人之報、一黨之報、一國之報、世界之報，「以一人或一公司之利益為目的者，一人之報也；以一黨之利益為目的者，一黨之報也；以國民之利益為目的者，一國之報也；以全世界人類之利益為目的者，世界之報也。中國昔雖有一人報，而無一黨報、一國報、世界報，日本今有一人報、一黨報、一國報，而無世界報。若前之《時務報》、《知新報》者，殆脫一人報之範圍，而進入於一黨報之範圍也。敢問《清議報》於此四者中，位置何等乎？曰，在黨報與國報之間」。[70] 他的自我評價應該說是比較得當的，《清議報》不是為保皇而辦的，或者說，保皇只是《清

議報》的訴求之一，梁啟超講到《清議報》的特色，認為表現在四個方面：「一曰倡民權。始終抱定此義，為獨一無二之宗旨。雖說種種方法，開種種門徑，百變而不離其宗。海可枯，石可爛，此義不普及於我國，吾黨弗措也。二曰衍哲理，讀東西諸碩學之書，務衍其學說以輸入於中國，雖不敢自謂有所得，而得寸則貢寸焉，得尺則貢尺焉。《華嚴經》云，未能自度，而先度人，是為菩薩發心。以是為盡國民責任於萬一而已。三曰明朝局。戊戌之政變，乙亥之立嗣，庚子之縱團，其中陰謀毒手，病國殃民，本報發微闡幽，得其真相，指斥權奸，一無假借。四曰厲國恥。務使吾國民知我國在世界上之位置，知東西列強待我國之政策，鑒觀既往，熟察現在，以圖將來。內其國而外諸邦，一以天演學物競天擇優勝劣敗之公例，疾呼而棒喝之，以冀同胞之一悟。此四者，實惟我《清議報》之脈絡，之神髓。一言以蔽之曰，廣民智，振民氣而已。」[71]

在內容方面，《清議報》也有自己的特點。譚嗣同的《仁學》完成於1897年，一直不敢公開發表，《清議報》創刊後，自第二期開始連載，直至全文載完，梁啟超說：「此編之出現於世界，蓋本報為首焉。」[72] 他還以「自由書」為名寫專欄，開宗明義宣稱：「人群之進化，莫要於思想自由、言論自由、出版自由。」[73] 這種見識，不僅在百餘年前是振聾發聵的，即使在今天，人們也還僅限於嚮往和追求。他認為成敗不在一人一事一時，往往前人的失敗，給後人的成功鋪平了道路。所以他說：「吾所謂敗於今而成於後，敗於己而成於人，正謂是也。丈夫以身任天下事，為天下耳，非為身也，但有益於天下，成之何必自我，我必求自我成之，則是為身也，非為天下也。」[74] 他講文明的進步，以為對民眾的啟蒙最重要，「故民智、民力、民德不進者，雖有英仁之君相，行一時之善政，移時而掃地以盡矣」。「故善治國者必先進化其民。非有孟的斯鳩（孟德斯鳩）、盧梭，則法國不能成革命之功，非有亞丹·斯密（亞當·斯密）之徒，則英國不能行平稅之政」。[75] 還有一則講到天賦人權：「民受生於天，天賦之以能力，使之博碩豐大，以遂厥生，於是有民權焉。民權者，君不能奪之臣，父不能奪之子，兄不能奪之弟，夫不能奪之婦。是猶水之於魚，氧氣之於鳥

獸，土壤之於草木，故其在一人，保斯權而不失，是為全天，其在國家，重斯權而不侵，是為順天。」講到天賦人權非憲法所賦予，而且先於政府的權力。因為有了「整齊天下」的需要，民眾才「假之以柄」，「故君相之權，固假之萬民，非自有其權也」。所以說，「官吏者，天下之公僕也」。[76]他甚至主張「破壞主義」，他說：「甚矣，破壞主義之不可以已也。」他還說：「歷觀近世各國之興，未有不先以破壞時代者。」[77]他的這些議論，「雖復東鱗西爪，不見全牛，然其願力所集注，不在形質而在精神，以精銳之筆，說微妙之理，談言微中，聞者足興」。[78]

梁啟超歷數《清議報》的其他內容：「有國家論政治學案，述近世政學大原，養吾人國家思想；有章氏（太炎）儒術新論，詮發教旨，精微獨到；有瓜分危言、亡羊錄、滅國新法論等，陳宇內之大勢，喚東方之頑夢；有少年中國說、呵旁觀者文、過渡時代論等，開文章之新體，激民氣之暗潮；有埃及近世史、揚子江中國財政一斑、社會進化論、支那現勢論等，皆東西名著巨構，可以借鑒；有政治小說、佳人奇遇、經國美談等，以稗官之異才，寫政界之大勢，美人芳草，別有會心，鐵血舌壇，幾多健者，一讀擊節，每移我情，千金國門，誰無同好。若夫雕蟲小技，餘事詩人，則卷末所錄諸章，類皆以詩界革命之神魂，為斯道別闢新土。凡茲諸端，皆我《清議報》之有以特異於群報者。」[79]

這樣一份報紙，在海內外風生水起，自然引起清朝統治者的惶惶不安。光緒二十六年（1900 年）正月十五日的上諭，命令沿海各省督撫，繼續「懸賞購線，嚴密緝拿」康有為和梁啟超，「該逆等狼子野心，仍在沿海一帶，煽誘華民，並開設報館，肆行簧鼓，種種悖逆情形，殊堪髮指。着南北洋、閩、浙、廣東各督撫，再行明白曉諭，不論何項人等，如有能將康有為、梁啟超緝獲送官，驗明實係該犯正身，立即賞銀十萬兩。萬一該逆等早伏天誅，只須呈驗屍身確實無疑，亦即一體給賞……至該逆犯等開設報館，發賣報章，必在華界，但使購閱無人，該逆等自無所施其伎倆，並着該督撫逐處嚴查，如有購閱前項報章者，一體嚴拿懲辦。此外如尚有該逆等從前所著各逆書，並着嚴查銷毀，以伸國法而靖人心」。[80]儘管

清朝政府花費很大氣力圍追堵截，並不能阻擋《清議報》進入內地，由於有日本當局的協助，報紙出版後，則通過日本僑民和租界內的日本洋行，傳送到內地，清政府也無可奈何。

▎ 扶桑辦學

在主持《清議報》的同時，梁啟超又在日本東京辦起一所高等大同學校。在日本辦學的動議，最早出自陳少白。光緒二十三年（1897 年），他在橫濱倡議開辦中國學校，得到僑商鄺汝磐、馮鏡如的回應，決定以中華會館為校址，經費半由會館產業劃出，半由募捐，招收華僑子弟為學生，並打算從國內延聘新學之士為教師。大約是興中會裏能做教師的人才十分匱乏，當鄺、馮二人與孫中山商議時，孫中山推薦了梁啟超，並將學校定名曰中西學校。鄺汝磐拿着孫中山寫的介紹信到上海來見康有為，康以梁啟超方主持《時務報》筆政，建議讓徐勤代往，並派了陳汝成、湯覺頓、陳蔭農輔佐他。康有為一時興起，認為「中西」二字不雅，將校名改為「大同」，並親筆寫下「大同學校」四個字見贈。戊戌政變後，國內許多新式學校紛紛停辦，一些年輕有為的學子求學無門，也找不到其他出路，有人便把目光投向了海外。「橫濱大同學校負笈者蒸蒸日盛，而神戶繼之，新加坡繼之，泗水繼之，域多利（維多利亞港）繼之，其餘籌劃開辦者，各埠回應」。[81] 高等大同學校就是在這個背景下創辦的。一則橫濱大同學校已開辦數年，有不少成績優秀的學生，應該給那些想要繼續深造的學生創造必要的條件；二則神戶、南洋、美洲各埠都相繼開設了華僑子弟學校，一兩年後，他們的畢業生也要有個深造的地方；三則國內新式學校被迫停課，學生的學業如果因此而被荒廢，殊為可惜，應該給他們提供一個完成學業的機會；四則國內有些懷抱遠大志向的青年，自費遊學海外，他們都有國學基礎或其他方面的知識，辦一所專門高等學校也能滿足他們的需求。

東京高等大同學校創辦於己亥年（1899年）七月，得到了華商曾卓軒、鄭席儒的資助。第一批學生來自兩個方面，一是橫濱大同學校的高才生，其中有馮自由、鄭貫一、馮斯欒、曾廣勷、鄭雲漢、張汝智等七人；再有就是前湖南時務學堂的學生，他們是林錫圭、秦力山、范源濂、李群、蔡鍔、周宏業、陳為璜、唐才質、蔡鍾浩、田邦璿、李炳寰，共十一人。梁啟超後來多次回憶起那段經歷：

> 啟超既亡居日本，其弟子李、林、蔡等棄家從之者十有一人，才常亦數數往來，共圖革命。積年餘，舉事於漢口，十一人者先後歸，從才常死者六人焉。啟超亦自美洲馳歸，及上海而事已敗。[82]

他在這裏提到的李，就是李炳寰，林就是林錫圭，又稱林圭，蔡就是蔡松坡，即蔡鍔。提到蔡鍔，梁啟超更易動感情，他在另外一個場合講到與蔡鍔的交往，一直追溯到戊戌變法前在湖南時務學堂講學：

> 蔡公那年才十六歲，是我四十個學生裏頭最小的一個。我們在一塊兒做學問不過半年，卻是人格上早已鎔成一片。到第二年就碰着戊戌之難，我亡命到日本，蔡公和他的同學十幾個人，不知歷盡幾多艱辛，從家裏偷跑出來尋我。據我後來所知道的，他從長沙到了上海的時候，身邊只剩得二百銅錢——即二十個銅子。好容易到日本找着我了。我和我一位在時務學堂同事的朋友唐才常先生，帶着他們十幾個人，租一間兩丈來寬一樓一底的日本房子同住着，我們又一塊兒做學問。做了差不多一年，我們那時候天天摩拳擦掌要革命，唐先生便帶着他們去實行。可憐赤手空拳的一群文弱書生，哪裏會不失敗？我的學生就跟着唐先生死去大半。那時蔡公正替唐先生帶信到湖南，倖免於難。[83]

唐才常的弟弟唐才質的回憶，對於這段經歷也有一些細節上的補充：

我和一些同學離開時務學堂後，打算到湖北繼續學習，但武昌兩湖書院對於時務學堂的退學生，拒不收納，其他的地方也沒有適當的學校可以插足。光緒二十五年夏五月（1899 年 6 月），我同范源濂、蔡艮寅三人，前往上海，考入上海南洋公學。七月間，梁啟超聽說我們來滬，自日本寄函相招，又得到先長兄才常的資助，買輪東渡。到日本後，梁啟超用以前在時務學堂教書的方法，讓我們讀書、寫札記。隨後，時務學堂的學生林圭、李炳寰、田邦璿、蔡鍾浩、周宏業、陳為益、朱茂芸、李渭賢等，都分別冒險經上海而到日本，並我共十一人。梁啟超在東京小石川久堅町，租了三間房屋給我們居住，又延請日人重田講授日語等課，為投考日本學校的準備。[84]

馮自由的《革命逸史》還提到當時他們所讀之書，可以想見這些人的精神狀態：

> 故所取教材多採用英法名儒之自由平等天賦人權諸學說。諸生由是高談革命，各以盧騷（盧梭）、福祿特爾（伏爾泰）、丹唐（丹東）、羅伯斯比爾（羅伯斯庇爾）、華盛頓相期許。[85]

▍梁啟超：善變之豪傑

梁啟超是個有真性情的人，有時候他看上去溫文爾雅，有時候看上去又慷慨激昂。譚嗣同曾說很少有人真正了解梁啟超，他表面上很溫厚，實際上內心很堅韌。常有人說他「善變」，說他「反覆無常」，但是，他的「變」光明磊落，絕不苟且。他寫過一篇短文《善變之豪傑》，很讚賞日本江戶末期思想家、教育家，明治維新的先驅者吉田松蔭的「善變」，稱「其心為一國之獨立起見」，「其方法雖變，然其所以愛國者未嘗變也」。所以

他說:「君子之過也,如日月之食焉,人皆見之,及其更也,人皆仰之。大丈夫行事磊磊落落,行吾心之所志,必求至而後已焉。若夫其方法隨時與境而變,又隨吾腦識之發達而變。百變不離其宗,但有所宗,斯變而非變矣。此乃所以磊磊落落也。」[86] 在另一篇文章中,他講到英國首相、大政治家格蘭斯頓,認為「其所以屢變者,非為一身之功名也,非行一時之詭遇也,實其發自至誠,見有不得不變者存焉」。他又說:「凡任天下大事者,不可無自信力,每處一事,既見得透,自信得過,則出一往無前之勇氣以赴之,經百折不回之耐力以持之,雖千山萬嶽一時崩坼而不以為意,雖怒濤驚瀾驀然號鳴於腳下而不改其容,猛虎舞牙爪而不動,霹靂旋頂上而不驚,一世之俗論,囂囂集矢,而吾之主見如故。」[87] 這其實也是梁啟超自己的寫照。他的善變與他的自信是相輔相成的,他的善變恰恰是他自信的一種表現。

初到日本這段時間,梁啟超的思想一直處在激烈動盪之中,起伏變化很大。究其原因有三,一是政變流血給他的刺激;二是到日本後讀了很多新書;三是結識了很多新朋友。梁啟超是個最沒有成見的人,他辦高等大同學校時,常在一起高談闊論的,不僅有唐才常和昔日時務學堂的學生,還有外校的留學生和北洋官費生,戢元丞、沈翔雲、黎科、金邦平、蔡丞煜、鄭葆丞、張煜全、傅良弼等,那時都是這裏的常客,他們「每至大同學校訪友,恆流連達旦」。[88] 這些人或主張排滿,或持革命論調,難免互相產生一些影響。他又是個很容易被情緒感染的人,豪情滿懷,下筆時談自由、民主、民權、革命自然就多起來,但他不主張排滿,他提出中華民族的概念,視滿、漢、回、蒙、藏等所有民族為一體。他認為,政治改革的重要性超過了改朝換代的重要性,甚至超過了改變國體的重要性,君主之國體也有實行立憲之政體的可能,當時世界各國的實際情形,也是君主立憲政體多於民主立憲政體。對於這個問題的思考,在他也只是萌芽階段,直到與同盟會諸君論戰時才得以完全展開。此時他考慮最多的,還是如何迫使慈禧恢復光緒的權力,攪動清朝權貴政治的一潭死水。他常與唐才常、林圭、秦力山等人商談在長江沿

岸利用會黨起義的計劃,談到很多施行中可能遇到的細節問題。他還與孫中山等多次密商兩黨合作救國之可能性。他的同學中,韓文舉、歐榘甲、張智若、梁子剛等表現得尤為激烈。大家委託梁啟超給康有為寫了一封長信,試圖說服康有為,接受他們的主張。然而,康有為非但沒有被他們說服,反而大為惱火;恰在此時,一直反對與孫中山聯合的徐勤、麥孟華各自給康有為寫了一封信,告梁啟超的狀,「謂卓如(梁啟超)漸入行者(孫中山)圈套,非速設法解救不可」。[89] 當時康有為正在新加坡,得書大怒,立即派葉覺邁攜款赴日,勒令梁啟超馬上赴檀香山辦理保皇會事務,不許拖延。

在此之前,梁啟超似曾有過遠行的打算。他在年初寫給妻子的信中還提到康有為來信希望他能去美洲,因為那裏「人人忠憤,相待極厚,大有可為」。梁啟超還對妻子說:「金山人極仰慕我,過於先生。」[90] 儘管如此,他卻一直沒有成行,直到康有為發出「最後通牒」,他才開始為這次遠行作準備。

離開日本之前,他先送走了唐才常。與唐才常先後回國的,還有與他相約同赴義舉的前時務學堂學生林圭、蔡鍾浩、田邦璿、李炳寰、秦力山等人。林圭還約了幾個意氣相投的朋友同行,如鄂人傅慈祥(成城學校)、粵人黎科(東京帝國大學)、閩人鄭葆成(丞)、燕人蔡丞煜(均肄業東京日華學堂)等,他們都欣然從之。出發那天,梁啟超、沈翔雲、戢元丞等在東京紅葉館設宴為他們餞行,並邀請孫中山、陳少白、平山周及宮崎寅藏參加。席間,大家舉杯,預祝事業成功,大有「風蕭蕭兮易水寒,壯士一去兮不復還」之概。梁啟超還把兩黨合作的話一再提起,表達了他的殷切希望。

梁啟超於「西曆十二月十九日即中曆十一月十七日,始發東京……二十日正午,乘香港丸發橫濱,同人送之於江干者數十人,送之於舟中者十餘人,珍重而別」[91] 臨行前,他將《清議報》等工作移交給麥孟華主持。此一去,直到庚子勤王事敗,經香港、新加坡,赴澳洲,直到 1901 年春才回到日本。

庚子勤王

唐才常抵達上海應該是在十月十九日（11 月 21 日）之前。這一天，據楊天石先生考證，他在上海給日本人宗方小太郎寫了一封信，請他幫助將要赴湖南開展工作的林圭、沈藎和日本人田野橘次。他們此行的目的是要聯絡張之洞，謀取合法身份，以開辦學堂、報館為名，在湖南進行軍事準備。他在信中強調：「此舉頗繫東南大局，至為緊要。」但由於張之洞的關節未能打通，他們無功而返。[92] 田野橘次在回憶錄中提到此事，他說：「惜哉！當時上海有日本愚物三人，竟向予等之計劃直開反對之運動，以阻撓之不使行。」[93] 他這裏所謂「愚物三人」，就是唐才常信中提到的「白巖、荒井、宮阪諸君」，由於他們拒絕在林圭、沈藎與張之洞之間充當仲介，唐才常的這個計劃事實上便夭折了。

於是，庚子年（1900 年）初，唐才常與林圭等人又以田野橘次的名義，開辦了一家東文譯社，名為教授日文，翻譯日籍，實則以此為掩護，暗中繼續進行起義的籌劃和準備，社址就在上海虹口武昌路仁德里五五二號。不久，他又與沈藎、林圭、畢永年等創立正氣會，即自立會之前身，對外則託名東文譯社，以避清政府之耳目，該社社址亦成為正氣會聯絡黨人、策劃革命的祕密機關。唐才常還親自制定《正氣會章程》二十餘條，其宗旨有「務合海內仁人志士，共講愛國忠君之實」，以及「有標榜聲華，及黨同伐異，妄議君父者，請勿列名會籍」等條款，並在其撰寫的《正氣會序》中講了「君臣之義，如何能廢」[94] 這樣的話，引起畢永年、章太炎的不滿和反對。「畢力勸唐斷絕康有為關係，唐利保皇會資，堅不肯從，相與辯論一日夜，失望而去」。[95] 此時二人尚未完全決裂，有記載說，畢永年憤而削髮為僧，當和尚去了。其實他並未走遠，和尚當了沒幾天，又跑回上海，三月十一日（4 月 1 日），唐才常在上海開設富有山堂，畢永年仍被推為副龍頭。

唐才常在國內佈置籌劃之時，梁啟超孤懸海外，也在為籌集經費而

煞費苦心。這次勤王運動是保皇會成立以後所從事的第一件大事,「當時幾乎是全體總動員,規模很大。那時候南海先生駐新加坡主持一切,先生(梁啟超)在檀香山負責籌款,並計劃聯絡各事。當時保皇會總局在澳門,有何穗田、王鏡如、歐榘甲、韓文舉等負責。日本方面有葉覺邁、麥孟華、羅普、麥仲華、黃為之等負責。而在國內從事實際運動方面則有唐才常、狄葆賢主持於滬、漢,梁炳光、張學璟活動於兩粵。此外徐勤奔走於南洋,梁啟田運動於美洲」。[96] 就這種安排而言,看上去確實面面俱到,而實際上,其中的靈魂人物只有兩個,在內則為唐才常,在外便是梁啟超。

梁啟超遠赴檀香山,在康有為看來或許帶有「發配」的性質,但以梁啟超的稟性,他卻顯得興高采烈。抵達檀香山後,迅速在華僑中開展工作,發展保皇會的組織,也搞得轟轟烈烈。但他時刻不能忘懷,備感焦慮的,還是在國內發動起義,勤王救主這件大事。二月十三日,他給康有為寫了一封長信,上來就說:「連上六書,想悉達,未得由彼一賜諭,憤悱不可任。」他在信中匯報了自己加入三合會,並被推為會魁的情況。這樣做的目的,主要是為了與會眾聯絡感情,吸引他們加入保皇會。而最讓他憤慨的,是同門中很多人「無心於大局之事」,他說,「弟子來此七十餘日,寄澳門書六七封,而彼中無一字之答(僅有人代穗田答一書,書中皆閒語),誠為可恨。」他為此而感到焦灼不安:「弟子每一念及南中之事,時時惶惑屏營,不知所措。今海外之人,皆以此大事望我輩,信我輩之必成,而豈知按其實際,曾無一毫把握,將來何以謝天下哉。弟子每思此,輒覺無地自容。今籌款未必能多得幾何矣,如金山之二萬左右,加拿大之一萬左右,地力則已盡矣。此後欲再擴充,恐無幾矣。然彼出此款者,其數雖微,然其望則甚厚,我若做事不成,猶有詞以謝彼,我若無事可做,更何面目復見江東父老乎。」這就是梁啟超所以為梁啟超,情急之下,他主動請纓,要求回香港,「蓋弟子誠見港、澳同門無一可以主持大事之人,弟子雖亦不才,□□□以閱歷稍多,似勝於諸同門。今先生既不能在港,而今日經營內地之事,實為我輩第一着,無人握其樞,則一切皆成幻泡,故弟子欲冒萬死,居此險地,結集此事。」[97]

但是，康有為並沒有同意梁啟超的請求，他甚至沒有給梁啟超回信。一週後，梁啟超再次致信康有為，為他所言「大局之事」進行謀劃。他在信中談到幾個方面的問題：一是匯報檀香山的捐款情況，並提到有可能赴美國紐約籌款；其二，建議借用菲律賓的散勇；其三，建議早日謀劃在港、澳謀一運貨入口，並安排專人負責；四是盡早安排一二人學打電報，並先期安置於電報局；其五，建議辦一張西文報紙，向西方各國宣傳本黨主張；六是提醒康有為，不要輕易說「在外得金幾何，擁兵幾何」，他擔心，「常作大言，與行者（孫中山）何異，徒使人見輕耳」。[98] 在這段時間裏，梁啟超幾乎每週都有寫給康有為的信，他也直接寫信給邱菽園，或《知新報》的同人，以及唐才常等人。二月二十日，他在寫信給康有為的當天，也致信唐才常和狄楚青，向他們匯報在檀香山籌款的情況，並建議他們注意網羅通西語的翻譯人才和會打電報的人，特意提到要聯絡大刀王五。一週後，他再次致信唐才常、狄楚青等三人，對他們的籌劃、佈置感到欣慰，尤其是爭取到淮陽一帶的「鹽梟」首領，人稱「徐老虎」的徐寶山加盟，更是可喜可賀。他很清楚：「今日最急者，只在款項。」[99] 所以，他每信必向大家匯報籌款的情況，以安眾人之心。而他最放心不下的，卻是同黨的敷衍、狹隘和短視，他一再寫信勸誡各地同人，不要拒人於千里之外，「今日欲成大事，萬不可存一同門不同門之界，辦天下之大事，非盡收天下豪傑不可」。[100] 他還說：「大約『闊達大度，開誠佈公』八字，為不二法門。」[101] 他致信黃為之，對「江島人物」的頹唐深表失望，「想來總是志氣不定，脊骨不堅之所致。如此安能任大負重？今日之事，責在我輩，真當每日三省，時時提起，不使有一毫懶散，乃有可成」。[102]

這裏所謂江島人物，指的是一八九九年六月，梁啟超與韓文舉、李敬通、歐榘甲、梁君力、羅伯雅、張智若、梁子剛、陳侶笙、麥仲華、譚柏笙、黃為之等人同結義於日本江之島的金龜樓，據當時裒齒，梁啟超次居第五，其餘諸君便如以上次序。[103] 他們結義的目的，自然是志在救世，而以此表明心跡。所以，他希望每個人都能提起精神，三月六日，他致信葉覺邁、麥孟華，還一再叮囑各位：「望刻刻提起，勿稍懶散，我輩稍鬆勁，

則更無面目復見天下。今日真乃背水陣，真乃八十老翁過危橋，望日日以敬畏之心行之。為一大事出世，念茲在茲，念茲在茲。」[104] 由此可見梁啟超的歷史責任感和博大的愛國情懷。

梁啟超：保皇並非保君主專制

我們很難猜測康有為的真實想法，在梁啟超給他寫過數封信之後，他回覆了一封信，其中講到將要起事的種種安排，梁啟超大受鼓舞，也把自己深思熟慮的想法和盤托出。首先是進軍路線問題，梁啟超主張先取粵，即廣東，他說：「弟子以為未得廣東，而大舉進取，終是險着；洪秀全之事，其前車也。」[105] 在他看來，洪秀全以粵人而不取粵地，是其一大失誤，最終導致了他的失敗。如果不先取粵地，作為根據地，而「以孤軍深入，千里饋糧，前有勁敵，後無老營」，[106] 就沒有必勝的把握。他明確指出：「今日我輩舉義，與秦漢之交，元明之季，諸豪傑全然不同。彼輩制勝之訣，不外流之一字，先取天下而糜爛之者也。……若我輩今日，則豈能如是。無論勤王仁義之師，不應爾爾，即以勢論之，亦所不能，蓋外國必不我許也。」[107] 所以他說：「故最要之着，莫如先開府，與外人交涉，示之以文明之舉動，使其表同情於我，而又必須示以文明之實事，使其信我實有能統治國民之力量，（公法凡能有統治國民之責者，即認為之國家。）然後不惹其干涉。」[108] 他的這種見識是看得很高、很深遠的，不僅保皇黨內部絕無僅有，即使革命黨這邊似也未見，那些打打殺殺，以為革命就是暴動，就是暗殺，就是趕走滿人的革命者，對革命之後建設怎樣一個國家，並無具體的設想，也難有具體的政策和策略，在這些方面，梁啟超略高一籌，他提出了應該注意的若干事項：

> 大軍甫動，即須以西文公文佈告各國，除聲明舉兵大義之外，有最要者數事：一、保護西人身命財產；二、若用兵之地，西人商務因我兵事而虧累者，我新政府必認數公道賠償；三、北京政府舊

借國債以海關作抵者，我新政府所管轄之地有關稅者，即依其稅關所抵之數照舊認還。以上三條，與外國交涉最緊要者。一、將全國之地，盡為通商口岸；二、改正稅則，豁免厘金；三、國內人欲從何教，許其自由，政府不分別相待。以上三條內政，而與西人有關涉者亦當佈告。佈告之事，使人知我為文明舉動，格外另眼相待，所益不少。新憲法雖與西人無涉，亦當佈告，使人重我也。[109]

他還提到光緒。固然，我輩如此千辛萬苦，為什麼呢？為了救皇上。但是，從南方起事，去救皇上，實際上幾乎是不可能的。不要說兵力達不到，即使打到北京，俄國人難保不加以干涉，而英、法亦不能坐視不管，我們能否成功更成為變數。而現時皇上已經嘔血，萬一出現意外，「則主此國者誰乎」？[110] 他顯然是在委婉地提醒康有為，應該考慮新的國家應該選擇怎樣的政體。「先生（康有為）近日深惡痛絕民主政體，然果萬一不諱，則所以處此之道，弟子（梁啟超）亦欲聞之。」[111] 他甚至想到在拿下廣州之後如何處置李鴻章：「得省城不必戕肥賊（李鴻章），但以之為傀儡最妙。此舉有數利：示人以文明舉動，一也；藉勢以寒奸黨之心，二也；西人頗重此人，用之則外交可略得手，三也；易使州縣地方安靜，四也。」[112]

梁啟超是一個很有政治頭腦的人，他清楚，這一次不是簡單的改朝換代，他們不是李自成和張獻忠，新的世界格局也不允許他們成為李自成和張獻忠。那些以為「保皇黨」一定是保君主專制的人，如果了解到梁啟超的這些主張，不知又將作何感想？不過，此時的梁啟超亦無回天之力，他的這些設想、思想，既得不到重視，更得不到落實，也只能說說而已。他們既以民間會黨為主要力量，那麼，被人以「闖、獻」視之或自己走到「闖、獻」的老路上去，是很容易的。事變發生之時，英國之所以放任張之洞在湖北殺人，就是擔心北方的義和團也鬧到南方來。

他還建議康有為親自掌握一支軍隊，到第一線軍營中去。先是康有為在信中徵求他的意見，希望在星洲（新加坡）、澳洲、日本中間選擇一個

地方作為自己的駐紮之地。梁啟超認為，這三個地方都不合適。他說：「自古未有主將不在軍中，而師能用命者，他日能駕馭之，而範我馳驅，皆在此時也。若初時不與之共其苦，而欲成事之後，彼起起者拱手而聽節制，抑亦難矣！且非欲爭此權也，無此權，則無所統一，而將至於僨事也。故弟子之意，即定以某軍為正軍，則先生必當入而親率之，即弟子亦然；或隨先生贊帷幄，或入別軍為應援，要之萬不能置身於軍外也。」[113]

關於起義的時間，梁啟超認為，雖然形勢緊迫，但更要慎重。在覆信給康有為的同一天，他給唐才常和狄楚青也寫了一封信，希望起義發動的日期最好待至七月。不過，到了三月二十一日，他再次致信唐才常和狄楚青，又說若時機迫切，不妨迅速發動，相機行事，不必久待借款。而實際上，保皇會的內部關係始終沒有理順，梁啟超亦感到處處掣肘。甚至直到四月，康有為來信仍然有「或遊澳洲」之語，急得梁啟超只好求助邱菽園，請他「力尼此議」。他對邱說：「弟思中原事，一日百變，數省豪傑皆喁喁待南海指揮，豈可遠行？」[114]

赴湯蹈火自立軍

梁啟超運籌於外，唐才常謀劃於內。正氣會成立不久，因考慮到「正氣」二字含義比較狹隘，於是，改名為自立會。當時入會的人很多，聲息相通，影響所及，東至蘇浙，北至河陝，西南至巴蜀、兩粵，紛紛響應，踴躍加入。其中以拒絕科舉的青年士子為主，特別是戊戌政變前各地所辦新式學堂的學生，這些人都抱有一種進取的勇氣。如果有辦法能救國救民，他們可以赴湯蹈火，絕不顧惜。另有一些入會之人，原為各地所辦各種學會的會員，其中士紳頗多，現在亦轉身加入自立會。五月間，北方義和團運動興起，形勢嚴峻，而機會亦屬難得，為了更廣泛地聯絡維新志士，加快籌劃起義的進程，他又發起倡議，設立「國會」，並於七月初一日（7月26日）正式召開「國會」於上海的張園。孫仲愚《日益齋日記》記述這次開會的情形甚詳：

七月一日，是日海上同志八十餘人大會於愚園（應為上海張園）之南新廳，群以次列坐北向，浩吾權充主席，宣讀今日聯會之意：一、不認通匪矯詔之偽政府；二、聯絡外交；三、平內亂；四、保全中國自主；五、推廣支那未來之文明進化。定名曰中國議會。令大眾以為然者舉手，舉手者過半議遂定。乃投票公舉正副會長，令人各以小紙自書心中所欲舉之正副姓名，交書記者，書記收齊點數。凡舉正會長以舉容純甫為最多，計四十二人；舉副會長以嚴又（幼）陵為最多，計十五人。於是容、嚴二公入座。容公向大眾宣講宗旨，聲如洪鐘。在會人意氣奮發，鼓掌雷動。[115]

此後，唐才常又組織了自立軍，「擬先組織五軍，分中、前、後、左、右各軍，以湖北為中軍，安徽為前軍，湖南為後軍，河南為左軍，江西為右軍。以唐才常總持各軍事宜，林錫圭副之。其各軍分文事、武事兩部，文事以文人主之，武事以江湖豪傑主之」。[116]根據湖廣總督張之洞、湖北巡撫於蔭霖、湖南巡撫俞廉三的奏報，「當時自立軍之聲勢，沿江沿海各省皆有組織，以武昌、漢口、漢陽為總匯，如襄陽、樊城、棗陽、隨州、應山、監利、沙洋、麻城、嘉魚、崇陽、巴東、長樂，湖南之長沙、岳州、常德、澧州，河南之信陽，安徽之大通，四川之巫山……上游則達於四川，下游則達於江西，南則達於湖南，北則達於河南，此僅據已經起義及已為清吏破獲者而言。至於江蘇、浙江以及廣西，或已聯絡軍界，或已藉名團練，及總匯失敗，遂隱忍未發者尚多」。[117]

自立軍中，會黨的勢力最大，因為保皇會在海外雖號稱百萬，但在內地，其影響僅限於士紳和青年士子之間，所以，要舉事，不能不借用會黨的勢力。多年後，狄楚青在梁啟超五月十日寫給他的信後，寫下一段按語：

按長江一帶，自蜀至蘇數千里，其中只哥老會一種，已不下數十萬人。會名不一，山名不一，每會有一票，票上有□□山，正龍

頭□□，副龍頭□，下方其宗旨下，或八字或四字或兩字，語句多不通，有曰滅洋者，有曰殺盡洋鬼者，其宗旨實則排外，與義和團相等。於是吾人以狀告任公，任公深以其票旨為慮，謂如果殺戮外人者，將有亡國之禍，囑專以改其宗旨為第一要圖。於是不能不以票易票，票既多，票名亦多，固不止富有一種也。且其票上形式亦不易改，一切仿其舊，但專改其宗旨，所以亦有□□山，亦有正龍頭□□，副龍頭□□也。然庚子北方鬧得如此，而南方不殺一外人者，實皆賴此宗旨之既改也。此事全屬任公（梁啟超）之力，當以加入英法戰團事同一偉跡。[118]

由此可見，改用富有票除了要整合各個會黨的力量，實現統一指揮，再有一點便是要改變其宗旨，不能以排外相號召，李宣龔在光緒二十八年（1902 年）四月九日寫給丁在君（文江）的信裏提到他和狄楚青的一次談話，就談到當日改用富有票的原因，只是「不得已用富有二字，為扶清滅洋之交換品，此外並無其他之新意義」。[119] 即便如此，沒有人能夠保證外國人不在關鍵時刻出賣他們。事實上，英國人在下決心放棄唐才常這塊籌碼時，唐才常還蒙在鼓裏。於是，當張之洞準備動手時，漢口的英領事立刻簽字放行，使得張之洞可以暢通無阻地進入英租界抓人。

當時正值北方鬧義和團，慈禧太后不滿於各國對廢立之事橫加干涉，下詔對各國宣戰。不久，各國聯軍便攻陷天津，直逼北京，朝廷陷於一片混亂之中。林圭認為機會難得，催促唐才常速來漢口主持大局，乘時發難。唐才常遂於七月初自上海啟程，乘船直抵漢口，就住在漢口英租界泉隆巷的李順德堂。最初他還寄希望於幾個日本人能說服張之洞，在自立軍的擁護下宣佈兩湖獨立。但張之洞始而猶豫，繼而準備對唐才常下手。唐才常則「與林圭諸同志密議，定於七月十五日，武昌、漢口、漢陽同時舉義。並約定各處自立軍，克期發難，近者趣（趨）三鎮為接應，遠者則遙為聲援。部署既定，而海外之款不至，不得已一再展期。時長江沿岸戒

嚴，信使不得達，秦力山在大通，未得軍報，遂於十五日舉事，以無應援而敗，秦僅以身免」。[120]

這時，武漢的風聲也一日緊似一日，張之洞已經偵知唐才常所為是要據武昌而獨立，他決定先發制人，將其一網打盡，以絕後患。而唐才常還在猶豫不決，舉義的日期一變再變，從七月二十五日，又推遲到七月二十九日，沒想到，二十七日這天，他們請同街的一位理髮匠前來理髮，言談之中，泄露了祕密，竟被這個理髮匠告發。「張之洞聞報，即照會租界各國領事，於二十八日清晨派兵圍搜英租界李順德堂及寶順里自立軍機關部與輪船碼頭等處，先後逮捕唐、林及李炳寰、田邦璿、瞿河清、向聯升、王天曙、傅慈祥、黎科、黃自福、鄭葆晟（丞）、蔡丞煜、李虎生（李炳寰，疑重）及日本人甲斐靖等二十人」。[121]

唐才常等人在被捕的當天夜裏即被殺害。據說他在臨難時作了一首詩，只有兩句保留下來：

七尺微軀酬故友，一腔熱血濺荒邱。[122]

故友即譚嗣同。這時，梁啟超已從檀香山繞道東京回到香港，因為沒有說服康有為，他決定自己投身軍中。他準備乘船前往上海，轉道武漢，恰逢船上一人喪命，被懷疑為瘟疫，船被扣留檢查，進行消毒，耽誤了時間，到上海的第二天，忽然得到了漢口失敗的噩耗，冥冥之中躲過了張之洞武漢殺人之一劫。

關於自立軍起義失敗的教訓，事後有很多說法，比較著名的是說海外匯款遲遲不到，延誤了時機，最終使事情敗露；事實上還有其他原因，比如佈置得不夠周密；唐才常與張之洞的矛盾；甚至有一種說法是，康有為幾次催促，唐才常心情激憤，以一死塞責耳。而《日益齋日記》所言，似乎是個更重要的原因：「（八月）十七日，祖荔軒（孫多鑫）、蔭庭（孫多森）談及漢口之役，相與太息，謂新黨即欲舉事，宜俟東南腹地土匪遍起，官

軍不暇兼顧,乃藉團練為名,掃除一土,漸擴充其權力,如是或能保衞一隅,立自主之國,未可知也。今者南部大吏,方與外聯和同之約,鎮衞長江一帶,而土民又無蠢動者,新黨竟先為禍首,亂太平之局⋯⋯故英領事有公文致鄂督云:南方有所謂大刀會、哥老會、維新黨諸種,皆與北方團匪相彷彿,有為亂者,即速逮捕,敝國決不保護。」[123] 這似乎只能說是旁觀者言。

註釋：

1　《康南海自編年譜》(外二種)，66 頁。
2　同上，67 頁。
3　《飲冰室合集‧專集》之一，64 頁。
4　《戊戌變法》二，99 頁。
5　《飲冰室合集‧專集》之一，65 頁。
6　《戊戌變法》一，346 頁。
7　同上，347～348 頁。
8　《戊戌變法》二，100 頁。
9　《戊戌變法》一，348 頁。
10　《飲冰室合集‧專集》之一，65～
　　66 頁。
11　《戊戌變法》一，474 頁。
12　同上，351～352 頁。
13　《飲冰室合集‧專集》之一，66 頁。
14　《德宗遺事》，見《陶廬老人隨年錄
　　南屋述聞》(外一種)，166 頁。
15　《飲冰室合集‧集外文》下冊，
　　1195 頁。
16　《飲冰室合集‧專集》之一，156～
　　157 頁。
17　《飲冰室合集‧集外文》下冊，
　　1195 頁。
18　《飲冰室合集‧專集》之一，58～
　　59 頁。
19　同上，147 頁。
20　同上，57～67 頁。
21　《戊戌變法》一，347 頁。
22　《飲冰室合集‧專集》之一，67 頁。
23　《飲冰室合集‧集外文》下冊，
　　1189 頁。
24　同上，1193 頁。
25　同上，1198～1199 頁。
26　《南海康先生年譜續編》，72 頁。
27　《梁啟超年譜長編》，159 頁。
28　《飲冰室合集‧集外文》上冊，51～
　　55 頁。

29　轉引自《劍橋中國晚清史》下卷，
　　424 頁。
30　《康南海自編年譜》(外二種)，72 頁。
31　《戊戌軍機四章京合譜》，218 頁。
32　《戊戌變法》一，551 頁。
33　《唐才常集》，273 頁。
34　《飲冰室詩話》，15 頁。
35　《唐才常集》，273 頁。
36　轉引自《尋求歷史的謎底》，44 頁。
37　《革命逸史》下冊，1024 頁。
38　轉引自《尋求歷史的謎底》，44 頁。
39　《唐才常集》，198 頁。
40　《革命逸史》上冊，64 頁。
41　同上，46～47 頁。
42　《梁啟超年譜長編》，165 頁。
43　《唐才常集》，2 頁。
44　《飲冰室詩話》，15 頁。
45　《戊戌變法》四，90 頁。
46　《譚嗣同全集》，270 頁。
47　《飲冰室合集‧文集》之四十四
　　(下)，31 頁。
48　《飲冰室詩話》，2 頁。
49　《黃遵憲集》，496～497 頁。
50　《唐才常集》，227～228 頁。
51　同上，229 頁。
52　同上，158 頁。
53　同上，228～229 頁。
54　同上，238 頁。
55　同上，239 頁。
56　《革命逸史》上冊，64 頁。
57　同上，63 頁。
58　《飲冰室合集‧文集》之二，4 頁。
59　《飲冰室合集‧文集》之一，108 頁。
60　《譚嗣同年譜》，93 頁。
61　《唐才常集》，156～157 頁。
62　同上，159 頁。

63 《蘇輿集》，177 頁。

64 《飲冰室合集・專集》之一，1 頁。

65 《自立會史料集》，223～224 頁。

66 《飲冰室合集・文集》之三，30～
31 頁。

67 《革命逸史》上冊，56 頁。

68 《飲冰室合集・文集》之三，30 頁。

69 《飲冰室合集・文集》之一，100～
101 頁。

70 《飲冰室合集・文集》之六，57 頁。

71 同上，54 頁。

72 《飲冰室合集・文集》之六，54 頁。

73 《飲冰室合集・專集》之二，1 頁。

74 同上，2～3 頁。

75 同上，9 頁。

76 同上，12 頁。

77 同上，25 頁。

78 《飲冰室合集・文集》之六，54 頁。

79 同上，54～55 頁。

80 《戊戌變法》二，117 頁。

81 《梁啟超年譜長編》，183 頁。

82 《清代學術概論》，85 頁。

83 《飲冰室合集・文集》之三十九，
87～88 頁。

84 《湖南歷史資料》1958 年第 3 期，唐
才質《唐才常與時務學堂》，引自《梁
啟超年譜長編》，186～187 頁。

85 《革命逸史》上冊，62～63 頁。

86 《飲冰室合集・專集》之二，27～
28 頁。

87 同上，4 頁。

88 《革命逸史》上冊，63 頁。

89 《梁啟超年譜長編》，181 頁。

90 同上，177 頁。

91 《飲冰室合集・專集》之二十二，186～
187 頁。

92 《尋求歷史的謎底》，43～46 頁。

93 《自立會史料集》，207 頁。

94 《唐才常集》，197～198 頁。

95 《自立會史料集》，13 頁。

96 《梁啟超年譜長編》，198～199 頁。

97 同上，199～200 頁。

98 同上，205 頁。

99 同上，208 頁。

100 同上，210 頁。

101 同上，207 頁。

102 同上，212 頁。

103 《十二人江之島結義考》，見《梁啟超
年譜長編》，180 頁。

104 同上，215 頁。

105 同上，216 頁。

106 同上。

107 同上，216～217 頁。

108 同上，217 頁。

109 同上，220～221 頁。

110 同上，221 頁。

111 同上。

112 同上，220 頁。

113 同上，218 頁。

114 同上，240 頁。

115 同上，243 頁。

116 《自立會史料集》，34 頁。

117 同上，35～36 頁。

118 《梁啟超年譜長編》，246 頁。

119 同上。

120 《唐才常烈士年譜》，《唐才常集》，
278 頁。

121 《自立會史料集》，19 頁。

122 同上，265 頁。

123 《梁啟超年譜長編》，247 頁。

第
十
二
章

近世雙雄

：

梁啟超與
孫中山

▶ 孫中山（1866—1925）

- 1898 年，戊戌變法失敗後，梁啟超到日本，曾與孫中山會面，商討合作事宜。但因改良與革命的主張不同，未能合作。
- 1900 年，梁啟超赴檀香山創辦保皇會分會，與孫的革命黨形成競爭。最後勢成水火。
- 1925 年，孫中山逝世，梁前往弔唁。

梁啟超與孫中山是近現代中國歷史中的兩個核心人物，他們二人的交互作用，開創了二十世紀以來中國的歷史，儘管辛亥年武昌起義第一槍打響之際，他們都沒在國內，沒在現場。

▌孫中山與康有為為何沒能結交

孫中山，人稱國父，被認為是中華民國的締造者。

梁啟超，長期以來一直被認為是維新派、保皇黨、立憲派的代表，其實，他的主要功績在於啟蒙，在於新的知識的傳播，他是近現代中國思想啟蒙的先行者。

胡適在 1912 年 11 月 10 日的日記中曾經寫下一段話：「閱時報，知梁任公歸國，京津人士都歡迎之，讀之深歎公道之尚在人心也。梁任公為吾國革命第一大功臣，其功在革新吾國之思想界。十五年來，吾國人士所以稍知民族思想主義及世界大勢者，皆梁氏之賜，此百喙所不能誣也。去年武漢革命，所以能一舉而全國回應者，民族思想政治思想入人已深，故勢如破竹耳。使無梁氏之筆，雖有百十孫中山、黃克強（興），

豈能成功如此之速耶！近人詩『文字收功日，全球革命時』，此二語惟梁氏可以當之無愧。」[1] 這是有代表性的說法，近來已被越來越多的人所認同。

孫中山生於同治五年（1866年），比梁啟超大六歲，比康有為小九歲。他的祖籍廣東省香山縣翠亨村，距梁啟超的祖籍新會縣茶坑村只有百十公里，與康有為的祖籍南海縣銀塘鄉相隔也不算太遠。光緒二十年（1894年）初，二十八歲的孫中山託朋友帶話給三十七歲的康有為，希望和他結交。這時，孫中山正在廣州雙門底聖教書樓掛牌行醫，距離康有為講學的萬木草堂很近。但是，「康謂孫某如欲訂交，宜先具門生帖拜師乃可」，馮自由作《革命逸史》，對此感到憤憤不平，於是說：「總理（孫中山）以康有為妄自尊大，卒不往見」[2] 但據孫中山早期戰友，「四大寇」之一的陳少白回憶，他們並非「卒不往見」，而是登門拜訪，沒有見着，他說：「我想到那年的春天，我和孫先生特地到廣州去找他，到他那廣府學宮裏面教學的萬木草堂，剛巧他還沒有開學，沒有見着。」[3]

沒有見着是有可能的，因為這一年的二月，康有為與幾個學生，如梁啟超等人，已到達北京，參加甲午年的會試去了。如果孫中山真如馮自由所描述的那樣，「以康有為妄自尊大」，那麼，倒顯出孫中山有一點自卑感。康有為固然有妄自尊大的時候，但在孫中山面前似乎還用不着。雖說孫中山當時已經搞出了一點動靜，周圍也有了一些擁戴他的人，但康有為要他「先具門生帖拜師」，也還算客氣。康有為官宦出身，書香門第，又剛剛在鄉試中折桂，中了舉人，排名第八，幾年前在京城上萬言書，請求變法，也讓他大大地出了風頭，正是他非常得意的時候，對孫中山這個「四大寇」之一寇，又能如何呢？二月十八日梁啟超致信汪康年，曾提到孫中山，他說：

　　孫某，非哥（指哥老會）中人，度略通西學，憤嫉時變之流，其徒皆粵人之商於南洋、亞美及前之出洋學生，他省甚少。聞香帥幕中，有一梁姓者，亦其徒也。蓋訪之。然弟度其人之無能為也。[4]

這應該也是康有為的看法。他們不大看得起孫中山，倒並非僅對其人，更多的還在於不能認同他的做法，所謂「無能為」，就是覺得他不會有太大的作為。這時的康梁，特別是康有為，還是寄厚望於朝廷能自上而下進行改革。八月二十四日，留在北京的梁啟超致信因腳傷提前南歸的康有為，向他匯報在北京活動的情況，其中提到林奎（字慧儒，新會人，萬木草堂學生），對孫中山頗有好感：「慧儒極稱孫，某固亦疑之，曼宣（麥仲華）亦謂其人不足言也。此皆由未嘗見人，動為所懾，其在此間亦然，凡時流與之相見者，皆退而輕薄之。」[5] 他希望康有為對林奎的做法提出批評。這一年，孫中山上書李鴻章，被拒絕後，憤而出走海外，重遊檀香山，創立興中會，以「驅除韃虜，恢復中國，創立合眾政府」相號召。[6]

光緒二十一年（1895 年），康有為與梁啟超再次入京參加會試，行至上海，這一次他們見到了孫中山派往上海向鄭觀應尋求幫助的陳少白。那天，他們都住在洋涇浜的全安客棧，陳少白聽說康梁就住在隔壁，遂往見之。這一次，「康莊重接見，正襟危坐，儀容肅然。少白向之痛言清朝政治日壞，非推翻改造，決不足以挽救危局。康首肯者再，且介紹梁啟超相見，談論頗歡」。[7] 看得出來，在這裏，康梁既沒有妄自尊大，拒而不見，也沒有表示更多的意見，而只有禮貌和客氣。這時，孫中山正忙着籌劃廣州起義，他在廣州開辦農學會以為掩護，並分頭聯絡廣州周圍的民團和會黨參加。根據馮自由的記載，孫中山當時也曾邀請康有為和他的學生陳千秋等人加入，但康有為置之不理，雖然「陳頗有意，以格於師命而止」。[8] 事實上，康有為這一年大部分時間都在北京，從公車上書到開辦強學會，引起一班保守派官僚的嫉恨而彈劾，八月二十九日，他為躲避風頭，在朋友的勸說下離開北京，經天津，遊山海關，到陝西，拜見陝撫魏午莊（光燾），再到上海，入江寧（南京），勸說張之洞在上海開辦強學會，直到十二月才因母親做壽回到廣東。此時，孫中山原定於重陽節的起義，由於內部不和，爭名逐利，起義尚未發動，有人已將起義計劃泄露給廣東巡撫，使起義不曾發動便歸於失敗，孫中山與陳少白等人亦逃往日本，開始

了他們的流亡生涯。

　　光緒二十二年（1896年）正月初九日，陳錦濤與中國駐澳洲領事梁瀾芬（維新黨人）等人在香港品芳酒樓設宴，興中會的謝纘泰在此與康有為的弟弟康廣仁相見，他一再陳述兩黨合作之必要。這是兩派人物第一次正式會面，康廣仁答應把他的意見轉告康有為。此時，康有為已回萬木草堂重開講座，梁啟超則尚在北京，由於京滬兩地強學會同時被查封，他們正忙於在上海籌辦新的報紙。而孫中山正在檀香山籌款，祕密籌劃下一輪的行動。有記載表明，直到八月底，康有為才在香港與謝纘泰見了面，但所談似乎仍為應酬，不得要領。康廣仁後來向謝纘泰解釋說，康有為並非忠心扶滿，只是想用和平方式救國，張之洞等人都很贊成他的主張，所以不便與革命黨人接近。這一次康有為去香港，後至澳門，都是康廣仁陪伴的。到了十月間，梁啟超回廣東省親，也來到香港、澳門。在此期間，謝纘泰是否見過梁啟超，不得而知，但他對康廣仁把兩黨「上層」人士召集起來開個會的建議，並未表示反對。而此時的康梁，對謝纘泰乃至楊衢雲，似乎也頗有好感，楊、謝並不反對他們「和平」革命的主張。

　　這一年的八月，孫中山自美國紐約啟程赴英國倫敦，不久便在倫敦蒙難。然而，對他來說，這未必是一件壞事。正是在這裏，他作為一個大名鼎鼎的人物被推向世界舞台。此時康有為對孫中山或許仍有保留，但梁啟超卻已經有所不同。孫中山倫敦蒙難的消息傳到國內，梁啟超正在上海主持《時務報》，他在該報第21冊及第27冊分兩次刊登了譯自外電的《論孫逸仙事》。光緒二十三年（1897年）三月的一天，正在《時務報》擔任撰述的章太炎，與梁啟超談起孫中山，他問梁啟超：「孫逸仙何如人？」梁啟超告訴他：「此人蓄志傾覆滿洲政府。」章太炎聽了，「心甚壯之」。[9]若干年後，章太炎回憶起當時的情形還說：「是時上海報載廣東人孫文於英國倫敦為中國公使捕獲，英相為之擔保釋放，余因詢孫於梁氏，梁曰：『孫氏主張革命，陳勝、吳廣流也。』余曰：『果主張革命，則不必論其人才之優劣也。』」[10]由此可見，在梁啟超的心目中，孫中山有被輕視的一

面，這或許源於傳統士大夫的優越感；但如果考慮到他也曾自詡為「新思想界之陳涉」的話，那麼，他把孫中山比作陳勝、吳廣，顯然又有欽佩他的一面。

梁啟超傾慕孫中山，欲與之聯合

事實上，從一開始，在孫與康梁的關係中，孫這方面就表現得比較主動，而康總是不以為然，缺少誠意。至於梁啟超，初期則顯得有些矜持，到日本後，態度為之大變，由傾慕而發展到謀求聯合。這是因為，在戊戌政變前，梁啟超對清政府的「自改革」尚未絕望，對孫中山反滿興漢那一套主張，也還有所保留。再從根本上說，梁啟超終其一生一直致力於思想啟蒙，以為可以通過開啟民智，進而實現以「憲政」為標誌的政治革命；孫中山則更希望用炸彈和烈士的鮮血驚醒國人，完成他的民族革命，建立民國。他們也許會殊途同歸，但他們走的卻不是一條路。不過，在最初的那幾年裏，孫中山為了尋找更多的同盟者，嘗試與各種勢力攜手合作，不可能忽視康梁的存在。特別是在他越來越意識到宣傳、教育對革命事業相當重要之後，更不能視康梁為可有可無。不必諱言，康梁在當時是最有影響力的，代表着新的社會力量的意見領袖。所以，當旅日華僑鄺汝磐、馮鏡如等人於丁酉年（1897年）發起創辦橫濱華僑子弟學校，希望從國內聘請教員，與孫中山商議時，孫中山推薦了梁啟超，他說：「興中會員從事於教育界者絕少，而康有為則講學二十年，徒侶廣眾，中山既與康同任國事，則辦學延師自不能不假助於康也。」這段記述出自馮自由的《革命逸史》，其父馮鏡如是發起創辦該校的幾位僑商之一，孫中山是他父親的老朋友，橫濱華僑子弟學校即大同學校。開學後，他曾作為第一批學生入校讀書。這樣看來，他的這段記述還是有些根據的，他繼續寫道：「鄺持中山介紹函赴上海，謁康於旅次，康以梁啟超方任《時務報》記者，薦徐勤為代，並助以陳默庵、陳蔭農、湯覺頓。且謂中西二字不雅，更為易名大

同，親書大同學校四字門額為贈。」[11] 陳少白也在《興中會革命史要》中講到此事，他說：「覺得學校既然沒有教員，就想起梁啟超來⋯⋯我就寫了一封信，交橫濱學校的董事，請他們派人拿着這封信到上海去見梁啟超，託他代為聘請教員⋯⋯校董派了兩個專員，攜着我的介紹信，到了上海，果然請得三個教員，一個徐勤，一個林奎，一個陳蔭農。」[12] 兩段記述，略有異同，大約孫中山的信是寫給康有為的，指明要聘梁啟超，而陳少白的信是寫給梁啟超的，請他代為延聘。不過，梁啟超的大女兒梁令嫻後來不認為康有為曾經推薦過梁啟超。而按照何擎一的記述，孫中山似乎也沒有參與過此事，他說：「日本橫濱華僑設學，倡議於光緒丁酉夏秋間，冬月鄺君汝磐至滬聘徐君君勉為教員，不聞孫氏所薦，設學之議不聞發起於孫氏。」[13] 但《知新報》第 40 冊（光緒二十三年十一月二十一日出版）刊出了梁啟超所作《日本橫濱中國大同學校緣起》一文，說明他是知道並參與了此事的。他未能赴日講學，應該與《時務報》是否需要他無關，事實上，冬天到來之前，他已離開《時務報》，應聘於湖南時務學堂，到長沙去了。他的行蹤，康有為不會不知道。

不過，康有為的謹慎、小心是有道理的。儘管康梁在與孫中山的接觸、交往中，一直不是很主動，也不很積極，但麻煩還是找上門來。光緒二十四年（1898 年）閏三月初五日，北京的汪大燮寫信給上海的汪康年，講到一件事，他說：「昨日菊生（張元濟）來言，譯署接裕朗西（裕庚）函，言孫文久未離日本，在日本開中西大同學校，專與《時務報》館諸人通。近以辦事不公，諸商出錢者頗不悅服等語，即日由總辦帶內回邸堂云云。當即往見樵（張蔭桓），言獄不可興。樵頗深明此意，惟謂：『長、卓二人在此設堂開講，頗為東海（許應騤）所不悅，有舉劾之意。而譯署有東海，弟設以此言告之，即增其文料。如果發作，則兩邸皆舊黨，雖瓶公（翁同龢）不能遏，無論樵矣。』此時兩公能為掩飾計，但又慮朗西歸來，直燃之恭（恭親王），亦甚足慮。此間已密囑長、卓諸人弗再張惶⋯⋯」[14]

汪大燮是汪康年的堂兄，也是康梁的朋友。他是光緒十五年（1889 年）的舉人，一直在京城做官，消息非常靈通。這裏似乎有一點小誤會，

徐勤等人確是康有為的學生，這沒有問題，但他們並非「《時務報》館諸人」。如果說孫中山曾「與《時務報》館諸人通」的話，那麼，這個人只能是汪康年。去年年底，汪康年訪問日本，是與孫中山見過面的，這種事自然瞞不過駐日公使的耳目。但裕庚或許並不清楚其中的關係，他只能從《時務報》聯想到梁啟超，從梁啟超聯想到康有為，於是得出康梁結交革命黨的結論。如果此時他將這件事匯報給恭親王，而且，譯署的確有人想要「興風作浪」[15]，那麼，康梁可能等不到八月政變就死於非命了。當時，處於風口浪尖上的康梁，正因為保國會風波承受着巨大的壓力，有人說他們「保中國不保大清」，許應騤一班守舊官僚早就想參奏他們了。試想，這樣的猛料如果落在許應騤的手裏，局面將會怎樣？畢竟，暗通革命黨不是一般的罪名，梁啟超埋怨汪康年私會孫中山，也是可以理解的。因為，他們的本意並不想與孫中山走得很近，他們甚至從未想過要拉孫中山一起參與改革，現在卻由於汪康年的不檢點，影響到變法的大業，甚至還有殺頭的危險，所以梁啟超致電黃遵憲，有「容甫（汪康年）東遊，牽動大局，速派人接辦報事」之語。

這裏不排除汪、梁的矛盾和糾紛的原因，但汪康年在日本會見孫中山，肯定是康梁不能接受的。事實上，汪康年東遊日本之前，曾致信梁啟超與其相商，梁啟超當時就明確表示反對：「兄自往則弟以為不可，不可輕於一擲也。」[16] 事後，徐勤也曾致信韓樹園，責備汪康年「東見行者（孫中山），大壞《時務報》館名聲，欲公度、卓如速致書都中士大夫，表明此事為公一人之事，非《時務報》館之事」。[17] 不管怎麼說，這件事既已發生，危險就在眼前，最緊張的肯定是康梁，而不會是汪康年。汪大燮說，「康、梁終日不安，到處瞎奔」[18]，應是實情，他們處在漩渦的核心，不可能心靜如水。他主張「此事宜靜不宜亂」[19] 也是對的，此時的康梁，不能不有所收斂，真鬧到恭親王或慈禧那裏，不僅翁同龢救不了他們，怕是光緒也救不了他們。作為汪康年的堂兄，汪大燮自然更擔心這種危險會波及汪康年，乃至他自己，所以，他一面給汪康年通風報信，要他早作準備，並提醒他，康梁有可能要將此事「歸咎於弟」[20]；另一方

面，他也積極活動，疏通關係，大事化小，小事化了，「當即往見樵，言獄不可興」[21]。

　　儘管在戊戌政變之後，監察御史楊崇伊在給朝廷的奏章中，依然把康有為稱為「孫文羽翼」，認為「康梁避跡，必依孫文」，實際上，到了海外的康有為，在與孫中山打交道時仍顯得十分謹慎。他到達東京的第二天，孫中山請陪同康有為來日本的宮崎滔天（寅藏）介紹他與康有為會晤，被康有為拒絕了。為此，宮崎感到很惋惜，不僅為他們二人惋惜，也為中國惋惜。他在《三十三年之夢》中寫道：「孫先生之所以要見康，並非在主義方針上有如何相同之處，而只是對他當前的處境深表同情，意在會面一慰他亡命異鄉之意，這實在是古道熱腸，一片真誠。而康先生之避而不見也自有其理由。蓋從清帝看來，孫先生為大逆不道的叛徒，懸賞而欲得其首級，孫先生之視清帝，亦不啻是不共戴天之仇，伺機想一蹴而推翻他。而康先生雖然中道挫折，亡命異國，但依然夢想挽回大局，恢復皇上的統治，自己作一個幕後的人，以立空前的大功。因此，無論從以往的情義上，從怕受人懷疑這個利害的觀點上，不願會見孫先生是無可厚非的。」

　　宮崎滔天還說：「同時，康先生心中尚懷有另一個夢想，可能也是他不願接近孫先生的一個原因。那就是他的自負心。他心中暗自有所期待，以為以自己的地位一定會說服（外務）大臣同情自己，允許派兵牽制守舊派，以便挽回自己的勢力的。這種自負心是由信賴心產生的，這是過於相信自己。而這種過信自己的反作用，就變成失望和怨恨，這也是人類自然的道理。大隈伯爵得以迴避此事，且能把聲望維持到今天的原因，可以說受內閣瓦解之惠最大。（大隈）內閣既已瓦解，（山縣）內閣組織以後，對康先生的態度非常冷淡。因此他們愈發傾心於（大隈）伯爵。然而伯爵現在已非當權之人，不能再談回天大業了。過了不久，以前待康先生以上賓的我國人士，對他的為人逐漸感到厭膩而疏遠了。這可能是因為康先生不無缺點，但是，我國人易喜易厭的老毛病也是個主要原因。」他甚至為康有為辯解：「作為個人來說，康有為本沒有什麼了不起。度量似乎亦狹

隘，見識既不豐富，經驗也不足。然而，他以一介草莽書生，受到皇上的知遇，卻是事實；說動皇上，喚起他改良中國的決心，也是事實；而且輔佐皇上，頒佈變法自強的上諭，也是事實；因而震撼了四百餘州，也是事實；使李鴻章一時在清廷中失去威力，也是事實。雖然不幸一敗塗地，一切計劃都歸泡影，但是，事實終究是事實，而且這些事實，是進取的，改良的，也是確實。僅從這一點上，我便認為李（鴻章）渺小而康偉大。因為他志在挽回國家大局，其名譽心也是為此而動。世人認為康渺小，只是因為不了解中國的現狀，以及不知道比較判斷的分寸。」[22] 都說宮崎是孫中山的革命摯友，就這番話而言，說他是康有為的知己也不為過，怕是很多中國的歷史學者，對康有為也未必能有這樣的見識。

對康有為來說，知遇之恩成了一道跨不過去的坎兒；對梁啟超來說，這道坎兒輕而易舉就邁過去了。到日本後，梁啟超有一種可以為所欲為，暢所欲言的感覺，以前約束他、鉗制他的舊勢力，無論是有形的，還是無形的，現在都奈何不了他了。而譚嗣同等人拋灑的熱血，更激發起他的鬥志，他不再遮遮掩掩，也不必欲言又止，他開始言革命，言破壞，言民權，言自由，他大聲疾呼：

> 今日之中國，積數千年之沉痼，合四百兆之痼疾，盤踞膏肓，命在旦夕者也。非去其病，則一切調攝滋補榮衛之術，皆無所用。故破壞之藥，遂稱為今日第一要件，遂成為今日第一美德。[23]

這正是梁啟超傾慕孫中山，並試圖與其聯合的思想基礎。孫、梁二人第一次會面應該就在這一年的十二月。康有為託故不見孫中山一事，被日本憲政黨魁犬養毅聽說了，他擔心中國新黨中這兩派人因此而產生隔閡，就約了孫中山、陳少白、康有為、梁啟超四人同到早稻田寓所會談。屆時，除康有為以外，其他人都到了。梁啟超解釋說，康有為有事不能來，特派他為代表。這是他第一次見到孫中山。與陳少白，卻是第二次相見。有犬養毅的殷勤招待，他們三人談得非常投機。犬養毅陪坐到三更後，回

房休息。他們三人，繼續討論，徹夜長談，各抒己見，陳說合作之利，直到第二天天大亮方散去。據說，「梁啟超對先生（孫中山）言論異常傾倒，大有相見恨晚之慨」[24]，答應回去與康有為商量，再來答覆。

過了幾天，陳少白與孫中山商量說，康有為既然派了梁啟超來同我們會面，我們也應該回訪他才是啊。陳少白就約了日本朋友平山周同往。到了康有為的住處，在門前碰到了徐君勉（勤）。陳對徐說明來意，徐說，很不巧，康先生今天有些頭痛，不能見客。陳便要和平山周返回去。湊巧梁啟超從後面出來，看到陳與平山周，便要請他們進去。陳說，君勉剛說你先生病了，不能見客。梁啟超說，並無其事，請進來吧。一面招呼他們到客廳，一面又進去請了康有為出來。不久，康有為果然出來和陳少白見了面。這也表明，在康有為這邊，在與孫中山接觸這件事上，梁啟超比其他人都要積極得多。

康有為自光緒二十五年（1899 年）春天離開日本，赴加拿大。梁啟超擺脫了老師的約束，與孫中山的接觸也就不再避嫌。他們你來我往，越來越打得火熱。據蔣百里的姪子蔣復璁回憶：「嘗聞梁令嫻女士稱，其先君在日本次年（1899 年），中山先生曾多次往訪，二人大談革命。一日令嫻女士在隔室中聞孫梁二先生高聲辯論革命之道，以為二人爭吵，急趨探視，見其父來回度於室中，孫先生則倚牀而坐，各敘所見，狀至融洽。」[25]梁啟超也在《雜答某報》一文中提到他們在這一年的七月間，在橫濱的吉亭相晤，夜半三更，擁被長談。那時他們談到革命的手段，以及土地國有等問題，梁啟超稱讚孫中山的主張，「頗有合於古者井田之意，且與社會主義之本旨不謬」。[26]

這期間，梁啟超與楊衢雲也曾有過接觸，似乎是經馮鏡如介紹的，他們第一次在橫濱的文經商店會晤，時間是己亥年（1899 年）四月二十八日。幾天後，楊衢雲便將會談情況函告謝纘泰：「他勸告我努力繼續做好我們黨的工作，而他將努力繼續做好他們黨的工作。現在他還不願意同我們合作。」[27] 據說，「謝初於運動兩黨聯合事，極為熱心，嗣聞楊言，始意氣蕭索」。[28] 但是，梁啟超並沒有放棄努力，他把自己的朋友，像章太炎、

唐才常、周孝懷（善培）等，都介紹給孫中山。章太炎戊戌政變之後去了台灣，這時，應梁啟超之邀，東渡日本，先後便寄寓在橫濱的《清議報》館及東京梁啟超家。六月初一日，梁啟超約他去見孫中山。據馮自由講：「梁引章同訪孫總理、陳少白，相與談論救國大計，極為相得。」[29] 但他記憶有誤，此時，陳少白並不在場，三月間，他已離開日本，前往香港，籌款辦報去了。章太炎在給汪康年的信中也提到了這次會面，他說：「興公（孫中山）亦在橫濱，自署中山樵，嘗一見之，聆其議論，謂不瓜分不足以恢復，斯言即浴血之意，可謂卓識。惜其人閃爍不恆，非有實際，蓋不能為張角、王仙芝者也。」[30] 當時，他們討論的問題很不少，據馮自由回憶，孫中山「在己亥庚子年間（1899—1900）與章太炎、梁啟超及留東學界之餘等聚談時，恆以我國古今之社會問題及土地問題為資料，如三代之井田，王莽之王田與禁奴，王安石之青苗，洪秀全之公倉，均在討論之列。其對於歐美之經濟學說，最服膺美人亨利佐治之單稅論。是為土地公有論之一派。總理以為此種方法最適宜於我國社會經濟之改革，故倡導惟恐不力」。[31]

這時，在維新派內部，因為與革命黨的聯合問題，也發生了兩種意見。在日本的梁啟超，「及同門梁子剛、韓文舉、歐榘甲、羅伯雅、張智若等與總理往還日密，每星期必有二三日相約聚談，咸主張革命排滿論調，非常激烈」。[32] 馮自由講到當時的情形：「孫總理以梁等漸傾心革命，遂有聯合兩黨進行革命之計劃。旅日康徒半贊成之。兩黨有志者協議公推孫總理為兩黨合併後之會長，梁為副會長。梁語總理曰，如此則置康先生於何地？總理對曰，弟子為會長，為之師者，其地位豈不更尊！梁悅服。於是由梁草擬一《上南海先生書》，文長數千言，略謂『國事敗壞至此，非庶政公開，改造共和政體，不能挽救危局。今上賢明，舉國共悉，將來革命成功之日，倘民心愛戴，亦可舉為總統。吾師春秋已高，大可息影林泉，自娛晚景。啟超等自當繼往開來，以報師恩』等語。署名者同門十三人。書去後，各地康徒為之譁然，指此十三人為叛逆，呼之曰十三太保。是歲秋啟超至香港嘗訪陳少白，殷殷談兩黨合併事，並推陳及徐勤起草聯

合章程。徐陽為贊成，而陰實反對，因與麥孟華各馳函新加坡，向康有為告變，謂卓如漸入行者圈套，非速設法解救不可。康有為初得十三人勸退書，已怒不可遏，及得徐麥二人函，乃立派葉覺邁攜款赴日，勒令啟超即往檀香山辦理保皇會事務，不許稽延。復令歐榘甲赴美國任三藩市《文興報》主筆。康門徒侶向視其師如帝天，及得康有為答書嚴詞申斥，不准所請。復因梁歐二人先後被逼離日，此十三人之團體遂無形消滅，而孫康合作之局亦隨而瓦解矣。」[33]

馮自由的記述並不準確，在這段時間裏，梁啟超並未去過香港。不過，此時的梁啟超，其言論卻更加激烈，其行動也越發積極。我們看他發表在《清議報》上的文章，就知道他那時的毫無顧忌。他的《自由書》、《少年中國說》，都見於那個時候的《清議報》。他告訴我們：「造成今日之老大中國者，則中國老朽之冤業也；制出將來之少年中國者，則中國少年之責任也。」他又說：「故今日之責任，不在他人，而全在我少年。少年智則國智，少年富則國富，少年強則國強，少年獨立則國獨立，少年自由則國自由，少年進步則國進步，少年勝於歐洲則國勝於歐洲，少年雄於地球則國雄於地球。」[34]

這段話便出自他的名篇《少年中國說》，他把年輕一代意氣風發，熱血沸騰的精神風貌生動地描述出來，那又何嘗不是梁啟超自己的心情。他積極地投身於行動之中。七月，他在橫濱提議設立華人商業會議所，雖說它存在的時間並不長，到八月底就宣告解散了，但它卻是梁啟超一手操辦起來的，當時便有人說，「該所為梁啟超一派把持」，並在華商中分為「梁啟超派」和「孫逸仙派」[35]，但就梁啟超而言，不過是想通過商會這種形式，對海外民眾進行民主、自治的普及和訓練。他的《商會議》一文，開宗明義就說：「商會者何？欲採泰西地方自治之政體，以行於海外各埠也。」[36] 在此期間，他還寫了《論商業會議所之益》、《論內地雜居與商務關係》等文章，發在《清議報》上，闡發商業會議所必須設立的理由，啟發大家對權利的自覺。為什麼要創設商業會議所呢？他說：「以聯聲氣，以一眾心，以保利權，以抵外力，一埠雖小，實力行之，各埠

應之，他日全國總會議所之設立，必當不遠。以中國人之聰明才力，加以團結合為大群，又豈惟商務而已。二萬萬里之地，四萬萬之民，皆將賴之。」[37]

同月，他還在東京創辦了高等大同學校，吸引了一大批少年英才到這裏來。其章程規定：「凡學生以立身報國為主義。」[38]「從學者有前湖南時務學堂舊生林錫圭、秦力山、范源濂、李群、蔡艮寅（松坡，後改名鍔）、周宏業、陳為璜、唐才質、蔡鍾浩、田邦璿、李炳寰等十餘人，橫濱大同學校學生馮自由、鄭貫一、馮斯欒、曾廣勤、鄭雲漢、張汝智等七人。梁自任校長，日人柏原文太郎為幹事。時梁方與孫總理、楊衢雲、陳少白諸人往返頗密，且有聯合組黨之計劃，故所取教材多採用英法名儒之自由平等天賦人權諸學說。諸生由是高談革命，各以盧騷、福祿特爾、丹唐、羅伯斯比爾、華盛頓相期許。是時我國留東學生全數不滿百人，以主張排滿之戢翼翬（元丞）、沈翔雲（虬齋）等為最激烈。戢、沈每至大同學校訪友，恆流連達旦。此外尚有北洋官費生黎科、金邦平、鄭丞煜、鄭葆丞、張煜全、傅良弼諸人亦持革命論調，與總理及梁啟超時相過從。」[39]這樣一批革命青年，追隨於梁啟超的身邊，鬧着要革命，要救國，又並非坐而論道，專尚空談，他們一直謀劃着要採取行動。唐才常於這一年的秋天離開日本回國，第二年在上海組織「正氣會」，就是梁啟超與孫中山共同謀劃的結果；他們還派了林圭、秦力山、畢永年等回國，聯絡會黨，籌劃起兵勤王。

梁啟超遠赴檀香山，與孫中山勢成水火

但是，迫於師命，梁啟超不得不啟程赴檀香山。這樣一來，形勢急轉直下，兩黨聯合的勢頭，也就戛然而止了。但臨行前，孫中山還是寫了一封信，把梁啟超介紹給自己的兄長孫眉（德彰）和他的朋友。梁啟超帶着孫中山的介紹信抵達檀香山，自然多了幾分便利。馮自由在《孫眉公事略》

中這樣寫道:「是歲十一月啟超抵檀,持總理介紹書見僑商李昌、鄭金、何寬、卓海諸人,備受歡迎,旋赴茂宜島訪德彰及其戚屬楊文納、譚允等,德彰招待優渥,且令其子阿昌執弟子禮,復導啟超乘馬遍遊牧場,經日始畢。啟超驚其規模之偉大,撫德彰背曰,人稱君為茂宜王,今乃知為名不虛傳。德彰聞之大樂。啟超乘便漸以組織保皇會說進,謂名為保皇,實則革命,與令弟之宗旨實殊途同歸。德彰人素戇直,且誤為預得總理同意,遂允竭力助其成事。故在檀舊興中會員李昌、黃亮、鍾木賢等亦同入殼中,前後捐助漢口起事軍餉踰華銀十萬元,德彰更令其子阿昌隨啟超至日負笈於康徒所設之大同學校。總理在日聞之,乃馳書責啟超失信背義,並勸德彰及諸友勿為所愚。然德彰及在檀興中會員受毒已深,久未覺悟,其後孫昌至日留學雖由總理代管學費,然仍申父命,與檀僑子弟羅昌(羅登桂之子)、何望(何蕙珍女士之弟)、梁文賢(梁蔭南之弟)等同肄業東京大同學校,總理亦不能禁之也。」[40]

抵達檀香山不久,梁啟超懷着興奮之情給孫中山寫了一封信:

> 逸仙仁兄足下:弟於十二月三十一日抵檀,今已十日。此間同志大約皆以會見。李昌兄誠深沉,可以共大事者。黃亮、卓海、何寬、李祿、鄭金,皆熱心人也。同人相見,問兄起居,備致殷勤。弟與李昌略述兄近日所佈置各事,甚為欣慰。令兄在它埠,因此埠有疫症,彼此不許通往來,故至今尚未得見,然已彼此通信問候矣。弟以此來不無從權辦理之事,但兄須諒弟所出之境遇,望勿怪之。要之我輩既已訂交,他日共天下事,必無分歧之理。弟日夜無時不焦念此事,兄但假以時日,弟必有調停之善法也。匆匆白數語,餘容續佈,此請大安,弟啟超。一月十一日。[41]

這封信寫於光緒二十六年(1900年)一月十一日,此時的梁啟超,剛抵檀島,他對兩黨聯合的前景仍寄予很大希望,並請求孫中山給他一些時間,他一定可以找到說服康有為的辦法。但他也請孫中山體諒他的難處,

「不無從權辦理之事」，這裏所指顯然是組織保皇會的事務，後來他們之間發生矛盾、衝突，導火索就在這裏。檀香山本是孫中山最早創建興中會的地方，但自梁啟超來了以後，檀島的興中會幾乎瓦解，絕大多數興中會員加入了保皇會，包括其兄孫眉，這是最讓孫中山惱火之處。所以，後人中多有指責梁啟超對不起革命黨的，說他的「名為保皇，實為革命」是掛羊頭賣狗肉。但在當時，這句話正是梁啟超的自我寫照。他既不能與康有為正面衝突，公開決裂，也只能陽奉陰違，以保皇來敷衍他。而他心裏此時還真是渴望着革命的。但那時交通不便，海阻雲隔，不可能隨時交換意見，隔閡日久，矛盾日增，弄到後來，只能各行其是，彼此就很難兼顧了。而以梁啟超的赫赫名聲，又兼當時僑商對清朝政府還不能完全絕望，保皇自然要比革命更容易為人所接受，大多數僑商轉向保皇，也是可以理解的。但畢竟有挖人牆角之嫌。所以，孫中山在其自傳中說：「由乙未（1895 年）初敗以至於庚子（1900 年），此五年之間，實為革命進行最艱難困苦之時代也。蓋予既遭失敗，則國內之根據、個人之事業、活動之地位與夫十餘年來所建立之革命基礎，皆完全消滅，而海外之鼓吹，又毫無效果。適於其時有保皇黨發生，為虎作倀，其反對革命、反對共和比之清廷為尤甚。」[42] 由此可見，與康梁的這段交往，在孫中山的記憶中，最終演化成了一段傷心往事。

此處確有讓孫中山傷心之處。檀香山本是他的「龍興之地」，現在卻轉移到梁啟超的手中，庚子勤王之役，保皇會集資捐款近十萬華銀。其後，孫中山赴檀香山籌款，僅得二千餘金，實有天壤之別。光緒二十九年（1903 年），梁啟超新大陸之遊，更將旅美華僑中的絕大部分力量吸引到保皇會一邊。他的鼓動性太強大了，雖然他在思想上還保持着革命願望，但實際上，他的工作卻使保皇會的勢力迅速擴張，給革命黨帶來了巨大壓力，從而鬧到你死我活，水火不相容的地步。後來，孫中山只得宣佈與康梁為敵，公開論戰，此是後話。而當時梁啟超仍在試探合作的可能性，三月二十九日，他在給孫中山的信中，希望他稍加變通，看清時勢，共舉勤王大旗，他說：

足下近日所佈置，弟得聞其六七，顧弟又有欲言者，自去年歲杪，廢立事起，全國人心悚動奮發，熱力驟增數倍，望勤王之師，如大旱之望雨。今若乘此機會用此名號，真乃事半功倍。此實我二人相別以來，事勢一大變遷也。弟之意常覺得通國辦事之人，只有咁多，必當合而不當分。既欲合，則必多捨其私見，同折衷於公義，商度於時勢，然後可以望合。夫倒滿洲以興民政，公義也；而藉勤王以興民政，則今日之時勢，最相宜者也。古人曰：『雖有智慧，不如乘勢。』弟以為宜稍變通矣。草創既定，舉皇上為總統，兩者兼全，成事正易，豈不甚善？何必故劃鴻溝，使彼此永遠不相合哉。弟甚敬兄之志，愛兄之才，故不惜更進一言，幸垂採之。弟現時別有所圖，若能成（可得千萬左右，原註），則可大助內地諸豪一舉而成。今日謀事必當養吾力量，使立於可勝之地，然後發手，斯能有功。不然，屢次鹵莽，旋起旋蹶，徒罄財力，徒傷人才，弟所甚不取也。望兄採納鄙言，更遲半年之期，我輩握手共入中原。是所厚望，未知尊意以為如何？[43]

　　不知孫中山是如何回應梁啟超的，可以想見的是，孫中山不大可能放棄他的「倒滿主義」，更不可能換成「勤王」的旗號。或許他還會想到，一旦放棄了排滿的主張，轉而遷就他人，他的領導地位很有可能就保不住了。真有一天，握手共入中原，那麼，誰為主，誰為副呢？而且，在梁啟超的背後，還有一個康有為，梁啟超能置他的老師於不顧嗎？從實際情況來看，孫中山此時正忙於籌劃惠州起義，他們也想藉北方義和團興起的機會，在南方首先取得一省或數省的勝利，從而實現「驅逐韃虜，光復中華」的社會理想。一些日本人，如宮崎寅藏，仍然希望能說服康有為，實現兩黨的聯合，攜手同行。他毛遂自薦前往新加坡去見康有為。然而，正是這次行動所造成的誤會，使孫中山與康有為的關係徹底破裂，不復有合作的可能了。馮自由在他的《中華民國開國前革命史》裏，記載這件事說：

庚子某月（六月），日人宮崎寅藏語中山，謂彼於康有為有恩，聞康近到新嘉坡，擬親往遊說，使其拋棄保皇之義，聯合革命。中山以為不易，宮崎固請，乃許之。香港康徒聞宮崎曾赴粵謁李鴻章，遽電告康，謂宮崎奉李鴻章命，來南洋行刺請慎防。康以告新嘉坡英官。故宮崎至新埠二日，即被警察逮之入獄。中山到自越南聞其事，乃親訪英總督，說明底蘊，始獲釋放。自是日本志士所倡道孫、康合作之議，始廢然拋棄，而兩黨更無合作之望矣。[44]

《孫中山年譜長編》也引述了一種說法：

6 月 29 日抵達，往訪邱菽園，求見康有為，欲勸說其與先生（孫中山）合作。康風聞宮崎等係刺客，拒絕面晤，派湯覺頓贈金百元，為宮崎所拒。宮崎等一面等候先生到來決定進取方針，一面於 7 月 5 日致書康有為，駁斥「刺客」之誣。信為警察所截，認為語含脅迫之意，同時又有林某將此事報告總督。是年 8 月 11 日康有為致康同薇函說：「日人之事，係發難於林君。此事於日本邦交極有礙，故我欲忍之，而林驟告督，遂為大案。然無如何，又不敢言其非，恐得罪林及英官也。」[45]

無論如何，自此以後，革命黨與保皇黨的衝突日益劇烈，鴻溝不僅沒有被填平，反而越挖越深，難以彌合。自興中會而同盟會而國民黨，與梁啟超一直處於勢不兩立、水火難容的境地。1925 年 3 月 12 日，孫中山在北京逝世。14 日，梁啟超至中山行館弔唁，汪精衛負責接待，其間還有國民黨人質問梁啟超，為什麼寫文章批評總理為達目的不擇手段？這裏所說文章即前一日（1925 年 3 月 13 日）發表於北京《晨報》的《孫文的價值》一文，其中就有「為目的而不擇手段」這句話，但在這句話的前面，梁啟超還講到孫中山的三大價值：

孫君是一位歷史上的大人物，這是無論何人不能不公認的事實。我對於他最佩服的：第一，是意志力堅強，經歷多少風波，始終未嘗挫折。第二，是臨事機警，長於應變，尤其對於群眾心理，最善觀察，最善應用。第三，是操守廉潔，──最少（疑至少）他自己本身不肯胡亂弄錢，便弄錢也絕不為個人目的。[46]

接下來他便提到了他所認為的孫中山的缺點：

　　我對於孫君所最不滿的一件事，是「為目的而不擇手段」。孟子說：「行一不義，殺一不辜，而得天下，不為也。」這句話也許有人覺得迂闊不切事情，但我始終認為政治家道德所必要的，因為不擇手段的理論一倡，人人都藉口於「一時過渡的手段」，結果可以把目的扔向一邊，所謂「本來面目」倒反變成裝飾品了……在現在這種社會裏頭，不合用手段的人，便悖於「適者生存」的原則，孫君不得已而出此，我們也有相當的原諒。但我以為孫君所以成功者在此，其所以失敗者亦未必不在此。[47]

　　所以，對於國民黨人的質問，梁啟超當時就回答說：「此僅感歎中山先生目的之未能達到。」有人還要繼續質問，汪精衛出來打圓場：「梁君弔喪而來，我們如有辯論，可到梁君府上，或在報上發表。」算是給梁啟超解了圍。卻也看出隔閡之深。所以，四年之後，當梁啟超去世的時候，國民政府表現得相當冷淡，胡漢民甚至反對國民政府下令褒揚梁氏，直到1939年，國民政府到了重慶，為了褒揚剛剛死去的徐世昌、吳佩孚、曹錕，不好意思獨遺梁氏，才順便褒揚了梁啟超一下。

　　1941年4月18日，為救治病中的梁思永和林徽因，傅斯年寫信給中央研究院代院長朱家驊，說到梁啟超身後的情形以及對他的不公：

騮先吾兄左右：

　　茲有一事與兄商之。梁思成、思永兄弟皆困在李莊。思成之困是因其夫人林徽因女士生了 T.B.（註：肺結核），臥牀二年矣。思永是鬧了三年胃病，甚重之胃病，近忽患氣管炎，一查，肺病甚重。梁任公家道清寒，兄必知之，他們二人萬里跋涉，到湘、到桂、到滇、到川，已弄得吃盡當光，又逢此等病，其勢不可終日，弟在此看着，實在難過，兄必有同感也。弟之看法，政府對於他們兄弟，似當給些補助，其理如下：

　　一、梁任公雖曾為國民黨之敵人，然其人於中國新教育及青年愛國思想上大有影響啟明之作用，在清末大有可觀，其人一生未嘗有心做壞事，仍是讀書人，護國之役，立功甚大，此亦可謂功在民國者也。其長子、次子，皆愛國向學之士，與其他之家風不同。國民黨此時應該表示寬大。即如去年蔣先生賻蔡松坡夫人之喪，弟以為甚得事體之正也。

　　二、思成之研究中國建築，並世無四，營造學社，即彼一人耳（在君語）。營造學社歷年之成績為日本人羨妒不置，此亦發揚中國文物之一大科目也。其夫人，今之女學士，才學至少在謝冰心輩之上。

　　三、思永為人，在敝所同事中最有公道心，安陽發掘，後來完全靠他，今日寫報告亦靠他。忠於其職任，雖在此窮困中，一切先公後私。

　　總之，二人皆今日難得之賢士，亦皆國際知名之中國學人。今日在此困難中，論其家世，論其個人，政府似皆宜有所體卹也。未知吾兄可否與陳佈雷先生一商此事，便中向介公一言，說明梁任公之後嗣，人品學問，皆中國之第一流人物，國際知名，耳病困至此，似乎可贈以二三萬元（此數雖大，然此等病症，所費當不止此也）。國家雖不能承認梁任公在政治上有何貢獻，然其在文化上之貢獻有不可沒者，而名人之後，如梁氏兄弟者，亦復少！二人所作

皆發揚中國歷史上之文物，亦此時介公所提倡者也。此事弟覺得在體統上不失為正。弟平日向不贊成此等事，今日國家如此，個人如此，為人謀應稍從權。此事看來，弟全是多事，弟於任公，本不佩服，然知其在文運上之貢獻有不可沒者，今日徘徊思永、思成二人之處境，恐無外邊幫助要出事，而幫助似亦有其理由也，此事請兄談及時千萬勿說明是弟起意為感，如何？乞示及，至荷。[48]

傅斯年在國民黨內不是一般人物，他的一番肺腑之言，可以幫助我們了解，梁啟超在國民黨人眼裏，究竟處於怎樣的地位。所有這些，都是他與孫中山是非恩怨的餘緒。

註釋：

1 《胡適文集‧書信日記卷》，18～19 頁。

2 《革命逸史》上冊，46 頁。

3 《興中會革命史要》，《孫中山年譜長編》，69 頁。

4 《梁啟超年譜長編》，34 頁。

5 轉引自《晚清史事》，70 頁。

6 《孫中山年譜長編》，74 頁。

7 《革命逸史》上冊，46 頁。

8 同上。

9 《孫中山年譜長編》，134 頁。

10 《章太炎政論選集》，840 頁。

11 《梁啟超年譜長編》，73 頁。

12 轉引自《梁啟超與清季革命》，81 頁註 2。

13 《梁啟超年譜長編》，73 頁。

14 《汪康年師友書札》一，775 頁，轉引自《從甲午到戊戌：康有為〈我史〉鑒註》，
    383～384 頁。

15 《汪康年師友書札》一，776 頁。

16 《梁啟超年譜長編》，102 頁。

17 轉引自《從甲午到戊戌：康有為〈我史〉鑒註》，383～384 頁。

18 《汪康年師友書札》一，776 頁。

19 同上。

20 同上，782 頁。

21 同上，775 頁。

22 以上見《三十三年之夢》，147～150 頁。

23 《飲冰室合集‧文集》之五，50 頁。

24 《孫中山年譜長編》，175 頁。

25 《梁啟超與清季革命》，83～84 頁。

26 同上，83 頁。

27 《孫中山年譜長編》，180～181 頁。

28 《梁啟超年譜長編》，180 頁。

29 《革命逸史》上冊，50 頁。

30 《汪康年師友書札》二，1956 頁。

31 《孫中山年譜長編》，182 頁。

32 《革命逸史》上冊，57 頁。

33 同上，213～214 頁。

34 《飲冰室合集‧文集》之五，11～12 頁。

35 《孫中山年譜長編》，185～186 頁。

36　《飲冰室合集·文集》之四，1 頁。

37　同上，11 頁。

38　《清議報》第 25 冊。

39　《中國革命運動二十六年組織史》，轉引自《孫中山年譜長編》，186～187 頁。

40　《革命逸史》上冊，196～197 頁。

41　轉引自《梁啟超與清季革命》，87 頁。

42　《名人自述》，40 頁。

43　《梁啟超年譜長編》，258 頁。

44　同上，257 頁。

45　《孫中山年譜長編》，217 頁。

46　《飲冰室合集·集外文》中冊，957 頁。

47　同上。

48　《梁啟超和他的兒女們》，198～200 頁。

解璽璋 著

梁啟超傳

下

中華書局

目錄 (下)

第
十
三
章

亦敵亦友：

梁啟超與章太炎

▶ 章太炎（1869—1936）

- 1894 年，康有為成立強學會，章太炎寄會費報名入會。
- 1896 年，《時務報》創刊，汪康年、梁啟超邀請章太炎加入。
- 1897 年，章太炎離開杭州，前往上海，入職《時務報》。後因分歧過大，憤而離職。
- 其後，章梁多次修好，又多次論戰。章梁論戰，前期集中於孔教問題、革命與改良問題；後期則是保皇與革命。

　　很難說梁啟超與章太炎有多少共同之處，無論是稟性、學術，還是政治立場和行動方略方面，他們的差異、分歧之處都要比一致之處多得多。他們最初都是晚清思想領域內開風氣之先的領袖，是近代以來啟蒙的先驅，他們的文章在當時的輿論界是兩面十分耀眼的旗幟，只是後來插在了不同的陣地上。

▍《時務報》兩健筆

　　章太炎是浙江餘杭人，名炳麟，字枚叔，號太炎。他是清代大儒俞曲園的學生。俞曲園名樾，字蔭甫，號曲園，浙江德清人，曾任翰林院編修，是自顧炎武、江永、戴震、王念孫、王引之等一脈相承下來的樸學大師，當時是杭州詁經精舍的主持。1890 年，23 歲的章太炎受業於詁經精舍，「事德清俞先生，言稽古之學」，在這裏，他「出入八年，相得也」。[1]他的國學造詣之博大精深，即得益於此，而這是梁啟超始終難以企及的。梁啟超說，在清代學術處於蛻變、分化、衰落的時期，只有一個人「能為

正統派大張其軍」。這個人是誰呢？就是餘杭的章炳麟。[2]

　　與同時代的許多人一樣，章太炎走出書齋，也源自甲午年（1894年）中國戰敗於日本的刺激。他自己講：「乙未（1895年），康有為設強學會，余時年二十八歲，先是二十五歲始居杭州，肄業詁經精舍，俞曲園先生為山長，余始專治左氏傳。至是，聞康設會，寄會費銀十六圓入會。」[3] 馮自由也說：「歲甲午，年二十七，聞有粵人康祖詒集公車上書陳請變法，詫為奇士。會康所發起之強學會向浙省各書院徵求會友，章乃納會費十六元報名入會，間或投稿上海報館發表政見，文名由是日顯。」[4]

　　由於有了這段因緣，光緒二十二年（1896年）《時務報》創刊後，汪康年、梁啟超就向章太炎發出了邀請。他在《口授少年事跡》中說：「丙申（1896年），二十九歲，梁啟超設《時務報》社於上海，遣葉浩吾（瀚）至杭州來請入社。問：『何以知余』？曰：『因君前有入強學會之事。』」[5] 馮自由也說：「歲丙申，夏曾佑、汪康年發刊《時務報》於上海，聘章及梁啟超分任撰述，章梁訂交蓋自此始。」[6] 馮氏所述多有不實之詞，但他說章梁的交往由此時開始，倒是真的。章氏與汪康年有舊，此前，他還寫信給汪康年，談到他的辦報主張。所以，他在接到梁啟超的邀請後，沒有遲疑，便答應了。夏曾佑與梁啟超關係密切，應該也是他欣然前往的原因之一。為此，俞先生還有些不高興。《章太炎自定年譜》提到這件事：「至是，有為弟子新會梁啟超卓如與穗卿（夏曾佑）集資就上海作《時報》（應為《時務報》），招余撰述，余應其請，始去詁經精舍，俞先生頗不懌。」[7]

　　丙申十二月（1897年1月），章太炎離開杭州詁經精舍，來到上海，在《時務報》館任撰述一職。丁酉正月二十一日（1897年2月22日），《時務報》第十八冊出版，刊登了章太炎出山後的第一篇文章《論亞洲宜自為脣齒》，接下來，第十九冊又刊載了他的《論學會有大益於黃人亟宜保護》一文。章氏的學問、才華讓人們大為歡服，但也有人指出，他的文章文辭古奧，典雅有餘而通俗不足。譚嗣同二月初七日致函汪康年、梁啟超時便讚歎道：「貴館添聘章枚叔先生，讀其文，真鉅子也。大致卓公似賈誼，章似司馬相如。」[8] 三月十一日，黃遵憲致信汪康年，也提到了章太炎，他

說：「館中新聘章枚叔、麥孺博均高材生。大張吾軍，使人增氣。章君學會論甚雄麗，然稍嫌古雅。此文集之文，非報館文。作文能使九品人讀之而悉通，則善之善者矣。然如此既難能可貴矣，才士也。」[9] 不久，黃遵憲在寫給汪康年的信中再次提到章太炎，他說：「章君之文亦頗驚警，一二月中亦可一二篇。」[10] 但黃遵憲的願望沒能變為現實，章太炎在《時務報》的撰述只能到此為止了。章太炎未必不想繼續寫下去，但他很快就與梁啟超產生了分歧，而且鬧得很不愉快，有一次甚至因言語不和還動了手。他在給譚獻的信中狀告梁啟超的門人打了他的朋友仲華。於是，丁酉（1897年）三月，章太炎便憤而離開了《時務報》館，他們這一次合作的時間，最多不超過四個月。

▋ 敬意與敵意之間

其實，此時的章太炎對康梁變法的主張不僅不反對，還是很贊成的，甚至對他們大談特談的經今文學，也沒有表示特別的反感，雖然說到底他屬於經古文學一派，但他撰寫文章並不避諱經今文學的某些觀點和提法。從他們發生衝突的具體事件來分析，章太炎所不能容忍的，主要是梁啟超及其他康門弟子對康有為的態度，以及創立孔教的瘋狂舉動。他在三月十九日寫給譚獻的信中講道：

> 麟（章太炎）自與梁、麥（孺博）諸子相遇，論及學派，輒如冰炭。仲華亦假館滬上，每有議論，常與康學牴牾，惜其才氣太弱，學識未富，失據敗績，時亦有之。卓如門人梁作霖者，至斥以陋儒，詆以狗曲。（原註：面斥之云狗狗）麟雖未遭謨詢，亦不遠於轅固之遇黃生。康黨諸大賢，以長素為教皇，又目為南海聖人，謂不及十年，當有符命，其人目光炯炯如巖下電，此病狂語，不值一噓。而好之者乃如蛣蜣轉丸，則不得不大聲疾呼，直攻其妄。

嘗謂鄧析、少正卯、盧杞、呂惠卿輩，咄此康瓠，皆未能為之奴隸。若鍾伯敬（惺）、李卓吾（贄），狂悖恣肆，造言不經，乃真似之。私議及此，屬垣漏言，康黨銜次骨矣。會譚復笙（生）來自江南，以卓如（梁啟超）文比賈生，以麟文比相如，未稱麥君（麥孟華），麥恚忌甚。三月十三日，康黨麕至，攘臂大哄。梁作霖復欲往毆仲華，昌言於眾曰：昔在粵中，有某孝廉詆諆康氏，於廣坐毆之，今復毆彼二人者，足以自信其學矣。噫嘻！長素有是數子，其果如仲尼得由，惡言不入於耳邪？遂與仲華先後歸杭州，避蠱毒也。[11]

　　譚獻是章太炎早年在家鄉受業的一位老師，二人關係很好，常有書信往還，討論文章學術，也交流各自的情況。譚獻是浙江仁和人，字仲修，同治舉人，曾在安徽全椒等縣任知縣，也是一位信奉常州今文經說的學者。章太炎在《自定年譜》中說他「好稱陽湖莊氏」[12]，這個陽湖莊氏就是清代常州經今文學的創始人莊存與。《清史稿》對譚獻亦有記述：「治經必求兩漢諸儒微言大義，不屑屑章句，讀書日有程課，凡所論著，櫽括於所為日記。文導源漢魏，詩優柔善入，惻然動人，又工詞。」[13]譚獻當時正在武漢，他在三月二十七日的日記中寫道：「聞章生枚叔與同事哄而去，此我所預料，嘗尼其行。」看來，不贊成章太炎上海之行的不僅僅是俞樾，譚獻也曾試圖阻止他。兩天之後，即三月二十九日，譚獻在日記中又對此事發表了看法，他說：「得章生枚叔書，亂離瘼矣，士人不圖樹立，無端為門戶之爭，竭心力而成戰國世界，冷眼一笑，熱心尤當一笑。」[14]

　　章太炎是個非常自負的人，無論學問或文章，他都不大看得起梁啟超。然而，梁啟超雖比他略小幾歲，但由於梁啟超追隨康有為，倡言變法，創立強學會，主持《中外紀聞》及《時務報》的筆政，比章太炎出道要早，不僅社會知名度和影響力大大超過了章太炎，而且，其鼓動性和感染力也非章太炎所能比，故章太炎對梁啟超也還有幾分敬意。特別是，他在此時還把康、梁的變法看作是推翻滿人統治，恢復漢人地位的有效途

徑。後來他在《獄中答新聞報》一文中就曾述及《時務報》期間與梁啟超共事的情形:「中歲主《時務報》,與康、梁諸子委蛇,亦嘗言及變法。當是時,固以為民氣獲伸,則滿洲五百萬人必不能自立於漢土。其言雖與今異,其旨則與今同。昔為間接之革命,今為直接之革命,何有所謂始欲維新,終創革命者哉?」[15] 他的意思是說,自己始終都是主張革命的,並非開始主張維新,後來改稱革命。那時他之所以沒有對康、梁的維新主張提出批評,主要是因為,在他看來,康有為、梁啟超的變法可以使民氣獲得伸張,而一旦民眾覺悟,滿洲人的末日就到了。

儘管如此,他對康有為自謂「長素」──即超越了孔子,以及梁啟超言必稱康氏,把康有為尊為「教皇」、「聖人」等行為,很不滿意,把他們比作鄧析、少正卯、盧杞、呂惠卿、鍾惺、李贄。這些人都是歷史上有名的非聖非孔、離經叛道、不守法度、強言好辯、不從流俗、寧為異端的人物。梁啟超與其他康門弟子自然不希望別人這樣來貶低自己和自己的老師,他們約了一個飯局,實際上是想和章太炎辯論。章太炎也非尋常之輩,他素以獨立不羈、固執己見、敢想敢說、敢作敢為的鮮明個性而著稱,人稱「章瘋子」,對這種稱謂他自己倒也並不否認。現在,兩伙「瘋子」聚集在一起,如果沒有一點瘋狂的舉動,反倒顯得不正常了。梁啟超的弟子梁作霖或許更年輕,火氣也更大一些。他說,在廣東的時候,有人詆毀康有為,大庭廣眾之下就被暴打一頓──言外之意就是說,你們是不是也找打呢?說着他便衝過去要打仲華。這個仲華,是滬上一個教書先生,章太炎的老鄉兼朋友,經常參加梁啟超等人的聚會,席間喜歡發表議論,卻又與康氏一門的學問相抵觸,他常常被康有為的這些門徒說得啞口無言,梁作霖曾罵他「陋儒」、「狗曲」。

這樣一打一鬧,也就傷了和氣。三月二十二日,章太炎致信同鄉兼老友汪康年,非要離開《時務報》,說什麼也不幹了:「報館一席,斷難姑留。投我木桃,在他人或未忍此,況彼自謂久要乎?久要而猶不免於此,則復合之後何如也。凡事離之則雙美,合之則兩傷。常以筆墨相交,則紀念自生,恐又自此開釁,不如早離為要。」[16] 汪康年曾經出面挽留他,但他去意

已決，不肯遷就，終於在三月二十七日之前離開上海，回到杭州。無論如何，這都是一件十分可惜的事。

孔教是個問題

說起來，當時不贊成康有為以教主自居、創立孔教的，並非章太炎一人。黃遵憲、夏曾佑、嚴復等人，他們與康有為有更多的來往，甚至可以說是「一條戰壕裏的戰友」，但他們都明確反對康氏立教、保教的主張。嚴復很早就寫信給梁啟超，告誡他「教不可保」，「亦不必保」。[17] 那時梁啟超對嚴復的意見還有所保留。戊戌政變之後，黃遵憲在家鄉看到梁啟超所作《南海康先生傳》，再次提起當年關於保教、尊孔的話題。他對梁啟超說，在近代歐洲，重要的思想家都是反對宗教的，無論是個人還是民族，堅持對宗教的信仰都是落後的標誌，都表明其落後於時代，落後於社會進步。所以，即使要抵禦西方宗教的影響，我們也沒有必要弄出一個孔教來。而且，對於極端排外的守舊分子來說，保教之說的盛行，很可能會提供一種口實，擔心他們「因此而攻西教」[18]，這對傳播、吸收西方文化其實是不利的。他在信中還詳細討論了孔子及其學說與基督教、伊斯蘭教、佛教的異同，說明孔學非宗教，孔子也非教主，啟發、規勸梁啟超放棄康氏的主張，不要因此而誤入歧途。

但無論是嚴復，還是黃遵憲，他們對梁啟超的批評教育，不僅沒有釀成不同學派之間的群毆，反而留下了一段文人間和而不同、求同存異的佳話。梁啟超在給康有為的信中曾提到嚴復的來信，仍表示頗受感動。他說：「彼書中言，有感動超之腦氣筋者。」[19] 但此時的梁啟超對這個問題「固依違未定也」。[20] 光緒二十三年（1897 年），他作《覆友人論保教書》，所持觀點仍然是：「夫天下無不教而治之民，故天下無無教而立之國。」「故竊以為居今日而不以保國保教為事者，必其人於危亡之故，講之未瑩，念之未熟也。」他還發起成立「保教公會」，「見人必發明保教之義，由斯漸廣，愈講愈明，則此道之不絕於大地，當有望也」。[21] 這一系列言行，說明

梁啟超當時仍然追隨康有為，「見人必發明保教之義」。梁啟超在湖南時務學堂執教期間，這竟引起當地另一些「保教」人士的不滿。王先謙、葉德輝、曾廉等人都是以衞道、保教自居的，但他們卻以自己的「保教」，攻擊康梁的「保教」。王先謙的學生蘇輿還受命將湖南士紳駁斥變法維新的書信、公約、奏牘等文件彙編成冊，稱之為《翼教叢編》。這裏所謂翼教，就是「保教」的意思。在他們看來，康梁有「保教」之名，而無「保教」之實，屬於打着紅旗反紅旗。曾廉在所上條陳摺中說得更加直接，他說：

> 臣竊見工部主事康有為，跡其學問行事，並不足與王安石比論，而其字則曰長素。長素者，謂其長於素王也。臣又觀其所作《新學偽經考》、《孔子改制考》諸書，熺亂聖者，參雜邪說，至上孔子以神聖明王傳世教主徽號。蓋康有為嘗主泰西民權平等之說，意將以孔子為摩西，而己為耶穌；大有教皇中國之意，而特假孔子大聖藉賓定主，以風示天下。故平白誣聖造為此名，其處心積慮，恐非尋常富貴之足以厭其欲也。
>
> ⋯⋯
>
> 康有為進而梁啟超之徒皆相繼而進矣。梁啟超在康有為之門，號曰越賜，聞尚有超回等名，亦斯駕孔門而上之。蓋康有為以孔子為自作之聖，而六經皆託古。梁啟超以康有為為自創之聖，而六經待新編。其事果行，則康氏之學，將束縛天下而一之，是真以孔子為摩西，而康有為為耶穌也。[22]

這樣說來，蘇輿、曾廉之流的眼光還是很毒的，一眼就看出了康有為的提倡孔教，捍衞孔教，其實是想自己做教主，不僅取代孔子，而且要取代當今皇上。所以他們認為，康有為與梁啟超的「保教」是假，想要天下易主是真，統統應該殺頭。這時，偏偏是章太炎出頭來為康、梁辯護，他作《翼教叢編書後》一文，針對《翼教叢編》的觀點進行反駁。他先肯定該書駁斥康有為的經今文學，說到了點子上；但他認為，硬把康氏的經學

觀點與其變法維新的做法扯到一起，卻是該書的一大缺陷。在他看來，學術是學術，政治是政治，不能說是一回事。「以去歲變法諸條，使湘人平心處之，其果以為變亂舊章，冒天下之不韙乎？」意思是說，去年變法期間實行的那些新政，如果這些湖南人能夠心平氣和地想一想，那麼，他們的改革舊章程是和天下人作對嗎？他指出，只有持一孔之見的儒生才會說出這樣迂腐的話，詆毀、非議他們所做的事情。他說：

> 今之言君權者，則痛詆康氏之張民權；言婦道無成者，則痛詆康氏之主男女平權。清談坐論，自以孟、荀不能絕也。及朝局一變，則幡然獻符命、舐癰痔惟恐不亟，並其所謂君權婦權者而亦忘之矣。夫康氏平日之言民權與男女平等，汲汲焉如鳴建鼓，以求亡子，至行事則惟崇乾斷，肅宮闈，雖不能自持其義，猶不失為忠於所事。彼與康氏反脣者，其處心果何如耶？[23]

由此可見，章太炎與康、梁，並不是完全對立的，他承認與康有為在經今古文方面有分歧，但這種分歧古已有之，並非他們所獨有。他也反對梁啟超神化孔子，認為孔子只是個學者、教授，而非教主，他更反對把康有為說成是聖人，搞他的個人崇拜。即便是這樣，他對康、梁變法的勇氣卻十分佩服，並不認為想當皇帝就一定是大逆不道。馮自由也曾講到一件事：「戊戌春間，鄂督張之洞以幕府夏曾佑、錢恂二氏之推薦，專電聘章赴鄂。章應召首途，頗蒙優遇。時張所撰《勸學篇》甫脫稿，上篇論教忠，下篇論工藝，因舉以請益。章於上篇不置一辭，獨謂下篇最合時勢。張聞言，意大不懌。兩湖書院山長梁鼎芬一日語章，謂聞康祖詒欲作皇帝，詢以有所聞否？章答以『只聞康欲作教主，未聞欲作皇帝，實則人有帝王思想，本不足異；惟欲作教主，則未免想入非非』云云。梁大駭曰：『吾輩食毛踐土二百餘年，何可出此狂語？』怫然不悅。遂語張之洞，謂章某心術不正，時有欺君犯上之辭，不宜重用。張乃饋章以程儀五百兩，使夏曾佑、錢恂諷其離鄂。」[24]

這個時期，章太炎已然有了「革命」思想，但也只是局限於「思想」以及朋友之間的言談，還沒發展到與滿清朝廷公開決裂的程度；而康、梁也還沒有舉起「保皇」的旗幟，他們更多地是在呼籲民權、平等，要求開議院，爭取士民參政議政的權利。所以，章與他們或有不和，卻並不影響交往，有時還走得很近。有幾則筆記寫到章太炎的「革命」，一則是汪太沖的《章太炎外紀》，他說，張之洞因為章太炎崇尚《左傳》而貶抑《公羊》，對章太炎頗有好感，請錢恂邀章太炎來湖北，「時太炎稍有主張革命名，南皮（張之洞）不敢晝見，匿太炎於念老（錢恂）室中，午夜屏人，見太炎，談達曙，大服之」[25] 這裏所說章太炎「稍有主張革命名」是實情，說張之洞「大服之」，卻未必。

劉成禺的《世載堂雜憶》也有一則記載，說的是張之洞要辦《楚學報》，遂請章太炎擔任主筆，「太炎乃為《排滿論》凡六萬言，文成，鈔呈總辦，梁（鼎芬）閱之大怒，口呼反叛反叛、殺頭殺頭者，凡百數十次。急乘轎上總督衙門，請捕拿章炳麟，鎖下犯獄，按律治罪。予與朱克柔、邵仲威、程家檉等聞之，急訪王仁俊曰：『先生為《楚學報》坐辦，總主筆為張之洞所延聘，今因《排滿論》釀成大獄，朝廷必先罪延聘者，是張首受其累，予反對維新派者以口實。先生宜急上院，謂章太炎原是個瘋子，逐之可也。』仁俊上院，節庵（梁鼎芬）正要求拿辦；仁俊曰：『章瘋子，即日逐之出境可也。』之洞語節庵，快去照辦。梁怒無可泄，歸拉太炎出，一切鋪蓋衣物，皆不准帶，即刻逐出報館；命轎伕四人，撲太炎於地，以四人轎兩人直肩之短轎棍，杖太炎股多下，蜂擁逐之。太炎身外無物，朱、邵等乃質衣為購棉被，買船票，送歸上海」。[26]

這段記載寫得很生動，有很多細節，劉成禺自稱當事人，在現場，但所記仍有誇張失實之病。首先，《楚學報》實為《正學報》之誤，章太炎參與了該報的創辦，還寫了《正學報緣起》和《例言》，但該報並未出刊。而且，章太炎也未寫過一篇「六萬言」的《排滿論》，張之洞或者約他寫過文章，但只是請他撰文批駁康有為的《新學偽經考》。他因為不喜歡《勸

學篇》中「多效忠清室語」[27]，便婉言謝絕了張之洞所請。很顯然，這時的章太炎，感情的天平還是傾向康、梁這邊的。

▌ 戊戌政變後思想分歧加大

事實上，章太炎與梁啟超在思想感情、政治主張、革命方略諸多方面的分歧，都發生在戊戌政變之後，源於政變流血的刺激。馮自由講過，政變發生之後，康、梁亡命日本，章太炎也在日本詩人山根虎雄的幫助下，逃往台灣避難。在台灣的時候，他曾經「著一文忠告康、梁，勸其脫離清室，謂以少通洋務之孫文，尚知辨別種族，高談革命，君等列身士林乃不辨順逆，甘事虜朝，殊為可惜等語」。[28]意思就是說，連稍通洋務的孫中山都知道滿漢的分別，主張革命，你們身為知識分子，反而不能順應歷史潮流，太可惜了。

在這個問題上，梁啟超與章太炎的看法確實不同。光緒二十三年（1897 年），梁啟超為其同學徐勤的新書《中國夷狄辨》作序，開篇就說：「自宋以後，儒者持攘夷之論日益盛，而夷患亦日益烈，情見勢絀，極於今日，而彼囂然自大者，且日嘵嘵而未有止也。」[29]在他看來，一些儒生「攘夷」攘了一千年，夷未見攘，夷患倒是越來越嚴重了。持「攘夷」論調的人，都以《春秋》為根據，所謂《春秋》大義。章太炎在其《自定年譜》中講道：「架閣有蔣之（良騏）《東華錄》，嘗竊窺之，見戴名世、呂留良、曾靜事，甚不平，因念《春秋》賤夷狄之旨，先君不知也。」[30]其《口授少年事跡筆記》也講到，他在少年時代就從外祖父那裏接受了「夷夏之防，同於君臣之義」的教訓，「排滿之思想，遂醞釀於胸中」。他說：「余問：『前人有談此語否？』外祖曰：『王船山（夫之）、顧亭林（炎武）已言之，尤以王氏之言為甚，謂歷代亡國，無足輕重，惟南宋之亡，則衣冠文物，亦與之俱亡，』余曰：『明亡於清，反不如亡於李闖。』外祖曰：『今不必作此論，若果李闖得明天下，闖雖不善，其子孫未必皆不善，惟今不必作此

論耳。」余之革命思想伏根於此，依外祖之言觀之，可見種族革命思想原在漢人心中，惟隱而不顯耳。」[31]1906 年 6 月，章太炎出獄，同盟會派人接他，東赴日本，在東京留學生組織的歡迎會上，他發表演說，講到他的經歷：「兄弟少小的時候，因讀蔣氏《東華錄》，其中有戴名世、曾靜、查嗣庭諸人的案件，便就胸中發憤，覺得異種亂華，是我們心裏第一恨事。後來讀鄭所南、王船山兩先生的書，全是那些保衞漢種的話，民族思想漸漸發達，但兩先生的話，卻沒有甚麼學理。」[32]

與章太炎不同，梁啟超幼年從祖父那裏接受的薰陶和教育，則偏重於忠義、節烈。他家所在的茶坑村，離厓山不遠，南宋末年，這裏曾經上演過非常悲壯的一幕：蒙古鐵騎一路追殺，將南宋小朝廷逼到此地，上天無路，入地無門，面對波濤洶湧的大海，誓死抗元的陸秀夫先將妻子推入海中，然後自己背着小皇帝趙昺投海自殺。後來，人們在厓山之下建了慈元殿，專門奉祀帝、后及死節諸臣。陳白沙、陳獨瀏等文士學人都曾題詩於此。明朝成化年間，這裏修建了大忠祠，祭祀抗元犧牲的文天祥、陸秀夫、張世傑三位忠臣，陳白沙為此撰寫門聯：宇宙萬年無此事，春秋一例昉諸公。此後，厓山還陸續修建了忠義壇、全節廟，祭祀宋元時期的忠義、節烈之士。祖父梁維清便經常在這些場所給兒孫們講述當年發生在這裏的故事，緬懷亡國之痛，張揚民族氣節。梁啟超從小就感受到這樣一種境界與情懷，這為他始終不渝的愛國情操塗上了一層濃重的底色。但他並沒有因此覺悟到「種族革命思想」。在當地，影響最大的還是陳白沙，他與王守仁非常相似，直接從陸九淵那裏繼承了「心即理」的思想，強調道德修養的功夫。在陳白沙看來，立身之道就在於「正心」，也就是陸九淵所說的「知有君臣，知有上下，知有中國夷狄，知有善惡，知有是非，父知慈，子知孝，兄知友，弟知恭，夫義婦順，朋友有信」。[33]在這種道德氛圍中成長起來的梁啟超，基本上是一個中規中矩的謙謙君子形象，他不缺少激情和勇氣，但觀念中沒有「夷夏之大防」的所謂滿漢之分。特別是在師從康有為以後，接受了康氏的經今文學，以及「三世三統」的理論，以世界大同為最高理想，當然不認為仇滿排滿便可以救中國。

針對所謂攘夷是《春秋》大義的說法，梁啓超指出：「吾三復《春秋》而未嘗見有此言也。吾遍讀先秦兩漢先師之口說，而未嘗見有此言也。孔子之作《春秋》，治天下也，非治一國也；治萬世也，非治一時也。」他說到辨別夷和夏的標準：「後世之號夷狄，謂其地與其種族；《春秋》之號夷狄，謂其政俗與其行事。」所以，「《春秋》之中國、夷狄，本無定名，其有夷狄之行者，雖中國也，覿然而夷狄矣；其無夷狄之行者，雖夷狄也，彬然而君子矣。然則，藉曰攘夷焉云爾，其必攘其有夷狄之行者，而不得以其號為中國而恕之，號為夷狄而棄之，昭昭然矣。」他進一步追問：「何謂夷狄之行？《春秋》之治天下也，天下為公，選賢與能，講信修睦，禁攻寢兵，勤政愛民，勸商惠工，土地闢，田野治，學校昌，人倫明，道路修，遊民少，廢疾養，盜賊息。由乎此者，謂之中國；反乎此者，謂之夷狄。」可見，梁啓超所謂夷夏，是根據文明程度來判定的，如果中國不進步，不改革，不行新政，那麼，也是有可能變成夷狄的。至於滿漢的分別，梁啓超看到的是政治，而非種族。他認為，真正能救中國的，還是政治體制的變革；如果不進行政治變革，推翻了滿洲的專制統治，還會有別的專制統治。

　　雖然章太炎很小就有了仇滿、排滿的意識，卻也曾追隨康、梁，鼓吹過維新、變法、改良的主張。事實上，在光緒二十六年（1900 年）以前，他與康、梁，特別是梁啓超，一直保持着藕斷絲連的關係。在私下場合，他不僅不否認，甚至還用自己的經歷寬慰朋友：

　　　陶、柳二子鑒：簡閱傳文，知二子昔日，曾以紀孔、保皇為職志。人生少壯，苦不相若，而同病者亦相憐也。鄙人自十四五時，覽蔣氏《東華錄》，已有逐滿之志。丁酉入《時務報》館，聞孫逸仙亦倡是說，竊幸吾道不孤，而尚不能不迷於對山（康有為）之妄語。《訄書》中《客帝》諸篇，即吾往歲之覆轍也。今將是書呈覽。二子觀之，當知生人智識程度本不相遠，初進化時，未有不經紀孔、保皇二關者，以此互印何如？章炳麟白。[34]

這裏的柳亞盧，就是後來的柳亞子。而章太炎的另一位老朋友汪康年，是比康、梁還要保守的維新派，他與汪的關係一直維持得很好，遠遠超過了梁啟超。光緒二十五年（1899 年）七月十七日他寫信給汪康年，匯報其近況，還談到他與梁啟超的關係：「伯鸞（梁啟超）舊怨，亦既冰釋，渠於弟更謝血氣用事之罪。松柏非遇霜雪，不能堅貞，斯人今日之深沉，迥異前日矣。」這裏所說，顯然是指 1897 年章太炎任職《時務報》期間與梁啟超等人發生的那次衝突，他說梁啟超已經向他道歉，冰釋前嫌，還勸汪康年也與梁啟超重修舊好：「伯鸞嘗問弟曰：『穰卿果何如人？』答曰：『洛、蜀交訌而終不傾入，章、蔡視木居士何如耶？』自是伯鸞亦念君。」[35] 此後，汪康年與梁啟超恢復書信往還，正是章太炎中間撮合的結果。

實際上，光緒二十六年（1900 年）以前，革命黨的勢力還很薄弱，影響也很小，章太炎除了聽梁啟超談論過孫中山，對革命黨沒有任何了解，也未和革命黨中的任何人打過交道，在他周圍，幾乎所有的朋友都是主張變法維新的，區別只在有的激進，有的保守而已。他的另一位好朋友宋恕（平子）就曾與他開玩笑說：「君以一儒生，欲覆滿洲三百年帝業，云何不量力至此，得非明室遺老魂魄憑身耶。」[36] 意思就是說，難道你被明朝遺老的魂魄附體了嗎？所以他後來也曾抱怨：「當時對着朋友，說這逐滿獨立的話，總是搖頭，也有說是瘋癲的，也有說是叛逆的，也有說是自取殺身之禍的。但兄弟是憑他說個瘋癲，我還守我瘋癲的念頭。」[37]

如果說，光緒二十六年以前的章太炎，主張革命、排滿的思想很少有知音的話，那麼，光緒二十六年的日本之行，經梁啟超介紹，他開始接觸到孫中山及一班革命同志，並從他們的言論中得到了從未有過的共鳴。馮自由記述：「己亥夏間，梁啟超主辦橫濱《清議報》，與孫總理時相過從，遂致函邀章赴日，謂當介紹孫某與之相見。章至東京，下榻於小石川梁寓，初以不諳日俗，誤在室內坐席無心涕唾，致為管家日婦所竊笑（時著者亦下榻梁寓，故知其詳，日婦名太田，康徒羅某之情婦也）。梁引章同訪孫總理、陳少白於橫濱，相與談論救國大計，極為相得。」[38] 馮自由的記述總是少不了八卦，但他所說章太炎與孫中山的初識還是可信的。此後章

太炎開始疏遠梁啟超，雖然梁啟超為他的《訄書》原刊本寫了題簽，但他還是在該書出版前修改了其中的一些文章，比如《客帝》一篇，就增加了「逐滿」的內容。然而這類修改並不徹底，魯迅先生多年之後就曾指出：「太炎先生是以文章排滿的驍將著名的，然而在他那《訄書》的未改訂本中，還承認滿人可以主中國，稱為客帝，比於嬴秦的客卿。」[39]

光緒二十六年（1900 年）七月二十六日，唐才常以「保國保種」相號召，在上海張園召開「國會」，給了章太炎一個機會，他以唐才常「不當一面排滿，一面勤王，既不承認滿清政府，又稱擁護光緒皇帝，實屬大相矛盾，決無成事之理，宣言脫社，割辮與絕」。[40] 他的《自定年譜》也記載了這件事：「其夏，宛平不守，清太后、清主西竄長安。唐才常知時可乘也，與僑人容閎召集人士宣言獨立，然尚以勤王為名，部署徒眾，欲起兵夏口。余謂才常曰：『誠欲光復漢績，不宜首鼠兩端，自失名義。果欲勤王，則余與諸君異趣也。』因斷髮以示決絕。」[41] 不久，他撰寫《解辮髮》一文，在這篇文章中，他稱自己「斷髮易服」，「惟支那四百兆人，而振刷是恥者，億不盈一」，即一億個人裏不超過一個。這在當時，的確有一種振聾發聵的作用。

革命與改良之爭

章太炎拉開架勢與梁啟超論戰，大約始於光緒二十七年（1901 年）八月十日發表於《國民報》第四期的《正仇滿論》一文。《章太炎年譜長編》也稱之為「對資產階級改良派政治主張批駁的第一篇文章，可視為中國近代史上革命與改良論爭最早的一篇歷史文獻」。該書曾引述《國民報》的編者註說：「右稿為內地某君寄來，先以駁斥一人之言，與本報成例，微有不合，原擬不登。繼觀撰者持論至公，悉中於理，且並非駁擊梁君一人，所關亦極大矣。急付梨棗，以飽國民，使大義曉然於天下，還以質之梁君可也。本社附誌。」[42]《國民報》是留日學生秦力山、馮自由等人創辦的一份月刊，秦力山自任總編輯，1901 年 5 月 10 日創刊於東京，刊登章

氏文章的第四期問世不久，就被迫停刊了。秦力山、馮自由最初都是梁啟超的學生，後因政見不同，竟視其為仇人。庚子勤王失敗後，秦曾糾集一些人，到東京找梁啟超算賬，梁不勝其擾，只好躲到橫濱去。章太炎的文章自然很對他們的胃口，是求之不得的，哪有「原擬不登」的道理？這種說辭只能視為虛晃一槍。

章太炎的《正仇滿論》是針對梁啟超的《中國積弱溯源論》而作的。梁啟超的這篇長達兩萬餘字的文章，深入探討了中國幾千年政治腐敗的根源。全文分為四節。第一節：積弱之源於理想者；第二節：積弱之源於風俗者；第三節：積弱之源於政術者；第四節：積弱之源於近事者。首先他指出：「愛國之心薄弱，實為積弱之最大根源。」為什麼會薄弱呢？在他看來，「其發源於理想之誤」，主要表現在三個方面：第一，不知道國家與天下的差別；第二，不知道國家與朝廷的界限；第三，不了解國家與國民之間的關係。所以他說：「以上三者，實為中國弊端之端，病源之源，所有千瘡百孔、萬穢億腥，皆其子孫也。今而不欲救中國則已耳，苟欲救之，非從此處拔其本，塞其源，變數千年之學說，改四百兆之腦質，雖有善者，無能為功。」

其次，他講道：「以今日中國如此之人心風俗，即使日日購船炮，日日築鐵路，日日開礦物，日日習洋操，亦不過披綺秀於糞牆，鏤龍蟲於朽木，非直無成，醜又甚焉。故今推本窮源，述國民所以腐敗之由，條例而僂論之。非敢以玩世嫉俗之言，罵盡天下也。」他從六個方面探討了人心風俗作為積弱根源的具體表現：一是奴性；二是愚昧；三是為我；四是好偽；五是怯懦；六是無動。他說：「以上六者，僅舉大端，自餘惡風，更僕難盡，遞相為因，遞相為果，其深根固蒂也，經歷夫數千餘年，年年之漸漬，莫或使然，若或使然，其傳染蔓延也，盤踞夫四百兆人人人之腦筋，甲也如是，乙也如是，萬方一概，杜少陵所以悲吟；長此安窮，賈長沙能無流涕？」這裏所言，應該說，正是二十世紀關於國民性批判之濫觴，梁啟超對國民性的認識，不僅影響了幾代人，而且，直到魯迅之前，很少有人能出其右。第三節，他講到了延續幾千年的統治術：「縱成今日之官吏

者，則今日之國民是也；造成今日之國民者，則昔日之政術是也。數千年民賊，既以國家為彼一姓之私產，於是凡百經營，凡百措置，皆為保護己之私產而設，此實中國數千年來政術之總根源也。」

他進一步指出說：「吾嘗徧（遍）讀二十四朝之政史，徧（遍）歷現今之政界，於參伍錯綜之中，而考得其要領之所在，蓋其治理之成績有三：曰愚其民，柔其民，渙其民是也。而所以能收此成績者，其持術有四：曰馴之之術，曰餂之之術，曰役之之術，曰監之之術是也。」然後他說：「觀於此，而中國積弱之大源，從可知矣。其成就之者在國民，而孕育之者仍在政府。」最後他講到中國積弱的近因，自然與清代統治者有關。他認為，順治朝開始實行的「嚴滿漢之界」是一個根本性錯誤，直到清末，還有剛毅這樣的人，製造出「漢人強，滿洲亡，漢人疲，滿洲肥」的十二字訣，仍然是「急於為滿洲朝廷計利益，而未暇為中國國民謀進步也」。乾隆時代是當今很多人讚賞的盛世，然而梁啟超說：「乃高宗不用其才，為我中國開文明政體之先河，乃反用其才為我中國作專制政體之結局。」他把乾隆比作法國的路易十四，「中國自乾隆以後，四海擾擾，未幾遂釀洪楊之變，糜爛十六省，蹂躪六百餘名城，其慘酷殆不讓於法國之一千七百八十九年矣」。所以他說：「吾誠不願我中國自今以往，再有如法國一千八百三十年、一千八百四十八年之革命者。」後來，這曾被有些人認為是梁啟超反對革命的證據。最後他講到了光緒，他從光緒身上看到了未來之希望，他說：「今上皇帝以天縱之資，抱如傷之念，藉殷憂以啟聖，惟多難以興邦，天之生我皇也，天心之仁愛中國而欲拯其禍也。」接着又說：「今上皇帝，忍之無可忍，待之無可待，乃忘身捨位，毅然為中國開數千年來未有之民權，非徒為民權，抑亦為國權也。」但那拉氏的昏庸、專制和腐敗，使得光緒不能有所作為，「那拉氏之仇皇上，其仇民權耶，其仇國權耶，仇民權則是四百兆人之罪人，仇國權抑亦大清十一代之罪人也。」[43]

梁啟超在這篇文章裏明確表達了對革命的擔憂，以及對光緒皇帝所寄予的希望，但他更明確地提出要改變沿襲了幾千年的專制統治，改變一家

一姓將國家據為私有的現狀。而改變這一切最好的辦法,在他看來就是實行君主立憲制度。他在大約同時還有《立憲法議》一文發表於《清議報》,更早一點還有《各國憲法異同論》,這兩篇文章更充分地表達了他對君主立憲的看法。不過,對於這個問題,章太炎卻不想說得太多,他的《正仇滿論》,恰如標題所顯示的,關注的焦點只是作者對滿洲及其統治者持怎樣的態度。這再次證明,章太炎眼中只有「滿洲」、「異族」,只有「夷夏之防」,而梁啟超看到的卻是數千年來民賊竊取民權的歷史。這是他們的重要分野之一。而且,章太炎在談到革命的時候,常常是把革命作為排滿的同義語來使用的,他曾經直言,在當今中國,最急需的是「光復」而非「革命」。他在為鄒容《革命軍》所作「序」中講到「革命」與「光復」的區別:「抑吾聞之,同族相代,謂之革命;異族攘竊,謂之滅亡;改制同族,謂之革命;驅逐異族,謂之光復。今中國既滅亡於逆胡,所當謀者光復也,非革命云爾。」[44]其後,他更以「光復」二字命名他們的組織。可見,「光復」對於章太炎來說,是斷然不能放棄的原則。此後他與孫中山發生分歧,經濟只是一個方面,更重要的,仍在於對「革命」的認識有所不同。

所以,他對梁啟超「所極不忘者獨聖明之主」絕不能接受。他是堅信「非我族類,其心必異」的,在他看來,「人情誰不愛其種類,而懷其利祿」,即使所謂聖明之主如光緒皇帝這樣的人,也和普通人的情感是一樣的,他真的能把滿洲已經享有的一切都放棄,讓漢人享用嗎?也許他沒有滿漢不同的偏見,但五百萬滿洲人能答應他嗎?「是故漢人無民權,而滿洲有民權,且有貴族之權者也。雖無太后而掣肘者什伯於太后,雖無榮祿而掣肘者什伯於榮祿」,所以他說:「今其所謂聖明之主者,其聰明文思果有以愈於堯耶?其雄桀(傑)獨斷果有以儕於俄之大彼得者耶?由是言之,彼其為私,則不欲變法矣;彼其為公,則亦不能變法矣。進退無所處,而猶隱愛於此一人,何也?」對於梁啟超所批評的國民的劣根性,以及官吏的腐敗和愚昧,他竟認為,不過是「本陳名夏、錢謙益之心以為心者」,意思就是說,他們對滿洲都不是真心,「所為立於其朝者,特曰

冠貂蟬襲青紫而已,其存聽之,其亡聽之,若曰為之馳驅效用而有所補助於其一姓之永存者,非吾之志也」。他甚至把束身自好,優遊卒歲,貪墨無藝,怯懦忘恥者,統統看作是「本陳名夏、錢謙益之心以為心者」,以為是一種不合作的態度,這就有點以「仇滿」、「排滿」、「逐滿」為是非了。按照他的設想,滿洲人應該從哪裏來到哪裏去,「東胡大抵,曠蕩鮮人,水草猶多,牧馬猶殖,使夫五百萬人者,反其故土,林林而立,總總而居,亦猶是滿洲之舊俗也」。他以為,這樣對待滿洲人,已經「至公至仁」了,即使真像當年滿洲人對待漢人那樣,揚州十日,嘉定三屠,也「合於九世復仇之義,夫誰得而非之」?對於梁啟超所說的君主立憲,他認為,以中國目前的條件,是做不到的。因為,要對權力進行限制,就必須要有國會和議院,「而是二者皆起於民權,非一人之所能立」。但當今中國的民權在哪裏呢?而且,當國民擁有民權之時,為什麼還要尊光緒為皇帝呢? [45]

梁啟超沒有對章太炎的《正仇滿論》作出回應。事實上,梁啟超雖然也談保皇,但自流亡海外以來,他的思想從來沒有停留在保皇上。光緒二十八年(1902 年)十月,何擎一將梁啟超數年所作文章彙編為《飲冰室文集》,這是梁啟超的著作第一次結集出版,他在《自序》中說:「以吾數年來之思想,已不知變化流轉幾許次,每每數月前之文,閱數月後讀之,已自覺期期以為不可。」[46] 而此時他的思想正日趨激烈。那時,他不僅鼓吹革命,鼓吹破壞主義,也鼓吹排滿,他在民國元年《蒞報界歡迎會演說詞》裏說:「當時承團匪之後,政府瘡痍既復,故態旋萌,耳目所接,皆增憤慨,故報中論調,日趨激烈。壬寅秋間,同時復辦一《新小說報》,專欲鼓吹革命。鄙人感情之昂,以彼時為最矣。」[47] 不過,就梁啟超而言,當時他所面臨的局勢太複雜了。大約兩年前,他與孫中山的合作意向,由於康有為的反對而被迫終止,雙方不再往來。這時,章太炎在東京舉辦支那亡國紀念會,聘請梁啟超、孫中山為贊成人,梁啟超先是覆書贊成的,數日之後,又致函章太炎,表示自己支持他的舉動,但不必具名,希望將他的贊成人名義取消,就是考慮到康有為的感受。他在這一年的四月寫

信給康有為，還說：「至民主、撲滿、保教等義真有難言者。弟子今日若面從先生之誡，他日亦必不能實行也，故不如披心瀝膽一論之。今日民族主義最發達之時代，非有此精神，決不能立國，弟子誓焦舌禿筆以倡之，決不能棄去者也。而所以喚起民族精神者，勢不得不攻滿洲。日本以討幕為最適宜之主義，中國以討滿為最適宜之主義。弟子所見，謂無以易此矣。滿廷之無可望久矣，今日日望歸政，望復辟，夫何可得？即得矣，滿朝皆仇敵，百事腐敗已久，雖召吾黨歸用之，而亦決不能行其志也。」[48]

梁啟超說的是實話。從他的文章中，我們可以感覺到他的左右為難。在經歷了戊戌政變，六君子蒙難，庚子勤王失敗之後，梁啟超對清政府已經非常失望。光緒二十八年（1902年）初，慈禧和光緒一行返回北京之後，並沒有表現出變法維新的誠意和決心，而是更加讓人失望。這年一月，奉行兩百多年的滿漢通婚的禁令宣告廢除，梁啟超寫了《似此遂足以破種界乎》，他在其中寫道：「今則外憂日迫，民智日開，政府竊竊然憂漢滿水火，終釀大患，頗思所以調和之策，頃乃以懿旨詔互相通婚，其用心良善。」但是，「滿漢之溝絕數百年矣，其俗不相習，其性不相同，雖日下一詔以敦迫之，吾知其不過一紙空文耳」。他又說：「政府若真欲除漢滿之界也，則當自大本大原之地行之，以實利實益示之，雖無通婚，必相安焉矣。不然，雖通何益？」[49]

但是，康有為對於梁啟超的態度頗不以為然，他當時寫了兩封很長的信，專門討論革命自立等問題，一封是《覆美洲華僑論中國只可行君主立憲不可行革命書》，一封是《與同學諸子梁啟超等論印度亡國由於各省自立書》。這兩封信以《南海先生最近政見書》為題發表於《新民叢報》第16號，章太炎看到後，當即慷慨陳詞，寫下了名噪一時的雄文《駁康有為論革命書》。這篇文章以《康有為與覺羅君之關係》為題，在光緒二十九年（1903年）六月二十九日的《蘇報》上發表，巧的是，第二天，清政府便照會上海租界當局，以「慫動天下造反」、「大逆不道」等罪名將章太炎逮捕。鄒容聞之，激於義憤，亦主動投案。章太炎的被捕最初也許不是由

於這篇文章，但這篇文章在後來的敘事中卻被認為是近代史上震驚中外的《蘇報》案的導火索。

▍梁啟超遊美記

　　章太炎鋃鐺入獄之際，梁啟超正在美國考察。梁啟超對美國嚮往已久，四年前，美國三藩市的維新會就曾向他發出過召喚，他亦欣然前往，沒想到，由於當地的疫情而滯留於檀香山。直到光緒二十六年（1900 年）六月禁令解除，他才獲准進入美國，卻又因漢口勤王，箭在弦上，電促其立即回國，只好報以遺憾。光緒二十九年（1903 年）正月，美洲保皇會邀請梁啟超遊歷美洲，終於遂了他的心願。正月二十三日他從日本啟程，二月初六日凌晨抵達加拿大的溫哥華港口。隨行者有黃慧之、鮑熾二人。

　　關於此行的目的，據《梁啟超年譜長編》介紹，主要是三件大事：「第一在開辦美洲各地保皇分會；第二在擴大譯書局股份，集股開辦商務公司，以樹立實業基礎；第三在籌款發展會中其他各事；此外並附帶為大同學校和愛國學社捐款。」[50] 梁啟超在加拿大居留兩月，四月初三日，由溫哥華乘車前往紐約，所行路線即著名的橫貫美洲大陸之太平洋鐵路。在此期間，他將《新民叢報》交給蔣智由、麥孟華、羅普、周伯勳、蔣方震、汪榮寶等人打理，自己很少再寫文章，而專心於美洲大陸的考察。在美國，除了在各地參加保皇會的活動，開展募捐以外，他一路走，一路看，一路談，一路想，自東而西，歷時半年有餘，行程不下萬里，「所見美國政俗，其感觸余腦者甚多」。[51] 舉其大端，主要有這樣幾個方面：其一，美國的國體、政體、社會、民眾自有其特質，這是美國所以實行共和聯邦制的社會歷史原因；其二，美國的共和政體也不是最完美的，也有其弊端；其三，進一步認識到華人社會的問題，不僅離民主共和很遠，甚至離民主立憲也很遠，只能實行君主立憲制；其四，革命不會使我們獲得自由，倒可能得到專制。他在旅美期間時時處處都拿「我民族與彼民族」相比較，感

觸不限於這四個方面。徐勤為其《新大陸遊記》一書作序，就曾感歎：「且彼以十月間所觀察所調查，乃多為吾三年間所未能見及，人之度量相越，不亦遠耶？」[52] 但所有這些歸結到一點，對梁啟超來說，就是改變對革命的認識和態度。二十世紀被稱為革命世紀，中國更是被革命打上了深刻的烙印，是福是禍都與革命有關，可見這不是一個小問題。

光緒二十四年（1898 年）以來，儘管梁啟超一直在宣揚保皇，宣揚君主立憲，並自稱改良主義者，但他在言談話語及撰寫文章的時候，不僅不迴避「革命」這個字眼，甚至還表現出對「革命」以及破壞主義的嚮往。直到踏上美洲大陸，在加拿大，他仍然覺得革命是必要的。這一年的四月初三日，他在寫給徐勤的信中還說：「中國實捨革命外無別法，惟今勿言耳。」[53] 勿言是因為康有為聽了不高興，所以不說。半個月之後他再次致信徐勤，仍然表示：「長者（康有為）此函責我各事，我皆敬受矣。惟言革事，則至今未改也。」他不加掩飾地說：「今每見新聞，輒勃勃欲動，弟深信中國之萬不能不革命。今懷此志，轉益深也。即此次到美演說時，固未言革，然與惠伯（葉惠伯，又名葉恩）、章軒（劉章軒，保皇黨，曾與葉恩等開辦振華實業公司）談及，猶不能不主此義也。捨是則我輩日日在外勸捐，有何名目耶？」[54] 從這裏可以看出，梁啟超所說的「不能不革命」，「捨革命外無別法」，既包含着對清政府的失望，也包含着對民眾心理的認知，用他的話說就是，不講革命，以什麼名義向民眾募捐呢？

狹義的「革命」

不過，梁啟超所理解的「革命」從一開始就不是，或不完全是一個階級推翻另一個階級，一個民族驅逐另一個民族的暴力行動。其實，後面這一點，恰恰是從中國傳統的「革命」語境中引申、發展出來的。在古老的中國，自先秦已有「湯武革命」之說，指的就是以武力推翻前朝，建立新政權，恰如《周易》所言：「天地革而四時成，湯武革命，順乎天而應

乎人，革之時義大矣！」[55] 這句話來自《周易》革卦的彖辭，它不僅表明了「革命」的合法性，而且指出了它的必然性。其後，在新的語境中，「革命」被等同於進化的歷史觀，具有了天然的正義性和道德優越感，二十世紀以來的激進主義均被冠以「革命」的名義，其道理或如是焉。但梁啟超所說的「革命」，卻與此有很大不同。比如他很早就提出了「詩界革命」、「小說界革命」的概念，在這裏，「革命」已非傳統語境中的政治暴力、天意民心，而是包含着「因其所固有而損益之以遷於善」[56] 的現代含義。但他尚未明確反對在傳統意義上使用「革命」一詞，而是將新義和舊義糾纏在一起混用。這一方面是他在學理上還沒有辨析得更清楚，另一方面，也來自現實環境的刺激。事實上，大約到了光緒二十八年（1902 年），梁啟超旅美之前，他已經意識到自己所努力傳播的「革命」思想在現實中已被誤讀，產生了適得其反的效果，但他還不想就此放棄「革命」，他撰寫《釋革》一文，試圖對「革命」的內涵加以限定，或索性改稱「變革」，就是這種矛盾心理的反映。他在其中寫道：「中國數年以前，仁人志士之所奔走所呼號，則曰改革而已；比年外患日益劇，內腐日益甚，民智程度亦漸增進，浸潤於達哲之理想，逼迫於世界之大勢，於是咸知非變革不足以救中國。其所謂變革云者，即英語 Revolution 之義也。」[57] 但他又說：「而倡此論者多習於日本，以日人之譯此語為革命也，因相沿而順呼之曰革命革命。又見乎千七百八十九年法國之大變革，嘗弑其王，刈其貴族，流血徧（遍）國內也，益以為所謂 Revo. 者必當如是。於是，近今泰西文明思想上所謂以仁易暴之 Revolution，與中國前古野蠻爭鬩界所謂以暴易暴之革命，遂變為同一之名詞，深入人人之腦中而不可拔。然則，朝貴之忌之，流俗之駭之，仁人君子之憂之也亦宜。」[58]

實際上，即使後來梁啟超選擇了否定革命的態度，他也仍然迴避不了「革命」這個提法。光緒三十年（1904 年）他寫了《中國歷史上革命之研究》一文，開篇即言之：「近數年來中國之言論，複雜不可殫數，若革命論者，可謂其最有力之一種也已矣。」[59] 在這裏，他不再反對將 Revolution 譯成「革命」，而是將「革命」做了廣義和狹義的區分，他說：

革命之義有廣狹。其最廣義，則社會上一切無形有形之事物所生之大變動皆是也；其次廣義，則政治上之異動與此前劃然成一新時代者，無論以平和得之以鐵血得之皆是也；其狹義，則專以兵力向於中央政府者是也。吾中國數千年來，惟有狹義的革命，今之持極端革命論者，惟心醉狹義的革命。故吾今所研究，亦在此狹義的革命。[60]

考察美國政體

梁啟超這種研究便開始於旅美期間。他在《新大陸遊記》中寫道：

論者動曰：美國人民離英獨立而得自由，此知其一不知其二也。謂美國人之自由以獨立後而始鞏固則可，謂美國人之自由以獨立後而始發生則不可。世界無突然發生之物，故使美國人前此而無自由，斷不能以一次之革命戰爭而得此完全無上之自由。彼法蘭西以革命求自由者也，乃一變為暴民專制，再變為帝政專制，經八十餘年而猶未得如美國之自由。彼南美諸國皆以革命求自由者也，而六七十年來，未嘗有經四年無暴動者，始終為蠻酋專制政體。求如美國之自由者，更無望也。故美國之獲自由，其原因必有在革命以外者，不可不察也。[61]

梁啟超曾自謂：「吾自美國來而夢俄羅斯者也。」[62]為什麼會這樣呢？梁啟超在美國究竟看到了什麼，並刺激了他的哪根神經呢？他是四月十六日到達紐約的，在紐約住了兩個多月，在此期間，他不斷往返於紐約周邊的一些城市，包括波士頓、華盛頓、費城等，見了很多人，看了很多地方，也討論了一些問題。他注意到在美華人地位卑微，原因就在於沒有選舉權，「使我華人在美者而有此權也，今此下民，或敢侮予」？由此可見，在這個實行民主共和政體的國家，選票是多麼的重要。但他也看到了另外

一種情況，就像在專制國家人們不敢批評朝廷的缺點一樣，在這裏，為了拉選票，政治家常常要媚眾取寵，迎合選民，故意逃避責任，或傷害民族、國家的利益。他認為：「此亦共和政體一大缺點也歟。」[63]

在華盛頓，他拜會了外務大臣約翰海氏和總統盧斯福（註：即希歐多爾‧羅斯福，1901—1909年任美國總統）。他發現，除非在戰時，美國總統的權力其實很小，沒有多少自由行動的餘地。其憲法規定，總統及其閣臣是不能向議會提出法律案的，也沒有列席國會的權利，看上去只是一個「行政主管」。這一點和英國有很大不同，雖然都以三權分立為權力制衡的原則，在政治上實行的都是憲政，但英國國王卻可以高居於行政、立法、司法三權之上，而美國總統的權力，從一開始就受到嚴格的限制。美國人有一種根深蒂固的憂慮，他們總是在想，如何才能避免從一個權力集中的中央政府中產生一個專制暴君的悲劇？這也就是梁啟超在《新大陸遊記》中所說的：「美國自建國以來，於專制武斷政體，深惡痛絕，此等腦識，傳數百年，入人最深，其所最懼者，若克林威爾、拿破崙等人物濫用其權力，馴變為僭主專制政體也。」[64]他們所採取的辦法之一，就是對權力進行分割。立法、行政、司法三大權力各自獨立，已經是一種分割，但美國人認為還不夠，他們在此基礎上又分割出各州、各市、各縣，乃至雞毛小鎮的權力，這些地方權力都是獨立的，各自為政的，官員也是由各地選民直接選舉出來的。所以我們看到，美國的共和政體雖然源自英國，卻沒有英國對貴族的依賴，他們在自治和分權方面走得更遠，也更加依賴於選民的選票。

美國的這種政治設計自然有其合理性，梁啟超不會看不到這一點，他在離開美國以後撰寫了《政治學大家伯倫知理之學說》一文，其中談到這個問題，他說：

> 美國之能變英國政體而為今政體者何也？彼其未離母國羈軛之時，而共和之原質已早具也。當其初年，其民之去本國而移殖於他鄉者，於祖國之議院制度、自治制度，固已久習熟練，懷抱政治心

以去，及其至新大陸，又不能復依賴貴族及本國官吏之力，不得不以自助及相濟兩主義為安居樂業之本原。共和政治之精神，實根於此。及其自助相濟之既久，習而成風，一旦而再欲加以束縛，其勢自不樂受。[65]

很顯然，在梁啟超看來，美國式的民主和自由之所以在美國行得通，是因為美國國民素質的起點很高，又經過長期的地方自治的訓練，相沿成習，不得不如此。他也看到，共和國體相較其他國體，確實具有很大的優越性，主要表現在五個方面：

（一）養成國民之自覺心，使人自知其權利義務，且重名譽也。（二）使人民知人道之可貴，互相尊重其人格也。（三）以選舉良法，使秀俊之士能各因其材以得高等之地位，而因以獎勵公民之競爭心也。（四）凡有材能者，不論貧富貴賤，皆得自致通顯，參掌政權，以致力於國家也。（五）利導人生之善性，使國民知識可以自由發達，而幸福日增也。[66]

於是，他發自內心地讚美道：

以故苟為國民者，能於共和所不可缺之諸德，具足圓滿，則行此政體，實足以培養愛國心，獎勵民智，馴至下等社會之眾民，其政治思想，亦日發達以進於高尚。美哉共和。[67]

儘管如此美妙，但他還是覺得，美國的共和政體也不是十全十美的，至少在兩個方面還有所欠缺：

一曰賤視下級之國民也。同為公民同有自由平等之權利，但使其教育程度在社會水平線以下者，一律蔑視之，不獨待煙剪人黑人

為然也，凡與彼輩在同等之位置者，莫不有然。（按，觀其待華人可知矣）此亦平等主義萬難實行之徵證也。二曰猜忌非常之俊傑也。凡國民之門第學識聰明才力資產挺出於社會水平線以上者，率為公眾所嫉忌，而不得自效於政界，懼其含有君主貴族之餘質，而將以傾覆國憲也。故共和政體者，最適於養中等之人物，齊國民之程度而為一者也。[68]

共和政體適合中國嗎

不過，他更關心的還是美國式的共和國體能否實行於中國。在整個旅美期間，這個問題始終糾纏着他，念念不忘，揮之不去。這種內心的糾結和衝突在三藩市幾乎達到了不可調和、不能平復的程度。三藩市是美國華人聚集最多的城市，當時有人口三十四萬多，其中華人就佔了兩萬七八千人。這裏的維新會成立得最早，註冊會員有上萬人之多。梁啟超抵達之時，人們奏響軍樂迎接他，據說，盛況超過了紐約。這使他感到很興奮，當即表示：

> 吾以為，欲觀華人之性質，在世界上佔何等位置，莫如在三藩市。何以故？內地無外人之比較，不足以見我之長短。故在內地不如在外洋。外洋華人所至之地，亦分兩大類，一曰白人少而華人多者，白人為特別之法律以待我，如南洋諸區是也；二曰白人多而華人少者，我與彼同立於一法律之下，如美洲澳洲諸區是也。其第一類者與內地幾無以異，故亦不足研究，所研究者第二類而已。第二類之中，其最大多數之所在，莫如三藩市。[69]

梁啟超在三藩市住了一月有餘，他都看到了什麼呢？他首先考察了華人的職業以及他們的生活狀況；其次，他考察了華人的組織情況，各種名目的社會團體和公共慈善事業；最後還考察了當地華人報館的情況。他

對三藩市華人社會所作的這番考察，使他看到，華人確實有其所長，比如不肯同化於外人，梁啟超認為，這種國粹主義、獨立自尊之特性，是建立獨立自主之國家的元氣。又如很有俠義情懷，再如很有冒險和吃苦耐勞的精神，最後還有勤儉守信用的美德，這些都是華人的長處。同時，他也看到了華人的短處，「一曰有族民資格而無市民資格」，他說，「吾中國社會之組織，以家族為單位，不以個人為單位。所謂齊家而後國治是也。周代宗法之制，在今日其形式雖廢，其精神猶存也。竊嘗論之，西方阿利安人種之自治力，其發達固最早，即吾中國人之地方自治，宜亦不弱於彼。顧彼何以能組成一國家而我不能？則彼之所發達者，市制之自治，而我所發達者，族制之自治也。」[70] 二者有什麼區別呢？區別就在於，一個是宗法的，一個是契約的。前者與君主專制制度可以相安無事，不僅統治者易姓換代，其不受影響，甚至異族入主，都不能使其有所改變。這是因為，在中國，「政府與民間，痛癢不甚相關。無論何姓代有天下，而吾民之自治也如故」[71]，因而也就很難養成國家意識。而後者卻是現代民主共和體制的社會基礎，人們為了共同生活而以契約的方式組織在一起，一個鄉、一個縣、一個市、一個州是這樣，擴展到一個國家，也是這樣。這種超越了族群、鄉里的自治經驗，才是中國人最缺乏的。梁啟超特別發現，具有鄉村自治傳統的中國人，一旦「遊都會之地，則其狀態之凌亂，不可思議矣。凡此皆能為族民不能為市民之明證也。吾遊美洲而益信。彼既已脫離其鄉井，以個人之資格，來往於最自由之大市，顧其所齎來所建設者，仍捨家族制度外無他物」。[72]

其二，他認為，中國人只「有村落思想而無國家思想」。考察美國歷史可以知道，這種地方自治觀念，是美國實行共和制的前提。雖然過分強調地方自治，可能使國家利益受到危害，但這裏只是分寸和尺度的問題。如果分寸和尺度把握得好，對於建立一個民主、自由的國家是有利的，但中國恰恰是在這個方面「發達過度」了，「豈惟金山人為然耳，即內地亦莫不皆然，雖賢智之士，亦所不免」。[73]

其三，他沉痛地表示，中國人「只能受專制，不能享自由」。這麼說

也許很不中聽，但卻說出了實情和真相。他說：

> 吾觀全地球之社會，未有凌亂於三藩市之華人者。此何以故？
> 曰自由耳。夫內地華人性質，未必有以優於金山，然在內地，猶長
> 官所及治，父兄所及約束也。南洋華人與內地異矣，然英荷法諸國
> 待我甚酷，十數人以上之集會，輒命解散。一切自由，悉被剝奪。
> 其嚴刻更過於內地。故亦戢戢焉。其真能與西人享法律上同等之自
> 由者，則旅居美洲澳洲之人是也。然在人少之市，其勢不能成，故
> 其弊亦不甚著；群最多之人，以同居於一自由市者，則三藩市其稱
> 首也，而其現象乃若彼。[74]

有人告訴他，三藩市華人也曾有過比較規矩，比較安定的時候，但那
恰恰是由於該市警吏「嚴緝之而重罰之也」。此後，主張嚴打的前任領事
一離開，便故態復萌了。梁啟超無奈地表示：「此實專制安而自由危，專
制利而自由害之明證也。」[75] 他在海外走了幾十個地方，所見過的華人組
織不外兩端，一種是領導者很強勢，沒有人敢反對他，「眾人唯諾而已，
名為會議，實則佈告也，命令也，若是者，名之為寡人專制政體」；另一
種是領導者遇事不能決斷，遂成無政府狀態，「若是者，名之為暴民專制
政體」。或者是寡人專制，或者是暴民專制，幾乎成為中國的宿命。這讓
他感到很失望也很傷心，他說：「此不徒海外之會館為然也，即內地所稱
公局、公所之類，何一非如是？即近年來號稱新黨志士者所組織之團體，
所稱某協會、某學社者，亦何一非如是？此固萬不能責諸一二人，蓋一
國之程度，實如是也，即李般（即法國學者古斯塔夫‧勒龐）所謂國民心
理，無所往而不發現也。夫以若此之國民，而欲與之行合議制度，能耶否
耶？」在這種情況下，選舉之混亂也就可以想見了，「各會館之有主席也，
以為全會館之代表也。而其選任之也，此縣與彼縣爭；一縣之中，此姓與
彼姓爭；一姓之中，此鄉與彼鄉爭；一鄉之中，此房與彼房。每當選舉
時，往往殺人流血者，不可勝數也。夫不過區區一會館耳，所爭者歲千餘

金之權利耳。其區域不過限於一兩縣耳，而弊端乃若此，擴而大之，其慘像寧堪設想？恐不僅如南美諸國之四年一革命而已。以若此之國民而欲與之行選舉制度，能耶否耶」？ [76]

梁啟超最終是給出了答案的，他說：「以三藩市猶如此，內地更可知矣。且即使內地人果有以優於金山人，而其所優者，亦不過百步之與五十步。其無當於享受自由之資格，則一而已。」 [77] 所以，他只能暫時放棄在中國實行共和的訴求。在他看來，走向共和，就是走向災難。他說：

> 夫自由云，立憲云，共和云，是多數政體之總稱也。而中國之多數大多數最大多數，如是如是。故吾今若採多數政體，是無以異於自殺其國也。自由云，立憲云，共和云，如冬之葛，如夏之裘，美非不美，其如於我不適何。吾今其毋眩空華，吾今其勿圓好夢。一言以蔽之，則今日中國國民，只可以受專制，不可以享自由。 [78]

這絕不是一時的激憤之詞，而是他此時此刻的真實感受。當時，章太炎因《蘇報》案而入獄的消息傳到美國，蔣智由在寫給梁啟超的信中也談到這件事，並提到吳稚暉向江蘇候補道俞明震出賣章太炎的傳聞。梁啟超很震驚，但最初他並不相信。後來收到橫濱同人的來信，其中附有章太炎獄中寫給朋友的信，也認為他的入獄是由於吳稚暉的告密。雖說蔡元培後來曾出面為吳稚暉開脫，說他是冤枉的，但當時遠在美國的梁啟超並不知曉，以他當時的心情，在回覆蔣智由（觀雲）的信中乃痛心疾首地表示：「中國之亡，不亡於頑固，而亡於新黨，悲夫！悲夫！」並且聲稱：「弟近數月來，懲新黨棼亂腐敗之狀，乃益不敢復倡革義矣。」 [79]

「告別革命」

這當然只是個小插曲，但正當梁啟超三十而立之際，他的人生之路，卻實實在在地面臨着一次巨大的轉折。這是所有人（同時代人與後來者）

都真真切切地看到和感覺到的。他十月十二日乘中國皇后號自溫哥華啟程，二十三日抵達日本橫濱，立即宣告其宗旨已經改變，他在《新民叢報》第三十八、三十九號連續發表文章，聲稱已放棄先前所信奉的「破壞主義」和「革命排滿」，轉向更加穩健、漸進的改良和「立憲」。《答飛生》一文，或許可以看作是他「告別革命」的宣言書。飛生何許人？有人說是蔣百里曾經用過的筆名。他在《浙江潮》第八期發表《近時二大學說之評論》一文，提出一個問題，究竟是有新政府然後有新民，還是有新民然後有新政府？梁啟超認為，這個問題與「時勢造英雄還是英雄造時勢」是一個道理，都是「互相為因，互相為果，強畸於一焉，均之非篤論也」。[80] 二者所談雖是同一問題，但心中所存答案卻是兩端。飛生固然希望先新政府，而梁啟超則擔心，「非從新民處下一番工夫，其孰從而變置之」？[81]

所以，他不認為「有一震撼雷霆之舉，足以使沉睡之腦一震而耳目能一新」。[82] 思想的啟蒙不是一兩個豪傑做一驚天動地之舉所能奏效的，需要耐心地培養和教育。但革命者總是等不及，他們以現政府為萬惡之源，以為打倒了現政府，問題就全部解決了。因此，他們往往主張「單易直捷以鼓其前進之氣」[83]，梁啟超指出：「吾向者固亦最主張『鼓氣』主義，乃最近數月間，幾經試驗，而覺氣之未盡可以恃，氣雖揚上，而智德力三者不能與之相應，則不旋踵而癙矣。」[84] 他說，鼓氣主義不可不用，亦不可常用，就像大黃、附子這樣的猛藥，偶一食之可以，天天吃就會出問題。「今日欲改造我國家，終不得不於民智、民德、民力三者有所培養，苟非爾者，非惟建設不可期，即破壞亦不可得也」。他覺得，像《蘇報》所掀動的學界風潮，以及東京留學生的抗議活動，都有點兒得不償失，不僅「不能損滿洲政府一分毫，而惟耽閣（擱）自己功課」。「或鼓其高志，棄學而歸，歸而運動，運動而無效，無效而懼喪，懼喪而墮落，問所贏（贏）者幾何？曰廢學而已」。[85] 黃遵憲在寫給梁啟超的信中也說過同樣的話：「僕所最不謂然者，於學堂中唱革命耳。此造就人才之地，非鼓舞民氣之所。自上海某社主張其說，徒使反動之力破壞一切。至於新學之輸入，童稚之上進，亦大受其阻力，其影響及於各學堂、各書坊，有何益矣。若章（太

炎）、鄒（容）諸君之捨命而口革，有類兒戲，又泰西諸國之所未聞也。」[86]

這樣的話，當然都是逆耳之言，不僅當時的年輕人不愛聽，現在的年輕人也不愛聽。但他還是告誡諸君，他也曾「痛心疾首，恨不得日旋雷霆於其頂上以撼之」[87]，那是為了激發氣衰者，對於氣盛者，這種方式就不適合。而且，「欲民之有氣者，非欲其囂然塵上而已，將以各任一二實事也」。[88]他那時所謂實事，很重要的一點，即文明的輸入，他以《新民叢報》、《新小說報》為宣傳陣地，大量譯介東西方的新思想、新文化、新知識，陳三立稱他為「輸入文明第一祖」[89]，恐非過譽。章太炎站在他的立場上看梁啟超，以為梁啟超知道保皇復辟沒有希望，「而專以昌明文化自任」[90]，卻算不得梁啟超的知己。

梁啟超的這種轉變，在外人看來也許發生得很突然，其實是有其內在邏輯的。與其說他的「告別革命」代表了一個新的起點，不如說在他的思想中一直就有對革命的懷疑以及對民族國家的嚮往，這種轉變只能是其某些基本傾向的最終發展。事實上，梁啟超的思想從來不是簡單的、單一的，而是由許多複雜內容糾結在一起的。你可以說他是個改良派，甚至是個保皇派，但如果你細讀他的文章，則不得不承認，他從最初參與變法維新，其思想意識就包括了自上而下的改良與反對王朝專制的革命兩大部分，即使在戊戌變法期間，也還有「保中國不保大清」的說法。戊戌政變之後，梁啟超逃亡海外，他的言論一度趨向激烈，並與孫中山的革命派探討過合作的可能性，曾引起康有為的責罵與批評。但他在改良還是革命、立憲還是共和等問題上，並無定見。有時他承認革命的必要性，有時又把革命描繪成盲目破壞的洪水猛獸。他不接受章太炎「攘夷」、「排滿」的主張，卻只能以《春秋》公羊傳的「三世三統」、「天下大同」來立論。

《新中國未來記》

梁啟超的猶豫不決最突出地表現在《新中國未來記》這部長篇小說中。他承認，這部小說醞釀了五年，但其所作，「似說部非說部，似稗史

非稗史，似論著非論著，不知成何種文體。自顧良自失笑。雖然，既欲發表政見，商榷國計，則其體自不能不與尋常說部稍殊。編中往往多載法律章程演說論文等，連篇累牘，毫無趣味」。[91]

雖然如此，小說卻另有使我們感到十分有趣的地方。比如他所設計的理想的新中國國體和政體，即美式民主共和，其理想的國號，即「大中華民主國」，其理想的開國紀元為 1912 年，其理想的第一任總統名曰羅在田，第二任總統名曰黃克強。這裏所謂羅在田者，即愛新覺羅・載湉。他在許多場合都曾表示，如果中國實行民主共和政體，第一任總統可以由光緒皇帝擔任，但這個總統不是終身制，更不能世襲，所以有了下一屆總統黃克強。

小說還用很大的篇幅追述了共和國創建之父黃克強與他的朋友李去病之間發生的一場重要爭論，這場爭論的焦點便是他們應該採取哪一種政治途徑，實現怎樣的政治目標。李去病是革命派的代表，他主張用暴力的手段，推翻現行政府，建立直接的多數人的政治，捨此不能救中國；黃克強反對李去病的革命路線，他認為，中國人的素養還不具備實行民主政治的條件，中國雖有村社自治的傳統，但與現代社會從權利、義務兩種思想中生發出來的自治不是一回事，所以，暴力革命只能使中國陷入法國大革命的災難，造成生靈塗炭的局面。而且，暴力革命還可能引發列強的軍事干涉，給列強瓜分中國提供新的口實。他希望能在和平與秩序的基礎上，通過教育和改良，開啟民智，逐步養成國民的自治力，從而實現民主共和的政治理想。

很久以來，人們常把黃克強當作梁啟超的化身，而李去病身上也有孫中山、章太炎的影子。但實際上，這兩位主人公恰恰構成了梁啟超一身而兼二任的兩面性，他們之間所發生的爭論，完全可以看作是梁啟超內心衝突的一種表達。如果我們將 1902 年的《新中國未來記》與一年以後的《新大陸遊記》對照來讀，就會發現，二者有許多相似之處，只是換了一種敍述方式而已。多年來，梁啟超一直在撰寫介紹西方民主制度的文章，並利用各種場合為實現自由、民主、民權鼓與呼，即便是在《新

中國未來記》中，他也沒忘記表達對美國式民主共和的嚮往。但當他置身於這個國家之中，近距離地觀察它、研究它的時候，他所看到的不僅沒有加強他的熱情，反而加深了他的擔憂。這樣看來，《新大陸遊記》不僅成了《新中國未來記》的見證，也恰好印證了梁啟超的心路歷程。如果說，創作《新中國未來記》時的梁啟超在改良與革命的問題上還沒有作出明確選擇的話，那麼，當他寫作《新大陸遊記》的時候，這個問題已經得到了明確的解決。

▌ 保皇立憲與革命排滿之爭

這時，革命黨與康梁的矛盾已經發展到水火不能相容的程度。章太炎曾經認為，挑撥革命黨與保皇黨的關係，使二者互相殘殺，是張之洞等人的一大陰謀，希望孫、梁二人不要落入張之洞的圈套。但「任公、中山，意氣尚不能平，蓋所爭不在宗旨，而在權利也」。不僅如此，革命黨講到自己的敵人，康梁排在第一，超過了張之洞，可見痛恨之深。他因此擔心孫、梁之爭可能危害到革命大局。他說：「吾不敢謂支那大計，在孫梁二人掌中，而一線生機，惟此二子可望。」[92] 可惜，章太炎最不願看到的兩派矛盾，在他入獄後愈演愈烈。革命派還把章太炎寫的《駁康有為論革命書》，說成與保皇派公開論戰之始。這時，革命派在香港、上海等地所辦報刊已有《中國日報》、《廣東日報》、《世界公益報》、《警鐘日報》及《大陸報》數家，不久，又增加了《民報》一家，成為他們抨擊保皇立憲、鼓吹革命排滿的主陣地，與梁啟超所主持的《新民叢報》展開了大規模的論戰。在此期間，革命派這邊的筆桿子主要匯集了章太炎、胡漢民、汪精衛、朱執信、宋教仁、劉師培等。不過，《民報》創刊時，章太炎尚在獄中，所以，前五期的主筆由胡漢民擔任。光緒三十二年（1906年）四月二十八日，《民報》第三號發行號外，提出了與《新民叢報》論戰的綱領，共十二條：

一、《民報》主共和，《新民叢報》主專制。

二、《民報》望國民以民權立憲，《新民叢報》望政府以開明專制。

三、《民報》以政府惡劣，故望國民之革命；《新民叢報》以國民惡劣，故望政府以專制。

四、《民報》望國民以民權立憲，故鼓吹教育與革命，以求達其目的；《新民叢報》望政府以開明專制，不知如何方副其希望。

五、《民報》主張政治革命，同時主張種族革命；《新民叢報》主張開明專制，同時主張政治革命。

六、《民報》以為國民革命，自顛覆專制而觀，則為政治革命，自驅除異族而觀，則為種族革命；《新民叢報》以為種族革命與政治革命不能相容。

七、《民報》以為政治革命必須實力；《新民叢報》以為政治革命只須要求。

八、《民報》以為革命事業專主實力，不取要求；《新民叢報》以為要求不遂，繼以懲警。

九、《新民叢報》以為懲警之法，在不納租稅與暗殺；《民報》以為不納租稅與暗殺，不過革命實力之一端，革命須有全副事業。

十、《新民叢報》詆毀革命，而鼓吹虛無黨；《民報》以為凡虛無黨皆以革命為宗旨，非僅以刺客為事。

十一、《民報》以為革命所以求共和；《新民叢報》以為革命反以得專制。

十二、《民報》鑒於世界前途，知社會問題必須解決，故提倡社會主義；《新民叢報》以為社會主義不過煽動乞丐流民之具。

號外在最後附有編者按語稱：「以上十二條，皆辯論之綱領。《民報》第四號刻日出版，其中數條，皆以解決。五號一下，接連闢駁，請我國民平心公決之。」[93]

旅美歸來的梁啟超，先是忙於保皇大會的召開，為此，他於光緒三十年（1904年）正月回到香港，見到了久別的恩師康有為。會後，大約在二月下旬，為了與狄楚青、羅普籌劃開辦《時報》等事，他又到了上海，隱姓埋名，匿居在虹口一家名為「虎之家」的日本旅館的三樓上。在他的主持下，《時報》籌備工作進展得十分順利，並確定於四月二十九日出刊，報名、發刊詞及體例都是梁啟超事先擬定的。他本人則在一切搞定之後，悄悄地離開上海，回到日本。此後一段時間，他又經歷了黃遵憲去世，伯姊去世，以及繼母去世等重大變故，這些感情上的波瀾，在他心裏久久不能平復。所以，《民報》創刊之初，雖然從第一號起便向梁啟超下了戰書，但梁啟超並未匆忙應戰。以他對革命黨的了解，這些人除了造謠生事，侮辱謾罵，也拿不出什麼像樣的東西來。此前，香港的《中國日報》、《世界公益報》就偽造過梁啟超寫給日本首相伊藤博文的一封信，其實，這封信的真正作者是一個叫李寶森的人，而收信人是日本伯爵副島種臣，該信曾刊登在日本《東邦協會會報》第110號，卻被革命黨移花接木，利用來攻擊梁啟超，其手段不可謂不卑劣。當時，梁啟超曾在《新民叢報》的第四十四、四十五號上連續刊登《辨妄廣告》和《辨誣再白》。他說：

　　　　該報作此等舉動，於鄙人何損，徒傷報館之德義，而損該報之價值耳！且今日何時耶，國亡之不暇，民間若誠有志者，各盡其力所能及者而自勉焉。方針不同，我敗焉，猶望人之成；苟其可成，成之何必在我！真憂國者不當如是耶？堂堂正正以政見相辨難，猶可言也；若造謠誣謗，含沙射人，斯亦不可以已耶？鄙人不能不為該兩報惜之。[94]

　　梁啟超是個很書生氣的人，他希望雙方能「堂堂正正以政見相辨難」，而革命黨可不管這些，他們攻擊、詆毀梁啟超是不擇手段的。後來接管《民報》編輯業務的章太炎在其《自定年譜》中也說：「任《民報》編輯。余以胡（漢民）、汪（精衞）詰責卓如（梁啟超），辭近詬誶，故持論稍

平。」[95] 許壽裳的回憶也證實了這一點，他說：「章先生抵東後，即入同盟會，任《民報》編輯。其中胡漢民、汪兆銘（精衛）等詰難康、梁諸作，文筆非不鋒利，然還不免有近於詬誶之處。惟有先生持論平允，讀者益為歎服。」[96]

對於革命黨的攻擊、詆毀，梁啟超曾經表示：「鄙人向來不屑與辯，謂今日固非鬥此等浪筆閒墨之時也。」[97] 但是，他又覺得，在大是大非面前，「仍不能不反駁之，蓋不如是，則第三者之觀聽愈熒也」；針對《民報》上發表的文章，他認為：「強辯如彼，勢亦不能不為應敵之師。」[98] 所以，他先作了《開明專制論》、《申論種族革命與政治革命之得失》兩篇長文，分別發表在《新民叢報》上，從而引發了一場長達兩年之久，對中國近現代歷史影響深遠的大論戰。《民報》第三期號外發表《〈民報〉與〈新民叢報〉辯駁之綱領》，即上述所謂十二條，起因就在於梁啟超發表的這兩篇文章。《民報》諸君大為震怒，群起而攻之；梁啟超亦奮起應戰，以一人而敵十數人，直殺得刀光劍影，難解難分，其針鋒相對，壁壘森嚴，為歷來所未見。當時便有好事者，署名「壁上客」的將雙方論辯的文章彙集起來，以《立憲論與革命論之激戰》為名出版，成為當年的暢銷書。

▋ 章太炎退守書齋，二人漸行漸遠

章太炎的出獄，可謂恰逢其時。光緒三十二年五月初八日（1906 年 6 月 29 日），章太炎三年監禁期滿，孫中山特派專人到上海迎接。他在《口授少年事跡》中講到：「夏，余監禁期滿，中山自東京遣使來迎，遂赴東京，入同盟會，主民報社。」蔣維喬的回憶就顯得更加具體了：「五月初八日，章炳麟監禁期滿，將於是日出獄。事前數日，會中先行預備，購定船票，送往日本。是日之晨，蔡子民、葉浩吾及余等在滬會員十餘人，均集於河南路工部局門前守候。十時，炳麟出，皆鼓掌迎之。遂由浩吾陪乘

馬車，先至中國公學。即晚，等日本輪船。」⁹⁹ 孫中山之所以要禮遇章太炎，其目的就是要壯大自己這一黨的聲勢。說起來，這一黨人數雖然不少，但是，除了章太炎和劉師培之外，其餘都是弘文、法政、早稻田等幾個大專學校的青年學生，而劉師培的聲望和影響都不是很高，能與梁啟超相抗衡的，也只有章太炎了。所以，章太炎的加入，對《民報》來說，的確是增加了一支生力軍。查當年的刊物可知，從 1906 年 7 月至 1908 年 10 月，除少數幾期由別人代勞外，《民報》的筆政一直都是由章太炎主持的。兩年多來，他為《民報》撰寫的文章多達 58 篇，其中，僅論說和時評就撰寫了 42 篇，成為這個時期《民報》最主要的政論作者。這也是章太炎一生中為報刊寫作最勤、發表文章最多的一個時期，他的受人敬重，並贏得很高的社會聲望，也是由於這個時期所表現出來的高昂的革命戰鬥精神。恰如魯迅在回憶往事時所說：「我愛看這《民報》，但並非為了先生的文筆古奧，索解為難，或說佛法，談『俱分進化』，是為了他和主張保皇的梁啟超鬥爭，和『××』的×××鬥爭，和『以《紅樓夢》為成佛之要道』的×××鬥爭，真是所向披靡，令人神旺。」¹⁰⁰

　　章太炎到了東京，孫中山組織了盛大的歡迎會，像迎接凱旋的英雄一樣，迎接這位因反滿而入獄的鬥士。歡迎會於七月十五日在神田錦輝館召開，到會的留學生超過了兩千人。章太炎發表了著名的演說，當時正下着雨，由於與會者超過了預計的人數，很多人不能進入會場，大家就站在雨中聽他演說。在這次演說中，他頗動感情地回顧了自己的經歷，並為「章瘋子」這個名字張目。他說：「為這緣故，兄弟承認自己有神經病；也願諸位同志，人人個個，都有一兩分的神經病。近來有人傳說，某某是有神經病，某某也是有神經病，兄弟看來，不怕有神經病，只怕富貴利祿當面現前的時候，那神經病立刻好了，這才是要不得呢！略高一點的人，富貴利祿的補劑，雖不能治他的神經病，那艱難困苦的毒劑，還是可以治得的，這總是腳跟不穩，不能成就什麼氣候。」¹⁰¹ 他是有資格這麼說的。因為，他沒有參加過科舉，富貴利祿的補劑，對他沒有作用；他又坐了三年監獄，艱難困苦的毒劑，於他也奈何不得。他為此感到自豪。

在這次演說中，章太炎提出了近日要辦的兩件事：「第一，是用宗教發起信心，增進國民的道德；第二，是用國粹激動種性，增進愛國的熱腸。」[102] 他這裏所說的宗教類似於今天我們所說的信仰，他說：「要有這種信仰，才得勇猛無畏，眾志成城，方可幹得事來。」[103] 只是對於中國人來說，選擇哪一種宗教信仰更好呢？他認為孔教不講神祕難知的話，是很好的，還算乾淨，但孔子鼓勵學生做官，不敢做「反對黨」，不敢說「彼可取而代也」的話，這不好，所以他說：「孔教最大的污點，是使人不脫富貴利祿的思想。」[104] 對革命者來說，這是斷不可用的。此後他指責梁啟超熱衷君主立憲，也是中了孔夫子富貴利祿的毒。那麼基督教呢？他認為用於中國，也不相宜。他以羅馬為例，「試看羅馬當年，政治學術，何等燦爛，及用基督教後，一切哲學，都不許講，使人人自由思想，一概堵塞不行，以致學問日衰，政治日敝，羅馬也就亡了。」[105] 在他看來，中國羅馬，可以並稱伯仲，所以，基督教對於中國也是有損無益。他主張用佛教，「佛教的理論，使上智人不能不信；佛教的戒律，使下愚人不能不信。通徹上下，這是最可用的」[106] 但是，現在通行的佛教他覺得不行，有許多雜質，需要設法改良。他的辦法是「用華嚴、法相二宗改良舊法」，以為「在道德上最為有益」。[107]

他要辦的第二件事，就是提倡國粹。「為甚提倡國粹？不是要人尊信孔教，只是要人愛惜我們漢種的歷史。這個歷史，就是廣義說的，其中可以分為三項：一是語言文字，二是典章制度，三是人物事跡」。[108] 他這裏所說的，其實就是民族文化。在這一點上，他與梁啟超不僅沒有矛盾，反而像是殊途同歸。所不同的，梁啟超強調的是生活在這塊土地上的所有民族，而他所強調的只是漢族，但就以文化養成國民精神而言，他們的看法是一致的。還在光緒二十八年（1902年），他們便通信討論過撰寫《中國通史》的計劃，當時，梁啟超發表了《論中國學術思想變遷之大勢》和《新史學》兩篇學術論文，倡言「史學界革命」，主張以西學新說整理中國舊史。即使是在《民報》與《新民叢報》論戰最激烈的時候，梁啟超在寫給蔣觀雲的一封信中，還希望章太炎能對他的新著《國文語原解》給予批評

指正，甚至想求他寫一篇敍言。他說：「東中士夫其粹於此者，惟章太炎，然以政見歧殊，久不聞問，先生能居間以就正於彼，（若太炎肯為敍，亦學問上一美談）尤所願望。政見與學問固絕不相蒙，太炎若有見於是，必能匡我不逮，而無吝也。」[109]

可惜，章太炎沒有對此作出回應，否則，真是學術界一佳話也。不過，對於梁啟超停止相互攻擊，和平發言的請求，卻表示「欲為調停」。[110] 先是光緒三十二年（1906年）春天，梁啟超贊成徐佛蘇的建議，以第三者的名義在《新民叢報》上發表一封讀者來信，呼籲雙方停戰，並責成他趕快交稿：「公所謂作一來函登報，以停止論戰者，此甚妥，望早成之。」[111] 這封題為《勸告停止駁論意見書》的讀者來信，是徐佛蘇以「佛公」為筆名撰寫的，刊登在光緒三十二年《新民叢報》第十一期上。但《民報》方面一直不予理睬，於是，梁啟超又託徐佛蘇找宋教仁幫忙，他們同為湖南老鄉。宋教仁日記《我之歷史》十一月二十六日（1907年1月10日）記載：

> 四時，至徐應奎（佛蘇）寓，坐良久。談及梁卓如。應奎言：「梁卓如於《民報》上見君文，欲一見君，且向與《民報》辯駁之事，亦出於不得已。苟可以調和，則願不如是也。《民報》動則斥其保皇，實則卓如已改變方針，其保皇會已改為國民憲政會矣。君可與民報社相商，以後和平發言，不互相攻擊可也。」余答以將與民報社諸人商之，改日將有覆也。[112]

宋教仁很重視這件事，他馬上去找章太炎商議，轉達了徐佛蘇的一番話，章太炎說「可以許其調和」。他們又一同來到孫中山的寓所，見到了孫中山與胡漢民，但他們「皆不以為然」。[113] 這件事也就不了了之了。不過，十二月十九日（2月1日），宋教仁又記：「接徐應奎（佛蘇）來信言，將邀蔣觀雲同往梁卓如處，勸其不加惡口於《民報》事云。」[114] 這說明，大家還在作最後的努力，但無濟於事，《新民叢報》最終於1907年7月停

刊。多有論者認為,《新民叢報》停刊意味着改良派與革命派的論戰以改良派失敗而告終。但是他們忽略了當時的具體情形。自光緒三十二年清政府宣佈預備立憲以來,梁啟超的關注點已經轉移,他興奮地表示,政治革命已告一段落,現在要做的,是研究過渡時代的一些具體問題。比如民法和經濟學,就是他最感興趣的,還有憲法、行政法、教育等諸多問題,都需要切實地研究,而陷入論戰之中的《新民叢報》,已無力承擔這個任務,他準備辦一份新的刊物,來承載大家的研究成果。既如此,也就不能再兼顧《新民叢報》了。與其讓它變成雞肋,不如使其壽終正寢。何況他還擔負着更加重要的組建新黨的任務,無論如何沒有精力再與革命黨人周旋了。

至於說到這場論戰的勝敗,嚴格說來,不是論戰本身的問題,而是中國社會矛盾發展使然。梁啟超在《現政府與革命黨》一文中對這個問題有過極為精彩的論述,他說:「革命黨者,以撲滅現政府為目的者也。而現政府者,製造革命黨之一大工廠也。」最初看到這句話,很容易想起馬克思所說,資產階級培育了它的掘墓人——無產階級。梁啟超說:「革命黨何以生?生於政治腐敗。政治腐敗者,實製造革命黨原料之主品也。」這就等於說,政治腐敗是製造革命黨的溫牀。這個道理很簡單,沒有政治腐敗,也就沒有了革命的理由,革命黨也就失去了煽動民眾的依據。人民不信任政府甚至怨恨政府,是因為政府沒有盡到自己的責任和義務。作為政府,它本來有責任、有義務保護人民的權利不受到損害;但它不僅沒有這樣做,反而損害人民的權利,剝奪人民的權利,成了人人得而誅之的獨夫民賊。為了捍衛自己的權利,人民只能奮起反抗,「故革命思想不期而隱湧於多數人之腦際,有導之者,則橫決而出焉」。這是革命黨的宣傳很容易被越來越多的人所接受的原因。

再有一點,就是種族問題。滿漢是客觀存在,華夷是悠久的遺傳,現實是滿洲以少數族群統治中國,而中國固有之傳統,則視君主與政府為一體。所以,政府的政治腐敗一定會影響到民族之間的感情,如果僅僅從政治角度動員民眾,能夠回應的人其實很少,一旦從民族感情入手,其煽

動性則是所向披靡的。所以，革命黨內部無論有什麼分歧，在推翻清朝統治這一點上卻是高度一致的。這也是章太炎能和孫中山走到一起的根本原因。為這個國家的安全和穩定着想，所謂刷新政治，治理腐敗，第一件事就要打破滿漢界限，消除滿洲特權，然而政府偏偏不這樣做，他們所做的，就是讓所有的人都失望，把所有的人都趕到革命黨一邊去。比如當時，清政府做了什麼呢？雖然「號稱預備立憲，改革官制，一若發憤以刷新前此之腐敗，夷考其實，無一如其所言，而徒為權位之爭奪，勢力之傾軋，藉許可權之說以為排擠異己之具，新缺位之立以為位置私人之途，賄賂公行，朋黨各樹，而庶政不舉，對外之不競，視前此且更甚焉……滿籍官吏中之一二人，稍得權力，則援引姻親，佈滿朝列，致使新官制改革之結果，滿人盡據要津，致社會上有排漢政策之新名詞出現……則相排之結果，滿亦何能終與漢敵？惟有滿族先斃，而滿漢同棲之國家，隨之而亡耳」。為什麼很多人仇恨政府，仇恨滿洲，「則政府有逼之使不得不相仇者耳」。梁啟超認定，一兩個煽動家的作用是非常有限的，「惟政府所供給之革命的原料，日沖積於人人之腦際，而煽動家乃得以投機而利用焉」。他把政府與革命黨的關係，比作不潔之人與蟣虱的關係，「天下惟不潔之人，斯生蟣虱，亦惟不潔之人，日殺蟣虱，方生方殺，方殺方生，早暮擾擾，而虱無盡時，不若沐浴更衣，不授以能發生之餘地」。[115] 然而，清政府不會聽從梁啟超的勸告，他們一意孤行，最終將自己拖進墳墓，也讓梁啟超的政治實踐歸於失敗，更使中國錯失了一百年的良機，至今還跋涉在追求憲政的路上。

　　儘管取得了對於改良派的勝利，但事實上，章太炎主持《民報》期間的表現，並不令孫中山等人特別滿意。其原因首先在於他們的革命訴求與章太炎並不完全一致，孫中山的三民主義綱領並不被章太炎完全認同。就章太炎而言，他的政治主張，其出發點只是反對民族壓迫，實行所謂「民族復仇」，恢復漢族的統治地位，也就是他一再宣稱的光復而非革命。此後他與孫中山分道揚鑣，聯合陶成章等人組成光復會，也基於這種思想。章太炎在《定復仇之是非》這篇文章中說：「今之種族革命，

若人人期於顛覆清廷而止，其利害存亡悉所不論，吾則頂禮膜拜於斯人矣。」[116] 他在《民報》期間撰寫的許多文章，都體現了他的這種思想。《民報》被封禁之後，他則以講學為業，退守書齋，「其授人以國學也，以謂國不幸衰亡，學術不絕，民猶有所觀感，庶幾收碩果之效，有復陽之望，故勤勤懇懇，不憚其勞，弟子至數百人」。[117] 然而，對國事及革命黨人的失望，也使得他一度想到要去印度出家。至此，他和梁啟超也就漸行漸遠了。

註釋：

1　《謝本師》，見《章太炎年譜長編》，11 頁。
2　《清代學術概論》，95 頁。
3　《章太炎年譜長編》，27 頁。
4　《革命逸史》上冊，50 頁。
5　《章太炎年譜長編》，36 頁。
6　《革命逸史》上冊，50 頁。
7　《名人自述》，101 頁。
8　《譚嗣同全集》，514 頁。
9　《黃遵憲集》，466 頁。
10　同上，470 頁。
11　《章太炎政論選集》，14～15 頁》。
12　《名人自述》，101 頁。
13　轉引自《章太炎年譜長編》，12 頁。
14　轉引自《章太炎政論選集》，15 頁〈説明〉。
15　《章太炎政論選集》，233 頁。
16　轉引自《章太炎年譜長編》，43 頁。
17　《飲冰室合集・文集》之一，109 頁。
18　《致梁啟超書》一，見《黃遵憲集》，486 頁。
19　《梁啟超年譜長編》，77 頁。
20　《致梁啟超書》一，見《黃遵憲集》，486 頁。
21　《飲冰室合集・文集》之一，9～11 頁。
22　《戊戌百日誌》，486 頁。
23　《章太炎政論選集》，96～97 頁。
24　轉引自《章太炎年譜長編》，65 頁。
25　同上。
26　《世載堂雜憶》，109～110 頁。
27　《章太炎學術年譜》，51 頁。
28　《章太炎年譜長編》，73～74 頁。
29　《飲冰室合集・文集》之二，48 頁。
30　《章太炎年譜長編》，5 頁。
31　同上。
32　《章太炎政論選集》，269 頁。

33　《陸九淵集》，轉引自《新會梁氏：梁啟超家族的文化史》，11 頁。
34　《致陶亞魂、柳亞廬書》，見《章太炎政論選集》，191 頁。
35　同上，93 頁。
36　《自定年譜》，見《名人自述》，103 頁。
37　《章太炎政論選集》，269 頁。
38　《革命逸史》上冊，50 頁。
39　《病後雜談之餘》，見《魯迅全集》第六卷《且介亭雜文》，183 頁。
40　《革命逸史》上冊，240 頁。
41　《自定年譜》，見《名人自述》，103 頁。
42　《章太炎年譜長編》，121 頁。
43　《飲冰室合集・文集》之五，13～41 頁。
44　《革命軍序》，見《章太炎政論選集》，193 頁。
45　《正仇滿論》，見《辛亥革命前十年間時論選集》第一卷上冊，94～99 頁。
46　《梁啟超年譜長編》，294 頁。
47　同上，298 頁。
48　同上，286 頁。
49　1902 年 2 月《新民叢報》第 2 號，見《飲冰室合集・集外文》上冊，79 頁。
50　《梁啟超年譜長編》，311 頁。
51　《飲冰室合集・專集》之二十二，133 頁。
52　同上，1 頁。
53　《梁啟超年譜長編》，318 頁。
54　同上，320～321 頁。
55　《周易譯註》，172 頁。
56　《釋革》，《飲冰室合集・文集》之九，40 頁。

57　同上，41頁。

58　同上。

59　《飲冰室合集‧文集》之十五，31頁。

60　同上。

61　《飲冰室合集‧專集》之二十二，
　　134頁。

62　《飲冰室合集‧文集》之十三，86頁。

63　《飲冰室合集‧專集》之二十二，
　　34頁。

64　同上，62～63頁。

65　《飲冰室合集‧文集》之十三，77～
　　78頁。

66　同上，79頁。

67　同上。

68　同上，79～80頁。

69　同上，104頁。

70　同上，121頁。

71　《飲冰室合集‧文集》之三，49頁。

72　《飲冰室合集‧專集》之二十二，
　　121～122頁。

73　同上，122頁。

74　同上。

75　同上，122～123頁。

76　同上，123頁。

77　同上，124頁。

78　同上。

79　《梁啟超年譜長編》，328頁。

80　《飲冰室合集‧文集》之十一，42頁。

81　同上，43頁。

82　《辛亥革命前十年間時論選集》第一
　　卷下冊，520頁。

83　同上。

84　《飲冰室合集‧文集》之十一，44頁。

85　同上。

86　《黃遵憲集》下卷，514頁。

87　《飲冰室合集‧文集》之十一，44頁。

88　同上。

89　《黃遵憲集》下卷，501頁。

90　《章太炎政論選集》，162頁。

91　《飲冰室合集‧專集》之八十九，
　　2頁。

92　《章太炎政論選集》，162～163頁。

93　以上均引自《中國近代報刊史》下
　　冊，401～402頁。

94　《飲冰室合集‧集外文》上冊，
　　157頁。

95　《章太炎年譜長編》，225頁。

96　《章太炎傳》，40頁。

97　《飲冰室合集‧集外文》上冊，
　　159頁。

98　《梁啟超年譜長編》，363頁。

99　《章太炎年譜長編》，209頁。

100　《魯迅全集》第六卷《且介亭雜文末
　　　編》，546頁。

101　《章太炎政論選集》，271頁。

102　同上，272頁。

103　同上，274頁。

104　同上，272頁。

105　同上，273頁。

106　同上。

107　同上，274頁。

108　同上，276頁。

109　《梁啟超年譜長編》，378頁。

110　《章太炎年譜長編》，208頁。

111　《梁啟超年譜長編》，363頁。

112　同上，363～364頁。

113　同上，234頁。

114　同上。

115　《飲冰室合集‧文集》之十九，45～
　　　52頁。

116　《辛亥革命前十年間時論選集》序
　　　言，6頁。

117　《章太炎年譜長編》，295頁。

第十四章

我獨憐才⋯⋯

梁啟超與楊度

▶ 楊度 (1874—1931)

- 1898 年，楊度與梁啟超在長沙時務學堂進行了一場大辯論。
- 1902 年，楊度到日本留學。其間與梁啟超重逢，彼此惺惺相惜。
- 1905 年，路權鬥爭，楊梁二人各發文呼應，造成極大影響，最終取得勝利。
- 1906 年，五大臣出洋考察，楊梁二人充當槍手，為他們寫奏摺。梁啟超邀請楊度、熊希齡商討共建新黨，可惜最後未能成功。
- 1910 年，楊度上奏摺，奏請清政府赦免並起用梁啟超，清廷未予採納。
- 1915 年，楊度追隨袁世凱復辟帝制，梁啟超公開反對，大罵二人。

楊度（1874—1931），原名承瓚，字晳子，後改名度，另有別號虎公、虎禪，又號虎禪師、虎頭陀、釋虎，湖南湘潭姜畬石塘村人。他曾師從一代名儒王闓運，1894 年甲午科中舉，像譚嗣同、唐才常一樣，也是當年名動三湘的青年才俊。

▌ 少年意氣，時務學堂初較量

光緒二十四年（1898 年），即戊戌變法那一年，正月二十二日，楊度辭別母親，登舟赴京，準備參加戊戌年的科舉考試。二十三日，行至省城長沙，船就停泊在城外，他入城去拜見老師王闓運。不巧，老師到衡州去

了。閒談中，他向朋友打聽省城中現有哪些知名人士，大家都提到了梁啟超，說他是康有為的大弟子，正主講於時務學堂。當時，梁啟超的大名在長沙城裏叫得很響，不敢說家喻戶曉，至少讀書人是言必及之。

楊度只小梁啟超一歲，他自恃有才，並不把梁啟超放在眼裏。而且，在他看來，梁啟超的老師康有為曾問學於廖平，而廖平又是王闓運在四川尊經學院講學時所收的學生，由此論之，康有為算是他的師姪。而這樣一論，梁啟超就比他小了整整兩輩兒。楊度也是年輕氣盛，他對梁啟超少年得志，報紙贏得大名，很不服氣。那天，他隻身前往時務學堂，一定要會會這個在社會上叱咤風雲的廣東才子。

當時，梁啟超正在時務學堂給學生們講《孟子》，他要求學生從《孟子》所謂「民貴君輕」的思想中，領會關於民權、民主的微言大義，以此作為反對君主專制的思想武器，為變法維新、強國保種，乃至天下大同張目。楊度的到來，打斷了他和學生之間的討論。他有什麼反應，我們已不得而知，只有《楊度日記》記載了當時的情形。

他首先對梁啟超諱言康有為曾問學於廖平，而廖平曾求學於王闓運大為不滿，以為他「欲張其門面以騙館地耳」[1]，指責他有自立門戶，招搖撞騙的嫌疑。

其次，他認為，先講《孟子》後講《春秋》，次序是不對的。這是因為，他的老師王闓運治學之初是由《儀禮》進而研究《春秋》，《春秋》的地位高於《孟子》。但是，康有為視《周禮》為偽書，專講《春秋公羊傳》，以為周文王、周武王的傳統到周公就斷絕了，孔子著《春秋》就是延續這個傳統，所以，一切仁政皆本於《春秋》，而《春秋》的意義就在於「損益百王，斟酌三代，垂制立法，以教萬世」。[2] 這是孟子的觀點，也是康有為講經今文學不同於王闓運之處。楊度不理解梁啟超為什麼主張學生讀書要先讀《孟子》，後讀《春秋》。其實，在梁啟超看來，讀書立志是第一位的，這也是以程朱為代表的宋儒教育學生的入手處。在這裏，所謂立志，就是立孟子之志，只有立下一個平治天下，當今之世捨我其誰的志向，你才能真正理解《春秋》的大義，才能成為《春秋》大義的實踐者與捍衛者。

這與楊度從老師王闓運那裏得到的帝王之學、縱橫之術是不同的，孟子的平治天下，講的是天下大同，民貴君輕，不是帝王的統治權術。

其三，楊度反對把《孟子》說得這麼重要。在他看來，由於宋儒喜歡講心性，才拔高了《孟子》的地位。他說，孟子生當亂世卻沒能發揮撥亂反正的作用。那個時候，整個天下都在打仗，你爭我奪，孟子卻空談什麼「五畝之宅」，一點實際意義都沒有。何況，孔子說「性近習遠」，「孟氏則曰性善。孺子入井，見者惻隱，習也，非性也，孺子乍見孺子，必無此矣。故《孟子》一書，宋儒所宗，一語可以撥倒，又不足以挾持也。」[3]

他們的辯論一直持續到夜幕降臨，涉及很多問題，楊度形容自己「詞氣壯厲」，而梁啟超「初猶肆辯，後乃遁詞」。最後，他不無遺憾地寫道：「其人年少才美，乃以《春秋》騙錢，可惜！可惜！」[4]

楊度此番進京，並沒有得到他想要的功名。由於他恃才狂傲，竟以十三篇駢體文應付所有考卷，結果自然是名落孫山，竹籃打水一場空。不過，他沒有急於回鄉，而是在京城住了下來，每日呼朋喚友，出入於酒肆戲園，以狂士自居，大言不慚，桀驁不馴，在日記中亦沾沾自喜於在京的「廣東人多知余在長沙驅梁啟超之事」。[5]

一日，酒席之間，楊度又藉機貶損宋儒乃至程朱，引起在座一位朋友的不滿。這位朋友多飲了幾杯，有些醉了，拍案而起，指着楊度大罵。然而，楊度卻並不惱，眼看朋友氣得面紅耳赤，他卻以為「態正嫵媚」[6]，完全是一副遊戲人生的模樣。他很自負地對人們講：「蓋不通《春秋》，不知撥亂。越雖有種而無范蠡，漢雖有何而無張良，大亂之世，未見其能從容變法也。」[7]這裏說得很明白，私下裏他是把自己當作范蠡、張良一流人物，而非文種、蕭何一流人物的。當今之世，沒有他，要變法談何容易？所以他說：「余誠不足為帝師，然有王者起，必來取法，道或然與？」[8]王闓運深知這個學生的稟性，曾寫信叮囑他千萬要謹慎，「在京多往來少議論，以謂事無可為，徒以獲罪」。[9]但楊度並未把老師的叮囑放在心上，不久就被牽連到「王祚唐誣控慈母案」中，且被一些京官視為主謀，不僅沒有做成帝師，反而，不得不為了求生而逃離北京。此後很長一段時間，他

一直鬱鬱不得志。庚子年（1900 年）七月，恰逢唐才常領導自立軍起義，失敗被殺的當口，他正居家讀書，一天，他以炎暑為由，自己放了自己的假，受到母親責備。他在當天日記中寫下了自己的心情：「以年將三十，迄無成立，聞之悲悚。修名不立，無以為子。日暮步遊，出門里許，至漢橋邊，山煙向暮，寒水待月，忽覺滿目蒼茫，欲作窮途之哭。人以我為曠達，不知直以眼淚洗面，士不得志，豈不悲哉！歸來閉門向月孤吟，久不能寐。」[10]

兩年後，光緒二十八年壬寅（1902 年），楊度不顧王闓運的反對，毅然決然離開家鄉，到日本自費留學。在這裏，他進了東京弘文書院的師範速成班，與黃興、楊篤生、周伯勳、張孝準等一班同學不期相遇。在他們的影響下，他對新學發生了興趣，漸有所得，思想亦日趨激進，並參與創辦了留學生雜誌《遊學譯編》，當年十一月發刊於東京。

▌ 重會日本，惺惺相惜

第二年，在他們的結業典禮上，日本高等師範學校校長嘉納治五郎發表了貶低中國人的言論，楊度當場與他就國民性與教育問題發生激烈辯論，事後又寫成文章，並以《支那教育》為題，發表在梁啟超主辦的《新民叢報》上。由於這件事，在日本的中國留學生都知道了楊度的大名。

在日本期間，他與梁啟超重逢。而此時的梁任公已非當年可比，由於《清議報》、《新民叢報》在海內外的巨大影響，他已成為獨一無二影響輿論的意見領袖。楊度為了向梁啟超示好，把自己的新作《湖南少年歌》拿給梁啟超看。據說梁是這篇不朽之作的第一讀者。梁啟超沒有因為楊度當年的張狂而心存芥蒂，他將此詩首發於《新民叢報》，而且以讚賞的口吻寫道：「昔盧斯福演說，謂欲見純粹之亞美利加人，請視格蘭德；吾謂欲見純粹之湖南人，請視楊皙子。」[11]

楊度還作了一首詩贈給梁啟超，詩是這麼寫的：

志（道）遠學（志）不逮，名高實難副。古來學者心，慄慄惟茲懼。憶吾新會子，夙昔傳嘉譽。德義期往賢，流風起頑鋼。曩余初邂逅，講學微相忤。希聖雖一途，稱師乃殊趣。（原註：戊戌春在長沙論《春秋公羊傳》，各主師說，有異同。）楊朱重權利，墨子尊義務。大道無異同，紛爭實俱誤。（原註：余嘗謂湘潭王先生援莊入孔，南海康先生援墨入孔，實為今世之楊墨，而皆託於孔子者也。）茫茫國事急，惻惻憂情著。當憑衛道心，用覺斯民瘽。古人濟物情，反身先自訴。功名豈足寶，貴克全予素。君子但求己，小人常外騖。願以宣聖訓，長與相攻錯。[12]

此時的楊度，對梁啟超不僅不再歎為「可惜」，還在詩中稱讚他「德義期往賢，流風起頑鋼」；回憶當初的爭論，也不再自詡為「驅梁」英雄，以「詞氣壯厲」自詡，而是輕描淡寫地說成「微相忤」，是「各主師說，有異同」，是「大道無異同，紛爭實俱誤」。最後他還建議，當此國事危急之際，大家應該攜起手來，共赴國難，不能再糾纏於個人的恩怨。詩的後面還附有一封短信，說得更加懇切：

近以國中青年子弟，道德墮落，非有國粹保存之教育，不足以挽狂流，如前數次所面論者。因時取舊書溫閱，思欲有所編述，乃每一開卷，則責人之心頓減，責己之念頓增。時一反省，常覺天地之大，竟無可以立足之地。自治之道，其難如此。因思古今社會風俗，其能致一時之醇美者，必由於二三君子，以道相規，以學相歷（勵），流風所及，天下效之；以躬行為之倡，而因以挽一世之頹俗，此必非口舌論說之功所能比較者。古聖賢之為學，必求其反躬自省，而無絲毫不歉於心，乃為有得。若夫名滿天下，功滿天下，曾於吾身無一毫之增損者，常人道之，君子不計焉，以其無關於求己之道也。今同處異國，於眾人之中，而求可以匡吾過而救吾失者，無如足下，輒以其意成詩一首。知足下亦無取乎便佞，故自附於直

諒之末，亦以託於先施而求誨迪，特錄以奉呈。詩中追述往事者，欲以紀實，著其離合之跡；君子之道，不貴苟同也。而又必稱師者，薄俗忘本，非度等所當出。足下擔任一世之教化者，倘以予言為信乎？若能俯賜酬答，而無辜我嚶鳴，是所幸也。[13]

這真是一封情真意切的信，讀後足以使人動容。梁啟超的確大為感動，他寫道：「自萬木草堂離群以來，復生（譚嗣同）、鐵樵（吳鐵樵）宿草之後，久矣夫吾之不聞斯言也，吾之疚日積而德日荒也，十年於茲矣。風塵混混中，獲此良友，吾一日摩挲十二回，不自覺其情之移也。」[14] 這裏也能看出梁啟超心地之單純，待人之誠懇，他是一個真性情的人。用李肖聃的話說：「其時二人相與，天下之至好也。」[15]

光緒二十九年（1903 年），為了給《遊學譯編》籌集辦刊經費，楊度取道回國。他按照王闓運的安排，去見張之洞，得到張的賞識。這一年，清政府為了網羅新學人才，仿照康乾時的故事，詔開經濟特科。楊度也被保薦入京參加了這次考試，並取得了一等第二名的好成績。排在他前面的，就是後來做了北洋政府財長，與楊共事並成為政敵的梁士詒。好像命運非要捉弄他一樣，這一次，他又與到手的功名擦肩而過。戊戌政變之後，慈禧最恨的就是康、梁，對粵籍士人亦深懷偏見。然而，偏偏有人告訴她，梁士詒即梁啟超之弟，而康有為又名祖詒，有人編造了所謂「梁頭康尾」的說法，故意將慈禧激怒。梁士詒因此被除名，楊度也受到牽連，除了他曾是「湖南師範生」外，在日本，他還有過攻擊朝廷的言論，策論中也流露出對朝廷的不滿情緒，於是，有人懷疑他是唐才常的同黨或革命黨。所以，他不僅未能被錄取，還遭到了清政府的通緝。

不久，無路可走的楊度重返日本。此時，他與梁啟超的關係更加親密，常常出入於梁家及《新民叢報》社。當時，在日本留學生中，革命、立憲兩派已勢同水火，互不相讓，楊度則游移於兩派之間，觀望風向，他不想得罪梁啟超，同時，又和孫中山保持聯繫。關於此情此景劉成禺留下了一段記載：

楊度在東京，欲謁中山先生辯論中國國是，予與李書城、程明超、梁煥彝介往橫濱。孫先生張宴於永樂園，辯論終日。皙子（楊度）執先生手為誓曰：「吾主張君主立憲，吾事成，願先生助我；先生號召民族革命，先生成功，度當盡棄其主張，努力國事，期在後日，勿相妨也。」皙子回車，喟然歎曰：「對先生暢談竟日，淵淵作萬山之響，汪汪若千頃之波，言語誠明，氣度寬大；他日成功，當在此人，吾其為輿台乎？」[16]

爭取路權與參與立憲，二人密切配合

那時候，楊度在留學生中影響很大，有一種領袖群倫的風範。光緒三十一年（1905 年），他擔任留日中國學生會幹事長，不久又被推舉為留美、留日學生維護粵漢鐵路代表團總代表。粵漢鐵路即今日京廣鐵路的南段，從武漢經湖南，抵達廣州；北段即北京至武漢路段，當時稱蘆漢鐵路，是貫穿中國南北的鐵路幹線。丁酉年（1897 年）秋冬間，在張之洞的主持下，清政府與比利時人達成協議，將蘆漢鐵路的鋪設權、監造權、行車管理權，統統讓與比利時公司，該公司則給予清政府年息 5 厘、期限 30 年的 450 萬英鎊借款。這一筆生意不僅使中國完全喪失了鐵路主權，還在財政上受到巨大損失，為以後帝國主義者利用債款關係控制中國鐵路權益開了一個極為惡劣的先例。蘆漢鐵路既成定局，粵漢鐵路就提到日程上來了。比利時公司表現得非常積極，可謂不遺餘力，大有舍我其誰的意思。但這一次清政府卻將粵漢鐵路的承辦權賣給了美國人創設的華美合興公司。不過比利時公司並未因此而放棄，他們先是通過比、法兩國駐中國領事向清政府提出抗議，繼而又謀求在私下裏大量收購合興公司的股權。到了 1901 年 5 月，比利時人在紐約收買的粵漢鐵路股權，已佔全部股權的一半以上，在公司董事會中所佔席位也已達 22 票之多數，公司總辦遂被改選為比利時人信任的何域查將軍。

這種情形引起了一些有識之士的擔憂，梁啟超在《粵漢鐵路交涉之警聞》一文中就有很全面的分析，他說：「比利時者，實俄、法同盟之傀儡，全地球所同認也。彼既得蘆漢鐵路之敷設權，遂欲更擴張之，由漢口經廣東以接續安南邊境，其北路則經張家口到北京以接俄國西伯利支線，以通俄、法兩國之勢力範圍，使相連絡。所謂司馬昭之心，路人皆見者也。」[17]所以，他一針見血地指出，此事已非「資本問題，而政治問題也」。[18]而且不是一般的政治問題，在這場路權爭奪戰的背後，不僅顯露出列強急欲瓜分中國的貪婪和不可一世，而且折射出列強在瓜分中國、爭奪世界霸權中的矛盾衝突。梁啟超在另一篇文章《鐵路權之轉移》中亦指出：「有間接從經濟上圖我者，英、美等國是也；有直接從政治上圖我者，俄、法等國是也。兩者目的不同，而皆以鐵路政策為手段。兩者結果皆不利於中國，而俄、法所挾持，尤咄咄逼人。」[19]

在社會輿論的影響下，湖南官紳首先發起「廢約贖路」的倡議。他們認為，既然合約中有所謂「此權利不得讓與他國人」的規定，那麼，合興公司私自將股權轉讓給比利時人，就可以視之為違約，合約就應該作廢。他們的倡議很快得到了廣東紳商的回應，紳商們經過反覆商議，決定採取梁啟超稱之為「創舉」的彩票贖路辦法，他認為，這種彩票集股的辦法雖說採用了西方公債的形式而有所改變，但其精神實質與西方公債卻是完全一致的。他甚至預言：「今後之中國，不可不厚集全國總殖與列強決戰於經濟競爭之場。」[20]不過他提醒大家，這個辦法雖然很好，也很容易被各地仿效，但主辦者一定要講信用，「而不然者，信用一墜，後此引為大戒，蒙其害者豈直一粵漢鐵路而已」！[21]

在這場爭取路權的鬥爭中，楊度也一直衝在前頭。他不僅帶頭請願，發表了《粵漢鐵路議》一文，要求廢除光緒二十六年（1900年）中美粵漢鐵路借款續約，主張收回路權，由官紳籌款自辦，以維護國家主權。他還以總代表身份回國，向王闓運討教，督促張之洞負起責任。據說，梁啟超在爭回粵漢鐵路一案中為《新民叢報》和《時報》寫了大量文章，其新聞素材就來自楊度收集的電報稿。羅普在《任公軼事》中寫道：「任公向楊

皙子度覓得全案電稿，一一加以按語，寄由《時報》發表，以促國人之注意，故卒能達其收回自辦之目的也。」[22]

　　經過民間的不懈努力和官方的一再妥協，1905 年 8 月 29 日，中國最終以 675 萬美元的代價贖回了粵漢鐵路的建路權。在這段時間裏，梁啟超與楊度配合得可謂相當默契。他們惺惺相惜，同氣相求，志同道合，一個自稱「少年中國之少年」，一個高唱《湖南少年歌》，「是二人者，均當時新青年中之卓卓者也」。[23] 梁啟超曾致信康有為談到他們之間的友誼，他說：「東京中最同志而最有勢力者莫如楊皙子度（湘潭人，孝廉，頃新捐郎中）。其人國學極深，研究佛理，而近世政法之學，亦能確有心得，前為留學生會館總幹事，留學生有學識者莫不歸之。數年來與弟子交極深……」[24] 深到什麼程度呢？當時流行這樣一個傳說，光緒三十一年（1905 年）八月，清政府搞預備立憲，派載澤、徐世昌、戴鴻慈、端方、紹英等五大臣出洋考察。這些終日養尊處優的官僚貴胄，如果是出訪遊玩，擺譜享樂，他們倒也內行，無師自通。據說端方就從歐洲帶回一台電影放映機，在其府中試演，忽然汽鍋炸裂，震傷數人，成為當時京城的一大新聞。但他們此行的目的，卻是要考察西方各國的憲政。這些人連憲政究竟是什麼都搞不清楚，外文更一竅不通，如何考察呢？回來後又如何向太后、皇上交差呢？這很讓他們感到為難。隨行人員中有一位湖南人叫熊希齡，是楊度和梁啟超的好朋友。當年梁啟超在湖南長沙主講時務學堂，他曾任學堂的總理。這時，他建議請一位精通憲政的人，捉刀代筆撰寫憲政考察報告。那麼，這個精通憲政的人又到哪裏去找呢？他說：「我國精通憲政的人才，只有兩個：一是梁啟超，一是楊度。他倆目前都在日本。梁啟超是朝廷的罪人，不能找，不如去找楊度，請他代寫。」[25] 五大臣接受了建議，派他到日本找楊度。於是，楊度拉上梁啟超一起做槍手。

　　此事的記述還有另外一個版本，據《梁啟超年譜長編》介紹：「日俄戰爭停止後，清朝親貴中一些人也附會風氣，標榜維新的傾向，其中尤以端方主張最力，所以才有派遣五大臣出洋考察憲政的事。當日端方頻以書

札與先生往還。計秋冬間先生為若輩代草考察憲政，奏請立憲，並赦免黨人，請定國是一類的奏摺，踰二十餘萬言。」[26] 那時，梁啟超還是朝廷通緝的要犯，此事即使進行，一定也是非常機密的，他們之間一定另有聯絡的管道，只是那些來往的信札，我們現在很難看到了。不過，在梁啟超寫給徐佛蘇的一封信中，我們還能看到一些蛛絲馬跡：

> 爾來送生活於海上者二十餘日，其間履陸地者，不過三十餘小時。公聞當亦大訝其行蹤之詭祕耶。公前週間所惠書，今日始得見，亦此之由。所示祕事，聞之甚喜，惟在內任此事之人，因前此曾與一二它省人共事，頗蒙損害，故非彼穩知者，不欲共焉。今當以書與彼，得彼許可，乃能定也。又頃欲俟彼出洋者，覆命後消息如何乃圖之，故得彼覆書後，亦正不遲也。
>
> 近所代人作之文，凡二十萬言內外，因鈔謄不便，今僅抄得兩篇，呈上一閱，閱後望即擲返。此事不知能小有影響否，望如雲霓也。（諸文中除此兩文外，尚有請定國是一摺亦為最要者，現副本未抄成，遲日當以請教。）頃新歸百事積閣，須以一禮拜之力，方能了之，故現在未能約公來談，屆時當相約也。（此文請萬勿示一人，閱畢望即用書留寄返。）[27]

1929 年梁啟超逝世後，徐佛蘇向編纂年譜的丁文江等人提供資料時，在這封信上寫了一段跋註：

> 此函係乙巳年（1905 年）發，所謂此文萬勿示人者，係梁先生代清室某大臣所作之考察憲政之奏議也。所請余告祕事者，即當日某督有奏請立憲及赦黨人之祕奏也。[28]

這裏所說的某督、某大臣，很可能就是端方。但徐佛蘇顯然把時間記錯了。由於五大臣啟程之際，革命黨人吳樾在正陽門火車站扔了炸彈，

使得考察推遲到這一年的十一月十一日（12月7日），人員則去掉徐世昌與紹英，增加了尚其亨和李盛鐸。直到第二年的六月，五大臣考察結束，「分兩批回到北京」。[29] 熊希齡四月二十二日（5月15日）先行回到上海，閏四月十一日（6月2日）前後，他以「擬往北海道調查墾務」的名義赴日，六月初五日（7月25日）回到上海，在日本停留近五十天。這時，戴鴻慈和端方已於四天前，即六月初一日（7月21日）抵達上海等他。熊希齡與梁啟超見面，請他代擬奏章，應該就在這段時間內，梁啟超所說在海上祕密寫作二十餘日，應該也是這段時間。

　　熊希齡回到上海，帶來了梁啟超代擬的奏章，六月十四日（8月3日），戴鴻慈與端方便啟程北上回京，並於六月二十二、二十三日（11、12日）接連上書朝廷，介紹西方各國憲法，請求盡快實行立憲。七月初九日（8月28日），清政府召開御前會議，通過了實際上由梁啟超起草的《考察各國憲政報告》；七月十三日（9月1日）上諭：「現載澤等回國陳奏，深以國勢不振，實由於上下相睽，內外隔閡，官不知所以保民，民不知所以衛國，而各國之所以富強者，實由於行憲政，取決公論，軍民一體，呼吸相通，博採眾長，明定政體，以及籌備財政，經劃政務，無不公之於黎庶。」所以，清政府下詔宣示「仿行憲政，大權統於朝廷，庶政公諸輿論」，但由於「目前規制未備，民智未開」，於是又聲稱，改革「必從官制入手，亟應先將官制分別議定，次第更張，並將各項法律，詳慎釐訂，而又廣興教育，清理財政，整頓武備，普設巡警，使紳民明悉國政，以預備立憲基礎」，「俟數年後，規模粗具，查看情形，參用各國成法，妥議立憲實行期限，再行宣佈天下」。並且「視進步之遲速，定期限之遠近」。[30] 儘管這只是清政府的一種姿態，且非常有限，但仍然極大地鼓舞了梁啟超，他按捺不住由衷的喜悅，在致蔣觀雲的信中指出：「從此政治革命問題，可告一段落。」[31] 在這裏，梁啟超也許顯得有些着急，或者顯得過於樂觀，但流亡海外七八年，天天盼、夜夜想的不就是這一天嗎？他認為，隨着清政府宣佈預備立憲，中國的政體問題已經解決，剩下的就是如何實現由專制政體向立憲政體的過渡，如何將立憲精神落實到具體的政治體制

改革中去。他很清楚，立憲不是僅憑「一紙法文之所可致」的，即使把憲法寫在紙上，也未必能使我國民真正沐浴到「憲政之澤」。而養成立憲國民之資格，更不是一件可以一蹴而就的事情。他預感到，要推動清政府把「預備立憲」進行下去，早日確定立憲之期限，不會是一帆風順的，一定會遇到重重阻力，要做的事情很多，而這正是他責無旁貸的。[32]

▌ 成立新黨，領導權歸屬問題引分歧

這時，梁啟超與《民報》的論戰越來越趨於白熱化，他很想盡快脫身出來，集中精力把立憲的事情辦好。他在許多場合向革命黨建議停止爭論，與革命黨關係密切的徐佛蘇也積極地從中調解，希望能促成雙方停戰。但是，革命黨這邊拒絕了梁啟超的請求，而清政府的所作所為，又讓舉國志士大為失望。九月二十日，清政府宣佈了釐訂內閣官制的結果，過去的中央機關主要由九卿、六部、內閣和軍機處組成，新官制規定，除「內閣、軍機處一切現制，着照舊行」外，擬設十一部、七院、一府，其中新設之十一部中，「外務部、吏部均着照舊」；所設「各部堂官均設尚書一員、侍郎二員，不分滿漢」。[33] 然而，在這十一位尚書中，滿人佔了六人，漢人只佔五人，比以前六部滿漢尚書各一人還減少一人。很顯然，這種不肯放棄既得利益的改革，任何人都不會滿意，不僅沒有緩和漢人的不平，反而給革命黨提供了口實，梁啟超等人更因主張「開明專制」而受到猛烈的攻擊。徐佛蘇在寫給梁啟超的一封信中傾訴了他們的苦惱：「公一腔熱血，空灑雲天，誠傷心事也。他黨近來勢頗發達，久恐有異動，排斥立憲之聲，如哇鳴之噪耳，弟近日最受唾罵。黃某（指黃興）已與我談判是非，彼此雖百詞辯難，終無最後之裁決。渠之直接間接運動我者可謂極矣。加之近日促弟歸國辦事之人甚多，其中一處為黃所探悉，渠即數次勸駕。總而言之，渠意縱不能強我入黨，亦必欲使我歸國，不為言論上之障害。」[34]

梁啟超也因此深陷於兩難之中，一邊是革命黨咄咄緊逼，亟欲摧毀一個舊世界；一邊是清政府虛情假意，維持其舊制度而不思改革。他清醒地看到，此時此刻，要救中國於危難之中，他只能兩面作戰。他明白：「要而言之，革命黨之舉動，可以亡中國者也；現政府之舉動，尤其可以亡中國者也。然所以有革命黨者，則現政府實製造之，現政府不可不為革命黨受過。故革命黨亡國之罪一，而現政府亡國之罪二。」[35] 但他有時也表示：「今者我黨與政府死戰，猶是第二義；與革黨死戰，乃是第一義。有彼則無我，有我則無彼。然我苟非與政府死戰，則亦不能收天下之望，而殺彼黨之勢，故戰政府亦近日萬不可緩之着也。今日有兩大敵夾於前後，成立故甚難，然拚全力以赴之，亦終必能得最後之勝利。」[36]

儘管如此，他還是主動單方面停止了論戰，抽身去做他認為更重要、更緊迫的事情。他一方面敦促清政府兌現其承諾，盡早公佈預備立憲的年限，一方面積極為立憲派人士提供思想、方略，形成一致的輿論。雖然清政府的預備立憲更多的還是表面文章，若干措施往往有名無實。但「預備立憲」這四個字既然已經出自政府之口，那麼不管它是否出於誠心，人民都可以借助這個理由來問責政府，「人民誠進行矣，則政府雖欲不進行而將不可得也」。[37] 怎樣才能動員人民，把他們組織起來，成為政府亦不能小覷的勢力呢？梁啟超從日本改良的經驗中得到借鑒，認為捨政黨沒有更好的辦法。所以，從這個時候起，他已把組建政黨視為當今第一件大事。他在寫給康有為的信中指出：「我國之宜發生政黨久矣，前此未有其機，及預備立憲之詔下，其機乃大動。」[38]

如何籌劃組建這個黨呢？首先要有人，有一群志同道合的同志，梁啟超身邊恰好就聚集了楊度、蔣智由、徐佛蘇、熊希齡這樣一批年輕有為的仁人志士。光緒三十二年（1906 年）十月末，梁啟超邀請楊度和熊希齡到神戶商量組黨之事，他們詳談了三天三夜，決定成立一個組織，名曰帝國憲政會。在這三天三夜裏他們都談了些什麼？我們從楊度和熊希齡留下的文字中沒有看到相關的記載，只有從梁啟超寫給康有為的一封信中，可以窺見當日發起組織政黨的蛛絲馬跡。梁的這封信應該作於十一月初，因

為，十一月五日，他在接到康有為從瑞典發來的電報後，馬上寫了另一封信，繼續匯報並協商組黨過程中的一些問題。在前一封信中，梁啟超詳細地逐條陳述了他與楊、熊二人密談的結果：

其一，成立新黨，先要解決保皇會的問題。他們的意見是：「新舊兩會名分而實合，始分而終合。」合，不必解釋，因為康有為不會有意見；分，卻必須說清楚，否則，就容易引起康的誤會。那麼，為什麼分呢？他們主要提出兩點理由：第一，海外保皇會的情況，不必讓內地人知道；第二，保皇會固然要改名，但不能不對外宣佈，所以，「帝國立憲會即舊日之保皇會」並不是個祕密，要「推行內地，究有不便」。因此，他們建議「另立一會，其會擬名曰憲政會」，以示和帝國立憲會有所區別。

其二，還要解決康有為的地位問題。當年與孫中山的合作未能成功，原因之一，即康有為對於安排他「退居二線」大為不滿，甚至懷疑梁啟超要取而代之。這一次，梁啟超吸取教訓，先給康有為一個交代。他說，弟子出名作為憲政會的發起人，「先生則不出名。因內地人忌先生者多，忌弟子者寡也」。但他許諾給康有為保留一個會長的職務，不過，暫時不設會長，「先生現時惟暗中主持而已」。他還告訴康有為，自己雖然出名為發起人，但也不在會中擔任任何職務。

其三，幹事長一職計劃由楊度擔任。他告訴康有為，「東京中最同志而最有勢力者莫如楊皙子度。其人國學極深，研究佛理，而近世政法之學，亦能確有心得，前為留學生會館總幹事，留學生有學識者莫不歸之。數年來與弟子交極深」。楊度打算先寫一封信給康有為，把自己的政見以及對未來的設想向康有為陳述一番，希望得到他的認可。梁啟超則一再叮囑康有為：「寄到時望先生立刻覆之，且加獎勵，又須開誠心佈公道以與言之，自處當在不卑不亢之間。彼與弟子為親交，雖無會長之關係，其對於先生亦必修後進之禮，是不待言。但先生總宜以國士待之，乃不失其望。以弟子所見，此人譚復生之流也，秉三亦謂眼中少見此才，先生能得其心，必能始終效死力於黨矣。凡有才之人，最不易降服，降服後則一人可抵千百人，願先生回信極留意，勿草草也。」學生對老師的這一番「諄

譸教誨」，說明他是深知楊度和康有為二人稟性的，他不希望組黨這件關乎國家前途與命運的大事最後毀於個人意氣之爭。

其四，黨的綱領暫時擬定了三條：一、尊崇皇室，擴張民權。二、鞏固國防，獎勵民業（此條未定）。三、要求善良之憲法，建設有責任之政府。

其五，發起人除了梁啟超和楊度，還有蔣智由、吳仲遙（吳鐵樵之弟）、徐佛蘇、徐勤、麥孟華、狄葆賢、羅普、湯覺頓等，此外還有學生十餘人。為了便於在國內活動，熊希齡也不出名。

其六，計劃由徐勤擔任會計長，掌管財物。

其七，張謇、鄭孝胥、湯壽潛都是極為緊要的人物，而且有意與我黨聯合。但我黨目前的情況是，「下之與革黨為敵，上之與現政府為敵，未知彼等果能大無畏以任此否」。為了摸清他們的底細，梁啟超準備去一次上海，和他們當面談談。

其八，袁世凱、端方、趙爾巽為暗中贊助人，熊希齡負責聯絡。

其九，準備擁戴醇親王載灃為總裁，載澤為副總裁，也由熊希齡負責運動，此事須祕密進行，決不能為討海外會員一時之歡心而公佈之。

其十，憲政會不能以籌款為目的，入會者只象徵性地收取會費。其活動經費另行籌集。

其十一，海外帝國立憲會的會員是否加入憲政會，尊重其個人意願。

其十二，開門辦會，廣收人才，摒棄門戶之見，只要贊成黨綱，志同道合，就可以吸收入會。[39]

但是，事情進行得並不順利。十一月一日（12月16日），東南各省紳商在上海宣佈成立立憲公會，推舉鄭孝胥、張謇、湯壽潛為正副會長。張謇在《嗇翁自訂年譜》中記載此事：「鄭孝胥同議設預備立憲公會，會成，主急主緩，議論極紛駁。余謂立憲大本在政府，人民則宜各任實業教育為自治基礎，與其多言，不如人人實行，得尺則尺，得寸則寸。公推孝胥為會長，壽潛與余副之。」[40]

這一年的十二月間（1907年1月20日），楊度主持的《中國新報》

在東京創刊。這是一本以政論為主的刊物，他在《中國新報序》中表示：
「夫以責任之人民，改造責任之政府，是之謂政治革命。居今日而謀救中
國，實以此為至易至良之惟一方法，而吾人之所篤信欲有以此貢獻於我國
民者。此《中國新報》之所以作也。」[41] 在《中國新報》中，他陸續刊載了
《金鐵主義》、《請開國會之理由書》、《國會與地方自治》、《中國今世最宜
之政體論》、《代議政體論》等文章，主張君主立憲，反對民族分裂，相信
只要召開國會，實行憲政，建立負責任之政府，漢、滿、蒙、回、藏各族
就可以實現共同進步。

對於與革命黨鏖戰正酣的梁啟超來說，《中國新報》無疑是一支生力
軍，給予他極大的支持。他馬上寫了《新出現之兩雜誌》一文，發表於第
88期《新民叢報》，文章稱讚「此報之宗旨，全在喚醒國民，使各負政治
上之責任，自進以改造政府，成完全發達強有力之立憲國家，以外競於世
界」。對於楊度提出的民主立憲可能導致民族分裂，西方強國將藉機瓜分
中國的理論，也表示十分讚賞，認為「此實最博深切明之言，而予排滿之
革命派以至難之返答也」。[42] 楊度也很知趣，他在《中國新報》第四期撰文
《致「新民叢報」記者》，寫道：「昨讀貴報第四年第十六號，有新出現兩
雜誌之批評，於中國新報，錄其敍文，且為表明其主義之所以然，至為詳
允；於工商立國軍事立國之處，尤能洞識吾人所以救時謀國之苦心。此吾
人所深謝而喜得同情者也。」[43]

遺憾的是，梁啟超與楊度最終沒能走到一起。我們今天很難責備他
們中的哪一個，事實上，他們都為雙方能夠合作成功作出過努力，但有些
問題又非他們能左右。最關鍵的還是領導權的歸屬問題，即由誰出任會
長（總理）。本來，梁啟超與楊度已經達成共識，康有為只是作為虛設的
會長，不出頭，不露名，也不擔任實際的職務。這一點，梁啟超早在十一
月初就寫信向康有為匯報，楊度也有信請梁啟超轉呈康有為。但當時康有
為正在北歐漫遊，他們的信很晚才寄到康有為手上，而他們收到康有為姍
姍來遲的覆信，已經是第二年的三月初了。在這段時間裏，卻發生了太多
的事情。先是神戶三人密談後不久，大約那一年的春節前夕，楊度在東京

與方表、陸鴻逵等人組織了政俗調查會，並自任會長。不久，政俗調查會改名「憲政講習所」，隨後又改名「憲政公會」。這讓梁啟超很傷心，他在寫給徐佛蘇的信中說：「今日得一書，言某君（楊度）特開憲政會（彼既着進行故我亦不容緩），殆即兄所言憲政研究會耶？亦別一物耶？其詭祕真不可思議，與我共事而始終不一告我，意究何居？」[44] 幾天後，梁啟超再次致信徐佛蘇，又講到楊度：「某君處弟近致數函，不見覆，南海有一函與彼（乃覆彼函者），寄去已旬日，亦不見覆，不知其有何意見否。據公言知其擴張黨勢，日新月異，而竟毫不相告，豈有相排之意耶？若果如此，將來何以共事，必至分立，而勢日薄耳。為中國前途計，能無慟哭？」[45]

楊度的做法的確有些令人費解。他不久覆信梁啟超，除了說明收到梁啟超的來信及康有為的覆信外，還提出有兩件事要商量，一為政黨成立之時期，二為政黨組織之方法。前者是說，目前成立政黨，時機尚不成熟，「蓋先舉事而後造輿論，不若先造輿論而後舉事」，「與其早數月而使人疑我無勢力，不若遲數月而使人憚我有勢力之為愈也」。[46] 他所說的先造輿論，具體言之，即以開國會相號召，這樣做容易為人所理解，從而了解組黨的意義，「則一言結黨，而須臾立成矣」。[47] 接下來，他說到政黨組織之方法，先把他們多次討論的結果推翻了，他說：「吾等前此所議種種方法，實皆不甚妥帖，即兄所擬章程，弟亦不盡為然。」為什麼發生這個問題呢？他先是指責蔣智由在其中為個人爭地位爭權利，「始事者而存此心，將使一黨之人，無不以地位權利為先，而以國事為後，則吾輩何所為而組織此黨者」。他自言，組黨不是為了爭地位爭權利，「特見中國之危亡在即」，才「思合全國同志之力，以一謀之」，如果只是為了權利和地位，「弟非不能結一特立之小黨，以與公等各樹旗幟，相與周旋，以為娛樂也」；他說，「吾人所任之事大於曾（國藩）、胡（林翼）數倍，則其道德亦應高於曾、胡數等，雖自問非能有此，然不可不以自勉也」。[48]

雖然楊度一再強調自己不是為了爭權利爭地位，而是為了國家的安危，但此時梁啟超對他已心生疑慮。他與蔣智由、徐佛蘇的往來信函多次

談到楊度的問題。三月，梁啟超有一封致蔣智由的信，其中就談到他的擔心：「某君（楊度）欲以其所支配之一部分人為主體，而吾輩皆為客體而已。吾輩固非不能下人者，苟有一真能救國之黨魁，則投集其旗下為一小卒，固所不辭，但某君果為適當之人物否，能以彼之故而礙黨勢之擴張否，則不可不熟審耳。又某君之意，必欲於結黨式舉行後，即自在上海開一大局面，此議先生此前已極反對，弟細審情形，亦益不以彼所主張為然。今當結集之始，勢力無一毫之可見，而先有種種意見，不能相下，將來能無破裂以貽外人笑乎？弟甚憂之。」[49]

此時，楊、蔣之爭已不是祕密，楊度在給梁啟超的信中也曾抱怨：「再弟前函論觀雲事，其書想由兄與佛蘇觀之，彼回東京告人，謂楊、蔣爭權，各訴於梁。」[50] 他大呼冤枉，認為徐佛蘇搞得他很被動，很難面對其他同志的質疑。他提醒梁啟超：「徐之為人熱誠而識闇，難與深謀。」[51] 又說：「兄千頃汪洋固其美質，然處世之際，亦不擇人不擇言，則實不可以為長處而自護也。」[52] 多年以後，徐佛蘇在梁啟超給他的一封信上作跋註，也提到楊、蔣爭權之事，他說：「及先生（梁啟超）邀集余與楊皙子、蔣觀雲諸友議組憲團，楊、蔣政見至迕，彼此堅愎虛憍之意態，均不可當，余無術周旋其間，亦難左袒何方，惟怵心創議結社，即有此不祥之氣，後患叵測。」[53]

梁啟超在感情上傾向徐佛蘇、蔣觀雲更多一點，他對楊度說：「弟初有此志時，除公之外，相與共商者，在東則為觀雲、佛蘇等，在內則為楚青、孺博等。」[54] 如果雙方都不肯以大局為重，作出妥協，他加入哪一邊都是問題。他勸這些朋友，感情是可以培養的，但決不能互相排斥，而應該互相提攜。他甚至希望，即使不能同處一黨，彼此也應該是協作的關係，而不要是競爭的關係。「彼此既有共同之敵，則彼此自無相敵之必要，果能循此以行，則異時必有成就聯邦之一日，弟所望者在此，未識吾兄為何如耳」。[55] 話說到這個份兒上，雙方已經沒有合作的可能了。雖然楊度還在提康有為的地位問題，實際上已經成為一種藉口，因為梁啟超早在三月給楊度的信中就明確地告訴他：「南海處弟前數月致書，已將吾輩所議詳陳，

南海暫不入會一節，久已約定，南海覆書言一切如我所議，則此節亦在其中，不必再寫信往問，其無異言，弟所能保證也。」[56]

　　既然如此，到了四五月間，梁啟超與楊度分手已成定局。但他不希望自己這邊先宣佈組黨，他在寫給蔣智由、徐佛蘇二人的信中討論「正式結黨之遲早問題」指出：「某處既有分離之說，弟意謂最好俟其宣佈分離後，我乃明建旗鼓，則我有詞以責彼，彼無詞以責我，在前彼仍多為說詞，則不能遷延久待，今彼既有此，則小待之後，我行動更可以自如。」[57] 六月八日，他寫信給康有為，匯報了楊度的情況：「楊皙子初本極熱心此事，至今猶然，但徵諸輿論，且察其行動，頗有野心，殆欲利用吾黨之金錢名譽，而將來得間則拔戟自成一隊，故不惟本黨舊人不敢放心，即東京學界各省新進之士表同情於吾黨者，亦不甚以彼為然。故現在政聞社之組織，楊氏不在其內。」[58] 但直到六月二十二日他還寫信給蔣智由、徐佛蘇和黃與之，商量如何處理楊度的問題。梁啟超一直期待着他的覆信，如果他在覆信中明確表示不接受梁啟超所提之條件，準備另外成立組織的話，梁啟超就可以名正言順地與他分道揚鑣了——「故今欲再加一信與彼，今將原信呈上一閱，若謂可發，請即代發之，發後即着手於組織；若謂不可發，則須俟其覆書後乃着手矣」。[59] 但他也擔心，一旦楊度在覆信中並不明確表態，而是提出新的問題，繼續牽扯下去，則必將影響他們組黨的進程。「故不如當其未覆書前，先以此書堵之，不然萬一彼覆書承認條件，則吾輩另行組織之議，反難進行也」。[60]

▍成立政聞社，夾縫中的艱難努力

　　六月二十七日（8月5日），梁啟超致信蔣智由、徐佛蘇和黃與之，再次提到了楊度的覆信，並寄給他們一閱。不過，此時雙方已沒有和解的可能。而且，國內政治形勢的發展也不允許他們再拖延下去。七月中旬，清政府將考察政治館改為憲政編查館；八月十三日（9月20日），清政府

又頒發了設立資政院的上諭；九月十三日（10月19日），清政府頒發設立諮議局的上諭，要求各省督撫務必在省會籌設諮議局，並預籌各府縣的議事會。這些在梁啟超看來肯定都是好消息，他急於作出反應。既然當國者已經承諾預備立憲，那麼，政聞社的成立也就應和了當日中國時勢的必要。為此，他作了《政聞社宣言書》一文，來說明政聞社成立之必然性和必要性。他從三個方面來論證「政聞社之所以發生也」：

其一，今日中國的第一件大事是改造政府，「夫既已知捨改造政府外，別無救國之圖矣；又知政府之萬不能自改造矣；又知改造之業，非可以責望於君主矣。然則負荷此艱鉅者，非國民而誰？吾黨同人，既為國民一分子，責任所在，不敢不勉」。

其二，國民對於專制、腐敗之政治不滿意，亦不肯默認，總要尋找機會表達，但是，往往「苦於無可以正式表示之途，或私憂竊歎，對於二三同志，互吐其胸臆，或於報紙上，以個人之資格，發為言論，謂其非一種之意思表示焉，不得也。然表示之也以個人，不能代輿論而認其價值，表示之也以空論，未嘗示決心以期其實行。此種方式之表示，雖謂其未嘗表示焉可也。然則正式之表示當若何？曰，必當有團體焉，以為表示之機關」。這就是說，國民要想使自己的意思之表達引起專制政府的重視，進而貫徹實行，就必須組織起來；組織起來的國民人數越多，意思之表達的分量就越重。於是他說：「吾黨同人，誠有反對專制政體之意思，而必欲為正式的表示；而又信我國民中其同有此意思同欲為正式的表示者，大不乏人。彼此皆徒以無表示之機關，而形跡幾等於默認。夫本反對而成為默認，本欲為立憲政治之忠僕，而反變為專制政治之後援，是自污也。夫自污則安可忍也，此又政聞社之所由發生也。」

其三，立憲政治就是國民政治，所以，國民政治素質的高低，是立憲的關鍵。要提高國民素質，「其第一着，當使國民勿漠視政治，而常引為己任；其第二着，當使國民對於政治之適否，而有判斷之常識；其第三着，當使國民具足政治上之能力，常能自起而當其衝。夫國民必備此三種資格，然後立憲政治乃能化成。又必先建設立憲政治，然後國民此三種資

格乃能進步。謂國民程度不足，坐待其足然後立憲者妄也，但高談立憲，而於國民程度，不一厝意者，亦妄也。」那麼，國民政治素質如何提高，這件事由誰來做呢？「則惟政治團體，用力常最勤，而收效常最捷也」；「則政治團體，誠增進國民程度惟一之導師哉」。由此言之，政聞社可謂責任重大。

他進一步提出政聞社四大任務：

> 一曰實行國會制度，建設責任政府；二曰釐訂法律，鞏固司法權之獨立；三曰確立地方自治，正中央地方之許可權；四曰慎重外交，保持對等權利。[61]

九月十一日（10月17日），政聞社正式宣告成立，其機關刊物《政論》也隨之創刊，並召開成立大會於東京神田區的錦輝館。他們還邀請了日本維新元勳大隈重信、板垣退助兩位伯爵，以及犬養毅、矢野文雄、尾崎行雄等人參會，並在會上發表演說。按說這是一個非常隆重、熱烈的場面，與會者超過千人，但其中卻有革命青年張繼、陶成章等數十人在會場發難，「入場狂呼，幾至互毆」。[62] 徐佛蘇後來回憶當時的情形寫道：「頃刻，當地警長復率警卒十餘人到場查詢敵派擾亂情形，並云政治集會結社是經警署特許者，警署即有保護之責，如甲派人開會而乙派人闖入毀物毆人，是違反警律及刑律，本署故特派人來會場調查實情，以便決定是否以法律解決此事。」[63] 但是，梁啟超卻不希望中國人之間因政見不同而在異國打官司，讓人家看笑話，他讓會友向警方說明，只是會中同人發生了一點爭論，不是他黨襲擊，也沒有毀物毆人，請他們不要介意此事。日本警察便退走了。「後來，日本名流及報紙頗讚美梁先生之有『政治德量』云」。[64]

根據《政聞社社約》所列之發起人，有蔣智由、徐佛蘇、黃可權、吳淵民、鄧孝可、王廣齡、陳高第共七人。[65] 按照事先的約定，社長一席為虛設，特別邀請馬相伯先生為總務員，常務員則有徐佛蘇、蔣智由、麥孟華

三人。馬相伯與梁啟超的交情很深，梁在上海辦《時務報》期間就曾在馬相伯處學習外文。所以，該社成立後，梁啟超便特派社員湯覺頓前往上海迎接馬相伯，請他來日本就任。十一月十一日，政聞社在東京召開大會，歡迎馬相伯，到會者數百人。《政論》第三號報導了歡迎會的情形，文中稱讚馬相伯：「深通吾國經世之術，四十年前畢業於法國大學，邃於哲理法政諸學，並旁通拉丁、羅馬、英、德諸國文字，本其心得，以見諸躬行，其碩德懿行，皆足為吾國人表率。今以七十高年，冒萬里風波之險，專為吾社員全體及中國前途而來，吾輩對之真不勝欣慕。」[66] 梁啟超在給蔣智由、徐佛蘇和其他社員的一封信裏也對馬相伯的到來感到欣慰：「馬先生已到，此公之持積極主義，（覺頓言與之等見此公後五體投地）其勇更踰吾輩。今日與暢談一日，已承許以全力擔任社務，此真吾社前途最大之幸福也。」[67]

馬相伯的到來，讓政聞社的同人備感振奮，每次登台演講，聽眾都有數百人，聲勢更盛極一時。但也引起了革命黨的妒忌。十二月十五日蔣智由在給梁啟超的信裏甚至擔心馬相伯受到攻擊和傷害，乃至要煞費苦心地安排馬先生的行程，以防彼輩探知。不久，光緒三十四年（1908年）正月，政聞社本部遷至上海，馬相伯一行也隨之回國。當時，他們活動的最大目標即速開國會，同時籌劃在漢口設立《江漢公報》，並開辦江漢公學。梁啟超在歲末寫給熊希齡的信裏談到他的計劃：「以武漢為天下之中，疇昔兵家在所必爭，政黨為平和的戰爭，其計劃亦當與用兵無異，故欲以全力首置基礎於武漢，而其下手之法，一曰設一大日報，名曰《江漢公報》，二曰設一法政大學，名曰江漢公學。」[68] 有傳聞說，楊度也已經意識到了武漢的重要，正傾注全力在這裏經營。

此前，楊度已先期回國。光緒三十三年（1907年），梁煥奎、范旭東等籌劃成立湖南憲政公會，有意擁護楊度為會長。十月中，恰逢伯父去世，楊度回鄉奔喪，料理喪事。在此期間，湖南憲政公會宣告成立，楊度出任會長一職，並起草了《湖南全體人民民選議院請願書》，是為晚清國會請願運動之濫觴。據說，這份請願書曾請王闓運先生作過修改，湖南不

少士紳名流都在上面簽了名。第二年春天，袁世凱又與張之洞聯合保薦楊度，說他「精通憲法，才堪大用」，於是，舉人出身的楊度，以戴罪之身，被授予候補四品京堂，即刻進京在憲政編查館行走，並兼任頤和園外務公所教習，袁世凱還特意安排他為皇族親貴演說立憲精義，宣傳開設民選議院的主張。

楊度此時還是憲政公會（即憲政講習所）北京本部的常務委員長。梁啟超在給熊希齡的信中曾提到他回國後的情況：「聞龜山（楊度）在湘於吾黨頗致微詞，弟誠不料其如此，彼瀕行時尚與弟抵足作竟夕談，極陳將來聯絡之法，今反相擠，使雙方社員間生出一重惡感，弟甚為龜山不取也。」[69] 他這時還是清政府懸賞十萬元通緝的要犯，不便出名，更不能回到國內，直接參加運動，但事實上，政聞社內外都認可他為社長，大家都願意接受他的領導，大事小事無不取決於他。作為一個政治團體，政聞社集合了一批志同道合的同志，他們在立憲這個大旗下走到一起來了。但它又是一個很鬆散的組織，很大程度上要靠感情來維繫組織內部的關係。而個人的性情不同，時間久了，出現分歧、矛盾、誤會、摩擦也就難免。具體到一些事務，每個人所處地位不同，看法也很難求得一致。政聞社以開創之際，要做的事情很多，不僅人才有匱乏之憂，在經濟上更是捉襟見肘。一些社員因為沒有收入來源，日常生活亦發生困難，社內為經濟所困擾，竟不能向社員提供任何幫助。加上清政府、革命黨，以及憲政公會的壓迫，政聞社幾乎陷於困境，梁啟超亦有內外交困之感，以致他在光緒三十四年（1908 年）的春天生了一場大病。徐佛蘇二月十七日寫信勸他生活要規律，要勞逸結合，不能過度勞累，吃飯的時候不要多說話，睡覺的時候一定熄燈，更要講究衛生，愛惜自己的生命。

即使這樣，政聞社在短短的一年時間裏，還是做了許多事，對中國的政治進程，產生了深遠的影響。首先是運動開國會與推動地方自治，政聞社發揮了重要作用。當時該社社員在各省活動頗為積極，二月二十三日，張君勱在寫給梁啟超和麥孟華的一封信中匯報該社運動請願速開國會的情形，他說：

國會期成會事所運動之省份，以吾社為獨多，而總共人數尚不滿萬。（安徽六七百，山東□□，湖南二千餘，江蘇現所簽者不過四五百。）此間社員覺辦事人於此方面並未注意，故此次甚望多得一二萬人，為一極大之請願，以雪吾社不能活動之恥。前在神戶所談，謂合廣東西兩省，得萬餘人尚非難事，則致函粵中時，必須得一極熱心、極有力之人運動此事，以必達此目的而後已。此最東京社員所希望者也。[70]

六月初二日，預備立憲公會的鄭孝胥、張謇、湯壽潛電請速開國會，以二年為限。緊接其後，政聞社也以該社全體社員的名義致電憲政編查館，請限期三年召開國會。電文說：

北京憲政編查館王爺中堂軍機大人鈞鑒：開設國會一事，天下觀瞻所繫，即中國存亡所關，非宣佈最近年限，無以消弭禍亂，維繫人心。且事必實行，則改良易；空言預備，則成功難。凡事如斯，豈惟國會？近聞有主張十年、二十年者，灰愛國者之心，長揭竿者之氣。需將賊事，時不我留，乞速宣佈期限，以三年召集國會。宗社幸甚，生靈幸甚。[71]

七月中，各省代表陸續來到北京，並將近半年來簽名運動的成果，即有數萬人簽名的請願書，通過都察院帶走。清政府對於各省民眾的聯合請願，固不能不聞不問，於是便有了八月初一日（1908 年 8 月 27 日）的上諭，宣佈預備立憲期限為九年，同時，頒佈了《欽定憲法大綱》。

政聞社的另一訴求是在武漢創辦《江漢公報》和江漢公學。對於政聞社來說，這兩件事關係到他們的立社根本。辦報自不待言，「至於私立法政學堂，為吾輩造就人才，擴張勢力之根據地，較報館而尤居其要焉。學堂多一學生，即本社多一黨員，學生中獲一明達之士，即本社中得一用世之才」。[72] 極而言之，「今日為政法之學堂，即他日為政黨之舞

台」。但這兩件事進行得都不很順利。除了經濟上的原因，更為嚴重的是環境之惡劣。張之洞不准在武漢開設民辦的法政學校，而且，楊度領導的憲政講習所也在爭奪武漢這塊地盤。上面孫志曾寫給梁啟超的信中就講到憲政講習會咄咄逼人的態勢：「現聞憲政講習所在長沙漢陽之間，以學會形式而實充其憲政之黨勢，凡足跡所到之處，無不為講習會之勢力範圍。」[73]

看起來，為了遏制政聞社強勁的發展勢頭，楊度或在袁世凱面前有所表示，做了一些手腳，也未可知。侯延爽是政聞社委派籌辦《江漢公報》的人，他致信梁啟超匯報其面臨的困難，其中就有「他黨的傾陷」這一條，他說：「楊皙子於武昌及南京等處遍散謠言，謂政聞社目的專在排袁，延爽在漢之辦報，為排袁之先鋒，前於滬新任道蔡某前媒孽延爽之短，不遺餘力，到南京亦復如是。蓋蔡道此次蒞滬，乃某軍機授意，令其鐫刻黨人碑者，楊皙子又從而加功焉。（此係督幕中某友密謂爽云云，且謂不速離漢，則禍將及也，黨獄若起，必連及岑西林，某軍機授意如是云云。）」[74] 對於袁世凱和張之洞，梁啟超最初確有聯絡他們的想法，他在給蔣智由、徐佛蘇的信裏說：「然西林（岑春煊）、項城（袁世凱）二人，皆為今日重要人物，將來必須提攜者，失此時機，相會殊難。」[75] 但康有為卻主張倒袁，他在給梁啟超的信中一再強調「今先其大者，自以倒劻（指袁世凱）為先」[76]。並計劃從離間袁世凱與慶親王奕劻入手。這本是極祕密的事，自然不能四處張揚。但社會上有些傳言卻也在所難免。徐佛蘇在《梁任公先生逸事》一文裏就對密謀倒袁的事有所記述，他說：「又值康先生有為自海外祕電某當道，請劾奕劻植黨攬權，及外間有康梁祕聯粵督岑春煊（西林）倒張之洞、袁世凱之謠，於是袁黨力促張之洞奏請清后舉發康梁亂政祕謀，張氏甚恐留日學界鼓吹立憲，為康梁所利用，乃毅然奏請解散政聞社，通緝首犯，而清廷諭令即下。」[77]

這樣看來，倒袁、排袁為確有其事，楊度只是利用了這一點，在袁面前稍事挑撥，以此來阻遏政聞社的發展。陳景仁被革職一事發生後，梁啟超致信蔣智由，還說到幕後的一些情形：「昨日雪舫（侯延爽）又有一書

來，言慈宮見陳電，初不甚怒，袁面奏政聞社係某某等所發起，因有此論云。」[78] 然而，真實情況不會這樣簡單。我們現在已經看不到陳景仁電奏的全文，但透過將他革職的上諭，還能看到其中的蛛絲馬跡：

光緒三十四年六月二十七日奉上諭：政聞社法部主事陳景仁等電奏，請定三年內開國會、革于式枚以謝天下等語。朝廷預備立憲，將來開設議院，自為必辦之事，但應行討論預備各務，頭緒紛繁，需時若干，朝廷自須詳慎斟酌，權衡至當。應定年限，該主事等何得臆度率請？于式枚為卿貳大員，又豈該主事等所得擅行請革？聞政聞社內諸人良莠不齊，且多曾犯重案之人。陳景仁身為職官，竟敢附和比暱，倡率生事，殊屬謬妄，若不量予懲處，恐譸張為幻，必致擾亂大局，妨害治安。法部主事陳景仁，著即行革職，由所在地方官查傳管束，以示薄懲。欽此。[79]

在將陳景仁革職的上諭發出二十天以後，清政府又發出了查禁政聞社的上諭：

光緒三十四年七月十七日奉上諭：近聞沿江沿海暨南北各省設有政聞社名目，內多悖逆要犯，廣斂資財，糾結黨類，託名研究時務，陰圖煽亂，擾害治安。若不嚴行查禁，恐後敗壞大局。著民政部、各省督撫、步軍統領、順天府嚴密查訪，認真禁止，遇有此項社伙，即行嚴拿懲辦，勿稍疏縱，致釀巨患。欽此。[80]

由此可見，清政府查禁政聞社，主要還是擔心其背後有康梁在運籌，欲國內預備立憲的機會，圖謀不軌。陳景仁的電奏只是給清政府提供了一個下手的機會和藉口而已。十七日上諭發佈不久，政聞社有《通告全體社員》一書，發表於七月二十六日《申報》，其中就講到：「向例，惟有專摺奏事權者，乃能電奏。今陳君一法部主事，何以諭中稱為電奏？本

社及海內外學界、商界，以電報請願於政府者，非止一次，何以陳君此電獨能上塵天聽？」[81] 其實，在陳景仁電奏之前，政聞社曾以全體社員的名義給憲政編查館發過一封電報，請求限期三年召集國會，並未得到直接的回應。但此時北京的形勢已有所不同，預備立憲公會所發動的各省國會請願代表，正齊聚北京。而康有為又發動海外二百埠中華憲政會華僑向清政府上請願書，提出九項要求，其中有立開國會以實行立憲、盡裁閣宦、盡除滿漢之名籍而定名曰中華、營新都於江南以宅中圖大等四條，都是清政府最忌諱的事。清政府的立憲，本來就是擺樣子的，並非真心，這時更擔心局面失控。所以，政聞社恰好被拿來開刀，殺一儆百。《申報》七月二十八日的報導中就曾寫道：「某中堂謂中華帝國憲政會遠在海外，難於解散，惟沿海各省分設政聞社與梁啟超有關係，不如先查政聞社為下手之地。」[82]

然而，查禁政聞社，恰恰暴露了清政府無意立憲的真實意圖。當時頗具影響的英文報紙《字林西報》曾指出：「蓋滿洲守舊黨皆謂立憲政體利於漢人，而滿人歷朝所得之權利皆將因此盡失，故竭力反對之，近日《江漢日報》復因登外洋華僑請願書為鄂督所封。以上兩事皆足阻中國革新之舉。目下政學紳商已無敢再述及立憲二字，即江蘇、江西、安徽、廣東、浙江各省公派入京之代表，亦均擬束裝會省。據此以觀，滿洲政府之政策，實欲箝制國民之口舌，使之不言，而嚴辦政聞社社員，不過藉端而已。」[83]

這是看得很清楚的，可謂旁觀者清。政聞社被迫解散之後，梁啟超並沒有消沉，除了養晦以待時機，他更多地以個人身份，通過撰寫文章對國內的立憲運動以及國會請願給予指導。他在寫給徐佛蘇的一封信中表達了自己的心緒和志願：

> 政治生活，此時固無從下手，然謂竟拋棄之，則非惟於義有所不安，即於勢亦有所不可。十年來，以虛譽忝負一部分人民之望，社會之恩我不為不厚，此身惟有奉獻之於政治界耳。若外界之阻

力，則紆曲其途以達之可，時機之未熟，在養晦以待之可也。若夫捨此不治，則此外更有何道以為吾報國之地耶。[84]

這一年的十月，光緒、慈禧先後去世。不久，袁世凱被逐，只有楊度等很少幾人到火車站送行。袁世凱走後，楊度亦請假回鄉。他與梁啟超的關係似乎到此為止，合也好，爭也好，不復再有往來。但宣統二年，楊度忽然自上一摺，奏請清政府赦免並起用梁啟超，他在其中談到與梁啟超的交往：「臣自戊戌以來即與啟超相識，因學術各分門戶，故政見亦有參差。其後遊學日本，相處數年，文字往還，於焉日密，親見其身屢瀕危，矢志不變，每與臣談往事，皆忠愛悱惻，無幾微怨誹之詞，是以深識其人，性行忠純，始終無貳。倘蒙朝廷赦用，必能肝腦塗地，以報再生之恩。此臣之愚，所能深信。倘啟超被赦之後，或有不利於國之為，惟乞皇上誅臣，以為臣子不忠之戒。」[85] 這也是一番肝膽肺腑之言。可惜攝政王載灃沒有採納他的建議，他的奏摺被留中未發。

▎ 民國「帝師」，退隱逃禪

進入民國以後，楊度一直還做着「帝師」的夢。熊希齡組織名流內閣，請他就任教育總長，他竟以「幫忙不幫閒」為由推辭不就，一口拒絕。此後，他組織憲法研究會，出任參政院參政，並慫惥王闓運先生來京擔任國史館館長，後來，王闓運南歸，楊度遂以副館長代理館長之事。1915 年，楊度寫了《君憲救國論》一文，拿給梁啟超看，被梁啟超一通好罵。李肖聃對此事有很生動的記載，他說：

> 帝制議興，楊著《君憲救國論》，議戴袁世凱為皇帝，持以告梁，謂君若反對帝制，勢必出亡，使國受損，於事無補。梁言吾於亡命有經驗，遜詞拒之，楊乃拂衣而去。梁旋作書致楊云：「政見

雖殊，交情不改。昔賢芳躅，吾豈敢忘？」著文論國體問題凡數千言，登之上海《中華雜誌》。復走雲南，讚蔡鍔起兵討袁。袁敗，梁請懲罪魁，梁、楊交情始裂。及梁疾病，楊思往候與訣，所親尼而止。[86]

關於這件事，梁啟超的記述略有不同。他在《國體戰爭躬歷談》中寫道，楊度秉承袁世凱之意，與孫毓筠、胡瑛、李燮和、劉師培、嚴復發起組織籌安會，自任理事長，為袁鼓吹帝制。梁啟超作了《異哉所謂國體問題者》。文章寫成以後，尚未發表，袁世凱已有所聞，他託人以二十萬現大洋收買梁啟超的這篇文章，梁啟超婉言謝之，並且將文章抄錄一份寄給袁世凱，「未幾袁復遣人來以危詞脅喝，謂：君亡命已十餘年，此種況味亦既飽嘗，何必更自苦？余笑曰：余誠老於亡命之經驗家也。余寧樂此，不願苟活於此濁惡空氣中也」[87]。

不過，李肖聃也不是外人，他與楊度是老鄉，世居湖南長沙縣，光緒三十年（1904年）留學日本，辛亥年（1911年）歸國。1913年，梁啟超任司法部部長，請李肖聃擔任祕書，他有時還為梁啟超代筆。他的大女兒李淑一，與毛澤東多有交往，毛有《答李淑一》一詞，膾炙人口。所以，他對梁啟超和楊度的看法，應該說，大體不錯：

楊以文章自負，謂此事不外說理、論事、言情，說理之文，吾不如雷道亨；言情之作，吾不如梁卓如；至於論事，則挾賈、晁廉悍之氣，驅蘇、王明辨之詞，吾於諸賢，未能多讓。故楊之挽梁云：「人皆欲殺，我獨憐才。」猶以文言也。然梁自謝政以後，往來南北，多所著書。雖未能精思極意，上掩古人，然閎才通識，海內同稱，其九牧大名，非虛致也。楊自中年不好讀書，晚年欲修國史，《失地》一篇，已十餘萬言。又遁情禪悅，以自消遣。卒以飲醇近婦，自隕其生。蓋楊之才氣，較大於梁；而梁之博覽古今，非楊所及也。吾以文字獲事二公。於梁有挽詞，而楊為作家傳。[88]

章太炎談到袁世凱洪憲帝制的失敗，認為關鍵在於「三個人反對三個人」，其中首先就是梁啟超反對楊度。黎元洪繼任總統，發佈懲辦通緝帝制禍首令，楊度列第一名。袁世凱死後，楊度心灰意冷，遁入空門，在天津、青島租界閉門學佛，在超脫的佛學中重新思考人生、反省過去，並以「虎禪師」之名寫了不少論佛的雜文和偈語。

註釋：

1　《楊度日記（1896—1900）》，78 頁。

2　《飲冰室合集·文集》之三，15 頁。

3　《楊度日記（1896—1900）》，78 頁。

4　同上。

5　同上，87～88 頁。

6　同上，92 頁。

7　同上，93 頁。

8　同上。

9　同上，89 頁。

10　同上，177 頁。

11　《飲冰室詩話》，66～67 頁。

12　同上，69～70 頁。

13　同上，70 頁。

14　同上。

15　《星廬筆記》，5 頁。

16　《世載堂雜憶》，176 頁。

17　《飲冰室合集·集外文》上冊，171 頁。

18　同上，173 頁。

19　同上，174 頁。

20　同上，249 頁。

21　同上。

22　《梁啟超年譜長編》，337 頁。

23　《亦佳廬小品》，74 頁。

24　《梁啟超年譜長編》，369～370 頁。

25　《從保皇派到祕密黨員——回憶我的父親楊度》，29 頁。

26　《梁啟超年譜長編》，353 頁。

27　同上。

28　同上，354 頁。

29　同上，364 頁。

30　同上，364～365 頁。

31　同上。

32　《飲冰室合集·集外文》上冊，363 頁。

33　《大清新法令》第一卷，38～39 頁。

34　《梁啟超年譜長編》，368 頁。

35　《飲冰室合集·文集》之十九，50～51 頁。

36　《梁啟超年譜長編》，373 頁。

37　1906 年 7 月《新民叢報》第 83 號，《飲冰室合集·集外文》上冊，364 頁。

38　《梁啟超年譜長編》，369 頁。

39　以上參見丁文江、趙豐田編《梁啟超年譜長編》，369～374 頁。

40　《薔翁自訂年譜》卷下，20 頁。

41　《辛亥革命前十年間時論選集》第二卷下冊，873 頁。

42　《飲冰室合集·集外文》上冊，476～477 頁。

43　《辛亥革命前十年間時論選集》第二卷下冊，873～874 頁。

44　《梁啟超年譜長編》，396 頁。

45　同上，397 頁。

46　同上，398 頁。

47　同上，399 頁。

48　同上，399～400 頁。

49　同上，391～392 頁。

50　同上，401 頁。

51　同上，401～402 頁。

52　同上，403 頁。

53　同上，397 頁。

54　同上，393 頁。

55　同上，394 頁。

56　同上，392 頁。

57　同上，404 頁。

58　同上，409 頁。

59　同上，411 頁。

60　同上。

61　以上均引自《飲冰室合集‧文集》之二十，20～27頁。

62　《梁啟超年譜長編》，417頁。

63　同上，418頁。

64　同上。

65　1907年10月《政論》1號，《飲冰室合集‧集外文》上冊，512頁。

66　《梁啟超年譜長編》，425頁。

67　同上。

68　同上，435頁。

69　同上，436頁。

70　同上，453頁。

71　同上，454頁。

72　光緒三十四年孫志曾《致梁任公先生書》，見《梁啟超年譜長編》，460頁。

73　同上。

74　同上，461頁。

75　同上，404頁。

76　同上，449頁。

77　同上，450～451頁。

78　同上，469頁。

79　同上，468頁。

80　同上，468～469頁。

81　同上，470頁。

82　同上，472～473頁。

83　見光緒三十四年七月二十九日《申報》，《梁啟超年譜長編》，473頁。

84　《梁啟超年譜長編》，473～474頁。

85　同上，527頁。

86　《星廬筆記》，5頁。

87　《梁啟超年譜長編》，725頁。

88　《星廬筆記》，5～6頁。

第十五章

殊途同歸：

梁啟超與宋教仁

▶ 宋教仁 (1882—1913)

- 1906 年，因為《新民叢報》和《民報》的論爭，梁啟超想要停止，欲與宋教仁會面商談，後因故未果。
- 宋教仁是國民黨方面的領袖人物；梁啟超是立憲派的旗幟。
- 宋教仁主張以政黨政治、責任內閣實現民主憲政；梁啟超力主推進政黨政治以貫徹民主憲政。
- 他們都希望實現議會民主，以及立法、司法、行政的獨立運行和相互制約。
- 1913 年，宋教仁被暗殺身亡。梁啟超讚他「宋君為我國現代第一流政治家」，並說：「實貽國家以不可規復之損失，匪直為宋君哀，實為國家前途哀也。」

民國二年（1913 年）三月二十日晚上十時許，國民黨代理理事長宋教仁，被刺客暗殺於上海滬寧火車站，二十二日凌晨，遂以不治身亡，年僅三十有二。噩耗傳出，舉國鼎沸，梁啟超三月二十二日寫給女兒梁思順的信裏談到此事：「宋教仁被刺死去，東中想早已聞知。此事不知某派人所為，（大約必是國民黨中黃派。）然必非出於我三黨則可斷耳。此後政途嶮巇，不知所屆。項城及同人皆勸我暫緩入京，合併事因此稍停頓發表，吾頻日見所謂新選議員者，但覺頭痛欲嘔，不知前身造何惡業，今世乃墮落為中國政治家也。」[1] 二十五日，他與女兒思順再次談到：「宋氏之死，敵黨總疑是政敵之所為，聲言必報復，其所指目之人第一為元（即袁世凱），第二則我云。」[2] 僅僅過了一天，似乎有了更切實的消息，他告訴思順：「宋教仁案已破，係同盟會人自屠，大局當不至十分牽動。數日前彼黨所指目者，項城第一，吾則第二也。彼報復之念激昂已甚，今水落石出乃由彼自

戕。此後彼黨必分裂，事亦較易辦。」[3] 二十七日，他更進而斷言：「刺宋之人，臚列多人，真主使者，陳其美也。」[4]

我們不知道梁啟超的消息來源，但他說得言之鑿鑿，或有所本。不過，僅就所謂宋教仁的政敵言之，梁啟超、袁世凱固其政敵也，而本黨之內，孫中山、黃興，又何嘗不是其政敵！孫中山說過：「宋氏乃為中國憲法而犧牲之第一人。」[5] 如果他的確說過這句話，那麼，倒也見出他的坦誠和率真。[6] 不過，他們之間的政見分歧，也在這裏顯現出來。宋教仁在同盟會中無疑是個異類，他所追求的憲政民主，議會政治，政黨內閣，都在現代文明的範疇之內，卻很難為崇尚暴力革命和「有槍即法」的孫中山與黃興所接受。他們專注於權力的佔有和分配，而宋教仁則專注於政治秩序與合法程序的建立。

▍君子合而不同

有意思的是，宋教仁的主張在同盟會內部或被視為「異見」而遭排斥，但在他的「政敵」梁啟超那裏，卻可能找到積極的回應和共鳴。儘管他們因同盟會與立憲派的宿怨一直沒有機會走到一起，但在追求現代政治文明這一點上，二人卻可謂殊途同歸。如果說宋教仁是國民黨方面主張以政黨政治、責任內閣實現民主憲政的一面旗幟，那麼，梁啟超便是立憲派方面推進政黨政治以貫徹民主憲政之理想的代表人物。他們都希望初生的民國能盡快走上正軌，平穩過渡到憲法框架內的政治實踐，並以實力相當，可以相互制衡之兩大政黨，實現議會民主，以及立法、司法、行政的獨立運行和相互制約。一旦這種希望變成現實，則梁、宋作為旗鼓相當的兩大政黨的領袖，是可以將民國政治導向民主憲政之理想境界的。後人曾為之感歎：「天下之民皆如任公漁父，相爭以道，揖讓有禮，郁郁乎文，泱泱者大，華人欲不模範萬邦，亦不可得。」[7]

且看宋教仁遇刺後發給袁世凱的電文，這是他此生的絕筆，其情也哀，其言也歡：

北京袁大總統鑒：仁本夜乘滬寧車赴京，敬謁鈞座。十時四十五分，在車站突被奸人自背後施槍，彈由腰上部入腹下部，勢必至死。竊思仁自受教以來，即束身自愛，雖寡過之未獲，從未結冤於私人。清政不良，起任改革，亦重人道，守公理，不敢有一毫權利之見存。今國基未固，民福不增，遽爾撒手，死有餘恨。伏冀大總統開誠心，佈公道，竭力保障民權，俾國會得確定不拔之憲法，則雖死之日，猶生之年。臨死哀言，尚祈鑒納。[8]

讓人們備受感動的是，在生命垂危之際，宋教仁所擔憂的，仍是民國的政治前途和命運。與之惺惺相惜的梁啟超，則在宋教仁遇刺後的最新一期《庸言》報上發表了《暗殺之罪惡》一文，並在小序中慨而言之：「旬日以來，最聳動天下耳目者，為宋君教仁遇刺一事。吾與宋君，所持政見，時有異同，然固確信宋君為我國現代第一流政治家。奸此良人，實貽國家以不可規復之損失。匪直為宋君哀，實為國家前途哀也。」[9]其詞拳拳，有國無私，偉人胸襟，不見自明。而前一年的四月，梁啟超就已完成了為新中國建設大業而精心籌劃的《中國立國大方針商榷書》。他指出，革命固為時代之要求，人人之意願，而革命之後的建設，也是人人所渴望，所憧憬的。所以，「夫破壞者，為建設而破壞，非為破壞而破壞也。故破壞不過其手段，而建設乃其目的。有手段而無目的，不可也；以手段為目的，更不可也。今破壞之事則告終矣，而建設之業，前途遐哉邈焉。」[10]他所規劃的新中國的藍圖，其目的是要「使中國進成世界的國家」，為達此目的，擁有一個「強有力之政府」是必不可少的，而「政黨內閣，則求得強有力政府之一手段也」。[11]考察當時的國民心理，固有樂觀與悲觀之二種，為此他特別表示：「夫今日我國以時勢所播盪，共和之局，則既定矣。雖有俊傑，又安能於共和制之外而別得活國之途。若徒痛恨於共和制之不適，袖

手觀其陸沉，以幸吾言之中，非直放棄責任，抑其心蓋不可問焉矣。夫為政在人，無論何種政體，皆以國民意力構造之而已。我國果適於共和與否，此非天之所能限我，而惟在我之自求。以吾所逆計，則中國建設事業能成與否，惟繫於政黨。政黨能健全發達與否，惟繫於少數主持政黨之人。此少數人者，若不負責人，興會嗒然，則國家雖永茲沉淪可也。而不然者，毋謂力單，滴溜可以穿石；毋謂途遠，微禽可以填海。是則吾黨所以自勉，而欲與國人共勉之者也。」[12]

由此可見，梁啟超與宋教仁，雖然分屬不同陣營，政見各異，卻都是責任內閣、政黨政治的擁躉，都相信責任內閣、政黨政治可以救中國。不過，這種政治理念的形成，對他們來說，總是經歷過一番周折，絕非一蹴而就的。

▌ 新中國該往何處去？

最初，梁啟超是「確信共和政體為萬不可行於中國，始終抱定君主立憲宗旨」的。[13] 當武漢事起，舉國回應，各種輿論，紛紜擾攘之際，中國之前途，正面臨多種選擇。而此時的梁啟超，仍寄希望於「虛君共和」。他得知袁世凱亦主張「君主立憲共和政體」，[14] 很興奮，自信「天下事大有可為」。[15] 按照他一廂情願的設想，南方的革命黨既要求共和，我們便承認共和，作為交換條件，請求保留虛君的地位，他們總該接受吧。為此，他派出多人到南方，與各方接洽，了解社會輿情，以及各種勢力代表人物的態度。盛先覺就曾根據他的部署，到上海走訪了章太炎、趙竹君、熊秉三、景耀月、瞿鴻禨等新朋舊友，甚至兩次走訪宋教仁，可惜未遇。總之，為了讓中國國民接受在他看來是最美政體之君主立憲制，他已做了最後之努力的。但大環境已不允許再提「虛君」，他也無力左右歷史發展的潮流，雖然他有時自負地以為能「以言論轉移國民心理」，[16] 但他看得很清楚，此時如果固執己見，與輿論對抗，則「必為全國之公敵矣」。[17]

因此，他於此時發表《新中國建設問題》一文，其實是為君主立憲將於中國永訣做最後一哭：

> 嗚呼！吾中國大不幸，乃三百年間戴異族為君主，久施虐政，屢失信於民，逮於今日，而令此事殆成絕望，貽我國民以極難解決之一問題也。吾十餘年來，日夜竭其力所能逮以與惡政治奮鬥，而皇室實為惡政治所從出。於是皇室乃大憾我，所以僇辱窘逐之者無所不用其極。雖然，吾之奮鬥，猶專向政府，而不肯以皇室為射鵠；國中一部分人士，或以吾為有所畏有所媚，訕笑之，辱罵之，而吾不改吾度。蓋吾疇昔確信美法之民主共和制，決不適於中國，欲躋國於治安，宜效英之存虛君，而事勢之最順者，似莫如就現皇統而虛存之。十年來之所以慎於發言，意即在是。吾行吾所信，故知我罪我，俱非所計也。雖然，吾蓋誤矣。今之皇室，乃飲鴆以祈速死，甘自取亡而更貽我中國以難題。使彼數年以來，稍有分毫交讓精神，稍能佈誠以待吾民，使所謂十九條信條者，能於一年數月前發佈其一二，則吾民雖長戴此裝飾品，視之如希臘、那威等國之迎立異族耳，吾知吾民當不屑齗齗與較者。而無如始終不寤，直至人心盡去，舉國皆敵，然後迫於要盟，以冀偷活，而既晚矣。夫國家之建設組織，必以民眾意向為歸，民之所厭，雖與之天下，豈能一朝居。嗚呼，以萬國經驗最良之虛君共和制，吾國民熟知之，而今日殆無道以適用之，誰之罪也？是真可為長太息也。[18]

面對這種預料之中的局面，梁啟超的心情是相當複雜的，既有與最良政體失之交臂的痛惜，又有對滿族權貴恨鐵不成鋼式的怨恨，亦有歷史洪流滾滾而來時的無可奈何。不過，梁啟超又是一個理性精神很強大的人，他的性格和內在氣質決定了，他一定要做時代潮頭之上的弄潮兒，決不肯落在時代的後面，做民眾的尾巴。在這種形勢之下，他陸續寫了《責任內閣釋義》、《新中國建設問題》，以及《中國立國大方針》等綱領性的研究

建國方略的文章。他敏感地意識到：「今後新中國之當採用共和政體，殆已成為多數之輿論，顧等是共和政體也，其種類復千差萬別，我國將何所適從，是當臚察其利害，而慎所擇也。」[19] 他將世界上比較流行的共和政體歸納為六種類型：第一種，人民公舉大統領而大統領掌行政實權之共和政體，以美國為代表；第二種，國會公舉大統領而大統領無責任之共和政體，以法國為代表；第三種，人民選舉終身大統領之共和政體，以古羅馬為代表；第四種，不置首長之共和政體，以瑞士為代表；第五種，虛戴君主之共和政體，以英國為代表；第六種，虛戴名譽長官之共和政體，以英屬自治殖民地為代表。[20]

這六種共和政體，第六種適用於非主權國家，與中國無關；而第三種與第四種，前者為共和制中唯一的專制政體，其結果很容易導向君主專制，中國民眾絕不能接受，後者乃適用於瑞士這樣的小國寡民，中央政府權利薄弱，遇事難有統一之決斷，不足以應付國家所面臨的內憂外患。這樣看來，中國的共和政體，只能從美、法、英三種政體中做出選擇。而英國的君主立憲，虛君共和既被南方民黨所拒絕，那麼，剩下的只有美、法兩種政體。美國的政治制度固為梁啟超所熟知，蓋因十年前他曾親臨此地做過具體而微的考察也。他說，最為我國國民所豔羨的，即美國的共和政體，常人對共和政體的了解，也僅限於這一種。然而，這種政體卻是「諸種共和政體中最拙劣者，只可以行諸聯邦國，而萬不能行諸單一國；惟美國人能運用之，而他國人決不能運用。我國而貿然欲效之，非惟不能致治，而必至於釀亂」。[21] 說得聳人聽聞，道理何在呢？他認為，這是由美國國情的特殊性所決定的。美國是一個聯邦制國家，其建國基礎在於各州自治，「政權之大部分，為各州政府所保留，其割愛以獻諸中央政府者，實至微末耳。而即此微末之政權，其立法權之全部在兩議院，行政府並提案權與不裁可權而兩皆無之也。所餘行政權之重要部分，上院猶得掣肘之。故美國行政府實許可權至狹權力至脆之行政府也」。[22] 具體到中國，作為中央集權的大一統帝國，歷史悠久得至少在兩千年以上，各省自治，從未聽說過，如果貿然採用聯邦制，很容易形成地方

割據勢力，嚴重削弱中央政府的權利，在列強環伺的形勢之下，這無異於自殺行為。有人會說，我們採用美國的共和政體，但不搞聯邦制，讓總統擁有「廣大之許可權」，又將如何呢？如果是這樣的話，他說，中美南美諸國就是前車之鑒。這些國家都是「襲取美國之成文憲法以建國者也，顧名則民主共和，而民之憔悴虐政，乃甚於君主專制」。這是因為，這些國家將所有權利都集於中央，「而他機關未由問其責任，欲其不專制焉，安可得也」？[23]

在這裏，梁啟超指出了中國若採用美式共和體制可能造成的兩大惡果。繼而他還向所有國人發出警告，如果以專制取代憲政，「則強有力之政府，適以為繼續革命之媒介已矣。彼中美南美諸國，革命慘劇，幾於無歲無之，此稍治國聞者所能知也。即如墨西哥，彼馬德羅之革爹亞士而代為大統領，今三月前事耳，今巴拉拉又起而革馬德羅，掠地得半國，迫墨京而要求遜位矣。謂拉丁民族程度劣下，不能運用憲政，斯固然矣，然歐洲拉丁民族之憲政國固不少，何以劇爭不如彼其甚，此其源亦半由於立法不善，不可不察也。歐洲諸國，有元首超然於政府之上，政府則對國會負責任，人民不慊於政府，則政府辭職已耳。政府更迭太頻繁，雖已非國家之福，然猶不至破壞秩序，危及國本也。美洲諸國，大統領即為行政府之首長，而任期有定，不以議會之從違為進退。人民不慊於政府，捨革命何以哉？夫國家元首與行政部首長，以一人之身兼之，此實天下最險之事。專制君主國所以易釀革命者以此，美洲諸共和民主國所以易釀革命者，亦以此也」。[24]

這樣看來，英、美兩種體制固不能行於中國也，那麼，法國的總統加內閣制是否能夠避免制度轉型所帶來的社會動盪和紛擾暴亂呢？他言道：「法之大統領全摹仿歐洲各國君主，不躬親政治以負責任，美其名則曰神聖不可侵犯也。質言之，則無用之裝飾品也，不能直接用一人，不能直接行一政，政權所出，全在內閣總理，故野心家不樂爭此以為重。」[25] 法國共和體制的長處大約就在這裏，所以他認為：「若我國而必採用民主共和制，則師法其優於師美矣。」然而，他又忍不住提醒大家，法制與美制相

比，也是有難以克服之缺陷的：「美之政府，與大統領同體，而大統領任期一定，對於國會不負責任，故常能繼續實行其政見，不致屢屢搖動，以久任而見效。法則大統領雖端拱不遷，而政府更迭頻繁，法之不競，頗由於此。」儘管如此，兩害相權取其輕，他還是表達了對法制的善意：「法制行之而不善，其極則足以致弱耳；美制行之而不善，則足以取亂亡。何也？凡用美國法系之國，苟政府不為多數人民所信任，則非革命不能易之也。此無他故焉。歐洲法系，以國會監督政府，國會與政府之聯絡甚密；美洲法系，政府與國會同受權於選民，離立而不相攝也。」[26]

可以這樣說，梁啟超是在不得已中接受民主共和制的，而且，他不是無條件的全盤接受，而是有自己的訴求和底線。他不肯放棄的立足點有二，一是立憲政體，二是政黨內閣。這兩點又是互相依存，互為表裏的。至於民國伊始，清廷顛覆，南京臨時政府頒佈了《臨時約法》，國體既定，政體未成，各方勢力，紛擾不已。大體則以同盟會、北洋軍閥舊官僚、黎元洪及背後之立憲派三方對抗為基本特徵，立憲派與同盟會有很深的宿怨，固無合作之可能，與袁世凱結盟，遂成首選。武昌首義之初，梁啟超與徐君勉談到本黨方針，即不外和袁、慰革、逼滿與服漢八個字。袁世凱亦有所表示和呼應，他出山不久，出面組織新內閣，即以梁啟超為法律副大臣，欲此收羅人才，挽回輿論，並聯絡華僑，整理財政。梁氏雖辭不赴命，卻一再函電往返，託人致意：「鄙人不助項城，更復助誰？」[27]民國元年二月十五日，參議院選舉袁世凱為臨時大總統，梁啟超不僅發去賀電，並致書袁氏，討論今後為政之道，惟財政政策與政黨組織兩件大事。關於後者，其言之曰：

> 政黨之論，今騰喧於國中。以近日民智之稚，民德之漓，其果能產出健全之政黨與否，此當別論。要之，既以共和為政體，則非有多數輿論之擁護，不能成為有力之政治家，此殆不煩言而解也。善為政者，必暗中為輿論之主，而表面自居輿論之僕，夫是以能有成。今後之中國，非參用開明專制之意，不足以奏整齊嚴肅之治。

夫開明專制與服從輿論，為道若大相反，然在共和國非居服從輿論治名，不能舉開明專制之實，以公之明，於此中消息，當已參之極熟，無俟啟超詞費也。然則欲表面為僕而暗中為主，其道何由？亦曰訪集國中有政治常識之人，而好為政治上之活動者禮羅之，以為己黨而已。[28]

　　這是梁啟超最初對於所謂政黨問題的籌劃。袁世凱在覆函中亦表示：「所策皆至確不易，中心藏之，何日忘之。」[29] 可見，在這方面，他們是有共識的。到了四五月間，共和建設討論會在上海集會，正式發佈了梁啟超所著之《中國立國大方針商榷書》，其中針對有人所擔心的政府權力過大，而好官難求，因此提出削弱政府權力的主張，他指出，這是因噎廢食的做法，政府沒有權力，或政府權力不足以應付內政外交，決非國家設置政府機關的初衷。他進而言道：「患現政府不良，則亦講求所以產出良政府之法已耳；患現在之人不足以組織良政府，則亦設法養成足以組織良政府之人已耳。」[30] 而這個「法」，就是他所主張的政黨內閣。他甚至斷言：「政黨政治能確立與否，健全之政黨能發生與否，實國家存亡絕續之所攸決也。」[31] 這裏所謂政黨政治，也就是政黨內閣，他稱之為「政黨政治之極軌也」。他把政黨內閣分為兩種，一黨獨制為完全政黨內閣，多黨分制為准政黨內閣。他最看重前者，因為，「內閣既由國會之多數黨組織而成，則內閣即為國會之指導者，而國會即為內閣之擁護者」，於是達到他所謂政黨內閣的最高境界「閣會一體」。[32]

　　內閣權力如此之大，若是它「利用國會多數之後援以恣行秕政」，有沒有辦法約束它呢？梁啟超認為不必多慮：「議員任期一定，閱數年輒改選焉。內閣如有失政，則改選之時，政府黨勢力必墜，而過半數為敵黨所制矣。且不必待改選時也，任期之中補缺選舉，最足見朝野兩黨盈虛消息之機。內閣而為民所厭，則隨時可以失多數而不獲安其位，徵諸英國近三十年來內閣交迭史而至易見也。內閣誠有無上之權，而其權實受諸國會，國會誠有無上之權，而其權實受諸國民，是則無上權仍恆存於多數國

民之手也。固政黨內閣者,民權之極軌也。」[33] 這裏的關鍵是兩黨制,一在朝為執政黨,一在野為在野黨,「完全之政黨內閣,非先有健全之兩大政黨,則不能成立」。[34]

組建進步黨

此後,梁啟超便一直致力於組織一個健全之政黨。他看到,「我國今日之黨派」,主要是由兩種群體變化而來,「一曰官僚勢利之集合,二曰祕密結社」,這種現狀如果得不到改善,那麼,「政黨發達之前途,蓋遼乎遠也」。[35] 然而,客觀的事實與主觀的理想,總是有距離的,事實上,在很長一段時間裏,他還不能完全拒絕與這兩個群體中的人打交道。徐佛蘇在給他的信中就曾表示:「將來之大黨必以項城為中樞,吾輩亦不能不挾引此公以彌補各種之危機。」[36] 而另一些同人、朋友也有信給他,宣稱:「吾黨不欲登舞台則已,如其欲之,必須早與本初攜手,方能達其目的。」[37] 僅僅過了月餘,徐佛蘇又有了新的想法,在給梁啟超的另一封信中,他建議任公「加入黎黨」,即黎元洪發起成立的民社。他說:「黎在武昌,現發起一民社,人才頗多,黎若任其魁,有數善在。一則彼素超然於各黨之外,彼出則可調和各黨派而泯其形跡,入黨者必多。一則彼係軍隊要人,吾國將來毫無階級,純係平民政治,然同為平民,各黨相持又無可判其勝負,於是不得不挾軍隊以衞其主義,故吾國之政治可名之曰平民的軍隊政治也。」[38]

民初的政局,一方面是同盟會與袁世凱的對峙與博弈,另一方面即同盟會與憲友會的「化分」與「化合」。同盟會初為祕密結社,是興中會、光復會、華興會三個反清革命組織的結合,其共同的思想基礎只有一個狹隘的民族主義,即漢族對於滿族謀光復。清帝遜位,帝制顛覆之後,許多會員認為,革命目的既已實現,結合的理由隨之消失,因而有「革命軍興,革命黨消」的主張。原光復會的領袖章太炎此前在日本既與孫中山有

了很深的隔閡與分歧，此時更因原光復會副會長陶成章的被暗殺，促成了同盟會的分裂，章太炎宣佈脫離同盟會，另組中華民國聯合會，後與老牌立憲黨人、預備立憲公會領袖張謇聯合，組成統一黨，不久，籍忠寅等人的國民協進會亦加入進來，成立了共和黨。湖北方面的孫武、藍天蔚、劉成禺等，原先也是同盟會中人物，現在則與張伯烈、饒漢祥等，糾集一些湖北人，擁戴黎元洪為首領，組織一個政團，名曰民社。

而憲友會則脫胎於清末的「國會請願同志會」，成員多為各省諮議局所選議員，前面提到的張謇、籍忠寅等，都在其中。他們既以君主立憲為目標，遂與梁啟超有很深的淵源，都奉他為精神領袖。現在目標不在了，團體的分化亦隨之而至。先是在上海，有湯化龍、林長民、孫洪伊、黃可權、向瑞琨、張嘉森等發起共和建設討論會，並由孫洪伊介紹梁啟超入會，以為組織政黨之預備。不久，孫洪伊等率領一部分人分化出去，成立了一個共和統一黨；籍忠寅的國民協進會也是這時分化出去的。而此時的同盟會，卻在宋教仁的推動下，實現了改組，並與統一共和黨、國民共進會、共和實進會、國民公黨合併，成立了國民黨，遂成為事實上的第一大黨。

早在民國成立之前，張嘉森就曾提醒梁啟超：「今後之中國，非造成一大黨以為改革事業之中堅，則建設必不能完成，而危象且隨而發現。」他勸梁啟超早日回國：「吾以為今後建設之責，實在我黨，尤在先生之進退。」[39] 實際上，此後十數月中，幾乎所有新知舊雨，都在為梁啟超的進路而出謀獻策。有希望他回來辦學、辦刊的；也有盼他回來，加盟本黨，以壯聲勢的；像萬木草堂的老同學徐君勉，更以他歸國為振奮海外同志的靈丹妙藥。其間，尤以共和建設討論會與共和統一黨這一班人心思最為細密，他們本與梁啟超是聲氣相通的，運籌此事更在情理之中，可謂堂堂正正，無須假借於人。按照他們的安排，梁啟超不必急於歸國，更不可加入統一黨，「應俟本會與統一共和黨、國民協會併合結果如何，再定行止」。[40] 在給黃與之的信中，孫洪伊寫道：「滄公有滄公之信用，有滄公之魔力；同人有同人之信用，有同人之魔力，互相為用而不能成一大黨者，

弟絕對不肯信也。」[41] 同為康門弟子的羅癭公，卻另有一番看法，他說：「僕以協會之在政黨，甚無勢力，欲為第三黨，必不足以左右兩黨，所以為此者，恃公為之幟，粵諺所謂村簾竿招鬼來耳。恐非推戴的，乃傀儡的。藍志先絕對反對，謂協會既絕無力量，所謂重要人物為湯濟武、林宗孟（長民）二人，皆非與公有必不可離之關係。數日前同盟會欲組宋教仁內閣，以司法長畀之湯，湯遂贊成宋內閣，其人仍持個人利祿主義，今戴任公者，直欲傀儡之耳。」[42] 並告誡他：「總之，拿定主義，不入政界，不入政黨，則無時不可歸矣。」[43]

民國元年十月初八日，梁啟超在天津大沽口登岸，立刻陷入各種勢力的包圍之中。此時，全國各地已為首屆國會選舉鬧得不可開交，國民黨更顯示出咄咄逼人、志在必得的態勢。其他黨派欲與國民黨相抗衡，在國會中取得相應的政治地位，或合縱，或連橫，也加緊促成新的聯合。先是章太炎的統一黨，與籍忠寅的國民協進會，以及黎元洪為首的民社結合組成了共和黨；不久，統一黨與共和黨分手，宣告獨立，而國民公會與前國民黨則加入共和黨；共和建設討論會有感於勢單力孤，不得不急起直追，經過梁啟超與其他同人的一番努力，終與共和統一黨合併為民主黨，隨後又吸收共和俱進會、共和促進會、國民新政社等幾個小黨加入，進一步擴大了自己的勢力。於是，在國會選舉中，最終形成了三個分立的小黨對抗國民黨一個大黨的局面。

梁啟超恰在此時回到國內，打他主意的人固然很多，民主黨自不待言，共和黨亦聲言擁戴他為領袖。在共和黨為梁氏歸國召開的歡迎會上，幹事黃為基（遠庸）致歡迎詞表示：「吾黨素奉先生之教為圭臬，先生雖未入黨，然吾黨中人皆已認先生為精神上之同黨。」[44] 考慮到對抗國民黨的大局，以及民主黨勢力的薄弱，盡快促成兩黨的聯合，四天後，梁啟超便正式加入了共和黨。他在當日給思順的信裏談到當時的情形：「吾頃為事勢所迫，今日已正式加入共和黨，此後真躬臨前敵也。計議員以二百八十八人為半數，吾黨頃得二百五十人，民主黨約三十人，統一黨約五十人，其餘則國民黨也。三黨提攜已決，總算多數，惟吾斷不欲組織第一次內閣，

或推西林亦未定耳。借款各路俱絕，政局危險不可言狀，此時投身其中，自謀實拙，惟終不能袖手奈何？」[45] 最初，孫洪伊、湯化龍等人因政見分歧，是不主張梁啟超加入共和黨的，如今為了擴張黨勢，則不得不改弦更張，任由梁啟超一人而腳跨兩黨。然而，即使共和、民主兩黨合併成一大黨，在議院中的席位亦很難達到半數的二百八十八席。於是，聯絡另一支反國民黨的「隊伍」——打着章太炎招牌的統一黨，並與之結盟，就成為當務之急。該黨號稱在議院中有五十個議席，如能將其拉入共和、民主兩黨陣營，變兩黨聯合為三黨聯合，佔到絕對多數就毫無懸念了。

梁啟超策劃的共和、民主、統一三黨合併，最初進行得並不順利。自民國元年十月開始接洽，直到二年五月三黨最終合併為進步黨，半年多來，中間幾經波折，幾乎胎死腹中。梁啟超的主張，張謇、黎元洪都是贊成的，問題主要發生在民主黨與共和黨之間。民主黨與共和黨中的民社成員舊嫌難消，最不能讓民主黨人放心的，便是民社成員原有的同盟會身份；而民社成員亦擔心在黨內受到不平等的待遇。梁氏費盡心力，遊說各方，勸他們捐棄前嫌，合力對付眼前的「腐敗社會」與「亂暴社會」這兩個「皆有莫大之勢力蟠互國中」的「兩大敵者」。[46] 經過苦苦勸慰，總算將三黨拉在一起，各方都對合併不再持有異議，原已分裂的立憲派終於破鏡重圓，有望再度成為一個有勢力的政治集團。殊不料，在人事安排上，「民主黨二三狂傲之輩」[47] 卻突然發難，幾乎將眼看到手的合併大局完全推翻。按照開始擬定的組織方案，黎元洪為總理，梁啟超為協理，民主黨的湯化龍為政務部長，民社的孫武為黨務部長，統一黨的王揖唐、王印川副之。但湯化龍不願與孫武並列，意氣之爭使雙方鬧得殊為不快，合併進程被迫暫停。朋友的短視和狹隘，使梁啟超深感苦痛和憤懣。而這種惡劣的心緒只能在信中向女兒傾訴，他說：「吾心力俱瘁。」又說：「吾心緒惡極。」甚至後悔回到國內，投身政治的漩渦。他告訴女兒，他又有了告別政治，專心從事於社會教育，辦學，辦報的想法。他甚至說了「民主鬼吾恨之刺骨」這樣的話，雖為一時激憤之言，卻也流露了他的真情實感。在寫給三黨的信中他則明確表示：「新黨成立後，吾不復與聞黨事，蓋憤極民主黨

諸人之所為。」[48]後經多方協調，明以大義大勢，並將黨的組織改為理事制，黎元洪為理事長，梁啟超、張謇、伍廷芳、那彥圖、孫武、湯化龍、王揖唐、蒲殿俊、王印川為理事，各方這才求大同，存小異，正式宣告三黨合併成功，並於五月二十九日在北京召開了進步黨成立大會。

組織一個不同於昔日朋黨、會黨，具有現代理念、政治綱領的大黨，爭取議會多數，進而組閣，以內閣總理的身份，將自己的治國方略付諸實施，是梁啟超多年來的理想訴求，也是他此次回國的首要目標。進步黨的成立雖係各方妥協的產物，讓人略感遺憾和勉強，但對梁啟超來說，他所嚮往的兩黨制政治理想，畢竟有了現實基礎。他不僅感到有些安慰，更受到很大鼓舞。他看到，國民黨不再是國會中的唯一大黨，他所領導的進步黨完全有能力與之抗衡。這時，他才可以說：「有一異政見之黨與己黨相對峙，實治黨事者所最宜歡迎也。」[49]儘管前途未卜，他還是為走到這一步而慶幸，而躊躇滿志。他相信，此刻，自己已經站在了中國憲政之路的起點上。宋教仁何嘗不是這樣期待並為之努力的呢？他的幸運是先於梁啟超組織了國會第一大黨國民黨，而他的不幸，是沒有等到可以成為他對手的進步黨誕生便遇刺身亡，使他與梁啟超所期望的以兩黨政治、責任內閣為基礎的憲政民主制度落了空。

▍ 驅除韃虜，恢復中華

如果說民國的命運是一幕喜劇，那麼，宋教仁的命運就是一幕悲劇。光緒八年壬午（1882 年）二月十八日，宋教仁出生於湖南省常德府桃源縣上坊村湘沖（今桃源縣八字路鄉漁父村）。這一年，梁啟超十歲，尚在中國南海岸邊一個叫「茶坑」的小村裏讀書，並赴省城廣州應了一回童子試。宋教仁，字得尊，號敦初（又作鈍初、遁初、遯初），別號漁父。他的祖父、父親都是讀書人，有文名。父親宋宗泮，因讀書用腦過度而患病，年僅四十一歲即告別人世，當時宋教仁只有十歲。母親姓萬，生有二

男三女，長子教信（字瑞言，號石卿），曾因宋教仁參與華興會起義而入獄；宋教仁是次子，他還有兩個姐姐，一個妹妹，大姐早夭，二姐教範，嫁本縣塾師顏福初，妹妹教偵，肄業於省城第二女子師範學校，嫁本縣張儒卿。[50]

有人這樣描述宋教仁的相貌：「修七尺餘，高額隆準，目炯炯有光，天姿豁朗英崎。」[51]他幼年曾入宋氏族塾發蒙，習讀《四書》、《五經》。這是我們所能看到的唯一一處關於他幼年讀書的記載。他居住的地方，「鄉僻無書，偶得一摺骨扇，印有地輿圖，日夕展玩，天末涼風颯起，不忍捐也」。[52]父親去世後，他曾隨縣裏有名的詩人方櫨學習詞章。時或慨然為詩，都是有感而發，氣度不凡。據說，甲午中國戰敗，他曾賦詩抒憤：「要當慷慨煮黃海，手挽倭頭入漢關。」[53]光緒二十五年（1899年）二月，他入桃源縣漳江書院讀書。他的老同學朱玉後來憶及在書院讀書的情景：「是時院中學者百餘人，率競於帖括詞賦之學，宋君獨大言炎炎，好論列天下事。人以是謂之狂生，不與近。」[54]在書院，他得到縣教諭黃彝壽和山長瞿方梅的指導，讀了明末顧炎武、王夫之、黃宗羲等人的著作和時下維新人物的書籍，使他萌發了反清革命的思想。這一年他十七歲。越明年，唐才常發動庚子勤王，組織自立軍，並參照江湖祕密會黨的組織形式，設立富有山堂，在長江中下游地區通過散發富有票，擴充組織。宋教仁便於此時與覃振、胡瑛一起，被同鄉陳猶龍、楊吉陞等發展為富有山堂的骨幹成員。那時，他常與諸友登院東之漳江閣，高談時事，探討救國的辦法。一天，他忽然心潮激蕩，有些按耐不住的樣子，言道：「中國苦滿政久矣！有英雄起，雄踞武昌，東扼九江，下江寧，北出武勝關，斷黃河鐵橋，西通蜀，南則取糧於湘，繫鄂督之頭於肘後，然後可以得志於天下。」[55]

不知道諸友聽了他這番宏論作何感想，估計只能是付之一笑而已。不過，隨後他報考武昌文普通學堂，考題為《漢武帝論》，「他揮毫疾書，論證漢武帝經營西域，擴張國土，奠定大漢基礎，其功勳遠居漢高祖之上」。[56]這一回，他的文章得到了監考老師的賞識，被取為第一名。這是頗

有時代特徵的文風與世風。他在武昌文普通學堂讀書，前後不足兩年。光緒二十九年（1903年）七月，黃興自日本歸國，抵達武昌，當即在兩湖書院演說滿漢畛域及改革國體政體之理由，宋教仁深為敬慕與歎服，遂與黃興結為密友。後黃興回到長沙，繼續進行祕密的革命活動，宋教仁亦隨之而至。同年十一月四日，黃興以本人壽宴為名，邀集宋教仁等祕密集會，籌劃成立「華興會」，對外則稱作「華興公司」，以興辦實業為幌子，吸收會員入會。入會即稱「入股」，均為公司「股東」。翌年二月十五日，癸卯除夕，此時機，華興會召開成立大會，到會一百多人，舉黃興為會長，宋教仁、劉揆一為副會長，提出「驅除韃虜，恢復中華」的口號，將推翻清政府作為本會的奮鬥目標。

年後，會眾分途行動，宋教仁與胡瑛旋回武昌，組織華興會湖北支部，又與呂大森、胡瑛、張難先、曹亞伯等發起組織科學補習所。科學只是招牌，所以愚官府之耳目也，實則為武昌革命運動機關，其使命，即為計劃中的武裝起義，積累、儲備革命力量。時間擬定於十一月十六日，甲辰十月十日慈禧七十壽誕，分東西南北中五路同時舉義。宋教仁負責西路，即常德一線，他已祕密動員哥老會三萬多人隨時準備發難。但由於經費短缺，情急之中，他趕忙回家變賣家產，以濟所需，不成，「乃定計赴省城，另籌鉅款，遂於是日巳初冒雨起行」。[57] 此時已是十月三十日，第二天至常德，幾個朋友碰面，籌款仍無良策，便決定乘船去省城長沙。可是，他們連三個人的盤纏都湊不出來，不得已，「乃將被具、眼鏡及夏日服物送至質店，得錢三串」，[58] 三人才得以成行。十一月五日到長沙，在城中遇到曹亞伯，方得知黃慶午（興）已不知去向，而華興會成員游得勝與會黨首領蕭貴生已因放票時泄露事機而被殺。宋教仁還想挽救一下目前的局勢，打算趕回常德，發動起義，「以牽掣省中之勢」。曹亞伯告訴他，如今官府正派兵四處嚴拿黃慶午等人，而且，「聞游得勝已供出常德有一宋姓者」，[59] 捉拿他的士兵已在趕往常德的路上，因而勸他無論如何不可再回常德。他既兩手空空，經費無着，回常德怕也是一籌莫展，只得聽從曹亞伯的勸告，買舟東下，前往武昌。

船在洞庭湖中行駛，途經岳州，百感交集的宋教仁，「乃口占長歌一篇，其辭曰」：

噫吁嘻！朕沅水流域之一漢人兮，愧手腕之不靈。謀自由獨立於湖湘之一隅兮，事竟敗於垂成。虜騎遍於道路兮，購吾頭以千金。效古人欲殺身以成仁兮，恐徒死之無益，且慮繼起之乏人。負衣徒步而走兮，遂去此生斯長斯歌斯哭斯之國門。嗟神州之久淪兮，盡天荊與地棘。展支那圖以大索兮，無一寸完全乾淨漢族自由之土地。披髮長嘯而四顧兮，悵悵乎如何逝？則欲完我神聖之主義兮，亦惟有重振夫天戈。[60]

船行十日，方抵達武昌。這天正是他們計劃起事的日子，也是慈禧的七十壽誕，只見「滿街懸燈結綵，家戶皆掛龍旗一隻，市上人往來雜遝，車馬之聲如鼎方沸，大有歌舞太平之象」。而同時「各營兵皆裝束齊整，滿街梭巡，城門嚴查出入，以防華興會趁機起事云」。[61]宋教仁觸景生情，頓生感慨。沒想到，原以為唾手可得的勝利，輕而易舉就被官府撲滅了。他從胡瑛與曾毅、歐陽駿民等同學那裏了解到，科學補習所已被查封，他也被學堂開除了。大家都說，此地不可久留，催他盡快起行，並為他準備了當晚開往上海的船票，以及旅途中必須的衣物和食品。胡瑛還把到上海後的聯絡方式詳述一番，並給他寫了一封介紹信。他是十一月二十一日抵達上海的，下船後，遍訪同志不得，胡瑛告訴他的祕密聯絡點啟明譯書局也被巡捕房查封了。絕望中的宋教仁在上海四處打探，希望能有朋友的消息。功夫不負苦心人，在章士釗等設立的另一處祕密機關昌明公司，他意外地見到了老友劉揆一，這才知道，前兩日，華興會成員萬福華在上海四馬路刺殺前廣西巡撫王之春失敗被俘，黃興、張繼、章士釗等亦牽連入獄，而官府追捕同黨甚急，風聲甚緊，幾乎不能藏身。既如此，宋教仁遂決定東渡日本，去尋求革命的新途徑。

十二月五日，宋教仁與湖南同鄉楊篤生（毓麟）、楊晳子（度）同船

前往日本。十二月十三日，安抵東京。席不暇暖，他便籌劃要創辦一本雜誌。時為新年元旦的次日，他找到湘鄂舊友張步清（炳標）、郭瑤皆（定安）、魯文卿（魚）等商議此事，大家都表示贊成。第二天便舉行雜誌發起會，「時到者十餘人」，[62] 他講了此事發起的原因和簡單的辦法。與會者中有人提議辦一份小說報，經與會者再三辯難，仍決定辦一份雜誌，定名為《二十世紀之支那》，並公舉他與張步清為暫行經理人，由他草擬雜誌章程，得十九章四十三節。遂於初八日舉行雜誌社成立大會，與會者二十餘人，都是雜誌社的社員。大家一致通過了他所擬定的章程草案，並舉他為總庶務，實際上是將創辦一份刊物的全部責任交付於他，成敗皆在此一人。好在宋教仁不僅有一種辦刊的自覺和緊迫感，以為自己所從事的救國救民的大業，是不能缺少強有力的輿論支持的，而雜誌更是促民德民智民力之進步的利器，非如此不足以引導國民之思想；而且，他還有辦刊辦報的經驗，早在華興會成立之前，他就在長沙創辦過一份《長沙俚語日報》，宣傳革命反滿思想，據說曾「風行一時」。[63]

然而，創辦一份雜誌並不十分容易，有許多想象不到的難題。從籌集資金到聯繫印刷、發行，從訂購紙張到組織稿件，編輯排印，每個環節都困難重重。宋教仁則滿腔熱情地四處奔走，徵求社員，收集股金，約人撰稿，洽商印刷，多方聯絡，不辭辛勞。但直到三月中旬，資金、文稿仍無着落。三月十九日，他召集社員開會，「時到者三十餘人」，由他報告雜誌所以不能出版的主要原因：「一由於各社員股金未交，經濟不足；一由於文稿不能收齊，不能付印，所以遲遲至今尚未出版。且即能出第一期，而下期不能出，亦甚無謂，必須全體社員設法維持方好。」[64] 可惜，這次會議不僅沒有解決資金、文稿的短缺問題，反而引發了陳天華（星台）請辭編輯之任，戴渭卿、江峄岷等人要求退股的難堪局面，有人甚至主張解散雜誌社。幸虧宋教仁苦苦堅持，不忍前功盡棄，又請了程家檉（字韻孫，《宋教仁日記》謂潤生）做總編輯，自己亦多撰文稿，以充篇幅，《二十世紀之支那》第一期終於在六月二十四日出版發行。

這是留日學生辦刊潮中第一個打破省界的刊物，參與撰稿、編輯和發行工作的有田桐、白逾桓、陳天華、劉公、魯魚、何湛霖、雷克宇、張炳標、高劍公等十數人，來自湖南、湖北、廣東、江蘇、安徽數省，他們都是「破除地方團體意見」而走到一起的，在當時殊為難得。創刊號印有軒轅黃帝的畫像，並使用黃帝紀年，隱約地表明了它的反清革命立場。[65] 宋教仁還寫了《黃帝肖像題詞》附於其後：「嗚乎！起崑崙之頂兮，繁殖於黃河之滸。藉大刀與闊斧兮，以奠定乎九有。使吾世世子孫有啖飯之所兮，皆賴帝之櫛風而沐雨。嗟我四萬萬同胞兮，尚無數典而忘其祖。」[66] 不過，《二十世紀之支那》僅出版了兩期。而且，第二期出版當日，即遭日本警察署查封。原因是所刊蔡匯東《日本政客之經營中國談》一文，被日本內務大臣指控為妨害日本安寧秩序，故下令由警吏全部沒收，宋教仁與田桐亦遭警署傳訊。

▌ 從聯合到分歧

在此之前，華興會與興中會結成統一團體之事，已在進行當中。宋教仁與孫中山第一次見面，就在《二十世紀之支那》雜誌社，時間為七月二十八日。這次談話的主旨，即由孫中山講述聯合各省人才共同承擔革命建設事業之重要性。孫氏為此奔走鼓吹多年，頗見成效，歐洲留學生已經回應他的號召聯合起來，他很希望中國留學生最多之日本，也能出現類似的組織。為此他已先期約見黃興，正式向他表達了與華興會聯合的意願，黃興亦表示可以考慮。但會眾中頗有持異議者，遂於二十九日開會討論，有三種不同意見：「星台則主以吾團體與之聯合之說；慶午則主形式上入孫逸仙會，而精神上仍存吾團體之說；劉林生則主張不入孫會之說。」[67] 最終誰也不能說服誰，只好全憑個人自由，決定入與不入。宋教仁、黃興、陳天華都是贊成加入的。八月二十日，中國革命同盟會在東京宣告成立。與會者公舉孫中山為總理，宋教仁為司法部檢事。黃興提議將《二十世紀

之支那》作為同盟會的機關報,「眾皆拍手贊成」。[68]

一週後,同盟會再次開會,討論接辦《二十世紀之支那》的有關事項,「議決兩方各舉一人為代表,一移交,一接收,免致分歧」。[69]最後商定黃興為接收者,宋教仁為移交者。恰在此時,日本警察突然光臨雜誌社,查封了剛剛出版的第二期雜誌,交接工作亦被迫暫停。後改在九月三日,由孫中山監收,宋教仁與黃興完成了《二十世紀之支那》物資設備的移交手續。至此,這個刊物便為同盟會所有。由於日方的查禁,原名難以再用,幾經商議,決定改名《民報》,仍推宋教仁任庶務幹事兼撰述員,但他已不再參與編輯和發行業務,有限的幾篇時評和譯文,則集中刊發於最初幾期。九月十日,經湖南西路同鄉會推選,宋教仁成為中國留日學生總會館的一名評議員,負有組織留學生開展社會活動之責任。然而,尚未正式就職,就被捲入一場突如其來的風潮之中。

事情的起因是這樣的。日俄戰爭,日勝俄敗,日俄兩國遂簽訂《樸茨茅斯條約》,日本將取代沙俄在我國東北的支配地位。消息一經傳出,留日學生即群情激憤,奔走呼號,不遺餘力,並電請清政府堅持勿許。遂引起清、日兩國政府的不安,乃日夜謀所以約束留學生的辦法。不久便有報紙傳出消息,日本政府將發佈清韓留學生取締規則,最初,「其內容若何,未能知也。而學界聞之,乃大悲愴。僉謂今韓國者,日本之保護國也,儕我與韓伍,是日本蔑視我國權也。此規則若佈,無論內容若何,我輩義不可更託足於日本」。[70]十一月二日,日本文部省正式發佈《關於許清國留學生入學之公私立學校規程》,明令自翌年一月一日實施。雖然正式頒佈的規程與傳說中的取締規則有很大不同,但世間輿論既已形成,則如燎原之火,很難控制。而留學生總會館竟通過決議,擬請公使館照會日本文部省,將其中個別條款給予改正或詳加解釋。這種模棱兩可的態度更激發了留學生的憤慨,遂未經總會館及各省同鄉會商議,徑由各學校之同窗會發起停課退學風潮,迅速波及全體留日學生,「人心洶洶,幾陷於無政府之狀態。於是有識者亟圖整齊之,乃組織一聯合會,頃刻而就。聯合會劈頭第一着手,曰發佈自治規則,其大略則相戒不許上課以外,尚不許入

飲食店，不許入公園，不許入勸工廠等。置糾察員若干人，分佈各區，以糾其違犯。此規則者，大有整齊嚴肅之觀，雖日人亦為之起敬」。[71]

梁啟超這裏所言「有識者」，即宋教仁與胡瑛、楊卓林等人，他們發起組織學生自治聯合會，雖使罷課風潮漸漸走入軌道，但風潮並未平息。恰在此時，又發生了陳天華投海殉國之慘耗。陳君所留遺書萬餘言，其中雖有「最初即為反對停課之人」，又有「取締問題可了則了，萬勿固執」之語，然固執者之狂熱不僅未減，反而「徒增數倍」。[72] 據胡漢民回憶，在此次風潮中，同盟會內部分為兩派意見，「宋教仁、胡瑛等主張學生全體退學歸國，謂即可從事革命」，[73] 是較為激烈的一派。未幾，留學生總會館新職員之組成，宋教仁仍作為評議員當選，他們所規劃者，即學生歸國以後之事。但此事很快便出現了轉機，一方面是同盟會內部主張穩健的意見佔了上風，另一方面，梁啟超在《新民叢報》發表《記東京學界公憤事並述余之意見》一文，以循循善誘、陳情說理之文字，很打動了一些留學生，使他們體認到，不應以尋常書生之意氣，而犧牲國家、民族，乃至個人的長遠利益，因舉行各省代表會，最終促成了丙午年（1906年）一月十五日的復課。宋教仁等亦於十三日宣佈解散學生聯合會，並且表示：「此次風潮前固可主張力爭，但現已無可如何，於情於理於勢，皆不可久持云云。」[74]

這次學運給予宋教仁的教訓，是改變了他的治學方向。他自幼好為兵戲，「簿諸鄰兒名氏，呼集山阿，樹巾為旗幟，自登磐石上指揮部勒之」，[75] 故有過學習陸軍的打算。雖然此前在朋友的勸說下也曾報名入日本法政大學聽過課，但從軍之志從未動搖過。而這一次卻讓他想了很多，不僅想到破壞前之建設，甚至想到破壞後之建設，想到建設所需學養高深之人才，在與朋友反覆辯難之後，他決定棄武學文，入早稻田大學學習法政。這個決定成為他後來思考中國政治前途及其頂層設計的開端，也是他與梁啟超互相靠近的一個起點。與他過從甚密，有共同之學問興趣的徐佛蘇、蔣觀雲，也是梁啟超的密友，他們很希望他與梁啟超能夠建立一種聯繫。這時，梁啟超亦有意停止與《民報》的論戰，在與徐佛蘇的往來信函

中，他一再以此事相託，而徐佛蘇也樂於充當雙方的信使，並寫了《勸告停止駁論意見書》，發表於《新民叢報》第十一期。宋教仁日記記載了徐佛蘇與他的一次對話：「四時，至徐應奎（佛蘇）寓，坐良久。談及梁卓如，應奎言：『梁卓如於《民報》上見君文，欲一見君。且向與《民報》辯駁之事，亦出於不得已。苟可以調和，則願不如是也。《民報》動則斥其保皇，實則卓如已改變方針，其保皇會已改為國民憲政會矣。君可與《民報》社相商，以後和平發言，不互相攻擊，可乎？』余答以將與《民報》社諸人商之，改日將有覆也。」[76]

對於徐佛蘇的建議，宋教仁沒有說行，也沒有說不行，只表示可以商量。第二天見到章太炎，遂提起此事。章太炎對梁啟超本無多少惡感，所以表示「可以許其調和」。[77] 他還說：「余以胡（漢民）、汪（精衞）詰責卓如，辭近詬誶，故持論稍平。」[78] 又來到孫中山寓所，「與逸仙（孫中山）及胡展堂（漢民）言之，則皆不以為然」[79]。我們不知道宋教仁與梁啟超後來是否見過面，不過，宋教仁日記另一處曾記載：「接徐應奎來信，言將邀蔣觀雲同往梁卓如處，勸告其不加惡口於《民報》事云云。」[80] 無論他們最終是否成行，宋、梁是否相見，可以肯定的是，宋教仁的思想正在發生變化。丙午年九月二十五日，他去見剛從南洋回到東京的黃興，談起他們在南洋及廣東、香港經營的事業，心中未能產生認同感，他在當天的日記中寫道：「余聽畢，覺其冒險心、激進心太甚，將來恐有孤注之勢，欲稍勸之而不果。」[81] 由此隱約可以體會，此時的宋教仁，與孫中山、黃興等在革命方略上已經有了分歧，而顯得更趨穩健。而且，他的感覺是敏銳的，四年後黃花崗起義失敗，則印證了他的這種感覺。

在宋教仁短暫的一生中，丙午（1906 年）丁未（1907 年）是關係他平生志業最重要的兩年。他自丙午二月一日入早稻田大學上課，「余所上之班，為其留學生部預科之壬班，已開課三月餘者也」。課程安排得很緊，每日從早到晚排得滿滿的。由於他入學晚了三個月，「各科學皆須補習」，[82] 幾無片刻閒暇。早在入學之前，為了安心讀書，他便有了辭去《民報》社庶務幹事兼撰述員的想法。經張繼安排，他很快就與宋海南取得

聯繫，將一切賬目交割清楚，並同往《民報》各代售點，把宋海南介紹給他們，「屬其以後報事與海南交涉」。[83] 他還勸漳江書院時的老同學李和生以後少來打擾，「常至余處，有荒正務」，結果，搞得老同學很不高興，「悻悻而去」。[84] 這時，他已通過中國駐日使館的審查，以宋鍊的化名取得了官費留學生的資格。同年七月二十日，他自早稻田大學留學生部預科結業，取得了壬班第一名的好成績。為了繼續深造，他與劉揆一（霖生）等同習英文，準備投考日本帝國大學。但終以文名太勝，留學界有重要文字，仍希望他能出手相助。其中有婉拒而不能的，也有知難而退的，有人請他作一篇罵駐日公使楊樞（星垣）的文章，就被他拒絕了；有人組織被楊樞奏請斥逐的學界諸人開會議事，請他參加，他既不想參與，則「謝之而已」。[85]

不過，對於有人請他翻譯外國著作和文章，他則頗為心動。固然在於譯述稿酬足以彌補生活費用的短缺，同時，所譯作品也使他開闊了他的眼界，積累了更多的知識，思想上亦受到啟迪。這期間他譯述最多的便是各國政治制度要覽，譬如《英國制度要覽》、《俄國制度要覽》、《澳大利匈牙利制度要覽》、《美國制度概要》，以及《日本憲法》、《國際私法講義》、《各國警察制度》、《比利時澳國俄國財政制度》、《德國官制》、《普魯士官制》和《萬國社會黨大會略史》、《露（俄）國的革命》等。宋教仁對於中國未來國體、政體的思考和設想，以及對於立憲政治之真諦的認識和理解，所以高於同盟會整個領導層，未嘗不是得益於他所翻譯的這些文獻。他的人生理想是要做一個政治家，當他埋頭書齋，潛心治學時，西方的政治、法律諸學科，以及明清以來傳統的經世致用之學，固為首選，而王陽明、黃宗羲、顏元、李塨、曾國藩諸家之書，尤為他所看重。有一段時間，他幾乎天天在讀《王陽明集》和《明儒學案》，偶爾某日因故未讀，第二天必設法彌補。他還在日記中大段抄錄王陽明的語錄，不斷檢討、反思自己的言行，不僅修身養性而已，實欲身體力行，為今後施展其政治抱負而激勵自己。他在日記中寫道：「不可倚賴人太重，希望事太急，須以謹慎鎮靜謀天下事。對於團體，則謀畜養其潛勢力；對於個人，則謀預備

其真本事。」[86] 他與老朋友劉林生（劉揆一，亦作霖生）分享其讀書心得：
「余因力舉王陽明良知之說之善，林生亦然之。」[87] 另一位老朋友徐佛蘇聽
他談到近日「所見之理想」，亦「深然之」，[88] 表示認同。

此時的宋教仁，在情感上還離不開孫中山、黃興輩，在思想上卻已經
有了疏離感；反過來，他對梁啟超，情感上固然不肯接受，思想上則越來
越靠近。這種互相靠近絕不是有意識的，而越是這樣，越讓人覺得有可以
深思者。一次他收到宮崎寅藏等主辦的日文半月刊《革命評論》，其中有
一些關於中國革命運動的介紹和評論，他在日記中寫下了他的觀感：「余
觀之，以為其議論固多壯烈慷慨之詞，但於發揮真理上須再加切實之言方
可。」[89] 他雖然不能像梁啟超那樣明言反對革命，但他希望講到革命的時
候，少一點空話大話，多一點切實的道理。日本的報紙刊登了一篇俄國作
家托爾斯泰的文章《與支那人書》，書中「勸支那人不可學歐洲人之武裝
及代議政治，當以中國古昔之所謂『道』，即天之律、神之法為基礎，而
行『道』之政治，營『道』之生活云云」。看到這裏，他或許並不完全認
同托爾斯泰所講的這一套，但他寫道：「其言亦有至理。」[90]

這些都隱約表現出宋教仁的思想在發生某種變化。如果說之後宋教
仁與孫中山、黃興的關係日趨冷淡的話，那麼，這一切顯然是由雙方思想
傾向上的根本差異所導致的。丁未年（1907 年）初，黃興對宋教仁說，
我馬上要到香港去，那裏將有起義之舉，同盟會庶務幹事一職想交給你代
理，你可以搬到我這裏住。在當天日記中記下這段話之後，宋教仁接着寫
道：「余思余現在養病，既不能作他事，慶午此去關係甚重，若不應之，
殊為非是；且此職現亦無多事，亦可任也，遂應之。」[91] 當天晚上，宋教
仁來到孫中山的寓所，黃興也在，「逸仙與余言代理庶務事，余問其一切
事務如何，逸仙不多言及。余坐良久，遂辭去，至《民報》社宿焉。」[92]
在這裏，宋教仁只淡淡地寫下七個字「余坐良久，遂辭去」，我們已能夠
體會他此時的心情。於是，當「廣東近日非常戒嚴，香港亦難居，故不得
已歸來」[93] 的黃興回到東京後，他便藉口去滿洲運動馬賊，向孫中山提出
辭職。第二天，他又到《民報》社，與黃興「言余辭職事」，[94] 但黃興沒

有接他的話。兩人沉默了很久，黃興忽然說，他要退出同盟會，斷絕與孫中山的關係。原因是同盟會本部在討論革命勝利後的國旗方案時，孫中山堅持採用他領導興中會第一次起義時所用青天白日旗，黃興以為類似日本太陽旗，做國旗不適當，主張用象徵平均地權的井字旗。二人爭執不下，黃興遂聲言退會。宋教仁並不認為孫、黃之爭只是為了一面旗子的意氣之爭，他根據自己代理庶務這一個多月與孫中山頻繁接觸的感受，看到了爭論背後更多的東西：「余則細思慶午不快之原因，其遠者當另有一種不可推測之惡感情漸積於心，以致是而發，實則此猶小問題，蓋（孫中山）素日不能開誠佈公，虛心坦懷以待人，作事近於專制跋扈，有令人難堪處故也。今既如是，則兩者感情萬難調和，且無益耳，遂不勸止之。又思□會自成立以來，會員多疑心疑德，余久厭之，今又如是，則將來之不能有所為，或亦意中事，不如另外早自為計，以免燒炭黨人之譏。遂決明日即向逸仙辭職，慶午事亦聽之。」[95]

▍ 另樹一幟

　　孫、黃之爭讓宋教仁看清了這些人絕非可以合作共事之人，遂有了另樹一幟的打算。後黃興與孫中山和解，不再糾纏於這些問題，宋教仁則一往直前，無復反顧。不久，他與譚人鳳等人商議，以「事權統一，責任分擔」為口號，籌劃設立同盟會中部總會，並於辛亥年（1911 年）元月之初回到上海，與各方聯絡，爭取更多的理解和支持。先是應于右任的邀請，擔任《民立報》主筆，後在譚人鳳的堅持下，同赴香港參加廣州黃花崗起義，擔任起義機關的編制部部長。起義失敗後，黃興心灰意冷，打算專門從事暗殺活動；譚人鳳亦「心志俱灰」，「決志歸家，不願再問黨事也」；[96]唯宋教仁重返上海主筆《民立報》。這期間，他在《民立報》以「漁父」為筆名，發表了多篇文章，以革命宣傳家的姿態，對清政府的立憲騙局及賣國苟安、鎮壓革命的罪惡，予以深刻揭露。同年七月三十一日，同盟會

中部總會在上海宣告成立，與會代表凡三十三人。會上，即席宣讀了譚人鳳手擬之《中國同盟會中部總會成立宣言》，以及宋教仁撰寫的《中國同盟會中部總會章程》、《中國同盟會中部總會總務會暫行章程》和《中國同盟會中部總會分會章程》，這些文件均獲得通過。大會還推選宋教仁為總務幹事，全面負責會務工作。

中部總會既由宋教仁所倡議，他因此得到一個表達其政治理想的機會。在中部總會章程第三條中，他將這個組織的政治綱領表述為「本會以推覆清政府，建設民主的立憲政體為主義」，第六條則規定：「會員皆一律平等。」第七條：「會員得於法律範圍內，保持身體、財產、職業、居住、信仰之自由。」同時規定：「本會置會長一人，代表本會，總理會務，任免職員，並發佈一切法律命令。但暫時虛位以待，將來由總務會議決其時期及選舉法選舉之。」「總務幹事互選一人為議長，掌召集開會、保管文件、印信之事；其開會議事時，遇有可否同數者，由其決定。」「總務會須依總務幹事全體之署名，行其職權；其有因故不能視事時，則託同幹事一人代理之。」[97] 這些規定使我們看到，同盟會中部總會雖然仍冠以同盟會的名稱，實際上卻與孫中山領導的同盟會劃清了界限，不僅明確規定了本會的政治綱領為建設民主的立憲政體，而且確立了符合現代憲法精神的民主性制度框架，從而在制度層面限制了黨的領袖搞個人集權，獨裁專制的可能性。

據說，當年四月，他在香港參加廣州黃花崗起義準備工作期間，就曾草擬過文告、約法，以及中央制度、地方政治機關和設施等文件，共厚厚三大本，其內容涉及國家政治制度和政治體制，可惜都已散佚，無從考查了。但從他數月之後所作《近日各政黨之政綱評》、《希望立憲者其失望矣》及《論督察院宜改為懲戒裁判所》一文中，倒是可以看出一些蛛絲馬跡。他通過對憲友會和帝國憲政實進會政綱的評述，對立憲派所作所為的批評，以及對都察院作用的分析，深入探討了立憲政治的內涵和本質特徵，以及在中國的前途，並且對政黨與立憲政治的關係，政黨在立憲政體中的作用，政黨自身建設諸問題，都有所涉及。他在談到政綱對於政

黨的意義時指出：「夫政黨組織之要素不一，而其為最重要之一端，且為政黨作用之最大武力者，則為政綱，未有政綱不善，而猶能存立活動於政治界者也。」[98] 立憲派對君主制的「尊重」不能被他所接受，自不待言，他對立憲派在其他方面的模棱兩可，消極苟且，亦深為不滿，認為「不得要領者居多」。[99] 他設想中國的未來：「今後吾國政治變革，結局雖不可知，然君主專制政體，必不再許其存在，而趨於民權的立憲政體之途，則固事所必至者。夫立憲政體之國，必有議會為監督政府機關，而行決議、質問、彈劾等之權，必有裁判所為司法機關，而行普通裁判之權，此殆通例。」[100]

宋教仁此時所關注的這些問題，同樣為梁啟超所關注。除了是否保留君主制他們所持態度針鋒相對外，在很多方面，他們的看法是相近的，甚至相同的。他在宣統二年（1910 年）、三年（1911 年）寫了很多文章，比如他有一篇《中國政黨之將來》，不僅講到政黨對於立憲政治的重要性，也講到了政黨對於立憲政治的依賴：「立憲政體，固非藉政黨不能運用，然政黨尤必在立憲政體下乃能發育。」既然「今中國之國民，實生息於專制政體之下，而非生息於立憲政體之下者也，此政黨之所以難成立，其原因之一也」。[101] 對於宋教仁舉為假立憲之資政院者，梁啟超也寫了《論政府阻撓國會之非》、《資政院章程質疑》、《讀十月初三日上諭感言》、《論資政院之天職》、《評資政院》、《資政院之將來》等數篇文章，他所論資政院之功過、作用、職責，要比宋教仁更全面而透徹，由於他們立論的基礎和角度不同，故得出的結論則略有出入。他們都看到了在君主專制制度下資政院的實際作用難以發揮，宋教仁認為：「現政府之所謂立憲，偽也，不過欲假之以實行專制者也；其所以設資政院，立內閣，非以立憲國之立法機關與責任政府視之者也，故其所以對付資政院之許可權與內閣之組織者，亦不得責以立憲之原則者也；其所謂憲法大綱者，不過欺人之門面，賴人之口實，萬不可信者也。立憲者，決非現政府之所得成者也。」[102] 梁啟超對資政院則不覺得「失望」，他說：「資政院開院以來，政界漸見活氣，此實中國前途一線光明也。」他認為：「要而論之，我國開

前古未有之局，創此合議的意思機關，其發軔之第一次，以秩序論，以精神論，皆斐然可觀，為外國人初料所不及，置諸中國憲政史之第一葉，良有足以自誇者。而以之與政府相較，其程度之高，實倍蓰於彼輩，尤足以增長我國民自信力，而間執頑固者之口。」不過，他也承認：「雖然，若衡以我國民所懷想之議院政治，其前途實至遼遠，顧（願）議員諸君益勉之而已。」[103]

梁啟超是一位優秀的中國未來政治藍圖的設計師，而令人惋惜的是，他始終沒有機會把自己的設想付諸實施，武昌首義一年之後，他才結束十四年的流亡生活，從日本啟程回國。宋教仁則比他幸運得多。實際上，中部總會成立之後，一直致力於長江流域之革命運動的組織工作。雖然起義發動之初，宋教仁或因種種原因遲滯於上海，此後他也為趕赴事機不及時而引為終生之憾。但他在上海亦努力補救，不僅在報上發表文章，表明革命軍之立場，以期喚起國內外的注意，而且積極策進南京等地給予回應，以免武漢陷於孤立。不久，他與黃興同船行抵武漢，即提議先行組織中央臨時軍政府，以統一兩湖軍事指揮權，爭取交戰團之合法地位，並草訂《鄂州臨時約法》，界定三權，即立法權、司法權、行政權，以議會為最高權力，都督三年改選，財脈人事皆在議院掌控之中，且首次以法律的形式承認「人民一律平等」，「人民有選舉投票及被投票選舉之權」，並且享有言論、著作、出版、集會、結社、通訊、信教、居住、遷徙、保有財產以及營業之自由。[104]

固然，這只是一部臨時約法，但它充分體現了宋教仁近年來對國家政治制度的思考和設想，其核心思想及精神，均為民初一切「程序合法」之憲法及憲草所繼承。不久，最初集會於上海的各省都督府代表移師武漢，首屆各省代表會即假漢口英租界順昌洋行如期舉行。會議公舉譚人鳳為議長，確認以鄂軍都督府代行中央職權，並且及時公佈了所擬臨時政府組織大綱二十一條，決議「虛總統之席以待袁世凱反正來歸」[105]當時，漢陽失守，武昌危急，南京仍在苦戰，革命黨人以外交危機為理由，急於建立中央權力機關，遂在漢口會議通過臨時政府組織大綱後的第三天，便召集各

省代表會議滬上聯絡處開會，表決通過了《臨時政府組織大綱》。次日選舉黃興為大元帥，負責組織中華民國政府，黎元洪副之。滬上聯絡處亦以臨時國會自居。此舉引起了在鄂代表的強烈不滿，他們表示決不承認滬上會議的結果，並要求「設法聲明取消，以免淆亂耳目」。[106]

　　然而，在滬、漢之爭的背後，隱然顯現出宋教仁的訴求。有人猜測，他力促黃興出任大元帥，其實是自己想做內閣總理。漢口會議的第二天，章太炎發表《宣言》於《民國報》，其中既明確表示「承認武昌為臨時政府」，同時又認為，「總理莫宜於宋教仁」。他說：「至於建置內閣，僕則首推宋君教仁，堪為宰輔，觀其智略有餘，而小心謹慎，能知政事大體。」[107] 這時，滬、寧一帶輿論似乎都指宋教仁有做內閣總理的企圖。盛先覺寫信向梁啟超匯報他在南方與各黨派接觸了解的情況，其中就提到：「前數日（十四日乎）上海已開國民會，公舉黃興為假大元帥，而黎副之，以宋教仁為總理，現均已往南京。」[108] 這種輿論此後直接影響到共和政體的選擇，即總統制還是內閣制？很多人反對內閣制的原因，竟有擔心宋教仁出任內閣總理的。固有人稱之為「誤會」，或者，宋教仁本無所用心於個人之私者。但章太炎在其《自定年譜》中說得很明白：「遁初（宋教仁）自武昌來，道克強（黃興）任漢陽總司令，得湖南援，可守。時南方獨有江寧未下，規模粗定，諸君皆推武昌為中央，遁初自許當為執政，屬余作人物品目。余念同志中唯遁初略讀政書，粗有方略，然微嫌其脫易，似前世劉禹錫輩。時輩既無過遁初者，因為宣佈。」[109] 按照章太炎的說法，他出面力挺宋教仁，是宋教仁背後慫恿的，他的目的是要確保有革命黨掌握政權，而防止舊官僚，如黎元洪輩佔據權力中心。後蔡元培在為宋教仁日記《我之歷史》作序時，也明確指出他有做內閣總理的意願：「民國紀元前一年，南京臨時政府之議起。章炳麟（太炎）君以國務總理許先生，先生亦以此自許。」[110] 可見不是「誤會」，宋教仁是有這種「野心」的，問題在於如何認識和評價他的這種「野心」，蔡元培認為：「清季言革命者，首推同盟會。會旨雖有『建立民國，平均地權』諸義，而會員大率以『驅除韃虜』為惟一目的，其抱有建設之計劃者居少數，抱此計劃而毅然以之自

任者尤居少數。宋漁父先生，其最著者也。」[111] 他的這種認識，是把宋教仁的自許、自任當作英雄行為來看待的。

由於孫中山適時回國，並被推舉為臨時大總統，宋教仁希望由自己出任內閣總理的夢想亦隨之破滅。他在臨時參議院做修改臨時政府組織大綱報告時，發表修改主張，歷時兩點鐘，其言娓娓動聽，但應者寥寥。眾人多誤會他之所以主張修改，還是為了得到內閣總理的席位。據胡漢民回憶，在孫中山最初提交的內閣名單中，宋教仁為內務部長，但「以其嘗主內閣制，並欲自為總理，故參議院不予通過，（初由各省代表會行參議院職權，閣員須得其同意，著為『約法』，其後因之。）而改用程德全」。[112] 最終，宋教仁經孫大總統任命，出任臨時政府法制局局長。民國元年（1912年）二月，孫中山決定重新制訂臨時約法，宋教仁即任法制局局長，原負有起草之責。但他的許多主張都與黨內同志有分歧，關於總統制與內閣制的取捨，故不待言；中央與地方之建制，他與胡漢民亦針鋒相對，他主中央集權，胡主地方分權；建都地點問題，他的意見與章太炎一致，與孫、胡及黃興則多有歧異；袁世凱在北京通電就職後，同盟會中大多數人都主張黃興統兵北上，以迎袁為名，乘便掃蕩北洋軍閥及專制餘毒，只有宋教仁以為不可。為此，馬君武還打了他，罵他是袁的說客，出賣南京政府。就像章太炎被胡漢民宣佈為「反革命」一樣，宋教仁在許多人眼裏已是同盟會中「右派」的代表。在這種情形之下，眾人對於由他主持《臨時約法》的制訂是頗有異議的，此後雖由參議院自行組織起草委員會提出審議，但最終得以通過的《臨時約法》，仍不得不承認為「鄂州約法之父」宋教仁立憲思想的結晶。

▍從同盟會到國民黨

同盟會四分五裂的現狀，以及宋教仁在會中的處境，讓他深切地感到，如果不對同盟會做徹底的改造，則很難應對民國之後新形勢下的議會

鬥爭。先是民國元年（1912年）一月二十二日，同盟會集會於南京，討論改組政黨問題，意見明顯分為左右兩派，右派認為，武裝鬥爭既告結束，今後應改為公開之政黨，從事憲法國會之運動，立於代表國民監督政府之地位，不宜再有祕密結社之性質；左派則以革命之目的尚未達到，讓權袁氏，前途尤多危險，黨的祕密工作不僅不可以削弱，而且更要加強，不能因為合法之政治鬥爭而公開一切。黨內意見既不統一，改組之計劃則難免受阻。直到當年的七月十四日，同盟會本部在京召開全體職員會，代理總務部主任幹事魏宸組提議「改定名稱，組織完全政黨」，仍遭到多數職員反對。[113] 然而，同盟會此時所面臨的形勢已非往日可比，一方面是大大小小的政黨組織紛紛成立，而另一方面，同盟會內部亦呈分裂狀態，黨內同人多有分道揚鑣，重新組合，甚至公開對立的情況。五月八日，統一黨、民社、國民協進會等政治團體正式合併為共和黨，公舉黎元洪為理事長，成為議會鬥爭中對抗同盟會的重要力量。原同盟會黨員蔡鍔、王芝祥、孫毓筠等亦組建了統一共和黨，譚人鳳則被公推為中華進步黨正主裁。而更值得注意者，是梁啟超的組黨動作，他既對政黨政治有明確的認識，以組建一個可以對抗同盟會的大黨為其職事，儘管他尚未回國，但其作為絕不能小覷。

於是，宋教仁加緊了改組同盟會，建立國民黨的進程。七月二十一日，同盟會北京本部再度開會，宋教仁在會上發表演說，宣佈同盟會新的政見：「本黨對於統一臨時政府內閣，已決定，如不能達政黨內閣，寧甘退讓；如可改組政黨內閣，雖他黨出為總理，亦贊助之。」[114] 但同盟會改名一事，仍然遭到蔡元培的帶頭反對。直到八月十日，同盟會本部又一次召開職員會，宣讀孫中山、黃興與上海機關同意改名且與統一共和黨及幾個小黨進行合併的電報，問題才最終得到解決。同一天，《中華民國國會組織法》和《參眾兩院選舉法》頒行，兩院議員選舉在即，宋教仁更加快了新黨的籌備工作，八月十三日，同盟會、統一共和黨、國民公黨、國民共進會、共和實進會聯合發表《國民黨宣言》，則意味着宋教仁期待已久的，與民主憲政相配的完全之政黨的誕生。此後民國著名記

者黃遠生對國民黨改組成功發表評論，認為「實係遯初（宋教仁）一人主持，而胡瑛、張耀曾、李肇甫、魏宸組及某某君等為之奔走密謀，皆與有大力。當未改組前，記者一日面詢胡君以改組之事，胡君答稱在南京時，以孫中山、汪精衛等不甚主持，故致中止。可見此中阻力之大。宋君居京既久，政治思想異於他人，實為國民黨政界運動之中心，諸同盟會議員既親附之，與之連名附於贊成改組之列，及改組事定，則國民黨之議員，尤親附之。其先同盟會中諸激烈分子不滿意於改組者，事定後乃議排斥宋君，不舉為理事。於是，同盟會之議員某某有力者，乃暗中鼓動統一共和黨出頭，謂不舉宋君為理事，則我等合併之事可作罷。因是宋君乃始得為理事」。[115]

　　同盟會改組成為國民黨，宋教仁因此獲得了可以施展自己政治抱負和才華的巨大平台。八月二十五日，國民黨在北京舉行成立大會，孫中山、黃興、宋教仁等九人被推選為理事，孫中山為理事長，並以宋教仁為代理理事長，主持北京總部黨務工作。按照《臨時約法》的規定，自本約法施行之日起，限十個月內由臨時大總統召集國會。故自九月以後，各地國會議員之競選就已展開。這是中國有史以來第一次憲政民主的實踐，也正是宋教仁組建國民黨的初衷，他的政治理想就是要在中國實現憲政民主制度框架內議會政黨非暴力的選舉，陽光參政，彼此合作，依法競爭。因此，他不僅佈置黨員到各省市活動，積極競選，在縣一級建立國民黨黨部這一基層組織，而且身體力行，與王寵惠等人乘火車沿京漢路南下湘鄂，從事選舉活動。其間還回到桃源老家，為老母祝壽。他在家鄉居住一月而有餘，至民國二年（1913年）一月初，由於各方再三來信來電報告國內新發生的各種危象，他才勉強與母親道別，東下長沙而出武漢。

　　這裏所謂各種危象，主要是指梁啟超亡命海外十四年後回到國內，推動了各黨派之間的重新組合，並已形成與國民黨相抗衡的另一大黨橫空出世的趨勢。而且，梁啟超回國，國民黨內部亦出現不同的態度，張繼、劉揆一即早有迎梁回國的通電，而黃興更親臨天津迎接梁啟超，倒是宋教仁，與梁啟超失之交臂。梁啟超十月二十日到京，他則於前一天乘火車南

下，不知是巧合還是有意安排，如果是後者，或許倒說明了，宋教仁是以議會鬥爭的真正對手而對待梁啟超的，他們相遇的最佳地點，只能是議會講壇，而不是別的什麼地方。然而，這種願望——假如他真有這種願望的話，隨着三月二十日晚十時四十五分上海滬寧火車站那兩聲槍響，也只有宣告破滅而已。

然而，宋教仁死於暗殺，不僅是宋、梁二人的憾事，更如梁啟超所言：「實貽國家以不可規復之損失，匪直為宋君哀，實為國家前途哀也。」[116] 這是深知國民黨和袁世凱才說得出的話，果然，國民黨自棄其超級大黨的政治責任，鋌而走險，發動二次革命，道義權謀兩失，而袁世凱則以短視私心，做出解散國民黨乃至解散議會之舉，抱薪救火，自焚其身，亦置憲政精義民族遠略於死地。也許可以這樣說，宋教仁之死，事實上終結了中國走向民主憲政的可能性，開啟了「以槍為法」，「槍桿子裏面出政權」的歷史閘門。

註釋：

1　《致梁思順》，《梁啟超家書：南長街54號梁氏函札》，74頁。
2　同上，75～76頁。
3　同上，76頁。
4　同上，77頁。
5　吳相湘《宋教仁傳》，1頁。轉引自《宋漁父》第一集插圖「追悼大會寫真」一，見陶菊隱《六君子傳》，第104頁。
6　據陳錫祺主編《孫中山年譜長編》，宋教仁被刺時，孫中山尚在日本。3月23日啟程回國，25日抵達上海，即提出武力討袁為唯一辦法。4月13日，國民黨上海交通部假張園舉行追悼宋教仁大會，馬君武代表孫中山致悼詞，其言曰：「宋先生之死，實死於官僚派之手。官僚派無整頓中國之能力，見有能整頓中國者，輒以殘忍卑劣之手段暗殺之。若國民一任其所為，民國將萬無可望。故今後之競爭，乃官僚與民黨之競爭。宋先生死後，中華民國是否與之俱死，當視能否戰勝官僚派為斷。今當竭盡心力與官僚派競爭，堅執平民政治，以竟宋先生未竟之志。」會前，孫中山送有挽聯。其聯云：「作民權保障，誰非後死者；為憲法流血，公真第一人。」上述引文，大約即由此演繹而來。
7　《民國紀事本末》（1911—1949），77頁。
8　《致袁世凱電》，《宋教仁集》下，496頁。
9　《暗殺之罪惡》，《飲冰室合集·文集》之三十，6頁。
10　《中國立國大方針》，《飲冰室合集·文集》之二十八，39頁。
11　同上，76頁。
12　同上，77～78頁。
13　《梁啟超年譜長編》，569頁。
14　同上，567頁。
15　同上，569頁。
16　同上。
17　同上，593頁。
18　《新中國建設問題》，《飲冰室合集·文集》之二十七，44～45頁。
19　同上，34頁。
20　同上，34～35頁。
21　同上，37頁。
22　同上。
23　同上，38頁。
24　同上，38～39頁。
25　同上，39頁。
26　同上，42頁。
27　《梁啟超年譜長編》，569頁。
28　同上，617～618頁。
29　同上，620頁。
30　《中國立國大方針》，《飲冰室合集·文集》之二十八，64頁。
31　同上。
32　同上，64～65頁。
33　同上，66頁。
34　同上，68頁。
35　同上，72頁。
36　《梁啟超年譜長編》，597頁。
37　同上，598頁。
38　同上，599頁。
39　同上，600～601頁。
40　同上，633頁。
41　同上，632頁。
42　同上，641頁。
43　同上，642頁。

44 《蒞共和黨歡迎會演説辭》,《飲冰室合集 · 文集》之二十九,8 頁。

45 《梁啟超年譜長編》,663 頁。

46 同上,667 頁。

47 同上,669 頁。

48 同上,668～669 頁。

49 《中國立國大方針》,《飲冰室合集 · 文集》之二十八,73 頁。

50 據陶文實整理《為憲法流血,公真第一人——宋教仁生平事跡述略》,與日本片倉芳和編著《宋教仁年譜稿》,《常德文史》第三輯,1 頁、43 頁。

51 馮為鑾《宋教仁傳》,見《宋教仁日記》,354 頁。

52 同上。

53 《為憲法流血,公真第一人——宋教仁生平事跡述略》,《常德文史》第三輯,2 頁。

54 《朱玉序》,見《宋教仁日記》,354 頁。

55 馮為鑾《宋教仁傳》,見《宋教仁日記》,354 頁。

56 《為憲法流血,公真第一人——宋教仁生平事跡述略》,《常德文史》第三輯,3 頁。

57 《宋教仁日記》,1 頁。

58 同上,2 頁。

59 同上,4 頁。

60 同上,7 頁。

61 同上,9～10 頁。

62 同上,22 頁。

63 《中國近代報刊史》(下),365 頁。

64 《宋教仁日記》,44 頁。

65 《中國近代報刊史》(下),356 頁。

66 《宋教仁集》上,2 頁。

67 《宋教仁日記》,85 頁。

68 同上,91 頁。

69 同上,93 頁。

70 《記東京學界公憤事並述余之意見》,《新民叢報》第三年第二十三號,中國近代期刊彙刊第二輯《新民叢報》第 11 冊,9637 頁。

71 同上,9649 頁。

72 同上,9650 頁。

73 《胡漢民自傳》,《胡漢民回憶錄》,17 頁。

74 《宋教仁日記》,112 頁。

75 馮為鑾《宋教仁傳》,見《宋教仁日記》,354 頁。

76 《宋教仁日記》,309 頁。

77 同上,309 頁。

78 《章太炎年譜長編》上冊,225 頁。

79 《宋教仁日記》,309 頁。

80 同上,318 頁。

81 同上,233～234 頁。

82 同上,122 頁。

83 同上,145 頁。

84 同上,171 頁。

85 同上,153 頁。

86 同上,211 頁。

87 同上,121 頁。

88 同上,124 頁。

89 同上,230 頁。

90 同上,310 頁。

91 同上,306～307 頁。

92 同上,307 頁。

93 同上,322 頁。

94 同上,328 頁。

95 同上。

96 《石叟牌詞》二十七,文明國編《譚人鳳自述》,64 頁。

97 《中國同盟會中部總會章程》,《宋教仁集》上,277～278 頁。

98 《近日各政黨之政綱評》,同上,230 頁。

99　同上，237頁。

100《論督察院宜改為懲戒裁判所》，同
　　上，281頁。

101《中國政黨之將來》，《飲冰室合集．
　　文集》之二十五（上），199～200頁。

102《希望立憲者其失望矣》，《宋教仁集》
　　上，255頁。

103《評資政院》，《飲冰室合集．文集》
　　之二十五（上），165、175頁。

104《為憲法流血，公真第一人──宋教
　　仁生平事跡述略》，《常德文史》第
　　三輯，9頁。

105《民國紀事本末（1911－1949）》，
　　32頁。

106 吳相湘《宋教仁傳》，87頁。

107《章太炎年譜長編》（上），362～363
　　頁。

108《梁啟超年譜長編》，574頁。

109 章太炎《自定年譜》，《名人自述》，
　　107頁。

110《蔡元培序》，《宋教仁日記》，
　　344頁。

111 同上。

112《胡漢民自傳》，《胡漢民回憶錄》，
　　49頁。

113《誰謀殺了宋教仁？》，29頁。

114 同上，31頁。

115《政談竊聽錄》，《遠生遺著》卷二，
　　152～153頁。

116《暗殺之罪惡》，《飲冰室合集．文集》
　　之三十，7頁。

第十六章

功敗垂成：

梁啟超與
袁世凱

▶ 袁世凱 (1859—1916)

- 1895 年，袁世凱加入康梁創辦的強學會。
- 1898 年，戊戌變法，因袁世凱告密，導致變法失敗。
- 1908 年，因袁世凱的告密，慈禧太后下令查禁梁啟超推動創建的政聞社。慈禧太后去世後，康梁積極倒袁。在各派政治勢力鬥爭下，袁世凱不得不解職歸田。
- 1911 年，辛亥革命後，為着各自的政治利益，袁世凱與梁啟超均表示願意放棄前嫌，互相合作。
- 1913 年，梁啟超促成進步黨成立，袁梁在政治上正式結盟。
- 1915 年，袁世凱恢復帝制，梁啟超公開聲討，支持地方武裝討伐，袁梁二人決裂。

袁世凱幾乎可以說是梁啟超的克星。梁啟超在數十年的政治生涯中，曾有過兩次與袁世凱的交往，甚至合作，但是，都未能善始善終，後一次，幾乎搞得梁啟超身敗名裂。

▎晚清時期的第一次合作

梁啟超第一次與袁世凱打交道，是在光緒二十一年（1895 年），康、梁在北京發起創辦強學會，袁世凱亦參與其中。民國元年（1912 年），梁啟超自日本歸國，在北京報界歡迎會上演講時，他還提起這段經歷：「乙未（1895 年）夏秋間，諸先輩乃發起一政社名強學會者，今大總統袁公，即當時發起之一人也。彼時同人顧不知各國有所謂政黨，但知欲改良國

政，不可無此種團體耳。而最初着手之事業，則欲辦圖書館與報館，袁公首捐金五百，加以各處募集，得千餘金，遂在後孫公園設立會所，向上海購得譯書數十種，而以辦報事委諸鄙人。」[1]

康有為也曾提到此事，他說：「七月初，與次亮（陳熾）約集客，若袁慰亭（世凱）、楊叔嶠（銳）、丁叔衡（立鈞），及沈子培（曾植）、沈子封（曾桐）兄弟，張巽之（孝謙）、陳□□，即席定約，各出義捐，一舉而得數千金，即舉次亮（陳熾）為提調，張巽之幫之。」[2] 此時的袁世凱剛從朝鮮回國不久，經歷了甲午戰爭的失敗，他正在為自己尋找新的機會和出路。他拚命巴結榮祿，向榮祿遞門生帖子，還把別人編譯的軍事著作換上自己的名字，恭請榮祿指教。同時，他又頻繁出入於京城文人的各種飯局，與清流和維新人士拉關係，套近乎。據最新披露的徐世昌《韜養齋日記》記載：「乙未，三十日，晨起。看書。寫信。雲甫、子封來。午後看書。檢什物。慰廷、巽之來，略坐，約同至嵩雲草堂（疑即松筠庵），談至二更後歸。」又記：「八月，朔日，晨起。寫信。出門。晚赴嵩雲草堂巽之之約，議開書局。同座陳次亮、陳養元（疑為陳三立）、康長素（康有為）、叔衡、子培、子封、慰廷。席罷，又談至三更後歸。」[3] 徐世昌是袁世凱的老朋友，袁在小站練新軍，特聘徐為參謀長。他的記載應該是可信的。多年以後，袁世凱當上了洪憲皇帝，康有為發電報請他退位，電文中還有一段敍舊的話，他說：「昔強學之會，飲酒高談，坐以齒序，公呼吾為大哥，吾與公兄弟交也。今同會寥落，死亡殆盡，海外同志，惟吾與公及沈子培、徐菊人尚存，感舊欷歔，今誠不忍見公之危，而中國從公以滅亡也。」[4] 這裏的徐菊人，就是徐世昌，菊人是他的號。

可見，康梁等維新人士最初對袁世凱是有好感的，以為他和榮祿的部下聶士成、董福祥不一樣，是個通洋務、講變法的新式軍人。所以，戊戌年（1898 年）變法進行到緊要關頭，他們意識到了軍隊的重要性，希望能有一支軍隊是支持變法的，於是想到了袁世凱。根據王照的記載，最初也想到爭取聶士成，康有為曾託徐致靖、譚嗣同、徐仁鏡勸說王照，讓他去遊說聶士成，並許聶士成直隸總督的官職。但王照不同意這種做法，他認

為，光緒與慈禧的矛盾「純為家務之爭」，而且，「內政何須召外兵，從來打草致蛇驚」，因此拒絕了他們的請求。[5]

於是，六月初，康有為又派徐致靖的姪子徐仁錄（字藝郛，又作義甫）到天津去見袁世凱。這次走的是徐世昌的路子。徐世昌與袁世凱是多年的朋友，有一種說法，袁世凱遇到大事一定先和徐世昌商量。徐世昌在日記中寫道：「（六月）初九日，晨起，來客。與延年談。澄甫仲明、徐藝郛仁錄，趙體仁同食，聚談半日。」十二日又記：「午後到小站。到慰廷家久談。徐藝郛同來，留宿營中。」十三日又記：「晨起。合大操。歸。與慰廷談。午後沐浴。與藝郛到文案處。」十四日又記：「陰雨。與藝郛、仲遠暢談一日，雲台（袁克定，字雲台，袁世凱之子）來。」十五日又記：「晨起。藝郛冒雨行。」[6]

從徐世昌的日記中我們看到，徐仁錄在天津停留了大約一週，至於他是否見到了袁世凱，卻很難說。據十二日所記，「到慰廷家久談。徐藝郛同來，留宿營中」，也很難認定，徐仁錄只是「同來」，而沒有參加談話。最早認定袁世凱沒有與徐仁錄相見的人還是王照，他寫道：「後乃知往小站徵袁同意者，為子靜（徐致靖）之姪義甫，到小站未得見袁之面，僅由其營務處某太史傳話（即徐世昌），所徵得者模棱語耳。」[7]但《康有為自編年譜》則言之鑿鑿，甚至複述了他們之間的談話：「先於六月，令徐仁祿（錄）毅甫（義甫）遊其幕與之狎，以觀其情，袁傾向我甚至，謂吾為悲天憫人之心，經天緯地之才。使毅甫以詞激之，謂『我與卓如、芝棟、復生，屢奏薦於上，上言榮祿謂袁世凱跋扈不可大用，不知公何為與榮不洽？』袁恍然悟曰：『昔常熟欲增我兵，榮祿謂漢人不能任握大兵權。常熟曰，曾左亦漢人，何嘗不能任大兵？然榮祿卒不肯增也？』毅甫歸告，知袁為我所動，決策薦之，於是事急矣。」[8]

康有為一廂情願

這些話大約是徐仁錄告訴康有為的。不管他是否見到了袁世凱，事實

上，他都沒能摸到袁世凱的底。以袁世凱的老謀深算，對付一個閱歷甚淺的年輕人，豈不綽綽有餘！但康有為這邊卻按照他們的理解在行動。「先是為徐學士（徐致靖）草摺薦袁，請召見加官優獎之，又交復生遞密摺，請撫袁以備不測。」[9] 徐致靖所上《密保統兵大員摺》是在七月二十六日，當日，光緒皇帝就發了上諭：「電寄榮祿，着傳知袁世凱，即行來京陛見。」[10] 二十九日，袁世凱抵京，八月一日，光緒皇帝召見袁世凱，並下諭嘉獎，命袁世凱開缺以侍郎候補，專辦練兵事務。而就在前一天（關於此次密詔的頒發時間，各書記載不同，有二十八日、二十九日、三十日和八月一日多種說法，這裏採用趙炳麟所錄，根據了湯志鈞先生的意見），光緒皇帝交由楊銳帶出了給他和林旭、劉光第、譚嗣同四京卿的第一道密詔，另有賜給康有為的密詔，亦由楊銳帶出。到了初二日，光緒皇帝明發上諭催促康有為迅速出京，又賜第二道密詔，由林旭帶出，令其速往上海，以待「將來更效馳驅，共建大業」。[11] 這一天，袁世凱「謝恩召見，復陳無尺寸之功，受破格之賞，慚悚萬狀。上笑諭：『人人都說你練的兵、辦的學堂甚好，此後可與榮祿各辦各事』」，並令其初五日請訓。次日初三，袁世凱就接到榮祿電令，要他速回天津備戰，以防英軍來犯。當天傍晚，譚嗣同到法華寺去見袁世凱，向他介紹了康有為與梁啟超、徐致靖、林旭等人商議的救皇上的全部計劃，並請他在天津閱兵時出手搭救皇上。袁世凱亦表示：「若皇上於閱兵時疾馳入僕營，傳號令以誅奸賊，則僕必能從諸君子之後，竭死力以補救。」又說：「若皇上在僕營，則誅榮祿如殺一狗耳。」[12] 初五日晨，袁世凱請訓，再次被召見，聽說還奉有光緒皇帝的密詔。第二天的《國聞報》報導了袁世凱回天津的行蹤：

> 練兵大臣袁慰庭侍郎於初五日早赴宮門請訓，即於是日出京，乘坐十一點四十分鐘火車，至下午三點鐘到津聖安棚，茶座在火車站，同城文武各官咸往迎迓，一時頗為熱鬧。[13]

袁世凱出賣了維新黨嗎

這一天，八月初六日，政變就發生了。現在，還沒有確鑿的證據證明是袁世凱出賣了維新黨人，但據袁世凱自己表白，昨日回到天津之後，他已向榮祿「略述內情，並稱皇上聖孝，實無他意，但有群小結黨煽惑，謀危宗社」。[14] 第二天一早，他更將全部內容向榮祿和盤托出，特別是說出了圍禁頤和園與請旨殺榮祿兩件事，徹底改變了整個事件的性質。如果說初六日慈禧還僅僅是想「訓政」的話，那麼，當榮祿將袁世凱所言匯報給慈禧之後，戊戌政變很快就演變成了一場殘酷而又血腥的政治清洗，「六君子」更於政變發生後的第七天，在未經審訊的情況下，就以「大逆不道」的罪名被殺害。第二天，一道硃筆上諭道出了政變的原委和殺戮「六君子」的經過，其中就曾講道，「前日竟有糾約亂黨，謀圍頤和園，劫制皇太后，陷害朕躬之事，幸經覺察，立破奸謀」，這似乎可以證明袁世凱與此事之關係。無論如何，隨着光緒皇帝被囚禁於瀛台，「六君子」血濺菜市口，康梁及一批同志流亡海外，更多參與、同情變法的人被關押、革職和流放，袁世凱得到了加官晉爵的回報。徐世昌在日記中寫道：「八月初十日……德律風（電話）傳，慰廷代理北洋大臣。」[15]

此後，袁世凱就成了康梁及維新黨人不共戴天的仇人。如果說他們第一恨慈禧，第二恨榮祿，第三個恨的就是袁世凱。戊申年（1908 年）十月，光緒與慈禧死後，愛新覺羅‧溥儀登基，他的父親、光緒皇帝的親弟弟載灃，做了監國攝政王。一直密切關注國內局勢的梁啟超非常了解以載灃為代表的年輕的滿洲權貴對袁世凱的態度，他以為倒袁的機會終於來了，除了利用各種關係，挑撥當權者對袁世凱的猜忌和不滿外，還專門上書載灃，請殺袁世凱。這封書信到目前為止尚未被發現，其中寫了些什麼亦不得而知。不過，他當時還分別寫信給蔣智由和肅親王善耆，其中都提到了袁世凱的罪狀。他在寫給善耆的信中將袁世凱的罪狀主要歸納為三條：

一、甲午戰禍，全由彼所釀成。

二、戊戌之事無端造出謀圍頤和園一語，以致兩宮之間常有介介。

三、團匪之變時……乃為兩面討好之計，將團匪驅逐出境，以畿輔為其鄰壑。[16]

關於第二點，梁啟超卻不得不多費一些筆墨，因為很多人相信，「謀圍頤和園」一語絕不是袁世凱「無端造出」來的，所以他說：「夫德宗皇帝之仁孝與英明，皆天下所共聞也。以仁孝之德宗豈其對於太皇太后而有此悖逆之舉？若謂全由康有為主謀，德宗不預知，試思德宗豈昏庸之主，由疏逖小臣之康有為得任意播弄者耶？當時彼以一按察使特授侍郎，全由德宗愛其才，且以為彼久於國外，諳練外事，欲以為維新之助，豈有他意？若謂康與彼有密謀，康何人，敢以此密謀瀆德宗之聽耶？康又何能使德宗不次拔擢而授以侍郎耶？夫使果如彼賊所言，有謀圍頤和園之事，是必德宗與聞康之謀也，否則德宗為康所賣也。使德宗而與聞康之謀，德宗不得為仁孝也；使德宗而為康所賣，是德宗不得為英明也。二者必居其一於是，而德宗豈其然哉？故知此事實毫無影響，而彼賊徒為一人之富貴利祿起見，遂不惜厚誣君父，以致德宗皇帝鬱鬱引歎，齎志以歿。」[17]

梁啟超的這一番話有幾個人聽得進去，姑且不論，但他深知，載灃兄弟對光緒皇帝的感情，一定不肯讓他背上不仁不孝的黑鍋，而肅親王善耆更是光緒皇帝的同情者。湯覺頓有一封給康有為的信中說：「肅邸純為帝黨，自戊戌以至今日，宗旨堅定，經千曲百折，曾不少變，於貴胄中誠為僅見，徒以平日不修邊幅，好下交處士，往往受人指摘。」[18] 所以，梁啟超把信寫給善耆，也是希望通過他影響載灃。

倒袁成為康梁的主要目標

實際上，自戊申（1908 年）以來，倒袁就成為康梁的主要目標。康有為在寫給梁啟超和麥孟華的信中說：「今先其大者，自以倒劻（指袁世凱）為先。」[19] 他們所擔心的是，如果袁世凱在朝中掌權，那麼，開放黨禁將遙遙無期，他們也就不可能結束海外流亡生活，回國參加正在蓬勃興起的立憲運動，從而喪失與其他政治力量競爭的機會。事實證明，他們的擔心是有道理的。時隔不久，問題就發生了。梁啟超推動創建的政聞社於年初遷回上海，並在國內發起了聲勢浩大的要求速開國會的請願運動。慈禧雖然迫於形勢壓力宣佈預備立憲，但實際上並無改革的誠意，一旦威脅到自己和滿洲貴族的權利，她就要出手打壓，絕不手軟。所以，六七月間，清政府藉口政聞社社員、法部主事陳景仁發電攻擊考察憲政大臣于式枚，下令查禁了政聞社。在這件事上，袁世凱又做得不夠光明磊落。庚子（1900 年）事變之後，他一直想為自己爭得一點維新、進步的名聲，對立憲、改革也表現得很積極。但他有他的打算，他的出發點只是保住自己的權勢，限制滿洲權貴的權勢。他並不希望真的實行國會制度，更不希望康梁回國，成為他的競爭對手。於是，他告訴慈禧，政聞社背後是梁啟超在主持，他才是政聞社的發起人。慈禧聞其言而大怒，才有了將陳景仁革職、查禁政聞社兩道上諭。這件事更加深了梁啟超對袁世凱的仇恨。

庚戌年（1910 年）夏秋間，國內立憲派發起一場開放黨禁運動。所謂開放黨禁，主要是指赦免康有為、梁啟超等戊戌黨人，但也兼及孫中山等革命黨。當時，康、梁採取了多管齊下的策略，潘之博、麥孟華、長壽卿負責運動載濤、載洵、善耆等幾個王公權貴，徐佛蘇、黃與之、侯延爽負責運動國會請願代表，羅傑、方還二人在資政院提出議案，御史趙熙、溫世霖等人也相繼上奏。[20] 但經過各方面幾個月的努力，他們並未得到預想的結果。何擎一宣統三年（1911 年）一月十九日給梁啟超的一封信總結了幾個方面的原因：「頃憲子（伍莊，字憲子）自都來，言反對吾黨者甚多，

單刀直入，以金錢運動宮闈及老吉（慶親王奕劻）者，土頭（袁世凱）也；造謠惑眾，肆口亂罵者，革黨也；陽甚贊成，而陰施其鬼鬼祟祟之手段者，章（章太炎）、陳、陸諸人也；不見其反對之跡，而人言其甚為反對者，鄭（孝胥）、湯（壽潛）、張（謇）三名士也；之數黨者，互為利用，務達其目的而後已，最為可畏。日前周公（指載灃）向龍寓（指隆裕太后）提議此事，答曰：非此二人（指康梁），先帝何至十年受苦？此言必有所受之也。」[21] 這裏特別提到了袁世凱「以金錢運動宮闈及老吉」，雖說他早已被清廷罷斥，免去了一切職務，息影於彰德洹水（安陽河），做出一種「洹上垂釣」的假象，其實，他一直通過徐世昌等人，暗中窺測朝廷的動向，干涉朝政。所以，開放黨禁運動一發生，就遭到了他的阻撓。何擎一信中提到的「土頭」，就是袁世凱，而他以金錢運動的人，第一個就是慶親王奕劻，所謂老吉者是也。

所以，作為倒袁第一線的領導者，梁啟超負責組織、協調各方面力量。他們的策略是，首先離間袁世凱與慶親王奕劻，袁、慶的關係舉世皆知，而權貴中痛恨袁世凱的，也就是與奕劻爭奪權力的那伙人，其中以載澤最堅決。當時甚至流傳着「載澤的失敗，往往就是載灃的失敗，奕劻的勝利，則意味着洹上垂釣的袁世凱的勝利」的說法[22] 這也說明，離間袁、慶不是一件容易的事。所以，他們又寄希望於載澤、善耆、端方、鐵良這樣一些權貴中的少壯派，利用他們擔心袁世凱權力過大的心理，以為「能聯二邸三相以行間，計必可成」。而且，他們特別看重載澤，「聞澤公頗厚重有魄力」。[23]

其實，對於袁世凱與奕劻的關係，慈禧亦很擔憂。雖然自戊戌政變以來，袁世凱由直隸按察使一直做到直隸總督、外務部尚書，恩遇之隆，漢族大臣中過去只有曾、胡、左、李可以比擬，但慈禧對於這個執掌北洋新軍大權的漢人並不放心，特別是在聽說袁世凱給貪財如命的奕劻大量送銀子後，更提高了警惕。所以，光緒三十三年（1907 年），清政府撤銷了袁世凱直隸總督兼北洋大臣之職，內調他為軍機大臣兼外務部尚書。這樣的安排，表面上他是升官了，地位更高了，實際上是被解除了兵權。

溥儀在《我的前半生》中講到後來的情形，他說：「對他（指攝政王載灃）來說，最根本的失敗是沒有能除掉袁世凱。有一個傳說，光緒臨終時向攝政王託付過心事，並且留下了『殺袁世凱』四字硃諭。據我所知，這場兄弟會見是沒有的。攝政王要殺袁世凱為兄報仇雖確有其事，但是被奕劻為首的一班軍機大臣給攔阻住了。詳情無從得知，只知道最讓父親洩氣的是奕劻的一番話：『殺袁世凱不難，不過北洋軍如果造起反來怎麼辦？』結果是隆裕太后聽從了張之洞等人的主意，叫袁世凱回家去養『足疾』，把他放走了。」[24]

　　儘管袁世凱沒有丟掉性命，僅僅被罷斥開缺，已足以鼓舞海外維新派的士氣。但說到底，他們在這件事上的作用並不大。溥儀有一段話說得很好：「那時有人極力保護袁世凱，也有人企圖消滅袁世凱，給我父親出謀劃策的也大有人在。袁世凱在戊戌後雖然用大量銀子到處送禮拉攏，但畢竟還有用銀子消除不了的敵對勢力。這些敵對勢力，並不全是過去的維新派和帝黨人物，其中有和奕劻爭地位的，有不把所有兵權拿到手誓不甘休的，也有為了其他目的而把希望寄託在倒袁上面的。因此，殺袁世凱和保袁世凱的問題，早已不是什麼維新與守舊、帝黨與后黨之爭，也不是什麼滿漢顯貴之爭了，而是這一夥親貴顯要和那一夥親貴顯要間的奪權之爭。」梁啟超他們只是從中撿了個便宜。[25]

▎ 民國時期再合作

　　於是，庚戌、辛亥這兩年（1910—1911），就出現了一個奇特的迴光返照的景象，一方面是滿洲權貴以中央集權的名義強行收回各省督撫的權力，對於漢人中的各省疆吏或罷免、或內用，前者如袁世凱、岑春煊，後者如張之洞；一方面提拔滿洲權貴中的少壯派，讓他們擔任重要方面的尚書或重要省份的總督。辛亥四月，朝廷頒佈新訂內閣官制，取消軍機處，設立責任內閣。新內閣總理大臣由慶親王奕劻出任，閣員十三人中，滿族

佔九人，其中皇族七人，被時人稱作「皇族內閣」。皇族內閣一登場，全國輿論為之大譁，立憲派更是極度失望。次日，清政府宣佈了全國鐵路幹路收歸國有的政策，此前批准的幹路商辦各案一律取消，更引起全國震動，民怨沸騰。自上一年三次國會請願運動失敗以來，國內立憲派對清政府已大為不滿，現在更加不抱希望，到七八月間，作為民意民權的代表，各省諮議局紛紛馳電反對鐵路國有，並組織大規模民眾集會，請政府收回成命。不久就發生了四川總督趙爾豐槍殺請願民眾的慘案，全國輿論更加激烈起來，結果竟促成了八月十九日（10 月 10 日）的武昌起義。這是出乎清廷預料的，而更讓他們想不到的是，不到二十天，又有湖南、陝西、江西、山西、雲南等省宣佈獨立。隨即，新軍第二十鎮統制張紹曾和第二混成協協統藍天蔚舉行兵諫，要求清政府改組皇族內閣，召開國會，實行憲政。迫於時局，清政府不得不以攝政王載灃的名義下了「罪己詔」。隨後，又批准了資政院的奏章，宣佈解散皇族內閣，起草憲法，開放黨禁，赦免政治犯，並請出袁世凱，以救時危。

袁世凱重新回到了中國的政治舞台，而九月初九日的上諭也給了梁啟超一條生路，其中特別講道：「所有戊戌以來因政變獲咎與先後因犯政治革命嫌疑懼罪逃匿，以及此次亂事被脅，自拔來歸者，悉皆赦其既往，俾齒齊民。嗣後大清帝國臣民，苟不越法律範圍，均享國家保護之權利，非據法律不得擅以嫌疑逮捕。」[26] 這意味着他們將在這個舞台上再次相遇。

九月初八日，梁啟超在給徐君勉的信中詳述了他們應對新形勢的計劃，其中一個大原則就是：「用北軍倒政府，立開國會，挾以撫革黨，國可救，否必亡。」[27] 北軍即北洋軍，所以「或須與袁言和，同戡此難亦未可知」。[28] 在梁啟超看來，現在最大的危險是孫、黃革命可能造成國家分裂，從而使外國勢力坐享漁人之利。「故革命軍殺盡滿人之時，即中國瓜分之時也。」他說：「夫痛恨滿人之心，吾輩又豈讓革黨？而無如此附骨之疽，驟去之而身且不保，故不能不暫為過渡，但使立憲實行，政權全歸國會，則皇帝不過坐支乾脩之廢物耳。國勢既定，存之廢之，無關大計，豈慮其長能為虐哉？吾黨所堅持立憲主義者，凡以此也。」[29]

他們的如意算盤是，利用載濤掌握禁衛軍，以對抗載澤和奕劻，必要時進駐宮門，驅逐奕劻和載澤，由載濤自為總理，殺盛宣懷以快天下之心，並立即召開國會。同時聯絡駐防保定的第六鎮，以為己用；因其統制吳祿貞曾在庚子年（1900 年）參與唐才常組織的自立軍勤王起義，與梁啟超也有一些交情。十數天後，情況發生變化，在梁啟超啟程由日本返國時，吳祿貞已死，灤州起義則在策劃之中。他不得不轉而實行以張紹曾、藍天蔚二軍恢復北京秩序的計劃，臨行前又致徐君勉一書，其中明確講到了「和袁，慰革，逼滿，服漢」的八字方針。[30] 而袁世凱出山不久，也在九月二十六日通過的新內閣名單中為梁啟超安排了法律副大臣的位置。雙方這麼快就能放棄前嫌，互致善意，並不說明他們馬上就能走到一起，而只能是一種審時度勢之後的策略安排。說白了，他們雙方都感覺到了，要在此時有所作為，都不能不借助於對方的勢力和能力。現在講到辛亥革命，只講孫中山、黃興，袁世凱則被說成反動派、竊國大盜，梁啟超和立憲派根本不提或很少提起。其實這是不對的，不是辛亥革命的真面目。事實上，在辛亥革命中，立憲派的勢力舉足輕重。沒有他們，單憑革命黨或袁世凱，都不足以顛覆清王朝，結束兩千餘年的封建帝制。而梁啟超正是立憲派的精神導師或領袖。他們居於革命黨和袁世凱之間，他們倒向哪一邊，都將深刻改變當時的力量對比。梁啟超看到了這一點，袁世凱也看到了這一點，沒有看到這一點的，恰恰是革命黨。

中國應該採用何種政體

不過，梁啟超最初並不為所動。據十月初六日《申報》載，他致電袁世凱，懇請辭去法律副大臣一職，並建議「速開國民會議，合全國人民代表，以解決聯邦國體、單一國體、立君政體、共和政體之各大問題，及其統一組織之方法條理」。[31] 他認為，只有這樣，或者可以避免分裂之禍。同一天，他又致信羅癭公，要羅向袁世凱陳述他不就職的理由以及準備與袁合作的設想。其中寫道：

鄙人既確信共和政體為萬不可行於中國，始終抱定君主立憲宗旨；欲求此宗旨之實現，端賴項城（袁世凱），然則，鄙人不助項城，更復助誰？至旁觀或疑為大勢已去，引身規避，此則鄙人平生所決不屑者。鄙人既抱一主義，必以身殉之，向不知有強禦之可畏。昔者與不法之政府鬥，率此精神；今日與不正之輿論鬥，亦同此精神。項城若真知我，當不至以此等卑劣怯根性疑我也。至此次所以堅辭不就職者，凡辦事貴期於有成，當不惟其名，而惟其實；當用所長，而不當用所短。

　　吾自信，項城若能與我推心握手，天下事大有可為。雖然，當今舉國中風狂走之時，急激派之所最忌者，惟吾二人，驟然相合，則是併為一的，以待萬矢之集，是所謂以名妨實也。吾自問，對於圖治方針，可以獻替於項城者不少，然為今日計，則撥亂實為第一義，而圖治不過第二義。以撥亂論，項城坐鎮於上，理財治兵，此其所長也。鄙人則以言論轉移國民心理，使多數人由急激而趨於中立，由中立而趨於溫和，此其所長也。分途赴功，交相為用。而鄙人既以此自任，則必與政府斷絕關係，庶可冀國民之漸見聽納。若就此虛位，所能補於項城者幾何？而鄙人則無復發言之餘地矣。此所謂棄長用短也。熟思審處，必當先開去此缺，乃有辦法。

他還說：

　　共和之病，今已見端，不出三月，國民必將厭破壞事業若蛇蝎，渴思所以治之。此時，則我輩主義獲伸之時也。而此三月之中，最要者需保京師無恙，其下手在調和親貴，支持財政，項城當優為之。次則因勢利導，轉變輿論，鄙人不敏，竊以自任。鄙人無他長處，然察國民心理之微，發言抓着癢處，使人移情於不覺，竊謂舉國中無人能逮我者。[32]

梁啟超所說不無道理，對於一個試圖以言論影響輿論，轉移國民心理的人來說，必須與政府斷絕關係，確保其獨立之身份，才能保證言論的客觀公正性，並具有說服力。他最初的理想仍是君主立憲、開明專制，希望通過不流血的和平方式，實現社會的轉型。此時，他發表了《新中國建設問題》一文，欲就理論方面貢獻其解決國體、政體問題的意見。這篇文章分為上下兩篇，上篇論單一國體與聯邦國體的問題，下篇論虛君共和政體與民主共和政體的問題。為什麼會提出聯邦國體的問題呢？梁啟超說：「我國之大一統，踰二千年，單一國聯邦國之問題，本無從發生也。」[33] 但武昌起義之後，在很短的時間裏，各省相繼宣告獨立，於是，有人提出以組織聯邦國的方式實現新的統一。他譏笑有這種想法的人，「手段毋乃太迂曲」——繞的彎子太大了，本來是一個大一統的國家，分割成若干小國，再聯合成一個大國，這麼做意義何在？而且他說：「今日合全國俊髦，以謀構造唯一之新中國，猶懼不給，其更有餘力以先構造此二十餘邦乎？此不可不熟審也。夫構造唯一之新中國，不過由舊而之新耳，為事雖難而尚易；構造二十餘邦，乃自無而之有，為事似易而實難。此不可不熟審也。」[34]

梁啟超最擔心的，就是國家的分裂，乃至被瓜分，因此他一直呼籲，今日中國最重要的一點，就在於有一個強固統一的中央政府。於是發生了下面這個問題：這個強固統一的中央政府，是實行虛君共和呢，還是實行民主共和呢？就共和政體而言，梁啟超列舉了六種，並比較了它們的優劣和利害得失。這六種共和政體分別是：

第一種，人民公舉大統領而大統領掌行政實權之共和政體。此共和政體之最顯著者，美國是也，中美南美諸共和國皆屬此種。

第二種，國會公舉大統領而大統領無責任之共和政體，法國是也。

第三種，人民選舉終身大統領之共和政體，羅馬奧古斯丁時代法國兩拿破崙時代曾行之。

第四種，不置首長之共和政體，如瑞士聯邦是。

第五種，虛戴君主之共和政體，英國是也。

第六種，虛戴名譽長官之共和政體，英屬之自治殖民地。[35]

這六種共和政體，梁啟超說，第三種、第四種、第六種可以不必深論，其中我國人所最熟知的，不過第一種和第二種，尤其渴望實行的是第一種，也就是美國式的共和政體。因此他重點談到對這種共和政體的看法：「此可為諸種共和政體中之最拙劣者，只可以行諸聯邦國，而萬不能行諸單一國。惟美國人能運用之，而他國人決不能運用。我國而貿然欲效之，非惟不能致治，而必至於釀亂。」[36]為什麼這麼說呢？他認為，有四個方面的理由：

其一，凡立憲國，於元首之下，必別置行政府，對於立法府而負責任，兩府相節相濟，而治以康。獨美國不然。彼固有行政府之國務大臣也，然惟對於大統領負僚屬之責任，未嘗對於議會而負責任。蓋其系統各不相蒙也。然則為行政首長之大統領，亦對於議會負責任乎？曰：否，否。議會由人民選舉，大統領亦由人民選舉，所自受者同，不得而相凌也。故美國政府實無責任之政府，而與歐洲立憲國所謂責任內閣之大義正相反對者也。[37]

為什麼美國政府沒有流於專制政府呢？

美國政府聯邦之國也，政權之大部分，為各州政府所保留，其割愛以獻諸中央政府者，實至微末耳。而即此微末之政權，其立法權之全部在兩議院，行政府並提案權與不裁可權而兩皆無之也。所餘行政權之重要部分，上院猶得掣肘之。故美國行政府實許可權至狹、權力至脆之行政府也。[38]

梁啟超認為，今日之中國正處在一個列強環伺、虎狼當道的世界，不能沒有一個強有力的政府。他還說，美國的羅斯福總統已經看到了他的政府的弱點，要進行改革，我們為何要蹈其覆轍呢？

其二，既然如此，賦予大統領以廣大之許可權，怎麼樣？他說，固然可以，但其結果就是回到專制的老路上去。這一點，只要看看中美南美諸國的情形就明白了。「彼諸國皆襲取美國之成文憲法以建國者也，顧名則民主共和。而民之憔悴虐政，乃甚於君主專制。」[39] 為什麼會這樣呢？梁啟超認為：「美國政治之大部分，出於聯邦各州，而彼諸國則全集於中央。大權所集，而他機關末由問其責任，欲其不專制焉，安可得也。」所以他說，如果我們採取美國的辦法，政府許可權太小，不能適應當今的時勢；但如果效法中美南美，政府權力又太大，必定走向專制。「故以美洲之法系施諸我國，實無一而可也。」[40]

其三，如果採用美洲法系，加強政府權力，還會遇到一個問題，即革命不斷發生，國家將永無寧日。他分析其中的原因，就在於「歐洲諸國，有元首超然於政府之上，政府則對國會負責任，人民不慊於政府，則政府辭職已耳。政府更迭太頻繁，雖已非國家之福，然猶不至破壞秩序，危及國本也。美洲諸國，大統領即為行政府之首長，而任期有定，不以議會之從違為進退。人民不慊於政府，捨革命何以哉？夫國家元首與行政部首長以一人之身兼之，此實天下最險之事。專制君主國所以易釀革命者以此。美洲諸共和民主國所以易釀革命者亦以此也」。[41]

其四，大統領的選舉問題。即使美國，每次大統領選舉，依然鬧得「兩黨肉薄（搏），全國騷然」。多虧美國只有兩黨，而美國民眾的素質又比較高，不致釀成國家動亂。中美南美諸國則每屆選舉都要鬧得「殺人盈野，非擁重兵不能得之」。所以，這些國家往往淪為軍人政治，「前後相屠，國家永沉九淵，累劫不能自拔」。[42] 同上。他們所以這樣拚死相爭，其原因就在於大統領的權力太有誘惑力，即使如美國的大統領，權力受到很多限制，但依然是很多人夢寐以求的。他因此擔心，如果中國實行美式民主共和，那麼，其爭奪之慘烈將超過任何一個國家。民國初年的歷史已經

證明了梁啟超的擔憂不是多餘的。他說：

> 綜而論之，吾國若欲採用美制，則有種種先決問題必須研究者。（第一）美國之中央共和政府，實建設於聯邦共和政府之上，而彼之聯邦，乃積數百年習慣而成，我國能以此至短之日月，產出彼鞏固之聯邦手？（第二）美國政權之大部分，皆在聯邦各州，其所割出以賦與中央者，不過一小部分，我國效之，能適於今日之時勢乎？（第三）美國行絕對的三權分立主義，中央立法之權，行政部不能過問，此制果可稱為善良之制乎？我國用之，能致國家於盛強乎？（第四）美國由英之清教徒移植，養成兩大政黨之風，故政爭之秩序井然，我國人能視彼無遜色乎？（第五）美國初建國時，地僅十三州，民僅三百萬，其選舉機關凡已完備，我國今日情形，與彼同乎異乎？吾願心儀美制者，於此諸問題一加之意也。[43]

那麼，法國的制度如何呢？梁啟超對比了法、美兩種制度和法、英兩種制度，然後指出，法國的制度在四個方面優於美國的制度：

> 一、選舉大統領不用全國投票，紛爭之範圍較狹。
>
> 二、其大統領與君主立憲國之君主等，緣無責任故無權力。人不樂爭之，故紛擾之程度減。
>
> 三、大統領既超然政府之外，政治有不慊於民心者，其極至政府辭職而止，非如美洲法系之將大統領與政府合為一體，施政不平，動釀革命。
>
> 四、政府由國會多數黨組織，立法部與行政部常保聯絡，非如美國極端三權分立之拙滯。[44]

然而，美國的制度就沒有優於法國制度的地方嗎？梁啟超認為是有的，主要表現在美國的政府和大統領是一回事，國會即使與大統領政見不

合，也很難干擾大統領施政。法國則不同，雖然大統領地位穩固，但政府更迭頻繁，難以將一種施政綱領貫徹到底，法國在世界競爭中常常居於弱勢，與此不無關係。不過他說：「法制行之而不善，其極則足以致弱耳，美制行之而不善，則足以取亂亡。」[45]

法、英兩種制度比較，他認為，英國的制度在兩個方面優於法國的制度：

> 一、英王與法大統領，其超然立於政府與國會之外也雖同，然英王不加入政黨，法大統領則藉政黨之力以得選。使大統領與總理大臣常為同黨，則固無甚窒礙，然此實絕無僅有之事耳。法內閣每數月必更迭一次，安所得常與大統領同黨者。苟非同黨，則大統領常能用其法定之權，或明或暗，以牽制總理大臣。
>
> 二、英王名雖為王，實則土偶，此種位置，惟以紈綺世冑處之最宜。法大統領既由選舉，其人非一國之才望，不能中選，既為一國之才望，乃投閒置散，使充數年間之裝飾品，未免為國家惜。[46]

於是他說，將現行的各種政體加以比較後就會明白，沒有比英國的君主立憲制度更好的政體了，「其為制也，有一世襲君主稱尊號於兆民之上，與專制君主國無異也。而政無大小皆自內閣出，內閣則必得國會多數信任於始成立者也。國會則由人民公舉，代表國民總意者也。其實際與美法等國之主權在民者絲毫無異。故言國法學者，或以編入共和政體之列。獨其所以異者，則戴一世襲之大爵主為裝飾品」。[47]

很顯然，這是梁啟超心目中最理想的政體制度。在他看來，這種制度既能在當今國與國競爭日益激烈之際獲得一個強有力的政府，又能防止政府強大之後流於專制。但是，在這篇文章裏，他卻沒有明確表示中國究竟應該實行哪種制度，他只是說，君主立憲是最好的制度，最適合目前中國國情的制度，是否能夠被中國人所接受，他卻不敢斷言。因為他很清楚，以清朝統治者的所作所為，讓中國人接受君主立憲或虛君共和已不可能，

其中橫亙着一個難以跨越的民族情感問題。在這種情況下，「民主共和制之種種不可行也既如彼，虛君共和制之種種不能行也又如此」，新中國之建設因此而陷入絕境，以梁啟超之遠見和執著，也只能「盡舉其所見，臚陳利病於國民之前，求全國民之慎思審擇而已」。[48]

多方博弈後袁世凱勝出

梁啟超的這篇文章發表於宣統三年（1911 年）的九、十月間。當時，南北雙方組成了議和代表團，南方獨立、光復各省的首席代表是伍廷芳（字文爵，號秩庸），北方袁世凱的首席代表是唐紹儀（字少川）。他們二人不僅是廣東省廣州府同鄉（伍是新會人，唐是香山即今中山人），而且都曾擔任清政府的部院大臣，是同僚。他們於十月十八日在上海舉行了第一次正式會議。按照袁世凱的設想，談判應以君主立憲為底線。這期間，梁啟超曾派羅癭公等人多次與袁世凱接洽，傳達其主張，並了解袁的態度。羅癭公十月三日致信梁啟超，還轉述袁的話說：「我總抱定十九條宗旨；我自出山即抱定君主立憲，此時亦無可改變。」[49] 這裏所謂「十九條」，即宣統三年九月十三日為應付武昌起義而由清政府頒佈的立憲綱領。不過，南方革命黨既以推翻帝制，推翻滿清為目標，對這些也就不屑一顧。其代表伍廷芳在談判開始前便提出了一個先決條件，即北方必須首先承認民主共和制，否則會談沒有進行的必要。唐紹儀趕緊請示袁世凱，提出了國體問題可留待召集國民會議時表決的主張。經過一番權衡，南方代表勉強同意了北方代表的這一建議。

不久，對於國民會議代表產生的辦法，雙方又發生了嚴重分歧。十一月十二日（12 月 31 日），中華民國臨時政府在南京宣告成立的前一天，唐紹儀給袁世凱發了一封密電，其中講道：「到滬後，民軍堅持共和，竟致無從討論。初經提出國會決議一策，當亦全體反對。多方設法，方能有此結果。今北方議論既成反對，而連日會議所定條款，宮保又不承認，怡等才識庸懦，奉職無狀，自明日起，不敢再蒞會場。」[50] 他的這封電報說明，

開始提出國體問題留待召集國民會議時表決，南北雙方都不接受，經多方設法，才有了現在這個結果。但議到國民會議代表產生的辦法，袁世凱卻又不予承認，他只好提出辭職，退出談判。

袁世凱此舉自有其理由。要知道，按照唐紹儀和伍廷芳商定的這個辦法，南方將以十四省對北方八省，這樣一來，不待開會，北方的劣勢則已成定局。所以，他當即通電聲明不承認這個協定，並指責唐紹儀的行為超越了談判代表的職權範圍，迫使唐紹儀發表辭職通電。當時，袁世凱的心理活動頗有些微妙之處。第二天，也就是宣統三年十一月十三日（1912年1月1日），孫中山在南京宣誓就任臨時大總統，並改稱中華民國元年。雖然，孫在就任臨時大總統之前，革命黨曾與袁世凱達成過默契，只要他正式宣佈贊成共和，就同意推舉他為大總統。孫中山也曾在就職前致電袁世凱，表示自己只是「暫時擔任」，實際上是「虛位以待」。[51] 但孫的就職仍讓他感到一絲不快。這時，唐紹儀卻又自作主張，同意了國民會議代表產生的辦法。老朋友的孟浪也讓他很不滿意。就在這一天，還發生了兩件事，一是北洋軍將領馮國璋、段祺瑞等四十八人發表聯名通電，「誓死擁護君主立憲，反對共和政體」；二是清政府駐外使節由出使俄國大臣陸徵祥領銜，電請清帝退位。[52] 這兩件事都是袁世凱在背後策劃的。一方面，他要使清政府相信，他和北洋軍是擁護皇上，捍衛皇室利益的；另一方面，他也向革命黨暗示，他並不一定站在清政府一邊，但如果不能滿足他的要求，他手上還有北洋軍可以一戰。

有意思的是，南北代表協商產生的國民會議代表產生辦法，不僅不被袁世凱接受，孫中山也明確表示反對。孫中山是宣統三年十一月初六日上午（1911年12月25日）乘「地灣夏」號抵達上海的，四天後，十一月初十日（12月29日），就被十七省代表選舉為中華民國臨時大總統。這一天，南北代表舉行了第三次會議，決議召開國民會議，以決定君主民主之國體問題。第二天，南北代表舉行第四次會議，決定國民會議組織、名額及召集辦法。再過一天，中華民國就將宣告成立，臨時大總統也將宣誓就職，而南北代表還在討論由國民會議決定國體問題。可見，國民會議在召

開之初就已陷入了十分尷尬的境地。所以，袁世凱在民國成立的第三天便致電孫中山：「君主、共和問題現方付之國民公決，所決如何，無從預揣，臨時政府之說，未敢與聞。」孫中山立馬回電告訴他，我之所以不反對議和，是不願意看到南北發生戰爭，生靈塗炭，至於「民主、君主不待在計」。[53]

這樣一來，和談基本上就陷入了停頓狀態。1 月 2 日，袁世凱批准了唐紹儀的辭呈，又電請伍廷芳北上與他直接談判，遭到伍的拒絕。伍廷芳轉而請他南下，他自然也難接受。此後的談判就以電報方式進行，由他直接與伍廷芳交涉。暗地裏，楊度與汪精衛亦加緊活動，使得革命黨內主張向袁妥協的人佔了上風。儘管孫中山一度曾有與袁決裂、準備北伐的打算，但實際上，雙方當時都沒有本錢打這一仗，所以，最好的辦法還是妥協。於是，袁世凱作了讓步，接受孫中山提出的「絕對贊同共和主義」、「誓守參議院所定之憲法」等五項條件[54]；革命黨也基本上接受了袁世凱提出的對清室的優待條件。這期間，1 月 16 日，袁世凱遭到北方革命黨人的炸彈襲擊，倖免於難；十天以後，清室貴族中的少壯派、禁衛軍實際上的統領、宗社黨核心人物、力主與革命黨進行最後之決戰的良弼，被革命黨人彭家珍以炸彈擊中，延至次日不治而亡。這兩顆炸彈幫了袁世凱很大的忙，膽戰心驚的載灃和隆裕太后最終不得不選擇退位來保全性命。

1912 年 2 月 12 日，清帝宣佈退位。次日，孫中山提出辭職，但附了三個條件：第一，臨時政府地點設在南京；第二，袁大總統來南京就職時，孫大總統及國務各員乃行辭職；第三，袁大總統必須遵守臨時制定的約法。孫中山的意圖是想用這個辦法將袁世凱套牢，確保共和不至半途而廢，但袁世凱未必肯上這個圈套。2 月 15 日，南京臨時參議院全票選舉袁世凱為臨時大總統，並派出專使迎接他南下就職，就被他婉轉地拒絕了。他在 2 月 21 日致電孫中山，在講了若干不能南行的理由後，又要了個手腕，說：我「反覆思維，與其孫大總統辭職，不如世凱退居，蓋就民設之政府，民舉之總統而謀統一，其事較便。今日之計，惟有由南京政府將北方各省及各軍妥籌接收以後，世凱立即退歸田里，為共和之國民」。[55]

既然袁世凱賴在北京不肯南下，於是，南京政府派出使團迎接袁世凱南下。領銜者即為臨時政府教育總長蔡元培。袁世凱自然有他的辦法。2月29日，駐京北洋軍曹錕之第三鎮發動兵變，並陸續影響到保定、天津一帶。槍桿子確實有震懾作用，迎袁使團不僅不再堅持袁世凱南行，而且致電南京臨時參議院，希望同意袁世凱在北京就職。

第二天，孫中山公佈了《中華民國臨時約法》。《臨時約法》採納了宋教仁所主張的責任內閣制，給予參議院、國務院很大權力，就是希望能夠以此約束袁世凱。孫中山原本是反對內閣制而主張總統制的，他在回國的第二天就在寓所召開同盟會最高幹部會議，討論總統制與內閣制的取捨，為此還與宋教仁產生了分歧，鬧得很不愉快。黃興曾出面勸宋教仁放棄自己的意見，但宋教仁一直堅持己見，不肯妥協。孫中山的理由其實很簡單，他認為，既然你們推舉我為大總統，就不能再設置防範我的法度。所以，南京臨時政府實行的是總統制，大總統有絕對的權力，而《臨時約法》卻選擇了責任內閣制，規定內閣總理向議會負責，大總統的政令須由內閣總理副署才有效。這樣做的目的，無非就是要限制袁世凱的權力，不使其惡性膨脹。這時，孫中山便不再反對內閣制了，因為他很清楚，既然把總統的位置讓給了袁世凱，那麼，就不能不對他加以防範。

這種因人而異制定的法律，從一開始就埋下了爭議的伏筆。袁世凱絕不是個容易被約束的人，他也絕不肯做梁啟超前面所講的，超然於政府之外、無責任亦無權力的法國式的掛名大總統，雖然他在和清皇室打交道時是主張內閣制的，因為那時他是內閣總理大臣，他要和皇室爭權，不能不利用內閣制。現在則不然，身份變了，他是大總統了，自然不希望別人拿走他將要到手的權力。況且，他手裏有槍桿子，還是個很會耍政治手腕的梟雄，所以，他根本就沒把《臨時約法》放在眼裏。他對南下任職提出了異議，卻對《臨時約法》不置一詞，說明他知道一定有辦法對付它。民國第一名記黃遠庸（筆名遠生）在一篇文章裏寫道：「《臨時約法》頒定以後，排袁者謂足以箝制專擅；祖袁者為之扼腕歎息。其實雄才大略之袁公，四通八達，綽綽乎遊刃有餘。受任未及期年，而大權一一在握，《約法》上

之所謂種種限制之不足以羈勒袁公,猶之吾國小說家所言習遁甲術者,雖身受縛勒,而先生指天畫地,念念有詞,周身繩索蜿蜒盡解。此真箝袁者所不及料,而祖袁者所無用其歎息者也。」[56] 實際上,袁世凱就是這樣一個人,對他來說,什麼君主、民主,立憲、共和,都無不可,只要不影響他獲得權力,實行什麼他都不會太在意。

█ 梁啟超談財政和政黨問題

梁啟超從一開始就對袁世凱抱有希望。他很清楚,現在中國這個局面,只有借助袁世凱的力量才能實現其政治理想。但是他沒有深究,袁世凱是否能夠並且願意為了其政治理想而放棄自己的權力欲望。所以他頗為樂觀地說,如果袁世凱能夠與他推心握手,天下事是大有可為的,他也真心實意地為袁世凱出謀劃策。2 月 23 日,梁啟超寫了一封很長的信給袁世凱,其中談到財政和政黨問題,對袁世凱來說,這些都是關係他今後能否「始終其功名」的大問題。梁啟超告訴他:「今大事既定,人心厭亂,雖有殷頑,未從竊發,即一二擁兵自重者,其植基亦甚薄,不足以撼中央之威重。故軍事上險艱,殆無復可慮。」但政府財政卻陷入了越來越嚴重的危機,「舊朝稅強半應歸裁汰,而新稅源復無成算」,財政收入幾乎走到絕境,政費、軍費開支卻刻不容緩,而且有增無減。所以他說:「以今日而理中國之財,雖管仲劉晏復生,亦不能不乞靈於外債。」他甚至認為:「今日中國非借十萬萬以上之外債,不足以資建設。」但是他提醒政府,如果沒有一個好的經濟財政政策,不僅借不到款,即使借到款,用得不好,也會給國家種下新的禍根。他說:「借債而能善用之,固救國之聖藥,而不能善用之,即亡國之禍根。」又說:「是故,借債而不得,固不免為今之波斯,借債而即得,又安見不為昔之埃及。」因此他指出,新政府成立以後,應該制定一個「有系統的財政計劃」,並盡快「昭示於天下」。這樣才能避免列強干涉財政的噩夢變為現實。他原則給出了新的經濟財政政

策，即「合租稅政策、銀行政策、公債政策冶為一爐，消息於國民生計之微，而善導之，利用之，庶幾有濟」。[57]

應該說，這是梁啟超積十年研究所得提出來的富有建設性的意見。據說，兩年前，他就針對中國財政改革問題，寫過十萬字的意見書，託人呈送給載澤，人家讀沒讀尚且不知，採納就更談不到了。我們看《飲冰室合集・文集》中所收，宣統二年（1910年），大部分為研究財經問題的文章和著作，計二十七篇，一二百萬字，外債問題、發行公債問題、稅收問題、幣制問題、政府預算與財政經費問題、地方財政與中央財政的關係問題，他都有過深入的思考和研究。袁世凱倒是很看重他的意見，稱讚他「於此道研究入微，一時無兩」，希望他能「發揮新箸，俾有方針」。[58]梁啟超也很用力，1912年6月，就寫成了《財政問題商榷書》，由共和建設討論會付印發表。（這篇文章沒有收入《飲冰室合集》，後被夏曉虹先生輯入《飲冰室合集・集外文》，題為《財政問題商榷書初編》。其中乙編《償還外債計劃意見書》，即1910年所作《償還國債意見書》，已收入《飲冰室合集・文集》之二十一。）在這篇文章裏，梁啟超詳細論述了他的經濟財政政策，其核心就是重建國家信用。他的辦法是創辦中央銀行與國民銀行，由銀行發行鈔幣（今紙幣）。而鈔幣與國家財政發生關係，就在於保證準備。當時，國際上通行的是金本位制，銀行發行的鈔幣與其黃金儲備必須是一致的。持有銀行發行的鈔幣的人，隨時可以到銀行換成現金。這個現金不是現在的紙幣，而是貨真價實的金幣。這種兌換制度的確立，使得政府在財政上得到數萬萬元內債成為可能。也就是說，銀行發行一元鈔幣，就等於向公眾借得一元債務，而且是一種不付利息，永無償還期限的債務。不過，「雖債主不遽索償，然安可不常思所以應之者？故必有同量之資產或債權與之相消，然後信用乃得孚」。這就要求「銀行不可不別有債權以為此種債務之保證也，於是由國家發行公債，而銀行引受之。銀行一面對於公眾為債務者，一面對於國家為債權者」。既然如此，幣制一定要統一。中國當時還很落後，不僅沒有本位貨幣，銀元、銀兩混用，所含純銀的分量即成色亦不一樣，而

且，紙幣和銅錢仍在流通。要使這些舊鈔幣退出流通，在一定期限內悉數換成新鈔幣，那麼，「非吸集現款，無以厚兌換之基礎而固其信用也，故宜將所借得之外債，存入中央銀行以資其憑藉。對外匯兌現款流出，則兌換之基礎搖，故宜儲鉅款於外國銀行以調節之。外債之為用，專在此兩者而已」。[59]

梁啟超不反對借外債，他只反對盲目借債和濫用外債。他曾舉俄國度相槐特的例子，面對瀕臨破產之俄國政府，槐特也只能借外債。但他「思慮縝密，規模遠大」，所以，「不數年而甦之」[60]就連袁世凱也曾經感歎：「安得如俄相槐特者而任之。」[61]可是，中國不僅沒有槐特這樣的官員，即使有，在民國初年那種情形之下恐怕也很難發揮作用。由於列強在華勢力牢牢掌控着借款的主動權，在這裏，貸款完全是政治性的，他們借款給袁世凱，只是希望幫助他穩定政局，絕不可能讓中國政府用借款來發展經濟，實現民族獨立。唐紹儀試圖利用外國銀行之間的競爭，爭取條件更加優惠的借款，結果以失敗告終，自己卻落得辭去國務總理的下場。接替他與六國銀行團談判的財政總長熊希齡，也很快陷入左右為難的境地。由於他在與銀行團簽下三百萬兩銀子墊款合同的同時，還簽訂了《監視開支暫時墊款章程》，竟在國內掀起了軒然大波。他的行為也被南方革命黨人譴責為「賣國」。本來，他簽下的這筆借款將主要作為黃興在南京留守處遣散軍隊和發放軍餉的費用，現在，為了這筆錢，竟然要在財政部附近設立核計處，不僅監督中國的財政，還要監督中國的軍隊，這是黃興所不能接受的。他要求參議院責令熊希齡廢除這個條約，並建議發行不兌換券，實行國民捐，以解決財政困難。

梁啟超看到了國內輿論有反對借外債的傾向，他也認為，外國資本團乘我之危，提出監督財兵的條件要脅我國，是一種橫暴的強盜行為，「所深為痛心疾首也」。但他又說：「熟鑒國內情形，苟非暫假外資以為母財，則雖有萬全之計劃，亦無從着手。」[62]他指出：「抑我國民非必有所惡於外資也，惡夫緣外資而釀監督財政之惡果而已。然以現政府之漫無計劃，而揮霍之跡歷然，則人之不我信，毋亦我自取之耶？」[63]所以他說：「此吾黨

所以不敢漫為無責任之言，侈談拒債以迎合輿論也。」[64] 至於國民捐、強迫公債、不換紙幣這三個辦法，在他看來，稍有責任心的政治家是提不出來的。

首先，國民捐是不能強迫的，否則，和強迫收稅有什麼區別？雖說這個捐「專訴諸國民之愛國心」，但在民窮財盡之時，愛國心所能發揮的作用怕也有限。其次說到強迫公債，他認為，如果「不根據生計上之原則，不應用財政上之學理」，得不到任何效果，操之過急還可能激起民變。於是他指出：「夫國民捐與強迫公債，皆空想而斷不能收效，固無論；假使遂能實行，而其影響於國民生計者何如，又不可不熟慮也。吸集全國之遊資，以供國家行政之消費，民復何所賴以從事生產者？民業既悴，稅源亦涸，即國家又何利焉？」這其實就是竭澤而漁的做法。至於不換紙幣，梁啟超認為，作為財政的非常手段，在國家危急關頭，冒險行之，不是不可以。但畢竟有一個紙幣濫發過度的問題，誰能保證現政府具有自我約束的能力和誠意？「非直吾黨所不敢保證，恐亦國民全體所不敢保證也。」[65] 為了進一步闡述這個問題，他還撰寫了《吾黨對於不換紙幣之意見》一文，對於不換紙幣所以不能驟然實行的原因，以及強制施行可能帶來的危險和弊端，都進行了深入的討論。雖然他一再強調，應該實行他所提出的一整套經濟財政改革方案，但歷史沒有給他留下機會，無論從主觀方面，還是從客觀方面，我們也看不到一絲希望。

梁啟超在信中與袁世凱討論的第二個問題，就是關於政黨的問題。這也是新政府成立以來最為各界所關注的問題。梁啟超告訴袁世凱，組建一個自己的黨，在當今是一件非常迫切的事。因為，「既以共和為政體，則非有多數輿論之擁護，不能成為有力之政治家」；而且，「善為政者，必暗中為輿論之主，而表面自居輿論之僕」。[66] 他是希望袁世凱實行開明專制的，但開明專制與服從輿論，畢竟有相互矛盾的地方。而所謂開明專制，就是要在專制的同時服從輿論，這就必須要拉攏那些政治上的活躍分子，結成一黨，為自己服務。他為袁世凱分析了目前活躍在政壇上的這些人，哪些是可以依靠的，哪些則必須加以防範。他說：

今國中出沒於政界人士，可略分三派：一曰舊官僚派，二曰舊立憲派，三曰舊革命派。舊官僚派公之所素撫循也，除闒冗僉壬決當淘汰外，其餘佳士大率富於經驗，宜為行政部之中堅，以入立法部，使競勝於言論，殊非用其所長？夫以我公之位置運用行政部，非所憂也，最當措意者，思所以博同情於立法部而已。此其道固不可不求諸舊官僚派以外。舊革命派自今以往，當分為二，其純屬感情用事者，殆始終不能與我公合併，他日政府稍行整齊嚴肅之政，則詆議紛起；但此派人之性質，只宜於破壞，不宜於建設，其在政治上之活動，必不能得勢力，其人數之多寡，消長無常，然雖極多，終不能結為有秩序之政黨。政府所以對待彼輩者，不可威壓之，威壓之則反激，而其焰必大張；又不可阿順之，阿順之則長驕，而其焰亦大張；惟有利用健全之大黨，使為公正之黨爭，彼自歸於劣敗，不足為梗也。健全之大黨，則必求之舊立憲黨，與舊革命黨中之有政治思想者矣。雖然，即此兩派人中，流品亦至不齊，有出於熱誠死生以之者，有善趨風氣隨聲附和者。善趨風氣之人，不能以其圓滑而謂為無用也，政黨道貴廣大，豈能限以奇節，先後疏附，端賴此輩，多多益辦，何嫌何疑。然欲植固黨基，則必以熱誠之士為中堅，若能使此輩心悅誠服，則盡瘁禦侮，其勢莫之以抗；若失其心而使之立於敵位，則不能以其無拳無勇也而易視之，雖匹夫可以使政府盰食矣。[67]

梁啟超的回歸與出路

梁啟超固然屬於舊立憲派，甚至可以說，他是舊立憲派的精神領袖，但他的朋友中既有舊立憲派，也有屬於舊官僚派以及舊革命黨中有政治思想的人。他們都有各自的打算，故對聯合袁世凱及梁啟超回國的時間都有不同的看法。梁啟超在萬木草堂的老同學徐勤、麥孟華等也對梁的下一步

計劃有種種意見。當時，主張聯袁的人有很多，但其中多數人不主張梁啟超馬上回國，因為時機尚不成熟。在這種情況下，他與袁世凱之間的書信往來與聯絡，主要通過羅癭公、藍公武、湯覺頓、范源濂以及梁士詒等人轉交或轉述。十月二十九日，藍公武寫信給梁啟超，他在信中說，袁世凱有仰助康、梁二位先生之意，「深信二先生有整理中國今日難局之力」。他還說：「推測其意，所以仰望二先生出山者，有二故：一欲二先生以收羅人才，挽回輿論；一望二先生聯絡華僑，整理財政。」他於十一月初又致信梁啟超，報告袁世凱及南方革命黨的情況。他說：「前數函中述及項城欲與先生聯絡一節，並有資助經費等語，均係李柳溪正式轉述項城之語。此事如何辦法，尚待函示。惟以武等之見，此時僅宜虛與聯絡，萬不宜輕動，俟戰端開後，南方銳氣盡時，我輩方可大活動也。蓋南方之必敗，識者早已料及。項城兵力雖厚，然欲此以平十四省，則不僅勢所不可，力所不能，且亦心所不敢。故南方敗後，項城必仍以國民會議為收場地步，我輩活動當在此時。」他告訴梁啟超：「武等急欲組織團體，惟以人才四散，在京之人，大都庸流黑暗者，不足以言大計，然反對項城靜以待時之士夫，亦不乏其人。至南方士夫，則表同情於我輩者頗多，惟在民軍威力之下，不敢輕動，故擬俟時機稍熟，即行發起一極大政黨。」[68]

藍公武，字志先，江蘇省吳江縣人，早年赴日留學，畢業於東京帝國大學，回國後師從梁啟超。他與張君勱、黃遠庸合辦《少年中國週報》，時人稱為「梁啟超門下三少年」，或稱「新中國三少年」。他們都是梁啟超安排在北京的耳目，南北雙方有什麼情況，他們會很快向梁啟超匯報。與梁啟超關係密切的，還有一位羅癭公。他與梁啟超有同門之誼，民國後做過總統府祕書、參議和顧問，有機會接觸袁世凱。最初，梁啟超與袁世凱之間就由他傳遞資訊，他也是較早主張與袁世凱合作的人。十月三日他致信梁啟超，首先報告與袁世凱接洽的情況，然後才談到時局，談到南北和議，外人干涉的情形。十月初六日，梁啟超覆信羅癭公，請他向袁世凱陳述自己不能回國就職的理由，以及向袁世凱提出的幾點建議。十月二十三日，羅癭公再次致信梁啟超，講到袁世凱入京後如何迫使滿人交出

軍權，迫使載灃退位，以及他對君主、民主的態度，他還提到：「北軍將領多袁舊人，甚為固結，只知聽袁號令，不知滿洲，更不知革命，袁足以自固。」過了兩天，羅癭公又寫了一封信給梁啟超，信中說到和議的情況，已從武漢移至上海，並且加派楊度為參贊，范靜生也被邀同行。他還提到汪精衛的態度，也是主張南北和平的，在雙方之間進行調停，作了不少努力，已經引起上海各報對他的攻擊。他還說，南方各省代表多係憲友會的人，都是老朋友，據他們來信介紹，「大勢已趨共和，君位一層，開口即遭詬詈，恐不能不併入共和，將來解決民主，必舉項城為總統，晳子謂項城仍（疑為乃）可為拿破崙云」。而且，據報紙所言，唐紹儀亦力主共和。信中還談到辦報一事，梁士詒說，梁啟超是主張君主立憲最有力的人，如果由梁啟超主持創辦一張報紙，一定可以扭轉輿論。他的意思是請袁世凱出資，辦一家機關報。對於此事，羅癭公的態度是「間接為之，未始不可也」。[69]

十一月二十二日，南北和議正陷入僵局，唐紹儀辭職，袁世凱與伍廷芳直接電商，而孫中山的介入讓雙方幾乎決裂，似乎非有一戰不可。羅癭公去信談到辦報之事，說明還要與梁士詒細商，並提醒他此時千萬不要去上海，「滬中宣告死刑，各報登遍，公豈不知之？有京官數人在滬，偶詆共和，即或縶或戕，斷無明知其火坑而故蹈之理。津中《民意》等報，彼黨之明機關也，日描寫康梁醜態，昨又登梁微服入都，與袁密商，現匿袁處等。謂公有所計劃，必以守定老策為主，若一離公位，危險立見，是非百出，故萬無動理也」。到了清帝退位之前，即十二月九日和十八日，羅癭公兩次致信梁啟超，詳細報告了袁世凱這邊的情況，「項城之心，千孔百竅，外人無從捉摸」。[70]此時的袁世凱，周旋於南方革命黨與北方清政府之間，他這邊把清政府作為籌碼，向南方臨時政府要求最大利益；那邊又以南方革命黨威脅清政府，迫使它交出權力，而他又不想擔一個欺負孤兒寡母的惡名，所以，他的行為就顯得很不光明磊落。他還談到清王室的情況：「前兩日恭邸甚激昂，澤（載澤）亦甚主持聽袁辭職，可以鐵（鐵良）組織內閣。若輩徒哄鬧耳。太后決不敢聽袁辭，袁亦必不辭，若輩紛紛主

戰，非不能戰也，若輩戰則義和團之故轍，徒增糜爛，以至亡國耳，袁必不肯。觀日內袁氏從容之態，而知袁之必不放手也。昨日遂有袁氏封一等侯之事，此極笑話。日昨（疑為昨日），醇王謁太后，出即往告袁氏，即為此事，當係以此安其心，使其效忠，此真婦人孺子之見。皇位存廢已在其手，一侯爵豈足以餂之耶。」[71]

這段時間，國內形勢日夕萬變，紛亂複雜，梁啟超一時也難有決斷。他在十一二月間曾有過兩次回國的打算，最終都沒有成為事實。但是，海外的同志都主張他早日回國，積極進取。他們在寫給梁啟超的信中說：

> 先生才略蓋世，尤富於政治思想，古今中外，無與比倫。方天下多事之秋，正賴先生出而謀蒼生幸福。海邦久處，十有餘年矣，時會未逢，故無所借手，而此心未嘗一日忘中國也。同人等組織同志，力為匡助，冀達先生救時之目的而已。現今中國風雲四起，正豪傑有為之時，先生不嘗云乎，英雄造時勢，時勢亦造英雄。雖不能為造時勢之英雄，亦當為時勢所造之英雄，豈俯仰依違，因人成事哉。[72]

海外同志的心情是可以理解的，等了十幾年，終於等到了這樣的機會，自然不肯輕易放過。但他們把事情想得太容易了：「先生為海內外人望所歸，若能提倡義聲，雲集響應，十萬之師，可刻而集，於整軍經旅馳騁中原，召號群雄，息兵爭而議憲法，其敢有破壞，舉兵誅之，執牛耳而為盟主，豈不偉哉。」[73]

然而，這種空言大話於實際一點幫助也沒有。

在這方面，吳貫因（原名吳冠英，別號柳隅）倒是看得很清楚。他早年加入同盟會，後東渡日本求學，就讀於早稻田大學史學系。在此期間，他結識了流亡日本的梁啟超，遂成為要好的朋友。聽說梁啟超有回國的打算，他馬上寫信勸其審慎從事。他首先談到以什麼名義回國的問題，提倡「義聲」固然很好，但現在以什麼為「義聲」呢？附和民主共和之說？

他認為「徒事雷同，有為革黨所輕而已矣」。仍標榜君主立憲？他也覺得不妥，一年以前是沒有問題的，如今再以此號召國民，就有些說不通了。他說：「蓋昔所以主張君主立憲者，謂欲避殺人流血之慘也，今則已殺人矣，已流血矣。將士之暴骨沙場者，不知其幾千百，人民之失所流離者，不知其幾千萬，問其原因何在，則皆由皇室無道所致耳。夫因一人一姓之無道，遂使舉國塗炭，今仍欲倡議保全其皇位，其勢實不順。」他還特別講到清政府濫殺無辜：「且十年以來，一國青年有為之士為政府官吏所殺者，無慮數萬人。英暑假回潮州，聞諸鄉人，潮州六年來，以革命及革命嫌疑之故為官吏所殺者二百一十餘人，此等之家屬親友，皆處心積慮，思乘機以圖報復。潮州一隅如是，各省亦皆如是。今者怨毒之氣，已彌滿全國，若不使其得一泄，而欲以術或以力鉗止之，縱或能彌縫一時，而怨毒既深，他日仍必大爆發。故今日皇室之可否保存，只可聽之革命之良心，此則俟袁世凱與之交涉可也，非吾黨所宜代為言之。」[74]

既不能標榜民主共和，也不能標榜君主立憲，沒有了旗幟鮮明的「義聲」，反不如養晦待時，以觀後變。在他看來，機會在數月之後一定光臨，他說：「蓋數月之後，苟新政府尚未成立，則全國糜爛，固渴需建設之人才，即新政府成立，無論居政治之中心者為袁世凱與（疑為或）為黃興，要之彼輩皆不學無術，欲實施憲政，其缺點必次第暴露。且大亂之後，非用專制手段必不能整齊庶政，而現在人民所以慷慨赴死以事革命者，謂欲求得自由耳。苟新政府成立，仍用專制之手段，必大失人心之所望，竊意數月之後，執政者必厚集天下之怨謗，而為眾矢之的，上下衝突之事，或仍（疑為乃）發生於斯時也。輿論之勢力，別樹鮮明之旗幟，以號召一切，必有事半功倍者。」[75]

武昌起義之後，圍繞梁啟超的回歸與出路，康梁一派也有過兩次比較集中的爭論。大致以民國成立、清廷退位為界限。此前，爭論的焦點是速回還是待時，普遍的看法是，速回不如待時，因為南方革命黨氣焰正盛，難免會有對梁啟超不利的舉動，甚至會有性命之危。他們有一個基本判斷，即認為南北之爭，南方必敗。袁世凱有軍隊，有權術，對付革命黨綽

綽有餘，搞建設，還要靠立憲派。他們夢想着「鷸蚌相爭，漁翁得利」，夢想着袁世凱請他們出來收拾殘局，他們低估了革命黨，也錯看了袁世凱。事實上，吳貫因所期待的機會一直沒有如期而至。民初的國家政治始終如一團亂麻，很難理出個頭緒。但梁啟超對袁世凱似乎還抱有一些希望，他一面為袁世凱獻計獻策，一面繼續策劃回國。於是，各種意見又紛紛揚揚傳到了蝸居日本的梁啟超手裏，請他自酌之。

這時已是民國元年（1912 年），年初，由孫洪伊介紹，梁啟超加入了共和建設討論會，並先後撰寫了《中國立國大方針商榷書》和《財政問題商榷書》兩篇長文交該會印行發表。這是一個由前清立憲派人士以及舊官僚中比較開明的人創建的組織，其中有幾位還是當地諮議局的局長，如湯化龍就是湖北諮議局長。他們都是梁啟超的老朋友，都奉梁啟超為領袖，希望袁世凱召梁回國。這一年的春天，梁啟超又動了回國的念頭。大約三四月間，他派遣湯覺頓先行回國，探詢消息。這時，國內的形勢似乎並不明朗，四月二日，湯覺頓寫信向梁啟超匯報回國後的所見所聞，他說：「同人對於我公行止，主歸者多，惟斷不可入政界，入黨派，結黨亦宜少待，但遷《國風》歸，或辦一法政大學，以為立足點，漸漸與社會接洽，為一無形之團體，待時機已熟，然後生發他種事業。」他也表示贊成這種意見。但他在信中所透露的康有為的態度，倒是希望梁啟超能在政府或內閣中佔有一席位置，袁世凱想來是不會反對的，如果說有人反對的話，也只有南方的革命黨，「今用人之權全是南北協定，而南方議院權特重，豈有容我輩回翔之地耶」？ [76]

在萬木草堂的老同學中，身處海外的徐勤最擁護老師康有為的意見，他多次致信康有為，責問梁啟超遲疑不決的原因：「究竟遠（梁啟超，有孟遠之稱）不知何故，弟子百思不得其解，乞即促其行。港中同志因遠不行，無不大憤，各埠亦然，弟子亦不能為之解。當去年十二月和議未成，遠如北行，則今日閣席必分一席，今若喪家之狗，無所歸宿，言之氣結。吾黨之弊，全在理想太多，實事全無，不免有文人習氣，豈能立於競爭之世耶？」所以，當他聽說梁啟超已有回國打算時，異常興奮，馬上致書梁

啟超：「大駕月內返國，合併各黨為一黨，與黎（黎元洪）為一黨領袖，聞之狂喜。」[77]

　　然而，久在國內的麥孟華卻另有看法，他五月二十九日寫信給梁啟超，反對同人中請他到天津辦報的主張：「同人皆主張公至津辦《國風》，弟亦期期以為不可。欲辦旬報，則仍在東發表政見足矣，何必人在津（原註：人在東與在津何異），然後能發政見耶？若木來，言北中陰象環伏，土（袁世凱）儳於過庭（孫中山）、叔度（黃興），而唐（唐紹儀）則又利用同記，唐為同所挾，土又不為唐挾制，土且與唐大有意見，今留守一事，直幾如兩總統，現象如此，大亂即在目前，弟意以為斷斷不必居津。且天地晝晦，魑魅逢人，絕無益處，何必居此險地乎？又云南北合辦一報，邀公主持，此無論必不能成，即成亦兩姑之婦，且公之地位，豈有為人喉舌之理，此則不待弟之陳說，公必拒之矣。」[78] 他在同一天還有一封信給康有為，說到當前局勢：「南置留守，權極大，儼然兩總統，南中又各有勢力，各有意見，各有野心，必不肯受制，局勢危險至斯而極。借得外債，亦止夠兵餉一霎之用，必不足有為。爆發之期，不出二三月外，奈何奈何！」[79]

　　據說，同人中贊成梁啟超回國辦報的雖然很多，但對他入政界、入黨派，卻都持謹慎態度，比如被稱為山人的潘之博，就不主張梁啟超此時回國。甚至梁的老朋友楊度也表示，這個時候請梁回國，等於害了他。這裏面牽涉的問題相當複雜，不僅有梁啟超個人的問題，包括他的聲譽、安全、出路、前途等等，還有民初的黨爭，除了同盟會，各派政治力量都在打梁啟超的主意，這使他感到頗有些為難。羅癭公有句話說得很真切：「公之歸無論何時，均可自主，若一人電招，即思歸來，一人電阻，又不欲歸，皆非自我作主也。」[80] 梁啟超的處境就是這樣，其進退幾乎全被別人所左右。但他的確是民初組黨活動中的靈魂人物，他的《中國立國大方針商榷書》則猶如一篇建黨宣言。

　　五月十九日，共和建設討論會的孫洪伊寫了一封信給同會的黃可權，信中詳細討論了梁啟超回國可能遇到的問題，他將其歸納為無一名義而有

五害，所以「務請吾兄即切實作一書，以與滄公（梁啟超），勸其萬勿北行」。[81] 他還要黃可權敦促何擎一、麥孟華給梁啟超寫信，勸其緩行。過了兩天，他又致信湯覺頓，商量梁啟超回國的辦法：「惟就日來情形觀之，似滄公歸計，應俟本會與統一共和黨、國民協會併合結果如何，再定行止。」[82] 他還說：「滄公歸國之期愈遲重，則社會之歡迎愈至，自行歸國，終不如國人迎之以歸，能否於社會上佔大勢力，其關鍵全在此也。」[83] 五月二十九日，他本人也給梁啟超寫了一封長信，詳細介紹了共和建設討論會與共和黨合併的情形，並告之：「總統聘公之命，日內當可發表（約在南京留守取銷之後，至遲不出一月）。副總統通電諒亦可辦到。公歸不遠……然總望我公歸時，勿過急速也。」[84]

這期間，麥孟華果然給梁啟超和湯覺頓寫了一封信，他在信中勸阻梁啟超，第一不要急着回國，第二不要加入統一黨。他說，這是向構父、孫洪伊、黃可權的意見，他本人也是贊成的。這個統一黨是章太炎創建的，最初以章太炎、張謇、程德全、熊希齡、宋教仁為理事；不久，在張謇的主持下，統一黨與國民公會、國民協進會、民社、國民黨（不是後來同盟會改組的國民黨）合併，在上海成立了共和黨，選舉黎元洪為理事長，張謇、章太炎、伍廷芳、那彥圖（蒙古族）為理事。該黨的主要訴求即強化袁世凱的權力基礎，反對同盟會對袁世凱的制約，這與梁啟超在《中國立國大方針商榷書》中所言頗有相似之處，就是強調國權主義，反對民權主義，主張開明專制。章太炎雖然創建了這個組織，但他對一些共和黨人趨炎附勢、謀官謀食的做法很看不慣，所以，共和黨成立不足十天，他就在北京召集統一黨開會，宣佈統一黨獨立。又過了兩三個月，他索性退出了統一黨，成了一個無黨無派的人。再後來，統一黨在北京重新開會，選舉王賡（王揖唐，後來成了漢奸）、張弧、王印川、湯化龍、朱清華五人為理事。在此之前，他們或許向梁啟超發出過邀請，擬舉他擔任調查研究部部長，時間應在章太炎宣佈統一黨脫離共和黨之際。向、孫、黃、麥反對梁啟超加入統一黨，應該也在此時。麥在信中講了不宜入統一黨的五大理由，第一條就說，統一黨推重梁任公，是為了排詆章太炎；其二是統一黨

內部紛擾，恐不久還要分裂；其三是說該黨黨員與梁沒有感情基礎；其四認為梁啟超加入該黨，也只能屈尊於五位理事之後，做不成事；其五則許諾共和建設討論會即將與國民公會和共和統一黨合併，並推梁為首領。除了這五條，麥孟華還特別提醒梁啟超注意，不要因此傷了大家的心，這些人為你歸國，「極力佈置，極力運動，皆為公出力，今公忽顧而之他，則彼等種種佈置運動，豈非鄙諺所謂巴結不上，彼等自極下不去，公亦太覺不情，且公方函來電來，極力與之拉攏，今忽有此，人亦疑公之有詭詐操縱（公固不必如是，然形跡可疑），大不可也。彼等數人中頗有一二人略有不滿之微詞，彼等不言，而其詞氣神色間已可窺見」。[85] 這樣的話，如果不是麥孟華，別人一定是說不出來，亦不肯說出來的。畢竟他們是幾十年一同走過來的老同學，才能這樣說。

不過，六七月間，羅癭公連續兩次致信梁啟超，卻透露出另外一些資訊，說明當時這些人之間，關係是相當微妙和複雜的。他開門見山就說：「近日黨爭極烈，朝暮變更，所謂政客之推戴，至不可恃，政黨之道德太薄，各懷利己之私，不獨同盟會為然也。」[86] 這時，似乎有一種在同盟會、共和黨之外組織第三黨的主張，並且準備擁戴梁啟超為黨魁。提出這個主張的，主要就是共和建設討論會與國民協會的人。他們與梁啟超關係密切，人所共知，但他們與統一黨、共和黨的關係卻不很融洽，合併之事，久議不決，因此才有組織第三黨的打算。但他們的組織都很小，人不多，「思自立一幟，而無以為之招」[87]，於是想拉梁啟超作為他們的旗幟、招牌，「所以為此者，恃公為之幟，粵諺所謂村旛竿招鬼來耳。恐非推戴的，乃傀儡的」[88]。羅癭公告訴梁啟超，徐佛蘇不僅不贊成組織第三黨，還囑咐他提醒梁：「第三黨黨魁之說，渠殊不謂然，囑公勿遽高興。」[89] 他們擔心，這樣做的後果，梁啟超可能會陷入兩面作戰之中，不僅「樹同盟之敵，更樹共和之敵，必不足以自存」。[90] 但他很清楚：「公之與討論會關係，既斷不能脫，渠等責望於公者至深，而事勢又萬無公自立一黨之理，惟有始終堅持超然耳。」[91] 他所說的超然，其實就是「不入政黨，不入政界，以言論潛養勢力，俟潛力雄大，不愁不得總理」。[92]

實際上，民國初年的黨爭，爭信仰，爭精神，爭綱領的很少，比較多的還是爭人事，爭權力，爭地位，爭勢力，圍繞梁啟超的或歸或留，或止或行，或南或北，或早或遲，人們爭吵了一年有餘，可見其黨爭之一斑。梁啟超深陷其中，感覺自然是不很受用。但也不乏朋友的真情，最有代表性的應該是浙江紹興的周善培，他自稱，「我平生的朋友最能受直言的，只有任公」。梁啟超去世後，他寫文章追念，「我再想找一個能容我的直言的朋友，再也沒有了」。[93] 周善培以眼光長遠著稱，據說，梁啟超是很看重他的意見的，民國元年（1912 年）四五月間，他數次致信梁啟超，為他出謀劃策。他在五月二十三日給梁啟超的信中還說：「公歸亦我所贊，頃所歧者，則公主北，而我主滬。」[94] 他的意思是反對梁與袁世凱合作。由於六月二日是他母親壽辰，他要回去為母親祝壽，於是約好六月四日到日本與梁啟超面談，同行還有他的老師——以文章、學問著稱的趙堯生。他後來回憶當時的情形寫道：

壬子（1912 年，周善培終生不用民國年號）二月，我由四川到上海；五月，湯覺頓奉任公（梁啟超）之命，到上海徵求我的意見，說：「袁世凱請任公到北京，任公決定要去了」，並問我的意見如何。我想此事太大，由覺頓轉達是無用的。這時候，趙堯生師也在上海，我立刻去請教他，說：「任公是萬不能去的，但非我當面去說不清楚。我想明天就到日本去。」趙先生說：「任公曾經寄給我很多詩，請我替他改訂，我也替他改訂了不少，他都能虛心接受。我也想去見見此人。」於是，我就買了票。第二天，就同趙先生同船到了橫濱，立刻到任公家裏，從午前九時談到十二時。我提出：「對德宗（光緒）是不該去；對袁世凱是不能去。」任公也辯論了幾句，最後說：「我不是不聽你的話，卻不能不聽南海先生（康有為）的話。你有什麼意思，應當先去同南海先生說清楚。」趙先生說：「南海先生也主張你去嗎？」任公說：「我不必多說，你們見了南海先生自然明白。」這時，南海先生住在武子，距東京只有三十分鐘火車。

午後二時，我就同趙先生到了武子。不但我對南海表示一種敬意，趙先生起初也是極尊敬他的，想不到談到七點鐘，我同他反覆辯論不知多少，他竟堅決主張任公要去。在他家裏吃了晚飯，我還同他辯論，而最後一班到橫濱的火車要開了，趙先生也勸我說：「朋友交情盡到為止，再說下去就要妨害交情，不是我們的來意了，我們走吧。」回橫濱旅館住了一夜，次晨，任公到旅館來，我對他說：「這一次，你的命運交給南海先生了。我們既是朋友，以後總有志同道合的機會。我要陪趙先生到東京箱根和西京遊覽幾天，就由神戶上船，少受幾天風浪，不再到橫濱看你了。」這樣，我們就分手了。遊了幾天，就回到上海。趙先生九月就回四川去了，臨行，還對我說：「任公是可愛的朋友，現在已到了身敗名裂的時候，你還得想法救他。」任公到了北京，就做起司法總長來，我從此同他既不見面，也不通信了。[95]

梁啟超歸國，彷彿英雄凱旋

實際上，到了這一年的六七月間，各方面呼籲梁啟超歸國的聲音更多起來，不僅朋友間的意見漸趨一致，昔日的敵對陣營中也有人通電敦請他歸國。五月二十八日，當年在日本對梁啟超大打出手的老同盟會員張繼，就聯合劉揆一發出通電：「國體更始，黨派胥融，乞君回國，共濟時艱。」[96] 官方反應也很積極。六月十七日，副總統黎元洪致電袁大總統及參議院，「謂民國用人應勿拘黨派，梁啟超係有用之才，棄之可惜，保皇黨誣說，不應見之民國」。[97] 昔日的學生、雲南都督蔡鍔也向各省都督發出通電，歡迎梁啟超回國，並得到多數人的贊成與回應。八月間，同盟會與統一共和黨、國民共進會合併為國民黨，共和建設討論會也與國民協會合併為民主黨，實現了成立第三黨的願望。於是，梁啟超終以九月末由神戶乘日本大信丸號啟程歸國，結束了歷時十三年的流亡生活。

梁啟超歸國，可謂極一時之盛。各黨各派、政府民間、各行各界，都

派出代表來天津迎接，彷彿英雄凱旋一般。按照預定行程，大信丸號將於十月初五日抵達大沽口，但由於梁女令嫻發電報時錯將五日寫作三日，故先期由北京趕赴天津的歡迎隊伍在初二那天已經聚集了數百人，大街小巷的客棧也搞得人滿為患，「自初二日各人麕集，客邸俱滿」。[98] 其中既有袁大總統派來的代表，也有參議院、內閣的代表，還有報界、學界、政府各部門，以及軍隊的代表，民主黨本部及各支部都派了代表和黨員前來，共和黨也派了張謇為代表，國民黨方面則有以穩健著稱的黃興參加。這個龐大的歡迎隊伍，有天津本地人，更多的人則來自北京。六日下午二時，大家聚集碼頭，迎候梁啟超登岸。但由於海上風大，郵船無法靠岸，雖然都督府派出小火輪，駛出大沽口，準備接引梁啟超，但仍未成功。大家只得掃興而歸，當天便有數十人因盤費用盡而回京。張謇、黃興也因為要趕在十日那天回湖北參加開國紀念活動，故只好於七日先行離津赴鄂。梁啟超在舟中困守了三天，直到八日才棄舟登岸，到達天津。

梁啟超在天津住了十幾天，這些天，梁啟超家裏「無一刻斷賓客」。僅前三天，「門簿所登已踰二百人矣」。[99] 還有一場接一場的歡迎宴和演說會，除了共和黨、民主黨，國民黨也來湊熱鬧，又是請他入黨，又是請他做理事。北京大學的學生也向政府要求，任命他為新校長。此時此刻，他得到了一種萬人矚目的滿足：「此次項城致敬盡禮，各界歡騰，萬流輳集前途氣象至佳也。」[100] 在這種種熱鬧的背後，梁啟超積極策劃共和黨與民主黨的合併，其目的，就是要造成一個可以在議會和國民黨抗衡的大黨。十月十一日，他給女兒令嫻寫了到達天津後的第一封信，信中也流露出一種輕浮的滿足感：「共和、民主兩黨合併已定，舉黎為總理，吾為協理，張（謇）、伍（廷芳）、那（彥圖）皆退居幹事，大約一月內（現甚祕密）成立發表，國民黨亦曾來交涉，欲請吾為理事，經婉謝之，彼必憤憤，然亦無如何也。入京期尚未定，項城頗盼速往，吾約以兩旬後或竟俟新黨成立後乃往，亦未可知。」[101]

此事最初進行得似乎很順利，梁啟超也很樂觀，「連日兩黨議合併大略就緒，吾準二十日入京」。進京前，總統府為迎接他的到來作了充分準

備，出於安全的考慮，最初曾打算以軍警公所為行館招待梁啟超，就因為聽他偶然說起，曾國藩、李鴻章進京都住賢良寺，袁世凱馬上派人將賢良寺收拾妥當。對袁來說，這不過是一種禮賢下士的姿態罷了，梁卻大為感歎：「此公之聯絡人，真無所不用其極也。」[102] 不過，民主黨和共和黨的一些同志認為，梁啟超住在賢良寺仍有不妥，在他們看來，梁既「以個人資格受社會歡迎，不宜受政府特別招待，以授人口實，故別借一宅，以作寓所」。[103]

到京以後，應酬自然就更多了。「在京十二日，而赴會至十九次之多，民主、共和黨各兩次（一次演說會，一次午餐會），統一黨、國民黨各一次，其他則同學會、同鄉會、直隸公民會、八旗會、報界、大學校工（國學會政治研究會）、商會，尤奇者則佛教會及山西票莊、北京商會等」，有時甚至一天四場演說，「每夜非兩點鐘客不散，每晨七點鐘客已麕集，在被窩中強拉起來，循例應酬，轉瞬又不能記其名姓，不知得罪幾許人矣。吾演說最長者，為民主黨席上，凡歷三時，其他亦一二時，每日談話總在一萬句以上，然以此之故，肺氣大張，體乃愈健」。此時，他正在興頭上，儘管一再抱怨應酬之苦，但這種被人簇擁的感覺，心裏還是很受用的。他對女兒言道：「一言蔽之，即日本報所謂人氣集於一身者，誠不誣也。蓋上自總統府、國務院諸人，趨蹌惟恐不及，下則全社會，舉國若狂。此十二日間，吾一身實為北京之中心，各人皆環繞吾旁，如眾星之拱北辰，其尤為快意者，即舊日之立憲黨也。」在女兒面前，他竟有些飄飄然了，自我感覺甚好。他繼續言道：「此次歡迎，視孫、黃來京（孫中山、黃興曾於 1912 年 8 月來京，與袁世凱會談）時過之十倍，各界歡迎皆出於心悅誠服，夏穗卿丈引《左傳》言，謂國人望君如望慈父母焉。蓋實情也。孫、黃來時，每演說皆被人嘲笑（此來最合時，孫、黃到後，極惹人厭，吾乃一掃其穢氣），吾則每演說令人感動，其歡迎會之多，亦遠非孫、黃所及。」陶醉之憨態，可見一斑。不過，他的積極活動和演說，的確鼓舞了舊立憲派的士氣，「為國中溫和派吐盡一年來之宿氣矣」。[104]

經濟不獨立，則政治不能獨立

此次進京，他與袁世凱「密談一次，赴宴一次」，10 月 28 日，總統府又召開歡迎會，國務員全體作陪。不過，梁啟超也明白，他們之間「仍虛與委蛇而已」。[105] 但他對袁世凱饋贈的每月三千大洋，卻沒有拒絕，其理由是：「一則以安反側，免彼猜忌；二則費用亦實浩繁，非此不給也。」[106] 說到底，人窮難免志短。他還透露，袁世凱向他許願，如果他能成功地組建一個政黨，還將贊助他二十萬元。梁啟超甚至希望能更多一些，比如五十萬元，不知有沒有可能。他表示到那時還要和袁世凱繼續交涉。這一點暴露了梁啟超以及所有黨派、社會政治勢力的軟肋。經濟上如果不能獨立，又怎能祈盼政治上獨立呢？實際上，除了梁啟超尚未覺悟到主動尋求社會力量的支持外，客觀上，當時中國的現代工商業還很薄弱，資產階級也很薄弱，中國的城市市民階層與歐美資產階級革命發生時的第三等級根本不是一回事，他們還不足以支持梁啟超所要創建的以立憲議會政治為綱領的政黨，他們即使不靠袁世凱，也要靠地方軍政勢力的支持。早在 1912 年初，徐佛蘇在給梁啟超和湯覺頓的信中就提議「加入黎（元洪）黨」，其理由之一，即「彼係軍隊要人，吾國將來毫無階級，純係平民政治，然同為平民，各黨相持又無可判其勝負，於是不得不挾軍隊以衛其主義，故吾國之政治可名之曰平民的軍隊政治也」。[107]

同年五月二十九日，麥孟華致信康有為，也曾提到本黨與黎元洪的合作，以及可能遇到的問題：「推黎公為名譽長以張勢，亦無可奈何之事。然名譽則可，萬不可令直接，令有實關係，黎雖不必有野心，而海外人勢必趨彼，倘有一人利用之（今陸乃翔已令黎照會陸逸君在澳籌款，逸電聞即是此事），則吾直以全黨奉送與人。勢雖張而黨非我有，（康批：孺真深議！此次推舉，深為人作嫁，而黨非我有也）即有款可籌，亦為人作嫁，於我無與矣。」[108] 其實，無論是徐佛蘇的建議，還是麥孟華的擔憂，都說明了一個問題，在當時條件下，中國的政治現實，共和也罷，立憲也

罷，最終只能走向軍人政治，實力政治。袁世凱如此，孫中山亦如此。不久爆發的二次革命，不就是孫中山和國民黨「挾軍隊以衞其主義」的證明嗎？

就當時的形勢而言，梁啟超清醒地意識到，無論如何，都要把自己的政黨盡快地組織起來。在他看來，「共和國政治之運用，全賴政黨」。他在十月二十二日民主黨全體黨員參加的歡迎會上發表演說，特別提到國外輿論以為中國人沒有運用立憲政體的能力，究其原因，「則謂中國人之性質，不能組織真正之政黨」。[109] 然而，梁啟超急於組織政黨，絕非要向外國人證明什麼，以雪此辱，而是國內政治鬥爭的迫切需要。當時，國會中活躍着四個黨，即國民黨、統一黨、共和黨和民主黨。先是同盟會聯合統一共和黨、國民共進會、國民公黨、共和實進會等幾個小黨組成了國民黨；而統一黨成立較早，是章太炎最先發起的，主要是同盟會中對孫、黃不滿的異己分子，最初叫中華民國聯合會，後與昔日預備立憲公會的領袖張謇等人合作，組成了統一黨；晚清資政院時代主張君主立憲的立憲派有個憲友會的組織，這時也發生了分化，湯化龍、林長民率領一部分人成立了共和建設討論會，不久，孫洪伊又拉出一部分人成立了共和統一黨，而北方的籍忠寅、周大烈等人又成立了國民協進會，到後來，統一黨與籍忠寅的國民協進會，還有湖北孫武、孫振武等人的民社聯合，組成了共和黨；沒過幾天，章太炎又宣佈了統一黨的獨立，這時，正式國會的選舉已近白熱化，湯化龍、孫洪伊輩自然也想在正式國會中取得重要的政治地位，於是，他們千方百計動員梁啟超回國，推舉梁啟超作為本黨的領袖，就在梁啟超回國前夕的民國元年（1912 年）八月，湯化龍的共和建設討論會與孫洪伊的共和統一黨，以及共和促進會等幾個小黨合併，組成了民主黨。[110]

這四個黨，尤以國民黨的勢力最大。此時正當第一次正式國會議員選舉，以一個大黨對抗三個分立的小黨，而且，他們幾乎掌控着所有重要省份的行政資源，這使得他們在選舉中一直處在非常有利的地位，並最終贏得了選舉。民國二年（1913 年）的 1 月 8 日，國會選舉結果正式公佈，

國民黨共獲得眾議院、參議院的 392 個席位，其他三個黨，共和黨 175 個席位，統一黨 24 個席位，民主黨 24 個席位。國民黨成了國會中名副其實的第一大黨。同一天，宋教仁在國民黨湖南支部的歡迎會上發表演說，就強調要組織國民黨內閣，要以內閣來限制總統的權力。這自然引起袁世凱的不滿。雖然他對政黨政治並沒有興趣，也不寄予更多的希望，但此時的他，要想削弱議會和內閣的權力，提高和強化總統的權力，又不能不依靠議會中可以為他所控制的政黨。統一黨倒是親袁世凱的，不過，作為他的傀儡，這個黨能力太差，勢力太弱了，尤其是在章太炎退出之後，已經很難在政治上發揮作用，也產生不了太大影響。所以他寄希望於梁啟超，在他看來，只有梁啟超，有能力，也有辦法，幫助他抵制國民黨勢力的擴張。如果梁啟超真能把這個黨組織起來，對他來說也是求之不得的。

進步黨：袁梁結盟

梁啟超需要袁世凱經濟上的支持，袁世凱看重梁啟超政治上的資源，於是，他們在組黨問題上一拍即合。這時，在國會中，也的確形成了三黨聯合對抗國民黨的大趨勢。因此，三黨合併組成一個統一協調的大黨，就顯得愈來愈迫切。不過，就三黨實際而言，除了在對抗國民黨這一點上可以暫時達成共識外，在其他一些方面，他們又存在着很大的分歧。特別是在人事安排上，由於多年積累的好惡、紛爭、誤解和矛盾，一時也很難取得一致的意見。共和黨的黃為基承認：「吾黨素奉先生之教為圭臬，先生雖未入黨，然吾黨中人皆已認先生為精神上之同黨。」[111] 而梁啟超考慮到政局危險，不可言狀，更不能袖手旁觀，竟於 2 月 24 日宣佈，「為事勢所迫」加入共和黨，他還表示：「此後真躬臨前敵也。」[112] 其實，他始終隱身於幕後，並未親臨國會現場。不過，在這三個黨中，他與民主黨的關係應該更親近一些，其中不僅有許多憲友會的老朋友，更有政聞社時的老朋友，有些甚至就是他的學生。而且，早在共和建設討論會成立之初，他就是其中一員了。民主黨成立伊始，他們又公開聲明：「一切待先生指導。」[113]

然而，就在三黨將要合併的當口，他卻忽然宣佈加入了共和黨，確實很讓人費解。而問題就出在由誰擔任將要成立的這個黨的領袖。有人提出一個方案，以袁世凱為總理，黎元洪、梁啟超為協理。共和黨中的民社派和民主黨中的大多數人都表示反對，不同意以袁世凱為黨魁，他們甚至有組織新黨的計劃。苦悶至極的梁啟超提出不做協理，「別設參事長吾任之」，眾人也不同意。他在 3 月 27 日給女兒的信中抱怨：「若不許我，則我將不復與聞也。現狀實無可為，新黨亦決辦不好，吾既不能置身事外，又不值得與之俱斃，故處此職可以立於半積極半消極之地位耳。」[114] 這些黨事糾紛讓他產生了放棄政治生活的想法。4 月 18 日，他在信中向女兒傾訴了自己的惡劣心緒：「吾心力俱瘁（敵人以暴力及金錢勝我耳），無如此社會何，吾甚悔吾歸也。……吾今擬與政治絕緣，欲專從事於社會教育，除用心辦報外，更在津設立私立大學，汝畢業歸，兩事皆可助我矣。」這是他第一次提到要放棄政治，專心於辦報和辦學。但他心裏清楚，共和黨人絕不會允許他這樣做，而此時他對民主黨竟已「恨之刺骨」，稱他們為「民主鬼」了。4 月 22 日和 23 日，他連續寫信給女兒，還提到「憤極民主黨諸人之所為」，「民主黨二三狂傲之輩」，等等，他憤而賭氣似的說：「新黨成立後，吾不復與聞黨事。」這番話竟引得「三黨黨員大譁（總統府聞此倉皇失色，吾本以該信登報，總統府立刻乞求各報勿登），今日有數十人來津哀求，吾尚未應之，然大約不能終隱，生成苦命無如何也」。面對這樣的陣勢，梁也只好表示：「在義在勢皆不能辭。」並且無可奈何地說：「生為今日之中國人，安得有泰適之望，如我者則更無所逃避矣。」[115]

梁啟超是個感情勝過理智的人，也是個意志薄弱的人，在順境中或情緒激動時，往往把事情想得過於簡單，而遇到挫折或心境不佳時，又容易灰心喪氣，表現得很消極。但他又是個自覺對社會、對國家、對民族負有責任的人，所以，他的內心常常就顯得很糾結。他回國之初，國會選舉正進行得如火如荼，競爭異常激烈，舞弊、賄選的現象很普遍，操縱選舉、僱人投票，甚至軍警到場百般威脅，種種違法亂紀之事層出不窮，各地還發生了一些暴力事件，這些都給了梁啟超很大刺激，使他對國事、黨事都

深感失望。他在回國兩個月後就向女兒令嫻傾訴：「吾昨夕因得須磨（日本地名，康有為住此地）書，煩躁異常，又見國事不可收拾，種種可憤可恨之事，日接於耳目，腸如涫湯，不能自制……幾欲東渡月餘，謝絕一切，以自甦息也，大抵居此五濁惡世，惟有雍樂之家庭，庶少得退步耳。吾實厭此社會，吾常念居東之樂也。」[116] 由此也可以看出，梁啟超骨子裏還是個文人士大夫，腦子裏有時想的還是「有道則仕，無道則隱」那一套。一月二十六日（3月3日）是他四十一歲生日，京津諸友為他祝壽於天津孫家花園，說好不談國事。但二十八日（5日）他在給女兒令嫻的信中忍不住又說到「國內種種棼亂腐敗情狀」，為此他憂憤不已，痛言：「筆安能罄，公立所言，殆未能盡其萬一，吾在此日與妖魔周旋，此何可耐，要之無論何路，皆行不通，而又不能不行，此所以為苦也。」[117]

這種消極的情緒直接影響到他對三黨合併的態度，最初他以為三黨合併已大概就緒，卻沒想到落實起來還有這麼多的難處。他的性情中常有一些天真爛漫或涉世不深的單純，這種性情，作為朋友也許很難得，但作為一黨領袖、政治家，有時就顯得很幼稚，看不到事情的複雜性和人的複雜性。袁世凱則非常直接，他不容梁啟超消極、悲觀，而主動伸出援手。他在4月8日國會開幕之後，明顯加快了督促三黨合併的步伐。4月25日，三黨正式簽訂了合併組織進步黨的協議書。5月29日下午，三黨在京黨員舉行全體大會，宣佈進步黨正式成立。31日，《申報》專門報導了此事：

> 昨日進步黨成立會到千五百餘人，梁任公、孫武、王印川並有演說，秩序甚整。並舉黎元洪為理事長，梁啟超、張謇、伍廷芳、孫武、那彥圖、湯化龍、王賡、蒲殿俊、王印川為理事。[118]

進步黨的成立最終使袁世凱與梁啟超的政治聯盟既成事實。在民國初年政治動盪的局勢下，梁啟超選擇支持袁世凱，固然有他對中國命運的長遠考慮。就在三黨商談合併期間，共和黨理事長黎元洪於4月14日在北京萬生園（今北京動物園舊址）宴請本黨參眾兩院的議員，與會者三百餘

人。梁啟超發表了題為《共和黨之地位與其態度》的演說，時間長達三個小時。他開門見山告誡本黨同志：「故為國民者，不可不洞察世界形勢，以求知本國所處之地位為何等；為政黨員者，不可不洞察國中形勢，以求知本黨所處之地位為何等。」這兩條也是梁啟超確定其政治方針和策略的出發點。他接下來就說到了共和黨的立黨之本及其所面臨的形勢和任務。他說：

共和黨所以設立之故，凡以欲改良政治，此我黨員所同知也。然一年以來，國中有二大勢力，常為政治改良之梗者，一曰官僚社會之腐敗的勢力，二曰莠民社會之亂暴的勢力。我共和黨既以改良政治為惟一之職志，非將此兩種勢力排而去之，則目的終不可得達。雖然，彼腐敗派之勢力，乃積數百年來歷史之遺傳，在專制政體之下，當然不能免者。辛亥革命於國中他種善良習慣，多所革去，獨此腐敗官僚之勢力，曾未能動其毫末。其根深蒂固也既若彼。至於亂暴派之勢力，則又自革命後，以新貴族之資格渟然而興，國中兇戾狡黠之徒，相率依草附木攀龍附鳳以揚其波，其炙手可熱也又若此。質而言之，則以中國現在社會惡濁乖戾之空氣，實最適於彼兩派之發育。此如久酸之醢宜產蛆蚋；積黴之莽，應叢蛇蠍。以嘉魚游酸醢之甕，以祥麟入黴莽之林，安見其能生存者哉？然則以適者生存優勝劣敗之理衡之，彼腐敗與暴亂兩派，在現在中國社會空氣中，實為適者而宜優勝；而與彼兩派立於反對之地位者，實為不適而宜劣敗。我共和黨人，既不願隨逐腐敗，又不願附和亂暴，以此種不識時務不合時宜之黨，在理實難得生存之餘地，遑論發達？不寧惟是，我共和黨非徒消極的不肯隨逐腐敗附和亂暴而已，更積極的欲矯正腐敗裁抑亂暴。介於兩大之間而毅然與之相抗，此無異奮螳臂以擋車轂，捧抔土以塞孟津，不自量至於此極。自問亦良覺可笑。然我共和黨同人，猶戮力進取而不辭者，誠確見夫腐敗與亂暴兩派之勢力一日不消滅，則政治一日不能改良；此兩

派勢力多存一分，即國家元氣多斷喪一分，馴至非陷國家於滅亡焉而不止。吾儕為良心所責備，所驅遣，乃不得不毅然決然，奮微力以當大敵。故地位之艱鉅困衡，未有過於我共和黨者矣。[119]

梁啟超清楚地看到，共和黨正陷於兩面作戰的被動境地，這其實也是梁啟超自身所面臨的局面，所以，他主張先集中力量對付危害國家最兇的亂暴派，而對臨時政府所代表的腐敗派，則維持監督的態度。他說：

> 吾黨一面既須與腐敗社會為敵，一面又須與亂暴社會為敵，彼兩大敵者，各皆有莫大之勢力，蟠互國中，而吾黨以極孤微之力與之奮鬥，欲同時戰勝兩敵，實為吾力之所不能逮。於是不得不急其所急，而先戰其一。不特此也，彼腐敗派與亂暴派，其性質雖若絕不相容，然彼為個人私利計，未嘗不可以交換利益，狼狽為奸，則國事愈不可問。故吾黨認禍國最烈之派為第一敵，先注全力以與抗。而與第二敵，轉不得不暫時稍為假借。吾黨鑒觀各國前史，見革命之後，暴民政治最易發生，而暴民政治一發生，則國家元氣必大傷而不可恢復。況我國今處列強環伺之衝，苟秩序一破，不可收拾，則瓜分之禍，即隨其後，為禍寧有紀極。故本黨對於橫行驕蹇之新貴族，常思所以裁制之使不得逞。一面則臨時政府，既經國民承認設立，在法律上當然認為國家機關，吾輩只當嚴重監督，而不必漫挾敵意以與相見。吾黨對於臨時政府之設施，無一能滿意者，雖然，以為當此存亡絕續之交，有政府終勝於無政府。而充亂暴派之手段，非陷國家於無政府不止，吾黨為此懼。故雖對於不滿意之政府，猶勉予維持，以俟正式政府之成立，徐圖改造焉。[120]

梁啟超對袁政府的妥協和維持，當時和後來都受到許多人的嚴厲指責和肆意攻擊，他在此為共和黨所作的辯護，其實也是他的自我辯護。他說：

吾黨過去一年間，常取維持政府之態度，此誠事實，無所容諱也。然吾黨之維持政府，絕非欲因以為利，徒以現在大局，決不能再容破壞，而暴民政治之禍，更甚於洪水猛獸，不可不思患而預防之。故於臨時時期，暫主維持政府，俾國家猶得存在，以為將來改良政治之地步。[121]

　　梁啟超的意圖很明確，就是要以對袁政府的暫時妥協，換取黨內力量的高度集中，來對付以革命自我標榜的亂暴派，不讓暴民政治禍害國家。但他並不認為政黨應該放棄監督政府的職責，不僅不能放棄，還要採取「強硬監督之態度」。他說，將來無論誰來組織正式之政府，只要符合共和黨的黨義，採用共和黨所宣佈的各種具體政策，他們就舉全力擁護之，否則，就舉全力對抗之。[122] 最初，他對袁世凱的支持大體就框定在這樣一個範圍裏。5 月 29 日，他在進步黨成立大會上發表演說，重申了他的主張。他說，新成立的進步黨在政治上有兩大訴求：「第一，欲將全國政治導入軌道；第二，欲造成一種可為模範之政黨，以立政黨政治之基礎。」[123]

　　何謂將中國政治導入軌道？說到底，就是將中國政治導入合法的議會政治軌道；而議會政治軌道又以政黨政治軌道為基礎。所以，如果中國的政黨不上軌道，那麼，想要中國的政治上軌道也很難。而「國之政黨既共上政治軌道矣，縱有何等野心家，亦無能自外此政治軌道兩得存在也」。這是因為，政黨的職責就是監督當權者，而任何個人都做不到這一點。他說：

　　　如設有人詢於啟超曰：君有法以去腐敗政治？於啟超必謹謝不敏。即以此遍告國人，恐亦無一人敢自承曰能者。然苟有人問：進步黨有能力以去腐敗政治乎？則啟超必首先應曰：能。大抵政治通例，苟國之人民對於握政權者不加以監督，則未有不出政治軌道之外者也。即以今大總統論，中外報紙評論其人者多矣，有愛敬之至

極點者，有憎惡之至極點者。然無論為愛敬為憎惡，要其為人有一種政治材能者也。此種有政治材能之人物，握有政權之時，苟無一大政黨監督於其旁，日謀所以將順其美，匡救其惡者，則徒令此種政治必將溢出於政治軌道以外，不亦惜哉！故吾黨惟一之任務，在以穩健抵制暴烈，而以發揚抵制腐敗。一方去腐敗政治而守其老成持重之態度，一方去暴亂行動而養其發揚蹈厲之精神，此其事非難為也。[124]

不能說梁啟超對袁世凱的野心和手腕沒有認識，但在正式總統選舉前提名候選人的明爭暗鬥中，他仍然主張力挺袁世凱，「以為目前能維持國家使存在者，莫今臨時大總統袁公世凱」。[125] 他這麼說，主要基於兩點理由：其一，推舉袁世凱可以保持國家穩定，不至發生分裂；其二，他相信進步黨（也是相信他自己）有能力對袁世凱實行有效之監督，不使其溢出政治軌道之外。所以，6 月 15 日進步黨開會討論時局問題，他便提出了總統與憲法等問題，請在黨內表決。6 月 19 日《申報》以《進步黨大會記》為題，報導了大會討論的內容：

　　十五日開會，梁任公為主席。梁演說略謂：現今時局所極應研究者，為總統與憲法之問題。鄙見對於總統問題主張仍推袁，惟內閣則大半請假，幾等虛設，非改組不可；對於憲法問題，則主張先定憲法，後舉總統。此外可議及宋案（宋教仁被刺案）及大借款二問題，謂宋案純為法律問題，為今之計，宜速與德人交涉引渡洪犯（洪述祖），自不難解決也。至於大借款最要關鍵，則為監督用途。鄙意則主張以此二千五百萬鎊存放代理國庫之中國銀行，作為準備金，但於此有一先決問題，則須用何種方法整理此中國銀行是也。演說畢，某君提議以梁理事所主張付表決，多數贊成，作為該黨主張。[126]

人才內閣

此時的形勢對於梁啟超和進步黨極為有利。民國二年（1913年）3月20日晚10時，國民黨內力主內閣制的宋教仁在上海滬寧火車站被刺，至22日身亡。梁啟超因此少了一個政治上的強大對手。有人曾懷疑梁啟超是宋案的幕後黑手，就是看到了他與宋教仁在政治上的競爭關係，以及政見方面的衝突。他馬上寫了《暗殺之罪惡》一文，發表在《庸言報》上，開篇就說：「吾與宋君，所持政見時有異同，然固確信宋君為我國現代第一流政治家，奸此良人，實貽國家以不可規復之損失，匪直為宋君哀，實為國家前途哀也。」[127]

不過，國民黨內及社會輿論很快將目光聚焦於國務院祕書洪述祖和內閣總理趙秉鈞，由此又牽涉到袁世凱。於是，袁世凱與國民黨的矛盾日趨激化。7月12日，江西都督李烈鈞在湖口宣佈起兵，自稱討袁軍，二次革命由此爆發。至9月1日，隨着政府軍克復南京，短命的二次革命則歸於失敗。討袁軍的導火索是宋案，宋案的導火索則是國民黨在第一次正式國會選舉中獨佔優勢。不過，自宋案發生之後，國會也於4月8日開幕。至此，國會內部的黨派力量對比則發生了戲劇性的變化。共和黨、統一黨、民主黨迫於國民黨的壓力，合併為進步黨，在國民黨議員張繼被選舉為參議院議長、王正廷被選舉為副議長後，民主黨的湯化龍也被選舉為眾議院議長。進步黨與袁世凱的聯盟開始發揮效力，國民黨內部卻由於種種原因陷入了四分五裂的困境。國民黨的前身——同盟會本就不是一個思想理念非常一致的組織，宋案之前，有主張內閣制的，如宋本人，也有主張總統制的；宋案發生後，又分成了法律派和非法律派；直到討袁軍與北洋軍開戰之後，國民黨中的溫和派仍然堅持放棄武力對抗的主張，以為利用國會就能迫使袁世凱退位。而此時國會中的國民黨議員，也早已分化為不同的派別或組織，其中有人是被袁世凱威逼利誘收買的，也有自動倒向進步黨一邊的。國民黨的勢力至此已被大大地削弱，而進步黨卻由於其主張溫和、行動謹慎，處處與被人視為暴民的國民黨表現不同，頗為當時的輿

論所重，袁世凱也不得不暫時借重他們以影響輿論。即使國民黨中的溫和派，這時也希望能與進步黨聯手對付袁世凱，他們迫於環境的險惡，不能不向進步黨示好。

這是進步黨最得意的時候。7月末，袁世凱決意改組內閣，以熊希齡為國務總理。進步黨抓住這個機會，以為可以組織一個進步黨內閣，所有閣員除陸海軍兩部外，全部由進步黨領袖擔任。但熊希齡卻不積極，遲遲不肯來京就任。直到梁啟超再三催促，才勉強於8月28日接受了國會的任命。袁世凱自然不肯把權力全部交給進步黨，他在熊希齡進京之前，已將重要閣員安排妥當，只留下教育、司法、農商幾個閒位，待熊來配置。這當然與熊希齡所希望的相差太遠。熊希齡是梁啟超在湖南時務學堂時的老搭檔，他很想讓梁啟超擔任財政總長，梁本意也是要做財政總長的，以便發揮他整理財政的計劃。但袁世凱不同意，他提出的財政總長的人選是周自齊，梁啟超只能去做教育或司法總長。熊希齡則以總理自兼財政總長的辦法抵制袁的干涉，並希望梁啟超屈就教育司法等閒位。然而，梁啟超卻不肯接受，藉口黨內事務繁忙，百般推辭。而梁若不出，張謇、汪大燮也不肯出，第一流人才內閣可就泡湯了。最後，經熊和袁再三勸誘，熊甚至以辭職相威脅，梁啟超才勉強接受了司法總長的位子。9月11日，熊希齡內閣正式發表，以梁啟超為司法總長，孫寶琦為外交總長，朱啟鈐為內務總長，汪大燮為教育總長，張謇為工商兼農林總長，周自齊為交通總長，段祺瑞為陸軍總長，劉冠雄為海軍總長，熊氏自兼財政總長。當時人稱這屆內閣為「人才內閣」，由於九位閣員中梁、熊、汪、張、周均為進步黨黨員，所以又稱進步黨內閣。

先選總統，再定憲法

進步黨終於過了一把組閣的癮，但隨後問題便接踵而來。袁世凱急於要當正式總統，但憲法尚未制定，何來總統選舉？本來，按照梁啟超的打算，選舉袁世凱為正式總統是不成問題的，但仍須遵守正當的程

序，總要先制定憲法，待憲法制定後，再依照憲法上的總統選舉法來選舉正式總統。梁啟超甚至希望，通過制定一部完美的憲法，將以袁世凱為首的北洋軍閥舊勢力，逐漸引導走上憲政的軌道。這也是他為進步黨制定的大政方針。但是，制憲需要時間，而實際情況是，憲法還未制定，關於制憲的程序和立法的許可權已經吵得一塌糊塗。如果一定要先有憲法，後選總統的話，那麼，真不知要等到何年何月。不僅袁世凱等不及，事實上，社會的方方面面都等不及。8月5日，黎元洪聯合各省都督、民政長致電國會，要求國會從速完成總統選舉和制定憲法，成立一個強健穩定的政府。他們擔心，如果臨時政府的期限無限延長，很可能不利於國家的統一，也難以消除政治混亂和社會動盪。當時社會上的一般心理也是喜治不喜亂，希望有一個強有力的人，能夠使中國擺脫戰亂、貧弱的局面。這個人似乎非袁世凱莫屬。特別是二次革命的迅速失敗，袁世凱的權力接近於頂峰。梁啟超也滿心希望，開明的袁世凱在集中權力之後，能帶領國家走上建設的軌道。一個穩定、統一的中國彷彿就在眼前。於是，梁啟超不惜放棄先前的主張，支持先選總統，再定憲法。

針對國內外輿論的質疑，他專門寫了《讀中華民國大總統選舉法》一文，為這種違反常規的做法尋找理由。他說：

> 法律者事勢之產物也，未聞能以法律產出事勢者也。與事勢不相應之法律，雖強為形式的規定，而不久必緣事勢所要求所驅迫，從而廢之變之。即未廢未變，亦決不能發生效力，寖成殭（僵）石而已。不必徵諸遠，但觀民國元年臨時參議院所制定之臨時約法而可見也。推原當時立法者之意，其求適應於當時事勢之要求者半，其憑主觀的理想欲恃法律條文以矯過事勢者亦半，當時勾心鬥角以爭辯於一條一句一字之間，以為將來一切政象，皆為此區區數十條之所支配，曾幾何時，事勢漸變，該約法雖儼然尚存，然其中一大部分與事勢不相應者，既成為殭（僵）石，未幾且為事勢所要求所

驅迫，棄置而更新之矣。是故，離事勢而言法律，迂儒之談也，恃
法律以拘制事勢，尤妄人之見也。[128]

道理不妨這樣講，但事實上，卻更像是理念對事勢的屈從，也就是不
得已而為之。他於是談到了剛剛頒佈的大總統選舉法：

> 我國今度所頒之大總統選舉法，亦我國現時事勢所產出也。其
> 最顯著之事勢，為立法時所據以作前提者亦有二端：一曰我國現在
> 國中無所謂政黨，即有之而其能力殊不足以舉政治，故美國當改選
> 大總統時，常由各黨推薦候補者，其人數亦二三，而選舉機關則專
> 對於此二三人以投票，中國政黨既不堪此任，故只得由現大總統任
> 此煩勞。二曰我國現在恃軍隊以維持國本，而非全國軍隊素所敬愛
> 之人，不能節制軍隊，故嬗代之際，不得不由其所最愛者指定其所
> 次敬愛者，以定分而息爭。此皆中國現時事勢之所要求也。[129]

這就是說，除了袁世凱，已經沒有其他選擇。理由就是他手裏掌握着
軍隊，而且，在與國民黨的鬥爭中，他指揮軍隊取得了決定性的勝利，其
勢力已從北方擴展到南方。這時，袁世凱登上正式大總統的寶座早已沒有
懸念，儘管他在選舉當天照常上演了一幕軍警強迫議會代表投票的鬧劇。
10月10日，北京舉行了中華民國開國國慶和正式大總統就職典禮，袁世
凱特別選擇清宮太和殿宣誓就職，這也許可以視為袁世凱向共和政體的一
次示威和挑戰。梁啟超還期待着完成總統選舉之後制定憲法呢，而袁世凱
在當上正式大總統之後，卻已經不打算再和議會周旋了，更不希望以一部
憲法來約束自己的權力。10月16日，袁世凱要求眾議院「增修約法」，
取消《臨時約法》對總統權力的限制。同時，他還向國會提出，憲法須經
大總統公佈才能有效。10月24日，他讓國務院派出八名委員前往國會，
參加制憲會議，卻遭到憲法會議和憲法起草委員會的拒絕。10月25日，
惱羞成怒的袁世凱指責國會專制，公開通電各省都督、民政長，要他們逐

條研究《天壇憲法草案》（因憲法起草委員會設在天壇祈年殿，故稱「天壇憲法」），並在五日內逐條電覆。29日，直隸都督馮國璋致電國會，譴責憲法草案實行「議會專制」。30日，江蘇都督張勳亦領銜通電，直接指責國民黨破壞憲法，破壞三權分立原則，指控國民黨犯了內亂罪，請大總統速發命令，將該黨本支部一律解散。於是，各省都督、民政長、鎮守使、師長、旅長等紛紛通電，主張解散國民黨，撤銷國民黨議員，撤銷憲法草案，解散起草委員會。11月3日，憲法起草委員會將憲法草案提交憲法會議。於是，袁世凱搶在憲法會議投票之前，以暴力對待國會。11月4日，袁世凱藉口查獲李烈鈞和江西籍國會議員徐秀鈞的往來密電，下令解散國民黨，追繳國民黨國會議員證書，共有460多人的議員資格被取消，致使兩院議員所剩不到半數，被迫停會。袁世凱的這項命令，國務總理熊希齡和內務總長朱啟鈐是副署了的。1914年1月10日，袁世凱再經熊希齡和全體內閣成員副署，下令停止國會殘留議員職務，給資遣散。至此，梁啟超幻想可以發揮其作用的議會舞台已被袁世凱完全拆毀，進路已絕，但他並未完全絕望，還希望能有「知其不可而為之」的最後一搏。2月12日，隨着熊希齡辭去國務總理及財政總長職務，梁啟超也於2月20日正式辭去司法總長一職，同時，卻又接受了袁世凱為他安排的幣制局總裁的職務。[130]

擔任幣制局總裁

梁啟超是進步黨的靈魂，精神上的領袖，而進步黨又是袁世凱在政治上關係最密切的盟友，尤其是所謂「人才內閣」的組成，國務總理雖是熊希齡，但社會輿論都以梁啟超為真正掌舵之人，「以為指揮當日政府者為先生一人」。所以，國民黨被解散，議員資格被取消，乃至最後國會被解散，「全國輿論頗多歸罪先生者」。[131] 進步黨黨員、眾議院議員劉偉就在袁世凱發佈解散國民黨之命令的第三天，致信梁啟超，指責他對國會的存亡負有責任：

先生以黨魁入佐國務，以救亡為大政方針，不審為名乎為實乎？為名則全國生命財產豈堪再試，為實則自公等入閣，何為以破壞國會為初哉首基之政策耶？共和國不可無國會，夫人而知之矣。共和國之無國會，自中華民國始，中華民國無國會，自十一月四日始。四號之事孰實為之，命令出自總統，副署出自總理，形式所在，責有攸歸，宜若與司法總長進步黨理事之任公先生風馬牛不相及，然而道路之人，愛國之士，不問形式而苛求底蘊，不信謠諑而好察邇言，窮源探本，人有恆情，圖窮而匕首自見，事久而黑幕益張，雖有知者無如之何，眾口鑠金，竊為高明危之。[132]

這其實是一種不能深知梁啟超的意見。7 月 12 日，李烈鈞起兵討袁後，7 月 23 日，北洋軍警包圍了北京公餘俱樂部，逮捕了國民黨議員馮自由等十餘人，引起國民黨議員的大恐慌，紛紛離京南下，其中不乏參議院議長張繼這樣的領袖級人物。他們看到議會已不能保持其作為立法機關的獨立性，議員也喪失了言論自由，便鼓動議員離開北京，南方國民黨的報紙也紛紛呼籲國會南遷，支持討袁行動。在這種情況下，國會的活動陷於停頓，起草憲法的工作也被迫停止。有鑒於此，7 月 25 日，梁啟超致信袁世凱，希望他從國家政治前途的大局出發，不要使議會受到傷害。他說：

啟超之意，以為彼黨中與聞逆謀之人，誠不能不繩以法律，然與聞之人，實什不得一二，其餘大率供陰謀者之機械而已。但使此輩不散至四方，則將來吸收之，使歸正軌，為道正多。今最要者，乘此時機，使內閣通過，憲法制定，總統選出，然後國本始固，而欲達此目的，則以維持議員三分二以上為第一義，現進步黨已從各方面極力設法，尤望大總統更將尊重國會之意一為表示，或用命令，或諮兩院議長，使宣明此意，以釋謠諑。其議員公費，亦請迅即籌撥，使議員知政府之對於國會，並未改前度，則人人安心，而吾黨亦得有辭以聯絡疏通，則兩院多數之轉移或非難也。[133]

第二天，梁啟超再次致信袁世凱，提醒他：「古之成大業者，挾天子以令諸侯，今欲戡亂圖治，惟當挾國會以號召天下，名正言順，然後所向莫與敵也。」並警告他：「或以為兵威既振，則國會政黨不復足為輕重，竊謂誤天下必此言也。」[134]

也可以說，梁啟超在為袁世凱出謀劃策，但他維護國會的良苦用心亦昭然可見。他並不迴避與袁世凱的關係，袁世凱稱帝後，他作《袁世凱之解剖》一文，還說：「吾與袁氏近數年來，私交尚稱親善，袁氏至今猶費苦心欲引我與彼共事，吾於袁氏歷年常盡友誼以相扶助相匡救，直至一月以前，猶未改此度。」[135] 倒是後來者對梁啟超多了一些理解，鄭振鐸在談到梁啟超加入「人才內閣」時就曾指出：「這一次的登台，在梁氏可以說是一點的成績也沒有。然他卻並不灰心，也並未以袁世凱為不足合作的人。他始終要立在維持現狀的局面之下，欲有所作為，欲有所表見，欲有所救益。」[136] 他的學生張蔭麟也看到了這一點，他說：「此時期先生在政治上之主張，可以一言蔽之：先從民智民德方面着力，而以溫和漸進之方法改善其政治上及經濟上之地位。惟其側重民智民德，故於政治及經濟上無具體而堅執之計劃；惟其採溫和漸進之手段，故易於優容軍閥。民國以後先生在政治上得失之林，可得而論也。」[137]

梁啟超一直想在政治上有所作為，他相信，憑藉袁世凱的勢力，「苟能善用之，誠足以致中國於治強」。[138] 所以，即便是在國會解散，內閣辭職之後，他仍然接受了袁世凱為他特設的幣制局總裁一職，並在參政院成立之後，被任命為參政員之一。對此，他後來曾作過一點解釋，他是這樣說的：「當時很有點癡心妄想，想帶着袁世凱上政治軌道，替國家做些建設事業，我和我一位最好的朋友——也是死於護國之役的——湯公覺頓專門研究財政問題，蔡公（鍔）專門研究軍事問題，雖然還做我們的學問生活，卻是都從實際上積經驗，很是有趣。」[139] 但這時已是強弩之末，儘管他還夢想着自己的主張能夠實現，事實上沒有一件事情是可以做成的，最終，連幣制局總裁這個空頭職務也做不下去了，只好辭職走人。他說：

民國三年（1914年）年底，袁世凱的舉動越看越不對了，我們覺得有和他脫離關係之必要，我便把家搬到天津，我自己回廣東去侍奉我先君，做了幾個月的鄉間家庭生活。那年（1915年）陰曆端午節前後，我又出來，到南京頑耍，正值馮華甫（國璋）做江蘇將軍，他和我說，聽見要辦帝制了，我們應該力爭。他便拉我同車入京，見袁世凱，着實進些忠告。不料，我們要講的話，袁世凱都先講了，而且比我們還痛切，於是我們以為他真沒有野心，也就罷了。華甫回南京做他的官，我回天津讀我的書。過了兩個多月——我記不清楚是哪一天——籌安會鬧起來了。（1915年8月14日，楊度串聯孫毓筠等六人發起成立籌安會，8月23日，楊度親自起草的籌安會宣言正式發表，籌安會亦於是日宣佈正式成立。）就在籌安會發表宣言的第二日（24日），蔡公（鍔）從北京搭晚車來天津，拉着我和我們另外一位親愛的朋友——這個人現還在着，因他不願意人家知道他，故我不說他的姓名——同到湯公覺頓寓處，我們四個人商量了一夜，覺得我們若是不把討賊的責任自己背在身上，恐怕中華民國從此就完了。[140]

周善培也曾回憶起這段歷史，他說：

甲寅（1914年），約在春夏間，任公看清楚袁世凱奪取廣東之後，以為國民黨已經驅除淨盡，天下統一了，專制獨裁的力量加強了，因此，不但不聽他的話，而且不大敷衍他了，他就辭了職，退下來，隨時把袁的發展情況告訴我。我也把我在《論語時義》中預測袁世凱想黃袍加身、現在逐步快實現了的見解告訴任公。等到乙卯（1915年），籌安會問題一發現，任公的《異哉所謂國體問題者》立刻發表出來，袁大驚，實際這件事任公早已見到，這篇文章是任公早已預備好的。[141]

梁啟超正式辭去幣制局總裁一職是在 1914 年 12 月 27 日。此前，已有不少朋友關心他的「出處」問題，其實是想讓他盡快擺脫袁世凱。五六月間塞季常致信陳叔通就曾詢問：「任公定何宗旨？」第二天，陳叔通寫了一封信給梁啟超，勸他：「先生亦豈能委蛇其間？」他的同門劉復禮說得更加直接，他在寫給梁的一封信中說：「任公豈猶有衣食之念耶？讀書破萬卷，足跡遍全球，捧手受業於名賢之門，交遊儕輩非齊魯奇節之士，即燕趙悲歌之士，出處去就之義，固宜素講，而迷謬濡滯如此，北溟之鵬縻於尺寸之絲，竊為足下痛之。」[142]

對於朋友們的擔憂和責難，梁啟超不能無動於衷，而幣制局的事情又由於歐戰的爆發和袁世凱的拖延，各種計劃均成空想，沒有一件能夠實行。10 月 30 日《申報》報導《梁任公之近況》，就曾提到：「歐戰以來，幣制借款之事，暫時既無可談判之餘地，任公所研究之政策，及其設施之次第，又為時勢所迫，不能實行，於是此局遂同虛設。任公不欲虛應故事，故數日以來數辭總裁之職。」[143]

政壇失意，決心退隱

這時，梁啟超對於袁氏真的是有些絕望了，對於政治生涯也漸漸地生了厭惡、捨棄之心。他寫了一篇很沉痛的宣言《吾今後所以報國者》，極誠懇地檢討和反思二十年來自己在政治理想以及組織政治團體、參與政治活動等方面，為什麼會陷於失敗的困境。他寫道：

> 吾亦嘗欲藉言論以造成一種人物，然所欲造成者，則吾理想中之政治人物也。吾之作政治譚也，常為自身感情作用所刺激，而還以刺激他人之感情。故持論亦屢變，而往往得相當之反響。疇昔所見淺，時或沾沾自喜，謂吾之多言，庶幾於國之政治小有所裨，至今國中人猶或以此許之，雖然，吾今體察既確，吾歷年之政治譚，

皆敗績失據也。吾自問本心，未嘗不欲為國中政治播佳種，但不知吾所謂佳種者誤於別擇耶？將播之不適其時耶？不適其地耶？抑將又播之不以其道耶？要之，所獲之果，殊反於吾始願所期。吾嘗自訟，吾所效之勞，不足以償所造之孽也。吾躬自為政治活動者亦既有年，吾嘗與激烈派之祕密團體中人往還，然性行與彼輩不能相容，旋即棄去。吾嘗兩度加入公開之政治團體，遂不能自有所大造於其團體，更不能使其團體有所大造於國家，吾之敗績失據又明甚也。吾曾無所於悔，顧吾至今乃確信吾國現在之政治社會，決無容政治團體活動之餘地，以今日之中國人而組織政治團體，其於為團體分子之資格，所缺實多，夫吾即不備此資格者之一人也。而吾所親愛之儔侶，其各皆有所不備，亦猶吾也。吾於是日憬然有所感，以謂吾國欲組織健全之政治團體，則於組織之前，更當有事焉。曰務養成較多數可以為團體中健全分子之人物。然茲事終已非旦夕所克立致。未能致而強欲致焉，一方面既使政治團體之信用，失墜於當世，沮其前途發育之機；一方面尤使多數有為之青年，浪耗其日力於無結果之事業，甚則品格器量，皆生以外之惡影響。吾為此懼，故吾於政治團體之活動，遂不得不中止。吾又嘗自立於政治之當局，迄今猶尸名於政務之一部分。雖然，吾自始固自疑其不勝任，徒以當時時局之急迫，政府久懸，其禍之中於國家者或不可測，重以友誼之敦勸，乃勉起以承其乏。其間不自揣，亦頗嘗有所規劃，思效鉛刀之一割，然大半與現在之情實相閡，稍入其中，而知吾之所主張，在今日萬難貫徹，而反乎此者，又恆覺於心有所未安。其權宜救時之政，雖亦明知其不得不爾，然大率為吾生平所未學。雖欲從事而無能為役，若此者，於全局之事有然，於一部分之事亦有然。是故，援陳力就列不能者止之義，籲求引退，徒以元首禮意之殷渥，辭不獲命，暫靦然濫竽今職，亦惟思拾遺補闕，為無用之用。而事實上則與政治之關係，日趨於疏遠。更得閒者，則吾政治生涯之全部，且將中止矣。[144]

他由此得出兩大教訓。其一，他這個人本質上還是個書生，缺乏實際的施政能力，不適合參政。一年來，雖然勉為其難，鞠躬盡瘁，並沒有為國家做多少事，只好退回書齋，做自己所擅長的理論、學術研究。其二，當今中國的政治實踐，需要考慮中國的實際情況，不能完全以理論的條條框框來要求，不能太理想化。可是，現實中的權衡、變通又非他所長，所以他表示：「故吾自今以往，除學問上或與二三朋輩結合討論外，一切政治團體之關係，皆當中止。乃至生平最敬仰之師長，最親習之友生，亦惟以道義相切劘，學藝相商榷。至其政治上之言論行動，吾決不願有所與聞，更不能負絲毫之連帶責任。非孤僻也，人各有其見地，各有其所以自信者，雖以骨肉之親，或不能苟同也。」[145]

「異哉所謂國體問題者」

然而，他以什麼來報答這個國家呢？他一再地問自己，然後他說，他還有一個「莫大之天職」，就是去做國民教育，使人人明白，人何以為人，國民何以為國民。如果國民不能覺悟，愚昧無知，盲目輕信，「而謀政治之建設，則雖歲變更其國體，日廢置其機關，法令高與山齊，廟堂日昃不食」[146]，政治建設依然無望。於是，這一年的冬天，他真就躲到北京西郊的清華學校著書去了，而且，很快就有了《歐洲戰役史論》問世。新年到來的時候，中華書局出版發行《大中華》雜誌，特聘他為總撰述，他欣然接受，還為其策劃了規模龐大的「時局小叢書」，第一集便開列十個選題。這期間他作了不少詩，並於4月末返粵省親，為父親祝壽。看起來，他似乎正在回到那個久違了的「著述時代」。

但袁世凱不允許他回歸書齋，那個充滿了不確定性的時代也不允許他回歸書齋。恰在這個時候，歐戰爆發了。日本一直夢想着在中國獲得更多的利益，它看到西方列強陷入混戰之中，無暇東顧，野心突然膨脹起來，乘機向中國政府提出了《二十一條》，強行要求對華的控制權。而袁世凱為了換取日本對帝制的支持，竟準備接受日本的條件，出賣國家主權。種

種大事變緊迫而來，使梁這個敏於感情的人，不可能困守於書齋。與此同時，袁世凱也加緊了恢復帝制的步伐，這更加重了梁啟超對國家前途、命運的擔憂。他後來在《國體戰爭躬歷談》和《護國之役回顧談》兩篇文章裏詳細回憶了當時的情景。他說：

> 帝制問題之發生，其表面起於古德諾之論文及籌安會，實則醞釀已久。而主動者實由袁氏父子及其私人數輩，於全國軍人官吏無與，於全國國民更無與也。先是去年（1915 年）正月，袁克定忽招余宴，至則楊度先生在焉，談次歷詆共和之缺點，隱露變更國體，求我贊同之意。余為陳內部及外交上之危險，語既格格不入，余知禍將作，乃移家天津，旋即南下，來往於廣東、上海間。[147]

但在南下省親之前，他反覆權衡，還是給袁世凱寫了很長的一封信，提醒他「若大亂之即發於旦夕」，勸他回心轉意，以國家、民族為重，不要逆歷史潮流而動，做親者痛、仇者快的荒唐事。在這裏，梁啟超不僅動之以情，曉之以理，而且，設身處地為袁的身前身後打算，把利害關係講得很清楚，很透徹。他告訴袁世凱：「所最痛憂者，我大總統四年來為國盡瘁之本懷，將永無以自白於天下。天下之信仰，自此隕落，而國本即自此動搖。《傳》不云乎，與國人交止於信，信立於上，民自孚之，一度背信，而他日更欲有以自結於民，其難猶登天也。明誓數四，口血未乾，一旦而所行盡反於其所言，後此將何以號令天下？」[148] 他甚至以推心置腹的口吻規勸袁世凱：「誠願我大總統以一身開中國將來新英雄之紀元，不願我大總統以一身作中國過去舊奸雄之結局；願我大總統之榮譽，與中國以俱長，不願中國之曆數，隨我大總統而同斬。是用椎心泣血，進此最後之忠言。」[149]

事情到了這一步，再說什麼都顯得多餘了。8 月 14 日，楊度、孫毓筠、嚴復、劉師培、李燮和、胡瑛等六人在京發起籌安會，大規模開展請願及勸進活動，鼓動變更國體，恢復帝制，推舉袁世凱做皇帝。8 月 22

日，梁啟超在給女兒令嫻的信中憤憤不平地說：「吾不能忍（昨夜不寐今八時矣），已作一文交荷丈（湯覺頓）帶入京登報，其文論國體問題也。若同人不沮，則即告希哲，並譯成英文登之。吾實不忍坐視此輩鬼蜮出沒，除非天奪吾筆，使不復能屬文耳。」[150] 他在信中提到的文章，就是著名的《異哉所謂國體問題者》。吳貫因見過這篇文章的原稿，他在《丙辰從軍日記》中記載了當時的情況：「余何為而將隨梁任公入廣西起義，言及此則不能不溯其由來。先是乙卯七月（1915 年 8 月）京師籌安會發生，無何請願變更國體，及電呈勸進者蟬聯而至，全國有權位有聲望之人，未有敢昌言其非者。梁任公先生恥之，著《異哉所謂國體問題者》一文，行將發表。余時在京師，聞任公此文草成，出天津索觀之（時任公居天津）。原稿比後所發表者較為激烈，中一段痛斥帝制之非，並云由此行之，就令全國四萬萬人中三萬萬九千九百九十九萬九千九百九十九人皆贊成，而梁某一人斷不能贊成也。（意如此，詞或有一二字之異，今不能確記。）後有人語以袁氏現尚未承認有稱帝之意，初次商量政見，不必如此激烈，乃將此段刪去，其餘各段比原稿亦改就和平，旋即發表於京、滬各報，此為梁任公公開反對袁氏之始。」[151]

梁啟超事後在《國體戰爭躬歷談》中也回憶了與此文有關的一些情況，他說：「其時亦不敢望此文之發生效力，不過因舉國正氣銷亡，對於此大事無一人敢發正論，則人心將死盡，故不顧利害死生，為全國人代宣其心中所欲言之隱耳。當吾文草成，尚未發印，袁氏已有所聞，託人賄我以二十萬圓，令勿印行。余婉謝之，且將該文錄寄袁氏。未幾，袁復遣人來以危詞脅喝，謂君亡命已十餘年，此種況味，亦既飽嘗，何必更自苦？余笑曰：余誠老於亡命之經驗家也。余寧樂此，不願苟活於此濁惡空氣中也。來者語塞而退。觀袁氏之所以待我者如是，可以知當時各省勸進之文及北京各報館鼓吹之論，皆由利誘威逼而來，無一出自本心也。其時余尚有數函致袁氏，苦詞力諫，袁遂不聽，但袁方欲收攬人心，不肯興大獄，余亦居天津租界中，未一次入京，故袁亦無從加害於余，然偵探固日日包圍於吾側也。」[152] 不久，梁啟超藉口出國治病，於

十一二月間乃與蔡鍔相繼南下。12 月 16 日，他由天津乘中國新濟輪赴上海，一場聲勢浩大的護國戰爭將要在他的領導下拉開序幕，袁世凱的末日也已經不遠了。

　　梁啟超不是一個醉心共和的人，他的頭上至今還戴着一頂君主立憲的帽子，但是，當籌安會諸君以立憲為理由鼓吹帝制的時候，奮起反擊的，不是天天把共和掛在嘴邊的人，倒是十餘年來積極鼓吹君主立憲的人，這究竟是怎麼回事呢？梁啟超的這篇雄文恰好可以為我們釋疑。他首先告訴我們，作為立憲黨之政論家，他「只問政體，不問國體」，這一點恰恰是他立論的基礎。[153] 那麼，何為政體，何為國體呢？簡言之，政體是指或立憲，或專制；國體是指或君主，或共和。在他看來，政論家應當恪守的原則之一，就在於依據國體而立論，「苟政論家而牽惹國體問題，故導之以入彷徨歧路，則是先自壞其立足之礎」。而且，國體的變更往往源自歷史的大趨勢，不會因為政論家的贊成或反對就有所改變。所以，「以政論家而容喙於國體問題，實不自量之甚也」。而「常在現行國體基礎之上，而謀政體政象之改進，此即政治家唯一之天職也。苟於此範圍外越雷池一步，則是革命家之所為，非堂堂正正之政治家所當有事也」。[154] 對於革命，他在這裏有一個解釋：「凡謀變更國體則謂之革命，此政治學之通義也。」[155] 他把籌安會的鼓吹恢復帝制稱為「革命」，就是這個道理。

　　他不認為國體有美醜善惡之分，也不反對任何國體，只反對在現行國體之下鼓吹另一種國體，他認為這是不妥當的。所以，在君主國體之下，他不主張共和；在共和既成事實之後，他又反對恢復帝制。他在清末是主張君主立憲的，直到辛亥革命既起，他還作了《新中國建設問題》，希望能維持舊國體，但在舊國體的基礎上革新政治，引導國家走上憲政的軌道。他當時能和袁世凱走到一起，甘於做他的羽翼，不過是心懷一種希望，以為可以「合群策合群力以圖政治之改革」。如果「舊國體一經破壞，而新國體未為人民所安習，則當驟然蛻變之，數年間其危險苦痛將不可思議。不幸則亡國恆於斯，即幸而不亡，而緣此沮政治改革之進行，則國家

所蒙損失，已何由可贖」。[156] 事實上，辛亥革命以來這四年，全國民眾所受之苦痛，全部來自國體變更之後所帶來的社會動亂。現在，前一次變更國體的餘波未盡，第二次變更國體的議論又已興起。如果說前一次變更國體尚有不得不變的事勢所推動，並非政治家一廂情願的話，那麼，這一次則完全是幾個文人在那裏翻雲覆雨。而且，怎麼能說共和一定帶來專制，而君主才能立憲呢？這與從前有人提出的君主決不能立憲，唯有共和才能立憲，如出一轍。辛亥革命之初，倒是有過以君主制行立憲政治的機會，但機會既失，共和已成事實，就應在共和的基礎上共謀立憲，不能將立憲不能馬上實現的責任推到共和身上。國體是天下重器，可靜而不可動，是不能翻來覆去做實驗的。只因共和不能馬上實行立憲就想推翻共和，但誰敢擔保國體一變憲政即可實行呢？如果不能實行，那麼，有人是否又將以此為理由，要求改變國體為共和呢？這樣改來改去，國家真的要永無寧日了。

辛亥之後，梁啟超一度放棄了他對立憲、對民權的訴求，轉而呼籲國權，呼籲專制，不是無緣無故的。他解釋道：

> 吾以為中國現在不能立憲之原因，蓋有多種，或緣夫地方之情勢，或緣夫當軸之心理，或緣夫人民之習慣與能力。然此諸原因者，非緣因行共和而始發生，即不能因非共和而遂消滅。例如，上自元首，下自中外大小獨立官署之長官，皆有厭受法律束縛之心，常感自由應付為便利，此即憲政一大障礙也。問此於國體變不變，有何關係也。例如人民絕無政治興味，絕無政治知識，其道德及能力，皆不能組織真正之政黨，以運用神聖之議會，此又憲政一大障礙也，問此於國體之變不變，有何關係也。諸類此者若令吾悉數之，將累數十事而不能盡，然皆不能以之府罪於共和，甚章章也。而謂共和時代不能得者，一入君主時代即能得之；又謂君主時代能得者，共和時代決不能得之，以吾之愚，乃百思不得其解。吾以為中國而思實行立憲乎，但求視新約法為神聖，字字求其實行，而無

或思遁於法外，一面設法多予人民以接近政治之機會，而毋或壅其智識，閼其能力，挫其興味，壞其節操，行之數年，效必立見。不此之務，而徒以現行國體為病，此朱子所謂不能使船嫌溪曲者也。[157]

梁啟超是雄辯的，他從各個角度一一駁斥了籌安會諸君關於立憲非行君主制不可的陳詞濫調，告誡他們，如果真想實行立憲，不必擁戴什麼皇帝，只要把新約法放在眼裏，就是國家百姓之福了。他說：

自辛亥（1911 年）八月迄今未盈四年，忽而滿洲立憲，忽而五族共和，忽而臨時總統，忽而正式總統，忽而制定約法，忽而修改約法，忽而召集國會，忽而解散國會，忽而內閣制，忽而總統制，忽而任期總統，忽而終身總統，忽而以約法暫代憲法，忽而催促制定憲法，大抵一制度之頒行之，平均不盈半年，旋即有反對之新制度起而推翻之，使全國民彷徨迷惑，莫知適從，政府威信，掃地盡矣。今日對內對外之要圖其可以論列者，不知凡幾，公等欲盡將順匡救之職，何事不足以自效，何苦無風鼓浪，興妖作怪，徒淆民視聽，而詒國家以無窮之戚也。[158]

這種情形也讓一心很想有所作為的梁啟超一籌莫展，他想借助袁世凱的勢力以造成立憲事實的理想，實際上是落空了。現在袁氏竟要以立憲為藉口而恢復帝制，他擔心袁氏此舉將使中國陷入革命的循環往覆之中，給國家和民族帶來更大的災難。最後，他強調指出：

夫變更政體則進化的現象也，而變更國體則革命的現象也。進化之軌道恆繼之以進化，而革命之軌道恆繼之以革命。此徵諸學理有然，徵諸各國前事亦什九皆然也。是故，凡謀國者，必憚言革命。而鄙人則無論何時皆反對革命。今日反對公等之君主革命論與

前此反對公等之共和革命論同斯職志也。良以中國今日當元氣彫敝汲汲顧影之時，竭力栽之，猶懼不培，並日理之，猶懼不給，豈可復將人才日力耗諸無用之地，日擾擾於無足輕重之國體，而阻滯政體改革之進行。徒阻滯進行，猶可言也，乃使舉國人心，皇皇共疑駭於此種翻雲覆雨之局，不知何時焉而始能稅駕，則其無形中之斲喪所損失云何能量。[159]

他在這裏所表達的對於革命的擔憂和恐懼，成為百年來人們對他的最大誤解和扭曲；而當代學人的倡言告別革命，卻要等到二十世紀九十年代之後了。

註釋：

1　《飲冰室合集‧文集》之二十九，1～2 頁。

2　《康南海自編年譜》（外二種），30 頁。

3　《戊戌年間的徐世昌》，見《北京觀察》2011 年第三期，51～52 頁。

4　《康有為政論集》下冊，941 頁。

5　《近代稗海》第一輯，4～5 頁。

6　《戊戌年間的徐世昌》，見《北京觀察》2011 年第三期，51 頁。

7　《方家園雜詠紀事》，見《近代稗海》第一輯，5 頁。

8　《康南海自編年譜》（外二種），57～58 頁。

9　同上，58 頁。

10　《戊戌百日誌》，464 頁。

11　同上，555 頁。

12　《梁啟超年譜長編》，142 頁。

13　同上，143 頁。

14　《清廷戊戌朝變記》（外三種），71 頁。

15　《戊戌年間的徐世昌》，見《北京觀察》2011 年第三期，56 頁。

16　《梁啟超年譜長編》，478～479 頁。

17　同上，478 頁。

18　同上，448 頁。

19　同上，449 頁。

20　《梁啟超年譜長編》，515 頁。

21　同上，528 頁。

22　《我的前半生》，22 頁。

23　《梁啟超年譜長編》，444～445 頁。

24　《我的前半生》，21 頁。

25　同上。

26　《梁啟超年譜長編》，552 頁。

27　同上。

28　同上，554 頁。

29　同上，553 頁。

30　同上，558 頁。

31　同上，563 頁。

32　同上，569～570 頁。

33　《飲冰室合集‧文集》之二十七，27 頁。

34　同上，29 頁。

35　同上，34～35 頁。

36　同上，37 頁。

37　同上。

38　同上。

39　同上，38 頁。

40　同上。

41　同上，38～39 頁。

42　同上，39 頁。

43　同上，41 頁。

44　同上，41～42 頁。

45　同上，42 頁。

46　同上，42～43 頁。

47　同上，43 頁。

48　同上，46 頁。

49　《梁啟超年譜長編》，567 頁。

50　《駱寶善評點袁世凱函牘》，334 頁。

51　《孫中山年譜長編》，605 頁。

52　《武夫當國》第一冊，104～105 頁。

53　《孫中山年譜長編》，619 頁。

54　同上，636 頁。

55　《駱寶善評點袁世凱函牘》，336 頁。

56　《遠生遺著》上冊，卷一，6 頁。

57　《梁啟超年譜長編》，615～616 頁。

58　同上，619～620 頁。

59　《飲冰室合集‧集外文》下冊，1310～1312 頁。

60　《梁啟超年譜長編》，616 頁。

61　同上，619 頁。

62　《飲冰室合集‧集外文》下冊，1323 頁。

63　同上，1308 頁。

64 同上，1323 頁。

65 同上，1324 頁。

66 《梁啟超年譜長編》，617 頁。

67 同上，617～618 頁。

68 同上，579～580 頁。

69 同上，577～578 頁。

70 同上，589 頁。

71 同上，589～590 頁。

72 同上，593 頁。

73 同上，594 頁。

74 同上，595 頁。

75 同上，596 頁。

76 同上，624 頁。

77 同上，626～627 頁。

78 同上，621 頁。

79 同上，622～623 頁。

80 同上，642 頁。

81 同上，629～632 頁。

82 同上，633 頁。

83 同上，634 頁。

84 同上，639～640 頁。

85 同上，635 頁。

86 同上，641 頁。

87 同上，643 頁。

88 同上，641 頁。

89 同上，642 頁。

90 同上，643 頁。

91 同上，644 頁。

92 同上，642 頁。

93 《追憶梁啟超》，149～162 頁。

94 《梁啟超年譜長編》，636 頁。

95 《追憶梁啟超》，151～152 頁。

96 《梁啟超年譜長編》，644 頁。

97 同上，645～646 頁。

98 同上，651 頁。

99 同上。

100 同上，653 頁。

101 同上，651 頁。

102 同上，653 頁。

103 同上，655 頁。

104 同上，655～657 頁。

105 同上，655 頁。

106 同上，658 頁。

107 同上，599 頁。

108 同上，622 頁。

109 《飲冰室合集・文集》之二十九，
14 頁。

110 《中國近百年政治史》，321～324
頁。

111 《飲冰室合集・文集》之二十九，
8 頁。

112 《梁啟超年譜長編》，663 頁。

113 《飲冰室合集・文集》之二十九，
13 頁。

114 《梁啟超年譜長編》，665 頁。

115 同上，668～669 頁。

116 同上，662 頁。

117 同上，663～664 頁。

118 民國二年五月三十一日《申報》北
京專電，見《梁啟超年譜長編》，
670 頁。

119 《飲冰室合集・文集》之三十，18～
19 頁。

120 同上，20～21 頁。

121 同上，21 頁。

122 同上，22 頁。

123 《飲冰室合集・集外文》中冊，
592 頁。

124 同上，592～593 頁。

125 同上，595 頁。

126 《梁啟超年譜長編》，670～671 頁。

127 《飲冰室合集・文集》之三十，7 頁。

128 同上，57 頁。

129 同上，59 頁。

130 《真假共和》下冊，235～247 頁。

131 《梁啟超年譜長編》，672 頁。

132 同上，673 頁。

133 同上，674～675 頁。

134 同上，675 頁。

135 《飲冰室合集・文集》之三十四，8～9 頁。

136 《追憶梁啟超》，75 頁。

137 同上，107 頁。

138 《飲冰室合集・文集》之三十四，8 頁。

139 《飲冰室合集・文集》之三十九，88 頁。

140 同上，88～89 頁。

141 《追憶梁啟超》，153～154 頁。

142 《梁啟超年譜長編》，690～692 頁。

143 同上，698 頁。

144 《飲冰室合集・文集》之三十三，52～53 頁。

145 同上，53～54 頁。

146 同上，54 頁。

147 《飲冰室合集・專集》之三十三，143 頁。

148 《飲冰室合集・文集》之三十四，2～3 頁。

149 同上，3～4 頁。

150 《梁啟超年譜長編》，720～721 頁。

151 同上，721 頁。

152 《飲冰室合集・專集》之三十三，143～144 頁。

153 同上，85 頁。

154 同上，86 頁。

155 同上，96 頁。

156 同上，87 頁。

157 同上，90～91 頁。

158 同上，95 頁。

159 同上，97～98 頁。

第
十
七
章

志同道合：

梁啟超與蔡鍔

▶ 蔡鍔（1882—1916）

- 1897 年，蔡鍔考入長沙時務學堂，成為梁啟超的學生。
- 1901 年，在梁啟超等人的幫助下，蔡鍔進入日本成城學校學習軍事。
- 1911 年，蔡鍔就任雲南都督。他在雲南期間，發揚老師梁啟超的治國主張，經營雲南，使偏隅西南的雲南呈現一派新氣象。
- 1912 年，蔡鍔多次致電民國當局，希望敦請梁啟超回國。
- 1913 年，蔡鍔進京，與梁啟超等人共事。
- 1915 年，袁世凱稱帝，蔡鍔在梁啟超等人的幫助下，逃往雲南，起兵反袁；梁啟超則利用輿論反袁。
- 1916 年，蔡鍔病逝，梁啟超發起設立蔡公遺孤教養協會，以養育蔡鍔遺孤。同時倡議設立蔡松坡紀念圖書館。

　　梁啟超既不能容忍袁世凱的一意孤行、非做皇帝不可，又失望於舉國之正氣消亡、人心將死，對於這件關係到國家生死存亡的大事竟無一人敢發正論。於是，他憤而撰寫《異哉所謂國體問題者》一文，表明自己的態度，此外，更與蔡鍔、湯覺頓、蔣百里等人密謀策劃，要用武力阻止袁世凱的倒行逆施。蔡鍔在為《盾鼻集》所作「序」中道出了當時的情形：

　　　　帝制議興，九宇晦盲。吾師新會先生（梁啟超）居虎口中，直道危言，大聲疾呼，於是，已死之人心，乃振盪而昭甦。先生所言全國人民所欲言、全國人民所不敢言，抑非先生言之，固不足以動天下也。西南之役，以一獨夫之故而動干戈於邦內，使無罪之人肝腦塗地者以萬計，其間接所耗瘁尚不知紀極，天下之不祥莫過是

也。而先生與鍔不幸乃躬與其事，當去歲秋冬之交，帝焰炙手可熱，鍔在京師，間數日輒一詣天津，造先生之廬，諮受大計。及部署略定，先後南下，瀕行相與約曰：事之不濟，吾儕死之，決不亡命；若其濟也，吾儕引退，決不在朝。[1]

看得出來，他們師生這一次是抱着必死的決心共襄義舉的。梁啟超在一篇未刊文字中稱讚蔡鍔，提到他在誓師會上的誓言：「吾明知力非袁敵，吾為全國人人格而戰而已！」[2] 這是蔡鍔的誓言，也是梁啟超的心聲。為全國人的人格而戰，這樣的誓言使得他們師生區別於歷朝歷代所有以武力號召天下的革命者，而獨標大義於所求。

▌ 得意門生蔡松坡

蔡鍔，初名艮寅，字松坡。光緒二十六年（1900 年）自立軍起義失敗，唐才常等人蒙難，他很偶然地躲過此劫，從此立志學習軍事，投筆從戎，改名「蔡鍔」。

他是湖南寶慶（今邵陽市）人氏，光緒八年十一月初九日（1882 年12 月 18 日），生於一個貧寒的農民家庭，父親蔡正陵，在家務農，兼做裁縫。他六歲入學，先在鄉村一家私塾伴讀，十一歲時，被鄉里目為「狂生」的樊錐收為弟子，十三歲參加童生考試，受到主考官江標的賞識，補為縣學生。光緒二十三年（1897 年）九月，經湖南新任學政徐仁鑄推薦，蔡鍔以優異成績考入長沙時務學堂，成為梁啟超的入室弟子。在時務學堂第一期四十個學員中，蔡鍔的年紀最小，只有十五歲，而這時的梁啟超也不過二十四歲。

時務學堂期間，蔡鍔在梁啟超的指導下讀書，讀了《孟子》和《春秋公羊傳》，也讀了梁啟超撰寫的《讀孟子界說》和《讀春秋界說》，從保存下來的讀書札記和梁的批語可以發現，他們當時所關心和討論的，都是

關係到國家興亡的大問題。蔡鍔從那時起就萌發了澄清天下的志向。他在一篇讀後感中模仿老師的口吻寫道：「國之破不足慮，種之厄不足慮，惟教之亡足慮，心之死，氣之銷足為大慮。心不死，氣不銷，則可望俾思麥生，爹亞生，薩長浪徒生也。」<u>3</u>

戊戌政變後，譚嗣同等「六君子」就義，梁啟超亡命日本。光緒二十五年（1899年）八月，蔡鍔與時務學堂的一些同學輾轉來到日本，投奔梁啟超。師生再次相聚，此後，在大約一年的時間裏，他們都住在梁啟超的家中，還像當年在長沙時務學堂時那樣，讀書，寫作，討論問題，不過，所讀之書以及所討論之問題已大大地不同了。蔡鍔留下的《東京大同高等學校課卷》透露了其中的一些資訊，在這兩份「課卷」中，學生與老師主要討論了人的自由權利，學生側重於天演進化的原因，強調敢想、敢說、敢做、獨立思考、特立獨行。他說：「夫千萬人之所非者是之，是者非之，閉者開之，夢之所不及者吾言之，冒險也。一人冒險，而遂開千古文明之境界，日本之藤寅是也。冒險者，進化之大原因也。」他認為，人人能伸自由之權，識自由之理，是社會進化的結果。老師似乎剛剛讀了英國大儒約翰·彌勒的書，他在批語中一再提到彌勒的觀點。這個彌勒應該就是後來被嚴復譯作「約翰·穆勒」的英國哲學家，古典自由主義最重要的代表人物之一，人稱「自由主義之聖」。他的《論自由》一書在光緒二十六年（1900年）被嚴復譯作《群己權界論》，而此時該書尚未譯出，梁啟超看到的是哪個譯本我們不得而知。但看得出來，他對書中的一些觀點情有獨鍾，比如，他在蔡鍔的課卷中「批」道：「侵人自由之權，為第一大罪，自放棄其自由之權者罪亦如之。言自由之學者，必以思想自由為第一義，若人人皆以古人之是非為是非，則天下無復思想矣。」<u>4</u> 所以，先要解放了思想，改革開放才有可能。他們的討論還涉及到國權與民權的關係，關於這一點，一直延續到十幾年以後，民國初年，他們對強化國家權力的思考以及對袁世凱所採取的扶助態度，不能說是沒有來路的。但在當時，他們更熱衷於個人的權力和自由。蔡鍔寫道：「孔子曰：匹夫不可奪志。志者何？自由之志也。」梁啟超馬上「批」道：「志之自由，則思

想之自由也，為一切自由之起點。」[5] 一唱一和，體現了師生二人思想上的默契。

那段時間，唐才常也時常參加他們的討論，不過，他更感興趣的，不是讓革命停留在課堂上，而是如何使革命成為一種行動。不久，他受命回國，組織自立軍，發動以「討賊勤王」相號召的武裝起義，蔡鍔等一些青年學生亦追隨他而去。梁啟超後來在《護國之役回顧談》裏還提到此事，他寫道：「我們又一塊兒做學問，做了差不多一年，我們那時候天天摩拳擦掌要革命，唐先生便帶着他們去實行，可憐赤手空拳的一群文弱書生，那裏會不失敗。我的學生就跟着唐先生死去大半。那時蔡公正替唐先生帶信到湖南，倖免於難。此外還有近年在教育界很盡些力的范源濂君，也是那十幾個學生裏頭漏網的一個。蔡公舊名本是艮寅兩個字，自從那回跑脫之後，改名蔡鍔，投身去學陸軍，畢業後在雲南帶兵，辛亥革命時在雲南獨立，做了兩年都督，這是蔡公和我的關係以及他在洪憲以前的歷史大概。」[6]

梁啟超當時正熱衷於所謂「破壞主義」，他對「革命」亦心有所念，感慨繫之。所以當蔡鍔提出改學軍事的想法後，他馬上表示贊成。當時日本的軍事學校，初級為成城學校，由於中國留學生的增多，日本政府才又增設振武學堂為另一所軍事預備學校。陶菊隱在《蔣百里傳》中講到當時的情形，他說：「預備學校畢業後，進入聯隊（相當於團）試習叫作入伍生，又叫士官候補生，試習期自半年至一年，接受下等兵至下士的訓練，期滿後以下士資格進入士官學校。在士官經一年或一年以上之試習，畢業後仍回聯隊為士以上之試習，自三月至半年，期滿後以少尉任用。」[7] 但當時的日本軍事學校，無論自費還是公費，都必須得到清政府的「保薦」，否則，日方是不可能接受的。於是，梁啟超答應蔡鍔，盡力為他想辦法，託關係，幫助他實現學習軍事的願望。當時，各省督撫中有不少人對維新派是表同情的，暗中與康梁常有書信往來。光緒二十七年（1901 年）12 月17 日，經過梁啟超等人多方設法，蔡鍔終於由湖廣總督張之洞資送，清政府駐日公使蔡鈞擔保，作為自費生邁進了成城學校的大門，如願以償地開

始了軍事留學生涯。與他一起進入成城學校學習軍事的，還有與他形影不離的好朋友蔣百里。蔣百里後來也成為梁啟超的重要伙伴和幫手。

蔡鍔在成城學校學習了 15 個月，修完了全部課程，光緒二十九年（1903 年）7 月，進入仙台第二聯隊試習。他的勤勞刻苦以及利用課餘時間譯書以供學費的事跡，為他在同學中贏得了很好的聲譽，這一年的 9 月，湖南撫院特別獎勵他日鈔三百元，並轉為江南官費生。12 月 1 日，蔡鍔升入陸軍士官學校第三期騎兵科深造。光緒三十年（1904 年）10 月 24 日，他以優異成績畢業，並與隨後畢業的蔣百里、蔣尊簋（一說張孝準）一起被譽為「中國士官三傑」。

▎ 廣西練兵謀事

畢業後的蔡鍔從日本回國，一時非常風光，成為各地競相聘請的稀有人才。二十三歲的他此時便有一種施展所學知識、訓練一支現代軍隊，以此報效國家的想法。光緒三十一年（1905 年）春天，他回到故鄉，登上嶽麓山，寫下了這樣的詩句：

> 蒼蒼雲樹直參天，萬水千山拜眼前。
> 環顧中原誰是主，從容騎馬上峰巔。[8]

看上去頗有些「當今天下，舍我其誰」的氣概。但現實卻不容他如此浪漫。他回國的第一站是江西，江西巡撫夏時聘他為江西將弁學堂總教習。但過了僅僅一週，他就因夏時調離江西而辭職了。接下來，他又應湖南巡撫端方之聘，回到家鄉，出任教練處幫辦兼武備、兵目兩學堂教習。當時，湖南的政治形勢異常險惡，自戊戌、庚子事變之後，不僅清政府「防湘人特嚴」，湖南本地的保守勢力也十分猖獗。恰好新任廣西巡撫李經羲也很看好蔡鍔，以優厚待遇為條件邀他赴桂任職。於是，他便答應了李

經義先去看看，沒想到，這一看就留在廣西不走了。兵目學堂的十餘位弟子也追隨他一起來到廣西。他在光緒三十三年（1907年）5月31日寫給陳紹祖的信中講到他赴桂後的經歷：

> 卅一年（1905年）五月，經桂撫（李經義）數次電調，情難峻卻，偶來桂遊歷，遂被羈留，奏派總理隨營學堂兼理測繪學堂事，並會同督練新軍。隨營學堂經八個月畢業，測繪學堂現尚在辦理。林撫（林紹年）蒞桂時，弟擬乘間他適，奏辭三次，未得如願。
>
> 卅二年（1906年）八月，赴河南閱操。歸桂後，本擬力辭各差，擺脫去桂。適堅帥（張鳴歧，字堅白）履新，數四堅留，遂以不果。旋奏派總辦陸軍小學堂。現擬創設模範營，尚未開辦。
>
> 此間官學二界均異常歡迎，諸事尚屬順手。惟孤掌難鳴，諸友皆不我助，殊無意味。且此間財政異常支絀，軍事難望大有起色。雖張公（張鳴歧）極相信任，但無米之炊，即巧媳亦所難堪耳。張公現擬竭力整頓實業，以裕財源，但亦不敢放手做去。蓋一則無人，亦則恐餘款用罄，苟無急效，則勢難支撐下去。廣西前途頗不易易，弟於此間惟力所能及之事，無不盡力而已。[9]

如此說來，蔡鍔在廣西的境遇還算不錯，歷任巡撫對他都相當倚重，他們把編練新軍和整頓邊防的重任都放在他的肩上，雖然他也曾幾次巡撫易人之際，提出辭職，想要離開廣西，但都因新任巡撫的挽留而未能如願。光緒三十三年（1907年）1月29日，巡撫張鳴歧以「『學堂為練兵根本，開辦勢不容緩，而總辦尤須得人』為由，奏請清廷將『誠樸英敏』的蔡鍔派充為廣西陸軍小學堂總辦。光緒三十四年（1908年）冬，又命其前往龍州接任講武堂總辦，並兼領龍州、南寧新軍第一標統帶。宣統二年（1910年）七八月間，蔡鍔奉命回到桂林，接任廣西幹部學堂總辦。至此，他成了一個集『學兵營營長，兵備處、教練處、參謀處總辦，幹部學堂總辦』各職於一身，『總攬全省操練新軍大權』的要員」。[10]

這時的蔡鍔只有二十六歲，青春年少，意氣風發，頗想有一番作為。他不滿於舊式軍隊的腐敗、渙散，發誓要為國家訓練一支有用的軍隊。所以，他辦軍校、練新軍，都從改良軍隊作風、提高軍人素質入手，其核心就是人格的養成。他最看重「不要錢，不怕死」這六個字，他認為，這六個字「於辦事大有效力」。[11] 他招收青年學生入伍，首先詢問「當兵之責任」，如果答以「為國家」這三個字，他就感到很欣慰，稱讚這些新兵是「讀書種子」，誇獎他們「氣象俱淳樸耐苦」，「亦無流行之國民氣習」。[12] 他曾致信老朋友曾廣軾，痛斥講武堂在前任總辦吳元澤的治理下，「醜態怪狀，罄竹難書」，現在由他接管，既「辭之不得」，也只能「勉強就道」，所以，「數月以來，心力卒瘁，第千荊百棘中，俱能迎刃而解，既墜之局於以復振，勞力之價值尚足相償。前此學兵營聚眾毆官，圍賭殺人之事，層見疊出者，今則震懾於軍箭軍棍之下，不復萌故態矣。前此之全營出操之士兵，不過數人乃至數十人者，今則適成反比例矣（改革學兵營，尤為困難，以一日而撤換官長至廿餘人之多，僅留一排長。裁散兵丁二百餘人，而毫無聲息，亦云幸矣）」。[13] 不過，這種幸運並非上天單單眷顧於他，而是他一直恪守着「澹泊明志，夙夜在公」的自製銘言，嚴格自律，不徇私情。[14] 梁啟超的《在蔡松坡先生追悼會場演說詞》曾以讚賞的口吻稱道他的學生：「蓋先生一生絕無嗜欲，其視布衣蔬食為錦繡膏粱，無所謂榮辱也。故官之得失，位之高下，皆非先生所樂道。」[15] 正所謂心底無私天地寬，無私才能無畏，蔡鍔恰恰是以這種精神和人格魅力，贏得了廣西官學兩界的歡迎和信任。

蔡鍔在廣西大刀闊斧地改革，也得罪了一些人，特別是一些廣西人，看到蔡鍔這個外省人掌握着本省新軍編練大權，他們心裏很不舒服。這時，新軍中的同盟會員乘機發起「驅蔡運動」，他們趁張鳴歧調離廣西之際，要將蔡鍔趕出廣西。這一舉動讓蔡鍔十分傷心。其實，在此之前，即宣統元年（1909 年）八月，他已經有意要「將講武堂一差辭去，足以稍輕負擔，亦足以藏拙也」[16] 宣統二年（1910 年）二三月間，他在寫給曾廣軾的信中又一次提到：「唯進取之觀念日消，淡退之念頭日漲，此近狀也。

講武堂三月卒業後，決擬奉家母回籍，如能耕釣糊口，不願作出世想矣。現預計行囊，無他項事實發生，除盤川外，約留三百金之譜。此居桂五六年之儲蓄也，以告吾弟，當為啞然失笑。」他還說：「滇督念舊，託某君為先容，欲邀約赴滇。近日迭接前途函電，囑早日離桂前往，如允即奏調云云。兄以母病道遠，容緩計議辭之。蓋滇中軍事較桂省尤難，基礎已壞，欲挽回補救，決非一二人之力所能奏功耳。」[17] 他說的這位滇督，就是曾經邀請他來廣西的李經羲，現在已被任命為雲貴總督。廣西既然待不下去，宣統三年（1911 年）春，蔡鍔接受李經羲的奏調，轉赴雲南，擔任了新軍第三十七協的統領，相當於後來的旅長。多虧了這種安排，給了蔡鍔經營雲貴的機會，也為後來的反袁護國保存了一塊根據地。

█ 回應武昌起義，不搞種族革命

這時，距武昌起義的爆發只有幾個月的時間了，這種安排冥冥之中竟把蔡鍔推到了時代的風口浪尖上，使他成了在時代風雲中獨領風騷的人物。10 月 10 日，武昌打響了推翻清朝統治的第一槍。消息傳到雲南，蔡鍔馬上與唐繼堯等人祕密策劃起義，並被推舉為臨時革命軍總司令。他們決定在 10 月 30 日夜裏三點鐘發難。由於這天恰逢舊曆九月初九日，所以，後人都稱為「重九起義」。次日上午，起義成功，昆明既宣告光復，蔡鍔被起義官兵推舉為大漢雲南軍都督府都督。當天發佈的《大漢雲南軍政府告示》宣稱：「大局已定，舉動文明。保我同胞，雞犬不驚。其各貿易，其各營生。凡我軍隊，不准擾民。」[18] 同一天，蔡鍔又與李根源、羅佩金、李鴻祥、唐繼堯、韓國饒一起，向雲南省諮議局的議長、議員們發出倡議，希望「諸公」支持這次革命行動，共同擔負起維持地方的責任。他們在信中說：「惟是破壞之責，鍔等已盡，而建設之任，專在諸公。」[19] 11 月 2 日，蔡鍔又以都督府的名義發表《致各府廳州縣電》，提出了「仍請李帥主持大局」的主張。[20] 這裏的李帥，即雲貴總督李經羲。他對蔡鍔曾

有知遇之恩，但蔡鍔出面請他維持大局，卻又另當別論，更多地還是考慮到地方的穩定，從而減少革命所不可避免的混亂和損失。不過，李經羲卻另有打算，不肯出山，加上雲南的革命黨人多數都表示反對，無可奈何的蔡鍔也只好送李經羲離開雲南。11 月 10 日，蔡鍔致電兩廣總督張鳴歧，奉勸他看清形勢，速作決定，還提到李經羲的遺憾，他說：「仲帥（李經羲，號仲仙）因遲疑莫決，失機於前，現雖延住議局，相待以禮，群情不附。」[21]

在獨立各省都督中，蔡鍔的眼界和胸懷屬於鳳毛麟角。他與革命黨人不同，與北洋的軍人亦不同。他在雲南宣告獨立後當即表示：「此次係政治革命，並非種族革命，不得妄生滿漢意見。」[22] 幾乎同時，他在以軍都督府名義發表的《佈告全省同胞文》中，更加明確地闡述了此次革命的宗旨，無非是要「剷除專制政體，建造良善國家，使漢、回、滿、蒙、藏、夷、苗各種族結合一體，維持共和，以期鞏固民權，恢張國力」。[23] 也就是說，所謂革命，是革專制政體的命，並不是革滿人的命。講明這一點對於實現昆明乃至整個雲南的社會穩定是非常重要的。11 月 26 日，雲南軍政府發表《討滿洲檄》，其中歷數滿人入關以來二百六十餘年異族專制統治所犯下的樁樁罪惡，痛陳「不能不急起革命」的種種理由，以為「滿洲政府不除，滿洲官吏不逐，吾國終無復興之一日」；但他又特別強調指出，南方諸會黨、北方義和團以及太平天國的做法，「皆不可以崇效」。在他看來，對待滿族普通民眾，不能採取極端的、絕對的做法。頑固堅持其立場，對抗革命的滿族權貴，固然可以「殺無赦」，但對於一般並無敵意的滿人，還是要「相容並包」，「一切與齊民等視」，包括選舉、租稅，都與漢人一樣，一律平等。[24] 他警告軍人不要藉口搜索逃官滿人，肆入民居官宅，持槍騷擾，有「擅取官民財物，損辱官民身體者，一經報告審實，立殺不赦」。[25] 雲南的社會秩序、生產生活，在推翻專制政體、驅逐滿洲官吏之後，能迅速恢復正常，與他從一開始就採取積極穩健的治滇之策大有關係。從他身上，我們清楚地看到了梁啟超的影子。他數月之後在寫給梁啟超的信中亦曾大為感歎：「百日內事不可思議，以夙計度之，危險萬狀，

然竟得坦途，不獨全局為然，即滇中一隅，多有出諸意想之外者。此中其有天幸歟？探本窮源，莫非吾師腦力筆力之賜。吾師種其因，萬眾食其果，仁人之德溥矣。」[26]

▎力挺梁啟超歸國參加建設

　　蔡鍔把他治理雲南的做法歸功於梁啟超的「腦力筆力之賜」，不是沒有道理的。而且他堅信，中國需要梁啟超，要治理中國目前的亂象，不能不借重梁啟超。1912 年 5 月 27 日，他致電黎元洪、譚延闓、程德全、陸榮廷、孫道仁等人，希望由黎元洪領銜，聯合致電大總統袁世凱，請梁啟超歸國。他說：「民國告成，迄今數月，建設之事，猶若棼紛，固由締造艱難，然亦因政界乏人能定大計。鍔意此時亟宜訪求通才，不可稍（存）黨見。新會梁公啟超為國先覺，閎才碩學，道高德茂，海內所知，徒以政見素持穩健，致為少數新進所詬病。現為羈身海外，實為民國惜之。茲擬合詞電請大總統為國求賢，以禮羅致。如果敦促回國，必能詡贊新猷。」[27] 不過，當時反對梁啟超回國的人很多，即使朋友之間，意見也不統一，所以，蔡鍔的這次倡議沒有得到大家的回應。倒是同盟會方面的張繼、劉揆一在蔡鍔之後發出了敦請梁啟超回國的電報，雖說只有十六個字，「國體更始，黨派胥融，乞君回國，共濟時艱」，但言辭還算懇切。6 月 5 日，蔡鍔致電大總統袁世凱、國務院、副總統黎元洪、南京留守黃興及各省都督，詳細陳述了敦請梁啟超回國的理由，最後他說：「鍔追隨先生有年，覺其德性之堅潔，學術之淵博，持義之穩健，愛國之真摯，環顧海內，實惟先生之一人。現值民國肇基，百政待理，非仗通才碩彥主持國是，共濟時艱，無以奠邦基，而紓國難。在先生憂國之忱，久而益篤，今國家光復，其志以償，固可無求於世。惟時艱難日迫，度濟需才，鍔為推崇先覺，為國薦賢起見，用敢冒陳，擬請大總統敦請先生回國。」[28] 這一次，副總統黎元洪首先回應。6 月 17 日，《申報》刊登了黎副總統致袁大總統及參議院

為梁啟超辯誣的電報：「謂民國用人應勿拘黨派，梁啟超係有用之才，棄之可惜，保皇黨誣說，不應見之民國。」[29] 隨後，南京、盛京、福州、黑龍江、蘭州、桂林、成都、貴陽、吉林等地都督，亦聯合致電中央政府，希望聘請梁任公回國。至7月初，蒙古王爺也向袁大總統遞交了呈文，請大總統電召梁任公返國，從而為梁啟超回國鋪平了道路。

蔡鍔力挺梁啟超回國，固然由於梁啟超是他的老師，有一份師生情義在那裏，但更主要的，還是他對革命之後民國之初國家命運的擔憂。他在籲請黎元洪領銜敦促梁啟超回國參加建設的當天，也曾致電袁大總統及各省都督，明確表示不希望黃興在國家最困難的時候引退。他直言：「此次革命成功，應分三段：一破壞，二收拾，三建設。破壞易，收拾難，建設尤難。」現在我們只是把最容易的事做了，收拾和建設兩大難事還在後面呢。再看「吾輩今日所處地位，內政之叢脞，外禍之逼人，財政之支絀，險象雜陳，危機四迫」。所以，他認為：「吾輩既陷國家人民於險，自應拯而出之。繫鈴解鈴，責無旁貸。為國宣力，生死以之。若假高蹈之名，為卸責之地，是自欺以欺人也。」[30] 他這番話道出了一個事實，從好的方面看，清帝退位，結束了延續兩千多年的封建統治，共和制度隨之建立起來，總統亦由選舉產生，並完成了近代中國第一次全國性的議會選舉，成立了國會和各省議會，還制定了《臨時約法》，看上去相當不錯。但其中仍然潛伏着重大危機，集中表現在四個方面：第一，列強瓜分中國的危險；第二，國內的分裂傾向，袁世凱與國民黨的矛盾難以調和，雙方的權力要求水漲船高，都不肯妥協，促使國家走到了分裂的邊緣，另有一些擁兵自重的省督則渾水摸魚，搶佔地盤，將地方利益凌駕於國家利益之上；第三，新的專制傾向抬頭；第四，經濟上的困難。

大約就在此時，梁啟超發表了《中國立國大方針》一文。這是梁啟超繼《新中國建設問題》之後發表的又一篇有關建國方針大計的綱領性文章。如果說前者在民國成立之前以討論國體問題為主，仍主張實行君主立憲，將英國體制視為最理想體制的話，那麼，在民國成立之後，則接受這個現實，具體討論以法立國的方針政策。他提出了堅持立憲，並

以國家主義，即保育而非放任的政策，建立一個強有力的政府，從而實現建設一個強大國家的理想。他認為，國家問題是困擾中國的最大問題，在下，只有地方思想、宗族思想、個人思想，甚至世界思想，就是沒有國家思想；在上，則只有朝廷，而沒有國家，國家制度、國家組織極不完備。這一次革命很快獲得成功，原因也許很多，但這是「諸因之總因也」。革命固然是「時代之要求，洽乎人人心理之所同然」，而且，不破壞亦無從建設，但「破壞者，為建設而破壞，非為破壞而破壞也，故破壞不過其手段，而建設乃其目的。有手段而無目的，不可也，以手段為目的，更不可也。今破壞之事則告終矣，而建設之業，前途遞哉邈焉」。[31]現在，國體問題既已解決，民主、君主不待再計，立憲的問題就顯得更加突出了。

▌ 革命完成後軍隊該如何自處

梁啟超的這篇文章曾由共和建設討論會印行兩萬冊，隨後又在《庸言報》發表，廣為傳播。蔡鍔一定是讀過這篇文章的，他畢竟是梁啟超的入室弟子，對老師的思想總能夠心領神會，體貼入微。所以，他在許多場合都一再表示，革命已經完成，破壞已經結束，接下來只能是收拾和建設。蔡鍔是雲南新軍起義的領導者，但是，他對於革命可能帶來的破壞，從一開始就保持着高度警惕，對於軍人干預政治的危害，也總是憂心忡忡。他曾與朋友談到軍人的職責與操守，他告誡諸位同人：

> 革命功成，端賴軍人，然此次革命在恢復國土，掃除惡政為宗旨，並非有望於個人之利益也。今目的已達，宗旨已伸，即心安理得，決不望有何種報酬。況我軍人決心赴難之時，已置身命於不顧。今大功告成，身命尚健在無恙，得享餘生，受賜已多，其有希冀報酬者，即屬分外。此次革命，是普天同胞人人心理中所欲為之

事，特假手我軍人以成之。故軍人不可說同胞未來幫忙，一味抹殺。蓋革命非軍人不能成事。一般人民未預聞其事，不獨可以保地方之治安，尤足避意外之俶擾。雲南革命後之秩序井然，地方安靜，其原因在純以軍人為主動，人民未毫末參加所致。此不僅全滇之福，抑為西南邊局之幸。[32]

這一大段話，傳達了幾個資訊：第一，軍人有軍人的職責和義務，革命或有賴於軍人的參與，但民眾則不應參與，這樣反而有利於地方秩序的盡快恢復；第二，革命是全體人民的意願和要求，雖然借助軍人以成之，但革命成功之後，軍人不能居功自傲，更不能要求報償，只盡義務，不求權利；第三，革命完成，軍人應該自覺地讓出位置給建設人才，軍人不得干預行政，軍務、民政不得混淆。在這裏，他寄希望於別人的，首先要求自己做到。蔡鍔也是軍人，雲南成立的也是軍都督府，也以軍政統一的方式治理地方，有所不同的是，從一開始，他就隨時準備交出手中的權力。他一再表示：「滇省自設立都督府以來，凡民政、財政、外交、教育、實業各有專司，都督並不加干涉。惟皆隸屬於一機關之下，故行政甚為敏活，號令不至紛歧，而部曲將卒亦無從干預民政之事。竊意軍務民政，將來必須劃分，始足除武人政治之弊。」[33]

但實際情況並不像他想的那麼簡單。革命之初，南北各省多由軍人把持政權，他們掌握着地方行政資源，不肯輕易放手，弊病是顯而易見的，社會動亂的發生必然與此有關。梁啟超在《中國立國大方針》中就列舉了可能導致社會動亂的八個方面的原因，他說：

> 各軍政府軍政分府，動則徼功假名，驕淫橫恣，拂逆輿情，草菅民命，怨毒所積，甚於晚清，勢必釀成第二次革命，此其一；就令不爾，而擁兵自重，致中央末由施政，舉國支離破碎，相鬩無已，此其二；就令各顧大義，咸思解兵柄以屬中央，而數十萬未經訓練之民兵，無從遣散，譁變日告，舉國騷然，此其三；就令遣散

計劃，次第實行，而本屬遊民匪歸隴畝，散在草澤，煽脅災黎，易成流寇，以召糜爛，此其四；各省自舉都督，意氣相陵，奸人乘之，操戈同室，此其五；行政官吏，絕無政治上之智慧，不守立憲國之信條，教令被封駁而不知引咎，議會彈劾國人唾罵而不以為恥，猶靦然戀祿位，甚則嚴刑峻法以監謗，致使監督機關，成為虛設，國民欲糾正之而無其道，勢必出於第二次革命，此其六；承亂後財政之窘，竭澤而漁，以求彌縫，民救死不贍，鋌而走險，此其七；政府威信不立，無以羈縻藩屬，一二強鄰乘之，均勢驟破，牽一髮而全身動，此其八；數者有一於此，則必以吾國之擾亂而延致世界之擾亂。[34]

對此，梁啟超說「吾憂之」，蔡鍔又何嘗不憂之呢？ 5月6日，他在統一共和黨雲南支部成立大會上發表演說，就將其擔憂和盤托出了：「今革命告竣，共和成立矣。第半年以來，海內俶擾，民生窮蹙，軍隊為莠民藪集之藪，兵囂將窳，南北一轍。焚劫叛變之慘劇，層出疊見，加以人重私圖，黨見紛歧，省界加嚴，爭權奪利，置國家問題於不顧，而內政之紛紜，人心之浮動，殆不可以終日。」[35]

在蔡鍔看來，軍人秉政，固然非國家之福，而軍人參與黨派活動，則流弊更多，也更加危險。梁啟超也不希望軍隊勢力介入政黨政治，他說，政黨政治是議會政治，其可貴之處就在於「人人得自由發表意見，人人得自由審擇表決而已」。但「軍興以來，則代以手槍炸彈，稍聞異論，攘臂輒試」。所以他擔心，這樣一來，「則一切合議機關，適足為豪強稔惡之護符」，最終之結果，「卒成恐怖時代」[36]蔡鍔身在其中，對於這種災難式的後果，看得更清楚，感受也更直接。所以，他在5月10日給袁世凱及各省都督的通電中，提出了軍人不黨主義，主要基於三點理由：其一，軍人的職責就在於「整軍經武」，「專心一志，並力戒行，始能舉優良之成績，若復為政界分心，軍事難期整頓」；其二，「凡一國內，政黨分立，政見各殊，各出其才力以相雄長，每因競爭而國家愈益進步，故一政黨組織

內閣，復有他政黨監督其旁，政府可收兼聽之益，而不致流專斷之弊。然以軍人入黨，則因政見之爭持，或至以武力盾其後，恐內閣之推到太易，實足妨礙政治之進行」；其三，當時各省擴軍，少有節制，很多遊民會眾加入軍隊，「甚至軍隊變為山堂，將領稱為哥弟，拔劍擊柱，軍紀蕩然」，而且，統兵將領自己加入黨派，勢難禁止士兵組織山堂，如果軍隊會黨混為一談，很容易發生兵變。所以他說：政黨的事可以讓政客去經營，軍人不必參與，這樣做不是要「限制軍人之行為，實欲積極的以完全軍人之責任」。最後，他懇請袁世凱「明頒禁令，申明條例」，嚴禁軍人加入任何黨派。[37]

蔡鍔的這種態度在當時要想得到共鳴是不太可能的，倒是有可能被人當作一種姿態或嘲諷的物件。人們會說，你自己參與組織了統一共和黨，並擔任總幹事一職，卻反對別人加入任何黨派，這難道是公平的嗎？其實，早在統一共和黨雲南支部的成立大會上，蔡鍔就已表示了他的無奈和不安，他說，他的加入只是由於朋友們一再請求，在政黨萌芽之際，希望能得到他的贊助和支持，為該黨拉一些人氣。他在此聲明：「一俟黨務漸有頭緒，務懇遂我初心，脫離黨事，俾得一意戎行，是為至幸。」[38]8 月 12 日，他再次致電袁世凱及各省都督以表白心跡，並宣稱退出統一共和黨，他還發出各黨解散的倡議：「今海內大黨，無出同盟會、共和黨、統一共和黨右者，鍔妄不自揣，願與三黨諸君子首倡解散之議，以齊民志，而定危局。鍔前為人敦迫，廁名黨籍，今即宣告脫黨，誠不敢隱忍瞻徇，致貽國家之禍。」[39]次日，他又致電統一共和黨本部，宣佈與該黨脫離關係。此時恰逢民主黨成立，湯化龍、孫洪伊、劉崇佑、張君勱等人力邀蔡鍔參加，但他絕不肯加入。8 月 14 日，他在回覆湯化龍等人的電報中又一次申述了自己的理由，他說：「惟鍔素主張軍人不入黨，未便自破其藩。且文日通電各省，力陳黨禍，倡議取消，今復自行組黨，出爾反爾，亦無以昭示天下。故堅守超然主義，期於獨伸己見，不至為黨約所拘。」[40]

▎苦心經營雲南

蔡鍔不是一個只說不做的人，他說到做到，而且做得光明磊落。民國初年的雲南，秩序良好，政局穩定，兵力嚴整，士氣旺盛，沒有發生大規模的社會動亂或軍隊騷亂，就與蔡鍔始終堅持軍人的操守，對民政、財政、外交、教育、實業等行政權不加干涉大有關係。

這時的北方與南方，袁世凱與國民黨正為了總統權與內閣權、中央權與地方權、軍民分治與地方自治打得不可開交，火藥味也越來越濃。北京的軍警，在袁世凱暗中指使下，以保衛共和的名義，干預參議院的選舉；在南方，江西都督李烈鈞公開拒絕了袁世凱越過參議院直接任命的民政長（相當於今天的省長），雙方都指責對方破壞共和，破壞《臨時約法》。李說袁實行專制，違背共和原則；袁說李對抗中央，搞地方割據，分裂國家，幾乎鬧到兵戎相見的地步。

倒是偏於西南一隅的雲南，在蔡鍔的治理下，呈現出蒸蒸日上、欣欣向榮的景象。雖然蒙自、開化、大理、騰衝等地也發生了幾次動亂，但規模不大，很快就平定了，全省的局勢也得到了控制，甚至有餘力「援蜀救黔」，支持北伐。他訓練的雲南新軍是起義各省中少有的精銳武裝，訓練有素，建制完整，很有戰鬥力。他把民生看得很重，起義後一週，即電告省內各井鹽提舉，要求「所有各井鹽務照常辦理，不得停煎誤課」。[41] 他對省內礦產資源的開發也很重視，專門致電臨時大總統孫中山，向各省鑄幣局推銷滇產優質紫銅。他在回覆同盟會緬甸仰光總機關代表陳警天陳請興辦礦務的來信時特別表示：「當此改革伊始，經營締造，百端待理，莫亟於財政，然必以實業盾其後；莫要於治安，然必以民政植其本。」並對他所陳招募華僑商股、設立公司、集資辦礦一條大加讚賞，認為「洵屬根本至計」。[42]

他還提出要興建滇桂鐵路，近者，可以把滇中的礦產輸送出去，擴充商業，開闢財源；遠者，能使滇、黔、川、桂、粵連為一體，可以鞏

固國防。然修路固非易事，也不是短期就能奏效的。滇省貨物只能經滇越鐵路，假道越南，轉輸各地，因路權在法國人手中，動遭挾制。如個舊產錫，輸出外洋，需經過海防，每噸貨物僅車費就要花去四十元，加上過境費、過路費和稅收，更加負擔不起了。「間有集股試辦者，每因銷路不暢，成本過巨，多所虧折」。[43] 因此，他一面建議大總統盡快修建滇桂鐵路，一面呼籲收回滇越鐵路的路權，以解燃眉之急。他說：「滇土瘠薄，生計維難（艱），自禁種鴉片以來，專恃礦產為命，而運輸未便，仍須仰鼻息於外人，若運費日增，生機將絕，此外種種現象，尤不待言。」[44]

這些都是蔡鍔為雲南生計所作的謀劃，有的實現了，有的則因條件所限或種種阻礙，沒有實現，但雲南的面貌確實大有改觀。雲南是個窮省，其財政狀況，每年需經費庫平銀六百萬兩，地方行政經費還未計算在內，而每年全省收入尚不足三百萬兩，所以，自前清以來，一直靠財政富裕省份撥款資助，但每年除了由部庫撥款和各省協濟一百六十餘萬兩外，尚虧一百餘萬兩。「上年九月（1911 年 10 月），滇省反正，其時庫儲不過四十餘萬兩，誠恐政費軍需日久必無以應付。幸全省安謐，秩序如常，公私帑藏，未經損失，而各屬錢糧，除因偏災豁免外，餘悉如數按期完納。且因商旅通行，厘稅亦未減色。又經裁減薪金，釐剔冗費，刻意節流，計每年政費可節省五十餘萬。故現在司庫存積至百四十餘萬，較反正前尚有增加。」[45] 這一番話是他向袁大總統暨國務院匯報雲南財政狀況時說的。可見，此時的雲南不僅達到了自給自足，而且有底氣撥款支持中央財政。7月 13 日，蔡鍔致電袁世凱暨國務院，就一次性「籌解中央二十萬元，以應急需」。[46] 這在各省都督都捂緊自己的錢袋、費盡心機伸手向中央要錢的時候，是多麼難得啊！

蔡鍔是梁啟超政治主張的實踐者，他所做的一切，都圍繞着梁啟超所主張的努力減少革命所造成的破壞、積極維護社會穩定、為政治改革和經濟發展創造良好的環境而進行的。正由於他在雲南的苦心經營，為日後他與梁啟超發動護國戰爭奠定了堅實的基礎。

但此時的國內、國際局勢卻日益緊張起來，新疆有俄羅斯策動當地居民投俄，挑起糾紛，又與外蒙古庫倫當局簽訂《俄蒙條約》，扶植蒙古自治；在西南，英國以不得干涉西藏內政、否則便不承認中華民國為要脅，助藏獨立；而滇桂一線，法國人也不斷地製造事端，強求權利，英國人更是覬覦雲南，日甚一日，蔡鍔稱之為「民國全局，殆哉岌岌」。[47]

在國內，以粵、贛為代表的地方政府與中央政府的對抗開始走向公開化、軍事化。1913 年初，江西民政長事件尚未了結，又發生了更為嚴重的江西軍械案。李烈鈞在日本訂購的一批軍械，在九江，被參謀部和陸軍部以未經批准、沒有發給護照為由扣押。這件事從表面看只是七千餘支槍和一批子彈的歸屬問題，往深了看，卻與民政長事件一樣，潛藏着袁世凱代表的中央政府與李烈鈞代表的地方政府之間根深蒂固的矛盾和衝突，也就是新起的地方軍政勢力與袁世凱所代表的北洋勢力之間的矛盾和衝突。儘管各省都督的表現各異，但就總的趨勢而言，此時，地方軍政勢力向地方軍閥的演變正在日益加劇，人們越來越把「有槍即有權」視為真理。

蔡鍔一直是支持軍民分治，反對地方自治的，早在第一屆國會選舉之前，他就明確表示，中央政府的權力和權威必須維護。7 月 31 日，他在回覆胡漢民的通電中還說：「中央政府如初產嬰兒，似以擁護維持為急。」[48]他尖銳地指出，民國成立至今，已踰半載，而國內危機四伏，國際無人承認，究其原因，「皆由全國省自為謀，未能統一之故」。[49]因此，他一再向袁大總統發出呼籲，要求把軍事、外交、財政大權由中央統一起來，官員也一律由中央委派。不久，發生了參議院表決取消大總統解散省議會權力一事，蔡鍔當即電呈參議院，明確表示反對。他說：「蓋中國各省原非若聯邦國之各邦，各省之行政，中央皆有責任。省議會既無中央議會之許可權可與政府對待，則謂政府不能解散省議會，理論上已不可通。更就事實言之，中央政府若無解散省議會權，設遇省議會之主張與中央政策衝突時，各省行政長官勢將無所適從。脫令遷就省議會，則中央統一之計劃必將破壞，中央議會更不能以行政統一之責任責備政府。其結果必省自為政，而彼此均有推諉謝過之餘地。」[50]

梁啟超的立國方針

其實，關於總統是否擁有解散省議會權力的爭論，不過是政府能否擁有解散議會權力的延伸，而問題的根源就在於《臨時約法》只規定了大總統任命國務員須得參議院同意，對於參議院能否解散卻未加說明，遂成為後來制定憲法時爭吵最激烈的問題之一。說到底還是權力的分配、平衡問題，而且，主要是如何平衡袁世凱與國民黨對權力的要求。國民黨成立後，提高了對權力的要價，宋教仁四處演說，主張政黨內閣，就是看準了國民黨將成為民國首屆國會的第一大黨，自然將由國民黨組成政府。於是，他希望通過制定一部責任內閣制的憲法，實現由國民黨完全掌握行政權力。就這個問題而言，在學理層面，梁啟超與他沒有分歧，他們都看到了內閣制相對於總統制對穩定國體有好處，因為，內閣不稱職是可以更換的，而總統不稱職就沒有辦法更換，如果一定要換，就會動搖國本。這是梁啟超在許多場合反覆講過的，特別是在民國前發表的《新中國建設問題》一文中，更有詳盡的論述。而且他也認為，如果採用內閣制的話，那麼，最好是政黨內閣。他的《中國立國大方針》一文，甚至闢有專章論述「政黨內閣」的優越性，他所得到的「結論」就是：「以上所論，以使中國進成世界的國家為最大目的，而保育政策，則期成世界的國家之一手段也，強有力之政府，則實行保育政策之一手段也，政黨內閣，則求得強有力之政府之一手段也，而所以能循此種種手段，以貫徹最高之目的者，其事純繫於國民。」[51]

這是梁啟超與宋教仁的一點差別。梁啟超不僅看到了政黨內閣的必要性、優越性，他還看到了政黨內閣的權力來源和基礎保障，所以他說：「我國政界前途之希望，惟視政黨內閣之能否成立，然政黨內閣，其最健之後援，實在國民。非有健全之國民，安得有健全之政黨，非有健全之政黨，安得有健全政黨內閣。」[52] 他又說：「內閣誠有無上之權，而其權實受諸國會；國會誠有無上之權，而其權實受諸國民。是則無上權仍恆存於多

數國民之手也。故政黨內閣者，民權之極軌也。」[53] 在這裏，他把話說得很清楚，內閣的權力來自國會，而國會的權力來自國民，所以說到底，內閣只是代國民行使權力而已。而且，梁啟超立論的基礎是建立在總統與內閣為同一黨派這個前提上的，如果內閣與總統非同一黨派，那麼，他們的執政理念就很難取得一致，內閣彈劾總統或總統解散內閣的情形，也就會時有發生。現在，既然總統由袁世凱擔任，內閣也就不宜由國民黨組織，而且，他壓根兒就不認為國民黨是一個健全的政黨，也不認為它有組織政黨內閣的資格。在他看來，有兩種政黨是不合格的，不能以「政黨」稱之，只能稱它們為「偽政黨」，一種是「官僚勢利之集合」，再一種就是「祕密結社」。他解釋：「政黨之為物，以政治上公共之目的而結合者也。官僚勢利之集合，不過此以達個人之目的，而別無所謂公共目的者存，故不得謂之政黨。政黨之為物，以正大光明之手段相競爭者也，祕密結社，雖或含有政治上之公共目的，而手段不詭於正，故亦不得謂之政黨。」就當時的情形而言，「我國今日之黨派，尚多由此兩種蛻化而來」。[54]

梁啟超在這裏雖然沒有明確指認國民黨為「偽政黨」，但他與國民黨多年的黨見政見之爭，使得他寧肯「委屈」自己的立論，也不肯在憲法及政體問題上支持國民黨。當然，他有他的如意算盤，他是希望借助袁世凱的力量把國民黨打壓下去，然後由他所領導的進步黨組織政黨內閣。這期間，他發表了一系列文章和演說，專門討論這些問題。其中包括《憲法之三大精神》、《同意權與解散權》、《共和黨之地位與其態度》、《多數政治之試演》、《革命相續之原理及其惡果》、《進步黨擬中華民國憲法草案》、《敬告政黨及政黨員》等，而核心問題就是他在《憲法之三大精神》中提出的憲法原則，即「國權與民權調和」、「立法權與行政權調和」、「中央權與地方權調和」。在這篇文章中，他強調了這樣幾點：其一，「國權與民權之消長，其表示於政治現象者，則為干涉政策與放任政策之辯爭」。[55] 他這裏所謂干涉政策，也就是《中國立國大方針》中所說的「保育政策」，而這個政策的精神，「首在舉整齊嚴肅之政治以范鑄斯民」。[56] 他具體談到國權與民權的關係：

若我國之損益調和，果當以何為鵠乎？由一方面觀之，我國數千年困於專制，人民天賦權利，未嘗得確實之保障，非採廣漠之民權主義，無以新天下之氣。且多數國民，政治思想方極幼稚，欲掖進而普及之，莫如多予以直接行使公權之機會，則其與國家之關係日密，而政治興味亦油然以生，此特重民權主義者所持之說也。由他方面觀之，我國雖號專制，然實以放任為政，求如歐洲十六七世紀之干涉政治，未嘗有也。今欲鍛煉吾民，使具足今世國民之資格，以競勝於外，必先之以整齊嚴肅之治，然後能為功。則人民之行使參政權，自不必過其度，且共和伊始，人民多未識公權之可貴，用之太勤，反將生厭，棄權者眾，而民視民聽之實，終不可得舉。故不如以廣漠之許可權，委諸已成之機關，而不必使人民直接躬親其事。此特重國權主義者所持之說也。[57]

其二是關於立法權與行政權的調和，在這裏，他更看重的是「養成善良之政治習慣」，如果沒有善良之政治習慣，就算有了憲法，也是一紙空文，起不到應有的作用。他說，國會與政府應該是「相倚而相輔」的關係，「夫國家所以分設此兩機關，原欲使之互相限制而各全其用，倘運用之結果，致以一機關壓他機關，而被壓者變為隸屬，則其乖分設之本意明矣。然使兩不被壓，巍然對峙，而此兩機關者日挾敵意以相見，遇事各圖牽制，則國家大計將全犧於意氣，復何國利民福之能致者」？[58]

其三，關於中央權與地方權如何調和，他在此處說得不多，而《中國立國大方針》中有一節講到「強有力之政府」，對這個問題卻有相當透徹的議論。他說：

所謂強有力之政府者有二義，一則對於地方而言中央，地方之權由中央賦予者，政府之強有力者也；中央之權由地方賦予者，其非強有力者也。中央能實行監督權於地方，其強有力者也；而不然

者，其非強有力者也。二則對於立法府而言行政府，行政府人員自立法府出，而與立法府融為一體者，其最強有力者也，雖非自立法府，而能得立法府多數之後援者，其次強有力者也，與立法府劃然對峙，而於立法事業絲毫不能參與者，其非強有力者也，並行政事業，猶須仰立法府之鼻息者，其最非強有力者也。[59]

梁啟超的意思很明白，無論如何，一定要組成一個強有力之政府，因為，「我國今處列強環伺之衝，苟秩序一破，不可收拾，則瓜分之禍，即隨其後」。所以，「當此存亡絕續之交，有政府終勝於無政府」，而且，雖然政府的許多設施、做法都不能令人滿意，但「猶勉予維持，以俟正式政府之成立，徐圖改造焉」。[60] 這當然又是梁啟超的一廂情願。他以為，袁世凱這個「政府」儘管存在種種問題，不能令人滿意，但有政府就比無政府強，政府的問題是可以慢慢解決的，如果政府很軟弱，形有而實無，他那一套和平建國的方針也就無從落實。但是，他的許多想法常常只是空想，在兩大勢力的夾縫中，事實上並沒有他們的生存空間。他的很多努力，說到底也只是知其不可而為之。

這時，隨着國會選舉臨近結束，憲法起草權又成了各方爭奪的焦點。《臨時約法》和《國會組織法》都規定了憲法由國會制定，卻沒有明確規定由誰起草。於是，章士釗率先出頭，他給江蘇都督程德全出了個主意，建議憲法的起草由各省都督推薦專家進行。1912 年 12 月 22 日，程德全向各省都督發出了著名的「養電」（電報開通之初，為了節省電報費用，清政府發明了「韻目記日法」，即從韻目中挑選三十個字，分別代替每月的三十天，二十二日用「養」字代替，故稱「養電」。這種方法一直沿用至二十世紀五十年代初），呼籲大家「各舉學高行修，識宏才俊之士二人，一為本省者，一為非本省者，集為憲法起草委員會，草案既立，然後提交國會，再行議決」。[61] 蔡鍔馬上通電回應程德全，他於 12 月 28 日致電袁世凱、國務院、黎元洪及各省都督，不僅稱此舉為「藎籌周至，極表同情」，並進而提出了憲法精神之所在：

竊以為其方針有二：一、必建造強固有力之政府。吾輩誠憤於滿清政府之麻木不仁，是以一舉而用能廓清之。今者改弦更張，若不極力扶助政府，假之以實權，而復事事為之限制，時時為之動搖，國本不固，則國脈以傷，自保猶且不能，更烏足以對外！然猶曰以專制流毒之所至也。北美為共和先進之國，素守門羅主義者，近亦極力倡導國家主義，以圖謀發展。誠以世界競爭潮流日益促進，非集權統一不足以伸張國力，保障民權，非有強有力之政府，又不足以收統一集權之效也。此宜先行決定者一。一、必適合中國之現情。方今醉心共和，幾於舉國若狂。遇一問題發生，輒援歐美成例，不曰法國已然，即曰美國若是，且變本而加之屬。且無論法、美制度互有長短，固宜遺貌取神，未必盡堪則效。而一國有一國之特點，英國之憲法、慣習，不能遍行於歐洲，美國之天性自由，不能普及於大陸。矧以中國固自有特別之歷史、民情、習慣，而必求一一吻合於他國，所謂削足適履，有背而馳耳。光復以來，叫囂呶擾，牽掣紛歧，政令不能屬行，奸宄因而恣肆，未始非《臨時約法》有以階之屬也。前車已去，來軫方遒，務期適合於現情，不必拘牽於成例。此宜先行決定者二。[62]

很顯然，蔡鍔是在發揮其老師的觀點。其實，早於程德全的「養電」，蔡鍔已經在 12 月 17 日致電國務院祕書長張國淦，對國會議定憲法投了不信任票，他說：「惟逆揣國會議員議定憲法，難保不偏重黨見，趨於極端，徒為防制行政首長之條規，致失國家活動之能力。臨時政府之疲茶不振，國本動搖，實臨時約法有以使之然，可為前鑒。」他還建議：「祈密召海內賢達，如梁任公、楊皙子諸人速將憲法草案擬訂電知，俾得聯合各省都督先期提出，以資研究而徵同意，期收先入為主之效。將來草案交院議決，若議員所主張，總統有認為滯礙難行者，通電各省，鍔必與各都督聯名抗爭，務期達擁護中央之目的。某亦締造民國之人，寧不思為民權之保障？特以民權恆視國權為伸縮，必國權鞏固而後民權有發展之期。總統當

國家行政之中樞，負人民付託之重任，使因少數人之黨見，減削其行使政策之權，恐一事不能為，必致陷國家於不振之地。」[63] 蔡鍔的這些想法明白表達了以行政干涉立法、控制立法的企圖，他還先後派遣范熙績、蕭堃祕密進京，向袁世凱面陳他的意見。

直到第二年的 2 月 7 日，蔡鍔致電各省都督，仍然強調憲法要有利於建設一個強有力之政府。不過，圍繞憲法起草權的爭議一時既難有結果，李烈鈞與袁世凱的權力對抗卻已然進入了白熱化的階段，勢必要有個了結。2 月 5 日，蔡鍔與四川都督胡景伊、廣西都督陸榮廷、貴州都督唐繼堯聯名通電，對當前局勢表明了他們的態度和立場，雖說沒有直接點名譴責李烈鈞，但矛頭所向，非常清楚。電文中這樣寫道：

> 乃近聞有奸宄之徒，陰謀竊割，乘機思逞，大江以南恣情鼓煽，事雖無據，語出有因，締造方新，豈堪再有破壞？如係傳聞失實，固如天之福。萬一見諸事實，則擾亂治安，即為民國公敵。吾輩職責所在，惟有盡力所能，聲罪致討，必不令奸謀得逞，致陷危亡。[64]

蔡鍔與李烈鈞在日本留學期間本有同學之誼，其後，袁世凱稱帝，二人也曾與唐繼堯共同發起討袁，但在此時，蔡鍔等四都督的聯合通電卻讓李烈鈞頗感為難，他回覆蔡鍔等人，不僅提到他們的舊誼，也傾訴了他的苦惱，希望諸公能理解他的初衷。很快，發生在江西的這次危機，在各方勢力的調節下，以袁世凱的暫時妥協而得以平復。但從隨後的形勢發展來看，雙方的矛盾並沒有從根本上得到解決，國家分裂的危局仍在醞釀之中。宋教仁被刺一案，就成了南北走向武裝對抗的導火索。

▌「二次革命」留下的隱患

就在各方勢力對江西軍械案努力進行調解期間，3 月 20 日晚，宋教

仁在上海火車站被刺身亡。而此前一天，袁世凱剛剛發佈了國會召集令，規定 4 月 8 日為國會開幕日。梁啟超與宋教仁都把國會講壇視為自己的政治生命線，都把召開國會視為中國國家建設走上正軌的開始。現在，國會尚未召開，宋教仁卻已死於非命。雖然少了一個政治上的競爭對手，但梁啟超並不感覺到輕鬆。他在 3 月 25 日給女兒令嫻的信中說：「在中國政界活動，實難得興致繼續，蓋客觀的事實與主觀的理想，全不相應，凡所運動皆如擊空也。」[65] 他曾經以為，自己所領導的進步黨如果能在國會取得優勢，不僅可以抑制國民黨，而且可以監督袁世凱。但實際上，由共和黨、統一黨、民主黨聯合組成的進步黨，最初在國會是處於劣勢的，這就使得梁啟超不得不採取與袁世凱結盟，以對付國民黨的策略。結果造成了這樣一種令人難堪的局面：由於處處依賴袁世凱，也就使得主觀上所希望的對袁世凱的監督，變成了客觀上不得已的對袁世凱的妥協。而這種妥協進一步又助長了袁世凱的囂張氣焰，從而更激化了國民黨與袁世凱的矛盾。到了這一年的 7 月，雙方的矛盾已經發展到不可調和的地步。在孫中山等人的激勵下，李烈鈞終於決定從上海返回江西，並於 7 月 12 日在江西湖口要塞宣佈獨立，並發佈討袁檄文。他的理由是，袁世凱「帝制自為」，「以兵威劫天下，視吾民若寇仇」，所以，「我國民宜亟起自衛，與天下共擊之」。[66]

這就是歷史上所謂「二次革命」。不過，即使在國民黨內部，對於這次革命始終也沒有取得過一致意見。革命前，就有穩健派與激烈派的分歧，前者主張「法律解決」，反對訴諸武力；後者則選擇武力對抗，不相信法律可以扳倒袁世凱。革命發生後，也沒有出現他們所期待的類似武昌起義後各省紛紛響應的局面，即使是江蘇、上海、廣東、湖南、安徽、福建等國民黨人控制的地區，也因為主政之人的各種利益考量而遲遲不肯加入反袁的隊伍。也就是說，國民黨所發起的這場旨在推翻袁世凱的革命，始終未能贏得廣泛的社會力量的同情和支持。只能說明，此時袁世凱的真實面目還沒有暴露出來，人們對他還沒有完全絕望，總統非袁莫屬論還很有市場。7 月 17 日，蔡鍔首先致電袁世凱與黎元洪，在分析了各地的形勢

之後，提出了「添重兵馳赴戰地，分頭截剿，早日撲滅，以免星火燎原」的建議，並提醒袁世凱，對北軍要「嚴申紀律，免促奸人藉口」。7月19日，他又致電李烈鈞，開誠佈公地勸他「解甲罷兵」，他說：「公為手造民國健者，豈忍憤而出此？即公意有不愜於袁之處，亦非可求訴於武力，以國家為孤注一擲也。」同一天，他還分別致電湖南都督譚延闓以及四川都督胡景伊、廣西都督陸榮廷、貴州都督唐繼堯，反覆申述其反對把國家推向戰爭深淵的理由。他認為，「政府縱有失德，盡有糾繩匡救之餘地」，即使要變更政府，也可以走法律程序，由國會彈劾，為什麼一定要訴諸武力呢？「充發難者之本意，無非以現政府不愜人望，成則推倒現政府，不成則劃地而守，猶可以為善圖。」對於這種分裂國家，破壞統一的行為，他質問：「以一部分梟傑者之政爭，致陷我四萬萬同胞於水火，天道滅絕，人道何存？」特別是剛剛經歷了一場革命，老百姓已不堪其苦，「民生受病，海內困窮」，哪裏還經得起再折騰？但「變革以還，吾國一般人心，似因激刺而失其常度。一切善良可貴之信條，幾於掃地以盡，而權利齷齪之思想，則已深中人心。口共和而心盜賊，國事之不寧，根本原因，端在於此。此後再接再厲，國亡則同歸於盡，不亡則惡風日長，以國家為兒戲，視革命為故常。今日甲革乙，明日丙又革甲，革之不已，人將相食，外人起而代庖，且加以擾亂和平之惡名，則亡國猶有餘辜已」。他這一番慷慨激昂的肺腑之言，今天讀來猶令人動容，唏噓不已，不曉得當時有幾人能聽得進去。但他依然善意地對雙方提出勸告：「致亂之原何在，尚望政府速自反省，示天下以誠信。贛人亦應顧念大局，勿徒為感情所驅。」[67]

　　事實上，二次革命從爆發到失敗，前後不足兩個月，卻給未來留下了諸多隱患。首當其衝是國會的命運更加堪憂。袁世凱是不喜歡議會政治的，他相信的是實力，是槍桿子。二次革命給了他用兵的口實，更讓他看到了槍桿子的有效；而對南方用兵，輕而易舉就取得了成功，則使得他的權力欲望迅速膨脹起來。他不再把國會放在眼裏，雖然他還需要梁啟超和進步黨的支援，需要國會這面合法的旗子，但對國民黨議員卻開始無所顧忌地採取惡劣的強暴手段。7月23日，北洋軍警包圍北京公餘俱樂部，逮

捕馮自由等參眾兩院議員十餘人，引起國民黨議員的大恐慌。本來，在二次革命爆發前，國民黨中的激烈派就以議會受到北洋軍警干預為由，鼓動議員南下，使制憲活動陷於停頓。參議院議長張繼亦於 7 月 16 日離京南下，赴江西參加二次革命，同時號召參議院全體議員遷出北京，擇地另開國會。在這種情況下，國民黨議員人心思動，紛紛出京。據黃遠生估計，出京議員中，參議員大約 30 人，眾議員大約 40 人。雖然他們有的只是回鄉省視，靜觀時變，並非南下參加革命，但對國會的正常活動卻大有影響，因為，如果不能維持議員在三分之二以上，國會就只能休會了。焦急中的梁啟超於 25 日、26 日一再致信袁世凱，希望他以實際行動表明自己是尊重國會的，不要給國民黨破壞國會留下藉口。他也提醒袁世凱：「或以為兵威既振，則國會政黨不復足為輕重，竊謂誤天下必此言也。」[68]

此時的袁世凱還是要給梁啟超面子的，他很快釋放了被捕議員。7 月 27 日，他再次明確，國會理應受到尊重和保護，而「議員除內亂罪及現行犯外，均得受約法之保護」。[69] 但他並未放鬆對國民黨議員的打擊，7 月 31 日，袁世凱發佈命令，要求國民黨在三天之內將黃興、陳其美、柏文蔚、李烈鈞、陳炯明等除名。8 月 1 日，國民黨議員伍持漢以「勾結亂黨，謀叛民國」的罪名在天津被捕，並於 19 日被殺害，成為民國議員被殺第一人。8 月 10 日，袁世凱下令通緝參議員居正、胡秉柯，眾議員楊時傑、田桐、白逾桓、劉英等。27 日，袁世凱又下令逮捕眾議員褚輔成、常恆芳、劉恩格，參議員丁象謙、趙世鈺、朱念祖、張我華、高陽藻等八人。這些都還只是袁世凱強令解散國民黨、宣佈國民黨為非法、取消國民黨籍議員資格、進而解散國會的先聲。對於這種種變故，梁啟超也無可奈何。雖然他與熊希齡、汪大燮、張謇等人組成了第一流人才內閣，也希望此機會有一番作為，但能做的事情其實很少，真正的權力都在袁世凱的手裏。這時的梁啟超對袁世凱已經是失望多於希望，只是有時不免還心存一點幻想，或者說還有一點不甘心，不甘心中國的前途乃至自己的前途都葬送在袁世凱手裏。1914 年 2 月 20 日，他辭去司法總長一職，同時被任命為幣制局局長，12 月 27 日，他又辭去了幣制局局長一職。於是，他與袁世凱分手

的日子也就不遠了。

此時的蔡鍔已經來到北京。梁啟超是很看重蔡鍔的，1913 年 6 月間，他曾經向袁世凱推薦過蔡鍔，希望由蔡鍔出任內閣總理一職。但袁世凱並沒把蔡鍔當成自己人，而且對他在二次革命期間以為南北雙方所為均有未當之處、並希望政府反省的言論耿耿於懷。雖然蔡鍔以為可以有一番作為，實際上，袁世凱對他「防之者備至」，最初是用籠絡群雄的手腕，以金錢、高位拉攏他，不過想以「美爵老其志，使不為己患足矣」。[70] 然而，蔡鍔一一謝絕之，每月只領幾十元的參政月俸。袁世凱無奈，又將一個經界局督辦的文職閒差授予他。當時有人對他說：「君本軍人，而必任以不相謀之經界事務，中央之意可知矣。」[71]

其實，蔡鍔離開雲南的直接原因，倒是和唐繼堯有一些關係。二次革命後，雲貴之間再次發生矛盾，唐繼堯的滇軍不得不離開貴州，回師雲南。為了安排唐繼堯的出路，蔡鍔主動提出辭去雲南都督一職，並推薦唐繼堯繼任。10 月 9 日，他以養病為由，來到北京。這段時間，蔡鍔在北京所任均為「閒職」，沒有任何作為，但他對袁世凱還是盡力維護的，直到 1915 年 8 月 14 日楊度等人發起成立籌安會，鼓吹帝制，才促成了他與袁世凱的分裂。

▌ 師生聯手，反對袁世凱稱帝

籌安會發表宣言的第二天（8 月 24 日），他就從北京搭晚車來到天津，拉着梁啟超來找湯覺頓等人商量對策，他們在湯覺頓的家裏商議了一夜，都覺得：「我們若是不把討賊的責任自己背在身上，恐怕中華民國從此就完了。因為那時舊國民黨的人都已逃亡海外，在國內的許多軍人文人都被袁世凱買收得乾乾淨淨。」六年後，梁啟超還清楚記得當時的情形，他在護國軍雲南起義紀念日那天為南京學界所作的演講中追述了蔡鍔說過的一段話：「眼看着不久便是盈千累萬的人頌王莽功德，上勸進表，袁世

凱便安然登其大寶，叫世界看着中國人是什麼東西呢？國內懷着義憤的人，雖然很多，但沒有憑藉，或者地位不宜，也難發手。我們明知力量有限，未必抗他得過，但為四萬萬人爭人格起見，非拚着命去幹這一回不可。」[72] 他們商量來商量去，唯一可以利用的實力，只有蔡鍔在雲南、貴州的舊部，而且，非要蔡鍔親自回去召集不可。

根據這種情況，他們制訂了一個行動計劃，因為梁啟超是意見領袖，不能不發表反對袁世凱稱帝的文字，但又要確保蔡鍔的安全，不讓袁世凱妨礙他的行動計劃，於是，蔡鍔只能故意裝出與梁啟超鬧意見的樣子，主動向帝制派靠攏。8 月 25 日，他約了袁世凱的心腹唐在禮等十二人舉行贊成帝制簽名活動，並親自題寫了「主張中國國體宜用君主制者署名於後」一行字，然後，第一個簽上「昭威將軍蔡鍔」六個字。他在北京還逢人便說：「我們先生是書呆子，不識時務。」那些忠於袁世凱的人問他：「你為什麼不勸你先生？」他說：「書呆子哪裏勸得轉來，但書呆子也不會做成什麼事，何必管他呢。」

這段對話亦出自梁啟超的記憶，我們也不必太在意它的真偽，總之，都是蔡鍔釋放的煙幕彈，在這煙幕的背後，一場以雲貴為中心的武力討袁行動，正在暗中有計劃有步驟地醞釀部署着。早在 8 月 20 日，他已致電貴州護軍使劉顯世，告訴他「京中近組織籌安會，研究國體問題，欲以覘輿情而定國是。此事關係國家前途甚巨」，並準備派人前往滇黔，當面商議。[73] 9 月 3 日，他又致電前貴州巡按使戴戡，希望他能早日來京。於是，在蔡鍔的安排下，原雲南軍官、經界局評議委員殷承瓛自北京趕赴滇黔，戴戡則立即登程，離開貴州，趕往北京。這就是後來梁啟超所說的「一面要蔡公先派人去，一面要打電報把重要的人叫來，這裏頭非費三個月以上的日子不可」。[74] 實際情況也是這樣，在八、九、十這三個月裏，蔡鍔既要和滇黔舊部聯絡，隨時溝通情況，他暗地給唐繼堯、任可澄、劉顯世等人發了數十封電報，又要與帝制派虛與委蛇，參加他們組織的各種擁戴活動。他還派專人給遠在美國的黃興送去一封長達 17 頁的密信，「其中談到當時國內形勢以及袁世凱陰謀稱帝的種種活動，並提出他自己準備祕密出

走和在西南發難的計劃」，希望得到他的支持。[75]

袁世凱對蔡鍔本來就不放心，一直把他視為潛在對手。蔡鍔與滇黔之間頻繁的電報往來，自然引起了袁世凱的警覺。10 月 14 日，蔡鍔棉花胡同私宅突然來了幾個帶着手槍的軍人，要強行搜查。奇怪的是，他們翻箱倒櫃，只是查找書籍、紙片之類，結果，什麼也沒搜出，空手走了。後來才知道是袁世凱派來要搜查蔡鍔的電報密碼本子，「可惜他腦筋發動得遲慢，蔡公早已防備到這一着，在一個禮拜前已經把幾十部密碼帶到天津放在我的臥房裏頭了」。[76] 這是梁啟超記得的情形。據說，蔡鍔私宅被搜檢時，他正逗留於小鳳仙的家裏，品茶奏曲為樂。此後「風聲日緊，乃私匿鳳仙家中數日不出」。[77] 他知道袁世凱不會放過他，一定要想個法子逃脫。於是，他就拿自己的喉疾做文章。10 月 30 日，他以「近患喉痛，日久未愈」為由，懇請袁世凱「給假五日，俾資調養事」。[78] 既然他真的有病，袁世凱也不能不批准他的請求。五天後，蔡鍔「銷假趨公，照常辦事」。但他的病情卻「日益加劇，精力實有難支」，所以，11 月 18 日，他再上一呈，要求「續假一星期，赴津就醫」，並請袁世凱派人代理經界局幫辦。這樣，蔡鍔就到了天津，在一家醫院住了下來。袁世凱幾次派人前來問病，來人拿了醫生的診斷書回去，知道不是託病。11 月 22 日，蔡鍔以「病根蘊積已久，純恃藥力，難責全效，宜擇空氣新鮮，天氣溫暖之處，靜息數月」為由，三呈袁世凱，請求「續假三月」，遷地調養，為其離開天津製造輿論。袁世凱批了他兩個月的假。11 月 30 日，他第四次呈文袁世凱，提出了赴日治病的請求：「查日本天氣溫和，山水清曠，且醫治肺胃，設有專科，於養病甚屬相宜。」[79] 袁世凱於同日批准了他的請求，他便於 12 月 2 日離開天津，到日本去了。

梁啟超自從發表《異哉所謂國體問題者》之後，一直處在袁世凱的嚴密監視中，「偵探是常常二三十個跟着我們」，但他一直守在天津家中不動，一來他家本是這次發難的聯絡機關，動不得；二來擔心這裏一動，袁世凱更加防範蔡鍔，影響他脫身赴滇。所以，直到蔡鍔走了十餘天後，即 12 月 16 日，梁啟超才啟程由天津乘中國新濟輪趕赴上海。他在《護國之

役回顧談》中講到臨行時的情形:「我臨走的前一點鐘,去和我的夫人作別,把事情大概告訴他。我夫人說,『我早已看出來了,因為你不講,我當然也不問你。』他拿許多壯烈的話鼓勵我勇氣,但我向來出門,我夫人沒有送過我,這回是晚上三點鐘,他送我到大門口,很像有後會無期的感想。」[80]

梁啟超 18 日抵達上海,蔡鍔一行也在石陶鈞、張孝準的掩護下,繞道香港、安南,於 19 日抵達昆明。黃興的兒子黃一歐記述了當時的情形,他寫道:

> 松坡先生這次出走,是經過他與張孝準周密設計的。他一到日本,就寫信給袁世凱,說明已經東渡就醫,只以臨行倉促,未及叩謁聆訓。措辭非常恭順,使袁看不出破綻。同時將隨身帶來的重要證件和勳章,都交給張孝準保存,並預先寫好幾封信,都是寄給和袁世凱最親近的高級軍官的,報告在日遊山玩水的行蹤,託張旅行日本幾個地方,每到一地就投寄一封,表示他仍在日本各地遊歷。其實,在到神戶的當晚,松坡先生就上了另一艘日本輪船,經過上海,南下香港、河內,祕密直奔雲南去了。[81]

但袁世凱接到蔡鍔在日本寫給他的信,已經意識到自己犯了「縱虎歸山」的大錯,急電滇督唐繼堯,告以蔡鍔將間道入滇,要他「嚴密查訪」,並在越南海防、河內、老街等地廣佈密探,截殺蔡鍔。唐繼堯沒有按照袁世凱的指令行事,他派人挫敗了蒙自道尹周沆、阿迷(今雲南開遠)縣知事張一鯤等人的行刺陰謀,保護蔡鍔有驚無險地安全抵達。這時,李烈鈞也自南洋抵達昆明。21 日,唐繼堯召集了有蔡鍔、李烈鈞參加的軍事會議。蔡鍔在會上沉痛致辭:「袁勢方盛,吾人以一隅而抗全局,明知無望,然與其屈膝而生,毋寧斷頭而死。此次義舉,所爭者非勝利,乃中華民國四萬萬眾之人格也。」他說完這番話,眾將默然,一齊把目光投向唐繼堯,唐則俯首無語。一位姓沈的師長跳起來說:「蔡將軍的命令,我們難

道敢違背嗎？」眾將都應和他，一時間聲震屋瓦。這時，唐繼堯慨然對蔡鍔說：「君以為可者，吾亦可之，吾二人二而一者也。」旋舉總司令，諸將希望蔡鍔留守昆明，而欲唐繼堯帶兵出征。蔡鍔對諸將說：「吾非不知君等意，然吾志在討袁，若以責任屬唐，自居後方，人其謂我何？」眾將皆歎服。及舉兵，唐只給了他三千羸弱的士兵，蔡鍔就率領着這些士兵上了前線。

這段記述來自陶菊隱的《政海軼聞》。但另有記載認為，蔡鍔與唐繼堯是生死之交，事實上，他們共同領導了雲南護國軍起義。當時，唐曾提出要蔡鍔擔任「軍都督」，而自己出川北征，蔡鍔沒有同意。後來報紙追念蔡鍔的功績，都說雲南起義為蔡主動，唐被動，唐曾因此發表談話：「余與松坡夙共患難，誓同生死，蔡即是我，我即是蔡，蔡果然主動，我亦當然主動，我果然被動，蔡亦當然被動，一生一死，乃見交情。」[82] 不過，這種是非恩怨我們現在也很難搞得清楚，或許當時確有一些使人難下決斷的事情。梁啟超最初也以為雲南起事「沒有多大問題」的，但他在接到蔡鍔19 日的「皓電」後，一連幾日別無消息，也很焦急。「還好，」他說，「南京的馮華甫（國璋）很和我們表同情，我託他幫我打封電去，這是二十二日的事，這封電卻有非常的效力。因為這電是我和蔡公約的密碼，由南京一等印電發去，他們以為我這個人已經在南京，馮華甫準備着就要回應了。二十五日下午，蔡公拿我的電文當眾宣佈，當場就把現成做好的反對帝制檄文用電報打出來，就是今日所紀念的護國之役歷史的發端了。」[83]

█ 為國家而戰，為人格而戰

梁啟超認為，正是馮國璋可能同情和回應雲南起義這個偶然出現的「假」資訊，促使唐繼堯們作出了起義的決定，這麼說也未嘗不可。實際上，蔡鍔到昆明後，的確遇到了一些事先沒有料到的困難和障礙，使得護國軍的進展從一開始就不是很順利。起初，蔡鍔與梁啟超、戴戡在天津商

議此事時，曾設想一旦袁世凱稱帝，雲南立即宣告獨立，「貴州則越一月後回應，廣西則越兩月後回應，然後以雲貴之力下四川，以廣西之力下廣東，約三四個月後可以會師湖北，底定中原」。[84] 但梁啟超說：

> 起義後有許多意外的障礙——我現時也不忍多說，總之，因為這種障礙，弄到蔡公要從大理府一帶調兵，耽擱了十來天的日子，而且好的兵都留在省城，蔡公所能帶到前敵的只是二等以下的兵，二等以下的軍械。因為這種障礙，本來應該在重慶宜昌一帶和袁軍決勝負的，鬧到在敍州、瀘州一帶被敵人堵截我們。那時，洪憲皇帝那邊的主將，便是現在候補大總統曹錕，帶着張敬堯、吳佩孚一班人，手下十幾萬器械精良、糧食充足的軍隊。可憐我們最敬愛的蔡公帶着不滿五千人的飢疲之眾，和他們相持幾個月。講到軍事嗎，我是外行，一點說不出來，但我所知道的，蔡公四個月裏頭，平均每日睡覺睡不到三點鐘，吃的飯是一半米一半沙硬吞。他在萬分艱難萬分危險中，能夠令全軍將官兵卒個個都願意和他同生同死，他經過幾回以少擊眾之後，敵人便不敢和他交鋒，只打算靠着人多困死他餓死他，到後來，他的軍隊幾乎連半飽都得不着了，然而，沒有一個人想着退卻，都說我們跟着蔡將軍為國家而戰為人格而戰，蔡將軍死在那裏，我們也都歡欣鼓舞的死在那裏。哎，我真不知道蔡公的精神生活高尚到什麼程度，能夠令他手下人人都感動到如此。[85]

雖說蔡鍔率領着他的軍隊以一種頑強的精神力量支撐着一直在苦戰堅持，同時，作為整個行動的領導者、協調指揮者，梁啟超也並不輕鬆。他曾講到當時的情形：「自雲南起義後三個多月，除貴州以外，沒有一省回應，蔡公軍又圍困在瀘州，朝不保夕。袁世凱看着我們這些跳樑小丑指日可平，早已大踏步坐上皇帝寶座去了。我們在上海真是急得要死，自己覺着除了以身殉國外沒有第二條路了。」[86] 實際情況可能比梁氏所說還要嚴重

得多。由於郵政、電信都掌握在袁世凱手裏，蝸居上海的梁啟超，與遠在雲南、四川前線的蔡鍔基本上已經失去了聯繫，他們之間幾乎很難互通消息，因為「各口岸屬行拆信」，甚至連書信都不敢郵寄，只能派專人傳遞資訊。周善培回憶梁啟超剛到上海時的情形，講得更加驚心動魄。他說，梁啟超初到上海，安排他住在事先預訂的白渡橋禮查飯店二樓（梁啟超記為理查客店），「任公到飯店是六點半鐘，七點半下樓用餐，吃完了，任公要上樓。我說：『莫忙，方才我有人在門外探望的來報告我，說有點特別情形，等我先上樓看一看，下來後再陪你上樓。』說完了，我就帶一個人上樓，走到樓口，果然看見一個北方大漢穿着呢外套，背着樓口，面盯着任公的房間。我立刻下樓，一面請溯初（黃群）在樓下等穿外套的北方大漢下了樓，然後把任公的洗臉用具先取來帶到我家裏，一面拉着任公立刻走出飯店。我們帶一個學生由禮查飯店門口，每走三四條馬路，就換一次洋車。換了七次，才到極司非爾路我家住下，一共住了八天，除了日本領事祕密來過一次之外，謝絕一切賓客。到了第六天以後，我門口的北方大漢又不斷來探望了，我家裏也不能再住了。於是，替任公租了一所房子在靜安寺路、赫德路口，任公搬去住了幾天。陽曆除夕傍晚六點半鐘，我又帶兩個學生到他家裏去閒談。剛走到赫德路靜安寺路口電車道旁邊，又發現一個北方大漢穿着呢外套，面盯着任公住的房子，我就叫一個學生去知會任公今夜要特別注意，一面回家。此次任公到上海，本不想叫英捕房知道，現在危急了，不能不通知它。於是，我就到英捕房去，請他們派遣兩名巡捕來日夜輪流看門」。[87]

當時環境之險惡，由此可見一斑。然而，對梁啟超來說，個人性命之憂還不是最嚴重的，他從一開始就抱定了赴死的決心，早把個人安危置之度外；更讓他焦慮的，其實還是當前形勢的極不明朗。雖然他不懷疑袁世凱氣數已盡，目前的張狂只是垂死前的掙扎，但各省都督中暫時取觀望態度的還是多數。他在 1 月 8 日給蔡鍔的第一封信中寫道：「以東南大勢論之，大約非俟西南更得數省響應後（都中有變當別論），不能有所動作。」[88]而實際上，自 12 月 25 日雲南宣佈起義以來，只有貴州於 1 月 27 日起而響

應，宣佈獨立。至於他們當初計劃中的廣西，至此仍然一點動靜都沒有。大約在1月25日，梁啟超寫了一封很沉痛的信給廣西都督陸榮廷，他的這封信長達三千餘言，主要內容即「為反覆申大義，剖利害」，因為與陸榮廷並沒有太深的交往，他也「不敢期於有效，盡道而已」。[89] 但這封信或許還是發揮了一點作用，「二月十九日，吳柳隅介見一客，曰陳協五（祖虞），自言奉卿（陸榮廷）命相招，且曰我朝至桂夕發矣。其來至突兀，其事亦不中情理，初甚詫焉，同人且咸有戒心，謂將毋阱我，然吾察言觀色，覺其情真也。協五復為言，有唐伯珊（紹慧）者陸之心腹也，三日後行且至，更銜令竭誠致我，且通殷勤於馮將軍。翌日同人來會於靜安寺路之寓，謂吾行雖不容冒昧，然必以使往，得其情，取進止。覺頓請行，孟曦副焉。約以二十五日丹波丸發，船票既購定矣，而唐伯珊以二十二日果至，述桂中經劃至纖悉，更無置疑之餘地。卿所謂必欲致我者，自謂不堪建設之任，非得賢而共之不輕發也。如所言幹卿之器識，抑過人遠矣。吾遂不謀於眾，許以立行，然伯珊言當俟彼行後十日，許我乃發上海，而與彼會於海防，且覺頓輩之行亦須與彼偕，否則道中滋險也。而伯珊尚須如金陵，謁馮華甫，以故並覺頓亦不得發。時滇軍方與賊相持於瀘、渝間，狀至險艱，待桂之興，如旱望云，伯珊往返金陵踰一來復，此一來復之焦灼，殊難為懷也」。[90]

此前，梁啟超曾有過入滇之議，唐繼堯、任可澄、蔡鍔等人在起義之初曾三次聯電相邀，請他入滇主持大局。但梁啟超一直沒有拿定主意，因為他擔心，如果他離開上海，與東南各省的聯絡恐怕會受到影響；還有外交方面，在上海與外界聯繫，畢竟要比在雲南方便得多。他在1月8日給蔡鍔的第一封信中亦表示：「僕竊認此二者為我躬現時最重之任務，未能捨去，若到時局發展稍可抽身，自必執鞭遄征，以從諸君子之後也。」[91] 後來又有請他赴日的主張，他在1月21日給蔡鍔的第四封信中就曾提到，「我決以二十八日東渡」。東渡就是去日本，因為，此時的日本已放棄在助袁和倒袁上的曖昧態度，明確發出了倒袁的資訊，對於原本已經答應接待的袁世凱派來補賀日本天皇加冕的特使周自齊，則臨時宣告不准入境，並

準備派人到上海與反袁派接洽。梁啟超看到機會難得，不能不加以利用，他樂觀地以為，如果搞得好，聯絡外交，借款購械，一舉兩得，也是有可能的。但他始終未能成行，他在 1 月 28 日給日本的犬養毅寫了一封信，表達了希望得到日本支持的意願，並請周善培代為致意。他對犬養毅說：「周君善培，僕之畏友，而與公有舊，今特託渡謁，代陳鄙懷。」第二天，29 日，他還接到李根源、楊永泰、程潛、文群、程子楷、林虎六人催促他盡快上路的一封信：「蓋今日於日本外交，實處於萬不可敗之地，策求萬全，利在兼程，即或先生未能久駐，而一水蓬瀛，往覆甚便，只須接洽就緒，即可返旆。」[92]

但此時國內形勢瞬息萬變之嚴峻，已不容梁啟超遠行了。他在 2 月 28 日寫給女兒令嫻的信中說：「吾仍非久（當在十日內外首塗）圖南，但目的地非滇而桂（桂中兩度密使來）也。此行乃關係滇黔生死，且全國國命所託，（吾未有函告季丈，汝見時可言及。）雖冒萬險萬難不容辭也。」[93]就在他們商議如何上路之時，3 月 1 日，日本駐上海武官青木中將恰好前來拜訪他。他把目前的情況對青木和盤托出，並乘勢請他幫忙，「代籌途旅」。「青木慨然自任，而使其屬官松井者負其責。翌日，松井報命，言既與東京香港往覆商定，屬乘初四日由上海展輪之橫濱丸至香港，更乘妙義山丸入越南之海防。」[94]

於是，3 月 4 日午前 10 時，梁啟超一行乘日本郵船會社之橫濱丸自上海啟程，直發香港。據吳柳隅在《丙辰從軍日記》中記載，與梁啟超同行的人中，有唐紹慧、湯覺頓、黃孟曦、藍志先、黃溯初和他本人，共七人。關於這段經歷，梁啟超在《從軍日記》中記載得也很詳細：

> 自茲以往，晝伏夜動，作客子畏人之態者垂兩旬，大類劇場中之《過昭關》，且演之再四，滋可笑也。生平酷嗜海行，今蟄伏舵之最下層，在鍋爐旁拓一室，飲食寢處其間，溽悶至不可耐。每深夜群動盡息，竊躡舷欄，一晌憑眺，謂此樂萬鐘不易。因悟天下之至樂，但當於至苦中求之耳。舟居既多暇，遂撰重要文告數種備

用。先是既為廣西草電兩通，一致袁氏勸退職之最後通牒，一通電各省申討。至是復為草致廣東龍張二氏之最後通牒，及檄告廣東軍民檄告在粵雲南軍士二篇。瀕行之夕，唐蓂賡（唐繼堯）書至，極言選舉元首設立臨時政府之急務，因思兩廣既下，茲事信不容再緩，乃覃思其條理，以謂黃陂（黎元洪）繼任，乃約法上當然之程序，但依法宣言一次已足，無須選舉。選舉乃反非法也。國務院在法律上無從發生，在事實上倉猝發生，必招惡果。今方當以綜核名實救袁氏之敝。若最初即建一指鹿為馬之責任內閣，其所以異於袁者幾何？故擬在軍政時代設一軍務院，屬行開明專制，磊磊落落，名實相符。院置撫軍無定員，以合議制裁決軍國重事。其撫軍即以現在首義掌兵之人充之，而主互選一人為撫軍長。竊以此為今日臨時政府最善之制。與同行諸員往覆討論，僉所贊許。乃草擬關於元首繼承、軍務院組織之宣言書五通，公電四通，軍務院組織條例附焉。[95]

梁啟超一行於 3 月 7 日抵達香港。由於他們離滬的第二天，袁世凱即通電兩廣各要隘，謂梁啟超等人將潛入內地，圖謀不軌，各地必須嚴查防範，一旦查出，立即扣留。香港政府也宣佈戒嚴，不准梁啟超一行入境。袁世凱、龍濟光還派了許多偵探到香港，刺探梁啟超的行蹤，這些偵探佈滿了香港大大小小的旅館，處處可能遇到危險。而此時傳來的消息，幾乎都是噩耗，先是說袁軍已經攻克敘州，未幾又傳袁軍再攻克納溪，未幾又傳龍觀光（廣東都督龍濟光之弟）已經攻下了剝隘。大家都意識到，此時如果再沒有他省回應，那麼，雲貴兩地護國軍的命運恐怕就很難說了。如今，要救雲貴，只有寄希望於廣西，而欲進廣西，卻又受阻於香港，他們「進退維谷，中心皇皇，而以梁任公之焦逼為尤甚」。[96] 情急之中梁啟超曾想冒險由廣東西江入梧州，趕赴南寧，但所有人都認為，廣東之地，袁世凱、龍濟光防範甚嚴，此去無疑自投羅網，極力阻止他去冒險。最後他們決定，湯覺頓與唐伯珊乘船直接前往梧州，然後轉道南寧；吳柳隅、藍志

先、黃孟曦三人暫留香港，等待時機；黃溯初則陪梁啟超繞道海防，相機上岸，準備偷渡。

　　3月11日夜，梁啟超與黃溯初祕密換乘日本三井洋行之運煤船妙義山丸，開始了偷渡海防，間道入桂的行程。因為事先與日本政府有接洽，所以，一路上全託日本人的幫助。日本人做事，不僅有計劃，而且非常周密。16日夜，梁啟超到達海防，就住在日商橫山的家裏，他遵照日本駐海防領事的囑託，照顧梁啟超與黃溯初二人。因為要在這裏等待陸榮廷派來迎接他們的特使，第二天，黃溯初先被派往雲南，去向唐繼堯傳達梁啟超關於總統選舉與成立軍務院的意見。他們約好在此地匯合，共同入桂。住在越南潮濕悶熱的大山裏，梁啟超染上了當地的一種熱病，他在離開此地時給女兒令嫻寫信，講到患病的情形：「子身在荒山中，不特無一家人且無一國人，（實則終日室中並人而無之，若其夕死者，明日乃能發見。）燈火盡熄，茶水俱絕，此時殆惟求死，並思家人之念亦不暇起矣。明晨人來省視，急以一種草藥（專治此病之藥）治之，不半日竟霍然若失，據言幸猶為輕症，然若更一日不治，則亦無救矣。」[97]3月26日，他在此山中恰已十日。這天，隨着陸榮廷特使的到來，梁啟超結束了短暫的「隱居」生活，遂一起乘汽車由鎮南關祕密進入廣西。

　　梁啟超27日入鎮南關，4月4日抵達南寧。而早在3月15日，梁啟超還在三井洋行之運煤船上，廣西陸榮廷就已宣佈獨立。這是因為，湯覺頓與唐伯珊先期到達南寧後，告訴陸榮廷，梁啟超已從香港動身，轉道越南而來廣西，並將梁啟超事先寫好的《廣西致北京最後通牒電》和《廣西致各省通電》轉交陸榮廷，陸自然覺得無須再等，遂一舉而解決了廣西問題。當時，促使陸榮廷提早宣佈廣西獨立的，還有一個具體原因，即龍覲光（廣東都督龍濟光之弟）被袁世凱派往廣西，攻打護國軍。龍覲光駐軍百色，極無紀律，騷擾民間，百姓叫苦不迭。雲南護國軍第二軍張開儒的部隊與其開戰，黃毓成亦率貴州挺進軍助戰，馬濟更率廣西遊擊隊十餘營包抄其後路，使其陷入四面楚歌之中，勢將被擒。情急之中，他不得不向譚夫人求救。譚夫人即陸榮廷之夫人，龍、陸兩家為兒女親家。譚夫人乃

令兼護廣西軍務的陳炳焜發電報給馬濟，勒令龍軍繳械，但免去龍覲光父子一死。這樣一來，廣西除了宣佈獨立，已別無出路。

各省獨立，袁世凱憂急而死

恰如梁啟超所預料的，廣西獨立之後，不僅使袁世凱聯合粵、桂進攻滇、黔的計劃完全破產，也給予廣東的龍濟光莫大壓力。他剛剛被袁世凱冊封為一等公爵位，不久又加封郡王銜，為了保全自己的地位和勢力，他在不得已的情況下，於 4 月 6 日宣佈廣東獨立，但又暗中與蔡乃煌密電袁世凱，請他速派重兵南下協防。但此時袁世凱已經自顧不暇了，他一面派出軍隊南下，一面又不得不於 3 月 22 日宣佈取消帝制，並於次日宣佈廢止洪憲年號，恢復中華民國五年紀年。以洪憲年號計算，從 1916 年 1 月 1 日到 3 月 23 日，袁世凱的皇帝夢做了 83 天；如果從 1915 年 12 月 12 日接受帝位那一天算起，袁世凱的皇帝夢則做了 103 天。廣東宣佈獨立，恰在帝制取消之後，但其所發表之獨立文告，無一語指斥袁氏，也說明龍之獨立，並非真心，不過是緩兵之計罷了。所以，粵中各派對於龍，幾乎皆不信任，一致認為，不逐龍，廣東不會有真正的獨立。即使梁啟超，在未抵達南寧會晤陸榮廷之前，也是贊成逐龍的。他在 3 月 28 日到達龍州後馬上致電陸榮廷，先提到龍濟光、張鳴歧派使者來不知所為何事，如果是以取消帝制為交換條件，換取廣西取消獨立，懇求您不要答應他。接着就說到了龍濟光：「粵之得失，為國命所繫，彼若尚持異同，非使之屈而從我不可，即彼欲要求保其地位，亦請勿輕許。龍與超本有私交，豈欲過為已甚，但彼失政已甚，粵人共棄，望公如望慈父母，公安能捨而不救？至於為國家計，粵不得手，西南大局終無法維持。公篤於念舊，但允保全彼生命財產，即為仁至義盡，若公輕許彼把持吾粵，則是不忍於一二友人之爵位，而忍於全粵數千萬人幸福之消滅，忍於全國命脈之顛危，終不免以私害公，將難免於千秋之責備矣。」[98]

但他仍然擔心陸榮廷「仁厚太過，稍事優容」，同一天，又致電湯覺頓說：「龍但為祿位，寧知國家？其言不可誤信。現在捨袁退位外，對京無調停餘地；捨龍退職外，對粵無調停餘地。」[99] 又致馬濟司令，說了同一番話：「現在捨袁退位外，對北京斷無調停之餘地；捨龍張退職外，對廣東亦更無調停之餘地。此兩着關係全局安危，絲毫不容有失。」[100] 但陸榮廷並不想與龍鬧翻，他這時還對岑春煊存有希望，就因為龍曾是岑的舊部，他相信有岑的威信在，龍不能不服。梁啟超見到陸榮廷之後，接受了他的意見。他在 4 月 6 日致電周善培說：「幹（陸榮廷）對粵別有規劃，持之頗堅，弟初不謂然，今亦首肯。」[101]4 月 7 日他又致電李烈鈞說：「粵已於魚日（6 日）獨立，其當局雖或不屬人望，然藉此免糜爛，我軍得專力規復中原，自是大佳。」[102]4 月 8 日他還致電廣東民黨領袖李根源、林虎、楊永泰、文群、徐勤諸君，勸告他們：「幹公（陸榮廷）於粵事計劃精詳，粵之佈置，全屬於此間熟商之結果。龍、張（鳴歧）為幹公至誠所感，亦以至誠相應，絲毫無可猜疑之餘地。今日之事，必須兩粵完全安堵，乃可蓄精銳以殲狂寇。幹公已專電為兄等略述此意，務望苦勸各同志，協保秩序。幹公到後，斷無不可解決之問題。此時若生葛藤，則是破幹公之計劃，授敵以閒隙，非諸君所忍出也。要之，粵為討賊之策源地，粵若糜爛，猶獲石田，將焉取之。想諸賢必深會此意也。」[103]

就在這一天，梁啟超與陸榮廷由南寧啟程赴粵。4 月 27 日，他在寫給女兒令嫻的信中追述此事：「吾於四月初四到邕，初六遂得粵獨立之報，粵中來迎之電不下數十通，初八遂偕陸督東下，十三抵梧州，忽聞湯、譚、王凶報，吾之肝腸寸斷。」[104] 這個歷史上稱為「海珠慘案」的事件發生在 4 月 12 日，湯覺頓代表陸榮廷先由梧州來粵，與龍濟光接洽。12 日這天中午，湯與龍濟光的部下及民黨領袖徐勤等在海珠開會，會上，龍的部下顏啟漢、蔡春華等突然開槍，將湯覺頓、譚學夔、王廣齡擊斃。梁啟超得知這個消息後憤怒異常，他本來準備去廣州的，現在只能留在梧州看形勢的發展。龍濟光擔心事情鬧大，趕忙派張鳴歧前往梧州，向梁啟超、陸榮廷說明情況。但是，梁啟超後來回憶當初的情形時說：

他的靠不住，誰也知道的。當時我們手下的人個個摩拳擦掌，說非打廣東不可。但我和陸君全盤打算徹底商量，蔡公正陷在重圍，再下去個把月眼看着要全軍覆滅。我們把廣西獨立，原是想出兵湖南，牽制敵勢，令根本問題早日解決。若是粵桂開起仗來，姑無論沒有必勝的把握，就令得勝，也要費好些時日。而且，精銳總損傷不少。還拿什麼力量來討賊？豈不是令袁世凱拍掌大笑嗎？論理，湯、王、譚三公都是我幾十年骨肉一般的朋友，替他們報仇的心，我比什麼人都痛切。但我當時毅然決然主張要忍着仇恨和龍濟光聯合。但是聯合嗎？他要來打我們又怎麼呢？我說非徹底叫龍濟光明白利害，死心塌地地跟我們走不可。有什麼方法叫他如此呢？我左思右想，想了一日一夜，除非我親自出馬，靠血誠去感動他。當時我就把我這個意見提出來，我的朋友和學生跟着我在肇慶的個個大驚失色，說這件事萬萬來不得，有幾位跪下來攔我。但我那時候，天天接着蔡公電報，形勢危在旦夕，我覺得我為國家為朋友都有絕大的責任，萬萬不能躲避。而且我生平不知為什麼緣故有一種自信，信我斷不會橫死，信我一定有八十歲命。當時無論何人也攔我不住，我竟自搭車跑廣州去了。我到了沙面，打電話告訴龍濟光說我來了，要會他，龍濟光也嚇一大驚，跟着我就一乘轎子跑上觀音山（粵都督府所在地）去了。我和龍濟光苦口婆心的談了十幾點鐘，還好，他像是很心悅誠服的樣子，到第二天晚上，他把許多軍官都聚起來，給我開歡迎會，個個都拖槍帶劍如狼似虎的幾十人，初時還是客客氣氣的，啊啊，酒過三巡，漸漸來了，坐在龍濟光旁邊一員大將——後來我才知道他的名字叫做胡令萱，在那裏大發議論，起首罵廣東民軍，漸漸罵廣西軍，漸漸連蔡公和護國軍都罵起來了，鼓起眼睛釘着我，像是就要動手的樣子。龍濟光坐在旁邊整勸少說話。我起初是一言不發，過了二十分鐘過後，我站起來了，我說：「龍都督，我昨夜和你講的什麼話，你到底跟他們說過沒有？我所為何來？我在海珠事變發生過後才來，並不是不知道你這裏會

殺人，我單人獨馬手無寸鐵跑到你千軍萬馬裏頭，我本來並不打算帶命回去。我一來為中華民國前途來求你們幫忙；二來也因為我是廣東人，不願意廣東糜爛。所以我拚着一條命來換廣州城裏幾十萬人的安寧，來爭全國四萬萬人的人格。既已到這裏，自然是隨你們要怎樣就怎樣……」我跟着就把全盤利害給他們演說了一點多鐘。據後來有在座的人說，我那時候的意氣橫厲，簡直和我平時是兩個人，說我說話的聲音之大就像打雷，說我一面說一面不停的拍桌子，把那滿座的玻璃杯都打得丁當作響。我當時是忘形了，但我現在想起來，倘若我當時軟弱些，倒反或者免不了他們的毒手。我氣太盛了，像是把他們壓下去。那位胡令萱悄悄跑了，此外的人，像都有些感動。散席後許多位來和我握手道歉。自從那一晚過後，廣東獨立，沒有什麼問題了。第三天，我就回肇慶，陸君也帶着兵出湖南去了。[105]

梁啟超這一番演說真是繪聲繪色，使我們有親臨現場之感。其實，梁啟超並非「單身由肇慶乘一小輪入粵」。[106] 據吳貫因《丙辰從軍日記》5 月 5 日記載：「本日梁任公偕日本領事太田氏及李印泉（根源）、張堅白（鳴歧）、黃孟曦等赴廣州。」[107] 本來梁啟超是準備去上海的，前一晚都要上船了，日本領事太田忽然帶來了龍濟光的口信，表示願意與梁啟超面商一切，請他與太田一起來廣州。梁啟超也覺得，廣東問題如果不能徹底解決，對大局確有很大妨礙，遂決定親見龍濟光一面。這時，兩廣都司令部先於 5 月 1 日在肇慶成立，公舉岑春煊為都司令，梁啟超為都參謀，兩廣軍隊都歸其節制。龍濟光雖自稱廣東都督，其勢力範圍僅保有廣州附近地區而已。而且，海珠事變發生後，各派勢力都有「屠龍」之論，但梁啟超與陸榮廷從大局着眼，還是希望能把龍濟光拉到反袁勢力一方。所以，梁啟超到廣州後，先與他商議成立軍務院之事，他也表示同意。於是，5 月 6 日即通電全國，宣告軍務院成立。雲南起事前，梁啟超與蔡鍔等人曾有雲貴、兩廣獨立後成立臨時政府，擁戴黎元洪為總統的計劃。因為袁既叛

國，總統資格已經喪失，根據《臨時約法》，應由黎副總統繼任。梁啟超在赴廣西途中，曾草擬一名為軍務院之組織條例，作為臨時機構向各方徵求意見，唐繼堯、蔡鍔、劉顯世、戴戡、陸榮廷、岑春煊等都表示贊成。軍務院成立，唐繼堯任撫軍長，岑春煊為副撫軍長，梁啟超為政務委員長，龍濟光作為獨立省督，為當然撫軍。但梁啟超在廣州期間，龍濟光除接受軍務院撫軍一職外，其他條件都被他拒絕了。吳貫因 5 月 8 日日記曾寫到龍濟光的態度：「且始對於任公猶加禮貌，繼而以示威之舉動，令其鷹犬胡令宣等於席間大罵張鳴歧，又以惡聲恐嚇梁任公。任公笑曰：『我誠畏死者，豈有來此。』繼又伏兵於門外，將效海珠之故智，任公從間道出，始得無事歸。」[108]

　　5 月 14 日，梁啟超有一封電報給蔡鍔，也講到當時他的心情和計劃：「此次任事，諸賢艱苦，無過吾弟。眷言西顧，每用淚熒。吾為粵事，亦吞聲嘔心，卒無善果。海珠之變，殲我三良，雖非龍主謀，而粵局內容，可以想見。悍將蟠於上，私黨鬩於下，浩劫終無倖免，所爭早暮耳。然吾深思熟計，以圍攻觀音山，雙方相消之兵，力足舉湘贛閩而有餘。龍變而桂亦疲，更何挾以禦賊。況糜爛後之收拾，非期月可奏功。而獨立省份內訌之醜聲，徒令老賊匿笑，友邦藐侮。故飲淚言和，奮身入虎穴，鴻門惡會，僅乃生還。」[109] 但接下來的形勢發展迅速，先是浙江於 4 月 12 日宣告獨立，5 月間，各省獨立運動更加勢不可當。5 月 9 日，陝北鎮守使陳樹藩宣佈陝西獨立，禮送陝西將軍陸建章離開西安；5 月 22 日，陳宧在各地各軍離叛的形勢下，被迫宣佈四川與袁氏脫離關係；5 月 29 日，湖南的湯薌銘也宣佈獨立，加入雲、貴、粵、桂、浙、陝、川的一致行動。這時的袁世凱已陷入四面楚歌之中，特別是陝、川、湘的獨立，對他打擊極大，因這些地區都是他的親信將領所控制，一朝瓦解，竟不可收拾。內外交困，眾叛親離，袁世凱痛心疾首，憂急成疾，竟於 6 月 6 日死去了，年僅五十七歲。

　　這時，馮國璋發電報要梁啟超來上海商量解決善後的辦法，梁啟超遂以 5 月 18 日出香港轉赴上海。本來，袁世凱是想取消帝制以保存總統，

有不少人出面為他調停說和，北京的梁士詒、張國淦、莊思緘等，都以舊交的身份致電梁啟超，希望保留袁世凱的總統職位。他們提出各種理由，比如外國干涉問題，各省軍人多為袁舊部，非袁不能統馭的問題，甚至還有捨袁無人能任總統的說法，等等，但梁啟超不為所動，一一反駁，堅持袁世凱退位，反袁護國戰爭才能結束的主張。現在袁世凱既已死去，退位的問題自然不再是問題了。6 月 7 日，梁啟超致電黎元洪、段祺瑞、馮國璋及各都督總司令，促請黎元洪依法就任大總統職。黎元洪出任總統，固然不成問題，但問題在於，南方所承認的黎元洪的總統資格，來自民國二年（1913 年）10 月公佈的總統選舉法的規定，是以舊約法為基礎；而北方所承認的黎元洪的總統資格，則來自民國三年修正的總統選舉法的規定，是以袁氏新約法為其依據。不久，就黎元洪的總統資格問題，南北雙方到底發生了新舊約法的爭執，從而拉開了護法運動的序幕。此是後話。

大局已定，蔡鍔病逝扶桑

　　大局既定，梁啟超便開始考慮他的出處問題了。7 月 15 日，南方軍務院宣佈撤銷。段祺瑞一直懷有野心要做大總統，但他心知其力量不足，只能暫時屈尊於內閣總理一職。他曾反對恢復《臨時約法》和國會，但又不能違背眾人的意志，只好採取妥協的辦法，接受黎元洪繼承大總統，恢復國會，恢復《臨時約法》。8 月 1 日，國會重開，黎元洪正式就任大總統。北京又組成了由各黨派參加的聯合政府。10 月 30 日，國會補選馮國璋為副總統，而政府的實際權力則掌握在段祺瑞的手裏，成為名副其實的北洋政府。梁啟超則準備兌現他在起義發動之初的承諾：「成功呢，什麼地位都不要，回頭做我們的學問。」[110] 這時，他對政治已經感到有些失望，常常在給朋友們的書信中有所流露，以為「精神上之苦痛，恐亦有加無已」[111]；甚至想到，「此後此種苦況恐日益煎迫，吾儕亡命於南美、南非外，無以自全」[112]；他還說，此後「形勢恐更險惡，今若碰在此風頭上，為

惡虎村、水簾洞劇本中湊一腳色，這是何苦」[113]？

梁啟超到上海後得知父親已於 3 月 14 日去世的消息，這使他陷入巨大的悲痛之中，也成為他脫離政治的一大理由。他當即給軍務院和各都督總司令發了電報，請求辭去擔任的所有職務。8 月 10 日，他對記者發表談話，還說到他的心情。記者問他：「自項城（袁世凱）逝世，時局銳變，國人所屬望於先生者甚重，先生因守禮少接外事，未免令國人缺望。」梁啟超回答：「鄙人不幸，慘遭大故，在喪期百日中，值國運變遷絕續之交，不能多所效力，誠屬遺憾。」記者又說：「太公之喪，似已踰百日，先生身繫國家安危，當此危急之秋，似不宜太拘古禮。」梁啟超回答：「遭喪七十七日後始聞喪，既不能親湯藥視含斂，罪孽已不可贖，若區區百日哀情，猶不自盡，實不可以為人。」記者仍然追問：「願聞百日後先生出處，今日時事萬艱，先生似不能置身政局之外？」梁啟超於是說出了他的打算：「鄙人之政治生涯已二十年，驟然完全脫離，原屬不可能之事。但立憲國之政治事業，原不限於政府當局。在野之政治家，亦萬不可少。對於政府之施政或為相當之應援補助，或為相當之監督匡救，此在野政治家之責任也。鄙人嘗持人才經濟之說，謂凡人欲自效於國或社會，最宜用其所長。鄙人自問若在言論界補助政府匡救政府，似尚有一日之長，較諸出任政局或尤有益也。又國中大多數人民政治智識之缺乏，政治能力之薄弱，實無庸為諱，非亟從社會教育上痛下工夫，則憲政基礎終無由確立。此着雖似迂遠，然孟子所謂七年之病，求三年之艾，苟為不蓄，終身不得。鄙人數年來受政界空氣之刺激愈深，感此着之必要亦愈切。亡友湯覺頓屢勸擺棄百事，專從事於此。久不能如其教，心甚愧之。此次湯君同行，間關入廣西，在南寧分袂時，痛談徹夜，湯君力言軍事稍平，決當獻身社會教育。別後數日，湯君遂殉國於海珠。亡友遺言，安可久負？頃方有所經劃，若能緝熙光明，斯孔子所謂，是亦為政也。」[114]

梁啟超很善於對記者講話，這番話也說得入情入理，但實際上他一時還做不到完全脫離官場，形勢和理念都不允許他抽身而退，而且，在他內心深處，對段祺瑞也還存有一些不切實際的幻想。對於蔡鍔，他則抱有更

大的希望。7月6日，蔡鍔被任命為四川督軍兼省長，他一再勸說蔡鍔接受這個任命，因為在他看來，「非憑藉一省，決不能遂救國初志也」。[115] 他甚至想象着蔡鍔能與戴戡、陸榮廷聯成一體，構成他這一派的實力後援。但蔡鍔的病發展得實在太嚴重了，他在6月28日曾致電梁啟超訴說自己的病情以及面臨的困難：

> 鍔喉病起自去冬出京以前，迄無療治之餘裕，今已成頑性，非就專門醫院速為調治，似難奏效。本擬即日脫卸，飄然遠毒，一以踐言，一以養屙。乃軍中會議數次，群尼吾行。目睹全軍情況，善後各事，諸待部署安頓，此時實難忍絕裾而去。查鍔直接所部，除川、黔軍外，滇軍原有三梯團，近新到兩梯團，計共二十營。自滇出發以來，僅領滇餉兩月。半年來，關於給養上後方毫無補充，以致衣不遮體，食無宿糧，每月火食雜用，皆臨時東湊西挪，拮据度日。當兩軍對峙戰事方殷之時，對敵觀念熾，群置給養之豐歉於不問。今大局既定，卹賞之費，不能不立為籌給；以前欠餉，不能不概予補發；息借之紳民貸款，不能不依限償還。凡此種種，均非由鍔負責辦清，無以安眾心而全信用。以上所需各款，核計在二百萬元以上。現擬派員赴京交涉，請中央從速籌發。[116]

梁啟超在收到蔡鍔告急電報的第三天，立即發電報給黎元洪、段祺瑞等，「哀懇提前設法」，又致電熊希齡、范源濂，請他們幫忙疏通，還與上海中國銀行協商，希望能「先墊若干」，以解燃眉之急。[117] 但蔡鍔所需區區善後之款，卻一直沒有着落，他的喉病自從德國醫生阿密思治療之後，則疼痛更甚，「飲食俱難下嚥，發音更微，悶楚殊甚，精神亦覺委頓」。[118] 蔡鍔在此期間多次致電北京政府、陸軍部和黎大總統，請求辭職，轉地治療，但沒有人理會他的要求。7月19日，他致電唐繼堯、劉顯世、戴戡，說得更加痛切：「縱公等尚欲強鍔以問世，試問世界中焉有啞人可以當政局潮流之衝者歟？蓂公（唐繼堯）謂善後問題均未解決，繫鈴解鈴，仍在

吾輩，洵屬至言。而所謂善後問題者，俱易解決，惟關於個人之權利加減問題，最易為梗。」又說：「邇者滇省於袁氏倒斃之後，於剛出發之軍，不惟不予撤回，反飭仍行前進，未出發者亦令克期出發，鍔誠愚陋，實未解命意所在。」值得注意的是，梁啟超在這段話每個字的下面加了圈點，並寫下一段簽註：「松公與大敵相持於瀘、敍間時，望滇中援軍如望歲，呼籲聲嘶，莫之或應。袁倒斃後，而滇中北伐大軍，乃日日出發，讀者讀此電，試作何感想？」[119]

梁啟超自然是有千言萬語沒有說，直到很多年以後，他仍然表示「不忍多說」。無可奈何之中，蔡鍔也只有帶病赴任，他致電北京政府：「敬惟中樞依畀之重，重念蜀民維繫之勤，區區此身，何敢自愛？茲遵於七月二十一日由瀘首途，力疾赴省，勉就新任。」[120]直到 8 月 5 日，發佈《佈告四川文武官民文》，蔡鍔才正式宣告休假治病，由羅佩金代理四川督軍和省長職務。8 月 9 日，蔡鍔作《告別蜀中父老文》，啟程離川赴滬。他有兩首詩，也作於這個時候：

謁草堂寺

錦城多少閒絲管，不識人間有戰爭。
要與先生橫鐵笛，一時吹作共和聲。

別望江樓

錦江河暖澈驚波，忍聽巴里下人歌。
敢唱滿江紅一闋，從頭收拾舊山河。[121]

詩言志，歌詠言。從這兩首詩中我們不難體會蔡鍔當時的心情。他於 8 月中旬離開成都，前往上海。不久，又於 9 月初轉赴日本治病。11 月 8 日晨，蔡鍔因肺病醫治無效，在日本九州福岡醫科大學醫院與世長辭，距離三十四歲生日尚有四十天。石陶鈞當時守護在蔡鍔身旁，他給張孝準的信中說到蔡鍔臨終時的情形：

弟到東之日，松病漸傾於壞象。至本月一日，聞克公（黃興，字克強）去世，為之大戚，因此下痢更甚，精神益衰。弟每日見面，漸不能談話。初五、六既呈險症，乃六日晚行注射後，初七日精神頓爽。並自謂前數日頗險，今日大快矣。夜間猶囑寫信上海買杏仁露。十時頃，氣喘目直視，注射後稍安息。至八日午前一時，又因痰塞，喉斷呼吸，繼痰出，有呼吸，已極微弱。行人工呼吸法。靜掩其目，平和安然而逝。囑書遺電時，精神尚一絲不亂也，無一語及家事。[122]

好友蔣百里、石陶鈞記下了蔡鍔臨死前口授給國會和黎大總統的遺電：

（一）願我人民、政府，協力一心，採有希望之積極政策。

（二）意見多由爭權利，願為民望者，以道德愛國。

（三）此次在川陣亡及出力人員，懇飭羅督軍、戴省長核實呈請卹獎，以昭激勵。

（四）鍔以短命，未克盡力民國，應行薄葬。[123]

蔡鍔病逝的消息傳到國內，梁啟超、蔣百里、戴戡、石陶鈞、唐繼堯、陳炳焜、劉顯世、任可澄、呂公望、羅佩金等紛紛致電北京政府及大總統黎元洪，要求「賜予國葬，並將事績宣付史館立傳，准予京師及立功省份建立專祠，置造銅像，以彰國家崇報之典，而為後來矜式之資」。[124]

蔡鍔靈柩從日本運抵上海。12月5日，上海蔡公治喪事務所同人舉行公祭。梁啟超有祭文一篇。此前，他還率其弟梁仲策以及女兒思順、兒子思成等私祭之。除祭文外，還撰有輓聯：

知所惡有甚於死者，

非夫人之慟而為誰。

12 月 13 日，梁啟超致電各位當道，發起設立蔡松坡紀念圖書館。不久，他又在朋友中發起成立蔡公遺孤教養協會，承擔起撫養、教育蔡鍔遺孤的責任。他的書房「飲冰室」中至今還懸掛着這位弟子的遺像，亦可見二人情意之深，尤見其失去最心愛的弟子之痛。但松坡圖書館當年未成，「顧以時事多故，集資不易，久而未成，僅在上海置松社，以時搜購圖籍作先備」。[125] 梁啟超甚至有鬻字籌款之舉，卻也未見成效。1920 年，自歐洲返國的梁啟超着手在北京籌辦松坡圖書館。兩年後，北洋政府將北海公園的快雪堂及西單牌樓石虎胡同七號官房撥給松坡圖書館作為館舍，前者為第一館，後者為第二館。由於北海一時未能開放，故第二館先於 1924 年 6 月開館，第一館則於 1925 年 10 月開館。詩人徐志摩還曾擔任過松坡圖書館外文部的英文祕書。松坡圖書館的藏書，一部分來自朋友們的捐贈，還有一部分由館內自購，比如第二館的各國新書，而最重要的，卻是著名藏書家楊守敬的藏書。北洋政府曾於 1915 年以七萬餘大洋購得楊守敬藏書，根據梁啟超 1925 年 3 月寫給段祺瑞的簽呈，可知這些藏書 1918 年已由國務院特撥給了松坡圖書館。但是，由於「院員偶爾失檢，未及全數領取」。梁啟超這次簽呈的目的，是要回當年未取的那一部分圖書。然而，這部分藏書早已由故宮博物院收藏，而且，一直與故宮文物同行，直至渡海運抵台灣，至今還保存在台灣「故宮」的善本書庫中。[126]

　　至於松坡圖書館，1949 年北平和平解放後，併入北平圖書館（今國家圖書館）。在由華北人民政府主席董必武頒給松坡圖書館幹事會同人的獎狀上寫着：「北海松坡圖書館幹事會此次將全部藏書贈與國家，且幹事會繼承創辦人之志，二十年來經費不足，而圖書不斷增加；此精神實堪褒揚，合行頒給獎狀，以示嘉獎，而勵來茲。」與蔡鍔有關的一段歷史遂告結束。

註釋：

1　《飲冰室合集‧專集》之三十三，
　　1 頁。
2　《歷史的另一角落》，72 頁。
3　《蔡鍔集》一，10 頁。
4　同上，11 頁。
5　同上，13〜14 頁。
6　《飲冰室合集‧文集》之三十九，
　　88 頁。
7　《蔣百里傳》，7 頁。
8　《蔡鍔集》一，262 頁。
9　同上，264〜265 頁。
10　《蔡鍔集》一，《前言》，5 頁。
11　同上，274 頁。
12　同上，266 頁。
13　同上，274 頁。
14　同上，268 頁。
15　《飲冰室合集‧集外文》中冊，
　　644 頁。
16　《致曾廣軾函》，見《蔡鍔集》一，
　　274〜275 頁。
17　同上，282〜283 頁。
18　同上，315 頁。
19　同上，316 頁。
20　同上，317 頁。
21　同上，327 頁。
22　11 月 13 日《致楚雄縣議事會勸學所
　　電》，見《蔡鍔集》一，329 頁。
23　同上，344 頁。
24　同上，338〜340 頁。
25　同上，346 頁。
26　同上，483〜484 頁。
27　同上，636 頁。
28　同上，649〜650 頁。
29　《梁啟超年譜長編》，645〜646 頁。
30　《蔡鍔集》一，638 頁。

31　《飲冰室合集‧文集》之二十八，
　　39 頁。
32　《蔡鍔集》一，596〜597 頁。
33　同上，613 頁。
34　《飲冰室合集‧文集》之二十八，
　　44 頁。
35　《蔡鍔集》一，610 頁。
36　《飲冰室合集‧文集》之二十八，
　　71〜72 頁。
37　《蔡鍔集》一，615 頁。
38　同上，612 頁。
39　同上，693 頁。
40　同上，694 頁。
41　同上，322 頁。
42　同上，516 頁。
43　同上，555 頁。
44　同上，619 頁。
45　同上，625〜626 頁。
46　同上，677 頁。
47　《蔡鍔集》二，859 頁。
48　《蔡鍔集》一，686 頁。
49　同上，589 頁。
50　同上，774 頁。
51　《飲冰室合集‧文集》之二十八，
　　76 頁。
52　同上，74 頁。
53　同上，66 頁。
54　同上，72 頁。
55　《飲冰室合集‧文集》之二十九，
　　95 頁。
56　《飲冰室合集‧文集》之二十八，
　　51 頁。
57　《飲冰室合集‧文集》之二十九，
　　97〜98 頁。
58　同上，101 頁。

59 《飲冰室合集・文集》之二十八，51
　　頁。

60 《飲冰室合集・文集》之三十，20〜
　　21頁。

61 《真假共和》下冊，37頁。

62 《蔡鍔集》一，796〜797頁。

63 同上，795頁。

64 《蔡鍔集》二，808頁。

65 《梁啟超年譜長編》，664頁。

66 《真假共和》下冊，184頁。

67 《蔡鍔集》二，1072〜1075頁。

68 《梁啟超年譜長編》，676頁。

69 《真假共和》下冊，214頁。

70 《政海軼聞》，14頁。

71 《蔡鍔集》二，1527頁。

72 《護國之役回顧談》，見《飲冰室合
　　集・文集》之三十九，89頁。

73 《蔡鍔集》二，1202頁。

74 《飲冰室合集・文集》之三十九，
　　89頁。

75 黃一歐《護國運動見聞雜憶》，見《黃
　　興年譜長編》，453頁。

76 《飲冰室合集・文集》之三十九，
　　90頁。

77 《蔡鍔集》二，1534頁。

78 同上，1221頁。

79 同上，1225〜1228頁。

80 《飲冰室合集・文集》之三十九，
　　90〜91頁。

81 《黃興年譜長編》，456頁。

82 《綺情樓雜記》，91頁。

83 《飲冰室合集・文集》之三十九，
　　91〜92頁。

84 《飲冰室合集・專集》之三十三，
　　144頁。

85 《飲冰室合集・文集》之三十九，
　　92頁。

86 同上，93頁。

87 《追憶梁啟超》，155〜156頁。

88 《梁啟超年譜長編》，737頁。

89 同上，758頁。

90 同上，758〜759頁。

91 同上，741頁。

92 同上，751〜753頁。

93 同上，757頁。

94 《飲冰室合集・專集》之三十三，
　　122頁。

95 同上，122〜123頁。

96 《梁啟超年譜長編》，762頁。

97 同上，768頁。

98 《飲冰室合集・專集》之三十三，
　　32頁。

99 同上。

100 同上，33頁。

101 同上，37頁。

102 同上。

103 同上，39頁。

104 《梁啟超年譜長編》，775頁。

105 《飲冰室合集・文集》之三十九，
　　95〜96頁。

106 《綺情樓雜記》，110頁。

107 《梁啟超年譜長編》，782頁。

108 同上，784頁。

109 《飲冰室合集・專集》之三十三，
　　51頁。

110 《飲冰室合集・文集》之三十九，
　　91頁。

111 《梁啟超年譜長編》，792頁。

112 同上，793頁。

113 同上，794頁。

114 《飲冰室合集・專集》之三十三，
　　132〜133頁。

115 《蔡鍔集》二，1445頁。

116 同上，1444頁。

117 同上，1444〜1445頁。

118 同上，1456 頁。

119 同上，1461～1462 頁。

120 同上，1463 頁。

121 同上，1477 頁。

122 同上，1508 頁。

123 同上，1502 頁。

124 同上，1507 頁。

125 《飲冰室合集・文集》之四十，29 頁。

126 《歷史的另一角落》，73～76 頁。

第十八章

共度時艱：

梁啟超與蔣百里

▶ 蔣百里 (1882—1938)

- 1901 年，蔣百里東渡日本求學，結識蔡鍔，又經蔡鍔結識梁啟超，拜梁啟超為師，並在梁啟超等人的幫助下，順利進入日本成城學校學習軍事。
- 1912 年，蔣百里就任保定陸軍軍官學校校長。上任伊始，他就向每個學生贈送梁啟超所著《中國之武士道》一書。
- 1915 年，袁世凱稱帝，蔣百里協同梁啟超、蔡鍔等人反袁。
- 1918—1919 年，蔣百里隨同梁啟超赴歐洲考察。
- 1919 年，梁啟超、蔣百里等人組織新學會，創辦《解放與改造》（後改名《改造》）。
- 1920 年，梁啟超、蔣百里等人成立共學社，致力編譯各國新書、出版雜誌等。
- 1921 年，蔣百里寫成《歐洲文藝復興史》一書，請梁啟超作序。梁下筆不能停，最後成五六萬言的長文，只好另外寫序。長文則單獨作為一書出版，就是《清代學術概論》，反請將作序。
- 1923 年，松坡圖書館正式成立，梁啟超任館長，蔣百里任編輯部主任。

梁啟超結識蔣百里是通過蔡鍔的介紹。蔡鍔進入日本士官學校學習軍事，梁啟超曾為他疏通關係。蔣百里是他志同道合的朋友，也是抱定了宗旨，要軍事救國的，因此，蔣百里入學，也請了梁啟超幫忙。後來，梁啟超在為蔣百里的母親楊太夫人所作墓誌銘中提到他們的關係，就說：「啟超與方震交誼二十年，居同學，出同遊，天下事則同患難。」[1]

留學日本，名震百里

蔣百里是浙江海寧縣硤石鎮人，名方震，字百里，生於光緒八年（1882 年），據朱起鳳《古歡齋雜誌》手稿記載：「……乃郎百里將軍，六七齡時，即能講三國志。先大父愛之甚，曰：此兒聰慧，遠勝乃父，他年定破壁飛去。」[2] 這位朱起鳳是《辭通》的編者，他的祖父朱杏伯是鎮上的名醫，蔣百里的父親蔣學烺曾從他學醫。光緒二十四年（1898 年），蔣百里考中秀才。新任桐鄉縣令方雨亭勸他棄科舉，求實學，遂考入杭州求是書院。光緒二十七年（1901 年）四月，他告別母親，東渡日本，打算報考軍校，投筆從戎。在日本，他結識了與他同歲的蔡鍔，又經蔡鍔介紹，結識了梁啟超，並奉梁為老師。由於有了梁啟超的關照，蔣百里順利進入日本成城學校學習。光緒三十年（1904 年），他升入日本士官學校步兵科，繼續深造。蔡鍔、蔣尊簋、張孝準、李烈鈞都是他這時的同學。張孝準也是湖南人，後來做過湖南都督府軍事廳廳長，其名不揚，但在士官學校，他與蔡鍔、蔣百里被稱為「士官三傑」；蔣百里與蔣尊簋同為浙江人，一個學步兵，一個學騎兵，章太炎譽之為「浙之二蔣，傾國傾城」。

光緒三十一年（1905 年），蔣百里以步兵科第一名畢業，列為第三期士官生冠軍，由日本天皇親賜指揮刀。這是日本人引以為榮的事，現在卻被一個中國留學生享有，他們不免耿耿於懷，都非常忌妒他。光緒三十二年（1906 年）春，蔣百里回國，他在求是書院求學時的恩師陳仲恕把他推薦給盛京將軍趙爾巽。當時，各地都在編練新軍，於是，趙爾巽就請他做了盛京督練公所的總參議，幫助訓練新軍。這卻惹惱了行伍出身的淮軍翼長張勳和綠林受撫的巡防營統領張作霖，他們擔心練好新軍而淘汰舊軍，遂遷怒於主持其事的蔣百里。當時風聲很緊，陳仲恕勸年僅二十五歲的蔣百里離開這個是非之地，到德國去深造。他們說服了趙爾巽，光緒三十二年九月二十日，彰德會操結束後，由趙爾巽批准，出資萬元，他與張孝準、寧調元結伴，赴德國學習軍事。[3] 在德國留學期間，蔣百里得到了德軍

最高統帥興登堡元帥的賞識，回國前夕，還去拜訪了德國著名軍事學家、《戰略論》的作者伯盧麥將軍。其後，蔣百里在其所著《孫子新釋‧緣起》中記述了當時的情景，他說：

> 將軍以手撫余肩曰：「好為之矣，願子之誠有所貫徹也。抑吾聞之，拿破崙有言：百年後，東方將有兵略家出，以繼承其古昔教訓之原則，為歐人之大敵也。子好為之矣！」所謂古昔之教訓云者，則《孫子》是也。[4]

蔣百里歸國之時，清王朝已近末日，卻也是滿族排漢最激烈的時候。袁世凱已被奪去軍權，回鄉「養病」，一批滿族青年新貴如載濤、載洵、良弼等掌握了軍隊的大權。良弼是日本士官學校第二期的畢業生，對他的學弟、第三期的狀元蔣百里慕名已久。所以，蔣百里一回國，就被他請到自己家中居住，並請他在自己統管的禁衛軍中擔任標統（團長）一職。但蔣百里認為，他在日本當過排長級的尉官，在德國升任見習連長，為了不使經驗脫節，他願意擔任管帶，即營長，並向其推薦了時任雲南講武堂總教習的李小川，調他到陸軍部軍學司，籌備永平秋操。宣統三年（1911年），趙爾巽調任東三省總督，回到瀋陽，他上奏朝廷，希望要回蔣百里，仍然委派他擔任督練公所總參議。清廷准其奏，破格以二品頂戴派蔣百里往奉天任用。

時隔五年，東北已經訓練了可觀的新軍，張作霖雖然仍與新軍為敵，但新軍的勢力已不可小覷。當時，駐防奉天的第二混成協協統藍天蔚、第二十鎮統制張紹曾，都是蔣百里的士官同學。蔣上任不久，武昌革命就爆發了。這時，藍天蔚、張紹曾，以及在延吉辦理邊務的吳祿貞，此時都在瀋陽。他們三人都是同盟會在東三省的重要人物，張紹曾很早還與立憲派有過聯繫，並參與策劃了將在永平秋操期間舉行的兵諫。梁啟超曾在七月間致信徐勤，告訴他「九、十月間，將有非常可喜之事」[5]，指的就是這件事。但武昌起義猝然爆發，卻是他們沒有想到的。梁啟超表示，一定要積

極地抓住這次機會，急起直追，他與康有為重新籌劃了一個方案，其核心就是九月初八日（10月29日）梁啟超發給國內的電文：「用北軍倒政府，立開國會，挾與撫革黨，國可救，否必亡。」[6]他所謂北軍，就是藍天蔚、吳祿貞、張紹曾手中的軍隊。所以，他於九月十九日（11月9日）抵達大連，第二天即乘夜車趕往奉天。此時，吳祿貞已被袁世凱派人暗殺，他則急於見到藍天蔚與張紹曾。可惜，藍、張二人已先後入都。此時的北京幾乎已經成為政治真空，「都中虛無人焉，舊內閣已辭職，不管事，新內閣未成立，資政院議員遁逃過半，不能開會，親貴互相鬨，宮廷或尚有他變，日日預備蒙塵」。[7]他很擔心清廷內部發生不利於他們的變化，尤其擔心革命黨人乘虛而入，所以，仍寄希望於藍、張能維持京城的秩序。他不知道，袁世凱在派人刺殺吳祿貞後，又解除了張紹曾的兵權；九月二十四日（11月14日），藍天蔚亦被趙爾巽免職，並被逼往江西考察去了。至此，轟動一時的「灤州兵諫」遂宣告失敗。

而此時的梁啟超還想要冒一冒險，他希望蔣百里能設法提供一些士兵，隨他一起進京。此前，蔣百里曾與奉天諮議局議長吳景濂策動奉天獨立，但未成功。梁啟超到奉天後，馬上與蔣百里聯繫，希望他以老朋友的身份，做好疏通張、藍二人的工作。與梁啟超同行的楊維新多年後記述了當時的情形，他說：「是時蔣百里在趙次珊（爾巽）處任參謀長，梁與蔣見面數次，似有運動軍隊之接洽（詳情須問百里）。適湯覺頓、羅癭公由北京過奉來連，謂藍天蔚等將不利於梁，促即回日本，因與同船渡日。」九月二十二日（11月12日），他寫信給女兒令嫻，告訴她：「秉丈（熊希齡）在大連，發電報數次來，最後又發電話來催我，必立刻行，半日不許逗留。」[8]在這種情況下，梁啟超不得不打消進京計劃，黯然返回日本。

不久，蔣百里也在老師陳仲恕的安排下，迅速離開東北，輾轉北京南下。此時，有人向南京臨時政府告密，檢舉他曾在清廷禁衛軍中擔任過管帶一職。這時，浙江都督湯壽潛改任交通總長，蔣尊簋遂被公推為浙江都督兼民政長，他上任伊始，馬上聘任老同學蔣百里為參謀長。這位蔣尊簋絕非外人，他與蔣百里被章太炎並稱為「浙之二蔣，傾國傾城」，曾有

同學之誼，自不待言；他父親蔣智由與梁啟超更是情同手足，發起組織政聞社，主編《政論》雜誌，鼓吹君主立憲。1912 年 2 月 6 日，蔡鍔致電孫中山、黃興，向他們推薦蔣百里這個軍事人才：「蔣方震君留學東西洋十餘年，品行學術，經驗資望，為東西洋留學生冠，亟應羅致，以饜海內之望。聞蔣已由奉返浙，如畀以參謀部總長，或他項軍事重要職務，必能挈領提綱，措置裕如，不獨中樞有得人之慶，而軍國大計亦蒙其庥。」[9] 也許，蔡鍔的電報發揮了效力，2 月 25 日，陸軍總長黃興通電各報館為蔣方震辯誣，電云：「閱昨日報，有電稱蔣方震君為漢奸一節，殊為失實。現在南北統一，人人盡力民國，斷未有甘心向虜者。前有小怨，亦在所不咎，請登報聲明，以彰公道。」[10]

▌辦不好學校就自殺

　　蔣百里在浙江任上的時間並不很長。由於官場的傾軋、排擠，7 月，蔣尊簋便憤然辭去都督一職，出國考察去了。蔣百里也隨之辭職回家，讀書著述。不久，蔡鍔有意請他到雲南任職，一說民政廳長，一說民政長，但這時卻發生了保定軍校要換校長的風潮。蔣百里從來都把訓練軍事幹部看得十分重要，並將造就一支國家軍隊視為自己的理想，所以，他很想去當這個校長。這時，袁世凱正在設法拉攏進步黨人，希望能梁啟超、蔡鍔的聲望來壓制國民黨，而任命蔣百里為保定軍校校長恰好是對梁、蔡的感情投資。

　　1912 年 12 月 17 日，蔣百里辭謝了蔡鍔的邀請，以少將銜走馬上任。陶菊隱在《蔣百里傳》中記載了第一天他到校視事時的情景：「學生看見他的風度和姿態，跟舊校長截然不同，一個白面書生，身着黃呢軍服，外加紅緞裏子的披風，腰掛長柄指揮刀，足登擦得發亮的長馬靴，騎着一頭高大的馬，這是整齊、嚴肅、漂亮的象徵。」[11] 他當天向學生訓話：「今天方震到校，有兩件事向同學們一談，一點關於精神方面，一點關於教育方

面。……方震如不稱職，當自殺以明責任。」[12]

蔣百里的思想與梁啟超、蔡鍔一脈相承，他們都擔心軍隊成為個人或黨派的工具，舊軍人只懂得效忠於個人或黨派，缺乏國家、民族的觀念，是很危險的。因此，要造就一支國家軍隊，就必須從軍人的人格修養、精神教育入手。上任伊始，他就向每個學生贈送了梁啟超所著《中國之武士道》一書，並在每本書上簽上自己的大名。此書作於光緒三十年（1904年）歲末，有感於日俄戰爭，日本戰勝，吸引了全球的目光，「攷其所以強盛之原因，咸曰由於其向所固有之武士道」。然而，梁啟超認為，所謂武士道，並非日本所專有，「吾中國者，特有之而不知尊重以至於銷滅而已」。於是，為了使中國的「武士道」發揚光大，梁啟超「著是書，蓋欲發吾宗之家寶以示子孫，今而後吾知吾國尚武之風，零落數千年，至是而將復活，而能振吾族於蕉頷凌夷之中，復一躍而登於榮顯之地位」。當時，蔣智由、楊度都曾為此書作序，他們所看重的「任俠敢死，變屬國風」，並非關係於「一身一家私恩私怨」，這種風俗習氣我們這裏從來不缺，我們所缺少的卻是「急國家之難」，為救天下，保種族，強國家而赴公義的精神。這種私鬥勇，公戰怯的民族性，或許正是中國武士道不及日本武士道之處。現在，蔣百里把這本書贈給他的每一個學生，其目的恐怕和孟子當年告誡齊宣王一樣，也是希望大家能「好大勇無好小勇」。[13]

但是，在保定軍校校長這個位置上，蔣百里只坐了六個多月，不僅辦好軍校的計劃在現實政治環境中無法實現，還差點把命搭上。身為記者的陶菊隱記下了校長室侍童史福對當晚發生之事的敍述：

> 校長由京裏回來的那天，是民國二年（一九一三年）六月十七日，距離接事時整整半年。他平日性情很溫和，可是那天的臉色非常難看，我不敢向他問長問短。晚上他叫我磨墨，磨好了揮手叫我出去，隨手把門閂上，但並未熄燈就寢。我疑心會有什麼事情發生。
>
> 我從門縫裏張望，看見他一面喝啤酒，一面寫信，我既不便走

開，又不敢叩門，就靠着門框打盹，一直等到凌晨。他叫我傳話號兵吹集合號。我見他精神還好，以為隔了一宵，他的一肚子氣都消除了。

陶菊隱還說道：

十八日早五時，全校教職員及學生共二千餘人站在尚武堂前聽校長的緊急訓話。學生們竊竊私議，「校長剛從北京回來，今天又忙着召集緊急訓話，怕莫有特殊事故發生」。俄而看見校長着軍服，佩指揮刀踱出來，把手槍藏在衣袋裏，用沉痛而低沉的語調說道：「我初到本校時，曾經教導你們，我要你們做的事，你們必須辦到；你們希望我做的事，我也必須辦到。你們辦不到，我要責罰你們；我辦不到，我也要責罰我自己。現在看來，你們一切都還好，沒有對不起我的事，我自己卻不能盡校長的責任，是我對不起你們。」

學生們看見校長的臉色泛着蒼白，聽他的話又說得那麼迷離惝怳，一時摸不着頭腦，都在提心吊膽地端立不動。又聽他接下去說：「不能盡責任就得辭職，但是中國的事情到處都是一樣，這兒辦不通，那兒也未必辦得通。你們不要動，要鼓起勇氣來擔當中國未來的大任！」

說時遲，那時快，只聽得清脆的槍聲一響，劃破了黎明前萬里長空的沉寂，學生劉文島提高嗓門大喊：「校長自殺了！」[14]

蔣百里的自殺震動了朝野，也振奮了保定軍校所有學員的精神。蔡鍔、熊希齡等立刻通電北京政府，要求查出事由，追究責任。幸運的是，他這一槍沒能致命，子彈從肋骨間穿過，僅擦傷了肺尖。在日本軍醫平戶的治療和護士佐藤屋子的精心護理下，蔣百里的傷口很快就復原了。這期間他不知不覺地墜入情網，一定要得到這位異國女子的愛情。由於他鍥而不捨的努力，佐藤屋子終於成了左梅夫人，並在以後的日子裏為他生下五

個女兒。左梅這個名字，也是蔣百里為她取的。因為他喜愛梅花，所以名之曰梅。

▌二人心灰意懶，同陷政治漩渦

傷癒後的蔣百里不再擔任軍校校長一職，只在總統府下屬的軍事處任參議這樣一個閒職。他先在天津休養了三個月，然後回到北京。這時，蔡鍔也辭去雲南都督，來到北京。梁啟超則先辭司法總長，再辭幣制局總裁，開始作進行國民教育的打算。他們三人常常一起切磋問題，蔣百里也常有文章在梁啟超主辦的《庸言》雜誌、《大中華》雜誌上發表。他應袁世凱之邀，撰寫《孫子淺釋》一書，就逐期在《庸言》雜誌上連載。不久，袁世凱要當皇帝的野心日益暴露，梁啟超、蔡鍔發起反袁，祕密策劃於天津梁啟超的家中。蔣百里也是幕後參與者之一。蔡鍔、梁啟超先後南下，蔣百里也相繼離開北京，來到上海，然後，又隨梁啟超轉道香港，進入廣西。1923 年，蔣母楊太夫人過世，他請梁啟超為母親撰寫墓誌銘，還提到這段經歷：「憶昔國難，同伏香港舟中。先生作家書，方震涕不敢侍，竊避以號。今幾何時，而方震亦為無父母人也。方震微先生無與歸。吾母微先生亦莫能傳。知在矜愛，敢乞銘誄。」[15]

袁世凱暴亡之後，形勢急轉直下。護國的硝煙尚未散去，新一輪權力爭奪已經緊鑼密鼓地拉開了帷幕。1916 年 7 月 6 日，新任總統黎元洪發佈了任蔡鍔為四川督軍兼省長的任命，這時蔡鍔的喉疾已相當嚴重，醫生建議他離開四川，到上海或日本就醫。他對新的任命力辭不就，又電請蔣百里入川，商議軍隊的善後問題。蔣百里從廣州趕回上海，左梅也被他接到上海，並送她啟程東渡，回日本歸寧探親。然後，他才化了裝，沿長江溯流而上，直奔四川。他與蔡鍔相見後，深感蔡的病情嚴重，不能再耽誤了。8 月 5 日，蔡鍔發表《佈告四川文武官民文》，8 月 9 日，又發表《告別蜀中父老文》，準備去蜀赴滬就醫。四川督軍及省長則由羅佩金接任。

曾有傳說蔡鍔想請蔣百里任督署參謀長兼代督軍，但沒有看到他就此事給北京政府黎、段等人的電文，恐怕也只能是傳說而已。此後直到蔡鍔病逝，蔣百里一直陪伴在他的身邊。臨終那天，蔡鍔「由護士勉強扶起來，憑窗了望日本飛機演習，又受了一次很大的刺激。他回顧百里說：『我早晚就要和你們分手了。我們建設國防尚未着手，而現代戰爭已由平面而轉立體，我國又不知道落後了多少年！我不死於對外作戰，死有餘憾。』」[16] 蔣百里聞言，只有心痛而已，他在致電黎元洪時說：「是蔡公身雖未死於疆場，實與陣亡者一例。而臨終之際，猶以未能裹屍於邊徼為遺恨，其情可哀，其志尤可念也。」[17]

梁啟超既有功成身退的承諾，到上海後，又得到了父親已於 3 月 14 日去世的消息，悲痛欲絕，當即致電軍務院和各都督總司令，請求辭去所擔任的各項職務。他原本就有退出政治、專注於社會教育、以在野的身份盡一份監督匡救政府之責任的想法，現在可謂機會難得。8 月 10 日，他對記者發表談話，就說到他對未來的設想。10 月 11 日，在給女兒令嫻的信中，他又一次說起「吾頃方謀一二教育事業」，以為「作官實易損人格，易習於懶惰於巧滑，終非安身立命之所」。[18] 護國戰爭結束後，梁啟超作《國體戰爭躬歷談》，也說到他對今後的打算：

> 當在天津與蔡君共謀義舉時，曾相約曰，今茲之役，若敗則吾儕死之，決不亡命；幸而勝則吾儕退隱，決不立朝。蓋以近年來國中競爭權利之風太盛，吾儕任事者宜以身作則，以矯正之。且吾以為中國今後之大患，在學問不昌，道德淪壞，非從社會教育痛下工夫，國勢將不可救。故吾願獻身於此，覺其關係視政治為尤重大也。[19]

料理了蔡鍔的後事，蔣百里曾有入川的打算，據說也是蔡鍔生前與梁啟超的謀劃，如果他病癒回國，將推薦蔣百里為四川督軍，依託四川的基礎，建設西南邊防，他則到北京執行其改造北洋軍隊的計劃。這當然又是

他們的一廂情願，隨着川滇黔三角戰爭的興起，戴戡和張承禮（耀亭）被川軍劉存厚部所殺，這個計劃也就煙消雲散了。所幸他在湘中考察蔡鍔的墾地耽擱了幾天，躲過了這場大難。平安回到北京的他，頗有些心灰意懶，他在黎元洪的總統府做個掛名顧問，實際上是想追隨梁啟超研究學問去了。

但梁啟超暫時還不能如願從現實政治中脫身，他很想遠離政治，但諸多政治問題卻找上門來，他不期然地又一次捲入政治漩渦之中，幾乎被洶湧而來的濁流所淹沒。而研究學問的願望，也只好往後放一放。最初只是黎元洪繼任總統的依據問題，是以民國元年的舊約法和民國二年十月公佈的總統選舉法為依據呢，還是以民國三年袁世凱頒佈的所謂新約法為依據呢？關於新舊約法的這場爭論，竟然成了一年後護法運動的濫觴，這是許多人事先沒有想到的。

梁啟超自然是主張恢復舊約法和國會的，他在袁世凱死訊發表的第二天，就曾分別致電段祺瑞、馮國璋，以及獨立各省的都督和司令們，反覆申述這樣幾點：一、請黎大總統即日依法就職，免生枝節；二、保持北方軍隊穩定，保持秩序，以待善後；三、獨立各省要支持、幫助段祺瑞收拾北方，毋使孤立；四、聯絡未獨立各省，統一意見，即開國會。僅隔一天，他又致電黎大總統，特別指出：「項城以違法專欲失天下望，今宜盡反其所為，請以明令規復舊約法效力，克期召集國會，委任段公組織新閣，延攬各派俊彥，署理閣員，共圖匡濟，帝制禍首不懲，無以謝天下，請分別拘留候裁判，必民氣平，民志定，然後一切興革乃有着手。」[20]

但是，段祺瑞卻自有主張。他不是不想當總統，然而他非常清楚，在通往總統的道路上，還有兩大障礙是他暫時無法跨越的：第一，南方護國軍早已提出袁退黎繼為南北議和的先決條件，除了黎元洪，誰繼任總統，護國軍都不會答應，南北統一更無從談起；第二，在北洋內部，段祺瑞的威望和袁世凱無法相比，如果他硬要當總統，恐怕會引起北洋其他勢力的反對，發生內訌。據張國淦回憶，袁將死時，「段曾召集幕僚整整開了一

夜會，商討要不要讓副總統黎元洪繼任總統。段拿了筆，考慮了一夜，想不出好主意，最後把筆向地上一甩說：『好吧！去接他來吧！』」²¹

段祺瑞自然有他的如意算盤，他可以順應民意擁黎為總統，但他只是把黎當作一個過渡人物，暫時作他的傀儡，大權則完全掌握在自己手裏。他既有這樣的打算，當然不希望弄個國會來約束自己，而如果恢復元年約法，則諸事必受國會的裁制，他要大權獨攬勢必就會有所妨礙。所以，他在恢復舊約法、召集舊國會的問題上，一直採取曖昧的拖延態度，直到 6 月 22 日，他才通電明確反對恢復民國元年約法，主張仍以民國三年約法為根據。但他的通電馬上遭到梁啟超的駁覆，6 月 25 日，梁啟超致電段祺瑞，勸他不要糊塗，還是立即宣佈恢復元年約法的好。這一天還發生了駐滬海軍總司令李鼎新、第一艦隊司令林葆懌、練習艦隊司令曾兆麟宣佈脫離北洋政府海軍部，率部加入護國軍，並要求恢復民元約法、民二國會的事件。面對這種情況，段祺瑞不得不作出妥協。6 月 29 日，他以大總統黎元洪的名義宣佈遵行民國元年的《臨時約法》，並定於當年 8 月 1 日續行召集國會。同一天，又有大總統重新任命段祺瑞為國務總理的策令，隨後，梁啟超也致電唐繼堯等西南首領，勸他們盡快撤銷軍務院，並促成了軍務院在 7 月 14 日宣告撤銷。等到 8 月 1 日國會召開於北京，民國之後的第二次南北統一，至少在表面上是實現了。

但樹欲靜而風不止，隨着約法、國會問題的解決，新的問題又出現了。如果說此前的權力之爭還打着「約法」、「國會」的旗號，那麼現在，已經變成了赤裸裸的瓜分和掠奪，大家的目光全部集中在督軍、省長位子的分配上。這種權力的爭奪最初只發生在北洋軍閥與民黨之間，發生在黎元洪所代表的「府」與段祺瑞所代表的「院」之間。但在國會裏，研究系的人都傾向於支持段祺瑞，而民黨則分裂成幾個不同的小團體，分別代表孫中山的中華革命黨和南方獨立各省的利益。就研究系而言，固然和梁啟超有關，其骨幹分子主要是 1906 年以來君主立憲運動中曾與梁啟超有過合作的官僚士紳，也就是後來的進步黨。舊國會恢復以後，他們組成了兩個團體，一個憲法討論會，以湯化龍、劉崇佑為首，一個憲法研究會，以

梁啟超、林長民為首。後來，由於昔日的國民黨人有在國會坐大的趨勢，他們才再次聯合起來，統稱憲法研究會，但也並非是有嚴密組織的政治團體。1927年，梁啟超對他的兒女解釋說：「我們沒有團體的嚴整組織，朋友們總是自由活動，各行其是，亦沒有法子去部勒他們（也從未作此想），別人看見我們的朋友關係，便認為黨派關係，把個人行動認為黨派行動，既無從辯白，抑亦不欲辯白。」[22] 梁啟超的這番話部分地說明了所謂研究系的性質。

這時的梁啟超，一方面還在為死去的父親「守制」，另一方面，卻也不想放棄脫離政治的機會。但是，他與政治的關係一時又還「斬不斷，理還亂」，很多時候，不能不出面發言表態。1917年1月，結束了百日守制的梁啟超，離滬入京，一路上，他還分別在南京和徐州拜訪了馮國璋和張勳。不過，平心而論，梁啟超此時雖然與段祺瑞走得很近，卻並非完全投靠於他，並沒有完全站在他的一邊，還是想盡力調和段祺瑞與國民黨的關係。

▋ 是否應該對德國宣戰

誰知，1月31日，德國政府通知各中立國政府，自2月1日起，施行無限制潛艇襲擊政策。2月3日，美國宣佈與德國絕交，並照會中國政府，與其採取一致行動，而且承諾設法援助中國，使中國能負起對德絕交後的責任。2月9日，黎元洪與段祺瑞共同主持國務員聯席會議，決定對德國提出抗議，並答覆美國，將與其採取同一行動。同一天，在對德提出抗議前數小時，段祺瑞還派汪大燮到日本公使館作了口頭說明，並以國務院的名義電令駐日公使章宗祥正式向日本政府說明情況。儘管如此，此舉還是引起了日本政府的不滿，他們通過章宗祥向北京政府轉達兩點意見：第一，中國對德應「即行宣佈斷絕國交」；第二，對中國處理對德外交中的重美輕日政策表示不滿。[23]

實際上，自歐戰開始以來，英國一直希望中國加入協約國一方。日本政府最初不贊成這樣做，認為中國參戰將增強中國在國際事務中的地位，從而降低日本作為中國代言人的地位。與日本磋商的結果，英國承諾在未取得日本同意時不就中國參戰進行談判。但美國卻打算歐戰之機與日本爭奪在華利益，試圖控制段祺瑞政府。他們既然得到了段祺瑞政府的承諾，將與其採取一致行動，便認為這是自己在外交方面取得的一次勝利。但日本的抗議卻使得一直以來與日本關係密切的段祺瑞政府不得不考慮疏遠美國。2月11日，段祺瑞致電章宗祥轉達日本政府，保證此後不再發生類似的情況，一切對德行動，均以「誠意接洽」，「與日本取同一之態度」。日本方面則表示「深為滿足」。這樣一來，美國的態度又由積極變成了消極，尤其是在參戰以後，更難顧及到中國，也樂得由日本出面促成中國參戰。但美國的這一轉變卻使得以黎元洪為首的親美派失去了依託。如果說最初他們同意對德提出抗議，主要是想給美國一個交代，那麼現在日本取代了美國，而黎又不願意跟着段祺瑞走日本路線，所以，他只能改口反對與德國絕交並宣戰。2月28日，段祺瑞率領全體閣員謁黎元洪，說明對德外交方針，主張由絕交而宣戰，並加入協約國。黎元洪表示，首先應徵得國會同意，絕交宣戰尚非其時。3月1日，段祺瑞再次率領全體閣員前往總統府舉行最高國務會議，討論對德絕交問題。黎元洪認為，此事關係重大，應交國會覆議。3月3日，段祺瑞主持國務會議通過了對德絕交案，並於次日率全體閣員到總統府，請黎元洪蓋印，黎予以拒絕，段遂於當晚負氣出走天津。黎元洪先派了蔣作賓、湯化龍、靳雲鵬等赴天津勸撫，無效，又想甩掉段祺瑞，請徐世昌出任內閣總理，王士珍繼任陸軍總長，但二人表示拒絕。無奈之中，他又央求馮國璋赴津，請段回京，並答應了馮提出的三個條件：第一，此次國務會議決定之外交方針，總統不加反對；第二，國務院擬發之命令，總統不拒蓋印；第三，致各省及駐各國公使之訓電，總統不提異議。3月8日，回京後的段祺瑞將已經黎元洪蓋印的對德絕交諮文提交國會。3月10日，眾議院通過對德絕交案。次日，參議院通過對德絕交案。14日，北京政府宣佈了對德絕交令。原本，大部分督軍是反對

加入協約國和對德宣戰的，為了統一督軍們的意見，4月25日，段祺瑞在北京召開督軍團會議，說服他們支持「宣戰案」。[24]

5月1日，國務會議討論對德宣戰問題，督軍團的倪嗣沖、張懷芝等人忽然闖入，強迫國務員通過宣戰案。5月3日，段祺瑞宴請國會議員，疏通宣戰案。次日，督軍團再次宴請國會議員，並派代表見黎元洪，被黎斥為軍人干政。5月10日，眾議院開會審查對德宣戰案，忽有所謂公民請願團、五族請願團、北京市民主戰請願團、軍政商界請願團等大約三千多人，包圍了眾議院。他們散發傳單，毆打議員，聲言必俟宣戰案通過才能解散。眾議院停止會議，以示抗議，宣戰案亦因此而被擱置緩議。第二天，外交總長伍廷芳、司法總長張耀曾、農商總長谷鍾秀、海軍總長程璧光提出辭職，教育總長范源濂隨後也提交辭呈，如果加上先前去職的陳錦濤、許世英二人，此時的內閣就剩下段祺瑞一人了。5月18日，《英文京報》披露了段祺瑞政府與日本簽訂中日密約的部分內容，報導說：「一萬萬元大借款，以二千萬元作日本改組軍械廠用，以八千萬元作招募及訓練一特別新軍之需，中國允將上海、漢陽、鞏縣三處之軍械廠交與日本。」此事讓國會議員們更加憤慨，遂決心倒段。這一天恰逢眾議院例會，於是作出決議：現內閣僅餘段總理一人，不能行責任內閣之實，建議對德宣戰案「暫行緩議」，俟內閣改組後再行討論。督軍團則呈請總統要求解散國會。但黎元洪不僅拒絕解散國會，更於5月23日簽署命令，罷免了段祺瑞國務總理和陸軍總長的職務。同一天，段祺瑞通電聲明，指責黎元洪這項命令非法。北洋的督軍們亦紛紛響應，向黎元洪公開發難。第二天，張勳致電黎大總統，謂各省以中央首先破壞法律，群情憤激，唯有自由行動。安徽省長倪嗣沖率先通電，宣稱本省獨立，隨後，陝西督軍陳樹藩、河南督軍趙倜、省長田文烈，浙江督軍楊善德、省長齊燮元，奉天督軍兼署省長張作霖，山東督軍兼署省長張懷芝，黑龍江督軍兼署省長畢桂芳、直隸督軍曹錕、省長朱家寶，福建督軍李厚基，淞滬護軍使盧永祥、第二十師師長范國璋及山西督軍閻錫山紛紛宣佈與中央脫離關係，並在天津設立了獨立各省總參謀處。面對這種局面，手足無措的黎元洪只得發表通

電，向督軍妥協，並電召張勳進京調停。5 月 30 日，張勳致電黎元洪，提出五項「北上調停」的條件：「一、解散國會；二、段公復職；三、督軍參議憲法；四、擯斥群小；五、大赦帝制黨人。」此時的黎元洪，完全接受張勳條件，心有不甘；重新組織內閣，又無人支持；想辭職走人，還辭不掉，萬般無奈中同意解散國會，但命令擬好之後，竟連一個副署的人都找不到。

接下來就上演了張勳復辟這一幕滑稽劇。這齣戲開場快，收場也快。7 月 1 日，宣統復位，改民國六年七月一日為宣統九年五月十三日；7 月 3 日，段祺瑞通電討伐張勳，黎元洪倉皇躲進日本公使館；7 月 12 日，討逆軍進入北京，辮子軍投降，張勳逃到荷蘭使館尋求避難，復辟鬧劇至此落下帷幕。這場變故最大的贏家就是段祺瑞，他不僅重新掌握了國家權力，而且，妨礙他專權的兩大勢力——國會和總統，都被打垮了。當時就有人指出：「復辟之役，乃是段祺瑞傾覆國會，推倒總統，攫取政權之一種手段。」[25]7 月 17 日，段祺瑞發表了新內閣名單：國務總理兼陸軍總長段祺瑞、外交汪大燮、內務湯化龍、財政梁啟超、司法林長民、農商張國淦、教育范源濂、交通曹汝霖、海軍劉冠雄。看得出來，段內閣成員主要是由北洋派、研究系、新交通系組成的，完全排除了國民黨和南方陣營的其他派別。[26]

就在新內閣宣佈的第二天，英、日、法、俄四國公使又一次向中國政府提出了參戰的要求，7 月 20 日，日本內閣甚至作出了「援段抑孫」的決議。這更加促使北京政府把參戰問題作為當前最迫切的問題加以解決。8 月 14 日，北京政府正式對德、奧宣戰，並照會駐京的各國公使。至此，這個影響中國政局半年之久的外交事件總算有了結果。這個結果應該是梁啟超所希望看到的，他是最早、也是最堅決地主張加入協約國，對德宣戰的。他在一段時間裏甚至是段祺瑞唯一的支持者。但他與段祺瑞不同，段祺瑞所謂對德宣戰，其實是「宣而不戰」，目的是掩蓋對內的「戰而不宣」。這種說法源自溫世霖的《段氏賣國記》，在他看來，段祺瑞的「對德宣戰，既與協約國之作戰主義根本矛盾，亦無贊助協約國之真誠，不過

欲日本之武力與經濟，以殘殺同胞，壓迫異己，宰制全國而已」。[27] 而梁啟超是以加富爾自居，他希望能像意大利的加富爾加入克里米亞戰爭那樣，通過參加歐戰，提高中國在國際上的地位。

他從一開始就指出，為何提出對德宣戰問題呢？「其根本義乃在因應世界大勢而為我國家熟籌將來所以自處之途。第一從積極進取方面言之，非乘此時有所自表見（現），不足以奮進以求廁身於國際團體之林；從消極維持現狀言之，非與周遭關係密切之國同其利害，不復能蒙均勢之庇。」[28] 他在《外交方針質言》中詳細論述了「積極進取方面」和「消極維持現狀」兩種情況，他所得到的結論，是不論積極還是消極，都不能錯過對德宣戰這個機會。在這裏，他專門講到了加富爾，他說：

> 其與我國今日情勢最相類而為吾儕所當效法者，莫如加富爾所手創之意大利。意大利之前身為薩的尼亞（撒丁王國），實阿爾頻山（阿爾卑斯山）下一小王國，其面積人口曾不能當吾一大縣也。時加富爾實為薩相，當哥里米戰爭（克里米亞戰爭）之起，加氏攫此機會，加入英法聯軍，遣七千人參戰，因以求列席之千八百五十六年之巴黎會議。奧人側目，而以英法之助，莫可如何。其後，意卒賴英法之助，以成統一之大業，為第一等國。以迄今茲，問薩之與俄當時有何種宣戰理由，吾苦不能知之，以蕞爾之薩，懾服於強奧肘下，而貿然與歐洲一大國為敵，其冒險之程度何若？至今尚可推想也。抑區區七千人，其足為輕重於英法聯軍者幾何？當時有與加富爾同稱建國三傑曰瑪志尼者，反對加氏政策，不遺餘力，謂其以國家為孤注，國之亡將無日，而加氏毅然行之，英法驩（歡）然親之，卒以創建新國家，而左右歐洲之國際團體以至今日。[29]

當時，反對梁啟超的人很多，他一時成了公眾輿論的眾矢之的，即使老朋友也不能理解他，伍莊在致梁啟超的信中說了一番話，就頗有代表性。他說：「兄數十年惓惓愛國之心，其結果則中國乃亡於兄手，兄縱不

愛惜其名譽，獨不愛惜國家乎？」當時，用這樣的眼光看待梁啟超的人不在少數，所謂「今則國人皆反對之」。[30] 然而，反對他的人雖多，未必證明他就是錯的，許多年後，伍莊在回憶梁啟超的文章中承認：「張勳既敗，先生本不欲復出，但以主張對德宣戰之故，欲貫徹其主張，因復就段閣之財政總長焉。卒之主張實現，中國賴以取得國際上之種種便利，出席於歐洲和平會議，先生之功，不可沒也。」他甚至有些惋惜：「先生當時之志願尤（猶）不止此，先生力勸段祺瑞親帶兵赴歐洲戰場。可惜段氏為宵小所包圍，不聽先生之言，先生之大志願仍不得達。」[31] 在這裏，梁啟超充分顯示了一個政治家的遠見卓識，他不代表哪一黨，哪一派，他只代表中國人的良知。

可以說，梁啟超與段祺瑞，在對德宣戰這一點上是不期然走到一起的，他們一時成為同盟者，卻並不說明他們的訴求也是一致的。事實上，在梁啟超看來，無論是主張對德宣戰的段祺瑞，還是反對對德宣戰的各種勢力，他們的真實企圖其實是一樣的：「吾請赤條條直揭之曰，今度之爭，曷嘗有所謂外交問題，實不枝不蔓一線到底之政權問題已耳。蓋國中有歷史上不相容之兩種勢力，兩造皆徒知責人，而不知自反，彼此蓄怨、積怒之日既久，日日雷風相薄，水火相射，極於今茲，殆將圖窮而匕首見。今日之具體問題，即內閣與國會之生命問題而已。」這段話見於梁啟超所作《政局藥言》一文，這篇文章是他為政局病象所開的藥方。1917 年 5 月 10 日，發生了所謂公民請願團衝擊國會、毆打議員的惡性事件，並引發了後來的一系列政治危機。當天夜裏，梁啟超便寫了這篇文章。但是，在當時那種情況下，一邊是想集權的北洋軍閥，一邊是要奪權或分權的革命黨和各種地方勢力，夾在中間的梁啟超能有什麼好藥呢？他所能做的，只有苦口婆心地勸告雙方要顧全大局，多為國家的前途安危着想，儘管他知道，「今者雙方皆積憤發狂，居間者之言，何由傾聽」。但他仍然「願兩造為國家之利害一傾聽之，即不爾，猶願其為自身終局之利害一傾聽之」。但在兩派打得不可開交、勢同水火的時候，誰能聽進梁啟超的勸告呢？[32]

後來果然發生了倒閣、解散國會、趕走總統、復辟帝制等一系列政治風潮，中國的政局幾乎糜爛到不可收拾的地步。但隨着段祺瑞重新掌權，新內閣名單次第公佈，梁啟超又有了進一步與段祺瑞合作的打算。這恐怕是因為，研究系，也就是先前的進步黨，在這屆內閣中佔了主流，又一次激發起他的希望和熱情。同時，他也很看重段祺瑞在復辟之變發生後能夠迅速地作出反應：「倘非紀明（段祺瑞）有馬廠之行，則今日正不知成何世界。馬廠出兵倘遲三日，則大江以北，稱臣者從風而靡矣。」所以他這樣袒露其心聲：「故弟明知今日萬難之局，猶犧牲一切，願與之分擔責任，誠以不扶助此人，則國事更無望也。」[33] 這倒很像二次革命後進步黨與袁世凱合作時的情形，只不過段祺瑞比袁世凱更少了些權謀和機巧，他們的合作更不可能長久。但在最初，他還沉浸在一個要把段祺瑞引入軌道的舊夢裏。7 月 30 日，《申報》報導了他在憲法研究會的講話：「憲法研究會昨開大會，梁任公報告入閣主義，在樹政黨政治模範，實現吾輩政策，故為國家計，為團體計，不得不犧牲個人，冒險奮鬥，允宜引他黨於軌道，不可摧殘演成一黨專制惡果。吾人負此重責，願諸君為後盾。」[34]

梁啟超入閣後的次日，便與湯化龍等人商議，暫時先不恢復國會，而是組織臨時參議院。梁啟超不懂得國會的重要性嗎？當然不是。在當時，很少有人比梁啟超更了解和看重國會在國家政治生活中的作用了。但在那個特定時刻，他卻認為：「對於國會主張，恢復之不能，改選之不可，而以召集臨時參議院惟比較的無上上策。」[35] 那麼理由何在呢？他針對當時的三種說法，分別加以說明。首先是恢復國會的說法。他指出，國會是被總統明令解散的，絕沒有重新召集的道理。而且，即使勉強召集起來，也不會再有以往的威信。他借用唐繼堯的說法，把國會比作破瓦罐，既然已被打碎，要重新收拾起來幾乎是不可能的。其次，改選國會的說法。他認為，這種說法雖持之有故，但做起來困難很多。這是因為，國會選舉，程序非常複雜，需要很長時間，很多的人力、物力，如果倉促進行，恐怕蹈民國初年的覆轍。第三是改組國會的說法。陸榮廷就主張這麼做。但梁

啟超提醒他注意，「然改組國會，必先改《國會組織法》，尤必先有提議改組並制定法律之機關，其職權又必為法律所許可者」。如果沒有合法的機關，改組之說是得不到落實的。既然如此，合法的機關又在哪裏呢？他說：「夫今日既為遵行《約法》時代，則所謂合法之立法機關，無過於《約法》上之參議院者。其立法之職權，載在《約法》，斑然可考。夫國會之職權，乃由《約法》上之參議院遞嬗而來。有參議院行使立法職權，即無異於國會之存在，是與《約法》精神、共和本旨皆不違悖。且人數無多，選派由地方自定，依據《約法》，可以迅速成立。救時之圖，計無踰於此者。」他還說，制定憲法的權力本屬於國會，現在，各省督軍主張另外組織制定憲法的機關，要這樣做，必須增修《約法》，然而誰有權力增修《約法》呢？「惟《約法》上之參議院，乃有此職權，是非召集《約法》上之參議院不為功也。」而且，「《國會組織法》，乃《約法》上參議院所制定。既有制定之權界以修改之任，於法為宜，於理為順。則改組之主張，亦必先召集《約法》上之參議院，乃能貫徹也」。[36] 應該說，他的這番話已經很透徹地解釋了暫時不能恢復國會，只能召集臨時參議院的理由和必要性。但他還是過於書生氣了，以為他們是可以講道理的。其實，無論北洋軍閥，還是南方國民黨；無論直系皖系，還是兩廣雲貴，他們支持或反對恢復國會，召集臨時參議院，都只是一種姿態，給人看的，他們各懷着野心，就是要爭權力，搶地盤。孫中山便以此為藉口，發起護法運動，先做了南方軍政府的大元帥，直接造成了南北對抗的局面。這是梁啟超始料不及的，也是他不願看到的。直到 10 月 3 日，他還致電廣東省長李耀漢，痛心地說：「一國家決不能有兩政府。」[37]

▍退出政界，同遊歐洲

　　一年後，梁啟超已完全退出政治活動，他回答某報記者提問也就很直截了當：

現在雙方，甲主威信，乙言護法，皆欲自佔一好名目，而將戰爭之責任嫁與其敵，實則使兩方主戰。此清夜捫心，自問何嘗有所謂威信，所謂護法，蓋皆有不（可）告人之隱，特此以自掩護耳。若北方果為威信而戰也，威信能行於南方與否，且勿論，試問中央對於北方諸督威信何在，愈主戰而愈倒持大（太）阿，以授彼在外擁兵之軍閥，以此言威信，失將誰欺？若南方果為護法而戰也，北方能守法與否，且勿論，試問南方舉動有一合法者乎？同一法也，便己則護之，不便則不護，敵違法則護法，我違法則護我，以此言，護法又將誰欺？實則彼雙方者，曷嘗知威信護法作何解釋，其心目中曷嘗有絲毫威信護法之念存，直盜此美名，以天下人為可欺耳。[38]

儘管如此，這時的梁啟超還有一個夙願，就是想對中國的幣制作一番徹底的改革，以挽救中國的金融和財政。他對某通訊社記者說：「幣制改革為吾十餘年之主張，予長財政部後，向四國銀行團重提幣制借款之議，此事實也。」他有一個分三步走的計劃：「以統一銀幣為第一步，以整理紙幣為第二步，以採用金匯兌本位為第三步。金本位之實行，必待銀幣紙幣整理之後。」[39]

這套改革方案他在民國元年尚未回國之時就曾以《財政問題商榷書》的方式向袁世凱提出過；民國三年，他任幣制局總裁，也想有一番作為，並擬訂了具體計劃。但「任公所研究之政策，及其設施之次第，又為時勢所迫，不能實行，於是此局遂同虛設」，梁啟超也於無奈中辭職。[40] 但他抱定一種想法：「蓋中國財政金融上苟無一種辦法，則中國前途惟有黑暗而已。」[41] 此次出任財政總長，在他看來就是實現其抱負的絕好機會，所以「頗為樂觀」。[42] 當時有個機會是可以利用的，即中國對德宣戰之後，協約各國承諾將庚子賠款暫緩五年，每年可以少支付一千三百餘萬元，五年下來就有六千五百萬元。此款如何利用，在當時是個很大的問題。如果由關稅按月撥出，用於行政經費的消耗，只能是消極地維持現狀，於國家財政

的恢復一點好處都沒有。他與熊希齡商議，想請國務會議作出決定，將緩付賠款撥為幣制經費，再加上幣制借款，作為發行公債之抵當，發行國內公債，一舉解決幣制問題。但由於段祺瑞政府一心要對南方用兵，軍費支出甚巨，當年總收入，包括第一年緩付賠款的一千三百餘萬元，共約七千萬元，全部用於中央軍費及行政費，才勉強夠用。而各省還在增添新的軍隊，陸軍部也要求繼續增加軍費，軍事方興未艾，而財政卻實在沒有迴旋餘地。這時又傳說政府正在祕密對日進行軍械借款，而他這個財政總長竟被蒙在鼓裏，毫不知情。於是，他呈請馮國璋、段祺瑞，希望另選能人來接替他的職務，他說：「唯□□此次入閣，竭智殫誠，以謀整理，不幸事與願違，負疚引退。」[43] 儘管如此，他真正辭職已經是在 11 月 15 日內閣全體呈請辭職之後了。

民國以來，至今已是第七個年頭，梁啟超一直夢想着能有所作為，但始終不能如其所願。袁世凱當權，他幾乎一事無成；換了段祺瑞、馮國璋當政，他仍然一事無成。他在給籍亮儕的信中勸他「勿與聞人家國事，一二年中國非我輩之國，他人之國也」[44] 一個愛國者，時刻把國家前途和命運放在心上的人，竟然說出這樣一番痛心疾首的話，可見其所受傷害之深、之痛，因此聯想到多年前在電影《苦戀》（《苦戀》是劇作家、詩人白樺創作的劇本，據此拍攝的電影改名《太陽和人》，劇終時，主人公凌晨光在臨死前用盡最後的力氣，在雪地爬出一個碩大無比的問號）中看到的那個巨大問號，那也是一個愛國者在冰天雪地裏用溫熱的身體留下的巨大問號。幾年的痛苦經歷深深地刺痛了他，他看透了這些人的嘴臉：「況我國之為軍國主義，乃由少數蠢如豕貪如羊狠如狼之武人，竊取名號以營其私，若此者無南無北，無新無舊，已一邱之貉也。更質言之，則現在擁兵弄兵之人，實我國民公敵，其運命與國家之運命不能並存。」[45] 所以，幾個月來，他不願再與段祺瑞這些人來往，「殊不欲作無謂之緣，以惹魔障」。他閉門謝客，「邈然幾與世絕」，專心致力於中國通史的寫作；並為女兒令嫻等講解國學源流，「思順所記講義已褭然成巨帙」。[46]

這時，蔣百里亦閒居在京，由於薪金減少，生活也越發地困頓。但

他和梁啟超的往來卻更加密切了。梁啟超主辦的《庸言報》和《大中華雜誌》，其中有關軍事的論文，都請蔣百里執筆，其「軍事學者」的名聲由此而廣為傳播。年初，張君勱致信梁啟超，說到晨間唐規嚴來商量發起松社之事。他還提到，去年，蔣百里在天津養病，也曾與梁啟超提及此舉。除了以此來紀念病逝不久的蔡鍔將軍，他們還希望梁啟超能像羅澤南和曾國藩那樣，以其對社會的影響，倡導一種社會風氣。他們設想中的松社，其實是一個鬆散的「以讀書、養性、敦品、勵行為宗旨」的團體，參加者僅以平日來往較多的朋友和可以信任的軍人政客為主，居住在天津的梁啟超每週來北京作一兩次有關人心風俗的演講，同時兼及個人所感興趣的學問研究。[47] 如果梁啟超肯帶這個頭，他當與規嚴、百里商議具體的辦法。七八月間，梁啟超致信陳敬第，提到了松社開會的時間和擬辦雜誌的方式，可見此事已提上日程。不過，由於梁啟超著述過勤，勞累過度，八九月間忽然得了嘔血病，痊癒之後，又要準備歐洲之行，松社的事就放下了。回國之後，組織共學社，發起講學社，整頓《改造》雜誌，開辦松坡圖書館，其實都是發起松社的餘緒。

梁啟超早有旅歐的打算，退出政界之初就已開始籌劃，未能成行的原因主要是旅費一時沒有着落。1918 年 11 月，第一次世界大戰以德奧戰敗投降而結束，給了梁啟超一個很好的前赴歐洲的理由。經過多方周旋與接洽，梁啟超得到一個以私人資格，其實是中國赴巴黎和會代表團非正式顧問的身份前往歐洲的機會，他要「看看這空前絕後的歷史劇怎樣收場」，並「將我們的冤苦，向世界輿論伸訴伸訴，也算盡一二分國民責任」。[48] 此行需要經費大約十萬元，其中「公家所給僅六萬，朋舊饋贐約四萬耳」。[49]12 月 23 日，梁啟超一行七人，蔣百里、劉崇傑、丁文江、張君勱、徐新六、楊維新，由北京動身，前往歐洲。這些人中，蔣百里、張君勱、劉崇傑三位是他的老朋友，楊維新作為錄事隨行，並請了徐新六作為他的財政經濟顧問。但他仍感到有所不足，很想再有一位科學專家同行，才能對於現代的歐洲有徹底的認識，於是，徐新六就推薦了丁文江。由於這個機緣，梁啟超與丁文江得以結識。

梁啟超在《歐遊心影錄》中講到他們最初的行程:「我們是民國七年（1918年）十二月廿三日由北京動身,天津宿一宵,恰好嚴范孫（修）、范靜生（源濂）從美國回來,二十四早剛到,得一次暢談,最算快事。二十四晚發天津,二十六早到南京,在督署中飯後,即往上海。張季直由南通來會,念七（二十七日）午,國際稅法平等會開會相餞,季直主席,我把我對於關稅問題的意見演說一回。是晚我們和張東蓀、黃溯初談了一個通宵,着實將從前迷夢的政治活動懺悔一番,相約以後決然捨棄,要從思想界盡些微力,這一席話,要算我們朋輩中換了一個新生命了。念八（二十八日）晨上船,搭的是日本郵船會社的橫濱丸。」[50]

上海《申報》曾於12月10日報導,梁啟超一行將於12月28日由上海啟程,直航歐洲。梁啟超同日寫給梁思順的信中也提到出發時間為12月29日,但事實上提前了一天。而且,由於船位缺乏,七個人不得不分為兩路,梁啟超、蔣百里、劉崇傑、張君勱、楊維新五人取道印度洋、地中海,直達英國倫敦,丁文江、徐新六則繞道太平洋、大西洋,前往歐洲。這天早晨,他們登船之後,梁啟超意外發現,他和這艘船竟還有一段因緣。大約三年前,為了策動廣西陸榮廷獨立,他曾冒險繞道香港、越南,潛入廣西,當時乘坐的就是這艘橫濱丸。為了躲避滬港間偵探的耳目,他就藏在艙底氣爐旁邊一間貯存郵件的小房間裏。現在又乘此船,而那時同行的湯覺頓、黃孟曦都已死於洪憲之難,俯仰陳跡,真乃不勝哀感。船行之後,每日與天光海色相對,梁啟超心情極佳,晨起觀日出,然後,練習法文,約一時許,接着流覽日文書籍,兩三天讀完一本,中午稍微休息片刻,即與百里下棋,每日兩三局,傍晚打球戲,晚飯後談文學書,中間仍時時溫習法文。生活很充實,也很有情致,「間亦作詩,為樂無極」。他在船上致信女兒令嫻,感慨「登陸後恐無復此樂矣」。他還對女兒提到未來的計劃:「在歐擬勾留七八月,歸途將取道巴爾幹,入小亞細亞,訪猶太、埃及遺跡,更在印度略盤桓,便到緬甸,攜汝同歸也。」不過,由於後來發生了一些變化,這個計劃結果是落空了。[51]

1919年2月12日中午[52],梁啟超一行抵達倫敦。這時,丁文江、徐

新六二人已在倫敦迎候他們了。戰後倫敦的情形超過了他的想象，他在《歐遊心影錄》中寫道：「我們才登岸，戰後慘澹淒涼景況，已經觸目皆是。我們住的旅館，雖非頂闊，也還算上等，然而室中暖氣管是關閉了，每個房間給一斗多的碎煤，算是一日二十四點鐘的燃料。電力到處克減，一盞慘綠色的電燈，孤孤零零好像流螢自照。自來火的稀罕，就像金剛石，我們有煙癖的人，沒有鑽燧取火的本領，只好強迫戒掉了。我們在旅館客屋吃茶，看見隔座一位貴婦人從項圈下珍珍重重取出一個金盒子來，你猜裏頭什麼東西呢？哈哈，是一小方塊白糖，他連客也不讓，劈了一半，放在自家茶盌裏，那一半仍舊珍珍重重交給他的項圈。」[53] 他在倫敦居留一週，2月18日抵達巴黎，這時，巴黎和會開幕恰恰滿了一個月。由於法國總理克里孟梭被刺，住院治療，美國總統威爾遜回國，尚未歸來，英國首相勞合·喬治亦回英國休假，三個決定和會命運的首腦人物都不在，和會也就沒有什麼事情可做了，梁啟超一行遂決定乘此機會去戰地旅遊。

他們此行由巴黎出發，主要遊歷法國南部戰地，同行的除了蔣百里、劉崇傑、楊維新之外，還有徐巽言和王受卿，加上法國政府所派隨員二人，一共九人（疑漏掉徐新六）。張君勱正在倫敦參加國際聯盟研究會的活動，丁文江要去洛林州調查礦業，都沒有參加。法國政府對他們招待得十分殷勤，一切費用都由法國政府承擔，搞得梁啟超很不好意思，以為既是私人漫遊，「這種禮貌，實太過優渥了」。[54] 這一次，他們「是三月初六日由巴黎起程，十七日回來，遊的地方，是從馬崙河一帶起，經凡爾登，入洛林州，再入亞爾薩士州，折到萊茵河右岸聯軍佔領地，假道比利時，循謨士河，穿過興登堡線一帶，到梭阿桑，南返巴黎」。[55] 一路上，他們看到的都是陰森景象，梁啟超因此大為感慨：「比起破壞的程度來，反覺得自然界的暴力，遠不及人類，野蠻人的暴力，又遠不及文明人哩。」[56] 後來，梁啟超撰寫了《西歐戰場形勢及戰局概觀》一文，並請擅長軍事的蔣百里撰寫了《德國戰敗之諸因》，算是為從前他們所欽佩的德國撰寫了一篇悼詞。

蔣百里的這篇文章得自遊歷後的思考，他不是就戰爭談戰爭，而是從國家的政治方略和國際關係入手，分析戰爭勝敗的原因。所以，他看穿了德國的戰敗不是敗於軍事，而是敗於內外政治。「其在外，則德法之世仇，而重以德英之衝突，而三國協商日進於成。其在內，則政治之自由，加以貧富之階級，而社會主義日趨於盛，擴充軍備一之不已，至於再，至於三，凡以求平和及以求戰也。夫一國而至於求戰以自保，此可暫不可久之勢，必有一日至於敗者也。」[57] 他得出結論：「軍閥之為政，以剛強自喜，而結果也必陷於優柔而自亡。外強而中幹，上剛而下柔，是其徵也。」所以，梁啟超稱讚蔣百里講的是至理名言，他說：「老實說一句，軍閥執政的國家，非弄到這種下台，不能了賬。」他以日本為例說明，軍閥執政就像「那些專講究丹藥採補的妖人，一定是因為亢陽淘虛了身子，斷送他一條殘命」。他說：「我們看從前有個什麼『泛日爾曼主義』到處闖禍，如今還有什麼『大亞細亞主義』到處闖禍，為什麼前車既覆，後車不戒呢？說也可憐，人家是騎上虎背下不來呀。」[58]

他們 3 月 17 日結束了在法國南部戰場的遊歷，返回巴黎。四月初，繼續遊歷法國北部戰場，5 月中旬再返巴黎，歸途中還參觀了盧梭的故居。這期間，梁始終關注着和會的一舉一動。他發現，這次和會與歷史上的和會有一點根本不同之處，從前的和會是交戰雙方都參加，這次和會只有戰勝國參加，戰敗國不能參加。參加和會的國家應為三十二個，由於門的內哥未能出席，實際上只有三十一個。其中包括英美法意日五國，英屬殖民地五國，其餘為參加協約國聯軍的國家。名義上，來自三十一個國家列席參加會議的六十九人為全權代表，「但事實上不過五強會議最高會議等已經決定的條文，循例交各代表閱看，絕無討論可否的餘地」。所以，他憤憤不平地說：「這回和會，事前威爾遜大張旗鼓，說什麼『廢止祕密外交』，什麼『和議公開』，臨到實際，還是維也納那篇舊板文章，真可令人一歎。」他這裏所說「維也納那篇舊板文章」，指的就是 1814 年英俄普奧等歐洲列強在維也納召開的一次外交會議，其目的就在於重新分割拿破崙戰敗後的歐洲政治地圖。會上，「英俄普奧四國，萬事都祕密議定，

其餘幾十個小國代表，就只在那裏宴會跳舞，臨了劃一個諾」。[59] 梁啟超很擔心這次和會成為維也納會議的翻版。本來，早在一戰結束之前，威爾遜發表了著名的十四條宣言，對戰後國際關係準則提出了一系列新的規定，其中包括和約公開、海洋自由、裁減軍備、生計障礙之排除等內容，並倡議設立國際聯盟，以維護各國的政治獨立和領土完整。而且，美國作為出席巴黎和會的五大國之一，他的十四條也曾得到英法等國的口頭贊同。所以，和許多人一樣，梁啟超對威爾遜一直抱有很大希望，並希望巴黎和會能以十四條為準則，保護弱小國家的利益，真正造成公理戰勝強權的美好局面。初抵巴黎時，梁啟超得知和會已提出青島問題，他在 2 月 23 日給汪大燮、林長民的電報中就顯得比較樂觀：「頃抵法，略悉此間經過情形，大致與吾輩在京主張相同，頗為欣慰。宣戰後，中德條約根本取消，青島歸還已成中德直接問題。日雖出兵，地位與諸協約國等，斷不能於我領土主權有所侵犯，更不能發生權利繼承問題。」這時，他的胃口大得多：「總之，此次和會為國際開一新局面，我當乘機力圖自由發展，前此所謂勢力範圍、特殊地位，皆當切實打破。」不僅如此，在他的計劃中，還要解決關稅、領事裁判權兩事，他認為：「先此不圖，更無機會，亦斷不容延遲。」[60] 在這段時間裏，他先後會見了威爾遜和英、法等國的代表，請他們在會上支持中國收回德國在山東權益的主張，威爾遜等人當場都表示願意幫助中國。這時的梁啟超還有一種勝券在握的感覺。

▎「五四運動」背後的梁啟超

到了 3 月，形勢發生突變，是梁啟超沒有想到的。起因是 1918 年 9 月 28 日，段祺瑞政府駐日公使章宗祥與日本銀行簽訂了一個借款二千萬日元的祕密合同，不僅將德國在山東的權益轉讓給日本，而且，此前德國所要求而一直沒有到手的煙濰、高徐、順濟諸鐵路之優先權，也悉歸日本之手。這時，這個密約就成了和會上日本強佔山東的藉口。他們甚至要脅

威爾遜，因威爾遜很看重國際聯盟，拿國際聯盟當作性命一般，他們看到了這一點，就說，和會如果支持中國收回山東主權，他們就退出國際聯盟。這當然是威爾遜不願意看到的。於是，為了遷就日本，山東主權就成了日美之間的一場交易。得到這個消息的梁啟超異常憤怒，他於 3 月 11日致電汪大燮和林長民，痛責政府的做法：

> 交還青島，中、日對德同此要求，而孰為主體，實目下競爭之點。查自日本佔據膠濟鐵路，數年以來，中國純取抗議方針，以不承認日本承繼德國權利為根本。去年九月，德軍垂敗，政府究何用意，乃於此時對日換文訂約以自縛。此種密約，有背威氏十四條宗旨，可望取消。尚乞政府勿再授人口實，不然，千載一時良會，不當為一二訂約之人所壞，實堪惋惜。[61]

汪、林二人接到梁啟超的電報，感到形勢嚴峻，不能不有所主張。21 日，他們以國民外交協會的名義，通電發表七點外交主張：「一、促進國際聯盟之實行；二、撤廢勢力範圍並訂定實行方法；三、廢棄一切不平等條約及以威迫利誘或祕密締結之條約、合同及其他國際文件；四、定期撤去領事裁判權；五、力爭關稅自由；六、取消庚子賠款餘額；七、收回租界地域，改為公共通商。」[62] 這個國民外交協會成立於 2 月 16 日，是由北京各界各團體聯合組成的，並推舉熊希齡、汪大燮、梁啟超、林長民、范源濂、蔡元培、王寵惠、嚴修、張謇、莊蘊寬十人為理事。在此之前，即 2 月 12 日，梁啟超一行抵達倫敦那一天，還有北京大學召開國際聯盟同志會之舉，亦公推梁啟超為理事長（汪大燮代理），蔡元培、王寵惠、李盛鐸、嚴修、熊希齡、張謇等為理事，林長民為總務幹事，胡適、陶孟和、藍公武等為幹事。此次會議形成九條決議案，並電告巴黎和會專使顧維鈞以及在歐洲的梁啟超，請他們設法在和會內外提議鼓吹。[63]

梁啟超是國民外交活動的先行者，他利用自己民間代表的身份，以

及在國內國外的影響力，做了大量的工作。4月8日，張謇、熊希齡、范源濂、林長民、王寵惠、莊蘊寬等致信梁啟超，請他擔任國民外交協會駐巴黎的代表，主持向和會請願的各項事務。信中說：「本會同人本國民自衛之微忱，為外交當軸之後盾，曾擬請願七款，電達各專使及巴黎和會，請先提出，並推我公為本（會）代表，諒邀鑒及。現已繕具正式請願文，呈遞本國國會政府巴黎各專使，並分致美、英、法、意各國政府及巴黎和會，盡國民一分之職責，謀國家涓埃之補救。茲特奉上中、英文請願文各一份，務懇鼎力主持，俾達目的，則我四萬萬同胞受賜於先生者，實無涯既矣。」[64]

在此期間，梁啟超為爭取中國的權益作了最後的努力，無奈，中日間的一紙密約使日本有恃無恐。他們在和會內外大肆活動。4月29日午前，召開英美法三國會議，討論山東問題，日本代表應邀出席。30日，三國會議繼續召開，會上，議定了《凡爾賽和約》關於山東問題的第156、157、158三個條款，將原來德國在山東的權益全部讓給日本。[65]面對這種情形，北京政府派出的中國出席巴黎和會首席代表陸徵祥竟考慮準備簽字。他在5月1日給外交部的密電中提出三個解決辦法：一、全體代表離會回國；二、不簽字；三、簽字而將該條款聲明不能承認。他認為，第一、二種辦法都不現實，只能採取第三種辦法。[66]在這緊急關頭，梁啟超於30日（四月杪）當天致電汪大燮、林長民，向政府和國民發出警告，要求他們向和談代表施加壓力，千萬不要在和約上簽字。其電文稱：

> 汪、林兩總長轉外交協會：對德國事，聞將以青島直接交還，因日使力爭，結果英、法為所動，吾若認此，不啻加繩自縛，請警告政府及國民嚴責各全權，萬勿署名，以示決心。[67]

接到梁啟超的電報，林長民於次日寫成《外交警報敬告國人》一文，於晚間送到研究系的《晨報》報館，由總編輯陳博生接收，刊載於5月2日的《晨報》。林長民的短文全文如下：

昨得梁任公先生巴黎來電，略謂青島問題，因日使力爭，結果英法頗為所動，聞將直接交予日本云云。

嗚呼！此非我舉國之人奔走呼號，求恢復國權，主張應請德國直接交還我國。日本無繼承德國掠奪所得之權利者耶？我政府我專使，非代表我舉國人民之意見，以定議於內，折衝於外者耶？今果至此，則膠州亡矣，山東亡矣，國不國矣！此惡耗前兩日僕即聞之，今得任公電乃證實矣。聞前次四國會議時，本已決定德人在遠東所得權利，交由五國商量處置，惟須得關係國之同意。我國所要求者，再由五國交還我國而已。不知因何一變其形勢也。更聞日本力爭之理由無他，但執一九一五年二十一條及一九一八年之膠濟換文及諸鐵路約為口實。嗚呼，二十一條出於協逼；膠濟換文以該路所屬確定為前提，不得遽為尚屬日本之據。濟順高徐條約草約為預備合同，尚未正式訂定，此皆我國民所不能承認者也。國亡無日，願合我四萬萬眾誓死圖之！ [68]

同日，《晨報》還刊載了國民外交協會 5 月 1 日發給巴黎和會英法美諸國代表和中國專使的電稿。這個電稿由汪大燮、林長民親自呈交總統徐世昌，以國務院的名義拍發。按照梁啟超的建議，他們在電文中嚴正警告中國專使：

和平條約中若承認此種要求，諸公切勿簽字。否則喪失國權之責，全負諸公之身，而諸公當受無數之譴責矣。……諸公為國家計，並為己身計，幸勿輕視吾等屢發之警告也。 [69]

5 月 3 日，蔡元培從汪大燮（一說林長民）處得知，國務總理錢能訓已於 5 月 2 日密電命令代表團簽約，遂立即返校，在飯廳召集學生班長和代表百餘人開會，通報巴黎和會中國失敗的消息，號召大家奮起救國，參加的有羅家倫、傅斯年、康白情、段錫朋等。

而 5 月 3 日下午 4 時許，國民外交協會理事熊希齡、林長民、王寵惠等三十餘人還在開會並作出決議：

　　　　一、5 月 7 日午後 2 時在中央公園召開國民大會，並分電各省各團體同日舉行；二、聲明不承認二十一條及英、法、意等與日本所訂關於處置山東問題之祕約；三、如巴黎和會不得伸我國主張，即要求北京政府撤回專使；四、向英、美、法、意駐京使館申述國民意見。會後急電各省議會、教育會、商會及各團體、報館，內稱：「本會定於本月七日作廿一款簽字之國恥紀念日，在北京中央公園開國民大會，正式宣言要求政府訓令專使堅持。如不能爭回國權，寧退出和會，不得簽字。望各地方各團體同日開會，以示舉國一致。」[70]

　　北京的學生顯然先行了一步。5 月 3 日晚 7 時，來自北京十三所學校的千餘名學生代表在北河沿法科第三院大禮堂召開臨時會議，並作出四項決議：

　　　　一、聯合各界一致力爭；二、通電巴黎專使，堅持和約上不簽字；三、通電全國各省市於 5 月 7 日國恥紀念日舉行群眾遊行示威運動；四、定於 5 月 4 日（星期日）齊集天安門舉行學界大示威。[71]

　　五四運動就這樣爆發了。5 月 4 日，學生們在天安門前集會遊行，繼而火燒趙家樓胡同的曹汝霖住宅。據說，當天有三十二名學生被捕。梁啟超聞訊立即給大總統徐世昌發回電報：

　　　　汪、林總長代呈大總統鈞鑒：聞北京學界對和局表義憤，愛國熱誠令策國者知我人心未死。報傳逮捕多人，想不確。為禦侮拯難

計，政府惟與國民一致。祈因勢利導，使民氣不衰，國權或有瘳。啟超叩。[72]

這時，被捕的學生已由林長民、汪大燮、王寵惠三人擔保釋放。張朋園認為：「如果說梁任公掀起了五四運動，未免強調過當。但任公確實與五四事件有直接的關係，因為北洋政府的無能行為，就是任公所揭露的。」[73]坦率地說，梁啟超才是五四運動的第一推動力。不過，我們在傳統的、官方的歷史記述中卻很少看到梁啟超的名字。人們提到五四運動的起因，都說是由於巴黎和會中國失敗的消息傳回國內，但也只是「傳回」而已，至於誰傳的，卻故意迴避不說。其中的原因真是耐人尋味。事實上，自二十世紀二十年代以來，人們就在爭五四運動的領導權和解釋權，爭來爭去，都不提梁啟超和研究系，這顯然是不公正的。

而更不公正的，是有人故意混淆視聽，給梁啟超栽贓。當時的中國南北分裂，孫中山為了與北京政府分庭抗禮，在廣州成立了護法政府、非常國會。所以，參加巴黎和會的中國代表團中也有廣州政府的代表。三四月間，代表廣州政府參加巴黎和會的專使王正廷給上海報界發了一封電報，電文稱：

> 吾輩提議於和會者，主張廢止二十一款及其他祕約不遺餘力，推測日本之伎倆僅有二途：曰引誘，曰用武，然皆與正誼公道相違，必不出此。但吾國人中有因私利而讓步者，其事與商人違法販賣者無異，此實賣國之徒也。所望全國輿論對於賣國賊群起而攻之。然後我輩在此乃能有討論取消該條件之餘地。[74]

這個模棱兩可、含糊其辭的電文，不指明賣國賊究竟是誰，自然引起國內輿論的胡亂猜測，竟然有人懷疑到梁啟超的頭上，國內隨之掀起一場針對梁啟超的謠言風潮。上海商業公團聯合會致電北京大總統徐世昌並國務院：「聞梁啟超在歐干預和議，傾軋專使，難保不受某國運動。本商有

鑒於此，特電巴黎公使轉梁勸告，文曰：『巴黎中國公使館探送梁任公君（鈞）鑒，我國之國際和會已派專使，為國人所公認。君出洋時聲明私人資格不涉國事，乃中外各報登載，君在巴黎近頗活動，甚謂有為某國利用傾軋之說，明達如君，當不至此。惟人言可畏，難免嫌疑，為君計，請速離歐回國，方少辨明心跡，特此忠告，勿再留連』等語，即乞轉致專使，注意大局，幸甚。」[75]

國民黨與梁啟超是多年的老冤家，如今機會難得，自然要趁機發難，煽風點火，挑起事端。4月5日，廣州國會召開兩院聯合會，作出議決：一、由兩院函請軍政府，立即下令通緝梁啟超，並將其在籍財產沒收，另由軍政府要求法公使引渡；二、由兩院電唐紹儀，請一俟和議復開，即要求北京政府將梁拿交法司，依刑律所定外患處斷；三、由兩院全體成員通電全國省議會、商會、教育會、各報館及除日使以外之各國駐京公使，駐廣州領事，申明梁在巴黎賣國活動為全國人民所共棄；四、以兩院全體名義電巴黎和會中國代表，請嚴斥梁啟超，並聲明兩院決定為其後援。4月9日，廣州國會全體成員通電全國，宣佈梁啟超賣國罪狀。[76]

看上去義正辭嚴，實際上捕風捉影，煞有介事，上演了一場鬧劇。但梁啟超卻不得不作出回應，他首先致電《字林西報》，進行闢謠：

謠傳鄙人所持意見與我國代表正式提出者不同，此種無稽之談，意在使外人以為我人於此重大事件意見誤歧，故特力為辯正。倘蒙刊載此電，無任感盼。按：中國提出於和平會議之要求，鄙人皆熱誠贊助。行將以鄙人在此間發表論著、演說及談話稿送上，藉以證明謠傳之誣也。[77]

隨後，他又致電汪大燮、林長民轉上海商會暨商團聯合會，為其申辯：

僕在此所主張，曾著成小冊，譯英、法文，印佈數千，中外共見；又曾在萬國報界歡迎會席上演說兩小時，中外共聞，演說詞由顧使（顧維鈞）譯印分送。此等文字，不久當可寄到，可以令全國人知僕在外所作何事也。僕此行雖以私人考察，然苟可以為國家雪恥復權者，不敢辭匹夫之責。山東問題，國命所關，痛陳疾呼，不待言矣。他若南滿洲、高徐、順濟諸路當如何規復，關稅、領事裁判權諸大問題當如何貫徹，僕鼓吹輿論，惟力是視。至謠謗之來，確有人橫造蜚語，挾私傾我。誰實嗾使，未便質言。僕言論行事，為世所共見，聞百千蜚語，於我何損？惟惜有責任之人，傾其精力，用於內訌，出此下策，為可痛耳。諸公萬里之外，不分情實，本愛國之誠，為投梭之怒，亦無足怪。然安能以一二宵小所造蜚語，遂以賣國誣人？今和議瞬息告終，外交究竟有無把握，諸公若誠憂國，內之宜要求政府速廢高徐順濟路約及其他各項密約，使助我者易於為力；外之宜督促各使通盤籌劃，互示意見，對外一意鼓勇，進行關稅、領事裁判權等事。失此好機，後將無望，尤不容泄遝偏廢。若僕者，常率吾國民天職，為國盡力，不煩忠告也。[78]

梁啟超在 6 月 9 日寫給梁仲策的信中談到了造謠者可能的動機，他說：「其實此事甚明了，製造謠言只此一處，即巴黎專使團中之一人是也，其人亦非必特有所惡於我，彼當三四月間興高采烈，以為大功告成在即，欲攘他人之功，又恐功轉為人所攘，故排亭林（指顧維鈞）排象山（指陸徵祥）；排亭林者，妒其辭令優美，驟得令名也；排象山者，因其為領袖，欲取而代之也。又恐象山去而別有人代之也，於是極力謀□（求）其人，一紙電報，滿城風雨，此種行為鬼蜮情狀，從何說起。今事過境遷，在我固更無勞自白，最可惜者，以極寶貴之光陰，日消磨於內訌中，中間險象環生，當局冥然罔覺，而旁觀者又不能進一言，嗚呼中國人此等性質，將何以自立於大地耶？」[79]

對於國民黨的誣枉之詞，以及不明真相者的圍觀漫罵，蔡元培、王寵惠、范源濂首先站出來仗義執言，他們聯名通電，其文云：

上海申報、新聞報、時報、時事新報並轉各報館，五十二（據時報為五十三）商團鑒：閱滬商團議決事件，乃致疑於梁任公先生。梁赴歐後，迭次來電報告並主張山東（據時報山東下多「問題」二字），為國家保衛主權，語至激昂，聞其著書演說激動各國觀聽，何至有此無根之謠？願我國人熟察，不可自相驚擾。元培等久不與聞政論，惟事關國際，且深知梁先生為國之誠，不能嘿而，特為申說，務乞照登。[80]

國民外交協會、國際聯盟同志會也發表通電為梁啟超辯誣，張謇、熊希齡、范源濂、林長民、王寵惠、莊蘊寬等在寫給梁啟超的信中，還稱讚他「為國宣勤，跋涉萬里，海天相望，引企為勞。此次巴黎和會，為正義人道昌明之會，尤吾國生存發展之機，我公鼓吹輿論，扶助實多，凡我國人，同深傾慕」[81]，給他很大安慰。

陳獨秀是不喜歡梁啟超的，但他讀報得知此事後，在 4 月 13 日《每週評論》第十七號發表了署名「隻眼」的《國民參預政治外交的資格》一文，指出：「國民參預政治，參預外交，都是我們很盼望的事。但是這兩件事，都不大容易。若是一般國民的中堅分子，沒有政治和國際的常識，卻十分危險。譬如對於政治法律，毫沒有是非可否的正當主張，單單求着苟且和平了事，這種國民決沒有參預政治的資格。不懂得各國的外交政策，受某國的離間，憑空的給梁任公一個親日賣國的罪名，這種國民決沒有參預外交的資格。」[82]

不過，此事很像夏日裏憑空飄來的一片烏雲，轉瞬間又被一陣風吹散了。6 月 6 日，梁啟超一行帶着因中國外交失敗而產生的痛苦以及對強權戰勝公理的失望，離開法國巴黎，啟程到其他國家參觀訪問。臨行前他寫道：

總之，那時我們正在做那正義人道的好夢，到執筆著這部書時，夢卻醒了。擦擦眼睛一看，他們真幹得好事，拿部歷史一比，恰好和一百年前的維也納會議遙遙相對，後先輝映。維也納會議由幾個大國鬼鬼祟祟的將萬事決定，把許多小國犧牲了，供他們的利益交換。這回還不是照樣嗎？維也納會議過後有個俄普奧三國同盟，這回也有個英法美三國同盟；維也納會議後，大家都紅頭脹臉的來辦法國革命的防堵，這回又有個俄國過激派供他們依樣葫蘆的材料。唉，天下事有那一件脫離得了因果關係？十九世紀種種禍根，都是從維也納種下來，如今他們又在那裏造孽了。你不信，我們山東問題就是一個證據。此外像山東問題樣子的，還多着哩！我在巴黎幾個月，正是他們祕密造孽的時候，此時正不知道他葫蘆裏賣什麼藥，我們趁這個空遊歷戰地去了，和會的結果，等他揭曉時候，再評判罷。[83]

　　6月7日，他們抵達英國倫敦。在英國，他們的行程超過了三十天，其足跡遍及英國各地。7月14日是法國國慶日，這一天，法國將在凱旋門舉行閱兵典禮，梁啟超也從倫敦返回巴黎湊熱鬧。此時的巴黎擠滿了前來觀禮的人，據說一千個法郎都租不到一張牀位。好在巴黎郊外的白魯威，有一所預先租下的寓廬，是他們在歐洲旅行的根據地。這裏距離巴黎乘火車只需二十分鐘，是巴黎人避暑的地方。梁啟超回到巴黎的那天晚上，雨下得很大，他給留守在這裏的蔣百里發了電報，卻滯誤在路上，火車也錯過了，他只好深夜冒雨花高價租了車，去尋找旅館，「迴旋良久，得一逆旅，扣扉投宿」，他笑稱，「亦可紀念之一夕也」。[84]

　　在巴黎住了四五日，7月18日，梁啟超一行離開巴黎赴比利時，隨後遊歷了荷蘭、瑞士和意大利，至10月7日，他們才回到巴黎附近白魯威的寓所。「回想自六月六日離去法國以來，足足四個多月，坐了幾千里的鐵路，遊了二十幾個名城，除倫敦外，卻沒有一處住過一來復（一週）以

上，真是走馬看花，疲於奔命。」[85] 接下來，他們要靜一靜了，「我們同住的三五個人，就把白魯威當作一個深山道院，巴黎是絕跡不去的，客人是一個不見的，鎮日坐在一間開方丈把的屋子裏頭，傍着一個不生不滅的火爐，圍着一張亦圓亦方的棹子，各人埋頭埋腦做各自的功課。這便是我們這一冬的單調生活趣味，和上半年恰恰成個反比例了。我的功課中有一件，便是要做些文章，把這一年中所觀察和所感想寫出來」。[86] 他在寫給女兒令嫻的信中也講到這段日子的生活，他說：

> 吾自十月十一日迄今，未嘗一度上巴黎，且決意三個月不往，將此地作一深山道院，吾現在惟有兩種功課，日間學英文，夜間作遊記，英文已大略能讀書讀報了。吾用功真極刻苦，因此同行諸君益感學問興味。百里、君勱皆學法文，振飛學德文，迭為師弟，極可笑也。最可笑者，吾將來之英文，不能講，不能聽，不能寫，惟能讀耳。向來無此學法，然我用我法，已自成功矣。吾日記材料，由百里、君勱、振飛三人分任蒐集，吾乃取裁之，現方着手耳。此亦非同居不可，在此多住數月，亦為此也。丁在君早已先歸，劉子楷日內隨陸子欣（微祥）歸，鼎甫留英，吾四人明年二月遊德、奧、波蘭，四月歸。[87]

他還說，在這裏，晚睡晚起的惡習全然恢復了，「百里大不以我過於勤苦為然，常謂令嫻在此，必能干涉我先生」。梁啟超原本計劃待全書脫稿後再離開此地，但由於徐新六接到家裏電報，夫人病重，只得早作回國的準備。因為他們這幾個人中，徐新六的法文最好，如果他一個人先行，留下來的人會感到很不方便。於是，大家決定一起走，定了「陽曆正月二十二日船期，若陰曆正月杪可到家矣」。這樣一來，他們匆忙中於 12 月 12 日抵達柏林，1 月 9 日，便由德國返回巴黎，在德國居二十餘日。梁啟超原來尚有遊維也納和波蘭的計劃，後來因為交通不便的緣故，也都作了罷論。[88]

歐遊心影錄

　　在歐洲期間，蔣百里注意到軍事、國防與經濟、生活的關係，他在考察了瑞士的民兵制之後，有了初步的寓兵於農的思想，但直到 1937 年春天，全面抗戰爆發之前，著名的《國防論》一書才遲遲問世。據說日本戰敗後有日本人看了此書，驚歎日軍正像《國防論》中所言，陷入中國泥沼式的持久戰中不能自拔，直到投降。還有人說，毛澤東寫作《論持久戰》的靈感，就來自蔣百里的《國防論》。這時他也注意到工程與運輸對於軍事的重要性，葉恭綽曾有文章講到他與蔣百里在歐洲考察時的情形，蔣百里後來重視工程與運輸，恰恰源於他的啟發。他說：

> 　　歐戰後，余與先生相繼往歐陸考察，余任交通實業，君則任軍事也。但二者亦時有關聯，曾同往維爾當（法之西部唯一要塞）炮壘及克魯蘇兵工廠考察，同止宿者數晝夜。余不諳軍事，僅觀大略而已，君則參證慕詳，為余言法之軍備甚悉。——時余方注重歐戰之軍事運輸，以為交通為軍事命脈；又歐戰時赴歐華工三十萬強，半為余經辦，其工作多偏於築造堡壘戰壕之屬，因此以為軍事工程及運輸實足為我國借鏡，君於二者固未甚注意也。歸國後，荏苒十餘年，「一二八」戰起，君居衡山，方著關於軍事之書，余令人語君，言軍機而不注重於工程與運輸，終皆成空論，君以為然，乃招昔年在歐與余同任考察之章君（祜）往衡山，叩其蘊奧，君以為聞所未聞，堅約章君同任纂述。[89]

　　葉的這番表白可以聊備一說，而陶菊隱的《蔣百里傳》亦可做一旁證。

　　梁啟超、蔣百里、徐新六一行於 1920 年 1 月 22 日由馬賽乘法國郵輪啟程回國，3 月 5 日抵達上海。遊歐一年有餘，梁啟超的思想受到了深深的刺激，也激發他對於以往的思想作了深刻的思考和反省。回國不久，他

出版了一部極重要的著作《歐遊心影錄》，雖然這部著作最終並沒有全部完成，但它就像《新大陸遊記》一樣，在梁啟超的人生道路和思想演進中是至關重要的。說到歐遊對他的影響，他在當時曾與梁仲策一長書，其中講道：

> 數月以來，晤種種性質差別之人，聞種種派別錯綜之論，睹種種利害衝突之事，炫以範象通神之圖劃雕刻，摩以迴腸盪氣之詩歌音樂，環以恢詭蔥郁之社會狀態，飫以雄偉矯變之天然風景，以吾之天性富於情感，而志不懈於向上，弟試思之，其感受刺激，宜何如者。吾自覺吾之意境，日在醞釀發酵中，吾之靈府必將起一絕大之革命，惟革命產兒為何物，今尚在不可知之數耳。[90]

可見，歐遊期間，梁啟超已經覺悟到自己的靈魂深處將要爆發一場「絕大之革命」，但這場革命將把他的思想引向何方，並結出怎樣的果實，當時他顯然還在探索和思考的過程之中。到了寫作《歐遊心影錄》的時候，他的思想就已漸漸地清晰了，特別是其中的《歐遊中之一般觀察及一般感想》一篇，留下了梁啟超思想轉變的軌跡，以及對於中國社會政治等問題的看法和主張。這一篇作品又分為上篇和下篇，上篇分為十一個小節，從思想、文化的淵源中探求歐戰的所以然。他列舉出以下這些值得認真對待和深入思考的問題：

首先是國際關係，引發戰爭的各種矛盾並沒有因為和約的簽訂而消失，反而變得更加複雜和尖銳，也更加危險，儘管目前還處在潛伏階段；其次是國內矛盾，經濟破產，生產停滯，物價飛漲，物品匱乏，金融危機，財政困難，進一步造成了社會上貧富兩大階級的分化和對立，矛盾也越來越尖銳得不可調和。他看到：「自從機器發明工業革命以還，生計組織起一大變動，從新生出個富族階級來。科學愈昌，工廠愈多，社會偏枯亦愈甚，富者益富，貧者益貧。物價一日一日騰貴，生活一日一日困難。工人所得的工錢，夠吃不夠穿，夠穿不夠住，休息的時間也

沒有，受教育的時間也沒有，生病幾天，便要全家綁着肚子，兒女教養費不用說了，自己老來的日子還不曉得怎樣過活。」他進一步分析道：「他們在那裏想，同是上天所生人類，為什麼你就應該恁麼快樂，我就應該恁麼可憐？再進一步想，你的錢從哪裏來？還不是絞着我的汗，添你的油；挖我的瘡，長你的肉。他們其始也是和中國人一般，受了苦自己怨命，後來漸漸明白，知道地位是要自己掙來，於是到處成立工團，決心要和那資本家挑戰，他們的旗幟是規定最低限的工錢和最高限的做工時刻。而且，這兩種限是要時時改變的，得一步便進一步。還有些有學問的人，推本窮源，說這種現象都是從社會組織不合理生出來，想救濟他，就要根本改造。改造方法，有一派還承認現存的政治組織，說要把生產機關收歸國有；有一派連現在國會咧，政府咧，都主張根本打破。親自耕田的人准他有田，在那個廠做工的人就管那個廠的事。耕田做工的人舉出委員，國家大事就由他一手經理。各國普通社會黨大半屬前一派，俄國過激黨便屬後一派。前一派所用手段，是要在現行代議政治之下，漸漸擴張黨勢，掌握政權，現時在各國國會及地方議會，勢力都日增一日，好幾國機會已成熟，其餘的也像快要成熟了。至於後一派，俄國的火蓋已自劈開，別國也到處埋着火線，有些非社會黨的政治家，眼光敏銳辦些社會主義的立法，想要緩和形勢，只是積重難返，補牢已遲，社會革命，恐怕是二十世紀史唯一的特色，沒有一國能免，不過爭早晚罷了。」他還預測：「那資本國和勞動國，早晚總有一回短兵相接，拚個你死我活。」[91]

這還只是浮於表面的、一般人都能看到的現象，還有那些深藏在現象背後、支配着人類行為的思想，以及潛伏在社會底層，時時可能洶湧奔出的潮流，經過一番考察，梁啟超也都一一揭示出來。他指出：「歐洲近世的文明有三個來源，第一是封建制度，第二是希臘哲學，第三是耶穌教。封建制度規定各人和社會的關係，形成一個道德的條件和習慣；哲學是從智的方面研究宇宙最高原理及人類精神作用，求出個至善的道德標準；宗教是從情和意的兩方面，給人類一個『超世界』的信仰，那現世的道德，

自然也跟着得個標準。」法國大革命動搖了歐洲近世文明的基礎，它的第一推動力就是關於「自由」的學說。法國大革命既受惠於這個學說，也為這個學說的傳播出了力，擴大了它的影響。十八世紀以來「政制的革新和產業的發達，那一件不叨這些學說的恩惠？然而社會上的禍根，就從茲而起。現在貧富階級的大鴻溝，一方面固由機器發明，生產力集中變化，一方面也因為生計上自由主義，成了金科玉律，自由競爭的結果，這種惡現象自然會演變出來呀」。他還注意到：「到十九世紀中葉，更發生兩種極有力的學說來推波助瀾，一個就是生物進化論，一個就是自己本位的個人主義。」前者最終歸結為達爾文的「生存競爭，優勝劣敗」，梁啟超也曾是它的信奉者。後者之集大成則為尼采，他主張所謂「愛他主義為奴隸的道德」，所謂「剿絕弱者為強者之天職」，以為這是「世運進化所必要」。梁啟超認為：「這種怪論，就是達爾文的生物學做個基礎，恰好投合當代人的心理。所以就私人方面論，崇拜勢力，崇拜黃金，成了天經地義；就國家方面論，軍國主義、帝國主義，變了最時髦的政治方針。這回全世界國際大戰爭，其起原實由於此，將來各國內階級大戰爭，其起原也實由於此。」

此外他還指出：「科學昌明以後，第一個致命傷的就是宗教。」宗教是科學的死敵，科學昌明的後果之一，就是人把上帝踩在了腳下。不是上帝創造了人，而是人創造了上帝。天國沒有了，靈魂沒有了，彼岸世界也消逝了，「哲學家簡直是投降到科學家的旗下」。所謂人類心靈這件東西，就成了純粹的物質現象，「所謂宇宙大原則，是要用科學的方法試驗得來，不是用哲學的方法冥想得來的。這些唯物派的哲學家，託庇科學宇下建立一種純物質的純機械的人生觀，把一切內部生活外部生活，都歸到物質運動的『必然法則』之下，這種法則其實可以叫作一種變相的運命前定說」。既然人的行為都受到「必然法則」的支配，人的自由意志也就不存在了；而意志既不能自由，也就不必承擔什麼善惡的責任，這樣一來，道德的基礎也就被抽空了。沒有壞人，自然也就無所謂好人，大家都是一樣的人，而這個人卻是一個被抽空了一切社會內涵的

空殼，也就是一個空洞的人。梁啟超說：「這不是道德標準應如何變遷的問題，真是道德這件東西能否存在的問題了。現今思想界最大的危機，就在這一點。」而且，人一旦喪失了道德感，也就失去了生活的指標，「死後既沒有天堂，只好僅這幾十年盡地快活；善惡既沒有責任，何妨盡我的手段來充滿我個人欲望」。他還進一步指出：「近年來，什麼軍閥，什麼財閥，都是從這條路產生出來。這回大戰爭，便是一個報應。諸君又須知，我們若是終久立在這種唯物的機械的人生觀上頭，豈獨軍閥財閥的專橫可憎可恨，就是工團的同盟抵抗乃至社會革命，還不同是一種強權作用，不過，從前強權，在那一班少數人手裏，往後的強權，移在這一班多數人手裏罷了。」[92]

他還注意到歐洲文學潮流的變化，這種變化主要表現為浪漫派被自然派所取代，「到十九世紀中葉，文學霸權就漸漸移到自然派手裏來」，其中的原因自然不止一個，而不可否認的是，「一切思想既都趨實際，文學何獨不然」？他們「把人類醜的方面獸性的方面，赤條條和盤托出，寫得個淋漓盡致，真固然是真，但照這樣看來，人類的價值差不多到了零度了。總之，自從自然派文學盛行之後，越發令人覺得人類是從下等動物變來，和那猛獸弱蟲沒有多大分別，越發令人覺得，人類沒有意志自由，一切行為都是受肉感的衝動和四圍環境所支配。我們從前自己誇嘴，說道靠科學來征服自然界，如今科學越發昌明，那自然界的威力卻越發橫暴，我們快要倒被他征服了」。[93]

不過，梁啟超並不認為西洋文明已經破產或真的沒落，一些歐美朋友對中國文明的恭維，譬如「等你們把中國文明輸進來救拔我們」之類，他聽了雖然暗自欣喜，卻也還有所保留。在他看來，新的西洋文明與舊的西洋文明至少有兩點不同：第一，從前的文明是貴族的文明，「是靠少數特別地位特別天才的人來維持他」，人不在了，這個文明也就消亡了。新的文明卻「是靠全社會一般人個個自覺日日創造出來的，所以他的『質』雖有時比前不如，他的『量』卻比從前來得豐富，他的『力』卻比從前來得連續」。這樣說來，就不能簡單地得出一個西洋文明破產的結論，或者

說，破產的只是舊文明，而不是新文明，因為，新的文明「是建設在大多數人心理上」的，這種廣泛的社會基礎是新文明得以延續和發展必不可少的條件。第二，新的文明靠了「個性發展」給歐洲帶來物質、精神上的變化，「現在還日日往這條路上去做」，雖然理想和信念的破滅使得「全社會都陷入懷疑的深淵，現出一種驚惶沉悶淒慘的景象」，但「他們並沒有入到衰老時期」，「他們還是日日求自我的發展，對於外界的壓迫，百折不回的在那裏反抗，日日努力精進」。他們經歷了這番挫折，反而「要從這裏頭找出一個真正的安身立命所在」。[94]

他們找到了沒有呢？梁啟超認為「漸漸被他找着了」，他列舉了俄國科爾柏特勤（今譯克魯泡特金，1842—1921，無政府主義的重要代表人物）、美國占晤士（今譯詹姆斯，1842—1910，美國心理學家）、法國柏格森（1859—1941，法國哲學家）、德國倭鏗（又譯魯道夫・克里斯托夫・奧伊肯，1846—1926，德國哲學家）的例子，來說明歐洲人的反省。這些學者的反省突出表現在對人的關注，人的發展，個人與社會群體的關係，心靈的進化與健全，人格的完善，人類的自由意志等等，這些都是他們反省中認真思考過的問題，也是梁啟超最感到興趣的問題。他說，他們的思想、學說也許還不能像康得、黑格爾、達爾文那樣具有「轉移一代人心」的權威，「但是，歐人經過這回創鉅痛深之後，多數人的人生觀因刺激而生變化，將來一定從這條路上打開一個新局面來」。他還說：「這回戰爭給人類精神上莫大的刺激，人生觀自然要起一大變化，哲學再興，乃至宗教復活，都是意中事。」[95]

▎「為中國尋一個藥方」

梁啟超對於歐洲的考察，除了他所說的「想自己求一點學問，而且看看這空前絕後的歷史劇怎樣收場，拓一拓眼界」外[96]，更重要的，也想為中國尋一個藥方，他的下篇《中國人之自覺》就從十三個方面提出了在當前

形勢下中國應該如何選擇自己的道路：

第一，要有世界眼光，「我們是要在這現狀之下，建設一種『世界主義的國家』。怎麼叫作『世界主義的國家』？國是要愛的，不能拿頑固褊狹的舊思想，當是愛國。因為今世國家，不是這樣能夠發達出來。我們的愛國，一面不能知有國家不知有個人，一面不能知有國家不知有世界。我們是要託庇在這國家底下，將國內各個人的天賦能力儘量發揮，向世界人類全體文明大大的有所貢獻」。

第二，可以憂患，不可以悲觀。中國的現狀固然很糟糕，財政困難、生計困難、軍閥專橫、政治腐敗、人心墮落、醜類橫行，但並不使人感到絕望，因為這些罪惡都被盡情暴露出來，讓人們看得驚心動魄，相比於從前的醉生夢死，渾渾噩噩，心甘情願地受壓制，受壓迫，這就是一種進步，「是國民自覺心的表現」。他說：「一個人最怕是對現狀心滿意足，如此，這個人只有退步沒有進步，只好當他死了。感覺現狀不滿足，自然生出努力，這努力便是活路。我們現在知道自己滿身罪惡，知道自己住的是萬惡社會，中國從此就開出一條活路來了，這是好現象，不是壞現象。」

第三，檢討以往的精英路線，從國民全體下工夫。他總結民國以來屢戰屢敗的經驗教訓，「都是受了舊社會思想的錮蔽，像杜工部詩說的：『二三豪傑為時出，整頓乾坤濟時了。』那裏知道民主主義的國家，徹頭徹尾都是靠大多數國民，不是靠幾個豪傑，從前的立憲黨是立他自己的憲，幹國民什麼事？革命黨也是革他自己的命，又幹國民什麼事？好比開一瓶皮（啤）酒，白泡子在面上亂噴，像是熱烘烘的，氣候一過，連泡子也沒有了，依然是滿瓶冰冷。這是和民主主義運動的原則根本背馳，二十年來種種失敗，都是為此」。

第四，現在着手的國民運動，總要打二三十年後的主意。他一再說着急不得，實在是看到了中國民主啟蒙的任務艱巨。「我國民主主義在歷史上根柢本就淺薄，在地理上更很少養成的機會，所以比歐美諸國，發達較遲。如今突然掛起這個招牌，好像驢蒙虎皮，種種醜態，如何能免？但這些全不要緊，因為人類性能，是活的不是死的，只要需以時日，下番工

夫，自然會把自己蛻變，和環境適應起來。」因為着急不得，所以「要靠新出來的青年，不能責望老輩」。

第五，盡性主義。他解釋這個「盡性主義」，核心內容「是要把各人的天賦良能，發揮到十分圓滿」。他說：「這回德國致敗之原，就是因為國家主義發達得過於偏畸，人民個性差不多被國家吞滅了，所以碰着英法美等個性最發展的國民，到底抵敵不過。因為『人自為戰』的功用喪失了，所以能勝而不能敗。德國式的國家主義，拿國家自身目的做個標準，把全國人放在個一定的模子裏，鼓鑄出來，要供國家之用，結果猶且不勝其敵。」當日中國並無所謂國家目的，但傳統文化形成的社會束縛，也是一個模子，按照這個模子塑造出來的人，「天賦良能絕不能自由擴充到極際」。所以他說：「今日第一要緊的，是人人抱定這盡性主義，如陸象山所謂『總要還我堂堂地做個人』，將自己的天才（不論大小人人總有些）儘量發揮，不必存一毫瞻顧，更不可帶一分矯揉，這便是個人自立的第一義，也是國家生存的第一義。」

第六，要個性發展，必須從思想解放入手。而思想解放的前提，卻是要每個人學會獨立思考。「孔子教人擇善而從，不經一番擇，何由知得他是善？只這個『擇』字，便是思想解放的關目。歐洲現代文化，不論物質方面，精神方面，都是從『自由批評』產生出來。對於在社會上有力量的學說，不管出自何人，或今或古，總許人憑自己見地所及，痛下批評。批評豈必盡當？然而必經過一番審擇，才能有這批評，便是開了自己思想解放的路；因這批評，又引起別人的審擇，便是開了社會思想解放的路。互相瀹發，互相匡正，真理自然日明，世運自然日進。倘若拿一個人的思想做金科玉律，範圍一世人心，無論其人為今人為古人，為凡人為聖人，無論他的思想好不好，總之是將別人的創造力抹殺，將社會的進步勒令停止了。」當然，思想解放的目的不單純是破壞、顛覆、動搖，還「想披荊斬棘求些新條件，給大家安心立命」。

第七，思想解放要徹底，不能半途而廢。他認為：「中國舊思想的束縛固然不受，西洋新思想的束縛也是不受。」都要經過虛心的研究，放膽

的批評，「我們須知，拿孔孟程朱的話當金科玉律，說他神聖不可侵犯，固是不該；拿馬克思、易卜生的話當做金科玉律，說他神聖不可侵犯，難道又是該的嗎」？現在要做的，是把東西方的思想調和起來，但「研究只管研究，盲從卻不可盲從。須如老吏斷獄一般，無論中外古今何種學說，總拿他做供詞證詞，助我的判斷，不能把判斷權逕讓給他。這便是徹底解放的第一義」。但也還有個人德性的問題，「德性不堅定，做人先自做不成，還講什麼思想」。所以，祖宗的遺傳，社會的環境，乃至我的五官四肢，都是我們思想解放的大敵，稍一鬆勁兒，就可能做了他們的俘虜，永世不能自由了。「欲救此病，還是從解放着力，常常用內省工夫，體認出一個『真我』，凡一切束縛這『真我』的事物，一層一層的排除打掃，這便是徹底解放的第二義。」

第八，建立一個講法治的社會。這裏有兩點是最重要的，一個是契約，一個是平等。通常認為，中國人最大的缺點，在沒有組織能力，在沒有法治精神。梁啟超說：「我初時在那裏想，這個不要是我國民天賦的劣根性罷？果然如此，便免不了最後的生存淘汰，真可驚心動魄。後來細想，知道不然。」事實上，中國人的這個缺點是歷史地產生的，一方面中國人的社會化程度不高，長期處在自然的血緣關係中，沒有形成以契約約束關係的習慣；另一方面，無論國家還是家族，其關聯式結構都表現為命令與服從，「命令的人，權力無上，不容有公認規則來束縛他；服從的人，只隨時等着命令下來就去照辦，也用不着公認規則。因此之故，法治兩字，在從前社會，可謂全無意義」。不僅如此，即使是在講法治的今天，各種法律規則不可謂少，但有權有勢的人，仍然不認為自己應該遵守這些法律法規，根本不把法律法規放在眼裏，這種特權思想是執法不嚴、有法不依、肆意破壞法律法規的根源。

第九，採用職業選舉和國民投票的辦法來挽救國會與憲法。這是梁啟超針對當時國會的實際情況而提出的兩個對策。前一個是要改善國會議員的成分，用有職業的國民來排除那些「靠政治吃飯的無業遊民」。他認為，採取這種辦法選舉國會議員，甚至可以給資本階級和勞工階級的代表提供

在最高機關隨時交換意見的機會，也許會避免社會革命的慘劇。後一個是用瑞士的國民投票制度，以彌補國會議員不能完全代表國民的不足。

第十，自治。他在這裏所說的自治，不同於各省軍閥搞的什麼「聯省自治」或「地方自治」，而是國民對於社會管理的參預，是基於一種「我住在此地，就要管此地的事，為什麼呢？因為和我有利害關係」的理念。這種理念在歐美非常流行，在中國，大部分人對此還相當陌生。所以他說：「我們國民，若是能夠有建設北京市會和豐台村會的能力，自然也會有建設中華民國的能力。」

第十一，搞社會主義「總要順應本國現時社會的情況」。他承認「社會主義自然是現代最有價值的學說」，但他提醒大家注意，對社會主義，「精神是絕對要採用的」，至於實行的方法，卻有「各國各時代種種不同」。很顯然，社會主義理論是歐洲工業革命孕育的，是要解決資本家和工人的矛盾。當下的中國，不僅沒有工業，也沒有資本家，要把這種理論悉數搬來應用，「最苦的是搔不着癢處」。實際上，當時中國所面臨的問題，是如何在國際資本的擠壓下努力發展民族經濟。他表示：「我對於目前產業上的意見，主見（張）發揮資本和勞動的互助精神。」

第十二，國民運動。如何才能喚起民眾，發動國民運動，梁啟超並沒有直接的組織手段和辦法。在歐洲考察期間，他與蔣百里等人多次商議、討論回國後的方針，最後落實在「惟用全力從事於培植國民實際基礎的教育事業」這一點上，他是希望通過對國民，特別是青年的啟蒙、教育，奠定國民運動的基礎。[97]

第十三，不能推卸的創造新文明的責任。梁啟超感覺到了這種歷史責任，他說：「有個絕大責任橫在前途，什麼責任呢？是拿西洋的文明來擴充我的文明，又拿我的文明去補助西洋的文明，叫他化合起來成一種新文明。」在這裏，最要緊的是把本國文化發揚光大，不要妄自菲薄。「卻還有很要緊的一件事，要發揮我們的文化，非他們的文化做途徑不可，因為他們研究的方法，實在精密，所謂『欲善其事，必先利其器』。」最後，他對可愛的青年提出幾點希望：「第一步，要人人存一個尊重愛護本國文

化的誠意；第二步，要用那西洋人研究學問的方法去研究他，得他的真相；第三步，把自己的文化綜合起來，還拿別人的補助他，叫他起一種化合作用，成了一個新文化系統；第四步，把這新系統往外擴充，叫人類全體都得着他好處。」現在我們天天在那裏高喊輸出價值觀，既不了解別人的文明，也不了解自己的文明，根本不得其門而入，梁啟超的辦法也許會給我們一些啟發。[98]

一篇序言居然寫成了一部著作

結束了對歐洲考察，梁啟超帶着對西方文明新的認知，對東方文明的深情期待回到國內。他有許多事情要辦，當時正值新文化運動蓬勃發展，周圍洋溢着一種新的氣象，這些也鼓舞着他。他在歸國之初，曾應上海吳淞中國公學之邀，往該校演講，其中講道：「鄙人自作此遊，對於中國甚為樂觀，興會亦濃，且覺由消極變積極之動機，現已發端。」[99] 可見他那時「神氣益發皇」[100]，頗有些「手忙腳亂」[101]。

這時，蔣百里與梁啟超的關係更親近了許多。蔣百里本來是學軍事的，現在卻對文化感到莫大的興趣。回國後，他把自己歐遊考察的心得寫了一本書，就是被人稱為我國人士所撰有關文藝復興的開山之作《歐洲文藝復興史》。他在「導言」中講到成書的原因：「茲編所述，為旅歐時法國巴黎大學圖書館主任 Smédée Brich 氏所臨時講演者。其敍述雖不過大體，而頗能扼其要。因參酌群書以補成之。或者於今日之所謂文化運動者，有一得之助歟。」[102] 關於此書的來歷，梁啟超在「序言」中也曾提及，但是他說：「百里自言此書根據法人白黎許氏講演。此演講吾實與百里同聽受，本書不過取材於彼云爾。至於論斷，則皆百里自擅其心得。吾證其為極有價值之作，蓋述而有創作之精神者也。」[103]

此書的問世，有一極大之背景，即五四新文化運動的發生。如何造成新文化？梁啟超和蔣百里等人自有其認識，他們有感於歐洲的文藝復興

運動，頗想一面整理國學，一面灌輸西洋新思想和新學識，使二者融會貫通，以確定中國的文化路線。他們所說的「價值」和「一得之助」，即指向這一點。曹聚仁的《蔣百里評傳》有一段話說得非常好：

> 他們組織了三個推進新文化的機構：1、讀書俱樂部，後來與松坡圖書館合併。2、在北京（石）達子廟歐美同學會內設立共學社，蒐集政治、經濟、軍事、文藝各種文稿，由商務出版叢書。3、由梁啟超、蔡元培、汪大燮（外交家）三人共同發起講學社，每年請一國際學者來華講學。這三機構，都由百里先生主持，講學社也由他任總幹事（那幾年，先後請了杜威、羅素、太戈爾〔今譯泰戈爾〕、杜里舒來華講學）。而張東蓀在上海辦《時事新報》、藍介民在北京辦《國民公報》、陳博生主編《北京晨報》，都是策動新文化運動的力量。孫中山雖是革命先輩，對於文學革命、文化革命卻是後覺者。國民黨黨人，比研究系人士也反應得遲慢一些。[104]

他們所做的這些工作，我在下面會一一述及，這裏先談談蔣百里這部著作的宗旨。梁啟超在「序言」中講到他們歐遊時的情形，蔣百里常對朋友們說，他此行是為了求「曙光」。朋友們常常和他開玩笑，問他「曙光」得到了沒有，他一直都說沒有。回國之前，又有人問他，他嚴肅地說：「得之矣。」至於得到的是什麼，他沒有深談，大家也沒有追問。直到讀了此書，梁啟超說：

> 見其論歐洲文藝復興所得之結果二：「一曰人之發現，二曰世界之發現。」意者百里之得「曙光」，其亦新有所發現於此二者耶？夫「世界」則自有世界以來而即存在者也，「人」則自有人以來而即存在者也。而人乃以為歐人於文藝復興後始發現之。則前乎此未嘗發現者也，而他族之未經「文藝復興」之磨煉解放者，皆其未嘗發現者也。吾民族其已有此發現耶？否耶？吾甚難言之。雖然，亦在

乎求之而已矣。吾儕處漫漫長夜中垂二千年，今之人皇皇然追求曙光飢渴等於百里者，不知凡幾耶。不求而得，未之前聞；求而不得，亦未之前聞。歐洲之文藝復興，則追求之念最熱烈之時代也。追求相續，如波斯蕩，光華爛縵，迄今日而未有止。吾國人誠欲求之，則彼之前躅，在在可師已。然則此書者，吾不敢徑指為百里所得之曙光，然吾有以窺其求曙光所由之路也。[105]

由此可知，蔣百里所發現的「曙光」，應該就是人類文明的曙光，當然也是中國文化，乃至中華文明的曙光，這也正是五四新文化運動所發現的「德先生」與「賽先生」，二者是完全一致的。

書成之後，蔣百里求序於梁啟超。梁啟超欣然受命，但他「下筆不能自休，及成，則篇幅與原書埒。天下固無此序體，不得已宣告獨立，名曰『清學概論』，別索百里為余序」[106] 他另為蔣百里的書寫了序言，蔣百里也為他的書寫了序言，此事成為民國文化史上的一段佳話。梁啟超何以能將一篇序言寫成一部著作，祕密就在於，他從蔣百里筆下的歐洲「文藝復興」，想到清代二百六十餘年學術變遷史，也許與之有某些相似之處，他試圖通過對這段歷史的敘述，看看中國所以不如別人之故，因此一發而不可收，而且，只用了半個月左右，就寫成一部五六萬言寓論於史的學術著作。這部以《清代學術概論》名世的著作，最初題名為「前清一代中國思想界之蛻變」，他在「自序」中講到寫作此文的動機，除了為蔣百里的《歐洲文藝復興史》作序，更重要的一點，是胡適曾和他談到晚清「今文學運動」，於思想界影響巨大，而「吾子實躬與其役者，宜有以紀之」。[107]

梁啟超自視這部著作為「中國學術史」之一種，但也不斷有人提出質疑，第一個提出質疑的，正是此書的首位讀者蔣百里，他從論史的角度對此書提出了批評。在為《清代學術概論》所作「序文」中，他贊成梁啟超「由復古而得解放，由主觀之演繹進而為客觀之歸納，清學之精神，與歐

洲文藝復興，實有同調者焉」的說法，但也有一些疑問：

　　一、耶穌會挾其科學東來，適當明清之際，其注意尤在君主及上流人，明之後，清之帝皆是也。清祖康熙，尤喜其算，測地量天，浸浸乎用之實地矣。循是以發達，則歐學自能逐漸輸入。顧何以康熙以後，截然中輟，僅餘天算，以維殘壘？

　　二、致用之學，自亭林（顧炎武）以迄顏（顏元）李（李塨），當時幾成學者風尚。夫致用云者，實際於民生有利之謂也，循是以往，亦物質發達之門。顧何以方向轉入於經典考據者，則大盛，而其餘獨不發達？至高者，勉為附庸而已。

　　三、東原（戴震）理欲之說震古鑠今，此真文藝復興時代個人享樂之精神也。「過欲之害，甚於防川」，茲言而在中國，豈非奇創？顧此說獨為當時所略視，不惟吾贊成者，且並反對之聲而不揚，又何故？

　　四、迨至近世，震於船堅炮利，乃設製造局，譯西書，送學生，振振乎有發達之勢矣。顧今文學之運動，距製造局之創設，後二十餘年，何以通西文者，無一人能參加此運動？而變法維新、立憲革命之說起，則天下翕然從之，奪格致化學之席，而純正科學，卒不揚？[108]

　　如果說梁啟超的序文是超出常規的，那麼蔣百里的這篇序文就是特立獨行的，既能看出二人師生關係非同尋常，也能看出民國一些學者仍然保持着中國傳統文化中治學的精神、氣質和風度。這種質疑帶給梁啟超的恰恰是積極的思考，甚至引起思想界極大的興趣，爭論在相當大的範圍內延續了很長時間，有些問題到現在也未必能有答案。但這並不影響他們的友誼。回國不久，蔣百里就病倒了，不過，他仍然以「未盡復原」的身體積極參與各項工作的開展，始終是梁啟超最得力的助手和支持者。[109]

致力於文化傳播

成立共學社

共學社成立於 1920 年 4 月，當時就設在北京石達子廟歐美同學會之內。梁啟超在寫給梁善濟、籍忠寅等人的信中談到共學社的宗旨和活動情形，他說：「培養新人才，宣傳新文化，開拓新政治，既為吾輩今後所公共祈向，現在即當實行着手，頃同人所立共學社即為此種事業之基礎。」[110] 共學社的主要業務是編譯各國新書，由商務印書館負責出版。「所編書籍，自宜以淺近簡明為主，其有特別需要之名著，似由評議會決定後，提出交社員譯出為佳」。[111] 這些書都被歸入「共學社叢書」，具體分為十個類別：即時代、教育、經濟、通俗、文學、科學、哲學、哲人筆記、史學、俄羅斯文學。蔣百里為「共學社叢書」傾注了大量心血，做了許多聯絡、協調、組織的工作。這是民國期間規模最大的學術文化叢書之一，可與中華書局所出之「新文化叢書」媲美。有人統計，這套叢書自 1920 年 9 月至 1935 年 7 月，15 年間，共出各種類別圖書十六套八十六種，也有人說出版了一百餘種，總之是將歐美最新的思想學術文化成果及時地介紹給中國讀者，使各種新的思潮在中國廣為傳播，影響既是深遠的，也是多方面的。當時的進步作家如瞿秋白、耿濟之、鄭振鐸等人翻譯的俄羅斯文學作品，就是在蔣百里的積極推動下收入「共學社叢書」，由商務印書館出版的。

共學社的另一項重要工作是出版雜誌。1919 年 9 月，梁啟超、張君勱、蔣百里、張東蓀發起組織新學會，並且創辦了《解放與改造》半月刊，張東蓀、俞頌華出任主編。在出版了兩卷之後，自 1920 年 9 月第三卷起，改名為《改造》，由梁啟超、蔣百里出任主編。張東蓀於 5 月 15 日致信梁啟超說道：「百里未來，雜誌事總俟百里來後細商再定，蓋改名稱與改體裁，均有問題，非慎重出之不可。」這時他們似乎還未取得一致意

見，蔣百里 6 月 28 日致信梁啟超，告訴他：「接東蓀來函，寄來雜誌體例一紙。」看來問題已經解決，蔣百里說：「此間擬於七月一日發通知書於社員，限二十日收稿，惟出版以前，似先生另作一緣起文，以為開場鑼鼓。」到了七八月間，梁啟超已將發刊詞和宣言寫好，他兩次致信張東蓀，徵求大家的意見。[112] 他在第一封信裏說：

> 雜誌全稿當由百里別寄，發刊詞一篇內舉信條十四，非同人悉心研究不可，已別寄百里，今更鈔一份寄上，請公認為應增刪者，即奮筆增刪之，審定後仍邀同人公同認可（修改），乃可發佈。[113]

第二封信說到宣言的修改，「已即寄百里，屬（囑）彼商定後徑寄尊處」，並商量宣言究竟用還是不用，他是主張用的，但「都中同人多主不用」，他說已囑咐蔣百里再與大家商議。[114] 這一期雜誌刊登了梁啟超寫的「發刊詞」，他說，雜誌雖更名《改造》，但「其精神則猶前志也」；體例的改動也只是為了「常能與社會之進步相應」而已。[115] 值得注意的是，梁啟超在「發刊詞」內列舉了所謂的「信條十四」：

> （一）同人確信舊式的代議政治，不宜於中國，故主張國民總須在法律上取得最後之自決權。
> （二）同人確信國家之組織，全以地方為基礎，故主張中央許可權，當減到以對外維持統一之必要點為止。
> （三）同人確信地方自治，當由自動，故主張各省乃至各縣各市，皆宜自動的制定根本法而自守之，國家須加以承認。
> （四）同人確信國民的結合，當由地方的與職業的雙方駢進，故主張各種職業團體之改良及創設，刻不容緩。
> （五）同人確信社會生計上之不平等，實為爭亂衰弱之原，故主張對於土地及工商業機會，宜力求分配平均之法。

（六）同人確信生產事業不發達，國無以自存，故主張一面注重分配，一面仍力求不萎縮生產力且加增之。

（七）同人確信軍事上消極自衛主義，為我國民特性，且適應世界新潮，故主張無設立國軍之必要，但採兵民合一制度以自圖強立。

（八）同人確信中國財政，稍加整理，優足自給，故主張對於續借外債，無論在何種條件下皆絕對排斥。

（九）同人確信教育普及為一切民治之根本，而其實行則賴自治機關，故主張以地方根本法規定強迫教育。

（十）同人確信勞作神聖，為世界不可磨滅之公理，故主張以徵工制度代徵兵制度。

（十一）同人確信思想統一為文明停頓之徵兆，故對於世界有力之學說，無論是否為同人所信服，皆採無限制輸入主義待國人別擇。

（十二）同人確信淺薄籠統的文化輸入，實國民進步之障，故對於所注重之學說，當為忠實深刻的研究，以此自屬，並屬國人。

（十三）同人確信中國文明實全人類極可寶貴之一部分遺產，故我國人對於先民，有整頓發揚之責任，對於世界，有參加貢獻之責任。

（十四）同人確信國家非人類最高團體，故無論何國人，皆當自覺為全人類一分子而負責任，故褊狹偏頗的舊愛國主義，不敢苟同。[116]

這十四個信條是他們反覆研究、討論的結果，「為同人之公共信條，雖或未備，然大端固在是，同人將終身奉以周旋」。[117] 其中明顯表達了梁啟超在考察歐洲之後對中國現實新的思考和認識。對於《改造》第一期的主題以及如何與實際運動結合，他和蔣百里也有過詳細討論。最初，梁啟超不同意第一期以新文化運動為主題，他在給蔣百里的信中說，這個題目「細思略嫌空泛，且主張各不相同，易招誤會，似宜改擇一近於具體之題，鄙意欲改為『廢兵運動』，何如？此最投合國民心理，且可以有許多

切實之談，若吾弟國民軍之主張即可以提出，弟若謂然，請即一面預備一有聲光之文，一面告東蓀，一面告都中同人，共同發抒」。[118]7月2日，蔣百里寫信給梁啟超，說明他的意見，他有三個理由：第一，社員中有人已經準備了相關的文章；第二，「新文化問題雖空泛，然震（蔣百里）以為確有幾種好處，現在批評精神根於自覺，吾輩對於文化運動本身可批評，是一種自覺的反省，正是標明吾輩旗幟，是向深刻一方面走的（文字上用誘導語氣亦不致招人議論）」；第三，關於廢兵運動，「目下提出，社員中定多空論，擬俟震先將廢兵運動之幾種先決條件發佈後，先引起人家注目，然後提出，較為切實」。[119]蔣百里關於寓兵於農、戰鬥與生活相一致的主張，後來在他的《國防論》一書中得到了充分的發揮。

1920年9月，新的《改造》雜誌刊行，銷路日增，據說當時僅次於陳獨秀主編的《新青年》，行銷約五千份。蔣百里每期至少發表文章一篇，梁啟超的一些文章如《政治運動之意義及價值》、《歷史上中華民國事業之成敗及今後革進之機運》、《主張國民動議制憲之理由》、《軍閥私鬥與國民自衛》、《覆張東蓀書論社會主義運動》、《前清一代中國思想界之蛻變》等，也都陸續發表於《改造》。此外，經常為《改造》撰文的還有張君勱、張東蓀。在短短兩年時間裏，他們連續推出了九個專號，計有：新思潮研究（原擬新文化運動）、羅素介紹、廢兵研究、自治問題研究、聯邦研究、社會主義研究、教育問題研究、軍事問題研究、翻譯事業之研究。但出至第4卷第10期，即1922年9月，《改造》不得已宣告停刊。這一年的5月21日，蔣百里致信梁啟超，談到經營《改造》的困難，主要是「現在作文諸人生活不定」，常有推遲出版的現象，「於銷路名聲，均不大好」。[120]蔣百里說的是實情，別的作者姑且不論，即使經常撰稿的這四個人，張東蓀有主編《時事新報》的壓力，張君勱則四處奔走，蔣百里熱衷於實際運動，越來越多地參與到聯省自治的運動之中，梁啟超則忙於四處講學，1922年甚至被稱為他的講學之年。在這種情況下，大家都不能按時為雜誌撰稿，雜誌的停刊是遲早的事。在張朋園看來，還有一個最重要的原因，恐怕就是梁啟超輩「所提倡的溫和社會主義不受年輕一輩的歡迎。五四以

後，馬克思主義盛行，不激進的即被看作落伍，任公等的溫和主張似乎碰到了困難」。[121]

創辦松坡圖書館

當然，也不排除財政經濟上的困難。共學社成立之初，就遇到了經費來源問題。共學社的發起人，除了梁啟超、蔣百里、張君勱、張東蓀這幾個核心人物，還有蔡元培、張謇、張元濟、胡汝麟、王敬芳、蔣夢麟、藍公武、趙元任、蹇念益、劉垣、張嘉璈、丁文江、向構甫、梁善濟、籍忠寅等也都列名其中。要籌措經費，自然是先向發起人伸手。於是，梁啟超帶頭，將其所著《歐遊心影錄》一書的稿費數千元全部捐出，張元濟也按照合同，先撥付五千元，但與所需數目還相差很遠，梁啟超希望凡加入共學社的人都有所贊助，他在一封信中給大家分派了指標：「伯強兄（梁善濟）、亮儕兄（籍忠寅）、溯初兄（黃群）、搏沙兄（王敬芳）（現洋三千元）、石青兄（胡汝麟）、壬三兄（劉彭壽）（貳千乃至三千元）、海門兄（可能是范之准）、季常兄（蹇念益）、志先兄（藍公武）、搆（構）甫兄（向構甫）（姑任壹千元）、文藪兄（可能是袁毓麟）（姑任壹千元）。」[122] 儘管有大家的慷慨解囊，但經費困難一直是困擾梁啟超的大問題。

松坡圖書館也是蔣百里熱心參與的一項事業。蔣百里與蔡鍔是生死之交，蔡鍔在日本病逝後，其靈柩途經上海，送歸湖南，安葬於湘江對岸之嶽麓山。上海各界曾於 1916 年 12 月 14 日召開蔡松坡先生追悼會。事後，梁啟超於 12 月 17 日在上海哈同花園設席，邀請商學各界名流聚敍，率蔡氏子女答謝。席間提到，他曾向各位當道倡議，建一座圖書館，以紀念蔡氏，得到在座各位的回應，定名為松社。但由於「時事多故，集資不易，久而未成」[123] 共學社成立之後，遂將此事重新提起，並將松社移至北京，擬改名為松坡圖書館。但直到 1923 年 11 月 4 日，松坡圖書館才得以正式成立。次日，梁啟超給女兒令嫻寫信，還沉浸在興奮之中：「昨日松坡圖書館成立，（館在北海快雪堂地方好極了，你還不知道呢，我每來復

四日住清華三日住城裏，入城即住館中。）熱鬧了一天。」[124] 松坡圖書館能有這個結果，還要感謝「大總統黃陂黎公（黎元洪）命撥北海快雪堂為館址」。[125]

松坡圖書館設有兩館，第一館在北海快雪堂，藏書以中文為主；第二館在西單牌樓石虎胡同 7 號，藏書以西文為主。松坡圖書館的組織分為編輯、總務兩部，梁啟超自任館長，蔣百里任編輯部主任，蹇季常任總務部主任，下設編輯幹事等職，徐志摩、陳博生、林志鈞、蔣復璁、楊維新、李藻蓀、丁文江、梁啟勳等都曾任職於此。由於沒有固定的經費來源，完全靠熱心文化事業的人士捐贈，梁啟超就曾以不斷賣字的收入補貼每月的支出，勉強維持其運轉，大家的服務工作也完全是盡義務，沒有報酬。但它的存在不僅為傳播知識，也為新文化運動盡了它所負的使命。[126]

支持中國公學

在梁啟超經營的各項事業中，蔣百里參與較多的，還有中國公學。至少自 1919 年在歐洲考察期間，他們已經有了辦學的打算。張東蓀幾次寫給張君勱、劉子楷、蔣百里、徐振飛的信中，都提到「學校計劃，尤望進行」，並且告訴他們，「大學計劃聞已由北京寄上矣」。[127] 這裏大約是指他們曾有過請馮國璋給予資助的想法，馮氏當時正在代總統的位子上，但他在 1919 年冬突然病逝，斷了他們的念頭。張君勱在 1920 年初寫信給黃溯初，就曾經以為大學「現時無從辦起」，他沒有提到辦學經費問題，而是委婉地說：「弟意與其自辦大學，不如運動各省籌辦而自居於教授，只求灌輸精神，何必負辦學之責任乎。」至於對梁啟超如何安排，他甚至主張：「於編纂雜誌之外，在北方學校中居一教習地位，亦計之得者也。」[128]

但中國公學的主動上門，又給了梁啟超等人新的希望。1920 年 3 月 5 日，他剛剛抵達上海，馬上被吳淞中國公學請去演講。3 月 15 日，《申報》刊登了他在中國公學的演講稿，演講自然安排在此之前，也就是回國不足十天的時候，可見梁啟超對此的重視。說起來，梁啟超與中國公學是有一

些淵源的。1905 年，日本文部省應清政府之請，以「省令第十九號」發佈《關於許清國留學生入學之公私立學校之規程》，引起留日學生群起反抗，有三千多學生停課歸國，中國公學就是為了收容這些學生於次年在上海創辦的。當時，流亡日本的梁啟超也在報上撰文表明自己的立場。「民國八年（1919 年）公學董事會改組，熊希齡、王家襄分別出任正副會長，常務董事有范源濂、胡汝麟、袁希濤、夏敬觀、葉景葵、梁維嶽、王敬芳等人，大部分是舊日的立憲派或進步黨人物。」[129] 所以，梁啟超歐遊歸來，一到上海，就被請去演講。那時的校長是王敬芳，他還是河南福中煤礦的總經理，兩頭兼顧，頗費心力。他得知梁啟超有辦學的打算後，就想把校長一職讓出來，由梁啟超擔任，「倘公學前途得先生之力擴而大之，諸友在天之靈，其歡欣感佩可想也」。[130] 他在這封寫給梁啟超的信中回顧了公學創辦以來的不幸遭遇：「計公學成立僅十數年耳，當時發起同人姚劍生（宏業）以蹈江死，張口生以勞瘁歿。黃真存（名黃家興，字兆祥）、譚價人（心休）前兩年又相繼去世，近接上海書，梁喬山（字恢生，號維嶽）又病故矣。」[131] 他提到的這些人，都是中國公學的創辦者或歷屆負責人。他以為，梁啟超可以幫助中國公學走出困境。

梁啟超一直感歎人才缺乏，自然很想有一所自己的學校。中國公學機會難得，他決定抓住不放。但蔣百里反對梁啟超當校長，他在寫給張東蓀的信中說：「任公萬不可當校長，難道當了總長後，別處不加一長字，就算辱沒了他？任公惟做講師，才把他的活潑潑地人格精神一發痛快表現出來。」他對辦學也有自己的看法，他說：「今日第一要事，在促任公於今冬或明春即在中國公學設一中國歷史講座，先在報上登一廣告，將講義時期地點規定，招聽講生，只教有一人來聽，就開講，而籌經費，請教習，定名稱等事，再從容一步一步來。」他不同意將這所學校改叫「大學」，在他看來，「如其一掛大學招牌，則內容無論如何，精神即為此二字掩住」。他主張教育一定要區分「精」和「普」兩種辦法，「精的方面，即是研究學問方面。吾以為苟辦中國公學十年，而欲造就一個真正學者，目的已經圓滿達到，故對於此方面應當用全力以教得少數人，比如此次以二萬

元派十人往歐，就是一種混合辦法，此後辦學，萬不可如此。與其以二萬元成一半的十個人，不如以二萬元養成一個完全的學者，此關於高等教育中之方針。一即普，普的方面，即是對於社會方面但求吾輩對於此種人多生一點關係，吾的話能使他聽見，此外決不要求以何種關係，此卻愈多愈好。惟多乃能對於社會佔勢力，惟少乃能對學問佔勢力，所以我主張中學部應特別注重外國文學，而高等學院（Academic）方面第一要緊要把任公的活潑的一個人格的研究精神做基本，□□有點生氣」。因此他特別強調：「總之中國公學如其要擴充，早稻田、慶應都不足法，白鹿洞、詁經精舍倒大大的有可取的價值也。」[132]

　　梁啟超很讚賞蔣百里的辦法，他在寫給張東蓀的信中提到辦學之事，還說：「其辦法則公與百里所商講座之說最妙。」並勸他接受中國公學教務長一職，不要擔心辦學經費問題，「公學款事，確有進行方法」。[133] 但張東蓀對蔣百里的主張卻不能接受，他在給蔣百里的信中說：「近代學術與古代學術不同，故近代教育與古代 Academic（講學舍）不能盡同，故前言之講座辦法，實調和近世大學與古代講學舍而具其微，（此說不錯，但對於近世大學但求其質之對可矣，不必用大學之名。）若夫純採講學舍辦法，在今日必不足號召（此則不然，號召別有辦法），則學生來者稀矣。況以任公之性質而論，公謂止要有一人聽，即可開講，我恐縱有十餘人聽，（此說不然，東蓀看錯了。）而任公亦必開講二三次即中輟矣。（任公之無常，係原於對於新者興會之佳，非對於舊者之厭倦。）」（文中括註為蔣百里所加）他「不贊成以任公一人之人格為中心」，他認為，應該以「一團人之人格為中心」。[134] 但大家對於張東蓀肯做中國公學教務長都感到非常高興，王敬芳、胡汝麟甚至高興得「手舞足蹈」。然而經費短缺仍然是困擾他們的主要問題，除了王敬芳每年從福中公司直接撥付的兩萬元，並沒有其他來源。梁啟超最初把希望寄託在民國二年政府所發行之公債上，據說有兩百萬元，利息每年十六萬元，如能以此為「經常費」，辦學的最大困難也就解決了。但王敬芳告訴梁啟超，這個公債是個沒影兒的事，「（係二年國務會議議決而未執之案。）即有之恐靜生（范源濂）力亦不任」。[135]

梁啟超也曾動員華僑富商林振宗慷慨解囊，他對女兒令嫻說：「若彼能捐五十萬，則我向別方面籌捐更易。」[136] 但同樣沒有結果。

聯省自治及各省立憲

蔣百里這時為生活所困，也想去開講座，中國公學講不成，他願意到南開去講。他把這種想法寫信告訴梁啟超，得到梁啟超的支持，認為他「宜作教授生活」，並且詢問他「清華事若成則往清華，否則南開」，怎麼樣？梁啟超此時正在設想在南開發展的計劃，「鄙意君勱當主任，百里、東蓀、宰平各任一門，（宰平未與切商，諒必可來。）能找得梁漱溟最佳，更輔之以我，吾六人者任此，必可以使此科光焰萬丈」。[137] 但這項計劃像梁啟超的許多計劃一樣，並沒有得到實施，而蔣百里此時已被新的時勢所吸引。

1921 年 8 月 12 日他致信梁啟超，報告湘、鄂局勢，湘軍與直系軍閥吳佩孚在鄂南一戰，全軍失利。這時，如果吳佩孚長驅直入，湘軍絕非對手，長沙被攻破則易如反掌，這樣一來，即將公佈的湖南省自治憲法就可能胎死腹中。為了阻止戰事擴大，讓吳佩孚留在湖北，正在湖南協助制定憲法草案的蔣百里想到了梁啟超，在他看來，此時能夠挽救湖南危局的，只有梁氏。他在信中表示：「極望先生對於大局有所主張，將來即以湘軍代表名義，在滬宣佈造成對於中國全局處置之空氣，蓋僅就湘、鄂局部問題，湘軍着着是死着，唯一之活路全在變換大局，而促進奉、直之決裂，實為釜底抽薪之唯一辦法。」他還說：「就大局言，網羅之橫決早一日，即獲一日之福（固不獨專為湘計），此着做不到，吾輩將受致命傷。」[138] 可見當時形勢之嚴峻，梁啟超接到他的信後，於 15 日、16 日與蹇念益、籍忠寅緊急磋商，決定不用慫恿張作霖背後襲擊吳佩孚的辦法，而由梁啟超寫信給吳佩孚，曉以用兵的利害，並代黎元洪作書一封致吳佩孚、蕭耀南等人，阻止他們的行動。

梁啟超在寫給吳佩孚的信中苦口婆心地勸他不要太迷信軍隊的力量，輿論所體現的人心向背才是最重要的：「執事（指吳佩孚）今挾精兵數萬可以投諸所向無不如意，且俟威加海內後，乃徐語於新建設也。執事若懷抱此種思想者，則殷鑒不遠，在段芝泉（段祺瑞）。芝泉未始不愛國也，當其反對洪憲，拯國體於漂搖之中，其為一時物望所歸，不讓執事之在今日。徒以不解民治之真精神，且過信自己之武力，一誤再誤，而卒自陷於窮途。此執事所躬與周旋而洞其癥結者也。」[139] 他希望吳佩孚能認清形勢和朋友：「彼湘軍者，或且為執事將來唯一之良友，值歲之不易，彼蓋最能急執事之難。執事今小不忍而齏粉之，恐不旋踵而乃不勝其悔也。執事不嘗力倡國民大會耶？當時以形格勢禁，未能實行，天下至今痛惜。今時局之發展已進於昔矣，聯省自治，輿論望之若飢渴，頗聞湘軍亦以此相號召，此與執事所夙倡者，形式雖稍異，然精神則吻合無間也。執事今以節制之師，居形勝之地，一舉足為天下輕重，若與久同袍澤之湘軍左提右挈，建聯省的國民大會之議以質諸國中父老昆弟，夫孰不距躍三百以從執事之後者？如是，則從根本上底定國體。然後蓄精銳以對外雪恥，斯真乃愛國軍人所當有事。夫孰與快鬩牆之忿而自陷於荊棘以終也。」[140]

當時，梁啟超的好友熊希齡，門生蔣百里、范源廉等都在湖南，蔣百里與主政湖南的趙恆惕還是日本士官學校的同學，保定軍校的學生也有不少人在湖南任事，這些都促成了蔣百里要「急湘軍之難」。梁啟超在寫給籌念益的信中也說：「百里已赴湘急難去矣，吾儕為公為私，皆有所不容坐視也。」[141] 所以，梁啟超一方面寫信給吳佩孚，希望他能以大局為重，不要逼湘軍太緊；另一方面，他又建議張仲仁速速到武漢去見吳佩孚，因為有些話在信中不便透露，只能當面對他說。他不無憂慮地說：「子玉（吳佩孚）之意或欲掃蕩湘軍後，以獨立提議解決大局，此項城辛亥時得意之筆也。不知今日情勢與昔異，湘一旦敗歸，則湘局已不在現時當局者之手，全湘必折而入於粵，而贛亦隨之而去，彼時北張南孫皆吳勁敵，吳雖有所建議，必無附和者，欲求如去年國民大會之反響尚不可得，遑論解決大局。若趁今日與湘提攜，則長江指揮若定，南北兩政府雖極不願而不

能反對，則大勢瞬息而定矣。吳若必欲迫湘軍出境，是不異自翦其羽翼以資敵。天下事固有一着誤而滿覆者，此類是已。」看得出來，梁啟超擔心的是湘軍與吳軍之爭被廣州新軍閥所利用，造成「鷸蚌相爭，漁翁得利」的局面，這是他不願看到的，他認為吳佩孚也不希望看到這種結局。但北方的直皖戰爭（即段祺瑞與曹錕、吳佩孚爭奪北京政府領導權的戰爭，發生在 1920 年 7 月間，以段祺瑞的皖系失敗而告終）後，吳佩孚頗有些膨脹，他很想以武力統一中國。梁啟超提醒他看清形勢，要他明白，雖然在直皖戰爭中奉系幫了他的忙，但張作霖終究不是朋友，直奉之間遲早也會有仗要打；而南方的孫中山正在積極準備北伐，更不可小覷。對吳佩孚來說，如何才能擺脫南北夾擊的困局呢？梁啟超為他指明了一條路：「簡單言之，則挾湘軍以自重，立刻召集聯省會議以號召天下，此唯一辦法也。」[142]

與此同時，梁啟超也一再寫信勸說湖南方面，他致信蕭堃和雷飆，他們都是蔡鍔的舊屬，自然不必見外，他明白指出湖南方面應採取的策略：「今日湘軍所採態度，最要緊是從大處落脈，務要將題目愈做愈大，切不可愈做愈小。」什麼是大，什麼是小呢？插手湖北的人事安排，或斤斤計較於本省和本軍的利益，這都是愈做愈小，只有抓住「聯省自治」做文章，才是題目愈做愈大的文章。「要之，此次出兵之大旗幟，惟在聯省自治（此外概不與聞），此旗幟總希望與季子（指吳佩孚）共擎之，必至萬不得已時，乃獨擎此方針。」[143] 他同時還替熊希齡、范源廉給湖南的總司令趙恆惕寫了一封信，他在信中叮囑趙總司令：「尊處交涉，亦望單提直指，咬定題目，切勿旁騖。」[144]

梁啟超何以如此看重「聯省自治」呢？此事說來話長，早在湖南時務學堂期間，他協助陳寶箴、黃遵憲等開展湖南新政，曾上書湖南巡撫陳寶箴，勸他以湖南自立：「故為今日計，必有腹地一二省可以自立，然後中國有一線之生路。」他解釋其鼓吹自立的動機，絕不同於「前代遊說無賴之士，勸人為豪傑割據之謀」。他主張自立的理由，一是對清政府失望，以為變法大業靠他們「終不可得」；二是擔心中國被列強瓜分，如果湖南

不亡，自立自保，中國就有希望。[145] 這是他第一次提出地方分權自治，但對國體、政體尚未形成明確的認識。流亡日本後，他接觸了許多新的知識，特別是長達數月的夏威夷之行，使他對美國的聯邦制有了更多的了解。後來他作《盧梭學案》，對聯邦制則多有發揮，主要是從反對專制、倡導自由出發。他說：「我中國數千年生息於專制政體之下，雖然，民間自治之風最盛焉，誠能博採文明各國地方之制，省省府府，州州縣縣，鄉鄉市市，各為團體，因其地宜以立法律，從其民欲以施政令，則成就一盧梭心目中所想望之國家，其路為最近，而其事為最易焉。」[146] 這種認識一直延續倒 1903 年他對美國的訪問，黃遵憲說他「歸自美利堅而作俄羅斯之夢」。[147] 對美國社會細緻入微的實地考察，顯然勝過在夏威夷的隔海相望，不僅改變了他對美國的認識，也改變了他對中國的認識。訪美歸來後，他很少再談中國的自治傳統，也不再提地方自治和聯邦共和，他得出一個結論，美國的聯邦制不適合中國。這種認識被他帶進了民國，他在許多場合都強調，中國不能實行聯邦共和或共和聯邦制，其結果不是軍閥混戰，社會動亂，就是被西方列強所瓜分，淪為他們的殖民地。他認為，中國的民主富強需要一個統一的中央集權的國家體制，至於是君主立憲還是民主立憲，倒關係不大。為此，他不惜先與袁世凱合作，又與段祺瑞合作，把自己搞得「傷痕累累」，得到的卻只是一堆痛苦的經驗。他終於明白，這些軍閥都是「二德」之子孫（即曹孟德、張翼德是也），靠他們，中國永遠沒有希望走上國家統一的憲政之路。為了能夠約束軍閥，他在歐遊考察歸來後，開始傾向聯省自治的主張。

他的朋友和學生中，張東蓀早在民國三四年間便與丁世嶧等人提倡地方自治，是個聯邦論者。蔣百里和蔡鍔早對地方軍閥分割中央權利有所警惕，主張建立統一的國家軍隊，但袁世凱的「統一」只是要統一到他的旗幟下，他與地方軍閥的鬥爭，只是大軍閥和小軍閥之間的鬥爭，說到底還是分贓不均的鬥爭，因此而把全中國拖入戰火之中。這些年他一直在考慮的，就是如何削弱軍閥的勢力，他還有過「化兵為工」的想法。早在《改造》出版之初，他們在商量第一期主題時，蔣百里已經提到了「廢兵運

動」，梁啟超所作《發刊詞》也把「地方自治」作為「信條十四」之一種，他們支持聯省自治的出發點，無非是以省憲來約束軍閥，早日結束軍閥混戰的局面。

湖南對於聯省自治是最積極的。李劍農是湖南邵陽人，他曾與蔣百里等人一起入湖南協助起草憲法，他後來寫作《中國近百年政治史》，對其中的原委講得很明白。他指出，省憲運動最先發起於湖南，主要是「因為護法戰爭，湖南當軍事之衝，受禍最烈」，因此，樹起自治這面旗幟的目的，無非是希望能「將湖南超出於南北政爭之外，南北兩方均不許加兵於湘境」。當時，譚延闓以湘軍總司令的名義在湖南主持政局，他於 1920 年 7 月 22 日發出所謂「禡電」，「宣佈湖南自治的宗旨；旅居京滬各處的湖南名流，對於譚氏的禡電群起回應，熊希齡等在北京並且請梁啟超代行擬就一種湖南省自治法大綱，寄回湖南，督促譚氏實行」。[148] 梁啟超在寫給梁伯強等十人的一封信中也提到這件事：「頃與熊（熊希齡）、范（范源廉）兩君議，即用動議公決兩方式，謀制定湖南自治根本法，已為草成大綱三十一條，附以理由。兩君決連袂（請暫祕之）返湘鼓吹，此可喜也。」七八月間，梁啟超寫信給張東蓀，還就「代湘人擬湖南憲法大綱」一事向他徵詢意見。[149] 這年 11 月，趙恆惕取代譚延闓掌握了湖南政權，次年 3 月，他以本省憲法問題致信梁啟超，又派了蕭堃和雷飆到天津當面向梁啟超請教。他信中的一段話頗能代表一般湘省人的心情：「湘承兵燹之後，犧牲至巨，創痛至深，恆愚（趙恆惕）謬掌軍鈴，愧無長策，思惟以武力戡禍亂，不如以民治奠國基，是以屢集全省軍民長官協議，決定以全省自治為全國率先，庶冀於聯省自治得早日實現。數月以來，籌備進行略有端緒，現方延聘省內外邃深法學之士，從事起草，計日觀成，歷經電聞，想邀洞鑒。」[150]

趙恆惕接手湖南之後，正式宣告自治，軍民兩署協商制定了一種「制定湖南省自治根本法（即省憲法）籌備章程」，交省議會決議施行。這個章程對制憲程序作了嚴格的規定，分為三個階段，一是起草，二是審查，三是復決。1921 年 3 月 20 日，起草委員會在長沙嶽麓書院正式開會，委

員十三人（另有十一人的說法），由省政府聘請具有專門學識及經驗者擔任。這十三人中就有蔣百里、李劍農、彭允彝、王正廷等，這也是趙恆惕致信梁啟超的原因之一，這期間他們時有書信往還，湖南方面需要經常徵詢梁啟超的意見，梁氏自然也樂於指導。所以，張朋園讚歎湖南憲法的民主精神：「湖南人的驕傲，任公與有榮焉。」[151] 4 月中憲法草案完成，交審查委員會審查。按照章程，審查委員會由湖南各縣人民選舉代表一百五十餘人組成，對起草委員會所制定的憲法草案進行審查、修訂。由於委員中有相當一部分政客，各為自己打算，提出許多不合理的修正案，把原草案搞得支離破碎，弄得意見分歧，莫衷一是，開了三個多月的會，草案仍未通過。這時湘鄂戰事發生，湘軍戰敗；吳佩孚一意孤行，攻佔岳州，促使審查委員會將憲法草案草草通過，以防湖南再受北軍的宰割。於是，湖南制憲進入第三個程序，交由全省公民總投票復決，然後公佈實施。12 月 11 日，湖南省經全民投票通過了省制憲法，1922 年 1 月 1 日，這部憲法正式頒佈實施。

李劍農認為，湖南省憲的內容有兩點值得注意：「其一是省權的列舉，因為湖南的自治不單是謀一省的自治，還是希望聯邦制的實現；聯邦制的根本精神在於將中央與各省的事權在憲法上劃分；現在國憲尚未成立，只好在本省的省憲上將省之事權列舉，一為省機關定一個活動的範圍，一為將來制定國憲時設一分權的標準。其二是民權的擴張。選舉權普及於男女兩性，省長的產出須經過全省公民決選的程序，公民或法團並享有創制權、復決權與直接罷免權。」不過他接着說：「這些權都不是現在的中國人民所能舉其實的。」[152] 蔣百里一直很積極地參與湖南省憲的制定，他在起草委員會成立的開幕式上作了《論軍事與聯省自治》的演說，並撰寫《五十年來的湘軍》一文，積極推動湖南的裁軍。省憲中關於義務民兵制的規定，就來自蔣百里的建議。

湖南的省憲推行了四年，算是最有成績的。梁啟超以講學為名，於 1922 年 8 月 31 日前往長沙，受到省長趙恆惕和省裏官員及教育界人士的歡迎。他在長沙只有兩天，忙得不亦樂乎，下車後稍事休息，就訪問了時

務學堂舊址，並拍照、題字留念；下午四時在省立一中演講，題目是《什麼是新文化》；七時赴趙省長宴，梁啟超與隨行的黃炎培都有演講。次日上午五時遊嶽麓山，祭拜了黃興、蔡鍔的墓；九時返城，參加省議會第二次常會，並作了《湖南省憲之實施》的演講；十二時赴大麓學校，參加時務、求實、高等三校校友會的歡迎會，並為該校題了「自強不息」的校額；下午二時許赴商會各公團公宴，三時半赴遵道會作題為《奮鬥之湖南人》的公開講演，聽者多至數千人；五時復至省一中，與教育界人士合影留念，並作題為《湖南教育界之回顧與前瞻》的演講，因時間緊迫，演講只進行了一半；六時赴教育會公宴，宴畢即與黃炎培、沈藎文等赴小吳門外車站，趙省長和省裏官員及教育界人士到車站送行。[153]

這時，各省立憲運動都搞得如火如荼，但由於各自的目的不同，各有各的打算。在一些省裏，聯省自治往往就是地方軍閥割地自雄的藉口。浙江的盧永祥也是主張自行制憲的，蔣百里因為是浙江人，對家鄉的事就特別熱心，不僅參與草成憲法，還參加議員的競選。他啟程南歸時，梁啟超曾手書集陶淵明詩一聯贈予他，詩云：「相期各努力，別後輒相思。」但盧永祥始終沒有誠意，擔心實行起來處處受憲法的約束，不能專擅自由。對他來說，所謂聯省自治，不過是一面抵制直系侵擾的擋箭牌罷了。其他各省如雲南的唐繼堯、廣東的陳炯明等，也都心懷巨測，各謀其權力，並非真要遵守憲法，實行憲法。事實上，由於軍閥勢力無休止的爭權奪利，所有的省憲運動都未能發生實際效果，湖南實行省憲三四年，可算是個例外，但也只有五十步與百步之差，不能對實際的政治有絲毫的改變，這個世界依然是個軍閥橫行的世界。這對梁啟超是個不小的打擊，他顯得有些心灰意冷，即使當初抱有很大希望的吳佩孚，也讓他大為失望。

蔣百里這時還沒有完全放棄，他周旋於吳佩孚與孫傳芳之間，希望調和直系這兩派的關係，共同對付關外的奉系張作霖，或許能有一些作為。他還介紹丁文江、劉厚生、陳儀、陳陶遺等都加入到裏邊來，他甚至想通過唐生智的關係，讓吳佩孚與蔣介石聯手，結合了孫、吳、蔣的勢力來對付奉張。駐防湖南的湘軍師長唐生智是蔣百里的得意門生，

他此時正與廣東方面私下聯絡。而蔣百里事先也向廣東安插了自己的學生，時機一旦成熟，自然可以發揮作用。蔣百里的這番舉動，讓梁啟超感到了一些希望，卻又不敢太樂觀。1925 年 9 月 3 日，梁啟超在給女兒令嫻的信中寫道：

> 百里現在在長江一帶。軍界勢力日益膨脹，日內若有戰事，他便是最重要的一個角色，因此牽率老夫之處亦不少。他若敗，當然無話可說，（但於我絕無危險，因我不參與軍事行也，請放心。）若勝，恐怕我的政治生涯不能不復活（勝的把握我覺得很少），我實在不願意，但全國水深火熱，（黃萃田在廣東方面活動，政府已全權委他，但我亦不敢樂觀，他昨日南下，在我們家裏上車，忠忠聽我囑咐他的話，說「易水送荊卿」哩。）又不能坐視奈何。[154]

過了不久，到了這年的 11 月 9 日，梁啟超在給女兒令嫻的另一封信中又提到了蔣百里的狀況，他寫道：

> 國事前途仍無一線光明希望。百里這回費恁麼大氣力（許多朋友亦被他牽在裏頭），真不值得（北洋軍閥如何能合作）。依我看來，也是不會成功的。現在他與人共事正在患難之中，也萬無勸他抽身之理，只望他到一個段落時，急流勇退，留着身子，為將來之用。[155]

蔣百里的謀劃自然是好的，但吳佩孚、孫傳芳的想法和他絕不相同，他們所看重的只是自己的權力和地盤，梁啟超說：「北洋軍閥如何能合作。」這是他幾經挫折，以切膚之痛得到的慘痛教訓。蔣百里一再爭取孫傳芳與蔣介石合作，以奉軍為共同目標，進而完成中國的統一大業。他甚至進一步提出具體建議，由孫傳芳的五省聯軍負責津浦線，革命軍負責京漢線，以會師京津、統一中國為最終目標。但是，孫傳芳沒有接受蔣百里的建

議，結果，繼吳佩孚敗於湘鄂，江西一戰，孫傳芳的五省聯軍全軍覆沒，蔣百里的所有美好願望都成了泡影。梁啟超在 1926 年 9 月 29 日給女兒令嫻的信中又一次談起時局和蔣百里的境遇，他寫道：

> 時局變化極劇，百里所處地位極困難，又極重要。他最得力的幾個學生都在南邊，蔣介石三番四復拉攏他，而孫傳芳又卑禮厚幣要仗他做握鵝毛扇的人。孫、蔣間所以久不決裂，都是由他幹旋。但蔣軍侵入江西，逼人太甚（俄國人逼他如此），孫為自衛，不得不決裂。我們的熟人如丁在君、張君勱、劉厚生等都在孫幕，參與密勿，他們都主戰，百里亦不能獨立異，現在他已經和孫同往前敵去了。老師打學生，豈非笑話（非尋常之師弟）。好在唐生智所當的是吳佩孚方面（京漢路上吳已經是問題外的人物），孫軍當面接觸的是蔣介石。這幾天江西的戰爭關係真重大。若孫敗以後（百里當然跟着毀了）黃河以南便全是赤俄勢力。若孫勝蔣敗，以後便看百里手腕如何。百里的計劃是要把蔣、唐分開，蔣敗後謀孫、唐聯和。果能辦到此着，便將開一嶄新局面。國事大有可為，能成與否不能不付諸氣數了。[156]

這時的梁啟超與蔣百里，都有些悲從中來。

註釋：

1　《飲冰室合集・文集》之四十四（上），16 頁。

2　《蔣百里年譜》，2 頁；《蔣百里評傳》附錄二，250 頁。

3　據蔣百里致李小川函，他九月十四日離開蕪湖，預定十五日至申，二十日東渡，這封信就是在離開蕪湖以後的長江輪舟中所作，見《蔣百里年譜》36 頁。

4　《蔣百里年譜》，255 頁。

5　《梁啟超年譜長編》，554 頁。

6　同上，552 頁。

7　同上，560 頁。

8　同上，561～562 頁。

9　《蔡鍔集》一，435 頁。

10　《黃興年譜長編》，278 頁。

11　《蔣百里傳》，24 頁。

12　同上，25 頁。

13　《飲冰室合集・專集》之二十四，2～4 頁。

14　《蔣百里傳》，26～27 頁。

15　《飲冰室合集・文集》之四十四（上），16 頁。

16　《蔣百里傳》，44 頁。

17　《蔡鍔集》二，1507 頁。

18　《梁啟超年譜長編》，796 頁。

19　《飲冰室合集・專集》之三十三，147 頁。

20　同上，54 頁。

21　《段祺瑞年譜》，98 頁。

22　《梁啟超年譜長編》，1111 頁。

23　《段祺瑞年譜》，111 頁。

24　以上均見《段祺瑞年譜》。

25　《段氏賣國記》，243 頁。

26　《段祺瑞年譜》，111～136 頁。

27　《段氏賣國記》，257 頁。

28　《飲冰室合集・文集》之三十五，4～5 頁。

29　同上，6 頁。

30　《梁啟超年譜長編》，816～817 頁。

31　《追憶梁啟超》，5 頁。

32　《飲冰室合集・文集》之三十五，1 頁。

33　《梁啟超年譜長編》，837 頁。

34　同上，830 頁。

35　同上，831 頁。

36　《飲冰室合集・集外文》中冊，705 頁。

37　《梁啟超年譜長編》，839 頁。

38　同上，869 頁。

39　《飲冰室合集・集外文》中冊，717 頁。

40　《梁啟超年譜長編》，698 頁。

41　《飲冰室合集・集外文》中冊，711 頁。

42　同上，714 頁。

43　《梁啟超年譜長編》，851 頁。

44　同上，862 頁。

45　同上，870 頁。

46　同上，862～864 頁。

47　同上，859～860 頁。

48　《飲冰室合集・專集》之二十三，38 頁。

49　《梁啟超年譜長編》，873 頁。

50　同上，39 頁。

51　同上，876～877 頁。

52　己未年正月十二日正午，一說 1919 年 2 月 11 日，見《梁啟超年譜長編》，878 頁。

53　《飲冰室合集・專集》之二十三，47～48 頁。

54　同上，104 頁。

55 同上，105 頁。

56 同上，108 頁。

57 同上，101 頁。

58 同上，103～104 頁。

59 同上，69 頁。

60 見 1919 年 2 月 28 日《晨報》，《飲冰室合集・集外文》中冊，809 頁。

61 同上，811 頁。

62 《在五四運動爆發的一年裏》，10 頁。

63 《蔡元培年譜長編》中冊，161～162 頁。

64 《梁啟超年譜長編》，879 頁。

65 《六十年來中國與日本》第七卷，309～311 頁。

66 同上，315～316 頁。

67 同上，880 頁。

68 見 1919 年 5 月 2 日《晨報》，《百年家族：林長民　林徽因》，34～35 頁。

69 1919 年 5 月 2 日《晨報》。

70 轉引自《在五四運動爆發的一年裏》，28 頁。

71 許德珩《五四運動六十週年》，見《文史資料選輯》第 61 輯，1979 年版，轉引自《重返五四現場》，178 頁。

72 《飲冰室合集・集外文》中冊，819 頁。

73 《五四研究論文集》，278 頁。

74 蔡曉舟、楊景工編《五四》，見《五四愛國運動》，450 頁。

75 同上。

76 《在五四運動爆發的一年裏》，21 頁。

77 《飲冰室合集・集外文》中冊，816 頁。

78 同上，817 頁。

79 《梁啟超年譜長編》，883～884 頁。

80 《五四》，見《五四愛國運動》，450 頁。

81 《梁啟超年譜長編》，879 頁。

82 《陳獨秀著作選》第一卷，518～519 頁。

83 《飲冰室合集・專集》之二十三，84～85 頁。

84 《梁啟超年譜長編》，887 頁。

85 《飲冰室合集・專集》之二十三，1 頁。

86 同上，2 頁。

87 《梁啟超年譜長編》，890～891 頁。

88 同上。

89 《蔣百里年譜》，71～72 頁。

90 《梁啟超年譜長編》，880～881 頁。

91 《飲冰室合集・專集》之二十三，7～9 頁。

92 同上，9～12 頁。

93 同上，13～14 頁。

94 同上，15～17 頁。

95 同上，17～20 頁。

96 《梁啟超年譜長編》，874～875 頁。

97 同上，896 頁。

98 以上參見《飲冰室合集・專集》之二十三，20～38 頁。

99 《梁啟超年譜長編》，902 頁。

100 同上，904 頁。

101 同上，898 頁。

102 《歐洲文藝復興史》，5 頁。

103 同上，2 頁。

104 《蔣百里評傳》，24～25 頁。

105 《歐洲文藝復興史》，1～2 頁。

106 同上，1 頁。

107 《清代學術概論》，正文 1 頁。

108 同上，109～110 頁。

109 《梁啟超年譜長編》，905 頁。

110 同上，909 頁。

111 同上，908 頁。

112 同上，910～911 頁。

113 同上，916 頁。

114 同上。

115 《飲冰室合集・文集》之三十五，
　　19 頁。

116 同上，20～21 頁。

117 同上。

118 《梁啟超年譜長編》，917 頁。

119 同上，911～912 頁。

120 同上，955 頁。

121 《梁啟超與民國政治》，249 頁。

122 《梁啟超年譜長編》，909 頁。

123 《飲冰室合集・文集》之四十，29 頁。

124 《梁啟超年譜長編》，1004 頁。

125 《飲冰室合集・文集》之四十，29 頁。

126 《梁啟超與民國政治》，137～
　　138 頁。

127 《梁啟超年譜長編》，893 頁。

128 同上，897 頁。

129 《梁啟超與民國政治》，143 頁。

130 同上，910 頁。

131 《梁啟超年譜長編》，910 頁。

132 同上，924～925 頁。

133 同上，919～920 頁。

134 同上，925～926 頁。

135 同上，923 頁。

136 同上，912 頁。

137 同上，944～945 頁。

138 同上，931 頁。

139 《飲冰室合集・文集》之三十六，
　　70 頁。

140 同上，71 頁。

141 《梁啟超年譜長編》，932 頁。

142 同上，935 頁。

143 同上，934 頁。

144 《飲冰室合集・文集》之三十六，
　　74 頁。

145 《梁啟超年譜長編》，90～91 頁。

146 《飲冰室合集・文集》之六，110 頁。

147 《梁啟超年譜長編》，340 頁。

148 《中國近百年政治史》，489 頁。

149 《梁啟超年譜長編》，915～916 頁。
　　另，《飲冰室合集・集外文》收錄了
　　梁啟超所作《湖南省自治根本法草
　　案》的全文。

150 同上，929～930 頁。

151 《梁啟超與民國政治》，208 頁。

152 《中國近百年政治史》，490 頁。

153 民國十一年九月七日《申報》，見《梁
　　啟超年譜長編》，962 頁。

154 《梁啟超年譜長編》，1055 頁。

155 同上，1064 頁。

156 同上，1093 頁。

第
十
九
章

忘年知交：

梁啟超與丁文江

▶ 丁文江 *(1887—1936)*

- 1919 年，丁文江因徐新六介紹，隨梁啟超赴歐洲考察，兩人結為忘年交。
- 1929 年，梁啟超去世，丁文江主持梁啟超年譜編纂工作。

1918 年底，梁啟超發起歐遊考察，請了蔣百里、張君勱、劉崇傑同行，還有徐新六做他的財政經濟顧問，他仍覺得不滿足，很想再有一位科學家同行，才能對現代的歐洲有更多的了解和更加深入的認識，於是，徐新六向他推薦了丁文江。梁啟超與丁文江的交往，就從此時開始。

▍少年天才

丁文江，字在君，江蘇泰興縣人，生於光緒十三年丁亥三月二十日（1887 年 4 月 13 日），比梁啟超小十四歲。他的父親吉庵先生是一位紳士，母親單夫人，生了四個兒子，丁文江是第二子。他的啟蒙老師就是他的母親。母親很早就教他認字，所以他五歲入蒙館就可以讀書。他的大哥丁文濤在他病逝後有一篇追憶他的文章，講到他讀書的情形：

> 五歲就傅，寓目成誦。閱四年，畢《五經》、《四子書》矣。尤喜讀古今詩，琅琅上口。師奇其資性過人，試以聯語屬對曰：「願聞子志」，弟即應聲曰：「還讀我書」，師大擊節，歎為宿慧。[1]

又說：

> 亡弟就傳後，於塾中課業外，常流覽古今小說，尤好讀《三國
> 演義》，獨不喜關雲長之為人，曰：「彼剛愎匹夫耳，世顧相與神聖
> 之何耶？」六七歲後，即閱《綱鑒易知錄》，續讀《四史》、《資治
> 通鑒》諸書，旁及宋明諸儒語錄學案，每畢一篇，輒繫以短評。於
> 古人，最推崇陸宣公、史督師。又得顧亭林《日知錄》、黃梨洲《明
> 夷待訪錄》、王船山《讀通鑒論》，愛好之，早夜諷誦不輟，重其有
> 種族觀念也。[2]

他具有那個時代早慧少年的一切特徵。十歲作《漢高祖明太祖優劣
論》，「首尾數千言，汪洋縱恣，師為斂手，莫能易一字也」。[3] 當時很多朋
友都勸丁父讓丁文江去應童子試，他母親堅決反對，認為：「幼年得志，
反是捐其志氣，美玉須求良工雕琢始成大器。父然其說，遂終止。」[4] 可見
他的母親是一位很有見識的婦女。

光緒二十四年戊戌（1898 年），他十一歲，這一年發生了戊戌政變，
丁文江受到極大的觸動，作出一個改變其人生的決定，他的四弟丁文淵在
《梁任公先生年譜長編初稿・前言》中講到這件事，他說：

> 戊戌變政的那一年，在君二哥剛好才到了十一歲的年齡，那時
> 他還在黃橋家鄉我們家裏的私塾讀書，然而已經受了這個變政運動
> 的很大影響。他在私塾裏，早是一個很出色的學生，在戊戌變政失
> 敗以後，他就和他的幾位同學約定：從此發奮努力，以圖救國；不
> 再學八股制藝，要從事實學；不再臨帖習字，以免虛耗光陰。那時
> 他們的所謂「實學」，就是要研究古人的言行，實事求是，不尚虛
> 偽，於是乃從攻讀正史着手。[5]

他十三歲那年，母親去世了。第二年，他「想到上海就學於南洋公

學，當時必需地方官保送，因經本縣知縣龍研仙（名龍璋）面試，題為『通西南夷』，二哥下筆迅速，議論豪暢，大為龍知縣所賞識，因勸二哥不去上海，而去日本」。[6] 龍璋有個表弟叫胡子靖，是湖南選派的遊日公費留學生。光緒二十八年壬寅（1902年），他在赴日途中轉道江蘇泰興拜訪表兄，龍璋就請胡子靖帶上丁文江同行。那時的丁文江，第一次離開家鄉，在此之前，他從未「步行到三里以上」。[7]

丁文江到日本後，似乎沒有進過正式學校，他和一個叫湯中的留學生住在東京的神田區，那裏聚集了很多中國留學生。湯中寫過一篇回憶丁文江的文章，其中寫道：「他那時候就喜歡談政治，寫文章。我記得東京留學界，在一九零四年的前後，出了好幾種雜誌──浙江留學生之有《浙江潮》，江蘇留學生之有《江蘇》。──《江蘇》雜誌第一次的總編輯是鈕惕生先生，第二次是汪袞甫（袞甫在江蘇留學生中最負文名，筆名為公衣）先生，後來就輪到在君擔任。在君的文章也很流暢，也很有革命的情調（當時的留學生大多數均倡言排滿革命）──在君住在下宿屋，同我天天見面，他談話的時候，喜歡把兩手插在褲袋裏，一口寬闊的泰州口音，滔滔不絕，他的神氣和晚年差不多，只少『他的奇怪的眼光，他的虬起的德國維廉皇帝式的鬍子』而已。」[8]

在日本，他結識了許多朋友，除了後來與他一起留學英國的李毅士、莊文亞，還有史久光、蔣百里、蔡鍔、朱先志和翁之麟、翁之谷兄弟。據劉仲平所撰《先師史久光先生年譜》記載，蔡鍔、蔣百里、丁文江、史久光四人，由於經常在報刊上發表主張共和制的言論，被人們稱之為留學生「四大怪」。史久光曾參與創辦《江蘇》雜誌，得以結識丁文江；他還受到梁啟超的賞識，梁在東京創辦《新民叢報》，邀他擔任助編兼校對。根據他的回憶，丁文江在日本時是見過梁啟超的，但丁文淵則堅持說，直到1918年底歐遊之前，丁文江「才認識了任公先生（梁啟超）」。[9]

赴英留學的冒險之旅

光緒三十年甲辰（1904年），丁文江離開日本，赴英國留學。他的這個決定，源自吳稚暉的蠱惑。吳稚暉是因《蘇報》案流亡英國的，「此時，在蘇格蘭的吳稚暉致函莊文亞，對留日學生談政治而不讀書的生活頗為不滿，並勸莊氏到英國留學」。[10] 丁文江在《蘇俄旅行記》中也提到當時所以要到英國去的理由，他說：「我是1904年到英國去的。當時聽見吳稚暉先生說在英國留學有六百元一年就可以夠用，所以學了幾個月的英文就大膽的自費跑了出去。到了蘇格蘭，方始知道六百元一年僅僅夠住房子、吃飯，衣服都沒有着落，不用說唸書了。」[11] 他還動員了李毅士、莊文亞同行。

這幾個囊中羞澀的青年決定到英國去，他們從東京回到上海，又在上海買了去英國的船票。這是一艘德國船，在船上，他們已經感覺到旅資不支。李祖鴻具體講到他們的經濟狀況：

> 我們那時所謂經濟的準備，說來也甚可笑。在君的家中答應給他一千元左右，交他帶去。至於以後的接濟，卻毫無把握。莊文亞家的資助不過四五百元，以後卻再無法想了。那時正值我家把我和我弟祖植半年的學費三百元寄到，我們就向家兄祖虞商量，先把此款歸我帶去。總算起來，統共不過一千七八百元。
>
> 依我們當時的計算，日本郵船價廉，……我們到英國時至少還可以有好幾百元的餘款。不料那時適因日俄戰爭，日本船不能乘，於是改乘德國船，三等艙位的船價每人三百元左右。……我們在上海又須得耽擱一陣，因為丁莊二君的家款都約定在上海交付。……到我們（在上海）上船赴英國的時候，我們三人手中只剩了十多個金鎊！[12]

胡適因此大為感慨，他說：「三個青年人身邊只有十幾個金鎊，就大膽的上了船，開始他們萬里求學的冒險旅程了！」船行至新加坡，他們上岸拜訪著名華僑林文慶，林氏建議他們在經過檳榔嶼時不妨去見一下正在那裏的康有為。康有為對於他們的來訪表現出很關切的樣子，問了他們的情況，也很為他們的窘迫擔憂，不僅送了他們十個金鎊，還託他們帶一封信到倫敦，給他的女婿羅昌先生。後來，羅昌收到他丈人的信，也寄了二十英鎊給他們。李祖鴻表示：「康南海的贈金救濟了我們途中的危險。⋯⋯羅昌君的二十鎊支持了我們不少的日子。——至於所贈的三十鎊，我聽見在君說，於南海先生逝世之前，他曾償還一千元，以示不忘舊德。」[13]

　　丁文江的志向，原本是想到英國學海軍的，因為他的朋友蔣百里、蔡鍔等都在日本士官學校學陸軍，他們都想為將來新中國建設國防作些準備。「可是他們到英國，才曉得非政府保送，不能學海軍。」丁文淵說，「同時二哥的思想，已經起了變化。他認為要使新中國成為一個現代的國家，不是革命就能成功的。一個現代國家的建立，全賴於一般人能有現代知識，而現代知識，當然就是科學，所以他輾轉的就學了地質學和動物學。」[14]

　　丁文淵在這裏所說有點刪繁就簡的嫌疑，實際情況是，丁、莊、李三人抵達愛丁堡時，身上只剩下五英鎊了。羅昌先生的二十英鎊固然可以救急，但解決不了長遠的生活、讀書的問題，而愛丁堡的生活水平又是很高的。所以，經過反覆商量，吳稚暉帶莊文亞到利物浦去，那裏是個港口，常有中國水手往來，生活水平也比較低；丁文江、李毅士則決定留在愛丁堡，他們先跟隨一個蘇格蘭女子孔馬克（Cormack）夫人學習英文，不久，他們也離開愛丁堡，前往司堡爾丁（Spalding），進了當地一所中學（Spalding Crammar School）。丁文江後來回憶：「幸虧無意中遇見了一位約翰斯・密勒醫生。他是在陝西傳過教的，知道我是窮學生，勸我到鄉下去進中學。於是我同我的朋友李祖鴻同到英國東部司堡爾丁去。這是一個幾百戶的鄉鎮，生活水平很低；我一星期的膳宿費不過十五個先令（合華幣不過三十元一月），房東還給我補襪子。中學的學費一年不過一百餘

元，還連書籍在內。我在那裏整整的過了兩年；書從第一年級讀起，一年跳三級，兩年就考進了劍橋大學。斯密勒先生是本地的紳士，他不但給我介紹了學校，而且因為他的關係，所有他的親戚朋友都待我如家人一樣。每逢星期六和星期日，不是這家喝茶，就是那家吃飯，使我有機會徹底的了解英國中級社會的生活。」[15]

光緒三十二年丙午（1906 年），十九歲的丁文江以優異成績考入劍橋大學，開始所選仍為文科。但他在劍橋唯讀了半年就被迫離開了，主要原因是經濟上不能支持。他那時還是靠家裏寄錢，但他常常因為費用不齊、增加父親的負擔而憂慮。於是，他致信兩江總督端方，請求資助。端方遂命令泰興知縣每年資助他公費幾百元。儘管如此，劍橋大學的費用卻不是一個窮學生所能負擔的。就這樣，到了 1906 年年底，他只好從劍橋輟學了。此後他曾在歐洲大陸遊歷過一段時間。光緒三十四年戊申（1908年），丁文江投考倫敦大學醫科，因一門功課不及格未被錄取，也就放棄了學醫的打算，轉而投考格拉斯哥大學，專修動物學，兼修地質學，直到宣統三年辛亥（1911 年）在格拉斯哥大學取得動物學、地質學雙學科畢業證書，於 4 月初啟程回國，最終結束了歷時七年在英國的留學生活。

▎ 回國立業

丁文江回國，沒有選擇乘船直接到上海或香港登岸，而是選擇了越南北部港口海防，從那裏乘滇越鐵路到勞開，然後轉車經紅河橋進入中國境內，於 5 月 12 日抵達昆明。接待他的是時任雲南高等學堂監督的葉浩吾（瀚）。與丁文江第一次相見的葉浩吾，就向他推薦了《徐霞客遊記》一書，他在《重印〈徐霞客遊記〉及新著年譜序》中曾經講道：

> 余十六出國，二十六始歸，凡十年未嘗讀國書，初不知有徐霞客其人。辛亥自歐歸，由越南入滇，將由滇入黔。葉浩吾前輩告之曰：

「君習地學，且好遊，宜讀《徐霞客遊記》。徐又君鄉人，表彰亦君輩之責。」因搜昆明書肆，欲得之為長途宵夜計，而滇中僻陋，竟無售是書者。元年（民國元年，1912 年）寓上海，始購得圖書集成公司鉛字本，然時方以舌耕為活，晝夜無暇晷，實未嘗一讀全書也。[16]

丁文江在昆明住了兩個多星期，在葉浩吾的幫助下，他改換了行頭，「裝了假辮子，留了小鬍子，穿上馬褂袍子，帶着黑紗的瓜皮小帽」上路了。[17] 雲南提學使葉爾愷先生還派了兩名穿號褂子的徒手護兵沿途保護他。他出發那天是 5 月 29 日，途徑馬龍、沾益、白水城、平彝，進入貴州境內，經亦資孔、毛口河、郎岱、安順，到貴陽；又從貴陽經龍里、貴定、清平、施秉、黃平到達鎮遠。那天是 6 月 29 日，這一路整整走了一個月。他的一位同鄉前輩從雲南普洱府知府任上回籍，約他在鎮遠相會，坐民船下沅水、沅江，到湖南常德。在常德，他與這位前輩分手，自己僱了小火輪到長沙，為的就是要拜訪他的恩師龍研仙先生。朱經農記得，丁文江在病逝前一個月到湖南視察粵漢鐵路沿線煤礦，想到已故老師龍研仙很有知己之感，曾作《烈光亭懷先師龍研仙先生》兩絕，其中一首云：

> 海外歸來初入湘，長沙拜謁再登堂。
> 回頭廿五年前事，天柱峰前淚滿腔。[18]

他說的「廿五年前」，就是 1911 年，到他去世時的 1935 年底，大約過了二十五年。離開長沙後，丁文江經漢口轉乘江輪東下，經蘇州、南京返鄉。在蘇州，他「專門探望了留日時期的同學史久光，並告以所以不能學海軍而改習地質之苦衷。史久光六孀母左太夫人器重丁，以史久光堂妹史久元許配丁。離蘇州時，丁文江邀史久光同回泰興黃橋鎮，一同準備京城遊學生畢業進士秋闈之試」。[19]

胡適曾懷疑這件事的真實性，他的根據是房兆楹先生與夫人杜聯喆女士合編的《增校清朝進士題名碑錄》，其中「宣統三年遊學畢業的進士名

錄」，刊載「有周家彥等五十七人的名錄」，丁文江也名列榜上。胡適認為：「丁文江在宣統三年舊曆五月，還正在雲南、貴州旅行，決不會在北京應遊學畢業的考試。」[20] 實際情況是，丁文江在北京參加第七次遊學畢業試，是在當年的 9 月。10 月 4 日《內閣官報》公佈成績，其中最優等 59 名，優等 123 名，中等 311 名。丁文江名列最優等。與他同列最優等的還有章鴻釗、李四光等人。此事記載見於《清實錄·宣統政紀》和《泰興縣誌續·選舉志》，章鴻釗在《我對於丁在君先生的回憶》和《六六自述》中都言之鑿鑿地記下了當時的情形：「學部考試畢，予列最優等，賜格致科進士出身。時同榜中尚有一學地質者，即丁文江氏也。丁氏亦於是年從英國畢業歸國者，曾與之遇，相談甚洽，此即予他日之同志矣。」[21] 可見，在這裏，胡適和房、杜二先生都搞錯了，房、杜二先生記成 5 月錯在前，胡適據此推論則錯在後。

離開北京，大約 10 月 10 日前後，丁文江到蘇州與史久元女士結了婚。據丁文淵《梁任公先生年譜長編初稿·前言》記載：「武昌革命的時候，他正在蘇州結婚。」不久，在南京新軍中任職的翁之谷、史久光先後電邀丁文江到南京，擔任新軍統領徐固卿的祕書長，但丁文江始終沒有接受。「因為他認為救國莫如建設，而建設事業，又非切切實實做去不可，絕非革命動亂的時候，所能為力的。」[22] 最初他與四川一家礦業公司約定，要去做地質工程師的，但革命發生後，交通不暢，他就改了就近在上海南洋中學任教。民國元年（1912 年），他便做了一年中學教員，講授化學、西洋史、地質學入門等課程，教書所得，主要用於贍養父親和支持兄弟讀書。

地質學先驅

民國二年（1913 年）初，應工商部礦務司司長張軼歐邀請，丁文江到北京，供職於該司地質科。他在《地質匯報·序》裏談到初來時的窘況：

文江至，張君指其側之一席曰：此君治公處也，君其安之。余默然就席坐。自晨至夕無所事，覓圖書不可得，覓標本亦不可得，出所攜李希霍芬氏書讀之，書言京西地質，中有齋堂地名，詢之同官者，皆謝不知。散值後余於張君又怨言。張君笑曰：「招君之來，正以是也。百物具備，焉用君為？且余固以有成議矣。」乃出示余吳興章君鴻釗《中華調查地質私議》，議設研究所。為育才計，時北京大學校長何燏時、理科學長夏元瑮皆贊助之，許以大學之圖書、儀器、宿舍相假，復薦德人梭爾格博士為講師。於是招生徒、定課目，規模始稍稍具焉。[23]

隨後，他被任命為工商部僉事、秩五等，緊接着又任地質科科長，着手籌備地質調查研究所。1913 年 10 月 1 日，地質研究所開學，此前，他還得到工商部的任命，擔任地質調查所所長兼地質研究所所長。11 月 12 日，他即奉了部裏命令出京，調查正太路沿線附近地質礦務。他在山西太行山裏轉了四十餘日，年底回到北京，第二天就接到部裏指令，到雲南調查礦產。他在《漫遊散記·雲南個舊》中寫道：

我於民國二年十二月底從山西回北京。第二天就奉到命令，派我到雲南去調查礦產。當月，蔡松坡剛從雲南北來，交通部和中法實業銀行新訂了欽渝鐵路的草約。松坡的意思要把這條鐵路線經過雲南的東部，再由貴州的西南部經廣西到欽州。我的任務是調查假定在雲南境內的欽渝路線附近的礦產。[24]

這時，丁文江的父親去世了。他先回到家鄉辦完了父親的喪事，至民國三年（1914 年）二月二日，才離開上海，取道香港、安南，沿滇越鐵路，抵達昆明。在這之前，丁文江被袁大總統任命為農商部技正，繼而又被任命為礦政局地質調查所所長。他在雲南調查了將近一年，不僅調查了雲南的礦產，測量了那裏的地形，調查了當地的地質狀況，還把西南人種

學的研究開展起來。他回到北京，又是一年的歲末了。那時，地質研究所附設於北京大學內，已經招收了第一批學生，卻苦於請不到老師。於是，回京的丁文江馬上承擔起在地質研究所任教的責任，教授古生物學、地文學等課程，他是中國人第一個教授古生物學的。這批學生畢業前夕，1916年的夏天，他提議停辦地質研究所，希望由大學來承擔培養地質人才的任務，他則專注於野外的地質調查。

在這段時間裏，丁文江最終促成了地質調查所的成立，並被任命為所長兼地質股股長。這個所在他的領導下很快成為世界知名的科學中心，不僅建立了中國地質學和古生物學，而且領導了史前考古學的研究，成為新石器時代和舊石器時代研究中心。同時，他還兼顧到國家社會在礦業、石油、土壤等許多方面的實際需要。他把大量時間都用在實地調查上了，他要用自己的行為證明，中國學者已不像德國學者李希霍芬所說，「好安坐室內，不肯勞動身體，所以他種科學也許能在中國發展，但要中國人自做地質調查，則希望甚少」了。他說：「現在可以證明此說並不盡然，因為我們已有一班人登山涉水，不怕吃苦。」領風氣之先者，當然就是他丁文江。[25]

▌ 歐洲訪學，接觸北大

1918 年底，第一次世界大戰結束，巴黎和會即將召開，梁啟超既要以民間的身份對外交有所貢獻，又想藉此對歐洲作一番詳細的考察，於是，他通過徐新六向丁文江發出了邀請。而丁文江則欣然加入了梁氏這個歐遊的小群體。

不過，由於船位不足，梁啟超與丁文江未能同行，他們一個經太平洋、印度洋、地中海西去，一個向東經太平洋、大西洋抵達歐洲。梁啟超一行於 2 月 11 日抵達倫敦，丁文江、徐新六已先行到達，準備迎候他們了。梁啟超說：「船將攏岸，丁、徐二君已偕英使館各館員乘小輪來迎。

我們相視而笑，算是合抱繞世界一周了。」[26] 由於旅館難覓，只好請丁、徐二人先往巴黎佈置，梁啟超與其他幾個人就在倫敦多住了幾日，他們趁這空暇遊覽了號稱「英國凌煙閣」的威士敏士達寺（即威斯敏斯特大教堂），留下極深刻的印象。2 月 18 日，他們抵達巴黎，就住在巴黎郊外的白魯威。丁文淵在《梁任公先生年譜長編初稿·前言》中講到丁文江與梁啟超惺惺相惜的關係及二人性情：

> 到達法國以後，才和任公朝夕相處。據新六告訴過我，任公在法、英兩國的演講，多是二哥替他翻譯，任公對他極為傾倒。二哥素性憨直，對人極具至性，有問必答，無所隱諱。與任公坐談之際，嘗謂任公個性仁厚，太重感情，很難做一個好的政治家。因為在政治上，必須時時具有一個冷靜的頭腦，才能不致誤事。又謂任公的分析能力極強，如果用科學方法研究歷史，必定能有不朽的著作。因此勸任公放棄政治活動，而從事學術研究，任公亦深以為然，此實任公的大過人處。像他那樣，早歲就參加變政大計，而又譽滿中外的一位大人物，當時還正在他的鼎盛的時候，居然能夠聽一個青年後輩的勸言，翻然改圖，從事學問，終身奉守不踰，只有任公具有那種「譬如昨日死」的精神，才能確實做到。新六又言，二哥當時還曾設法協助任公如何學習英文，並且介紹了好幾部研究史學的英文書籍，任公根據此類新讀的材料，寫成《中國歷史研究法》一書。以後許多歷史學術的著作，也就陸續出版，成為民國史學上的一位大師。任公以後掌教於清華研究院，據胡適之先生說，也是二哥在中華教育基金董事會所主張的。[27]

丁文江對於梁啟超的幫助，梁啟超在寫給梁啟勳的信中也提到了，他說：「每日所有空隙，盡舉以習英文，雖甚燥苦，然本師（丁在君）獎其進步甚速，故興益不衰。」[28] 至於勸他放棄政治活動，專心從事學術研究，固然可以為他所接受，也是他一直所嚮往的，但能否做到，卻仍然是個問

題。即使他本人希望如此，他身邊的這些人，如蔣百里、張君勱、張東蓀等人至少暫時還不想放棄。他們的志趣也不盡相同，丁文江偏重科學，尤其關注各國地質、礦產等方面的情況，其他人的興趣卻在政治、經濟、思想、文化等方面。在歐洲，他們並不總是一起行動，梁啟超與蔣百里等人要去瞻仰法國「一戰」中的遺跡，丁文江、張君勱都沒有參加。前者要去洛林州調查礦業，後者卻要到倫敦列席各國私立國際聯盟研究會。在巴黎，丁文江曾到法蘭西科學院旁聽，不久又到倫敦參加英國皇家學會開會，都是獨來獨往。7 月 12 日，梁啟超一行從倫敦返回巴黎，準備參觀法國國慶和凱旋典禮，這時，在白魯威等待他們的也只有蔣百里一人，丁文江已經動身到美國去了。

梁啟超在歐洲遊歷一年多，回國後發現形勢已大不一樣。思想界活躍着一大批後起之秀，他們以北京大學為中心，以《新青年》、《每週評論》、《新潮》等雜誌為陣地，向公眾傳播新思想、新知識。這些人都有在歐美留學的背景，不僅知識儲備豐厚，而且思想敏銳，沒有或很少有傳統的包袱，敢想、敢說、敢做，對以科學、民主為核心的新文化抱有極大的熱情，在青年中的影響力日益增長。他們推動了「五四新文化運動」的發生，也得益於這場運動，是隨着這場運動的深入展開而崛起的一種新生力量。陳獨秀、胡適、李大釗、陶孟和等都是其中最優秀的代表。回頭再看自己這一代人，作為中國改革的思想先驅，都已步入中年，顯出了衰老的症候，特別是思想上的落伍，跟不上急速變化的社會需求，面臨着被時代列車甩掉的危險。這一年梁啟超已四十七歲，不僅精力大不如前，健康亦急遽衰退，加上從政六年，三起三落，最後不得不承認失敗，這一切都影響到他的心境和情緒，見解隨之改變，態度也漸趨保守，與這個時代越來越趨向激進的思想潮流呈一種逆向運動。但梁啟超畢竟是一個求知欲十分旺盛的人，他不甘心落在時代的後面，他還幻想着要在新文化運動中再領風騷呢。所以，他在歐洲的時候，就加緊學習英文，急於掌握直接閱讀西文的手段，以便及時了解最新的思想文化潮流；他還虛心向身邊這幾位有歐洲留學背景的門生請教，他在歐洲一年多，除了直覺的觀察、思考，丁

文江、蔣百里、張君勱等人對他的影響非常大，他們為他打開了一扇通向新世界的大門。他們在歐洲商定了一個龐大計劃，其中包括：發起中比公司，組織共學社、講學社，整頓《改造》雜誌，承辦中國公學，派遣留學生出國等，其宗旨或如梁啟超所說：「培養新人才，宣傳新文化，開拓新政治。」[29] 這裏所謂「新政治」，「總以打破軍閥，改進社會為標目」。為了實現這個目標，他希望能有更多新朋友、新同志、新人才，團結在自己周圍，形成一種勢力，「所念念不忘者，在延攬同志而已。」[30] 這時，他把目光投向北京大學是很自然的。陶菊隱在《蔣百里傳》中明確指出：「梁啟超由歐洲回國後，有將研究系改組為黨的願望，丁文江、張君勱兩人極為贊成，想以胡適之為橋樑，打通北大路線，表面不擁戴一個黨魁，暗中則以梁與蔡元培為其領導人；並打算以文化運動為政治運動的前驅。由於張東蓀反對黨教合一，此議遂被擱置。」[31]

當時的情況是，蔡元培已經做了北京大學校長，他當即邀請陳獨秀來擔任文科學長。陳獨秀又致函胡適，請他早日回國，加盟北大。梁啟超與蔡元培的直接交往不多，據蔡元培回憶，他們是民國六年（1917年）認識的。那一年的 3 月 3 日，國民外交後援會在江西會館召開成立大會，梁啟超和蔡元培都在會上發表了演說。他們還曾列名中華民國國語研究會、中華職業教育會、師範講習社等社會組織。巴黎和會期間，社會上傳言梁啟超有賣國行為，蔡元培領銜發出通電，為他闢謠。他們之間也算是惺惺相惜，彼此心儀。如果追溯到北京大學的前身——由強學會變為官書局，再變為京師大學堂，梁啟超與它的淵源顯然就更深了。民國元年（1912年）10月，梁啟超回國，北京大學學生代表四人還專程來津，請他出任校長呢。

但畢竟是此一時，彼一時也。這個時候，研究系的人在青年當中已不再有號召力，很少有人願意跟着他們走了。曹聚仁的《蔣百里評傳》記載了當時的一則寓言，很能說明問題：

> 當時的眾議院議長湯化龍，他手下有四位祕書：陳博生、李大釗、霍儡白和某君，都是研究系的知名人士，開明而進步的。有一

回，李氏寫了一篇以大家庭生活為素材的小說：說這一家有三位少爺，他們一同愛着一位婢女。那大少爺，吃喝嫖賭，無所不為。二少爺是個安分守己的人，想改造家庭而缺勇氣。只有三少爺，想脫離家庭實行革命。那婢女，她對大少爺早已厭惡，對二少爺雖有意而嫌其不中用，最後她跟着三少爺跑了。他所說的大少爺是北洋派，二少爺自然是研究系的書生，而三少爺是影射國民黨和共產黨。婢女便是代表如李氏自己這樣的青年人，他終於脫離研究系，成為共產黨的信徒了。（百里先生依舊是二少爺。）[32]

丁文江自然也是「二少爺」，他還可以算作「自由派」，又有英國留學的背景和科學家的身份，所以，與「三少爺」接近有天然的優勢。何況「三少爺」並非全是國民黨或共產黨的信徒，其中還有胡適這樣的自由主義者，他們可以有很多共同語言。1919 年 10 月，在美國遊歷兩月之久的丁文江啟程回國。這時，北京大學地質學門已正式改稱地質學系。按照《丁文江年譜》的說法，早在 1916 年夏，他就與時任北大校長的蔡元培有過約定，北大恢復地質學系，負責造就地質人才；地質調查所專做調查研究工作，可以隨時吸收北大地質學系的畢業生，為他們提供深造的機會。但另據高平叔撰著《蔡元培年譜長編》：「1916 年 12 月 26 日，總統黎元洪發佈命令，『任命蔡元培為北京大學校長』。」到校就職是在 1917 年 1 月 4 日。1 月 9 日，他向全校師生作了著名的《就任北京大學校長之演說》。[33]

不管怎麼說，他與北大地質學系的親密關係，給他接近北大學人提供了最便捷的理由。胡適說：「我認識在君和新六好像是在他們從歐洲回來之後，我認識任公先生大概也在那個時期。」[34] 應該說，胡適與梁啟超初次見面，在梁氏回國不久，大致是不錯的，但他與丁文江和徐新六的相識，卻應該更早一些。梁啟超歐遊之前，胡適曾託了徐新六的關係，想來拜訪，可見，認識徐新六一定在此之前。至於丁文江，他在同一本書中這樣寫道：「北大恢復地質學系之後，初期畢業生到地質調查所去找工作，在

君親自考試他們。考試的結果使他大不滿意。那時候，他已同我很熟了，他就帶了考試的成績單來看我。」[35] 他還說：「那時候（民國九年三月）我的《嘗試集》剛出版，他就從我的一首『朋友篇』裏摘出幾句詩來請梁任公先生寫在一把扇子上，他把扇子送給我，要我戒酒。」[36] 這些混亂的記述至少說明，「民國九年（1920 年）三月」，丁文江與胡適已經「很熟」了，熟到了「操心」胡適的飲酒問題，心思甚至細緻到把胡適自己寫的勸朋友戒酒的詩，請梁任公寫在扇子上，送給他。這樣看來，他們認識一定不在「民國九年三月」，即從歐洲回來之後，一定在此之前。提前到什麼時候呢？胡適在此曾提到北大地質學系「初期畢業生」，這些學生顯然不是 1919 年地質學門正式改稱地質學系之後首次招收的那批學生，他們畢業的時間應該是在 1923 年，著名地質學家趙亞曾即其中的佼佼者，他們即使「到地質調查所去找工作」，丁文江也未必能「親自考試他們」，因為那時他已聲明辭去地質調查所所長一職，出任北票煤礦公司總經理了。所以，胡適提到的「初期畢業生」，恐怕是指 1917 年北大地質學門恢復之後招收的那批學生，他們於 1918 年夏天到農商部地質調查所實習，作為所長的丁文江「親自考試他們」倒是完全可能的。他們都是入學不久的學生，考試成績使丁文江「大不滿意」也不奇怪。如果那時他們就認識的話，那麼，到「民國九年三月」，他們當然是「很熟了」。

結交胡適

不過，無論如何，恰恰因為丁文江與胡適這種「很熟」的關係，在以後的日子裏，他才做了梁啟超與胡適之間來往溝通的橋樑和紐帶，而且比梁啟超直接出馬方便了許多。按照美國學者周策縱的說法，「五四」之後，中國思想界分裂為四個主要集團：即「自由主義者、左派分子、國民黨部分黨員和進步黨的部分黨員」。[37] 張朋園在一篇書評中對這四大集團有一個具體解釋，他說：

第一是自由派，如胡適、蔡元培、吳稚暉、高一涵、陶孟和、蔣孟麟、陶行知等；第二為左傾的激進派，也就是後日的共產黨；第三為國民黨，又分為激進與溫和兩派；第四為進步黨，又分為保守與自由兩派。[38]

這些人，往往又因政治立場、思想觀念、文化背景的差異，隨時都可能產生新的分歧和新的認同，進而組成新的派別。我們暫且將「左派分子」和「國民黨部分黨員」放在一邊，單說「自由主義者」和「進步黨的部分黨員」，一直也是你中有我，我中有你。後者，無論是進步黨，還是研究系，事實上早已經瓦解了，所謂「部分黨員」，無非是指以梁啟超為代表的這一些人，他們反對激烈的社會變革，但不反對思想和言論自由；他們接受外來的所謂「新文化」，也不反對傳統的舊文化，甚至希望「新文化」能啟動「舊文化」，造成另一種「新文化」；他們在政治上比較信任制度化的民主方法，以為比殺人放火式的破壞更有效，故而積極推動國民制憲運動和聯省自治運動，同時，卻又把文化運動、生計運動、社會改良運動，乃至於國民教育看得更重要。至於前者，其中一部分持激進態度的人，比如陳獨秀、李大釗，不大可能接受梁啟超；而態度相對溫和的人，比如胡適，就可能在他們之間找到許多共同點。所以，當梁啟超向北大自由派人士揮動他手裏的橄欖枝時，胡適的回應是最積極的；而梁啟超也表達了很強烈的「協同動作」的願望。

看上去，結交胡適，的確是梁啟超歐遊回國之後積極行動的重要一環。他抵達北京是 3 月 19 日，前一天，也就是 3 月 18 日，丁文江請胡適吃飯。僅僅過了三天，21 日，林長民又請胡適吃飯，這一次，梁啟超在座。我們不能說這是有意安排，但也確實非常巧合，讓人覺得這很有可能是「研究系」諸君給胡適設的一個「局」。林長民是梁啟超民初以來的好朋友，又是兒女親家，他在「五四運動」期間抬棺遊行，激情演講，給人們留下很深刻的印象，也使得北大自由派願意接近他。事實上，陳獨秀、李大釗都曾指責研究系「勾引」胡適，從丁文江主動接近胡適的情形來

看，這麼說也不是沒有事實依據的。[39] 胡適《日記》記載，在二人的交往中，幾乎都是丁文江主動：「丁文江請吃飯」、「丁在君邀飯」、「與在君談，共餐」、「在君約看 Geo Museum（地質博物館）」等，類似的記載比比皆是，說明了二人關係密切到何種程度。[40] 胡適也很在意他與丁文江的關係，始終很精心地維護他們之間的友誼，他稱丁文江是「人生很難得的『益友』」。[41]

▍知識分子論政

由於有陳獨秀等人的牽制，胡適與梁啟超的關係一直是半推半就，但通過丁文江，梁啟超的影響也許會傳染一些給胡適。丁文江的專業是地質學，他有許多專業會議要參加，還要到各地進行野外考察，不時發表學術論文和考察報告。不久，因為家裏負擔過重，政府官員的薪俸又常常拖欠和打折扣，他甚至辭去了地質調查所所長一職，去做北票煤礦的總經理。所以，我們在梁啟超所辦各項事業中，見到比較多的是蔣百里、張君勱、張東蓀、藍志先、林宰平等人的名字，卻很少見到丁文江的名字。1920 年9 月1 日《申報》有報導稱，丁文江、趙元任等四人被公推為羅素在華講學期間的翻譯員，已經算是很難得了。但他卻忽然熱衷於談政治了。大約是在 1921 年的春夏之交，丁文江首先向胡適提議，要組織一個研究政治的小團體，對現實政治進行批評，並提議辦一份週報。胡適在《丁文江傳》中這樣寫道：

> 週報的籌備遠在半年之前。在君是最早提倡的人。他向來主張，我們有職業而不靠政治吃飯的朋友應該組織一個小團體，研究政治，討論政治，作為公開的批評政治或提倡政治革新的準備。最早參加這個小團體的人不過四五個人，最多的時候從沒有超過十二人。人數少，故可以在一桌上同吃飯談論。後來在君提議要辦一個

批評政治的小週報，我們才感覺要有一個名字，「努力」的名字好像是我提議的。在君提議：社員每人每月捐出固定收入的百分之五，必須捐滿三個月之後，才可以出版。出版之後，這個百分之五的捐款仍須繼續，到週報收支可以相抵時為止。當時大學教授的最高薪俸是每月二百八十元，捐百分之五只有十四元。但週報只印一大張，紙費印費都不多，稿費當然是沒有的。所以我們的三個月捐款已夠用了，已夠使這個小刊物獨立了。[42]

「少數人的責任」

寫到這裏，胡適問道：「在君為什麼要鼓動他的朋友出來討論政治，批評政治，干預政治呢？」他是這樣回答的：

> 我們一班朋友都不滿意於當時的政治，──民九以前的安福部政治，民九安福部崩潰以後所謂「直奉合作時期」的政治，以及民十一奉軍敗退出關以後曹錕、吳佩孚控制之下的政治，──這是不用細說的。在君常往來於瀋陽、北票、天津之間，他深知張作霖一系的軍隊和將校的情形，他特別憂慮在民九「直皖戰爭」之後將來必有奉系軍人控制北京政府的一日，他深怕在那個局勢之下中國政治必然會變成更無法紀，更腐敗，更黑暗。這是他時常警告一班朋友們的議論。他常責備我們不應該放棄干預政治的責任。他特別責備我在《新青年》雜誌時期主張「二十年不干政治，二十年不談政治」的話。他說：「你的主張是一種妄想：你們的文學革命，思想改革，文化建設，都禁不起腐敗政治的摧殘。良好的政治是一切和平的社會改善的必要條件。[43]

胡適所說也許是一個理由，現實政治的惡劣逼得不談政治的人也要談政治了。最初他或許還懷抱科學救國的幻想，但是，軍閥橫行，國家混

亂，他的科學工作不斷受到干擾和阻撓，最終他的幻想也就破滅了。他認識到，在中國，科學研究和教育的健康發展，必須建立在穩定的政治秩序的基礎之上，而要造成這種政治秩序，就需要「少數人」負起自己的責任。1923 年 8 月 26 日，他在《努力週報》第 67 期發表了題為《少數人的責任》一文，這是他在燕京大學的演講記錄。他在其中講道：

> 要認定了政治是我們唯一的目的，改良政治是我們唯一的義務。不要再上人家的當，改良政治要從教育實業着手。
>
> 我們中國政治混亂，不是因為國民程度幼稚，不是因為政客官僚腐敗，不是因為武人軍閥專橫──是因為「少數人」沒有責任心和沒有負責任的能力。
>
> 只要有幾個人有百折不撓的決心，有拔山蹈海的勇氣，不但有知識而且有能力，不但有道德而且要做事業，此種風氣一開，精神就要一變。[44]

何謂「政治運動」

美國歷史學家費俠莉（Charlotte Furth，也譯作傅樂詩）認為，1919年，「是丁文江思想發展過程中的分水嶺」。[45] 那麼，恰恰是在這一年，丁文江結識了梁啟超。我們沒有更多的證據說明他的思想發展完全來自梁啟超的影響，事實上，他在許多地方的議論與梁啟超是有明顯分歧的，但分歧是在枝節方面，至於主流和基本見解，他們倒是很少有分歧。我們不妨看看梁啟超那個時候的一些議論。1920 年 9 月，《改造》第三卷第一期出版，這是《解放與改造》雜誌經過整頓改名之後首次面世，梁啟超發表了《政治運動之意義及價值》一文，他在文中開宗明義講到政治運動之定義：

> 政治運動者，國民中一部分，為保存國家及發展國家起見，懷抱一種理想，對於政治現象或全體或局部的感覺不滿足，乃用公開

的形式，聯合多數人繼續協同動作，從事於宣傳與實行，以求貫徹政治改革或政治革命之公共目的，所採之一種手段也。[46]

如果這一點可以得到大家的認同，那麼，他認為，以下數端「不得冒稱政治運動」：

一、凡以個人權利之觀念為動機，如現在官僚所謂運動者，不得冒稱政治運動，何以故？以其與國家公共目的無關故。

二、運動土匪運動軍隊為無意識之騷動者，不得冒稱政治運動，何以故？以其並無何等理想故。

三、向當局要人上條陳或為參謀議者，無論其動機是否忠於國家，皆不得冒稱政治運動，何以故？以其非與多數人協同動作故。

四、黨派間之縱橫捭闔，此迎彼拒，無論其目的在私利在公益，皆不得冒稱政治運動，何以故？以其不公開故。

五、一時感情的衝動旋起旋滅者，雖其動機關於政治，仍不得遂稱為政治運動，何以故？以其無繼續性故，不求貫徹故。[47]

非政治運動既已明了，那麼，真正的政治運動有哪些特質可言呢？他說：

第一，運動主體，必為一般市民。

第二，運動範圍，必普及於全國。

第三，運動之標幟，必為全體的或部分的公共利害事項。

第四，運動之動機，為對於現在政治感不滿足。

第五，運動所對待者，為外界襲來的或內部積久養成的各種不正當之壓力。

第六，運動之方法，為散佈印刷品，為公開演說，而聚眾示威。

第七，運動之結果，為將所要求之事項在憲法上或法律上發生效力。（對外則條約上）[48]

顯而易見，梁啟超心目中的政治運動，正是歐洲十八、十九世紀以來所流行的社會民主運動，或者如陳獨秀所說：「他們雖不迷信政治、法律和國家有神祕的權威，他們卻知道政治、法律和國家是一種工具，不必拋棄不用。在這一點上我很以他們為然。但是他們不取革命的手段改造這工具，仍舊利用舊的工具來建設新的事業，這是我大不贊成的。這派人所依據的學說，就是所謂馬格斯（馬克思）修正派，也就是 Bebel（今譯倍倍爾，德國社會民主黨和第二國際的創始人與領導人之一）死後德國社會民主黨，急進派所鄙薄、所攻擊的社會黨也就是這個。中國此時還夠不上說真有這派人，不過頗有這種傾向，將來這種人必很有勢力，要做我們唯一的敵人。」[49]

陳獨秀的眼光的確非常銳利，他一眼就看到了梁啟超的根底。對此，梁啟超並不否認，他在同一篇文章中寫道：「最近兩世紀間，歐美之政治史，更以此為唯一之主潮。最著者若被征服民族之建國運動，若殖民地對母國之獨立運動，若平民對貴族之革命立憲運動，若多數人對少數人之普通選舉運動，若無產階級對有產階級之種種社會主義運動；其局部問題以發端者，若英國之穀稅運動，若美國之禁奴運動；其純限於局部問題者，大之如各國之婦女參政運動，小之如美國之禁酒運動，雖其事業之大小輕重不同，其成就之難易不同，然其必由運動而成則一也。」[50] 他特別強調，政治運動的目的，最終一定要落實在憲法上或法律上，並非為運動而運動，所謂運動就是一切，目的是微不足道的，是一種不負責任的做法。中國清末民初以來歷次政治運動鮮有結果，原因就在這裏。所以他說：

> 政治運動之所以可貴，以其經一次運動成功後，而當時國民所懸以為鵠之政治理想，遂變成制度。質言之，則空漠之輿論變為實際之法律也。法律既立，則違犯此法律之罪惡，自無從發生，一發即法律之制裁隨乎其後，為肅清政弊起見，此實拔本塞源之計。至法律效力之強弱，實以國民擁護法律力之強弱為衡。經運動而得之法律，其擁護之力必強，否則必弱。故立法的運動，在各種運動

中，收效最豐而植基最固。歐美之政治運動，什九皆屬此類。我國
不然，不致力於曲突徙薪，專責效於焦頭爛額，以故過去之政治罪
惡，什九無從矯正。呼號挽救，徒託空言，而未來之政治罪惡，遞
迭效尤，更無術以施防制。質言之，人民不先求得自衛之武器，長
此徒手與盜持大權之人搏戰，雖有勇夫，何能久持？前此運動，罕
收良果，實運動之不得要領使然也。[51]

「好人政治」

丁文江的政治觀點不可能不受到梁啟超的影響，他批評胡適不講政
治，不參與政治，希望少數有知識的精英分子應該負起政治的責任，也
就是後來他們在《我們的政治主張》中所說：「好人須要有奮鬥的精神。
凡是社會上的優秀分子，應該為自衛計，為社會國家計，出來和惡勢力奮
鬥。」他們深信：「中國所以敗壞到這步田地，雖然有種種原因，但『好
人自命清高』確是一個重要的原因。」[52] 費俠莉曾經對丁文江突然在 1921
年離開官方職位而進入私人企業，並同時開始積極地投身政治活動感到奇
怪，她似乎從丁文江發表在《努力》第 42 期的《一個外國朋友對於一個
留學生的忠告》這篇對話中找到了答案。對話的兩個人物都是丁文江模擬
的，他通過一個「中國留學生」之口，說出了自己隱退的想法和對歷史的
看法，又通過一位未指名的「外國朋友」告誡他堅持下去，不要隱退。她
在自己的書中大段引述了這篇對話，其中有些話是這麼說的：

　　我歎了一口氣道——官是做不得的了！我到北京十年總主張好
人努力去做官：做官的多是好人，政治就有了辦法了。一來同志太
少，好人多不肯做官；二來官也太難做，好人都學不會；三來許多
好人做了官，就變壞了。眼看見好人做官的一天少一天，政治一天
壞一天，況且一心要做好官，不肯弄錢，不肯兼差，做了十年官，
仍舊毫無積蓄。到如今薪水常常發不出，衣食都不周全，方縱有一

種覺悟：知道政治一天不清明，一天沒有好人可做的官；做官的心思就淡了一半。又看見我們想做好官的人，辛辛苦苦費了多少年做成功的事業，一個無知無識的官僚或是政客，用一道部令，就可以完全推翻，覺得我做的事業，是沙灘上的建築，絕對沒有基底的，所以才改了行出來做買賣。[53]

這固然是丁文江的自況，卻也包含了梁啟超自民初以來幾次做官的辛酸。只不過，他沒有讓自己陷入這種好人與好政府的邏輯陷阱中去，他對政治運動的論述要比丁文江全面得多，深刻得多，儘管梁啟超也有許多地方是過於天真和樂觀了。丁文江通過那位外國朋友表達了對於政治應該採取的積極態度：

——咳！政治是實行的，不是資談助的；政治是要拿全力去幹的，不是以餘力來消遣的。——當這種危機存亡，間不容髮的時候，你不來救國家，反先要保全自己的飯碗，做近世國民的不是應該如此的！況且你的飯碗也沒有保全得住的道理呢？
——我只有一句忠告：在目前的世界上，凡沒有信仰而消極麻木的民族，都是不能生存的！——一個國民的知識與責任，義務與權力，都成一種正比例。我總覺得留學生是中國知識最完全的人，也是享社會上最大權力的人，所以我一面慶祝你買賣成功，一面希望你不要忘了政治。[54]

看來，丁文江是把政治和好人做官等同起來了，他過於相信好人對政治，乃至對政府的影響力，很容易陷入沒有好人即沒有好政府，沒有好政府亦難有好人的循環，不像梁啟超，把希望寄託於制度，即憲法和一般性法律的建立。不過也要看到，丁文江的這種觀點，最初是針對着胡適所謂二十年不談政治發表的。胡適從梁啟超那裏得到教訓，不肯對政治發表意見，即使寫文章，也「多是文學的文章」。但北洋政府的封禁使他「實在

忍不住了」，再加上丁文江的刺激，他開始重新考慮這個問題，他說：「梁任公吃虧在於他放棄了他的言論事業卻做總長。我可以打定主意不做官，但我不能放棄我的言論的衝動。」[55] 不久，在丁文江的一再催促下，《努力週報》於 1922 年 5 月 7 日創刊。僅僅隔了七天，5 月 14 日，由蔡元培、王寵惠、羅文幹、湯爾和、陶行知、王伯秋、梁漱溟、李大釗、陶孟和、朱經農、張慰慈、高一涵、徐寶璜、王徵、丁文江、胡適共十六人列名的《我們的政治主張》就在《努力週報》第 2 期發表。在這份宣言中，他們提出了當前政治改革的目標，即建立一個「好政府」，至於「好政府」是個怎樣的政府，他們提出了「三個基本原則」：即「憲政的政府」、「公開的政府」、「有計劃的政府」。宣言還對當時的南北和談、裁軍、裁官、選舉等具體的政治問題提出方案。[56]

應當承認，《我們的政治主張》所表達的政治訴求，與梁啟超所主張的並沒有根本分歧，他們都屬於既非國民黨，也非共產黨的第三種勢力，也就是非官方的自由主義者，而且，與梁啟超關係密切的丁文江始終參與其間，他甚至是最初的創議者之一，但是，梁啟超卻未能列名其中，這是讓人感到非常不解的。其實，「好人政治」這個概念，最早還是林長民向蔡元培提出來的，而林長民從哪裏得到這個概念？是否與梁啟超有關？我們不得而知。不過，從《蔡元培年譜長編》中，我們總可以得到一點資訊。1922 年 4 月 21 日，蔡元培收到胡適的來函，胡適寫道：「林宗孟（林長民）數日前來訪，說他要與亮疇（王寵惠）、君任（羅文幹）及先生等組織一種研究政治社會狀況的團體；並說君任曾以此意奉白先生。他要我也加入，我不曾答應，亦不曾拒絕，只說俟與先生一談再說。連日相見，皆不曾有機會提及此事。故乘便一問。先生意見如何？便中幸見告。」[57]

這時，距發表《我們的政治主張》只有二十餘天。蔡元培在接到胡適來函之後，立即寫了一封長信給胡，信中寫道：

知林宗孟忽有組織團體之提議，請以弟所知奉告。弟與羅鈞任在歐洲時，鈞任曾先到英國，回法後見告，謂林宗孟深以亮疇及弟

不幹與政治問題為恨。有一日，在顧少川（顧維鈞）所邀晚餐會上，林又以此語顧，勸顧發起云云。此去年事也。最近數日前，鈞任來弟處，言彼責備亮疇，不宜太消極；宜發表對於現今各種大問題之意見；可先以一雜誌發佈之，亮疇已首肯云云。因詢弟可否幫忙？弟答以可；但告以現在之大問題，莫過於裁兵理財，須有專家相助。彼提出蔣百里，弟以百里頗有研究色彩，不甚滿意；然以軍事家不易得，亦以為可。其後彼又提出先生及夢麟（蔣夢麟），又曾提及顧少川，弟當然贊成。彼忽提出宗孟；弟爾時即憶及去年之言，即告以宗孟為研究系頭領，恐不好拉入。彼言以人材取之，不好太取狹義。弟告以有此等頭領在內，外人即以為此舉全是某系作用，而以亮疇等為傀儡，發言將不足取信。彼後言今日不過探公意思，如果能組織，自當從長計議云云。今宗孟又來拉公，可知主動者全是宗孟。亮疇是好好先生。鈞任年少而頗熱中，佩服顧少川幾乎五體投地，故有此等運動。此後如鈞任再來商量，弟當簡單謝絕之矣。[58]

在這種情形之下，梁啟超被拒之門外是必然的，而丁文江似乎也不能再表示什麼。後來，《努力》要作關於「裁軍」的文章，就沒有用蔣百里這個現成的軍事家，倒是由丁文江這個外行「努力」了一把，恐怕也是擔心沾了「研究系」的腥。儘管如此，當時還是有人努力在做調和的工作。1922 年 5 月 21 日，胡適在日記中記載：王寵惠「邀在法學會吃飯，遇着子民（蔡元培）、君任（羅文幹）、任公、宗孟（林長民）、秉三（熊希齡）、董授經（康）、顏駿人（惠慶）、周子廙（自齊）、張鎔西（耀曾）。今天的會，本意是要把各黨派的人聚會來談談，大家打破從前的成見，求一個可以共同進行的方向。今天結果雖少，但他們談過去的政爭，倒也頗能開誠認錯」。[59] 不久，「好人政府」就出場了，王寵惠、顧維鈞、羅文幹都名列其中。他們曾發起一個茶話會，邀請二十多位歐美同學在顧宅談話，雖然沒有請梁啟超（非留學歐美），但是，丁文江、張君勱、蔣百里、林長民都在邀請之列，大約也是希望各黨各派能打破成見，協同動作。

▎「救濟精神饑荒」

然而，梁啟超並非無事可做。《梁啟超年譜長編》對他在 1922 年所作講演做過一個粗略的統計：

> 從四月一日起，先生曾應各學校和團體之請為學術講演二十餘次。四月一日為北京女子高等師範學校講演，題目是《我對於女子高等教育希望特別注意的幾種學科》。十日為直隸教育聯合研究會講演，題目是《趣味教育與教育趣味》。十五日為北京美術學校講演，題目是《美術與科學》。十六日為哲學社作公開講演，題目是《評非宗教同盟》。二十一日為詩學研究會講演，題目是《情聖杜甫》。五月間為北京法政專門學校作五四講演，四次，題目是《先秦政治思想》。六月三日為心理學會講演，題目是《佛教心理學淺測》，一名《從學理上解釋「五蘊皆空」義》。七月三日為濟南中華教育改進社年會講演，題目是《教育與政治》。八月五日、六日為東南大學暑期學校學員講演，題目是《教育家的自家田地》和《學問之趣味》。八月十三日為上海美術專門學校講演，題目是《敬業與樂業》。十八日為南京科學社生物研究所開幕講演，題目是《生物學在學術界之位置》。二十日在南通為科學社年會講演，題目是《科學精神與東西文化》。十月十日為天津青年會講演，題目是《市民的群眾運動之意義及價值》，一名《對於雙十節北京國民裁兵運動大會所感》。十一月三日為東南大學文哲學會講演，題目是《屈原研究》。六日為南京女子師範學校講演，題目是《人權與女權》。十日為東南大學史地學會講演，題目是《歷史統計學》。十二月二十五日為南京學界全體公開講演，題目是《護國之役回顧談》。二十七日為蘇州學生聯合會公開講演，題目是《為學與做人》。此外尚有在北京大學為哲學社所講《評胡適之中國哲學史大綱》一篇，

為南京金陵大學第一中學所講《什麼是文化》一篇,《研究文化史的幾個重要問題》(對於舊著《中國歷史研究法》之修補及修正)一篇,至於《治國學的兩條大路》、《東南大學課畢告別辭》、《教育應用的道德公準》三篇,便是明年一月間在南京所講的了。[60]

但是,11月21日,梁啟超因酒醉後傷風病倒了。張君勱一直跟隨着他,這時便很着急,請了醫生來為他診斷,說是有心臟病,要求把講演著述一概停止,安心靜養。梁啟超自認為身子甚好,還想堅持,張君勱則堅決反對。梁啟超在給女兒的信中抱怨:「那天晚上是法政學校講期,我又去了,君勱在外面吃飯回來,聽見大驚,一直跑到該校,從講堂上硬把我拉下來,自己和學生講演,說是為國家干涉我。再明日星期五,我照例上東南大學的講堂,到講堂門口時,已見有大張通告,說梁先生有病放假,學生都散了,原來又是君勱搞的鬼。他已經立刻寫信各校,將我所有講演都停一星期再說。」[61]

1922年,被朋友們稱為梁啟超的講演年,講演集就編印了三冊,共收入講演二十六篇,還有些未經收錄和整理而遺留在外。這年冬天,梁啟超是在南京度過的,每天下午在東南大學講一小時的《中國政治思想史》,由於生病,課程未能講完,漢代以後就空缺了。後來,他把講稿加以整理,用了《先秦政治思想史》的書名出版。在這部著作的結論一章,梁啟超提出兩個問題,要「與普天下人士共討論焉」。這兩個問題都與如何使中國古代哲學精神發揚光大有關,即所謂「如何而能應用吾先哲最優美之人生觀,使實現於今日」。第一個問題是,「精神生活與物質生活之調和問題」。這個問題所要討論的就是,「在現代科學昌明的物質狀態之下,如何而能應用儒家之均安主義(用《論語》文意),使人人能在當時此地之環境中,得不豐不殼的物質生活,實現而普及。換言之,則如何而能使吾中國人免蹈近百餘年來歐美生計組織之覆轍,不至以物質生活問題之糾紛妨害精神生活之向上」。第二個問題是,「個性與社會性之調和問題」。他表示:「據吾儕所信,宇宙進化之軌則,全由各個人常出其活的心力,改造

其所欲至之環境，然後生活於自己所造的環境之下。儒家所謂欲立立人，欲達達人，能盡其性，則能盡人之性，全屬此旨。此為合理的生活，毫無所疑。墨、法兩家之主張，以機械的整齊個人，使同冶一爐，同鑄一型，結果至個性盡被社會性吞滅，此吾儕所斷不能贊同者也。」實際上，他所提出的這兩個問題，說到底就是現代性在其發展過程中所遇到的如何解決人的完善與全面發展的大問題。當今中國，經過了三十多年以經濟建設為中心，讓一部分先富起來，不討論，不爭論，任憑實用主義、功利主義、享樂主義、拜金主義橫行，放縱優勝劣汰、弱肉強食、自由競爭、欲望膨脹浸淫社會，發展成為硬道理，速度則是越快越好，雖然有了世界第二大經濟體的稱號，但其所面臨而亟待解決的仍然是這個問題。梁啟超說：「吾確信此兩問題者，非得合理的調和，未由拔現代人生之黑暗痛苦以致諸高明。吾又確信此合理之調和必有途徑可尋，而我國先聖實早予吾儕以暗示。」[62] 既然如此，考驗我們的只能是：我們是否有勇氣和智慧從先聖給予我們的「暗示」中找到脫離「現代人生之黑暗痛苦」的途徑。

1923 年 1 月 13 日，梁啟超結束在南京東南大學的講學，對該校學生發表告別演說，主題仍是「宇宙觀」和「人生觀」。他從教育現狀入手，對只看重知識灌輸而輕視精神啟蒙的教育現狀痛心疾首。他說：「現在中國的學校，簡直可說是販賣知識的雜貨店，文哲工商，各有經理，一般來求學的，也完全以顧客自命。」他認為：「中國現今政治上的竊敗，何嘗不是前二十年教育不良的結果。」中國前二十年的教育，先是採取日本和德國的方式，近幾年，又換成了美國式，他擔心，如果有一天真的將中國「純粹變成了一個東方的美國」，「那真是羅素所說的，把這有特質的民族，變成了醜化了」。他很不看好美國的教育：「今後的世界，決非美國式的教育所能域領。現在多數美國的青年，而且是好的青年，所作何事？不過是一生到死，急急忙忙的，不任一件事放過：忙進學校，忙上課，忙考試，忙升學，忙畢業，忙得文憑，忙謀事，忙花錢，忙快樂，忙戀愛，忙結婚，忙養兒女，還有最後一忙──忙死。他們的少數學者，如詹姆士之流，固然總想為他們別開生面，但是大部分已經是積重難返。像在這種人

生觀底下過活，那麼，千千萬萬人，前腳接後腳的來這世界上走一趟，住幾十年，幹什麼哩？唯一無二的目的，豈不是來做消耗麵包的機器嗎？或是怕那宇宙間的物質運動的大輪子，缺了發動力，特自來供給他燃料？果真這樣，人生還有一毫意味嗎？人類還有一毫價值嗎？」所以他說，全世界的青年都苦悶，中國的青年尤其苦悶，因為中國的問題不僅是人生價值的失落，還有政治社會不安寧和家國之累。也就是說，除了啟蒙的必要，還有救亡的迫切。要解決這些問題，僅靠物質的刺激、知識的積累是不行的，首要的，是要救濟「精神饑荒」。[63]

救濟精神饑荒的方法在哪裏呢？梁啟超說：

> 我認為東方的——中國與印度——比較最好。東方的學問，以精神為出發點，西方的學問，以物質為出發點。救知識饑荒，在西方找材料；救精神饑荒，在東方找材料。東方的人生觀，無論中國印度，皆認物質生活為第二位，第一就是精神生活。物質生活，僅視為補助精神生活的一種工具，求能保持肉體生存為已足。最要，在求精神生活的絕對自由。精神生活，貴能對物質界宣告獨立，至少，要不受其牽掣，如吃珍味，全是獻媚於舌，並非精神上的需要。勞苦許久，僅為一寸軟肉的奴隸，此即精神不自由。以身體全部論，吃麵包亦何嘗不可以飽？甘為肉體的奴隸，即精神為所束縛，必能不承認舌——一寸軟肉為我，方為精神獨立。東方的學問道德，幾全部是教人如何方能將精神生活對客觀的物質或己身的肉體宣告獨立。佛家所謂解脫，近日所謂解放，亦即此意。客觀物質的解放尚易，最難的為自身——耳目口鼻——的解放。西方言解放，尚不及此，所以就東方先哲的眼光看去，可以說是淺薄的，不徹底的。[64]

最後，梁啟超現身說法，把自己的人生觀貢獻給在座的同學們。他說他的人生觀「是從佛經及儒書中領略得來」，從大的方面說有兩條：「（一）

宇宙是不圓滿的，正在創造之中，待人類去努力，所以天天流動不息，常為缺陷，常為未濟。若是先已造成——既濟的，那就死了，固定了，正因其在創造中，乃如兒童時代，生理上時時變化，這種變化，即人類之努力。」明白了這個道理，做事即使不成功，也不會悲觀、失望、苦惱、煩悶，「宇宙的缺陷正多，豈是一步可升天的？失望之因，即根據於奢望過甚。易經說：『樂則行之，憂則違之，確乎其不可拔。』此言甚精彩。人要能如此看，方知人生不能不活動，而有活動，卻不必往結果處想，最要不可有奢望，我相信孔子即是此人生觀，所以『發憤忘食，樂以忘憂，不知老之將至』。」「（二）人不能單獨存在。」他說，「徹底認清我之界限，是不可能的事。世界上本無我之存在，能體會此意，則自己作事，成敗得失，根本沒有。佛說：『有一眾生不成佛，我不成佛。』『我不入地獄，誰入地獄。』至理名言，洞若觀火。孔子也說：『誠者非但誠己而已也。……』將為我的私心掃除，即將許多無謂的計較掃除。如此，可以做到『仁者不憂』的境域。有憂時，就是『先天下之憂而憂』，為人類——如父母、妻子、朋友、國家、世界——而痛苦，免除私憂，即所以免煩惱」。[65]

梁啟超自信地表示：「此即我的信仰，我常覺快樂，悲愁不足擾我，即此信仰之光明所照。我現已年老，而趣味淋漓，精神不衰，亦靠此人生觀。」[66]不過，五四新文化運動既然請來「德先生」和「賽先生」作為自己的旗幟，而且，陳獨秀、胡適等人不斷在報刊上撰文，以不妥協的精神向中國傳統文化挑戰，號召「打倒孔家店」，在青年中很有影響。這個時候，梁啟超卻要宣佈西洋文明破產，不能救濟我們的精神饑荒，是要冒一些風險的。胡適後來為《科學與人生觀》一書作序，明確指出梁啟超是「自命為新人物的人」中公然詆毀科學的第一人，他說：「自從中國講變法維新以來，沒有一個自命為新人物的人敢公然詆謗『科學』的。直到民國八九年間梁任公先生發表他的《歐遊心影錄》，『科學』方才在中國文字裏正式受了『破產』的宣告。」他還說：「自從《歐遊心影錄》發表之後，科學在中國的尊嚴就遠不如前了。一般不曾出國門的老先生很高興地喊着：『歐洲科學破產了！梁任公這樣說的。』」我們不能說梁先生的話和近年同善

社、悟善社的風行有什麼直接的關係；但我們不能不說梁先生的話在國內確曾替反科學的勢力助長不少的威風。梁先生的聲望，梁先生那枝『筆鋒常帶情感』的健筆，都能使他的讀者容易感受他的言論的影響。何況國中還有張君勱先生一流人，打着柏格森、倭伊鏗、歐立克……的旗號，繼續起來替梁先生推波助瀾呢？」[67]

科學與玄學論戰

雖然梁啟超的這番舉動讓胡適這些人很惱火，但一時還沒有人出來回應他的挑戰，儘管他曾經提出要「與普天下人士共討論焉」。可是，自從張君勱登場之後，局面就大不一樣了。1923 年 2 月 14 日，張君勱以《人生觀》為題在清華學校發表講演。由於聽講者都是即將赴美學習科學的留學生，所以，他開宗明義提醒諸位同學，不要以為天下事像二加二等於四一樣，「皆有公例，皆為因果律所支配」，譬如人生觀，就不受科學規律的支配。[68] 其實，他的這番道理，是從他在德國的老師、著名哲學家倭伊鏗那裏「拿來」的。倭伊鏗有一部書名為《大思想家的人生觀》，其主旨就是要說明，科學並不是萬能的。他的這篇講演刊載於《清華週刊》第272 期上，成為引發這場「思想界大筆戰」的導火索。[69] 而首先發起攻擊、挑起戰火的，竟是他的好友地質學家丁文江。2 月 24 日，也就是張君勱講演的第 10 天，梁啟超在天津家中「又與張君勱、林宰平、丁在君等談個通宵」。[70] 他們談了些什麼呢？會不會辯論「科學與人生觀」的問題呢？應該說有這種可能。不過，在這種場合，丁文江是絕對少數，又有梁啟超在場，他不一定能盡情發揮。

3 月 26 日，他致函胡適，表示絕不能輕易放過張君勱的這種主張，準備寫一篇批評文章。4 月 1 日，胡適在《讀書雜誌》第八期發表《讀梁漱溟先生的東西文化及其哲學》一文，對梁漱溟的文化相對論和玄學式文化觀提出批評，大約也使他受到鼓舞。4 月 15 日、22 日，他的《玄學與科學

——評張君勱的〈人生觀〉〉一文在《努力週報》第48、49號連續發表，逐一駁斥了張君勱講演中「誣謗」科學的觀點，他說：「張君勱是作者的朋友，玄學確是科學的對頭。玄學的鬼附在張君勱身上，我們學科學的人不能不去打他；但是打的是玄學鬼，不是張君勱。」[71] 但是他又說：「我做這篇文章的目的不是要救我的朋友張君勱，是要提醒沒有給玄學鬼附上身的青年學生。」[72] 他在寫給章鴻釗（著名地質學家，丁文江最早的合作者之一）的信中表達了同樣的意思：「弟對張君勱《人生觀》提倡玄學，與科學為敵，深恐有誤青年學生，不得已而為此文。」[73] 他是一個如其所言「為科學做衝鋒的人」[74]，他把捍衛科學的尊嚴視為自己的責任，他引胡適的話說：「我們觀察我們這個時代的要求，不能不承認人類今日最大的責任與需要是把科學方法應用到人生問題上去。」[75]

張君勱對於科學的疑慮，是要打破很久以來人們對於科學的迷信，並指出科學的有限性，所以他說，人生觀就在科學的勢力範圍之外，科學對於人生觀是無能為力的。他舉出人生觀與科學有五種不同：

> 一曰，科學為客觀的，人生觀為主觀的。
>
> 二曰，科學為論理的方法所支配，而人生觀則起於直覺。
>
> 三曰，科學可以以分析方法下手，而人生觀則為綜合的。
>
> 四曰，科學為因果律所支配，而人生觀則為自由意志的。
>
> 五曰，科學起於物件之相同現象，而人生觀起於人格之單一性。[76]

但丁文江則針鋒相對地指出，無論誰都「沒有法子把人生觀同科學真正分家」，「他們本來是同氣連枝的」。而且，「不但是人生觀同科學的界限分不開，就是他所說的物質科學同精神科學的分別也不是真能成立的。」[77] 他從科學發展的角度舉例說，以前許多被玄學宣佈為非科學的領地，最後都被科學搶去了。比如宇宙問題，玄學家認為是非科學所能解決的，但伽利略不聽，他堅信可以由科學來解決，「真理既然發明，玄學家也沒有法子」，於是，宇宙最終還是歸了科學。他又舉達爾文做例子，此人一部《物

種起源》,「證明活的東西也有公例,雖然當日玄學家的忿怒不減於十七世紀攻擊嘉列劉(伽利略)的主教,真理究竟戰勝,生物學又變做科學了。到了十九世紀的下半期,連玄學家當做看家狗的心理學,也宣告了獨立。玄學於是從根本哲學,退避到本體論。」[78] 所以他信誓旦旦地說:「人生觀現在沒有統一是一件事,永久不能統一又是一件事。除非你能提出事實理由來證明他是永遠不能統一的,我們總有求他統一的義務。」[79]

他稱張君勱是玄學鬼附身,這玄學鬼一個是外來的,如法國的柏格森;一個是國產的,即高談心性的陸九淵、王陽明、陳獻章。這些中外玄學鬼附在張君勱的身上,使得張君勱錯把科學看作是機械的、物質的、向外的、形而下的,只能是「務外逐物」,所以要用東方的精神文明來補救西方的物質文明。在丁文江看來,張君勱對科學的認識連皮毛都算不上,他說:「科學不但無所謂向外,而且是教育同修養最好的工具,因為天天求真理,時時想破除成見,不但使學科學的人有求真理的能力,而且有愛真理的誠心。無論遇見什麼事,都能平心靜氣去分析研究,從複雜中求簡單,從紊亂中求秩序;拿論理來訓練他的意想,而意想力愈增;用經驗來指示他的直覺,而直覺力愈活。了然於宇宙生物心理種種的關係,才能夠真知道生活的樂趣。這種『活潑潑地』心境,只有拿望遠鏡仰察過天空的虛漠,用顯微鏡俯視過生物的幽微的人,方能參領得透徹,又豈是枯坐談禪,妄言玄理的人所能夢見。」[80]

丁文江與張君勱的這場論戰從一開始就有點文不對題,有點感情用事,而不夠科學,恰如胡適所言:「我總觀這二十五萬字的討論,終覺得這一次為科學作戰的人——除了吳稚暉先生——都有一個共同的錯誤,就是不曾具體地說明科學的人生觀是什麼,卻去抽象地力爭科學可以解決人生觀的問題。」[81] 也就是他說的:「這一篇論戰的文章只做了一個『破題』,還不曾做到『起講』。至於『餘興』與『尾聲』,更談不到了。」[82] 但是,論戰畢竟觸及到一個十分重大的問題,即事關中國現代化進程的中西文化孰優孰劣的問題,陳獨秀稱之為知識階級的進步,「進步雖說太緩,總算是有了進步」。[83] 當時參加論戰的人很多,從亞東圖書館編輯出版的《科學

與人生觀》一書蒐集的文章來看，至少包括了任叔永、孫伏園、章鴻釗、朱經農、林宰平、唐鉞、張東蓀、王平陵、范壽康、吳稚暉這樣一些人。有意思的是，這場論戰發生時，梁啟超和胡適都正在養病之中，胡適在杭州西湖，「有兩日竟不能走路」，梁啟超亦居於北京西郊翠微山之祕魔巖，養病避暑兼寫作。他們不約而同都選擇了以局外人自居，保持中立的態度。胡適發表了《孫行者與張君勱》一文，梁啟超則發表兩篇文章，即《關於玄學科學論戰之戰時國際公法》和《人生觀與科學》。畢竟這次論戰，「兩軍主將都是我們耳鬢廝磨的老友」，他不希望因為論戰而傷害老朋友之間的感情。[84] 為此他提出兩條「戰時國際公法」：

> 第一，我希望問題集中一點，而且針鋒相對，剪除枝葉。倘若因一問題引起別問題，寧可別為專篇，更端討論。
> 第二，我希望措詞莊重懇摯，萬不可有嘲笑或謾罵語。倘若一方面偶然不檢，也希望他方面別要效尤。[85]

這種提醒，其作用也許很有限，但可以看出，梁啟超的深意是希望「這回論戰能做往後學問上乃至其他主義上一切論戰之模範」。[86] 他在《人生觀與科學》一文中，以一種公允的態度談到了論戰雙方各自的不足。他首先指出，二人沒有把要討論的概念搞清楚：「究竟他們兩位所謂『人生觀』所謂『科學』，是否同屬一件東西，不惟我們觀戰人摸不清楚，只怕兩邊主將也未必能心心相印哩。」[87] 於是，他先釐清了這兩個概念，在此基礎上他提出自己的看法，他認為，張君勱、丁文江的主張，「各有偏宕之處」。[88]

先說張君勱。

張君勱一再高談「我對非我」，梁啟超認為，既然還沒有高談到「無生」，那麼，「無論尊重心界生活到若何程度，終不能說生活之為物能夠脫離物界而單獨存在」。他說：「總之，凡屬於物界生活之諸條件都是有對待的。有對待的自然一部或全部應為『物的法則』之所支配。我們對於這一類生活，總應該根據『當時此地』之事實，用極嚴密的科學方法，求出

一種『比較合理』的生活。這是可能而且必要的。就這點論，在君說『人生觀不能和科學分家』，我認為含有一部分真理。」他承認自己也是「尊直覺尊自由意志」的，但他為張君勱可惜，因為，他在強調直覺和自由意志的時候，「應用的範圍太廣泛而且有錯誤」。他說：「我承認人類所以貴於萬物者在有自由意志；又承認人類社會所以日進，全靠他們的自由意志。但自由意志之所以可貴，全在其能選擇於善不善之間而自己作主以決從違。所以自由意志是要與理智相輔的。若像君勱全抹殺客觀以談自由意志，這種盲目的自由，恐怕沒有什麼價值了。」他強調：「人生觀最少也要主觀和客觀結合才能成立。」[89]

至於丁文江，梁啟超說，他的主張也很難讓人全部贊成，「在君過信科學萬能，正和君勱之輕蔑科學同一錯誤。在君那篇文章，很像專制宗教家口吻，殊非科學者態度，這是我替在君可惜的地方」。丁文江說要統一人生觀，梁啟超表示：「我說人生觀的統一，非惟不可能，而且不必要。非惟不必要，而且有害。要把人生觀統一，結果豈不是『別黑白而定一尊』，不許異己者跳樑反側？除非中世紀的基督教徒才有這種謬見，似乎不應該出於科學家之口。」他還表示，科學確有不能管轄的領域，比如情感，「『科學帝國』的版圖和威權無論擴大到什麼程度，這位『愛先生』和那位『美先生』依然永遠保持他們那種『上不臣天子，下不友諸侯』的身分」。[90]

因此，陳獨秀把梁啟超稱為騎牆派，但是他又說，批他的人，其實並沒把他批倒，讓他信服，「有的還是表面上在那裏開戰，暗中卻已投降了」。他直言，丁文江的「思想之根底，仍和張君勱走的是一條道路」。[91]胡適也不無遺憾地表示，擁護科學的先生們並沒有回答梁啟超提出的問題，梁任公已經正式對科學的人生觀宣戰，這正是科學家表明態度的時候，但他們未能完成這個任務。實際上，郭湛波在其所著《近五十年中國思想史》中早就說過：「這次戰爭梁胡是主角，丁張不過打先鋒罷了。」伍啟元的《中國新文化運動概觀》一書，更從近代西方兩大思潮——柏格森的直覺主義和杜威的實驗主義——的論爭入手，評價這場震動一時的人

生觀論戰，他認為：「張君勱氏就是站在柏氏的立場了。而他的對方，就是拿出實驗主義的論調來做軍器的丁在君氏。」[92]

這場論戰一直持續到 1923 年年底，到丁文江發表《玄學與科學的討論的餘興》，大體上告一段落。他的這篇「餘興」，是要對於參加訴訟的人有所答覆，他說：「參加訴訟的人對於我有重要批評的是梁任公同林宰平，我對於他們兩位好像不能完全緘默。但是我細看任公的那篇文章是興會所至，信手拈來的批評，對於我的第一篇宣戰書似乎沒有詳細研究。他看了我的第二篇答詞，大概可以了解我的態度，所以我為經濟起見，只預備對於林宰平先生做一個簡單的答覆。」[93] 從他的謹慎措詞中，我們可以猜測他對梁啟超的態度，是包含着很大尊重的。他很清楚，科學方法是否有益於人生觀，歐洲的破產是否是科學的責任，這兩個他所認為討論中最重要的問題，始作俑者都是梁啟超，至少梁氏應負很大的責任，但他在論戰中卻始終迴避與梁啟超發生正面衝突，說明他很在意兩人的這種「管鮑之交」。他以管仲自況，而把梁啟超比作鮑叔牙。梁啟超去世後，在北平廣惠寺舉行追悼大會，丁文江送的祭幛就寫着：「生我者父母，知我者鮑子。在地為河嶽，在天為日星。」[94] 當時有人點評此聯，「雖有點生硬，但尚能表達挽者對死者的友誼，遠勝胡（適）、蔣（夢麟）之作」。[95]

▍ 淞滬市政督辦

實際上，晚年梁啟超是很依賴丁文江、蔣百里、張君勱、張東蓀、林宰平這些門生與晚輩的，他們也很關心他，扶助他，為他出謀劃策，當然，他也常常因為他們的行為而受牽連。但在很多事情上，他們又常常採取協同行動。1925 年 5 月 30 日，上海租界內發生了「五卅慘案」，梁啟超非常憤慨，當即與朱啟鈐、李士偉、顧維鈞、范源濂、張國淦、董顯光、丁文江等發表共同宣言，希望通過和平、法律的方式解決問題。隨後，他又陸續寫了《為滬案敬告歐美朋友》、《對歐美友邦之宣言》、《談判與宣

戰》、《我們該怎麼樣應付上海慘殺事件》、《滬案交涉方略敬告政府》、《趕緊組織「會審兇手」的機關啊》、《答北京大學教職員》等文章，同時致電羅素，希望他和作家協會諸君，能了解事實真相，並向英國政府和人民說明；他又致電段祺瑞，希望政府負起責任，用嚴正迅厲手段明定責任，結束本案；並以穩健和諒解手段，博得同情，從而得以修改條約，收回主權，防止此類案件再次發生。

此時，丁文江剛剛提出辭去北票煤礦公司總經理一職，而且於 5 月 27日與胡適一起被外交部列名英國庚子賠款委員會候選人。「五卅慘案」發生後，他除了與梁啟超等發表共同宣言外，還與胡適、羅文幹、顏任光連署發表長電。由他起草的這篇電文，「以很爽明鋒利的英文，敍說該案的內容，暴露英方軍警的罪行」，為在英國抗議的中國留學生提供了極好的材料。正在英國留學的羅家倫對這篇電文極為讚賞，稱之為：「如老吏斷獄，不但深刻，而且說得令人心服。每字每句不是深懂英國人心理的作者，是一定寫不出來的。」多虧了他的散發和傳播，這篇電文爭取到「工黨後台最有實力的英國職工聯合總會祕書長席屈林」的同情，並「由他分發給他工聯中的小單位。因此，工黨議員加入為中國說話的更多，在英國國會裏發生了更大的影響」。因此他說，丁文江「真是懂得英國人心理的人」。[96]

這一年正是北方政局動盪最激烈的一年。奉系的張作霖打敗了直系的吳佩孚，向長江一線發展，到處搶地盤、爭權力，段祺瑞最新任命的皖督姜登選和蘇督楊宇霆都是奉系的人。這讓直系的孫傳芳很不安，因為他的浙江地盤與楊宇霆的江蘇地盤緊密相連。他既不肯坐以待斃，就打算出兵討奉。他提出由吳佩孚主持全局，蔣百里做他的參謀長。他與蔣百里是日本士官的先後同學，還有些同學之誼。但蔣百里沒有同意，吳佩孚也沒有來。因為那時吳眼裏的主要敵人是馮玉祥，而不是張作霖。待孫傳芳打下了南京，他又請蔣百里就任上海市長或江蘇省長，蔣百里不肯做官，就向孫傳芳舉薦了丁文江。丁文江又轉介陳陶遺做江蘇省長，自己擔任淞滬市政督辦一職。這時，聚集在孫傳芳周圍的，除了蔣百里、丁文江、

陳陶遺，還有陳儀和劉厚生。梁啟超在給女兒令嫻的信中就曾寫道：「時局變化極劇，百里所處地位極困難，又極重要。他最得力的幾個學生都在南邊，蔣介石三番四復拉攏他，而孫傳芳又卑禮厚幣要使他做握鵝毛扇的人。孫、蔣間所以久不決裂，都是由他斡旋。但蔣軍侵入江西，逼人太甚（俄國人逼他如此），孫為自衛，不得不決裂。我們的熟人如丁在君、張君勱、劉厚生等都在孫幕，參與密勿，他們都主戰，百里亦不能獨立異，現在他已經和孫同往前敵去了。」[97]

丁文江以一個科學家的身份，為什麼肯於接受淞滬市政督辦這樣一個行政職務呢？原因之一是他對劉厚生所說：「我常常到關外，感覺張作霖本人及他的部下都不是好傢伙。最近作霖因關內軍人皖系直系之內戰，而奉軍亦已參加，將來這種混戰的局面不知怎樣了結。現在鬍子的勢力已到達山東，可能將來逐漸闖入長江地域。我們江蘇人要受鬍子的統治，我是不能坐視的。」[98] 再一個原因，就是他曾發表《少數人的責任》一文，文中發揮了他與胡適等人倡導的「好人政府」的主張，現在有了實行的機會，他自然不肯放過，他就是要負起這種責任。

梁啟超為了回答兒子的疑問，也曾談到這個問題，他說：「思永問我的朋友何故多站在孫傳芳那邊？這話很難說。內中關係最重要者，是丁在君、蔣百里二人，他們與孫的關係都在一年以前，當時並沒有孫、蔣對抗的局面。孫在北洋軍閥中總算比較好的，江浙地方政象亦總算比較的清明，他們與孫合作並不算無理由，既已與人發生關係，到吃緊時候捨之而去，是不作興的。直到最近兩個月，孫倒行逆施，到天津勾結二張（張作霖、張宗昌），和丁、蔣等意見大相反，他們方能老老實實的和他脫離關係。中間這一段誠然是萬分不值（既有今日何必當初），然在一年前他們的夢想原亦很難怪。（故丁在君刻意欲在上海辦一較良的市政，以漸進手段收回租界。）至於我呢？原來不甚贊成他們這類活動（近數月來屢次勸他們自拔），但我們沒有團體的嚴整組織，朋友們總是自由活動，各行其是，亦沒有法子去部勒他們（也從未作此想），別人看見我們的朋友關係，便認為黨派關係，把個人行為認為黨派行為，既無從辯白，抑亦不欲

辯白。」[99]

1926 年 5 月 4 日，丁文江就任淞滬市政督辦，至 12 月 31 日提出辭職，在位時間不足八個月。對他來說，這是極其忙碌的八個月，5 月 21 日，蔣百里致信梁啟超，特別提到丁文江在上海執政的情形，他說：「在君在滬忙極，東南片土，在短時期內總可安定。」[100] 這裏包含着多麼深切的對朋友的信任和期待啊！在這裏，丁文江的確做了很多事，有兩件事，是胡適認為最值得記載的：「第一是他建立了『大上海』的規模。那個『大上海』，從吳淞到龍華，從浦東到滬西，在他的總辦任內才第一次有統一的市行政，統一的財政，現代化的公共衞生。他是後來的『上海特別市』的創立者。第二是他從外國人手裏為國家爭回許多重大的權利。傅孟真（傅斯年）說，在君爭回這些權利，『不以勢力，不以手段，只以公道，交出這些權利的外國人，反而能夠真誠的佩服他。』『他死後，《字林西報》作一社論，題曰《一個真實的愛國者》，我相信這是對在君最確切的名稱。』」[101] 在他爭回的這些權利中，最重要的，應該就是公共租界的會審公堂（又稱會審公廨）。

丁文江就任淞滬市政督辦大約兩個月後，7 月 9 日，國民革命軍在廣州誓師北伐，蔣介石任總司令。最初，孫傳芳似乎並不想和革命軍開戰，但戰爭仍然不可避免。丁文江 11 月 28 日致函胡適，還為孫傳芳辯解：「此次孫之用兵，實在出於不得已。當粵軍攻湘的時候，他並沒有出兵，並且用種種方法和緩廣東，無奈蔣介石提出兩個絕對不可以通過的條件：（一）是加入國民黨，（二）承認廣東的國民政府！沒有幾天，蔣介石的兵就到了江西了。——孫極願講和，但是廣東方面似乎完全沒有誠意，所以還是沒有結果。孫的意思總是抱定保境安民的宗旨：人不犯我，我不犯人。國民黨方面則完全取一種急進的政策，在上海方面造謠式的宣傳，無意識的暴動，不一而足。我預料他就是能將孫打倒，內部必有問題，而且恐怕要為土匪式的奉軍來造機會。這是我最愁的一件事。」[102] 實際上，汀泗橋失守之後，形勢對於孫傳芳就越來越不利了。等到他跑到天津去向張作霖和張宗昌求援，敗局就已經定了。12 月 20 日，梁啟超在家書中對女兒令

嫺說：「時局變遷非常劇烈，百里聯絡孫、唐、蔣的計劃全歸失敗，北洋軍閥確已到末日了。」[103] 這時，梁啟超最擔心的就是丁文江的安全，他多次寫信，打電報，詢問滬寧一帶的情況；蔣百里更是幾乎每天向丁文江報告前線戰況，要他早作準備；丁文江發生車禍受傷後，梁啟超亦致函丁文江，表示「驚念無已，入院後經過狀況如何，日盼消息」。[104] 希望他能此與孫傳芳脫離關係，也算是不幸之中的大幸。

胡適認為，丁文江對於張作霖的奉軍一系是向來厭惡的，對於國民革命軍倒是有相當的同情。他的根據是董顯光 1956 年發表在台北《「中央研究院」院刊》的一篇文章，其中寫道：

> 當年蔣總司令所統率的國民軍與吳佩孚軍在丁泗橋的大戰，實在是決定控制揚子江流域的重要戰爭。吳佩孚見兩軍相持不下時，便要求孫傳芳派幾師生力軍參加助戰。這時情勢緊急，孫的態度足以影響大局。於是蔣總司令便叫蔣百里（方震）透過他和在君的私人友誼關係說動孫傳芳，結果（孫）未曾派兵助戰，終使國民軍在丁泗橋一役獲得大勝。[105]

董顯光所說未必可靠。首先，蔣百里絕非蔣介石的部下，至少當時還不是。雖然曾有消息說，國民黨方面很多人主張請蔣百里擔任革命軍總參謀長，但蔣百里並未打算接受，事實上也不可能接受。其次，董顯光或許在天津曾與丁文江同寓很久，但他一直在天津辦報，對戰場上瞬息萬變的軍事祕密究竟了解多少，是大可懷疑的。陶菊隱對於孫傳芳為什麼不去援助吳佩孚，就另有解釋，他說：

> 廣東出師北伐，一路由湖南打到湖北，吳佩孚天天向孫傳芳告急。告急電用「十萬火急」、「百萬火急」、「限即刻到」的急電打出去，孫卻按兵不動：「我從前盼望你到南京你不來，現在你請我到漢口我也不去。」他已自立為東南五省的聯軍總司令，不肯再受那個

「空頭大帥」的指揮了。在革、吳兩軍血染汀泗橋的時候，他還有另一個更惡毒的陰謀，想利用鷸蚌相持之局，自收漁人之利，他曾對他的心腹將領道出這番心事來。[106]

從丁文江在一些場合所表達的態度來看，我們也很難說他是同情國民革命軍的。1927 年底，他在給胡適的一封信中寫道：「我以為照目前光景看，國民黨雖能令我們失望，但是我們萬萬不可悲觀。」[107] 胡適在另外的場合說道丁文江，指出：「在君究竟是英國自由教育的產兒，他的科學訓練使他不能相信一切破壞的革命的方式。」他轉述丁文江的話說：「我們是救火的，不是趁火打劫的。」在他看來，「用暴力的革命總不免是『放火』，更不免要容納無數『趁火打劫』的人。所以他只能期待『少數裏的少數，優秀裏的優秀』起來擔負改良政治的責任，而不能提倡那放火式的大革命」。他又說：

然而民國十五六年之間，放火式的革命到底來了，並且風靡了全國。在那個革命大潮流裏，改良主義者的丁在君當然成了罪人了。在那個時代，在君曾對我說：「許子將說曹孟德可以做『治世之能臣，亂世之奸雄』；我們這班人恐怕只可以做『治世之能臣，亂世之飯桶』罷！」[108]

這裏隱約透露出丁文江對國民黨的態度，劉厚生在其所著《丁文江傳記》初稿中則從另外一方面證明，丁文江並不對國民黨或革命軍抱有相當的同情：

蔣中正定都南京之後，開了一大批通緝名單，丁文江的姓名當然亦在其內。直到民國二十年普遍大赦政治犯時，文江方得免除通緝。

文江對於政治興味還是一樣的濃厚。但是他在民國廿五年（1936 年）死前的幾個月，我與他在上海見面，他對我透露，蔣介

石要找他出來做什麼部長,正在竭力躲避。他說蔣介石決不是可與共事的人,還不如孫傳芳之能信任其部下,我已吃過苦頭了,不能隨便出來。[109]

當時的情形是,國共北伐已經進入長江流域,「四一二」蔣介石在上海南京殺共產黨人,國民黨亦分裂為寧滬和武漢兩派,新老軍閥混戰一團,國家又一次陷入動亂之中,生靈塗炭,百業凋零。於是,有不少人慫恿梁啟超出山,要他負起責任,在國民黨和共產黨之外,另外組織團體。他自己則有些猶豫不定,既不想再次踏入政途,又覺得良心不安。他在5月5日寄給孩子們的一封長信中表達了這種矛盾心情:「我一個月以來,天天在內心交戰痛苦中。我實在討厭政黨生活,一提起來便頭痛。因為既做政黨,便有許多不願見的人也要見,不願做的事也要做,這種日子我實在過不了。若完全旁觀畏難躲懶,自己對於國家實在良心上過不去。所以一個月來我為這件事幾乎天天睡不着。」[110]他的朋友、門生中,張君勱、陳博生、胡石青等人是擁護梁啟超出山的,他們認為當前的事比袁世凱稱帝更重大萬倍。丁文江、林宰平則持極端反對的意見,他們不反對前者的理由,但是認為:第一,梁啟超的身體支持不了這種勞頓;第二,他的性格也證明了不宜於政黨活動。

梁啟超最終接受了丁文江等人的勸告,他對孩子們說:「現在我已決定自己的立場了。我一個月來,天天把我關於經濟制度(多年來)的斷片思想,整理一番。自己有卻(確)信的主張,(我已經有兩三個禮拜在儲才館、清華兩處講演我的主張。)同時對於政治上的具體辦法,雖未能有很愜心貴當的,但確信代議制和政黨政治斷不適用,非打破不可。所以我打算在最近期間內把我全部分的主張堂堂正正著出一兩部書來,卻是團體組織我絕對不加入,因為我根本就不相信那種東西能救中國。最近幾天,(蹇)季常從南方回來,很贊成我這個態度。(丁在君們是主張我全不談政治,專做我幾年來所做的工作,這樣實在對不起我的良心。)」[111]可見,梁啟超對於丁文江的意見也還是有所保留。

梁啟超逝世，丁文江處理身後事

1929 年 1 月 19 日，梁啟超在北平逝世。胡適記下了次日為梁啟超遺體裝殮時的情形：「次日，任公先生的遺體在廣慧（一說惠）寺大殮，我和丁在君先生，任叔永先生，陳寅恪先生，周寄梅先生，去送他入殮。任公先生的許多老朋友，如貴州蹇季常先生等，都是兩眼噙着熱淚。在君和我也都掉淚了。」[112] 2 月 17 日，梁啟超追悼大會在北平廣慧寺舉行，丁文江出席並送了祭幛，上書：

> 生我者父母，知我者鮑子。
> 在地為河嶽，在天為日星。[113]

次日，上海也舉行梁啟超追悼大會，丁文江送了一副輓聯：

> 思想隨時代而變，一瞑更何之，平生自任仔肩，政績僅追劉正字。
> 文章得風氣之先，百身嗟莫贖，少日酬知宣室，聲名突過賈長沙。[114]

梁啟超去世後，其子女和朋友們擬辦兩件事：一是編輯《飲冰室合集》，由林志鈞負責；二是編一部年譜，由丁文江負責。丁文江自己也很想寫一部新式的《梁啟超傳記》。「編輯年譜的計劃確定之後，即由梁的子女梁思成、梁思順（令嫻）署名登報，並由丁文江和梁思成親自發函向各處徵集梁啟超與師友的來往信札，以及詩、詞、文、電等的抄件或複製件（原件仍由原收藏者保存）。僅半年左右時間，梁家就收到了大量的資料，其中僅梁的信札就有兩千多封，其他各種資料仍陸續寄來。」[115] 最終，按照胡適的說法，如果加上他的家信，總計大概有近一萬封之多。他分析

其中的原因，認為有如下幾個方面：「第一，任公先生早歲就享大名，他的信札多被朋友保存，是很自然的。第二，他的文筆可愛，他的字也很可愛，他的信札都是紙精，墨好，字跡秀逸，值得收藏的。第三，當時國中沒有經過大亂，名人的墨跡容易保存。」[116]

最初，丁文江專注於梁啟超年譜材料的蒐集和整理。1929 年 4 月 16 日他致函胡適還說：「連日為任公年譜事，極忙，竟將地質研究所放過一邊，甚為憂悶。」[117] 他畢竟是個很忙的人，這一年的冬天，他率領一支考察隊前往雲南、貴州，進行地質調查，第二年夏天才從西南回到北平。1931 年，他做了北京大學地質系的教授，梁啟超年譜的編纂工作亦隨之開始。但那時他仍然忙得不可開交，實無餘力，就邀請了一位青年學者趙豐田先生做他的助手。趙豐田說：「這時，我正在燕京大學研究院學習，曾撰作《康長素先生年譜稿》的大學畢業論文，對康有為和梁啟超作過一些研究。燕大研究院院長陸志韋教授和我的老師顧頡剛教授乃將我介紹於丁，丁即到燕大研究院邀聘我助他編寫年譜。」[118] 自 1932 年暑假開始，趙豐田就在丁文江的指導下開始工作，他也曾說過：「當時已經蒐集到的梁啟超來往信札有近萬件之多，這是編年譜的主要材料。此外，還有梁幾百萬字的著作，以及他人撰寫的有關梁的傳記。要把這麼浩繁和雜亂的資料梳理清楚，並編輯成書，任務是比較艱巨的。」[119] 所以，這部年譜直到丁文江去世（1936 年 1 月 5 日）仍沒有最終完成，始終還是一部「草稿」，但胡適認為：「我們在二十多年後，不能不承認，正因為這是一部沒有經過刪削的《長編初稿》，所以是最可寶貴的史料，最值得保存，最值得印行。」[120]

1929 年 8 月 8 日，丁文江與蹇念益、黃溯致函張元濟，提出為梁啟超釀金造像的建議，這錢不知募集了多少，也許始終就沒有發生，總之，一直未見下文。

註釋：

1　《丁文江先生學行錄》，54 頁。
2　同上。
3　同上，55 頁。
4　《丁文江年譜》，28 頁。
5　《丁文江先生學行錄》，361 頁。
6　同上。
7　《現在中國的中年與青年》，見《丁文江年譜》，37 頁。
8　同上，40 頁。
9　《丁文江先生學行錄》，362 頁。
10　《丁文江年譜》，46 頁。
11　《丁文江集》，408 頁。
12　《留學時代的丁在君》，轉引自《丁文江傳》，10～11 頁。
13　同上，11～12 頁。
14　《丁文江先生學行錄》，362 頁。
15　《丁文江集》，408～409 頁。
16　轉引自《丁文江年譜》，69～70 頁。
17　《丁文江傳》，19 頁。
18　《最後一個月的丁在君先生》，見《丁文江先生學行錄》，49～50 頁。
19　《丁文江年譜》，73 頁。
20　《丁文江傳》，20 頁。
21　《丁文江年譜》，74～75 頁。
22　《丁文江先生學行錄》，362 頁。
23　《丁文江年譜》，86 頁。
24　《丁文江集》，292 頁。
25　同上，43 頁。
26　《飲冰室合集・專集》之二十三，47 頁。
27　《丁文江先生學行錄》，362～363 頁。
28　《梁啟超年譜長編》，883 頁。
29　同上，909 頁。
30　同上，898 頁。
31　《蔣百里傳》，51 頁。
32　《蔣百里評傳》，25 頁。
33　分別見《蔡元培年譜長編》上冊，629 頁；中冊，2 頁。
34　《丁文江傳》，49 頁。
35　同上，25 頁。
36　同上，49 頁。
37　《五四運動史》，317 頁。
38　《傅著〈丁文江與中國科學和新文化〉》，見《丁文江先生學行錄》，437～438 頁。
39　《梁啟超與民國政治》，199 頁。
40　轉引自《丁文江年譜》，144 頁。
41　《丁文江傳》，50 頁。
42　同上，53 頁。
43　同上，53～54 頁。
44　《丁文江年譜》，185 頁。
45　《丁文江：科學與中國新文化》，61 頁。
46　《飲冰室合集・文集》之三十六，12～13 頁。
47　同上，13 頁。
48　同上，13～14 頁。
49　《陳獨秀文章選編》中冊，7 頁。
50　《飲冰室合集・文集》之三十六，14 頁。
51　同上，17 頁。
52　《20 世紀中國經世文編》民國卷二，70～71 頁。
53　《丁文江：科學與中國新文化》，124 頁。
54　同上，125～127 頁。
55　1922 年 2 月 7 日胡適日記，《胡適文集》第二卷，143 頁。
56　見《我們的政治主張》，《20 世紀中國經世文編》民國卷二，69～74 頁。
57　《蔡元培年譜長編》中冊，495 頁。

58　同上，496 頁。

59　同上，509 頁。

60　《梁啟超年譜長編》，951～952 頁。

61　同上，969 頁。

62　同上，974～976 頁。

63　《飲冰室合集‧文集》之四十，9～
　　10 頁。

64　同上，12 頁。

65　同上，13～14 頁。

66　同上，15 頁。

67　《科學與人生觀》，9～11 頁。

68　同上，31 頁。

69　同上，8 頁。

70　《梁啟超年譜長編》，989 頁。

71　《科學與人生觀》，39 頁。

72　同上，39～40 頁。

73　《丁文江集》，67 頁，《玄學與科學》
　　一文題註。

74　《科學與人生觀》，53 頁。

75　同上，57 頁。

76　同上，59 頁。

77　同上，42 頁。

78　同上，48 頁。

79　同上，40 頁。

80　同上，51 頁。

81　同上，13 頁。

82　同上，16 頁。

83　同上，1 頁。

84　同上，119 頁。

85　同上，119～120 頁。

86　同上，120 頁。

87　同上，135 頁。

88　同上，136 頁。

89　同上，136～138 頁。

90　同上，138 頁。

91　同上，1～7 頁。

92　《丁文江年譜》，183～184 頁。

93　《科學與人生觀》，250 頁。

94　《丁文江年譜》，332 頁。

95　《追憶梁啟超》，438 頁。

96　見《現代學人丁在君先生的一角》，
　　轉引自《丁文江年譜》，209 頁。

97　《梁啟超年譜長編》，1093 頁。

98　劉厚生《丁文江傳記初稿》，轉引自
　　《丁文江年譜》，206 頁。

99　《梁啟超年譜長編》，1111 頁。

100　同上，1078 頁。

101　《丁文江傳》，93 頁。

102　《丁文江年譜》，297 頁。

103　《梁啟超年譜長編》，1101 頁。

104　《丁文江年譜》，304 頁。

105　《我和在君》，見《丁文江先生學行
　　錄》，205 頁。

106　《蔣百里傳》，64～65 頁。

107　《丁文江年譜》，318 頁。

108　《丁文江先生學行錄》，8 頁。

109　同上，185 頁。

110　《梁啟超年譜長編》，1130 頁。

111　同上。

112　《梁任公先生年譜長編初稿‧序》，
　　見《丁文江先生學行錄》，357 頁。

113　同上。

114　民國十八年二月十八日西神《靜安
　　寺路公祭梁任公先生記》，上海《新
　　聞報》，見《梁啟超年譜長編》，
　　1208 頁。

115　《梁啟超年譜長編》前言，2 頁。

116　《梁任公先生年譜長編初稿‧序》，
　　見《丁文江先生學行錄》，357 頁。

117　《丁文江年譜》，332 頁。

118　《梁啟超年譜長編》前言，2 頁。

119　同上，2～3 頁。

120　《梁任公先生年譜長編初稿‧序》，
　　見《丁文江先生學行錄》，360 頁。

第
二
十
章

承前啟後：

梁啟超與胡適

▶ 胡適 (1891—1962)

- 1920 年，在林長民的安排下，胡適與梁啟超終於第一次會面。
- 1924 年，泰戈爾來華，梁啟超與胡適相為唱和。
- 1929 年，梁啟超去世，胡適輓聯：文字收功，神州革命；生平自許，中國新民。

胡適祖籍是安徽的績溪，光緒十七年（1891 年）十一月初十生於上海。他的祖上是個小茶葉商，到他父親這一代，已經成為官宦之家。他的母親是父親的第三房妻子，十七歲時嫁給了四十七歲在外做官的父親。他是母親唯一的孩子，卻是父親的第七個孩子，他有三個哥哥，三個姐姐，其中二哥胡紹之對他幫助最大。

梁啟超與胡適是兩代人。胡的母親和梁啟超同歲。光緒十五年己丑（1889 年），胡適出生的前兩年，梁啟超已經中了舉人。光緒十七年辛卯（1891 年）十月，十九歲的梁啟超到北京與李端蕙完婚。這時的梁啟超已經經歷了「洞房花燭夜，金榜題名時」兩大人生美事，正是春風得意的時候。大約兩個月後，胡適才呱呱墜地，來到人世間。

▌少年胡適，「受梁先生無窮恩惠」

十三歲以前，胡適在家鄉讀書，除了傳統的蒙學課本，還讀了一些經書和史書，也讀了一些當時的白話小說。十三歲那年，他帶着一肚子線裝的舊書，離開家鄉，來到上海。那是光緒三十年甲辰（1904 年），此時的梁啟超，自戊戌變法失敗，流亡日本，已有六年，他創辦的《新民叢報》

也已掛牌兩年，他那充滿激情和魔力且明白曉暢的文字，正風行於華夏，激蕩着國人的一腔熱血，他也被人們看作是輿論界的驕子和明星。

胡適初到上海，入的是家鄉人辦的梅溪學堂。在這裏，他第一次讀到了梁啟超寫的文章。當時的情形很有些機緣巧合。據說，入學之初，他被編入小學第五班，差不多算是該校最低的一級。但由於他此前有過九年的鄉村教育，積累了一定的舊學知識，漸漸為老師所賞識，「一天之中升了四班，居然做第二班的學生了」。[1]胡適為此很有些自得，但當天的作業卻讓他為了難。這一天恰是作文的日子，黑板上赫然寫着兩個題目：

論題：原日本之所由強

經義題：古之為關也將以禦暴，今之為關也將以為暴

當年的胡適並不知道「經義」該怎樣做，所以連想也沒敢想。而「論題」總是可以的吧？但他卻連日本究竟在哪裏都搞不清楚，又怎能論「日本之所由強」呢？也是天無絕人之路，就在他一籌莫展的時候，二哥來了。於是，他趕緊求助於二哥，「二哥檢了《明治維新三十年史》、壬寅《新民叢報彙編》一類的書，裝了一大籃，叫我帶回學堂去翻看。費了幾天的工夫，才勉強湊了一篇論說交進去」。[2]在這裏，梁啟超顯然給了胡適很大幫助，這個幫助主要的還不是作了一篇論說，而是實現了他人生重要的一次轉折。有點像當年梁啟超第一次到上海，得到很多上海製造局翻譯的西書，使他對新學產生了濃厚的興趣。胡適也是這樣，梁啟超的書在他肚子裏一經發酵，便使他「轉到了舊書堆以外的新世界」。[3]他不僅學會了許多新名詞，而且，索性就以「新人物」自居了。他後來回憶起當時的情景：「二哥給我的一大籃子的『新書』，其中很多是梁啟超先生一派人的著述，這時代是梁先生的文章最有勢力的時代，他雖不曾明白提倡種族革命，卻在一班少年人的腦海裏種下了不少革命種子。」[4]

胡適就是這班少年中的一個佼佼者。他後來不肯「投到官廳去考試」，從此斷了科舉的念頭，也是由於梁啟超的影響所在。為此，他離開梅溪學

堂，進了澄衷學堂，而且，把「梁啟超」也帶來了。在澄衷一年半，他陸續讀了梁啟超許多文章，也讀了嚴復譯的《天演論》和《群己權界論》。在《四十自述》中他這樣寫道：

> 嚴先生的文字太古雅，所以少年人受他的影響沒有梁啟超的影響大。梁先生的文章，明白曉暢之中，帶着濃摯的熱情，使讀的人不能不跟着他走，不能不跟着他想。有時候，我們跟他走到一點上，還想望前走，他倒打住了，或是換了方向走了。在這種時候，我們不免感覺一點失望。但這種失望也正是他的大恩惠。因為他盡了他的能力，把我們帶到了一個境界，原指望我們感覺不滿足，原指望我們更朝前走。跟着他走，我們固然得感謝他；他引起了我們的好奇心，指着一個未知的世界叫我們自己去探尋，我們更得感謝他。[5]

他告訴我們：

> 我個人受了梁先生無窮的恩惠。現在追想起來，有兩點最分明。第一是他的《新民說》，第二是他的《中國學術思想變遷之大勢》。梁先生自號「中國之新民」，又號「新民子」，他的雜誌也叫做《新民叢報》，可見他的全副心思貫注在這一點。「新民」的意義是要改造中國的民族，要把這老大的病夫民族改造成一個新鮮活潑的民族。[6]

他在引述了幾段梁啟超的議論之後越發感慨地表示：

> 我們在那個時代讀這樣的文字，沒有一個人不受他的震盪感動的。他在那時代（我那時讀的是他在壬寅〔1902年〕癸卯〔1903年〕做的文字）主張最激烈，態度最鮮明，感人的力量也最深刻。他很

明白的提出一個革命的口號：「破壞亦破壞，不破壞亦破壞！」後來他雖然不堅持這個態度了，而許多少年人衝上前去，可不肯縮回來了。[7]

從梁啟超的通俗文字中，他漸漸知道了霍布斯、笛卡兒、盧梭、邊沁、康得、達爾文等西方思想家。而最讓他感佩的，是梁在當時就有膽量說出中國人不如西方人的話，他很不客氣地指出，「中國民族缺乏西洋民族的許多美德」[8]，比如公德、國家思想、進取冒險、權利思想、自由、自治、進步、自尊、合群、生利的能力、毅力、義務思想、尚武、私德、政治能力等等。胡適以一種讚賞的口吻說：

> 他在這十幾篇文字（指《新民說》）裏，抱着滿腔的血誠，懷着無限的信心，用他那枝「筆鋒常帶情感」的健筆，指揮那無數的歷史例證，組織成那些能使人鼓舞，使人掉淚，使人感激奮發的文章。其中如《論毅力》等篇，我在二十五年後重讀，還感覺到他的魔力。何況在我十幾歲最容易受感動的時期呢？[9]

他承認：

> 就是這幾篇文字猛力把我以我們古舊文明為自足，除戰爭的武器，商業轉運的工具外，沒有什麼要向西方求學的這種安樂夢中，震醒出來。它們開了給我，也就好像開了給幾千幾百別的人一樣，對於世界整個的新眼界。[10]

而梁啟超的《中國學術思想變遷之大勢》，用歷史的眼光整理中國舊學術思想，也給了胡適新的見解和啟發，使他知道了在「《四書》、《五經》之外中國還有學術思想」。然而不幸的是，這部規模宏大的著作，「梁先生做了幾章之後，忽然停止了，使我大失望。甲辰（1904 年）以後，我

在《新民叢報》上見他續作此篇，我高興極了。但我讀了這篇長文，終感覺不少的失望。第一，他論『全盛時代』，說了幾萬字的緒論，卻把『本論』（論諸家學說之根據及其長短得失）全擱下了，只注了一個『缺』字。他後來只補作了『子墨子學說』一篇，其餘各家始終沒有補。第二，『佛學時代』一章的本論一節也全沒有做。第三，他把第六個時代（宋、元、明）整個擱起不提。這一部學術思想史中間缺了三個最要緊的部分，使我眼巴巴的望了幾年。我在那失望的時期，自己忽發野心，心想：『我將來若能替梁任公先生補作這幾章缺了的中國學術思想史，豈不是很光榮的事業』」？[11] 他後來寫作《中國哲學史大綱》，就是把「這一點野心」當作種子，埋藏在心裏，慢慢長成了一株參天大樹。

很顯然，在梁啟超與胡適的關係中，始終存在着一種承前啟後的關係。青少年時代的胡適是把梁啟超當作精神、學術方面的導師或引路人的。從以上的敍述便可以看出，「梁啟超對胡適的影響是多麼重大，這種影響成了胡適『日後思想的濫觴，平生所學的抉擇，終身興趣的所在』，無怪乎在十多年後，胡適要寫信給梁啟超，要去天津拜訪他，『以慰平生渴思之懷』了。」[12]

▎ 胡適與梁啟超是何時第一次會面的

雖然胡適一直很仰慕梁啟超，但至少在 1918 年 11 月以前，他們無緣相見。胡適考取庚款留美官費生，入美國康奈爾大學留學，是在宣統二年（1910 年 7 月）間，此時梁啟超還在日本過着他的流亡生活。1912 年 10 月，梁啟超啟程回國，而胡適卻正在康奈爾準備做他的農學家。爾後，他先轉入該校文理學院，主修西方哲學；1915 年 10 月，又往哥倫比亞大學研究院，就學於杜威教授。這期間，他對活躍於國內的梁啟超仍十分關注。1912 年 11 月初，他讀了國內報紙對梁啟超結束流亡生活、從日本回國的報導，在《日記》中寫道：

閱報時，知梁任公歸國，京津人士都歡迎之，讀之深歎公道之尚在人心也。梁任公為吾國革命第一大功臣，其功在革新吾國之思想界。十五年來，吾國人士所以稍知民族思想主義及世界大勢者，皆梁氏之賜，此百喙所不能誣也。去年武漢革命，所以能一舉而全國回應者，民族思想政治思想入人已深，故勢如破竹耳。使無梁氏之筆，雖有百十孫中山、黃克強，豈能成功如此之速耶！近人詩「文字收功日，全球革命時」，此二語唯梁氏可以當之無愧。[13]

在這裏，他對梁氏的頌揚或許有些過分，但其所說，卻也有很大部分是實話。他很關注梁啟超的學術動向，1916 年在美期間，還寫了《駁梁任公〈管子〉》和《評梁任公〈中國法理學發達史論〉》等文章，認為他的研究「有足取者」，亦有謬誤。這時的胡適已經不是十幾年前的少年，經過七年的留學美國，不僅眼界大開，而且，接受了歐美最新的文、史、哲的思想學術訓練，掌握了新的研究方法。特別是 1917 年初，他的《文學改良芻議》一文發表於《新青年》二卷五號上，吹響了文學革命的第一聲號角，他也儼然成為中國思想文化界的一顆新星。這一年的 6 月，他離開美國，取道溫哥華途經日本回到上海，時為 7 月 10 日，陳獨秀正打算專程到上海見他。9 月，他即應蔡元培的邀請，出任北京大學教授，講授「中國古代哲學史」。於是，胡適與梁啟超會面的機會也就來了。

到北京的第二年，1918 年 11 月，胡適動了要見梁啟超的念頭。此時的他正在研究墨子哲學，這是個很好的理由，因為他知道，梁啟超也在研究墨子，且很有心得。他先請好友徐振飛（新六）致信梁啟超，徐在 11 月 7 日給梁啟超的信中說：

> 任公年丈總長：胡適之先生現任北京大學掌教，主撰《新青年》雜誌，其文章學問久為鈞座所知，茲有津門之行，頗擬造譚，敢晉一言，以當紹介。[14]

為表示鄭重其事，胡適在赴津前兩日（11 月 20 日），又專門寫信致梁任公，表明拜訪的意思：

> 任公先生有道：秋初晤徐振飛先生，知拙著《墨家哲學》頗蒙先生嘉許，徐先生並言先生有墨學材料甚多，願出以見示。適近作《墨辯新詁》，尚未脫稿，極思一見先生所集材料，惟彼時適先生有吐血之恙，故未敢通書左右，近聞貴恙已愈，又時於《國民公報》中奉讀大著，知先生近來已復理文字舊業，適後日（十一月二十二日）將來天津南開學校演說，擬留津一日，甚思假此機會趨謁先生，一以慰生平渴思之懷，一以便面承先生關於墨學之教誨，倘蒙賜觀所集墨學材料，尤所感謝。適亦知先生近為歐戰和議問題操心，或未必有餘暇接見生客，故乞振飛先生為之紹介，擬於二十三日（星期六）上午十一時趨訪先生，作二十分鐘之談話，不知先生能許之否？適到津後，當再以電話達尊宅，取進止。[15]

胡適初次會晤梁啟超的時間，被認為是 1918 年 11 月 23 日，地點就在天津梁啟超的私宅，幾乎所有人都言之鑿鑿，丁文江、趙豐田合編《梁啟超年譜長編》，以及胡頌平編撰《胡適之先生年譜長編》，採用的也是這種說法，其根據就是徐振飛與胡適這兩封《致任公先生書》。2004 年 9 月，余英時作《從〈日記〉看胡適的一生》一文，其中提到了胡適的《日程與日記》，在 1920 年 3 月 21 日的日記中有如下記載：

> 宗孟（即林長民）飯，初見梁任公，談。

余英時先生說：「這是胡適當天親筆所記，應該最可信。」[16] 巧的是，梁啟超這時恰在北京。梁啟超於 1918 年 12 月啟程赴歐洲考察，於 1920 年 1 月 22 日由馬賽乘法國郵輪歸國，3 月 5 日抵達上海，19 日到達北京，24 日返回天津。他在 25 日寫給女兒思順的信中提到「入都」一事，說是「向

當道循例一周旋」，即謁見大總統徐世昌，匯報旅歐的經歷。[17] 朋友自然也是要見的，林長民更是非見不可。為什麼呢？因為他們是多年的老朋友，後來的兒女親家，這次梁啟超赴歐，以私人資格參與巴黎和會，在世界輿論面前為中國申訴其權利，在國內與他遙相呼應的，就是林長民。當他得知北洋政府與日本政府關於山東問題的密約將影響中國在巴黎和會收回山東主權的消息後，第一個打電報給林長民，才有了 5 月 2 日《晨報》上林長民所作《山東亡矣》一文，並成為「五四」運動的直接導火索。

時隔半年多，梁啟超回到北京，林長民組織了一個飯局，為老朋友接風洗塵，應該是很自然的事。而胡適被邀請出席這個飯局，也自有一番道理。我們知道，梁啟超赴歐之前，胡適曾致書請求一見，也許當時任公先生行程緊張，當天有事，未及與胡適見面，那麼，現在旅歐歸來，恰好可以彌補先前的遺憾。而胡適當時未能見到梁啟超，也許還有他自己的原因。1918 年 11 月 23 日，即他約好與梁啟超見面那天，母親突然病逝，消息傳來，或使得他不得不放棄原來的計劃。

▌ 學術之爭與意氣之爭

旅歐歸來的梁啟超是很願意主動與胡適來往的。據胡適《日程與日記》1920 年 8 月 27 日記載：「梁伯強（梁善濟，字伯強，立憲派元老）家飯，有梁任公、藍志先、蔣百里等。任公談主張憲法三大綱。……他很想我們加入發表，我婉辭謝之。」[18] 這是見於記載的數月之後的又一次飯局，可見當時梁啟超與胡適多有交往和交流，一起吃飯的機會很多。梁啟超是個很少有成見的人，既然他很想在新的時代有所作為，就不能不聯絡新的同志。但新的同志對他這個老牌立憲黨人、研究系的首領卻不能不有所警覺。胡適曾說過「二十年不談政治」，這也許是他拒絕梁啟超的邀請，一起搞什麼制憲運動的原因之一。但這些並不妨礙他們繼續交往，政治談不到一起，還可以談學術。

《清代學術概論》

這一年的 10 月 18 日，梁啟超在《清代學術概論》脫稿之後，給胡適寫了一封信：

> 公前責以宜為今文學運動之記述，歸即囑稿，通論清代學術，正宜鈔一副本，專乞公評騭。得百里書，知公已見矣。關於此問題資料，公所知當比我尤多，見解亦必多獨到處，極欲得公一長函為之批評（亦以此要求百里），既以裨益我，且使讀者增一層興味，若公病體未平復，則不敢請，倘可以從事筆墨，望弗吝教。超對於白話詩問題，稍有意見，頃正作一文，二三日內可成，亦欲與公上下其議論。對於公之《哲學史綱》，欲批評者甚多，稍閒當鼓勇致公一長函，但恐又似此文下筆不能自休耳。[19]

梁啟超信中所說「通論清代學術」一書，即《清代學術概論》。此書的緣起，本來是其學生兼朋友蔣百里請他為自己所著《歐洲文藝復興時代史》作一篇序，但如其所述：「既而下筆不能自休，遂成數萬言，篇幅幾與原書埒。天下古今，固無此等序文。脫稿後，只得對於蔣書宣告獨立矣。」[20] 也就是說，他把一篇序文寫成了一部書，此等事也許只有梁啟超才能做得出。但他在這裏又說是受到胡適的囑託，要他寫出晚清「今文學運動」的親歷，而他也為此所打動，於是才有了這篇篇幅雖短卻令人驚歎的天才著述。胡適是否有過類似的建議，並不重要，梁啟超這樣說，一是要在後學面前表示謙虛，再有便是和胡適套近乎。所以，他在將此稿交給蔣百里連載於《改造》雜誌的同時，又寄交張元濟主持的上海商務印書館出版單行本，並鈔成副本，請幾位朋友「評騭」，這其中就有胡適。其後再版，他在序文中特意說明，新增加的三個小節和改正的數十處，就吸收了胡適等人的意見。胡適在 1921 年 5 月 2 日的日記也記下了此事：

車中讀梁任公先生的《清代學術概論》。此書的原稿，我先見過，當時曾把我的意見寫給任公，後來任公略有所補正。《改造》登出此稿之後半已與原稿不同，此次付印，另加惠棟一章，戴氏後學一章，章炳麟一章，皆原稿所無。此外，如毛西河一節，略有褒辭；袁枚一節全刪；姚際恆與崔適的加入，皆是我的意見。任公此書甚好，今日亦只有他能作這樣聰明的著述。[21]

《墨子》論辯

不久，梁啟超又有了一次與胡適在學術上交往的機會。1921 年初，梁啟超將他十餘年來研究《墨子》的成果，寫成了《墨經校釋》一書，並致信胡適，希望他能為此書作一篇序文。胡適見了梁啟超的書，「心裏又慚愧，又歡喜」，慚愧的是，「我曾發願，要做一部《墨辯新詁》，不料六七年來，這書還沒有寫定」；歡喜的是，現在有了「梁先生這部校釋」，而且，梁先生「這裏面很有許多新穎的校改，很可供治墨學的人的參考」。[22]

胡適的墨學研究在二十世紀獨樹一幟，在近現代墨學復興過程中佔據着特殊的地位。但他能後來居上，不能不認為梁啟超有啟蒙之功。胡適在《墨經校釋序》中寫道：

> 梁先生在差不多二十年前就提倡墨家的學說了。他在《新民叢報》裏曾有許多關於墨學的文章，在當時曾引起了許多人對於墨學的新興趣，我自己便是那許多人中的一個人。[23]

在這裏，他把自己對於墨子學說的興趣以及最初的研究動力，全部歸結為梁啟超的示範、引領和啟發。其實，梁啟超注意到墨子的學說，還可以追溯到更早的求學時期。那是光緒十九年癸巳（1893 年），孫詒讓寫定《墨子閒詁》，第二年，印成三百部，分送給各位朋友「審讀」。梁啟超回

憶當時的情景：「承仲容（孫詒讓字）先生寄我一部，我才二十三歲耳。我生平治墨學及讀周秦子書之興味，皆自此書導之。」這是二十年後梁啟超寫作《中國近三百年學術史》時附帶提到的，他對孫詒讓的墨學研究大為讚賞，認為：「仲容則諸法並用，識膽兩皆絕倫，故能成此不朽之作……蓋自此書出，然後墨子人人可讀，現代墨學復活，全由此書導之，古今註墨子者莫能過此書。」[24] 梁啟超這番話說得不錯。與後來梁啟超和胡適對墨子的研究相比，孫詒讓「用力雖勤，而所闡仍寡」，這是因為「比年以來，歐學東註，學者憑藉新知以商量舊學，益覺此六千言者，所函義浩無涯矣」。[25] 梁啟超和胡適用西方思想方法研究、解釋《墨經》，固然可以有進一步的創建，並為墨學研究開拓新的局面，但孫詒讓里程碑式的基礎工作，卻是誰都不能否認的。直到 1998 年中華書局重印此書，孫啟治在《前言》仍然認為，就《墨子》學說的研究成果而言，「近代著作無一不是在孫書的基礎上完成的」。

如果說，梁啟超治墨學的興趣最初源自孫詒讓，而胡適治墨學的興趣又來自梁啟超的話，那麼，可以想見，梁啟超與胡適的交往和友誼，最初正是靠了他們二人對於《墨子》的共同興趣。我們還記得，幾年前，胡適通過徐振飛提出想要拜見梁啟超的時候，就是因為他的《墨家哲學》受到了梁啟超的稱讚，而且，梁啟超還表示，願意與後學分享他所珍藏的墨學材料。如今，他的新著要出版了，他不僅致信胡適，希望能為該書作一篇序，並且希望他不客氣地在序裏「正其訛謬」。這裏不排除梁啟超的「客氣」，但也能看出胡適在他心中的分量，他是很推重胡適的。胡適自然不敢怠慢，他既要投桃報李，惺惺相惜，又表示：「他這樣的虛心與厚意，使我不敢作一篇僅僅應酬的序。」[26]

胡適很認真也很不客氣地寫了一篇序文，對梁啟超所採用的校勘學方法提出了質疑和批評。這本來應該是現代學術史上的一段佳話，但此時梁啟超的做法卻顯得過於小氣。原本是他讓人家「正其訛謬」的，人家一當真，直言了幾句，是他沒有想到的，不免就有點耿耿於懷。書印出來以後，他把自序放在卷首，卻把胡適的序文放在了書後，這已經不

夠禮貌了，而更覺不妥的是，他將《覆胡適之書》作為附錄綴於《讀墨經餘記》之後，卻不刊用胡適的答書。這些不近人情的舉動讓胡適很不高興，他多次和朋友提起此事，認為梁啟超心胸狹窄，這樣做事「未免太可笑了」。

《中國哲學史大綱》

接下來的事則更讓胡適惱火。1922 年 3 月 4 日，梁啟超應北京大學哲學社邀請，在三院大禮堂作了題為《評胡適之〈哲學史大綱〉》的演講。胡適的《中國哲學史大綱》出版於 1919 年 2 月，就思想史上的意義而言，這部書劃清了哲學史與經學史的界限；就他個人而言，卻是奠定了他在思想文化界的地位。他在晚年仍對這部書感到很得意，自認「是一本開風氣的作品」。他說：「我那本著作裏至少有一項新特徵，那便是我（不分『經學』、『子學』）把各家思想，一視同仁。我把儒家以外的，甚至反儒非儒的思想家，如墨子，與孔子並列，這在一九一九年（的中國學術界）便是一項小小的革命。」[27] 但梁啟超對此書一直有批評的衝動。他在 1920 年 10 月 18 日因《清代學術概論》致信胡適時還說：「對於公之《哲學史綱》，欲批評者甚多，稍閒當鼓勇致公一長函，但恐又似此文下筆不能自休耳。」可惜，總也沒有合適的機會寫這封信。這次北大哲學社邀他講座，他認為機會來了。

梁啟超的這次演講，一共講了兩天，每天兩個小時。數十年後，一位當年的聽眾對梁氏的演講作了如下的描述：

　　……民國十一年秋天，梁任公應哲學社的邀請，到北大三院大禮堂講「評胡適之中國哲學史大綱」。講演分為兩天，每次約兩小時左右。在第二天，胡先生也隨同坐在台上。任公的講演經過了長時間的準備，批評都能把握重點，措辭犀利，極不客氣，卻頗見風趣，引導聽眾使他們覺得任公所說很有道理。第二天留下一半的時

間讓胡先生當場答辯。胡先生對第一天的講詞似乎先已看到記錄，在短短四十分鐘內他便輕鬆地將任公主要的論點一一加以批駁，使聽眾又轉而偏向於胡先生。如果用「如醉如狂」來形容當時聽眾的情緒似也不算過分。[28]

這位聽眾的現場描述非常生動、傳神，稍嫌不足的是他對時間的記憶，略有偏差。根據《胡適日記》的記載，梁啟超的演講發生在民國十一年（1922年）的春天，具體說就是3月4日和5日兩天。他在3月5日的日記中寫道：

> 昨天哲學社請梁任公講演，題為《評胡適的〈哲學史大綱〉》，借第三院大禮堂為會場。這是他不通人情世故的表示，本可以不去睬他。但同事張競生教授今天勸我去到會——因為他連講兩天，——我仔細一想，就到會了，索性自己去介紹他。他講了兩點多鐘；講完了我又說了幾句話閉會。這也是平常的事，但在大眾的心裏，竟是一齣合串好戲了。[29]

胡適看上去頗有些無奈，有些哭笑不得，也有些惱怒。他在演講現場也許還礙於情面不好發作，但當晚寫日記的時候，這種情緒就不可阻擋地爆發了：

> 他今天批評我講孔子、莊子的不當。然而他說孔子與莊子的理想境界都是「天地與我並生，而萬物與我為一」，不過他們實現這境界的方法不同罷了！這種見解，未免太奇特了！他又說，莊子認宇宙為靜的！這話更奇了。
>
> 他講孔子，完全是衛道的話，使我大失望。

最後他還表示：

梁先生常說我的時代觀念太分明了。這一點我不但不諱，還常常自誇。我這部書的特點，一是時代分明，二是宗派分明。我決不會把孔子、莊子說成有同樣的主張，同主張「萬物與我並生而天地與我為一」！

　　但是這種不同的觀點都是好的。我希望多得許多不同的觀點，再希望將來的學者多加考慮的工夫，使中國哲學史不致被一二人的偏見遮蔽了。梁先生今天的教訓就使我們知道哲學史上學派的解釋是可以有種種不同的觀點的。[30]

　　胡適與梁啟超在學術上的是是非非我們且不去管他，但發生在當時的一個小插曲卻頗有一些意味，很值得記述一筆。梁任公的演講，歷來是人氣旺盛的。這一次他要點名批評的胡適，又是新文化運動的一員健將，思想學術界最耀眼的明星，其受到關注的程度之高是可以想見的。那一天，「禮堂座無虛席，連窗台上都坐滿了聽眾」。其中一位年輕學子，就是後來編纂《漢藏大辭典》的張怡蓀教授，他在多年以後向自己的學生講述了發生在當時的一段佳話。據說，「數千聽眾中，他是坐在窗台上的一個，他的筆記，是匆匆寫在幾張臨時找來的煙盒紙上」。根據他的筆記，梁任公在演講時曾提到《老子》一書有戰國作品之嫌，並風趣地對聽眾說：「我今將《老子》提起訴訟，請各位審判。」（查梁啟超《評胡適之〈中國哲學史大綱〉》一文，並沒有這句話，但其中第五節專門對《老子》一書的成書年代提出了質疑，說過「我很疑心老子這部書的著作年代，是在戰國之末」的話，現場筆記各有側重，也是可能的。）這位張先生回去以後便寫了一份「判決書」寄給梁先生。「這是一篇以文藝形式寫成的學術論文。文中稱任公先生為原告，稱《老子》為被告，自稱『梁任公自身認定的審判官並自兼書記官』，以在座『各位中之一位』的身份『受理』任公先生提出的訴訟，進行判決。其判決主文如下：『梁任公所提出各節，實不能絲毫證明《老子》一書，有戰國產品嫌疑，原訴駁回，此判。』」

　　張先生的學生鄭伯麒先生在 1983 年寫文章追訴這件事，他說：「就是

這樣一位名不見經傳的年輕人，居然敢於批評當時早已名滿天下的大學者梁任公先生：『或則不明舊制，或則不察故書，或則不知訓詁，或則不通史例，皆由立言過勇，急切雜抄，以致紕繆橫生，勢同流產。』」然而，梁先生收到這份「判決書」卻很興奮，儘管他並不贊同作者的觀點，但深自讚許作者的才華，親自為他寫下了題識：「張君寄示此稿，考證精核，極見學者態度。其標題及組織，採用文學的方式，尤有意趣。鄙人對於此案雖未撤回原訴，然深喜老子得此辯才無礙之律師也。」後來，張先生的這本書出版，梁任公的題識則外套方框印在正文首頁的正中。[31]

「國學書目」之爭

晚年梁啟超在胡適面前常常喜歡有一點爭強好勝的表現，他幾次與胡適過招，往往是他挑戰叫板在先，胡適應戰在後，有時甚至就不應戰，低調處理。發生在 1923 年的「國學書目」之爭就是這樣。最初大約是清華學校的胡敦元等幾個同學將赴美留學，請胡適擬一個「想在短時期中得着國故學的常識」的書目。[32] 其後，這個書目發表在 2 月 25 日出版的《東方雜誌》第 20 卷第 4 號上，並被 3 月 4 日出版的《讀書雜誌》第 7 期所轉載。《清華週刊》的記者從《讀書雜誌》上看到了這個書目，並於 3 月 11 日給胡適先生寫了一封信，針對這個書目提出了兩點意見：「第一，我們以為先生這次所說的國學範圍太窄了。……第二，我們一方面嫌先生所擬的書目範圍不廣，一方面又以為先生所談的方面——思想史和文學史——談得太深了，不合於『最低限度』四字。」[33] 胡適有一封答書，回覆《清華週刊》的記者，他在書中對書目的問題作了一些解釋和說明，並在原書目上以加圈的方式，又擬了一個「實在的最低限度的書目」。

大約這個時候，《清華週刊》的記者也將這個題目給了梁啟超。當時他正在翠微山中休養，手中並無一書，而記者催得又很急，「乃竭三日之力，專憑憶想所及草斯篇」，於 4 月 26 日完成後寄出。或許《清華週刊》的記者曾將胡適所擬書目推薦給了梁啟超，他在做了《國學入門書要目及

其讀法》之後，又做了《治國學雜話》、《評胡適之的〈一個最低限度的國學書目〉》兩篇文章，先刊載於《清華週刊》，後來還出了單行本。梁啟超將國學入門書分為五類，即：修養應用及思想史關係書類；政治史及其他文獻學書類；韻文書類；小學書及文法書類；隨時涉覽書類。這五個類別大致涵蓋了中國傳統的經、史、子、集四部，比胡適的工具之部、思想史之部、文學史之部三分法要高明得多。而且，梁啟超的「書目」在註釋、提要方面較為翔實，對所薦圖書的特點、內容也有比較詳細的介紹和切實的評價，尤其是用自己讀書的切身體會啟發青年學子，使人感到很親切，也很實用。

胡適是「整理國故」的倡導者，也是身體力行的領袖人物。梁啟超更不肯落後，他做了《國學入門書要目及其讀法》卻意猶未盡，還要做《評胡適之的〈一個最低限度的國學書目〉》一文，其中不是沒有要和胡適一爭高低的想法，卻也是在說明胡適回答清華記者的問題。所以他批評胡適的書目是「文不對題」，他列舉出三條理由：第一，不從學生的需要出發，只從個人的興趣出發；第二，「把應讀書和應備書混為一談」；第三，忘記了學生在「沒有最普通的國學常識時，有許多書是不能讀的」。[34] 有這樣一些缺點的書目，自然是不能滿足學生要求的，「我們希望先生替我們另外擬一個書目，一個實在最低的國學書目。那個書目中的書，無論學機械工程的，學應用化學的，學哲學文學的，學政治經濟的，都應該念，都應該知道。我們希望讀過那書目中所列的書籍以後，對於中國文化，能粗知大略。」[35] 對於清華學生的這種要求，胡適有些敷衍，於是，梁啟超出來替胡適做他沒有做完的事。這當然也和梁啟超一貫的看法有關。他從來不認為讀書只是為了求知識，如果只是為了求知識才讀書，「你的人格，先已不可問了」。[36] 他曾經說過：

> 問諸君「為什麼進學校」？我想人人都會眾口一詞的答道，「為的是求學問。」再問，「你為什麼要求學問？」「你想學些什麼？」恐怕各人的答案就很不相同，或者竟自答不出來了。諸君啊，我請

替你們總答一句吧,「為的是學做人。」你在學校裏頭學的什麼數學幾何物理化學生理心理歷史地理國文英文,乃至什麼哲學文學科學政治法律經濟教育農業工業商業等等,不過是做人所需要的一種手段,不能說專靠這些便達到做人的目的。任憑你把這些件件學得精通,你能夠成個人不能成個人還是個問題。[37]

他在《治國學雜話》中依然發揮這種思想,即從做人的角度指導年輕人讀書,他說:

> 一個人總要養成讀書趣味,打算做專門學者,固然要如此;打算做事業家,也要如此。因為我們在工廠裏,在公司裏,在議院裏……做完一天的工作出來之後,隨時立刻可以得着愉快的伴侶,莫過於書籍,莫便於書籍。[38]

他希望讀書能成為一個人修身養性,為人生確立安身立命之道的途徑,他說:

> 好文學是涵養情趣的工具,做一個民族的分子,總須對於本民族的好文學十分領略,能熟讀成誦,才在我們的「下意識」裏頭,得着根柢,不知不覺會「發酵」有益身心的聖哲格言,一部分久已在我們全社會上形成共同意識,我既做這社會的分子,總要徹底了解他,才不至和共同意識生隔閡。[39]

梁啟超的意思很明顯,中國新文化的建設寄希望於青年,但青年人要想擔當起再造中國文明,復興中國文化的重任,就不能唯讀西洋書,鄙棄中國書,特別是中國的古書。針對當時社會上激烈反傳統,反對讀古書的風氣,他說:「讀書自然不限於讀中國書,但中國人對於中國書,最少也該和外國書作平等待遇,你這樣待遇他,他給回你的愉快報酬,最少也和

讀外國書所得的有同等分量。」[40] 話說到這個份上,是很有些辛酸的,很難想象,一個民族的文化傳統在本民族的心裏,已經淪落到這樣的地位。這是中華民族最大、最深刻,也是最沉痛的悲劇。梁啟超也曾主張學習西方,也曾做過多年的「搬運工」,把西方的學術、思想介紹到中國來。但自從遊歷歐洲之後,梁啟超的思想發生了根本轉變。在他看來,西方文明自有其進步的一面,但拯救人心,卻離不開中國文化,他告誡那些將要出國留學的學生:

> 諸君回國之後,對於中國文化有無貢獻,便是諸君功罪的標準。任你學成一位天字第一號形神畢肖的美國學者,只怕於中國文化沒有多少影響。若這樣便有影響,我們把美國藍眼睛的大博士抬一百幾十位來便夠了,又何必諸君呢?諸君須要牢牢記着你不是美國學生,是中國留學生,如何才配叫做中國留學生,請你自己打主意罷。[41]

對於梁啟超的批評,胡適並沒有作出回應。實際上,在中國留學生必須讀中國書這一點上,他和梁啟超的意見是一致的。他在給《清華週刊》記者的覆信中就曾指出:「正因為當代教育家不非難留學生的國學程度,所以留學生也太自菲薄,不肯多讀點國學書,所以他們在國外既不能代表中國,回國後也沒有多大影響。」[42] 很顯然,除了在讀什麼書、為什麼讀書和怎樣讀書等具體問題上二人有一些分歧外,在這個根本問題上,他們並沒有分歧,所堅持的都是文化保守主義的立場。但正是在這一點上,他們遭到了來自魯迅、陳獨秀、錢玄同、吳稚暉等激進主義者的猛烈抨擊,吳稚暉就把梁啟超與胡適視為同黨,他以輕蔑嘲諷的口氣說:

> 最近梁先生上了胡適之的惡當,公然把他長興學舍以前夾在書包裏的一篇書目答問摘出,從西山送到清華園,又災梨禍棗,費了許多報紙雜誌的紙張傳錄了,真可發一笑……他受了胡適之《中國

哲學史大綱》的影響，忽發整理國故的興會，先做什麼《清代學術概論》，什麼《中國歷史研究法》，都還要得。後來許多學術演講，大半是妖言惑眾，什麼《先秦政治思想》等，正與《西學古微》等一鼻孔出氣。所以他要造文化學院，隱隱說他若死了，國故便沒有人整理。我一見便願他早點死了。照他那樣的整理起來，不知要葬送多少青年哩。[43]

提倡新文化，不一定排斥舊文化：

　　吳稚暉是國民黨元老，革命前輩，年紀比梁啟超還大，又是著名的教育家，做過蔣經國的老師，他去世時蔣介石題詞「痛失師表」。他還是有名的「瘋子」，喜歡罵人，有時罵得很爽，據說有一次在東京學生大會上罵慈禧，罵到鬆了腰帶，褲子掉了下來，他提上褲子繼續罵。他年輕時也曾崇拜康、梁，自稱維新派小卒，後來追隨孫中山，成了革命黨，他罵梁啟超，固然有痛恨中國舊文化的理由，但其中也夾雜着很深的黨見和宿怨，以及對梁的誤解和誤讀。梁啟超並不是個守舊的人，他只是覺得，以舊文化排斥新文化和以新文化排斥舊文化，都不是很好的辦法，都有害於中國文化的建設。他主張採取調和的、相容的、共存共生的辦法，以為這樣才能使中國文化在未來的世界上發生影響。由此可見，梁啟超的眼光比新文化派和舊文化派都看得更長遠些，也多虧了有他和胡適這樣的提倡者、維護者，為中國文化保存了一些根柢，假如真像吳稚暉輩所言，把「線裝書扔進毛廁三十年」，三十年後又將如何，恐怕還要從「毛廁」裏撿回來，打掃乾淨，平白地費了很多工夫。

　　說到新舊之爭，梁啟超是過來者，他也是信過進化論的，以為新的一定能勝過舊的。而且，發生在二十世紀之初的「小說界革命」、「詩界革命」、「史學革命」，梁啟超都是發動者和倡導者。但隨着年紀的增長和

閱歷的增多，他對文化革命中的過激態度和行為則多了幾分憂慮和不安，他擔心，對待文化傳統的偏激，也許會使中國人喪失安身立命的根基。所以，他總是試圖調和新舊之間的矛盾。在白話詩的爭論中，他也是這樣做的。1920 年初，梁啟超旅歐歸來，恰逢胡適首部白話詩集《嘗試集》出版，在那段繁忙的日子裏，他居然擠出時間讀了散發着墨香的《嘗試集》，並致信胡適表示祝賀：「《嘗試集》讀竟，歡喜讚歎得未曾有，吾為公成功祝矣。」[44] 我們尚不清楚梁啟超是從什麼管道獲得胡適這部新著的，也許是在某個飯局中胡適送給前輩「批評指正」的。不過，梁啟超的態度應該讓胡博士感到欣慰，儘管他已得到周圍朋友普遍的讚揚，但畢竟這是從另一陣營傳來的聲音。他批評那些守舊的老先生，「忽然把他（指白話詩）當洪水猛獸看待起來，只好算少見多怪」。[45] 這些守舊的老先生多是梁的舊友，他們正翹首以待梁任公歸國，要他擔當起糾正文化發展方向的重任呢。恰如李肖聃在《星廬筆記》中記載：「是時績溪胡適教授北京大學，力主以語體代文言，號新文化，群士方望梁歸，有以正之。」[46] 但梁啟超卻讓老先生們感到了深深的失望，他們或許忘了，梁啟超是最善變的呀。他一回國，就敏感地發現了新的時代正呼喚着新的文化，白話詩正是新文化的代表。何況，他引為自豪的是，他不僅不是白話詩的反對派，十七年前，在《新民叢報》上，他就說過白話詩應該提倡。言外之意，你們現在搞白話詩，還要尊他為前輩呢。

但是，梁啟超對於白話詩的支持和讚賞都是有條件的。他在 1920 年 10 月 18 日致胡適信中說得非常明白：「超對於白話詩問題，稍有意見，頃正作一文，二三日內可成，亦欲與公上下其議論。」[47] 他這裏所說的「正作一文」，大約就是後來的《〈晚清兩大家詩鈔〉題辭》。從這篇文章中可以看到，與其說梁啟超「稍有意見」的是白話詩，不如說是一些人對待白話詩的極端態度。他說：「至於有一派新進青年，主張白話為唯一的新文學，極端排斥文言，這種偏激之論，也和那些老先生不相上下。就實質方面論，若真有好意境好資料，用白話也做得出好詩，用文言也做得出好詩。如其不然，文言誠屬可厭，白話還加倍可厭。」[48] 他還說：「講別的

學問，本國的舊根柢淺薄些，都還可以；講到文學，卻是一點兒偷懶不得。」[49]

胡適似乎沒有領會梁啟超的用心，他在給陳獨秀的信中抱怨：

> 你難道不知他們現在已收回從前主張白話詩文的主張？任公有一篇大駁白話詩的文章，尚未發表，曾把稿子給我看，我逐條駁了，送還他，告訴他，「這些問題我們這三年中都討論過了，我很不願他來『舊事重提』，勢必又引起我們許多無謂的筆墨官司！」他才不發表了。[50]

胡適所謂「舊事重提」，說的就是 1915 年以來他與梅光迪、任鴻雋等朋友之間關於白話文學的爭論，當時，除了女同學陳衡哲支持他，幾乎所有同學都是他的反對派。他深深感到了一點寂寞和失望，不禁感歎道：「一年多的討論，還不能說服一兩個好朋友，我還妄想要在國內提倡文學革命的大運動嗎？」[51] 但是，當他在 1916 年 10 月寫信給陳獨秀先生，提出了「文學革命」的八個條件，並在《新青年》發表《文學改良芻議》之後，卻得到了國內一些青年學者如錢玄同、常乃德等人的支持，陳獨秀特別撰文指出：「改良中國文學當以白話為正宗之說，其是非甚明，必不容反對者有討論之餘地；必以吾輩所主張者為絕對之是，而不容他人之匡正也。」[52]

革命家的武斷並不能一勞永逸地解決問題，他可以不讓別人說話，卻不能使問題自行消失。梁啟超始終相信，革命，特別是文學革命，總是一個漸進的發展過程。他說：「白話詩將來總有大成功的希望，但須有兩個條件。第一，要等到國語進化之後，許多文言，都成了『白話化』。第二，要等到音樂大發達之後，做詩的人，都有相當音樂知識和趣味，這卻是非需以時日不能。」[53] 而且，也須有更多的人參與到新詩寫作的實踐中去。就像當年胡適放棄與朋友們的爭論，投身於白話詩寫作一樣，晚年的梁啟超也對白話詩寫作發生了興趣。他也許寫不出《嘗試集》一類的白話詩，但

他寫了不少半推半就的「白話詞」，並總是抄寄胡適請他指教。《梁啟超年譜長編》中保存了三通梁啟超致胡適的信，分別為 1925 年 6 月 22 日、26 日和 7 月 3 日，涉及新詞六首。今日發現一批梁啟超寫給胡適的信，共十一通，其中論詞四通，有兩通我們在《梁啟超年譜長編》中已經見過，另有兩通則不見於梁啟超已發表的任何文字，信中所抄詞作，均未收入《飲冰室合集》，應是合集之外的「遺墨」。這也說明，梁啟超與胡適的許多交往，至今還在公眾視野之外，甚至不為學界所知。胡頌平編著《胡適之先生晚年談話錄》，記錄了胡適談到王國維和梁啟超：

> 胡頌平因問：「我從前聽人家傳說，先生住在北平的時候，梁任公先生來看先生，先生送至房門口為止；王靜安先生來，先生送至大門口，不曉得這種傳說是否可靠？」先生說：「沒有這回事。我是住在鐘鼓寺，靜安先生住在我的後面不遠的地方。他只來過幾次。任公先生就沒有來過。他住在天津，我倒常去看他，吃飯，有時候打牌。這種對我的神話，外國也有許多，將來把它寫出來才對。」[54]

這些都說明胡適與梁啟超絕非泛泛之交。從胡適這邊說，與梁啟超交往，或許還有一些顧慮，不能不顧及同一陣營其他人的感受。陳獨秀就曾致信胡適，提醒他：「南方頗傳適之兄與孟和兄與研究系接近，且有惡評，此次高師事，南方對孟和頗冷淡，也就是這個原因，我盼望諸君宜注意此事。」[55] 胡適在覆信中有所辯駁，陳獨秀馬上表示：「我總是時時提心吊膽恐怕我的好朋友書呆子為政客所利用。」[56] 傅斯稜也曾寫信給胡適，責問他：「你是最拜倒這滑頭文學家的，但是我不知道你所拜倒他的是什麼東西，難道是研究系的勢力麼？」[57] 梁啟超曾批評胡適不該逃避政治，他的好朋友丁文江也幫助梁啟超做工作，終於促成了胡適的轉變，準備創辦《努力週報》。但他的另一些朋友，像高夢旦、王雲五、張菊生、陳叔通，卻勸他不要做「梁任公之續」。他在日記中寫道：

這一班朋友的意思，我都很感謝。但是我實在忍不住了。當
《每週評論》初辦時，我並不曾熱心加入。我做的文章很少，並且
多是文學的文章。後來獨秀被捕了，我方才接辦下去，就不能不多
做文字了。自從《每週評論》被封禁（八年八月底）之後，我等了
兩年多，希望國內有人出來做這種事業，辦一個公開的、正誼的好
報。但是我始終失望了。現在政府不准我辦報，我更不能不辦了。
梁任公吃虧在於他放棄了他的言論事業卻做總長。我可以打定主意
不做官，但我不能放棄我的言論的衝動。[58]

　　胡適與梁啟超有太多的相同或相似之處，主要的倒不在於思想、觀
點，以及對於事物的看法，而是他們的性情、品格，以及行為方式。所
以，儘管他們在許多問題上有爭執，有誤會，有怨恨，但他們又能不斷地
有合作、有認同，你來我往，惺惺相惜。二十年代初，梁啟超邀請著名哲
學家羅素來華講學，欲請胡適等出面捧場，胡適卻沒有接受邀請，而是藉
故推辭了。其中固然有傅佩青與胡適的分歧意見，但此時的胡適對梁啟超
不能說就沒有防範心理，他也擔心自己和研究系走得太近。可是，1924 年
春天，印度著名詩人泰戈爾應北京講學社之邀來華講學，胡適卻表現出極
大的熱情。泰戈爾的思想主張、人生理想未必與他相契，但他不僅出席了
在北海靜心齋召開的歡迎會，而且在由梁啟超主持的泰戈爾 64 歲生日會
上，用英文致辭，稱讚泰戈爾是詩哲，而且是革命的詩哲。前一天，梁啟
超應泰戈爾的請求，剛給他取了個中國名字叫「竺震旦」，胡適便在生日
致辭中向他表示祝賀，並將自己先前所作《回向》一詩，作為生日賀禮送
給泰戈爾，一唱一和，配合默契。此前，陳獨秀曾致信胡適，告訴他《中
國青年》雜誌將出版特刊反對泰戈爾，希望他能為此作一篇短文。可是胡
適沒有接受這個建議。在這裏，或許是他和徐志摩的友誼發生了作用，使
得他對這個留着雪白鬍子的印度詩人竟也多了幾分愛慕，但其自身所發生
的微妙變化卻也不容忽視。

轉型期的開路先鋒

無論如何，胡適身上有一種很可愛的東西，他晚年的學生胡頌平為他辯白，說「先生處世接物都是從『忠恕』兩字出發的，那麼的愛護人家，寬恕人家，處處替人家設想」。[59] 有意思的是，胡適在梁啟超去世的第二天，也寫下這樣一段話：

> 任公為人最和藹可愛，全無城府，一團孩子氣。人家說他是陰謀家，真是恰得其反。他對我雖有時稍露一點點爭勝之意，——如民八之作白話文，如在北大公開講演批評我的《哲學史》，如請我作《墨經校釋》序而移作後序，把他的答書登在卷首而不登我的答書，——但這都表示他的天真爛漫，全無掩飾，不是他的短處，正是可愛之處。以《墨經校釋》序一事而論，我因他虛懷求序，不敢不以誠懇的討論報他厚意，故序中直指他的方法之錯誤。但這態度非舊學者所能了解，故他當時不免有點介意。我當時也有點介意，但後來我很原諒他。近年他對我很好，可惜我近來沒機會多同他談談。[60]

胡適和梁啟超都是文人，而且是當時名氣最大、最有影響的文人，卻絲毫沒有文人相輕的舊習氣。梁啟超去世那天，晚上九點多鐘，胡適從上海回到北京，第二天看報才得到任公去世的消息。他趕忙約了任鴻雋、陳寅恪、周寄梅等，到廣慧寺參加梁啟超的葬禮，並寫下輓聯：

> 文字收功，神州革命。
> 生平自許，中國新民。

胡適對於梁啟超的評價，始終不離他的思想，認他是先知先覺的啟蒙者，思想界的領袖，沒有梁啟超的這支筆，就沒有民族思想、政治思想在中國的深入人心，就沒有今日的思想解放，也就沒有神州革命。梁啟超不是革命家，但他卻製造革命家，是革命家的導師。這一點胡適和他也很相似，他們都不是革命家，甚至反對革命，但他們都是最先站出來向舊勢力發起猛攻，為革命開闢道路的人。有人將 1894 年甲午海戰到 1923 年科玄論戰這三十年稱為中國近現代歷史的「過渡時代」，又說從「戊戌」到「五四」是中國社會的轉型期，在思想文化領域，則表現為舊的儒家意識形態的瓦解和新的現代思想文化的日漸形成，其代表人物就是梁啟超和胡適。梁啟超站在這個時代的最前端，是開路的先鋒，胡適則屬於這個時代的末端，是新思想、新文化的集大成者和新時代的開創者。如果說，梁啟超最初搭建了「現代中國」的舞台的話，那麼，胡適則是拉開大幕的人。他們二人，一前一後，一頭一尾，造就了中國近現代思想文化歷史長達數十年的活潑局面。而頗有些巧合的是，26 歲（1898 年）的梁啟超追隨老師康有為投身於戊戌變法而嶄露頭角，並在《時務報》中小試牛刀，隨後流亡日本，創辦《清議報》和《新民叢報》，成為叱咤風雲的輿論領袖。而胡適恰好也是在 26 歲那年（1917 年）發表了《文學改良芻議》一文，遂一舉成名，為世人所矚目。隨後加入《新青年》團隊，成為新文化運動的首倡者和「急先鋒」。但他們並不主張激進主義，不主張流血革命，不主張階級鬥爭，因此又被人視為保守派，甚至反動派。梁啟超去世後，國民黨中有一些胡漢民這樣的人，甚至反對國民政府下令褒揚梁啟超。直到 1939 年，國民政府到了重慶，為了褒揚剛剛死去的徐世昌、曹錕、吳佩孚，不好意思獨遺梁氏，才順便褒揚梁啟超一下。胡適又何嘗不是這樣，1949 年以後他到台灣，有人便開始責他落伍；五十年代大陸「批胡」，不僅說他是反對革命的改良派，更把他說成是美帝國主義和國民黨反動派的走狗。實際上，他們二人，左派反對他們，右派也反對他們；激進派反對他們，保守派也反對他們。但他們仍然可以自許為「中國新民」，他們並

不守舊，他們致力於「整理國故」，但他們所矚目的，卻是中國文化的革新。胡適晚年曾對胡頌平說：「你試看看這三十五年的歷史，還是梁任公、胡適之的自責主義發生了社會改革的影響的呢？還是那些高談國粹的人們發生的影響大呢？」答案是越來越清楚了。[61]

註釋：

1　《胡適自傳》，43 頁。

2　《四十自述》，43〜44 頁。

3　《胡適評傳》，91 頁。

4　《四十自述》，44 頁。

5　同上，47 頁。

6　同上。

7　同上，48 頁。

8　同上，49 頁。

9　同上。

10　同上，89 頁。

11　同上，50 頁。

12　《胡適評傳》，96 頁。

13　《胡適年譜》，25 頁。

14　《梁啟超年譜長編》，872 頁。

15　同上，872〜873 頁。

16　《重尋胡適歷程》，15 頁。

17　《梁啟超年譜長編》，903 頁。

18　《胡適遺稿及祕藏書信》第 14 冊，359 頁。

19　《梁啟超年譜長編》，922 頁。

20　《清代學術概論》自序。

21　《胡適文集》書信日記卷，99〜100 頁。

22　《墨經校釋後序》，載《飲冰室合集・專集》之三十八，99 頁。

23　同上。

24　《中國近三百年學術史》，283〜284 頁。

25　《墨經校釋》自序，《飲冰室合集・專集》之三十八，2 頁。

26　同上，99 頁。

27　《胡適口述自傳》，227 頁。

28　《追憶梁啟超》，306 頁，註①。

29　同上，304〜305 頁。

30　以上均見《追憶梁啟超》，305〜306 頁。

31　《追憶梁啟超》，307〜308 頁。

32　《一個最低限度的國學書目》序言，見《讀書與治學》，195 頁。

33　同上，207〜208 頁。

34　《飲冰室合集・專集》之七十一，29〜32 頁。

35　《讀書與治學》，208〜209 頁。

36　《飲冰室合集・專集》之七十一，23 頁。

37　《飲冰室合集・文集》之三十九，105 頁。

38　《飲冰室合集・專集》之七十一，23 頁。

39　同上，26 頁。

40　同上，23 頁。

41　同上，27 頁。

42　《讀書與治學》，209～210 頁。

43　《科學與人生觀》，301 頁。

44　《胡適論學往來書信選》下冊，1234 頁。

45　《飲冰室合集・文集》之四十三，73 頁。

46　《星廬筆記》，38 頁。

47　《梁啟超年譜長編》，922 頁。

48　《飲冰室合集・文集》之四十三，73 頁。

49　同上，70 頁。

50　《陳獨秀書信集》，306 頁。

51　《胡適自傳》，126 頁。

52　同上，131 頁。

53　《飲冰室合集・文集》之四十三，75 頁。

54　《胡適之先生晚年談話錄》，79～80 頁。

55　《陳獨秀書信集》，293 頁。

56　同上，309 頁。

57　《胡適來往書信選》上冊，178～179 頁。

58　《胡適文集》書信日記卷，142～143 頁。

59　《胡適之先生晚年談話錄》，258 頁。

60　《追憶梁啟超》，433～434 頁。

61　《胡適之先生年譜長編初稿》第四冊，1379～1380 頁。

第二十一章

師生高誼：

梁啟超與
徐志摩

- 1918 年，經張君勱介紹，徐志摩拜梁啟超為師。
- 1924 年，梁啟超領頭邀請泰戈爾訪華，徐志摩作陪。
- 1926 年，徐志摩與陸小曼結婚，梁啟超是證婚人。
- 1929 年，梁啟超去世，徐志摩費心編纂紀念專刊，可惜未成。

徐志摩拜梁啟超為師，是在 1918 年 6 月，經其前妻張幼儀之兄張君勱的介紹，成為梁啟超的入室弟子。《徐志摩年譜》的作者陳從周先生，是徐志摩的表弟，與徐家關係十分親密，據他所說，「當時由志摩父出贄金銀元一千元，是一筆相當大的禮金」。[1]

▌師生情誼

他在拜見梁啟超後，即離開北京大學南下，準備於 8 月 14 日赴美，入美國克拉克大學讀社會學。在家鄉，他給老師寫了一封信。張幼儀在晚年的自述中曾提到：「我是從他定期寫給公婆的家書上，得知他在北大的生活情況的，其中一封家書提到，二哥（張君勱）如何把他介紹給當時著名改革家梁啟超。這次面談以後，徐志摩寫了封措詞謙卑的信函給梁啟超，表達他的敬意和熱愛，後來梁啟超就收徐志摩為弟子。」[2]

可惜，這封家書我們現在已經看不到了。陳從周的《徐志摩年譜》則收錄了徐志摩的《上梁師任公函》：

夏間趨拜榘範，眩震高明，未得一抒其愚昧，南歸適慈親沾恙，奉侍匝月，後復料量行事，僕僕無暇，首塗之日，奉握金誨，片語提撕，皆曠可發蒙，感抒乍會至於流涕。具諗夫子愛人以德，不以不肖而棄之，抑又重增惶悚，慮下駟之不足，以充御廄而有愧於聖門弟子也。敢不竭蹞步之安詳，以冀千里之程哉？[3]

這封信寫得文縐縐的，也不像一封完整的信函，但其極簡短的文字，仍把徐志摩對梁啟超的崇敬之情表達得淋漓盡致。畢竟，梁啟超不是一般的先生，他的接納，真的讓徐志摩受寵若驚。由於徐志摩兩個月後就要赴美留學，梁啟超特意寫信給他，並贈他《飲冰室讀書記》[4]兩千餘言以壯其行。徐志摩有兩篇雜記，是陳從周所輯，據說寫於遊學美國或英倫時期，可見梁啟超及其著作在他心目中的地位。

其一：

讀梁先生之《意大利三傑傳》，而志摩血氣之勇始見。三傑之行狀固極壯快之致，而先生之文筆亦夭矯若神龍之盤空，力可拔山，氣可蓋世，淋漓沉痛，固不獨志摩為之低昂慷慨，舉凡天下有血性人，無不騰攘激發有不能自已者矣！[5]

其二：

二十九日讀任公先生《新民說》，及《德育鑒》，合十稽首，喜懼愧感，一時交集。《石頭記》寶玉讀寶釵之《螃蟹詠》而曰：「我的也該燒了！」今我讀先生文亦曰：「弟子的也該燒了！」（未免輕褻！）[6]

透過這些隻言片語，我們或許能夠體會到，這個二十歲出頭的青年是如何被梁啟超那富有魔力的文字所打動的。實際上，徐志摩認識梁啟超可

能更早。他至少有兩個途徑接近梁啟超：一個是張君勱，他的妻兄；再一個是蔣百里，他稱作福叔。蔣百里乳名福，是他姑丈蔣謹旃先生的族弟。徐志摩到北京大學讀書，就住在錫拉胡同蔣宅。而蔣、張二人，都對梁啟超執弟子禮。這時的徐志摩，才華已經顯露出來，雖然他的樣子顯得很頑皮，但是，他的學養在同輩青年中卻是出類拔萃的。他們把徐志摩介紹給梁啟超也就很自然了。不過，關於徐志摩進京的時間，卻有兩種不同的記載：《徐志摩年譜》認為是在 1915 年，這年夏天，徐志摩從杭州第一中學畢業，考入北京大學預科 [7]；《徐志摩全集》則把這件事歸入 1914 年，徐志摩有一封寫給伯父徐蓉初的信，詳細記述了初次來北京的情形。據說，這封信僅記為 23 日所寫，並沒有具體註明某年某月，但在全集中卻標為 1914 年 8 月，不知道依據什麼。

▌ 才情橫溢徐志摩

徐志摩是浙江省海寧縣硤石鎮人，生於光緒二十二年十二月十三日酉時，陽曆為 1897 年 1 月 15 日。父親徐申如，母親錢慕英。這一年是陰曆丙申年，因為他父親生於同治十一年（1872 年），陰曆為壬申年，所以取名申如。如今兒子也生在一個帶申字的年份，遂取字又申（又寫作幼申）。但他大名叫作章垿，字槱森，即「又申」的諧音，赴美留學後改稱志摩。

他在家鄉讀了小學，根據《府中日記》所載，1911 年，他畢業於高小學堂，投考杭州府中學（後改名杭州一中）求學。1913 年春夏之交，他與張幼儀訂婚。這年徐志摩十六歲，張幼儀十三歲。關於他們的婚事，也有兩種不同的說法：其一，韓石山先生的《徐志摩傳》採用張幼儀後來的回憶，認為是張幼儀的四哥張嘉璈在擔任浙江省督朱瑞祕書期間，到杭州府中去視察，看中了這個才華橫溢、氣宇不俗的青年，又打聽到他的父親就是硤石商會會長徐申如，便給徐家寄去一封提親的信。不久，徐申如回信表示同意，遂成就了他們這一段姻緣 [8] 其二，曹聚仁先生的《蔣百里評傳》

記錄了蔣百里的說法：

> 百里說：「哪一年是記不起來了。志摩大概是剛進了大學，我住在上海二馬路的三泰客棧，因同鄉人的關係，志摩和他的父親，隨便在我的房間裏進進出出。他的父親因我而認識了君勱（張嘉森），也因我，君勱也看見了志摩。君勱有好幾個姊妹沒有出嫁，看見志摩，也很喜歡他。那時，志摩也沒有定親。志摩父親，一知道公權、君勱在社會上的地位，也起了心，而且想成就這一段親事。志摩從小是富於感情的人，被他父親這麼一說，那麼一勸，也沒有什麼堅決的表示。在一個很難描寫的環境中，總之張幼儀、徐志摩在『我啦』硤石的絲業公所裏結了婚，不是拜天地而是文明結婚的。」[9]

結婚的日子《徐志摩年譜》有具體記載：

> （一九一五年）十月二十九日與寶山縣張幼儀女士（嘉玢）結婚於硤石商會，行新式婚禮，請蕭山湯蟄先先生（壽潛）證婚，張時年十六，為張潤之之女。[10]

婚後，張幼儀便從就讀的蘇州第二女子師範學校退學，回到硤石徐家侍奉公婆去了。徐志摩則繼續回到北京大學讀書。這時他已有出洋打算，而成行卻要等到 1918 年 8 月 14 日。他與劉叔和、董任堅同行，乘坐南京號，橫渡太平洋，奔赴美國。同船還遇到出國的汪精衛，他在《西湖記》中曾經提到他們的這次相遇。初到美國的徐志摩，形容自己是「意氣方新，桓桓如出柵之虎，以為天下事不足治也」。[11] 在這裏，他已經表現出高漲的政治熱情。到美國不久，他給梁啟超寫了一封信，匯報在此求學的情形：「生於八月中發滬，道出橫濱檀香山，閱二十一日，而抵金山，然後橫決大陸，歷經芝加哥紐約諸城，今所止者，麥斯省之晤斯忒（麻塞諸塞州伍斯特市）也。入克拉克大學習，生計國人於此不及百，學者十人而

已，此間人士切心戰事，上下同愾，愛國熱忱，可為敬畏，其市則供給日匱，物價日昂，生活艱難，良未艾已。」[12]

這時的他，很想換一種生活方式，他與同居室的董時、張道宏、李濟商定，遵守共同制定的章程，其內容包括：「六時起身，七時朝會（激恥發心），晚唱國歌，十時半歸寢，日間勤學而外，運動散步閱報。」[13] 看上去並不難，而實行起來卻頗不容易。他在《雜記》中寫道：「雄心已蓬勃，懶骨尚支離；日者晚間入寢將十一時，早六時起身，畏冷，口膩，必盥洗後始神氣清爽，每餐後輒遲凝欲睡，在圖書館中過於溫暖，尤令懶氣外泄，睡魔內侵；惟晚上讀書最為適意，亦二十年來習慣之果。平生病一懶字。母親無日不以為言，幾乎把一生懶了過去，從今打起精神，以殺懶蟲，減懶氣第一椿要事。」[14]

儘管如此，他的學習成績卻也令人刮目相看。到美國的第二年，就修完了克拉克大學的科目，取得一等榮譽獎；1919 年 9 月，「入紐約哥倫比亞大學研究院習政治」；1920 年 9 月，在取得「哥倫比亞大學文碩士位後離美偕劉叔和同去英國，入倫敦劍橋大學研究院為研究生，擬從羅素學，不能達到目的」[15] 他多年以後這樣解釋自己的選擇：「在二十四歲以前我對於詩的興味遠不如我對於相對論或民約論的興味。我父親送我出洋留學是要我將來進『金融界』的，我自己最高的野心是想做一個中國的 Hamilton！」[16] Hamilton 即漢密爾頓，美國政治家，聯邦黨領袖，此人與徐志摩留給我們的印象可以說是全不相干的。而提到求學，他在《我所知道的康橋》一文中也有一番說明：「我到英國是為要從羅素。羅素來中國時，我已經在美國。他那不確的死耗傳到的時候，我真的出眼淚不夠，還做悼詩來了。他沒有死，我自然高興。我擺脫了哥倫比亞大博士銜的引誘，買船票過大西洋，想跟這位二十世紀的福祿泰爾認真唸一點書去。」[17]

這裏面不能說沒有梁啟超的影響。梁啟超歐遊歸國，發起講學社，邀請西方學者來華講學，第一個請的就是羅素。他在講學社歡迎羅素大會上的演說，不僅推崇羅素的學說，而且稱頌他的人格：「這是真正學者獨立

不懂的態度，這是真正為人類自由而戰的豪傑。」[18] 徐志摩選擇羅素，很難說不是遵了師囑，要把羅素「點石成金」的「指頭」拿到手。「什麼是羅素先生的指頭呢？先生把他自己研究學問的方法傳授給我們，我們用先生的方法研究下去，自然可以做到先生一樣的學問。」[19]

徐志摩懷抱滿腔熱情去英國尋羅素，與他同船共渡的還是劉叔和。1925 年 10 月，劉叔和病逝，徐志摩作《弔劉叔和》一文，回憶他們兩渡大西洋時的情景，他寫道：「我與叔和同船到美國，那時還不熟；後來同在紐約一年差不多每天會面的，但不可忘的是我與他同渡大西洋的日子。那時我正迷上尼采，開口就是那一套沾血腥的字句。」他還記得「船過必司該海灣（比斯開灣）的那天，天時驟然起了變化：巖片似的黑雲一層層累疊在船的頭頂，不漏一絲天光，海也整個翻了，這裏一座高山，那邊一個深谷，上騰的浪尖與下垂的雲爪相互的糾拿着；風是從船的側面來的，夾着鐵梗似粗的暴雨，船身左右側的傾敧着。這時候我與叔和在水發的甲板上往來的走──那裏是走，簡直是滾，多強烈的震動！霎時間雷電也來了，鐵青的雲板裏飛舞着萬道金蛇，濤響與雷聲震成了一片喧鬧，大西洋險惡的威嚴在這風暴中盡情的披露了。『人生，』我當時指給叔和說，『有時還不止這兇險，我們有膽量進去嗎？』那天的情景益發激動了我們的談興，從風起直到風定；從下午直到深夜，我分明記得，我們倆在沉酣的論辯中遺忘了一切」。[20]

這段形象生動的描述，出自一個浪漫詩人的筆下，固然有其誇張的一面，但畢竟真實表達了徐志摩這個人生剛剛展開、對未來充滿幻想的青年所能想象的全部精彩場面。可是，天往往是不遂人願的。徐志摩到了英國，才知道事情有了變化：「一為他在戰時主張和平，二為他離婚，羅素叫康橋（即劍橋大學）給除名了，他原來是 Trinity College（三一學院）的 Fellow（研究員），這一來他的 Fellowship（研究員資格）也給取消了。他回英國後就在倫敦住下，夫妻兩人賣文章過日子。因此我也不曾遂我從學的始願。」[21] 初到英國的日子裏，大約有半年，徐志摩是很鬱悶的。這時有兩個重要人物進入他的生活，一個是英國作家狄更生先生（也譯狄金

森），他的《一個中國人的通信》和《一個現代聚餐談話》早為徐志摩所景仰；另一個就是林長民，林徽因的父親。

與林徽因相戀，同張幼儀離婚

這時是 1921 年，大約就在這一年，他認識了林徽因。不過，按照蔣百里的說法：「志摩出國之前，在北京見過林徽音（因），那時的她，雖然年紀小，但已經很動人的了。梁公子送徽音歐遊，還是兩條小辮子在頭上甩了甩。那時，志摩的熱情、思想、文學的天才正在歐洲開花。毛頭小姑娘大起來是快的，尤其是海風一吹，歐洲物質文明的環境裏一住，看她像春天裏的花苞，經過一陣和風，經過一陣陽光，經過一陣雨露，開了，開了！天生成的尤物，到世上來找美的，找情的，恰巧遇到了志摩。好極，好極了，今天一封信，明天一封信。志摩回來了，徽音病倒了。」[22] 這種充滿生動細節和情感的敘述，或可聊備一說。

張幼儀到英國應該是在 1920 年底。據《徐志摩年譜》記載：「冬夫人張幼儀隨劉子鍇出國至英國倫敦。」[23] 很顯然，這個「冬」，指的就是 1920 年冬天，大約是在 12 月中旬。因為，徐志摩 11 月 26 日的家書還提到張幼儀何時能來的問題，他說：「從前鈖媳（張幼儀）尚不時有短簡為慰，比自發心遊歐以來，竟亦不復作書。兒實可憐，大人知否？即今鈖媳出來事，雖蒙大人慨諾，猶不知何日能來？」[24] 不過，張幼儀來了以後，他們的夫妻生活過得並不愉快，甚至一步步走到了盡頭。1922 年 3 月，張幼儀生下她與徐志摩的第二個孩子不久，「在德國柏林由吳德生（經熊）、金龍蓀（岳霖）二君作證」，徐志摩與夫人張幼儀離婚。「而志摩雙親不忍其媳離徐家，認為寄女。」[25]

徐志摩與張幼儀離婚，很重要的一個原因是他愛上了林徽因。林徽因是林長民的女兒，由於林長民與梁啟超的親密關係，她在十四五歲的時候，就已經「許配」梁思成。不過，按照梁啟超的說法，父母只是為兒女

介紹、搭橋，成不成還要靠年輕人自己交往，自己決定，父母並不強迫。徐志摩死後，胡適有一篇《追悼志摩》，是為他辯護的。胡適是徐志摩最要好的朋友，徐對別人不能說的話，都可以對胡適說。胡適也自認為是最懂徐志摩的，他說：

> 　　志摩今年在他的《猛虎集自序》裏，曾說他的心境是「一個曾經有單純信仰的流入懷疑的頹廢」。這句話是他最好的自述。他的人生觀真是一種「單純信仰」，這裏面只有三個大字：一個是愛，一個是自由，一個是美。他夢想這三個理想的條件能夠會合在一個人生裏，這是他的「單純信仰」。他的一生的歷史，只是他追求這個單純信仰的實現的歷史。
>
> 　　社會上對於他的行為，往往有不諒解的地方，都只因為社會上批評他的人不曾懂得志摩的「單純信仰」的人生觀。他的離婚和他的第二次結婚，是他一生最受社會嚴屬批評的兩件事。現在志摩的棺蓋已蓋了，而社會上的議論還未定。但我們知道這兩件事的人，都能明白，至少在志摩的方面，這兩件事最可以代表志摩的單純理想的追求。他萬分誠懇的相信那兩件事都是他實現那「美與愛與自由」的人生的正當步驟。這兩件事的結果，在別人看來，似乎都不曾能夠實現志摩的理想生活。但到了今日，我們還忍用成敗來議論他嗎？
>
> 　　我忍不住我的歷史癖，今天我要引用一點神聖的歷史材料，來說明志摩決心離婚時的心理。民國十一年（1922 年）三月，他正式向他的夫人提議離婚，他告訴她，他們不應該繼續他們的沒有愛情沒有自由的結婚生活了，他提議「自由之償還自由」，他認為這是「彼此重見生命之曙光，不世之榮業」。他說：「故轉夜為日，轉地獄為天堂，直指顧間事矣。……真生命必自奮鬥自求得來，真幸福亦必自奮鬥自求得來，真戀愛必自奮鬥自求得來！彼此前途無限，……彼此有改良社會之心，彼此有造福人類之心，其先自作榜

樣，勇決智斷，彼此尊重人格，自由離婚，止絕苦痛，始兆幸福，皆在此矣。」

這信裏完全是青年志摩的單純的理想主義，他覺得那沒有愛又沒有自由的家庭是可以摧毀他們的人格的，所以他下了決心，要把自由償還自由，要從自由求得他們的真生命，真幸福，真戀愛。

後來他回國了，婚是離了，而家庭與社會都不能諒解他。最奇怪的是他和他已離婚的夫人通信更勤，感情更好。社會上的人更不明白了。志摩是梁任公先生最愛護的學生，所以民國十二年（1923年）任公先生曾寫一封很懇切的信去勸他。在這信裏，任公提出兩點：「其一，萬不容以他人之苦痛，易自己之快樂。弟之此舉，其於弟將來之快樂能得與否，殆茫如捕風，然先已予多數人以無量之苦痛。其二，戀愛神聖為今之少年所樂道。……茲事蓋可遇而不可求。……況多情多感之人，其幻想起落鶻突，而得滿足得寧貼也極難，所夢想之神聖境界終不可得，徒以煩惱終其身已耳。」

任公又說：「嗚呼志摩！天下豈有圓滿之宇宙？……當知吾儕以不求圓滿為生活態度，斯可以領略生活之妙味矣。……若沉迷於不可必得之夢境，挫折數次，生意盡矣，鬱邑侘傺以死，死為無名。死猶可也，最可畏者，不死不生而墮至不復能自拔。嗚呼志摩，可無懼耶！可無懼耶！（十二年一月二日信）」

任公一眼看透了志摩的行為是追求一種「夢想的神聖境界」，他料到他必要失望，又怕他少年人受不起幾次挫折，就會死，就會墮落，所以他以老師的資格警告他：「天下豈有圓滿之宇宙？」

但這種反理想主義是志摩所不能承認的。他答覆任公的信，第一不承認他是把他人的苦痛來換自己的快樂。他說：「我之甘冒世之不韙，竭全力以鬥者，非特求免兇慘之苦痛，實求良心之安頓，求人格之確立，求靈魂之救度耳。人誰不求庸德？人誰不安現成？人誰不畏艱險？然且有突圍而出者，夫豈得已而然哉？」

第二，他承認戀愛是可遇而不可求的，但他不能不去追求。他

說：「我將於茫茫人海中訪我唯一靈魂之伴侶；得之，我幸；不得，我命，如此而已。」

他又相信他的理想是可以創造培養出來的。他對任公說：「嗟夫吾師，我嘗奮我靈魂之精髓，以凝成一理想之明珠，涵之以熱滿之心血，朗照我深奧之靈府。而庸俗忌之嫉之，輒欲麻木其靈魂，搗碎其理想，殺滅其希望，污毀其純潔，我之不流入墮落，流入庸懦，流入卑污，其幾亦微矣！」

我今天發表這三封不曾發表過的信，因為這幾封信最能表現那個單純的理想主義者徐志摩。他深信理想的人生必須有愛，必須有自由，必須有美；他深信這種三位一體的人生是可以追求的，至少是可以用純潔的心血培養出來的。——我們若從這個觀點來觀察志摩的一生，他這十年中的一切行為就全可以了解了。我還可以說，只有從這個觀點上才可以了解志摩的行為；我們必須先認清了他的單純信仰的人生觀，方才認得清志摩的為人。[26]

胡適這裏所說，只是一面之詞，不足以反映事情的全貌，考慮到他與徐志摩的親密關係，有些具體的情節他似乎也不便說。而梁啟超對徐志摩的批評，又由於梁思成與林徽因的戀愛關係，看上去是打了折扣的，並不十分有力。而且，夫妻二人情感如何，終歸是「清官難斷家務事」，旁人是很難置喙的，中間的微妙複雜，恐怕只有當事人才能心領神會，說得真切。再有，對婚姻的態度固然受到某種人生觀的支配，可以說得堂而皇之，但具體到兩個人的情感，所受傷害及內心的隱痛，也不是旁人可以體會和代為品嘗的。在這個意義上，張幼儀的晚年口述記錄就顯得非常難得和重要。張幼儀的姪孫女張邦梅經過五年的訪談記錄，最後將其充實為一本關於張幼儀的傳記作品，其可靠性應該是很高的。顯而易見的是，這本《小腳與西服——張幼儀與徐志摩的家變》，為我們了解徐志摩對夫人張幼儀的態度提供了一個別樣的視角，我們因此知道了，至少在張幼儀看來，在離婚的過程中，徐志摩不僅未曾給張幼儀做一個獨立自主的人的機會，

而且完全忽略了一個剛剛生育不久的母親的感情，使得她根本沒有機會對自己的人生作出選擇。

為何放棄即將拿到的博士學位

但是無論如何，離了婚的徐志摩，在回到劍橋（即他筆下之康橋）之後，似乎體會到了生活「更大的愉快」。[27] 他的寫詩的衝動，應該也是從這個時候開始的。他在《猛虎集序言》中講到當時的情形：

> 整十年前我吹着了一陣奇異的風，也許照着了什麼奇異的月色，從此起我的思想就傾向於分行的抒寫。一份深刻的憂鬱佔定了我；這憂鬱，我信，竟於漸漸的潛化了我的氣質。[28]

又說：

> 只有一個時期我的詩情真有些像是山洪暴發，不分方向的亂衝。那就是我最早寫詩那半年，生命受了一種偉大力量的震撼，什麼半成熟的未成熟的意念都在指顧間散作繽紛的花雨。我那時是絕無依傍，也不知顧慮，心頭有什麼鬱積，就付託腕底胡亂給爬梳了去，救命似的迫切，那還顧得了什麼美醜！我在短時期內寫了狠多，但幾乎全部都是見不得人面的。[29]

徐志摩突然結束在劍橋的學習，啟程回國，是在 1922 年 8 月。林徽因早於去年 10 月先行回國了。彷彿離開美國哥倫比亞大學一樣，在劍橋，他又一次放棄了可能取得的博士學位。也許他惦記着林徽因，也許他思念着離別五年的家鄉及「最愛的父親」和「可憐的娘」，也許他聽到了師友對他的召喚，不管怎麼樣，以他的性格，還是說走就走，絕不拖

延 [30] 實際上，1921 年 12 月 11 日，舒新城寫信給梁啟超，報告解決中國公學風潮的情形，以及今後發展教育事業的計劃，已經提到徐志摩。他說，要想幹一番大事業，只有師生與朋友最可靠，因為人是有感情的動物，在一起相處久了，情意融洽，縱有錯誤，亦可諒解。如果是外人，驟然相遇，不論思想如何一致，始終客客氣氣，決難同甘共苦。所以他建議：「中國公學委城與南陔（劉秉麟）、東蓀三人辦理，君勱、志摩則分在南開講演，公則往南京講演（最好請百里設法在東南大學設自由講座），如此鼎足而三，舉足可以左右中國文化，五年後吾黨將遍中國，豈再如今日之長此無人也。」[31]

舒新城這裏所說，應該是梁啟超歐遊回國後開始推進的振興中國文化，即所謂「中國文藝復興」龐大計劃的一部分。實現這一計劃，最急需的莫過於優秀人才。因此，催促徐志摩回國是很自然的，並不奇怪。情急之中他們甚至想到要從成立不久的湖南自修大學邀彼中良分子一兩位來此。因為梁啟超在給蔣百里、張東蓀、舒新城的覆信中告訴他們：「徐志摩大約不能速歸。」[32] 這是張公權告訴梁啟超的，他是張幼儀的四哥，他們之間經常互通消息，是完全可能的。不過，尚在英國讀書的徐志摩雖然不能馬上回國為老師的宏大規劃助一臂之力，但他也在盡自己的一份力量。1920 年 9 月，梁啟超與蔣百里主辦的《改造》雜誌整頓後重新出刊，徐志摩陸續貢獻了他的文章《安斯坦相對主義——物理界大革命》（安斯坦即愛因斯坦）、《羅素遊俄記書後》、《評威爾斯之遊俄記》等。英國的歐格敦先生有一個出版世界哲學叢書的計劃，羅素推薦了胡適的《中國哲學史大綱》，徐志摩聽說後，於 1921 年 11 月 7 日給羅素寫了一封信，指出胡適此書與這套叢書的體例並不一致，也不適合西方讀者閱讀，他又不可能專門為這套叢書動筆寫一本，於是他說：「我想起梁啟超先生，就是送給你一幅劃的那位；他是這個出版計劃的最適當人選。你大概也知道，他是中國最淵博學者中之一，也很可能是具有最雄健流暢文筆的作家。他在解放中國思想，以及介紹並普及西學方面所作的不懈努力，值得我們萬分欽仰。他在學問上吸收與區別的能力是別人永不能望其肩背的。所以我們如

果能找到他承擔此事，那就最好不過了，我想他是肯答應的。只要你揮函一通，勸他寫一本標準的有關中國思想的書，並將叢書的總綱向他說明，我相信這會大大推動他本來就驚人的創作力，他就必然會十分樂意把書寫出來。」[33]

這件事此後未能實行是非常遺憾的。事實上，直到今天，我們也還沒有一部很好的、適合西方讀者閱讀的有關中國思想的書，這是很令人感到遺憾的事。不過，由此倒可以看出梁啟超在徐志摩心中的地位。他9月中旬從馬賽起航，到達上海是10月15日。父親、母親和祖母都到上海來接他。畢竟分別了五年，見面後，大家都是悲喜交集，淚流滿面。他先陪祖母往普陀山燒香，然後又陪父親去南京，聽了兩三場歐陽竟無先生講佛學。此時梁啟超正在南京講學，趁便他一併拜訪了老師。不知在這段時間裏他是否回過硤石老家，但至少12月初，他已經離開上海，來到北京。他在12月15日寫給英國學者傅來義的信中說道：「我回到中國已整整兩月了，在北京也有兩週了。」[34]

他到北京，則引起了梁啟超的一些不安。這時，梁思成與林徽因的婚姻關係在雙方家長的促成下已經得到了確認。1923年1月7日梁啟超在給女兒令嫻的信中通報：「思成和徽音已有成言，（我告思成和徽音須彼此學成後乃訂婚約，婚約定後不久便結婚。）」他又徵求大女兒的意見：「林家欲即行訂婚，朋友中也多說該如此，你的意見怎樣呢？」[35]或許就是這樣的情況，迫使梁啟超寫了那封胡適在《追悼志摩》中一再引用的長信。梁啟超是深愛着徐志摩的，他既不希望兒子的婚姻出現問題，又擔心徐志摩過分沉溺在感情中影響到他的健康。3月18日，他在寫給陳叔通、黃溯初、張東蓀、張君勱的信中，談到《時事新報》改組一事：「鄙意須由東蓀負全部編輯之責，（放園主張用我名義，亦無不可，但事實上須東蓀總攬耳。）每週出三張，第一張政談及中外政治之紀載（經濟狀況及其他雜件），由東蓀、君勱主任。第二張即學燈變相（學行及教育事項），由我主任。第三張文藝，請志摩主任。若能鼓起興致辦去，必有異彩。」[36]

梁啟超的這個提議不知為何沒有落實。這時的徐志摩就住在石虎胡同
7 號松坡圖書館，這裏是該館的二館，專藏西文書，圖書部主任蔣百里、
總務部主任蹇季常都在此辦公。這裏還是講學社的總部，蔣百里兼任講學
社的總幹事。這樣一來，徐志摩就被安排住在這裏，幫助處理圖書館和講
學社的英文信件，也算有了一個落腳之地。5 月，康有為漫遊至津，梁啟
超盛情邀請他到北京一遊，並將徐志摩介紹給他，還為徐志摩向康有為求
字，他在致康有為的信函中稱讚徐志摩：「一款志摩者，即昨日造謁之少
年，其人為弟子之弟子，極聰異，能詩及駢體文，英文學尤長，以英語作
詩為彼都人士所激賞。頃方將弟子之《先秦政治思想史》譯為英文也。」
這裏像極了一個父親在誇獎自己的兒子。[37]

　　1924 年春節，徐志摩是在老家度過的。印度詩人泰戈爾定於 4 月來
華，為落實泰戈爾的住所問題，3 月 7 日，梁啟超寫信給蹇季常，這時，
徐志摩還沒有回到北京。梁啟超在信中說：「志摩既未來，我想此事（預
備招待事）要陳博生負點責任。」[38] 但是，3 月 7 日北京《晨報副刊》和上
海《時事新報》「學燈」副刊都刊登了徐志摩的《泰谷爾來信》（泰谷爾即
泰戈爾），估計就是從硤石寄出的。

　　4 月 12 日，泰戈爾一行抵達上海，徐志摩已提前來到上海迎候。泰戈
爾是應北平講學社的邀請到中國考察的。隨同泰戈爾來中國的，還有他的
英國朋友恩厚之、他的大弟子 Kaildas Nay 和女祕書美國人葛玲姑娘（Miss
Green），以及印度的 Bose 和 Sen 兩位教授——他們一位是美術家，一位
是研究宗教學的。徐志摩作為講學社派出的翻譯，在泰戈爾訪華期間全程
陪伴他們。12 日清晨，到上海匯山碼頭迎候他們的，除了徐志摩，還有
張君勱、鄭振鐸、瞿菊農；王統照作為講演錄的編輯，也加入到歡迎的隊
伍中。

　　泰戈爾下榻滄州飯店，下午，徐志摩陪他們遊覽了龍華古寺。第二
天，「下午一時先在閘北寺中與印度詩人集會，到三時至慕爾鳴路（今茂
名路）三十七號聚會，在蔣百里家（一說張君勱家，據《蔣百里年譜》記
載：「百里在上海慕爾鳴路租屋，以為往來居住之用。」）與歡迎者攝影。

十四日陪同遊西湖，十六日回滬。北上至南京濟南各有一次講演，二十三日到北京，作六次的公開演講，二十七日在京應京中各文學者的公宴。所有演講均由志摩擔任翻譯。」[39]

泰戈爾訪華

泰戈爾到北京後，「梁啟超、蔣百里、熊希齡、汪大燮、蔣夢麟、范源濂等在北海靜心齋歡迎泰戈爾，胡適、陳普賢、秦墨哂等四十餘人陪。梁致詞：『中、印為文化上親屬，闊別千餘年，今重聚，喜可知。今先代表少數人致歡迎意，明後日為多數青年介紹中、印學識云云。』」[40]果然，隔了兩天，泰戈爾在北京天壇（一說先農壇）草坪與青年學生見面。泰戈爾登台演說，由林徽因攙扶，徐志摩翻譯。《徐志摩年譜》引吳詠《天壇史話》：「林小姐人豔如花，和老詩人挾臂而行，加上長袍白面、郊荒島瘦的徐志摩，有如蒼松竹梅的一幅三友圖。徐氏在翻譯太戈爾的英語演說，用了中國語彙中最美的修辭，以硤石官話出之，便是一首首的小詩，飛瀑流泉，琤琤可聽。」[41]

5月8日是泰戈爾64歲生日，北京學界為他開祝壽會，周作人有一篇《太戈爾的生日》寫道：「頂有名的一回是太戈爾的生日吧，大家給他演短劇《契忒拉》，徐志摩與林徽音都是重要的演員，那時梁任公主席，胡適之英語致詞。」[42]這時的徐志摩可以說是無限風光了，心情好得不得了。他與陸小曼認識，大約也在那個時候。那天，梁啟超也是致了詞的，他開門見山就說：「泰谷爾很愛徐志摩，給他起一個印度名叫做 Soo sim。泰氏有一天見我，說道：『我不曉得什麼緣故，到中國便像回故鄉一樣。』莫非他是從前印度到過中國的高僧，在某山某洞中曾經過他的自由生活？他要求我送給他一個中國名字，還說他原名上一個字 Rab 是太陽的意思，下一個字 Indra 是雷雨的意思，要我替他想『名字相覆』的兩個字。我當時不過信口答應罷了，過兩天他又催我，還說希望在他生日那天得着這可愛

的新名。我想印度人從前呼中國為『震旦』，原不過是『支那』的譯音，但選用這兩個字卻含有很深的象徵意味。從陰曀霧霮的狀態中翥然一震，萬象昭甦，剛在扶桑浴過的麗日從地平線上湧現出來。（且字末筆表地平）這是何等境界！泰谷爾原名正含這兩種意義，把他意譯成『震旦』兩字，再好沒有了。又從前自漢至晉的西來古德都有中國名，大率以所來之國為姓，如安世高從安息來便姓安，支婁迦讖從月支來便姓支，其間從天竺──即印度來的便姓竺，如竺法蘭、竺佛念、竺法護，都是歷史上有功於文化的人。今日我們所敬愛的天竺詩聖在他所愛的震旦地方過他六十四歲的生日，我用極誠摯極喜悅的情緒將兩個國名聯起來贈給他一個新名曰竺震旦。」[43]

但是，泰戈爾到中國來所得到的也不全是鮮花和笑臉，他也遭到了來自激進的青年和黨派的攻擊與謾罵。4 月 18 日，陳獨秀就有《太戈爾與東方文化》一文發表在《中國青年》第 27 期上。他針對泰戈爾與中國新聞社記者的談話，提到此次來華的宗旨，「在提倡東洋思想亞細亞固有文化之復活」，指出他要復活的東洋思想、亞洲文化不僅沒有死，而且還支配着絕大多數中國人的生活，而這正是阻礙中國進步的禍根。於是他說：「太戈爾所要提倡復活的東方特有之文化，倘只是抽象的空論，而不能在此外具體的指出幾樣確為現社會進步所需要，請不必多放莠言亂我思想界！太戈爾！謝謝你罷，中國老少人妖已經多的不得了呵！」[44]

批評他的還有很多人，大家恐怕還沒有忘記張君勱與丁文江挑起的「玄學與科學」的論戰，而他的觀點顯然是屬於所謂「玄學」一派的。這大大地影響了他的心情，也影響到他的身體，畢竟他是一個六七十歲的老人。所以，5 月 12 日他在北京真光劇場講演後，便謝絕了此後所有已經約定的集會，無論是公開的還是私人的，一概撤銷，不再發言。他被安排到北京城外靜養去了。但就在那天的講演會上，憤憤不平的徐志摩發表了一篇很長的演說，希望大家善意地理解泰戈爾，不要向他潑污水。他說：「我想只要我們的良心不曾受惡毒的煙煤熏黑，或是被惡濁的偏見污抹，誰不曾感覺他至誠的力量，魔術似的，為我們生命的前途開

闢了一個神奇的境界，點燃了理想的光明？」他指責那些寫文章批評泰戈爾的人：「骯髒是在我們的政客與暴徒的心裏，與我們的詩人又有什麼關連？昏亂是在我們冒名的學者與文人的腦裏，與我們的詩人又有什麼親屬？」[45]

不久，徐志摩陪着泰戈爾去了日本，林徽因與梁思成也結伴赴美留學，梁啟超更經歷了夫人李蕙仙的逝世，精神生活真是痛苦到了萬分，「中間還夾着群盜相噬，變亂如麻，風雪蔽天，生人道盡，塊然獨坐，幾不知人間何世」。[46] 即使是在這種狀況之下，梁啟超還以一種審美的心態，以對聯集句自娛。他說：

> 我所集最得意的是贈徐志摩一聯：
> 臨流可奈清臞，第四橋邊，呼棹過環碧；
> 此意平生飛動，海棠影下，吹笛到天明。
> 此聯極能表出志摩的性格，還帶着記他的故事，他曾陪泰戈爾遊西湖，別有會心，又嘗在海棠花下做詩做個通宵。[47]

▍ 與陸小曼相戀，接手《晨報》副刊

看來，真懂得徐志摩的，還是他的老師梁啟超。這時的徐志摩又陷入了與陸小曼的熱戀之中。陸小曼是有夫之婦，她的丈夫王賡（字受慶）也是梁啟超的門生，1911 年清華學校畢業保送美國，先後在密西根大學、哥倫比亞大學、普林斯頓大學就讀，1915 年獲普林斯頓大學文學學士，此後轉入西點軍校，學成歸國，供職於陸軍部，曾以武官身份隨陸徵祥參加巴黎和會。他與陸小曼 1922 年結婚，不久就任哈爾濱警察局局長。陸小曼在哈爾濱住不習慣，很快離開王賡回北京娘家居住。大約就在這個時候，陸小曼進入了徐志摩的視野，他們很快就到了難分難捨的程度。一個是離婚不久的鰥夫，一個是家有丈夫的妻子，又都是社會名流，名媛淑女與海

歸才子的緋聞，在八九十年前的北京，一旦傳開，就是爆炸性的。很快，徐志摩在北京就待不下去了。有人因此建議他出國去避避風頭。

恰好泰戈爾來信約他去歐洲見面。路費有一部分還是梁啟超幫助籌措的。徐志摩 3 月 10 日啟程，在歐洲漫遊數月，也未等到泰戈爾。「八月（徐志摩自己說七月）陸小曼病電催返國」，他便回來了。[48] 他既要在北京陪陸小曼，不能不找點兒事做。除了在北大兼課，他還接受《晨報》社陳博生和黃子美的邀請，自 10 月 1 日起接手辦《晨報副刊》。他有一篇《我為什麼來辦我想怎麼辦》，記此事甚詳，也檢討了回國幾年來的精神面貌，他說：

> 我早就想辦一份報，最早想辦《理想月刊》，隨後有了「新月社」又想辦新月週刊或月刊；沒有辦成的大原因不是沒有人，不是沒有錢，倒是為我自己的「心不定」：一個朋友叫我雲中鶴，又一個朋友笑我「腳跟無線如蓬轉」，我自己也老是「今日不知明日事」的心理，因此這幾年只是虛度，什麼事都沒辦成，說也慚愧。我認識陳博生，因此時常替《晨報》寫些雜格的東西。去年黃子美隨便說起要我去辦副刊，我聽都沒有聽；在這社會上辦報本來就是沒奈何的勾當，一個月來一回比較還可以支持，一星期開一次口已經是極勉強了，每天要說話簡直是不可思議──垃圾還可以當肥料用，拿瀉藥打出來的爛話有什麼去路！我當然不聽。三月間我要到歐洲去，一班朋友都不肯放我走，內中頂蠻橫不講理的是陳博生和黃子美，我急了只得行賄，我說你們放我走我回來替你們辦副刊，他們果然上了當立刻取銷了他們的蠻橫，並且還請我吃飯餞行。其實我只是當笑話說，那時賭咒也不信有人能牽住我辦日報，我心想到歐洲去孝敬他們幾封通信也就兩開不是？七月間我回來了，他們逼着我要履行前約，比上次更蠻橫了，真像是討債。有一天博生約了幾個朋友談，有人完全反對我辦副刊，說我不配，像我這類人只配東飄西蕩的偶爾擠出幾首小詩來給他們解解悶也就完事一宗；有人進一步

說不僅反對我辦副刊並且副刊這辦法根本就要不得，早幾年許是一種投機，現在可早該取銷了。那晚陳通伯（源）也在座，他坐着不出聲，聽到副刊早就該死的話他倒說話了，他說得俏皮，他說他本來也不贊成我辦副刊的，他也是最厭惡副刊的一個；但為要處死副刊，趁早撲滅這流行病，他倒換了意見，反而贊成我來辦《晨報副刊》，第一步逼死別家的副刊，第二步掐死自己的副刊，從此人類可永免副刊的災殃。他話是俏皮可是太恭維我了；倒像我真有能力在掐死自己之前逼死旁人似的！那晚還是無結果。後來博生再拿實際的利害來引誘我，他說你還不是成天想辦報，但假如你另起爐灶的話，管你理想不理想，新月不新月。第一件事你就得準備貼錢，對不對？反過來說，副刊是現成的，你來我們有薪水給你，可以免得做遊民，豈不是一舉兩得！這利害的確是很分明，我不能不打算了；但我一想起每天出一張的辦法還是腦袋發脹，我說我也願意幫忙，但日刊其實太難，假如晨報週刊或是甚至三日刊的話，我總可以商量──這來我可被他抓住了，他立即說好，那我們就為你特別想法，你就管三天的副刊那總合式了。我再不好意思拒絕，他們這樣的懇切。過一天他又來疏通說三天其實轉不過來，至少得四天。我說那我只能在字數裏做申縮，我想盡我能力的限度只能每週管三萬多字，實在三天勻不過來的話，那我只能把三天的材料攤成四分，反正多少不是好歹的標準不是？他說那就隨你了。[49]

《晨報》何以非徐志摩不可？除了他與陳博生、黃子美是老朋友，自然也因為他人緣好，有不一般的人脈資源。他接手《晨報副刊》之後，趙元任、張奚若、姚茫父、余越園、劉海粟、錢稻孫、鄧以蟄、余上沅、趙太侔、聞一多、翁文灝、任叔永、蕭友梅、李濟之、郭沫若、吳德生、張東蓀、郁達夫、楊金甫、陳衡哲、丁西林、陳西瀅、胡適之、張歆海、陶孟和、江紹原、沈性仁、凌叔華、沈從文、焦菊隱、于成澤、鍾天心、陳鏄、鮑廷蔚、宗白華等，都成為《晨報副刊》的潛在作者，其中有些人原

本就是這裏的常客，發表過很多文章，淵源是很深的。當然，這裏更少不了他的先生梁啟超，「梁任公先生那杆長江大河的筆是永遠流不盡的，我們這小報也還得佔光他的潤澤」。[50]

實際上，《晨報》既脫胎於《晨鐘報》，從一創刊，它就是研究系的報紙，梁啟超自然責無旁貸，他的很多重要文章都是在《晨報》發表的。不久，徐志摩便向梁啟超發出了約稿函。這年秋天，梁啟超一直處在繁忙和焦慮之中。新學年開始，他在清華學校承擔了諸子、中國佛學史、宋元明學術史、清代學術史、中國文學等課程；國內的時局也讓他憂心忡忡，蔣百里、丁文江等門生後輩都牽扯在裏面，他也很不放心；家裏為梁夫人葬禮的事更忙得不可開交。所以，他給徐志摩的回函上來就說：「你問我要稿子，我實在沒有時候應命。」[51] 為了不讓弟子失望，他把自己在清華學校關於「印度之佛教」的講義給了他，請他斟酌，還說：「若以為不可登，或者抽下來騰出副刊的空白紙實行你『翻印紅樓夢』那話，我倒是極端贊成。」[52]

所謂「翻印紅樓夢」，是徐志摩無意中重複發表沈從文《市集》一文被一些讀者挑眼時的調侃。一位署名「小兵」的人勸他下回沒有相當稿子時，不妨拿空白紙給讀者們做別的用途，省得摻上爛東西叫人家看了眼疼心煩。徐志摩於是告訴他，下回再沒有好稿子，他準備翻印《紅樓夢》。梁啟超提到這句話，也是一種幽默。儘管如此，徐志摩還是很感動。他不僅把梁啟超的來信全文照發，還寫了比原信還長的《梁啟超來函》附志，稱讚梁啟超能把佛教的奧義講得通俗明白易懂。他還提到 1922 年冬天在南京聽歐陽竟無講唯識時的情景，他說：「我那時在南京也趕時髦起了兩個或是三個大早冒着刺面的冷風到秦淮河畔去聽莊嚴的大道。一來是歐陽先生的鄉音進入我的耳內其實比七弦琴的琴音不相上下，二來這黎明即起的辦法在我是生命的革命，我終於聽不滿三兩次拿着幾卷講義也就算完事一宗。梁先生（那時梁先生也在南京講學）也聽歐陽先生的講。我懷疑我們能在當今三十歲以下的學生裏尋出比他更勤慎，更恭敬，更高興的學生！是的，不止是勤慎，不止是恭敬，梁先生做學問，就比他談天或打麻

雀一樣，有的是不可壓迫的真興會：這是梁先生學問成功——也是一切事業成功——的祕密。」[53]

徐志摩把《晨報副刊》辦得有聲有色，但是，他與陸小曼的婚事要想有結果卻還須克服相當的障礙。在這件事上劉海粟幫了他的大忙，陸家接受徐志摩，王賡痛快答應與陸小曼離婚，劉海粟都是用了心思的。這時，徐的父親申如老先生尚未開尊口，他要見到張幼儀，得到兒媳婦的明確態度，才能決定是否同意兒子與陸小曼結婚。張幼儀晚年回憶當時的情景，她說：

> 我從娘家去見老爺和老太太，他們住在上海一家旅館的套房裏。走進起居間的時候，我深深一鞠躬，向他們問好，然後對徐志摩點了一下頭。他坐在起居間那一頭的一張沙發上。我注意到他手指上戴了只大玉戒，色澤是我這輩子見過最綠的。這種翠玉叫做「勒馬玉」（stop horse jade）。據說古時候有個王子曾用他的玉戒指着一匹向自己猛衝的馬而救了自己一命；那匹馬一看到那鮮綠的顏色，以為是草，就立刻低下頭來盯着瞧。
>
> 「你和我兒子離婚是真的嗎？」老爺打破教人緊張的沉默氣氛，慢條斯理地說。
>
> 當然啦，老爺和老太太早知道這回事了，可是不管離婚文件寫什麼或是徐志摩告訴他們什麼，他們都要親耳聽我承認。
>
> 「是啊。」我儘量用平和中庸的語氣說。
>
> 徐志摩這時發出一種呻吟似的聲音，身子在椅子裏往前一欠。老爺聽了我的回答，顯出一副迷惑的樣子，差點難過起來。
>
> 老爺問我：「那你反不反對他同陸小曼結婚？」我注意到他用的是「結婚」而不是「納妾」這字眼，可見他已經相信我說的話了。
>
> 我搖搖頭說：「不反對。」老爺把頭一別，一副對我失望的樣子。從他的反應來判斷，我猜他一直把我當做說服徐志摩痛改前非的最後一線希望。[54]

證婚人訓誡新郎官

　　徐志摩的難題就這樣輕而易舉地解決了。1926 年 8 月 14 日，也就是陰曆七月初七日乞巧節這天，徐志摩與陸小曼的訂婚典禮在北海董事會舉行。10 月 3 日，即陰曆八月二十七日，他們舉行結婚典禮。地點仍選擇了北海，只是這回是在畫舫齋。金岳霖回憶起當時的情形：「徐志摩與陸小蔓（曼）結婚的時候，我是他的伴婚人。那時候我本來就穿西服，但是，不行，我非穿長袍馬褂不可。我不知道徐志摩的衣服是從那裏搞來的，我的長袍馬褂是從陸小蔓的父親那裏借來的。」[55]

　　梁啟超是他們的證婚人，據說這是徐志摩的父親所堅持的。婚禮第二天，梁啟超在給女兒令嫻的信中講述了婚禮上的情形。他說：

> 　　我昨天做了一件極不願意做之事，去替徐志摩證婚。他的新婦是王受慶（賡）夫人，與志摩戀愛上，才和受慶離婚，實在是不道德之極。我屢次告誡志摩而無效。胡適之、張彭春苦苦為他說情，到底以姑息志摩之故，卒徇其請。我在禮堂演說一篇訓詞，大大教訓一番，新人及滿堂賓客無一不失色，此恐是中外古今所未聞之婚禮矣。今把訓詞稿子寄給你們一看。青年為感情衝動，不能節制，任意決破禮防的羅網，其實乃是自投苦惱的羅網，真是可痛，真是可憐！徐志摩這個人其實聰明，我愛他不過，此次看着他陷於滅頂，還想救他出來，我也有一番苦心。老朋友們對於他這番舉動無不深惡痛絕，我想他若從此見擯於社會，固然自作自受，無可怨恨，但覺得這個人太可惜了，或者竟弄到自殺。我又看着他找得這樣一個人做伴侶，怕他將來苦痛更無限，所以想對於那個人當頭一棒，盼望他能有覺悟（但恐甚難），免得將來把志摩累死，但恐不過是我極癡的婆心便了。聞張歆海近來也很墮落，日日只想做官，（志摩卻是很高潔，只是發了戀愛狂——變態心理——變態心理的

犯罪。）此外還有許多招物議之處，我也不願多講了。品性上不曾經過嚴格的訓練，真是可怕，我因昨日的感觸，專寫這一封信給思成、徽音、思忠們看看。[56]

可以想見，此時此刻，梁啟超的心情仍未平復。這天，徐志摩與陸小曼到清華園向梁啟超表達謝意，蔣百里的姪子蔣復璁也在座，梁啟超把昨天在婚禮上發表的那篇訓詞，託蔣復璁裱成手卷交徐志摩保存，希望他能時時以此提醒自己。那篇訓詞的全文如下：

　　徐志摩！陸小曼！你們的生命，從前很經過些波瀾，當中你們自己感受不少的痛苦！社會上對於你們還惹下不少的誤解。這些痛苦和誤解，當然有多半是別人給你們的；也許有小半由你們自招吧？別人給你們的，當然你們管不着；事過境遷之後，也可以無容再管。但是倘使有一部分是由你們自招嗎（呢）？那，你們從今以後，真要有謹嚴深切的反省和勇猛精勤的悔悟，——如何把苦痛根芽，剗除淨盡，免得過去的創痕，遇着機會，便為變態的再發，如何使社會上對我們誤解的人，得着反證，知道從前的誤解，真是誤解。我想這一番工作，在今後你們的全生命中，很是必要。這種工作，全靠你們自己，任何相愛的人，都不能相助。這種工作，固然並不難，但也不十分容易，你們努力罷！

　　你們基於愛情，結為伴侶，這是再好不過的了。愛情神聖，我很承認；但是須知天下神聖之事，不止一端，愛情以外，還多着哩。一個人來這世界上一趟，住幾十年，最少要對於全世界人類和文化，在萬仞岸頭添上一撮土。這便是人之所以為人之最神聖的意義和價值。徐志摩！你是有相當天才的人，父兄師友，對於你有無窮的期許，我要問你，兩性愛情以外，還有你應該作的事情沒有，從前因為你生命不得安定，父兄師友們對於你，雖一面很憂慮，卻

一面常常推情原諒，苦心調護，我要問你，你現在，算得着安定沒有，我們從今日起，都要張開眼睛，看你從新把堅強意志樹立起，堂堂的作個人哩！你知道嗎？陸小曼，你既已和志摩作伴侶，如何的積極的鼓舞他，作他應作的事業，我們對於你，有重大的期待和責備，你知道嗎？就專以愛他而論，愛情的本體是神聖，誰也不能否認，但是如何才能令神聖的本體實現，這確在乎其人了。徐志摩！陸小曼！你們懂得愛情嗎？你們真懂得愛情，我要等着你們繼續不斷的，把它體現出來。你們今日在此地，還請着許多親友來，這番舉動，到底有什麼意義呢？這是我告訴你們對於愛情神，負有極嚴重的責任，你們至少對於我證婚人梁啟超，負有極嚴重的責任，對於滿堂觀禮的親友們，負有更嚴重的責任。你們請永遠的鄭重的記着吧！

徐志摩！陸小曼！你們聽明白我這一番話沒有？你們願意領受我這一番話嗎？你們能夠時時刻刻記得起我這一番話嗎？那麼，很好！我替你們祝福！我盼望你們今生今世勿忘今日，我盼望你們從今以後的快樂和幸福常如今日。[57]

婚後的徐志摩很快就帶着新夫人陸小曼回到硤石老家。1926 年 12 月間，北伐軍打到浙江，硤石一帶正處在戰線的中心，徐志摩夫婦又倉促離開老家，來到上海。此後這段時間，直到飛機失事，他不幸遇難，徐志摩的生活可以說是更加糟糕。他不僅沒有「謹嚴深切的反省和勇猛精勤的悔悟」，「把苦痛根芽，劃除淨盡」，反而陷入了更加嚴重的危機不能自拔。也許，他有時也會想起老師的這番話，但他實在做不了他愛着的這個人的主，而只能與她一起沉淪。梁啟超擔心徐志摩「將來苦痛更無限」，希望陸小曼不要「把志摩累死」，想不到這些話後來都成了「讖語」。

梁啟超辭世，詩人飛天

這期間，他與老師見面的機會似乎很少。一方面他很少北上京津；另一方面梁啟超也不再南下。自從 1922 年底在南京講學期間突發心臟病，他即遵醫囑「閉門養痾，三個月內不能見客」。[58] 他的健康狀況就在此時敲響了警鐘。此後，又經歷了夫人、老友的去世，講學、著述的辛勞，時局及生存環境的惡化，都更加重了他的病情。他曾坦白，便血之症是從 1925 年初就發現了，只是不痛不癢，並沒有引起他的特別重視。後來經 X 光檢查，發現右腎裏頭有一個小黑點，於是懷疑可能是患了「癌症」。他的夫人既死於癌，他對「癌」也就多了一些驚恐。他曾說：「我對於我自己的體子，向來是狠恃強的。但是，聽見一個『癌』字，便驚心動魄。因為前年我的夫人便死在這個癌上頭。這個病與體質之強弱無關，他一來便是要命！我聽到這些話，沉吟了許多天。我想，總要徹底檢查；不是他，最好；若是他，我想把他割了過後，趁他未再發以前，屏棄百事，收縮範圍，完成我這部《中國文化史》的工作。」那時，「我和我的家族都坦然主張割治」。[59]

不過，被認為有問題的右腎摘除之後，便血的問題並沒有解決，「割後二十餘日，尿中依然帶血」。[60] 於是人們紛紛懷疑協和醫院手術出錯，把梁先生的好腎摘除了。陳西瀅、徐志摩等先後撰文，討伐協和。文章在《現代評論》、《晨報副刊》上發表，引起北京社會極廣泛的關注。這時，梁啟超便寫了《我的病與協和醫院》一文，發表在《晨報副刊》上。他這樣說明寫這篇文章的理由：「一來，許多的親友們，不知道手術後我的病態何如，都狠擔心，我應該這個機會報告一下。二來，怕社會上對於協和惹起誤會。我應該憑我良心為相當的辯護。三來，怕社會上或者因為這件事對於醫學或其他科學生出不良的反動觀念。」[61] 這件事也充分體現了梁啟超為人處事的原則性，哪怕自己平白無故地損失了一個腎，他也不希望由於醫生診斷的偶然失誤，而引起人們對協和醫院乃至對醫學科學的不信

任。這是他的一貫態度，儘管他曾在《歐遊心影錄》中對科學萬能提出過質疑，但他也曾請讀者切勿誤會，因此菲薄科學。他說：「我絕不承認科學破產，不過也不承認科學萬能罷了。」[62] 這也是他在「玄學與科學」論戰中所持的態度。現在他又以自己的身體健康乃至生命為代價為科學辯護，在他看來，西醫正是科學的代表，為西醫辯護，為協和辯護，也就是為科學辯護。他在文章最後誠懇地寫道：

> 科學呢，本來是無涯涘的。牛頓臨死的時候說：「他所得的智識，不過像小孩子在海邊拾幾個蚌殼一般。海上的『宗廟之美，百官之富』，還沒有看到萬分之一。」這話真是對。但是我們不能因為現代人科學智識還幼稚，便根本懷疑到科學這樣東西。即如我這點小小的病，雖然診查的結果，不如醫生所預期，也許不過偶然例外。至於診病應該用這種嚴密的檢查，不能像中國舊醫那些「陰陽五行」的瞎猜。這是毫無比較的餘地的。我盼望社會上，別要我這回病為口實，生出一種反動的怪論，為中國醫學前途進步之障礙。[63]

但是，他的病卻始終不見好轉的跡象。這期間他先後辭去了京師圖書館、北京圖書館、儲才館、清華研究院，以及編纂《中國圖書大辭典》等事務，「俾得解除責任，安心養病」。[64] 但他的病情，到 1928 年秋天，還是變得日益嚴重起來。梁思成等兒女在父親去世後寫了《梁任公得病逝世經過》一文，追述當時的情形：「九月二十七日，痔瘡復發，入協和醫治，本擬用手術，醫者謂恐流血過多，不宜割治，故每日服瀉油者盈旬，痔未愈而食欲全失。」在這種情況下，他仍未放棄著述，住院期間，為了撰寫《辛稼軒年譜》，還在託人尋覓有關材料，「忽得《信州府志》等書數類，狂喜，攜書出院，痔疾並未見好，即馳回天津，仍帶瀉藥到津服用。擬一面服瀉藥，一面繼續《辛稼軒年譜》之著作。未及數日，即發微熱，延日醫田邨氏診治未見有效，熱度不稍退，體氣漸就衰弱，在津寓約四五十日，

衰弱日甚，漸至舌強神昏，幾至不起。」11 月 27 日，梁啟超再次住進協和醫院，經檢查發現，痰內有毒菌，肺部及左肋也發現病變。據說，「此病在美國威士康辛地方有三人曾罹此病，其一已死，其一治癒，一人尚醫治中。在病原未發見以前，任公以其病不治，親囑家人以其屍身剖驗，務求病原之所在，以供醫學界參考」。[65] 直到 1929 年 1 月 11 日，他還張羅着要自辦六十歲大壽呢，但到了 1 月 15 日，病勢突然加重，延至 1 月 19 日下午 2 時 15 分，一顆始終與國家命運連在一起的心臟停止了跳動。

兩年來，徐志摩雖說一直未曾北上，但他仍然惦記着老師的病情。1928 年 12 月 3 日，他遊歷了美國、英國、德國、法國、印度之後，剛剛回到上海，馬上寫信給表弟蔣復璁，劈頭便說：「第一事急於要問的是梁先生的病，聽說蹇老有電來，說病情不輕，不知如何？果然者，我日內當北上省師，當不出十日也。」[66]

他大約是 12 月 20 日晚起身的，因路上遇到碰車事故，22 日晚 11 時方到北京。金岳霖、麗琳、瞿菊農都來車站接他。第二天是星期一，他一早就去協和探視梁啟超。他在 12 月 25 日寫給陸小曼的信中說：「梁先生的病情誰都不能下斷語，醫生說希望絕無僅有，神志稍為清寧些，但絕對不能見客，一興奮病即變相。前幾天小便阻塞，過一大危險，亦為興奮。因此我亦只得在門縫裏張望，我張了兩次：一次是躺着，難看極了，半隻臉只見瘦黑而焦的皮包着骨頭，完全脫了形了，我不禁流淚；第二次好些，他靠坐着和思成說話多少還看出幾分新會先生的神采。昨天又有變象，早上忽發寒熱，抖戰不止，熱度升至四十以上，大夫一無捉摸；但幸睡眠甚好，飲食亦佳。老先生實在是絞枯了腦汁，流乾了心血，病發作就難以支持；但也還難說，竟許他還能多延時日。」[67]

此信所顯示的資訊，多少透露了梁啟超病情的嚴重程度，看來已經生命垂危了。當時他與蹇季常、蔣復璁已經談到梁啟超的身後佈置。回到上海以後，他在次年（1929 年）1 月 5 日致信蔣復璁，仍在詢問：「梁先生病況如何？到滬三日，未聞消息，或有轉機耶？盼去協和一問。……（人參服後見效否？）上海諸友均極懷念也。」[68]

十天後，1月15日，徐志摩又去一信，詢問「任師聞有轉機，果人參有靈耶？抑天如（唐天如，梁啟超好友，著名中醫）之功」。[69]恰在這封信裏他提到：「適之先生明日北上。」而胡適1929年1月19日的日記則記載：「夜九點多鐘到北京，叔永（任鴻雋）與白敦庸來接。到了叔永家中，抬頭見梁任公先生寫的一副對子，我問任公病如何，叔永說，『你也許見得着他。』殊不料任公此時已死了八點鐘了！他是這一天下午兩點一刻死的，叔永還不知道，我們到次日看報才知道的。」[70]

梁啟超去世的第二天，徐志摩就給胡適寫了一封長信，商量其身後事如何安排，信中說：

> 梁先生竟已怛化，悲愴之意，如何可言。計程兄昨晚到平，已不及與先生臨終一見，想亦惘惘。先生身後事，兄或可襄助一二，思成、徽音想已見過，乞為轉致悼意，節哀保重。先生遺稿皆由廷燦兄（梁廷燦，梁啟超的姪子）掌管，可與一談，其未竟稿件如何處理，如《桃花扇考證》已十成八九，亟應設法續完，即由《新月》出版，如何？又《稼軒年譜》兄亦應翻閱一過，續成之責，非兄莫屬，均祈留意。《新月》出專號紀念，此意前已談過，兄亦贊成，應如何編輯亦須勞兄費心。先生各時代小影，曾囑廷燦兄掛號寄滬，以便製版，見時並盼問及，即寄為要。今晨楊杏佛來寓，述及國府應表示哀悼意，彼明晚去寧，擬商同譚、蔡諸先生提出國府會議。滬上諸友擬在此開會追悼，今日見過百里、文島及新六等，我意最好待兄回滬，主持其事。兄如有意見，盼先函知。又宰平先生等亦有關於梁先生文章，能否彙集一起，歸兄主編，連同遺像及墨跡（十月十二日《稼軒年譜》絕筆一二頁似應製版，乞商廷燦），合成紀念冊，何如？蹇老亦盼與一談。叔永、莎菲均候。[71]

隔了兩天，1月23日，徐志摩再次致函胡適商談此事：

昨天與實秋、老八談《新月》出任公先生專號事，我們想即以第二卷第一期作為紀念號，想你一定同意。你派到的工作：一是一篇梁先生學術思想的論文；二是蒐集他的遺稿，檢一些能印入專號的送來；三是計劃別的文章。關於第三，我已有信致宰平，請他負責梁先生傳記一部。在北方有的是梁先生的舊侶，例如塞老、仲策、天如、羅孝高、李藻蓀、徐君勉、周印昆等，他們各個人都知道他一生一部的事實比別人更為詳盡。我的意思是想請宰平薈集他們所能想到的編製成一整文，你以為如何，請與一談。我們又想請徽音寫梁先生的最後多少天，但不知她在熱孝中能有此心情否，盼見時問及。專號遲至三月十日定須出版，《新月》稿件應於二月二十五日前收齊，故須從速進行。

此外，梁先生的墨跡和肖像，我上函說及，你以為應得印入專號的，亦須從早寄來製版。在滬方，新六允作關於歐遊一文，放園亦有貢獻，實秋及我都有，通伯、一多處亦已去函徵文。還有我們想不到的請你注意。我們想上海的追悼會即在開弔日同日舉行，明日在與君勱商議，容再報。[72]

為了編纂一本梁啟超紀念專號，徐志摩表現出極大熱情，做了大量的籌措工作，可以說盡心盡力，細心周到。但事情進行得似乎並不順利，原定三月十日必須出版的專號，直到三月五日尚無着落。他在當天寫給英國朋友恩厚之的信中還提到此事：

最後我要告訴你，有兩件事使我一直忙個不停的，就是梁啟超在我離北京後三週，即一月十九日，逝世了，年紀不過五十六歲。這項使人傷感的消息你一定在報上讀到了。他的死對我和不少的人，都是一個無可補償的損失。他比他同輩的人偉大多了，這連孫中山先生也不例外，因為在他身上，我們不但看到一個完美學者的形象，而且也知道他是唯一無愧於中國文明偉大傳統的人。他在現

代中國歷史上帶進了一個新的時代；他以個人的力量掀起一個政治徹底的思想革命，而就是因着這項偉績，以後接着來的革命才能馬到成功。所以他在現代中國的地位的確是無與倫比的。胡適和我正在編纂一本約在五月可以面世的紀念刊，盼望對梁先生的偉大人格以及多面性的天才，能作出公正的評價。另一件就是我在籌備一個全國美術展覽，約在一個月後開幕。[73]

徐志摩為這本紀念刊費盡了心血，可惜，一直未見其順利出刊。研究梁啟超的專家學者無不為之扼腕歎息，希望發掘其中的隱情，卻至今未有線索。

1931 年 11 月 19 日，徐志摩搭乘中國航空公司京平線之濟南號飛機，在濟南黨家莊附近遇霧失事，機毀人亡，年僅三十五歲，距離梁啟超逝世只有一年零十個月。

註釋：

1　《徐志摩：年譜與評述》，陳子善序，3 頁。

2　轉引自《歷史的另一角落》，106 頁。但《小腳與西服——張幼儀與徐志摩的家變》90 頁不見這段話，87～88 頁只有下述一句話：「在寫給公婆的家書裏，徐志摩給我們講述了他的精彩生活。大學（指在北京大學）期間，二哥把他介紹給了梁啟超，後者收他為弟子。」

3　《徐志摩：年譜與評述》，20 頁。

4　這是梁啟超 1918 年夏天為兒女講《孟子》一書的發端，全書包括哲理論、修養論、政治論三個部分，此書被梁認為是未定稿，未予發表，1919 年 2 月《時事新報》連載了其中的第二部分，梁贈徐的部分因為是「發端」，故被吳能銘稱為「序」。

5　《徐志摩：年譜與評述》，108～109 頁。

6　同上，110 頁。

7　同上，19 頁。

8　《徐志摩傳》，13 頁。

9　《蔣百里評傳》，140～141 頁。

10　《徐志摩：年譜與評述》，19 頁。

11　《徐志摩全集》第一卷，31 頁。

12　《徐志摩全集》第六卷，411 頁。

13　《徐志摩全集》第一卷，30 頁。

14　同上。

15　《徐志摩：年譜與評述》，26 頁。

16　《徐志摩全集》第三卷，392 頁。

17　《徐志摩全集》第二卷，334 頁。

18　《飲冰室合集·集外文》中冊，856 頁。

19　同上，857 頁。

20　《徐志摩全集》第二卷，212～213 頁。

21　同上，334～335 頁。

22　《蔣百里評傳》，141 頁。

23　《徐志摩：年譜與評述》，27 頁。

24　《徐志摩全集》第六卷，6 頁。

25　《徐志摩：年譜與評述》，30 頁。

26　均引自《中國現代作家選集：胡適》，106～108 頁。

27　見《我所知道的康橋》，《徐志摩全集》第二卷，335 頁。

28　《徐志摩全集》第三卷，392 頁。

29　同上，393 頁。

30　《徐志摩全集》第五卷，287 頁。

31　《梁啟超年譜長編》，942 頁。

32　同上，943 頁。

33　《徐志摩全集》第六卷，210～211 頁。

34　同上，424～425 頁。

35　《梁啟超年譜長編》，979 頁。

36　同上，990 頁。

37　同上，996 頁。

38　同上，1010 頁。

39　《徐志摩：年譜與評述》，45 頁。

40　《梁啟超年譜長編》，1017 頁。

41　《徐志摩：年譜與評述》，45 頁。

42　同上，46 頁。

43　《飲冰室合集·文集》之四十一，47～48 頁。

44　《陳獨秀文章選編》中冊，455～456 頁。

45　《徐志摩全集》第一卷，443～445 頁。

46　《飲冰室合集·文集》之四十五（上），113 頁。

47　同上，114～115頁。

48　《徐志摩：年譜與評述》，55頁。

49　《徐志摩全集》第二卷，134～135頁。

50　同上，137～138頁。

51　《飲冰室合集‧集外文》中冊，983頁。

52　同上，984頁。

53　《徐志摩全集》第二卷，271～272頁。

54　《小腳與西服──張幼儀與徐志摩的家變》，169頁。

55　《金岳霖的回憶與回憶金岳霖》，83頁。

56　《梁啟超年譜長編》，1094～1095頁。

57　見李翰章《詩人徐志摩評傳》，轉引自《近代名家評傳》二集，424～425頁。

58　《飲冰室合集‧集外文》中冊，927頁。

59　同上，1000頁。

60　梁仲策《病院筆記》，見《追憶梁啟超》，361頁。

61　《飲冰室合集‧集外文》中冊，999頁。

62　《飲冰室合集‧專集》之二十三，12頁自註。

63　《飲冰室合集‧集外文》中冊，1001頁。

64　《梁啟超年譜長編》，1188頁。

65　同上，1199～1201頁。

66　《徐志摩全集》第六卷，443頁。

67　同上，148頁。

68　同上，443頁。

69　同上，444頁。

70　胡適《胡適的日記》，見《追憶梁啟超》，433頁。

71　《徐志摩全集》第六卷，256頁。

72　同上，257～258頁。

73　同上，365頁。

第二十二章

寂寞身後事

▶ 梁啟超 (1873—1929)

- 1929 年 1 月 19 日，梁啟超在北平逝世。
- 2 月 17 日，北平、上海同時舉行公祭活動。
- 9 月 9 日，梁啟超遺體安葬於香山腳下。

1929 年 1 月 19 日，梁啟超告別了這個曾給他帶來許多煩惱，又讓他戀戀不捨的世界，走到了生命的盡頭，享年五十六歲。

2 月 17 日，北平、上海同時舉行公祭活動，以紀念這位為中華民族的復興貢獻了全部心血的偉大人物。北平的活動安排在廣惠寺內，天津《益世報》為此出版了梁任公先生紀念專號，其中有《北平公祭梁任公先生情狀志略》一文，記載了當時的情形：

> 廣惠寺內佛堂均為祭聯、哀章所佈滿，約有三千餘件。據聞梁氏訃聞，僅擇其素昔有關係者而送之。馮玉祥、丁春膏、商震、芳澤謙吉、籍忠寅、曹纕蘅、劉淑湘、丁文江等均送祭幛。男女公子思成、思禮、思懿、思達、思寧與林徽音女士等均麻衣草履，俯伏靈幃內，稽顙叩謝，泣不可仰。全場均為喑嗚之聲籠罩，咸為所黯然。
>
> 是日到者甚眾，除尚志學會、時務學會、清華大學研究院、香山慈幼院、松坡圖書館、司法儲才館、廣東旅平同鄉會等團體外，有熊希齡、丁文江、胡適、錢玄同、朱希祖、張貽惠、林礪儒、瞿世英、楊樹達、熊佛西、余上沅、藍志先、任鴻雋、陳衡哲女士、沈性仁女士、江瀚、王文豹、錢稻孫、袁同禮等，門人中有楊鴻烈、汪震、蹇先艾、吳其昌、侯鍔、謝國楨等約五百餘人。[1]

《申報》也報導了上海追悼會的情形：

新會梁任公氏逝世後，已於前日（二月十七日）在北平廣惠寺
開弔，上海方面亦於同日假靜安寺設席公祭，由詩人陳散原（三立）
先生及張菊生（元濟）先生等主持其事。昨日上午九時後弔客紛臨，
有孫慕韓、蔡元培、姚子讓、唐蟒、葉譽虎、劉文島、高夢旦等，
不下百餘人。學生及商界中人來者甚眾。南京指導部某君與梁素昧
生平，亦專來弔祭，並在禮場上聲言：「論私益則知識及立志悉仰
新會之啟迪感化，論國事則振發聲蹟為革命造基業，新會之功不亞
孫、黃，故雖絕無交誼，特來致敬。」（梁啟超在北平大殮時，有法
界名人在廣惠寺撫棺慟哭，言先知先覺，人人得而哭之，如梁新會
者可謂不負中華民國矣。）[2]

古人云，蓋棺論定，入土為安。但梁啟超卻只能說是例外。

1929 年 9 月 9 日，梁啟超的遺體悄悄安葬於北平香山臥佛寺之東坡，
其門生張其昀就顯得有些不安，他注意到：「自梁先生之歿，輿論界似甚
為冷淡。」[3] 他還擔心：「梁先生與國民黨政見不同，恐於近代歷史不能為公
平之紀載。」所以，他「北望西山，不禁為之泫然者矣」。[4]

張其昀的憂慮不是無緣無故的。對此，梁啟超於生前便有預感和先
見。他在 1927 年歲末寫給女兒思順的信中就曾提到：「幾日來頗想移家大
連，將天津新舊房舍都售去，在大連叫思成造一所理想的養老房子。」他
甚至擔心北洋政府的倒台，可能影響到女婿周希哲加拿大總領事的職位，
安慰他官做不成也不要緊，還可以做生意。[5]

1928 年 6 月 10 日，他寫信給尚在歐洲旅行的梁思成，告訴他「北京
局而（面）已翻新」，所以，先前所說他去清華任教的計劃只好作罷，「該
校為黨人所必爭，不久必將全體改組，你安能插足其間」？他勸思成到東
北去，「東北大學交涉已漸成熟。我覺得為你前途立身計，東北確比清華
好（所差者只是參考書不如北京之多），況且東北相需甚殷，而清華實帶

勉強」。[6]

6月23日，他又寫信給女兒思順，報告北京政局發生變化，北洋政府已被南京政府所取代，「北京一萬多災官，連着家眷不下十萬人，飯碗一齊打破，神號鬼哭，慘不忍聞。別人且不管，你們兩位叔叔、兩位舅舅、一位姑丈都陷在同一境遇之下（除七叔外，七叔比較的容易另想辦法），個個都是五六十歲的人，全家十幾口，嗷嗷待哺，真是焦急煞人。現在只好仍拚着我的老面子去碰碰看，可以保全得三兩個不？我本來一萬個不願意和那些時髦新貴說話（說話倒不見得定會碰釘子），但總不能坐視幾位至親就這樣餓死，只好盡一盡人事。（廷燦另為一事，他是我身邊離不開的人，每月百把幾十塊錢我總替他設法。）若辦不到，只好聽天由命，勸他們早回家鄉，免致全家作他鄉餓鬼」。[7]

他還說：「京津間氣象極不佳，四五十萬黨軍屯聚畿輔，（北京城圈內也有十萬兵，這是向來所無的現象。）所謂新政府者，不名一錢，不知他們何以善其後。黨人只有紛紛搶機關、搶飯碗（京津間每個機關都有四五伙人去接收），新軍閥各務擴張勢力，滿街滿巷打旗招兵（嘴裏卻個個都說要裁兵）。」[8]

不久，梁啟超所預見的情況果然就發生了。新外長為了要替新貴騰新加坡的缺，牽連到加拿大總領事的人事安排，周希哲只好準備讓位，惹得梁啟超在給思順的信中又一次大發牢騷：「現在所謂國民政府者，收入比從前豐富得多（尤其關稅項下），不知他們把錢弄到那裏去了，乃至連使館館員留支都克扣去。新貴們只要登台三五個月，就是腰纏十萬，所謂廉潔政府，如是如是。希哲在這種政府底下做一員官，真算得一種恥辱，不過一時走不開，只得忍耐。他現在攛你們走，真是謝天謝地。」[9]

梁啟超對國民政府側目而視，國民政府對梁啟超自然也不肯放過，北平特別市市黨部黨務指導委員會做了一個針對「三一八」慘案的議決案，竟認為梁啟超與此案曾有牽連，真是欲加之罪，何患無辭！乃至發生於數年前的這件慘案也被利用來做造謠的資本。當時，梁啟超正在協和醫院治病，為了說明真相，以正視聽，7月7日，梁啟超的姪子梁廷燦發表了

《致北平特別市市黨部黨務指導委員會書》，他指出：

> 頃閱《民國日報》載貴委員會議決案關於三一八慘案有牽涉家
> 叔之語，不勝駭詫。鄙人多年隨侍家叔，於其日常起居，皆有詳細
> 日記，今因貴會議案所云云，與事實太相違反，不得不舉出極簡明
> 而極有力之反證，鄭重辨明。家叔自民國十五年（1926年）入春以
> 後，忽懼重病，於二月十五日入德國醫院療治無效，三月二日出德
> 國醫院，三月八日入協和醫院，住一樓三五號病室。九日醫生檢驗
> 一次，十一日檢驗一次，俱用局部麻藥，十六日上午施用烈性藥，
> 全部麻醉，行剖割手術。施手術者為該院院長劉君瑞恆。十七、
> 十八兩日皆昏迷不省人事，十八日下午五六時間始漸甦醒。十九日
> 下午，有問病者告以慘案狀況。家叔奮氣填膺，熱度漸增，幾陷危
> 境。醫生查知大怒，因此嚴禁探問者五日。此等事實協和醫院有日
> 記，某日某時某刻某秒病人作何狀，一一記載，纖悉無遺。請貴委
> 員會及普天下人憑常識推論，憑天理良心判斷，以十六日正受麻藥
> 剖腹臥病之人，是否可以參預十八日上午發生之任何事件，此真不
> 值一辯矣。貴會既以指導民眾自命，鄙人殊不願以不肖之心相忖
> 度，謂其有意挾嫌，故入人罪；但據報紙所言，係一種正式決議。
> 以堂堂一政黨之議案，自不應為無責任而違反事實之言，以淆惑視
> 聽。為此專函抗辯，務請貴會派人向協和醫院調查醫案又日曆，看
> 鄙人所言有無一字虛偽差舛。[10]

這種憑空捏造的東西很容易被事實所駁倒，而根深蒂固的偏見和分歧
卻不是輕易可以消除的。12月1日，原清華研究院學生徐中舒、程璟、
楊鴻烈、方欣、陸侃如、劉紀澤、周傳儒、姚名達等致信梁啟超，問候他
的病情，同時說道：「客歲黨軍佔領江南，南北之音問遂疏，師座因歷史
關係，為各方所注目，郵電往來常被檢查，用不便逕修書候。」[11]這就是
說，梁啟超的往來書信是有可能被監控檢查的。這些細枝末節足以窺視

民國政府對待梁啟超的態度。所以，梁啟超逝世後，除了來自南京指導部的某君，無論北京還是上海，兩地公祭現場，都見不到國民黨方面的人，也少有他們送的輓聯，是很自然的。當時，楊杏佛曾對徐志摩說，國府對於梁啟超不能沒有表示，並準備去南京找蔡元培等人商議，要在國府會議上正式提出。但是，由於國民黨立法院院長胡漢民等人的堅決反對，此案也只能不了了之。梁啟超的門生、著名史學家張蔭麟就曾以民國政府未能褒揚梁先生而深表遺憾，他說：「頗聞任公之歿，實曾有大力者建言政府，加之褒揚，格於吾粵某巨公而止。」[12] 這裏的「大力者」即指蔡元培，而「吾粵某巨公」即指胡漢民。結果，直到梁啟超去世十三年之後，即中華民國三十一年（1942 年）十月三日，國民政府才頒佈了褒揚梁啟超的明令。對此，他的另一位門生吳其昌不無傷感地說：「讀竟，泫然流涕。」[13]

▌ 言人人殊梁任公

這是因黨見、政見分歧而導致的對於梁啟超的輕視和冷落，雖然涉及很少一部分人，但其影響卻是長久深遠的，尤其當國民黨掌握了話語權之後，在以敘事建構晚清民國歷史時，故意貶低梁的作用和貢獻，醜化他，甚至用忽略和遺忘的方式，使他不存在，這些都是梁啟超身後遭遇中最令人痛心的。

同為清華教授的吳宓對於梁啟超身後的寂寞也曾感到不解：「梁先生為中國近代政治文化史上影響最大之人物，其逝也，反若寂然無聞，未能比於王靜安先生之受人哀悼。吁，可怪哉！」[14] 說怪其實並不怪，王國維先生比較單純，作為一個學者，他只在書齋裏討生活，性格上且落落寡合，與社會幾乎不發生關係；梁啟超就不同了，幾十年風風雨雨，進進退退，幾度出入於政治、學術之間，給人一種眼花繚亂的感覺，無論人事還是國事，都牽扯到方方面面，各色人等，說好說壞都不容易，很多人說他「善

變」，也不是一點根據都沒有。在這種情況下，要對梁啟超作出客觀公正的評價，確實很難。

譚人鳳是老同盟會員，他在二次革命失敗後亡命日本，曾作過一部《石叟牌詞》，開篇便說，他早年在思想上「感觸於《時務報》者亦不少。故嘗謂彼時之梁卓如啟迪國人，功誠匪淺」。但「惜乎反覆無常，甚至賣朋友，事仇讎，判師長，種種營私罔利行為，人格、天良兩均喪盡。近康有為對人言，願世人毋以我與某並稱，我有所不為，某無所不為也」。[15]

這是來自敵對陣營的看法。湖南名士李肖聃在 1913 年梁啟超任司法總長時做過他的祕書，據說梁的有些文章還是由他代筆的，他對梁啟超晚年的變化非常不滿，認為「巨人長德，曲學阿世，且忍獻媚小生，隨風而靡。歐遊心影之錄，清華講演之集，所以謏聞動眾者，不惜低首於群兒，逐響於眾好。而中國之文氣日衰，聖風愈塞矣」。[16]

他的意見大約代表了當時並不少見的固守傳統文化不肯妥協的那一部分人的看法。而新文化的代表者胡適就從另一面指責他的「善變」，在一篇日記中胡適寫道：「他晚年的見解頗為一班天資低下的人所誤，竟走上衞道的路上去，故他前六七年發起『中國文化學院』時，曾有『大乘佛教為人類最高的宗教；產生大乘佛教的文化為世界最高的文化』的謬論。此皆歐陽竟無、林宰平、張君勱一班庸人誤了他。」[17]

這種言人人殊，各持己見的情形，只能有一種解釋，即梁啟超太龐大了，以至於人們站在各自的立場，從某一角度出發去認識他的時候，看到的可能都是一個側面，而不是全部，我稱之為盲人摸象式。鄭振鐸的看法與上述幾位就完全不同，他說：

> 梁任公最為人所恭維的——或者可以說，最為人所詬病的——一點是「善變」。無論在學問上，在政治活動上，在文學的作風上都是如此。然而我們當明白他，他之所以「屢變」者，無不有他的最強固的理由，最透澈的見解，最不得已的苦衷。他如頑執不變，便早已落伍了，退化了，與一切的遺老遺少同科了；他如不變，則他

對於中國的供（貢）獻與勞績也許要等於零了。他的最偉大處，最足以表示他的光明磊落的人格處便是他的「善變」，他的「屢變」。他的「變」，並不是變他的宗旨，變他的目的；他的宗旨他的目的是並未變動的，他所變者不過方法而已，不過「隨時與境而變」，又隨他「腦識之發達而變」其方法而已。他的宗旨，他的目的便是愛國。「其方法雖變，然其所以愛國者未嘗變也。」凡有利於國的事，凡有益於國民的思想，他便不惜「屢變」，而躬自為之，躬自倡導着。[18]

鄭振鐸不是與梁啟超交往很深的人，但他卻可以說是梁的知音。丁文江在寫給胡適的一封信中稱讚道：「已經發表的論任公的文章，自然要算他第一了。」[19]

▌ 累變不離其宗

丁文江在給胡適的另一封信中還提到：「我聽見人說，孫慕韓（寶琦）的兄弟孫仲嶼（寶瑄）有很詳細的日記，所以用思成的口氣寫了一封信給慕韓託菊生轉交，請他借給我一看。」[20] 孫寶琦曾任北洋政府內閣總理，與梁啟超是朋友，他的弟弟孫寶瑄此時已不在人世，信中提到的日記，即後來出版的《忘山廬日記》。其中 1907 年 5 月 20 日記載：「飲冰梁氏，奔走海外十年，其言論思想，屢騰諸報紙。人有譏其宗旨累變，所謂種界也，保皇也，共和也，立憲也，開明專制也。始談革命，繼又日與革命黨宣戰。始談公德，繼又提倡私德。綜其前後所言，自相反對者，不知凡幾，豈非一反覆之小人乎？忘山居士聞而笑曰：不然。飲冰者，吾誠不知其為何如人，然據是以定其為小人，言者之過也。蓋天下有反覆之小人，亦有反覆之君子。人但知不反覆不足為小人，庸知不反覆亦不足為君子。蓋小人知反覆也，因風氣勢利知所歸，以為變動；君子之反覆也，因學識之層

累疊進，以為變動。其反覆同，其所以為反覆者不同。」[21]

梁啟超對於自己的「反覆」、「善變」也早有認識。他早年寫作《飲冰室自由書》，就有一篇《善變之豪傑》，主張在宗旨不變的前提下，其方法可以隨時與境而變。後來他作《政治學大家伯倫知理之學說》一文，也有一番感慨：

> 嗚呼，共和共和，吾愛汝也，然不如其愛祖國；吾愛汝也，然不如其愛自由。吾祖國吾自由其終不能由他途以回覆也，則天也；吾祖國吾自由而斷送於汝之手也，則人也。嗚呼，共和共和，吾不忍再污點汝之美名，使後之論政體者，復添一佐證焉以詛咒汝。吾與汝長別矣。問者曰：然則子主張君主立憲者矣？答曰：不然。吾之思想退步，不可思議，吾亦不自知其何以銳退如此其疾也。吾自美國來，而夢俄羅斯者也。吾知昔之與吾同友共和者，其將唾餘，雖然，若語於實際上預備，則不在多言，顧力行何如耳。若夫理論，則吾生平最慣與輿論挑戰，且不憚以今日之我與昔日之我挑戰者也。[22]

梁啟超的變與所以變在這裏已經表達得非常清楚了，他在晚年與學生們談到變與不變，分分合合，不認為是意氣之爭，或爭權奪利，而是其中心思想和一貫主張所決定的。他說：「我的中心思想是什麼呢？就是愛國。我的一貫主張是什麼呢？就是救國。我一生的政治活動，其出發點與歸宿點，都是要貫徹我愛國救國的思想與主張，沒有什麼個人打算。」[23] 這不是梁啟超自誇，考察其一生經歷，誰都不能否認這一點。陳寅恪於此看得很清楚，他在《讀吳其昌撰梁啟超傳書後》中指出：

> 任公先生高文博學，近世所罕見。然論者每惜其與中國五十年腐惡之政治不能絕緣，以為先生之不幸。是說也，余竊疑之。嘗讀元明舊史，見劉藏春、姚逃虛皆以世外閒身而與人家國事。況先生

少為儒家之學，本董生國身通一之旨，慕伊尹天民先覺之任，其不能與當時腐惡之政治絕緣，勢不得不然。憶洪憲稱帝之日，余適旅居舊都，其時頌美袁氏功德者，極醜怪之奇觀。深感廉恥道盡，至為痛心。至如國體之為君主抑或民主，則尚為其次者。迨先生《異哉所謂國體問題者》一文出，摧陷廓清，如撥霧而睹青天。然則先生不能與近世政治絕緣者，實有不獲已之故。此則中國之不幸，非獨先生之不幸也。又何病焉？[24]

梁漱溟也有類似的看法，他說：

任公先生是有血性的熱腸人，其引用莊子內熱飲冰的話，以飲冰自號，很恰當。他只能寫文章鼓舞人，不能負擔政治任務，其供他人利用是決定的。其卒自悔悟是有良心不昧者，以視康有為、楊度輩悍然作惡者，自有可原恕。[25]

梁啟超身後評價之難，固然與其自身的豐富性、複雜性有關，這恐怕正是徐志摩精心策劃的《新月》紀念專號最終夭折的原因之一。胡適沒有完成交給他的任務，怕也反射出其內心的矛盾。他在日記中寫道：「任公為人最和藹可愛，全無城府，一團孩子氣。人家說他是陰謀家，真是恰得其反。」然而他也看到：「任公才高而不得有系統的訓練，好學而不得良師益友，入世太早，成名太速，自任太多，故他的影響甚大而自身的成就甚微。近幾日我追想他一生著作最可傳世不朽者何在，頗難指名一篇一書。後來我的結論是他的《新民說》可以算是他一生的最大貢獻。《新民說》篇篇指摘中國文化的缺點，頌揚西洋的美德可給我國人取法的，這是他最不朽的功績。故我的輓聯指出他『中國之新民』的志願。」[26]

▌寂寞身後事

胡適這樣說固然有他的道理，而梁啟超身後的寂寞寥落，又似乎和他的門生故舊往往早夭有關。蔡鍔過早去世，已是很大損失；范源濂等亦先於他過世，徐志摩、丁文江、蔣百里更在其死後不久便陸續辭世；甚至他後期的學生，有些也未能保其天年，像清華研究院首屆畢業的吳其昌，即梁啟超的高足之一，只看他撰寫的《梁任公先生別錄拾遺》和《梁任公先生晚年言行記》，就不難想象他與梁氏相知之深，但他年僅四十歲即因勞累過度，身染重病而終至不起，他在生命的最後階段抱病撰寫《梁啟超傳》，也僅得其半部，是為終生遺憾；他的另一個學生張蔭麟，也是不可多得的史學人才，在新史學領域甚至梁、張並稱，又與錢鍾書、吳晗、夏鼐並稱「文學院四才子」，卻因在戰爭期間患上腎炎症，缺醫少藥，病情日重，於 1942 年在遵義病逝，年僅三十七歲。梁氏弟子尚有不少，如徐中舒、王力、姜亮夫、陳守實、高亨、楊鴻烈、馮國瑞、陸侃如、何士驥、吳金鼎等，他們皆在學術界享有盛名，但在社會政治領域卻影響很小，或完全沒有影響。即使如張君勱、張東蓀等熱衷於政治活動的人物，三十年代以後也不可能再有更大的作為，已經沒有人肯聽他們說些什麼了。丁文江曾在《大公報》上發表《公共信仰與統一》一文，希望國民黨、共產黨、第三黨的人把個人恩怨、各黨利害放在一邊，找一個大家都能接受、都肯承認的最低限度的信仰，作為公共信仰，中國才有可能統一。但在國共雙方打得你死我活、不可開交的時候，誰又聽得進這種勸告？

後面這一點其實很重要，是問題的關鍵，因為很顯然，梁啟超身後所受冷遇的根本原因，就隱藏在這裏。也可以這麼說，他的思想和主張在那個時代讓很多人感到隔膜，不可避免地採取疏離的態度，而且，他的救國方案也被越來越多的人認為是不合時宜的。因此，與其說他受到某些人的冷落，不如說那個時代冷落了他。梁漱溟曾在 1943 年撰文稱，近五十年，中國出了兩個偉大人物，一個是蔡元培，一個就是梁啟超。「其貢獻

同在思想學術界，特別是同一引進新思潮，衝破舊羅網，推動了整個國家大局。」[27] 他特別強調：「總論任公先生一生成就，不在學術，不在事功，獨在他迎接新世運，開出新潮流，撼動全國人心，達成歷史上中國社會應有之一段轉變。」他建議青年們讀一讀梁啟超的書：「雖在今日，論時代相隔三十年以上，若使青年們讀了還是非常有用的。」[28]

可惜，那個時代的青年已經很難聽進他的勸告了。他們在越來越激進的革命理論鼓舞下，正義無反顧地投身到波瀾壯闊的時代浪潮中去，哪有心思閱讀梁啟超的書呢？回想梁漱溟所說的近五十年，從 1893 年到 1943 年，乃至再向後推大約五十年，即二十世紀八十年代後期，中國的社會輿論一直沒有離開過「革命」，而且一浪高過一浪，調門越唱越高。梁啟超最初也是革命論者，主張對舊世界採取破壞態度，至少他在 1896 年至 1903 年間的許多言論，是有反清革命傾向的。從一定意義上說，中國現代激進主義的革命情結，梁氏還是其濫觴呢。但他很快就把自己變成了一個堅定的反革命派，雖然他所反對的革命只是專以武力或暴力顛覆國家，推翻政府的狹義革命。他所主張的卻是通過和平、漸進的制度或政體變革，或曰改良，實現國家和民族的新生。此後他始終堅持這一點，無論是開明專制，還是君主立憲，所希望的無不是避免革命中的大規模社會動亂和流血，然而革命黨沒有這樣的耐心，清政府也一再挑戰人們的耐心，從而把更多的人變成了革命黨，遂有 1911 年辛亥革命的發生。這時他所擔心的，是革命將會引起的災難性後果，他盡了最後的努力，想要實現新舊政權的平穩過渡，但事實上已不可能。民國成立後，由於南方革命黨與北方軍閥之間難以調和的矛盾，中國陷入了長期的紛爭和戰爭。梁啟超希望借助袁世凱的實力和勢力實現他的憲政理想，而他的願望在袁世凱不斷膨脹的權力欲望面前碰得粉碎，以至於他與蔡鍔不得不在袁世凱宣佈登基做皇帝之後舉兵反袁，儘管他們一再聲明此舉為不得已，但實際上他們已捲入了自己一貫反對並努力避免的殺戮無度的軍閥政治之中。

中華民國政府至少有十六年的時間來創建一個民主、自由、健康、有序的憲政制度，這也是梁啟超始終為之努力的，儘管他在 1917 年府院之

爭後已從政治領域退守書齋，但他並未放棄與北洋政府的合作。直到二十年代初，他歐遊回國之後，仍然對吳佩孚、孫傳芳抱有很大希望，想通過聯省自治、制定省憲、召開國民大會，來限制軍閥的權力，促成民主政治，達到重建民族國家的目的。但此時已今非昔比，如果說民國前十年沒有給梁啟超提供這樣的機會，那麼，民國的第二個十年，已不可能再有這樣的機會。軍閥之間無休止地爭奪勢力範圍的戰爭且不論，1919年五四新文化運動的爆發，則標誌着一種新的政治勢力登上歷史舞台，無論在政治上，還是在文化上，梁啟超都不是他們的對手。這時，國際形勢也發生了深刻的變化，十月革命的成功，給屢戰屢敗的國民黨帶來了新的希望，孫中山在絕望之中決心「以俄為師」，更把中國革命納入到世界革命的範疇之中。隨着共產黨與國民黨的聯合，中國革命獲得了新的生機，在長江以南的廣大地區，舊有的經濟結構和社會結構均被動搖，革命風暴從城市向農村迅速蔓延，而北伐軍所到之處，工農運動乘勢而起，國民黨對整個局勢的控制已陷入一種無能為力的境地。毛澤東當時就曾指出：「很短的時間內，將有幾萬萬農民從中國中部、南部和北部各省起來，其勢如暴風驟雨，迅猛異常，無論什麼大的力量都將壓抑不住。他們將衝決一切束縛他們的羅網，朝着解放的路上迅跑。一切帝國主義、軍閥、貪官污吏、土豪劣紳，都將被他們葬入墳墓。一切革命的黨派、革命的同志，都將在他們面前受他們的檢驗而決定棄取。」[29] 在這種情況下，國共之間的戰爭已不可避免，並且發展為一種以階級矛盾、階級鬥爭為圭臬的更加廣泛的社會衝突，梁啟超以憲政為核心建立民主自由新國家的理想終成泡影。

▍重新認識梁啟超

對梁啟超的重新認識和發現應該發生在二十世紀八十年代，甚或九十年代，特別是在 2000 年之後，梁啟超的重要性以及他的政治、文化遺產才越來越多地被人們所談論，所肯定。龍應台在 2000 年將要來臨的時候

寫道：「一百年之後我仍受梁啟超的文章感動，難道不是因為，儘管時光荏苒，百年浮沉，我所感受的痛苦仍是梁啟超的痛苦，我所不得不做的呼喊仍是梁啟超的呼喊？我自以為最鋒利的筆刀，自以為最真誠的反抗，哪一樣不是前人的重複？」[30] 她把第一次閱讀《論不變法之害》的情形形容為「驚心動魄」，在她看來，梁啟超這篇文章「所碰撞的幾個問題正好是一百年以後中國知識界最關切的大問題之一——中國文化的現代化」。讓她大為感歎的是，「梁啟超的『法者天下之公器也，變者天下之公理也』所勾勒出來的難道不就是我們轉進二十一世紀的此刻所面對的現代化以至於全球化的基本原則嗎」？ [31]

龍應台對梁啟超的閱讀感受應該不是她一個人的，而是發生在一個廣闊的時代背景下。從她所回顧的戊戌百年，到今年的辛亥百年，又過去了十幾年，中國知識界最關切的問題，應該說還是中國的現代化，不僅是文化的現代化，還應該包括國家的現代化、人的現代化，乃至政治領域的現代化——也即民主化。這些都沒有超出梁啟超政治遺產和文化學術遺產的範圍。有人說，二十世紀中國思想史上有一個承前啟後的「新道統」或「新學統」，其主鏈即梁啟超——胡適——顧准——李慎之，或者還可以增加晚年陳獨秀，在台灣還有殷海光和雷震，他們一代又一代一波又一波所不斷追求的，歸納起來就是憲政主義、民主主義、民族主義。梁啟超是將這些概念引入中國的第一人，也是其權威闡釋者。梁啟超的民族主義基於現代民族——國家觀念，與孫中山的民族主義有根本區別，前者所倡導的是一個多元一體的中華民族共同體，而後者所要建立的卻是同化了各少數民族的單一大漢族國家。再看梁啟超的民主主義，是以民主、自由、人權為其思想底線，主張民權即國權，民權不能伸張，國權亦無從伸張。而孫中山晚年詮釋三民主義，自由主義受到抨擊，民權主義則受到「先知先覺」論、「國民資格」論的閹割，國民資格的獲得必須以接受國民黨訓政並宣誓效忠黨義為前提條件，於是，民國變成了黨國，這真是中華民族最大的不幸！

註釋：

1　《梁啟超年譜長編》，1206 頁。

2　同上，1208 頁。

3　《追憶梁啟超》，120 頁。

4　同上，125 頁。

5　《梁啟超年譜長編》，1167 頁。

6　同上，1179 頁。

7　同上，1184 頁。

8　同上，1185 頁。

9　同上，1195 頁。

10　同上，1185～1186 頁。

11　同上，1197 頁。

12　《追憶梁啟超》，137 頁。

13　同上，403 頁。

14　《空軒詩話》，見《吳宓詩話》199 頁，轉引自《追憶梁啟超》夏曉虹後記，476 頁。

15　《石叟牌詞》，2 頁。

16　《星廬筆記》自敍，1 頁。

17　《追憶梁啟超》，435 頁。

18　同上，88～89 頁。

19　同上，484 頁。

20　《丁文江年譜》，333 頁。

21　《忘山廬日記》下冊，1043 頁。

22　《飲冰室合集·文集》之十三，86 頁。

23　李任夫《回憶梁啟超先生》，見《追憶梁啟超》，418 頁。

24　《寒柳堂集》，166 頁。

25　《追憶梁啟超》，265 頁。

26　同上，433～435 頁。

27　同上，258 頁。

28　同上，262 頁。

29　《湖南農民運動考察報告》，見《毛澤東選集》（四卷本），12～13 頁。

30　《維新舊夢錄：戊戌前百年中國的「自改革」運動》序，6 頁。

31　同上，10～11 頁。

後記

我的一點交待
──新版《梁啟超傳》修訂始末

　　2012年，我的《梁啟超傳》出版之後，讀者表現出極大的熱情，同時給予我極大的支持和鼓勵，這是我不曾料到的。我在「後記」中曾經表示，這本書充其量只是初學者完成的一份作業，就是意識到，對我來說，這本書的出版僅僅是個開始，是萬里長征邁出的第一步，後面還有太多的事情要做。梁啟超是個複雜的存在，要想全面、完整地了解、認識這個人，書寫他的整個人生，一蹴而就是不可能的，也是辦不到的，要有長期作戰的準備。

　　因此，在拿到《梁啟超傳》樣書的那一刻起，我就開始了新一輪對梁啟超的閱讀與思考，特別是在我自認為非常薄弱之處，比如西方政治制度史和政治思想史之類，就更加用心一些。這時，有不少讀者朋友和老師，都把讀書時發現的紕漏和瑕疵陸續轉告於我，有些遺憾之處，也希望能在再版時得到彌補。新版《梁啟超傳》中「惺惺相惜，梁啟超與嚴復」一章，就是聽了陸建德先生的建議增補的。

　　修訂的重點是增加了三章，計有十數萬字，依次為第四章：手足深情，梁啟超與諸兄弟；第八章：惺惺相惜，梁啟超與嚴復；第十五章：殊途同歸，梁啟超與宋教仁。何以增加這三章？當然各有其原因，容我慢慢交待。原本我寫梁啟超的家世，兄弟之情是不可忽略的一部分，特別是

二弟梁啟勳，梁啟超在世時，他們兄弟之間幾乎是融為一體，難以拆分的。梁啟勳一直生活在梁啟超的巨大陰影之中，很多時候，我們只知有梁啟超，不知有梁啟勳，關於他的材料，幾乎少得可憐。他曾作過《曼殊室戊辰筆記》、《高祖以下之家譜》，《梁啟超年譜長編》多有引用，但原書卻意外地失蹤了，以至於今天的我們已不能窺其全貌。所以，兄弟之情也只能暫付闕如。然而，就在《梁啟超傳》問世不久，大約是在 2012 年的 10 月，一批與梁啟超和梁啟勳有關的文物檔案公之於眾，其中最為世人所看重的，是大約 300 封信札，僅梁啟超致梁啟勳書就有 226 通，另有康有為致梁啟勳書 21 通，湯覺頓致梁啟勳書 17 通。這些書信以梁啟超致梁啟勳的時間跨度最長，從 1904 年 3 月 3 日直至 1928 年 10 月 25 日，幾乎涵蓋了梁啟超的後半生。而康有為致梁啟勳書則集中在 1905 年至 1908 年之間，此時的梁啟勳正在美國求學，康有為寫信給他，目的是想通過他了解保皇會在美國的情況，特別是在「振華案」發生之後，他成為康有為在美可以託付的人物之一。湯覺頓致梁啟勳書集中在 1914 年和 1915 年這兩年，內容多為二人之間的經濟往來及朋友間的交往。

這批書信的面世使得增補「梁啟超與諸兄弟」一章成為可能。而同樣仰仗更多材料的發現，使夙願以酬的，還有「梁啟超與嚴復」一章。當初

在寫「梁啟超與黃遵憲」一章時，嚴復對梁啟超之重要性，我便有所感覺了。可是，限於當時所能讀到的書，只有一部《嚴復年譜》和五卷本的《嚴復集》，尚不足以支持我完成「梁啟超與嚴復」這一章。不久，我得到一本蘇中立、涂光久主編的《百年嚴復——嚴復研究資料精選》，給予我很大的鼓勵，使我看到了一線希望，而馬勇先生主編的《嚴復全集》於2014年出版，更讓我信心倍增。我是覺得，如果沒有充分的第一手材料做保證，傳記的書寫總有「空中樓閣」之憂，是不能讓人放心的。

至於增補「梁啟超與宋教仁」這一章，其實是想彌補最初在探究民初議會政治、政黨內閣時留下的一點遺憾。這個問題，在撰寫「梁啟超與孫中山」、「梁啟超與袁世凱」這兩章時，曾有所涉及，但未能深入和展開。當時覺得，袁世凱和孫中山這兩個人物，並不能提供深入探討這個問題的空間。後來讀了兩卷本的《宋教仁集》和《宋教仁日記》，深感他們雖然分處相互對立的兩大陣營，而且從未謀面，但宋教仁卻是唯一可以在這個問題上與梁啟超對話的人。他所追求的憲政民主，議會政治、政黨內閣，在同盟會內部或被視為「異見」而遭排斥，但在他的「政敵」梁啟超那裏，卻可能得到積極的回應和共鳴。儘管他們因同盟會與立憲派的宿怨一直沒有機會走到一起，但在追求現代政治文明這一點上，二人卻可謂殊途同歸。如果說宋教仁是國民黨方面主張以政黨政治、責任內閣實現民主憲政的一面旗幟，那麼，梁啟超就是立憲派方面推進政黨政治以貫徹民主憲政之理想的代表人物。他們都希望初生的民國能盡快走上正軌，平穩過渡到憲法框架內的政治實踐，並以實力相當，可以相互制衡的兩大政黨，實現議會民主，以及立法、司法、行政的獨立運行和相互制約。一旦這種希望變成現實，則梁、宋作為旗鼓相當的兩大政黨的領袖，是可以將民國政治導向民主憲政之理想境界的。宋教仁死後曾有人感歎：「天下之民皆如任公漁父，相爭以道，揖讓有禮，郁郁乎文，泱泱者大，華人欲不模範萬邦，亦不可得。」

補寫這一章，展現了民初中國人在這個問題上所達到的深度和高度，儘管民國的政治實踐留下了太多的遺憾，把中國引向了萬劫不復的深淵，但梁、宋二人的思想依然彪炳史冊，昭示着一種理想的存在。當然，人物傳記永遠都是「遺憾的藝術」，新的材料的發現，新的思想的啟示，都可能成為重新修訂和改寫的機會。就此而言，新版《梁啟超傳》雖然出版了，但圍繞梁啟超，還有太多事情要做，我也希望能在有生之年把對梁啟超的研究繼續下去，這是我的榮幸。

解璽璋

參考文獻

梁啟超：《飲冰室合集》（全十二冊），中華書局，1989 年 3 月

夏曉虹輯：《飲冰室合集・集外文》（三卷），北京大學出版社，2005 年 1 月

梁啟超：《飲冰室詩話》，人民文學出版社，1959 年 4 月

梁啟超：《清代學術概論》，上海古籍出版社，1998 年 1 月

梁啟超：《中國近三百年學術史》，東方出版社，1996 年 3 月

《梁啟超未刊書信手跡》，中華書局，1994 年

杜疊選編：《際遇——梁啟超家書》，北京出版社，2008 年 4 月

《梁啟超家書》，中州古籍出版社，2016 年

丁文江、趙豐田編：《梁啟超年譜長編》，上海人民出版社，1983 年 8 月

夏曉虹編：《追憶梁啟超》，中國廣播電視出版社，1997 年 1 月

吳其昌：《梁啟超傳》，百花文藝出版社，2004 年 7 月

吳荔明：《梁啟超和他的兒女們》，北京大學出版社，2009 年

羅檢秋：《新會梁氏：梁啟超家族的文化史》，中國人民大學出版社，1999 年 10 月

張灝：《梁啟超與中國思想的過渡（1890—1907）》，江蘇人民出版社，1993 年 8 月

張朋園：《梁啟超與清季革命》，吉林出版集團有限責任公司，2007 年 12 月

康有為：《長興學記・桂學答問・萬木草堂口說》，中華書局，1988 年 3 月

康有為：《新學偽經考》，中國人民大學出版社，2010 年 6 月

湯志鈞編：《康有為政論集》（上下），中華書局，1981 年 2 月

舒蕪編註：《康有為詩文選》，人民文學出版社，1958 年

樓宇烈整理：《康南海自編年譜》（外二種），中華書局，1992 年

夏曉虹編：《追憶康有為》，中國廣播電視出版社，1997 年 1 月

上海市文物保管委員會編：《康有為與保皇會》，上海人民出版社，1982 年 9 月

方志欽主編：《康梁與保皇會——譚良在美國所藏資料彙編》，香港銀河出版社，2008 年 9 月

中國史學會主編：「中國近代史資料叢刊」《戊戌變法》（1—4），神州國光社，1953 年 9 月

蘇繼祖等：《清廷戊戌朝變記》（外三種），廣西師範大學出版社，2008 年 10 月

胡思敬：《戊戌履霜錄》，南昌退廬，1913 年

張耀南等：《戊戌百日誌》，北京燕山出版社，1998 年 8 月

王夏剛：《戊戌軍機四章京合譜》，中國社會科學出版社，2009 年 6 月

湯志鈞：《戊戌變法人物傳稿》，中華書局，1961 年

黃彰健：《戊戌變法史研究》（上下），上海書店出版社，2007 年 3 月

孔祥吉：《康有為變法奏章輯考》，北京圖書館出版社，2008 年 3 月

孔祥吉：《清人日記研究》，廣東人民出版社，2008 年 6 月

孔祥吉：《晚清佚聞叢考》，巴蜀書社，1998 年 7 月

茅海建：《從甲午到戊戌：康有為〈我史〉鑒註》，三聯書店，2009 年 5 月

茅海建：《戊戌變法史事考》，三聯書店，2005 年 1 月

朱維錚、龍應台編著：《維新舊夢錄——戊戌前百年中國的「自改革」運動》，三聯書店，2000 年 10 月

任青、馬忠文整理：《張蔭桓日記》，上海書店出版社，2004 年 2 月

葉德輝編：《覺迷要錄》，台灣文海出版社影印本，1987 年

張之洞：《勸學篇》，廣西師範大學出版社，2008 年 10 月

辜鴻銘：《清流傳》，東方出版社，1997 年 9 月

陳寅恪：《寒柳堂集》，三聯書店，2001 年 4 月

卞僧慧纂，卞學洛整理：《陳寅恪先生年譜長編》，中華書局，2010 年 4 月

黃遵憲著，錢仲聯箋註：《人境廬詩草箋註》，上海古籍出版社，1981 年 6 月

鄭海麟：《黃遵憲傳》，中華書局，2006 年 7 月

吳振清等編校：《黃遵憲集》，天津人民出版社，2003 年 10 月

蔡尚思、方行編：《譚嗣同全集》，中華書局，1981 年 1 月

加潤國選註：《仁學——譚嗣同集》，遼寧人民出版社，1994 年 9 月

楊廷福：《譚嗣同年譜》，人民出版社，1957 年 7 月

上海圖書館編：《汪康年師友書札》（四卷本），上海古籍出版社，1986—1989 年

汪詒年纂輯：《汪穰卿先生傳記》，中華書局，2007 年 6 月

孫寶瑄：《忘山廬日記》，上海古籍出版社，1983 年 4 月

湖南省哲學社會科學研究所編：《唐才常集》，中華書局，1980 年 6 月

杜邁之等輯：《自立會史料集》，嶽麓書社，1983 年 1 月

張謇著，北京圖書館編：《嗇翁自訂年譜》（見北京圖書館珍藏本年譜叢刊第 183 冊），
　　北京圖書館出版社

陳錫祺主編：《孫中山年譜長編》，中華書局，1991 年 8 月

毛注青編著：《黃興年譜長編》，中華書局，1991 年 8 月

王忍之等編：《辛亥革命前十年間時論選集》（三卷），三聯書店，1960 年（第一卷）、
　　1963 年（第二卷）、1977 年（第三卷）

吳玉章：《辛亥革命》，人民出版社，1973 年 8 月

湯志鈞編：《章太炎政論選集》，中華書局，1977 年 11 月

湯志鈞編：《章太炎年譜長編》，中華書局，1979 年 10 月

姚奠中、董國炎：《章太炎學術年譜》，山西古籍出版社，1996 年 8 月

許壽棠《章太炎傳》，百花文藝出版社，2004 年 7 月

北京市檔案館編：《楊度日記（1896—1900）》，新華出版社，2001 年

楊雲慧：《從保皇派到祕密黨員──回憶我的父親楊度》，上海文化出版社，1987年4月

《駱寶善評點袁世凱函牘》，嶽麓書社，2005年8月

馮自由：《革命逸史》（三冊），新星出版社，2009年1月

曾業英編：《蔡鍔集》（一、二），湖南人民出版社，2008年7月

胡曉編著：《段祺瑞年譜》，安徽大學出版社，2007年1月

溫世霖撰：《段氏賣國記》，中華書局，2007年6月

蔣百里：《歐洲文藝復興史》，嶽麓書社，2010年1月

許逸雲編著：《蔣百里年譜》，團結出版社，1992年10月

曹聚仁：《蔣百里評傳》，東方出版社，2010年1月

陶菊隱：《蔣百里傳》，中華書局，1985年2月

陶菊隱：《政海軼聞》，上海書店出版社，1998年3月

陶菊隱：《武夫當國》（五卷本），海南出版社，2006年10月

陶菊隱：《六君子傳》，中華書局印行，1947年

高平叔撰著：《蔡元培年譜長編》，人民教育出版社，1996年11月

張君勱等：《科學與人生觀》，黃山書社，2008年5月

朱正編註：《丁文江集》，花城出版社，2010年4月

歐陽哲生編：《丁文江先生學行錄》，中華書局，2008年1月

宋廣波編著：《丁文江年譜》，黑龍江教育出版社，2009年1月

胡適：《丁文江傳》，南海出版社，1993年7月

（美）費俠莉：《丁文江：科學與中國新文化》，新星出版社，2006年1月

《胡適文集》（三卷），北京燕山出版社，1995年6月

《胡適自傳》，黃山書社，1986年11月

《胡適古典文學研究論集》，上海古籍出版社，1988年8月

《胡適來往書信選》（三冊），中華書局，1979年

杜春和編：《胡適論學來往書信選》（上下），河北人民出版社，1998 年

胡適：《讀書與治學》，三聯書店，1999 年 11 月

易竹賢編：《中國現代作家選集：胡適》，人民文學出版社，1993 年 4 月

唐德剛：《胡適雜憶》（增訂本），華東師範大學出版社，1999 年 1 月

唐德剛整理、翻譯：《胡適口述自傳》，安徽教育出版社，2005 年 5 月

胡頌平編著：《胡適之先生晚年談話錄》，新星出版社，2006 年 10 月

耿雲志：《胡適年譜》，香港中華書局，1986 年 6 月

李敖：《胡適評傳》，文匯出版社，2003 年 7 月

余英時：《重尋胡適歷程——胡適生平與思想再認識》，廣西師範大學出版社，2004
　　年 9 月

耿雲志主編：《胡適遺稿及迷藏書信》，黃山書社，1994 年

任建樹等編：《陳獨秀著作選》（第一卷），上海人民出版社，1984 年 9 月

林茂生等編：《陳獨秀文章選編》，三聯書店，1984 年 6 月

水如編：《陳獨秀書信集》，新華出版社，1987 年 11 月

《魯迅全集》，人民文學出版社，1981 年

張允侯、張友坤編著：《在五四運動爆發的一年裏》，武漢出版社，1989 年 12 月

汪榮祖編：《五四研究論文集》，聯經出版事業公司，1979 年

中國社會科學院近代史研究所近代史資料編輯組編：《五四愛國運動》（上下），中國社
　　會科學出版社，1979 年 3 月

周策縱：《五四運動史》，嶽麓書社，1999 年 8 月

韓石山編：《徐志摩全集》，天津人民出版社，2005 年 5 月

陳從周著，陳子善編：《徐志摩：年譜與評述》，上海書店出版社，2008 年 12 月

張邦梅：《小腳與西服——張幼儀與徐志摩的家變》，黃山書社，2011 年 9 月

韓石山：《徐志摩傳》，北京十月文藝出版社，2001 年 2 月

陳新華：《百年家族：林長民　林徽因》，立緒文化事業有限公司出版，2002 年 9 月

劉培育主編：《金岳霖的回憶與回憶金岳霖》，四川教育出版社，1995 年 7 月

黃濬：《花隨人聖庵摭憶》，上海書店出版社，1998 年 8 月

黃遠庸：《遠生遺著》，商務印書館增補影印本，1984 年 5 月

胡如虹編：《蘇輿集》，湖南人民出版社，2008 年 11 月

胡思敬：《國聞備乘》，上海書店出版社，1997 年 1 月

李肖聃：《星廬筆記》，嶽麓書社，1983 年 7 月

劉成禺：《世載堂雜憶》，遼寧教育出版社，1997 年 3 月

毛澤東：《毛澤東選集》（四卷本），1968 年 12 月，軍內發行

譚人鳳：《石叟牌詞》，上海書店出版社，2000 年 6 月

王樹撰：《陶廬老人隨年錄》，龍顧山人輯：《南屋述聞》（外一種），中華書局，2007
年 6 月

王森然：《近代名家評傳》，三聯書店，1998 年 11 月

王芸生編著：《六十年來中國與日本》，三聯書店，2005 年 7 月

吳宓：《吳宓詩話》，商務印書館，2005 年 5 月

徐一士：《亦佳廬小品》，中華書局，2009 年 9 月

喻血輪著，眉睫整理：《綺情樓雜記》，中國長安出版社，2011 年 1 月

楊伯峻譯註：《論語譯註》，中華書局，1980 年 12 月

徐志剛譯註：《論語通譯》，人民文學出版社，1997 年

朱熹：《四書章句集註》，中華書局，1983 年

周振甫譯註：《周易譯註》，中華書局，1991 年 4 月

朱正編：《名人自述》，東方出版社，2009 年 1 月

上海商務印書館編譯所編纂：《大清新法令》（第一卷），商務印書館，2010 年 11 月

董叢林主編：《20 世紀中國經世文編》（民國卷二），中國和平出版社、天津教育出版
社，1998 年 9 月

榮孟源、章伯鋒主編：《近代稗海》（第一輯），四川人民出版社，1985 年 8 月

吳銘能：《歷史的另一角落》，商務印書館，2010 年 6 月

戈公振：《中國報學史》，中國新聞出版社，1985 年 11 月

方漢奇：《中國近代報刊史》，山西人民出版社，1981 年 6 月

李劍農：《中國近百年政治史》，復旦大學出版社，2007 年 9 月

費正清、劉廣京編：《劍橋中國晚清史》，中國社會科學出版社，1985 年

楊天石：《晚清史事》，中國人民大學出版社，2009 年 11 月

楊天石：《尋求歷史的謎底》，中國人民大學出版社，2010 年 3 月

朱宗震：《真假共和》（上下），山西人民出版社，2008 年

梁啟勳：《曼殊室隨筆》，上海書局據正中書局影印本，1948 年，

鄭逸梅：《文苑花絮》，中華書局，2005 年

匡時拍賣公司編：《南長街五十四號藏梁氏重要檔案・書信》

湯志鈞、湯仁澤編註：《梁啟超家書：南長街 54 號梁氏函札》，中國人民大學出版社，
　　2016 年

梁啟勳：《中國韻文概論》，台灣商務印書館，1967 年

梁啟勳：《詞學》，中國書店據京城印書局影印本，1985 年

梁啟雄：《荀子簡釋》，中華書局，1983 年

梁啟雄：《韓子淺解》，中華書局，1960 年

梁啟超：《辛稼軒先生年譜》，中華書局，1941 年

汪松濤編註：《梁啟超詩詞全註》，廣東高等教育出版社，1998 年

《康南海自編年譜》（外二種），中華書局，1992 年 9 月

《康有為詩文選》，人民文學出版社，1958 年 9 月

中國社會科學院近代史所近代史資料編輯部編：《近代史資料》總 114 號，中國社會科
　　學出版社，2006 年 10 月

鍾叔河：《走向世界 —— 中國人考察西方的歷史》，中華書局，2010 年

王栻：《嚴復集》（全五冊），中華書局，1986 年

馬勇主編：《嚴復全集》，福建教育出版社，2014 年

孫應祥：《嚴復年譜》，福建人民出版社，2003 年

王蘧常：《嚴幾道年譜》，上海書店據商務印書館 1936 年版影印本

蘇中立、涂光久主編：《百年嚴復——嚴復研究資料精選》，福建人民出版社，2011 年

（美）本傑明・史華茲：《尋求富強：嚴復與西方》，江蘇人民出版社，1989 年

曾紀澤：《曾紀澤日記》（中冊），嶽麓書社，1998 年

中國人民大學新聞系編：《中國近代報刊史參考資料》（校內用書）

（日）狹間直樹：《東亞近代文明史上的梁啟超》，上海人民出版社，2016 年

余冠英等主編：《唐宋八大家全集・蘇軾集》，國際文化出版公司，1997 年

梁啟超主編：《新民叢報》，中華書局影印本，2008 年

梁啟超主編：《庸言報》，中華書局影印本，2010 年

吳相湘：《宋教仁傳》，中國大百科全書出版社，2010 年

陳旭麓主編：《宋教仁集》，中華書局，1981 年

劉泱泱整理：《宋教仁日記》，中華書局，2014 年

張耀傑：《誰謀殺了宋教仁？》，團結出版社，2012 年

《胡漢民回憶錄》，東方出版社，2013 年

《常德文史》第三輯，1991 年

愛新覺羅・溥儀：《我的前半生》，群眾出版社，2007 年

梁啟超傳

解璽璋 著

□ 責任編輯：蕭 健
□ 裝幀設計：高 林
□ 排　版：賴艷萍
□ 印　務：林佳年

出版	中華書局（香港）有限公司
	香港北角英皇道 499 號北角工業大廈一樓 B
	電話：（852）2137 2338　傳真：（852）2713 8202
	電子郵件：info@chunghwabook.com.hk
	網址：http://www.chunghwabook.com.hk
發行	香港聯合書刊物流有限公司
	香港新界大埔汀麗路 36 號
	中華商務印刷大廈 3 字樓
	電話：（852）2150 2100　傳真：（852）2407 3062
	電子郵件：info@suplogistics.com.hk
印刷	美雅印刷製本有限公司
	香港觀塘榮業街 6 號 海濱工業大廈 4 樓 A 室
版次	2020 年 9 月初版
	© 2020 中華書局（香港）有限公司
規格	16 開（240mm×170mm）
ISBN	978-988-8676-22-4